뇌 해부도

배측면

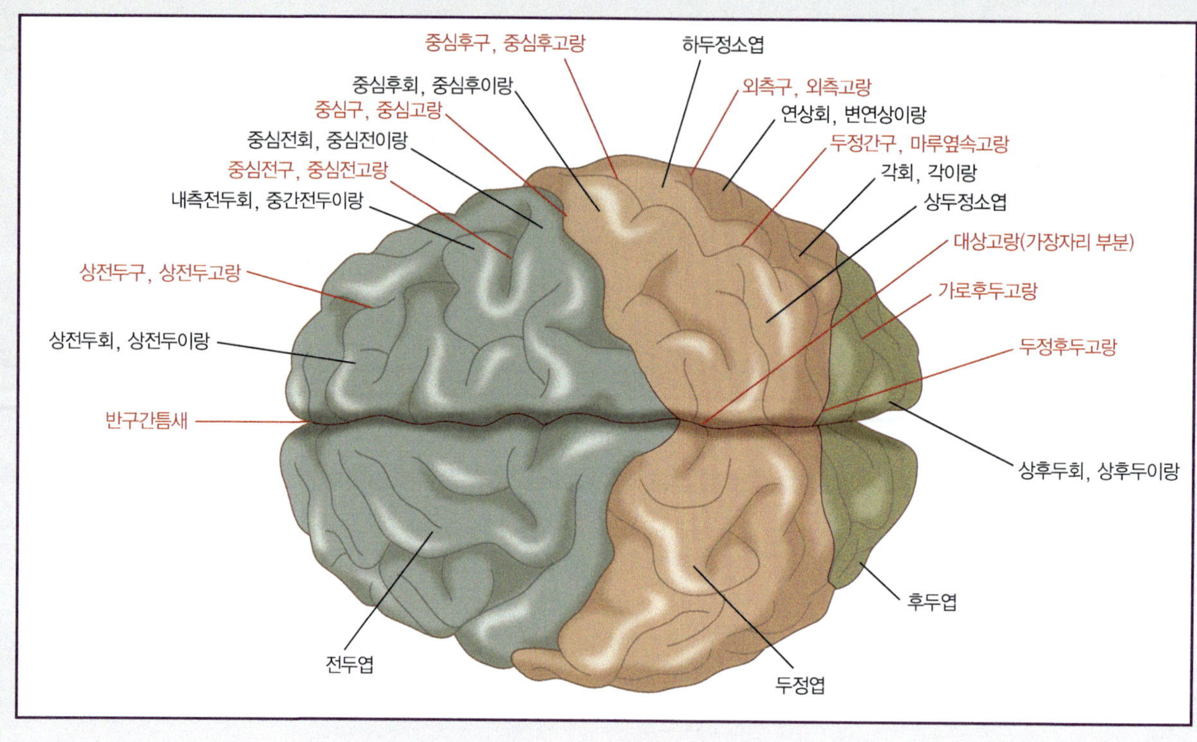

중심후구, 중심후고랑
하두정소엽
중심후회, 중심후이랑
외측구, 외측고랑
중심구, 중심고랑
연상회, 변연상이랑
중심전회, 중심전이랑
두정간구, 마루옆속고랑
중심전구, 중심전고랑
각회, 각이랑
내측전두회, 중간전두이랑
상두정소엽
대상고랑(가장자리 부분)
상전두구, 상전두고랑
가로후두고랑
상전두회, 상전두이랑
두정후두고랑
반구간틈새
상후두회, 상후두이랑
후두엽
전두엽
두정엽

복측면

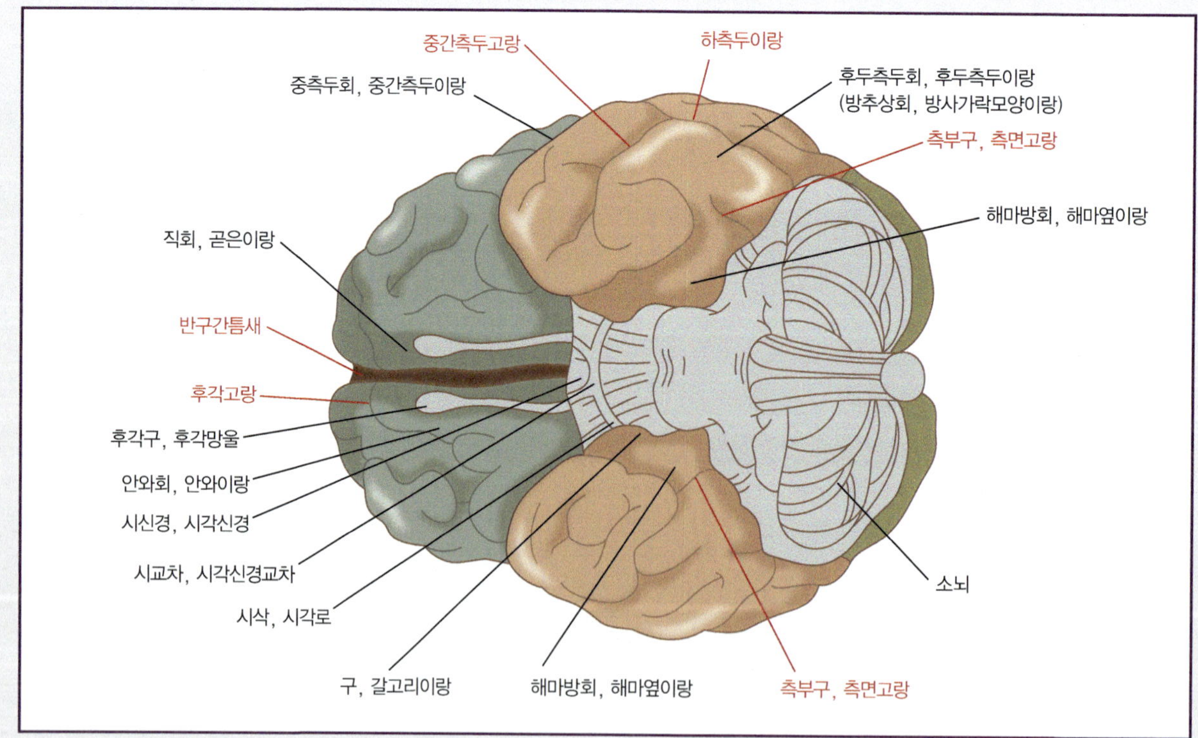

중간측두고랑
하측두이랑
중측두회, 중간측두이랑
후두측두회, 후두측두이랑
(방추상회, 방사가락모양이랑)
측부구, 측면고랑
해마방회, 해마옆이랑
직회, 곧은이랑
반구간틈새
후각고랑
후각구, 후각망울
안와회, 안와이랑
시신경, 시각신경
시교차, 시각신경교차
소뇌
시삭, 시각로
구, 갈고리이랑
해마방회, 해마옆이랑
측부구, 측면고랑

뇌 해부도

외측면

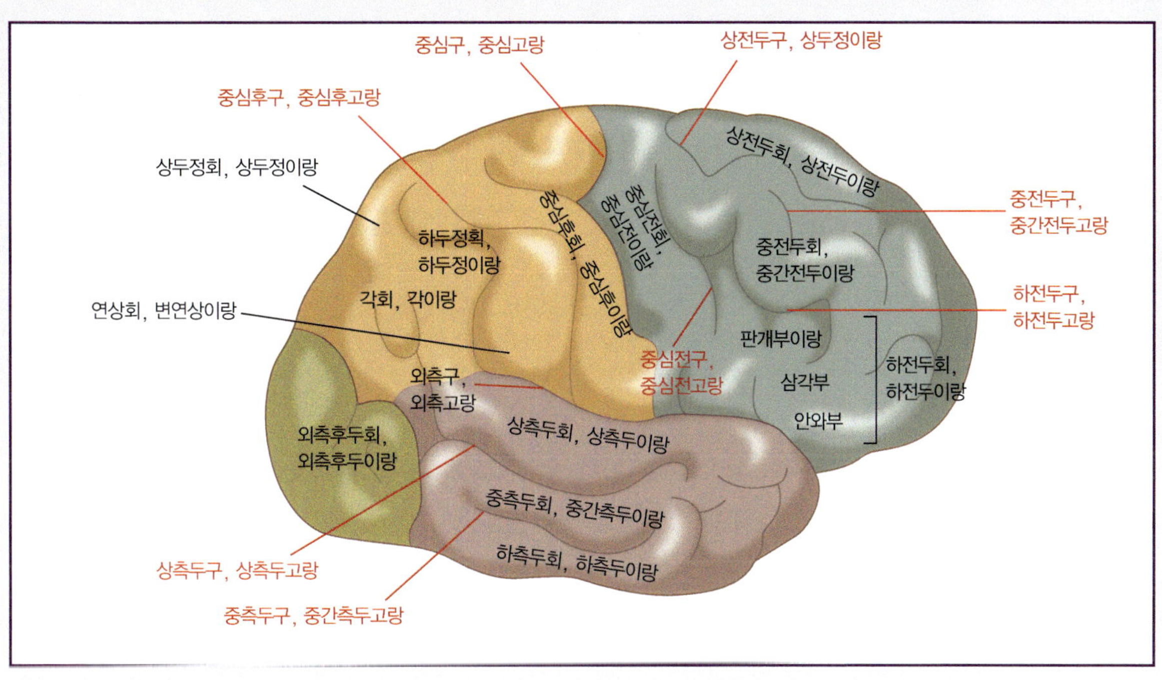

중심구, 중심고랑
상전두구, 상두정이랑
중심후구, 중심후고랑
상두정회, 상두정이랑
상전두회, 상전두이랑
중전두구,
중간전두고랑
중심후회, 중심후이랑
중심전회, 중심전이랑
하두정회,
하두정이랑
중전두회,
중간전두이랑
각회, 각이랑
연상회, 변연상이랑
하전두구,
하전두고랑
판개부이랑
중심전구,
중심전고랑
삼각부
하전두회,
하전두이랑
안와부
외측구,
외측고랑
상측두회, 상측두이랑
외측후두회,
외측후두이랑
중측두회, 중간측두이랑
하측두회, 하측두이랑
상측두구, 상측두고랑
중측두구, 중간측두고랑

내측면

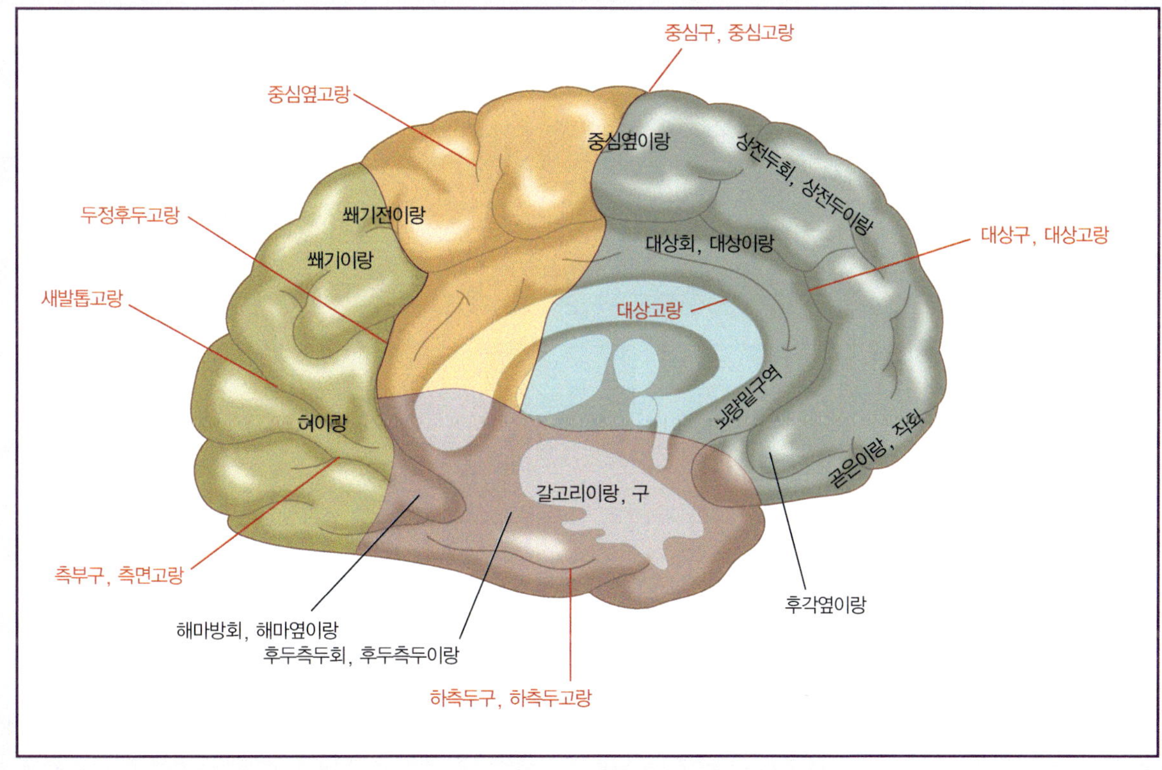

중심구, 중심고랑
중심옆고랑
중심옆이랑
상전두회, 상전두이랑
두정후두고랑
쐐기전이랑
쐐기이랑
대상회, 대상이랑
대상구, 대상고랑
새발톱고랑
대상고랑
뇌량밑구역
혀이랑
곧은이랑, 직회
갈고리이랑, 구
측부구, 측면고랑
해마방회, 해마옆이랑
후두측두회, 후두측두이랑
후각옆이랑
하측두구, 하측두고랑

인지 신경과학

Cognitive Neuroscience

Cognitive Neuroscience

3rd Edition

Marie T. Banich
Rebecca J. Compton

Original edition © 2011 Wadsworth, a part of Cengage Learning.
Cognitive Neuroscience, International Edition, 3rd Edition
by Marie T. Banich and Rebecca J. Compton
ISBN: 9780840032652

ISBN-13: 978-89-98521-12-7

Cengage Learning Korea Ltd.
14F YTN Newsquare 76 Sangamsan-ro
Mapo-gu Seoul 03926 Korea
Tel: (82) 2 330 7000
Fax: (82) 2 330 7001

Cengage Learning is a leading provider of customized learning solutions with office locations around the globe, including Singapore, the United Kingdom, Australia, Mexico, Brazil, and Japan. Locate your local office at: www.cengage.com/global

Cengage Learning products are represented in Canada by Nelson Education, Ltd.

For product information, visit www.cengageasia.com

Printed in Korea
2 3 4 5 20 19 18 17

제3판

인지 신경과학

Cognitive Neuroscience

Marie T. Banich • Rebecca J. Compton 지음

김명선 • 강은주 • 강연욱 • 김현택 옮김

 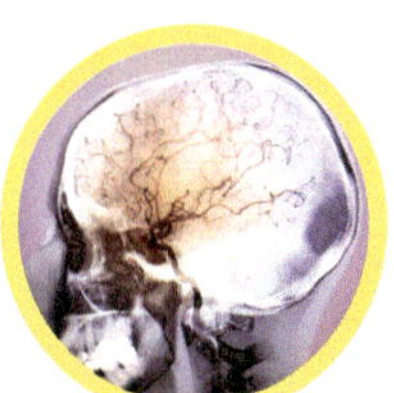 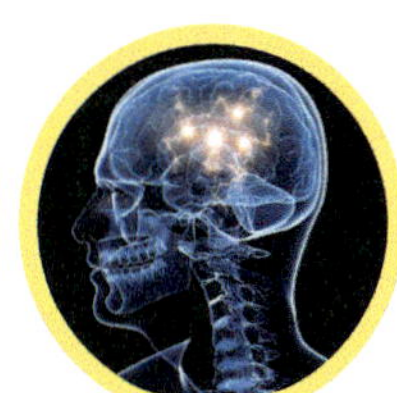 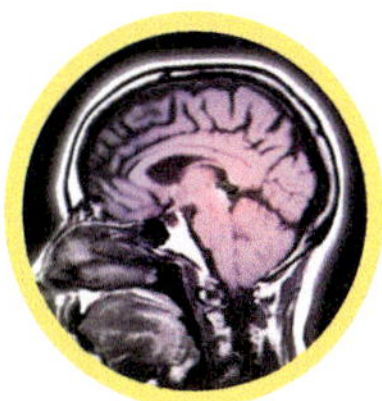

박학사

Australia • Brazil • Japan • Korea • Mexico • Singapore • Spain • United Kingdom • United States

역자 서문

Preface

Banich의 원저 "Cognitive Neuroscience and Neuropsychology" 제2판을 "인지 신경과학과 신경심리학"이라는 제목으로 2008년 출판한 후 많은 분들이 이 책을 사랑해 주신 것에 감사드리는 마음으로 제3판을 번역하게 되었다. 제3판은 빠른 속도로 성장하는 인지 신경과학의 최신 정보를 중심으로 상당히 많은 내용이 개정되었으며, 특히 저자들이 인지 신경과학 분야의 기본 원리와 이 분야에서 발표되는 연구 결과가 어떻게 행동 및 정신 장애의 이해에 적용될 수 있는가를 제3판에서 자세하게 소개하고 있다.

이 책은 다양한 인지 기능의 신경학적 근거 및 기제를 매우 포괄적으로 제공하고 있다. 이에 덧붙여서 신경영상, 경두개 자기자극, 확산 텐서영상, 전기생리적 기법 등을 포함하는 최신 연구 방법을 사용한 연구들로부터 제공되는 정보를 제공하고 있다. 따라서 이 책은 인지 신경과학 및 신경심리학을 전공하는 대학원생들뿐만 아니라 이 분야에서 연구 활동을 하고 있는 연구자들에게도 큰 도움이 될 것으로 여겨진다.

오래전부터 역자들은 대학과 대학원에서 인지 신경과학, 신경심리학 및 생물심리학 등을 강의해 왔고, 매 학기마다 인지 신경과학 분야의 정보를 체계적으로 설명하는 교재의 선택에 고심해 왔으며, 특히 인지 신경과학 및 신경심리학을 전공하는 학생들이 쉽게 학습할 수 있는 번역서의 필요성을 느껴왔다. 여러 교재들 중에서도 Banich와 Compton의 "Cognitive Neuroscience"를 번역하기로 결정한 주된 이유는 앞서 언급한 바와 같이 이 책이 인지 기능의 신경학적 근거에 관한 포괄적인 정보를 제공하고 인지 신경과학이 뇌손상, 뇌질환 및 정신장애의 이해에 어떻게 적용될 수 있는가에 관한 정보를 상세하게 기술하고 있기 때문이다. 이 책의 제1, 2장은 김현택 교수, 제3~7장은 강은주 교수, 제8~12장, 제14장은 김명선 교수, 제13, 15, 16장은 강연욱 교수가 번역하였다. 네 명의 역자들이 통일된 용어를 사용하고 원서에 충실하게 번역하려고 노력하였으나 용어번역의 미숙함이나 원저자들의 의도를 잘못 전달하는 등의 오류를 범하지 않았는지 우려된다.

역자들의 바람은 이 번역서가 인지 신경과학과 신경심리학을 전공하는 학생들에게 도움이 되고 인지 신경과학 및 신경심리학이 국내에서 성장하는 토대가 되는 것이다. 원고 기일을 많이 지연시킨 역자들을 이해하고 인내해 주시고, 또 멋진 책으로 편집해 주신 박학사 여러분들에게 감사드린다.

2014년 2월

역자대표 **김명선**

저자 서문

Preface

제3판에서는 비록 제1, 2판에 소개되었던 내용이 많이 개정되었지만 이전 판의 목적, 구성 및 특징들을 많이 유지하고 있다. 제 1, 2판처럼 제3판에서도 정신 기능의 신경학적 근거를 체계적으로 전달하고자 하는데, 즉 임상군 뿐만 아니라 인간과 동물을 대상으로 실시된 실험 연구들의 결과를 많이 소개하고 있다. 또한 제 1, 2판처럼 제3판의 목적도 현재까지 알려진 뇌와 인지 기능에 관한 정보를 균형 있고 체계적이며 통합적으로 전달하는 것이다.

비록 이 책의 전체 내용이 개정되고 최신화되었지만 특히 다음의 세 가지 변화가 가장 두드러진다. 첫째, 시각적 요소가 학습에 중요한 것을 인식하여 제3판에서는 4가지 색채로 제작된 그림들을 사용하여 주요 개념, 실험 방안 및 연구 결과를 설명하고자 하였다. 둘째, 제3판에 두 장이 새로이 첨부되었다. 시지각과 청지각에 관한 연구가 급속하게 증가하고 시지각과 청지각이 상위 인지 기능과 관련되어 있는 것이 많이 보고되고 있는 점을 고려하여 초기 지각 과정(6장)에 관한 새로운 장을 추가하였다. 또한 제 1, 2판에서는 정서에 관한 장에 포함되어 있던 정신병리를 전적으로 다루는 새로운 장(14장)도 추가하였다. 14장 전체를 정신병리에 할애함으로써 이전 장에서 소개하는 인지 신경과학의 기본 원리들이 어떻게 주요 임상장애에 적용될 수 있는가에 관한 이해를 돕고자 하였다. 제3판의 세 번째 변화는 Rebecca Compton이 공저자로 집필에 참여하였다는 것이다. 정서 전문가인 동시에 지난 10년 동안 여러 소규모 대학에서 강의를 해 온 Rebecca는 연구중심 대학에서 강의를 하고 또 주의 및 집행기능에 관한 연구를 해 온 Marie Banich와 함께 제3판의 집필에 참여하였다.

앞서 언급한 세 가지 주요 변화에 덧붙여서 빠르게 성장하는 인지 신경과학 분야의 새로운 연구 결과를 각 장에서 소개하고 있다. 뇌손상 환자군과 같은 전통적인 연구 방법을 사용한 연구들부터 경두개 자기자극이나 확산 텐서영상법 등과 같은 새로운 방법을 사용한 연구들에 이르기까지의 다양한 방법을 사용한 연구들의 결과를 통합적으로 제공하고자 하였다. 제3판에서는 인지의 유전적 근거에 관한 새로운 정보도 제공하고 있다. 즉 이 책의 목적은 인지 신경과학의 기본 원리와 연구 결과를 소개하고 이를 통해 응용 혹은 임상적 문제들을 더 잘 이해하게 하는 것이다.

책의 구성과 특징

이 책의 목적은 제1, 2판의 목적과 같기 때문에 다음의 주요 특징들은 제1, 2판과 동일하다.

■ 다양한 정신 기능의 신경학적 근거를 체계적으로 제공한다.

제3판의 전반적 구성이 제1판과 2판과 거의 같다. 첫 번째 부문, 즉 1장에서 4장까지는 인지 신경과학과 신경심리학의 기본 원리가 기술되어 있다. 1장은 중추신경계의 구성에 관한 정보를 제공하고 새로운 내용으로 추가된 2장은 신경전달에 관해 기술한다. 첫 번째와 두 번째 장들은 생리심리학을 수강하지 않은 학생들에게 특히 도움이 되지만, 생리심리학을 이미 수강한 학생들에게도 복습의 기회를 제공할 것이다. 3장은 정신 기능의 신경학적 근거를 연구하는데 사용되는 여러 연구 기법들, 즉 전통적이거나 새로이 개발된 기법들을 소개하고 있으며, 4장은 기능의 편재화에 관한 개관을 제공하고 있다.

이 책의 두 번째 부문, 즉 5장부터 13장은 정신 기능의 신경학적 근거에 관해서인데, 각 장들에는 특정 정신 기능에 관한 것이 기술되어 있다. 각 장의 주제는 운동 과정, 초기 지각 과정, 대상인식, 공간인지 및 과정, 언어, 기억, 주의, 집행기능과 정서의 순이다.

이 책의 마지막 부문, 즉 마지막 세 장은 발달, 노화와 임상 증후군에 관해서이다. 제1, 2판에 비해 이 세 장들이 다소 임의적인 것으로 여겨질 수 있는데, 이는 제1, 2판에 비해 더 통합적인 이슈들을 다루고 있기 때문이다. 이 책을 집필한 우리들은 많은 학생들이 응용 및 임상 이슈들에 관해 특히 관심을 가지고 있는 것을 발견하였으며 따라서 이전 장들에서 제공된 정보를 이러한 이슈들에 적용하는 것이 학생들에게 큰 도움이 될 것이라고 여긴다. 새로이 추가된 14장은 조현병, 우울장애, 불안장애와 약물 남용 등과 같은 정신 장애를 인지 신경과학적 입장에서 살펴본다. 15장은 신경 가소성을 전-생애 관점에서 다루고 있는데, 즉 아동기와 노인기 동안의 발달적 변화에 관해 기술하고 있다. 이에 덧붙여서 아동과 성인에서의 기능 회복과 발달장애의 신경학적 근거에 관해 기술하고 있다. 16장은 전반적 인지 장애(5장에서부터 13장에 걸쳐 기술되어 있는 제한된 뇌 영역의 손상으로 인한 장애 혹은 특정 장애보다는), 즉 폐쇄성 두부손상, 치매, 탈수초화 질환과 뇌전증에 관해서이다.

■ 학습이 점진적으로 일어날 수 있도록 각 장의 순서를 정하였다.

이전 장들에서 제공되는 정보에 근거하여 추후 장들에서 제공되는 정보가 이해될 수 있도록 각 장들의 순서를 정하였다. 즉 감각과 운동 기능에 관한 정보가 먼저 소개되고 집행기능 및 정서와 같이 뇌의 통합적 기능에 의존하는 기능들에 관한 정보가 나중에 소개된다. 예를 들어 대상인식에 관한 것이 공간 처리에 관한 것보다 먼저 기술되어 복측 시각경로와 배측 시각경로가 잇따라 소개될 수 있도록 구성하였다. 또한 기억에 앞서 언어와 대상인식을 먼저 기술하여 일반화된 기억장애와 특정 영역에 국한되어 나타나는 "기억" 문제(예를 들어 언어의 명칭실어증과 대상실인증)가 명확하게 구분되도록 하였다.

■ 이 책은 독자를 적극적으로 학습 과정에 참여하게 하였다.

각 장은 사례로 시작되는데 이는 각 장에서 논의되는 이슈들에 관해 독자가 흥미를 가지게 하기 위해서 이다. 예를 들어 5장은 Muhammad Ali의 복싱 경력이 어떻게 그로 하여금 파킨슨병을 앓게 하였는가로 시작되고 16장은 Marie의 외할머니가 치매 때문에 인지 능력의 저하를 경험하는 사례로 시작된다. 독자의 흥미를 끌기 위해 사례는 대화체로 기술되어 있다. 어려운 개념들은 비유를 사용하여 설명하고자 하였다. 각 장에는 "In Focus" 란이 포함되어 있는데 이 부문에서는 인지 신경과학의 특정 응용적 이슈를 심도 있게 다루어 인지 신경과학의 연구 결과가 어떻게 일상생활에 적용될 수 있는가에 관한 이해를 높이고자 하였다.

전문 용어는 볼드체로 제시되고 책의 핵심용어 부분에 정의되어 있다. 각 장의 내용에 관한 요약이 제공되어 각 장에서 소개된 내용을 리뷰할 수 있게 하였으며 각 장의 시작 부분에 제시된 개요는 각 장에서 다루는 내용이 어떻게 구성되어 있는가를 이해하게 한다. 이 모든 것들은 독자의 편이를 최대한 높이기 위해서이다.

■ 분야의 최신 정보를 정확하고 풍성하게 제공하였다.

매우 적극적으로 연구 활동을 하고 있는 연구자들인 우리 저자들은 이 분야의 "고전적" 연구 결과뿐만 아니라 최신 정보도 소개하고자 하였다. 그리고 연구 결과를 지리멸렬하고 어렵게 기술하지 않으려고 노력하였다. 대신 논의하고자 하는 이슈를 밝히는데 가장 대표적인 연구들을 소개하였으며 이를 통해 개념적 이슈들을 이해하는 것과 어떻게 연구자들이 실험 증거에 근거하여 추론하고 결론을 내리는가를 이해하는 것을 도우려고 하였다. 인지 신경과학에서 우리들이 쌓은 연구 및 강의 경력을 바탕으로 하여 이슈들을 간결하고 세련되게, 그리고 이해하기 쉽게 기술하고자 하였다.

제3판의 새로운 특징

비록 제1, 2판의 특징들이 제3판에 많이 유지되고 있지만 제3판에서는 다음의 것들이 새롭게 추가되었다.

■ 네가지 색채로 제작된 삽화의 제시

제3판에서는 자료의 이해를 향상시키기 위해 4-색채 삽화가 추가되었다. 제1, 2판에 소개되었던 중요한 그림들이 다시 제시된 것에 덧붙여서 많은 새로운 그림들이 첨가되었다. 일부 그림들은 뇌 영역들을 보여주는데, 이 그림들은 뇌의 "어디"와 "무엇"이 중요한가를 신속하게 보게 한다. 일부 다른 그림들은 이 분야의 연구 결과를 보여주며, 연구 결과를 보고 해석하는 것에 도움이 된다; 일부 그림들은 중요한 연구방안을 묘사하는데 이를 통해 주요 연구들이 어떻게 수행되었는가를 신속하게 이해할 수 있다.

■ 새로운 두 장의 추가

지난 10년 동안 빠른 성장을 보이고 있는 연구 영역을 반영하기 위해 두 장이 새로이 추가되었다. 6장은 망막과 같은 감각 수용기에서부터 일차 감각피질에 이르는 경로를 따라 일어나는 초기 지각 과정에 관해 기술하고 있는 새로운 장이다. 이 장은 뇌가 어떻게 감각-지각 세계를 표상하는가를 이해하는 토대가 되며 뒷장들, 즉 대상 인식과 공간 인지를 다루는 장들을 이해하게 한다. 정신병리에 관한 14장 역시 새로이 추가된 장인데, 이 장은 인지 신경과학의 원리들이 조현병과 우울증 등과 같은 주요 정신장애를 이해하는 데 어떻게 적용되는가를 기술하고 있다.

■ 학습을 도우는 보조 자료

출판사 사이트 www.cengage.com/psychology/Banich

이 웹사이트는 교수와 학생들에게 퀴즈, 교수용 카드와 핵심용어를 포함하는 풍부한 정보와 자료를 무료로 제공한다.

파워포인트 강의 개요

이 책에 소개된 그림들을 마이크로소프트 파워포인트 슬라이드로 제공하여 강의에 사용할 수 있게 한다.

■ 새로운 정보의 최신화

인지 신경과학 분야는 끊임없이 새로운 연구결과로 넘쳐난다. 이 엄청난 새로운 지식을 소개하기 위해 이 책의 대부분의 장들이 광범위하게 개정되었으며, 그 결과 수백 개의 새로운 참고문헌들이 첨가되었다.

각 장에서 이루어진 주요 개정의 요약은 다음과 같다.

1장과 2장

- 이 장들에 기술되어 있는 요점들이 쉽게 이해되도록 문체를 다듬었다.

3장

- 가장 최근의 신경영상기법들과 뇌활성화를 조율하는 기법들을 소개하였다.
- 다중기법 연구방법에 관한 새로운 부문을 추가하였다.

4장

- 서로 다른 종들에서 관찰되는 편재화를 "In Focus"에 제시하였다.

5장

- 운동 통제에 관여하는 피질 영역들에 관한 정보가 이 장에 추가되었다.
- 운동 통제에 관한 통합적 모델을 설명하는 부문이 추가되었다.
- 뇌 신호를 사용하여 어떻게 인공사지를 통제하는가에 관한 내용이 "In Focus"에 소개되었다.

6장—초기 지각 과정

다음의 사항들이 포함되었다;

- 망막에서 일차시각피질에 이르는 시각 과정
- 응용 지식의 예; 맹시의 임상증상
- 귀에서 일차청각피질에 이르는 청각 경로
- 청각–시각 상호작용

7장

- 대상인식 연구에서의 4가지 주요 이론적 이슈에 초점을 맞추기 위해 내용이 재구성되었다.
- 뇌손상 환자에 초점을 맞추었던 것에서 원숭이를 대상으로 한 단일세포 연구와 신경영상 연구를 포함하는 최근의 연구 결과를 제공하였다.

8장

- 이 장은 공간인지에 관한 주요 이슈들을 중심으로 새롭게 재구성되었다.
- 운동지각과 공간과 행동 사이의 관련성에 관한 부문이 추가되었다.
- 다양한 인지 신경과학 연구들로부터 제공되는 새로운 정보가 논의되었다.

9장

- 이 장은 언어 기능의 국재화를 설명하는 고전적 모델보다 더 통합적으로 언어 기능을 설명하는 새로운 모델에 초점을 맞추어 광범위하게 개정되었다.
- 기능 자기공명영상과 사건관련전위를 포함하는 뇌지도 기법을 사용한 연구 결과를 소개하였다.

10장

- 다중기억체계에 초점을 맞추어 전반적으로 재구성되었다.
- 뇌지도 기법을 사용한 연구 결과와 가장 최근에 개발된 기법을 사용한 최근 연구 결과를 소개하였다.
- 기억체계 사이의 관련성에 관한 논의를 더 자세하게 기술하였다.
- 기억에서의 수면 역할이 "In Focus"에 기술되었다.

11장

- 주의 통제의 서로 다른 측면을 지지하는 뇌 영역들의 통합된 기능을 강조하기 위해 내용을 재구성하였다.
- 주의 통제의 네트워크 모델이 기술되어 있다.
- 기본상태 네트워크에 관한 정보가 포함되었다.
- 주의와 운전에 관한 연구 결과가 "In Focus"에 기술되어 있다.

12장

- 새로운 연구결과를 소개하기 위해 폭넓은 개정이 이루어졌다.
- 목표지향적 행동과 상위 사고에 관한 부문이 재구성되었다.
- 기억 억제에 관한 것이 "In Focus"에 소개되었다.
- 전두엽이 어떻게 집행기능에 관여하는가를 설명하는 이론적 모델에 관한 부문이 추가되었다.

13장

- 정서의 주요 기능적 요소들에 관한 최신 정보가 소개되었다.
- 정서 조절과 사회 인지에 관한 것이 추가되었다.
- 사회적 통증과 신체 통증 사이의 관련성에 관한 것이 추가되었다.

새로운 14장—정신병리

- 이 장은 새로이 추가된 장으로 주요 정신장애, 즉 조현병, 우울장애, 불안장애와 약물남용의 신경학적 근거를 다루고 있다.
- 이전 장들에서 살펴본 인지 신경과학적 접근이 어떻게 임상증후군의 이해에 적용될 수 있는가를 기술하고 있다.

15장

개정된 이 장에서는 다음의 내용이 포함되어 있다;

- 청소년의 뇌에 관한 부문이 추가되었다.
- 성인 뇌의 가소성에 관한 새로운 정보와 아동과 성인에서의 기능 회복에 관한 연구 결과가 기술되어 있다.

16장

- 스포츠에서의 두부손상 결과가 "In Focus"에 기술되어 있다.
- 치매 발병에 관한 유전적 및 환경적 위험 요인들에 관한 새로운 결과가 기술되어 있다.

Marie T. Banich
Rebecca J. Compton

요약 차례

Brief Contents

차례

Contents

PART II 정신기능의 신경학적 기저

5 운동통제 111

6 초기 지각 과정 151

16 전반적 인지장애 483

※ 이 책의 참고문헌은 지면상 싣지 못하였습니다.
출판사 홈페이지(http://www.pakhaksa.co.kr) 일반자료실에 가시면 내려 받을 수 있습니다.

신경계 입문

Introduction to the Nervous System

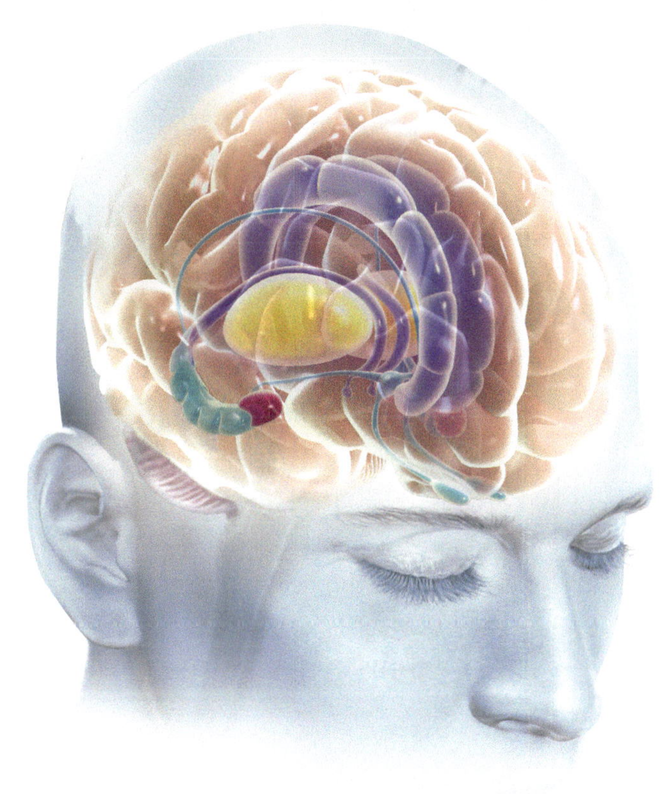

인지 신경과학이란 무엇인가

신경계의 기본 구조 단위

신경해부학적 용어와 뇌의 '지리학'

중추신경계의 주요 하위 구조

- 척수
- 연수
- 소뇌
- 뇌교
- 중뇌
- 시상하부
- 시상
- 주요 피질하계
- 대뇌피질

대뇌피질에 대한 상세한 고찰

- 세포구조학적 구분
- 일차 감각 및 운동피질
  - *운동피질*
  - *체감각피질*
  - *시각피질*

IN FOCUS: '신체뇌운동도'의 발견

  - *청각피질*
  - *후각피질과 미각피질*
- 연합 영역
  - *전두엽*
  - *두정엽*
  - *측두엽*

요약

핵심용어

인지 신경과학이란 무엇인가

이 책에서 우리는 뇌의 신경조직이 사람의 사고나 감정, 행위 등에 어떠한 영향을 주는지 살펴볼 것이다. **인지 신경과학**(cognitive neuroscience)은 뇌(brain)와 마음(mind)의 관계를 이해하는 데 중요하다. 인지 신경과학은 동물실험에서부터 인간실험에 이르기까지, 그리고 연구실의 실험에서부터 컴퓨터 시뮬레이션까지 신경적 과정(neural process)과 관련된 모든 정신기능에 대해 연구한다. 이 분야의 초기 연구는 대개 **인간신경심리학**(human neuropsychology)에서 유래하는데, 이는 인간의 정신 과정(mental process)을 이해하는 데 초점을 맞추고 있지만, 뇌 외상의 결과를 관찰하고 이해하는 것에 주안점을 두고 있다.

1970년대 중반 이후, 인지 신경과학과 신경심리학에 대한 지식은 빠르게 증가하고 있을 뿐 아니라, 이 분야를 전문으로 하는 연구자들이 많이 생겨났다. 인지 신경과학자(cognitive neuroscientist)들은 다양한 개념적 견해를 총체적으로 고려함으로써 뇌와 마음의 관계를 이해하려고 노력한다. 인지 신경과학자들은 컴퓨터 공학의 개념을 빌려 뇌를 문제해결을 위한 정보처리장치(information-processing system)로 보았다. 그런 이유로 이들은 뇌가 얼굴을 인식하는 것 같은 특별한 기능을 어떻게 수행하는지에 대해서 이해하려고 하고, 이를 통하여 다른 연구를 통해서 얻은 결과물들을 통합하려고 한다. 예를 들어 이들은 어떤 자극이 반응을 유발하는지에 대해 연구하기 위하여 뇌세포의 활동을 기록하고, 뇌 영상 기법을 사용하여 어떤 정신적 과제를 수행하는 동안 정확히 뇌의 어떤 영역이 활성화되는지를 관찰하며, 뇌에 의해서 수행되는 다른 정신 작용에 대한 이론과 통찰을 얻기 위해 컴퓨터 모델을 구축하기도 한다.

실험신경심리학자(experimental neuropsychologist)들은 신경학적으로 정상적인 사람들과 뇌 손상을 입은 사람들을 비교하는 과학적인 연구를 통해서 인지기능의 신경적 기저에 대해 이해하려고 한다. 이 분야의 연구자들은 정신 기능을 언어나 기억과 같은 의미 있는 범주로 구분하기 위하여 다양한 기술을 사용하고 이러한 기능에 관여하는 특정한 뇌의 영역을 구분한다.

임상신경심리학자(clinical neuropsychologist)들은 병원이나 진료소에서 정신적 외상이나 질병으로 인한 뇌 손상으로 어려움을 겪는 사람들을 진단한다. 이들은 뇌 외상 때문에 발생한 인지적인 결손에 대하여 진단하고, 재활에 대한 계획을 세우고, 기능의 회복 가능성에 대하여 평가한다. 그리고 환경적인 요인들(가족 구조, 교육수준 등)이 어떻게 뇌의 기능장애를 완화하는지, 악화하는지에 대해서 판단한다. 이 책에서 우리는 연구실과 임상장면에서의 발견을 통해 얻어진 인지 신경과학 지식이 어느 수준인지 개략적으로 살펴볼 것이다.

뇌와 마음의 관계를 이해하기 위한 연구는 두 가지 접근방식으로 구분할 수 있다. 하나는 뇌의 신경학적인 조직을 강조하는 것이고, 다른 하나는 마음의 심리학(psychology of mind)을 강조하는 것이다. 신경학적 접근법은 뇌의 해부학을 중요시한다. 즉, 이 접근법의 기본적 목적은 뇌의 특정 영역이 갖는 기능을 이해하는 것이다. 예를 들어 해마와 같은 특정한 뇌의 구조를 연구하고 싶은 연구자는 해당 구조의 해부학적인 특징, 다른 영역들과의 연결방식, 정신기능에서의 역할 등에 대해서 알아야 한다. 이 접근을 통해서 얻은 정보들은 외과수술에 의해 어떤 기능이 영향을 받을 수 있는지 등을 알고 싶어 하는 신경외과의사 같은 의학 집단들에 매우 유용하다.

이와는 반대로, 마음의 심리학적인 접근법은 뇌의 정신능력을 강조한다. 그래서 언어나 기억, 주의 등과 같은 인지의 다른 측면들을 뇌의 신경학적인 구조물들이 어떻게 뒷받침하는지 연구하는 것이 주요한 목적이 된다. 예를 들어 인지신경심리학자들은 읽기능력을 뒷받침하는 뇌의 구조가 동시에 쓰기 능력도 뒷받침하는지, 그렇지 않은지에 대해서 알고 싶어 할 수 있다. 이러한 의문에 대해 답을 얻는 하나의 방법은 읽기 과정에 결함을 일으킨 뇌 손상이 언제나 쓰기 능력의 결함도 가져오는지 측정해 보는 것이다. 사실, 뇌 손상 후에 읽기 능력과 쓰기 능력이 언제나 동시에 손상되지는 않는다. 이러한 발견은 그 두 가지 능력이 비슷한 기능일지라도, 각각 다른 뇌의 영역에서 수행된다는 것을 말해 준다.

이 책에서 우리는 신경학적인 접근보다는 심리학적인 접근에 대해서 배울 것이다. 이러한 경향은 뇌와 마음의 관계에서 인지적인 기능을 강조하는 '언어'나 '기억', 그리고 '주의' 등과 같은 목차 제목들을 대강 훑어보아도 명백히 알 수 있을 것이다. 만약 이 책이 조금 더 신경학적인 관점에서 쓰였다면, 각 장은 뇌 영역 중심으로 구성되었을 것이고, 그렇다면 목차는 '기저핵', '소뇌' 그리고 '전두엽'과 같은 식으로 붙여졌을 것이다. 비록 우리는 이 책에서 심리학적인 접근을 하지만, 뇌의 신경학적인 구성에 대한 지식과 이해는 필수불가결한 것이고, 이러한 지식을 가져야만 심리학적인 기능과 이를 뒷받침하는 뇌의 특정 영역들 간의 관계에 대하여 논의할 수 있을 것이다.

인지 신경과학과 신경심리학은 학문의 성격상 신경학, 생물심리학, 인지심리학, 임상심리학 그리고 컴퓨터 과학을 포함하는 다양한 분야의 교차점에 위치하게 된다. 이러한 학제적인 주제를 연구하기 위해서 우리는 다른 관점들에서 발생하는 의문들을 살펴보아야 할 뿐 아니라 대안적인 관점에서 발생하는 정보들을 통합할 필요가 있다. 이미 인지심리학이나 생물심리학 그리고 신경과학 과정들을 경험한 사람들은 이 책에서 다루는 몇몇의 개념에 익숙할 것이다. 그러나 이 책에서 취하는 관점은 매우 다를 수 있는데, 그 까닭은 우리는 생물심리학과 인지심리학적 관점의 결과물들을 통합하고, 상호 관련시키고 종합할 것이기 때문이다. 예를 들어 7장에서 다룰 얼굴재인(face recognition)에서 우리는 어떤 특징이 사람들로 하여금 30년 동안 본 적 없었던 다른 이의 얼굴을 인지할 수 있게 하는지에 대해서뿐만 아니라, 뇌의 어떤 영역이 이러한 과정에 관여하고 왜 관여하는지에 대해서도 배울 것이다.

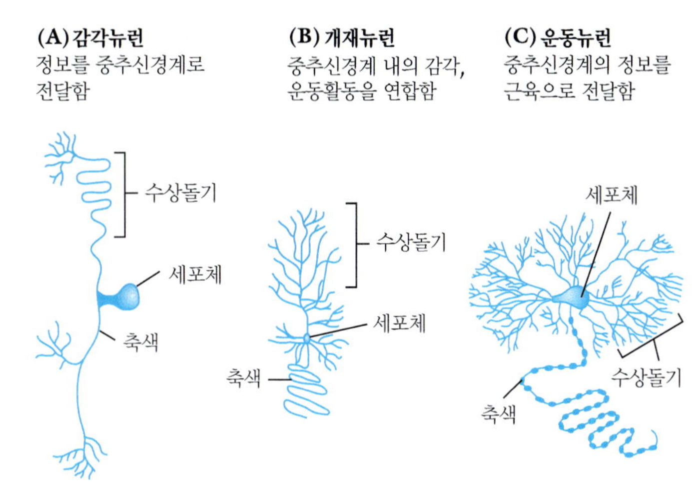

● **그림 1.1 신경계 세포들의 예(축척 없음).** (A) 감각뉴런, (B) 개재뉴런, (C) 운동뉴런. 뉴런들이 종류별로 각각 다른 모습을 지니고 있음을 주목하라. 이러한 형태상의 차이는 기능적 차이를 반영한다. 감각뉴런들은 정보를 모으고 이를 개재뉴런으로 보낸다. 개재뉴런의 많은 가지들은 그것들이 여러 곳으로부터 정보를 수집함을 말해준다. 운동뉴런은 크기가 매우 크고, 여러 뉴런으로부터 정보를 받는다. 운동뉴런들은 이 정보들을 근육으로 보내 신체가 움직이도록 한다. © 2011 Cengage Learning

지금은 인지 신경과학과 신경심리학을 공부하기 좋은 때이다. 신경과학, 의학, 인지심리학 그리고 컴퓨터 과학 연구에서 방대한 진보가 있었기 때문에 불과 몇 년 전에는 불가능했던 연구 결과들을 종합할 수 있다. 인지심리학의 연구는 정신기능 모델을 굉장히 정교화시켰다. 예를 들어 우리는 언어와 같은 복잡한 기능을 다룰 수 있게 되었고, 이를 특정한 하위 구성요소와 하위 처리 과정으로 나눌 수 있게 되었다. 동시에, 의학 분야의 엄청난 발전은 1980년대까지만 해도 상상할 수 없었던 뇌의 신경해부학적, 신경생리학적인 기능들을 관찰할 수 있게 해 주었다. 3장에서 이러한 방법론의 발전에 대해서 좀 더 자세하게 논의할 것이다.

인지기능과 뇌를 연관시키기 전에 우리는 뇌의 해부학과 생리학에 대한 일반적 배경지식이 있어야 한다. 처음의 두 장은 이런 배경지식을 제공해 주도록 구성되었다. 1장은 뇌의 위치나 구조를 설명하는 용어, 즉 뇌에 관하여 논의할 때 과학자들이 사용하는 특정한 용어들을 소개할 것이다. 그 다음으로 주요 기능과 관련된 각각의 영역들을 대강 훑어볼 수 있도록 뇌의 주요 영역에 대해 간략한 설명을 할 것이다. 신경계에 대해 전체적으로 친숙하게 된 후에, 2장에서는 어떻게 한 신경세포가 다른 신경세포들과 통신하는지, 그 과정이 방해를 받게 되면 정신기능이 어떤 영향을 받는지에 대해서 좀 더 자세하게 다룰 것이다.

신경계의 기본 구조 단위

뇌, 척수, 신경조직, 신경절로 구성된 우리의 신경계는 내외적인 자극에 대한 신체 반응을 조절한다. 신경계는 두 가지 주요 세포체계로 나눌 수 있는데, **뉴런**(neuron)과 (**신경**)교세포(glia)이다. 뉴런은 신경계의 세포로서 전기화학적인 신호의 조합을 통해서 한 곳에서 다른 곳으로 정보를 운반한다. 신경교세포는 뉴런보다 10배 정도 더 많으며 뉴런을 지지하는 역할을 한다.

뉴런은 **수상돌기 가지**(dendritic tree), **세포체**(cell body), **축색**(axon)의 세 가지 주요 부분으로 구성되어 있다. 수상돌기는 다른 세포로부터 입력을 전달받는 부분이다. 세포체는 세포기능을 유지하는 데 필요한 단백질과 효소들을 생성하는 데 관여하는 세포핵과 다른 세포조직으로 구성되어 있는 세포 부분을 말한다. 축색은 세포들 사이에 정보들을 운반하는 부속기관이다. 축색의 길이는 매우 다양하다. 어떤 경우에는 매우 짧고 세포체나 수상돌기의 길이보다 짧은 경우도 있다. 또 어떤 경우에는 뇌 영역 사이를 연결할 만큼 매우 길 수도 있다.

감각뉴런(sensory neuron)이라고 알려진 뉴런들은 정보를 중추신경계로 전달한다. 개재뉴런(interneuron)은 중추신경계의 정보들을 연합시킨다. 마지막으로 운동뉴런(motor neuron)은 뇌와 척수로부터의 정보를 근육으로 보낸다. 비록 모든 뉴런들이 동일한 기본 구성부분을 가지고 있지만, 그 모양과 크기는 다양하다(● 그림 1.1). 2장에서 뉴런에 대해 더 자세히 살펴보고 이후의 장에서 논의할 중요한 신경 기능들에 주목하여 뉴런이 어떻게 작동하는지에 대한 개관을 보여줄 것이다.

신경교세포는 정보 전달에 있어서 중요한 부분은 아니지만, 신경계의 기능에 있어서는 매우 중요하다. 신경교세포들은 뉴런들 간의 화학적인 환경을 바꾸어 교신에 영향을 주고(교세포 기능의 이러한 양상이 기억에 어떻게 영향을 주는지에 대한 훌륭한 논의는 Bains와 Oliet의 2007년 논문 참조), 죽은 뉴런들을 제거하여 뇌의 재조직화를 돕고, 뉴런들에 영양을 공급하며, 구조적으로 지지한다. 신경교세포는 독소 같

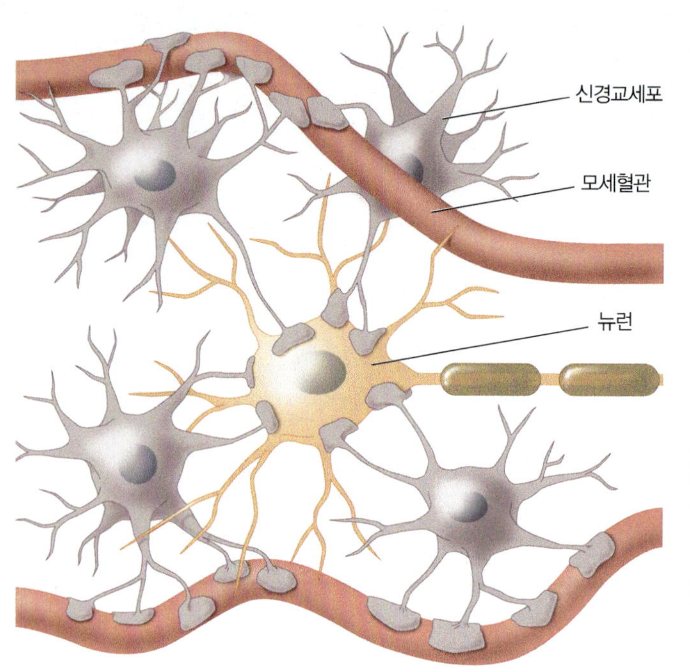

● **그림 1.2 신경교세포와 뉴런의 관계.** 신경교세포는 여러 다른 방법으로 뉴런을 보조한다. 여기서 보듯이, 교세포는 뉴런 주위에서 지지기반을 만든다. 뿐만 아니라, 혈액공급과 밀접히 연관되어서 혈뇌장벽을 유지하는 것을 돕는다. © 2010 Cengage Learning

은 해로운 물질들이 뇌에 전달되지 않도록 방지하는 **혈뇌장벽**(blood-brain barrier)의 유지에 있어서 매우 중요하다. 혈뇌장벽은 혈관과 뉴런들 사이에 신경교세포가 빽빽하게 모여 있는 것인데, 독소뿐 아니라 영양소, 약물, 면역계 세포들이 혈류를 따라 직접적으로 신경계에 전달되는 것을 막는 물리적 장애물을 형성한다(● 그림 1.2).

발달 측면에서, 뉴런들이 발생한 곳에서 이동해 뇌 안의 최종 위치에 자리잡을 때 신경교세포가 그 뉴런들을 인도한다. 뉴런에 대한 지식에 비하면 신경교세포에 대한 지식은 충분하지 않았으나, 최근 몇 년 동안 급격히 증가해 왔다. 또한 신경교세포의 역할은 신경계 안에서 뉴런이 수행하는 주도적 역할의 그늘에 가려졌던 '단역 배우' 이상이라는 것이 밝혀졌다(훌륭한 개관에 대해서는 Stevens의 2003년 논문 참조). 우리는 이제 신경계를 형성하는 기본적인 세포들에 대해 알게 되었으므로 한걸음 물러나서 신경계를 전체적으로 바라보자.

신경해부학적 용어와 뇌의 '지리학'

긴 여행을 시작할 때는 언제나 경로를 알려 줄 지도를 비롯해 동서남북과 같은 일반적인 방향을 나타내 주는 용어들이 필요하다. 따라서 중추신경계의 '지리' 여행을 시작하기 위해서 우리를 올바른 방향으로 이끌어 줄 주된 영역과 용어에 대해서 알아야 한다. 중추신경계 영역들, 특히 뇌 영역들을 서로 구분하는 것은 지도에서 경계선을 긋는 것과 유사한 기능을 한다. 지도에서 이러한 선은 다른 영역과 지형적인 차이를 알려 줄 뿐만 아니라, 다른 영역에 있는 사람들의 행동, 태도, 관습들의 차이도 알려 준다. 이와 비슷하게 뇌 영역 간의 구분은 종종 대뇌피질의 구조상의 차이와 기능상의 차이를 말해 준다. 때때로 우리는 지도상에서 강이나 산과 같은 중요한 지형적인 특징을 찾는 것처럼, 크고 명확한 해부학적인 특징들을 기초로 해서 뇌 영역 간의 경계를 찾는다. 하지만 어떤 경우에는 영역들 간의 물리적인 구별이 신경해부학적으로 명확하지 않을 수도 있다.

우리는 먼저 동서남북에 해당하는 해부학적 방향을 배울 필요가 있다. 통상적 지도가 이차원인 데 반해서 해부학적 지도는 삼차원이다. 따라서 우리는 뇌의 왼쪽, 오른쪽, 위, 아래 같은 용어에 더해서 앞, 뒤와 같은 용어들이 필요하다. 뇌의 앞쪽은 **전측**(anterior)이라고 하고 뒤쪽은 **후측**(posterior)이라고 한다. 동물의 머리는 꼬리의 앞쪽으로 놓여 있기 때문에 앞쪽으로 향하는 영역은 **문측**(rostral; 머리쪽으로 향하는)이라고 하고 이와 반대로 후미로 향하는 영역은 **미측**(caudal; 꼬리쪽으로 향하는)이라고 한다. 뇌의 꼭대기는 **상측**(superior)이라고 불리며, 바닥은 **하측**(inferior)이라고 불린다. 사람의 뇌인 경우, **배측**(dorsal)과 **복측**(ventral)은 각각 상측, 하측과 같은 의미를 지닌다. 그렇지만 어류나 네발짐승의 중추신경계, 예를 들어 척수를 생각해 보면 배측, 복측이라고 하는 것이 더 쉽게 이해될 것이다. 이런 경우 배측은 동물의 등이고, 복측은 동물의 배를 의미한다. 만약 수생동물(aquatic)에 관심이 있다면, 배측은 위쪽을 의미함을 알아야 한다. 왜냐하면 상어의 배측 지느러미는 물 밖으로 나오기 때문이다. 마지막으로 뇌의 안쪽 부분은 **내측**(medial)이라고 하고, 바깥쪽 부분은 **외측**(lateral)이라고 한다(● 그림 1.3).

이 책 전체에 걸쳐 뇌를 그 세 종류의 평면 중 한 평면상으로 보여줄 것이다. 한쪽 귀에서 반대쪽 귀까지 뇌를 얇게 잘라 내어 전측과 후측을 분리한 것을 **관상면**(coronal section)이라고 한다. 뇌를 위와 아래가 분리되도록 자른 것을 뇌의 **수평면**(horizontal section, 혹은 axial이나 transverse)이라고 한다. 마지막으로 뇌의 왼쪽 면과 오른쪽 면이 분리되게 자른 것을 **시상면**(sagittal section)이라고 한다. 뇌의 제일 안쪽 부분에서 시상면으로 잘라 낸 것은 **정중시상면**(midsagittal section)이나 내측 절단면(medial section)이라고 하는 반면, 좀 더 바깥부분으로 향하여 자른 것은 외측 절단면(lateral section)이라고 한다(● 그림 1.4).

이런 용어에 대한 지식은 특정 뇌 구조의 위치를 이해하는

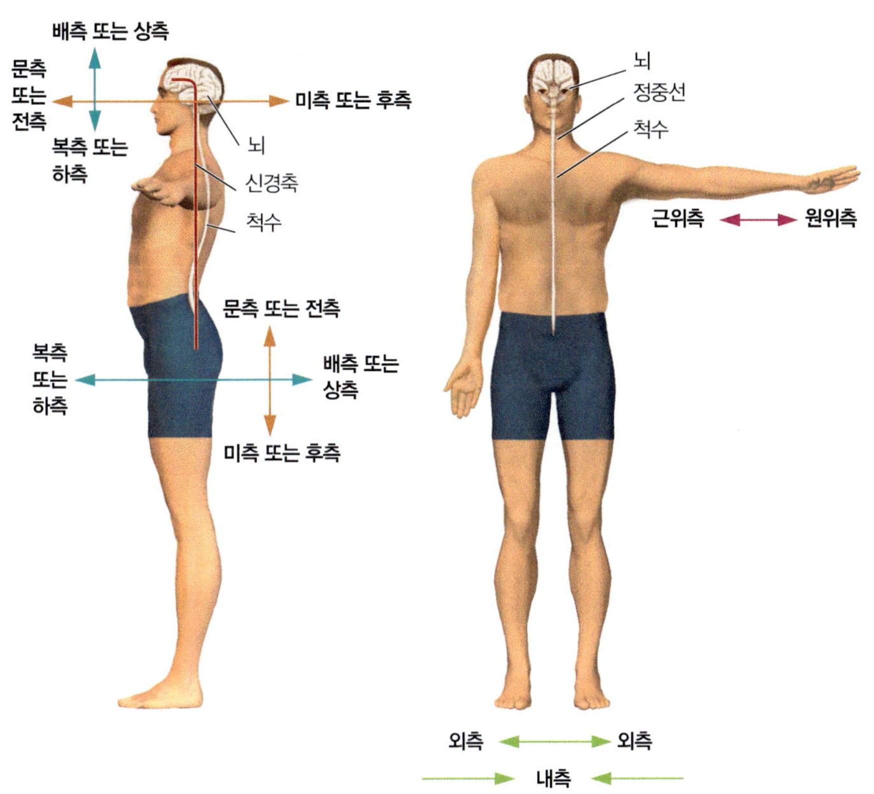

● **그림 1.3 방향을 나타내는 해부학적 용어.** (왼쪽) 사족 보행 동물에서는, 왼쪽 그림의 엉덩이 부위에 보이듯이, 배측/상측과 복측/하측은 일반적으로 각각 등 쪽과 배 쪽을 일컫는다. 그러나 인간은 직립보행을 하기 때문에, 배측/상측과 복측/하측은 또한 머리의 위와 아래를 각각 나타낸다. (오른쪽) 신체 정중선과 관련된 해부학적 방향들이 표시되어 있다. © 2010 Cengage Learning

데 도움을 준다. 예를 들어 우리가 측뇌실(lateral ventricle; 뇌척수액으로 채워져 있는 뇌실질 사이의 공간)을 언급할 때, 우리는 이것이 뇌의 중앙에서 벗어나서(즉, 외측에) 위치하고 있음을 추론할 수 있게 된다. 다른 예로, 시상(thalamus)이라고 불리는 뇌 구조 안에 위치하는 뇌세포들의 집단을 구별할 때, **핵**(nucleus)들의 위치를 어떻게 파악할 것인지를 고려해 보자. 이 장의 뒷부분에서 논의하겠지만, 시상은 신경계의 말단으로부터 대뇌의 바깥 부분인 피질(cortex)로 올라가는 정보를 조직화하고 조절하는 데 도움을 줄 뿐 아니라, 피질로부터 내려오는 정보를 수정하는 데도 도움을 준다. 만약 우리가 시상의 전복측핵(anterior ventral nucleus)을 찾으려고 할 때, 해부학적인 용어에 대한 지식이 있다면 그것이 시상의 앞쪽 바닥부분에 있음을 알 수 있다. ● 그림 1.5에 나와 있는 시상의 배내측핵, 복외측핵, 후외측핵의 위치를 생각해 봄으로써 이 해부학적 용어들을 얼마나 잘 학습했는지 여러분 스스로 시험해 볼 수 있다.

우리가 알아야 하는 다른 용어들로는 맞은편을 의미하는 **대측**(contralateral), 같은 편을 의미하는 **동측**(ipsilateral)이 있다. 예를 들어 뇌의 왼쪽 반은 오른쪽 손의 대측이고, 왼쪽 손의 동측이다. 이러한 정의를 더 견고하게 하기 위해서, 뇌의 오른쪽 편은 왼쪽 편 신체 사지의 운동을 제어하고 왼편은 그 반대라는 친숙한 사실을 기억하라. 우리가 배운 용어를 사용하면, 운동조절은 대측적으로 일어난다고 할 수 있다.

뇌의 한 쪽에 해당하는 것을 **편측**(unilateral)이라고 하고, 양쪽에 해당하는 것을 **양측**(bilateral)이라고 한다. 예를 들어 상처가 뇌의 한쪽 면에만 발생하면 편측성 손상이라고 하고, 뇌의 양 면에 모두 발생하면 양측성 손상이라고 한다. 뇌의 영역과 이와 관련된 신체부분의 관계를 묘사할 때 **근위측**(proximal)이라고 하는데, 이는 근처에 있다는 의미이다. 그리고 **원위측**(distal)은 멀리 있다는 말이다. 따라서 원위측 근육은 손과 같이 멀리 떨어져 있는 것들이다. 이제 우리는 신경계에서 방향을 나타내는 공간적인 용어들을 알게 되었다. 이제 신경계의 하위 구조에 대해서 살펴보도록 하겠다.

중추신경계의 주요 하위 구조

이제 **중추신경계**(central nervous system)의 다른 영역들을 여행하기 시작할 것이다. 중추신경계는 뇌와 척수로 이루어져 있다. **말초신경계**(peripheral nervous)는 감각 정보를 받아들이는 뉴런이나 근육으로 정보를 보내는 뉴런, 척수나 뇌로부터

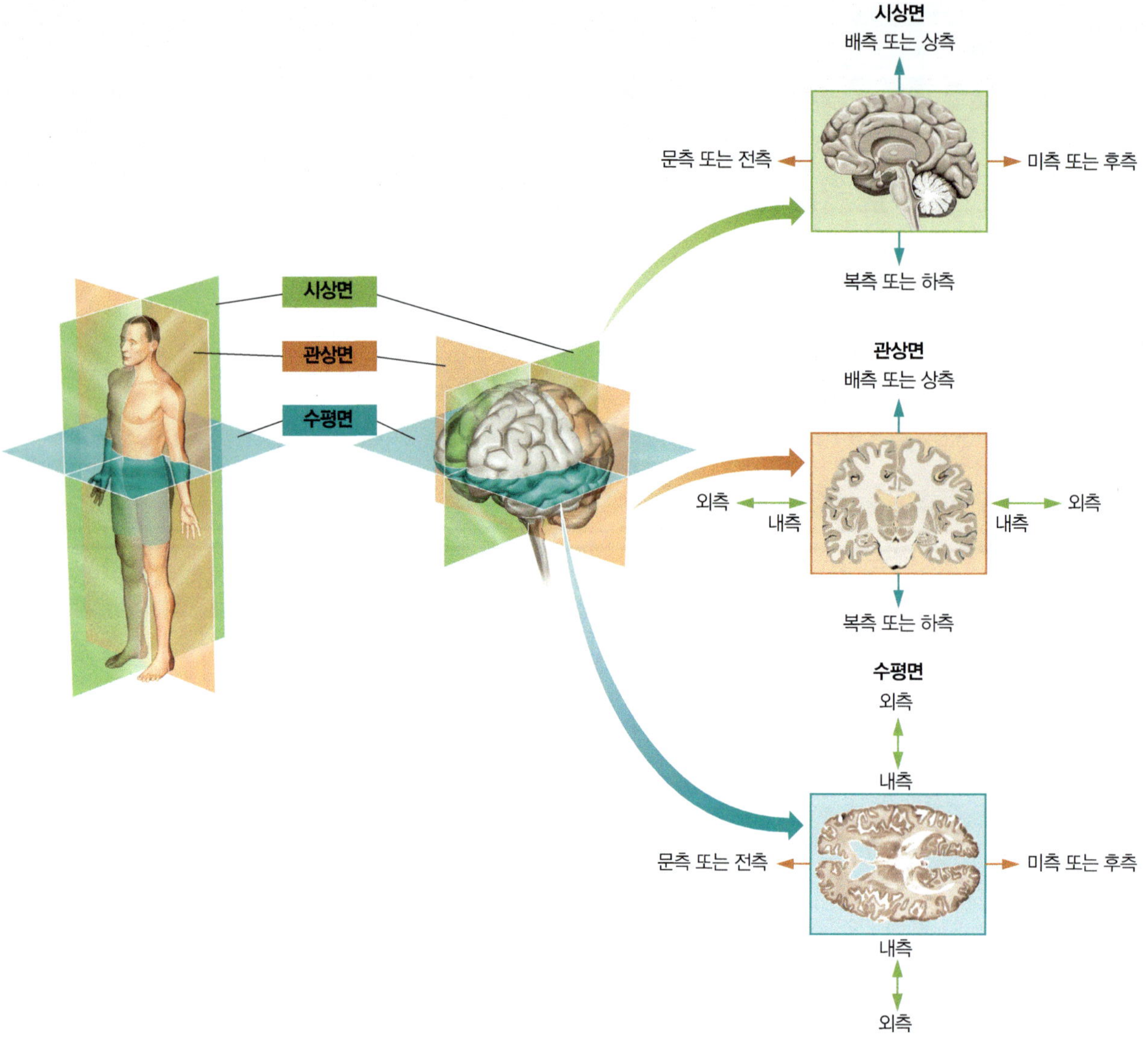

● **그림 1.4 뇌를 바라보는 주요 평면들.** 시상면은 왼쪽과 오른쪽을 나누고, 관상면은 앞과 뒤를 나누며, 수평면은 위와 아래를 나눈다. 각 평면에서 보이는 뇌를 묘사하는 해부학적 용어는 오른쪽에 표시되어 있다. © 2010 Cengage Learning

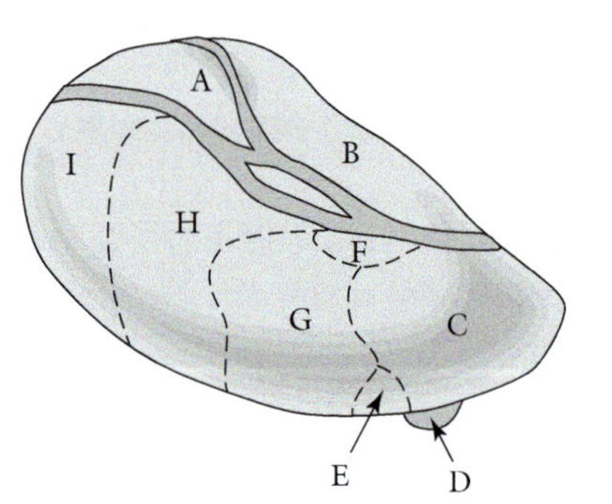

● **그림 1.5 시상의 여러 핵들.** (A) 시상전핵, (B) 배내측핵, (C) 시상베개(시상침), (D) 내측슬상핵, (E) 외측슬상핵, (F) 후외측핵, (G) 복측후외측핵, (H) 복외측핵, (I) 복전측핵. © 2011 Cengage Learning

또는 척수나 뇌를 향해 정보를 중계하는 뉴런 등 중추신경계 밖의 모든 신경 조직으로 이루어져 있다. 중추신경계 세포들은 쉽게 손상되기 때문에, 전체적으로 중추신경계는 뼈 안에 싸여 있다. 척수는 척추로, 뇌는 두개골로 에워싸여 있다. 이러한 뼈 구조들이 중추신경계를 보호한다고 하지만, 동시에 손상을 일으킬 수도 있다. 예를 들어 만약 척추에서 척수를 향해 압력이 가해진다면, 이는 신경세포를 짓눌리게 하고 통증을 유발할 수 있다. 16장에서 다시 논의하겠지만, 뇌 역시 두개골로 인하여 짓눌리게 되면 손상될 수 있다.

신경세포들과 이들을 담고 있는 뼈 사이에는 **뇌척수액**(cerebrospinal fluid, CSF)이 있는데, 이는 혈장(blood plasma)과 비슷한 물질이다. 본래 뇌는 CSF 안에 떠 있어서, 우리가 움직일 때 발생하는 충격을 방지한다. CSF로 채워져 있는 뇌 안쪽의 공간은 **뇌실**(ventricle)이라고 하며, 한 쌍의 **측뇌실**(lateral ventricle)이 가장 잘 알려져 있다(● 그림 1.6). CSF는 또한 영양분이 신경세포에 전해지는 데 필요한 신진대사를 돕는다. 전형적으로 신경계 밖의 세포들은 혈액을 통해서 영양분을 공급받는다. 그러나 혈뇌장벽은 혈액을 통해 영양분이 뇌로 전달되는 것을 방해한다. 오히려 혈액을 통해 오는 영양분들은 CSF를 통해 신경세포들에 전달된다.

또한 혈뇌장벽은 박테리아와 다른 감염요소들을 방지하고, 독소가 뇌에 전달되는 것을 차단한다. 그러나 항체와 포식세포(백혈구와 같은 세포로, 이물질을 삼킨다)와 같은 면역계의 분자들 역시 혈뇌장벽을 통과하기 어렵다. 그렇기 때문에 면역계가 중추신경계의 감염을 완벽하게 방지할 수는 없다. 감염요소가 뇌에 도달하게 되면 병의 진행을 막기 어려운데, 이는 감염에 대한 표준적인 치료들이 신체의 다른 영역들과는 달리 중추신경계에서는 효과가 없기 때문이다. 일반적으로 척수천자(spinal tap)라고 알려진 척수 근처의 CSF 샘플을 뽑아내는 것으로 신경학자들은 뇌가 독소나 감염요소들로 영향을 받고 있는지에 대해서 알 수 있다. 그 검사에서 박테리아 수치가 대단히 높다면, 이는 감염을 의미한다.

지금까지 신경계의 기본적인 조직화에 대해 이야기했으므로, 지금부터는 중추신경계의 7가지 주요한 하위 구조에 대해 고찰할 것이다. 여기에는 ● 그림 1.7의 (1) 척수, (2) 연수, (3) 소뇌, (4) 뇌교, (5) 중뇌, (6) 시상하부와 시상(간뇌), (7) 대뇌피질 등이 포함된다. 덧붙여서 우리는 두 가지 주요 하위 피질인 기저핵과 변연계에 대해서 논의할 것이다.

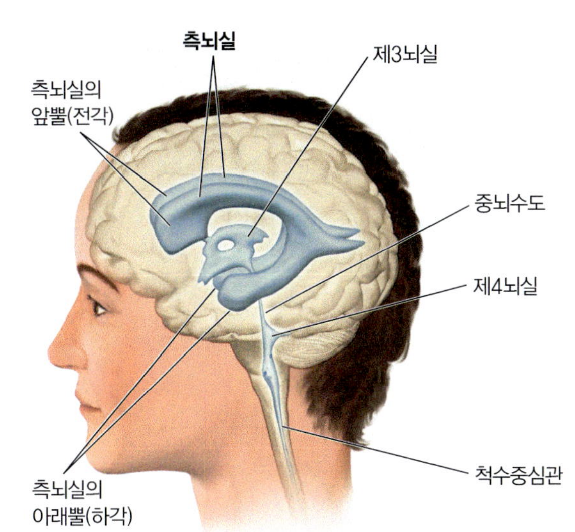

● **그림 1.6 뇌실계.** 뇌 안의 공동계는 뇌척수액으로 채워져 있다. 뇌실계는 각 반구에 하나씩 있는 양 측뇌실과 중뇌에 위치한 제3뇌실, 그리고 제4뇌실로 구성되는데, 이 둘은 중뇌수도를 통해 연결되어 있다. 뇌실의 뇌척수액은 뇌에 가해지는 충격을 완화하는 것을 돕고 영양소가 뉴런에 도달하는 것을 돕는다. © 2010 Cengage Learning

■ 척수

척수(spinal cord)는 대부분 (전부는 아님) 뇌로 정보를 전달하는 감각뉴런과, 뇌로부터 운동명령을 근육으로 전달하는 운동뉴런으로 구성되어 있다. **척주**(spinal column)는 척수를

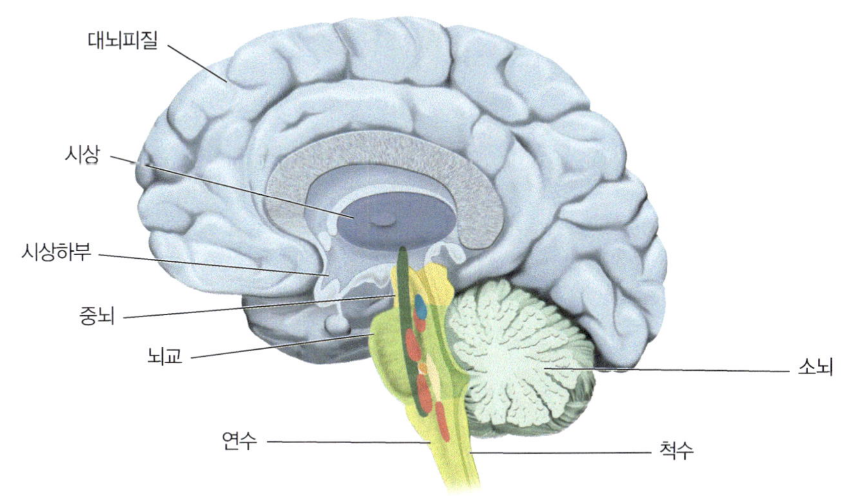

● **그림 1.7 인간 뇌의 주요 하위 구조.** 주요 하위 구조의 시상면: 척수, 연수, 소뇌, 뇌교, 중뇌, 간뇌(시상과 시상하부), 대뇌피질이 보인다. 연수, 뇌교, 간뇌는 *뇌간*이라고 불리기도 한다. 때로는 뇌를 세 개의 커다란 구획으로 나누기도 한다: 후뇌(연수, 뇌교, 소뇌), 중뇌, 전뇌(간뇌와 대뇌피질). © 2010 Cengage Learning

담고 있는 뼈 구조물로 많은 척추골 마디로 구성되어 있다. 각각의 척추 수준에서 감각정보들이 들어오고 운동정보들은 나간다. 만약 척수를 단층면으로 보면 신경세포들이 뚜렷하게 두 부분으로 응집되어 있는 것을 볼 수 있다. 하나는 복측에 위치하고 또 다른 하나는 배측에 위치하며 ● 그림 1.8에서 볼 수 있다. 척수의 배측(등 쪽)상의 세포들은 감각정보들을 받아들인다. 이와 반대로 복측(배 쪽)의 세포들은 운동명령들을 근육에 전달하는 역할을 하는데, 뇌나 척수의 다른 영역들로부터 들어오는 입력들을 받아들이기도 한다.

척수의 손상은 척수 분절의 관점에서 볼 때, 손상 지점에서 원위측에 있는 모든 신체 영역의 감각이나 운동능력의 상실을 초래한다. 말초로부터 오는 신경충동(neural impulse)은 손상 지점 이후로는 운반되지 못하기 때문에 뇌로 전달되지 못한다. 비슷하게 뇌로부터 나오는 운동 정보들도 손상 지점 이후의 근육으로 전달되지 못한다. 척수의 어느 부위에서 손상이 일어났는지에 따라 신체마비와 감각상실의 정도가 정해진다.

신체의 각 부위로부터 정보가 척추로 들어가는 것이 ● 그림 1.9에 나와 있다. 척주가 압력을 받으면 척추의 뼈들이 손상되고 따라서 척수를 손상시키는 결과를 초래한다. 예를 들어 5번 경추(C-5)에 손상을 입으면 사지마비(quadriplegia)가 일어나서 양쪽 팔다리의 운동, 감각이 모두 상실된다(그림 1.9 참조). 그러나 만약 손상이 더 낮은 수준, 즉 허리수준(예를 들어 12번 흉추, T-12)에서 일어나면 신체의 아랫부분에서 감각정보와 운동조절 상실을 가져오는 하반신마비(paraplegia)가 일어난다.

■ 연수

이 책의 목적상, 우리는 연수에 대해 중요한 사실을 조금 알아야 한다. **연수**(medulla)는 척수의 바로 위에 위치하는 뇌부분이다. 연수와 관련된 중요한 사실들은 다음과 같다. 첫째, 연수는 12쌍의 **뇌신경**(cranial nerve) 중에서 (모두는 아니지만) 여러 뇌신경들의 세포체가 있는 영역이다. 반면에 척수는 신체의 감각, 운동신경이 출입하는 지점으로 일부 뇌신경이 머리 부분의 감각정보를 받거나 운동조절을 하는 일에 관여한다. 다른 뇌신경들은 내부기관들의 신경 조절에 관여한다. 뇌신경 12쌍의 목록과 이들의 기능, 이들의 핵이 위치하는 뇌영역들에 대해서 ● 그림 1.10에 나타나 있다.

둘째, 연수에서 대부분의 운동섬유들이 신체의 한쪽에서 반대쪽으로 건너간다. 이러한 결과로 뇌의 왼쪽은 신체의 오른쪽을 조절하고 뇌의 오른쪽은 신체의 왼쪽을 조절한다. 셋째, 연수는 호흡이나 심장박동과 같은 생명유지에 필요한 기능과 반사들을 조절한다. 연수가 이런 기능들에 관여하기 때

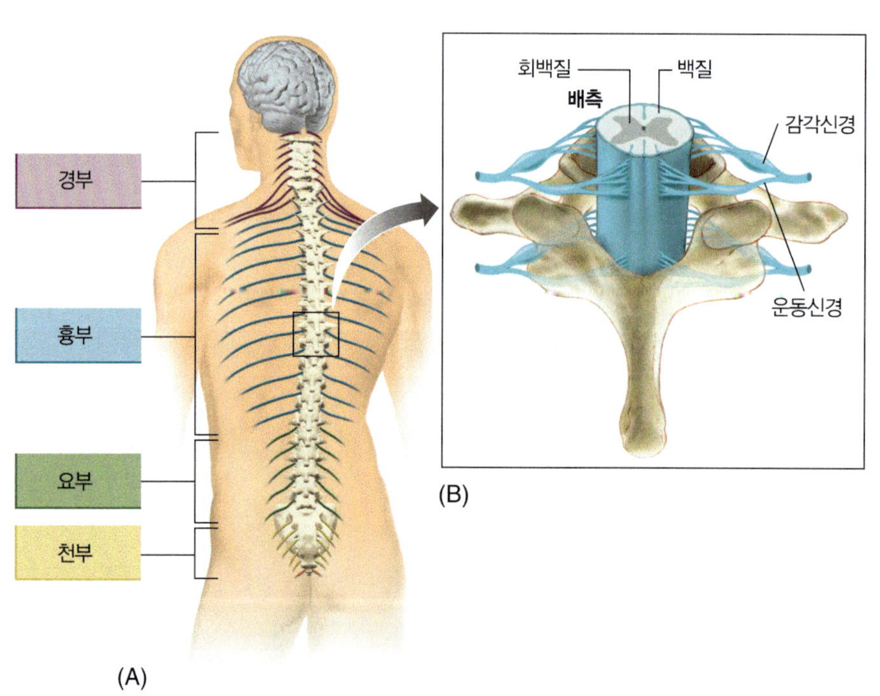

● **그림 1.8 척수.** (A). 척수의 네 영역: 경부, 흉부, 요부, 천부. 척수신경은 척주의 각 추골에서 나온다. (B) 척수의 횡단면. 감각 정보는 배측 영역을 통해서 척수로 들어오고, 근육 운동을 조절하는 신경은 복측 영역을 통해서 나간다. 회백질은 주로 세포체로 구성되어 있다. 주위의 백질은 수초화된 축색으로 구성되어 있고, 척수의 다른 수준이나 뇌로 정보를 운반한다. © 2011 Cengage Learning

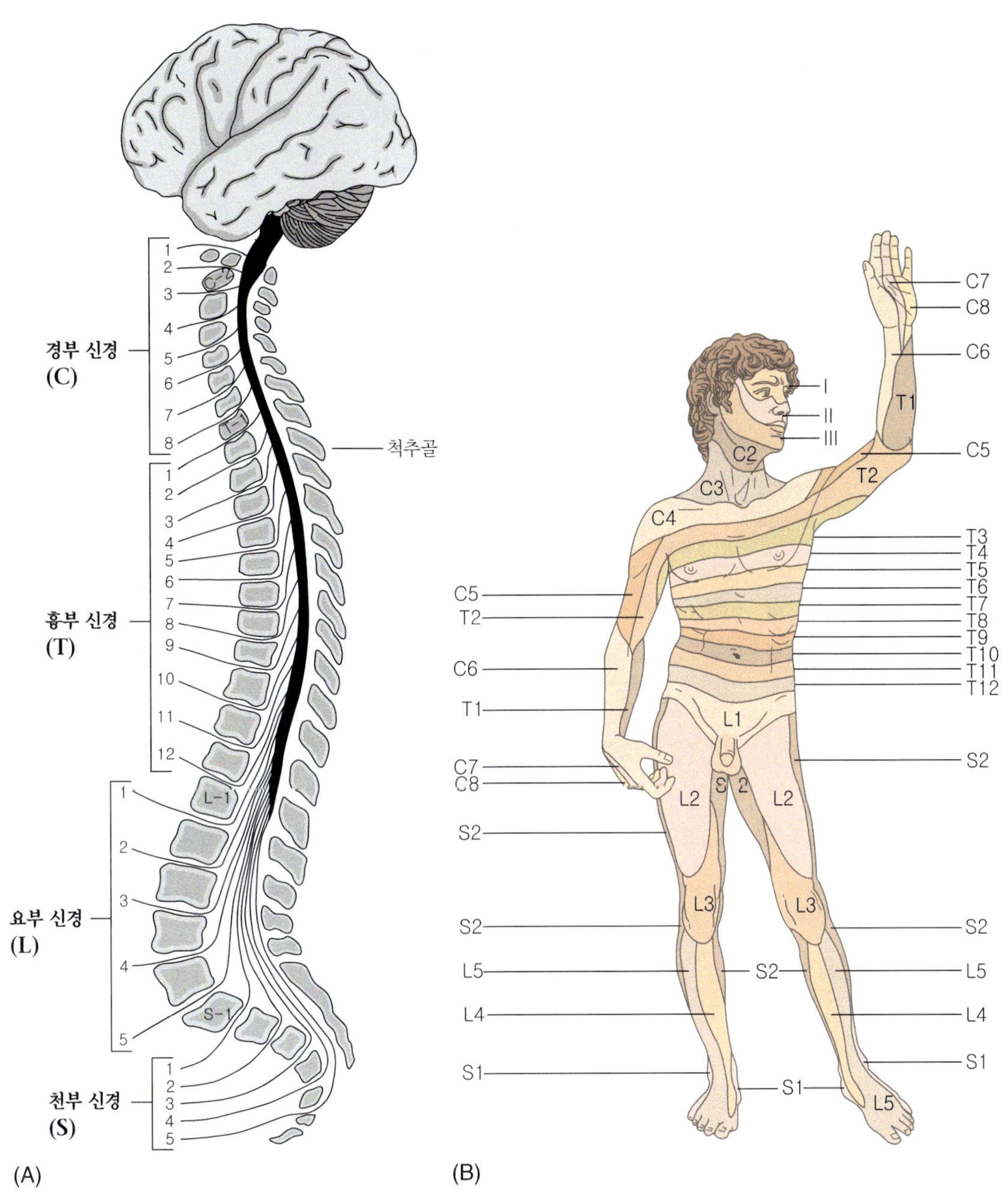

● **그림 1.9** (A) 왼쪽에 보이는 것은 각 척수신경이 나오는 위치를 나타낸다. (B) 오른쪽에 있는 것은 감각신경이 몸의 각 영역으로부터 척수로 정보를 운반하는 것을 나타내는 지도이다. 이러한 지도를 사용하여 의료진은 척수 손상 후 감각 상실의 위치를 파악해서 손상이 일어난 척수의 수준을 결정할 수 있다. 얼굴의 감각정보는 뇌신경을 통해 뇌로 전달된다.

문에 이곳의 손상은 치명적일 수 있다. 전반적 또는 특정적인 뇌 손상의 결과로 뇌 부종이 생긴다. 연수의 기능을 방해할 만큼 부종이 심해지면 사망할 수도 있다.

넷째, 연수는 **망상활성계**(reticular activating system)로 알려진 신경세포 집단이 있는 곳이다. 이 신경세포들은 뇌신경들로부터 입력을 받고, 뇌의 여러 영역들로 신호를 전달한다. 망상활성계는 무엇보다 각성과 주의에 있어서 중요하고 또한 수면의 주기를 조절한다. 더 자세한 것은 11장에서 논의될 것이다.

■ 소뇌

소뇌(cerebllum)는 연수의 후위에 위치하는데(그림 1.7 참조), 근육긴장의 조절과 운동 활동을 이끌어내는 뇌의 중요한 부위이다. 피아니스트가 실수 없이 음악을 연주하거나, 투수가 공을 부드럽게 던질 수 있게 하는 뇌의 주된 영역이다. 소뇌의 손상은 마비를 유발하지는 않지만, 대신에 운동의 정확성을 방해하고 균형과 평형을 혼란시킨다. 소뇌의 손상을 탐지하기 위해 의사들이 주로 사용하는 고전적인 검사는 피검자의 코와 검사자의 코를 번갈아 만지도록 하는 것이다. 소뇌가

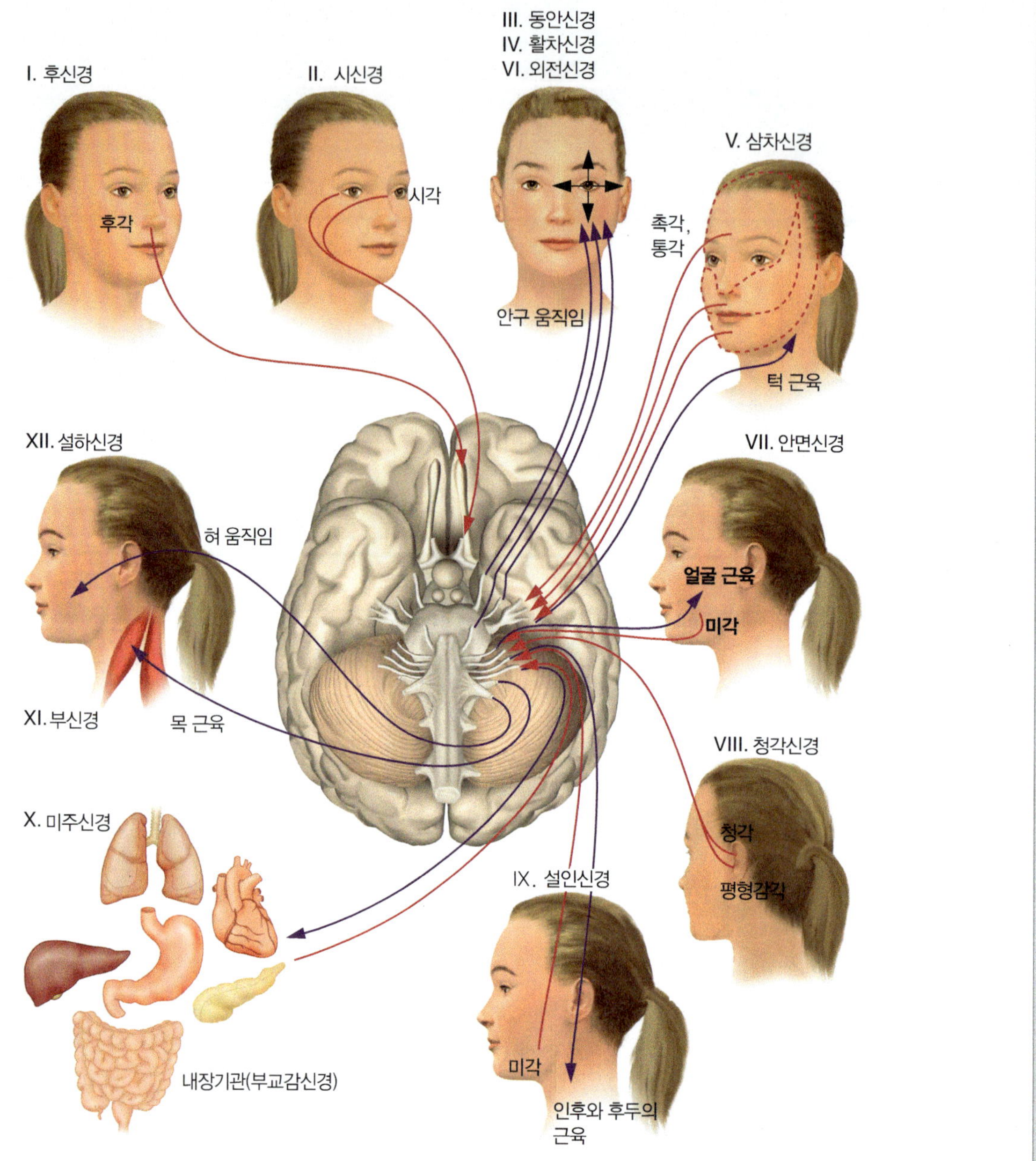

● **그림 1.10 뇌의 12개의 뇌신경의 입력(감각) 혹은 출력(운동)의 위치와 각 신경의 기능.** 뇌의 복측(바닥)면이 나와 있다. 대부분의 뇌신경은 연수와 뇌교로 들어간다. 보라색 선은 감각 기능을 나타내고, 붉은색 선은 운동 기능을 나타낸다. 감각 기능만을 가지는 뇌신경이 있고, 운동 기능만을 가지는 뇌신경도 있으며, 또 두 기능을 모두 가지고 있는 뇌신경도 있다. © 2010 Cengage Learning

손상된 사람이 이것을 할 수 있다고 할지라도, 자신의 코에서 다른 이의 코로 손을 옮겨 가는 경로는 부정확하고 일정하지 않을 것이다. 소뇌가 손상되면 균형과 운동조절의 결핍도 생기게 된다. 소뇌에 일시적인 혼란을 일으키면 명확해지는데, 머리에 큰 타격을 받았을 때 일시적으로 균형과 근육운동협조를 상실하는 **펀치 드링크 증후군**(punch-drink syndrome)에서 소뇌의 일시적 혼란을 흔히 볼 수 있다.

전통적으로 소뇌의 특정 영역인 **소뇌 측부**(lateral cerebellum)는 운동조절과 운동기술을 학습하는 데(예를 들어 테니스 공을 정확히 서브하는 요령) 주로 관여한다고 여겨졌다. 최근 연구들에 의하면 이 영역이 정신기능에 유연성과 정확성을 주는 인지과정의 특정 양상과 연관되어 있다고 한다(Akshoomoff & Courchesne, 1992). 또한 이 부위는 뇌의 내부 시계로서 시간적인 정보를 주는 데도 중요한 것으로 여겨지고 있다(Ivry, 1997).

■ 뇌교

뇌교(pons)는 연수의 바로 위쪽과 소뇌의 앞쪽에 위치하는데

(● 그림 1.11) 다양한 기능을 가지고 있다. 뇌교의 해부학적인 위치로 인하여, 뇌교는 뇌의 다른 영역들에서 들어오는 정보를 소뇌로 연결해 주는 다리로서 기능한다. 이곳은 여러 뇌신경들의 시냅스 지점(뉴런 간의 연결 지점)이며, 특정 유형의 안구운동과 전정기능의 조절(예를 들어 자세 균형)에 관한 중요한 부분으로 작용한다. 마지막으로 뇌교에는 **상올리브**(superior olive)가 있는데, 귀에서 들어온 청각정보를 뇌로 전달한다. 상올리브에는 양쪽 귀에서 오는 정보가 모이는데 이것은 양쪽 귀의 정보를 비교할 수 있도록 해 준다. 이런 비교는 수평차원에서 소리의 위치를 파악하는 데 중요한 것으로 생각된다(Masterton, 1992; 6장 참조).

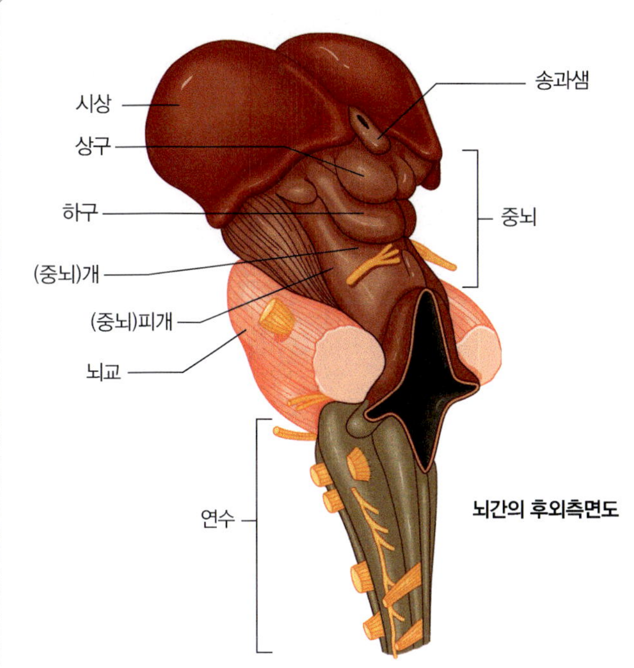

● **그림 1.11 연수, 뇌교, 중뇌를 포함하는 뇌간.** 뇌간을 잘 볼 수 있도록 소뇌를 잘라냈다. © 2009 Cengage Learning

■ 중뇌

중뇌(midbrain)는 뇌교의 위쪽에 위치한다(그림 1.11 참조). 중뇌는 뇌교, 연수와 비슷하게 몇몇 뇌신경들의 핵이 있는 뇌의 영역이다. 중뇌는 또한 두 가지 중요한 구조를 배측에 가지고 있는데 **하(소)구**(inferior colliculus)와 **상(소)구**(superior colliculus)가 그것이다. 이것들은 각각 청각과 시각 자극을 파악하는 데 중요한 역할을 한다(● 그림 1.11과 1.12).

상올리브처럼 하구도 중계핵이며 청각정보를 귀에서 피질로 전달하고, 소리의 위치를 파악한다. 또한 소리에 대해서 머리와 눈의 반사적 운동을 일으키는데 이것은 청각 자극에 정향(orient)하도록 하는 기본적 기능이다.

상구는 시각에 있어서 하구가 하는 역할을 한다. 상구는 주위에서 움직이는 큰 물체들을 정향하거나 지각할 수 있도록 해 준다. 그래서 예를 들어 차가 빠르게 왼쪽 먼 곳에서 여러분을 향해 다가온다면 상구는 무언가 가까이 오고 있다는 신호를 보낸다. 상구는 또한, 다른 뇌 영역들과 협동하여 큰 물체로 눈을 돌리게 해서 그 물체의 상이 망막의 중심와(fovea)에 맺히게 하는데, 이런 과정을 '포비에이션(foveation)'이라고 한다. 그러나 중뇌의 시각계는 대상을 명확하게 구별하지는 못한다(예를 들어 정확하게 그 물체가 차인지 잘 모른다). 따라서 시야의 중심에 대상이 위치한 후에야 대상 인지에 특별히 관여를 하는 다른 뇌 영역에 의해서 그 대상을 명확하게 파악할 수 있다. 특정 시각정보에 정향하고 관심 있는 물체를 주시하는 상구의 역할에 대해서는 6장, 8장, 11장에서 자세히 다루겠다.

■ 시상하부

시상하부(hypothalamus; ● 그림 1.13)의 일반적인 역할은 신체욕구를 만족시켜 행동을 조절하고 균형을 유지할 수 있도록 하는 것이다. 생명체에 특정 욕구가 발생하면, 일반적으로 시상하부는 신체를 안정된 상태로 되돌릴 수 있도록 고안된 행동을 방출한다[안정상태는 **항상성**(homeostasis)이라고 한다]. 예를 들어 배가 고프거나 목이 마를 때 사람은 음식이나 음료수를 섭취하는 행동을 하게 된다. 또한 추울 때는 담요나 따뜻한 장소를 찾을 것이다. 시상하부는 필요한 일련의 행동들을 뇌에 전달하는 신호를 발생시킨다.

시상하부의 다양한 기능에 대해서 자세히 살펴보자. 시상하부의 주요한 기능 중 하나는 섭식과 마시는 행동에 도움을 주는 것이다. 예를 들어 동물연구에서 시상하부의 복내측 영역의 손상은 동물로 하여금 정상체중을 유지하는 데 필요한 양 이상으로 먹게끔 하는 것을 보여주었다. 이런 행동들은 결과적으로 비만을 일으킨다. 비슷하게 시상하부의 배측과 외측부를 손상시키거나 또는 그 부위에 상해를 입으면 물을 마시는 데 문제가 생긴다. 시상하부의 또 다른 중요한 기능은 체온 조절을 돕는 일이다. 시상하부의 전측부와 후측부에 있는 뉴런들은 피부나 혈액의 온도가 변화하는 것을 감지하고 이를 통해서 자동온도조절장치와 비슷한 기능을 한다.

시상하부는 또한 혈류를 통해 신체로 전달되는 화학적 전달자들을 제어하는 체계인 **호르몬계**(hormonal system)와 밀접한 관련이 있다. 그래서 호르몬이 생성되는 지점으로부터 멀리 떨어진 목표 기관에 호르몬이 영향을 줄 수 있도록 한다. 시상하부는 직접 호르몬을 분비하고, 또 호르몬을 분비하는 뇌 영역의 활동을 조절하는 요소들을 생산한다. 시상하부와 호르몬계의 관련성은 생식행동, 주간리듬(daily rhythms) 그리고 공격 또는 도주반응(fight-or-flight response)에서 시상하부의 역할을 설명하는 데 도움이 된다.

성적 이형핵(sexually dimorphic nucleus)과 같은 시상

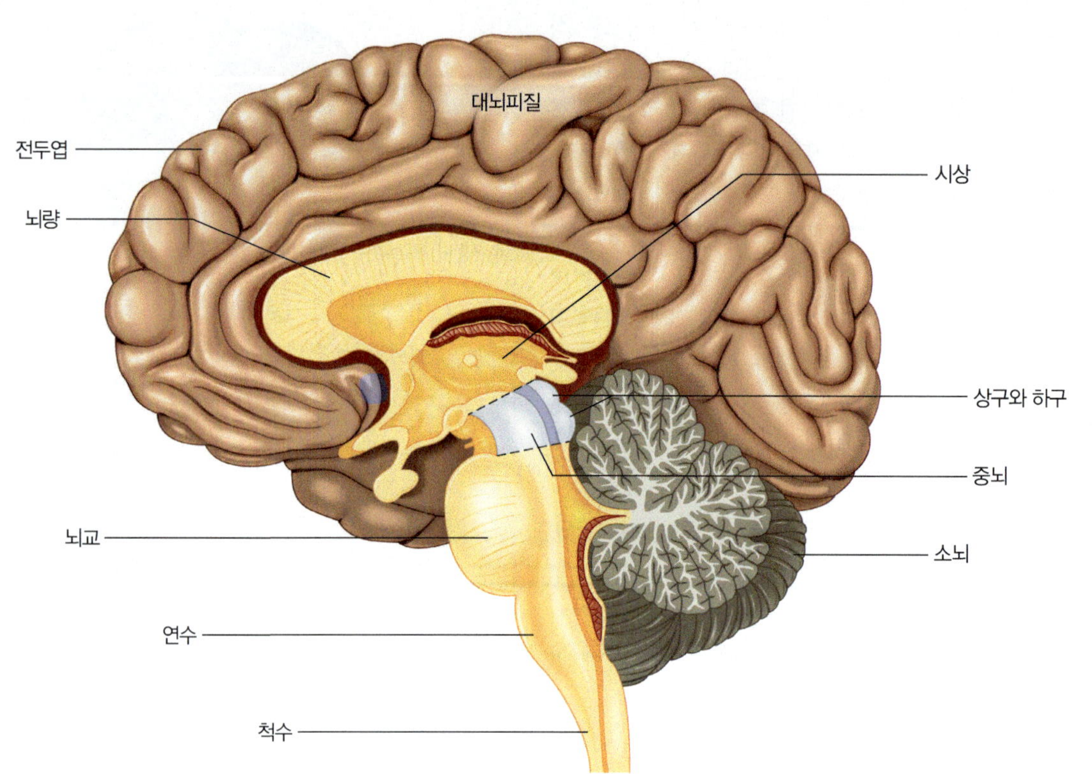

● **그림 1.12 상구와 하구의 위치.** 이 시상절단면에서 파란색으로 보이듯이, 상구와 하구는 중뇌의 배측 표면에 위치하며, 대뇌피질 아래 소뇌 앞에 있다. 상구와 하구는 각각 시각적 청각적 대상을 향해 정향하도록 한다. © 2009 Cengage Learning

하부의 특정 영역은 수컷과 암컷의 크기가 다르다. 많은 포유류에서 보이는 이러한 차이는 인간에게서도 나타난다. **시교차상핵**(suprachiasmatic nucleus) 같은 시상하부의 다른 영역은 일주기 리듬(diurnal rhythm)을 담당하는데, 망막에서 입력을 받아, 이에 대한 반응으로 하루 동안의 호르몬 분비의 변동을 조절한다. 마지막으로 시상하부의 외측부는 공격 또는

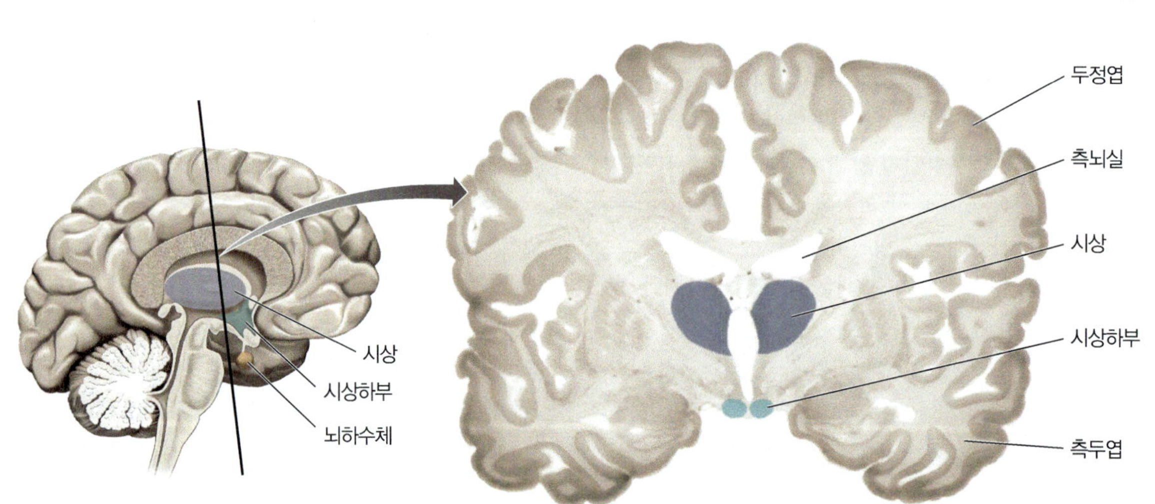

● **그림 1.13 간뇌.** 간뇌는 시상과 시상하부로 구성되어 있다. 시상하부는 신체가 적정상태를 유지하도록 행동을 통제하는 데 관여한다. 내분비계, 특히 뇌하수체와의 연결을 통해서 그러한 역할의 일부분을 수행한다. 시상은 피질로부터 나가고 들어오는 정보의 주요 중계 지점이다. 이 절단면은 간뇌의 위쪽에 있는 측뇌실과 간뇌 주위에 있는 피질과 비교하여, 간뇌를 이루고 있는 구조물들의 위치를 보여준다. © 2010 Cengage Learning

도주반응과 같이, 동물이 위험한 상황에서 자동적으로 나타내는 신체 반응을 활성화시키는 데 중요하다.

■ 시상

시상(thalamus; 그림 1.13)은 시상하부와 함께 **간뇌**(diencephalon)의 한 부분이다. 시상은 피질로 들어오는 대부분의 감각정보와, 피질로부터 나가는 대부분의 운동정보들을 연결하는 커다란 중추이다. **중계센터**(relay center)는 뇌의 어떤 영역으로부터 들어온 뉴런들이 시냅스를 맺고 뇌의 다른 영역으로 나아가는 뇌 영역이다. 중계센터 뉴런들 사이의 연결 패턴은 종종 정보를 다른 신경계로 보내기 전에 재조직화한다. 예를 들어 시각계에서는 망막으로부터 들어온 정보가 시삭(optic tract)을 경유하여 시상의 **외측슬상핵**(lateral geniculate nucleus)에서 시냅스를 맺는다. 외측슬상핵의 한 층인 거대세포층(magnocellular layer)은 희미한 빛에 대해서는 극도로 민감하지만 색깔에는 민감하지 않은 세포로부터 입력을 받는다. 반면에 소세포층(parvocellular layer)은 색깔에는 민감하지만 높은 수준의 밝기가 필요한 세포로부터 입력을 받는다. 따라서 이 중계 지점에서 정보들은 뇌로 전달되는 동안 조직화되고, 색깔이나 밝기에 대한 정보들이 분리된다(Zeki & Shipp, 1988). 이 조직화에 대해서는 6장에서 더 자세히 논의할 것이다.

시상을 포함해서 뇌의 특정 영역이 어떻게 연결중추로 활동하는지에 대해서 알기 쉽게 다음과 같은 비유를 생각해 보자. 한 무리의 닭들이 각자의 보금자리에서 품고 있는 달걀들이 나중에 분리되는 과정을 생각해 보자. 여기에서는 정보가 아니라 달걀이 한 지점에서 다른 지점으로 전달된다. 처음에는 암탉과 수탉쌍이 각자의 둥지에서 달걀을 낳을 것이다. 이 달걀들은 그 다음에 컨베이어 벨트로 보내진 후, 이웃 닭장의 암수쌍의 닭들이 낳은 달걀들과 함께 순서대로 운반될 것이다. 그러나 달걀들이 분리용 기계에 도착하면 모든 달걀은 크기를 기준으로 두 종류로 구분이 된다. 즉, 작은 달걀은 작은 것끼리, 큰 것은 큰 것끼리 모인다. 이러한 시스템은 양계장 내에서의 암수쌍의 닭들의 삶에 대한 기본적인 정보를 보존하며(이웃하는 닭장의 닭들이 낳은 달걀들이 서로 이웃하여 운반된다는 점에서), 그 정보를 새로운 방식으로 분류한다(달걀들은 그 크기에 따라 분류된다).

시상의 연결은 극도로 복잡하고 이것들을 모두 이해하는 것은 그 자체로 한 과목(또는 책)이 될 수 있다. 이 책의 목적에 비추어 우리는 시상으로 오거나 시상에서 나가는 연결의 양식이 매우 특수함을 알아야 한다. 한 감각계에서 정보를 받는 시상의 한 특정 영역은 피질의 한 특정 영역으로만 정보를 투사한다.

■ 주요 피질하계

중뇌와 간뇌 사이에는 중요한 두 개의 신경계가 존재한다. 운동조절에 중요한 기저핵과 정서에 중요한 변연계가 그것이다. 이 신경계의 대부분 혹은 모든 구조들은 대뇌피질 아래 위치하기 때문에 이들을 피질하계(subcortical system)라고 한다.

기저핵(basal ganglia)은 미상핵(caudate nucleus)과 피각(putamen) 그리고 담창구(globus pallidus)로 구성된다. 이 구조물들은 모두 시상 근처에 위치한다(● 그림 1.14). 이 영역들이 파괴되거나 변성되면 운동조절에 어려움을 겪는데, 일반적으로 불수의적인 운동조절이 어려워지는 특징이 있다. 담창구의 손상은 수족의 불수의적인 비틀어짐과 구부러짐을 초래하고, 반면에 미상핵과 피각의 손상은 사람이 움직이지 않고 쉬는 동안에 떨림이 나타나는 것 같은 불수의적인 운동들을 유발시킨다. 또한 걷기 같은 간단한 수의적 운동의 연쇄에 추가적인 운동들이 나타나기도 한다. 운동행동에서 이 영역들의 역할에 대해서는 5장에서 더 자세히 논의할 것이다.

변연계(limbic system)는 처음에는 다양한 신경계의 정서적인 정보들을 통합하는 회로라고 생각된 피질하 구조물들의 집합이다. 이 구조물들은 주로 감각세계나 개인의 내적 상태에 관한 정보들을 피질로부터의 정보들과 연결시켜 줌으로써 정서정보들의 처리를 가능하게 한다고 생각되었다. 예를 들어 만약 작은 동물이 큰 동물을 보았을 때, (1) 시상하부에서 공포에 대한 정보, (2) 큰 동물을 확인하는 시각피질로부터의 정보, (3) 이전에 맞닥뜨린 적이 있는 이 커다란 동물이 위험했었는지 상기시켜 주는 기억과 관여하는 뇌의 영역으로부터의 정보들이 반드시 통합되어야 한다. 비록 변연계의 일반적인 개념은 유지되고 있지만, 지금은 이 구조들이 다양한 기능에서 훨씬 더 복잡한 역할을 한다고 알려져 있다.

변연계에는 편도체(amygdala), 시상하부(hypothalamus), 대상피질(cingulate cortex), 전측시상(anterior thalamus), 유두체(mammillary body), 그리고 해마(hippocampus)가 포함된다(● 그림 1.15). 이 구조들의 역할에 대한 자세한 논의는 이후의 장에서 이루어질 것이다. 예를 들어 편도체는 공포의 조절에 관여하고, 13장에서 논의될 정서기능과 관련하여 중요한 역할을 한다. 해마는 10장에 기술된 것처럼 기억, 특히 새로운 장기기억을 형성하는 데 중요한 역할을 한다. 그리고 5장과 11장에서 더 자세히 논의될 대상피질은 운동조절과 행동의 선택에 관여한다.

■ 대뇌피질

대뇌피질은 우리가 뇌에 대해 생각할 때 쉽게 떠오르는 부분이다(그림 1.7 참조). 피질은 대상인식, 공간처리, 주의 같은 우리가 앞으로 논의할 부분과 관련하여 주요한 역할을 하는

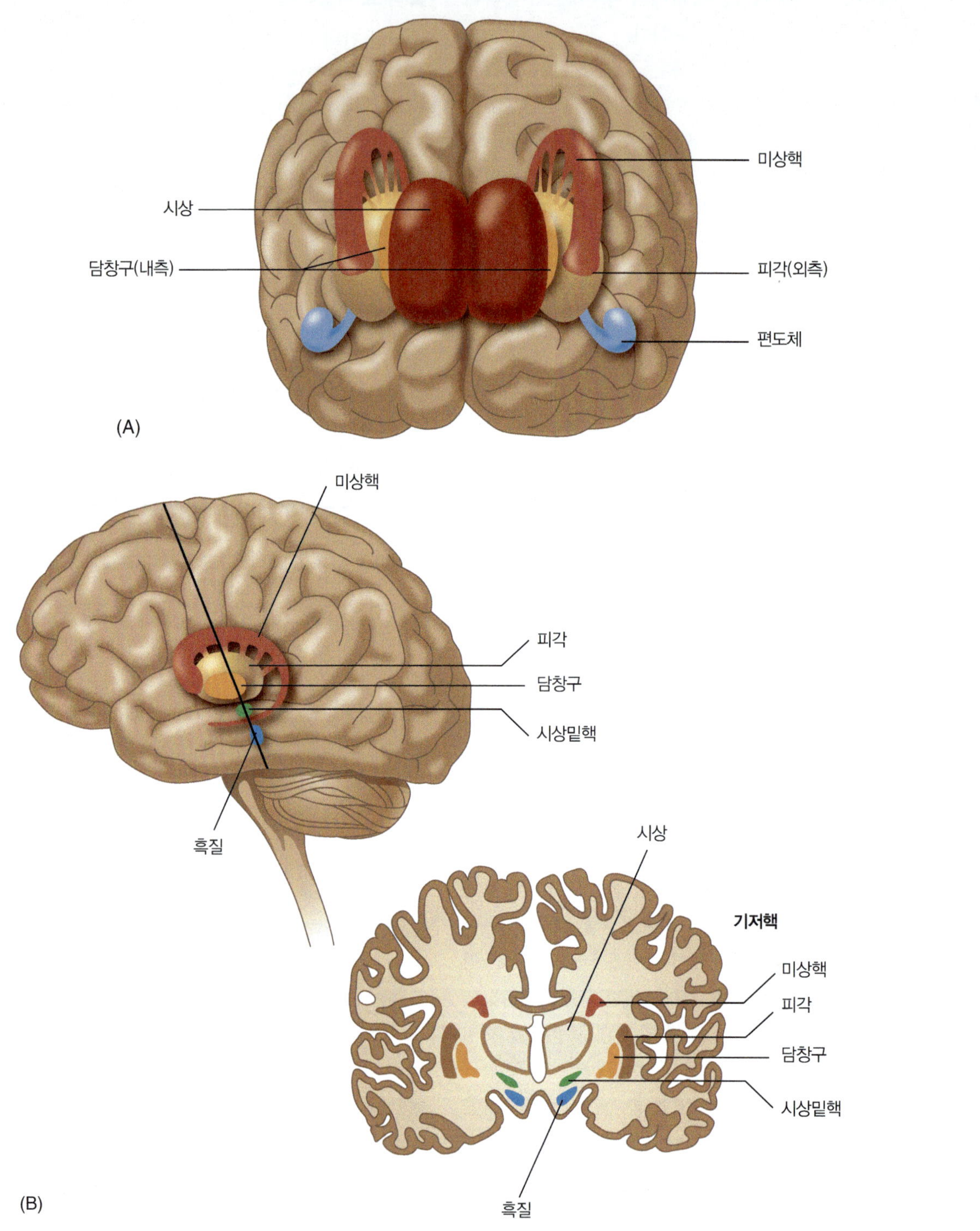

● **그림 1.14 뇌 깊숙한 곳에 있는 기저핵의 위치.** (A) 정면에서 뇌를 본 것과, (B) 측면에서 바라본 것 그리고 관상면. 기저핵은 담창구, 미상핵, 피각으로 구성되어 있으며 시상밑핵 그리고 흑질과 연관되어 있다. 그 구조물들이 시상의 복측과 외측에 어떻게 위치해 있는지 주목하라. 미상핵의 머리는 전측에 있고, 이 구조가 둥글게 말려서 꼬리 쪽으로 향한다는 것을 주목하라. 꼬리는 편도체 옆에 자리잡고 있다.

곳이다. 피질은 두 부분으로 나눌 수 있는데, 각각 **대뇌반구**(cerebral hemisphere)라고 불린다. 처음에는 이 두 대뇌반구들이 비슷하게 보이겠지만, 4장에서 두 개의 대뇌반구 사이에 각기 역할과 해부학적 구조상의 차이가 있다는 것을 배울 것이다. 각 뇌의 회선(convolution), 즉 융기(bump)는 **회**(**이랑**, gyrus, 복수형 gyri)라고 불리고, 이는 뉴런들로 이루어진 거대한 덮개로서, 이전에 논의했던 뇌의 다른 구조들을 덮고 있다. 이 회들로 말미암아 뇌 조직들은 작은 공간에 빽

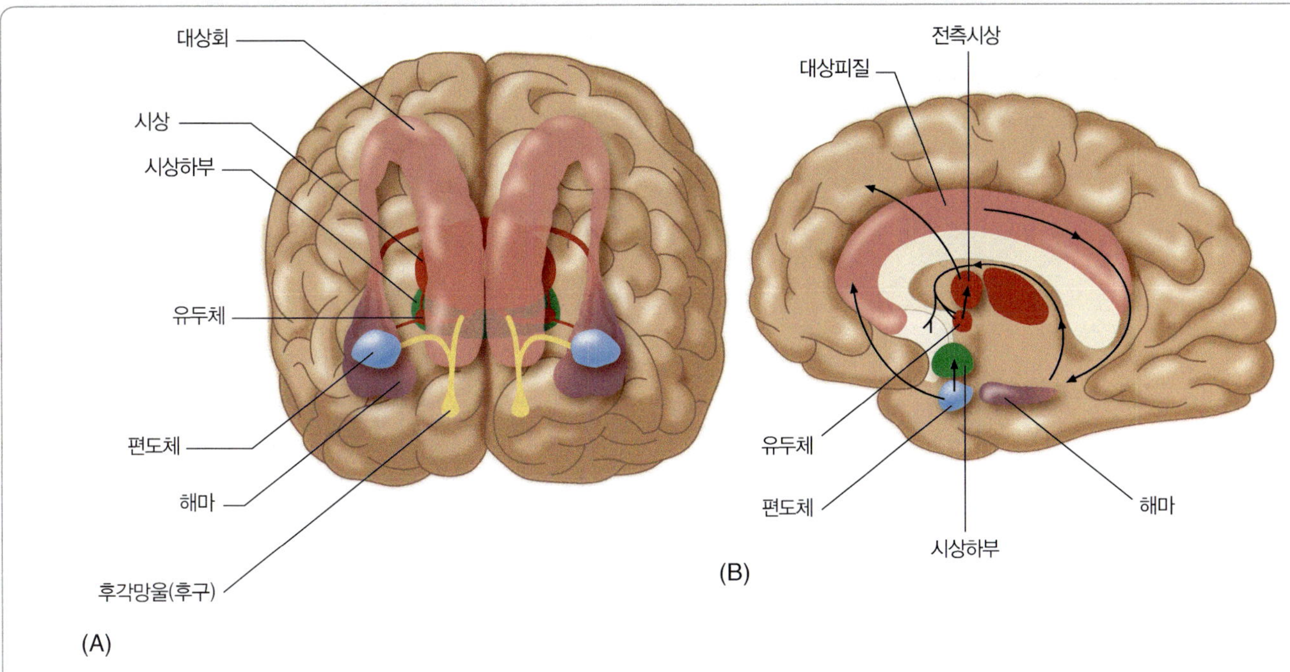

● **그림 1.15 변연계를 이루는 구조물.** 변연계는 편도체, 유두체, 대상회, 전측시상, 해마, 시상하부로 구성되어 있다. (A) 변연계 구조물들은 뇌 깊숙한 곳에 위치한다. (B) 여러 변연계 영역들이 어떻게 하나의 계를 형성하는지 구조물들간 연결을 나타내는 도식. © 2011 Cengage Learning

빽하게 들어갈 수 있다. 이는 옷을 돌돌 말아 넣음으로써 옷가방 속에 더 많은 옷을 넣을 수 있는 것과 같다. 융기 사이의 각 골짜기들은 **구**(**고랑**, sulcus, 복수형 sulci)라고 불린다. 만약 골짜기가 매우 깊다면 **열**(fissure)이라고 부른다. 모든 뇌에는 동일한 기본적인 회(이랑)의 패턴(gyral pattern)이 있는데, 모든 얼굴이 동일한 기본 형식으로 되어 있는 것과 같다(코 위에 눈이 있고, 코 아래에는 입이 있는 것처럼). 그러나 개인의 얼굴 간에 미묘한 차이가 있듯이 그런 차이가 회(이랑)의 패턴에도 있다. 이는 마치 얼굴상에 이목구비의 배치가 다양한 것과 같다(어떤 사람은 두 눈 사이의 거리가 넓고, 반면에 어떤 이들은 그 거리가 좁을 수 있다). 뇌의 주요 구, 회의 이름은 이 책의 앞표지 안쪽에 제시된 그림들(그림 A~D)을 참고하기 바란다. 그 그림들을 통해 책에서 논의되는 뇌의 특정 영역들에 대해서 좀 더 쉽게 찾아볼 수 있을 것이다. 회는 검은색으로, 구는 붉은색으로 표시되어 있다.

세 가지 주요 열은 뇌에 있어서 중요한 이정표 역할을 하는데, 이는 이들이 주요 뇌 영역들 간의 기능적 차이들을 나타내기 때문이다. 먼저, 종종 **롤란도 열**(Rolandic fissure)이라고 불리기도 하는 **중심열**(central fissure)은 각 대뇌반구를 전후차원으로 분리해 준다. 일반적으로 중심열 앞의 부분은 운동처리와 관련되고, 뒷부분은 감각처리와 관련된다. 두 번째 주요 열은 **외측열**[Sylvian (lateral) fissure]인데, 이 열은 각각의 대뇌반구를 복측과 배측 차원으로 분리해 준다. 이 구분은 중요한데, 외측열 아래쪽의 뇌 영역인 측두엽은 기억, 정서, 청각처리에서 중요한 역할을 하기 때문이다. 세 번째 주요 열은 **세로열**(longitudinal fissure)이다. 이 열은 오른쪽과 왼쪽의 대뇌반구를 구분해 준다. 이 구분이 중요한 것은 각각의 대뇌반구가 인지와 정서기능으로 간주되는 독특한 전문성을 가지고 있기 때문이다.

이 세 열은 또한 각각의 대뇌반구를 네 개의 주요 영역 또는 엽으로 구분해 준다. 중심열 앞의 영역은 **전두엽**(frontal lobe)이며, 외측열 아래의 영역은 **측두엽**(temporal lobe)이다. 중심열 바로 뒷부분, 외측열의 윗부분에 해당하는 영역은 **두정엽**(parietal lobe)이며, 나머지 두정 · 후두고랑의 뒷부분은 **후두엽**(occipital lobe)이다(책의 앞표지 안쪽에 있는 그림 C: 뇌의 외측면도 참조).

대뇌피질에 대한 상세한 고찰

피질은 많은 인간 고유의 기능에 있어 중요한 역할을 하기 때문에 좀 더 상세하게 살펴볼 필요가 있다. 먼저 피질의 해부학적 특성과 세포의 **구조학**(cytoarchitectonics)으로 불리는 세포 조직화 패턴에 기초하여 피질 영역을 구분하는 체계에 대해 간단히 언급한 후 각각의 기능에 따른 피질 영역을 살펴볼 것이다. 그리고 외부에서 입력되는 감각정보를 받아들이는 데 중요한 뇌 영역뿐만 아니라 신체의 운동 출력을 통제하는 뇌 영역을 살펴볼 것이다. 마지막으로 인지와 정서기능에 크게 관여하는 나머지 피질 영역에 대해 개관할 것이다.

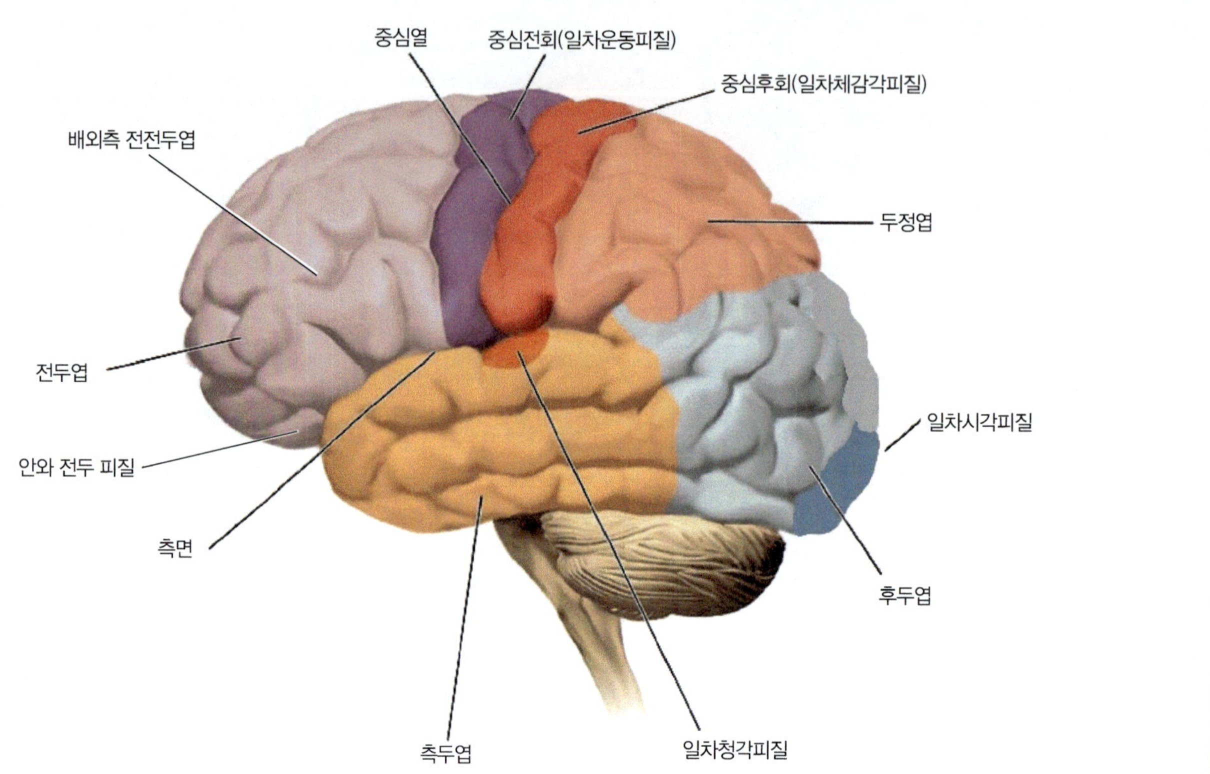

● **그림 1.16 일차감각피질과 일차운동피질.** 모든 일차감각영역은 중심구의 후측 부위에 위치하는 반면, 일차운동피질은 전측에 위치한다. 주요 일차감각영역을 네 개의 주요 엽과 관련하여 나타내었다: 전두엽, 두정엽, 후두엽, 측두엽. © 2010 Cengage Learning

■ 세포구조학적 구분

피질의 모든 영역은 5~6 세포층(layer, lamina, 복수형 laminae)으로 구성되어 있으나, 각 층에 포함된 세포의 크기와 형태뿐만 아니라 각 층의 상대적인 두께도 뇌 영역에 따라 다르다. 신경해부학자들은 층의 구조와 층 내부의 세포의 특성이 유사한 피질 영역들을 확인해 왔다. 이러한 발견으로부터 별개의 다른 영역들을 구분했는데 이것이 **브로드만 지도**(Brodmann map, 제작자의 이름에서 유래)이다(이 책의 뒷표지 안쪽의 그림 A와 B에서 볼 수 있다). 브로드만 지도에 표시된 경계선은 절대적이지도 항상 명확하지도 않다. 경계선은 더 융통성 있게 변화할 수 있는데, 다시 말해서 경계가 '모호'할 수도 있다.

브로드만 지도의 뇌 영역 간 구분은 기능과는 무관하게 전적으로 해부학적 기초에 의해 만들어진 것이지만 어떤 경우에는 뚜렷한 세포구조학적 특성을 지닌 영역이 뚜렷한 기능을 갖는 경우도 있다. 다른 경우에는 신경해부학과 기능 사이의 상관관계가 덜 명확하다. 브로드만 지도가 친숙해진 주요한 이유 중에 하나는 뇌 조직의 특정 영역을 지칭하는 방법으로서 이 체계를 사용하는 것이 인지 신경과학자들 사이에서 매우 일반화되었기 때문이다. 3장에서 특정 과제를 수행하는 동안 생리적으로 활성화되는 뇌 영역을 확인하기 위해 고안된 뇌 영상 이미지 기법을 사용하는 연구의 급증에 대해 언급할 것이다. 이러한 뇌 영역의 위치를 독자에게 전하기 위해 과학자들은 브로드만 지도에 표시된 영역의 숫자로 활성화된 뇌 영역을 나타낸다. 예를 들어 언어 출력에 중요한 좌반구 영역인 **브로카 영역**(Broca's area)은 브로드만의 용어로 44 영역(Area 44)으로 표시된다(브로드만 영역 44를 줄여서 BA 44). 다른 방식으로 같은 영역을 **전측 판개 영역**(frontal opercular region)이라 부르기도 한다(앞표지 안쪽의 그림 C: "뇌의 외측면도" 참조).

■ 일차감각 및 운동피질

특정 감각 양식(예를 들어 시각정보)에 대한 정보를 받는 대뇌피질의 첫 번째 영역은 **일차감각피질**(primary sensory cortex)로 알려져 있다. **일차운동피질**(primary motor cortex)은 신체 근육의 미세한 운동 통제를 조절하는 뉴런의 최종 도착 지점이다. 일차감각피질과 일차운동피질의 위치는 ● 그림 1.16에 제시되어 있다.

일차감각영역의 조직화는 감각 수용기가 민감하게 반응하는 환경의 물리적 속성의 영향을 받는다. 이것을 설명하기 위해 **청각**(audition; 듣는 감각)을 예로 들어 보자. 우리가 전혀 다른 우주에 산다면, 인간의 와우관(cochlea) 내에 존재하는 유모세포(hair cell)라는 감각 수용기의 경우, 어떤 수용기는 큰 소리에만 반응하고 어떤 수용기는 작은 소리에만 반응하도록 조직화되는 방식으로 진화되었을 수도 있다. 그러나 우리가 실제 살아가는 세계는 이와는 다르다. 더 정확히 말하자면 와우관의 유모세포는 상이한 주파수의 소리(가령, 낮은 음조와 높은 음조)에 민감해서 우리는 그것을 다른 음조로 인식한다. 이와 같이, 주파수는 신경계에 의해 부호화되는 청각정보의 속성이다. 6장에서 더 자세히 살펴보겠지만, 소리의 주파수에 대한 감각 수용기의 민감도는 어떤 영역은 높은 음조가 들릴 때 활성화되고, 다른 영역은 낮은 음조가 들릴 때 활성화되는 일차청각피질의 조직화에 반영된다.

일차감각영역과 일차운동영역은 5장과 6장에서 각 시스템의 독특성을 논의하기에 앞서 먼저 언급할 만한 일반적인 조직화 특성을 공유하고 있다. 첫째, 모든 뇌 영역은 물리적 환경의 독특한 특성이 뇌 조직 위에 '지도화'되도록 조직되었다. 예를 들어 신체의 특정 영역의 운동 통제는 일차운동피질의 특정 영역에 의해 조절된다. 그러므로 집게손가락의 움직임은 다양한 영역에 의해 조절된다기보다는 운동피질의 특정한 한 영역에 의해 조절되는 것이다. 둘째, 이러한 지도는 물리적 세계에 비해서 왜곡되어 있다. 이 지도는 시스템 내부의 수용기[receptor, 혹은 효과기(effector)]의 밀도를 반영하는 듯하다. 예를 들어 인간은 망막의 외측 부위보다 중심 부위인 중심와(fovea)에 수용기가 더 많이 밀집되어 있다. 마찬가지로 더 많은 일차시각피질이 시각적 환경의 가장자리에서 오는 정보보다 중심 부위에서 오는 정보를 처리하는 데 관여한다. 셋째, 뇌 조직에서 일어나는 환경에 대한 지도화는 시각, 촉각, 운동 통제에 대해서 상하좌우가 교차되는 방향으로 일어난다. 예를 들어 신체 또는 환경의 오른쪽 상반부 영역에서 들어온 정보는 왼쪽 반구의 복측 일차시각피질 또는 일차운동피질에 의해 처리된다.

운동피질

일차운동피질(primary motor cortex)은 운동 신경대(motor strip)라고 하는 길고 좁은 띠 내부에 있는데, 이것은 중심열 바로 앞에 위치하고 있다. 그것은 세로열의 깊은 부위에서 시작하여 뇌의 최상부까지 뻗어 있으며, 실비안 열(Sylvian fissure)까지 아래로 이어진다. 그것은 주로 브로드만 영역 4 내에 위치한다. ● 그림 1.17C에 운동 신경대의 각 부분에 의해 조절되는 신체 영역이 묘사되어 있다. 이 뇌지도, 즉 신체뇌도는 '작은 사람'이라는 의미의 호먼큘러스(homunculus)라고 불리기도 한다. 그림 1.17C에서 앞에서 언급한 두 가지 일반화된 특성에 대해 주목하라. 첫째, 뇌 위의 신체도표는 좌우, 상하가 뒤집어져 있다. 좌측 운동 신경대가 신체의 오른편을 통제하고, 우측 운동 신경대가 신체의 왼편을 통제한다. 상하 전도는 발과 발가락을 통제하는 부위가 운동 신경대의 최상부에 위치하고(세로열 내부에 있다), 얼굴의 통제는 대부분 뇌의 외측(lateral) 표면의 복측(ventral)에서 일어난다.

둘째, 신체의 특정 부위를 통제하는 뇌 조직 영역의 크기가 신체 부위의 크기와 비례하지 않기 때문에 지도가 왜곡되어 있다는 점에 주목하라. 신체의 어떤 영역(얼굴, 후두, 성대, 손, 등)은 상대적으로 작은 크기에도 불구하고 그들을 통제하는 피질 영역은 더 크다. 예상할 수 있듯이, 지도의 왜곡은 섬세한 운동을 통제하는 신체 부위에서 더 크게 나타난다. 얼굴이나 손과 같이 섬세한 운동 통제를 필요로 하는 신체 부위는 허벅지와 같이 섬세한 운동 통제가 필요 없는 신체 부위의 통제를 담당하는 뇌 영역보다 더 넓은 뇌 영역에 의해 조절된다.

이러한 왜곡의 기능적인 중요성은 얼굴과 성대, 손 등에 의해 개별적으로 수행되는 행동들, 즉 정서를 표현하고, 말하고, 사물을 조작하는 데 요구되는 극도로 미세한 운동 통제의 필요성을 고려할 때 이해 가능하다. 그러므로 운동피질의 넓은 영역이 이러한 신체 영역을 조절하는 데 관여한다. 이와는 대조적으로 등은 신체에서 더 넓은 영역을 차지하는 부위 중 하나임에도 불구하고 미세한 운동 근육을 가지고 있지 않으며, 따라서 등 근육 통제에 관여하는 뇌 영역은 매우 좁다.

일차운동영역의 손상으로 인한 영향은 무엇일까? 운동피질에 있는 뉴런들은 근육에 의해 조절되는 힘의 양을 통제하기 때문에 일차운동피질의 손상은 신체 반대편의 근육 약화를 초래한다. 예를 들어 운동 신경대의 배측 영역의 손상은 신체 아랫부분의 약화를 초래한다[신체뇌도(homunculus)의 역방향성을 기억하라]. 반면에 운동 신경대의 복측 부위의 손상은 얼굴과 팔 근육의 약화를 초래한다. 5장에서 언급하겠지만, 신체는 근육을 통제하기 위한 다중 체계를 가지고 있다. 따라서 운동피질의 손상이 전반적인 마비를 초래하지는 않는데, 이는 다른 운동 체계가 손상을 보상할 수 있기 때문이다. 그러나 검지와 엄지손가락으로 무엇인가를 잡는 것과 같이 섬세한 독립적 운동 협조를 필요로 하는 근육운동능력은 손상될 것이다. 운동 신경대(motor strip)의 방대한 손상이 기저핵의 손상과 동반하여 일어날 때(흔히 뇌졸중 이후에 발생한다), 신체 반대편의 마비가 관찰되며 **편마비**(hemiplegia)를 초래하게 된다.

체감각피질

일차체감각피질(primary somatosensory cortex)은 촉각 자극, **고유감각**(proprioception, 신체 부위의 위치와 움직임을 감지), 내장기관과 근육으로부터 압력과 통각정보를 받는 피질 영역이다. 일차체감각피질은 중심열의 바로 뒤쪽에 위치하고 있다. 브로드만 1, 2, 3영역으로 중심열의 바로 뒤쪽에 위치하고 있다.

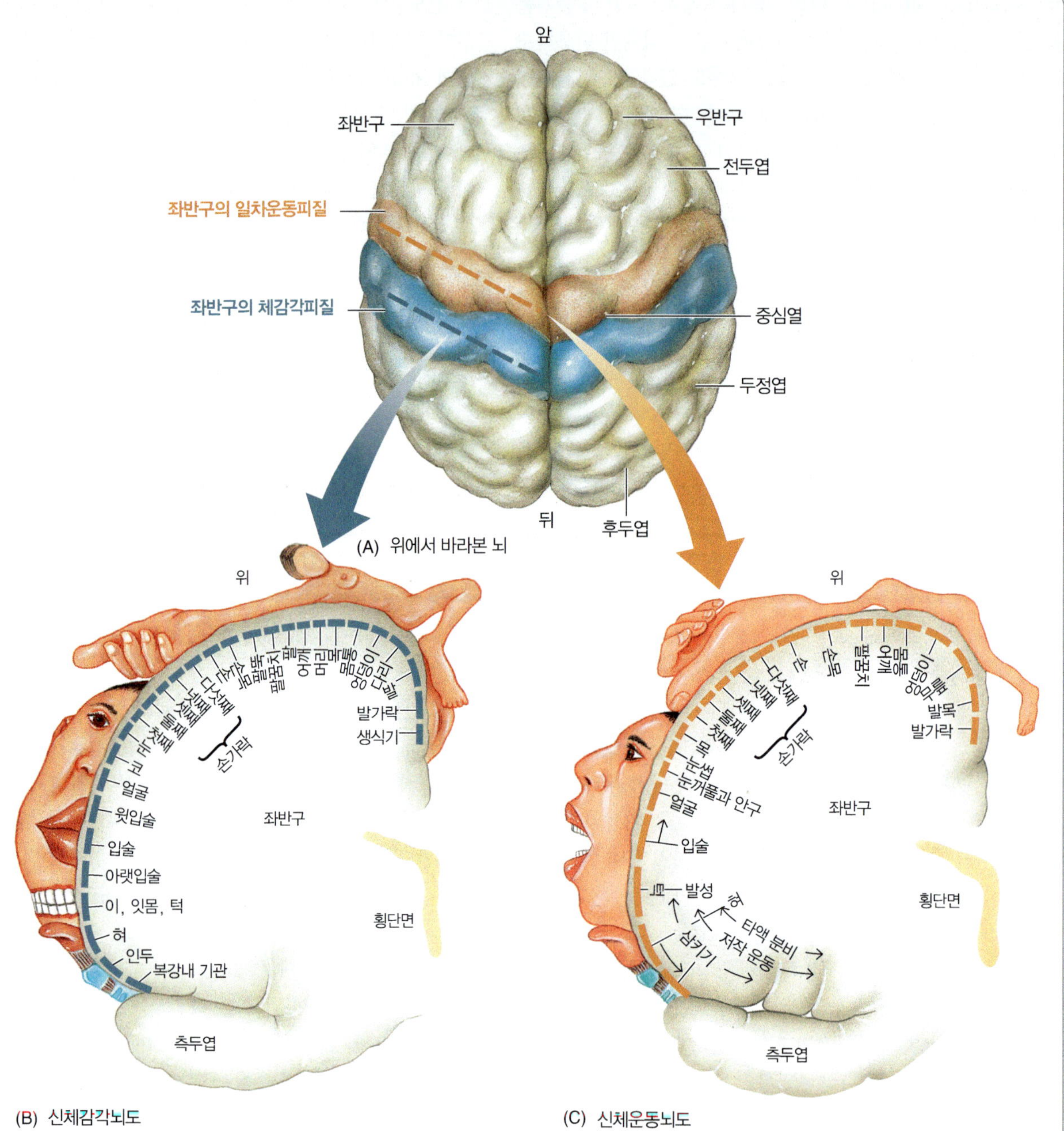

● **그림 1.17 신체운동뇌도와 신체감각뇌도.** (A) 위에서 바라보았을 때 일차운동피질은 중심열 전측에 위치하며 일차체감각피질은 중심열 후측에 위치한다. (B) 신체감각뇌도. 손이나 얼굴과 같이 촉각에 대한 민감도가 높을수록 체감각피질의 영역이 넓다. 반면에 몸통과 같이 촉각에 대한 민감도가 낮은 신체 부위는 체감각피질에서 차지하는 영역이 작다. (C) 신체운동뇌도. 신체감각뇌도와 마찬가지로 손이나 손가락처럼 정교한 운동을 통제하는 신체 영역은 피질의 넓은 부위를 차지한다. 이러한 왜곡은 신체감각뇌도와 일치하지는 않지만 유사하다. © 2010 Cengage Learning

피부는 다양한 신경 말단 또는 수용기를 포함하고 있으며 이들은 고통, 압력, 진동, 온도와 같은 촉각정보의 여러 측면에 민감하다. 이러한 정보는 두 가지 주요 경로를 따라 피질까지 전달된다. 세밀하지 못한 촉각정보는 통증과 온도에 대한 정보와 함께 척수의 배측에 시냅스를 맺고 있는 뉴런에 의해 피질로 보내진다. 그 지점에서부터 정보는 시상으로 전달되어 피질에 이르게 된다. 미세한 촉감과 고유감각에 대한 정보는 척수로 들어와서 연수에 도달해서야 비로소 시냅스를 맺는데, 그 지점에서 정보가 교차되고 시상으로 전달되어 피질에 이르게 된다.

신체운동뇌도(motor homunculus)와 마찬가지로 일차체감각피질의 신체뇌도 또한 좌우, 상하로 뒤집어져 있다. 체감각피질 지도상의 신체 영역 왜곡은 촉각 수용기의 밀도에 비례한다. 일반적으로 촉각 수용기가 고도로 밀집되어 있는 지역은 그들로부터 정보를 받는 더 넓은 체감각 신경대(somatosensory strip)를 가지며, 상대적으로 촉각 수용기의 수가 적은 지역은 그들로부터 정보를 받는 뇌 영역이 작다. 체감각피질상의 촉각에 대한 지도는 그림 1.17B에 제시되어 있다.

이 지도를 그림 1.17C의 운동 신경대와 비교하면 체감각피질의 지도와 비슷해 보이기는 하나 신체운동뇌도와 동일하지는 않다는 것을 발견할 것이다. 이 차이는 체감각 신경대에서의 지도가 촉각에 대한 민감도이지 운동 통제의 정확도가 아니기 때문이다. 그러나 유사성은 뚜렷하다. 이러한 유사성은 미세한 운동을 통제하는 신체 부위가 미세한 촉감이 필요한 부위와 같은 영역이기 때문이다. 대상을 민첩하게 다루는 동작은 우리의 손과 손가락을 움직이는 것뿐만 아니라 운동에 촉각적인 되먹임(tactile feedback)을 줄 수 있을 만큼의 미세한 촉각 정보가 요구된다. 이러한 관계성을 확실히 이해하고 싶다면, 겨울에 장갑을 끼고 있는 동안 촉감이 둔해졌을 때 자동차 열쇠를 다루는 일이 얼마나 어려운지를 상상해 보라.

체감각피질의 손상은 어떠한 결과를 야기하는가? 체감각피질의 손상은 손상된 일차체감각피질의 반대편 신체 부위의 섬세한 식별능력을 손상시킨다. 예를 들어 체감각피질이 손상된 사람의 손에 천 조각을 쥐어 주면, 그 사람은 무엇인가가 손에 쥐어져 있다는 것은 인식할 수 있지만 그 천 조각이 벨벳인지 삼베인지를 구분하지 못할 것이다. 게다가 그 사람을 짧은 시간 동안에 여러 번 건드리면 그 사람은 자신이 몇 번 자극을 받았는지 구분하기가 매우 어려울 것이다. 만약에 그 사람이 서로 근접한 두 부위(가령, 5 mm 떨어져 있는 손등의 두 지점)를 동시에 자극받으면 그 사람은 자극이 다른 두 장소에서 일어났는지를 인식하는 데 어려움을 느낄 것이다. 이러한 종류의 구분을 **두 지점 구분**(two-point discrimination)이라 하며, 그것에 대한 우리의 민감성은 신체 부위에 따라 다르다. 두 지점을 각기 다른 것으로 인식하는 데 필요한 거리는 손과 손가락(가장 많은 수의 수용기가 분포)에서 가장 가깝고, 어깨, 허벅지, 종아리(가장 적은 수의 수용기가 분포)에서 가장 멀다.

신체의 일차체감각피질 지도의 한 가지 재미있는 점은 사지절단 후에 일반적으로 나타나는 증상인 **환상지 통증**(phantom limb pain)의 증상을 이해할 수 있게 해 준다는 점이다. 환상지의 경우에 사지가 특정 위치에 있는 것으로 지각되고 움직임 또한 지각될 수 있다. 통증은 물론이고 간지러움과 같은 다른 감각 역시 감지될 수 있다. 그러나 사지절단 후의 일차체감각영역의 재조직화는 어떤 비정상적인 감각을 초래한다. 예를 들어 손을 잃은 어떤 사람의 경우 얼굴에 자극을 받으면 가상적인 손(phantom hand)의 감각을 느낀다고 보고했다. 처음에는 이러한 사실이 이상하게 들릴지 모르나, 체감각 신경대의 조직화를 고려해 본다면 그렇지 않을 것이다. 그림 1.17B을 보면 손에서부터 들어온 촉각정보를 받는 일차체감각피질은 얼굴에서 들어온 정보를 받는 지역과 근접해 있는 것을 알 수 있다. 이러한 사례는 일차체감각피질의 재조직화를 통해 이전에 손으로부터 촉각정보를 받던 영역에 있던 뉴런들이 얼굴로부터 정보를 받는 뉴런과 상호작용하도록 유도될 수 있다는 것을 보여 준다(Ramachandran, Rogers-Ramachandran, & Steward, 1992).

시각피질

일차시각피질은 시각정보를 처리하는 일차피질영역이다. 일차시각피질은 브로드만 영역 17번에 위치하고 있다(● 그림 1.18A). 6장에서 눈에서 뇌로 어떻게 정보가 전달되는지에 대해 자세하게 논의하기로 하고, 지금은 일차시각피질에 시각정보가 지도화(mapping)되는 것을 이해하는 데에 중요한 몇 가지 기본적인 요소들을 살펴보도록 하자.

시각계의 조직화를 이해하기 위해서 ● 그림 1.18B를 보고 눈을 화살표의 중심 지점에 고정시켜 보라. 당신이 정면을 바라볼 때, **우측 시야**(right visual field)라고 하는 고정점의 우측 정보는 양 눈의 망막 좌측으로 들어간다. **좌측 시야**(left visual field)라고 하는 고정점의 왼편에 대한 정보는 양 눈의 망막 우측으로 들어간다. 시각상의 먼 가장자리에서 들어온 정보를 제외하고 모든 시각정보는 양 눈에 도달한다. 시각상의 먼 가장자리 좌측 부분은 단지 왼쪽 눈에 의해서만 감지가 되고(부분적으로는 코가 오른쪽 눈의 시야를 막기 때문에) 마찬가지로 먼 가장자리의 우측은 단지 오른쪽 눈에 의해서만 감지된다. 결과적으로 우측 시야에서 들어온 정보는 좌반구의 일차시각피질로만 전달되고, 좌측 시야에서 들어온 정보는 우반구의 일차시각피질에만 전달된다.

어떠한 방식으로 이러한 일이 일어나는가? **코 쪽 망막 절반**(코 가까이에 위치하는 각 망막의 반쪽이라는 의미)으로 알려진 양쪽 망막의 절반에서 들어온 정보는 **시교차**(optic chiasm)에서 신체의 정중선(midline)을 교차하고 대측 외측슬상체(contralateral lateral geniculate)로 투사된다. 이와 달리, 바깥쪽 또는 **측면**(temporal) 쪽의 **망막의 절반**(hemiretina)에서 들어온 정보는 동측 외측슬상체(ipsilateral lateral geniculate)로 투사된다. 시각계 회로의 이러한 특성은 외측슬상체(lateral geniculate)에서 공간상의 한쪽 면에서 들어온 정보는 뇌의 한쪽 반구에 국한되고, 공간의 다른 한쪽 면에서 들어온 정보는 뇌의 반대쪽 반구에 국한된다는 점에서 중요하다. 외측슬상체에서 들어온 정보는 다시 동측 시각피질로 전달된다(6장에서 더 자세히 다루게 될 것이다).

시각계가 잘 조직화되어 있으므로, 시각적인 장애가 눈에서 발생한 문제로 인한 것인지 뇌에서 발생한 문제로 인한 것인지를 판단하는 것은 상대적으로 쉽다. 만약 문제의 근원이 눈에 있다면 왼쪽 눈으로 보는 것과 오른쪽 눈으로 보는 세상

IN FOCUS: 신체뇌운동도'의 발견

운동피질의 조직화에 대한 지식은 상당 부분 뇌전증이라는 특정 질환을 치료하기 위한 연구로부터 유래했다. 1800년대 후반부터 과학자들은 좌측 운동피질 영역이 신체의 우측을 통제한다는 것을 알고 있었지만, 신체운동뇌도(motor homunculus)의 정확한 특징은 뇌전증을 이해하려는 노력으로부터 얻어졌다(Novelly, 1992). 신경학자인 John Hughlings Jackson에 의해 *Jacksonian* 발작이라고 알려진 뇌전증 발작의 특정 유형의 발견됨으로써 신체가 일정한 형태로 뇌 위에 지도화된다는 것을 알았다. **뇌전증 발작**(epileptic seizure)에서 뇌의 뉴런은 연속 격발하는 비정상적인 방식으로 발화하는데 이를 *spike*라고도 한다.

Jacksonian 발작에서 경련은 일정한 형태를 따르는데 다리와 같은 신체 일부분에서 시작되어 점차 몸통에서 팔과 얼굴로 번져 간다. 이러한 형태가 의미하는 것은 발작은 운동피질의 한 부분에서 시작되어 일정한 형태로 진행된다는 것이다.

한 세기 동안 뇌전증을 완화하고 통제하려는 치료적 개입을 하면서 운동 영역의 뇌 표상의 왜곡이 극적으로 드러났다. 몬트리올 신경학 연구소에서 일하던 Wilder Penfield는 뇌전증 발작을 야기하는 뇌 조직 영역의 절제 수술 방법을 개척했다(Penfield & Rasmussen, 1950). 오늘날에도 외과의사들은 뇌전증 병소(epileptic focus)라고 하는 뇌의 특정 영역으로부터 발작이 발생했을 때, 그리고 약물로 치료가 어려울 때 그 지점의 뇌 조직을 제거하기도 한다. 이러한 치료법의 논리는 지속된 발작은 다른 정상적인 뉴런까지 자극하게 되고 그 뉴런들까지 발작을 더 잘 일으키게 된다는 것이다. 비록 신경외과 의사들은 비정상적 발화를 일으키는 뇌 조직영역을 제거하기를 원하지만, 그 지점에 도달하기까지의 절개뿐 아니라 그 조직의 제거가 치명적인 결과를 초래하지 않을 것임을 확실할 수 있어야 한다. 그러므로 수술 동안에 신경외과 의사들은 뇌의 어떤 영역이 어떤 기능을 통제하는지를 정확히 지도화하는 것이 필요하다. 이것은 운동피질에 있어서 특히 중요한데, 그 부위의 제거는 신체 반대편의 심각한 근육 약화를 초래할 수 있기 때문이다.

어떻게 지도화가 이뤄지는지를 살펴 보기 위해 수술실로 가보자. 한 환자가 수술대 위에 누운 채로 머리 주위가 뚫려 있는 녹색 수술 시트를 덮고 있다. 환자의 머리는 그 덮개의 한쪽아래로 튀어나와 있고 의사는 열려 있는 덮개의 반대쪽에 위치하고 있다. 이 수술실에서 벌어지는 일은 당신이 상상하는 것과는 다르다. 수술대 위의 환자는 마취상태에 있는 것이 아니라 깨어 있으며 이야기를 하고 있다. 뇌에는 고통을 감지하는 수용기가 없기 때문에, 외과 의사가 두개골의 일부를 제거하고 뇌의 하부조직을 드러낼 때 국소마취만이 사용되었다. 뇌가 드러나면, 외과 의사는 전극을 뇌에 심는다. 그러고 나서 숫자가 적힌 작은 조각시트를 전극가까이에 붙여 놓는다. 외과 의사가 뇌의 배측 부위의 중심열 바로 앞에 전극을 심기 시작했다고 가정해 보자. 비록 환자가 가만히 누워 있다고는 하지만 의사가 전극을 통해 약간의 전류를 흘려 주기 시작하자마자 환자의 다리가 저절로 경련을 일으키기 시작한다. 전류를 멈추면 경련도 멈춘다. 그런 후에 신경외과 의사는 '4번 영역에서 다리 움직임'을 확인하고 그 위치에 표시를 하고 전극을 더 복측으로 이동시킨다. 의사는 또 다른 숫자를 뇌 위에 표시하고 다음 지점을 자극한다. 환자의 발가락이 경련하기 시작한다. 의사는 이런 식으로 모든 운동 신경대가 확인될 때까지 계속한다.

이미 앞에서도 언급했듯이 사람들의 뇌가 각자의 얼굴만큼이나 제각기 다양해서 이러한 지도화의 필요성은 중요하다. 신경외과 의사가 운동피질이 중심열의 앞에 위치한다는 것을 알고 있다 하더라도 그들은 정확히 그것이 어디인지는 알 수 없다. 얼굴 조직화의 유추를 통해 생각해 보자. 눈은 항상 코 위에 위치한다는것을 아는 것처럼 신경외과 의사들도 중심열 앞에 운동피질이 존재한다는 것을 안다. 그러나 이러한 특징만으로는 부족하다. 사람의 코가 어디에 위치하는지를 아는 것이 눈이 정확히 어디에 위치하는지를 알려 주지 못하는 것과 같다. 이와 같이 정확한 지도화는 운동피질의 넓이와 범위를 확인하기 위해 필요하다. 운동 영역의 지도화와 더불어 신경외과 의사들은 수술 동안 일차체감각피질 역시 지도화할 것이다. 이 경우에 환자의 적극적인 협조가 더욱 중요하다. 환자가 의식 상태에 있을 때에만 환자는 다른 체감각 영역 피질을 자극했을 때 어디에서 자극이 느껴지는지를 의사에게 보고할 수 있다. 본래 뇌전증 치료 목적으로 고안된 이러한 지도화 기술은 일차운동영역과 일차체감각피질 영역뿐만 아니라 언어 영역의 조직화에 대해서도 유용한 정보를 제공해 주었다.

이 각각 다를 것이다. 예를 들어 만약 왼쪽 눈의 망막의 일부가 손상되었다면 왼쪽 눈만 뜨고 세상을 볼 때는 문제가 생길 수 있지만, 오른쪽 눈만 뜨고 있을 때는 문제가 없을 것이다. 이와는 반대로 문제가 뇌에 있다면 어느 쪽 눈을 뜨고 있는지와는 관계 없이 문제는 동일할 것이다. 왜냐하면 시각상의 특정 영역에서 들어오는 모든 정보는 어느 쪽 눈에서 처음에 입력되었는지 상관없이 외측슬상핵이나 일차시각피질의 동일한 영역에 모이게 되기 때문이다(이것이 시교차에서 정보의 교차가 중요한 이유이다. 그것은 각 눈에서 지각된 공간상의 특정 영역으로부터 들어온 정보를 뇌 조직의 동일한 영역에 모일 수 있게 해 준다).

뇌의 시각상의 지도가 좌우로 역전되는 것뿐만 아니라 다른 감각 양상에서도 살펴보았듯이 상하로도 역전된다. 그러므로 고정점의 위쪽에서 들어온 정보는 시각피질의 복측 영역으로 들어가고 고정점의 아래쪽에서 들어온 정보는 시각피질의 배측 영역으로 들어간다.

시각피질의 파괴는 명암 대비를 인식하지 못하는 결과를 초래한다. 만약 한쪽 반구의 후두엽 전체가 손상된다면 반대편의 시야에서 들어온 시각정보를 감지하지 못한다. 이러한 상태는 **동측성 반맹**(homonymous hemianopsia)으로 알려져 있

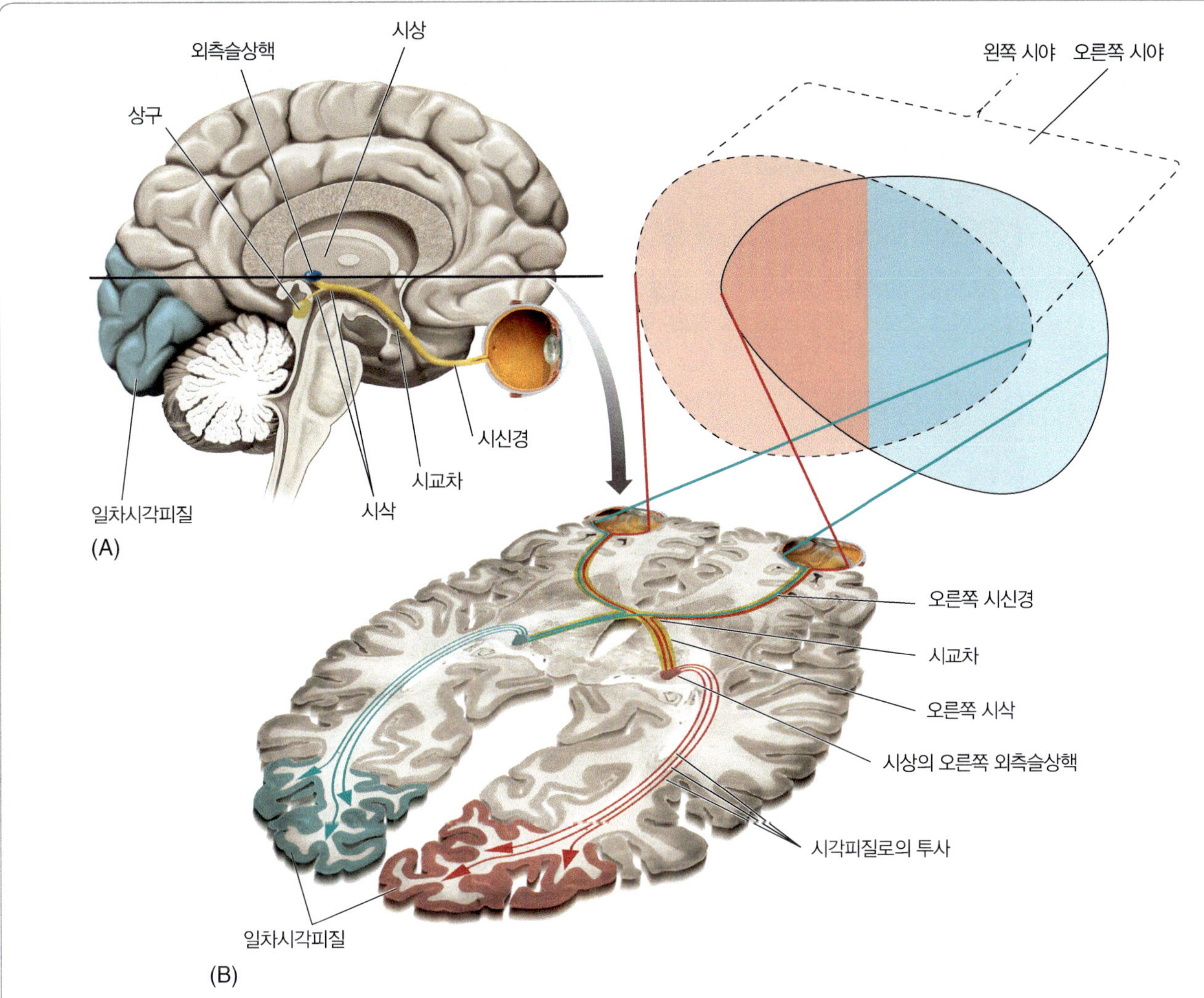

● **그림 1.18 눈에서 뇌까지의 경로.** (A) 좌반구의 일차시각피질을 보여주는 정중시상면. (B) 우측 시야는 파란색으로, 좌측 시야는 빨간색으로 나타내었다. 각각 시야로부터의 정보는 두 눈에 전달되고 시교차에서 일부 교차가 일어난다. 그 결과 좌측 시야의 정보는 시상의 우측 외측슬상핵에 투사되고 이어서 오른쪽 일차시각피질로 전달된다. 반면에 우측 시야의 정보는 좌측의 외측슬상핵에 투사되고 이어서 왼쪽 일차시각피질로 전달된다.

다. 때때로 후두엽의 배측이나 복측 부위가 손상되면 시각상의 사분면 중 하나가 손상되는 **사반맹**(quadranopsia)이라고 알려진 질병을 초래한다. 다른 경우에 시각피질의 아주 작은 부분이 손상되면 **암점**(scotomas)이라고 하는 명암대비가 감지되지 못하는 시야의 특정 영역이 생긴다. 시각계의 조직화를 더 잘 이해하려면 ● 그림 1.19를 보라. 각 그림은 시각계의 특정 영역에 손상을 입은 사람이 보는 시각상을 보여 준다. 주어진 각 시각상에서 시각계의 손상 지점을 추측해 보라.

청각피질

인간의 청각계는 소리에 민감하며, 소리는 공기압파(pressure wave)이다. 음파의 물리적인 힘은 귀의 고막과 뼈의 진동을 일으키고, 이러한 진동은 달팽이관 내부의 액체에서 압력파로 바뀐다. 와우관은 압력파를 신경신호로 변환해 주는 유모세포를 가지고 있다. 6장에서 귀에서 뇌로 가는 경로에 대해 더 자세히 논의하도록 하자.

신체의 한쪽에서 들어온 정보가 반대편 뇌반구로 들어가는 다른 감각계와는 달리 청각계는 귀에서 뇌로 동측성(ipsilateral)과 대측성(contralateral)으로 모두 투사하도록 조직화되어 있다. 그러므로 오른쪽 귀에서 받은 청각정보는 좌반구와 우반구로 모두 투사된다. 인간의 뇌에서 일차청각피질은 **헤슬회**(Heschl's gyrus, 브로드만 영역 41)에 있는 영역인 전측 측두엽의 상부에 위치한다.

다른 일차감각영역과 같이 일차청각피질(primary auditory cortex)은 소리의 주파수대로 조직화되었다는 의미에서 **주파수 대응**(tonotopic)이라고 하는 독특한 조직화를 이루고 있다. 청각피질에서 동일한 주파수에 최대로 반응하는 세포가 받는 정보는 피질의 동일한 영역에 모인다. 청각

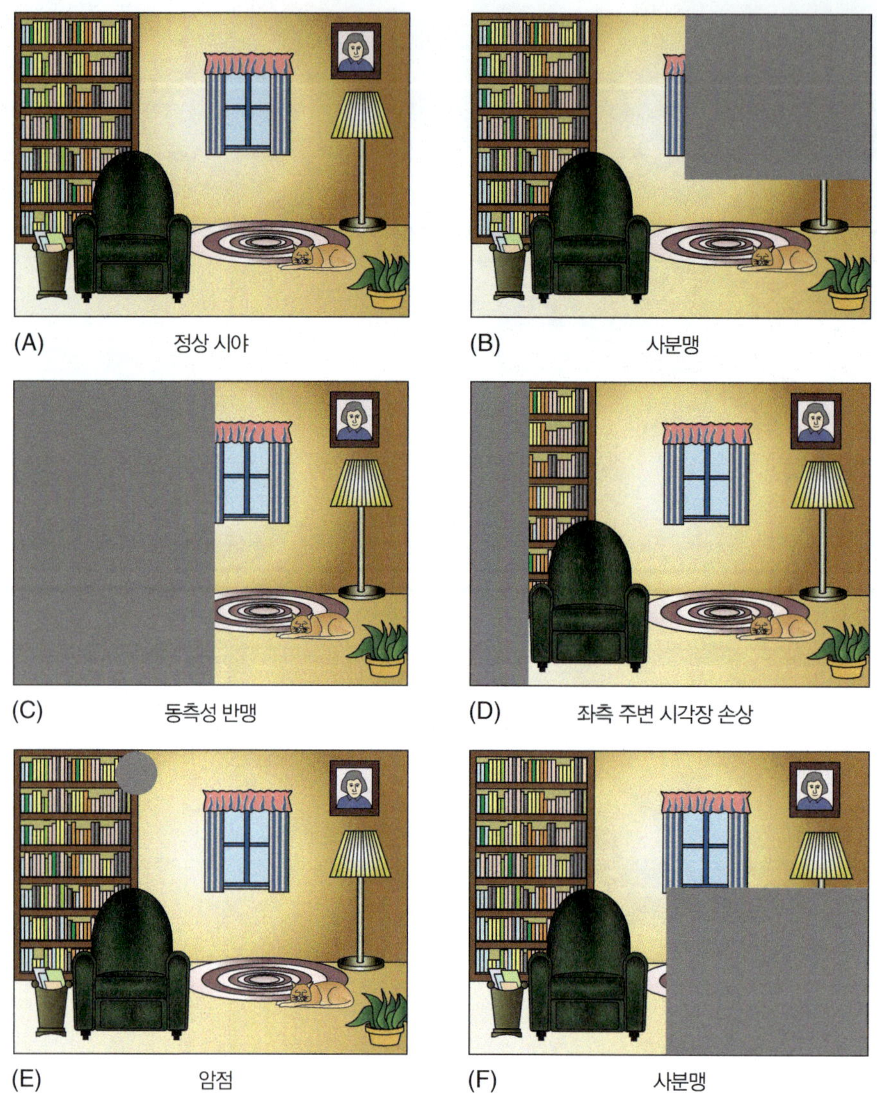

● **그림 1.19 시야 장애.** (A) 시각계에 손상이 없는 사람이 보는 장면. 그 장면이 (B), (C), (D), (E), (F)와 같이 보일 때는 손상이 어디에 위치할까? © 2010 Cengage Learning

답:
(B) 좌측후두엽의 복측부분, (C) 우측후두업의 전영역, (D) 좌측 눈의 손상, (E) 우측후두엽 복측부분의 작은 영역 손상, (F) 좌측후두엽의 배측부분 손상.

피질의 지도화는 가장 낮은 소리가 전측과 측면에서 처리되고 주파수가 높은 소리는 미측과 중앙에서 처리된다는 것을 보여준다(● 그림 1.20).

한쪽 일차청각피질의 손상은 청각계가 교차된 연결과 교차되지 않은 연결의 중복성을 가지고 있어서, 소리를 인지하는 능력을 완전히 손상시키지는 않는다. 만약 우반구의 일차청각피질이 손상되더라도 좌반구의 일차청각피질이 여전히 양쪽 귀로부터 오는 소리를 처리할 수 있는데, 이는 동측과 대측으로부터 오는 정보를 모두 받기 때문이다. 그렇다면 한쪽 반구의 청각피질이 손상된 후 관찰되는 결함은 어떤 유형일까? 우선, 손상된 반구의 대측 영역에 대한 **소리 역치**(sound threshold), 즉 인지할 수 있는 가장 약한 소리 자극의 강도가 더 높아지게 될 것이다. 뿐만 아니라 공간의 대측면에서 오는 소리 위치를 인지하는 능력이 나빠지게 될 것이다.

만약 생리심리학이나 지각에 대한 강의를 들었다면, 이러한 사실은 결코 놀라운 것이 아닐 것이다. 소리의 위치를 결정하는 기제는 청각정보가 각 귀에 도달하는 강도와 시간의 차이의 비교라는 것을 기억할 것이다. 간단히 말해서 만약 음원이 왼쪽 귀보다 오른쪽 귀에 더 가까이 있다면 그 소리는 오른쪽 귀에서 더 크게 들릴 것이다(그리고 더 빨리 도달할 것이다). 일차청각피질의 한쪽 손상은 소리의 세기를 판단하는 능력을 손상시키므로 왜 이러한 손상을 가진 사람이 소리의 위치를 찾아내는 데 어려움을 가지는지를 알 수 있을 것이다.

후각피질과 미각피질

우리의 뇌는 주변 환경에서 화학물질을 탐지하는 능력 또한 가지고 있다. 공기 속의 화학물질들은 코에 의해 탐지되고, 우리가 먹는 음식 속의 화학물질들은 혀로 탐지된다. 냄새에 대한 우리의 감각은 냄새에 대한 정보를 **후구**(olfactory bulb)로 전달해 주는 점막의 수용기에 의해서 전달된다. 두 개의 후구(각 반구에 하나씩 위치)는 전두엽의 바로 아래에 위치하는 가는 선 모양의 신경 조직이다(● 그림 1.21). 후구로부터의 정보는 두 방향으로 투사된다. 한 경로는 아마도 냄새에 대한 우리의 정서적인 반응을 매개하는 듯하며, 변연계의 다양한 부위로 전달된다. 다른 경로는 배내측 시상으로서, **일차후각피질**(primary olfactory cortex)이라고 할 수 있는 안와 전두엽으로 투사된다.

인간에게 후각은 정보가 동측으로만 전달되는 유일한 감각계이기 때문에 독특하다. 그러므로 오른쪽 콧구멍에서 들어온 정보는 우측 후구로 들어가고 왼쪽 콧구멍에서 들어온 정보는 좌측 후구로만 들어간다. 시각계와 청각계에서 명암 대비와 소리 주파수가 신경계가 처리하는 감각계의 개별적인 주요 차원인 경우와는 달리 냄새가 신경계상에 지도화되는 기본 차원은 알려져 있지 않다. 다만 우리가 아는 것은 일차후각피질의 손상은 인간에게 있어 냄새의 분별력을 손상시킨다는 것이다.

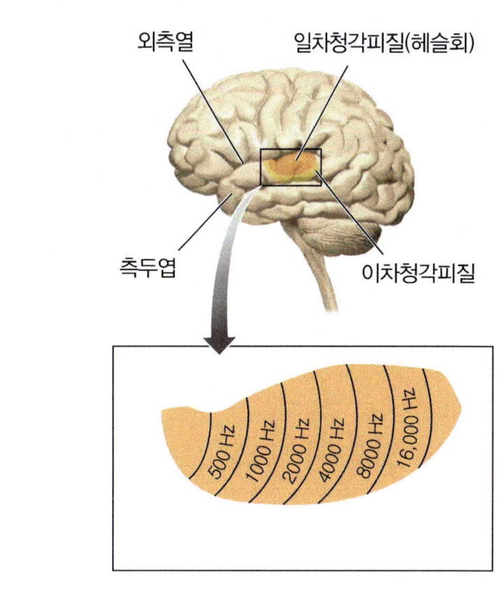

● **그림 1.20 일차청각피질의 위치와 조직화.** 일차청각피질은 실비안(외측) 열에 위치한다. 음의 높낮이별로 배열(tonotopic)되어 있다. 낮은 주파수의 소리는 두피 가까이 문측(앞쪽)에서 처리되는 반면 높은 주파수의 소리는 피질 안쪽으로 미측(뒤쪽)에서 처리된다. © 2010 Cengage Learning

맛에 대한 감각은 혀의 **미뢰**(taste bud)로부터 비롯된다. 후각 수용기로부터의 정보와 마찬가지로, 미뢰로부터 받는 정

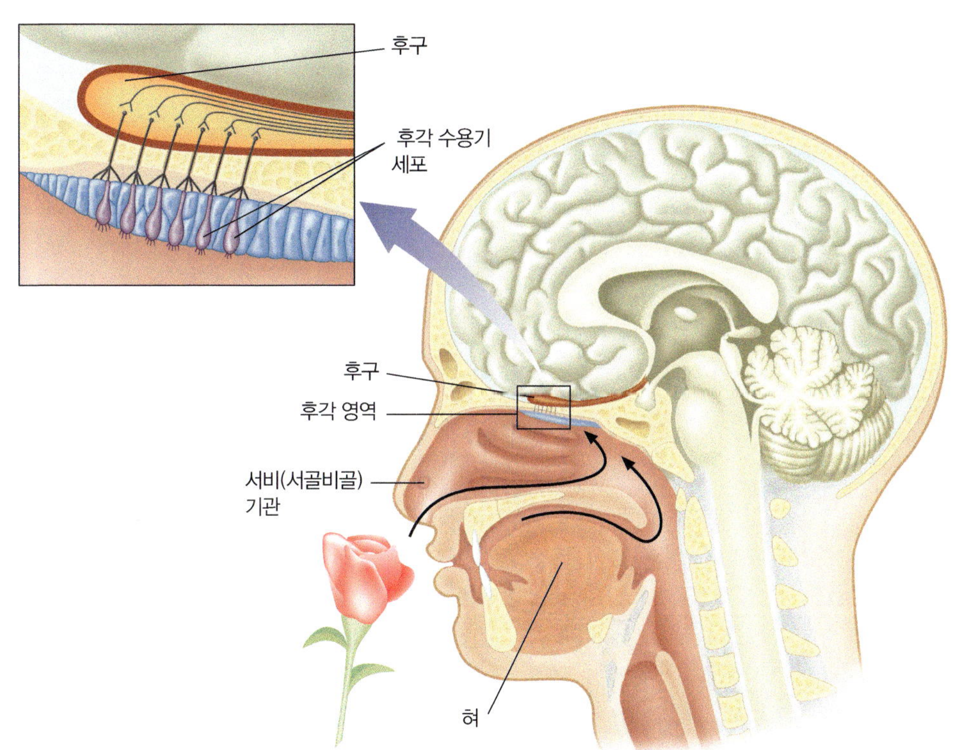

● **그림 1.21 후각계.** 후각 수용기는 비강 안에 위치하며 콧구멍을 통해 공기 중의 화학물질을 받는다. 후각 수용기의 축색들은 후각 신경을 구성하며 후구로 정보를 전달한다. © 2011 Cengage Learning

보 또한 두 가지 주요 경로를 통해 뇌에 전달된다. 하나는 변연계의 일부분으로 들어가며, 다른 하나는 일차 감각 피질로 들어간다(● 그림 1.22).

일차미각피질은 도(또는 섬: insula)라고 불리는 영역에 있는데 이곳은 외측열 또는 실비아 열(lateral fissure 또는 Sylvian fissure) 안쪽에 접혀 들어가 있다. 후각과 미각 정보가 일차감각영역뿐만 아니라 정서처리에 관련된 변연계로도 들어간다는 것은 놀랄 일은 아니다. 생각해보면 불쾌한 상황을 "역겨운 맛이다"라고 이야기하며 수상한 계획을 "뭔가 썩은 냄새가 난다"라고 하지 않는가.

지금까지 우리는 어떻게 감각정보가 처음에 피질에서 처리되는지를 살펴보았다. 일차감각영역에서 처리된 후에 정보는 이차감각피질(secondary sensory cortex)로 넘어가게 되는데, 각각의 이차감각피질은 일차감각영역과 같이 오직 하나의 감각 양상으로부터 오는 정보를 처리한다. 그러나 이차감각피질은 더 특수화된 조직을 가진다. 예를 들어 30개 이상의 이차 시각피질 영역이 확인되었으며, 각각은 색이나 방향 움직임과 같은 중요한 시각적 특성에 대한 민감성에 따라 다르다. 그러나 일차감각피질과 이차감각피질은 전체 피질의 아주 작은 부분만을 차지하고 있다. 다음으로 우리는 피질의 나머지 영역에 의해 수행되는 처리 유형을 살펴볼 것이다.

■ 연합 영역

중다 감각정보가 처리되는 뇌 영역은 **연합 영역**(association area)으로 알려져 있다. 앞으로 살펴볼 것처럼 이 영역은 언어, 동정심, 예측력 등 인간만이 가지고 있다고 여겨지는 능력들을 관장한다. 후두엽은 주로 시각정보 처리에 관여하기 때문에 다른 세 피질 영역처럼 연합적인 기능에는 관여하지 않는다. 이제 전두엽, 두정엽, 측두엽, 세 피질의 복합적인 기능을 대략적으로 살펴볼 것이다.

전두엽

전두엽을 설명할 때에 연구자와 임상가들은 일반적으로 세 개의 영역으로 구분하여 설명한다. **일차운동영역**(primary motor region), **전운동영역**(premotor region), 그리고 **전전두영역**(prefrontal region)이 그것이다. 전전두영역을 다시 배외측, 안와, 내측 영역으로 나누기도 한다(● 그림 1.23). 이러한 구분은 주요 세포구조학적 하위 구분에 기초한다. 최근의 증거는 이러한 영역이 정신 기능에 다른 역할을 할 수도 있다는 것을 제시하였다. 나중에 더 자세히 이들 하위 구분에 대해서 언급할 것이지만 배외측 영역은 기억과 주의 과정에, 안와 영역은 정서 과정에, 내측 영역은 판단, 선택 그리고 오류의 탐지에 관여한다는 것을 기억해 두는 것이 중요하다.

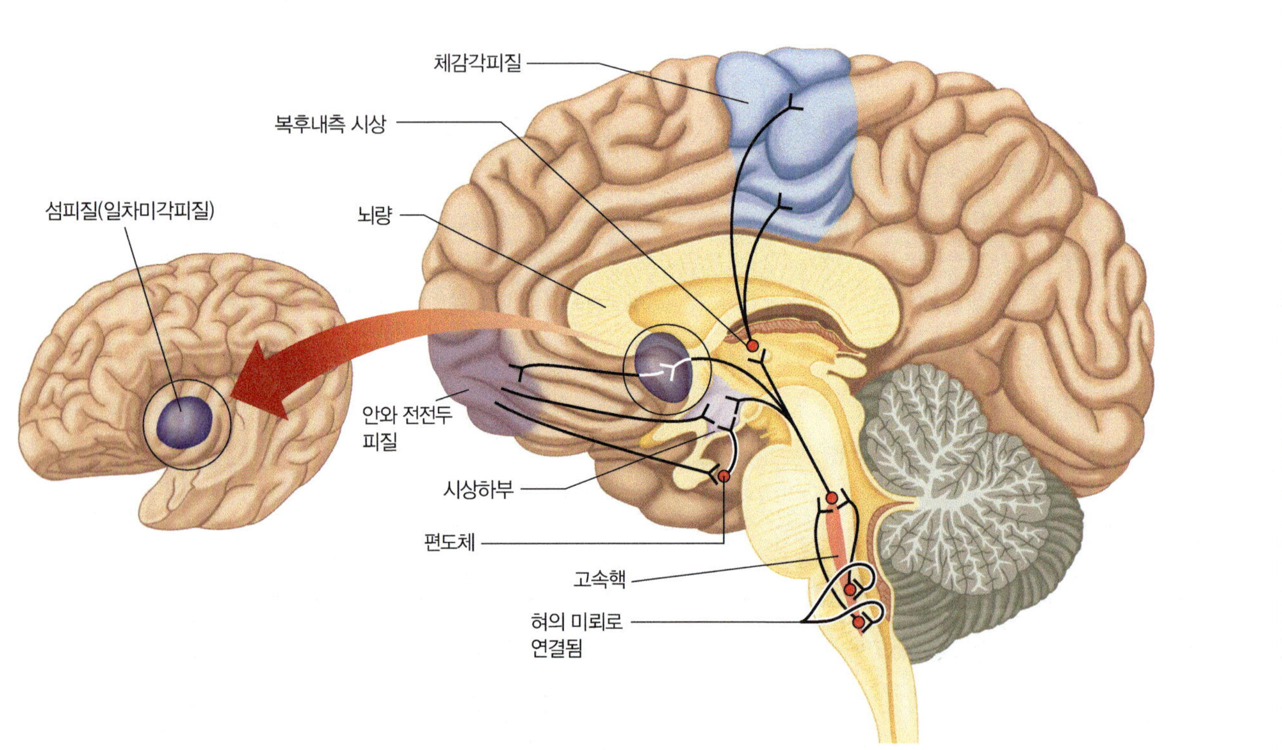

● **그림 1.22 혀에서 뇌까지 미각 정보가 전달되는 경로.** 혀에서의 미각 정보가 뇌까지 전달되는 주요 경로가 나타나 있다. 시상과 대뇌피질은 혀의 양쪽에서 정보를 받는다. 섬피질(insula)은 일차미각피질 역할을 한다. © 2009 Cengage Learning

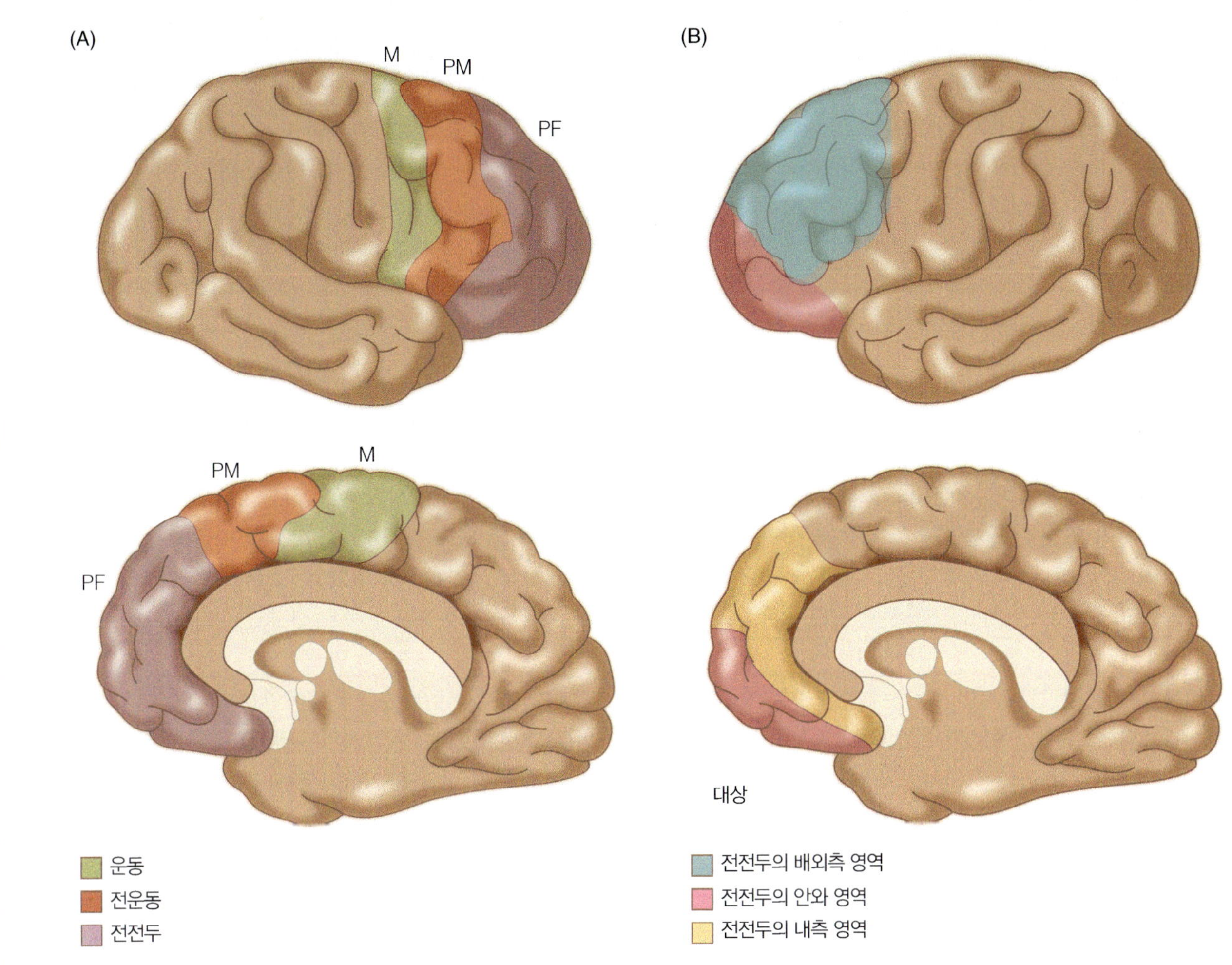

그림 1.23 전두엽의 구분. (A) 전두엽의 세 가지 주요 영역: 일차운동영역(M), 전운동영역(PM), 그리고 전전두영역(PF). (위) 우반구의 외측 그림. (아래) 우반구의 정중시상면. (B) 전전두영역은 배외측, 안와 영역, 내측 영역으로 더 세부적으로 나뉜다. (위) 좌반구의 외측 그림. (아래) 우반구의 정중시상면. © 2011 Cengage Learning

전두영역은 가장 독특한 인간 능력의 근원으로 생각되기도 한다. 전전두영역에 대한 좋은 예는 이 영역이 행동의 계획, 지도, 평가와 관련되어 있다는 것이다. 한 회사의 대표가 그날의 작업을 감독하고 장기적인 목표를 세우는 것처럼 전두엽은 뇌의 '중역(사장)' 역할을 한다. 연구자들은 전두영역이 행동을 일관성 있게 조직화하는 데 중요할 뿐만 아니라 현재 행동에 대한 미래의 결과를 예측할 수 있게 해주는 데 중요할 것이라고 주장한다.

전두엽 손상에 의해 초래되는 능력의 결함은 심각하다. 예를 들어 전두엽 기능에 이상이 있는 사람도 단어의 정의를 알고 수학 문제를 풀고 퍼즐을 맞추는 등의 사실에 관한 지식과 학업 능력을 측정하는 표준 IQ 검사에서는 수행의 저하를 거의 보이지 않는다. 그러나 그들은 음식을 만드는 데 빠진 재료를 사러 상점에 간다든지, 재료가 없더라도 임시변통으로 요리를 만드는 등의 일은 하지 못할 것이다.

전두엽에 손상이 있는 사람들은 목표지향적인 행동을 조직화하는 데 어려움을 느낀다. 몇몇 문제들은 행동을 정확하게 배열하지 못하는 데서 비롯된다. 전두엽 손상 환자들은 한 과정의 구성 요소나 단계를 알고 있다 하더라도 목표 달성을 위해 일관적인 방식으로 그것들을 조직화할 수 없다. 그러므로 전두엽에 손상이 있는 환자들은 오믈렛을 만들 때 달걀을 깨서 프라이팬에 넣고 불을 켠 후 버터를 넣을 것이다. 이 예가 설명하듯이 전두엽에 손상이 있는 사람은 오믈렛을 만들 때 달걀과 기름, 불이 필요하다는 것은 알지만 목표행동에 도달하기 위해 체계적인 방식으로 이들을 조직화하지 못한다. 이러한 어려움은 기억 문제로 확장된다. 예를 들어 전두엽 손상 환자는 항목들이 제시되었을 때 거기에 있었던 항목들과 없었던 항목들은 확실하게 구분할 수 있었지만(Milner & Petrides, 1984), 두 항목 중에서 어느 것이 먼저 나왔는지 그 순서를 기억하지는 못한다(Milner, Corsi, & Leonard, 1991). 더욱이 그들은 어떤 항목들을 무작위로 여러 번 보여 준 경우(예를 들어 세 번, 다섯 번, 또는 일곱 번)에, 그 항목이

전에 보았던 것인지 아닌지를 식별하는 데 어려움은 없지만, 특정 항목이 얼마나 자주 나타났는지 알아맞히는 것은 힘들어한다(Smith & Milner, 1988).

전두엽에 손상을 입은 사람들에게서 관찰되는 또 다른 문제는 소위 말하는 **심리적 관성**(psychological inertia)이 증가한다는 것인데, 관성력이란 어떤 행동을 시작하거나 하던 행동을 멈추는 데 필요한 힘을 말한다. 이러한 결함에는 다양한 형태가 있을 수 있다. 예를 들어 전두엽에 손상이 있는 환자는 자신의 의지로 매일 목욕을 하거나 옷을 갈아입지 못할 수 있지만 다른 사람의 지시가 있으면 할 수 있다. 또는 어떤 행동도 시작하지 않고 몇 시간 동안이나 소파에 앉아 있을 수도 있다. 어떤 행동을 시작한다는 것이 그 사람에게 엄청난 노력을 요하는 듯 보인다. 반대로 일단 행동이 시작되면 전두엽에 손상이 있는 환자는 행동을 멈추는 것이 불가능하다고 느낄 수도 있다. 이러한 환자는 그 행동을 집요하게 **고집**(perseverate)하는 것 같다. 그들은 행동을 반복적으로 수행한다. 이러한 고집 행동은 강박장애(obsessive-compulsive disorder)와 같이 전두엽의 기능장애를 가지는 정신 질환에서도 관찰된다. 강박장애는 어떤 위험을 피하기 위한 정형화된 행동(가령, 세균 감염을 피하기 위해 손을 반복적으로 씻는 것)을 하는 것이 특징이다(Friedlander & Desrocher, 2006). 14장에서 더 자세히 논하도록 하자. 어린아이들 또한 고집스런 행동을 보이는데, 왜냐하면 아이들의 전두엽은 상대적으로 미성숙하기 때문이다(Diamond, 1990). 아이가 좋아하는 장난감을 여러 베개들 중 하나의 밑에 숨겨 보라. 처음 치운 베개에서 장난감이 발견되지 않으면, 그리고 그 베개를 다시 갖다 놓으면, 어린이는 다른 베개가 아니라 그 첫 번째 베개로 돌아가 계속해서 들춰 볼 것이다. 이러한 종류의 행동 패턴은 확실히 전두엽 손상 후에 나타날 수 있는 고집 행동(보속행동)의 형태이다.

전두엽에 손상을 입은 사람들은 행동의 시작과 중지에 어려움이 있을 뿐만 아니라 행동을 조절(modulating)하는 데 일반적으로 어려움을 가진다. 예를 들어 전두엽 손상을 가진 환자들은 자주 사회적으로 억제능력이 없고(uninhibited), 사회적으로 부적절한 행동을 보인다. 그들은 부적절한 성적 접근(sexual advance)을 보이고, 썰렁한 농담을 하여서, 그들이 처한 사회적 맥락에 민감하지 못한 행동(가령, 정장을 입은 어떤 사람이 대기자로 예약된 항공권을 얻고 나서 뒤에 남겨져서 지칠 대로 지친 승객들을 힐긋 쳐다보며 "주말이라구, 행복들 하게나!"라고 말하는)을 할 수도 있다. 이와 같이 행동 조절을 못하는 능력은 모순적 효과를 초래하기도 한다. 어떤 때는 전두엽 손상을 입은 사람은 사회적 환경에 둔감하며, 어떤 때에는 이러한 환경에 대해 심하게 동요하기도 한다. 예를 들어 의사와 의료진이 전두엽 손상 환자에게 슬픈 이야기를 해서 눈물을 흘리게 할 수도 있지만, 환자가 제일 좋아하는 물건이나 취미활동을 얘기함으로써 조금 전과는 반대로 즉시 들뜬 기분에 빠지게 할 수도 있다.

지금 막 배운 것처럼, 전두엽 손상이 정서 기능(emotional functioning)과 연관되어 있다는 것을 당연히 알 수 있을 것이다. 13장에서 더 자세히 정서에 있어서 전두엽의 역할을 논의하겠지만, 여기서 간단하게 몇 가지 중요한 점들을 살펴보자. 일반적으로 전두엽 손상 환자의 가족과 친지들은 환자가 정말로 더 이상 예전 같지 않다고 말할 것이다. 전에 조용하고 평안했던 사람이 논쟁적이고, 난폭한 성격이 되며, 양심적이고 성실했던 사람이 무책임하고 게으른 성격의 소유자가 되고, 친절하고 사려 깊은 사람은 이기적이고 무심한 사람이 될 수도 있다. 요약하면, 사람들이 말하길 전두엽 손상을 입은 사람은 인격상의 변화를 겪는다고 한다. 가장 유명한 초기 사례들 중의 하나는 철도 인부였던 Phineas Gage의 경우다. 1848년 철도 공사 작업 중 일어난 폭발 사고로 인해 강철 막대기가 그의 두개골을 관통하면서 전두엽 부위를 손상시켰다(● 그림 1.24). 가족과 친구들은 Phineas는 "더 이상 예전의 Phineas가 아니다."라고 말했다. 그는 사고 이전에는 협조적이고 인내심이 강했던 반면에, 사고 이후 조급하고 신경질적이 되었다. 예전에 알고 있던 그는 사라져 버린 것 같았다.

전두엽은 또한 판단력과 의사 결정과도 관련이 있다. 전두엽이 손상된 사람들은 종종 형편없는 판단력을 보인다. 이는 인지 및 정서 처리의 장애 때문이다. 예를 들어 전두엽 손상환자는 보상을 가져다 줄 수 있는 일련의 조건들을 잘 짜맞추어서 그 보상을 얻어내는 책략을 사용하지 못한다. 게다가 그들은 무언가 일이 잘못되어 가고 있다는 '직감(gut feeling)'을 해석하지 못하며 어떤 상황을 이해하기 위한 단서들과 직감을 통합하는 데 어려움을 느낀다(Bechara, 2004). 어떤 연구자들은 전두엽의 내측 영역이 우리의 행동을 감시(monitoring)하며 실수를 저질렀는지 판단하는 것과 관련이 있다고 주장하였다. 그러한 감시를 통해 우리에게 보상을 가져다 주지 않았거나 목표를 달성하는 데 방해가 되었던 행동을 바로잡게 된다(Taylor, Stern & Gehring, 2007). 몇몇 연구자들은 전두엽에 의한 정서적, 이성적 추론의 결합이 도덕적 추론을 가능하게 한다고 주장하였다(Moll & de Oliveira-Souza, 2007).

이런 짧은 개관에서 설명한 대로, 뇌의 전두엽은 행동의 광범위한 자료와 연관된다. 전두엽은 언어, 공간적 처리 혹은 물체 인식과 같은 인지 활동의 특정한 하위 영역을 담당하기보다는, 광범위한 영역에 걸쳐 사용되는 관리감독기능(executive capability)을 제공하고 신축성 있는 새로운 행동을 가능하게 한다.

두정엽

두정엽은 (1) 다양한 감각 양식들로부터의 정보를 통합하고, (2) 감각계 정보와 기억에 저장된 정보를 통합하며, (3) 개인의 내적 상태에 대한 정보와 외부 감각세계로부터의 정보를 통합한다. 이런 통합기능이 다양한 방식들로 나타날 수 있기 때문에, 두정엽 손상 이후 발견되는 결함들은 다양한 형태를 띠고, 그러므로 동일한 범주로 묶는 등의 개념화가 어렵다. 그러나 두정엽이 다른 정보의 형식들을 연합시키는 데 결정적이라는 것을 고려한다면, 그것에 의해 수행되는 기능들이 따로 떨어진 것들로 보이지는 않는다.

두정엽의 기능을 개념화할 수 있는 한 가지 방법은 짧은꼬리원숭이(macaque monkey)들을 통해 얻은 실험결과들을 살펴보는 것이며, 이 연구들에서 단일 세포들의 활동을 기록하기 위해 동물의 뇌에 전극을 삽입하였다. 연구자는 어떤 유형의 자극이 세포를 발화시키는지에 주목한다. 연구자가 그 영역의 세포들이 발화하도록 만드는 결정적 특성들을 추론할 때까지, 관심 영역 전반에 걸쳐 다양한 다른 세포들에 대해 이러한 절차가 수행된다. 두정엽의 역할을 이해하기 위해 우리는, 다른 뇌 영역에서 전위를 측정했더라면 어떠한 결과를 얻게 되었을지에 대해 생각해 볼 필요가 있다. 원숭이의 시야상에 바나나가 하나 있다고 가정해 보자. **하측두피질**(inferior temporal cortex; 다음 부분에서 논의하게 될 것이며 시각적 형태들 간의 차이를 구별한다)의 단일세포에서 기록했다면 바나나에는 일관되게 발화하지만, 다른 원숭이, 사람 혹은 다른 물체와 같은 다른 시각 자극에 대해서는 발화하지 않는 단일세포를 발견하게 될 것이다. 그러나 두정엽 내의 세포를 기록한다면, 세포들이 바나나가 시야 안에 들어오되 원숭이 손에 닿을 수 있는 거리에 있는 경우에만 발화한다는 것을 알게 된다. 한편, 두정엽의 또 다른 세포들은 바나나를 보는 것만으로는 발화하지 않고, 원숭이가 배가 고픈 경우에만 발화할 것이다. 그러므로 두 사례에서, 세포들은 어떠한 속성들의 결합(conjunction)에 대하여 반응한다고 할 수 있다. 이 예들에서는 바나나라는 시각 자극과 그것의 공간상 위치, 혹은 바나나라는 시각 자극과 동물의 내적 상태의 결합이다(Lynch, 1980). 이러한 이유로 두정엽에 의한 처리과정은 본질상 **다중양식**(multimodal)이라고 말할 수 있다.

인간의 경우 다중양식들의 통합이라는 두정엽의 역할은 이 영역 손상 이후에 나타나는 실독증, 실서증 같은 증상들에서 나타난다. **실독증**(alexia)과 **실서증**(agraphia)은 뇌 손상의 결과로 읽고 쓰는 능력을 상실하는 것이다. 9장에서 이 증상들을 더 자세히 논의할 것이다. 읽기와 쓰기에 어떠한 것들이 관련되는가를 안다면, 실독증과 실서증이 두정엽 손상에 의해 야기된다는 사실을 이해할 수 있다. 우리가 해야 하는 것은 문자들의 패턴(예, d-o-g)을 찾고, 그것의 의미(예, 가장 좋아하는 애완동물)와 연합시키는 것이다. 그러므로 두정엽이 중요한 몫을 차지하는 다른 기능들과 같이, 읽기와 쓰기는 서로 다른 유형의 정보들 간의 통합이 필요하다.

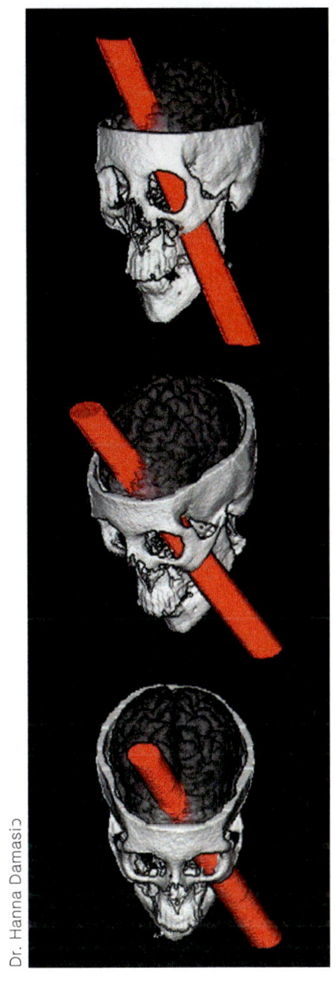

그림 1.24 Phineas Gage Gage의 전전두피질의 일부를 손상시켰던 철 막대의 방향을 재구성한 그림. © 2010 Cengage Learning

두정엽 손상 후 발견되는 또 하나의 결함은 숙련된 운동수행이 불가능하게 되는 **실행증**(apraxia)이다. 실행증에서 기본 운동 통제는 손상되지 않는다. 그 개인에게 마비가 일어나는 것은 아니다. 실행증을 가진 사람들은 어려움 없이 숙련된 자발적 운동을 할 수 있지만, 동작을 재현할 수 없다. 그러므로 그들은 설탕을 티스푼으로 퍼서 커피잔에 넣을 수 있지만, 똑같은 동작을 재현하라고 하면 제대로 표현하지 못하고, 한 손가락을 티스푼을 표현하는 데 사용할지도 모른다. 분명히 실행증을 가진 개인들은 어떤 행동을 표현하는 데 필요한 운동 절차(motor sequence)를 프로그램하는 능력이 부족하지만, 이 사람들은 운동 그 자체를 수행하는 능력은 가지고 있다. 실행증은 5장에서 더 전체적으로 논의된다.

두정엽 손상에 의해 영향받는 또 다른 능력은 공간인지 능력이다(8장 참조). 두정엽 손상은 공간적 지점들을 구역화하는 능력, 선들의 각을 아는 능력, 그리고 대상들 간의 공간적 관계를 이해하는 능력을 훼손시킨다. 두정엽 영역은 다른 감각 양식들에 걸쳐 있는 공간적 지도들을 연결시키고, 공간정보와 운동을 통합시킨다. 특정한 멜로디를 가진 어떤 새소리를 듣긴 했지만, 보지 못한 상황을 상상해 보자. 당신은 이 새가 지저귀는 소리만큼이나 예쁜지 알고 싶을 것이다. 청각정보에 기초하여, 당신의 뇌는 새의 공간상 위치를 추론할 수 있을 것이다. 그러나 그 새를 보기 원한다면, 청각 영역에서의 공간적 위치는 시각적 영역에서의 좌표로 해석되어야만 한다. 두정엽은 이 과정에 있어서 중요하다. 또한 당신은 그러한 정보들을 운동으로 연결시킬 필요가 있을 것이다. 그 새를 보기 위해서, 당신은 현재 위치에서 그 새가 있을 법한 위치로 눈을 옮겨야만 한다.

공간 지도를 유지하는 데 있어서 두정엽의 중요성은 **편측무시(반경시**, hemineglect) 혹은 **편측부주의**(hemi-inattention)라 불리는 증상에서 가장 현저하게 나타난다. 이 증상을 가진 사람들은 공간의 한쪽 측면, 주로 왼쪽의 정보를 무시하고, 세계의 한쪽 측면이 존재하지 않는 것처럼 행동한다. 그들이 감각기능이 손상되었기 때문에 무시된 지역으로부터 오는 정보를 처리하지 못하는 것이 아니다. 대신 그들은 세계의 반쪽에 주의를 두지 않는데, 마치 그 지역이 세계의 공간 지도로부터 지워진 것처럼 행동한다. 공간적 처리와 편측무시에 관한 세부사항들은 6, 8, 11장에서 다룰 것이다.

이러한 짧은 개관을 통해 이해했듯이, 두정엽 손상은 많은 이질적 증상들을 야기할 수 있다. 그러나 일반적으로 그러한 증상들은 감각정보들이 각기 다른 감각 특성에 걸쳐서, 내적 표상과 기억 혹은 반응들과 통합되지 못하는 데에서 비롯된 것들이다.

측두엽

뇌의 측두엽은 네 개의 주된 기능들과 연관되어 있다. 기억, 시각 항목(item)의 재인, 청각 처리, 그리고 정서가 그것이다. 측두엽은 유명한 사례인 H.M.에서 명확히 밝혀진 바대로, 기억기능과 관련되어 있다. 그는 성인 초기에 난치성 뇌전증 치료를 위해 측두엽의 전측 부분 양쪽을 제거하는 수술을 받았다. 외과적 수술이 뇌전증 증상을 줄이는 데에는 성공했음에도 불구하고, 수술 이전의 기억들은 대부분 손상되지 않았지만 거의 모든 유형의 새로운 정보를 학습할 수 없는 상태가 되어 버렸다. 10장에서 기억과 관련한 측두엽의 역할에 관해서 더 많이 배우게 될 것이다.

측두엽은 새로운 장기기억 형성에 중요하다는 것에 더하여, 시각 자극 인식에 기여하는 시각 처리에 중요한 역할을 한다. 원숭이의 하측두엽의 단일세포로부터의 전기적 기록을 통해 이 세포들이 매우 특정한 시각 자극에만 반응한다는 것을 알아냈다. 일차시각피질의 세포가 특정한 각도로 들어오는 막대 모양의 빛 혹은 특정한 방향으로 움직이는 자극들에 반응하는 것과는 달리, 하측두엽의 세포들은 손, 빗, 얼굴과 같은 매우 특정한 형태들에 반응한다(Gross, Rocha-Miranda, & Bender, 1972). 실제로 몇몇 세포들은 특정한 사람의 얼굴에만 혹은 얼굴의 어떤 특성들(예, 눈)에만 반응한다(Parrett, Mistlin, & Chitty, 1987). 사람의 경우, 측두엽 손상은 자동차나 의자와 같은 일반적인 물체들을 인식하는 데 결함을 초래하거나(Farah & Feinberg, 2000) 특정 개인의 얼굴을 알아보는 데 결함을 초래한다(DeRenzi, 2000). 그러므로 측두엽은 시각 항목들의 의미를 파악하는 데에 중요한 것처럼 보인다. 시각 자극 인식에서 측두엽의 역할은 7장에서 더 많이 논의될 것이다.

시각 항목 처리에 관한 측두엽의 특수성은 포유류 뇌의 시각 정보처리가 두 가지 흐름(혹은 구조)으로 구분되는 것을 반영한다. 둘 중 하나는 항목들의 모양을 처리하는 데 중요하고, 다른 하나는 항목들의 위치를 처리하는 데 중요하다(Ungerleider & Mishkin, 1982). 이 두 가지 시스템을 설명할 수 있는 방법 중의 하나는, 지역방어와 대인방어 사이의 차이를 생각해 보는 것이다. 뇌의 두정엽은 항목들을 마치 지역방어하의 수비수처럼 다룬다. 두정엽의 역할은 그것들이 무엇이냐와는 상관없이 공간상의 항목의 위치를 처리하는 것이다. 그러므로 두정엽에 있어서는 물체의 의미가 아닌, 위치가 중요하다. 반대로, 뇌의 측두엽은 대인방어를 하는 수비수 같이 항목들을 다룬다. 이 영역의 수비수는 장소와 상관없이 공격자가 어디를 가든 달라붙어 방어하듯이, 공간상의 위치와 상관없이 특별한 사람 혹은 물체에 민감하다.

청각 처리 영역은 측두엽에 위치하기 때문에, 이 영역의 손상은 청각 정보처리에 영향을 끼칠 수 있다. 예를 들어 측두엽의 손상은 교회 종소리와 같은 흔한 소리들을 인식하지 못하거나 멜로디와 같은 음악의 특정 요소들을 인식하는 데 어려움을 초래할 수 있다.

또한 시각실인증과 청각실인증도 측두엽 손상과 연관되어 있다. **실인증**(agnosia)이란 기본적인 감각 처리에서의 결함 없이 소리 혹은 물체 인식에 있어서의 양식 특정적(modality-specific) 손상을 보이는 것을 뜻한다. 양식 특정적이라 함은 특정 감각 양식하에선 어떤 사물을 인식할 수 없지만 다른 양식들하에선 인식할 수 있는 것을 의미한다.

어떤 사람이 시각실인증(visual agnosia)을 가지고 있다면, 그 사람은 단지 장미를 쳐다만 보아서는 그것을 인식할 수 없다. 그러나 그 사람이 가시에 찔리거나 혹은 꽃냄새를 맡으면, 그 사람은 즉시 그것이 무엇인지를 인식한다. 실인증에 관한 중요한 점은 그 손상이 기본적인 감각 처리를 수행하는 능력 상실 혹은 기억 손상이 아니라는 점이다. 시각실인증을 가진 사람들은 맹인이 아니다. 그들은 밝음과 어두움을 구별할 수 있고, 기본 모양들의 차이(예, 직사각형과 정사각형)를 가려낼 수 있다(Warrington & James, 1988). 그래서 예를 들어 장미를 쳐다보았을 때, 시각실인증을 가진 사람은 어떤 사물이 거기에 있음을 볼 수 있고, 그 색깔과 대략의 모양을 묘사할 수 있다. 하지만 장미에 대한 시각적 인상을 조합하는 데 이러한 정보들을 사용할 수 없다. 더 나아가 어떤 항목에 대한 기억은 손상되지 않는다. 그러므로 시각실인증을 가진 사람에게 켄터키 경마에서 승리한 말의 목에 두른 화환을 만드는 데 사용한 꽃의 종류 또는 낭만의 의미를 가진 가시를 가지고 있는 인기 있는 꽃이 무엇이냐고 물으면, 그 사람들은 쉽게 '장미'라고 대답한다.

청각실인증(auditory agnosia)을 가진 사람은 어떤 소리가 발생했는지를 알지만 그 의미는 모른다. 예를 들어 어떤 사람은 어떤 소리가 방금 났다는 것을 알아도 그것이 자동차 경적 소리라는 것은 인식할 수 없다. 그와 유사하게, **촉각실인증**(tactile agnosia)은 두정엽 손상과 연관이 있으며 그들은 만져 봄으로써 사물들을 인식할 수 없다. 이러한 모든 실인증에서 공통적인 것은 기억 처리가 그렇듯이, 문제가 생긴 감각 양식에 있어서도 기본 감각 처리에는 이상이 없다는 것이다. 실인증은 7장에서 더 자세하게 논의된다.

마지막으로, 뇌의 측두 영역은 정서적 정보처리에도 관련되며 13장에서 더 자세히 논의될 것이다. 측두엽의 몇몇 구조들은 이 장 초반부에서 배운 변연계의 일부로서, 감각계로부터의 정보와 내적 욕구(식욕, 성욕 등)를 통합하는 역할을 한다. 최근 연구에 따르면 측두엽의 일부분이 타인에 대해 공감하거나 상대방의 기분이나 생각을 추론하는 등의 사회적, 정서적 기능을 하는 데 특히 중요한 것으로 알려졌다(Saxe, 2006).

이 장에서는 신경계에 대해 논의하기 위해 과학자들이 사용하는 용어들을 배웠고, 중추신경계의 주요 하위 영역들에 익숙해졌으며, 이런 하위 영역 각각의 역할에 대해 간단히 살펴보았다. 다음 장에서는 신경계를 구성하는 주요 세포들이 서로 간에 어떻게 의사소통 하는지에 관하여 더 많은 것들을 배우게 될 것이다.

요약

인지 신경과학이란 무엇인가

- 인지 신경과학은 신경적 처리와 관련해서 정신기능을 연구하는 것인데 동물 연구로부터 사람 연구, 실험실 실험으로부터 컴퓨터 시뮬레이션에 이르는 모든 연구들을 포함한다.
- 인간 신경심리학은 인간의 뇌 기능과 정신적 과정 사이의 연결을 연구하는 특정한 학문 분야로서, 주로 뇌 손상을 지닌 사람들의 수행에 대한 연구를 한다.

신경계의 기본 구조 단위

- 뉴런들은 전기 화학적 신호들을 통해 정보를 주고받는 세포들이다.
- 교세포는 뉴런들에 영양분을 공급하는 공급원 역할을 하고 신경계 손상을 복구하는 것을 돕는 지지세포다.

신경해부학적 용어와 뇌의 '지리학'

- 앞쪽이 전측 혹은 문측이다.
- 뒤쪽이 후측 혹은 미측이다.
- 머리 꼭대기 근처가 상측 혹은 배측이다.
- 바닥 쪽이 하측 혹은 복측이다.
- 몸의 중앙 혹은 중심선 쪽이 내측이다.
- 머리의 양 측면 쪽이 외측이다.

중추신경계의 주요 하위 구조

- 척수는 신경계가 정보를 주고 받는 주요 통로이다.
- 연수는 심장박동과 숨쉬기와 같은 생명 유지 기능의 통제, 경계와 각성에 중요하다.
- 소뇌는 숙련되고 유연한 운동에 중요하다.
- 뇌교는 뇌 신경들로부터의 정보가 신경계로 들어가는 뇌 영역이다.
- 중뇌에는 감각자극을 탐지하는 것과 관련된 두 가지 중요한 구조물이 있다. 청각정보를 처리하는 하구, 시각정보를 처리하는 상구.
- 시상하부는 먹이 찾기, 성적 상대 찾기, 도망치는 것과 같이 동기와 관련된 행동에 있어서 중요하다.
- 시상은 감각계 정보가 피질로 진행하는 동안 재조직화되고 피질정보가 말초로 진행하는 동안에 재조직화하는 데 있어서 주요 중계센터이다.
- 주된 하위피질 구조는 운동 통제와 관련된 기저핵과, 전통적으로 정서와 관련하여 중요한 역할을 한다고 알려졌으며 지금은 기억과 같은 다른 기능에도 연관된다고 알려져 있는 변연계이다.
- 대뇌피질은 인간 뇌에 주요 구조이다. 감각 입력을 처리하고, 운동 출력을 통제하며, 또한 사물 인식, 공간적 처리, 기억과 같은 높은 수준의 정신적 기능과 연관되어 있다.

대뇌피질에 대한 상세한 관찰

- 일차감각피질은 어떤 특정한 감각 양식의 정보들이 말초 수용기로부터 받아들여지는 중추신경계의 첫 번째 영역이다.
- 운동피질은 신체 근육들의 정교한 운동 통제를 조절하는 뉴런들의 마지막 출구이다.
- 일차체감각피질은 통증, 온도, 질감, 압력을 포함한 촉각정보들을 처리한다.
- 시각피질은 빛과 어둠 사이의 대조를 처리한다.
- 청각피질은 음의 주파수(음의 고저)에 관한 처리를 한다.
- 전두엽은 행동의 계획, 지도, 평가에 관련된 뇌 영역이다.
- 두정엽은 다중 양식적 처리—감각양식, 기억, 개인의 내적 상태 등의 정보를 통합—와 관련된 뇌 영역이다.
- 측두엽은 기억, 시각 자극 재인, 정서 및 음악을 포함하는 청각 처리에 관련된 뇌 영역이다.

핵심용어

간뇌(diencephalon)
뇌전증 발작(epileptic seizure)
고유감각(proprioception)
고집(perseveration)
관상면(coronal section)
(신경)교세포(glia)
구, 고랑(sulcus)
근위측(proximal)
기저핵(basal ganglia)
내측(medial)
뇌교(pons)
뇌신경(cranial nerve)
뇌실(ventricle)
뇌척수액(cerebrospinal fluid, CSF)
뉴런(neuron)
대뇌반구(cerebral hemisphere)
대측(contralateral)
동측(ipsilateral)
동측성 반맹(homonymous hemianopsia)
두정엽(parietal lobe)
말초신경계(peripheral nervous system)
망상활성계(reticular activating system)
문측(rostral)
미측(caudal)
배측(dorsal)
변연계(limbic system)
복측(ventral)
브로드만 지도(Brodmann map)
사반맹(quadranopsia)
상(소)구(superior colliculus)
상측(superior)
세로열(longitudinal fissure)
세포체(cell body)
소뇌(cerebellum)
수상돌기 가지(dendritic tree)
수평면(horizontal)
시교차(optic chiasm)
시상면(矢狀面, sagittal)
시상(thalamus)
시상하부(hypothalamus)
실독증(alexia)
실서증(agraphia)
실인증(agnosia)
실행증(apraxia)
암점(scotomas)
양측(bilateral)
연수(medulla)
연합 영역(association area)
열(fissure)
우측 시야(right visual field)
외측슬상핵(lateral geniculate nucleus)
외측열[Sylvian (lateral) fissure]
외측(lateral)
원위측(distal)
인간신경심리학(human neuropsychology)
인지 신경과학(cognitive neuroscience)
일차감각피질(primary sensory cortex)
일차운동피질(primary motor cortex)
전두엽(frontal lobe)
전측(anterior)
정중시상면(midsagittal)
좌측 시야(left visual field)
주파수 대응(tonotopic)
중계센터(relay center)
중뇌(midbrain)
중심열(central fissure)
중추신경계(central nervous system)
척수(spinal cord)
축색(axon)
측뇌실(lateral ventricle)
측두엽(temporal lobe)
편마비(hemiplegia)
편측(unilateral)
편측무시(hemineglect)
편측부주의(hemi-inattention)
하(소)구(inferior colliculus)
하측(하위)(inferior)
핵(들)(nuclei)
헤슬회(Heschl's gyrus)
혈뇌장벽(blood-brain barrier)
회(gyrus)
후구(olfactory bulb)
후두엽(occipital lobe)
후측(posterior)

도서 참조 사이트: www.cengage.com/psychology/Banich

이 웹사이트는 학생들이나 강사들에게 강의용 퀴즈나 암기카드, 용어정리 같은 정보와 자료를 무료로 제공한다.

뉴런들은 어떻게 서로 통신하는가

How Neurons Communicate

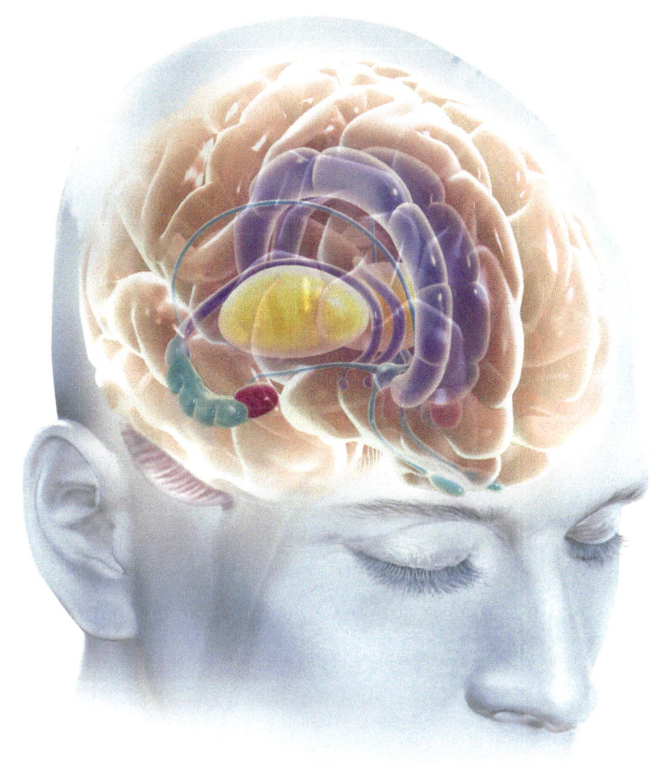

서론

이 장에서는 뉴런들 간의 의사소통이 어떻게 일어나는지에 대해 논의할 것이다. 우리는 이런 의사소통 시스템의 전기화학적 성질과 그것이 어떻게 와해되고, 증진될 수 있는지에 대해서 배울 것이다. 뉴런들이 어떻게 작동하는지를 아는 것은 이후에 논의하게 될 많은 주제들을 통합적으로 조망할 수 있게 하는 기초가 된다. 예를 들어 일단 신경전도의 전기적 속성에 대해 이해하고 나면, 뇌전도 혹은 뇌파(electroencephalography, EEG)가 왜 뇌 기능에 관한 좋은 측정치인지, 왜 뇌 활동이 경두개 자기자극(transcranial magnetic stimulation, TMS)에 의해 와해되는지 알게 될 것이다. 또한 신경전달의 화학적 속성에 대해 더 많이 이해하게 되면 뇌의 특정 화학물질이 부족하게 되었을 때 그것이 어떻게 우울과 같은 기분장애(mood disorder)를 초래할 수 있는지, 왜 사람들이 암페타민(amphetamines)과 같은 약물을 먹으면 기분이 좋아지는지 알 수 있게 된다.

신경계에서의 전기화학적 신호전달

뉴런들은 전기화학적 과정을 통하여 정보를 전달한다. 전기화학적 신호전달에는 두 가지 큰 원리가 있다. 한 뉴런 내에서는 전기적 신호를 통하여 정보전달이 이루어지지만, 한 뉴런에서 다른 뉴런으로 정보가 전달될 때는 화학적 신호가 사용된다.

■ 한 뉴런 내에서 정보는 어떻게 전달되는가

이 원리들을 더 잘 이해하기 위해선 안정적인 상태에서의 뉴런을 살펴볼 필요가 있다.이때 일반적으로 뉴런의 안팎으로 약 −70 mV 정도의 전위차가 존재하는데, 이를 **안정전위**(resting potential)라고 한다. 어떻게 신체의 세포가 전기적 전하를 가질 수 있을지 궁금할 것이다. 뉴런의 세포막은 이온들을 분리시키는 장벽의 역할을 하는데 전기적으로 대전된 입자인 각종 **이온**(ions)들이 세포 안과 밖에 각각 존재하도록 한다. 나트륨(sodium)과 칼륨(potassium) 같은 이온들은 **이온통로**(ion channels)로 알려진 특별한 통로를 통해서만 세포막을 통과할 수 있다. 이런 통로들은 세포막에 포함된 단백질 분자들로 이루어져 있다. 이런 단백질 분자들은 어떤 경우에는 통로를 형성하여 이온들이 세포 안팎으로 이동할 수 있게 한다. 그러나 다른 경우에는 통로를 막아 이온들이 세포막의 한쪽에서 다른 쪽으로 이동할 수 없게 만든다.

이온통로는 특정 이온만을 선택적으로 통과시킨다. 그렇기 때문에 세포막에는 나트륨이나 칼륨 이온을 통과시키는 통로를 비롯한 여러 종류의 이온통로들이 있다. 이온들은 세포막의 양 쪽에 서로 다른 농도로 분포하고 있는데, 이온통로가 열리면 막 양쪽의 농도가 균일해지는 방향으로 이온들의 확산이 일어난다. 칼륨은 세포막 안쪽의 농도가 더 높기 때문에 세포 밖으로 이동하는 반면, 나트륨은 세포 바깥쪽의 농도가 더 높기 때문에 안쪽으로 이동한다.

결국, 이러한 확산은 잉크 방울이 물컵 전체로 골고루 퍼지는 것처럼 이온들이 세포 안팎에 균등하게 분포하도록 한다. 하지만 **나트륨-칼륨 펌프**(sodium-potassium pump)가 이온의 균등 분포를 방지함으로써 안정전위를 유지하게 한다. 이 펌프는 양으로 대전된 나트륨 이온을 세포 밖으로 내보내고, 음으로 대전된 칼륨 이온을 세포 안으로 유입시킨다. 그 결과 최종적으로 뉴런의 안쪽이 바깥쪽보다 더욱더 음으로 대전된 상태를 유지하게 된다. 이 불균형이 막 사이에 −70 mV의 전위차를 일으킨다.

다른 뉴런들로부터 입력을 받으면 이온통로가 열리거나 닫힌다. 세포막 안팎의 이온 농도 변화는 뉴런의 전하량을 안정전위로부터 벗어나게 하여 더욱 양 또는 음으로의 변화를 일으킨다. 세포의 막전위가 줄어 −55 mV가 될 만큼 충분한 자극을 받으면 역치(threshold)를 넘게 되고, 세포는 '발화'한다. 세포가 발화하면, 뉴런의 전하는 −55 mV로부터 최고 +40 mV로 급격하게 역전된다. 막전위가 최고점—탈분극(depolarization) 상태라고 한다—에 도달한 후에 전하는 다시 안정전위로 되돌아오는데 이를 **재분극**(repolarization)이라고 한다. 그 직후 안정전위를 지나, 더 음전하가 되는 상태에 이르게 되는데 이를 **과분극**(hyperpolarization)이라고 한다. 과분극 이후에 뉴런은 안정전위로 돌아온다.

안정전위로부터 다시 안정전위로 돌아오는 이러한 일련의 과정을 **활동전위**(action potential)라고 한다. 활동전위의 시간적 경과와 그에 따르는 각 이온통로들의 개폐가 ● 그림 2.1에 묘사되어 있다.

이 활동전위는 세 가지 중요한 특성을 가진다. 첫째, 자가선도(self-propagating)로서, 하나의 도미노가 넘어지면 그 줄의 모든 도미노가 차례로 넘어지는 것과 마찬가지로 일단 활동이 촉발되기만 하면 저절로 계속되는 것이다. 둘째, 그 활동전위의 강도는 거리를 이동하더라도 감소하지 않는다. 활동전위의 최고점은 축색을 따라 이동하는 동안 +40 mV로 지속된다. 이런 특성은 이동거리가 멀어질수록 에너지를 잃게 되는 소리전달과 완전히 다르다. 셋째, 활동전위는 실무율 반응으로서 세포가 '발화'하거나(활동전위) 발화하지 않거나 둘 중 하나이다. 이런 활동전위는 카메라로 사진을 찍는 행위에 비유할 수 있다. 사진을 찍기에 충분할 정도로 버튼을 누르거나 그렇지 않거나이다. 어느 정도 이상으로 버튼을 눌렀다면, 되돌릴 수 없다. 다시 말해, 사진이 찍힌다. '찰칵'하는 소리가 날 정도로 충분히 꽉 누르지 않았다면, 얼마나 버튼을 눌렀는지에 상관없이 사진은 찍히지 않는다.

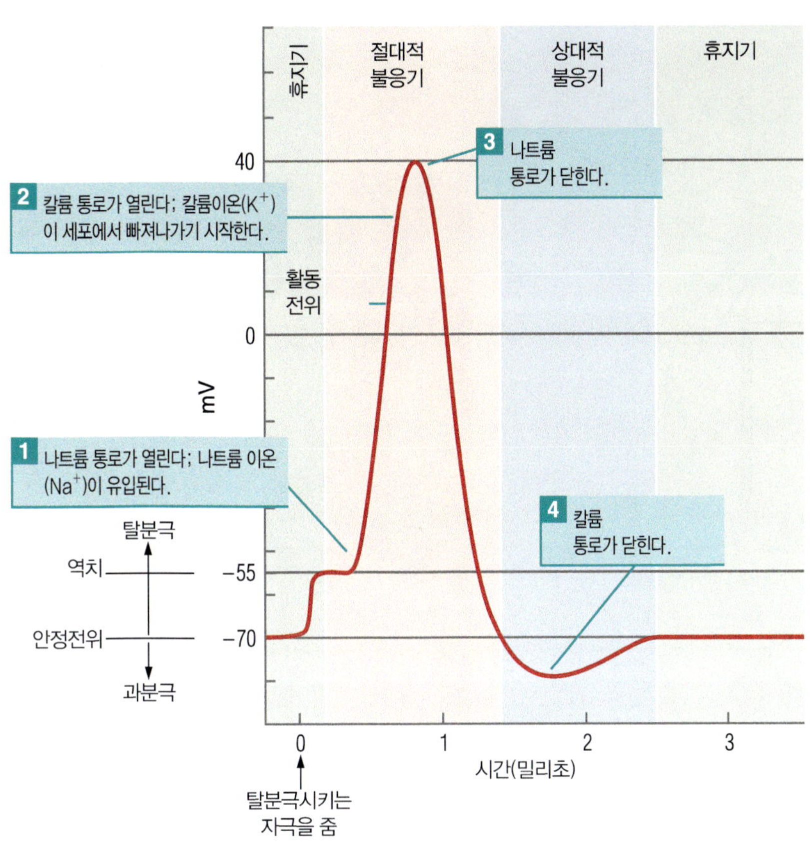

● **그림 2.1 활동전위의 단계.** (1) 활동이 역치에 도달하면, 나트륨 이온(Na^+)이 세포로 들어가기 시작한다 (2) 칼륨이온(K^+)이 세포 밖으로 방출되기 시작한다. (3) 나트륨 이온(Na^+)이 더 이상 세포 안으로 들어가지 않고, 전압은 최대 양의 값에 도달한다. (4) 칼륨 이온(K^+)의 유출로 전압은 음극화되고 세포의 과분극이 일어난다. 그 후 칼륨통로가 닫히고 세포는 안정전위로 돌아온다.

● 그림 2.2는 뉴런의 주요 부분들을 상세히 보여준다. 활동전위는 세포체 근처에 있는 **축색구**(axon hillock)라는 뉴런의 특정 부분에서 발생한다. 이곳으로부터 활동전위는 축색의 전 길이를 따라 활동전위 경로의 마지막인 **종말단추**(terminal button)까지 전달된다. 여기서 전기신호는 화학적 메시지로 변환된다. 종말단추에는 신경전달물질로 가득 차 있는 작은 주머니들이 있는데 이를 **시냅스 소낭**(synaptic vesicles)이라 한다(● 그림 2.3). 어떤 시냅스 소낭은 종말단추에 머물러 있는 데 반하여, 다른 것들은 뉴런의 벽에서 바깥으로 융합되어 있다. 활동전위는 뉴런 벽에 붙어 있던 시냅스 소낭들이 터져 열리도록 하여 그 내용물들을 **시냅스 틈**(synaptic cleft)이라고 알려진 뉴런들 사이 영역에 쏟아낸다. 소낭 밖으로 나온 신경전달물질은 시냅스 틈을 지나 이웃한 뉴런의 주변까지 확산된다. 신경전달물질이 방출된 한쪽 틈을 **시냅스 전측**(presynaptic side), 이웃한 뉴런의 바깥쪽을 포함하고 있는 반대쪽은 **시냅스 후측**(postsynaptic side)이라고 한다. 종말단추, 시냅스 틈, 시냅스 후측 부분을 포함하고 있는 뉴런 간의 접촉 영역을 **시냅스**(synapse)라고 한다(● 그림 2.4).

■ 뉴런 간에 정보가 어떻게 전달되는가

시냅스에서는 시냅스전 뉴런에서 분비된 **신경전달물질**(neurotransmitter)이 시냅스후 뉴런에 도달하게 된다. 시냅스후 뉴런 수상돌기의 세포막에는 **수용기**(receptor)가 있다. 이들 수용기는 시냅스후막 내에 있는 특정단백질로 만들어진다. 그림 2.5처럼 신경전달물질이 시냅스후막에 도달하게 되면, 열쇠가 자물쇠에 들어맞듯이 수용기의 특징 영역에 가서 달라붙게 된다[이를 **결합 영역**(binding site)이라 한다]. 신경전달물질의 결합은 수용기의 형태를 변화시키고, 그것은 막 안팎의 이온 흐름을 변화시켜 수용기 근처 작은 영역의 시냅스후막전위에 변화를 야기한다. 이때 화학적 신호는 다시 전기적 신호로 바뀐다.

수용기에는 크게 두 종류가 있는데, 하나는 직접적으로 시냅스후막 수상돌기의 전위 변화를 일으키고, 다른 하나는 간접적으로 작용한다. ● 그림 2.5에서 이 2가지 종류의 수용기에 대해 설명하고 있다. **이온성 수용기**(ionotropic receptors)는 직접적으로 이온통로를 열거나 닫는다. 반면, **대사성 수용기**(metabotropic receptors)는 간접적으로 이

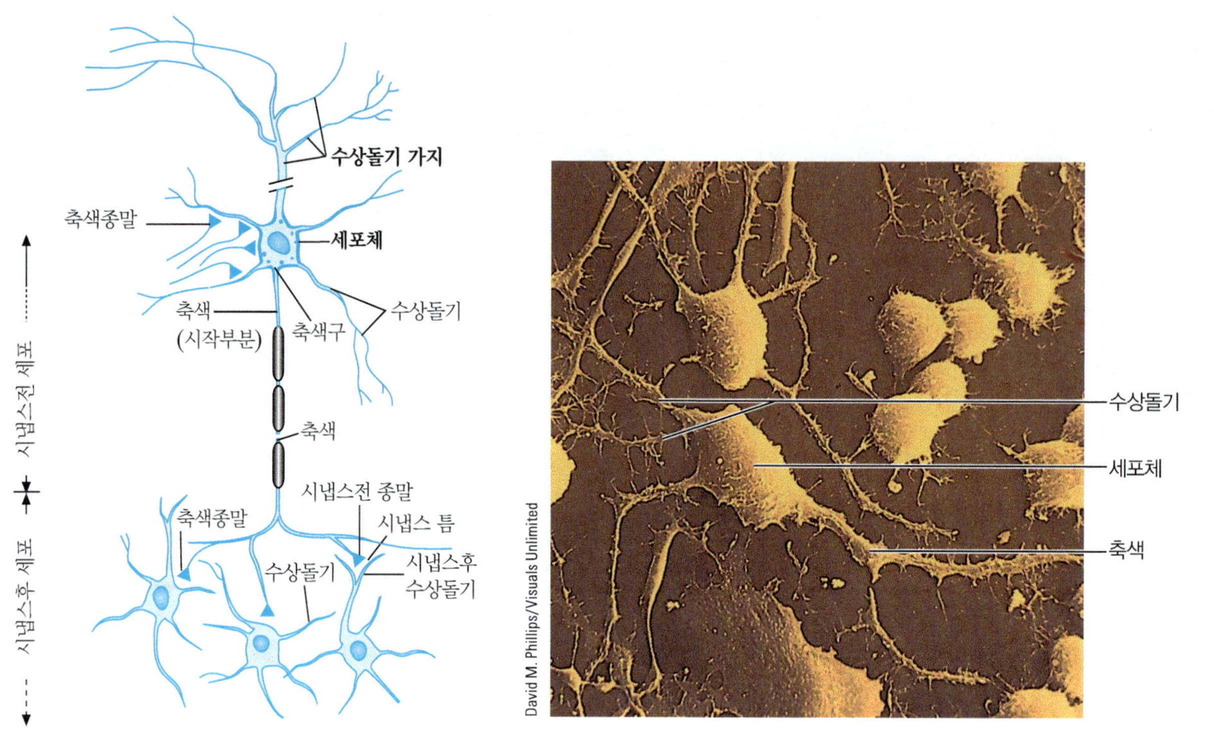

● **그림 2.2 뉴런의 기본적 부분.** 개별 수상돌기들로 이루어진 수상돌기 가지(dendritic tree)는 다른 세포들로부터 정보를 받아들이는 주요 영역이다. 세포체에는 핵과 기본적인 세포기능을 하는데 필요한 세포내 구조들이 있다. 축색구(axon hillock)는 큰 전기적 신호가 생성되는 곳이고, 축색(axon)은 그 전기적 신호가 전파되는 세포의 긴 통로이다. 축색 끝의 가지에는 구근 모양(bulbous-shaped)의 종착점이 있는데(종말단추 혹은 단추), 이 곳에는 신경전달물질로 가득 찬 소낭들이 있다. 억제성 혹은 흥분성 신경전달물질들은 시냅스 틈이라고 알려진 인접한 뉴런들 사이의 공간으로 방출된다. 시냅스 틈에서 종말단추가 있는 쪽을 시냅스전 뉴런이라 하고, 그 반대쪽을 시냅스후 뉴런이라고 한다. 몇몇 시냅스는 시냅스후 수상돌기와 연결되어 있는 반면, 다른 것들은 시냅스후 세포체에 직접 연결되어 있다. 하나의 축색에는 1,000개 정도의 다른 뉴런들과 시냅스를 맺을 수 있는 많은 가지들이 있다.

온통로를 통제한다. 대사성 수용기는 **G 단백질**(G protein, guanyl nucleotide-binding protein)이라고 하는 단백질과 연결되어 있다. 신경전달물질이 이 수용기에 결합하였을 때, α 하위 단위로 알려진 단백질의 하위 단위가 떨어져 나오게 된다. α 하위 단위는 직접적으로 이온통로에 결합하여 이온통로를 열어서 이온을 통과시키거나, 시냅스후막에 위치한 효소에 붙어서 그것을 활성화시키는 간접적인 방식으로 통로를 활성화시킨다. **효소**(enzyme)는 두 물질을 서로 결합시키거나 하나의 물질을 여러 부분으로 쪼갬으로써 화학적 작용을 통제하는 분자이다. 효소는 **이차 전령**(second messenger)이라 알려진 또 다른 화학물질을 만들어 내는 데 기여한다. 이차 전령은 일련의 단계를 거쳐 이온통로를 열게 된다. 대사성 수용기에 의해 발생된 시냅스후 전위는 느리게 시작되지만, 이온성 수용기에 의해 발생된 전위보다 더 오래 지속된다.

■ 시냅스후 전위가 어떻게 활동전위를 발생시키는가

수용기 근처에서 발생한 전위 변화는 세포의 전위를 안정 전위보다 더 양이나 음으로 만든다. **흥분성 시냅스후 전위**(excitatory postsynaptic potentials, EPSP)는 세포의 전위를 더욱더 양으로 만들어 세포 내외의 전하 차이를 줄인다. 이로 인해 세포가 발화하는 역치값인 −55mV에 다다르게 된다. 반면 **억제성 시냅스후 전위**(inhibitory postsynaptic potentials, IPSP)는 세포 내부를 더욱더 음으로 만들어 역치값에서 멀어지게 한다. 어떤 특별한 신경전달물질이 흥분성 혹은 억제성 효과를 가지느냐의 여부는 신경전달물질에 달려 있기보다는 오히려 그것이 결합하는 수용기 유형에 달려 있다. 이 장 후반에서 여러 가지 수용기 유형들에 관하여 더 자세히 다룰 것이다.

시냅스후 전위는 세 가지 중요한 점에서 활동전위와 다르다. 첫째, 시냅스후 전위는 점진적으로 변화한다. 시냅스후 전위는 발생한 곳으로부터 멀어질수록 감소한다. 그러므로 이동거리 동안 동일한 강도를 유지하는 활동전위와 다르게, 시냅스후 전위는 시공간을 따라 이동한 만큼 약해진다. 둘째, 시냅스후 전위의 강도는 0.5~5 mV 정도로 활동전위보다 훨씬 작다. 셋째, 활동전위는 세포들을 발화시킨다는 점에서 항상 '흥분성'인 데 반해, 시냅스후 전위는 흥분성이거나 억제성일 수

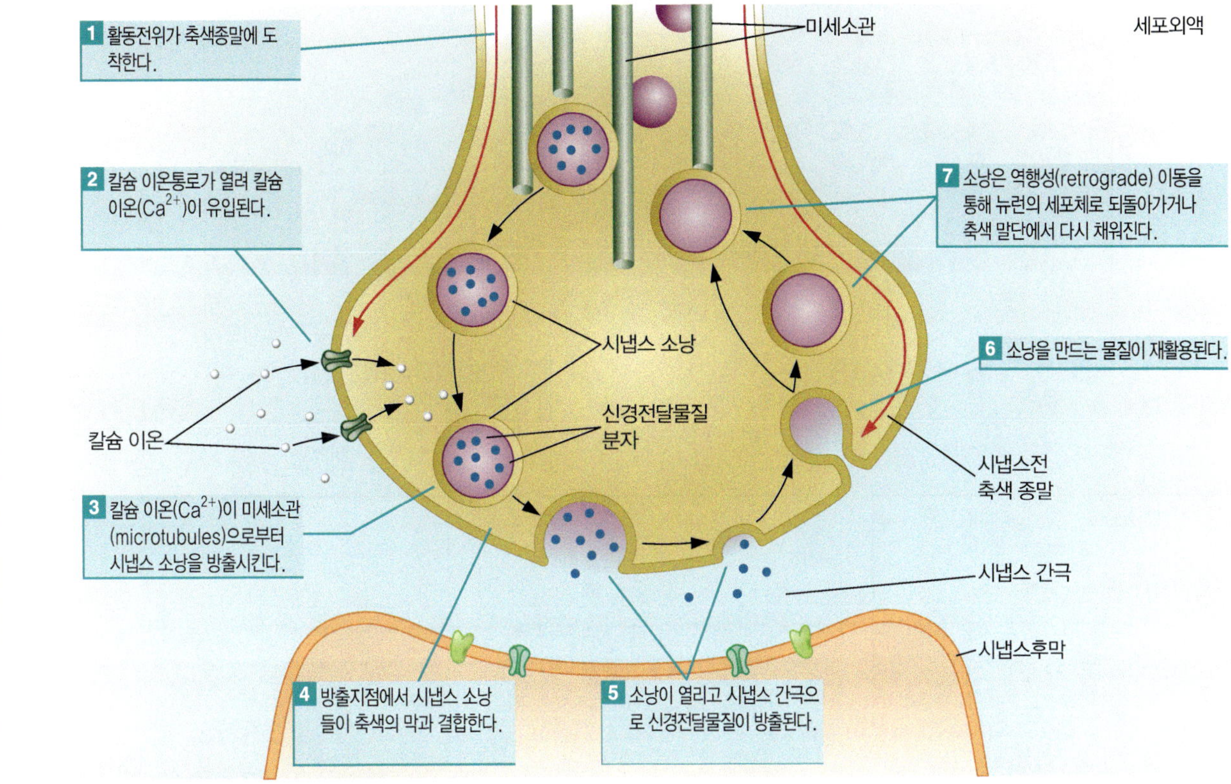

1 활동전위가 축색종말에 도착한다.
미세소관
세포외액
2 칼슘 이온통로가 열려 칼슘 이온(Ca^{2+})이 유입된다.
7 소낭은 역행성(retrograde) 이동을 통해 뉴런의 세포체로 되돌아가거나 축색 말단에서 다시 채워진다.
시냅스 소낭
6 소낭을 만드는 물질이 재활용된다.
칼슘 이온
신경전달물질 분자
시냅스전 축색 종말
3 칼슘 이온(Ca^{2+})이 미세소관(microtubules)으로부터 시냅스 소낭을 방출시킨다.
시냅스 간극
시냅스후막
4 방출지점에서 시냅스 소낭들이 축색의 막과 결합한다.
5 소낭이 열리고 시냅스 간극으로 신경전달물질이 방출된다.

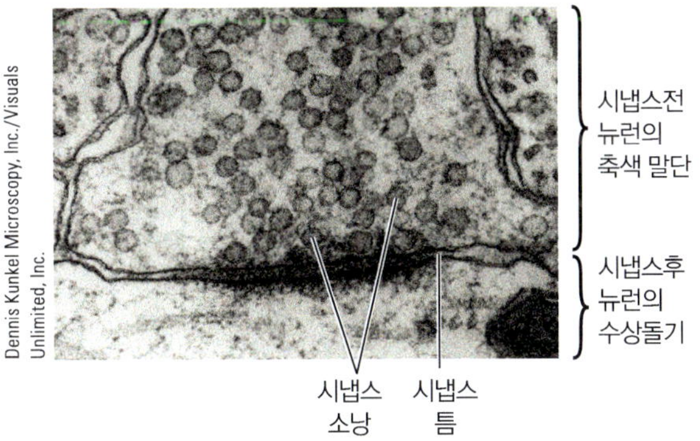

Dennis Kunkel Microscopy, Inc./Visuals Unlimited, Inc.
시냅스전 뉴런의 축색 말단
시냅스후 뉴런의 수상돌기
시냅스 소낭
시냅스 틈

● **그림 2.3 시냅스의 중요한 요소들.** 시냅스전 뉴런에는 신경전달물질 분자들을 포함하고 있는 시냅스 소낭들이 있다. 활동전위가 발생하면, 이 그림에서 설명하는 각 단계를 거치면서 신경전달물질이 시냅스 틈으로 방출된다. 그 후 신경전달물질은 시냅스후막에 있는 수용기에 결합하여 국소적으로 전압을 변화시킨다. © 2011 Cengage Learning

있다.

시냅스후 전위는 크기가 작고, 공간으로 확산되는 속성을 가지기 때문에, 시냅스후 전위 하나가 세포를 발화시킬 가능성은 희박하다. 뉴런을 발화시키기 위해서는 이러한 전위들이 시간적 그리고 공간적으로 통합된 효과를 발휘해야 한다. 예를 들어 시간적으로 비슷하게 발생한 EPSP들은 시간상 떨어진 경우보다 더 큰 영향력을 미친다. 그와 유사하게, 두 개의 EPSP가 수상돌기의 인접한 부분에서 발생한다면, 그것들은 공간적으로 떨어져서 발생했을 때보다 더 큰 영향력을 가진다. 평균적으로 한 뉴런이 수백에서 수천 개의 다른 뉴런들과 시냅스를 맺고 있다는 것을 고려한다면, 이런 합산 과정이 얼마나 복잡한지 상상할 수 있다. 그러므로 단일세포가 발화할지 여부는 이웃한 한 뉴런의 목소리에 의거한 것이 아니라 주변

시냅스후 뉴런의 세포체
축색종말
Science VU/Lewis-Everhart-Zeevi/Visuals Unlimited, Inc.

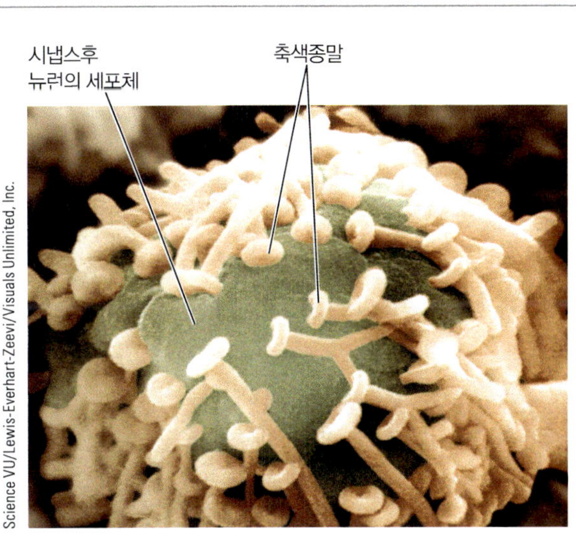

● **그림 2.4 뉴런들은 서로 시냅스를 맺고 있다.** 여러 뉴런들의 종말단추들이 하나의 시냅스후 세포의 세포체와 시냅스를 형성하고 있다.

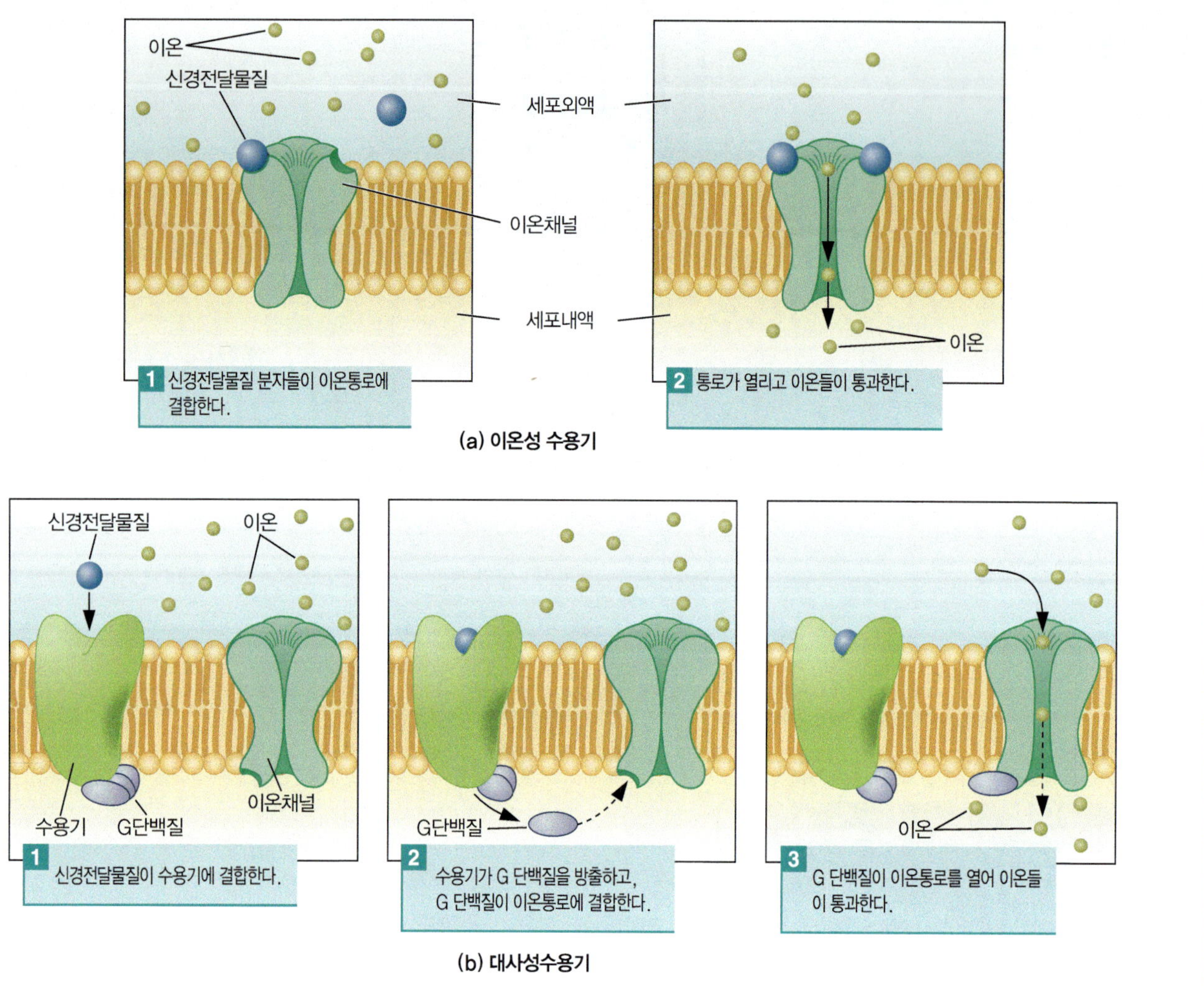

● **그림 2.5 이온성 수용기와 대사성 수용기.** (A) 신경전달물질들이 이온성 수용기와 결합하면 수용기는 통로를 열어 이온들이 이동할 수 있도록 한다. 이로 인해 막전위가 국소적으로 변화한다. (B) 신경전달물질들이 대사성 수용기와 결합하면 막전위가 변화하기까지 여러 단계가 발생한다. 신경전달물질이 수용기와 결합하면 해당 수용기는 세포에서 내부 전령 역할을 하는 G 단백질들을 방출한다. G 단백질은 인접한 이온 채널들을 열기도 하고, 유전자 발현을 변화시키기도 한다. © 2010 Cengage Learning

의 여러 뉴런들에 의해 발생하는 EPSP와 IPSP의 합창과 그 목소리들이 시공간적으로 가까이서 발생한 것인가에 달려있다.

시냅스후 전위의 다양한 목소리들은 축색구에서 합쳐진다. EPSP와 IPSP의 합산 값이 축색구에서 막 내외의 전위차를 안정전위인 −70 mV에서 −55 mV로 변화시킨다면, 세포는 발화할 것이다. 이 값에 도달하지 못하면, 세포는 발화하지 않을 것이다. 시냅스후 전위가 변하고 발생 지점으로부터 축색구까지 이동하면서 약해지기 때문에, 축색구에서 가까운 위치에서 발생한 전위가 세포가 발화하는 데 더 큰 영향을 미치게 된다. 결국, 합창 비유로 다시 되돌아가면, 축색구에 더 가까운 곳에서 시냅스를 맺고 있는 세포들은 먼 곳에서 시냅스를 맺고 있는 세포들보다 더 큰 목소리를 내는 효과를 가지게 된다. 일반적으로 흥분성 시냅스는 수상돌기에 위치하고, 반면에 억제성 시냅스는 세포체에 위치한다. 그러므로 IPSP가 축색구에 더 근접하여 발생하므로 더 큰 효과를 가진다.

■ 뉴런의 반응성에 영향을 주는 요소

뉴런 발화의 전기화학적 과정이 뉴런의 반응성을 증가시키고 제한하는 방식을 생각해 보자. 활동전위값이 항상 동일하기 때문에 뉴런은 전기적 반응의 크기를 통해 자극의 강도를 부호화할 수 없다. 대신에 뉴런은 발화 비율 혹은 속도를 통하여 자극의 강도를 부호화한다. 강한 자극이 오면 세포는 연속적으로 여러 번 발화하고, 약한 자극이 왔을 때는 보다 드문드문 발화한다(● 그림 2.6).

이 개념을 더 잘 이해하기 위해서, 카메라를 가지고 사진을 찍는 것으로 비유했던 것으로 되돌아가보자. 어떤 사람 혹은 흥미로운 광경을 발견한다면 우리는 사진을 한두 장 찍는다. 그러나 숨막히게 매력적인 사람이나 숨이 멎을 듯이 아름다운 광경을 보았을 땐 어떠한가? 우리는 쉴 새 없이 셔터를 누른다. 그와 유사하게, 뉴런들은 어떤 자극에 대한 그들의 '관심'을 얼마나 많이 발화하였는가에 의해 부호화한다.

그러나 발화율은 일반적으로 1초에 약 200번 정도의 상한선이 있다. 일단 활동전위가 시작되면, 탈분극과 재분극이 일어나는 동안 또 다른 활동전위가 발생할 수 없기 때문에 한계가 존재한다. 이온통로가 열리고 이온들의 이동이 일어난 후에는, 다시 '재설정(reset)'될 때까지 통로는 막혀 있고 다시 열리지 않는다. 이를 **절대불응기**(absolute refractory period)라고 한다(그림 2.1 참조). 카메라가 다음 프레임으로 넘어가고 나서야 비로소 또 하나의 사진을 찍을 수 있는 것과 마찬가지로, 통로들이 재설정되고 나서야 또 하나의 활동전위가 발생할 수 있다. 과분극 국면에서도 활동전위가 발생할 수 있지만, 이 경우에 필요한 자극은 바로 전에 활동전위를 일으킨 자극에 비해 훨씬 더 커야만 한다. 이를 **상대적 불응기**(relative refractory period)라고 한다.

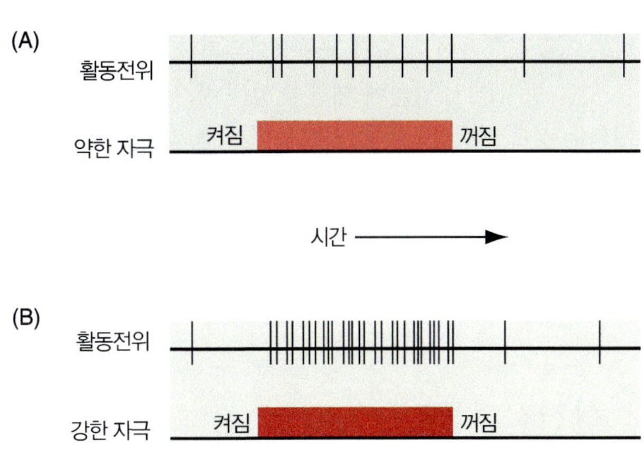

● **그림 2.6 뉴런은 발화 비율로 자극의 강도를 부호화한다.** (A) 상대적으로 약한 자극이 가해지면 세포는 상대적으로 드물게 발화한다. (B) 강한 자극이 가해지면 세포는 빈번하게 발화한다. © 2011 Cengage Learning

세포의 반응성에 있어서 시간적 한계가 있음에도 불구하고, 뉴런 발화와 관련한 전기화학적 과정의 어떤 측면들은 연속 자극에 반복적으로 반응할 수 있게 한다. 세포들의 반응성을 높이는 방법 중의 하나는 시냅스후 전위를 제한시킬 수 있는 메커니즘을 갖는 것이다. 그러한 메커니즘이 존재하지 않으면, 발화의 정확성이 매우 떨어질 것이다. 몇 초 전에 발생한 사건이 계속적으로 영향을 끼칠 수 있다는 것이다. 시냅스후 전위는 시냅스 틈의 신경전달물질이 없어지면 끝나기 때문에 시냅스후 수용기들은 자유롭게 또 하나의 신경전달물질을 받아들여서 IPSP 혹은 EPSP를 발생시킬 수 있다.

시냅스 틈에 있는 신경전달물질 분자들을 없애는 여러 메커니즘이 ● 그림 2.7에 나와 있다. 이러한 과정의 한 형태가 바로 **재흡수**(reuptake)인데, 시냅스전막에 존재하는 특별한 수송 분자들을 통하여 시냅스 틈에서 종말단추로 신경전달물질이 빠르게 제거된다. 또 다른 메커니즘은 **효소 불활성화**(enzymatic deactivation)인데, 효소가 신경전달물질을 분해하여 수용기와 결합할 수 없게끔 만든다. 이 과정은 **아세틸콜린**(acetylcholine)이라는 신경전달물질에서 주로 일어난다. **아세틸콜린에스터레이즈**(acetylcholinesterase)로 알려진 효소가 아세틸콜린을 두 개의 구성 성분(콜린과 아세테이트)으로 나눈다. 이런 불활성화는 매우 활발한 과정으로 하나의 아세틸콜린에스터레이즈 분자가 1초당 5,000개 이상의 아세틸콜린 분자들을 파괴할 수 있다. 세 번째 기전은 시냅스 주변부의 교세포들을 통해서 일어난다. **성상세포**(astrocytes; 별처럼 생겼음)라고 하는 특별한 유형의 교세포는 신경전달물질을 흡수해서 파괴한다.

자가수용기(autoreceptor)를 통해서도 세포의 반응을 조절할 수 있다. 이런 수용기는 시냅스전 뉴런에 위치하고 그 뉴런에 의해 방출된 신경전달물질과 결합한다. 시냅스 틈으로 방출된 신경전달물질이 자가수용기와 결합하면 시냅스전 뉴

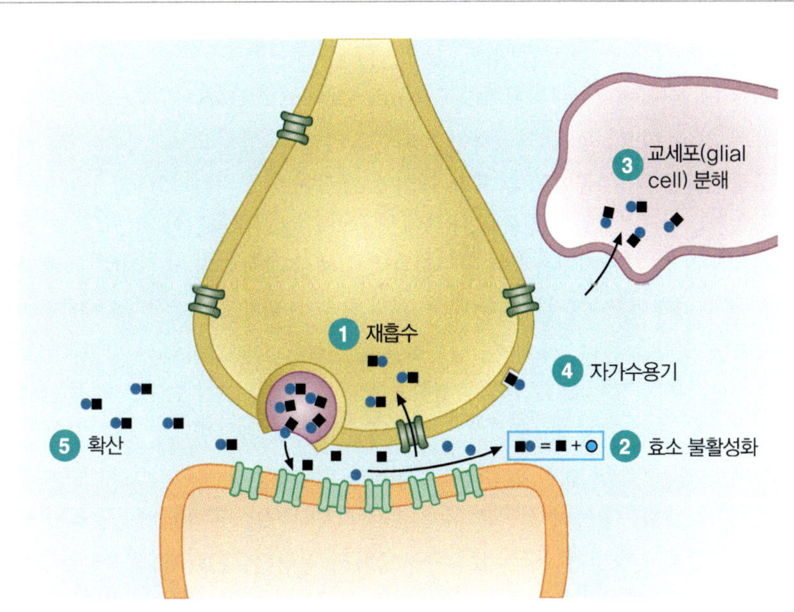

● **그림 2.7 시냅스 틈에서 신경전달물질의 양을 조절하는 기제.** (1) 신경전달물질은 특별한 수송 분자들을 통하여 시냅스전 뉴런으로 흡수된다. (2) 신경전달물질은 효소 불활성화를 통해 분해된다. (3) 교세포들이 신경전달물질을 흡수하고 분해한다. (4) 신경전달물질은 자가수용기에 결합한다. (5) 신경전달물질은 시냅스로부터 멀리 확산된다. © 2011 Cengage Learning

런의 활동성이 감소한다. 이러한 자가수용기들은 되먹임 메커니즘으로 작동하여 세포가 과활성화되거나 과도하게 자극되는 것을 방지한다. 약물에 대한 내성은 자가수용기에 의해 매개되는 것으로 생각되는데, 세포들이 어떤 약물에 반복적으로 노출되면 그 활동성이 낮은 수준으로 조절(downregulation)된다. 마지막으로, 신경전달물질은 확산을 통해 시냅스에서 정리될 수 있다. 신경전달물질이 수용기의 범위 밖으로 흩어져 버린다는 것이다.

신경전달물질

지금까지는 신경전달물질에 대해 일반적인 관점에서만 논의해왔다. 하지만 실제로는 한 가지가 아니라 여러 다양한 종류의 신경전달물질이 있으며, 신경전달의 많은 부분은 시냅스에 어떠한 신경전달물질이 방출되는가에 의해 영향을 받는다. 한 뉴런이 한 번에 오직 하나의 신경전달물질만을 방출한다고 생각되던 적도 있었으나 지금은 많은 종류의 뉴런이 2개 이상의 신경전달물질을 방출한다고 기정사실화되었다. 이 장에서는 다양한 종류의 신경전달물질과 그 특성, 신경전달물질들이 결합하는 수용기의 종류와 그것들이 정신기능에 미치는 영향에 대해서 살펴볼 것이다. 반드시 알아야 할 것은 신경활동을 조절하는 것과 관련하여, 우리가 여기에서 다루고 있는 것보다 훨씬 많은 종류의 신경전달물질과 화학물질들(예를 들어 펩타이드)이 존재한다는 것이다. 이어지는 논의에서 신경전달물질이 중추신경계(CNS)에서 어떤 중요한 역할을 하고 있는지 중점적으로 살펴볼 것이고, 말초신경계에서의 역할에 대해서는 논외로 하겠다.

이미 언급했듯이, 신경전달물질(neurotransmitters)은 뉴런 간에 신호전달을 담당하는 화학물질이다. 전통적으로, 신경전달물질은 네 가지 중요한 특성에 근거해서 정의된다. 첫 번째, 신경전달물질은 뉴런 내부에서 합성되는 화학물질이다. 두 번째, 신경전달물질은 활동전위에 의해서 활성화된 세포에서 방출되고, 인접한 뉴런이나 근육 같은 목표하고 있는 세포에 영향을 준다. 세 번째, 실험실 상황에서처럼 인위적으로 신경전달물질을 목표 세포에 결합시켜도 같은 반응이 유발된다. 네 번째, 신경전달물질의 방출이 차단되면 시냅스후 뉴런에서 활동전위에 의한 활성화가 일어나지 않는다.

많은 화학물질들이 신경전달물질로서 작용하지만, 우리는 중추신경계에서 발견된 두 가지 주된 종류의 신경전달물질에 초점을 맞출 것이다. 첫 번째는 단백질을 구성하는 가장 작고 기초적인 단위인 **아미노산**(amino acids)이다. 아미노산은 뇌에서 주요 흥분성 및 억제성 신경전달물질로 작용한다. 다른 한 부류는 특정 뉴런들의 집합에서 만들어지며, 신경전달 '시스템'으로 조직화되어서 작용한다. 이러한 뉴런들의 세포체는 피질하 영역이나 뇌간에 위치한다. 그리고 이러한 뉴런들의 축색은 피질 전체에 걸쳐서 여러 곳으로 방사된다.

■ 아미노산성 신경전달물질

아미노산은 중추신경계에서 관찰되는 가장 일반적인 형태의 신경전달물질이다. 아미노산은 매우 단순한 생명체의 신경계 내에서도 발견되기 때문에, 맨 처음으로 진화한 신경전달물질로 여겨진다. 중추신경계에서 중요한 역할을 하는 2가지 주요 아미노산은 흥분성 역할을 하는 **글루타메이트**(glutamate)와 억제성 역할을 하는 **GABA** (gamma-aminobutyric acid)이다. 그리고 신경전달물질 역할을 하는 다른 두 종류의 아미노산도 있다. 흥분성 역할을 하는 아스파테이트(aspartate)와 억제성 역할을 하는 글라이신(glycine)이다. 이 두 물질은 뇌간과 말초신경계에서 주로 중요한 역할을 하기 때문에 여기서는 자세히 다루지 않을 것이다.

흥분성 신경전달물질과 억제성 신경전달물질이 왜 같이 존재해야 하는지 의문이 들 것이다. 만약 흥분성 입력만이 존재한다면, 신경계를 통제할 수 없다. 억제성 입력은 신경계를 조절하거나 진정시킨다. 자동차를 생각해 보자. 만약 자동차에 '흥분성'인 가속페달만 있다면, 자동차를 천천히 가게 하기 위해서는 페달에서 발을 떼는 것 말고는 별다른 방법이 없을 것이다. 하지만 그런 경우에는 정밀하고 빠른 조절이 불가능하다. 그렇기 때문에 브레이크 역할을 하는 '억제성' 신호가 필요하다. 마찬가지로 신경계에서도 뉴런의 활동을 증가시키거나 감소시키기 위해서는 두 가지가 모두 필요하다.

글루타메이트

중추신경계에서 주요 흥분성 신경전달물질은 글루타메이트이다. 글루타메이트는 중추신경계 시냅스의 15~20%를 차지한다. 글루타메이트 수용기에는 네 가지 종류가 있다. 그 중에서 셋은 이온성 수용기로 인위적으로 이들 수용기를 자극할 수 있는 화학물질을 따라 이름을 붙였다. NMDA (N-methyl-D-aspartate) 수용기, AMPA (alpha-amino-3-hydroxy-5-methylisoasole-4-proprionic acid) 수용기, 카이네이트(kainate) 수용기가 그것들이다. 네 번째 수용기는 대사성 글루타메이트 수용기이다. AMPA와 카이네이트 수용기에 글루타메이트가 붙으면 EPSP를 유발한다. 반면에, 글루타메이트가 NMDA 수용기에 붙으면 이온의 유입을 통제할 뿐만 아니라, 유입된 이온이 이차 전령의 역할을 수행해서 생화학적인 변화와 구조적인 변화를 유발하도록 한다. 이러한 변화는 새로운 기억의 생성에 중요한 역할을 하는데, 그것은 이러한 변화들이 일련의 단계를 거쳐 결과적으로 수상돌기 가시(spine)의 수와 형태상의 변화 등을 촉발하기 때문이다.

뇌에서 글루타메이트와 아스파테이트가 지나치게 활성화

되면, 세포체 발화 역치가 낮아 오발화가 일어나는 질병인 뇌전증을 유발한다고 여겨진다(Morselli & Lloyd, 1985). 뇌전증을 치료하는 데 쓰이는 약은 뉴런에서 나오는 글루타메이트와 아스파테이트의 양을 줄인다고 알려져 있다. 지나치게 많은 양의 글루타메이트는 수용기의 과도한 활동으로 인해 뉴런을 흥분시켜 죽게 만드는 **흥분독성**(excitotoxicity)을 야기한다. 이러한 뉴런들은 지나친 자극에 의해서 '과로사'한다. 실제로 흥분독성은 혈관이 막혀 산소 공급이 부족하여 뉴런들이 괴사하게 되는 **국소빈혈**(ischemia)이라 알려진 뇌 손상의 결과이다. 글루타메이트와 아스파테이트는 국소빈혈 동안 계속 쌓이게 되는데, 이는 글루타메이트와 아스파테이트의 재흡수 과정이 에너지에 의존적이어서 산소를 필요로 하기 때문이다. 산소가 부족해지면 이러한 신경전달물질이 시냅스 틈에서 효과적으로 제거되지 못한다.

감마아미노뷰트릭산(GABA)

GABA (gamma-aminobutyric acid)는 주요 억제성 아미노산 신경전달물질이다. 중추신경계 수용기의 약 40%가 GABA성 수용기이다. 우리가 알고 있듯이 신경계에서는 억제성 신호가 더 일반적이다. GABA성 입력은 주로 개재뉴런들을 통해서 이루어진다고 여겨진다. GABA에 의한 억제성 통제는 신경계 간 활동 양상의 '미세 조정'에 매우 중요한 역할을 한다.

두 가지 종류의 GABA 수용기가 있는데, 이는 $GABA_A$와 $GABA_B$이다. $GABA_A$는 이온성 수용기이고, $GABA_B$는 대사성 수용기이다. 이 둘은 뇌전증 발작으로 이어질 수 있는 시상과 피질 사이의 진동성(oscillatory), 반향성(reverbatory) 흥분을 조절하는 데에 중요한 것 같다(Hosford, Clark, Cao, Wilson, Lin, Morriset, Huin, 1992). 중추신경계의 활동을 감소시키는 상당수의 물질들이 GABA 수용기와 결합한다. 이러한 물질 중 하나는 **바르비트루산염**(barbiturates)으로, 바르비트루산(barbituric acid)에서 유도된 중추신경계 억제제이다. 이러한 약물들은 발작을 줄이고 진정작용과 수면을 야기한다. GABA 수용기와 결합하여 진정작용을 일으키는 다른 약물로는 디아제핀(발륨), 클로르다이어제폭사이드(리브리움)과 같은 **벤조디아제핀**(benzodiazepines)이 있다. 이러한 약물들은 불안장애 완화를 위해 일반적으로 사용될 뿐만 아니라 발작억제와 수면촉진, 근육이완에도 쓰인다. 알코올 또한 불안감소(anxiolytic)를 유발하고 GABA 수용기에 영향을 미쳐 진정작용을 유발한다.

GABA성 신호는 전체 뇌의 활성화 패턴을 미세하게 조정하는 역할을 하지만, 어떤 체계에서는 보다 직접적인 작용을 한다. 예를 들어 5장의 운동 통제에서 살펴보겠지만, 운동계 내의 활동양상 변화는 GABA성 수용기에 의해 지속적으로 제공된 억제성 신호가 조절되면서 발생한다. 비유를 하자면 속도를 올리기 위해서 '흥분성 가속페달을 밟는 것'이 아니라 '브레이크에서 발을 떼는 것'이다.

■ 신경전달물질 시스템

다른 종류의 신경전달물질들은 아미노산성 신경전달물질과 달리 시스템화되어 있다. 이러한 신경전달물질을 분비하는 뉴런의 세포체는 피질하 영역과 뇌간에 위치하고, 축색들이 피질 쪽으로 방사되어 나간다. 이러한 신경전달물질 중 하나인 아세틸콜린(acetylcholine)에 대해서는 이미 언급했다. 아세틸콜린은 아세테이트(acetate)와 콜린(choline)으로 구성된다. 다른 세 가지 형태의 신경전달물질들은 모노아민들로 알려져 있고, 이들은 아미노산이 효소 활성화 과정을 통해 화학적으로 변환된 산물이다. **모노아민**(monoamines)에는 **도파민**(dopamine)과 **노르에피네프린**(norepinephrine), **세로토닌**(serotonin)이 있다. 이들의 분자구조는 매우 유사하다. 그러므로 이 셋 모두에 일정 수준의 영향을 주는 약물이 존재한다. 예를 들면 항우울제로 사용되는 *MAOI* (monoamine oxidase inhibitor, 모노아민 산화효소 억제제)가 있다. 이름에서 알 수 있듯이, MAOI는 모노아민의 산화효소를 억제하고 모노아민을 계속 존속시킨다. 이러한 과정은 뇌의 모노아민 도파민, 노르에피네프린, 세로토닌 양을 증가시킨다.

이들 모노아민 중 **카테콜아민**(catecholamine)인 도파민과 노르에피네프린은 타이로신(tyrosine)이라는 아미노산에서 생성된다. 타이로신은 타이로신 수산화효소(tyrosine hyoroxylase)에 의해서 L-dopa로 변한다('-ase'로 끝나는 물질은 효소이다). 5장과 14장에서 배우게 될 테지만, L-dopa는 도파민성 세포의 괴사로 말미암아 운동 통제의 시작과 사고에 어려움을 겪게 되는 파킨슨병 치료에 사용된다. L-dopa는 카르복시 이탈효소에 의해 도파민으로 변화한다. 최종적으로 도파민은 도파민 베타 수산화효소에 의해서 노르에피네프린으로 변환될 수 있다. 세 번째 모노아민인 세로토닌은 **인돌아민**(indolamine)으로 분류되며 아미노산인 **트립토판**(tryptophan)에서 생성된다.

이러한 신경전달물질은 각각 다른 집단의 뉴런에서 방출된다. 콜린성, 도파민성, 노르아드레날린성, 세로토닌성 시스템이 그것이다. 이러한 신경전달물질 방출 시스템은 피질에 광범위하게 투사되어 있기 때문에, 각각 다양한 행동에 영향을 줄 수 있고, 어떤 부분은 역할이 서로 겹치기도 한다. 하지만 각 시스템이 행동에 영향을 미침에 있어 어느 정도 특수성을 가지는 것으로 알려져 왔다. 예를 들어 서로 다른 신경물질 전달 시스템이 망가지게 되면 신경심리학적으로도 상이한 손상이 나타나게 된다.

하지만 이러한 시스템에 대해 자세히 알아보기 전에 먼저 개별 신경전달물질 **효능제**(agonist)와 **길항제**(antagonist)에

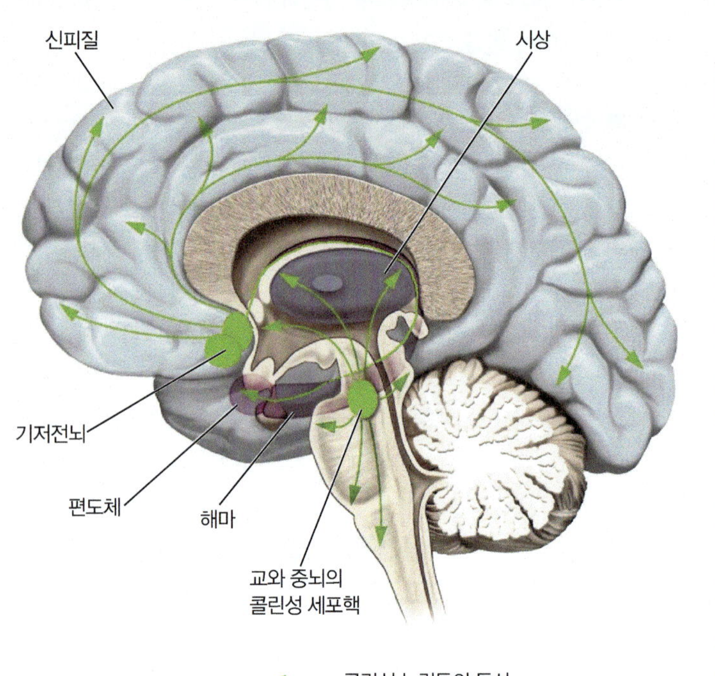

● **그림 2.8 뇌에서의 콜린성 전달경로.** 콜린성 뉴런들의 세포체는 기저전뇌영역, 뇌교, 중뇌영역에서 발견된다. 이들 세포체의 축색은 변연계와 신피질 영역으로 투사되며, 이들 영역에 아세틸콜린을 방출한다. © 2010 Cengage Learning

대해서 알아야 한다. 효능제는 목표 뉴런에서 신경전달물질의 효과를 촉진시키거나 이와 유사한 역할을 하는 화학물질이다. 반면에 길항제는 목표 뉴런에 전달되는 영향을 억제하거나 효과를 감소시키는 역할을 한다. 효능제와 길항제가 각각의 신경전달물질 방출 시스템에 어떠한 영향을 미치는지를 분석함으로써, 여러 신경전달물질 시스템의 기능들이 밝혀졌다.

콜린성 시스템

아세틸콜린(ACh)은 **콜린성 시스템**(cholinergic system)에서 사용되는 신경전달물질이다. 콜린성 뉴런의 세포체는 기저전뇌핵(basal forebrain nucleus)에 위치하고 특정한 방향이 아닌 거의 모든 피질 영역으로 투사한다(● 그림 2.8). 중격핵에도 세포체가 있는 콜린성 뉴런도 존재하는데 이 세포체는 해마와 연결되어 있다. 두 핵들은 시상하부와 안와전두피질 사이에 위치한다. 아세틸콜린은 대부분의 피질영역에 방출되기 때문에 신경정신적 기능에 전반적으로 영향을 미친다.

아세틸콜린 수용기에는 두 가지 종류가 있는데 하나는 이온성 수용기이고 다른 하나는 대사성 수용기로, 각각 다른 약물에 의해서 활성화된다. 이온성 아세틸콜린 수용기는 **니코틴성 수용기**(nicotinic receptor)로 알려져 있는데, 왜냐하면 담뱃잎에서 발견되는 니코틴에 의해서 활성화되기 때문이다. 반면에 대사성 수용기는 **무스카린성 수용기**(muscarinic receptor)라 알려져 있고, 독버섯인 **광대버섯**(Amanita muscariam)에 있는 무스카린에 의해서 활성화된다.

콜린성 시스템은 피질의 활성화를 유지하는 데 중요한 역할을 한다. 뇌의 활동수준이 저하되는 마취상태에서는 아세틸콜린이 감소하고, 발작을 유발하는 약물인 경련유발제를 사용하면 증가하게 된다. 아세틸콜린은 또한 REM 수면(역설적 수면)과 연관되는데 이때 꿈을 꾸게 되고 정신활동이 증가한다.

아세틸콜린이 피질 영역의 전반적인 활동과 관련 있다는 사실을 생각해 보면, 주의집중과 콜린성 시스템이 연관된다는 것이 그리 놀라운 일은 아니다(Sarter, Hasselmo, Bruno, & Givens, 2005). 콜린성 활동은 각성, 경계와 관련하여 중요한 역할을 한다. 특히 지루하거나 단조로운 상황이나 긴 시간 동안 또렷한 정신상태를 유지하는 것과 관련 있다(Wesnes & Warburton, 1984). 예를 들어 목표자극과 그 외 자극을 구분하는 동물실험에서 아세틸콜린의 결핍이 초반에는 수행에 별 영향을 미치지 않지만 과제가 길어지면 동물이 자극을 구분하는 능력이 심각하게 저하된다. 사람의 경우, 아세틸콜린 효능제인 니코틴이 주의집중을 요하는 과제(한 줄에서 연속된 세 개의 짝수 찾기(Mancuso, Andres, Ansseau, & Tirelli, 1999)와 같은 간단한 과제에서부터 몇 시간 전에 했던 비행기 착륙 모의훈련을 늦은 밤 다시 하는 것과 같은 보다 복잡한 과제(Mumenthaler, Taylor, O'Hara, & Yesavage, 1998)의 수행을 향상시킨다(니코틴이 인지기능에 미치는 영향에 대한 최근의 연구에 대해 알고 싶다면 Poorthuis, Goriounova, Couey, & Mansvelder, 2009 참조). 또한 아세틸콜린 효능제를 알츠하이머병 환자에게 투여하면 주의를 지속해야 하는 과제수행에서 결손을 완화시킨다(Sahakian & Coull, 1994).

아세틸콜린은 특정 자극은 받아들이고 다른 자극은 무시하는 **선택 주의**(selective attention)와도 관련된다. ACh은 뉴런을 발화하게 하는 특정 자극에 대해서 정확하게 발화하게 하고, 그렇지 않은 자극에 대해서는 억제하게 한다(Sarter et al., 2005). 인간과 원숭이 모두에게 콜린성 효능제는 중요한 감각정보에 대한 주의집중 능력을 향상시킨다(Witte, Davidson, & Marrocco, 1997). 사람들이 담배피는 것을 좋아하는 이유는 담배가 쓸데없고 성가신 자극은 걸러 주고, 중요하고 새로운 정보에 주의를 기울이는 데 도움이 되기 때문이라는 연구도 있다(Kassel, 1997). 전전두엽 피질과 같은 상위레벨의 뇌 영역에서도 내적 통제가 가능한 피드백 고리를 통해서 아세틸콜린의 활동을 조절할 수도 있다(Sarter et al., 2005).

전통적으로 신경과학자들은 콜린성 시스템의 활성화와 기억과정을 관련지어 생각했다. ACh의 결핍이 알츠하이머병과 관련이 있다고 생각했는데(Spillane, White, Goodhardt, Flack, Bowen, & Davison, 1977), 16장에서 다룰 예정이지만 ACh 결핍은 기억뿐 아니라 다른 기능에도 엄청난 영향을 미친다. 무스카린성 수용기를 차단하는 길항제인 스코폴라민은 젊고 건강한 사람에게도 나이 든 사람들에게서 나타나는 것 같은 새로운 과제에 대한 학습장애를 유발시킨다(Drachman & Leavitt, 1974). 이 학습장애는 시냅스 틈에서 ACh이 분해되지 않게 하는 피소스티그민(physostigmine)에 의해서 역전될 수 있다. 콜린성 효능제를 투여하면 학습이 유의미하게 향상된다(Sitaram, Weingartner, & Gillin, 1978).

아세틸콜린이 인지적인 과정에 있어서 주의와 더 연관이 있는지, 아니면 기억과 연관이 있는지 결정하는 것은 매우 어렵다. 분명한 것은, 처음 수행하는 과제에 대해서 주의를 기울이지 않으면 나중에 인출하는 데 어려움을 겪게 되는데, 왜냐하면 제대로 기억에 저장되지 않았기 때문이다. 그래서 어떤 연구자들은 콜린성 물질에 의해서 좋아지는 것은 기억이 아니라 주의가 향상되는 것이라고 주장한다(Bartus, 2000). 아세틸콜린 효능제가 작업기억 과제를 수행하는 동안 선조외 영역의 활동을 증가시킨다는 것을 보여주는 연구들에서는 이러한 약물이 기억 저장에서 특정 정보를 선택하는 과정을 향상시킨다고 주장한다(Furey, Pietrini, & Haxby, 2000; Thiel, 2003). 따라서 아세틸콜린은 특정 종류의 정보를 선택하고 강조하는 동시에 다른 종류의 정보들은 버리거나 무시하는 두 가지 과정의 작용을 조절하기 때문에 주의와 기억 모두에 영향을 미치는 것 같다.

도파민계

도파민계(dopaminergic system)는 도파민을 주요 신경전달물질로 사용한다. 실제로는 세 가지 주요 도파민계가 존재한다. 흑질선조계, 중뇌변연계, 중뇌피질계가 그것이다. ● 그림 2.9에 나와 있는 이러한 하위 체계들은 각각의 세포체의 위치, 그들이 투사하는 뇌의 영역, 행동에 미치는 영향에 의해서 구분된다. 이제 곧 이러한 체계 각각에 대해 자세히 볼 것이다. 그러나 먼저 세 가지 하위 체계의 공통적인 특성에 대해 살펴보도록 하자.

전반적인 특성 다양한 형태의 도파민 수용기가 있는데, 그 수용기는 모두 대사성 수용기이다. 두 가지 큰 분류가 있는데 하나는 D_1 계열 수용기이고 다른 하나는 D_2 계열 수용기이다. D_1 계열 수용기에는 D_1과 D_5 수용기가 포함되는데 이들은 이차 전령인 cyclic AMP의 생산을 증가시킨다. 반면에, D_2 계열 수용기에는 D_2, D_3, D_4 수용기가 포함되고 모두 cyclic AMP의 생산을 감소시킨다.

D_1 수용기는 시냅스후막에 광범위하게 분포하는 반면, D_2 수용기는 시냅스후막은 물론, 시냅스전막에서도 자가수용기 형태로 분포한다. 시냅스후막에서 도파민은 흥분성과 억제성 전위를 모두 일으킬 수 있는데, 이는 어느 수용기가 활성화되는가에 달려 있다. 시냅스전 뉴런의 수상돌기와 세포체에 있는 자가수용기는 과분극을 통해 뉴런의 발화를 줄이게 하는 반면 종말단추에 있는 자가수용기들은 타이로신 수산화 효소의 작용을 억제함으로써 도파민의 생성을 억제하고 궁극적으로 방출을 억제하게 한다.

도파민이 정신 기능과 정서 기능에 다양하고 광범위하게 관련되어 있기 때문에 다양한 도파민 수용기를 소개할 것이다. 특히 D_1과 D_2 수용기는 정신 분열증과 연관되어 있으며, 정신분열증은 14장에서 보다 자세히 논의할 것이다. 많은 항정신성 약물은 D_2 길항제로 작용한다. 예를 들어 일반적인 항정신성 약물의 하나인 클로르프로마진은 D_2 도파민 수용기를 차단한다. 이러한 약물은 정신분열증의 '화려한(Florid)' 증상인 망상("TBI가 나의 생각을 읽고 있다"는 믿음 같은 것)과 환각(특정한 방식으로 행동하라고 명령하는 목소리를 듣는 것 등)을 감소시킨다. 그러나 정신분열증 환자에게서 보고되는

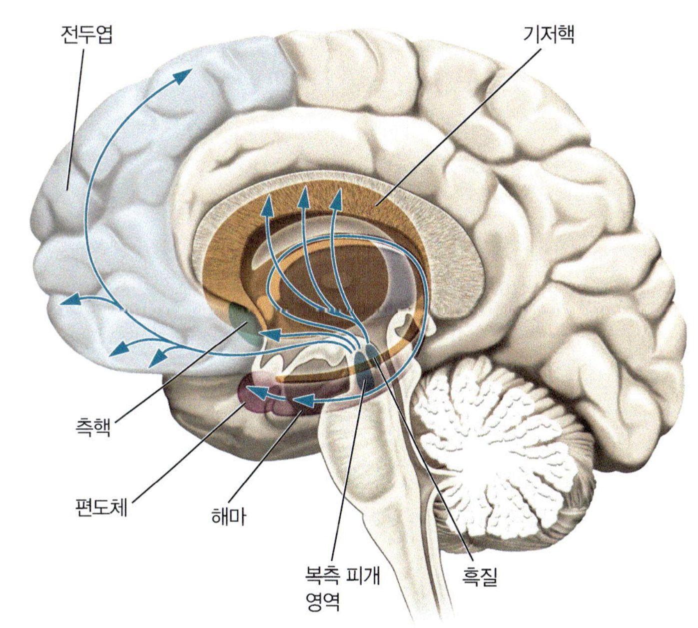

● **그림 2.9 도파민 경로.** 도파민 뉴런은 중뇌의 흑질과 복측 피개 영역에서 시작한다. 그들의 축색은 기저핵, 변연계, 전두엽으로 투사한다. 이 체계는 각각 운동 통제, 보상 행동, 집행 기능에 기여한다. © 2010 Cengage Learning

인지적 결손과 정서적 철회증상은 그다지 완화시키지 못한다.

오히려 정신분열증의 인지적 · 정서적 결손 정도는 D_1 수용기의 결합 수준과 관련 되어 있다. 예를 들면, 정신분열증 환자에게서, 특히 전두피질에서 보다 많은 D_1 수용기가 발견되었다(Abi-Dargham et al., 2002). 뿐만 아니라 사람과 동물 연구 모두 D_1 수용기와 작업기억 수행의 연관성을 보고하였다(Abi-Dargham et al., 2002; Sawaguchi & Goldman-Rakic, 1991; Zahrt, Taylor, Mathew, & Arnsten, 1997). 따라서 최근 연구가 주목하는 것은 D_1 수용기와 D_2 수용기 활성화의 상대적 균형이 정신분열증 환자에게서 보고되는 여러 증상에서 어떤 역할을 하는지 이해하는 것이다(Winterer & Weinberger, 2004).

정신분열증에 효과적인 약을 개발하는 것은 매우 어려운 일이다. 왜냐하면 효과적인 항정신병 치료제인 D_2 길항제는 D_1 수용기의 활동을 감소시키는 효과도 갖고 있기 때문이다. 정신분열증 환자는 적절한 수준으로 D_1 수용기 결합이 이루어질 수 없는 것처럼 보이며, 그 적절하지 않은 D_1 수용기 결합이 그들의 정서적 결손 및 인지적 결손과 연관되어 있음을 기억하라. 따라서 항정신병 약물이 D_1 수용기의 활동 혹은 수준을 감소시키면 인지적 결손과 정서적 결손 문제가 악화될 수 있다. 결론적으로 정신분열증 치료를 위한 약물을 개발하는 데 있어서 중요한 점은 인지적 · 정서적 기능에 해를 끼치지 않으면서 정신병 증상을 감소시키도록 D_1, D_2 수용기에 최적으로 작용하는 약물을 찾는 것이다(Lidow, Williams, & Goldman-Rakic, 1998; Winterer & Weinberger, 2004).

D_2 계열 수용기 중 다른 수용기들 또한 인지적 · 정서적인 과정에 특정 영향을 준다. 이들 중 하나인 D_4 수용기는 시냅스후 영역에서 작용하며 주로 변연계와 피질에 위치한다. D_4 수용기의 발현은 '새로운 것을 찾는 성향(novelty seeking)'이라는 심리적인 특성과 연관된다(Benjamin et al., 1996). 탐색 행동, 흥분성, 충동성 등이 그 특성이다. 이러한 특성들은 모두 주의 조절에 어려움을 겪는 사람들의 특징이며, 따라서 D_4 수용기의 유전적 변이가 주의력결핍 및 과잉활동장애(ADHD)의 유전적 측면에 기여할지도 모른다는 것은 놀라운 일이 아니다(Barr, 2001).

하위 체계 처음 다루게 될 부분은 **흑질선조계**(nigrostriatal system)이다. 이 체계의 세포체들은 흑질에 위치하며 신선조체(기저핵으로도 알려져 있는 피각, 그리고 미상핵; 그림 2.9 참조)로 투사한다. 1장에서 미상핵과 피각이 운동 기능과 관련된다고 한 것을 기억할 것이다. 따라서 도파민계의 이 부분이 운동 통제와 관련되어 있다는 것은 당연하다. 이 하위 체계는 운동의 선택과 시작, 종료를 조절하지만 운동의 수행에는 크게 관여하지 않는다. 5장에서 파킨슨병이 도파민계의 하위 체계인 흑질선조계의 문제라는 것을 배울 것이다. 파킨슨병은 흑질의 도파민 뉴런이 죽어서 미상핵과 피각의 도파민 입력이 줄어들고, 운동 통제의 어려움으로 이어지는 장애이다.

두 번째 하위 체계는 **중뇌변연계**(mesolimbic system)로 세포체는 흑질의 내부에 있는 복측 피개 영역(ventral tegmental area)에 위치하며, 중격핵과 복측 선조체 부분과 편도체, 해마를 포함하는 변연계의 여러 부분뿐 아니라 전전두피질로도 투사한다.

중뇌변연계는 보상 관련 행동과 연관되어 있다. 중격핵의 도파민 수준 증가는 섭식, 갈증 해소, 성행동과 같은 자연적인 강화물뿐만 아니라 암페타민이나 코카인 같은 약물남용에서도 관찰된다(Spanagel & Weiss, 1999). 복측 선조체의 활동은 다양하고 광범위한 강화물과 연관이 있다. 예를 들어 비디오 게임에서 더 나은 수행을 하게 되면 도파민의 방출량이 증가하게 되고, 방출된 도파민은 복측 선조체의 D_2 수용기에 더 많이 결합하게 된다(Koepp et al., 1998). 그리고 뇌의 이 부분은 친한 친구의 사진을 볼 때보다 미치도록 사랑하는 사람의 사진을 볼 때 더 활성화된다(Bartels & Zeki, 2000). 사랑하는 사람을 보거나 생각하는 것은 분명히 매우 큰 보상이다! 편도체로 투사하는 중뇌변연계 영역은 예언적 단서를 보상자극 또는 혐오자극과 연결시키는 데 중요한 것으로 보인다. 따라서 편도체로 투사하는 중뇌변연계를 억제하면, 동물에게서 공포학습된 자극에 대한 반응이 손상된다(Nader & LeDoux, 1999). 마지막으로 전전두영역으로의 입력은 그 시점에서의 유기체의 행동을 보상 자극에 대한 적절한 행동 반응으로 통합시키는 것을 돕는다. 이 보상 경로에 대해서는 13장에서 보다 자세히 논의할 것이다.

도파민 하위 체계가 정신활동에 어떠한 영향을 미치는지에 대한 한 저명한 이론은 도파민 신호가 매우 특정적이라고 주장한다. 보상을 받았는지 여부 또는 보상에 대해서 어떻게 유기체가 반응하는지의 여부는 도파민 하위 체계에 부호화되지 않는다. 대신에 도파민은 보상이 기대를 초과했는지 아니면 부족했는지를 신호로 나타낸다(Hollerman & Schultz, 1998). 기대하지 않았던 보상에 의한 도파민의 생성은 복측 피개 영역에 강력한 양성적 도파민 신호를 야기한다. 이러한 과정이 반복되면, 시간이 지남에 따라서 보상에 대한 의외성이 떨어지기 때문에 이러한 반응이 줄어들게 된다. 반면, 예상되는 보상을 제거하면 도파민 신호가 억제된다. 이제 당신은 복권 당첨과 같은 뜻밖의 성공이 왜 그렇게도 기분이 좋은지 알았을 것이다!

세 번째 도파민 하위 체계는 **중뇌피질계**(mesocortical system)로서 이들의 세포체도 복측 피개 영역에 위치한다. 이 세포들의 축색은 피질, 특히 운동피질 및 전운동피질 부분으로 많이 투사될 뿐만 아니라 다양한 정신 기능에 영향을 주는 전전두피질로도 투사된다. 이 기능 중 하나는 작업기억으로, 과제를 수행하는 데 필요한 정보를 유지할 수 있게 해 주고, 계획과 문제해결 책략을 세우는 데 필요한 정보를 유지시킨다. 다른 신경전달물질을 제외한 도파민만 결핍되면, 배외측 전전두엽을 제거한 동물에게서 나타는 결과와 유사하게 배외측 전전두엽의 인지적인 기능이 손상된다(그림 1.20 참조). 이 현상은 D_1 수용기와 특별히 관계가 있다(Sawaguchi & Goldman-Rakic, 1991). 더 나아가 이러한 결손은 도파민의 전구물질인 L-dopa 또는 도파민 효능제인 아포모르핀을 처치하면 호전되지만, 다른 신경전달물질의 전구물질을 처치한 경우에는 이러한 결과가 나타나지 않는다(Brozoski, Brown, Rosvold, & Goldman, 1979).

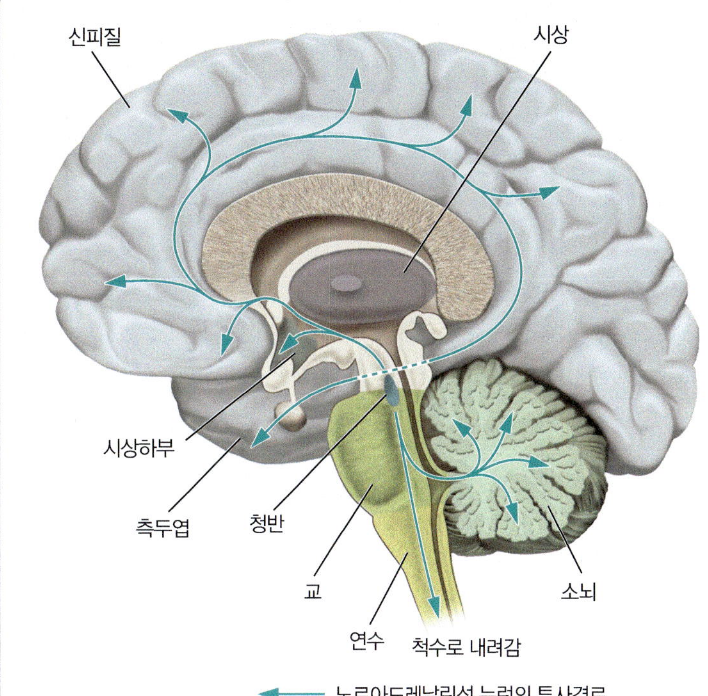

● **그림 2.10 노르아드레날린 경로.** 노르아드레날린(노르에피네프린)을 방출하는 뉴런들의 세포체는 교, 연수에 위치한다. 이 뉴런들은 뇌의 넓은 영역과 척수로 투사하여, 전반적인 각성 상태를 조절한다. © 2010 Cengage Learning

노르아드레날린계

노르아드레날린(또는 노르에피네프린)은 **노르아드레날린계**(noradrenergic system)에서 방출된다. 주요 노르아드레날린계는 주로 청반에서 시작된다(● 그림 2.10). 청반의 뉴런은 시상, 시상하부, 피질, 특히 전전두피질로 투사한다. 노르아드레날린 수용기는 α_1, α_2, β_1, β_2로 나뉜다. 모든 수용기는 대사성 수용기로 G 단백질과 결합해 있다. 아드레날린성 수용기는 억제 효과와 흥분 효과 모두를 야기할 수 있다.

증가된 노르아드레날린계 활동의 주요 인지적 작용은 각성과 주의에 영향을 미치는 것이다(Berridge & Waterhouse, 2003의 리뷰를 보라). 시상과 피질에 있는 α_1 수용기의 활동이 증가되면 전반적 각성이 증가되고, 각성 수준의 저하는 시냅스전 영역에 있는 α_2 자가수용기의 활동에 의한 아드레날린 방출 감소와 관련된다. 노르아드레날린은 수면에도 역할을 한다. 시상에 있는 α_2 수용기는 뇌를 수면상태로 만들고, 노르아드레날린성 세포는 REM 수면 동안 활동을 중지하게 된다. 따라서 깨어 있는 것과 꿈꾸는 것의 유일한 차이는 노르아드레날린이다!

주의 또한 α 수용기의 영향을 받는다. 사람에게 시냅스전 α_2 자가수용기를 통해서 노르아드레날린의 방출량을 줄이는 클로니딘이라는 약물을 사람에게 소량 처치하면, 자지 않고 있어야 할 때(Coull, Middleton, Robbins, & Sahakian, 1995), 높은 수준의 주의를 요구하는 과제를 수행할 때(Coull, Sahakian et al., 1995), 감각자극 없이 주의집중 상태를 유지해야 할 때(Smith & Nutt, 1996), 경고 단서 이후 제시될 자극에 주목해야 할 때(Coull, Nobre, & Frith, 2001) 수행이 저하된다.

주의기능과 노르아드레날린이 연관되기 때문에, ADHD는 노르아드레날린 기능에 문제가 생긴 것이라 여겨져 왔다(ADHD에 대해서는 15장을 보라). 카테콜아민 재흡수를 억제하는 삼환계 약물처럼 노르아드레날린계에 영향을 주는 약물들이 ADHD를 치료하는 데 사용되어 왔다(Biederman & Spencer, 1999; Biederman et al., 2006).

전전두피질에서 노르아드레날린계의 기능은 작업기억과도 연관되어 있다. 원숭이 연구에서, 전전두피질의 α_2 수용기의 노르아드레날린 기능이 작업기억을 돕는다는 것이 발견되었다. 이 효과는 상대적으로 특정적인데, α_2 수용기의 효능제를 처치했을 때 전전두피질에 의존적인 작업기억 과제의 수행은 향상되었지만, 다른 뇌 영역에 의존적인 지각이나 기억 과제의 수행은 향상되지 않았다(Arnsten, 1998). 반면 전전두피질에서 α_1 수용기가 높은 수준으로 결합되면 작업기억이 손상된다(Birnbaum, Gobeske, Auerbach, Taylor, & Arnsten, 1999). 우리는 앞서 도파민도 작업기억과 전전두피질에 영향을 미친다는 것을 배웠다. 그렇다면 노르아드레날린계의 영향은 어떻게 다른가? 전전두피질에 있는 D_1 수용기의 자극은 '소음'에 해당하는 신경 신호를 감소시키는 반면, α_2노르아드레날린 수용기의 활동은 뉴런의 '신호' 그 자체를 증가시킨다.

β 수용기 체계의 활동은 장기기억, 특히 정서적 요소를 지닌 장기기억과 연관되어 있다(Chamberlain, Müller,

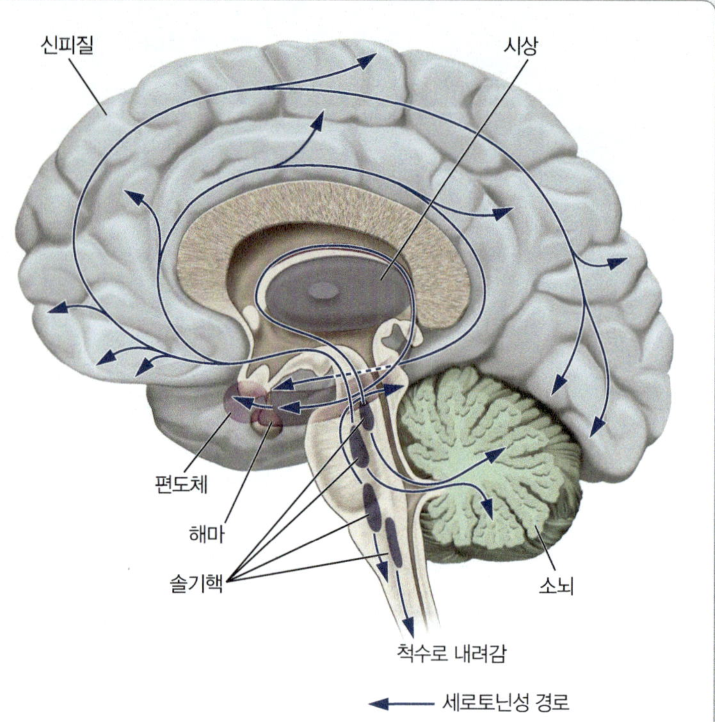

● **그림 2.11 세로토닌 경로.** 세로토닌 뉴런 대부분의 세포체는 뇌간의 솔기핵에 있다. 이 뉴런들은 소뇌, 변연계, 대뇌피질로 투사하며, 기분, 수면, 식욕을 조절한다. © 2010 Cengage Learning

Blackwell, Robbins, & Sahakian, 2006). 예를 들어 β-아드레날린성 수용기의 길항제인 프로프라놀롤을 처치하면 쥐(Cahill, Pham, & Setlow, 2000)와 사람(Hurlemann et al., 2005; Reist, Duffy, Fujimoto, & Cahill, 2001) 모두에게서 정서적으로 고조된 정보에 대한 기억을 감소시킨다.

만약 여러분이 지금까지 읽은 것들이 친숙하지 않다고 느낀다면, 그것이 정상이다. 노르아드레날린계의 인지적인 효과는 콜린계의 인지적 효과와 상당히 비슷해 보인다. 이 장의 마지막에서 그런 유사성들의 원인과 또 다른 신경전달물질 하위체계들 간의 상호관계에 대해서 알아볼 것이다.

세로토닌계

세로토닌, 즉 5-HT (5-hydroxytryptamine)는 **세로토닌계(serotonergic system)**에서 방출하는 신경전달물질이다. 세로토닌계의 세포체들은 중뇌의 솔기핵(봉선핵), 교, 연수에 위치한 몇 집단들에서 발견된다(● 그림 2.11). 가장 중요한 집단은 배측과 내측 솔기핵에서 발견된다. 대체적으로 배측과 내측 솔기핵에 있는 세포들이 투사하는 뇌 영역은 유사하다. 여기에는 시상하부, 해마, 편도체 등 변연계의 대부분이 포함된다. 그러나 배측 솔기핵의 세포들은 선조체, 피질, 소뇌, 시상으로 조밀하게 투사하는 반면, 내측 솔기핵의 세포들은 해마를 비롯한 변연계의 다른 부분으로 투사한다. 투사하는 영역이 다양하기 때문에, 이 체계는 각성, 기분, 불안과 공격성, 섭식행동의 통제, 수면과 꿈, 통증, 성행동, 기억과 같은 다양한 행동에 영향을 미친다.

10개가 넘는 다양한 형태의 세로토닌 수용기가 있는데, 5-HT_3 수용기를 제외하고는 모두 대사성 수용기이다. 이 수용기 중 어떤 것들은 특정 행동과 매우 밀접한 관계가 있다. 반면에 다른 수용기들은 다양한 행동과 광범위하게 연관된다. 몇몇 중요한 사항들을 짚어 보기로 하자.

세로토닌 기능과 분명한 관계가 있는 것 중 하나가 수면이다. 5-HT의 수준은 수면의 수준과 단계에 영향을 미치고, 특히 REM 수면에 영향을 끼쳐 우리가 수면 중 꿈을 꾸는 것에도 관여한다. 내측보다는 배측 솔기핵이 이 기능에 매우 중요하다. 수면과 관련된 세로토닌 수용기는 5-HT_{1A}이지만 이 수용기는 성행동과 식욕, 공격성과 통증 등 다양한 행동의 조절에 필요하다. 이러한 행동들 중 많은 것들이 변연계와 시상하부에서 조절된다는 것에 주목하라. 이들은 모두 유기체가 기본적인 욕구를 충족시키도록 돕는 조절과 관련된 행동들이다.

세로토닌은 기분상태와 연관이 있고, 그 중 가장 분명한 것은 우울증이다. 우울증은 각성수준이 상당히 낮고(원기가 없는 상태), 기분이 지속적으로 울적한 상태이다. 우울증에 대해서는 14장에서 보다 자세히 논의될 것이다. 최근 들어 우울증 치료에 가장 흔히 처방되는 것은 **선택적 세로토닌 재흡수 억제제(serotonin-specific reuptake inhibitors, SSRI)**인데, SSRI가 하는 일은 시냅스전 영역에서 재흡수를 억제함으로써 시냅스 틈의 세로토닌 양을 증가시키는 것이다. 아마도 가장 잘 알려진 SSRI인 플루옥세틴—상표명은 프로작—에 대해 들어 봤을 것이다. SSRI는 우울증 완화에 매우 효과적이지만 세로토닌계가 다양한 조절 기능에 관여하기 때문에 다른 많은 결과들도 야기한다. SSRI는 수면을 방해하고, 식욕을 줄이며, 성행동에 절정감을 느끼지 못하는 등의 유해한 영향을 미친다. 사람마다 SSRI에 대한 반응이 다르므로, 다양한 종류의 SSRI를 복용해 보고 우울증의 처치효과는 최대화시키면서 섭식이나 수면, 성기능에 미치는 부작용은 최소화시킬 수 있는 약을 찾아야 한다.

정신적인 기능을 고려해 보면, 세로토닌은 기억, 특히 새로운 기억을 장기기억으로 전환시키는 데 매우 중요한 역할을 한다(Schmitt, Wingen, Ramaekers, Evers, & Riedel, 2006). 예를 들어 식단에서 세로토닌의 전구물질인 트립토판이 포함되지 않은 음식을 섭취한 사람은 새로운 기억 형성에 어려움을 겪는 반면, 다양한 방해자극 중에 목표물을 찾거나 감각자극에 대한 신속한 반응을 하는 것 같은 다

표 2.1 네 가지 주요 신경물질전달 체계

신경전달물질 체계	전달물질	세포체의 위치	투사 영역	주요 수용기 형태	주요 행동적 영향
콜린계	아세틸콜린	기저 전뇌부	피질 부분	a. 무스카린 b. 니코틴	전반적인 피질 영역의 흥분, 주의, 기억
도파민계	도파민			a. D_1 계열(D_1, D_5) b. D_2 계열(D_2, D_3, D_4)	작업기억, 새로운 것을 찾는 성향, 주의, 정신병 증상
하위체계 흑질선조계		흑질	배측 선조체		운동
중뇌변연계		복측 피개 영역	a. 변연 영역 b. 복측 선조체		보상
중뇌피질계		복측 피개 영역	전전두엽피질		작업기억, 계획
노르아드레날린계	노르에피네프린			α_1, α_2, β_1, β_2	
		복외측 피개 영역	시상하부		섭식, 성행동
		청반	a. 시상 b. 시상하부 c. 피질		주의, 수면, 작업기억
세로토닌계	세로토닌			적어도 9가지의 다른 수용기	수면, 기분, 성행동, 섭식, 통증, 기억, 각성
		배측 솔기핵	a. 피질 b. 시상		
		내측 솔기핵	변연계		

른 인지적인 기능에는 영향을 받지 않는다(Riedel, Klassen, Deutz, van someren, & van Praag, 1999). 세로토닌 뉴런에 독으로 작용하는 환각물질인 '엑스터시(MDMA, 3,4-methylenedioxy-methanmphetamine)'를 복용한 경험이 있는 사람은 장기기억에 결손을 보이는 경향이 있다(Zakzanis, Campbell, & Jovanovski, 2007). 마지막으로 노화, 알츠하이머병과 연관된 학습 및 기억의 결손은 아세틸콜린이 큰 역할을 하겠지만, 세로토닌 기능의 감소도 함께 일어나는 것으로 보인다(Sirviö, 1999). 치료 효과를 갖도록 개발된 약물들은 5-HT_4 수용기에 작용하는데(Maillet, Robert, & Lezoualc'h, 2004), 5-HT_4 수용기는 장기 기억 형성에 중요한 역할을 하는 해마 내에 높은 밀도로 밀집되어 있다(10장을 보라). 이 약물들은 5-HT_6 수용기에도 작용한다(Upton, Chuang, Hunter, & Virley, 2008). 많은 세로토닌 수용기가 변연계에 존재하기 때문에, 정서가 내포된 기억은 세로토닌계에 의해 크게 영향을 받을 수 있다(Buhot, Martin, & Segu, 2000). 마지막으로 세로토닌계는 특정 약물의 환각효과와도 연관되어 있다. 예를 들어 LSD (lysergic acid diethylamide)는 5-HT_{2A}와 5-HT_{2B} 수용기의 효능제로 직접 작용한다.

지금까지 살펴본 것처럼, 이러한 신경전달물질 체계들은 뇌의 다양한 영역에 영향을 미치고, 인지적 · 정서적 과정에 다양한 효과를 야기한다. 표 2.1에 각각의 주요 특성이 요약되어 있다.

■ 신경전달물질 체계 간의 상호작용

지금껏 신경전달물질 체계들이 각각 독립적으로 작용하는 것처럼 다루어 왔지만, 각각의 신경전달물질 체계들이 상호 간에 밀접하게 연관되어 있음을 명확히 해야 한다. 예를 들어 도파민과 노르에피네프린 모두 ADHD와 관계가 있고, 전전두피질에 수용기들이 있으며, 도파민과 노르에피네프린 모두 타이로신에서 생성된다. 마찬가지로 세로토닌계와 콜린계 모두 새로운 장기 기억의 형성과 수면에 관련되고, 뇌의 다양한 영역들로 투사한다. 그리고 세로토닌계와 콜린계 모두 주의와 기억에 영향을 미친다. 이 중첩되는 영역들 때문에, 요즘의 많은 연구들은 이러한 체계들이 어떻게 상호작용하는지에 대해 관심을 가진다(Olvera-Cortes, Anguiano-Rodriguez, López-Vázquez, & Alfaro, 2008).

이 상호작용 때문에, 과잉행동장애부터 정신분열증, 우울증에 이르기까지 다양한 질병에 대한 새로운 약리학적 개입의 다수가 그 유사성들을 이용하거나 분리해내려고 시도하고 있다. 접근법 중 하나는 질병 치료 시 여러 약물을 쓰는 것이다. 예를 들어 보통의 혹은 심각한 알츠하이머병에 대한 한 치료 접근법은 항콜린에스테라아제를 통해 콜린계를 조절

IN FOCUS: 허브가 주의, 기억, 기분을 향상시킬 수 있을까?

박하는 기억력을 강화하고 우울증을 쫓아버리는 데 최고이다(John Evelyn, 1699).

허브 보조제와 허브 치료법들은 다양한 질병 치료를 위해 새롭게 유행하는 접근법으로 여겨질 수 있지만, 사실 이는 위의 인용문에서 드러난 것처럼 유서 깊은 전통적 방법이다. 허브 보조제는 동양의학에서 오랫동안 사용되었고, 현재는 유럽에서 사용이 증가하고 있으며, 드물지만 미국에서도 사용되고 있고, 어떤 경우에는 보통 표준적 약제보다 더 선호되고 있다. 예를 들어 영국에서는 약초 치료사와 아로마 치료사들이 로즈마리, 레몬밤(박하 계열의 하나), 세이지를 기억 문제를 다루는 데 사용하고 있다. 아마도 기억 감퇴에 사용되는 가장 일반적인 물질은 중국의 다년생 식물인 은행나무에서 나는 은행(ginkgo)일 것이다. 은행은 유럽에서 널리 치료제로 처방되었고, 특히 프랑스와 독일에서 치매와 관련하여 사용되었다. 유럽의 다년생 아로마 식물인 성 요한의 풀(St. John's wort)은 독일과 유럽 국가에서 경미하거나 중간 정도의 우울증에 자주 사용되었다. 이 식물의 효능은 그리스 의사인 히포크라테스와 로마 의사인 갈렌에 의해 오래 전부터 알려졌다. 폴리네시아와 태평양 섬에서 자생하는 관목에서 추출되며, 전통적으로 코코넛 우유와 물에 섞어서 음료로 마시는 카바는 불안을 억제하고 평안함을 준다. 중국의 다년생 식물인 인삼은 활력을 증가시키는 데 사용되었다(Beaubrun & Gray, 2000의 간략한 리뷰 참조). 이러한 식물들이 인지적인 기능과 기분에 긍정적인 영향을 준다면, 그리고 만약 정말 그렇다면 과연 이들은 어떤 작용을 하는 것일까?

이 문제에 대해 많은 논쟁들이 있다. 논란의 원인 중 하나는 다음과 같다. 미국에서는 그러한 물질들이 식약청(FDA)에 의해 규제되지 않기 때문에, 복용량이나 정제 정도가 검증되지 않았다는 것이다. 그러나 몇 가지 경우에서 이 허브들은 치료 효과가 있는 것으로 보인다. 예를 들어 은행의 특정 추출물인 EGb 761이 알츠하이머병 환자의 정신적 감퇴 속도를 늦춘다는 보고가 있었다(LeBars et al., 1997). 경미하거나 중간 정도의 알츠하이머병 환자의 증상 진행속도를 늦추는 효과는 아세틸콜린에스터레이즈를 억제하는 역할을 하는 표준적인 약품의 효과와 유사하다(Wettstein, 2000; Mazza, Capuano, Bria, & Mazza, 2006). 그러나 은행이 건강한 사람들의 인지 수행을 돕는지 여부는 확실하지 않다. 한 대규모 연구에서, 건강한 성인의 인지 수행이 은행에 의해 향상된다는 증거가 발견되지 않았다(Solomon, Adams, Silver, Zimmer, & DeVeaux, 2002). 또한 한 장기간 비교 연구는 은행이 노인 군의 치매 진행을 막지 못한다고 보고하였다(DeKosky et al., 2008). 이 연구에 75세 이상 3,000명이 넘는 이들이 참가하였으며, 이들은 은행 혹은 플라시보를 처치받도록 무작위로 할당되었다. 참가자의 대부분은 약간의 인지적 손상이 있었지만 연구가 시작될 때 인지 수준은 정상이었다. 연구자들은 이 참가자들을 6년 동안 추적하였으며, 은행 처치 그룹과 플라시보 그룹이 치매에 걸릴 확률이 동일하다는 것을 발견했다. 이 결과는 은행이 예방용으로 사용될 가능성에 의문을 제기한다. 은행의 예방 효과의 가능성에 대한 다른 장기간 비교 연구가 진행 중이지만(Vellas et al., 2006) 그 결과는 오랜 시간이 흐른 뒤에 알 수 있을 것이다.

다른 허브인 성 요한의 풀은 우울증 치료에 사용되어 왔다. 한 독일의 임상 연구는 성 요한의 풀이 일반적인 항우울제와 유사한 효과가 있다는 것을 발견했으며, 경미하거나 중간 정도의 우울증 환자에게는 표준적으로 사용되는 약보다 부작용이 적다는 것을 발견했다(Woelk, 2000). 추가 연구에서 성 요한의 풀이 경미한 우울증 치료에 유익한 효과를 미친다는 것이 확인되었다(Kasper et al., 2008). 그러나 보다 심각한 우울증 환자에게는 효과를 보이지 않았다(Shelton et al., 2001; Linde, Berner, Egger, & Mulrow, 2005 참조).

그렇다면 이러한 허브들이 뇌에 어떤 영향을 미치는가? 많은 수의 허브들이 이번 장에서 논의한 신경전달물질 체계에 영향을 준다. 세이지는 아세틸콜린에스터레이즈를 억제하고(Perry, Court, Bidet, & Court, 1996) 무스카린성 아세틸콜린 수용기에 결합한다(Wake et al., 2000). 한편 박하는 아세틸콜린에스터레이즈를 억제하고 니코틴성 아세틸콜린 수용기에 결합한다(Perry et al., 1996). 인삼은 아세틸콜린의 방출을 촉진하고 (Benishin, Lee, Wang, & Liu, 1991) 또한 무스카린성 아세틸콜린 수용기에 결합한다(Kumar, Ghosal, & Bigl, 1997). 따라서 기억에 도움을 준다고 생각되는 많은 허브들은 콜린계에 작용한다. 성 요한의 풀은 세로토닌과 노르아드레날린의 흡수를 억제하는데, 이는 흔히 처방되는 항우울제와 유사한 작용 기제이다(Neary & Bu, 1999). 더 나아가서 일부 허브들은 매우 특별한 효과를 낸다. 예를 들어 인도산 인삼은 콜린계에만 영향을 미치고, GABA나 글루타메이트 수용기에는 영향을 주지 않는다(Kumar et al., 1997). 반면에 은행은 모든 모노아민 시스템에 작용하는 모노아민 산화효소 억제제(MAOI)로는 작용하지 않고, 콜린계에 특정적으로 작용한다(Folwer et al., 2000).

흥미롭게도 일부 허브들은 신경전달 외의 기제로 중추신경계에 영향을 미친다. 예를 들어 은행은 혈관을 확장시켜서 보다 많은 산소가 뇌에 공급되게 한다. 또한 은행은 산소의 대사를 방해하는 '유리기(free radical)'라는 분자를 처리하는 것을 돕는 것으로 보인다. 산소 대사의 결함은 여러 신경퇴행성질환의 원인이 될 수 있다.

그렇다면 당신은 주위의 나이 든 사람들에게 노화와 연관되는 정신적인 감퇴를 치료하기 위해서 은행과 인삼, 세이지, 성 요한의 풀을 많이 먹도록 권할 것인가? 아마도 아닐 것이다. 어떠한 약이라도 복용량에 주의를 기울여야 하고 다른 약과의 상호작용을 고려해야 할 뿐 아니라, 신체에 미치는 다른 영향 또한 신중하게 생각해야 한다. 예를 들어 건강을 위해 70~80개 가량의 은행열매를 먹은 36세의 여성은 불행하게도 그녀가 기대한 결과는 얻지 못하고 네 시간 후에 발작을 일으켰다(Miwa, Iijima, Tanaka, & Mizuno, 2001). 성 요한의 풀은 혈압에 영향을 줄 수 있고, 마취 효과를 강화하고, 피부의 광민감도를 증가시킨다. 또한 매우 다양한 약들과 상호작용을 일으킬 수 있는데, 왜냐하면 이 식물은 많은 약물들이 신체로 들어가는 간 내의 대사경로를 방해하기 때문이다. 그리고 인삼은 혈액 응고와 관련된 세포들의 기능을 방해한다. 그러므로 여느 제품을 구매할 때와 마찬가지로 조심해야 한다!

하면서 동시에 글루타메이트 길항제를 제공한다(Hsiung & Feldman, 2008). 또 다른 접근은 파킨슨병에 사용되는데, 질병 초기에는 보다 일반적인 약리적 개입(모노아민 산화효소 억제제)을 하고, 질병 후기에는 보다 특정적인 것(도파민 효능제나 L-dopa)을 사용하는 것이다(Schapira, 2009).

신경전달의 화학적 조절

지금까지 신경전달의 기초와 여러 가지 신경전달물질 시스템들에 대해서 살펴보았다. 뉴런들 간의 의사소통이 어떻게 조절되고, 혹은 방해를 받는지에 대해 간단히 정리해 보도록 하자. 앞으로 들게 될 예의 상당수는 아세틸콜린이다. 이 신경전달물질은 중추신경계 내에서 피질의 흥분을 조절하며, 중추신경계 밖에서는 뉴런이 근육과 시냅스를 맺는 신경근 접합의 시냅스에서도 사용된다. 뉴런들이 발화하면 근육조직은 수축을 일으키게 된다. 이것을 알아두는 것은 다음에 나올 예들을 이해하는 데 도움이 될 것이다.

신경전달 조절은 크게 세 가지 방법이 있다. 시냅스전 영역에 작용하는 기제가 있고, 시냅스 틈의 신경전달물질 양을 조절하는 방법과 시냅스후 영역에 작용하는 기제가 있다(그림 2.7 참고).

시냅스전 영역의 기제를 조절하는 방법에는 여러 가지가 있다. 한 가지 방법은 실제 생산되는 신경전달물질의 양을 조절하는 것이다. 예를 들어 콜린이 많이 함유된 식단을 섭취하게 되면 아세틸콜린의 생산이 증가하게 된다. 콜리플라워와 우유에 콜린이 많이 함유되어 있다. 다른 방법은 시냅스 틈에 방출되는 신경전달물질의 양을 조절하는 것이다. 예를 들어 검은과부거미의 독은 ACh의 방출량을 증가시켜서 시냅스 틈에 넘쳐 나게 한다. 이 과도한 양 때문에 ACh가 시냅스후 수용기에 지나치게 달라붙는 것이 계속된다. 이 때문에 사람은 어떤 운동 작용도 할 수 없으며 마비가 되고, 숨을 쉴 수 없어 죽게 된다.

마지막으로 자가수용기의 활동을 조절할 수 있다. 자가수용기에 신경전달물질이 결합하게 되면, 신경전달물질의 방출량이 줄어든다는 것을 기억하라. 어떤 약물은 자가수용기를 자극한다. 만약 그 약물이 마치 신경전달물질처럼 결합하게 되면, 신경전달물질의 방출량을 줄일 것이다. 예를 들어 클로니딘(clonidine)은 소량일 때 노르에피네프린의 자가수용기에 결합하여 노르에피네프린의 방출을 억제하며, 그 결과 주의가 저하된다. 그러나 자가수용기를 막는 약물은 신경전달물질이 자가수용기에 달라붙지 못하게 그 자리를 대신 차지하고, 신경전달물질의 방출을 증가시켜서 발화를 증가시킨다. 그 뉴런은 시냅스 틈에 얼마나 많은 양의 신경전달물질이 존재하는지에 대한 정보를 받는 되먹임 체계가 와해되고, 결국 신경전달물질의 양을 조절하지 못하게 될 것이다. 예를 들어 실험에서 사용하는 아미슐프라이드(amisulpride) 같은 몇몇 항정신병 약물은 소량으로도 D_3 자가수용기를 막아서, 도파민의 분비량을 증가시킨다.

매우 다양한 방법으로 시냅스 틈에 있는 신경전달물질의 양을 조절할 수 있다. 한 가지 방법은 재흡수 기제에 영향을 주는 것이다. 예를 들어 코카인은 도파민의 재흡수를 막아서 자극적인 효과를 일으킨다. 다른 방법은 신경전달물질 분해효소를 억제하여 신경전달물질의 양을 조절하는 것이다. 예를 들어 살충제와 신경가스, 제초제는 모두 아세틸콜린에스터레이즈를 억제해서 시냅스 틈에 ACh를 축적시킨다. 이는 결과적으로 신경근의 마비를 유발한다. 최종 결과는 검은과부거미의 독과 유사한 결과를 가져온다는 것에 주목하라. 신경가스와 검은과부거미의 독은 모두 ACh의 과잉이라는 동일한 결과를 가져온다. 하지만 ACh의 과잉을 초래하는 기제는 서로 다르다.

마지막으로 시냅스후 영역에서 작용하는 기제를 통해 뉴런들의 활동을 조절하는 것을 살펴보자. 신경전달물질과 유사한 효과를 내어서 효능제 역할을 하는 약물로 뉴런의 활동을 증가시킬 수 있다. 예를 들어 니코틴은 ACh가 결합하는 수용기를 자극한다. 니코틴은 시냅스후 수용기에 붙어서 이온통로를 열기에 충분할 정도로 ACh와 물리적인 구조가 유사하다. 이런 방법으로 효능제는 이온통로를 여는 열쇠로서 대신 사용될 수 있다. 니코틴은 콜린성 수용기에 붙기 때문에, 콜린계를 자극하여 주의력을 향상시킨다. 반대로 시냅스후 수용기를 차단하는 약물은 특정 신경전달물질을 수용기와 결합하지 못하게 함으로써 길항제로 작용한다. 예를 들어 큐라레는 수용기에 결합해서 ACh가 시냅스후 수용기에 결합하는 것을 차단한다. 그러나 큐라레는 이온통로를 열지는 않는다. 이는 자물쇠에 들어가긴 하지만 돌려서 열 수 없는 열쇠를 갖고 있는 것과 같다. 큐라레는 열쇠구멍을 막아서 올바른 열쇠가 작동하는 것을 방해한다. 이러한 작용은 큐라레가 왜 마비 현상을 가져오는지 설명해 준다. 큐라레는 ACh가 수용기에 결합하지 못하도록 해서 근육 활동을 일으키지 못하게 한다.

수초화

지금까지 어떻게 한 뉴런에서 다른 뉴런으로 정보가 전달되는지에 대해 보았다. 그러나 신경계에서 어떻게 정보가 긴 거리를 이동하는지에 대한 논의는 하지 않았다. 뉴런에서 발생한 전기적인 신호가 축색을 따라서 전도되는 속도는 축색을 절연해 주는 **수초**(myelin)라고 불리는 지방 두루마리의 정도에 따라서 다르다. 수초화가 잘된 축색은 전달 속도가 매우 빠르다. 어떤 뉴런의 축색은 수초가 전혀 없다. 수초화가 안 된 뉴

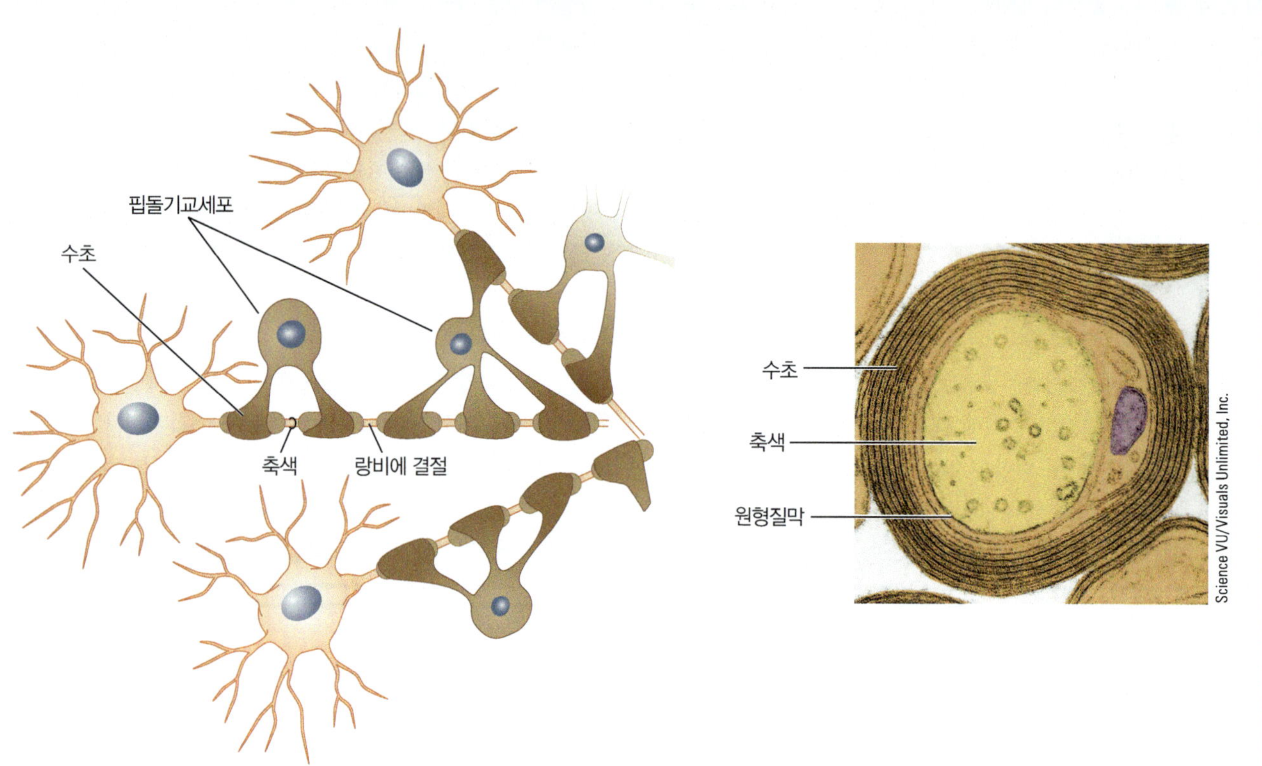

● **그림 2.12 수초가 축색을 감싸고 있는 구조.** 뇌 안의 핍돌기교세포는 수많은 인근 뉴런들 각각에 수초 한 마디씩을 형성하는데, 각 축색에 팔을 뻗어서 감싸는 식이다. 수초와 수초 사이에는 랑비에 결절이라는 부분이 있고, 이 랑비에 결절은 축색을 따라 전기적인 신호가 일정한 강도로 흐르도록 돕는다. © 2010 Cengage Learning

런은 대체로 작고, 정보를 원거리로 전달하지 못하고 일반적으로 인접한 뉴런에 시냅스를 맺고 있다. 반대로 원거리로 투사하는 뉴런들은 일반적으로 수초화가 되어 있는데, 왜냐하면 수초는 한 뉴런에서 다른 뉴런으로 정보가 전송되는 시간을 절약해 주기 때문이다.

수초에 의해 전송속도가 향상된 뉴런의 예로, 근육 운동을 통제하는 기능을 하는 **피라미드 세포**(pyramidal cell)들이 있다. 오른쪽 다리의 근육 운동을 통제하는 피라미드 세포의 축색은 뇌에서 척수의 끝까지 이어져 있고, 그 거리는 3피트를 넘어 거의 1 m에 가깝다. 수초화가 안 된 섬유는 0.5 mm/ms로밖에는 정보를 전송하지 못한다. 만약 피라미드 세포가 수초화되어 있지 않다면, 뇌로부터 척수까지 정보를 전달하는 데 거의 2,000 ms, 약 2초가 걸릴 것이다(2,000 ms × 0.5 mm/ms = 1 m). 이 정도 시간이 걸린다면 사람들은 빠르게 반응하거나 움직이지 못하고 반응이 지연될 것이다. 수초화된 피라미드 세포들의 정보 전달 속도는 50 mm/ms로 뇌에서 척수까지 정보를 전달하는 시간을 20 ms로 약 100배 정도 줄여 준다.

수초는 뉴런에서 생성되지 않고 특정한 교세포에서 생성된다. 뇌에서는 이것이 **핍돌기교세포**(oligodendrocyte)로 알려져 있다. 핍돌기교세포의 돌기들이 축색 주위를 감싸는데, 이는 카페트를 길쭉한 원통막대에 돌돌 마는 것과 같다. 돌돌 말리면서 수초 사이에 구분되는 부분이 생긴다(● 그림 2.12). 더 많이 감길수록 절연이 더 잘되고 따라서 전도속도가 더 좋아지게 된다. 수초와 수초 사이의 이어지지 않은 부위를 **랑비에 결절**(node of Ranvier)이라고 부른다. 전기적인 신호들은 이 부분들 사이를 뛰어넘기 때문에, 랑비에 결절들에서 축색을 따라 흐르는 전기적 신호의 크기가 감쇠되지 않고 일정하게 유지된다.

수초는 지방질이기 때문에 흰색이다. 뇌에서 수초화된 섬유들이 지나가는 영역을 **백질**(white matter)이라고 부른다. 수초화되지 않은 세포체가 모여있는 곳이 **회백질**(gray matter)을 구성한다. 한 집단의 세포체가 같은 곳으로 축색을 보내면 그 축색들은 **섬유로**(fiber tract)라고 하고, 일반적으로 원거리 정보 전송을 하기 때문에 수초화되어 있다. 예를 들어 대뇌 좌우 반구를 이어 주는 **뇌량**(corpus callosum)은 수초화된 뉴런으로 이루어져 있고, 한쪽의 반구에 있는 뉴런이 다른 쪽 반구의 뉴런으로 빠르게 정보 교신을 한다.

이 책의 뒷부분에서 뉴런들의 수초화를 발달과 특정 질병의 맥락에서 논의할 것이다. 15장에서 발달 초기에는 감각 영역과 운동 영역 수초화의 발달이 이루어지지만, 높은 수준의 피질 처리과정에 관련된 영역들 간의 원거리 연결은 십대 후반에서 이십대 초반까지도 수초화가 완성되지 않는다는 것을 보게 될 것이다(Giedd et al., 1996). 이 결과는 나이가 들어감에 따라 뇌 영역들 간의 기능적 연결이 이루어진다는 것을 보여 준다(Paus et al., 1999). 나중에 다루게 될 다발성경화증(multiple sclerosis; 16장) 같은 질병들은 뉴런을 둘러싼 수초가 군데군데 혹은 마구잡이로 얇아지게 만든다. 이러한 과정은 신경신호처리를 심각하게 방해해서, 운동기능 및 인지기능에 영향을 미친다(Peyser & Poser, 1986). 사실, 탈수초화가 심할수록 다발성경화증 환자의 삶의 질이 더 악화된다(Mowry et al., 2009).

요약

신경계에서의 전기화학적 신호전달

- 전기적 신호를 통해 뉴런 내에서 정보가 전달된다.
- 흔히 세포 '발화'라고 불리는 활동전위는 세포막을 가로지르는 전하 차이의 변화로, −70 mV에서 +40 mV로 변화하고, 다시 되돌아온다.
- 활동전위는 신경전달물질을 방출시킨다. 이 신경전달물질은 시냅스 틈으로 확산되고 인접한 뉴런의 시냅스후막에 있는 특정 수용기에 결합한다.
- 이러한 화학적 결합은 시냅스후 전위를 발생시키는데, 시냅스후 전위는 시 · 공간적으로 합산되며, 활동전위를 일으킬 수 있다.
- 뉴런의 반응성은 뉴런이 다시 발화하기 전 '재설정'에 필요한 시간에 의해 제한된다.
- 시냅스후 전위 효과는 일시적으로 제한될 수 있는데, 시냅스전 뉴런의 신경전달물질 재흡수, 신경전달물질의 효소 불활성화, 인접한 교세포의 신경전달물질 흡수, 시냅스 틈에서 멀리 확산되는 것들이 그 방법이다.

신경전달물질

- 신경전달물질은 화학물질로 뉴런 내부에서 합성되고 활동전위와 함께 방출된다.
- 아미노산은 중추신경계에서 가장 일반적인 유형의 신경전달물질이다. 중추신경계에서 주요 흥분성 아미노산은 글루타메이트이고 주요 억제성 아미노산은 GABA이다.
- 다른 유형의 신경전달물질들은 아세틸콜린과 모노아민(도파민, 노르에피네프린, 세로토닌)으로 구분된다. 이 신경전달물질들을 생성하는 뉴런의 세포체는 피질하 영역과 뇌간에 위치하며 피질 전체로 널리 투사한다.

신경전달의 화학적 조절

- 시냅스전 조절은 신경전달물질의 생산량이나 시냅스 틈으로의 방출량, 자가수용기에 의해 통제되는 되먹임 조절 등의 영향으로 일어날 수 있다.
- 시냅스 틈에서 일어나는 조절은 재흡수 기제나 신경전달물질 분해의 영향을 받는다.
- 시냅스후 조절은 수용기에 결합하는 물질이나 수용기를 차단하는 물질에 의해 일어난다.

수초화

- 수초화는 뉴런 주위에 있는 핍돌기교세포가 지질로 된 돌출부로 축색을 감싸서 절연시켜주는 과정이다.
- 수초화는 신경계에서 원거리 정보의 전송에 걸리는 시간을 절약해 준다.
- 수초화되어 있는 축색 다발 부분을 백질이라고 하고, 세포체가 모여 있는 부분을 회백질이라고 한다.

핵심용어

국소빈혈(ischemia)
글루타메이트(glutamate)
길항제(antagonist)
노르에피네프린(norepinephrine)
대사성 수용기(metabotropic receptor)
도파민(dopamine)
랑비에 결절(node of Ranvier)
모노아민(monoamine)
바르비투르산염(barbiturate)
벤조디아제핀(benzodiazepine)
섬유로(fiber tract)
세로토닌(serotonin)
수용기(receptor)
수초(myelin)
시냅스(synapse)
시냅스 소낭(synaptic vesicle)
신경전달물질(neurotransmitter)
아미노산(amino acid)
아세틸콜린(acetylcholine)
아세틸콜린에스터레이즈(acetylcholinesterase)

안정전위(resting potential)
억제성 시냅스후 전위(inhibitory postsynaptic potential: IPSP)
이온성 수용기(iontropic receptor)
인돌아민(indolamine)
자가수용기(autoreceptor)
재흡수(reuptake)
중뇌변연계(mesolimbic system)
중뇌피질계(mesocortical system)
축색구(axon hillock)
카테콜아민(catecholamine)
피라미드 세포(pyramidal cell)
핍돌기교세포(oligodendrocyte)
활동전위(action potential)
효능제(agonist)
효소(enzyme)
효소 불활성화(enzymatic deactivation)
흑질선조계(nigrostriatal system)
흥분독성(excitotoxicity)
흥분성 시냅스후 전위(excitatory postsynaptic potential: EPSP)
G 단백질(G protein)
GABA (gamma-aminobutyric acid)

도서 참조 사이트: www.cengage.com/psychology/Banich

이 웹사이트는 학생들이나 강사들에게 강의용 퀴즈나 암기카드, 용어정리 같은 정보와 자료를 무료로 제공한다.

방법론
Methods

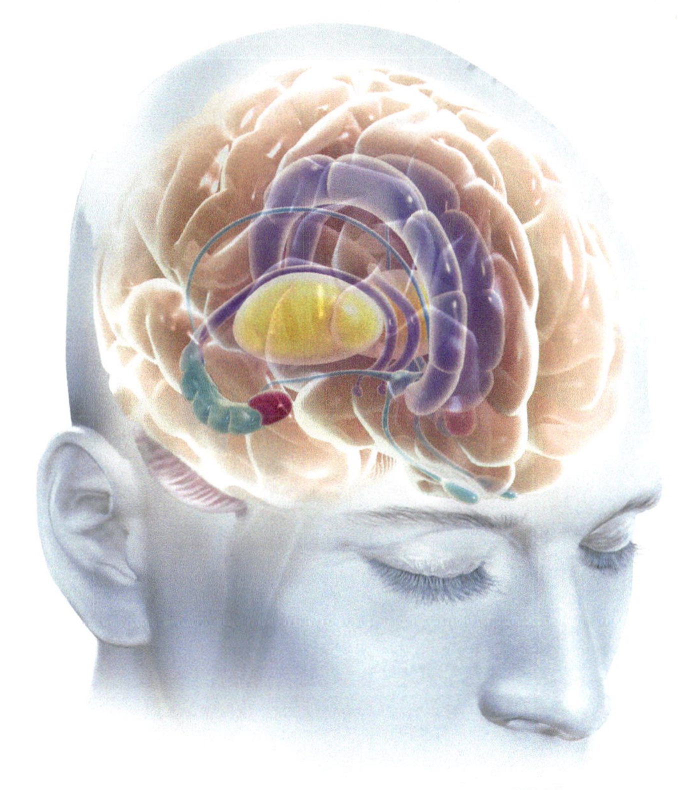

서론

이 장에서는 두뇌가 어떻게 우리가 생각하는 것, 느끼는 것, 행동하는 것에 영향을 미치는가를 이해하는 데 사용될 수 있는 다양한 방법론에 대해 논의하겠다. 인지 신경과학(cognitive neuroscience)이란 다학문적 연구 분야로서, 두뇌에 대한 정보와 행동에 대한 정보의 통합이 필수적인 학문이다. 연구하고자 하는 질문에 따라, 두뇌와 행동에 대한 다양한 종류의 정보를 살펴보아야 할 필요가 있다. 예를 들어 신경해부학적, 신경화학적, 또는 신경생리학적 설명 수준에서의 두뇌 정보가 필요할 수도 있다. 신경해부학적 수준에서, 두뇌 구조의 정상성 여부, 다른 두뇌 구조물과의 연결, 그리고 특정 행동양상과 관계성에 대한 정보가 필요할 수도 있다.

한 예로, 우측 측두엽 복측 부위 영역에 종양이 생긴 이후에 사람들이 얼굴 인식 장애를 겪는 것을 보면, 이러한 인지 정보처리와 그 두뇌 영역과의 관련성을 신경해부학적 수준에서 유추할 수 있다. 또 다른 예로 두뇌의 신경화학적 수준에의 정보가 필요할 수도 있다. 즉, 신경전달물질인 도파민의 조절 기능이상이 어떻게 조현병(schizophrenia, 정신분열증) 증상에 영향을 미치는가를 알고자 할 수도 있다. 마지막으로, 두뇌 신경생리학적 수준에서의 정보가 필요할 수도 있다. 특정과제를 하는 수행하는 동안 전기적으로, 또는 물질대사 측면에서 어떤 두뇌 영역이 활성화되는가를 알고자 할 수도 있다. 예를 들어 우반구가 음악 판단 과제를 하는 동안에 얼마나 전기적으로 반응을 보이는지 알고 싶어 할 수도 있다.

뇌뿐만 아니라 행동도 여러 수준에서 관찰된다. 한 측면에서는 한 개인의 감각 정보 처리 수준에서 관찰할 수도 있다. 예를 들어 고음과 저음을 달리 구별할 수 있는가 하는 감각능력을 관찰하고자 할 수도 있다. 다른 측면에서는 정신 과정들의 특정 측면, 예를 들어 기억 체계의 온전성 같은 것에 관심이 있을 수도 있다. 그런가 하면, 특정 정신 능력을 세분화하여 연구하고자 할 수도 있어, 기억 결함이 새로운 정보를 배우는 데만 국한되어 있는지 또는 이전에 배운 정보를 인출하는 것까지도 장애가 있는지 알아내야 할 필요가 있을 수도 있다.

이런 각각의 문제들을 연구하기 위해서는 특정 도구(tool)들이 필요하기 마련인데, 연구 방법론이 바로 인지 신경과학자들의 도구이다. 이 장에서 소개하고자 하는 방법론이나 개념들은 이 책 전반에 걸쳐 정신 활동의 인지신경적 근거를 탐색해 가는 과정에서 다시 언급될 것이다. 이 책의 모든 논의 과정에서, 서로 다른 연구 방법론의 강점과 한계점을 이해하는 것이 대단히 중요하다. "무슨 일을 제대로 하려면 그 일에 맞는 정확한 연장부터 챙겨라." 라는 격언은 목수일 만큼이나 인지 신경과학에도 해당하는 말이다. 만일 당신이 드라이버가 필요할 때 칼이나 동전을 가지고 뭘 해보려고 끙끙대 본 적이 있다면, 적절한 연장이 성공과 실패를 나누고, 쉬움과 어려움의 차이를 결정한다는 것을 잘 알 것이다. 인지 신경과학에서, 적절한 도구란 바로 특정 임상 환자 집단을 말할 수도 있고, 특정 두뇌영상기법일 수도 있고, 또는 어떤 특정 실험적 행동 연구법을 의미하는 것일 수도 있다.

인지 신경과학자들은 연구를 위해 수집하는 정보가 어떤 연구 대상 집단을 선택하는지, 어떤 방법론을 선택하는지에 영향을 받는다는 것을 반드시 명심하여야 한다. 어떤 선택을 하건, 이런 선택은 연구자로 하여금 어떤 기능의 한 측면은 관찰하면서 다른 한 측면은 관찰하지 못하게 편향시킨다. 마치 다음의 비유와 같다. 예를 들어 당신이 한 도시에서 다른 도시로 여행하려 할 때 교통수단의 선택이 그 여행길에서 내내 무엇을 보게 되느냐에 영향을 미치는 것과 같다. 이동 수단으로 비행기를 택한다면 평야와 숲과 같은 땅의 지형적 차이를 볼 수 있을 것이고, 차를 이용한다면 농가와 연립주택과 같은 건축양식의 지역별 차이를 볼 수 있게 된다. 어떤 신경심리학적 연구 방법에도 이처럼 한계가 있음을 생각해 보면, 과연 과학자들은 어떻게 그들이 두뇌와 행동 간의 관계성에 대해 도출한 연구결과를 확신할 수 있게 되는 것일까 하는 의문이 생길 수도 있겠다. 과학자들은 '오즈의 마법사'에 나오는 에메랄드 시의 거주자들처럼 멍청한 것은 아닐까? 이 책에 보면, 에메랄드 시에 사는 사람들은 녹색 안경을 쓰고 살기 때문에 자신들이 살고 있는 도시 전체가 에메랄드라고 생각한다.

이 장의 후반에 가서 좀 더 상세히 다루게 되겠지만, 인지 신경과학자들은 주로 자신의 안경을 바꿔쓰기에 해당하는 전략을 쓰는 경향이 있다. 일반적으로 말하자면, 연구자들은 같은 질문에 대한 정보를 다양한 연구 대상 집단에 여러 가지 방법을 사용하여 수집한다. 이런 연구 방식—일련의 관련된 여러 실험으로부터 얻어진 모든 답이 결국 같은 결론을 도출하는지를 조사하는 방법—은 **수렴적 조작법**(method of conversing operation)이라고 부르는 방법이다. 연구자들이 하나의 질문을 다수 관점으로 조사하면서, 모든 답이 하나의 결론을 가리킬 때, 비로소 연구자들은 두뇌와 행동 간 어떤 관련성에 대한 어떤 근본적 측면에 대해 그들이 이해하고 있는 것에 대해 비교적 확신할 수 있게 된다. 수렴적 조작의 예를 알아보기로 하자. 공간의 특정 부위로 주의를 옮기는 것에 두정엽이 하는 역할에 대한 세 가지 대표적인 발견들을 살펴보겠다. 이 발견들은 서로 다른 연구방법으로 얻어진 것이다. 동시에 우리는 각 연구방법론의 잠재적 함정도 고려해 볼 것이다.

첫째, 원숭이 연구에 의하면 특정 원숭이가 주의를 기울이는 공간 상의 위치에 따라 후측두정 피질(posterior parietal cortex)의 뉴런들의 반응이 달라지는 것을 보여준다(Lynch, Mountcastle, Talbot, & Yin, 1977). 이는 후측 두정엽이 주의의 방향을 결정하는 데 중요한 역할을 한다는 것을 시사하는 것으로, 이 영역의 활동은 시각 피질의 활동과 동조(synchrony: 시간적 일치)를 보인다(Saalmann, Pigarev, & Vidyasagar, 2007). 그렇지만 동물 연구의 결과로부터 인간의 두뇌 현상을 유추하는 것이 문제가 될 수도 있는데, 이는 동물들의 행동 범위나 두뇌 조직화가 인간의 것과 다를 수 있기 때문이다. 둘째, 신경학적으로 정상인 사람들에 대한 두뇌 영상법 연구이다. 이 연구에 의하면, 어떤 사람이 공간상의 특정 부위로 주의를 기울일 때, 두정 영역의 대사활동도 증가함을 밝혔으며(Corbetta, Miezin, Shulman, & Petersen, 1993), 이런 두정엽 활성화는 그 개인이 얼마나 주의를 잘 기울이는가에 따라 변한다(Huddleston & DeYoe, 2008). 그렇지만, 두뇌 영상화 기법은 주로 다수의 개인으로부터 얻어진 두뇌 활동 측정치의 '평균'을 제시하는 것임을 기억하자. 그래서 그 활성화 영역에 대한 정확한 해부학적인 위치에 대한 결론을 내리기 어려울 때도 있다. 셋째, 손상 환자 연구이다. 사람들이 편측 두정엽 손상을 입은 후부터 시각 공간의 대측 부위(contralateral)를 무시하는 것이 이전부터 주목되어 왔으며(Vallar & Perani, 1986), 최신의 고해상도 신경영상기법은 이런 관련성을 지지하고 있다 (Mort et al., 2003). 하지만 두뇌 손상 환자 결과에는 항상 개인 편차의 문제가 있다. 신경학적 손상의 정도와 손상 전과 후의 개개인의 경험의 다양성이란 점에서 적어도 그러하다. 위에서 예로 든 결과들 어느 하나의 연구 방법 결과의 증거만으로는 설득력 있는 결론을 내리기 어려울지 모르지만, 이런 세 가지 방법론으로부터 얻어진 모든 증거는 하나의 같은 결론, 즉, 두정엽이 공간의 어떤 한 지점으로 주의를 기울이는 데 중요한 역할을 한다는 결론으로 수렴한다. 이런 수렴이 일어날 때, 연구자들은 비로소 그들이 도달한 결론이 정확하며, 각 방법론 내재한 편파가 있다 해도 그 연구 결과의 유용성을 흐릴 정도로 크지 않다는 것을 확신할 수 있다. 이런 수렴적 연구결과들은 주로 한 명의 과학자에 의해 이루어지는 것이 아님을 주목하자. 오히려 전문분야가 다른 여러 과학자 집단에 의해 이루어지는 것임을 주목하자.

이제 논의를 두뇌와 행동 관계를 연구하는 데 쓰이는 특정한 방법과 특정 연구대상 집단으로 옮겨 보고자 한다. 이러한 시도에서 결정적인 세 가지 요소가 필요하다. 첫째, 두뇌-행동 관계에 대한 가설을 검증하기에 적절한 개인들로 구성된 집단이 필요하다. 던지고자 하는 과학적 질문이 무엇이냐에 따라 어떤 연구대상을 선택해야 할 것인가가 달라진다. 둘째, 개개인의 두뇌에 대한 정보를 얻는 방법이 필요하다. 질문에 따라 두뇌 구조에 대한 정보를 원할 수도 있고, 두뇌 기능이나 구조와 기능 두 가지 모두에 대한 정보를 필요로 할 수 있다. 셋째, 행동을 측정할 수단이 필요하다. 경우에 따라 특정 행동 측정 방법을 사용하고자 할 수도 있고, 큰 종합검사 도구를 이용하고자 할 수도 있다. 이 장의 나머지에서 이들 세 개 주 구성 요소 각각에 어떤 선택사항이 있는가를 잘 살펴보고, 그 각각의 선택에 상응하는 장단점을 알아보게 될 것이다.

연구 참가 집단

여기서는 인지신경학적 주제를 연구하기 위해 사용되는 세 종류의 주요 연구 참가 집단—국소 두뇌 손상 환자, 신경학적으로 건강한 개인, 동물—의 장단점을 고찰할 것이다.

■ 국소 두뇌 손상 환자

두뇌 손상을 입은 환자를 조사하여 정신기능을 이해하는 방식은 오래된 귀한 역사가 있는데 자그마치 그 역사는 2000년 전으로까지 거슬러 올라간다. 로마 시대에 전투사들의 상처를 치료했던 갈랜(Galen)이라는 의사가 팔다리나 몸통에 상처를 입은 사람들은 사고력을 유지하는 데 반하여 머리나 뇌에 상처를 입은 사람은 그렇지 못한 것을 알아차렸다. 이런 관찰들로부터, 그는 두뇌가 사고와 연결되어 있으리라는 것을 유추하였다.

갈랜 식의 접근법은 오늘날 두뇌의 어떤 부위가 어떤 정신 기능에 중요한가를 결정하는 데 사용되는 논리의 전신인 셈이다. 만일 특정 두뇌 부위가 손상된 것이 어떤 특정 정신 기능을 수행하지 못하는 문제를 일으켰다면, 과학자들은 주로 그 정신 기능이 그 손상된 영역에 좌우되는 것이라고 가정하게 된다. 이런 접근법은 **손상법**(lesion method)이라고 알려진 방법이다. 신경심리 연구의 역사에서 우리의 사고와 정서에 대한 신경학적 근거에 대한 지식을 확대하는 데 이 방법이 매우 강력한 것임이 증명됐다. 이 때문에, 두뇌란 서로 다른 정신기능을 지지하는 하위체계(subsystem), 또는 **세부단위**(module)로 이루어져 있다고 개념화하기에 이른다. 물론 과학자마다 이 세부단위가 정확히 무엇이냐는 하는 데는 의견이 분분하지만(Fodor, 1985), 이 장에서는 편의상 정보 처리계의 한 부분으로서, 그 체계 내에서 유일하게 어떤 단일 정신 기능(읽기, 언어 단기 기억, 얼굴 재인)에 이바지하는 부분을 말하는 것으로 보겠다. 더 나아가 이 하위체계(subsystem)가 두뇌 조직의 특정 영역에 자리 잡고 있다고 보아야 한다. 이 개념은 **기능 국재화**(localization of function)라는 개념이다.

사람들이 언제나 위에서 서술한 방식으로 두뇌가 작동하고 있다고 믿었던 것은 아니다. 20세기 초까지만 해도 과학자들은 두뇌의 기능이 국재화되었는지 아니면 두뇌 전체가 하나의 덩어리로 모든 기능에 **전체 작동**(mass action)하는지에 대해 갑론을박하곤 했었다. 전체 작동 관점의 가장 유명한 지지자는 심리학자 Karl Lashley인데, 그는 1920년대와 1930년대에 이 분야에서 활발한 연구를 했다(K.S. Lashley,

1929). 그가 주장하기를 두뇌 손상 후 관찰되는 인지적 결함의 속성은 어디가 손상되었느냐가 아니라, 그 손상이 얼마나 광범위한가에 따라 다르다는 점을 들었는데, 즉 더 많은 조직이 손상될수록, 수행저하가 더 심하다는 것이다. 반면 기능의 국재화 개념을 지지하는 연구자들은 손상의 전체 크기가 아니라, 손상의 정확한 위치가 손상 후 관찰되는 결함의 속성과 정도를 예측한다고 주장하였다.

오늘날, 비록 정신 기능이 두뇌에 있는 것은 사실이지만 어느 두뇌 영역도 단독으로 작동하지 않는다는 것은 잘 알려져 있다. 손상을 측정하는 기술의 발전과 행동 측정의 더 세련된 방법론 덕에, 연구자들은 이제 모든 손상이 행동에 똑같은 결과를 일으키는게 아니라는 것을 잘 알게 되었다. 그래서 손상 환자들의 손상된 두뇌 구조의 차이 때문에 행동차이가 일어날 수밖에 없다는 것도 알게 되었다. 두뇌에 뚜렷한 하위체계들이 있다는 증거가 있지만, 두뇌가 500억 개도 넘는 서로 연결된 뉴런들로 이루어져 있다는 것을 잊어서는 안 된다. 이 장의 뒤에 가서 논의하겠지만, 두뇌의 기능을 컴퓨터 시뮬레이션을 통하여 어떤 추상적 방식으로 표상하는 계산화 모델들이야말로 바로 이 확산적 정보처리의 특성을 포함하려고 하는 것이다. 차를 생각해 보자. 물론 자동차라는 것은 엔진이나 추동 체계, 바퀴, 서스펜션과 같은 하위 부분이나 체계로 이루어져 있기는 하지만, 이 모든 부분 부분들은 특정한 방식으로 즉, 엔진으로부터의 동력이 추동 체계를 통해 바퀴로 그 힘이 전해지는 방식으로 작동하게 연결되어 있지 않으면 무용지물이다.

이 책을 통하여 언어와 같은 어떤 인지 능력들이 전통적으로는 세부구조의 연결로 개념화돼서, 언어의 듣기이해, 말하기, 읽기, 쓰기 같은 하위요소들은 각각 상대적으로 독특한 두뇌 영역에 의해 수행된다고 이해됐음을 알게 될 것이다. 반면 주의의 어떤 측면 같은 다른 인지기능들은 여러 두뇌 영역에 확산적으로 조직화된 것으로 이해되었다. 그래서 우리는 두뇌가 인지기능들을 매끄럽게 수행하기 위하여 기능의 국재화라는 방식과 분산 정보 처리라는 두 가지 방식에 모두 의존하고 있음을 기억해야 할 것이다.

손상법의 사용

손상법의 주된 강점은 두뇌 조직의 특정 영역이 정확히 정신의 어떤 측면과 연결되어 있는가를 확인할 수 있게 하는 데 있다. 우리는 어떤 두뇌 영역이 손상되면, 어떤 정신적 처리 과정이 상실되는지를 직접 관찰할 수 있다. 이런 연결을 할 수 있는 능력은 인간의 인지와 정서의 많은 측면을 이해하는 데 매우 중요한 역할을 해왔다. 과학자가 두뇌의 어떤 부위에 정확하게 손상을 일으키고 나서 그 행동효과를 보게 되는 동물 연구 모델과 달리, 인간의 손상법은 전쟁, 사고, 손상, 또는 질병과 같은 불행한 상황에서 야기된 두뇌 손상 사례에 의존해야 한다. 그래서 연구자들은 한 환자의 손상 위치, 정도, 손상 원인에 대한 아무런 통제력이 없다. 전형적으로 과학자들은 의료진과 함께 작업하여 이런 연구 프로젝트에 참여하겠는가를 물어볼 수 있는 환자들을 일단 선별하게 된다. 이런 연구법의 성공은 따라서 환자들의 협조, 용기, 선의에 전적으로 좌우될 수밖에 없다. 비록 검사결과 그 환자들의 행동장애의 정도가 명백히 밝혀진다고 해서 그것이 환자들에게 개인적으로 혜택이 있는 것도 아니지만 그래도 환자들은 이렇게 얻어진 지식이 다른 사람들을 도울 수 있으리란 희망에 참여하게 된다.

손상법을 사용할 때, 연구자들은 두 가지 개념적 접근법 중의 하나를 택할 수 있다. 하나는 신경 실질(neural substrates)에 대한 지식을 강조하는 것이고, 다른 하나는 인지기능에 대한 지식을 강조하는 것이다. 어떤 개념적 접근을 선택하느냐에 따라 이 연구에 어떤 환자를 포함할 것인가가 아주 달라진다. 이 책 전체를 통하여 두 가지 접근법의 많은 예를 접하게 될 것이다. 따라서 다음 기회에 더 자세히 논의하기로 하겠다.

만일 연구자가 신경 실질을 더 강조하는 방법을 선택한다면, "두뇌의 이 특정 조직에 의해서 과연 어떤 기능이 가능하게 되는 것일까?"라는 질문을 던지게 된다. 그러면, 이 연구자는 가능한 한 손상의 위치, 원인, 그 정도가 유사한 환자집단으로 연구 참가자를 모집해야 한다. 이런 연구방식의 전통적인 예가 브렌다 밀러(Brenda Milner)와 그 동료들이 몬트리올 신경학 연구소에서 측두엽의 기억기능에 관해 수행한 연구이다. 이들의 연구 대상은 측두엽의 한 영역이 간질 활동의 중심이어서 그 측두엽 부분을 제거하는 일측성 수술제거, 즉 '계획 손상'을 받았던 간질환자들로 이루어졌다. 이런 접근법을 이용하여 밀러와 그 동료는 측두엽 내의 특정 영역, 즉 해마와 연결된 영역의 제거가 결과적으로 새로운 장기기억 형성 장애를 일으킨다는 것을 증명하였다. 좌측 해마 절제결과를 우측 절제와 비교하여, 언어기억 또는 시각기억의 결함은 수술 절제가 있었던 반구가 좌반구인가 우반구였는가에 따라 달라짐을 증명하였다(B. Milner, 1978).

이런 행동 결함이 연구하였던 그 특정 두뇌 부위와 상관있는지를 결정하기 위해서, 이런 연구들에서는 두뇌의 다른 부위에 손상이 있는 환자 집단도 포함한다. 이전 예로 돌아가서 다시 논의하자면, 밀러와 그 동료들은 보통 두뇌의 다른 영역, 예를 들어 전두엽 같은 부위에 일측성 손상을 입은 개인들로 이루어진 집단을 연구에 포함한다. 다른 영역에 손상이 있는 환자들은 새로운 기억을 형성하는 데 문제를 보이지 않았기 때문에, 해마가 새로운 장기기억 형성을 가능하게 한다는 결론을 내렸다.

이런 접근법은 특정 두뇌 부위를 특정 인지 요소에 결정적으로 중요한 것으로 확인하는 것을 가능하게 하므로 의사들, 임상 신경심리학자나 다른 의료진에게 말할 수 없이 중요한 정보를 제공한다. 예를 들어 신경외과의사는 두뇌의 특정부위를 절제하면 어떤 인지기능이 망가질 수도 있다는 것을 알아야 한다. 역시 두뇌 손상 위치에 대한 지식은 임상 신경심리학자로 하여금 어떤 지적 능력이 손상될 수 있는지를 예측하고, 그런 인지기능을 측정할 수 있도록 검사를 구성하고, 그에 맞는 재활계획을 세울 수 있게 된다.

손상법에 관한 다른 개념적 접근 방식은 인지기능을 강조하는 것이라고 소개한 바 있다. 이런 접근법을 택할 때, 연구자들은 같은 행동 증후를 보이는 환자 집단을 선택하게 되는데, 이때 두뇌 손상의 위치에 대해서는 별로 신경 쓰지 않는다. 1장에서 논의한 **편측무시**(hemineglect)는 공간의 한쪽 정보를 무시하게 한다. 주로 우반구 두정엽의 손상 후에 이런 증후가 보이는 것이 가장 흔한 일이기는 하지만, 편측무시는 다른 두뇌 부위의 손상 후에도 일어날 수 있다. 예를 들어 기저핵이나 전두엽, 시상 등의 손상 후에도 그러하다. 그러므로 편측무시에 관심이 있는 연구자들은 손상 부위와 무관하게 편측무시를 보이는 환자집단을 모집할 수도 있다. 예를 들어 편측무시 정도가 환경 속에 대상물의 수가 적으면 적을수록 감소하는 경향이 있는가를 알아보려고 실험계획을 세울 수도 있다. 이런 연구주제로 얻어진 답은 효과적인 재활방법을 고안하는 데 유용할 수도 있다. 비록 이런 접근법이 두뇌의 신경 조직화를 강조하지는 않지만, 여전히 유용한 정보를 제공할 수 있다. (같은 행동 결함을 보이는) 환자 집단이 모집되었을 때, 그들의 신경과 기록을 잘 살펴보면 연구자는 공통되는 행동 결함을 보이는 환자들 간의 손상위치의 유사성을 발견할 수도 있고, 따라서 이런 기능에 관여하리라고 생각되는 관련 신경구조들을 밝혀내는 데 유용할 수 있다.

서로 다른 곳에 손상이 있는 환자들 사이에서 보이는 인지적 능력결함과 손상되지 않은 인지기능의 양상을 비교함으로써 정신의 구조에 대한 중요한 통찰을 얻을 수도 있다. **이중 해리**(double dissociation)는 특히 이런 점에서 강력한 방법인데, 이 방법은 연구자로 하여금 두 개의 다른 인지기능이 각각에 대해 서로 독립적인가의 여부를 결정할 수 있게 해주는 방법이다(Shallice, 1988., Teuber, 1955). 이중 해리는 손상이 두 개의 서로 다른 인지기능에 반대의 영향을 미칠 때 일어난다. 예를 들어 어떤 두뇌 손상이 인지기능 A의 장애를 가져오지만, 인지기능 B의 결함을 일으키지 않는 반면, 또 다른 두뇌 손상은 인지기능 B에는 장애를 일으키지만 인지기능 A에는 문제를 일으키지 않는다고 가정하자. 한 인지기능의 건재여부가 다른 인지기능의 정상성 여부에 따라 달라지는 것이 아닌 이런 양상 때문에, 이 두 인지기능이 서로 독립적이라고 유추할 수 있게 된다.

이중 해리 개념을 좀 더 구체적으로 설명하고자 브로카 실어증과 베르니케 실어증 사이의 해리와 같은 고전적 예를 살펴보기로 하자. 두 실어증 모두 언어 처리의 장애를 일으킨다(9장 참조). 언뜻 생각해보면, 언어 처리의 모든 측면이 어떤 한 두뇌 영역에 달린 것이라고 가정할 수도 있을 것이다. 만일 그렇다면, 언어를 이해하는 능력을 상실한 사람은 또한 말하는 능력도 상실하리라고 예측할 수도 있다. 그러나 브로카 실어증과 베르니케 실어증은 말을 산출하는 능력과 말을 이해하는 능력이 서로 다른 별개의 것임을 보여준다. 브로카 실어증에서, 구어(spoken language)의 이해는 대부분 손상되지 않았다. 그러나 이런 증후의 환자들은 말을 생성하는 데는 엄청난 어려움을 경험하게 된다. 베르니케 실어증은 이 반대가 관찰된다. 이 증세가 있는 환자는 남의 말을 이해할 수는 없지만, 그럼에도 문법적으로는 정확한 문장을 유창하게 떠벌일 수 있다(나중에 다시 언급하겠지만, 이때 만들어진 문장은 주로 아무런 뜻도 없다). 이 두 증세를 함께 생각해 보면, 말하기(speech output)의 지장(disruption)은 말 이해(speech comprehension)의 지장이 일어나는 것과는 서로 독립적이라는 것을 알 수 있다.

손상법이 신경심리학에 대한 지식을 확대하는 데 가지는 중요성은 절대 과소평가할 수 없다. 이런 연구법에 따라서 언어, 기억, 지각의 근간이 되는 신경 구조물의 고전적 개념이 탄생하였다(Damasio & Damasio, 1989). 두뇌의 기능과 구조를 영상화할 수 있는 새로운 기법이 존재하는 오늘날에도 이 손상법은 인지 신경과학자들에게 중요한 연구 수단으로 남아 있다(Rorden & Karnath, 2004). 그럼에도 이 방법은 다른 방법과 마찬가지로 한계가 있다. 이제 그 한계점들을 살펴보기로 하겠다.

손상법과 관련된 문제

손상법은 연구자들에게 두 개의 주된 한계점을 부과한다. 첫째, 손상 위치와 정도의 다양성은 물론이고 참여하는 집단 특성의 다양성이 연구 결과로부터의 명백한 추론을 어렵게 한다. 둘째, 비록 손상법이 분명한 통찰을 제시하고, 두뇌와 행동의 관계에 대한 명백한 추론을 가능하게 하는 것처럼 보이더라도, 이런 논리 일부는 부정확한 결론을 도출하게 할 수 있다. 이 두 종류의 문제를 차례로 논의해 보자.

동물을 대상으로 이루어진 손상 실험들보다, 두뇌 손상을 입은 인간 환자들을 대상으로 이루어진 연구는 다분히 '뒤죽박죽'이라고 볼 수 있는데, 이는 표본이 수많은 차원에 걸쳐 훨씬 덜 동질적이기 때문이다. 동물 실험에서는, 한 집단의 구성은 같은 환경에서 키워지고, 같은 시점에서 같은 손상을 받은 한배 새끼(유전적으로 더욱 비슷하게)들로 이루어져 손상 전이나 후에도 비슷한 경험을 제공할 수 있고, 같은 연령대에 행동 측정을 할 수 있다. 그래서 그 표본의 유전적 속성과 환경적 속성이 가능한 한 비슷해질 수 있다.

이와 반대로, 뇌 손상을 받는 환자 개개인들은 아주 다르다. 이 환자들은 주로 연령대도 다양하고, 사회경제적 배경이나 교육 정도도 다르다. 뇌 손상 이전의 인생 경험이 다양하며, 뇌 손상 후에도 그들이 받은 재활의 유형이나, 치료와 회복 태도, 심지어는 사회적 지원망에 따라 그들의 삶의 경험이 서로 다를 수밖에 없다. 동물 실험의 동물들이나 일반적인 심리학 실험에 인간 참여자들(주로 대학 학부생들)이 대체로 비슷비슷한 사람들로 이루어지는 데 비하여, 인지기능에 관여하는 신경계를 밝히려는 연구에 참여하게 되는 뇌 손상 환자들 개개인은 다분히 이질적인 집단이다. 비록 나이, 교육배경, 성별 등과 같이 인구 통계학적 측면에서 비슷한 사람들을 비교하게 된다 하더라도 여전히 수많은 개별 특성들에서 개개인이 다르다. 그래서 똑같은 손상을 입은 두 사람이 있다면 그들의 경험이 다르기 때문에 결함 정도가 다르게 나타날 것이다.

그뿐만 아니라, 동물에게 일부러 만들어낸 손상에 비해, 인간이 겪게 되는 뇌 손상은 그 정도나 원인의 측면에서 훨씬 덜 특정적이다. 비록 연구자들이 손상의 위치(예를 들어, 전두엽의 배외측 영역이라든지, 후측 두정엽이라든지)가 최대한 비슷한 환자들로 모아 한 집단을 만든다 하더라도, 역시 그 손상의 크기나 손상의 심한 정도가 중구난방 다를 가능성이 매우 높다. 동물에서는 균일한 방식(뇌 조직에 전류를 흘려서)으로 손상을 만들어낼 수 있지만, 인간에게 있어서는 그 뇌 손상의 원인이 총상에서부터 뇌졸중(stroke), 감염, 또는 뇌종양이나 간질에 의해 필요한 영역을 수술로 절제한 것에 이르기까지 다양할 수 있다. 이런 다른 사건들은 매우 다른 뇌 손상을 일으키게 된다. 예를 들어 뇌졸중은 총상에 의한 손상에 비해 더 확산적인 효과가 있어 피질하 영역까지 영향을 미쳤을 가능성이 높다. 물론 연구자들은 가능한 한 비슷한 원인에 의한 두뇌 손상 환자로 집단을 구성하려고 노력하겠지만, 경우에 따라서는 이런 것 자체가 불가능할 수도 있다.

즉, 많은 요인—뇌 손상을 입은 사람들 속성의 다양성과 손상 원인의 이질성, 손상 크기와 위치의 다양성 같은 것—들이 어떤 특정 행동에 영향을 미치는 특정 신경구조물을 규명해내고자 하는 인간의 능력을 방해할 수 있다. 그렇지만 어떤 관계성이 발견된다면 이는 인간환자 집단의 엄청난 다양성과 손상 속성 자체의 다양함에서 발견된 것이어서 그것은 대단히 강력한 발견일 가능성이 높다.

손상법의 두 번째 한계는 손상된 두뇌 영역이 수행하는 기능을 직접 관찰할 수 없다는 데 있다. 우리가 관찰 가능한 것은 어찌했던, 그 '특정' 부위 **없이** 나머지 두뇌가 어떻게 하는가 뿐이다. 이런 관찰들로부터 단지 그 손상 영역의 이전 역할을 유추한다. 이런 유추가 비록 제대로 이루어졌다 하더라도, 여전히 여기에 한계가 있다. 첫째, 어떤 인지기능에 관여하는 모든 뇌 영역을 확인할 수는 없고, 단지 '**결정적**(critical)'인, 없어서는 안 될 두뇌 영역만을 확인할 수 있을 뿐이다. 둘째, 어떤 행동 결함이 특정 뇌 영역의 손상 후에 야기된 것이라 할지라도, 그 영역이 그 과제 수행에 결정적으로 중요하기 때문이 아니라, 그 두뇌 영역이 다른 영역들, 제3의 다른 영역들과 **연결**되어 있기 때문일 수도 있다. 이 영역과 다른 영역들과의 상호작용하는 것이 어떤 인지기능이 제대로 수행되기 위해서 꼭 필요한 것이라면, 그런 손상 효과가 관찰될 수 있다. 마지막으로, 어떤 특정 인지기능에 이바지하는 한 두뇌 영역이 때론 '침묵'하거나 차폐될 수도 있다는 것이다. 만일 어떤 과제가 한 가지 방식 이상으로 수행될 수 있다면 그럴 수 있다. 예를 들어 두뇌 손상 전에 사용되던 전략과 다른 대안적 전략을 사용하여, 뇌 손상 환자가 주어진 인지 과제를 수행하는 능력이 여전히 온전한 것처럼 보이게 할 수도 있다는 것이다.

과제를 수행하는 데 관여하는 모든 두뇌 영역을 규명하는 데 손상법의 한계를 제대로 이해하고자, 연극 공연의 예를 생각해 보자. 만일 주연을 맡은 사람이 아픈데 대역도 없다면 그 공연을 올릴 수 없을 것이고, 그러면 사람들은 그 사람이 그 연극 공연에 없어서는 안 될 결정적인 사람이었음을 깨닫게 될 것이다. 그러나 만일 무대 일꾼이나 소품 담당이 아파서 결근했다면, 그 사람이 공연에 이바지하는 바가 크다 하더라도 여전히 공연은 무대에 올라갈 것이다. 이는 남은 스태프들이 이리저리 아픈 사람의 빈자리를 메꾸었을 가능성이 있기 때문이다. 이와 마찬가지로, 만일 뇌 손상이 어떤 뇌 영역에 일어났는데, 그 뇌 영역이 어떤 인지기능의 수행에 관여는 하지만 없어서는 안 될 위치는 아니라면, 행동상 별로 차이 없이 멀쩡하게 보일 수 있을 것이다. 이는 다른 뇌 영역들이 그 기능을 보조할 수 있거나 대신 할 수 있기 때문이다.

손상법의 심각한 한계 중 하나는 두뇌 손상으로 행동 변화가 일어나게 된 이유가 그 뇌 영역이 그 기능 수행에 필수불가결한 역할을 하기 때문인지, 아니면 그 영역으로 신경섬유다발, 즉 **통과 신경 다발**(fibers of passage)이 지나는데, 이 신경 다발이 사실 더 중요한 다른 뇌 영역을 연결하는 것이기 때문인지 구별되지 않는다는 것이다. 이럴 때 손상이 일어나면, 이들 섬유에 의해서 전달되는 정보들이 결과적으로 두뇌의 한 영역에서 다른 한 영역으로 전해지지 못하게 된다. 그 결과 **분리 증후군**(disconnection syndrome)이라 불리는 행동 결함이 나타날 수 있다. 아주 날씨가 나빠서 농작물이 농장으로부터 도시로 도달하지 못하는 상황을 생각해 보면 이 개념이 좀 더 분명히 이해될 것이다. 물론 농장들이 다 망가져서 농작물이 더는 산출되지 못할 수도 있다. 이런 경우는 어떤 과제를 수행하는 데 결정적인 뇌 영역이 손상을 받은 것과 비슷한 경우이다. 또 다른 경우로는 농장은 멀쩡한데 농장과 도시 사이의 고속도로가 망가져서 농작물이 운송되지 못할 수도 있을 것이다. 이런 상황이 분리 증후군에서 일어나는 상황과 비슷한 것이다. 이 책을 통하여 **분할 뇌 증후군**(split-brain syndrome: 반구 특성화를 다루는 4장에서 논의하게 될 것이다)이나 **전도성 실어증**(conduction aphasic, 9장에서 논하게 될 것이다)과 같은 이런 분리 증후군의 많은 예를 접하게 될 것이다. 분리 증후군은 두뇌 해부학적 위치를 고려하여 규명해 낼 수 있다. 만일 어떤 인지 결함과 관련된 뇌 영역이 그 영역에 세포체는 거의 없고 신경섬유가 주로 지나가는 곳이라면, 분리 증후군이 그 결함에 대한 더 적절한 설명이 될 것이다.

손상법의 마지막 한계는 어떤 주어진 인지기능에 대한 특정 두뇌 영역의 역할을 과소평가할 수 있다는 것이다. 만일 환자가 다른 전략(온전한 영역에 근거하는)을 사용해서 과제를 수행하거나, 또는 뇌 조직 자체에 재조직이 일어나기 때문에 이런 과소평가가 일어날 수 있다. 예를 들어 어떤 사람이 두뇌 영역 A의 손상 후에도 별다른 어려움 없이 길이나 장소를 찾아다닌다면, 우리는 그 두뇌 영역 A가 길을 찾는 인지기능과 무관하다고 생각하게 된다. 그러나 실제로는 영역 A가 길을 찾는 행동에 중요하며, 대상이나 장소들 사이의 지리적 관계성(예, 우체국은 백화점의 동쪽에 있음과 같은)을 구성하는 데 중요한 역할을 할 수도 있다. 그렇지만, 두뇌 영역 B가 중요 지형지물에 근거하여(예, 우체국은 교회로부터 여섯 구획 지나 있음) 한 지점에서 지점으로 이동하여 길을 찾는 능력을 부여하고 있을 수도 있다. 영역 A와 B가 환경 속에서 이동하는 기능에 서로 다른 역할을 한다는 것을 밝혀내는 것은 어떤 일반적인 인지 기술을 구성 요소로 분석하고, 각각의 요소마다 검사해야만 비로소 가능한 일이며, 때론 이런 것이 어려울 수도 있다. 또는 어떤 두뇌 구조가 한 기능에 결정적으로 중요한데, 손상 후에 두뇌의 재조직이 일어나서 이제 그 인지기능이 정상적으로는 관여하지 않았던 어떤 다른 영역들에 의해 수행되고 있을 수 있다. 뇌 손상 후에 나타나는 기능의 재조직화와 관련된 문제는 나중에 15장에서 자세히 다루도록 하겠다.

단일사례 대 집단연구

손상법에 대한 지금까지의 논의를 끝내기에 앞서, 뇌 손상 환자의 단일사례연구와 집단연구에서 무엇을 배우게 되었는가 검토해 보아야 할 것이다. **단일사례연구법**(single-case study)에서는, 뇌가 손상된 환자 개개인을 여러 신경심리학적 검사를 사용하여 집중적으로 연구한다. 예를 들어 H.M의 사례의 경우, H.M은 양측 측두엽 절제 수술을 받았으며(10장 참조), 측두엽이 기억에 미치는 역할에 대해 지난 30년간 말할 수 없이 중요한 통찰을 제공하였다. 그가 수술 후에 경험한 기억상실은 어쩌나 심각한 것인지, 그 이후에는 아무도 그런 수술을 받지 않게 되었으며, 따라서 그는 유일하고 상당히 중요한 사례가 되었다. 반면 **집단연구**(group study)에서는, 비슷한 특성의 뇌 손상(비슷한 부위의 손상)을 가진 환자들을 하나의 집단으로 묶어 연구한다. 일부 연구자들은 집단연구가 행동의 유형에 관한 판단을 흐리게 하거나, 집단 평균이라는 것이 개개 환자에서는 거의 찾아낼 수 없는 이상한 값을 창출하기 때문에, 잘못된 데이터 해석을 하는 문제를 일으킨다(Caramazza & Badecker, 1989). 표3.1에 잘 보여주고 있듯이, 9명의 국소 두뇌 손상 환자 집단과 신경학적으로 문제가 없는 9명의 사람으로 구성된 통제 집단에 연구자들이 세 개의 검사를 시행하였다고 가정하여 보자. 표의 하단에 보면 각 집단의 평균 정확률을 볼 수 있는데, 3개 검사 각각에서 두뇌 손상 환자는 정상집단보다 저조한 평균을 보이고 있음을 알 수 있다. 그러나 두뇌 손상 환자 개개인의 수치를 잘 살펴보면, 어느 한 환자도 세 가지 과제 모두에서 정상집단보다 더 낮은 수행을 보인 사람은 없다. 그보다는 이 환자들을 하나는 과제 1에서 저조한 수행을 보인 집단(환자1~환자3), 하나는 과제 2에서 저조한 수행을 보인 집단(환자4~환자6), 그리고 하나는 과제 3(환자7~환자9)에서 저조한 수행을 보인 세 개의 하위집단으로 나눌 수 있다. 이런 문제점 때문에, 일부 연구자들은 단일사례연구 방법론을 지지한다.

그러나 단일사례연구방법 역시 문제점을 가지고 있다(단일사례연구의 문제점은 Zurif, Garden, & Brownell, 1989 참조). 그런 문제 중의 하나는 개인 환자에게서 본 장애의 양상이 일반적인 사람들을 대표하는가에 관해 확신할 수 없다는 데 있다. 예를 들어 왼손잡이들이 인구의 10%를 구성하는데, 이들의 인지기능에 관여하는 신경 조직화는 오른손잡이들과 다르다. 손잡이, 유전, 또는 환경적 영향이 개인의 두뇌 조직화가 비정형적이게 만들 수 있다면, 뇌 손상 입은 사람이 보이는 장애의 양상도 비정형적일 수 있다. 이런 논의는 특히 행동의 증후와 그 원인이 되는 손상이 워낙 드물어서, 단지 한 명 또는 두 명 정도의 개인에게서만 관찰된 경우일 때 문제가 된다. 이러면 우리의 해석 능력은 지극히 제한을 받는다.

만일 단일사례연구법과 집단연구법이 모두 한계가 있다면, 연구자들이 어떻게 해야겠는가? 하나의 방법은, **중다사례연구법**(multi-case study approach)으로 알려진 방법인데, 일련의 환자들에게서 발견된 연구 결과들을 타당화시키는 것으로, 물론 이들 개개인은 단일사례연구로도 취급된다. 이런 방법에서는, 각 집단 내 개개환자의 자료가 제시되고, 연구자들이 전체적인 집단 평균이 집단 내 개개인의 행동을 대표하는 정도는 물론, 개개 환자들 간의 다양성을 결정할 수 있게 된다(● 그림 3.1).

중다사례연구들은 인지 결함과 다른 관심 있는 요인들, 예를 들어 손상된 조직의 양 같은 것들과 어떤 관련이 있는지 조사하는 데 사용될 수 있다. 이 장에서 예로 든 Milner와 그의 연구자들은 해마 손상의 정도가 기억 손실의 정도와 비례한다는 것을 찾아내어, 이런 관련성에 대한 추가적 증거를 제공한 적이 있다(Pigott & Milner, 1993). 단일사례연구로는 이런 질문을 탐구할 수 없다. 단일사례연구는 해마 영역이 기억과 관련이 있는지만 밝힐 수 있을 뿐이지 손상의 정도가 기억 장애의 심각성을 예측할 수 있는지는 밝힐 수 없다.

■ 신경학적 손상이 없는 개인

신경학적으로 손상이 없는 개인들을 연구함으로써 우리는 두뇌 구조물과 정신적 기능 사이의 관련성에 대한 이해를 증진시킬 수 있다. 손상법을 사용한 연구들에서, 정상인 집단은 중요한 통제 집단으로서의 역할을 하여, 두뇌 손상된 개인의 수행이 이런 정상 집단보다 얼마나 결함을 보이는지 결정할 수 있게 해준다. 만일 두뇌 손상 후 어떤 사람이 신경학적인 손상이 없는 비교 집단 사람들 98%보다 저조한 수행을 했다면, 40%보다 저조한 수행을 하였을 때보다 손상으로 말미암은 문제가 더 심각하다는 것이 명백해진다. 어떤 검사를 위해 모은 통제 집단의 규모가 크면 클수록 연구자들이 평가하는 장애의 정도는 더 확실해진다.

잘 설계된 신경심리학적 연구는 신경학적으로 정상인 개인들로 통제집단을 구성할 때, 개인들의 특성을 조심스럽게 고려하는 과정이 반드시 필요하다. 이 개인들은 모든 사례 하나하나마다 뇌 손상 환자들과 인구학적(demographic) 변수들, 즉 나이, 성별, 교육배경 등과 같은 변수들에 대해서 가능한 한 철저하게 대응해야 한다. 이런 방식으로 하여, 그 연구가 뇌 손상이 특정과제의 수행에 미치는 영향의 정도를 탐구하는 것이어야지 다른 요소가 영향의 정도를 미치는 것을 탐구하는 것이 아니어야 한다. 연구자들이 통제 집단을 선택할 때 최근에 뇌 손상을 받은 개인들과 유사한 정도의 스트레스를 경험한 개인들로 선별하는 것을 원할 수도 있다. 스트레스 상황하에서 사람들이 인지 과제를 제대로 수행하지 못할 수도 있기 때문에, 잘 고안된 연구라면 연구결과에서 발견된 인지 결함이 병과 관련된 스트레스, 의료 치료, 재정적 걱정, 또는 가족관계 역동과 같은 것이 아니라 뇌 손상에 귀인될 수 있는 것이다. 이런 이유로 해서, 신경학적으로 손상이 없는 집단 구성원들을 다른 입원 환자 중에서 모을 수 있다면 이들은 좋은 통제 집단을 구성하게 될 것이다. 왜냐하면 이들은 뇌 손상 빼고는 비슷한 스트레스 상황하에 있기 때문이다. 이런 집단의 예로서 뇌 손상 환자들과 비슷하게 재활병동에 있는 환자들을 들 수 있겠다. 그들은 뇌 손상 때문이 아니라 다른 신체적 손상 때문에 재활 병동에 있다는 점이 다를 뿐이기 때문이다.

신경학적으로 손상을 입지 않은 개인들은 통제 집단의 역할을 하는 것 이외에도 두뇌-행동의 관계성을 이해하는 데 도움을 준다. 그들은 두뇌의 신경해부학적 구조의 개인차이가 얼마큼 인지기능과 상관이 있는가를 이해하는 데 도움을 줄 수 있다. 예를 들어 언어 관련 두뇌 영역의 해부학에서 보이는 개인차이는 그들이 얼마나 빨리, 잘 외국 말소리를 배울 수 있는가를 예측할 수 있게 한다(Golestani, Molko, Dehaene, LeBihan, & Pallier, 2007). 마지막으로 신경학적으로 손상이 없는 개인들은 두뇌 영상 방법(이 장의 나중에 논의하게 될 것이다)이 사용될 경우, 과학자들은 두뇌 구조가 정상적(normal) 조건하에서 어떻게 작용하는지에 대한 증거를 획득할 수 있다. 이러한 통찰은 두뇌 손상을 입은 개인으로부터 얻어질 수 없다.

■ 인간 이외의 동물

지금까지 우리는 주로 어떻게 인간에 관한 연구가 인지 과정에 관여하는 신경계를 이해하는 데 도움이 되는가에 대해서 알아보았다. 그러나 인지 관련 신경계의 조직화에 대한 이해는 인간이 아닌 동물, 특히 원숭이를 대상으로 수행된 연구

표 3.1 집단 평균을 사용하였을 때 수행 유형에 나타날 수 있는 가능한 왜곡의 가설적 예

	정확 반응률로 측정된 수행		
뇌 손상 환자	과제 1	과제 2	과제 3
1	20	75	70
2	25	70	80
3	30	80	75
4	75	25	75
5	80	30	70
6	70	20	80
7	75	80	25
8	70	75	30
9	80	70	20
9명 두뇌 손상 환자의 평균	58.3	58.3	58.3
9명 신경학적 정상인 평균	78	80	83

두뇌 손상 9명 환자의 평균은 어느 개인 환자의 수행도 적절히 대표하고 있지 않다. 비록 뇌 손상 환자의 개인 평균이 세 과제 모두에서 신경학적 정상인 평균보다 저조하지만, 뇌 손상 환자 모두는 3개 중 2개의 과제에서 정상인만큼 좋은 점수를 받았다.

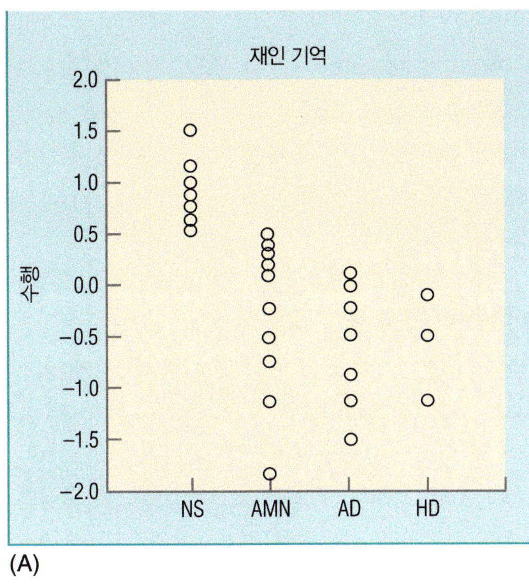

(A)

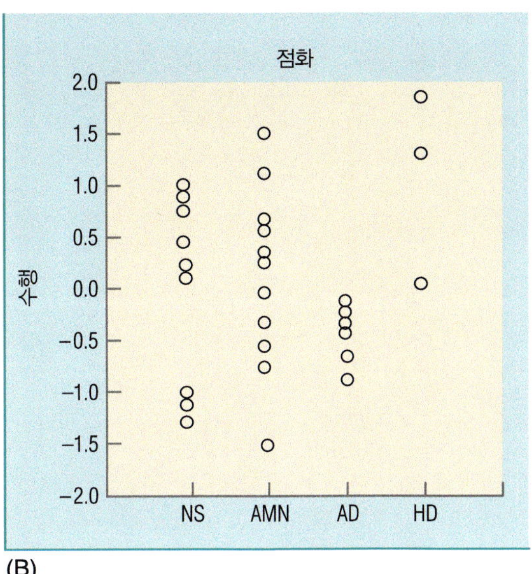

(B)

● **그림 3.1 중다사례연구법의 예.** 두뇌 손상 환자들[AMN, 기억상실증(amnesia)환자; AD, 알츠하이머병(Alzheimer's disease)환자; HD, 헌팅턴병(Huntington's disease)환자]과 신경학적으로 손상이 없는 참가자들(NS; neurologically intact subjects) 간의 차이의 정도를 알아보기 위하여, 연구자는 각 집단의 구성원을 단일사례연구처럼 취급하였다. (A) 재인 기억 측정에서, 모든 환자는 신경학적으로 손상이 없는 통제집단의 수행보다 저조한 수준의 수행을 하고 있다(0은 평균 수행을, 양수는 평균 이상의 수행을, 음수는 평균 이하의 수행을 각각 나타냄). (B) 반면, 기억 점화(priming) 검사(사전 노출로 자극물의 정보 처리가 촉진되는 현상)에서는 집단 간에 더욱 큰 변이가 관찰되며, 신경학적으로 손상이 없는 집단의 참여자와 다른 환자 집단 참여자들의 수행 간에 중복을 보이는 결과가 보이고 있다. 즉 뇌 손상 환자들이 통제집단보다 재인 기억에서 저조한 수행을 보이긴 하였으나, 점화 기억에서는 그렇지 않았다.

들이 도움된다. 비록 원숭이와 인간의 두뇌는 다르지만, 기본적인 몇몇 조직화 원리가 공유되며, 일부는 모든 포유류에게서 나타나는 것이다(● 그림 3.2). 원숭이는 복잡한 인지 과제를 수행하도록 훈련될 수 있기 때문에 수많은 정신적 기능이 원숭이를 대상으로 연구됐다. 예를 들어 대상 재인(object recognition) (Gross, Rocha-Miranda, & Bender, 1972), 주의(Moran & Desimone, 1985), 그리고 기억(Miskin, 1982)과 같은 정신적 기능들이며, 이 전통은 오늘날도 계속되고 있다. 물론 언어 같은 어떤 정신 기능은 동물에서 연구하는 것이 불가능하거나, 그렇지 않더라도 대단히 어렵다.

이 상의 앞부분에서 언급한 많은 이유, 예를 들어 환경 조건, 손상의 크기와 속성, 이전 생활 경험과 같은 것들을 더 잘 통제할 수 있다는 이유 때문에 동물을 이용한 연구들은 사람을 대상으로 한 것보다 훨씬 단순 명확하다. 그뿐만 아니라, 이 장의 나중에 논하게 될 단일 세포 기록법(single-cell recording)과 같은 일부 기법들은 동물에게만 쉽게 사용될 수 있는 것이며, 인간에게는 매우 제한된 집단의 사람들에게만 사용될 수 있다. 인간 연구와 마찬가지로, 연구자들은 동물 참가자들의 윤리적 처우에 관한 매우 세심한 안내 지침을 지켜야만 한다. 연구자들은 동물이 가능한 최소한의 통증만을 경험하도록, 그리고 연구 절차상에서 적절하지 않은 외상적 경험을 하지 않도록 보장하는 연구 절차를 세우고 그에 따라야 할 책임이 있다.

지금까지 두뇌-행동 관계를 연구하는 데 사용되는 다른 연구 대상 집단에 대해 논의해 왔으나 이제부터 우리는 두뇌 해부학, 두뇌 기능, 그리고 행동에 대해 정보를 제공하면서 연구와 임상 모두에서 사용 가능한 여러 가지 다른 방법들을 살펴보기로 하겠다.

두뇌 해부학 측정 기법

뇌 조직의 특별한 영역을 특정 인지기능과 연결하는 능력은 여러 두뇌영상기법이 출현으로 말미암아, 1970년대 중반 이래 혁명을 겪었다. 이 영상 기법들은 손상법을 사용하는 연구자에게는 두뇌 속의 두뇌 손상 위치를 살아있는 사람에게서도 정확하게 파악할 수 있게 하였는데, 이전에는 불가능한 일이었다. 이런 혁명 전에 연구자들은 사후시체부검을 할 수 있을 때까지 기다려서 수년 전 또는 수십 년 전에 일어난 손상의 위치를 확인하는 검사를 하거나, 아니면 빈약한 의료기록이나 검사 보고서들을 통해 두뇌 손상의 위치를 추측할 수 있을 뿐이었다. 두뇌영상기법에 의한 이런 진보를 제대로 이해하기 위해서 ● 그림 3.3을 살펴보기로 하자. 그림 3.3에는 이전 방법을 보여 주고 있다. 이 그림으로는 두개골의 어떤 부위가 총알이나 다른 탄도체의 진입의 결과로 손상되었는가 하는 정보

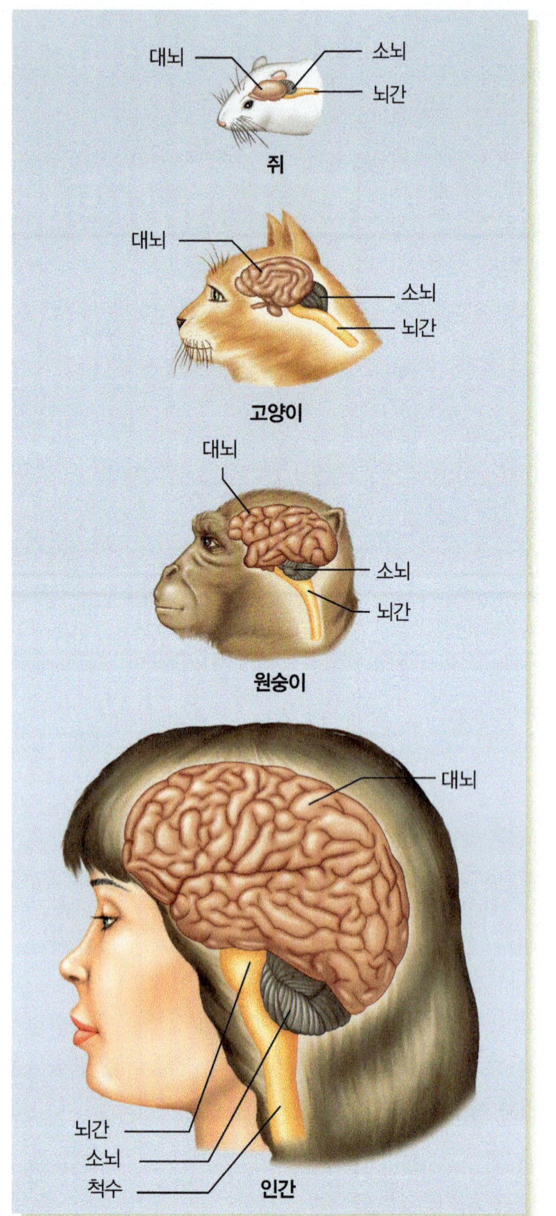

● **그림 3.2 포유류 간의 두뇌 조직화의 유사성.** 다른 포유류의 전반적인 두뇌 조직화는 인간과 유사하므로, 다른 종을 사용한 연구는 두뇌의 어떤 부분이 어떤 정신 기능에 중요한가를 이해하는 데 유용하다. 인간 연구와 마찬가지로 동물을 사용한 연구도 동물들이 가능한 인간적인 처우를 받았는지를 확실히 하는 윤리위원회의 승인을 받아야 한다. © 2009 Cengage Learning

만이 제공될 뿐이지, 그 손상의 정도나 깊이에 대한 정보는 전혀 없다. 두뇌의 내부를 볼 수 있게 하는 이런 방법론은 손상된 구조를 확인하는 데만 유용한 것이 아니고, 신경학적으로 정상인 사람들의 신경 구조물들의 크기나 형태도 측정하는 데 유용하다.

이런 새로운 두뇌영상기법들은 복잡미묘해서 전문가가 아니고서는 숙달할 수 없는 것들도 많다. 이 장의 목적은 이런 기법이 어떻게 작용하는지, 이런 기법을 가능하게 하는 기본 원리는 무엇인지, 그리고 가장 중요한 점으로 이런 기법들이 제시하는 정보는 어떠한 것이 있는지에 대한 실용적인 개관을 제시하는 데 있다. 각각의 기법들의 장단점을 살펴볼 것이다. 현대의 두뇌영상기법 가운데 최초로 등장했던 기법인 컴퓨터단층촬영법(computerized axial tomography)부터 논의를 시작해 보겠다.

■ 컴퓨터단층촬영

두뇌 구조물의 밀도는 CAT, 즉 **컴퓨터단층촬영**(computerized axial tomography, CAT 또는 CT라고도 불림)이라고 불리는 X-ray로 구별할 수 있다. 뇌척수액(cerebrospinal fluid, CSF)은 뇌 조직보다 밀도가 낮고, 뇌 조직은 혈액보다 밀도가 낮으며, 혈액은 뼈보다 밀도가 낮다. CAT 촬영에서 밀도가 높은 뼈와 같은 조직은 흰색으로 나오고, 밀도가 가장 낮은 CSF 같은 것들은 검게 나타난다. 전형적으로 CAT 촬영은 두뇌의 일련의 '절편(slice)'들—9개에서 12개 사이의—을 제공하게 되는데 이 절편들은 하나 위에 하나가 쌓여진 형태이다. CAT 촬영에서, 오래 전에 손상된 조직은 주변 조직보다 어둡게 나오는데, 이는 이 조직이 밀도가 낮은 CSF 같은 것으로 채워져 있기 때문이다(● 그림 3.4A). 반대로 최근에 출혈이 일어났던 자리는 더 밝은색을 띠게 되는데 이는 두뇌 조직보다 더 밀도가 높기 때문이다(● 그림 3.4B). CAT 촬영의 장점은 대부분 병원에 설치되어 있고, 상대적으로 덜 비싸다는 것이다. 더 나아가 이후에 이야기 하게 될 다른 기법과는 달리, CAT 촬영을 받을 수 있는 사람에 대한 제한이 없다.

■ 자기공명영상

비록 CAT 촬영법이 파격적이긴 하지만, **자기공명영상**(magnetic resonance imaging, MRI)에 의해 여러 면에서 앞지름을 당하게 되었다. 자기공명영상은 양성자의 움직임(behavior of proton)을 왜곡(dirsort)시키기 위해 자기장을 사용하는 기법이다. 이 양성자가 이 왜곡에서 회복(recover)하는 데 얼마나 오래 걸리는가 하는 정보가 두뇌의 해부학적 영상을 창출하는 데 사용된다. 이 기법이 어떻게 작용하는지에 관한 기술은 CAT보다 다소 복잡하기에 여기서 좀 더 자세히 알아보기로 하겠다.

MRI는 3개의 자기장에 의존하는 기법이다. 첫 번째 자기장은 **정자장**(static field)라고 하며, 변하지 않는 고정된 자기장을 말한다. 이 자기장의 강도에 의해 MRI 기계가 분류된다. 임상적 기계는 일반적으로 1.5 테슬라(tesla), (T) 사이의 강도를 띠게 되고, '고자기장' 연구용 기계는 일반적으로 3 또는 4 T 정도이며(참고로, 지구의 자기장의 강도는 0.0001 T이다), 일부 실험적 기계는 7 T나(● 그림 3.5) 이상의 강도에서 작동한다. 이 고정된 정자장은 자기적으로 민감한 모든 입자를 같은 방향으로 정렬시키는 역할을 한다. 이 정자기장의 섭동(perturbation, 건드림)은 일종의 진동자기장인 **펄스 연쇄**(pulse sequence)의 두 번째 자기장에 의해 야기되는 것이다. 양전자가 원래의 상태로 되돌아오는 데 걸리는 시간을 완화 시간(relaxation time)이라고 하는데, 이것이 **수신기 코일**(receiver coil)로 작용하는 라디오-주파수 코일을 통하여 기록된다. 이 코일이 바로 MRI를 찍을 때 머리 주변이나 근처에 놓이게 된다.

다른 물질에 들어 있는 수소분자는 완화 시간도 달라서, 펄스 연쇄의 매개변수를 다르게 조절하여 특정 물질들을 영상화하는 가능성을 최대화할 수 있다. 만일 우리가 두뇌 조직의 밀도에 관심이 있다면 물을 시각화하는 기능을 최대화하고자 할 것이고, 백질(white matter)의 영상화에 관심이 있다면 지질을 시각화할 수 있는 기능을 최대화시키면 될 것이다. 수신 코일이 받아들이는 신호의 강도는 두뇌의 특정 물질의 농도를 나타내는 것이 된다. 그러나 그 자체만으로는 그 신호 강도는 이 신호가 어디서 왔는지에 대한 아무런 정보도 제공하지 못한다. 이 위치에 대한 정보는 제3의 자기장, 즉 **경사장**(gradient field)에 의해 제공된다. 경사장은 영상화되는 영역에 걸쳐 강도가 차례차례 변화한다. 그래서 이 경사장은 신호가 나오는 특정 위치를 확인할 방법을 제공하게 된다. 경사장으로부터의 공간적 정보와 라디오-주파수 펄스 연쇄 뒤에 얻어진 신호강도를 통합하면 두뇌의 3차원 영상을 재구성하는 것이 가능해진다(더 상세하고 읽기 쉬운 적용법에 대한 설명의 논의는 www.howstuffworks.com/mri.htm 참조).

MRI는 CAT과 비교하면 두 가지 중요한 장점이 있다. 첫째, MRI는 X-ray를 사용할 필요가 없고, 따라서 고에너지의 이온화 방사선을 몸에 쏘일 필요가 없다. 둘째, 영상의 선명도, 즉 영상의 공간적 해상도(spatial resolution)는 MRI가 훨씬 우수하다. ● 그림 3.6A는 시체부검으로 얻어진 두뇌의 관상 절편(coronal section)이다. 비슷한 위치의 해부학 절편 영상인 ● 그림 3.6B의 MRI가 제공하는 영상과 실제 해부학 절편과 비교해 볼 수 있다.

그러나 모든 사람이 다 MRI 촬영을 이용할 수 있는 것은 아니다. 자기장이 전기장과 교란을 일으키기 때문에 심박기(pacemaker, 심장에 전기 신호를 발생시키는)를 단 환자는 MRI를 찍을 수 없다. 또한, 경 조직에 연결된 것이 아닌 쇠(예, 선반작업으로 눈에 쇳가루가 들어가 있거나, 동맥에 클립을 한 사람)가 몸에 있는 사람도 MRI를 찍을 수 없다. 왜냐하면, 금속이 자기장에 끌리는 성격 때문에 그 금속이 움직이거나 풀어지게 할 수 있기 때문이다(경 조직에 박힌 금속, 예를 들어 치아를 때운 금속 등은 문제가 되지 않는다). 이러한 예외 이외에는 MRI가 고에너지 이온 방사능을 사용하지 않고,

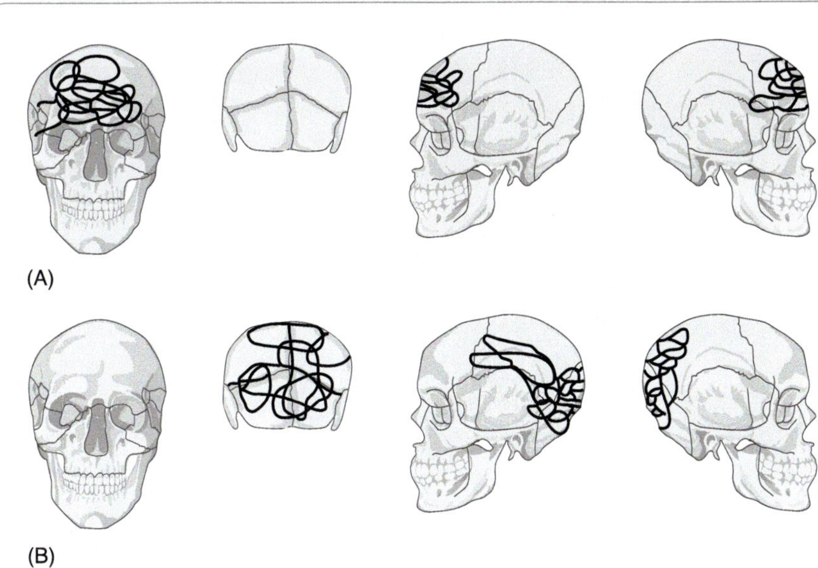

● **그림 3.3 각 20명으로 이루어진 두 집단에서 각각 손상을 일으킨 탄두의 진입점을 보이는 두개골 X-ray 그림 구성.** 두뇌영상기법 이전 시대에는 X-ray레이가 두뇌 손상의 정도와 위치를 추측하기 위해 사용되었다. 국재화(localization)가 정확하지도 않으며 전측의 손상을 입은 개인들(A)과 후측 손상을 입은 개인들(B) 사이의 차이 같이 대략적 차이만을 보여줄 수 있을 뿐이다. © 2011 Cengage Learning

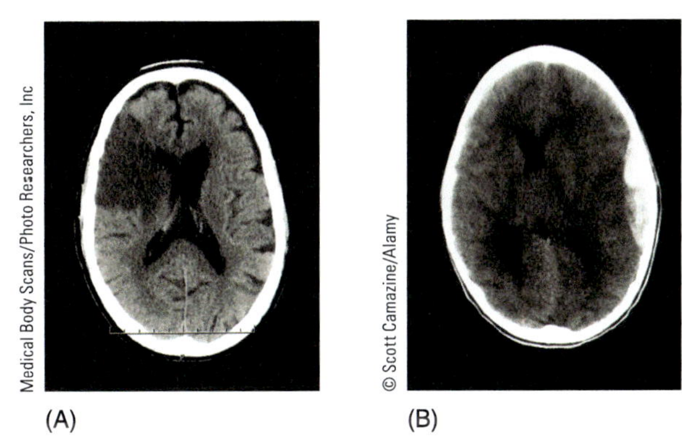

● **그림 3.4 컴퓨터단층촬영(CAT)의 절편.** (A) 저밀도 영역이 CAT 촬영에서 어둡게 보인다. 좌반구 전두엽의 어두운 영역들은 뇌졸중의 결과로 나타난 손상위치를 나타낸다. 이 영역의 두뇌 조직이 손실되었기 때문에 뇌척수액으로 채워져 주변 조직보다 밀도가 낮다. (B) CAT 촬영에 나타난 고밀도 영역은 밝게 나타난다. 여기 혈액이 고인 것(혈종, *hematoma*)이 우측 측두엽 영역에서 밝기가 높은 영역으로 보인다. 혈종의 존재가 그쪽 두뇌의 외측 뇌실의 전위(displacement)를 일으켰음을 주목하라.

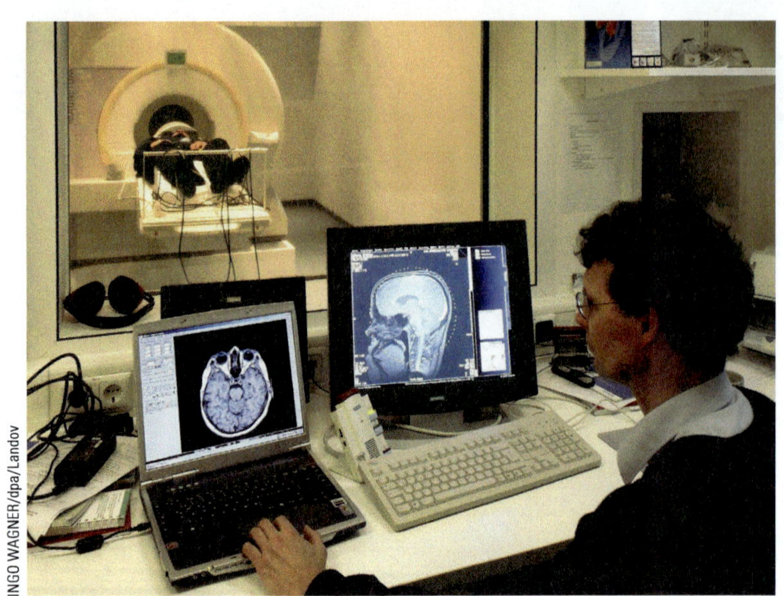

INGO WAGNER/dpa/Landov

● **그림 3.5 자기공명영상의 전형적인 설치.** 연구자나 기술요원이 통제실에서 화면을 보며 작업하고 있으며, 화면에는 환자의 두뇌 영상이 보인다. 이 그림에서 보이는 것처럼 유리창을 통하여 연구자는 MRI 기계의 자기장 밖에 있을 수 있다. 신경 영상 연구에서, 개개인의 두뇌와 몸통은 커다란 원통형 기계 안에 놓이며, 이 원통형 기계 안에는 정자장을 일으키는 자석이 들어있다. 참여자는 일반적으로 특수 안경을 쓰는데, 이를 통해서 참여자는 인지 과제나 정서 과제를 수행하는 데 필요한 자극을 볼 수 있다.

고도로 훌륭한 영상기능을 갖고 있기 때문에 기능적 해부학 영상 기법으로는 단연코 선호되는 기법이다.

최근에 발달한 MRI 해부학 기법들 가운데 **확산텐서영상**(diffusion tensor imaging, DTI)이라는 기법이 있는데 이는 두뇌 구조의 정상성에 대한 정보를 제공할 뿐 아니라, 다른 두뇌 영역 간의 해부학적 연결성에 관한 정보를 제공한다. 이 방법은 물이 신경섬유를 따라 확산할 때, 그 확산의 주축이나 방향 등을 탐지한다. 물의 확산하는 축은 백질섬유다발의 주된 방향 축일 때 최대이며, 확산의 정도는 이들 신경섬유다발의 구조적 건전성(structural integrity)을 나타낸다(Conturo et al., 1999). ● 그림 3.7A는 확산이 주로 좌/우(빨간색으로 표시), 위/아래(파란색), 앞/뒤(녹색) 방향으로 일어나는 두뇌 영역을 보여주고 있다. 예를 들어 뇌량의 경우, 빨간색으로 표시되어 있는데, 이 영역은 두 반구를 연결하는 수초화된 커다란 신경섬유다발로서, 섬유 개개는 좌–우로 이동한다. 예를 들어 이 기법은 다발성 경화와 같은 비수초화 장애의 효과를 검사하는 데 사용되거나(Coombs et al., 2004), 아동기, 청소년기, 또는 초기 또는 후기 성인기의 백질 변화를 조사하거나(McLaughlin et al., 2007), 두뇌 영역 간의 부분, 또는 완전 분리로 나타나는 장애를 알아내는 데(Molko et al., 2002) 사용될 수도 있다.

확산텐서영상 **섬유도**(diffusion tensor imaging tractography)와 같은 기법을 통하여 확산텐서에 대한 정보를 쌓아, 있을 법한(probable) 백질섬유로에 대한 정보가 얻어질 수 있다. 이런 있을 법한 섬유들의 구성은 수많은 가정을 근거로 하는 것인데, 가장 근본적인 가정은 같은 영역의 백질섬유다발은 주변 영역과 유사한 텐서 정보를 지닐 것이라는 가정이다(개관을 위해서 Ciccarelli, Catani, Johansen-Berg, Clark, & Thompson, 2008 참조). 이런 방법을 이용하여 뇌량을 형성하는 백질섬유들을 영상화한 것이 ● 그림 3.7B에 제시되었다.

Biophoto Associates / Photo Researchers, Inc.

(A)

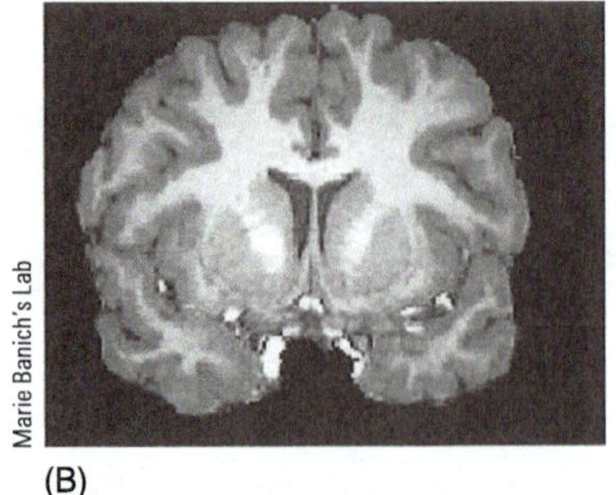

Marie Banich's Lab

(B)

● **그림 3.6 해부학 절편과 자기공명영상에서 얻어진 선명성의 비교.** (A) 해부학적 절편에서 보이는 두뇌의 관상 절편. 측두엽, 실비안 열, 피각, 담창구, 외측 뇌실, 전두엽 등이 보인다. (B) 같은 관상 단면을 MRI로 영상화한 것. MRI가 얼마나 정확하게 해부학적 세부 영역을 나타내고 있는지 주목하시오.

생리적 기능을 평가하는 방법

위에서 논의한 두뇌영상기법들은 두뇌의 해부학적 구조물에 대한 영상을 제공한다. 그러나 이것들은 두뇌의 기능에 대해 말하지는 못한다. 비유를 들자면, 자동차 몸체의 두께를 재는

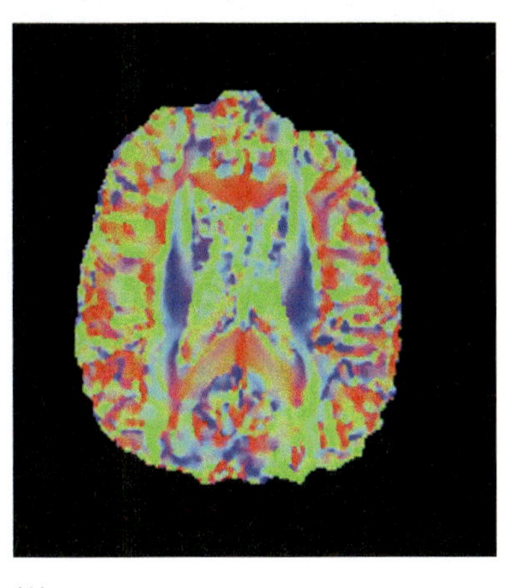

(A)

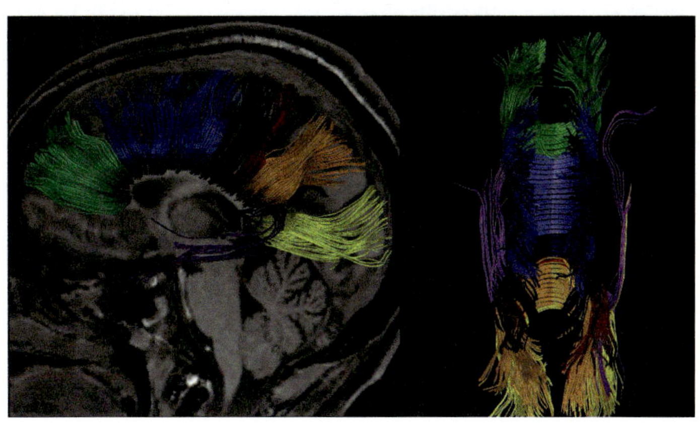

(B)

● **그림 3.7A 확산텐서영상의 예.** 여기에 보이는 영상은 시상 수준에서 두뇌의 수평 절편이다. 좌우로 지나가는 섬유는 빨간색으로, 위아래로 지나가는 섬유들은 파란색으로, 전후측으로 지나는 섬유들은 초록색으로 표시되어 있다. 뇌량의 전측과 후측 부위가 빨간색으로 표시된 것, 시상으로부터의 피질하-피질 연결로는 파란색으로, 그리고 전측과 후측 두뇌 영역을 연결하는 섬유들은 초록색으로 표시되어 있다. 출처: Courtesy of Marie Banich's Lab.

● **그림 3.7B DTI 섬유도의 예.** 뇌량의 DTI 섬유도의 예에서 볼 수 있는 것처럼, 이는 뇌량 섬유들의 이동 경로이다. 뇌량의 전측 부위는 두뇌의 전측에 있는 영역들과 연결되어 있고, 뇌량의 후측 부위는 두뇌의 후측과 연결되어 있다. 섬유들은 어느 부분과 연결되어 있는가에 따라 색으로 부호화되어 있다. 전전두엽(초록색), 전운동영역과 보조운동영역(밝은 파란색), 일차운동영역(진한 파란색), 일차감각영역(빨간색), 두정엽(주황색), 후엽(노란색), 측두엽(연보라색). 안와전두영역은 뇌량 연결이 없는 것과 뇌량의 후측 부분은 고리모양으로 아래로 내려가 측두영역(보라색으로 표시)에 연결되는 것에 주목하라. 출처: Hofer, S. & Frahm, J. (2006) 인간 뇌량의 섬유도 - 확산텐서영상을 이용하여 작성한 전체 섬유도. Neuroimage, 32, Figure 1 A and 1 B, pg. 991.

장치가 있다고 하자. 이 장치는 그 차가 녹에 얼마나 영향을 받을까에 대한 정도 차이를 나타내는 지표로서 차체의 두께를 측정할 수 있을 것이다. 그러나 이런 두께 측정 장치들이 차로서 구조적 온전성(integrity)에 대한 정보를 제공하더라도, 이 장치들은 그 차가 얼마나 잘 달리는가에 관해서는 말하지 못한다. 비슷한 제한점이 해부학적 영상기법에 있다.

여러 가지 이유로, 인지 신경과학자들은 뇌가 어떻게 잘 기능하는가를 알고자 한다. 그러나 차의 경우와 마찬가지로, 기능을 평가하는 데는 여러 가지 방법이 있다. 소모하는 연료의 양, 어떤 중요한 물질의 수준, 전기적 활동의 정도 등이 그런 것이다. 차가 얼마나 연료를 사용하는가를 알고자 하는 것처럼, 우리는 두뇌의 연료, 즉 산소와 혈당이 다른 두뇌 영역에서 얼마나 소비되는가를 알고자 할지도 모른다. 자동차의 냉각기의 부동액의 양을 알고자 하듯이 도파민과 같은 특정 신경전달물질이 두뇌에 얼마나 있는가를 알고자 할 수도 있다. 이와 마찬가지로, 우리 자동차 배터리가 잘 충전된 여부를 알아보는 것처럼, 뇌에서도 이상한 전기적 신호가 발견되는 정도를 측정하거나 두뇌 전체의 전기적 활동의 총합은 얼마인지 기록하고자 할지도 모른다.

이때 차의 전체적인 행동이 아니라 차가 기능하는 기제에 대하여 논의하고 있음을 주목하라. 차가 급커브를 잘 소화해 내는가, 브레이크는 얼마나 빨리 드는가, 경사나 좁은 길을 얼마나 잘 오르는가 등과 같은 수행 정도를 논의하고 있는 것은 아니다. 이와 마찬가지로, 이 절에서 기억하기, 주의 기울이기와 같은 전반적인 과제 수행 정도에 대해서가 아니라 두뇌의 기제를 측정하는 방식에 대해 논의하고자 하는 것이다.

■ 기능두뇌영상법

두뇌를 해부학적으로 영상화할 가능성에 대해서도 혁명적인 변화가 있었을 뿐만 아니라 두뇌의 기능을 측정하는 가능성에 관해서도 그러하였다. 이 절에서는 혈류와 두뇌의 다른 영역에서 사용되는 화학물질의 대사와 관련된 변화를 측정하여 두뇌의 영역이 생리학적으로 활동적인지를 판단하는 방법에 대하여 논의하기로 하겠다. 인지 신경과학자들이 가장 흔히 쓰는 기법은 당연히 **기능자기공명영상**(functional magnetic resonance imaging, fMRI)으로, 이전에 논의한 MRI 기법을 변형시켜 사용하는 기법이다. 또 다른 기법으로는 뇌의 대사 활동을 측정하기 위해 방사성 물질을 사용하는 **양전자방출단층촬영**(positron emission tomography, PET)이 있다. PET은 fMRI보다 좀 더 일찍 개발되어서 지금까지 어떤 특정 유형의 연구에 유용하게 쓰인다.

비록 이들 기능 영상 기법들은 두뇌 손상이 알려졌거나 의심되는 손상이 있는 개인들에게 자주 사용되기는 하지만, 이 기법들은 신경학적으로 손상이 없는 사람들에게도 사용되어 커다란 혜택을 보고 있다. 이 기법들은 연구자들이 신경학적으로 손상이 없는 개인의 두뇌 영역이 어떤 과제에 의해서 활성화되는 정도를 관찰함으로써, 정상 환경하에서 과제를 수행하는 데 그 두뇌 영역이 이바지하는 정도를 직접 관찰할 수 있게 된다. 이 기법은 손상법과 대비되는 방법인데, 손상법에서는 한 두뇌 영역이 과제에 이바지하는 정도에 대한 추론이 기능 장애의 결과로만 가능한 것과는 대조된다. 기능 영상법들은 또한 연구자로 하여금 활성화되는 두뇌 영역을 모두 탐지함으로써, 어떤 인지기능을 수행하는 데 관여하는 두뇌 구조물의 전체 신경망을 관찰할 수 있게 해준다.

양전자방출단층촬영

양전자방출단층촬영(PET)의 가장 큰 장점은 연구자로 하여금 특정 두뇌 영역에서 사용되는 도파민 같은 신경전달물질처럼, 관심이 있는 특수한 화합물(compound)의 양을 측정할 수 있다는 것이다. CAT과 마찬가지로, PET은 고에너지 이온화 방사능을 사용하여 두뇌 기능에 대한 영상을 얻는다. 이때 몸에 방사능을 통과시키는 CAT과 달리, PET은 몸속에 주입된 물질 속에서 방사능이 방출되는 것이다. PET에서는 분자가 방사성 원자를 가지도록 변화되어 혈류 안으로 주입되어 뇌로 전달된다. 이 방사성 분자는 **양전자**(positron)라고 불리는 양적으로 충전된 입자를 방출하고는 비방사성인 안정적인 물질이 된다. 양전자가 전자와 충돌할 때, 두 개의 광자(photon)가 생성되어 정확히 반대 방향으로 이동한다. 높은 대사성 활동의 두뇌 영역은 많은 광전자를 방출하며, 반면 덜 활성화된 두뇌 영역은 소수의 광전자를 방출한다. 탐지기로 얻어진 자료로부터 컴퓨터가 역으로 추적하여 광전자가 소멸하게 된 지점을 계산해 내며, 여러 두뇌 영역에서의 활동을 확인할 수 있다.

두뇌 기능의 영상을 얻는 데 걸리는 시간은 주어진 동이원소(isotope)가 방사성 상태에서 비방사성 상태로 얼마나 빨리 전환되는가[**반감기**(half-life)라고 알려진 기간]와 직접 관련이 있다. PET 영상을 얻는 과정이 ● 그림 3.8A에 제시되었으며, 이런 절차를 통해 얻은 영상은 ● 그림 3.8B에 제시돼 있다.

이와 관련된 기법으로 **컴퓨터단일광자방출촬영**(single photon emission computed tomography, SPECT)이란 기법은 PET과 같은 기법을 훨씬 단순한 방식으로 사용한다. 그러나 이런 경우, 탐지기 환을 사용하기보다는 작은 탐지기 장치를 사용한다. 작은 수의 탐지기가 쓰인다 함은 얻어진 두뇌 영상의 공간해상도나 명료성이 떨어짐을 의미한다. 뿐만 아니라 이 기법과 함께 사용되는 동위원소는 PET에 쓰이는 동위원소보다 소멸하는 데 더 오래 걸린다. 따라서 SPECT는 PET보다 더 오랜 시간 동안에 걸쳐 평균이 구해지기 때문에 두뇌 활동에 대한 영상의 정확성이 떨어진다.

PET은 두 가지 주된 장점이 있다. 첫째는 [어떤 분자가 방사능을 방출하는(양전자 방출) 형태로 만들어질 수 있다는 가정하에서], 연구자들로 하여금 어떻게 두뇌가 특정 분자들을 사용하는가를 조사할 수 있게 하는 것이다. PET은 이런 식으로 신경전달물질의 결합 분포를 조사하여, 정신과적 장애를 연구하는데 유용하게 쓰여 왔다(Gatley et al., 2005). 만일 당신이 도파민 같은 신경전달 물질의 분포에 관심이 있다면, 수용기에 결합하는 방사성 표지가 붙은 물질을 도입할 수 있다(Wong et al., 1986). 이런 기법은 예를 들어 조현병 환자에게서 나타나는 환각이나 망상을 감소시키는 약물이 도파민 D_2와 D_3 수용기에 특정적으로 결합한다는 것을 보여주었다(서로 다른 도파민 수용기에 대해서는 2장을 참조할 것) (Stone, Davis, Leucht, & Pilowsky, 2008).

PET의 두 번째 장점은 두뇌 물질대상의 절대 수준에 대한 정보를 제공한다는 것이다. 신경 활동의 증가는 혈류, 산소 소비, 그리고 혈당 대사의 국소적 변화와 연관되는데 (Sandman, O'Halloran, & Isenhart, 1984), 이 모든 것들이 다 PET으로 측정될 수 있다. PET이 두뇌 국소 혈류(regional cerebral blood flow, rCBF)의 절대적 측정치를 제공할 수 있기 때문에, 한 사람(또는 한 집단에서 얻은)의 rCBF 절대량 측정치를 다음 사람, 또는 다음 집단의 측정치와 직접 비교할 수 있다. 예를 들어 한 과학자가 흡연이 뇌로 가는 산소 공급을 유의미하게 감소시키는가, 감소효과가 나이에 따라 더 증가하는가를 연구하는 데 관심이 있다고 하자. PET를 사용하여, 과학자는 흡연자와 비흡연자의 비교는 물론이고 젊은이와 노인의 rCBF를 직접 비교할 수도 있다. 그리고 연구자는 더 나아가 rCBF의 그런 변화가 인지 과제와 관련이 있는가를 연구하고자 할 수도 있다.

비록 PET이 1990년 초에 인지기능의 신경학적 근거를 연구하기 위해 쓰였기는 했으나(읽을 만한 거리로 Posner & Raichle, 1994 참조), 여러 가지 이유로 fMRI에 의해 그 입지가 좁혀지고 있다. 첫째, CAT과 마찬가지로, PET은 이온화 방사능을 포함하고 있다. 따라서 한 개인이 일 년간 받을 수 있는 촬영 수가 2회에서 5회 사이로 제한되어 있다. 이런 단점은 시간을 두고 여러 번 촬영해서 시간에 따른 변화가 있는지, 예를 들어 뇌 손상이나 훈련, 또는 재활치료에 이어 회복에 따르는 변화가 있는지를 알아야 하는 연구를 하기 어렵게 만든다. 둘째, PET의 시간 해상도, 공간해상도가 기능적 MRI보다 나쁘다. 두뇌 활동의 한 영상을 얻는 데 필요한 소요시간(동위원소의 반감기에 의해 결정되는)이 꽤 오래걸린다. 예를 들어 2-deoxy-2-fluoro-D-glucose는 약 40분 동안에 걸친 평균을 내어 두뇌 활동에 대한 사진을 생성하며, 기능적 MRI가 2초 정도 걸리는 데 비하여, ^{15}O PET은 1분 30초가 걸려 평균을 낸 두뇌 활동 영상을 만들어내게 된다. 추가로 기능적 MRI가 수 mm 단위의 공간 해상도(spatial resolution)를 제공하는 것에 비하여 PET의 공간해상도는 약 5 mm 내외이다.

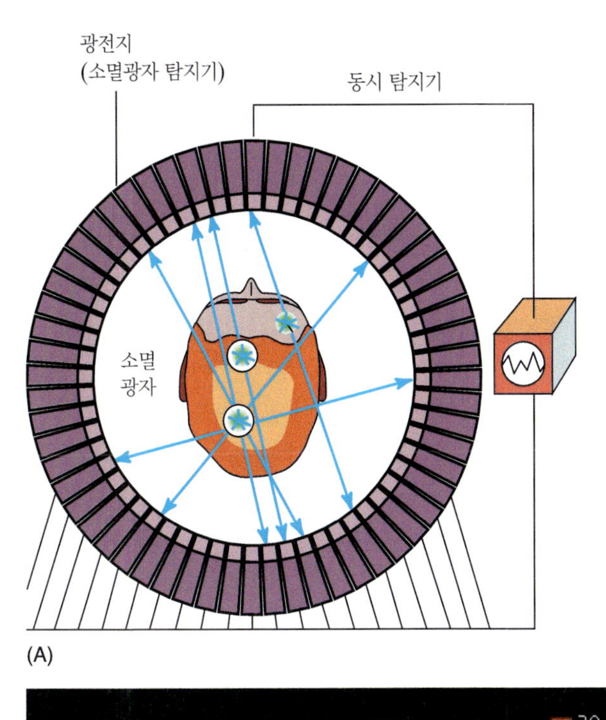

그림 3.8A 어떻게 양전자방출단층촬영(PET)이 뇌의 활동을 측정하는가에 대한 설. 방사성 물질이 혈류를 통해 뇌로 전달된다. 전형적으로 이런 분자들은 생물학적으로 비활동적인 당, 설탕의 방사성 형태이며, ^{18}F가 붙은 방사성 불소가 있는 2-deoxy-2-fluoro-D-glucose나, 방사성 산소 동위원소가 포함된 물($H_2{}^{15}O$) 등을 포함한다. 이런 물질들은 양전자라고 알려진, 정적으로 부하된 이온을 방출하면서 비방사성이 된다. 이 양전자는 분자로부터 떨어져 나와 바로 전자와 충돌하는데, 전자란 동일한 값의 부적 부하가 걸린 입자이다. 이렇게 양전자와 전자는 서로를 소멸시킨다. 아인슈타인에 의해 처음 알게 된 것처럼 이런 물질의 소멸은 에너지를 생성한다. 이 경우 두 개의 빛 광자이며, 소멸 위치로부터 정확히 180도 반대방향으로 이동한다. 180도 떨어져 있는 곳에 두 양전자가 동시 도착하였다는 것이 환자의 두뇌를 둘러싼 광전지 환(a ring of photocells)에 의해 탐지된다. 더 활동적인 두뇌 영역은 많은 수의 광자를 방출하는 반면, 덜 활동적인 영역은 적게 방출한다. 역으로 유추해 보면, 광자의 출처를 측정할 수 있게 된다. © 2011 Cengage Learning

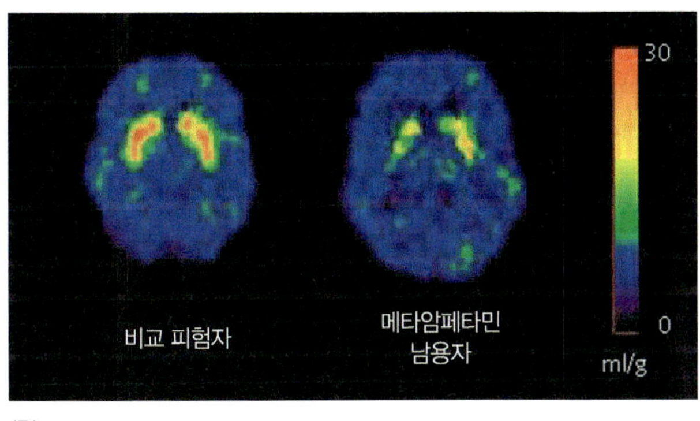

그림 3.8B PET 영상의 예. 이 PET 스캔은 방사성 탄소가 붙어 있는 약품을 사용하여 도파민 세포의 활동을 측정한 연구에서 얻는 영상이다. 낮은 활동은 파란색이나 초록색으로 보이고, 높은 활동은 노란색이나 빨간색으로 나타난다. 메타암페타민 남용자의 뇌의 도파민 활동이 약물 해독 80일 이후에도 약물을 사용하지 않는 정상인보다 여전히 낮음을 주목하라. PET의 장점 중의 하나는 두뇌의 신경전달물질에 대한 통찰을 가능하게 해준다는 것이다. © 2011 Cengage Learning

PET 또는 SPECT로 얻은 데이터를 고해상의 CT 스캔과 융합하는 새로운 기법은 이런 낮은 해상도 문제를 해결하려는 시도이다(Maurer, 2008). PET의 또 다른 단점은 참여자에게 과제시행 동안 내내 주사할 수 있는 방사성 동위원소를 지속해서 계속 생산할 수 있는 장비가 필요하다는 것이다. 이런 절차를 위해서는 **사이클로트론**(cyclotron)이라고 불리는 기계가 필요한데, 이 기계는 매우 비싸고 주로 큰 의료기관에나 설치되어 있는 기계이다. PET이 이런 많은 문제점을 가지고 있기는 하나, 두뇌의 신경전달물질을 검사할 때는 여전히 가장 선호되는 기법이다.

기능자기공명영상

비록 위에서 MRI를 두뇌 해부학 영상을 얻는 기법으로 논의하기는 하였으나, 이 기법을 약간 변화시킨 **기능자기공명영상**(functional magnetic resonance imaging, fMRI)이라고 하는 방법은 두뇌 기능의 다음과 같은 측면을 연구하는 데 사용할 수 있다. 신경 활동의 변화는 예를 들어 두뇌 혈류와 두뇌 산소화와 같은 다른 생리적 기능에 국소적 변화를 수반하기 때문에(Fox, Raichle, Mintum, & Dence, 1988), 이런 변화의 지표들을 이용하여 여러 다른 영역의 두뇌 활동수준을 추론할 수 있다. 지난 10여 년간 BOLD (Blood Oxygen Level Dependent)라는 특별한 fMRI 기법을 사용한 연구들은 말 그대로 폭발적인 증가세를 보였다. 이 방법은 산화된 혈액(oxygenated blood)과 탈산화된 혈액(deoxygenated blood)이 다른 자기 속성을 지닌다는 점을 이용한 것이다(fMRI와 이 주제에 대한 논의를 보려면 Bandettini, 2007 참조). 혈류에 철분이 부족하면 빈혈을 일으킨다는 사실, 그래서 많은 사람, 특히 여성들이 식생활 중에 특히 철분을 충분히 섭취하도록 장려한다는 사실을 상기해 보면 혈액이 자성을 띤다는 것이 놀라울 것도 없을 것이다. 이 장의 앞에서 이미 배웠듯이, MRI는 정자기장을 가한 후에, 이를 교란하여 작용하는 것이다. 중요한 것은 탈산소화된 혈류는 정자기장을 비균등하게 만들어 신호 변화를 탐지하는 것을 어렵게 만드는 반면, 산소화된 혈액은 그런 효과가 없다는 것이다. 어떤 한 두뇌 영역이 활동적일 때, 산소함량이 높은 혈액의 국소적 증가가 일어나는데, 이는 뇌 조직에 의해 추출될 수 있는 산소의 양보다 크다. 그래서 그 영역에선 혈중 산소 비율이 상대적으로 증가하게 되고, 이 상대적 신호증가로부터 두뇌 활성화 영상이 얻어진다(Kwong et al., 1992). 예를 들어 일차시각피질의 신경세포가 빛에 반응하여 발화(fire)한다면 더 많은 산소가 이 영역으로 공급된다. 빛이 없을 때 일차시각피질의 뇌가 덜 활동적이고, 그래서 더 많은 탈산소화 혈액이 존재하게 되는데, 빛이 있을 때는 빛이 없는 상태에 비해서 탈산소화 혈액이 감소되고 따라서 신호가 증가한다. 즉, 연구자는 빛이 없을 때에 비하여 빛이 있을 때 신호가 증가하는 것을 탐지할 수 있게 된다.

이렇게 fMRI는 한 상태에서 다른 상태로 신호의 변화를 탐지하기 때문에, fMRI 기법을 사용할 때는 연구자들은 항상 두 조건을 비교한다. 예를 들어 '빛이 있는 조건'인 관심조건(condition of interest)을 '빛 없는 조건'인 기저조건(baseline)과 비교하게 되는 것이다. 이 책의 나중에 논의하겠지만, 연구자가 특정 기능에 관여하는 두뇌 영역만을 알아내기 위해서는 이 기저조건을 주의해서 선택해야 하는데, 바로 이 기저조건과 비교하여 특정 관심 과제와 연합된 두뇌 활성화를 측정하기 때문이다. 이 기저조건의 선택은 결과해석에 결정적인 역할을 한다. 예를 들어 다른 대상물보다 얼굴 정보처리에만 특수하게 관여하는 영역을 찾아내기를 원한다면, 얼굴을 보는 동안의 두뇌 활성화는 비얼굴 대상물을 보는 동안 두뇌 활성화의 기저선(baseline)과 비교될 필요가 있다. 반면, 만일 연구자가 얼굴을 시각적으로 분석하는 데 관여하는 모든 두뇌 영역을 다 알아내고 싶다면, 얼굴을 보는 동안의 두뇌 활성화를 십자형('+'모양) 응시점과 같은 아주 기본적인 시각 형태를 보는 동안의 두뇌 활성화와 비교하여야 한다.

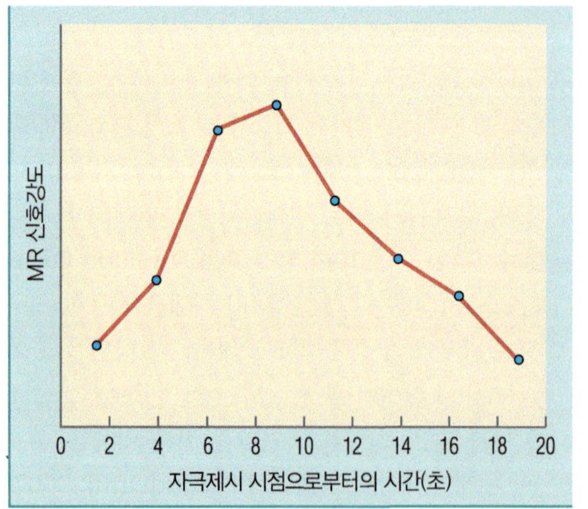

● **그림 3.9 자극의 개시로부터의 시간 경과에 따른 fMRI 신호.** 상대적 산소화의 증가, 즉 MR 신호의 강도의 증가가 잡히기까지 지연(delay)이 있음을 주목하라. 자극 개시(stimulus onset) 2초 후부터 비로소 MR 신호강도(signal intensity)가 증가하기 시작해서 약 8초 후에 정점에 도달하고 약 16초 후 다시 기저 수준으로 돌아가기 때문에 산소화의 증가와 자극 개시 사이에는 시간 간격이 존재한다.

fMRI가 신경반응을 직접 측정할 수 있는 게 아니라, **혈류역학반응**(hemodynamic response)을 지표화하고 있음을 기억해야 한다. 이 혈류역학반응이란 국소 영역 내에서 신경세포의 산소요구 증가에 대하여 혈관계통이 반응하는 지표를 측정하는 것임을 알아야 한다. 이 반응은 느려서, 일반적으로 자극이 제시된 2초 후에 시작되며 6~8초 정도 최고점에 도달하며, 14~16초쯤에 기저 수준으로 떨어진다. 비록 이런 반응이 수십 초에 걸쳐 일어나기는 하지만, 그럼에도 두뇌 신경활동이 일어나는 것에 대한 측정치를 초 단위로 얻을 수 있다(● 그림 3.9). 이런 시간 해상도는 뒤에 논의하게 될 EEG와 같은 다른 기법에 비해 느리다고 할 수 있지만, PET보다 훨씬 빠르다.

이런 수많은 이유로 해서, fMRI는 두뇌-행동 추론을 하는 데 특히 신명나는 기법이다. 첫째, 이 기법은 광범위하게 사용 가능한데, 이런 절차를 가능하게 하는 장비가 갖추어진 임상용 MRI만 있으면, 필요한 영상을 얻어낼 수 있기 때문이다. 둘째, fMRI는 고에너지 방사능이 없는 비침습적인(noninvasive) 기법이기 때문이다. 셋째, 다수의 촬영을 한 사람한테 수행하는 것이 가능하기 때문인데, 이는 PET의 한계와 다른 점 중의 하나이다. 다수 촬영사진을 얻을 수 있으면, 과학자들에게는 학습에 따른 변화 같이 어느 시간에 걸쳐 일어나는 두뇌 변화를 조사하는 것이 가능하며, 임상가들에게는 회복기 동안 또는 치료 처치의 결과로 일어나는 두뇌 변화를 관찰하는 것이 가능해진다. 네 번째로 들 수 있는 fMRI의 장점은 PET의 경우처럼 수 분 동안이 아니라 수 초 동안에 일어나는 두뇌 활동에 대한 측정치를 제공한다는 것이다. 그리고 마지막으로, fMRI로부터 얻어진 촬영 영상의 정확성은 개인에게 있어서 두뇌-행동 관계성을 조사하는 것을 가능하게 하는데, 이는 fMRI를 신경외과 수술과 같은 임상적 처리를 위해 사용하기에 특히 유용한 것이 되게 한다(Matthews, Honey, & Bullmore, 2006).

비록 BOLD 대비를 사용하여 두뇌 활동을 연구하는 것이 널리 쓰이는 방법이기는 하지만, 이 방법에도 단점은 있다. 이 대비란 산소화된 혈류와 탈산소화된 혈류의 상대적 농도에 대한 정보만을 제공하는 것이다. 두뇌로 전달되는 산소 양에 대한 절대적 측정치가 젊은이나 노인 개인마다 다르겠지만 그런 측정치를 얻을 수 없다. 다른 fMRI 방법으로는 **동맥 스핀-표지 기법**(arterial spin-labeling technique)이 있는데, 이 기법은 두뇌 관류에 대한 정보를 제공하며, 개인 간의 비교가 가능하다(Petersen, Zimine, Ho, & Golay, 2006). 그렇지만 이런 정보는 BOLD 신호처럼 빨리 얻어지지 않으며 공간 해상도도 낮다.

MRI는 특정 원자에 맞추어 조율될 수 있기 때문에 이 특성을 **자기공명분광법**(magnetic resonance spectroscopy)이라고 알려진 방법을 이용하여 다른 생물학적으로 활발한 물질의 농도를 조사하는 데 활용할 수 있다(개관을 위해서는 Gujar, Maheshwari, Björkman-Burtscher, & Sundgren, 2005 참조). 이 방법은 두 가지 측면에서 제한점이 있다. 첫째, 이 방법은 두뇌 안의 물질의 위치에 대해서는 아주 대략적인 정보만을 제공한다. 둘째, 이 방법에 따라 물질이 탐지되려면 그 물질이 아주 고농도로 존재해야 한다. 예를 들어 이 방법이 신경전달물질을 탐지하는 데도 쓰일 수 있을지는 아직도 확실하지 않다. 이 방법을 사용하여 조사한 물질 중의 하나로 *N*-아세틸아스파테이트(*N*-acetylaspartate, NAA)라는 물질이 있다. 이 아미노산은 신경계 내에서만 발견되는데, 다른 물질에 결합하지 않고 존재하는 자유 아미노산(즉, 다른 물질과 결합하지 않은 아미노산)으로는 두 번째로 고농도로 존재하는 물질이다. 비록 신경 활동에서 이 물질의 정확한 역할이 무엇인지는 알려지지 않지만, 병리학적 과정이 신경세포에 일어나 신경계가 최적상태가 못 되는 조건하에서 NAA 감소가 관찰되는데, 예를 들어 탈수초성 장애(demyelinating disorder)나, 두뇌의 에너지 대사에 문제가 생겼을 때와 같이 경우이며(De Stefano, Bartolozzi, Guidi, Stromillo, & Federico, 2005), 이 물질의 농도는 인지 과제 수행을 예측할 수도 있다. 이 자기공명분광법은 미래에 고자장 MR 시스템이 흔해졌을 때는 더 중요하게 될지도 모른다. 이 고자장체계에서는 현재의 표준화된 자기장에서보다 저농도의 물질을 탐지하는 능력이 더 향상될 것이다.

■ 전자기장 기록법

지금까지 논의한 방법들은 두뇌의 대사활동을 조사하는 것이다. 그러나 신경세포의 발화로 야기된 두뇌의 전기 활동을 기록하고 싶을 수도 있고, 이런 전기 활동으로 야기된 자기장을 기록하고 싶을 수도 있다. 동물이라면, 우리는 전극을 직접 세포 안에 또는 세포 위에 있게 하고 어떤 자극 유형이 이 세포를 발화시키는가를 연구할 수 있다. 인간에게는 주로 수많은 신경세포의 전기 활동의 총합을 기록하게 된다. 위에서 논의한 두뇌영상기법에 비하여 인간의 전기적 측정[뇌전도(electroencephalography, EEG), 사건-관련 전위(event-related potential, ERP), 그리고 뇌자도(magnetoencephalography, MEG)를 포함해서]은 모두 그 전기적 활동이 두뇌의 어디에서 일어나는지를 밝히는 데는 역 부족이다. 그럼에도 전기적 방법은 두뇌 활동을 밀리 초(millisecond)마다 단위의 정확한 측정치로 제공할 수 있는데, 이는 가장 빠른 fMRI 기법보다도 훨씬 빠르며, 신경과학자들에게는 지금까지 가능한 모든 연구방법 중에서 가장 훌륭한 **시간 해상도**(temporal resolution)를 제공한다.

단일-세포 기록

이 책에서 언급하는 동물을 대상으로 한 여러 연구는 두뇌의 특정 영역에 있는 세포의 전기 반응을 연구한 것이다. 이런 연구들에서는, 전극이 관심 있는 두뇌 영역에 꽂히고 연구자는 노출된 전극 끝과 닿은 세포, 또는 세포들의 전기적 출력을 기록한다(● 그림 3.10). 어느 세포의 기저선 발화율을 일단 설정하고 나면, 연구자들은 그 세포를 기저율을 넘어 최대한으로 발화시키는 자극의 속성이 무엇인지를 발견하고자 하게 된다. 이 기법을 이용해서 여러 가지 문제를 연구해 볼 수 있다. 예를 들어 어떤 세포가 단지 하나의 감각 양상의 입력에만 민감한지 아니면 다중 감각양상에 민감성을 가지는지, 또는 그 세포들이 감각계의 특정 위치에서 들어오는 정보에만 반응하게 되는지, 또는 공간의 광범위한 영역에서 들어오는 정보에만 반응하는지, 그리고 이런 세포의 반응이 그 동물이 그 자극에 주의를 기울이는가의 여부에 따라 변화되는지를 조사할 수 있다.

동물의 단일-세포 기록법을 사용한 연구들은 여러 두뇌 영역의 조직화에 대한 정보를 제공하는 데 엄청나게 유용하다. 예를 들어 이런 연구들은 일차시각피질의 세포들이 막대 모양 빛의 각도, 즉 방위(orientation)에 반응하는 반면, 상위 시각 영역의 세포들은 복잡한 형태에 반응한다거나(Desimone, Albright, Gross, & Bruce, 1984); 전두 영역은 기억 내에 정보를 단기 지연기간 동안 유지하는 데 중요한 역할을 한다는 것(Funahashi, Bruce, & Goldman-Rakic, 1991); 두정 영역은 팔을 특정 공간 영역으로 뻗는데 중요하다는 것(Georgopoulous, Schwartz, & Kettner, 1986)을 증명해왔다. 이런 연구들은 인간 두뇌의 특정 영역이 어떻게 어떤 인지기능을 위해 조직화되었을까 하는 주제에 대한 개념화의 근거를 제공하기 때문에, 해당 연구들을 이 교재를 통하여 적당한 때 논의하게 될 것이다.

인간에게 있어서, 이런 연구 기회는 제한적이다. 그러나 간질 조직 제거를 위한 수술 약 일주일 전 두뇌에 전극을 이식하는 사례나, 수술 동안 간질 활동의 근원지를 잘 구별하고자 두뇌의 표면에 전극을 심는 사례가 있다(● 그림 3.11). 이런 절차는 수술 중 건강한 조직이 제거되는 일 없이 간질 활동의 근원지를 더 정확히 확인하기 위해 사용되는 절차이다. 이 절차들은 과학자에는 어떤 자극 속성이 그 영역 세포 발화를 일으키는지 알 수 있게 하는 기회를 제공한다(Allison, McCarthy, Nobre, Puce, & Belger, 1994; Quian Quiroga, Reddy, Kreiman, Koch, & Fried, 2005).

IN FOCUS: 기능 자기장 연구에 참여하기

fMRI 연구에 참여한다는 것은 어떤 것일까? 저자는 이런 연구에 연구자로도 참여자로서도 참여한 적이 있어서, 이에 대한 두 입장 각각에서 잠깐 설명할 수 있겠다. 실험자로서, 실제 자료를 수집하기 전에 예비실험 참여자로 참여해 보는 것은 연구에 매우 도움이 된다. 이는 모든 것이 문제없이 잘 돌아가는가를 확인하게 해줄 뿐 아니라, 실험 도중 어떤 문제가 있을 수 있는지에 대해 생각할 수 있게 해준다. 이는 1993년 저자와 동료들이 처음으로 fMRI를 사용하는 연구를 수행하려 할 때는 특히 그러했다. 그때는 이 방법이 상대적으로 새로운 것이었고, 다른 사람한테 이 새로운 기법을 사용하는 연구에 참여하라고 부탁하기 이전에 우리 스스로 어떠한지 알아 보고 싶었다. 이렇게 해서 우리는 참여자가 정확히 어떻게 무엇을 경험하게 될 것인지를 알 수 있었다. MRI 통 속은 보통의 신경심리학 실험실 환경과는 전혀 다르기 때문에, 전형적인 신경심리 실험이 자기장(magnet) 안에서 수행되기 위해서 어떤 방식으로 변화되어야 하는지에 대한 통찰을 갖고 싶었다.

그 당시 우리의 첫 연구는 대단히 단순했다. 빨간색과 초록색 사각형으로 이루어진 장기판 무늬 모양이 초당 7회의 빈도로 색 반전을 일으키는 것을 보고 있는 동안 후피질(occipital lobe)에서 혈류가 산화되는 정도의 변화를 탐지할 수 있겠는가 하는 연구였다. 저자는 바로 처음 참여한 사람 중의 한 명이었다. 보니까 그냥 단순하게 자기장 안에 들어가 검사받기 위해 그곳에 앉아 있을 수 있는 게 아니었다. 첫째, 혹시 촬영에 참여해서는 안 될 무슨 특징을 갖고 있지는 않은지를 확인하는 대조표를 꼼꼼히 보아야 했다. 그런 특징이라 함은 혈관 수술 중에 금속성 클립을 남겨둔 적은 없는지, 인공 심박기를 사용하진 않는지, 또는 눈매에 영구적인 문신을 한 것은 아닌지와 같은 것들이다. 그 다음, 주머니 속이나 나 자신에게 자기장에 끌릴 만하거나, 강한 자기장에 영향을 받을 만한 무엇을 지니고 있지 않은 지를 확인해야 했다. 이런 물건들로는 벨트, 장신구, 펜, 신용카드, 시계, 동전, 종이 클립 등과 같은 것이 있다. 이는 주의를 기울여야 할 대단히 중요한 것들로서, 1.5 T 자장의 강도(일반 임상용으로 쓰이는 자장)는 펜 하나 정도는 시속 100마일(역주: 시속 약 160 Km)의 속도로 통 안으로 잡아당길 힘이 있기 때문이다. 이런 일이 생긴다면 펜은 물론이고 MRI 기계가 망가질 게 뻔하기 때문이다. 확실하게 철 성분의 물체를 제거하고 난 후, 실제로 MRI 방 안으로 들어갔다. MRI 촬영은 소음이 대단하므로 귀마개를 해야 했다. 이 시점에서 등을 바닥으로 하고 고자장 기계 밖의 침상에 누웠는데, 그 자장은 커다란 원통 모양으로, 8피트(역주: 약 2 m 44 cm) 높이에 8피트 폭이었으며, *bore*라고 알려진 작은 구멍이 한가운데 있어서 사람이 그곳에 놓인다(사진에서처럼).

fMRI 자료가 얻어지는 동안, 머리를 움직이지 않는 것이 아주 중요하다. 동료들이 내 머리 주변에 베개 같은 것을 놓아두어 머리가 움직이지 않게 하고, 수신 코일을 씌웠는데 이 코일은 무슨 야구선수 포수의 마스크 같이 생겼다. 마지막으로 두 개의 거울이 각도를 유지하고 눈 위쪽에 있도록 자리를 잡고 이를 통해 발치의 스크린을 볼 수 있게 하였는데, 이 스크린에는 시각자극이 투사될 것이었다(오늘날은 자극 제시를 위해 비디오 눈 안경 같은 것이 쓰이는 경향이 있다). 그리고 머리부터 기계 속으로 움직여 쑥 빨려 들어가 최상의 영상을 얻을 수 있도록 머리가 그 자장(마그넷) 한가운데 놓였다. 난 그리 키가 크지 않기 때문에 말 그대로 내가 마그넷, 자장 안으로 빨려 들어간 것 같아서 그 구멍(bore) 밖으로 겨우 발이 나올락 말락한 정도였다.

이 자장 안으로 움직여 들어가 보니 다소 당혹스러웠다. 자장 통의 구멍은 작은 반원형 공간뿐이어서, 팔을 움직일만한 공간도 없었고, 코는 마그넷에 거의 몇 인치도 안 남기고 닿을 듯했다. 당신이 동굴 탐사자라면, 물론 편안하게 느끼겠지만, 조금이라도 폐소 공포증이 있는 사람들에게 있어서 이런 경험은 다소 신경 곤두서는 것일 수도 있다. 내가 자장 안으로 서서히 들어가게 될 때 솔직히 말하면 심장이 두근거리고 불

그 외에도 그 전극을 통하여 작은 양의 전류를 흘릴 수도 있어서 행동에 미치는 효과를 관찰할 수도 있다. 예를 들어 전기자극될 때 말(speech)을 멈추게 하는 영역을 확인함으로써, 연구자는 좌반구에서 언어 처리에 관여하는 영역을 확인했다(Ojemann, 1983). 단일세포의 발화를 인간에게서 연구할 기회는 이렇게 제한적이기 때문에, 연구자들은 오히려 다음에 언급할 방법, 두뇌 전체의 전기 활동을 측정하는 방식을 자주 사용하게 된다.

뇌파검사, 뇌전도

두뇌의 전기적 활동에 관한 기록은 임상적으로 간질이나 수면장애에 수반하는 비정상적인 활동을 탐지하는 데 자주 사용된다. 실험적으로는 졸음이나 각성과 같은 어떤 심리적 상태를 탐지하는 데 쓰이기도 하는데 이는 이런 상태가 특정 형태의 전기 활동과 연관되어 있기 때문이다.

뇌파검사(electroencephalography, EEG)에서 두뇌에 의해 생성되는 전기신호는 전형적으로 두피에 자리한 금속 전극들에 의해 기록되며(● 그림 3.12) 그 신호는 증폭된다. 이런 각각의 **전극**(lead라고도 불림)은 그 자체가 기록 위치나 채널로 작용한다. 전극의 숫자는 20여 개에서부터 고밀도 배열 기록 체계(high-density array recording system)는 100여 개 까지 될 수도 있다. 부가적으로 한 개의 전극이 유양돌기(mastoid bone: 귀 뒤에 있음)와 같이 전기적으로 비활성적인 위치에 부착되어 이 전극은 참조전극으로서 작용하는 기준을 제공하는 되는데 다른 개개 전극의 활동이 이 기준과 비교된다. 고밀도 배열에서는 한 전극의 활동이 그 전극을 제외한 모든 다른 전극의 활동에 대하여 평균이 계산된다. 피부 위에 단순하게 위치한 전극은 부적절한 참조전극이 될 것인데, 왜냐하면 피부는 전기 신호에 의해 수축이 유도되는 근육을 덮고 있기 때문이다. 안구 운동을 두뇌 활동으로 오인하는

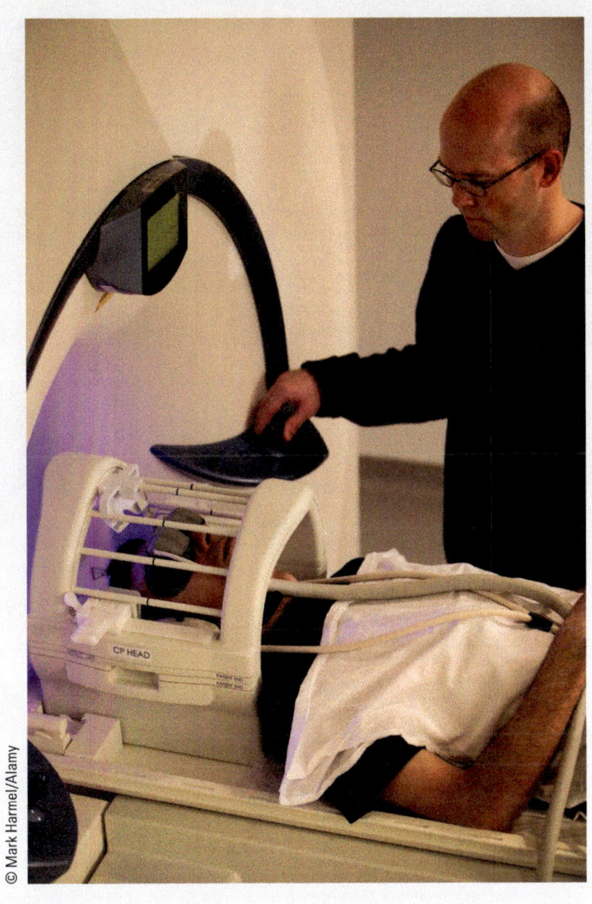

© Mark Harmel/Alamy

생각하려고 스스로 노력했다. 이렇게 생각을 좇다 보니 어느 순간 기계 안이 이완하기에 나쁘지 않음을 느끼게 되었다.

일단 내 발치의 스크린이 보기에 가장 좋은 위치에 놓이고 나서야 실제 연구가 시작되었다. MRI는 측정하고자 하는 대상 주변에 균일한 정자장을 형성하여 작동한다. 몸과 머리가 자장 통 안에 있어 자기장을 교란하므로, 한 사람의 머리와 몸통의 특수성을 고려하여 기계가 조절되어야 그 기계가 받는 신호가 매번 최적의 것이 될 수 있다. 이런 조절이 이루어지고 있는 동안 기계는 낮고 깊은 퉁퉁 소리 같은 잡음, 마치 쇠로 된 말이 경기장을 천천히 구보하는 것 같은 소리를 내었다. 그 조절 절차 후에, 내 두뇌의 해부학적 영상 촬영이 이루어졌다. 이 때쯤, 동료들은 조정실과 마그넷 사이의 인터컴을 통해, 내가 정말로 뇌를 가지고 있다!고 친절하게도 알려주었다.

우리는 시각정보 처리에 관심이 있었기 때문에, 그 기계는 일차시각영역이 위치하는 내 두뇌의 조거구(calcarine fissure)를 지나는 절편을 취하는 촬영을 하도록 프로그램되어 있었다. 각 촬영기간 동안 처음에는 눈을 감고 있어야 했는데, 이는 시각 입력이 없을 때의 후피질의 활동 수준의 기저선을 제공하도록 고안된 과제이다. 그런 다음 체스판 모양의 자극이 번쩍여서, 이런 시작 자극에 대한 내 시각피질의 반응이 측정될 수 있게 하였다. 기저조건과 통제조건과의 비교는 fMRI 실험방안의 특징이 된다. 기계에 의해 생기는 소음도 약간 달라졌는데 조금 전보다 더 작은 스타카토가 되었다. 그 뒤에야 고해상도의 128 절편의 두뇌 영상이 획득되어 컴퓨터화된 3차원 영상으로 전체 두뇌가 재구성될 수 있게 되었다. 우리가 시작한 지 약 한 시간쯤 지나서 내 동료들이 인터컴을 통해 내게 다 끝났다고 말하고, 나를 자장 통에서 밀어 꺼내 주고 방에서 내보내 주었다. 비록 자장 통이 나의 긴장을 완화해 주긴 했지만, 밖으로 나오게 되어 좋았고, 다리를 풀고 비로소 평소에 듣던 소음을 들을 수 있게 되었다.

안정하게 느꼈던 것을 인정한다. 그렇지만 난 동료들과 수다를 떨면서, 자장 통에 갇힌 것이 아니라 침대에 편안하게 들어가 안전하게 있다고

출처: MTB

것을 피하고자, 연구자들은 주로 전극 하나를 안구 근육(eye muscle) 근처에 부착하여 안구 운동이 일어나는 시점 동안 발생하는 전기 신호를 사후 분석에서 버릴 수 있게 한다.

두피 위의 전극에서 기록된 **전기 전위**(electrical potential)는 비슷한 방향으로 정렬된 뉴런 수상돌기의 시냅스 후 전기장(postsynaptic electrical field)들의 총화 또는 중첩된 신호이다. 두피에서 파형으로 기록되는 전위는 특정 전압(크기의 측정)과 특정 주파수를 가지고 있으며, 이는 전위가 특정 주파수로 진동(Hertz로 측정, 초당 반복주기)함을 의미한다. EEG 신호는 주파수와 형태가 사람의 상태에 따라 변화한다. 사람이 잠을 잘 때는 1에서 4 Hz 주기의 **델타 활동**(delta activity)의 느린 주파수가 주가 된다. 반면 사람이 눈을 감고 이완하고 있을 때는 느린 주파수, 즉 **알파 활동**(alpha activity)이라고 알려진 9 내지 12 Hz가 주로 나타난다. 사람이 깨어있을 때는 EEG가 수많은 주파수의 혼합으로 나타나면서, **베타 활동**(beta activity)이라고 알려진 상대적으로 빠른(15 Hz) 주파수가 주로 우세하다. 최근에 연구자들은 신경세포들의 집단 간에 30~100 Hz 영역대의 주파수인 동조적 진동(synchronous oscillations)이 존재한다고 보고 있다. 이는 **감마 활동**(gamma activity)이라고 알려진 것으로 지각과 주의, 특히 어떤 사물의 대안 관점(alternative view) 대한 의식적 지각(Jensen, Kaiser, & Lachaux, 2007)에 매우 중요한 것 같다(● 그림 3.13A).

임상적으로, EEG는 간질을 탐지할 수 있는데, 간질은 두뇌의 전기적 폭풍으로 개념화될 수 있다. 신경 세포들은 정상적으로 동시성을 가지고 발화하여, 바로 위에서 논의한 알파, 베타, 델타파를 일으킨다. 그러나 간질에선 동시적 발화를 하기보다는 신경세포가 대량으로 동시에 무선적으로 발화한다(일종의 burst, 또는 스파이크). 이 결과는 EEG 기록에서 보이는 발화의 진폭(amplitude) 증가로 나타난다(● 그림

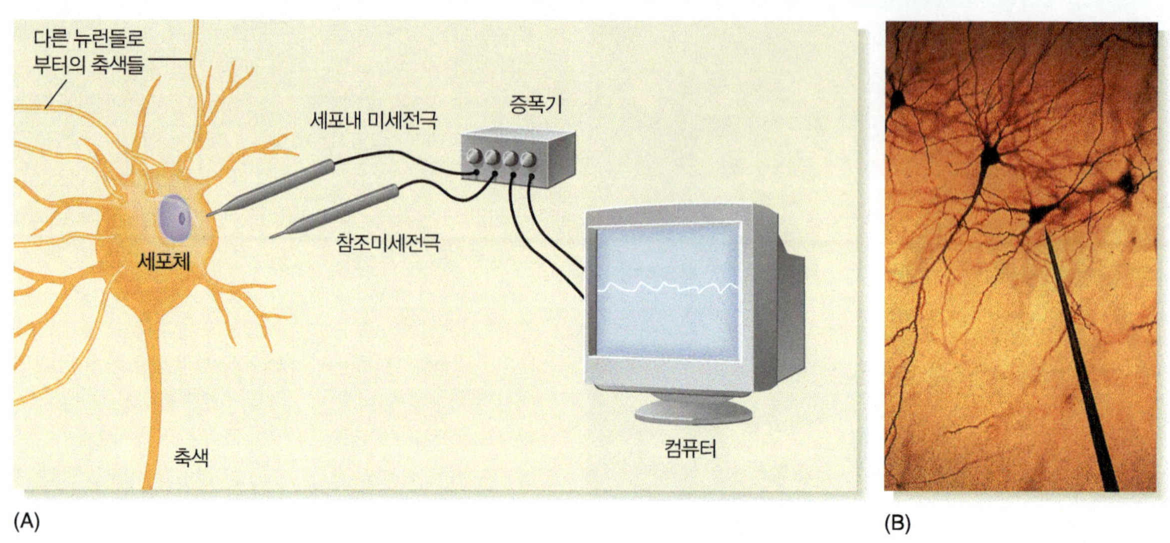

● **그림 3.10 단일 세포 기록.** (A) 왼쪽에 보이는 그림은 어떻게 단일 세포로부터 정보가 기록되는가를 보여주는 도식이다. 맨 끝만 빼고 다 절연된 전극의 끝이 세포에 놓이고, 절연된 다른 전극의 끝은 세포 밖에 놓여 참조전극(reference)으로 쓰인다. 이 정보는 증폭기로 보내지고, 그 활동이 컴퓨터 모니터로 출력되어, 전기적 활동의 시간 경과 동안의 변화를 보여줄 수 있다. (B) 전극의 끝이 세포체에 근접해 있는 것을 보여주는 사진. 출처: Courtesy of David Hunter Hubel, Department of Neurobiology, Harvard Medical School.

3.13B). 이런 환자가 항경련성 약물로 치료받으면, EEG는 다시 스파이크 활동의 감소로 나타난다.

EEG는 실험적 질문을 연구하는 데 사용될 수 있다. 알파파는 어떤 사람이 긴장을 풀고 쉬고 있음을 나타내며, 알파 활동의 부재나 억제는 종종 두뇌 활성화 정도의 지표로 사용되기도 한다. **알파 억제**(alpha suppression)의 정도는 두뇌가 서로 다른 상태하에서 얼마나 활동적인가를 보기 위해 조사되기도 한다. 정서를 다루는 장(13장)에서 개인이 우울할 때 좌측 전두 영역보다 우측 전두 영역에서 더 큰 알파 억제를 보임을 논의하였다. 이런 발견들은 우울증이 좌측 전두 영역보다 우측 전두 영역에서 더 큰 활성화를 수반한다는 것을 시사한다.

사건관련 전위

EEG가 두뇌 활동을 연속 측정치를 제공하는 반면, **사건 관련 전위**(event-related potential, ERP)는 특정 사건(specific event)을 참조로 하여 기록된다(● 그림 3.14). ERP는 자극의 제시와 같은 특정 사건의 발생과 같은, 사건 관련 두뇌 활동을 기록한다. 이게 ERP의 가장 큰 장점으로, ERP는 두뇌에서 정보처리 과정이 일어난 '언제'에 대한 감을 제공한다. 두뇌 안에서 수상돌기들이 같은 방향으로 정렬되어 있으면 이들의 공통 발화가 이런 사건 직후 **쌍극자**(dipole)를 생성하게 되는데, 이 쌍극자란 상대적 양극과 상대적 음극을 가지는 양 끝에서 전류(electrical current)가 나타나는 작은 영역을 말한다(여기서 쌍극자는 두-극, 체계이다). 두피 위에 놓인 전극은 이런 쌍극자를 탐지할 수 있다.

© SIU BIOMed/Custom Medical Stock Photo

● **그림 3.11 간질 환자의 두뇌 표면에 직접 위치된 전극배열의 예.**

자극의 개시로부터 시간이 지남에 따라, 활성화된 신경세포의 집단들, 그래서 쌍극자들의 위치가 변화한다. 그러면 두피에서 기록되는 파형(waveform)도 변화한다. 그 파형은 **요소**(component)들로 나누어질 수 있는데, 이 요소들은 파형의 특징적 부분으로서, 주의와 기억과 같은 어떤 심리적 처리 과정들과 연관된다. ERP 요소들은 주로 두 부분으로 명칭을 주는데, 글자와 아래 첨자 수(예를 들어 P_{300})로 이루어진다. 글자는 언제나 *P*나 *N*이며 이는 전기 신호파형의 굴곡이 양극인가 음극인가를 의미한다. 수는 자극 제시 후에 평균적으로 몇 (ms)에 그 트정 요소가 나타나는가를 나타낸다[때로 이 숫자는 자극 제시가 있었던 후에 몇 백 (ms)가 지났는가를 나타내기도 하는데, 이 경우 P_{300}는 P_3로 언급될 수 있다].

요소들은 종종 두 개의 범주, 외인성과 내인성 요소로 나뉜다. **외인성 요소**(exogenous component)는 자극의 물리적 속성들과 관련되어 있으며, 파형의 초기에 나타난다. 이 요소들은 외부 자극으로 유발되기 때문에, 이 요소들은 종종 유발 전위(evoked potential)라고 불린다. 반면, **내인성 요소**(endogenous component)는 자극의 속성과는 독립적인, 내적 인지 상태에 의해 나타나는 것 같다. 이 요소들은 주로 파형의 뒷부분에 나타나게 된다. 이렇게 서로 다른 요소들을 가진 정형적인 파형의 예가 ● 그림 3.15에 제시되었다.

다음은 중요한 요소들의 주된 분류를 시간상으로 일찍 나타나는 순서로 논의하여 보기로 하자. 가장 이른 요소는 자극의 개시로부터 100 ms 내에 일어나는데, 감각 정보 처리와 연관되어 있다. 이런 속성은 감각 수용기로부터 두뇌에 이르는 신경 섬유 통로의 건전성(integrity)을 평가하는 데 유용하게 쓰인다. 예를 들어 정보가 귀의 와우관에서 피질로 전달될 때, 신경세포의 시냅스가 있는 위치는 차례로 열거하자면, 연수 수준의 와우핵(상 올리브핵), 하소구와 시상의 내측 슬상핵, 그리고 두뇌의 일차청각영역인 헤슬회(Heschl's gyrus)가 있다. 정보는 이들 연결점에 도달하는 데 시간이 걸리며, 도달할 때 특정 파형 요소가 생긴다. 그래서 이런 초기 요소들 가운데 비정상성이 나타나면 이는 감각 수용기에서 피질로의 정보 흐름의 특정 연결점 가운데 하나에 문제가 생겼다고 볼 수 있게 된다.

자극의 제시 후 약 100 ms에 나타나는 요소들은 P_{100}과 N_{100}을 포함한다. 이 점에서, ERP들은 더는 단지 감각 정보에 의해서만 일어나는 것이 아니라 주의에 의해서도 조절될 수도 있다. P_{100} 요소는 자극 제시 후 80 ms와 140 ms 사이에 관찰되는 양극성 굴절(deflection)이지만, N_{100}은 청각 자극 후 약 100 m 정도, 시각 자극 제시 후 160 ms 에서 200 ms 후에 관찰되는 음극성 굴절이다. 과학자들은 주의가 이런 요소들에 미치는 효과를 관찰할 수 있다고 본다. 참여자에게 주의를 공간상 한 위치에만 주고 다른 위치에는 기울이지 말라고 요구한 다음, 자극을 그 위치에 제시하면, 동일 자극을 다른 위치에 제시할 때에 비하여 P_{100} 와 N_{100}의 크기가 증가하는 것을 볼 수 있다(Mangun & Hilyard, 1990). 이 두 경우 모두 자극이 같았음에도 그런 현상을 보인다. 이는 피험자가 그 위치에 주의를 기울이고 있었는가에 따라 달라지는 현상이다.

N_{200}은 자극 제시 후 200 ms 정도에 나타나는 음성 굴절로 이 요소는 **불일치 음성 파형**(mismatch negativity)이라고 알려진 것이다. 주된 맥락에 제시되는 항목과 물리적으로 벗어난 항목이 제시될 때 나타나는 것이다. 예를 들어 어떤 사람이 일련의 톤을 듣고 있는데, 대부분 음고가 낮은 톤에서 어쩌다 고음의 톤이 제시되면 이때 N_{200}이 나타난다. N_{100}과 달리 이 효과는 개인이 그 특이한 자극이 나타나는 위치에 주의를 기울이건 말건 나타난다(Näatanen, Gaillard, & Mantysalo, 1978).

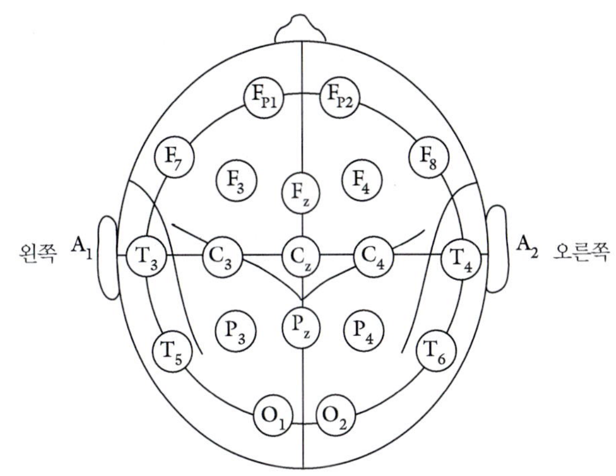

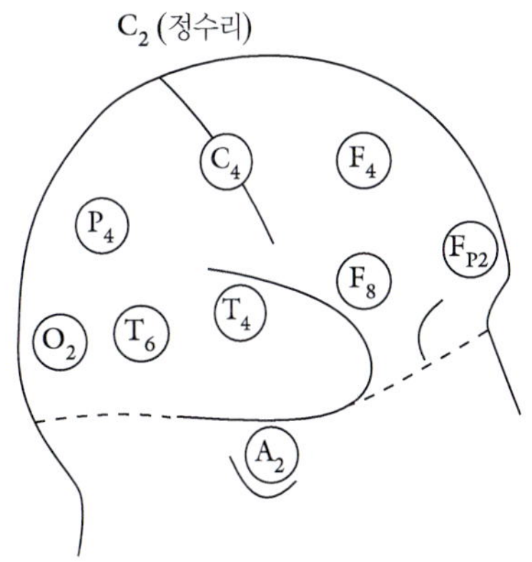

● **그림 3.12 20 전극 체계 뇌전도 기록의 표준 전극 위치.** 좌반구에 놓인 전극의 위치는 홀수로, 우반구에 있는 전극의 위치는 짝수로 표시되며, 중앙선 위의 전극 위치는 z로 표시된다. 대문자 글씨는 전극의 위치에 대한 약자: A, 귓바퀴(auricle); C, 중앙(central); F, 전두(frontal); Fp, 전두극(frontal pole); O, 후두(occipital); P, 두정(parietal); T, 측두(temporal). © 2011 Cengage Learning

가장 연구가 많이 된 요소 중의 하나는 P_{300}인데, 이는 자극 제시 후 300 ms 경 발견되는 양성 파형이다. 비록 연구자들 간에 P_{300}가 측정하는 것이 정확히 무엇인가 하는 것에 대해서는 의견의 불일치가 있으나, 사람이 계속 들어오는 정보까지 포함하고자 환경에 대한 현재 모델을 끊임없이 변경할 때와 나타나는 것으로, 주의와 기억의 최신화(updating)와 관련된 듯 보인다(Donchin & Coles, 1988). P_{300}를 일으키는 가장 고전적인 상황은 소위 **오드볼 패러다임**(oddball paradigm)이라고 불리는 실험 절차이다. 이 절차에서 참여자는 연속적인 간격으로 일련의 음을 듣게 되는데 대부분은 한 음고(예를 들어 '삡')이고 소수 음은 다른 음고(예를 들어 '뚜')이다. 커다란 P_{300}는 일반적으로 그 참여자가 '삡' 소리와 같은 정규적인 항목보다, 특이한 항목(oddball)에 주의를 기울여야 할 때 나타난다. 전형적으로 P_{300}는 그 특이한 항목에 주의를 기울이고 있음이 틀림없고, 이 특이한 항목이 현재 기억 내

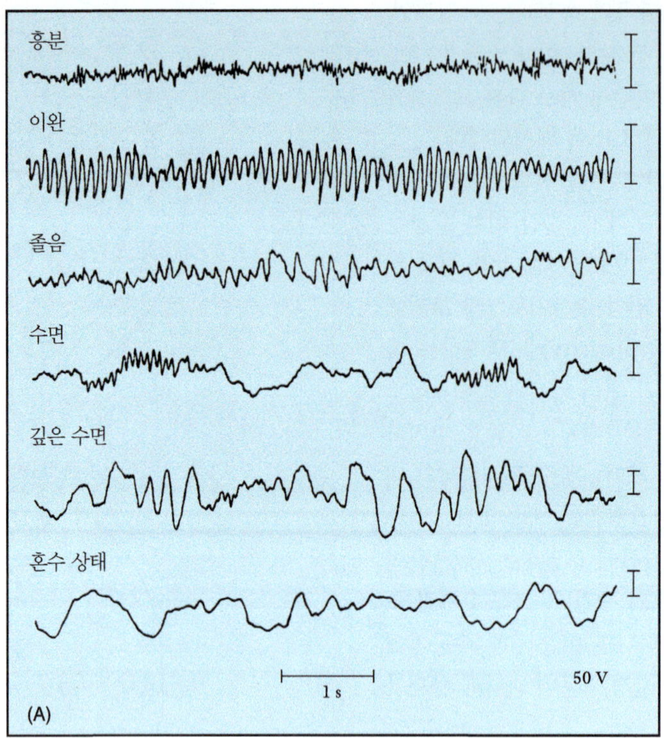

● **그림 3.13A EEG 기록의 예.** 여러 정신 상태 동안의 EEG 활동의 특성. 예를 들어 이완 상태에 있을 때 관찰되는 주기적 활동에 주목하시오. © 2011 Cengage Learning

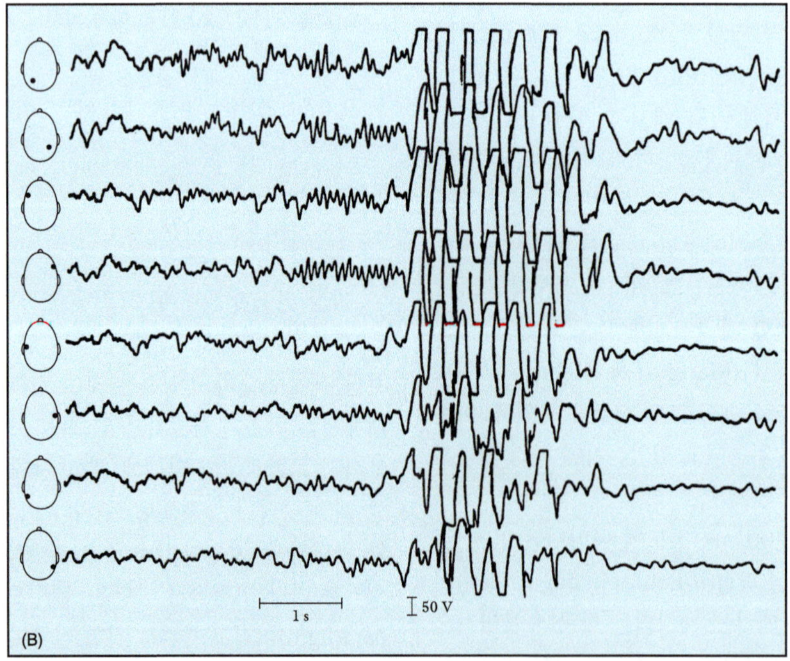

● **그림 3.13B** 간질의 활동에 수반되는 '스파이크' 활동의 예에서 EEG 전압의 분명한 증가가 눈에 뜨인다. 이 경우 간질은 두뇌의 여러 부위에서 동시에 일어나며, 이는 모든 전극에 걸쳐 고전압 활동이 나타나는 것으로서 볼 수 있게 된다. 각 기록 선(line of recording)에 대한 전극의 위치는 좌측 머리 도식 위에 점으로 표시되어 있다. 간질 활동 동안의 사각형 파는 기록 장치의 한계에 의한 인위적 신호일 뿐이며, 이는 간질과 관련된 전압의 강도를 적절하게 기록할 수 없어서이다. 더 전형적인 간질 활동은 아래에서 세 번째 기록에서 보이며, 이 경우 사각형 파가 덜 두드러진다. © 2011 Cengage Learning

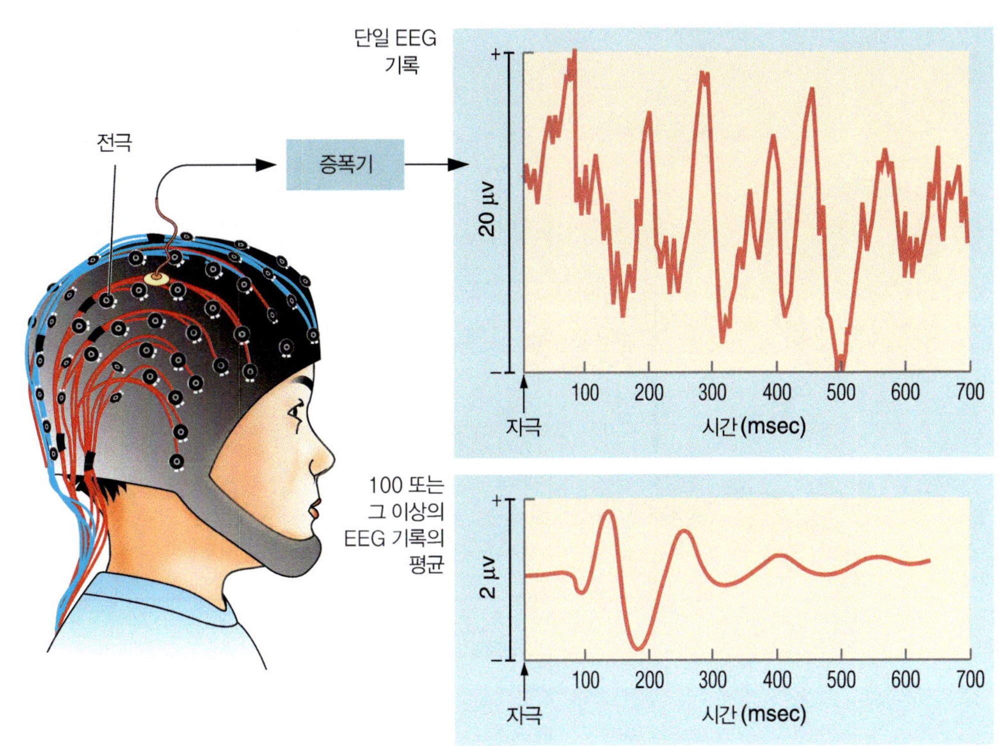

3.14 사건 관련 기록법. 매 순간순간의 뇌파(위)는 두피 위에서 기록되어서 증폭기(amplifier)로 보내진다. 위 그림에서 보듯이 전압(y축에 표시)은 시간(x축에 표시)에 따라 변화한다. 사건 관련 전위(아래)를 얻기 위하여, 특정 사건, 예를 들어 자극 개시 시점 직후부터 시작해서 어떤 정해진 시간(예, 700 msec) 동안 전기 신호가 기록된다. 이는 종종 '시간-잠금(time-locked)'이라고 불리는데 시간의 특정 시점과 고정되어(잠겨) 기록이 이루어지기 때문이다. 이런 수많은 시점 동안의 신호들이 평균되어야 하는데, 이는 계속되는 EEG 안에서 ERP 신호가 탐지되기에는 너무 작은 신호이기 때문이다. 마침내 ERP 파형이 얻어지면, 이는 두뇌에서의 1초 이내에 또는 특정 사건 후의 일관된 반응을 측정하며, 이 경우는 자극 제시가 그 사건이 되는 셈이다.

에 유지되고 있는 정보와 두드러지게 다를 때 유발된다(기억의 최신화가 필수적일 때).

P_{300}는 물리적 특이성이 탐지될 때 나타나는 불일치 음성 파형(mismatch negativity)과 두 가지 점에서 다르다. 첫째, P_{300}는 소리 없음(silence)처럼 감각 자극 없음에 의해서도 유발될 수 있다. 예를 들어 만일 음이 들려야 할 때 일련의 음이 생략되어 소리가 들리지 않으면, 바로 그 소리가 없어서 P_{300}가 생길 수 있는데 이는 기억이 이제 다시 최신화(update)되어야 하기 때문이다. 그뿐만 아니라, 불일치 음성 파형은 그 항목에 주의를 기울이든 안 기울이든 상관없이 상대적으로 자동적으로 나타나는 듯 하나 P_{300}가 나타나기 위해서는 반드시 그 순간 그 자극의 정보처리에 관여하고 있어야 한다. 이런 속성 때문에, 어떤 사람이 그 자극의 정보처리에 얼마나 주의를 기울이고 있는지에 대한 정도의 지표로 이 요소가 사용되어 왔다(Kramer, Wickens, & Donchin, 1985).

심리적 정보 처리와 관련된 또 다른 후기 요소(late component)는 N_{400}이다. 이 음성 파형은 자극 제시 후 약 400 ms 정도에 나타나며 사람이 어의적 비정상성(semantic anomaly)을 탐지할 때 발생한다. 예를 들어 만일 당신의 ERP가 이 시점에 기록된다면, N_{400}는 아마도 다음 같은 문장의 마지막 단어가 읽힐 때 관찰될 것이다. "집을 서둘러 나가면서, 패티가 물건들을 챙기는데 그녀의 재킷, 야구 장갑, 모자, 소프트 볼, 그리고 마천루(skyscraper)였다". 반면 똑같은 문장이라도 '야구 방망이'라는 단어로 끝난다면 N_{400}는 나타나지 않는다. N_{400}의 진폭은 그 문장의 이전 맥락에 비해 단어가 일탈한 정도가 크면 증가한다. 예를 들어, "문밖으로 달려가면서, 패티는 물건들을 집어 들었는데 재킷과 그녀의 야구 장갑, 모자, 소프트 볼, 그리고 전기스탠드(lamp)였다."에서 당신의 N_{400}는 첫 번째 문장보다 줄어들었을지도 모른다. '**전기스탠드**'라는 단어가 '**마천루**'라는 단어보다 덜 일탈하였기 때문이다(즉, 패티는 실제로 전기스탠드를 들었을 수도 있지만, 마천루를 집어 들 수는 없다). 그럼에도 두 번째 문장에 의해서도 N_{400}는 여전히 유발되는데 이는 당신이 패티가 가구 따위가 아니라 소프트 볼의 다른 도구들을 집어들리라 기대할 것이기 때문이다(Kutus & Hillyard, 1980).

요소들과 이 요소들이 관련된 심리적 정보처리 과정에 대한 개관은 표 3.2에 제시되었다(ERP와 관련된 심리적 요소에 대한 보다 상세한 개관은 Rugg& Cole.,1995 참조).

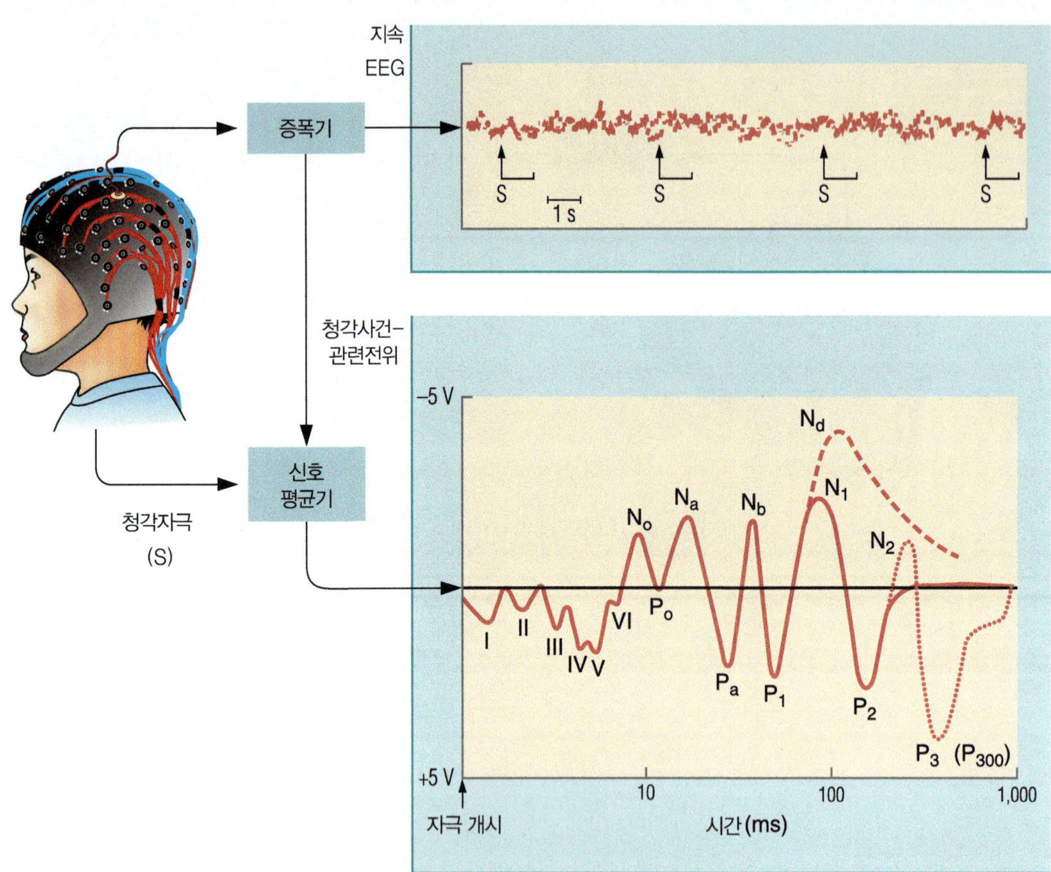

● **그림 3.15 사건관련 전위 요소.** 계속되는 뇌전도(위)는 두피에서 측정되고 증폭기를 통과한다. 매번 자극이 일어날 때마다(연속되는 EEG에 S로 표시됨), 그때의 전기 신호가 정해진 일정 기간(예, 1초)에 측정된다. 이런 모든 시간대마다의 모든 신호를 평균 낸다. 청각 자극으로 야기된 그 ERP 결과는 아래에 제시되어 있는데, (N_0, P_0, N_a, P_a, N_b) (외인성) 반응을 뇌간에서(파 I~VI)의 신호들과 초기 요소들(자극제시 후 100 ms 이내)로부터 구별하는 것을 가능할 수 있게 시간 축을 로그 방식으로 그려놓았다. 이들 초기 요소들은(자극 제시 100 ms 이후) 인지적 처리 과정과 관련되는 경향이 있는 후기(P_1, N_1, P_2, N_2, P_3) (내인성) 요소에 비해서 자극의 감각적 특성에 대한 뇌 반응을 나타낸다.

ERP는 두뇌에서 정보처리가 일어나는 시간 과정에 대한 정보를 제공하는 데 대단히 유용하다. 예를 들어 주의는 자극 제시 후 적어도 150 ms 정도면 이미 과제 관련 자료에 대한 정보처리 향상 역할을 한다는 것을 알게 되었다. 그러나 이 기법도 문제가 있다. 두피에서의 두뇌 활동의 양상은 우리에게 이러한 양상을 발생하게 하는 두뇌의 쌍극자, 또는 쌍극자의 위치를 확실하게 말해주지 못한다. 두피 위에서 측정되는 어떤 활동 양상이던 수학적으로는 두뇌 내부의 다양한 발전기들, 또는 일련의 발전기 세트에 의해 생성될 수 있는데, 이것이 바로 **역 문제**(inverse problem)라고 알려진 난점이다. 이런 이유로 해서 연구자들은 더욱 정확하게 두뇌 내부의 신경 발전기, 또는 발전기들의 위치를 정확히 밝히는 데 도움이 되도록 가정들을 단순화시킨 두뇌의 컴퓨터 모델을 사용하는데 초점을 맞추어왔다(Scherg, 1992). 요소의 근원(source)에 대한 쌍극자 모델의 예가 ● 그림 3.16에 제시되었다. 고밀도 기록 장치, 종종 128개 전극까지 올라갈 수 있는 이런 고밀도 기록 체계에 의해 추가로 제공되는 정보들은 이런 모델화 과정에 도움이 된다(Potts, Liotti, Tucker, & Posner, 1996).

또 다른 접근법으로 소위 **시간-주파수 분석**(time-frequency analysis)이 있는데 이것은 ERP와 EEG에서 사용되는 접근법의 어떤 측면들을 조합한 것이다. ERP처럼 시간에 걸쳐 일어나는 활동을 특정 사건에 고정하여 분석한다. 그러나 모든 활동 신호를 합계 내기보다는 각각의 다른 EEG 주파수들의 활동 강도를 계산한다. 어떤 인지 처리 과정이나 집단 간의 차이가 활동 수준의 절대적 수준보다, 뉴런이 발화하는 주파수의 변화로 더 잘 설명되는 것 같다. 예를 들면 ● 그림 3.17에서처럼, 주의를 요구하는 어떤 과제를 수행하는 동안 배외측 전전두 피질의 한 영역에서의 활동을 시간-주파수 도표로 표시한 것을 볼 수 있다. 자극 제시 200 ms 이후쯤, 활동의 주파수대의 대략적인 변화가 있음을 알 수 있다. 이 시점

표 3.2 사건 관련 요소와 관련된 심리적 정보처리과정과 기본 요소

ERP 요소	시간 대(ms)*	유발 조건	연합된 정신적 과정
감각 요소	0 ~ 100	감각 정보의 수용 후	감각 정보를 말초로부터 피질로 전달
N_{100} ~ P_{100}	100 ~ 300	참여자가 감각 자료가 제시되는 자극 연속의 특정 부위에 주의를 기울일 때	선택적 주의
Mismatch negativity (N_{200})	200 ~ 300	한 자극이 최근에 제시되었던 자극들에 비해 물리적 속성이 다를 때, 그 일탈 항목에 제시되는 자극 연속에 주의를 기울이고 있었는가의 여부에 영향 받지 않음	물리적 속성의 차이/변화/이탈의 탐지
P_{300}	300 ~ 800	개인이 두개의 사건 중에 더 드물게 일어나는 사건에 주의를 기울이고 있을 때, 그 드문 자극이 감각 자극의 부재를 의미할 때(조용함)일 지라도 그러함	맥락 최신화 기억
N_{400}	400 ~ 600	항목의 기대되는 것으로부터 의미 측면에서 벗어나 있을 때	어의 일탈을 감지

*제시 후 시간을 나타냄

전에는 대부분의 활동이 알파(8~12 Hz) 대역에서 일어나고 있었다. 그러나 이 시점 이후부터 이런 활동 억제되는데, 이는 앞에서 배운 것처럼 개인이 노력을 필요로 하는 활동에 관여하고 있음을 나타내는 지표이다.

뇌자도

두뇌 활동을 나타내기 위해 두피의 전기 전위차(electrical potential)를 기록하기보다, 관련된 방법으로 MEG라고 알려진 **뇌자도**(magnetoencephalography)라는 방법이 있는데, 이 방법은 두뇌 활동으로 야기되는 자기 전위(magnetic potential)를 기록을 하는 방법이다. ERP를 논의할 때 정렬된 수상돌기 영역에서의 동시적 활동(synchronous activity)이 쌍극자(diploe)를, 즉 한쪽 끝은 상대적으로 음 전하가, 다른 한 쪽은 양 전하가 걸린 쌍극자를 형성함을 논의하였음을 기억하라. 물리학을 배웠다면, 그렇게 차별적인 전위의 주변에 자기장이 존재한다는 것을 알고 있을 것이며, 이는 ● 그림 3.18A에서 보여주고 있다. 이 자기장은 쌍극자의 위치를 알아내는 데 사용될 수 있는데 이는 ● 그림 3.18B에서 보이듯이, 자기장 강도가 극도로 높은 지점들 사이의 한 중간지점에 쌍극자가 놓이기 때문이다. 비록 초기에는 한두 개의 센서로 이루어진 체계였지만 현대의 체계는 200개가 넘는 센서의 집합으로 이루어져 있다. ● 그림 3.19에서 보듯이, MEG 자료를 수집하는 장비는 대단히 거대한데, 주로 **초전도 양자 추론 장치**(superconducting quantum interference device, SQUID)라고 불리는 대단히 낮은 온도에서만 초전도 속성을 띠게 되는 센서들 때문이다. 그래서 이 장치는 Kelvin 4도나 그 이하 온도 정도의 물질인 액체 헬륨이라는 물질을 담고 있는 커다란 실린더로 싸여 있어야 한다.

자기장을 측정하는 것은 전위를 측정하는 것에 비하여 장점도 있고, 단점도 있다. 뇌에서 생성되는 전류가 뇌조직, 뇌척수액, 두개골과 두피에서 각각 다른 정도로 전달되는 것과 달리, 자기장은 조직 내의 이런 다양성에 영향받지 않는다. 더

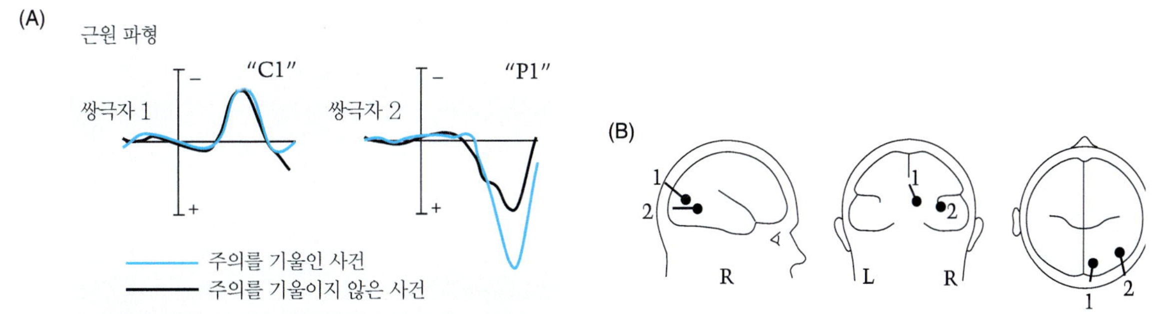

● **그림 3.16 쌍극자 모델 절차에 관한 결과.** 이런 실험에서, 참여자에게 (원형의 판 모양의) 단순한 시각 자극을 보여주면서, 공간의 좌측에 대한 정보에 주의를 기울이라고 지시를 한다. (A) 파란 선으로 나타낸 것은 주의를 기울인 항목에 대한 반응이며, 검은 선으로 나타낸 것은 주의를 기울이지 않은 항목에 대한 반응을 나타낸다. 쌍극자 1은 C1 파형의 근원을 모형화(모델)하는 것이다. 그 항목에 주의를 기울이거나 않거나 이 파형의 진폭이 변화하지 않음을 주목하라. 쌍극자 2는 P1 파형의 근원지를 모형화하는데, 감각 처리 과정에 대한 주의적 조절을 나타내고 있으며, 이는 주의를 기울이지 않은 정보보다는 주의를 기울인 정보에 대해 나타나는 반응이 더 크다는 것을 알 수 있었다. (B) 이 두 쌍극자의 위치를 외측에서, 관상 단면에서, 수평 단면 측면에서 각각 보여주고 있다. 쌍자극 1은 두뇌의 중심선 근처이며, 조거구 근처에 있어 일차시각피질내의 위치와 일치한다. 쌍극자 2는 보다 외측에 있으며, 이는 이차 시각처리영역의 위치와 일치한다.

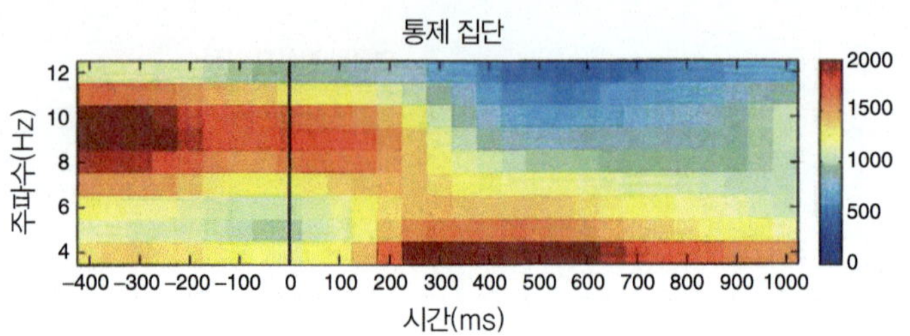

● **그림 3.17 시간-주파수 분석 plot.** 주의를 요구하는 과제에서 자극 제시(시간 0에 막대로 표시)에 시간-고정 양식으로 두뇌 활동을 시간-주파수 분석 도로 표현한 것이 나타나 있다. 시간은 x축에 전기적 활동의 주파수(Hz)는 y축에 그려져 있다. 색은 특정 시간에 나타난 특정 주파수대의 활동, 파워(power)를 표상한다. 우측 막대에 표시한 것은 파란색은 가장 낮은 활동 수준, 빨간색은 가장 높은 활동 수준을 나타낸 것이다. 이 그림에서 자극 제시 200 ms 정도 후에 알파(8~12 Hz) 대역의 활동에서 멀어지는 광범위한 변화가 있음을 알 수 있다. 출처: Heller와 Miller lab의 도움

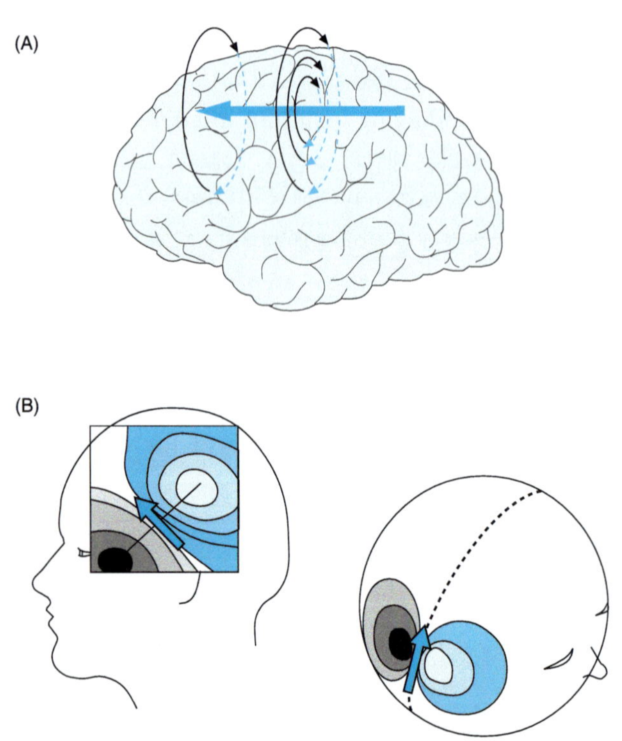

● **그림 3.18 전기적 쌍극자와 자기장과의 관계.** (A) 쌍극자 주변에 발생하는 자기장의 방향. 여기에 실선과 점선으로 나타낸 자기장은 쌍극자 주변에서 시계방향으로 발하며, 여기서는 화살표로 표현하였다. 이 때 화살표 머리는 쌍극자의 양극을 표상한다. 물리학에서 이는 '오른손 법칙'이라고 알려져 있는데, 쌍극자를 표상하고자 오른손의 엄지손가락을 밖으로 뻗었을 때, 엄지손가락은 양극을 가리키며, 나머지 감긴 손가락은 쌍극자 주변의 자기장을 나타낸다. (B) 어떻게 전기적 쌍극자의 위치를 자기장의 분포로부터 추론하는가. 전기적 쌍극자는 자기신호 두 극단값의 중간에 위치한다. 바로 전기 신호에 양극과 음극이 있는 것처럼, 자기장도 신호가 있다. 음극은 여기서 검은색으로 양극은 회청색으로 나타냈다. 이 그림에서 자기장의 강도는 색의 강도로 나타내었다. 자기장의 강도가 전기적 쌍극자에 가까워질수록 급격히 떨어지고 있음을 주목하라.

나아가, 자기장의 강도는 체계적인 방식으로 근원에서부터 떨어지는데(거리의 제곱), 그래서 머리 밖에서 측정되는 자기장의 강도는 뇌 안에 그 근원이 얼마나 깊이 위치할 것인가에 대한 정보를 제공하는 데 도움이 된다. 그렇지만 뇌 안에서 전기적 활동에 의해 생성되는 자기장의 크기가 매우 미미하므로—50~500 femtoTesla (fT)인 정도로, fT는 지구 자장의 크기의 10억분의 일 정도의 크기이다—MEG 장치는 특별히 자기적으로 차폐된 방안에 놓여야 한다. 이런 방은 주로 알루미늄(비자기성 금속인)으로 이루어져 있어서 지구의 자기장뿐 아니라 마이크로파나, 모든 건물에 다 있는 전류에 의해 나오는 방사와 같은 다른 전자기 방사, 그리고 태양으로부터 생성된 자기장에 대해서도 차폐해야 한다. MEG의 또 다른 단점은 그림 3.18을 보면 알 수 있다. 이 방식은 표면에 방사상인 방향으로 축을 가지고 있는 세포의 활동을 탐지하지 못한다. 왜냐하면 이런 세포의 활동으로부터의 자기장은 센서에 기록되는 것이 가능한 방식으로 뇌에서 '나타나지(emerge)' 않기 때문이다.

MEG의 가장 일반적인 두 가지 임상적인 용도는 (1) 간질 활동의 근원지를 찾는 것과 (2) 일차감각피질을 찾아내어 신경 외과적 수술 동안 다치지 않도록 예방하는 것이다(Tovar-Spinoza, Ochi, Rutka, Go, & Otsubo, 2008). MEG는 EEG나 PET이나 fMRI 같은 두뇌영상기법 어느 것으로도 간질 활동의 근원지나 일차감각피질의 위치를 확정적으로 파악하지 못하는 사례에 특별히 유용하다.

연구에서는, MEG가 신경학적으로 정상인 개인들로부터 언어, 대상 재인, 공간 처리 등과 같은 여러 가지 인지 처리 과정을 이해하는 데 사용된다(어떻게 MEG가 작용하고, 인지 신경과학에 어떻게 적용되는지에 대한 논의로는 Ioannides, 2007 참조). MEG는 조현병 같은 정신과적 장애에 관여하는 신경생리학을 더 잘 이해하기 위해서도 사용된다. 예를 들어 M100와 같은 MEG 파장의 한 특정 요소는 자극 제시 후 150 ms 정도 유지되는 청각 자극에 관한 생생한(raw) 지각 기억을 나타낸다고 생각된다(Lu, Williamson, & Kaufman, 1992). 이 요소는 망상적 조현병이 있는 사람들에게서는 헤슬회(이 자리는 1장에서 배운 것을 기억해 보면 일차청각피질의 위치이다)의 비전형적인 위치에서 생성되는 것 같다(Reite et al., 1994, 1997). 이런 발견들은 망상적 조현병을 가진 사람들이 초기 감각 정보를 적절하게 필터하는 데 어려움이 있다는 이론을 지지하게 된다(Boutros et al., 1999; Freeman, Waldo, bickford-Wimer, & Nagamoto, 1991, 14장 참조).

● **그림 3.19 뇌자도(Magnetoencephalography).** (A) MEG를 기록하는 데 필요한 장비. Helium dewer의 헬멧 모양의 밑 부분에 있어 자기 신호를 탐지하는 SQUID들의 위치를 보여주고 있으며, 이는 피험자의 머리에 가능한 한 가까이 놓인다. (B) MEG를 이용해서 청각 음에 대한 반응을 기록하는 과정. © 2010 Cengage Learning

(A) MEG 절차를 받고 있는 피험자

SQUID 배열

(B) 청각소리에 대한 반응의 MEG 분석

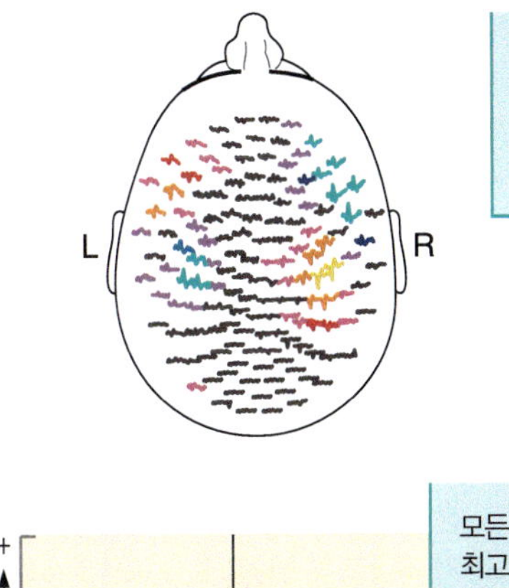

143개 SQUID 배열에 의해 기록된 자기장의 변화 (머리 위에서 본)

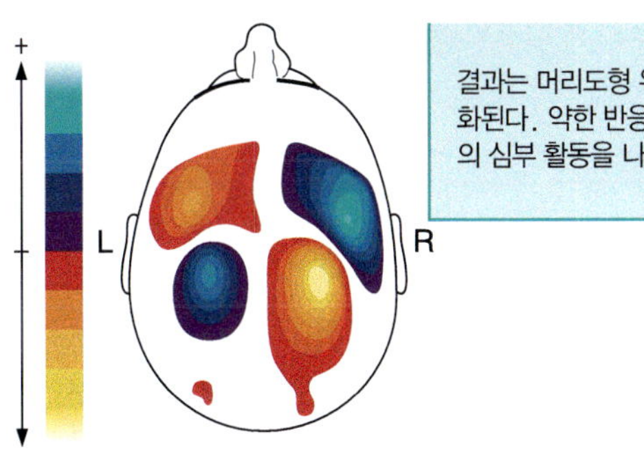

결과는 머리도형 위에 지도화된다. 약한 반응은 두뇌의 심부 활동을 나타낸다.

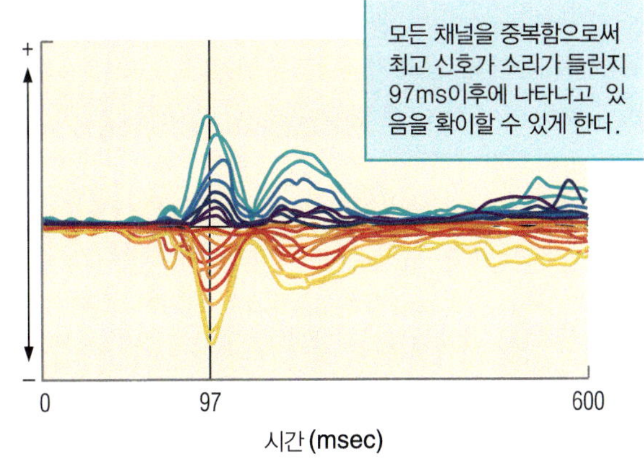

모든 채널을 중복함으로써 최고 신호가 소리가 들린지 97ms이후에 나타나고 있음을 확이할 수 있게 한다.

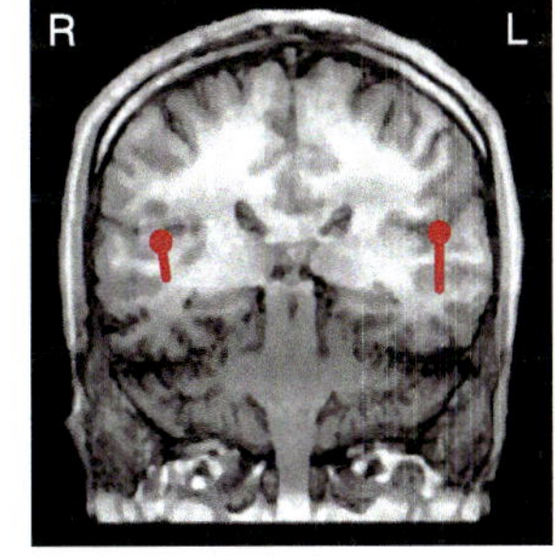

MRI 영상 위에 중첩되어 표시된 결과 (머리 앞에서 본 모습)

■ 광기록법

요즘은 신경 활동의 시간 코스는 물론 그 활동의 근원지에 대한 정보를 동시에 얻을 수 있는 능력을 인지 신경과학자들에게 제공하는 기법이 존재한다. 이 방법은 **광 영상**(optical imaging)이라고 불리는 것으로, 근적외선 빛(near-infrared)의 레이저 출처(source)가 두피에 부착된다. 광섬유다발로 구성된 탐지기들은 그 빛 출처로부터 몇 센티미터 떨어진 곳에 놓이게 된다. 이 탐지기들은 빛이 두뇌 조직을 통과하면서, 빛의 경로가 어떻게 변화하는지를 감지한다(● 그림 3.20).

이 기법들은 두 유형의 정보를 제공할 수 있다. 첫째, 이 기법은 빛의 흡수를 측정함으로써, fMRI에서 BOLD 신호에 의해 얻어지는 것과 유사한 정보를 제공한다. 이 신호는 느린 신호(slow signal)로 알려져 있는데, 이는 그 시간 경과가 수 초에 이르기 때문에 붙여진 이름이다. 이때의 수 초라 함은 신경 활동이 시작되고 1.5초 뒤에 그 신호가 시작하고 신경 활동이 정지한지 수 초 후에 그 신호가 끝나는 것을 말한다. 이는 fMRI의 BOLD에서 얻어진 정보처럼, 과제 수행에 관여하는 영역으로의 혈류 증가를 반영하는 것으로 생각된다. 그러나 BOLD가 산화 헤모글로빈과 탈산화 헤모글로빈의 비에 대한 정보만을 제공할 수 있는 것과 달리, 빛이 이들 물질에 흡수되는 정도가 각각 달리 결정될 수 있기 때문에, 광기록법은 이 둘을 분리해서 측정할 수 있다. 둘째, 이 방법은 빛의 산란을 측정할 수 있는데, 이 빛의 산란은 신경활동과 연합된 신경세포와 교세포의 부기(swelling)와 같은 물리적 특성과 관련되어 있다. 이 정보는 **빠른 신호**(fast signal)라고 부르는데 이는 신경 활동과 동시 발생적으로 일어나기 때문이다(Andrew & MacVicar, 1994).

새로운 방법으로, **사건 관련 광 신호**(event-related optical signal), 즉 EROS는 ERP가 자극에 대해 시간 고정된 전기 반응을 측정하는 것처럼, 사건과 결합된 정보를 기록하기 위해 이 빠른 신호를 이용한다는 장점이 있다. EROS 방식은 밀리초 수준의 시간 정보를 제공하면서 밀리미터 내로 활동의 근원지에 대한 정보를 제공한다(보통 매 20 ms 정도마다 기록이 이루어짐). 이 방법은 시각피질의 서로 다른 영역들에서 나타나는 반응들의 시간 정보를 제공해왔는데, 이 정보들은 ERP 연구에서 얻어진 것과 일치하며, 이 기법은 또한 기억과 주의 과정의 연구에도 사용되고 있다(이 방법이 어떻게 사용되는가, 인간의 인지를 연구하기 위한 이 방법의 타당성과 적용 등을 위해서는 Gratton & Fabiani, 2001 참조). 예를 들어 EROS는 최근에 언어에 관여하는 두뇌의 전측 영역과 후측 영역 사이의 빠른 상호작용 연구에 사용되었다(Tse et al., 2007). 그러나 이 방법은 주된 제한점이 하나 있다. 즉 피질하 영역에 대한 정보를 얻을 수 없다는 것인데, 이는 두뇌 심부의 구조로 갔다 되돌아오는 과정에 너무 많은 빛이 흡수되기 때문이다.

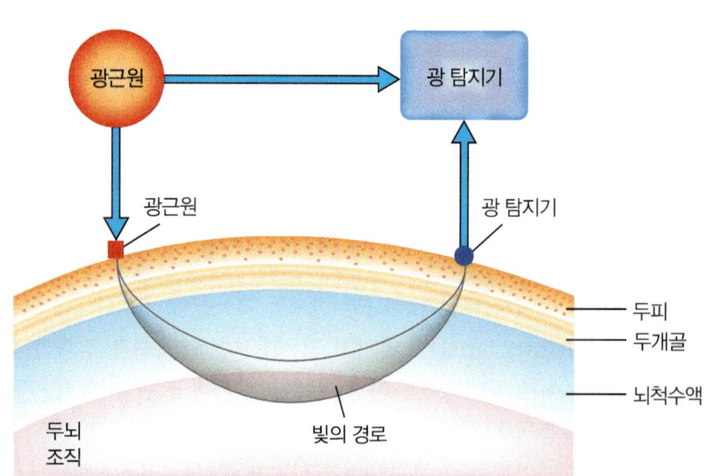

● **그림 3.20. 광 영상의 원리들.** 머리의 표면에 광원이 근적외선 빛을 방출하면 이 빛이 두개골을 통과해 두뇌로 이동한다. 그 빛은 두뇌를 통과해 표면에 다시 나타나고, 여기서 탐지된다. 그 빛이 두뇌를 통과할 때의 경로는 두뇌의 형태를 포함한 여러 요인에 따라 달라질 수 있다. 그래서 가능한 일련의 경로가 여기에 활꼴의 회색으로 표현되었다. 광신호는 얼마나 많은 빛이 흡수되는가를 결정하기 위해 분석되는데, 광신호의 흡수는 신호 강도의 감소를 일으킨다. 또는 광신호의 빛이 얼마나 그 이상적인 경로에서 분산되는가 하는 정도도 분석되는데, 광신호의 분산은 센서에 도달 지연을 일으킨다. © 2011 Cengage Learning

두뇌 활동을 조절하기 위한 기법

인지 신경과학에서 사용된 방법론 중에 더 극적인 유형의 방법들은 신경과적으로 정상인 개인들의 두뇌 활동을 실제로 조절 또는 변화시킨다. 이런 접근법의 가장 좋은 예가 **경두개 자기 자극법**(transcranial magnetic stimulation), 즉 TMS일 것이다. TMS는 MEG와 반대로 작용하는 것으로 개념화할 수 있다. MEG가 두뇌의 전기 활동으로 유도된 자기장을 측정하는 반면, TMS에는 두피 위의 자기장 펄스가 전기장을 유도해서, 이것이 다시 그 두피 아래에 있는 두뇌 조직의 활동 양상을 변화시키게 되는 것이다. 이 자기장은 하나의 코일이나 일련의 코일들에 의해 생성되는 것으로 두피 위에 있게 된다. TMS 설치의 한 예가 ● 그림 3.21에 소개되어 있다.

이렇게 유도된 전기장은 신경세포의 막 전위를 변화시켜 이 신경세포들이 동시에 탈분극되게 하며, 이 탈분극은 그 신경세포들이 발화할 가능성을 변화시키게 된다. 일단 그 펄스 자기장이 계속되지 않으면, 신경세포는 그 이전 상태로 돌아간다. 비록 TMS가 '역전 가능한(reversible)' 손상을 일으키는 것으로 언급되고 마치 신경 활동을 차단하는 것을 시사하는 것 같지만, 실제로는 신경 활동이 뒤죽박죽되는 것으로 이해하는 것이 맞다. 왜냐하면, TMS로 신경세포들이 일관성 있는 방식이 아니라 무선적인 방식으로 발화하기 때문이다.

주로 두 종류의 TMS가 있는데, **단일 펄스 TMS** (single-pulse TMS)는 과제 수행 중에 어느 한 정확한 시간에 자극화가 전달되는 것이고, 다른 하나는 **반복 TMS**(repetitive TMS)를 의미하는 rTMS로 수십, 수백, 또는 수천 밀리 초 동안 다수의 펄스를 제시하는 것으로 심지어는 50 Hz의 주파수까지 올려 제시하기도 한다. 비록 TMS가 근육 운동을 일으키는 것처럼 실제로 두뇌 활동을 촉진할 수 있기도 하지만, 이 방법은 또한 두뇌 활동을 방해하는 데 쓰이기도 한다. 예를 들어 정상적으로 말을 하는 사람이 브로카 영역 위에 제시된 TMS를 받게 되면, 갑자기 말을 못하게 된다(Pascual-Leone, Gates & Dhuna, 1991)! TMS가 두뇌 활동을 방해할 수도 향상할 수도 있다는 증명을 하기 위해서 TMS 자극을 일차시각피질 위에 제시하면, 펄스 연쇄의 속성에 따라 이 자극이 일시적 암점(시야의 맹점)을 일으킬 수도 있고, 시야에 점이 번쩍이며 빛이 보이게도 할 수 있다(이런 방법의 더 최근의 개관을 위해서는 Hallett, 2007 참조).

여기에 TMS의 주된 장점 가운데 하나는 TMS로 손상법으로 얻어진 발견을 확인하고, 어느 두뇌영역이 특정 정신 기능에 결정적으로 중

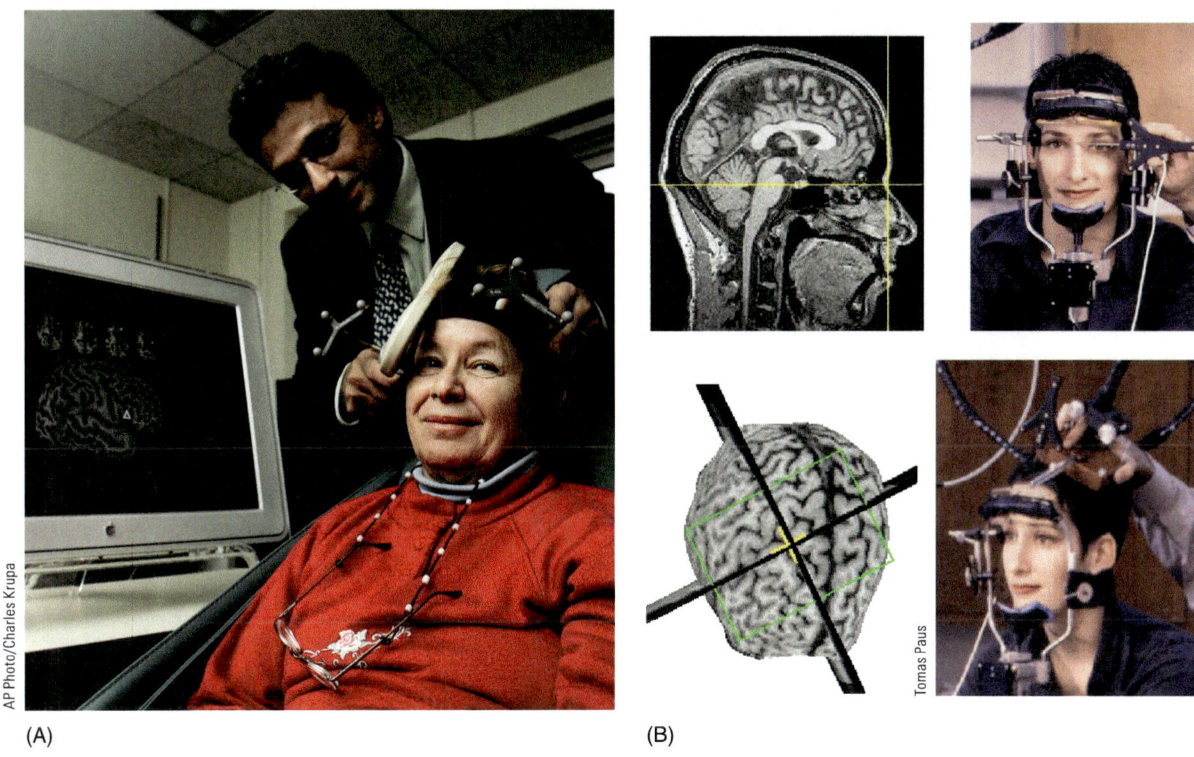

● **그림 3.21 경두개 자기 자극(TMS)은 현재 진행되는 두뇌 활동을 변화시키는 데 사용할 수 있다.** (A) 좌측에, 실험자가 참여자의 머리에 코일의 위치를 잡고 있다. (B) 일반적으로 구조 MRI 스캔(좌측 상)을 사용하여 참여자 머리의 특정 위치점을 잡고, 이를 위치 참조점으로 쓰게 된다. 사람의 머리를 정위장치(stereotaxic)(우측 상) 내에서 이 참조점에 따라 자리를 잡게 한다. 다음은 TMS가 제시될 지점을 두뇌 해부 영상(좌측 하)에서 확인한 다음, 코일을 정위장치(우측 하) 내의 좌표에 위치하게 한다. © 2009 Cengage Learning

요하다는 것을 시사하는 데 사용될 수도 있다는 것이다. 만일 두뇌의 한 영역이 어떤 특정 정신 기능에 중요하다면 그 영역에 TMS를 적용함으로 그 기능을 방해하여야 한다. 예를 들어 PET과 fMRI 연구들은 일차시각피질이 마음의 눈으로 사물에 대해 마음속으로 그림을 그릴 때 활성화됨을 시사하여 왔다(Kosslyn, Thompson, Kim, & Alpert, 1995). 그러나 일차시각피질은 정신적 영상에 결정적으로 중요한 역할을 하지 않을지도 모른다. 어쩌면 보다 전측의 시각 영역이 시각 영상을 만드는 데 필요한 것이고, 이들 영역으로부터 일차시각피질로 투사한 결과, 일차시각피질이 활성화된 것 일 수도 있다. 이런 모호함을 해결하기 위하여, 연구자들은 TMS를 일차시각피질 위에 가져다 적용하여 이것이 정말로 시각적 심상에 결함을 일으킴을 증명하였는데, 이는 이 영역이 시각 심상에 필수적으로 관여하고 있음을 의미한다(Kosslyn et al., 1999).

이 방법은 많은 질문에 대한 답에 도움이 될 수 있기에, 또 잠재적 임상적 적용 가능성 때문에 많은 연구자의 관심을 일으켰다. TMS는 학습이나 감각 박탈의 결과로 두뇌에서 어떻게 재조직화가 일어나게 할 수 있는지에 대한 통찰을 제공할 수 있다(Siebner & Rothwell, 2003 참조). 정상인들의 일차시각피질에 TMS를 적용하는 것은 그 사람들의 점자 읽기 능력을 간섭하지 않는다. 물론 점자 읽기가 두뇌의 촉각 영역에 집중적으로 의존하기 때문에 이 결과를 예측했을지도 모른다. 그렇지만 TMS를 시각 장애인의 시각피질에 적용하였을 때는 실제로 점자 읽기가 방해되었다(Cohen et al., 1997)! 이런 발견들은 감각 박탈과 점자 노출의 결과로 시각 장애인의 시각피질이 시각정보 처리로부터 비시각정보 처리 기능을 담당하는 것으로 재조직화되었음을 시사하는 것이다.

TMS는 행동이 특정 두뇌 영역에 결정적으로 의존하는가, 두뇌 영역 간의 상호작용으로부터 야기되는가의 여부에 대한 중요한 정보를 제공한다. 예를 들어 우반구 손상 후에 전형적으로 편측무시(hemineglect; 1장에서 소개되었다)가 일어나며, 환자가 공간의 좌측에 대한 정보를 무시하게 한다. 만일 공간의 좌측에 주의를 기울이는 것이, 온전한 우반구에 전적으로 의존한 기능이었다면, 일단 우반구가 손상된 후에 환자는 결코 좌측으로 주의를 돌리지 못해야 할 것이다. 놀랍게도 TMS를 이 환자의 좌반구에 적용하면 무시 증세의 심각성이 감소된다(Oliveri et al., 2001). 이런 발견들은 편측무시가 우반구의 기능 장애로부터 야기된 것이 아니라, 두 반구 간의 활성화의 불균형으로부터 야기되었음을 시사한다. 만일 좌반구의 활동 수준이 TMS로 감소된다면, 두 반구의 활성화 수준이 더 비슷해지고, 편측무시는 감소된다. 두뇌 영역 간의 상호 연결성이나 기능적 연결성은 오늘날 인지 신경과학의 미해결 질문들의 근원이기에, TMS는 아마도 인간 두뇌의 조직화에 대한 이해를 증진시키는 데 중요한 역할을 하게 될 것이다.

TMS는 치료 목적으로도 사용될 수 있다. 예를 들어 좌반구 전두영역에 고주파 rTMS를 연달아 적용하면, 이 영역의 우울과 관련이 있는 활동 감소가 다시 재설정될 수도 있다(George et al., 1997; 보다 더 상세한 논의를 위해서는 14장 참조). 간단한 개관으로서 지난 15년간 수행되어온 30여 개의 연구들에 관한 메타-분석은 이런 방법이 효율적인 치료법이 될 수 있으며, 적어도 항우울제 치료만큼이나 강력할 수 있음을 보여주고 있다(Shutter, 2008). 이런 적용 가능성 때문에 이제는 유럽을 비롯하여 캐나다, 뉴질랜드, 호주, 이스라엘 같은 여러 나라에서 실제로 치료에 사용하도록 허용되었으나, 미국에서는 현재 이 책이 출판되는 시점까지는 아직 사용이 허용되지 않고 있다(최근의 우울 치료에 대한 임상적 도구로서의 TMS에 대한 최근 개관을 위해서는 Fitzgerald & Daskalakis, 2008 참조).

TMS가 두뇌 기능을 변화시키기 때문에 이 기법은 대단히 조심스럽게 사용되어야 한다. 초기에 행해진 연구들은 환자에 쓰인 단일-펄스 TMS (Fauth, Meyer, Prosiegel, Zihl, & Conrad, 1992)와 신경학적인 정상인에게 사용되었던 너무 높은 비율의 rTMS 자극(Wasserman, Cohen, Flitman, Chen, & Hallett, 1996)이 모두 간질을 일으킬 수 있었다고 보고하고 있다. 그보다 덜 심한 경우에는 사람에게 쓰인 TMS가 가벼운 두통(두피와 목 근육의 활성화 때문에), 근육 씰룩거림, 메슥거림 등을 일으킬 수 있다. 따라서 이 기법은 대단히 조심스럽게 사용되어야 하며, 엄격한 지침이 있어서 그런 악영향의 가능성을 최소화하도록 해야 한다(Wasserman, 1998). 이런 지침은 효과적인 것 같다. 최근 연구에 의하면 이런 지침을 따를 때 정상인 통제 집단(Anderson et al., 2006)이나 우울증 같은 임상적 조건을 가진 환자들(Janicake et al., 2008)에게서 단지 아주 약한 부작용만이 있을 수 있음이 드러났다.

TMS는 또한 인지 신경과학자들을 위한 도구로서는 다소 제한점들이 있다. 현재 고안된 것처럼, 자극 코일은 두뇌 표피에 가장 가까운 두뇌 영역에만 영향을 미친다. 현재로는 심부 피질 신경세포나 피질하 구조를 자극하는 것은 그 위에 존재하는 신경세포들에 영향을 미치지 않고는 불가능하다. 또한, 두뇌의 어떤 특정 부위에만 TMS 효과가 적용되게 정확하게 통제하는 것이 불가능하다. 그러기보다는 뭉뚝한 붓필 같은 도구로 사용될 뿐이다(인지 신경과학 연구에서 TMS에 대한 개관을 보기 위해서는 Robertson, Théoret, & Pascual-Leone, 2003 참조).

요약컨데, 이 장의 이 절에서 두뇌 기능을 조절하거나 평가하는 데 필요한 여러 기법에 대하여 논의하였다. 이를 위해 적절한 도구가 필요하기 때문에, 각 방법의 상대적 장단점은 연구하는 개개의 질문에 따라 고려되어야 한다.

공간 해상도와 시간 해상도는 물론, 각 방법에 따라 제공되는 정보에 대한 요약은 이 책 뒤의 안쪽 표지에 제시하였다. 표 3.3은 각 방법의 장단점을 열거한 것이다.

다방법적 접근법

표 3.3에서 보여주듯이, 인지 신경과학자들에게 관심 있는 모든 질문에 대한 답을 다 제공할 수 있는 완벽한 방법은 하나도 없다. 각각의 방법은 그 자체의 장단점이 있다. 최근에는 연구자들이 **다방법적 접근법**(multimethod approach)을 쓰기 시작하고 있는데, 이는 여러 다수 기법을 엮어서 쓰는 것을 말한다(이는 종종 **다중양상 접근법**, multimodal approach라고도 불린다). 두뇌 활동에 대한 위치에 대해 더 좋은 정보를 제공하는 fMRI와 두뇌 사건들의 시간에 대한 우수한 정보를 제공하면서 두뇌 활동을 측정하는 전기자기 기록법을 결합하는 것이 한 가지 흔한 결합이다. 어떤 경우는 두 유형의 정보 모두 연구하고자 하는 질문에 매우 중요할 수 있다. 11장에서 배우게 되겠지만, 주의는 여러 두뇌 영역의 회로에 의해 이루어진다. 이런 회로의 일부가 이 회로의 다른 부위들에 대해 통제를 가하고 있다고 제안되어 왔다. 비록 fMRI가 이 회로의 관련 부위들이 어떤 부위인지에 대해 밝히는데 훌륭한 역할을 해왔지만, fMRI는 어느 부위가 먼저, 어느 부위가 나중에 작용하였는지는 알지 못한다. 이 회로의 어떤 부위가 앞서서 나오고 다른 어느 부위가 이어서 나오는가를 증명해 보이기 위해서는 이런 신경 반응들의 시간에 대한 정보를 제공하는 도구가 요구되며, 소위 ERP나 관련 기법들이 그러한 도구가 될 것이다. 이럴 때 연구자는 동일한 실험을 하나는 ERP 기록을 이용하여, 다른 한 실험은 보완기법인 fMRI나 PET을 사용하여 수행할 것을 선택할 수도 있을 것이다. 이럴 때 fMRI나 PET 같은 기법을 통해 정신 활동 중에 일어난 두뇌 활동의 위치 정보에 대한 자료를 얻게 되며, 이렇게 얻어진 자료는 가능한 양극자들의 잠재적 위치들에 대해 어떤 제약을 걸어주는 데 사용될 수 있다. 연구자들은 두피에서 얻어진 ERP 데이터가 이런 양극자와 일치하는가를 조사할 수 있게 된다. 만일 그런 것들이 잘 맞으면, 연구자들은 주어진 정신 활동에 대한 시간과 가능한 위치 모두에 대한 정보를 가지게 된다(이런 접근법의 예로 Crottaz-Herbette & Menon, 2006 참조).

또 다른 다방법적 접근은 TMS와 두뇌 연결성에 대한 정보를 제공하는 다른 기법의 결합이 될 것이다. 이런 연구의 근간이 되는 논리는 TMS를 사용하여서 한 두뇌 영역의 활동을

표 3.3 인지 신경과학에서 사용되는 여러 방법의 장단점

두뇌 해부학을 평가하는 방법		
	장점	**단점**
CAT (컴퓨터단층촬영)	거의 모든 사람에게 사용할 수 있다.	a. 이온화 방사선 사용 b. 높은 공간 해상도를 제공하지 못한다.
MRI (자기공명영상)	a. 다른 물질을 탐지하는 데 사용될 수 있다. b. 확산텐서영상을 통하여 백질 섬유다발을 가시화하는 것을 가능하게 한다. c. 방사선이 없다. d. 좋은 공간 해상도	a. 심박기가 있거나 몸에 금속 성분을 가지고 있는 사람에게는 사용될 수 없다. b. 일부 사람들에게 폐소 공포증을 일으킬 수 있다.
두뇌 생리활동을 평가하는 방법		
기능 영상	**장점**	**단점**
PET (양성자방출단층촬영)	다양한 생리학적인 측면을 평가하는 데 사용될 수 있다.	a. 이온성 방사선이 사용된다(일 년에 4~5회의 촬영만이 허용됨) b. 사고 과정이 요구하는 것보다 더 긴 시간 동안 평균하여 영상이 얻어진다.
fMRI	a. 상대적으로 짧은 시간에 좋은 공간 해상도를 제공한다. b. 같은 사람에게 반복해서 실시할 수 있다. c. 광범위하게 사용 가능하다.	a. 몸에 심박기와 몸에 금속 성분을 가지고 있는 개인에게는 사용될 수 없다. b. 생리적 기능을 측정하기에는 제한된 방식이다. BOLD: (1) 혈액의 산소결합에 대한 상대적 정보만을 제공한다. (2) 몇 초 내에 발생하는 두뇌의 혈류역학 반응을 측정한다. 분광계: 활동의 위치에 대한 정보를 제공하지 않는다.
전자기 기록	**장점**	**단점**
단일 세포	세포가 반응하는 자극 유형에 대한 정보를 제공한다.	아주 특수한 상황을 제외하고는 인간에게 적용할 수 없다.
EEG (electroencephalography)	a. 사람에 대한 일반적인 상태에 대한 정보를 제공한다(각성, 졸림) b. 우수한 시간 해상도를 제공한다.	a. 두뇌 내에 활동의 근원지를 결정하기 어렵다. b. 두뇌 표피에 평행하게 위치한 세포들의 활동을 탐지하기 어렵다.
ERP (event-related potentials)	a. 기억이나 주의 같은 특정 심리적 정보 처리과정과 연관된 정보를 제시한다. b. 우수한 시간 해상도를 제공한다.	a. 두뇌 내에 활동의 근원지를 결정하기 어렵다. b. 두뇌 표피에 평행하게 위치한 세포들의 활동을 탐지하기 어렵다.
MEG (magnetoencephalography)	a. 신호의 근원지에 대하여 더욱 좋은 정보를 제공한다. b. 두뇌와 두피 간에 매개하는 조직의 전도성의 차이에 취약하지 않다.	a. 설치가 크고, 정교하며, 차폐실이 필요하다. b. 두뇌 표면에 방사상으로 위치한 세포 활동을 탐지할 수 없다.
광기록(Optic Imaging)	**장점**	**단점**
느린 신호 (대사성)	a. 비침습적 b. 비싸지 않음 c. 이동 가능 d. 산소화된 헤모글로빈의 농도와 탈 산소화된 헤모글로빈 혈액의 농도를 개별적으로 측정할 수 있다.	a. 피질하 구조에 대한 정보를 제공하지 않는다. b. 두뇌의 혈류 역학 반응만을 측정할 수 있다.
빠른 신호 EROS	a. 비침습적 b. 비싸지 않음 c. 이동 가능 d. 혈류역학 반응보다 신경반응을 탐지한다.	a. 피질하 구조에 대한 정보를 제공하지 않는다.
두뇌 활동을 조절하는 방법		
	장점	**단점**
TMS (경두개 자기 자극) (transcranial magnetic stimulation)	a. 손상 방법으로 밝혀진 발견들을 확인하는 데 사용될 수 있다. b. 임상적 증후를 치료하기 위한 목적으로 사용될 수 있다. c. 두뇌의 재조직화에 대한 정보를 제공할 수 있다. d. 두뇌의 기능적 연결성에 대한 정보를 제공한다. e. 결함이 두뇌 영역 연결의 절단이나 어느 영역의 기능장애 때문인 것인지의 여부를 결정하는 데 쓰일 수 있다.	a. 매우 적기는 하지만, 두뇌 기능에 해로울 가능성(간질 유발) b. 표면에 가까운 영역만을 자극할 수 있다. c. 효과의 정확한 위치를 알 수 없다.

방해하거나 감소시키면서 다른 영상기법, 예를 들어 PET 같은 것을 사용하여 뇌 전체에 걸친 활동양상의 변화를 조사하는 것이다. TMS를 받는 영역과 밀접하게 연결되어 영향과 두뇌 영역들 또한 활동의 감소를 보이게 될 것이다.

한 예로, 한 반의 학생들이 누가 누구와 주로 통화를 하는가를 알고자 한다고 해보자. 한 사람의 휴대전화기를 한때 사용할 수 없게 한다면, 이는 두뇌 한 영역의 활동을 TMS로 방해할 수 있었던 것과 같은 방식이 될 것이다. 그러면 정상보다 더 적은 수의 전화를 받게 되는 사람들을 조사함으로써, 이 망가진 휴대전화기를 가진 사람과 주로 전화를 주고 받던 사람들이 누구인가를 확인할 수 있게 될 것이다. 두뇌의 경우 PET이나 다른 방법을 이용하여 어떤 두뇌 영역이 활성화 감소를 보이는가 결정할 수 있다(예에서 받는 전화 수의 감소에 해당). 이 논리는 연구자들에 의해 아주 효율적으로 사용됐다. 예를 들어 rTMS를 좌측 중간 배외측 전두피질 위에 적용하는 것은 PET에 의해 측정된 바로는 변연계와 대상회의 활동 조절과 관련이 있었는데(Paus, Castro-Alamancos, & Petrides, 2001), 이는 rTMS가 우울증세를 경감시키게 되는 기제 중의 하나인 듯하다. 최근에 TMS는 ERP와 함께 사용되어 역시 유사한 효과를 내고 있다(ERP와 TMS의 결합에 대한 상세한 논의를 위해서는 Taylor, Walsh, & Eimer, 2008 참조).

왜 연구자들이 다방법 기법을 당연한 것으로 사용하지 않는 이유가 무엇인가 의아해할지도 모른다. 언뜻 보면 질문에 답할 수 있는 최고의 방법으로 보이기 때문이다. 불행히도 다방법 기법은 두 배로 많은 장비를 필요로 하며, 두 배로 많은 자료의 수집과 분석을 해야 하고, 이 둘을 연결하는 부가적인 분석을 수행해야 되며, 종종 각 양상으로 비슷한 과제를 다수의 회기에 걸쳐서 수행하는 것을 참여자가 협조해 주어야 하는, 이 모든 것이 다 필요하기 때문이다. 즉, 얼마나 부가적인 지식이 얻어진다고 볼 수 있느냐란 의미에서 다방법 접근의 혜택이 이 막중한 수고를 정당화하고도 남아야 한다.

행동 분석 기법

두뇌의 해부학과 두뇌의 생리적 측면을 측정하기 위하여 정확한 도구가 필요하였던 것처럼, 행동을 조사할 정확한 도구가 필요하다. 주의 깊고 세심한 행동 검사는 두뇌가 어떻게 생각하는 방식에 영향을 미치고 제한을 가하는지를 분석하기 위해서 사용할 수 있는 가장 강력한 도구이다.

■ 인지 이론의 역할

인지기능이나 정서적 기능에 대한 이론들은 연구나 임상 적용에 중요한 역할을 한다. 이 책을 통하여 우리는 정신 기능의 다른 여러 이론에 대하여 논한다. 그 이론들은 '언어'라든지 '공간적 능력'과 같은 인지기능들이 실제로 더욱 특정적인 일련의 인지적 기능들로 이루어져 있음을 개념화함으로써 두뇌와 행동 간의 관계성에 관한 조사를 하는 데 도움이 된다. 언어나 공간 능력 같은 기능들의 신경적 기제를 이해하기 위해서, 종종 이런 기능들을 더 작은 하위구성으로 쪼개야 하며, 그런 다음에야 이것들을 두뇌 기능에 대응시킬 수 있게 된다. 예를 들어 심리언어학자들은 언어를 세 개의 부분으로 기술하곤 하는데, 음성학, 문법학, 어의학 등이 그것이다. **음성학(phonology)**은 언어의 소리를 지배하는 규칙을 말하며, **문법학(syntax)**은 문법규칙, **어의학(semantics)**은 의미를 지배하는 규칙을 말한다. 언어에 대한 장에서 논의하겠지만, 두뇌 손상이 있는 개인은 이런 영역 중의 어느 하나에만 결함을 보일 수도 있다.

인지 이론을 잘 알고 있는 것이 왜 중요한가? 이런 언어에 대한 심리언어학적 이론을 알지도 못하고, 고려하지도 않는 경험 없는 인지 신경과학자 또는 신경심리학를 가정해 보자. 이런 사람이 자기에게 들려주는 문장을 정확하게 따라 하지 못하는 환자를 만나게 되었다고 가정해보자. 이 연구자 또는 임상가는 그 환자가 그 문장의 단어를 이해하지 못했다고 잘못 결론을 내릴 수 있다. 만일 이 과학자가 언어학 이론으로부터 문법을 정확히 사용하는 능력이 단어가 의미하는 것이 무엇인지를 아는 능력과 구별될 수 있다는 것을 알았다면, 그 연구자 또는 임상가는 환자가 그 문장을 반복할 수 있는지 여부를 검사할 뿐 아니라, 또한 환자의 이해 정도도 검사할 것이다. 예를 들면 그 환자에게 방금 들은 것을 묘사하고 있는 그림을 지적하라고 요구하여 검사할 수도 있었을 것이다. 그 결과는 그 개인이 문장을 반복하지 못했다 하더라도, 그 환자가 문장이 설명하는 그림을 지적할 수도 있음을 보여줄 수도 있으며, 이는 그 환자가 단어의 의미를 이해할 수 있다는 것을 나타내게 될 것이다. 이렇게 되면 그 연구자나 임상가는 언어의 다른 측면들, 예를 들면 문법 등에 문제가 있는지에 대해 체계적인 검사를 계속할 수 있을 것이다.

우리는 인지 이론들이 신경심리학적 연구에 필요한 정보를 제공할 뿐만 아니라 인지 이론에 대한 정보를 제공한다는 것을 명심하여야 하는데, 특히 가능한 인지 이론과 가능하지 않은 인지 이론을 구별하게 해준다는 점에서 그러하다. 예를 들어 언어에 대한 장에서 논의하고 있듯이 신경심리학적 연구의 데이터는 문법과 어의를 언어의 별개의 측면으로서 보는 개념화를 지지하는데, 이는 두뇌 손상이 하나의 능력을 손상을 입히지 않으면서, 다른 능력은 손상을 입히기 때문이다.

■ 두뇌 손상 환자의 행동 평가

이 장에서 두뇌 손상 효과를 평가하기 위해서 임상 장면에서 흔히 사용되는 몇몇 방법들에 대해 논의하고자 한다. 인지 신경과학자들이 두뇌의 조직화와 그것과 정신적 기능과의 관련성을 이해하는 데 도움이 되는 접근법에 주로 초점을 맞추겠으나, 이 방법들이 임상적으로 어떻게 사용되는지도 논하게 될 것이다.

두뇌 손상을 입은 사람이 가지고 있는 결함이 그 행동을 관찰하는 것만으로 명백히 보일 것이라고 가정할지도 모르지만, 사실은 그렇게 단순하지 않다. 어떤 사람이 얼룩말 같은 동물 그림을 보고 그 이름을 대지 못한다고 해보자. 그리고 그렇게 되는 가능한 많은 이유에 대해 잠시 생각해보기로 하자. 어쩌면 후피질 손상 때문에 시각장애가 생겨 그 자극의 시각적 속성이 처리되지 못하여서 그럴 수도 있을 것이다. 또는 기본적인 시각 정보처리기능은 멀쩡하지만, 그 명암 패턴이 얼룩말의 흰 줄, 검은 줄로 해석되지 못하는 것일 지도 모른다. 또는 이런 물리적 형태는 잘 지각되고(이것은 환자가 얼룩말과 비슷하게 보이는 것으로 코끼리가 아닌 말을 정확하게 고르기 때문에 알게 되었다고 치자) 그리고 환자의 얼룩말에 대한 기억도 정상이라고 할 경우(이것도 환자한테 말처럼 생겼고, 줄무늬가 있는 아프리카 동물이 무엇이냐고 물었을 때 환자가 정확하게 얼룩말이란 단어를 집었기 때문에 알 수 있다), 그러나 환자가 얼룩말이라는 특정 형태를 알아보지 못하는 것일 수도 있다. 어쩌면 언어 명칭이 떠오르지 않아서 그렇지도 모른다(이는 '얼룩말'이라고 말하면, 환자가 얼룩말 그림을 집어낼 수 있으나, 얼룩말 그림을 보여주면 환자가 이름을 말하지 못한다는 것으로 알 수 있다). 마지막 가능성으로, 환자는 비록 그 그림이 얼룩말 그림이라는 것을 알고 있지만, 어쩌면 발성기관의 손상을 입어서 '얼룩말'이라는 소리의 연쇄를 산출하지 못하게 된 것일 수도 있다. 이런 예에서 보여주는 것처럼, 어떤 단순한 문제의 표면에 보이는 것이 사실은 수많은 복잡한 근원들에서 기인한 것일 수도 있다. 임상 신경심리학자나 실험 신경심리학자 모두의 과제는 이런 가능성을 상세히 구별하고 이런 결함의 가능한 문제 부위를 정확히 집어내는 것이다.

두뇌 손상 환자의 능력이 연구 목적으로 검사되는 것이든, 임상 목적으로 검사되는 것이든, 일반적으로 **신경심리평가**(neuropsychological assessment)라는 것이 수행되어 그 중추신경계의 손상이 한 사람의 인지, 행동, 정서 기능에 장애를 주는 정도를 결정하게 된다. 이런 평가는 한 개인의 어떤 능력이 손상되지 않고 온전하며, 어떤 것이 영향을 받았는가 하는 것을 말해주는 인지 능력 프로파일을 제공할 수 있도록 고안된 것이다. 다른 접근법이 사용되기도 하지만 전형적으로 이런 평가는 다양한 여러 능력을 조사하고, 검사자는 일반적인 지능에 대한 웬만한 측정도 다 수행하고, 가장 영향을 받은 것으로 보이는, 예를 들어 언어라든지 하는 차원에 대하여 더욱 특수한 검사를 적용한다. 신경심리측정에 대한 좀 더 광범위한 논의는 이 책의 범위를 벗어난다. 그렇지만 신경심리평가에 사용되는 접근법이나 그 시행 검사들에 좀 더 관심이 있다면, 확실한 참고문헌은 임상 신경심리학자들에게 종종 '성서'처럼 간주되는 Muriel Lezak과 그녀의 공동연구자들의 책(Lezak, Howieson, Loring, Hannay, & Fischer, 2004)이 있으며, 현재까지 4판이 나와 있다.

대부분 신경심리검사는 신경심리학적이든지 정신과적 문제에 의한 것이든지 상관없이 두뇌 기능 저하가 있다면 어떤 유형이든지 탐지하는 광범위한 그물을 던지고자 하는 임상적 목적을 위하여 고안된 것이다. 그러기 위하여, 신경심리학자들은 종종 **신경심리검사배터리**(neuropsychological test battery)라는 것을 사용한다. 아마도 신경심리검사배터리 중에서 가장 광범위하게 사용되는 것으로 *Halstead-Reitan* 신경심리검사를 들 수 있는데, 이 검사 배터리는 감각 기능에서부터 논리적 유추 같이 복잡한 기능까지, 언어 기능에서부터 공간 기능 검사에 이르기까지, 즉각적 재인 검사에서부터 기억 검사에 이르기까지 광범위한 범위의 기능 평가를 가능하게 한다(표 3.4)(Boll, 1981). 검사 배터리로 Luria-Nebraska 같은 검사가 있는데, 이런 검사들은 Halstead-Reitan을 실시하는 데 걸리는 시간의 절반인 4시간 정도만에 시행할 수 있다. Luria-Nebraska 검사에 있는 과제들은 12개의 내용 척도로 나뉘는데, 이는 운동기능, 리듬과 음고, 촉각과 근 운동 감각 기능, 시각 기능, 수용성 언어, 표현성 언어, 읽기, 산수, 쓰기, 기억, 즉각 기억, 그리고 지능을 포함한다. 이 배터리는 두뇌가 세 개의 기능적이고 상호 연결된 체계, 즉 긴장과 각성에 중요한 뇌간 체계, 행동의 산출과 계획에 중요한 전측 체계, 그리고 정보의 수용과 그 정보처리에 중요한 후측 체계로 이루어져 있다는 Alexander Luria의 철학을 반영하여 만들어진 일련의 형식화된 검사 세트이다(Golden, 1981). 이런 검사 배터리들은 수행능력에 대한 절대적 수준에 대한 자료를 제공하게 되는 것 이외에도, 수행의 질적 측면에 대한 자료를 제공할 수 있다. 다시 말하면, 그 환자가 그 과제를 하기 위해서 수행하는 전략들에 대한 정보를 제공할 수 있다. 이런 정보는 인지 결함에 대한 보다 정확한 이해를 얻는 데 중요한 것일 수 있다.

신경심리검사배터리는 일종의 지능 평가를 포함할 때가 자주 있다. 웩슬러의 검사들이 지능에 대한 평가로 가장 광범위하게 쓰이는데, 이런 것들로는 3세에서 7세 3개월 아동들을 위한 것으로 WPPSI-III [Wechsler Preschool and Primary Scale of Intelligence—Third Edition (Wechsler, 2002)]이 있으며, 6세에서 16세 11개월까지의 아동들을 위해서는 WISC-IV [Wechsler Intelligence Scale for Children—Fourth Edition (Wechsler, 2003)]가, 그리고 WAIS-IV [Wechsler Adult Intelligence Scale—Fourth

표 3.4 Halstead-Reitan 신경심리검사 배터리 구성

검사	무엇을 측정하는가	어떻게 측정되는가
MMPI-2(미네소타 다원 성격 검사 – 2판)	우울증, 조현병과 같은 정신과적 증후학	특정 정신과적 장애로 진단받은 적이 있는 개인들에 대한 프로파일을 얻기 위하여 개인은 수많은 질문에 "예, 아니오"로 답한다.
범주 검사	추상적 추론기능	화면 위에 4개 항목을 보고 4개의 단추 중의 하나를 누른다. 각 항목 세트마다 다른 반응(예를 들면 비정형적인 항목에 단추 누르기, 또는 화면상 로마숫자에 대응하는 번호의 단추 누르기 등)을 요구한다. 정답에는 종소리, 오답에는 부저가 유일한 피드백이다.
리듬 검사	청각 지각, 시간 감각	두 소리의 양상이 비슷한가 아닌가를 판단한다.
말소리 지각 검사	언어 능력, 주의 능력	시행마다, 다수의 선택사항 중에서 직전에 들은 소리를 고른다. 서로 다른 자음으로 시작하고 끝나는 소리는 무의미 음절이다.
손가락 두드리기 검사	운동 기능	각 식지 손가락으로 두드리는율이 결정된다.
악력 강도 검사	운동 기능	악력 측정기를 각각의 손으로 쥘 때의 강도가 평가된다.
줄긋기 검사	시각 탐색, 주의	*A 부분*: 연속되는 번호가 매겨진 원을 따라 선을 그릴 수 있는 능력을 평가한다. *B 부분*: 번호가 쓰여있는 원과 문자가 써있는 원을 번갈아 가면서 연결하는 능력을 평가한다.
실어증 검사	언어	언어를 사용하고 지각하는 개인의 능력, 단순한 행동을 흉내 내는 능력, 단순한 기하학 도형을 다시 그리는 능력을 평가한다.
촉지각 검사	촉각 기능	(각각 다른) 손으로 만지는 것만으로 물체가 무엇인지 알아 맞힐 수 있는지, 손가락 끝에 쓰여지는 글씨를 알아맞힐 수 있는지(눈을 가리고), 그리고 두 손의 다른 손가락들이 만져지는 것을 지각할 수 있는지를 검사한다.
촉각 수행 검사	촉각 기억, 공간 국재화 능력	시각적 입력 없이(눈을 감거나 가리고), 잘려진 모양들을 만져서 판 위에 뚫린 구멍들 속에 그 모양들을 집어 넣을 수 있어야 한다. 후에 눈으로 보면서 판을 가린 상태에서 그 판 위에 정확한 각각 모양의 위치를 그려 넣을 수 있어야 한다.
감각 지각 검사	감각 손실, 편측무시	시각, 촉각, 그리고 청각으로 제시되는 정보를 지각할 수 있는지 검사한다. 무시가 존재하는지 판단하기 위해서 검사자는 자극을 몸의 한쪽 또는 양쪽에 동시에 제시해야 한다.
웩슬러 성인용 지능 검사, 4판	일반 지적 능력	11개의 하부 검사가 여러 인지기능을 평가하기 위해 사용된다(표 3.5 참조).

Edition (Wechsler, 2008): 웩슬러 성인 지능 검사]와 WNV [Wechsler Nonverbal Scale of Ability (Wechsler & Naglieri, 2006), 웩슬러 비언어 척도 검사] 등이 있다. 이런 검사들이 측정하는 기능의 유형이 무엇인가에 대한 이해를 도울 수 있도록 표 3.5에 WAIS-IV의 하위검사들을 제시하였다. WISC-IV와 WPPSI-III은 이 하위검사들에 약간의 변형이나 대치를 포함해서 비슷한 하위검사가 많이 포함되어 있다. 여러 하위검사를 아우르는 수행의 양상은 그 사람의 강점과 약점에 대한 정보를 제공하게 된다.

어떤 경우 그 결함이 너무 미묘하거나 평가 자체가 어려울 수도 있다. 예를 들어 소규모 사업을 하는 중간급 관리자의 경우를 살펴보자. 그는 차 사고 이후에 WAIS-IV 검사에서 평균 정도의 수행을 보였다. 어떻게 임상 신경심리학자가 그 사람이 처음에 평균 정도의 지능을 가졌었는지, 아니면 두뇌 손상으로 인해 그 사람의 기능에 문제가 생겼는지를 구별할 수 있겠는가. 이 구별을 위해서 신경심리학자나 인지 신경과학자는 **병전기능 추정치**(estimage of premorbid functioning), 즉 그 사람이 손상을 입기 전에 얼마나 잘 수행하였는지에 대한 합리적인 추정치를 얻기 위해 검사를 해야 할지도 모른다. WAIS의 어휘성 하위검사는 병전 IQ를 추정하는 데 사용될 수 있는데, 이는 이 하위검사가 두뇌 손상이나 심지어는 지능의 많은 영역에 영향을 미치는 알츠하이머병과 같은 요인에 의해서도 비교적 덜 손상을 받는 기능을 측정하고 있기 때문이다. 또 다른 병전기능 측정 검사로는 국가 성인 독서 검사(National Adult Reading Test; Nelson, 1982)가 있는데, 이 검사는 50개의 단어로 이루어진 읽기 검사로서 여기에 나오는 50개의 단어란 대게 짧으면서 불규칙하다. 이는 그 단어들이 발음 조성의 일반적 규칙대로 읽을 수 없음을 의미한다(예, *ache*). 이런 단어들은 소리 나는 대로 읽기 어려우므로 이런 단어들을 읽을 수 있는 능력이 있다는 것은 이들 단어에 대한 기존의 친숙성 정도를 어느 정도 반영하는 것으로서 병전기능에 대한 추정치를 제공할 수 있다(Crawford, 1992). 병전기능에 대한 평가가 현재 측정된 검사점수보다 높다면, 이런 결과는 두뇌 손상이 그 사람의 지적 능력에 부정적 영향을 미쳤음을 시사하는 것이다.

인지 신경과학자들은 손상된 인지기능 또는 정서 기능의 정확한 요소에 대해 어쩌면 이보다 더 정밀한 분석을 원할 수도 있다. 검사 배터리에 대한 대안적 전략으로 **개인 맞춤형 신**

경심리평가(customized neuropsychological assessment)가 있다. 이런 평가에서, 검사자는 처음에는 소수의 일련의 검사(즉 WAIS-IV, 보스턴 실어증 진단 검사)로부터 얻은 정보를 이용하여 두뇌 손상으로 결함을 입었다고 생각되는 일련의 특정 능력에 대한 가설을 생성한다. 각각의 가설은 특정 신경심리 검사로 평가되고, 그 개인의 수행에 따라서 그 가설은 또 다른 검사로 더 추구되거나 기각된다(Lezak, 2004). 만일 그 가설이 기각된다면, 또 다른 새로운 가설이 생성되고, 그리하여 그 행동적 결함이 잘 규명될 때까지 이런 순환을 반복한다. 이런 경우, 수행의 수준뿐 아니라 개인이 그 과제를 수행하는 방식은 그 결함의 속성에 대한 중대한 단서를 제공할 수 있다.

비록 인지 신경과학자가 신경심리검사를 이용하여 신경학적으로 정상적인 집단의 능력 범위를 조사하려는 시도를 하고 싶을 수도 있으나 그렇게 하는 것 자체가 아주 위험한 것일 수 있다. 이런 검사들은 주로 낮은 수준의 기능을 탐지하도록 고안되어 있는데, 평균보다 아주 훨씬 낮은 기능이어서 뇌 손상을 알아차릴 수 있다. 이런 검사들은 신경학적으로 정상인 사람들 간의 능력 차이에 대단히 둔감하다. 왜냐하면 정상인은 그들 능력의 진정한 변화와 무관하게 모두 높은 수준의 수행을 하게 될 것이기 때문이다.

두뇌–행동 관계성에 관한 모델링을 위한 기법

이 장의 마지막 절에서는 인지 신경과학의 또 다른 주된 방법론으로서, 계산 모델링 기법을 사용하여 두뇌의 작용과 그 처리과정을 모의실험하는 기법에 대하여 논하고자 한다. 연구자들은 이런 모형, 일반적으로 **신경망**(neural networks)이라고 알려진 모형을 생성하는데, 이 모형들은 연구자들이 신경 심리학 기능의 이론들을 검증하고, 두뇌–행동 관련성에 대한 일반적 원리를 도출하는 데 도움을 준다.

계산 모형화(computational modeling)는 수많은 장점이 있다. 첫째, 연구자들이 모델을 생성할 때, 추론의 근거들에 대하여, 그리고 정신과정에 근거가 되는 신경 기제에 기여

표 3.5 Wechsler 성인 지능 검사 척도 –4판

하위검사	무엇을 측정하는가	어떻게 측정하는가
언어 이해 척도		
어휘	어휘력	청각적으로 시각적으로 제시된 일련의 단어들을, 예를 들어 '통상'과 같은 단어들을 제시하여 피검자가 그 의미를 말한다.
공통성	추상적 사고	'당근과 셀러리가 어떤 점에서 비슷한가?'하는 문제에 피검자가 답한다.
상식	사실 지식	'만일 당신이 뉴욕에서 로스앤젤레스로 가야 한다면 어느 방향으로 여행해야 합니까?'라는 질문에 대답한다.
작업 기억 척도		
산수	산술 능력, 주의 분산으로부터 자유로울 수 있는 정도	검사자가 '만일 12명의 노동자가 18일 걸려 자동차 한 대를 만든다면, 6일 만에 자동차 한 대를 만들기 위해서는 얼마나 많은 노동자가 일해야 하는가?'와 같은 문제를 읽는 것을 듣고 피검자가 연필이나 종이 없이 산수문제를 푼다.
숫자	언어적 단기 기억, 주의 분산으로부터 자유로울 수 있는 정도	3개에서부터 8개에 이르는 길이의 일련의 숫자를 피검자가 듣고 검사자에게 그대로 반복해서 말한다. 시행수의 절반은 제시된 것과 같은 순서로 숫자 열을 말해야 하며('2–5–3'이라고 들으면 그대로 '2–5–3'이라고 반복함), 다른 절반의 시행들에서는 그 역순으로 반복해야 한다('2–5–3'으로 들으면 '3–5–2'라고 반복함).
지각 추론 척도		
시각 퍼즐	시각 처리	피검자는 추상적인 그림을 보고 그 그림을 구성하고 있는 조각들을 골라낸다.
토막 짜기	시운동기능; 공간 정보처리	두 면은 빨간색이, 두 면은 흰색이, 그리고 다른 두 면은 흰색과 빨간색이 반씩 (대각선으로) 칠해진 정육면체 토막들이 피검자에게 주어지고, 그 토막들을 위에서 보았을 때 제시된 그림과 똑같도록 배열한다.
행렬추론	시각 정보처리; 추상적 추론 기술	한 부분이 비어있는 불완전한 격자로 이루어진 형태를 피검자가 보게 되고, 피검자는 다섯 개의 가능한 답 중에서 그 빠진 자리에 들어갈 알맞은 정답을 고른다.
수행속도 척도		
상징탐색	시각 정보처리	목표집단과 탐색집단으로 이루어진 두 집단의 상징들을 피검자가 본 다음, 목표 상징 집단의 그림의 하나라도 탐색집단의 그림 속에 나타나 있는지의 여부를 예 또는 아니오로 표시한다.
부호화	정신 처리 속도; 시–운동 협응	피검자에게 1에서 9까지 각 숫자가 독특한 상징과 하나씩 연합된 틀이 주어진다. 그런 다음 피검자에게 일련의 숫자를 보여주고 각 번호와 연합된 상징을 각 번호 밑에 채워넣게 한다.

하는 요소들에 대하여 매우 명백히 해야 한다. 기본적으로 이런 모델들이 연구자로 하여금 솔직할 수밖에 없게 만드는 것이라고 생각할 수도 있다. 두 번째로, 모델들은 체계적으로 조작될 수 있는데, 이런 방식은 동물이나 사람들에게는 실제로 불가능하다. 예를 들어 실제 생활에서 일어나지 않는 손상이나 거의 일어나지 않는 손상들을 모델에서 모의실험해 볼 수 있다. 마지막으로 모형화의 결과는 연구자들로 하여금 두뇌와 행동의 관계성에 대하여 새로운 예측을 가능하게 하며, 이런 예측들은 지금까지 논의해온 다른 기법을 써서 검증해볼 수 있다(예, 손상을 가진 환자를 검사하거나 신경영상기법을 이용하여). 이후 장들에서 우리는 이런 계산 모델이 두뇌와 행동에 대해 더 좋은 어떤 통찰을 제시할 수 있는지에 대해 논의하게 될 것이다. 이런 모델의 단점이라면 이 모델들이 두뇌나 인지 처리과정에 대한 단지 추상화일 뿐이라는 것이다. 그뿐만 아니라 얼마나 이런 모델이 행동에 잘 '맞는지(fit)', 또는 잘 '설명하는지(explain)'를 결정하는 것이 어려운데, 이런 타당성을 평가할만한 명백한 준거가 존재하지 않기 때문이다.

이런 모델들의 속성에 대해 좀 더 자세히 살펴보기로 하자. 두뇌 과정은 여러 수준에서 모형화될 수 있다. 어떤 신경망 모델은 수상돌기에서의 전기적 과정을 실제로 모형화하기도 하며(Anton, Granger, & Lynch, 1993), 어떤 모델은 뉴런의 전기적 속성을 다루기도 하고(Gerstner, Kempter, van Hemmen, & Wagner, 1996), 일부는 근본적 행동(예, 눈동자 움직임에 최종 명령 통로인 뇌간의 안구운동 회로)을 통제하는 뉴런들의 잘 정형화된 회로 내에서의 상호작용(Qian, 1995)을 다루기도 한다. 이런 유형의 모델은 이 장의 주된 관심사는 아니지만, 인간의 정신적 기능을 모형화하려고 고안된 것보다는 신경계의 행동을 모형화하려는 시도로 이루어진 것들이다.

다양한 **계산 모델**(computational models)들이 인간의 정신기능을 모의실험(simulate)하기 위해 사용될 수 있다(가능한 개관으로 Hinton, 1992 참조). 우리는 여기서 **연결주의자 망**(connectionist network)에 더 초점을 맞추어 논의할 것이다. 연결주의자 망이란 뉴런과 같은 행동을 보이는 단위(unit)의 층(layer)이 상호 연결되어 이루어져 있다 (이런 모델들이 어떻게 인지 신경과학에서 사용되는지에 관한 책 한권 분량의 논의에 대해서는 O'Reilly & Munakata, 2000 참조). 이런 모델의 가장 기본적인 구성요소는 '단위(unit)'이라는 것으로, 개개 뉴런 같은 행동을 보이는 것으로 간주하면 될 것이다. 이들 단위는 다른 단위들로부터 입력들을 받으며, 이를 총합하여 순수 입력(net input)을 산출한다. 그 통합된 입력들은 활성화 함수(activation function)를 따라 변환되어 활성화 값(activation value)을 생성하며, 이 활성화 값은 다른 단위들로 보내진다. 그런 모형들은 주로 ● 그림 3.22에서 보이는 S상 함수(sigmoid function)로 모형화되는데, 한 단위에 주어진 순수 입력을 그 단위의 출력으로 전환하는 함수 기능을 한다. 여기서 사용되는 S상 함수란 활성화의 최대 변화가 입력가(input value)의 중간 범위 영역 대에서 일어나는 반면, 그 단위에 도달하는 입력이 너무 약하거나 너무 강할 때는 출력에 거의 변화가 일어나지 않게 한다. 잠시 후에 배우게 되겠지만, 이런 함수는 어떤 체계가 안정된 상태에 '정착(settle)' 할 수 있게 도와준다.

이 단위들은 서로 연결되어 층(layer)을 이룬다. 대부분의 모형은 외부 세계로부터의 정보 수용단계를 모의실험하는 입력층(input layer)과 그 체계의 반응을 모의실험하기 위한 출력층(output layer), 그리고 '숨겨진' 층(hidden layer)을 가지고 있으며, 이 숨겨진 층이 조사하고자 하는 계산화를 수행하는 데 필요한 전환(transformation)에 관여한다(● 그림 3.23). 한 층의 단위들은 다른 층의 단위들과 연결 비중(connection weight)에 따라 연결되는데, 연결 비중이란 한 수준의 단위가 다른 수준의 단위에 영향을 미치는 정도를 나타낸다. 이 연결 비중값은 주로 −1에서 +1 사이의 값을 가진다. 이 값들은 양수일 수도 음수일 수도 있음을 주목하라. 만일 양수이면, 첫 번째 단위의 활동이 다음 단위의 활동을 증가시킨다. 음수이면 첫 번째 단위의 활동은 다음 단위의 활동을 감소시키게 된다. 만일 이 비중값의 절대값이 크다면(0.9), 첫 번째 단위의 활동 대부분이 다음 단위로 전달될 것이다. 반면 그 값의 절대값이 작다면(0.1), 첫 번째 단위 활동의 대부분은 다음 단위로 전달되지 않을 것이다.

이런 모형의 모든 층을 조금 더 자세히 살펴보면 이들의 상호작용을 이해할 수 있게 될 것이다. 입력층은 주로 외적 환경에 대한 무엇인가를 부호화한다. 계산화 모형에서 물리적 세계의 실제 물리적 속성을 부호화하기는 불가능하기에 주로 인위적인 부호화가 주어진다. 전형적으로, 각 단위는 값 1 또는 0이 배정된다. 예를 들어 어떤 자극이 4개 중 하나의 위치에 예를 들어 아주 왼쪽, 왼쪽 중앙, 오른쪽 중앙, 아주 오른쪽에 존재한다고 가정하자. 입력층은 4개의 단위로 이루어지게 될 것이다. 각 단위의 값 1000은 아주 왼쪽, 0100은 중앙 왼쪽, 0010은 중앙 오른쪽, 그리고 0001은 아주 오른쪽 위치를 나타내게 할 수 있을 것이다. 여기에 사용된 예에서는, 공간상의 위치들과 그 배열에서 1이 나타내는 위치 사이에 실제 대응이 있다. 그러나 이 4개의 배열은 녹색, 홍색, 청색, 노랑을 나타내는 데 쓰이거나 아니면 어떤 자극의 다른 차원을 표상하는 데 쓰일 수도 있었을 것이다.

이런 배열의 각각의 마디(node)는 숨은 층(hidden layer)으로 정보를 공급하게 된다. 숨은 층은 다수의 입력 단위로부터 입력을 받음을 주목하자. 이런 식으로 이 숨겨진 층은 그런 정보를 통합하는 기제로 작동하게 된다. 비록 어떤 경우에는 두뇌의 특정영역에 해당하는 뉴런의 속성을 모의 실험(simulate)할 때도 있지만(Zipser & Anderson, 1988) 대부분은 정확하게 이 숨은 층이 '표상(represent)'하는 것이 무엇인지는 불분명할 때가 자주 있다. 숨은 단위들은 출력층과 연결되어 있는데, 이 층은 그 모델의 반응을 나타낸다. 그 출력층은 두 개의 단위를 가지고 있어, 하나는 '예'라는 반응을 다른 하나는 '아니오'라는 반응을 표상할 수도 있을 것이다.

무엇보다 이런 모델에서 가장 주목할 만한 것은 특정 규칙의 제시 없이도 '학습'하는 능력인데, 이것이야말로 바로 인간의 인지과정의 중요한 측면들을 모의실험하는 속성이다. 예를 들어 당신은 학교에 가기 훨씬 전부터 당신은 실제로 국어 문법을 결정하는 규칙을 학습했지만, 아무도 당신에게 그 문법 규칙을 가르치지 않다. 그보다는 당신의 두뇌가 어떤 방식으로 정규적인 훈련 없이도 언어 내의 규칙성을 축출하였던 것이다. 계산 모형화는 모국어를 학습하였던 것과 너무도 유사한 방식으로 학습하는데, 즉 반복되는 노출 속에서 관계의 규칙성을 끌어내는 것이다. 계산 모형화에서 반복되는 노출이란 '훈련(training)'을 통해 일어나는데, 이때 입력 양상이 몇 번이고 다시 제시된다. 시스템 내의 학습이란 단위 간, 주로 다른 층에 있는 단위들 사이의 이런 연결 비중들의 재조정을 통해 이루어진다. 여기서 학습이 어떤 단위 자체의 활성화 함수의 변화로 발생하는 것이 아니라, 단위 사이와 단위 간의 상호관련성(interrelationship)에 일어난 변화로 일어나는 것에 주목하라. 비슷한 변화가 **신경 가소성**(neural plasticity)이라고 알려진 과정을 통해 학습 관련 신경계에 일어나는 것으로 생각된다. 이런 변화들은 한 뉴런이 다른 뉴런들에 미치는 영향이 증가하였기 때문에 일어나거나(즉, 시냅스 연결의 효율성이 증가하여) 뉴런들 사이에 새로운 연결이 자라거나 존재하던 연결이 철회되었기 때문에 일어난다고 생각된다. 15장에서 가소성의 논제에 대해 더 논의하게 될 것이다. 계산 모형화에서, 시냅스 효율성의 변화는 연결비중의 절대값(absolute value) 변화로 모의실험된다. 연결비중이 0(무 연결, 무 영향)에서 0이 아닌 비중으로 변환한다는 것은 새로운 연결이 자라나는 것에 해당하며, 그 반대는 시냅스 연결의 철회와 유사하다.

계산 모형화에서 학습에 가장 흔하게 사용되는 방법의 하나는 **감독 학습**(supervised learning)이다. 이 접근법에서, 한 시스템에 입력이 제시되고, 최종 출력이 나오기까지 계산화가 이루어진다. 이때 얻어진 출력은 주어졌었어야 했던 출력과 (예, '네'라고 답이 나왔는데 정답은 '아니오'였어야 할 때) 다시 비교된다. 다음은 작은 조정이 단위 사이의 연결 비중에 대하여 이루어진다. 만일 한 단위의 입력이 연결된 단위를 더 정확한 산출로 이어지도록 할 수 있다면, 이것의 연결 비중이 약간 증가하게 된다. 만일 그 단위의 입력이 부정확한 출력을 일으키는 방향으로 밀리는 것을 도왔다면, 그 연결의 비중은 약간 감소한다. 이런 과정이 여러 번 반복해서 그 시스템이 상대적으로 안정한 상태에 도달하게 되는데, 여기서 안정된 상태란 훈련 증가가 그 시스템의 수행을 더는 크게 변화시키지는 않는 상태를 말한다. 그러나 이런 접근법은 비난받아 왔는데 왜냐하면 대부분 실생활

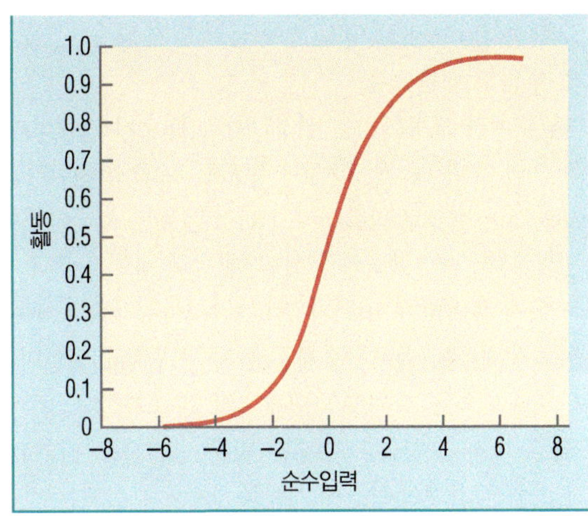

● **그림 3.22 어떤 신경망의 특정 단위에 대한 입력가 총합을 하나의 출력가로 전환하는 S상 활성화 함수.** 활성화의 주된 변화는 극단적인 입력가(예, −2보다 작거나, +2보다 큰)보다는 입력가의 중간 범위(−2에서 +2 사이)에서 일어난다. 이런 속성은 그 단위의 활성화를 일으키지만 그 입력이 너무 높거나 낮을 때는 상대적으로 안정된 상태에 남을 수 있게 하며, 입력이 중간 범위에 있을 때는 변화에 매우 민감하게 반응한다. © 2011 Cengage Learning

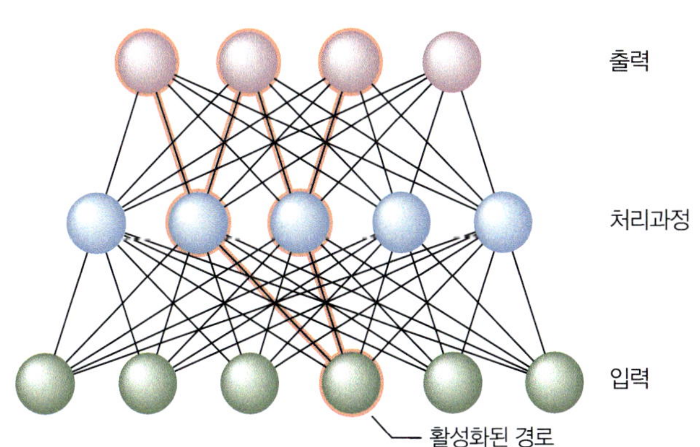

● **그림 3.23 연결주의자 망(connectionist network)의 단순한 예.** 이 가상적인 연결주의자 망에서, 단위는 원형으로 표시되어 있다. 선들은 단위 간의 연결을 나타내며, 연결비중의 강도는 선의 두께로 표시된다. 입력층은 이 시스템이 받아들이는 정보의 어떤 유형을 표상한다. 입력층의 각 단위의 값은 주로 '1'이거나 '0'이다. 출력층은 시스템의 반응을 표시한다. 이 예에서는 한 단위는 '아주 왼쪽' 반응을, 다른 한 단위는 '중간 왼쪽'을 다른 둘은 '중간 오른쪽'과 '아주 오른쪽' 반응을 각각 표상한다. 숨은 층이라고 알려진 중간층에 의해 부호화되는 정확한 정보 유형은 일반적으로 쉽게 결정되지 않는다. © 2008 Cengage Learning

학습 상황은 무엇이 옳고 무엇이 틀렸는가에 관한 외현적인 피드백(선생님이 바로 당신 곁에 붙어 있지 않은 한)을 포함하고 있지 않기 때문이다.

다른 계산 모형화들은 신경과학자 Donald Hebb를 따서 이름 붙인 소위 헤비안 학습(Hebbian learning)이라고 불리는 대안적 방식으로 작용한다. Hebb은 뉴런 A의 활동이 일관성 있게 뉴런 B의 발화와 연합될 때, 뉴런 A가 뉴런 B에 미치는 영향이 증가하게 변화가 일어난다고 주장했다. Hebbian 학습 모형에서는, 두 단위 활동이 자주 동시에 일어날 때, 특정 단위에서 다른 단위로의 연결 강도가 증가한다.

그런 계산 모형화의 수행은 많은 방법으로 평가된다. 한 가지 방법은 결과의 양상이 사람들에게서 관찰되는 것을 모방하는가를 결정하는 것이다. 다른 방법은 그 모델들을 함정에 빠지게 하여, 어느 모델이 더 적은 오류를 발생하였는가? 또는 어느 모델이 더 안정된 상태에 빨리 도달하는가를 결정하는 것이다. 이런 기준으로, 계산 모형화는 성공적으로 상당한 양의 인간 행동을 모형화할 수 있으며, 이는 영어 발음규칙 학습이나 읽기 능력(Seidenberg & McClelland, 1989)부터 대상 재인(Reisenhuber & Poggio, 2000), 장기기억에서 새로운 기억을 저장하고 보관하는 인간의 능력(O'Reilly & Rudy, 2000)에 대한 것까지 광범위하다. 그뿐만 아니라 이런 모델들은 뇌 손상 후에 보일 수 있는 행동 양상을 모방할 수 있는데, 읽기 능력에 손상을 입히는 난독증(dyslexia)(McLeod, Shallice, & Plaut, 2000)이나 편측무시(hemineglect)가 일어나는 주의 장애(Mozer, Halligan, & Marshall, 1997) 같은 것이다. 이런 경우에서, 모형은 연결의 수를 감소하는 식이거나 단위의 입/출력 함수에 가변성을 첨가하여 시스템에 잡음신호(noise)를 추가하는 식으로 '망가지게(damage)' 된다.

명백히도 두뇌의 신경 구조화가 어떻게 우리가 생각하고 느끼는 것에 영향을 미치는가를 발견하려고 할 때, 인지 신경과학자들에게는 아주 광범위하고 다양한 도구들이 가용하다. 다음에 이어서 나올 장들에서, 우리가 논의할 실험들은 이 장에서 논의한 다양한 범위의 기법들을 사용하게 될 것이다. 이 방법은 어느 정도 복잡하며, 다시 이 장으로 돌아와 각 방법이 우리에게 무엇을 말해줄 수 있고, 말해줄 수 없는가를 다시 상기해야 할 필요가 있을지도 모른다. 각 방법의 장점과 한계점을 아는 것은 우리로 하여금 이 책의 나머지 장들에서 논의하게 될 실험 결과들의 장점을 평가하는 데 도움이 될 것이다.

요약

서론

- 두뇌의 기능적 구조학과 행동 간의 관계는 다양한 집단과 다양한 기법으로 연구될 수 있다. 연구자가 대답하고자 하는 질문에 따라서 연구의 초점이 두뇌의 신경해부학일 수도, 두뇌의 신경생리학일 수도 있으며, 또는 두뇌가 행동을 통제하는 방식 자체에 대한 것일 수도 있다.
- 다양한 기법들을 조합으로 사용할 수도 있는데, 서로 다른 기법들로부터 오는 수렴적 증거들이 두뇌-행동 관련성의 근본적 측면을 밝히는 데 가장 강력한 도구이기 때문이다.

연구 참가 집단

- 손상영역이 규명된 두뇌 손상 환자들은 연구자들로 하여금, 그 특정 두뇌 영역 손상 결과로 어떤 기능이 상실되었는가를 조사할 수 있게 해준다. 이런 기법은 한 기능에 관여하는 모든 두뇌 영역을 다 확인하게 할 수는 없지만, 그 과제를 수행하는 데 결정적인 두뇌 영역만을 규명한다.
- 신경학적으로 정상인 사람들은 (1) 두뇌 손상을 입은 개인의 행동 수행과 비교할 수 있는 기저선, (2) 두뇌의 기본적 신경해부학적 구조에 대한 정보, 그리고 (3) 두뇌영상기법과 함께 사용하여, 어떻게 두뇌가 함께 작용하는가에 관한 증거 등을 제공한다.
- 인간이 아닌 동물들은 두뇌-행동관계에 대한 유용한 정보를 제공할 수 있는데, 이는 인간의 두뇌가 다른 포유류 특히 원숭이들과 같은 영장류의 신경계와 많은 공통점을 가지고 있기 때문이다.

두뇌 해부학 측정 기법

- 이들 기법은 두뇌의 구조적 건전성에 대한 정보를 제공한다.
- CAT(컴퓨터단층촬영)과 같은 기법은 X-ray를 이용하여 뼈, 핏줄, 두뇌조직, 뇌척수액에 따라 다른 조직의 밀도에 대한 정보를 제공한다.
- 자기공명영상(MRI)은 자기장을 이용하여 두뇌 안의 특정 물질, 예를 들어 물과 지질과 같은 물질의 분포에 대한 그림을 제공한다.

생리적 기능을 평가하는 방법

- 기능두뇌영상법들은 신경 발화의 부산물로 일어나는 두뇌의 생리적 활동에 대한 정보를 제공하는데 그런 정보들은 두뇌 활동이 일어나고 있는 곳이 어디인지에 대해 매우 훌륭한 정보를 제시한다.

- 양전자단층촬영(PET)은 방사능 꼬리표를 붙이고 있는 분자를 이용하여 두뇌의 다른 부위에서 일어나는 생리학적 활동에 관한 측정치를 제공한다. 특정 신경전달물질의 결합은 물론 산소와 혈당의 소비를 조사하는 데 사용될 수 있다.
- 기능자기공명영상(fMRI)은 주로 산소화된 혈류와 탈산소화된 혈류의 자기성의 차이를 탐지하여 작용하는데, 이는 뉴런들이 활발한 두뇌 영역을 확인하는 것을 가능하게 한다. 전기자기 측정방법은 신경 발화와 더불어 발생하는 전기적 신호나 자기장 신호를 기록하는 방법으로 언제 신경 활동이 일어났는지에 대한 대단히 정확한 정보를 제공한다.
- 단세포 기록법은 사람에게는 아주 드문 경우를 제외하곤 쓰이지 않고 주로 동물에게 사용되는데 단일 세포 안으로 전극을 삽입하여서 연구자가 어떤 유형의 자극이 그 세포를 발화하게 하는지를 결정할 수 있게 한다.
- 뇌파검사(EEG)는 뉴런 집단의 수상돌기에서 동기화된 전기활동의 총합의 주파수를 조사하는 데 쓰인다. 이는 각성, 졸음, 수면과 같은 상태를 구별하거나 간질에서 발생하는 전기 스파이크를 탐지하는 데 유용하게 쓰인다.
- 사건 관련 전위(ERP)는 사건에 대한 반응으로 기록되는 전위이며 시간-잠금(time-locked)되어 있다. ERP 신호의 서로 다른 부위는 특정 감각 또는 인지 과정과 연관되어 있다.
- 자기뇌파검사(MEG)는 두뇌의 전기활동에 수반되는 자기 전위차에 대한 정보를 제시한다. MEG 신호의 서로 다른 부위는 특정 감각, 또는 인지 처리 과정과 관련되어 있다.
- 광 기록법은 뇌를 통과하는 빛의 흡수와 분산에 대한 정보를 제공한다. 이런 정보들은 몇 초 단위로 변화하며 일어나는 두뇌의 산소화된 혈류와 탈산소화된 혈류의 국소적 변화를 추론하는데 사용되며, 수 밀리 초 단위로 발생하는 신경 발화와 관련된 변화가 무엇인지에 관한 정보를 제공한다.

두뇌 활동을 조절하기 위한 기법

- 경두개자극(TMS)과 같은 방법은 두개골에 가해지는 자기장을 통하여 두뇌 활동을 교란시켜 뉴런의 전기적 발화를 간섭한다. 이 방법은 과제 수행에 결정적인 두뇌 영역들을 확인하는 데 사용될 수도 있다.

행동 분석 기법

- 인지 이론들은 정신 기능을 다양한 정보처리 요소로 나누어 분석하는 것을 돕는 데 커다란 역할을 하고 있다.
- 행동의 임상적 측정은 일반지능의 측정을 얻는 것 외에도, 한 기능에 관한 세부적인 조사로 들어감 없이 다수의 정신기능을 표집하는 검사 배터리를 통하여 이루어지거나, 특정 인지기능을 평가하기 위하여 환자 맞춤형 접근방식을 사용하여 이루어진다. 그 어떤 경우에서나, 일반적인 지능에 대한 측정 또한 자주 이루어진다.

두뇌-행동 관계성에 관한 모델링을 위한 기법

- 계산 모델들은 뉴런기능 같은 단위들로 이루어져 있어, 두뇌가 정신기능을 어떻게 지지하는지에 대해 예측하거나, 두뇌 손상 후 어떤 일이 일어날 것인가를 모의실험을 하는 데 사용될 수 있다.

핵심용어

개인 맞춤형 신경심리평가(customized neuropsychological assessment)
경두개 자기 자극법(transcranial magnetic stmulation, TMS)
경사장(gradient field)
계산 모델(computational model)
광 영상(optical imaging)
기능 국재화(localization of function)
기능자기공명영상(functional magnetic resonance imaging, fMRI)
내인성 요소(endogenous component)
뇌자도(magnetoencephalography, MEG)
뇌파검사(electroencephalograph, EEG)
단일사례연구법(single-case study)
병전기능 추정치(estimates of premorbid functioning)
분리 증후군(disconnection syndrome)
사건 관련 전위(event-related potential, ERP)
손상법(lesion method)
수렴적 조작법(method of converging operation)
수신기 코일(receiver coil)
섬유도(tractography)
신경망(neural network)
신경심리평가(neuropsychological assessment)
신경심리검사 배터리(neuropsychological test battery)
쌍극자(dipole)
알파 억제(alpha suppression)
양전자방출단층촬영(positron emission tomography, PET)
연결주의자 망(connectionist network)
요소(component)
이중 해리(double dissociation)
외인성 요소(exogenous components)
자기공명영상(magnetic resonance imaging, MRI)
전기 전위(electrical potential)
전체 작동(mass action)

정자장(static field)
중다사례연구법(method of multiple-case study approach)
집단연구(group studies)
컴퓨터단층촬영(computerized axial tomography, CAT)
펄스 연쇄(pulse sequence)
확산텐서영상(diffusion tensor imaging, DTI)

도서 참조 사이트: www.cengage.com/psychology/Banich

이 웹사이트는 학생들이나 강사들에게 강의용 퀴즈나 암기카드, 용어정리 같은 정보와 자료를 무료로 제공한다.

반구 특성화
Hemispheric Specialization

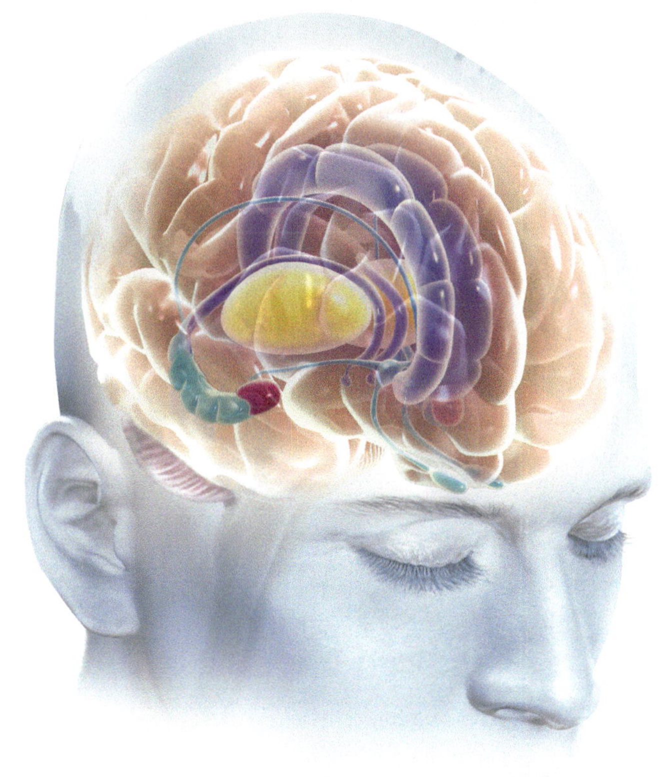

중심에서 좀 떨어져 언저리에 가깝고,
실제로 믿고 행하는 사람이라기보다는 꿈꾸는 이.
지각적이나 가슴으로 느끼는,
진정, 나는 좌반구 세상에 우반구 두뇌로 태어났노라.

– 캐리 뉴커머(Carrie Newcomer), 민요 가수, 1991년

이 노래의 가사가 말하고 있는 것처럼 두뇌의 반구화라는 것이 인지나 정서의 기능의 서로 다른 측면에 대하여 특성화되어 있다는 것은 이미 상식적으로 잘 알려진 사실이다. 우리는 두뇌기능이 좌우가 다르다는 것에 놀랄 필요가 없다. 왜냐하면 1장에서 배웠던 것처럼 이 두 좌우 반구의 두뇌는 또한 전측과 후측이라는 측면에서 다르고, 배측과 복측이라는 측면에서도 다르다. 반구간 정보처리 과정의 차이는 종종 **반구 특성화**, 또는 **기능 편재화**라고 불린다. 이 장에서는 반구 특성화에 대한 대략적인 개관을 배우게 될 것이고, 이후 장에서 반구 특성화의 언어나 공간 능력과 같은 특정 정신기능에 초점을 두고 배우게 될 것이다.

반구 특성화의 기초

언뜻 보면 두뇌의 각 반구들이 거울상처럼 생겼으나, 이러한 인상은 일부 잘못된 것이다. 실제로 반구는 신경해부학적이나 신경화학적으로 그리고 그 기능에서 뚜렷이 구분된다.

대뇌반구의 신경해부학적인 비대칭성은 100년도 더 전부터 잘 알려져 왔다(Toga & Thompson, 2003, 개관 참조). 예를 들어, 우반구 전두엽은 훨씬 더 두개골 쪽에서 앞쪽으로 나와 있고, 좌반구 전두엽보다 넓은 반면, 좌반구 후두엽은 두개골 뒤쪽으로 훨씬 더 튀어나와 있고, 오른쪽 후두엽보다 더 넓다(● 그림 4.1A). 대부분 사람의 실비안 열은 좌반구의 횡단면에서 더 뻗어 나가 있고, 우반구에서는 조금 더 위쪽으로 올라간다(Hochberg & Lemay, 1975; Rubens, Mahowald, & Hutton, 1976)(● 그림 4.1B). 이러한 비대칭성은 오래된 진화적 역사를 갖고 있는데, 자그마치 350만년 전으로 거슬러 올라가는(Holloway, 1983), 오스트랄리안 화석에서도 이러한 비대칭성이 발견된다. 부가적으로 측두엽의 실비안 열의 끝 부분에 있으며 **측두 평면**(planum temporale)이라고 알려진 영역은 주로 오른쪽보다는 왼쪽이 더 크다. 어떤 때는 약 10배 정도 더 큰 편이다(Geschwind & Levitsky, 1968)(● 그림 4.2). 좌반구의 측두 평면은 언어 이해에 중요하여, 우측보다 좌측의 측두 평면이 더 큰 개인들은 언어를 처리할 때 좌반구를 더 사용했을 가능성이 있다(Foundas, Leonard,

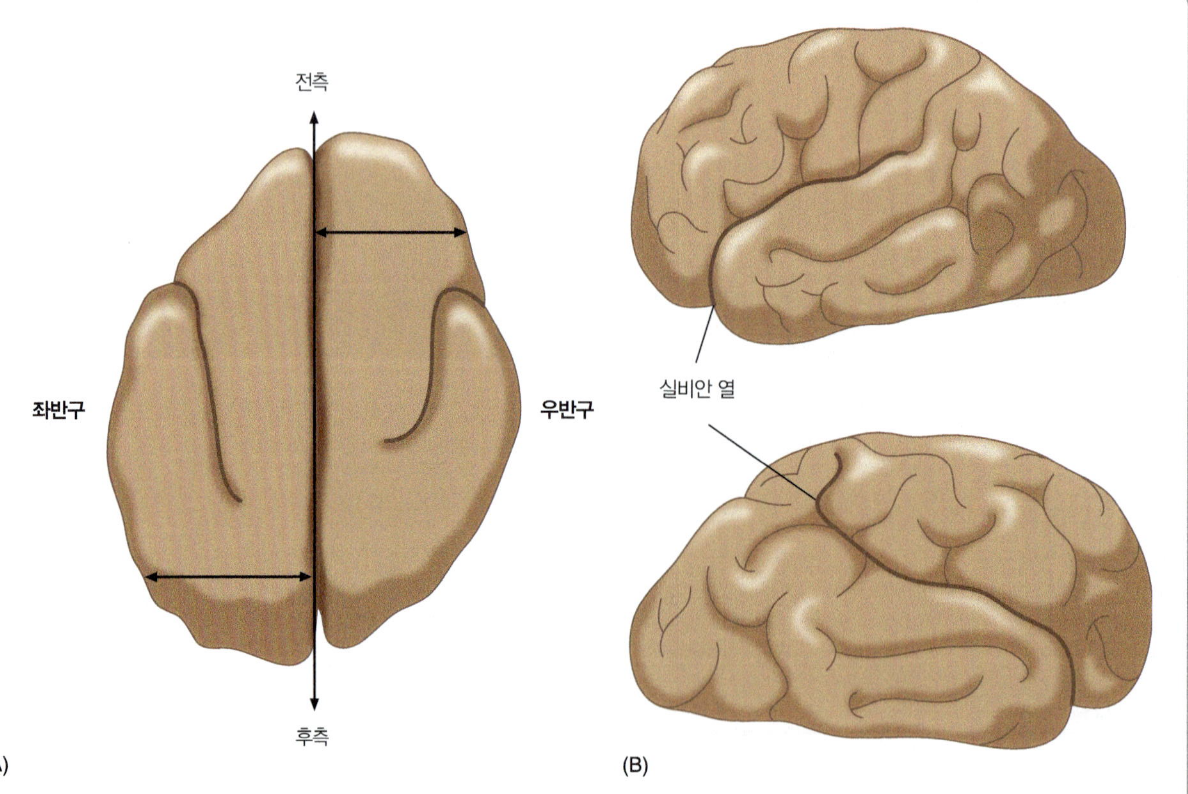

● **그림 4.1 인간 두뇌의 해부학적 비대칭.** (A) 우측 전두 영역이 좌측 전두 영역보다 주로 더 앞으로 나오고 더 넓다. 반면 후두 영역은 그 반대이다. 좌반구의 이 영역은 더 뒤로 나오고 더 넓다. (B) 실비안 열은 좌반구에서 더 수평방향으로 뻗어있다(위). 반면 우반구는(아래) 실비안 열이 보다 위로 향해있다. © 2011 Cengage Learning

Gilmore, Fennell, & Heilman, 1994). 언어와 관련된 또 다른 영역으로 우측보다 좌측이 더 큰 부위로는 전두엽의 브로카 영역인데, 이 영역은 언어 산출과 관련된 것으로 시사된다(Amunts, Schleicher, Burgel, Mohlberg, Uylings, & Zilles, 1999).

두뇌의 좌우 측의 차이는 거대 해부학적 구조차원에서만 다른 것이 아니라 미세 수준의 특질에서도 다르다. 세포 기둥은 우반구보다 좌반구의 청각 영역에서 더 넓게 떨어져 차지하고 있으며, 좌반구가 우반구보다 더 커다란 피라미드 세포를 가지고 있다(개관을 위해 Hutsler & Galuske, 2003 참조). 이런 비대칭의 기능적 의미는 아직 불명확하다. 그렇지만 한 가지 가능성은 좌반구의 청각 영역에 띄엄띄엄 위치한 피질 기둥들은 서로 다른 청각 입력을 보다 잘 변별하게 하여, 소리의 보다 세밀한 음가 표상을 가능하게 하는지도 모른다. 좌반구 전두엽의 브로카 영역의 뉴런들은 우반구의 대응 부위의 뉴런보다 수상돌기가지 범위가 더 크다(Scheibel, 1984). 이것은 아마도 이 영역의 뉴런들이 더 크고 더 특화된 처리 능력을 가진 것을 나타내는 것일 수도 있다.

반구간에 신경화학적인 차이도 많이 발견되는데 주로 신경전달물질의 농도의 비대칭성으로 나타난다. 예를 들어 노르에피네프린 농도는 왼쪽보다 오른쪽 시상에서 훨씬 더 높게 발견된다(Oke, Keller, Mefford, & Adams, 1978). 기저핵의 한 부분은 왼쪽 부위가 오른쪽보다 훨씬 더 높은 도파민의 농도를 보이고 있을 뿐 아니라 더 많은 도파민의 수용기가 있다(Glick, Ross, & Hough, 1982; Wagner et al., 1983). 이런 발견들은 행동에 대한 준비성이 요구되는 정신과정처럼, 도파민에 더 의존적인 정신과정이 아마도 좌반구에 더 편측화되어 있으리라는 것이다. 반면, 노르에피네프린에 더 의존적인 정보 처리, 예를 들어 새로운 자극으로 주의를 기울이도록 돕는 과정들은 우반구에 더 편측화되어 있을 것이다(D. Tucker & Williamson, 1984). 어떤 신경전달 물질은 두뇌 영역마다 비대층이 다르다. 예를 들어 세로토닌 결합은 일차, 이차 청각피질에서는 우측보다 좌측이 더 크다. 그러나 이런 결합은 측두엽 근처 영역에서는 좌반구보다 우반구에서 더 크다(Fink et al., 2009).

그렇지만 더 극단적인 반구간 차이는 기능의 차이이다. 이는 1800년 말경부터 발견된 것이다. 이제부터 각 반구의 독특한 특성화가 어떻게 발견되었는가에 대해 알아보도록 하겠다.

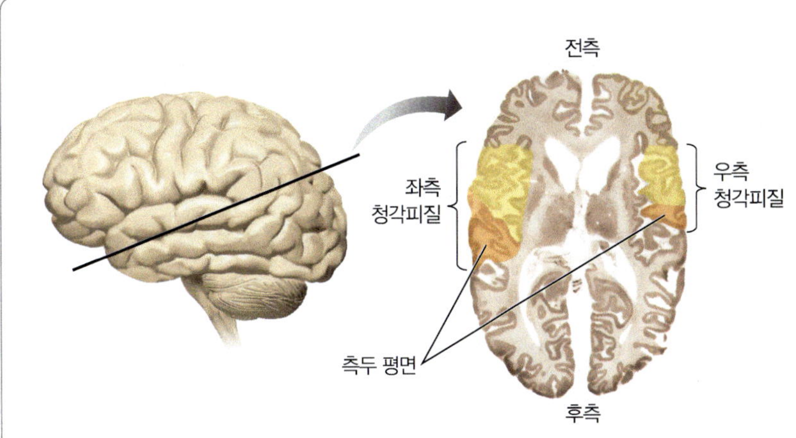

● **그림 4.2. 측두 평면의 좌우 비대칭.** 대부분의 사람들에서 우측보다는 좌측 두뇌의 측두 평면이 더 큰 영역이다. © 2010 Cengage Learning

■ 역사적 고찰

각 반구가 서로 다른 기능을 갖고 있을 것이라는 생각은 1860년대에 과학계의 주의를 끌기 시작했는데 이때는 프랑스 신경학자이자 인류학자인 Paul Broca가 우반구가 아니라 좌반구가 언어처리에 아주 중요하다는 연구결과의 증거를 제시했던 때이다. 브로카의 발견은 그가 만난 한 특이한 환자에 의해 활기를 띠기 시작했다. 이 사람은 '탄(tan)'이라는 음절을 말했을 뿐이었으며, 그럼에도 불구하고 그가 언어를 이해할 수 있다는 것이 명백했는데, 이는 그가 단순한 구두 명령을 따라 할 수 있었기 때문이다. 이 환자의 발성기관이나 발성기관 근처에 아무런 마비 증세가 없었기 때문에, 브로카는 이 환자의 문제가 언어 산출을 통제하는 두뇌기능의 문제에 기인한다는 것을 알아차렸다. 브로카가 그 환자를 처음 만난 지 얼마 되지 않아 그가 사망하였고, 이 시점에서 브로카는 그 사람의 두뇌를 부검하였다. 브로카는 손상이 좌반구의 특정 부위에 국한되었음을 알아차렸다(● 그림 4.3). 브로카는 동일한 언어 문제를 보이는 다른 환자들의 두뇌도 수집하였다. 사례마다, 손상은 동일한 영역, 즉 항상 좌반구에 국한되어 있었다. 우반구의 같은 위치에 해당하는 손상이 있었던 환자들은 아무런 언어 장애를 보이지 않았다.

언어 처리에서 좌반구의 중요성은 다른 신경학자들에 의해 확인되었다. 칼 베르니케(Karl Wernicke)는 좌반구의 또 다른 영역에 손상이 있으면 브로카가 발견했던 것과는 다른 형태의 증세가 야기됨을 알아차렸다. 베르니케 증후군 증세를 보이는 환자들은 비록 언어를 유창하게 말하는 능력을 유지하고 있음에도(그러나 도무지 뒤죽박죽으로 말이 되지 않는), 언어를 이해하는 능력을 상실했다. 브로카와 마찬가지로 베르니케도 이런 증세가 좌반구 손상 후에 일어난다는 것을 발견했다.

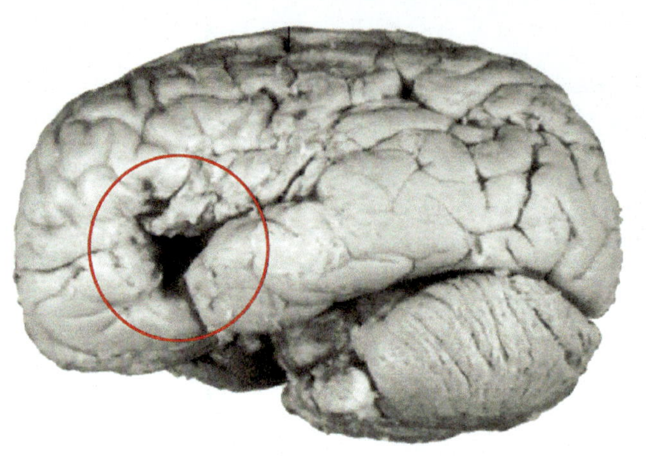

● **그림 4.3. 브로카의 환자 '탄'의 두뇌.** 이 환자는 '탄'이라는 음절 말고는 아무것도 더는 말할 수 없었는데, 이 환자의 기능과 그의 부검으로부터 나온 물리적 증거는 브로카로 하여금 좌반구 영역이 언어산출(speech)에 결정적으로 중요하다고 제안하게 했다. 출처: Dronkers, N.F., Plaisant, O., Iba-Zizen, M.T. & Cabanis, E.A. (2007). 폴 브로카의 역사적 사례: Leborgne와 Lelong의 고해상도 MR영상. Brain, 130, Figure 3, pg. 1436. By permission of Oxford University Press.

1860년대 말, 영국의 신경학자인 John Hughlings Jackson은 **대뇌 우세성**(cerebral dominance)이라는 개념을 도입했는데, 대뇌 우세성이란 한 대뇌반구가 특별히 우세하거나 정신기능을 주로 끌고 간다는 개념이다. 그 시대에는 언어라는 것은 거의 정신활동의 핵심이라고 간주되었다. 그 결과 좌반구가 우세 반구(dominant hemisphere)로 여겨졌으며, 심지어는 오늘날까지도 우반구를 가리켜 '비우세 반구(nondominant hemisphere)'라고 명명하는 연구 논문을 발견할 수 있다. Jackson이 우반구 손상이 일어날 수 있는 장애에 대해서 1800년대 말에 기록을 남겼음에도 불구하고, 이러한 발견들은 주로 무시되어 왔다. 더 팽배했던 생각은 우반구는 단지 왼쪽 공간으로부터 오는 감각정보를 받아들이는 것과, 왼쪽 몸의 운동을 통제하는 데만 중요할 것이라는 생각들이었다. 이러한 견해는 우반구가 그냥 예비 타이어와 같다는 생각인데, 만약에 좌반구가 손상되었을 때를 대비해서 준비된 예비 타이어와 같은 기능을 한다는 것이다. 그리고 그 자체는 별다른 특이한 기능이 없다고 보는 견해이다(19세기의 이러한 견해의 재미있는 역사에 대해서는 Harringtone, 1987을 보라).

브로카와 베르니케의 발견이 있은 후 약 1세기가 지난 1950년 후반과 1960년대 초반에 이루어진 연구들은 각 반구가 그 자체로 독특한 기능이 있다는 것을 보여주었는데, 이는 두뇌에 대한 과학자들의 생각을 바꾸었다. 예를 들어 몬트리올신경과학연구소의 Brenda Milner와 그녀의 동료들은 간질에 대한 처치로 우반구에 있는 측두엽을 수술로 제거하는 것이 친숙하지 않은 얼굴과 쉽게 명명할 수 없는 다른 자극에 대한 기억을 손상시킴을 보였다(B. Milner, 1968; Benton, 1969; Hécaen, 1962 참조). 각 반구 기능에 대한 가장 극적인 규명은 캘리포니아 기술연구소의 Roger Sperry와 동료들로부터 나왔는데, 이들은 아주 특수한 환자집단으로부터 각각의 반구 기능을 검증하였다(Sperry, 1974). 이 연구의 결과는 결정적이고 설득력 있는 것이어서, 1981년 Sperry가 생물학과 의학 부분에서 노벨상을 수상하는 데 기여하였다. 다음은 이 연구에 대해 살펴보겠다.

■ 뇌량 절단 환자 연구

Sperry가 각각의 반구에 독특한 기능이 있다는 것을 증명할 수 있게 된 것은 그가 **뇌량**(corpus callosum)의 기능을 밝히려는 시도 중에 이루어진 것인데, 이 뇌량은 좌우 반구를 연결하는 약 2억 5천만 개의 커다란 신경다발이다. 고양이와 원숭이의 이 부위를 연구하던 중 그는 이 영역이 좌우 반구의 정보 전달에 매우 중요하다는 것을 발견하였다. 동시에 신경외과의인 Joseph Bogen과 Philip Vogel은 서로 다른 이유 때문에 소수의 환자에게서 뇌량을 절단하게 되었는데, 주로 다루기 힘든 간질 발작을 통제하기 위해서였다. 이러한 환자들의 발작은 항경련제 약물로도 사라지지 않고 횟수가 너무 빈번하고 심해서 정상적인 삶을 영위하는 것이 불가능하였기 때문이다. Bogen과 Vogel에 의해 수행된 이 외과 처치는 **분리-뇌 절차**(split-brain procedure)라고 알려진 것이데, 이 절차가 좌반구와 우반구 상호작용의 가장 주된 통로를 절단하여 두뇌가 반반으로 분리되었다고 볼 수 있기 때문이다. 이러한 절차는 또한 **교련절개술**(commissurotomy)이라고 불린다. 왜냐하면, 이 뇌량이라는 것이 두뇌 교련(좌우 반구를 연결하는 구조)의 하나이기 때문이다. ● 그림 4.4는 뇌량의 위치를 보여주고 있다.

뇌량이 정상일 때는 반구들 사이에 정보 처리 절차가 협동적이어서 정보가 짧은 시간에 굉장히 빠른 속도(20 ms보다 적거나 같은 속도)로 수백만 개의 신경섬유를 통해서 오고 가게 된다. 그러나 뇌량이 절단되면 초기에 한쪽 반구로만 들어왔던 정보가 다른 쪽으로 전달될 수 없게 되는데, 다른 말로 하면 정보가 한쪽 반구에만 갇혀 있게 되는 셈이다. Sperry와 그 동료들은 인간 신경해부학적인 속성을 잘 활용한 기법을 통해서, 정보를 한 번에 한쪽 반구에만 전달할 수 있었으며, 그렇기 때문에 각각 반구가 어떤 정보를 처리할 수 있는가를 결정할 수 있었다.

기본적 발견

Sperry의 첫 번째 연구 목표 중의 하나는 분리 뇌 증후군 환자들의 언어 산출의 편재화를 밝히고자 하는 것이었는데, 이는 Broca 이후 언어가 좌반구에 국재화되어 있다고 생각되어 왔기 때문이다. Sperry와 그의 동료는 환자들에게 왼손이나 오른손 어느 한 쪽 손으로만 물건을 만져보도록 하였다. 이들 물건들이 시야에서 가려져 있기 때문에 유일한 정보원은 촉각뿐이었다. 이런 절차에서 특정 손에 의해 만져진 물체는 전적으로 대측 반구에서만 지각된다. 그래서 분리 뇌 증후군 환자의 오른손에 의해서 만져진 물체는 이 환자의 좌반구에서만 지각되며, 이 환자의 왼손으로 만져진 물체는 우반구에서만 지각된다. 놀랍게도 환자들은 오른손에 놓인 물건에 대해서는 이름을 말할 수 있었으나 왼손에 놓인 물건에 대해서는 이름을 말할 수 없었다.

우반구가 그 물건이 무엇인지 이해하지 못하기 때문에 왼손의 물건이 보고되지 못한 것일까? 아니면 우반구가 이해하고 있는 것을 언어화할 수 없는 것일까? 이런 두 가지 가능성을 구별하기 위해서 연구자들은 환자가 흔한 물건들, 예를 들어 연필, 담배, 물컵 같은 것의 정확한 사용방식을 보여주도록 과제를 변경하였다. 연구자들은 왼손에 놓인 물건이 정확히 사용됨을 발견하였고, 이는 우반구가 벙어리이기는 해도 이 사물에 대한 비언어적 지식을 증명할 수 있음을 의미하는 것이다(Gazzaniga, Bogen, & Sperry, 1962).

비록 우반구가 예비 타이어보다는 훨씬 나은 것이라고 밝혀졌다 하더라도 우반구의 언어적 기능은 다소 제한적이다(논의를 위해서 Gazzaniga, 1983a, 1983b와 Levy, 1983; Zaidel, 1983b 참조). 첫째, 이미 위에서 배운 것처럼, 우반구는 언어 산출을 통제할 수 없다. 둘째, 우반구는 복잡한 문법적인 구성을 이해할 수 없다(예를 들어 "고양이가 쫓던 그 개는 지난 주에 보안관들이 폐기 처분한 차고 뒤에 있는 어떤 탁자 밑으로 도망갔다.")(Zaidel, 1978). 우반구의 문법적 능력은 다소 간단한 구별에만 한정되어 있고(예를 들어 "그 소년은 그 가게로 갔다."와 "그 소년은 그 가게로 가지 않았다."를 구별하는 정도), 어휘 능력도 구체적 단어에만 제한되어 있다(실제 생활에서 볼 수 있는 물체와 행동을 의미하는 단어)(Zaidel, 1990). 마지막으로, 우반구는 두 단어의 운율을 구별해야 하는 음운 처리 과제에서 단어가 주어졌을 때 그 단어를 구성하는 소리로 단어 소리를 분해하지 못한다(Levy & Trevarthen, 1977).

분리 뇌 환자들로부터 우반구의 언어 능력이 상대적으로 빈약하다고 드러났기 때문에, 연구자들은 우반구가 할 수 있는 것은 무엇인가에 연구의 초점을 맞추기 시작했다. 부가적 실험을 통해 우반구가 공간적, 비언어적인 과제에 우월하다는 것이 드러났다. 예를 들어 블록을 특정 패턴으로 정렬해야 하는 과제에서 오른손은 무력하고 비조직화된 방법으로 이 과제를 수행하였다. 반면, 왼손은 그 과제를 빠르고 정확하게 수행하였다. 게다가 왼손은 종이 위에 정육면체를 그리는 것과 같이 삼차원적인 구조물을 2차원 평면에 잘 표현할 수 있었다(Gazzaniga, 1970).

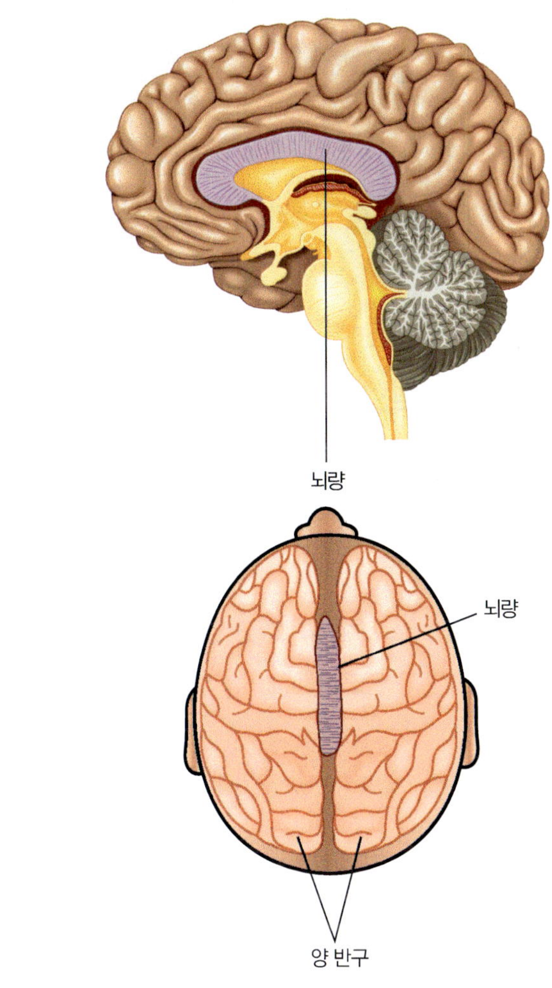

● **그림 4.4 뇌량의 위치.** 뇌량 절단 수술에서는 뇌량이 절단된다. © 2009 Cengage Learning

다른 연구들은 우반구가 손으로 하는 조작이 필요하지 않은 상황에서조차도 공간적 과제에 더 우세함을 보여주었다. 일련의 연구들에서, 분리 뇌 증후군 환자들에게 키메라 얼굴(● 그림 4.5처럼 서로 다른 두 쪽으로 구성된 얼굴)을 보라고 하였다. 이러한 사진들은 보통 사람들에게는 이상하게 보이지만, 분리 뇌 환자들의 각 반구는 서로 소통할 수 없기 때문에 그 환자들은 서로 다른 얼굴을 보고 있다는 것을 깨닫지 못한다. 분리 뇌 환자들에게 그들이 본 얼굴을 가리켜 보라고 하면, 오른손보다 왼손으로 지적할 때 정확도가 훨씬 더 크다. 이런 양상은 얼굴뿐 아니라 추상적 형태에 대해서도 동일하였다(Levy, Trevarthen, & Sperry, 1972). 그러므로 분리뇌 증후군 환자들에 대한 연구 결과는 각 반구의 정신적 기능에 대한 상보성을 잘 보여주고 있다. 좌반구는 언어적 기능에서 더 우

● **그림 4.5. 분리 뇌 증후군의 환자에게서 각 반구의 능력을 검사함.** (A) 반대편 반구에 의해 각각 지각될 두 개의 반쪽 얼굴로 이루어진 키메라 자극의 예. (B) 어떤 얼굴이 보이는가를 언어로 보고하라고 하면, 환자는 좌반구가 본 얼굴(우측 시야)을 보고한다. (C) 왼손을 사용하여 방금 본 얼굴을 지적해 보라고 요구하면, 환자는 우반구가 본 얼굴(좌측 시야에 제시되었던 얼굴)을 가리킨다. 정확도는 좌측 시야에 보여진 얼굴을 왼손으로 가리킬 때가 오른손을 이용해서 우측 시야에서 본 얼굴을 가리킬 때 보다 더 높다. 이런 발견들은 우반구의 얼굴 재인과정에 우수성을 나타내는 것이다. 출처: Reception of bilateral chimeric figures following hemispheric deconnexion, Levy J, Trevarthen C, Sperry RW. Brain. 1972; 95(1):61–78. By permission of Oxford University Press.

수하지만, 우반구는 공간적 영역에서 전문성을 가지고 있다.

해석상 주의할 점

분리 뇌 환자들에 관한 연구 결과가 그럴듯하고 강력하긴 하지만, 연구 결과를 해석할 때에는 주의를 기울여야 한다. 한 가지 잠재적 문제점은 이러한 환자들의 뇌가 전형적이지 않다는 것이다. 그들의 뇌 조직은 간질 발작에 관한 오랜 역사를 두고 볼 때 보통의 뇌와는 다를 것이라 간주된다. 더 나아가, 종열 깊은 곳에 위치한 뇌량을 절단하기 위해(그림 4.4), 외과의는 두 반구를 잡아 벌려야 하는데, 이런 것들이 뇌량 이외의 다른 영역에 손상을 입힐 가능성이 생긴다.

두 번째 문제점은 광범위하게 테스트를 거친 환자들의 수가 몇 명 안 되는 집단이라는 것이다. 분리 뇌 수술을 받은 대부분의 환자는 지능이 낮아서 연구에서 제외된다. 이 문제에 더하여, 환자들마다 다른 수행패턴을 보이기 때문에 때로 해석하기도 어렵다는 것이다. 예를 들어 분리뇌 환자들 간에도우반구의 언어 기능이 다르다(Sidtis, Volpe, Watson, Rayport, & Gazzaniga, 1981). 그러므로 분리 뇌 증후군 환자들에 관한 연구로부터 결론을 끌어낼 때 지나치게 일반화시켜 해석하지 않도록 주의할 필요가 있다.

그러나 방금 제기한 문제점에도 불구하고, 이런 환자들에 대한 연구는 매우 중요하다(분리 뇌 연구에 대한 보다 최근의 평가를 위해서는 Gazzaniga, 2005, and Reuter-Lorenz & Miller, 1998 참조). 분리 뇌 환자들에 관한 연구들은 상대적으로 온전하면서도 분리되어 있는 각 반구의 기능에 대한 정보를 제공해주기 때문에 인간 두뇌의 비대칭성을 이해하려는 우리의 시도에 매우 강력한 수단을 계속해서 제공하고 있다.

■ 한쪽 반구에만 국재화된 손상이 있는 환자에 관한 연구

분리 뇌 연구가 대뇌반구 기능의 편재화에 관해 많은 사실을 알려 주는 반면, 다른 신경과적 손상이 있는 환자들에 관한 연구들도 대뇌반구의 각기 다른 특수 기능에 관해 밝혀 주었다. 비록 과학자들이 좌반구 손상이 언어 기능, 특히 말하는 기능을 떨어뜨린다고 알고 있는지 오래되었지만, 다른 연구 방법들은 수렴적 증거를 제시하였다. 그러한 방법론 중의 하나가 **와다 기법**(Wada technique)인데, 이는 간질 발작을 통제하기 위해 뇌 조직을 제거해야 하는 수술을 받으려는 환자들에게 시행되어 말하는 기능이 어느 대뇌 반구에 편재화되어 있는지를 밝히는 기법이다. 대부분 좌반구가 언어 기능에 우세하지만(왼손잡이를 제외하고), 의사들은 뇌 조직을 제거하기 전에 어느 반구가 언어 기능에 우세한지 명확하게 알고 싶어한다. 이 와다 기법은 ● 그림 4.6에서 설명하고 있는 것처럼, 바르비투르산염(보통 나트륨 아모바비탈)을 심장에서 두뇌로 흐르는 대뇌동맥에 주사한다. 주로 심장에서 두뇌로 가는 혈류 공급이 일측성이기 때문에, 바르비투르 산염은 한쪽 반구만 마취시키게 된다. 만약 환자가 말을 하지 못하면, 마취된 대뇌반구가 언어 기능을 담당하고 있다고 추측할 수 있다. 이런 방법을 사용한 연구는 95%의 오른손잡이들에 있어서 좌반구가 우세반구임을 밝혀냈다(Rasmussen & Milner, 1977). 이 와다 기법은 매우 침습적인 방법이기 때문에 fMRI를 사용하여 중요한 언어 기능을 수술 전에 국재화할 수 있는지를 알아보기 위해 많은 연구가 이루어지고 있다(Benke et al., 2006; Gaillard et al., 2004; Wilke, Lidzba, Staudt, Buchenau, Grodd, & Krageloh-Mann, 2006). 뇌자도도 언어 국재화 영역을 밝혀내는 수단으로 탐색되고 있는데, 와다 기법보다 훨씬 덜 침습적이면서 fMRI보다 어린이들에게 사용하기 훨씬 쉽기 때문이다(Ressel, Wilke, Lidzba, Preissl, Krägeloh-Mann, & Lutzenberger, 2006). 그럼에도 와다 검사는 신경외과 상황에서 여전히 주류로 남아있다(Paolicchi, 2008).

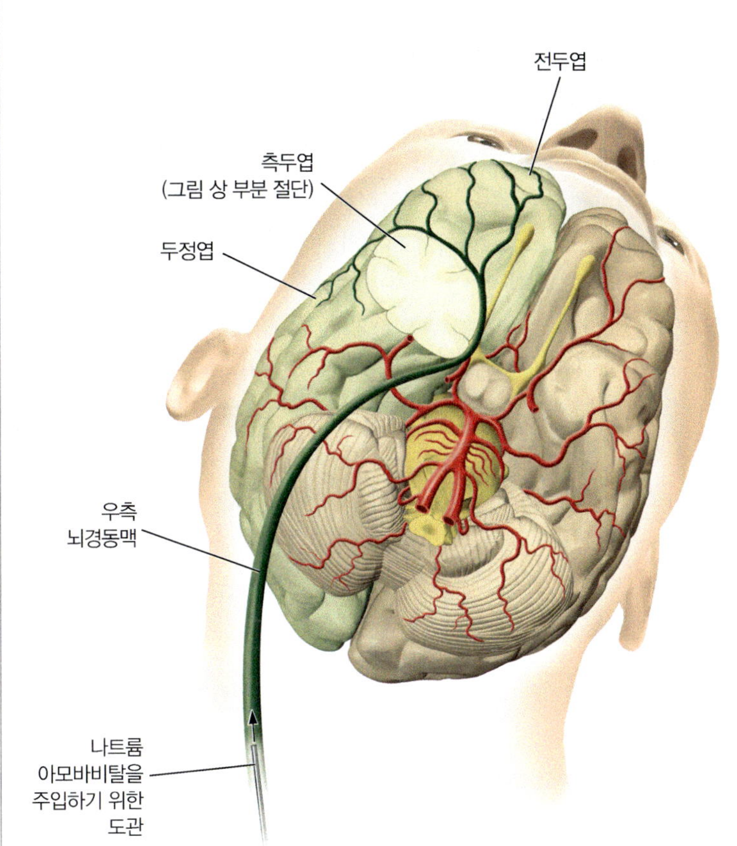

● **그림 4.6 와다 기법.** 그림의 뇌에서 보여주는 것처럼, 나트륨 아미탈을 목 부위의 한쪽의 뇌경동맥에 주입하면, 연구자들은 한 반구를 한번에 하나씩 마취시킬 수 있어 말하기가 방해되는 때가 언제인가를 결정할 수 있다. 이런 절차는 신경외과수술 전에 말하기 기능의 편재화를 결정하는 데 쓰인다. © 2010 Cengage Learning

두뇌 손상 환자들에 관한 연구들은 우반구 손상이 좌반구 손상과 다른 결과를 일으키고 있음을 증명하고 있다. 좌반구 손상이 언어와 관련된 기능을 저하하는 반면, 우반구 손상은 많은 공간적, 시공간적 능력을 저하한다. 예를 들어 우반구 손상 환자들은 선 방향에 관해 판단할때 저조한 수행을 보이고(Benton, Hannay, & Varney, 1975) 비전형적이거나 비표준적 형태로 제시된 사물의 재인에 어려움을 보이며(Warrington & Taylor, 1973), 그리고 이전에 보았던 얼굴과 그렇지 않은 얼굴 구별에도 어려움을 보인다(Yin, 1970). 게다가 우반구 손상 환자들은 목소리의 음조나 소리의 음고 차이를 잘 구별하지 못하며(Ross, 1981), 얼굴에 나타난 감정 표현을 읽어내는 데에도 저조한 수행을 보인다(Bowers, Bauer, Coslett, & Heilman, 1985). 이러한 연구들은 비록 비언어적인 영역이기는 하지만, 우반구가 가지고 있는 인지기능은 좌반구 못지않게 정교함을 잘 보여주고 있다.

■ 신경과적으로 정상적인 개인에 관한 연구

신경과적으로 정상적인 개인에서 대뇌반구의 차이를 보는 것은 비교적 쉬운 일인데, 이는 대부분의 감각 정보가 처음에는 반대편 반구의 일차감각영역으로 전달되기 때문이다. 이 방식으로 증명된 많은 증거는 각 대뇌반구가 인지적, 감정적 처리에 어떻게 전문화되어 있는지를 잘 설명하는 제3의 수렴적 접근법을 제공한다. 이러한 증거들을 더 논의하기에 앞서, 기능 편재화를 밝히는 데 사용되는 연구방법에 관해 먼저 논의해 보도록 하겠다.

방법론

기능 편재화에 관한 연구는 시각, 청각, 촉각 감각 양상에서 이루어진다. 시각 정보 처리에서의 대뇌반구의 차이를 측정하는 것은 눈에서부터 뇌까지의 신경 경로의 배열을 이용한 것이다(그림 1.18 참조). 우측 시야(right visual field, RVF)의 정보는 좌반구의 일차시각피질로 투사되는 반면, 좌측 시야(lef visual fild, LVF)에 제시된 정보는 전적으로 우반구의 일차시각피질로 전달된다. 이런 신경계의 배열을 이용한 연구들은 각 시야에 따로 정보를 제시하는 방법을 쓰는데, 이 기법을 **분리 시야 기법**(divided visual field technique)이라고 한다.

LVF 대 RVF에 제시된 항목에 관한 수행 속도나 정확도를 비교함으로써 각 반구가 정보를 어떻게 잘 처리하는가를 유추할 수 있다. 예를 들어 LVF(좌측 시야)에 자극이 제시될 때보다 RVF(우측 시야)에 자극이 제시될 때, 그 정보에 대해 더 우수한 회상을 보인다면, 그 정보 유형의 처리는 좌반구에 더 잘 특화되어 있다고 가정할 수 있다. 우리가 실제로 관찰하고 있는 것은 정보를 지각하는 데 보이는 비대칭성임을 주목하라. 그래서 이러한 수행 상의 차이를 종종 **지각 비대칭성**(perceptual asymmetry)이라고 명명하게 된다. 감각 기관의 각기 다른 부분이 다른 반구로 투사되기 때문에, 지각 비대칭성은 대뇌반구 차이로 해석될 수 있다.

분리 시야 연구 기법에서, 정보는 반드시 200 ms(1초의 1/5) 혹은 그보다 짧은 시간 내에 제시되어야 하는데, 이런 절차가 시선이 한 지점에서 다른 지점으로 움직이는 것을 방지하기 때문이다. 시선을 하나의 지점에 고정하고 있을 때만 우측 시야 혹은 좌측 시야를 구성하는 공간이 정지해 있는 것이다. 제시된 정보가 우반구에 투사되었음을 확실히 하기 위해서, 연구자들은 자극을 중앙선보다 좀 더 외측에 (약 1 또는 2도 정도) 제시한다. 개인이 눈을 혹시라도 약간 응시점에서 벗어나게 움직였다 하더라도, 자극이 여전히 각 시야에 떨어지게 될 것이다.

비슷한 논리가 체감각 양상에 대한 대뇌반구 차이를 알아보는 데도 적용된다. **이중 촉각 제시**(dichaptic presentation) 방식에서, 처음에는 피험자에게 두 가지 물건을 동시에, 한 손에 한 가지씩 만지라고 한 후 이 물건들이 무엇이었는가를 알아내도록 한다(Witelson, 1974). 주로 이 물건들은 피험자들이 볼 수 없도록 스크린 뒤에 가려져 있거나 혹은 피험자들에게 눈가리개를 씌우고 진행하여 자극에 대한 정보는 오직 체감각을 통해 얻을 수 있다. 몸의 왼쪽으로부터 느껴지는 촉각 정보는 우반구의 일차체감각영역(primary somatosensory area)으로 투사되기 때문에, 왼손에 제시된 정보를 처리하는 데는 우반구가 우세하다. 마찬가지로 오른손에 제시된 정보를 처리할 때에는 좌반구가 우세하다(왼손은 우반구).

청각 양상에 대한 대뇌반구 차이를 연구하는 것은 다소 복잡하다. 1장으로부터 기억하고 있겠지만, 각 귀로 들어온 정보는 대측 반구의 일차 청각 피질과 동측 반구의 일차청각피질 모두로 전달된다. 만약 각 귀가 양쪽 반구와 연결되어 있다면, 각 귀에 들어온 정보를 보고하는 능력 차이를 어떻게 해석할 수 있을까? **이중 경청 제시**(dichotic presentation)라고 불리는 특별한 조건에서는 이 문제는 좀 단순화된다(● 그림 4.7). 이중 경청 제시 법에서는 서로 다른 정보가 동시에 양 귀에 제시되는데, 각 대뇌반구는 두 가지의 서로 경쟁하는 정보를 동측 귀와 대측 귀에서 각각 받아들이게 된다. 이 경쟁 때문에 동측 귀에서 받아들인 정보는 대측 귀에서 받아들인 정보에 비해 상대적으로 억제된다(Milner, Taylor, & Sperry, 1968). 따라서 우측 귀에서 들어온 정보는 거의 전적으로 좌반구에서, 좌측 귀에서 들어온 정보는 거의 우반구에서 처리된다.

연구 결과

지각 비대칭성에 관한 실증적 연구들은 대뇌반구의 처리 능력의 차이를 밝히는 데 꽤 효율적이었다. 이미 배운 것에 근

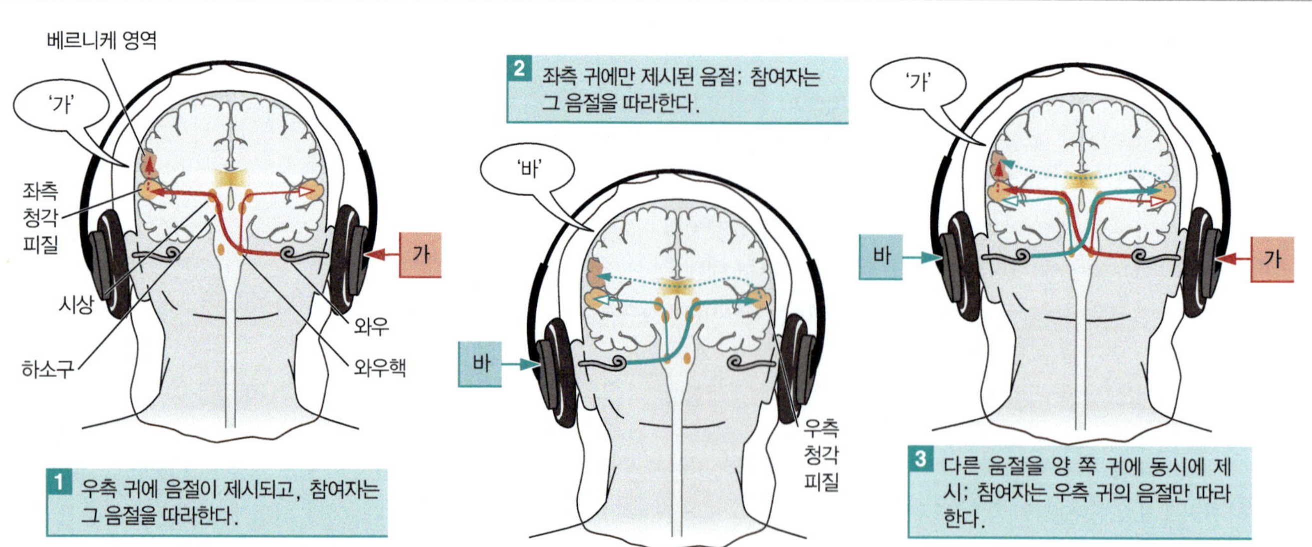

● **그림 4.7. 이중 경청 기법에서의 동측 억제.** 한 음절이 오른쪽 또는 왼쪽 귀에 제시될 때(단일 귀 자극), 그 사람은 그 음절을 쉽게 보고할 수 있다. 각 귀의 청각 정보는 대측과 동측 연결에 의해 두 반구로 보내진다. 그렇지만 두 귀에 동시에 서로 다른 음절로 자극하면(이중 자극), 사람들은 이 두 음절을 모두 보고하는 데 어려움을 보인다. 이런 이중 자극 조건하에서, 우측 귀에 제시된 음절은 좌측 귀에 제시된 음절보다 더 정확하게 보고되는데, 이는 우측 귀에 제시된 음절이 언어적 좌반구의 접근이 좋기 때문이다. 좌측 귀에 제시된 음절은 잘 보고되지 못하는데, 이는 동측 섬유를 통해 전달되는 정보가 이중 조건하에서 억제되고, 그래서 좌반구는 좌측 귀에 제시된 음절에 대해 직접적으로 접근하지 못하기 때문이다. © 2010 Cengage Learning

거해서 예측할 수 있듯이, 언어 자극은 좌반구의 일차감각영역으로 투사되었을 때 더 우수하게 처리되고, 반대로 비언어적인 정보는 우반구의 일차감각영역으로 투사되었을 때 더 잘 처리된다. 예를 들어 시각 양상에서는 제시된 정보가 단어일 때 RVF(우측 시야 또는 좌반구) 우월성(advantage)을, 얼굴일 때는 LVF(좌측 시야 또는 우반구) 우월성을 발견하였다(Levine & Banich, 1982; Levine, Banich, & Koch-Weser, 1988). 촉각 양상의 경우, 손바닥에 쓴 글자 알아맞히기와(O'Boyle, Van Wyhe-Lawler, & Miller, 1987), 사포로 만들어진 글자 맞히기(Gibson & Bryden, 1983) 경우 오른손 우월성이 발견되었다. 반면, 피험자가 두 가지의 복잡한 형태를 동시에 만지고, 시각적으로 일치시켜야 하거나 그것들을 알아내야 할 때(Gibson & Bryden, 1983; Witelson, 1974) 왼손 우월성이 발견된다. 청각 양상에서, 단어(Kimura, 1967)나 말소리(Studdert-Kennedy & Shankweiler, 1970)에 대한 보고나 반응은 단어나 말소리가 좌측 귀에 제시되었을 때보다 우측 귀에 제시되었을 때 더 빠르고 정확하였다. 반대로, 동물의 소리, 일상생활에서 들을 수 있는 소리(문이 닫히고 열리는 소리, 기차의 경적 소리), 음조 등의 비언어적 자극에 대한 보고나 반응은 좌측 귀에 제시되는 경우에 더 잘 처리되었다(Gordon, 1980). 이런 우월성은 주로 사소한 정도로, 정확도에서 10% 차이, 반응 속도에서 20 ms에서 30 ms 정도의 차이이다. 그럼에도 두 대뇌반구가 뇌량이라는 2억 5천만 개의 신경 다발로 연결되어 있음을 고려하면, 여전히 인상적인 현상이 아닐 수 없다.

두 반구 사이의 엄청난 상호연결 신경망하에서, 어떻게 이런 지각 비대칭성이 신경학적으로 정상인 사람들에게서 나타나는 것일까? 단 하나의 설명으로 일치되는 것은 없지만, 연구자들은 몇 가지 생각을 가지고 있다. 한 가지는 **직접적 접근 이론**(direct access theory)이라고 불리는 것으로, 감각 정보를 받는 대뇌반구가 바로 그 정보를 처리한다고 가정하는 것이다. 어떤 과제가 주어졌을 때 그 과제를 잘 처리하지 못하는 대뇌반구에서 정보를 받아들인다면 그 과제를 잘 처리할 수 있는 대뇌반구에서 받아들였을 때보다 수행이 저조할 것이다. 또 다른 관점은 **뇌량 연결 모델**(callosal relay model)인데, 이 모델은 주어진 과제에 덜 적합한 반구에서 받아들인 정보는 반대편 반구로 전달된다고 가정한다. 이 뇌량 전송은 정보의 질을 떨어뜨리고, 정보가 더 적합한 대뇌반구로 전달되었을 경우보다 수행 저조를 보인다(이에 관한 자세한 사항은 E. Zaidel, 1983a 참고). 세 번째 설명은 **활동-지향 모델**(activating-orienting model)이라고 알려진 것으로 주의 세트 혹은 편향이 지각 비대칭에 영향을 미친다고 제안한다(Kinsbourne, 1975). 이 이론에 의하면, 특정 유형의 정보처리(단어 재인)가 그 과제에 적합한 대뇌반구(이 경우에 좌반구)에 더 큰 활성화를 야기시킨다는 것이다. 이 증가된 활동성은 좀 더 활동적인 반구의 대측(오른편)의 공간을 향한 주의 편향을 야기시킨다고 생각된다. 그 결과, 공간의 그쪽에서 오는 지각 정보가 훨씬 두드러지고, 더 우월한 방식으로 그 정보가 처리된다.

반구 차이의 특징

지금까지 우리는 대뇌반구가 각기 다른 형태의 자극, 언어 자극 대 비언어 자극에 전문화되어 있다고 시사해 왔다. 그러나 이렇게 간단한 문제는 아니다. 현재 학자들 간의 동의는 그 반구가 처리하는 정보가 **무슨** 유형이냐에 따라 크게 다른 것은 아니고, 그보다는 그 정보를 **어떻게** 처리하느냐 에서 다르다고 본다. 현재 이론들은 각 반구가 서로 정보처리 양식(전체적 대 단편적)에서 다르며, 이런 두 개의 독특한 양식은 이 세상에 대해 상보적 정보를 제공한다.

반구 차이에 대한 주된 이론 중의 하나는 좌반구가 시간적 관계성에 특별한 강조를 두며, 단편적이고 분석적으로 정보를 처리하고, 우반구는 공간적 관계성에 특별한 강조를 두며 정보를 보다 총체적이고, 게스탈트적으로 처리한다고 생각하는 것이다. 이런 정보처리 양식에 대한 차이는 좌반구나 우반구의 일측성 손상을 가진 환자의 수행을 비교하여 관찰될 수 있다. 예를 들어 ● 그림 4.8에 위계적으로 **조직화된 그림들**(hierarchically organized figures)을 보라. 우반구 손상을 입은 환자들은 부분이나 조각에 주의를 기울이는 데는 문제가 없으나(*Z*들 혹은 사각형들), 그 자극 항목의 전체적인 형태(*M* 혹은 삼각형 모양)에 주의를 기울이는데 어려움이 있었다. 역으로 좌반구 손상환자들은 전체적인 형태(*M* 혹은 삼각형 모양)를 보는데 어려움은 없으나, 부분들(*Z*들 혹은 사각형들)에 주의를 기울이는 데 장애를 보인다(Robertson & Lamb, 1991). 언어적이거나 비언어적인 자극의 유형에 상관없이 각 반구는 정보처리에서 서로 상보적인 역할을 하고 있다. 비유적으로 말하자면, 우반구는 숲에 주의를 두는 반면, 좌반구는 나무에 주의를 두는 것이다.

최근에 와서 두 대뇌반구 모두 비록 방식이 다르기는 하지만, 거의 모든 과제 수행에 기여한다는 것이 분명해지고 있다. 이는 우리가 글을 읽고 있는 동안 우반구가 낮잠을 자고 있지 않으며, 우리가 친구의 얼굴을 알아보는 동안 좌반구가 잠자고 있지 않다는 것을 의미한다. 이런 식의 반쪽 뇌 양식으로 설명하는 것은 별로 좋은 방략이 아니다. 대신 각 반구는 어떤 점에서는 거의 모든 복잡한 정신기능에 기여하고 있다. 비록 전통적으로 한쪽 반구에 의존한다고 여겨지는 기능, 예를 들어 언어능력(좌반구에 의존한다고 여겨짐)과 공간능력(주로 우반구에 의존한다고 여겨짐)에 두 반구 모두가 관여하고 있

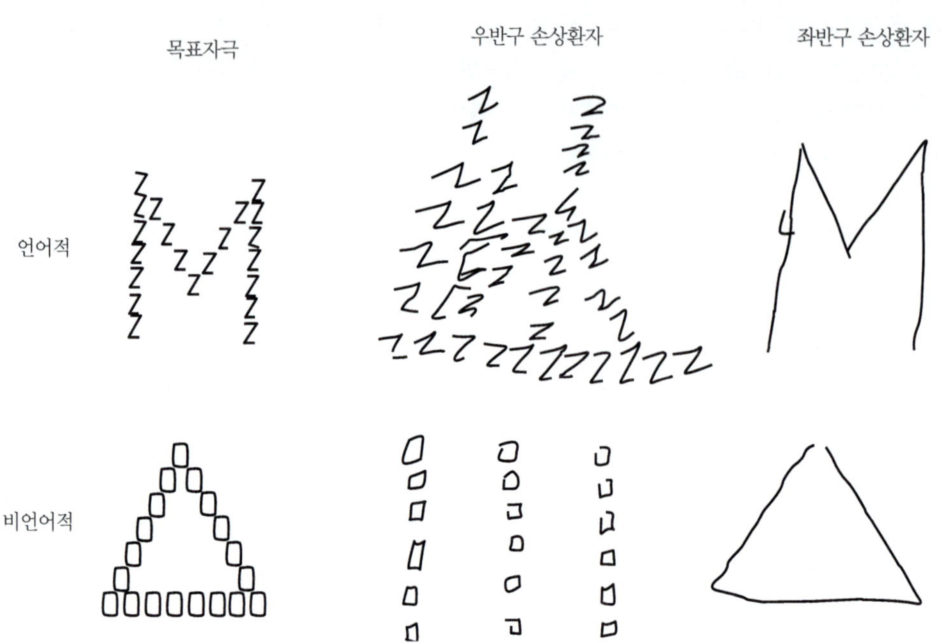

● **그림 4.8 전체적 처리와 부분적 처리간의 반구 차이.** 우반구 손상이 있는 환자는 Z들 혹은 사각형으로 이루어진 그림에서 보여주고 있는 것처럼, 그림의 부분, 요소, 대상의 일부는 바르게 보고 그린다. 그러나 전체적인 형태는 맞지 않게 그린다. M(언어적인 자극의 경우에)도 아니고, 사각형(비언어적인 자극의 경우에)도 아니다. 반대로 좌반구 손상 환자는 부분, 요소, 대상의 일부가 아닌 항목의 전체적인 형태는 바르게 그릴 수 있다. © 2011 Cengage Learning

는 듯하다. 예를 들어 은유(metaphor)의 처리, 줄거리 이해, 그리고 행간을 읽는 능력들은 언어관련 정보처리이지만, 이들은 우반구에 더 의존하는 처리들이다(언어에 대한 우반구 기여에 대한 논의는 Beeman & Chiarello, 1998a, Beeman & Chiarello, 1998b 참조). 이와 마찬가지로, 위와 아래, 왼쪽과 오른쪽, 앞과 뒤를 구분하는 능력은 모두 공간 관련성이지만 좌반구에 의존하는 것이다(Chabriss & Kosslyn, 1998).

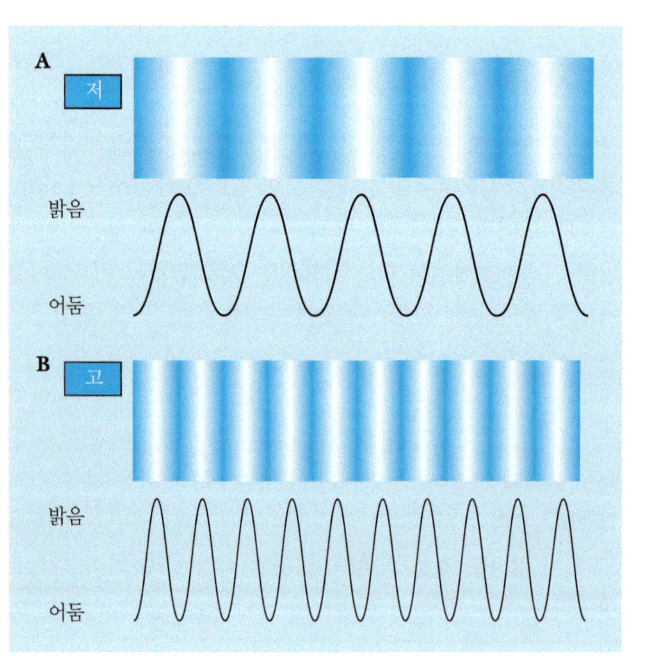

● **그림 4.9 다양한 공간주파수 정보.** (A) 저공간주파수의 정보. (B) 고 공간주파수의 정보 그림에서 볼 수 있듯이, 밝음에서 어두움으로의 전환이 B에서보다 A에서 적게 일어난다. © 2011 Cengage Learning

인지 신경과학적 틀 안에서, 연구자들은 어떤 유형의 계산 편향이 이런 반구간 차이의 근거가 되는 것인지 이해하려는 시도를 해오고 있다. 이런 이론으로 초기에 가장 영향력 있는 것이 **공간주파수 가설**(spatial frequency hypothesis)이라는 것으로, 대뇌반구는 시각 정보의 어떤 특질, 즉 공간주파수(spatial frequency)(Sergent, 1983)라고 알려진 특질의 처리능력에서 차이가 난다고 주장한다. 시각 정보가 만일 주어진 공간대에서 어둠과 밝음 간에 서서히 오락가락한다면, 낮은 공간주파수를 가진다. 반대로 주어진 공간 범위 내에서 어두움과 밝음 사이의 변환이 빠르게 일어난다면, 공간정보는 높은 공간주파수를 가진다.

고공간주파수를 가진 시각 정보와 저공간주파수를 가진 시각정보에 대해 제대로 이해하려면, ● 그림 4.9를 보면 된다. 저공간주파수의 시각 정보는 세밀한 정보 없이 대체적인 윤곽을 제공해 준다. 실눈을 가느다랗게 뜨고 이 페이지를 본다면 저공간주파수가 어떤 것인지 대략 알 수 있을 것이다. 대체적인 일반적 형태는 제시하지만, 세부 사항은 아님을 주시하라. 그러나 고공간주파수의 시각 정보는 세부 사항을 제공한다.

Sergent의 이론은 우반구가 저공간주파수를 처리하는 데, 좌반구는 고공간주파수를 처리하는 데 보다 적합하다고 가정한다. 이런 구분은 보통 우반구는 정보를 대략적인 처리에 전문화되어 있는 반면, 좌반구는 정보의 세부적 처리에 전문화되어 있다고 제안했던 이전 이론과 비슷하다(Semmes, 1968). 연구에 의하면 절대적 척도 상의 정보 주파수의 높고 낮음은 별로 중요하지 않고, 더 중요한 것은 주어진 맥락에서 높고 낮음이다(Kitterle, Hellige, & Christman, 1992). 이는 소리를 듣거나 장면을 볼 때(Ivry & Lebby, 1993), 두뇌가 먼저 존재하는 공간주파수 대를 알아차린 후에 그러고 나서 각 반구가 그 범위 내의 일정 주파수 대에 대해 책임을 지는 것 같다. 이러한 생각들은 **주파수에 의한 이중-여과 이론**(double filtering by frequency theory)이라고 알려진 이론으로 확대되었다. 이 이론은 과제-관련 정보가 무엇인지 파악되고 난 후에, 상대적 공간주파수가 높은 정보는 좌반구에 의해 처리되도록, 상대적으로 낮은 공간주파수의 정보는 우반구에 의해 처리되도록 여과화(filtering)가 일어난다는 입장을 취한다(Ivry & Robertson, 1998; Robertson & Ivry, 2000). 이런 여과화는 우반구는 전체적 정보처리에 유리하게, 좌반구는 단편적 정보처리에 유리하게 한다. 이제는 거의 모든 인지 과제를 수행할 때 어떻게 양반구가 모두 기여하게 되는지 알아 보았으니, 각 반구의 정보가 어떻게 통합되는지를 알아보도록 하겠다.

대뇌반구간 정보의 통합

대뇌반구가 분명히 각각 다른 정보처리를 하도록 특성화되어 있다고 하더라도, 일상생활에서 행동과 경험이라고 하는 것은 두 개의 별개의 마음에서 나온 결과물이 아니라 하나의 대뇌에서 통합된 처리를 반영하는 것이다. 그렇다면 어떻게 두 대뇌반구가 다른 반구와 의사전달을 하고 조정하여 매끈한 반응을 산출하게 되는가에 대한 질문을 던져야 할 것이다. 우리는 여기서 이런 문제에 대한 두 가지 측면에 초점을 맞추고자 한다. 우선 첫째, 반구간 의사소통의 주요 도관인 뇌량(corpus callosum)의 속성에 대해서 살펴볼 것이고, 그리고는 두 반구 간 상호작용으로 이루어지는 기능들에 대해서 살펴보겠다.

■ 뇌량을 통해 전달되는 정보의 본질

다른 피질하 교련(subcortical commissures)들이 일부 원시적 정보를 두뇌의 한쪽에서 다른 쪽으로 전달하고 있기는 하지만, 뇌량이 정보를 한쪽 반구에서 다른 쪽 반구로 전달하는 주 신경-섬유 통로이다. 구조적으로는 뇌량의 앞부분은 뇌의 앞 부분을 연결하고, 뇌량의 뒷 부분은 뇌의 뒷부분을 연결한다(● 그림 4.10). 이런 조직화 때문에, 뇌량의 각 부분에 의해 연결된 뇌 영역에 따라, 다른 유형의 정보가 전달된다. 예를 들어 운동신호와 같은 정보는 뇌량의 중간부분(**몸체**라고 알려진)에서 전달되고, 시각정보는 뇌량의 뒷부분[**뇌량팽대**(splenium)라고 알려진]으로 전달된다.

연구자들은 분리 뇌 환자들에게 각 다른 반구로 보내지는 항목들을 비교하도록 하여 뇌량을 통해 전달되는 정보의 본질을 확인할 수 있다. 만일 환자들이 다른 반구에서 처리되는 두 항목을 비교할 수 없다면, 두 항목에 대한 통합은 뇌량에 의존하는 것임이 틀림없는데, 이는 이들 환자에게는 이 뇌량이 절단되었기 때문이다. 만일 분리 뇌 환자들이 두 항목 간 비교가 가능하다면, 비교가 뇌량보다는 ● 그림 4.11에서 볼 수 있는 교련(commissure)에 의존하는 것이다. 비록 보다 일반적인 정보가 피질하 교련을 통해서도 전달될 수 있지만, 어떤 특정 항목을 정확하게 확인하기 위해 필요한 세부적 정보들은 오직 뇌량을 통해서만 교환된다는 것이 연구에 의해 밝혀졌다(개관을 위해서는 Gazzaniga, 2000 참조). 예를 들어 분리 뇌 환자들은 각각의 반구로 보내진 두 얼굴이 같은 사람인지(각 반구에서 보여지는 얼굴이 마돈나의 얼굴인지) 아닌지 구별하지 못한다. 그러나 피질하 교련도 이분법적인 정보를 전달할 수 있는데, 예를 들어 그 얼굴이 젊은 사람의 얼굴인지, 노인의 얼굴인지 혹은 여자인지 남자인지 같은 것이다(Sergent, 1990; Sperry, Zaidel, & Zaidel, 1979). 이런 연구들로부터 우리는 뇌량이 두 반구 사이의 고차적 정보 교환에 주된 통로이지만, 다른 두뇌 교련들 또한 기초적이고 원시적인 정보를 전달하는 능력이 있다고 결론 내릴 수 있게 되었다.

■ 반구간 상호작용의 기능

반구간 상호작용의 측면에서 볼 때, 뇌량의 기능 중 일부는 마치 사무실의 메신저 서비스와 같은 역할을 한다고 볼 수 있는데, 각 반구의 경험에 대한 복사물을 다른 반구에 전달하여 각 반구가 협응할 수 있도록 하는 것이다. 우선 뇌량의 이러한 기능을 논의하고 나서 다른 부가적인 역할에 대하여 알아보도록 하겠다.

뇌량은 한 반구로부터 받은 정보를 즉시 반대편 반구로 전달해줌으로써 각 반구가 서로 어떤 일을 하고 있는지를 알 수 있도록 해준다. 이러한 빠른 전달은 감각자극에 대한 사건-관련 전위(event-related potentials, ERP)를 조사해봄으로써 증명될 수 있다. 자극제시의 대측(contralateral) 반구에서 기록되는 반응에 이어서, 단 수 ms 이후에 다른 쪽 반구에서 반응이 나타난다(Saron & Davidson, 1989)(● 그림 4.12). 여기서 각 반구에서 기록된 ERP의 최고 값(정점) 간의 시간차

IN FOCUS: 왜 편측화된 두뇌를 가질까?

두뇌 비대칭성은 인간만의 독특한 특성이라고 오랫동안 가정되어 왔다. 이런 잘못된 신념은 아마도 두 반구간에 서로 다른 주된 기능으로서 언어에 대한 초기 초점과 인간만을 독특한 존재로 보고자 하는 인간의 욕심과 교만에 기인할 것이다.

비대칭성은 고릴라나 침팬지, 원숭이 같은 다른 영장류들에게서도 명백히 발견되는 현상이다. 인간처럼, 큰 유인원은 측두평배(Hopkins, Marino, Rilling, & MacGregor, 1998)와 브로카 영역(Cantalupo & Hopkins, 2001) 같은 해부학적 비대칭을 보인다. 기능의 특화에 대한 증거로는 macaque 원숭이가 서로 부르는 소리를 알아차리는 좌반구의 특화기능(Poremba, Malloy, Saunders, Carson, Herscovitch, & Mishkin, 2004), 뇌량절단 원숭이에서 보이는 우반구의 보다 우세한 얼굴변별력(Hamilton & Vermeire, 1988), 그리고 침팬지의 국소 정보 처리기능의 좌반구 우세함(Hopkins, 1997) 등이 있다.

그러나 신경계의 비대칭성이 영장류에서만 발견되는 것은 아니다. 이런 비대칭성은 새, 어류, 양서류, 파충류처럼 보다 훨씬 인간과 거리가 먼 종들에게서도 여러 가지 형태로 존재한다(Vallortigara, 2000). 예를 들어 노래하는 새들의 발성계의 통제는 두뇌의 좌측에 편재되어 있다(Nottebohm, 1971, 1977). 물고기 떼도 집단으로서 편향을 가지고 있어서 물 속에서 오른쪽으로 돌거나 왼쪽으로 도는 편향이 있다(Bisazza, Cantalupo, Capocchiano, & Vallortigara, 2000). 유사한 방식으로, 올챙이들은 수면에 올랐다가 물속으로 다시 들어갈 때 왼편으로 도는 편향을 보인다(Malaschichev & Wasserug, 2004). 두꺼비들은 왼편에 있는 동족 일원에게 더 공격적으로 대할 가능성이 많기는 하지만, 먹이가 오른쪽에 나타날 때에(즉 좌반구가 지각하였을 때) 그 먹이감을 혀를 날름거려 잡는 동작이 더 재빨라진다(Vallortigara, Rogers, Bisazza, Lippolis, & Robins, 1998). 다양한 척추동물 종에 걸쳐서, 우반구는 포식자 탐지와 도피에 더 특화되어 있고, 반면 좌반구는 먹이잡기와 수렵채집에 더 특화되어 있다(Vallortigara & Rogers, 2005).

반구 편재화를 어디서나 볼 수 있다는 사실은 왜 자연도태가 동물세계의 여러 구석구석에서 이런 비대칭을 발달시키는 쪽으로 진화했을까 하는 흥미로운 질문을 하게 한다(Vallortigara & Bisazza, 2002). 종들은 상동관계(homology)—즉 편재화되었던 초기 조상 척추동물로부터 내려온 공유—를 통해 편재화의 특성을 공유하는 것일까? 또는 편재화라는 것은 이것이 공통적으로 발생한 문제를 해결할 수 있기 때문에 다른 시간대와 다른 장소에서 독립적으로 나타난 진화의 산물일까? 이 질문에 대해 확신을 가지고 답하기는 어려운데, 왜냐하면 더 이상 존재하지 않은 종은 물론이고 현존하는 종을 통틀어 조사해야 하기 때문이다. 어쨌든 간에, 편재성이 그렇게 여러 종에서 존재한다는 것은 이것이 동물들에게 어떤 이득, 그래서 이 특성이 수많은 종에서 수많은 세대를 거쳐 유지될 만한 어떤 이득을 수여함이 틀림없다는 것을 의미한다.

비록 우리가 확실히 할 수는 없지만 이런 편재화가 줄 수 있는 혜택이 무엇일까에 대해서 여러 가지 추측이 존재한다(개관이나 논의를 위해서 Vallotigara & Rogers, 2005 참조). 또 다른 종들에서 이 편재화의 장점이 실험적으로 증명될 수도 있는데, 편재화를 간섭하여 그 결과를 관찰하는 것이다. 예를 들어 정상적으로 발달하는 병아리들에서 음식을 찾는 것은 좌반구에 편재화되어 있고, 포식자에 대한 경계를 유지하는 데는 우반구가 특화되어 있다. 이런 정상적인 비대칭 형태를 방해하면 이 두 가지 과제 모두에 수행이 형편 없어지는데, 이는 반구간의 업무 분담 장점을 시사하는 것이다(Rogers, Zucca, & Vallotigara, 2004). 심지어는 초파리에서 조차 두뇌 비대칭이 장점으로 나타나는 듯한데, 편재화의 방해는 기억 수행에 부정적 결과를 초래한다(Pascual, Huang, Neveu, & Préat, 2004)!

인간의 편재화에 대한 진화적 적응성에 대한 증거를 획득하는 것은 더 어렵다. 인간의 편재화에 대한 하나의 견해에 의하면, 인간의 편재화가 의사소통에 필수적인 복잡한 손기술과 발성기술에 있어서 최고의 발현을 가능하도록 한다는 것이다(Corballis, 1997). 다른 이론가들은 운동기능에 더 강조를 두는데, 이는 정확한 손 조작과 던지기가 동일 반구의 체감각 영역에서부터 피드백을 받게 될 때 더 효율적이 된다는 점을 주장하며(Wilkins & Wakefield, 1995), 운동기능은 단일 반구에 의해 수행될 때 가능한 반구간 갈등을 회피하며 가장 잘 수행될 수 있다는 것이다(Corballis, 1991). 예를 들어 한 손을 다른 손보다 훨씬 강하게 선호하는 침팬지는 그런 선호가 없는 침팬지보다 흰거미 같은 먹이를 효율적으로 수렵한다는 것이다(McGrew & Marchant, 1999). 반면 다른 연구자들은 언어의 편재성을 강조하는데, 같은 반구에서 언어의 지각과 산출이 있게 되는 것이 그런 기능들이 다른 반구에 편재하고 있는 것보다 훨씬 더 신뢰가는 피드백을 제공하기 때문이라고 주장한다(Annett, 1985). 이런 연구자들은 또한 언어기능에 있어서 언어 영역이 함께 편재화하지 않았다면, 반구간 의사소통으로 인한 지연으로 언어 기능의 시간적 정확성이 방해를 받았을 것이라고 주장한다(Ringo, Doty, Demeter, & Simard, 1994). 마지막으로 어떤 이론가들은 언어와 운동기술 모두 효율적인 순차적 능력에 의존하는 것이기에, 언어와 주 손잡이가 같은 반구에 자리 잡게 되었다고 제안한다(Kimura, 1993).

그렇다면 우리의 질문은 왜 오른손잡이 모두가 강하게 편재화되지 않은 것일까 하는 것이다. 한 가지 가능성은 Michael Corballis 같은 진화 신경심리학자에 의해 제기된 것으로, 그의 이론은 극단적인 편재화나 편재화의 부재도 최상의 두뇌 조직화를 제공하지 않는다는 것을 주장한다. 그의 이론에 따르면 좌반구 우세성은 우반구 기능을 비용으로 하여 획득되는 것인 반면, 반구 비대칭성의 감소는 언어나 손동작 조작 능력을 희생하는 결과를 야기하다는 것이다(Corballis, 1997). 일부 연구들은 이런 이론을 지지하고 있는데, 이런 연구들은 극단적인 오른손잡이는 저조한 공간 수학 능력과 관련이 있는 반면, 어떤 언어 장애는 오른손잡이가 아닌 현상과도 관련되었다는 것을 보여주고 있다(그러나 반대 해석을 위해서는 Provins, 1997 참조).

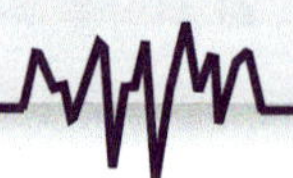

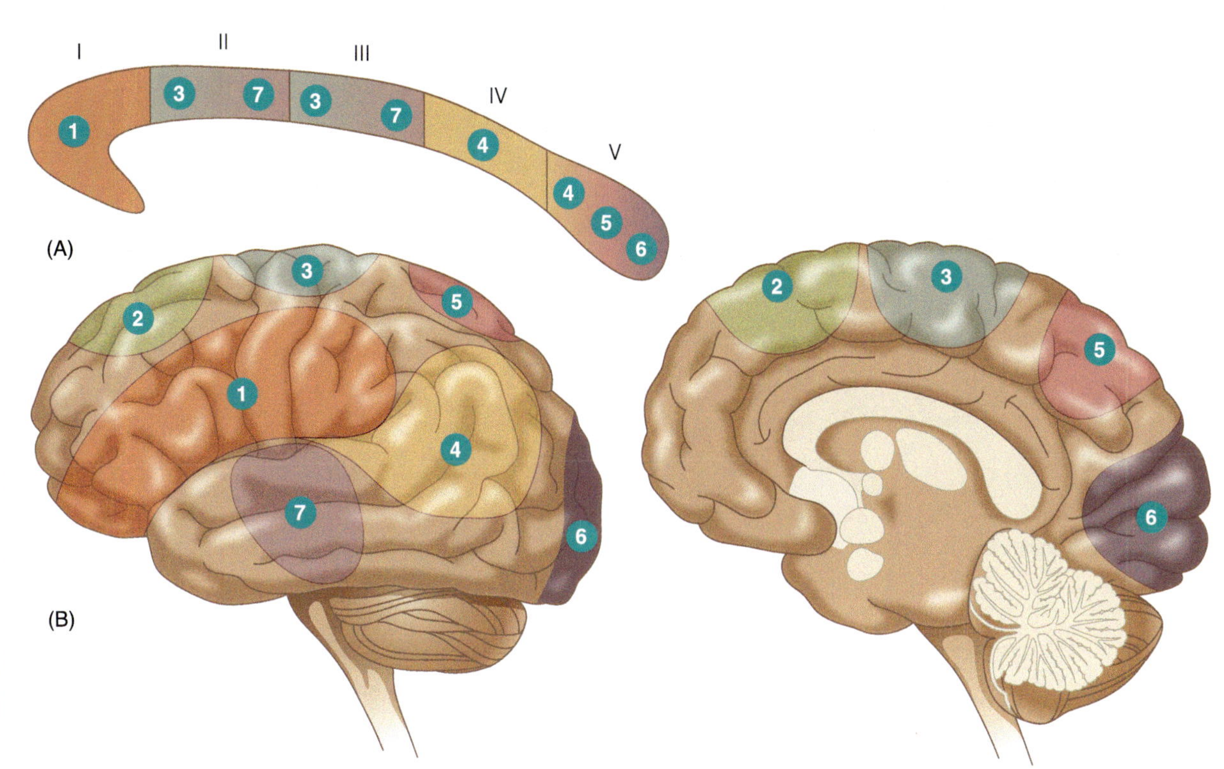

● **그림 4.10 뇌량의 다른 부위에 의해 연결되어 있는 다른 두뇌 영역.** (A) 뇌량의 도식. 각 부분의 숫자는 뇌량의 각 부분을 통해서 연결되어 있는 (B) (외측면 왼쪽에, 중앙시상단면 오른쪽에)에 나타낸 뇌 영역을 의미한다. 이런 연결은 국소지도(topography)와 같은 방식으로 이루어져 있어서, 뇌량의 앞부분(I)은 뇌의 전측(영역 1인 전두영역)과 연결되어 있고, 뇌량의 가운데 부분(II와 III)은 뇌의 중간 부위(영역 3과 7)와 연결되어 있고, 뇌량의 후측(IV와 V)은 뇌의 뒷부분(영역 4, 5, 6)과 연결되어 있다. 영역 2의 전두영역과 같은 일부 뇌 영역은 뇌량의 연결이 거의 없는 부분이다. © 2011 Cengage Learning

이는 뇌량 전달시간으로 추정할 수 있는데, 평균 성인에서는 5 ms에서 20 ms 정도로 추정된다. 비록 이런 전달이 신속하긴 하지만, 뇌량 전달을 통하여 얻어진 정보는 원래 정보에 비해서 다소 '품질 저하된' 정보일 수 있다. 마치 복사하면 원래 사진에 비해서 선명도가 떨어지는 것처럼 말이다(Banich & Shenker, 1994).

하지만 반구간 상호작용이 단지 메시지를 전달하는 서비스와 같은 역할만을 하는 것이 아니라는 증거들이 있다. 사실 노력을 많이 요하는 조건에서 반구간 상호작용은 어쩌면 뇌의 전반적인 처리용량을 증진시킬 지도 모른다(개관, Banich, 1998). 여기서 노력을 많이 요하는 조건이라 함은, 정보처리가 상대적으로 복잡하고, 많은 정보가 짧은 시간 동안에 동시에 처리되어야 하는 경우를 의미하거나, 관련이 없거나 방해하는 다른 정보를 무시할 필요가 있기 때문에 과제가 어려울 경우이다.

어떻게 반구간의 상호작용이 뇌의 처리 능력에 영향을 미치는지 알아보기 위해서, 두 종류의 시행이 비교된다(● 그림 4.13). 일부 시행에서(반구간 시행, across-hemisphere trials)는 중요한 항목들이 반대 반구로 보내져서 비교되어야 하는 조건이고, 다른 시행들에서(반구내 시행, within-hemisphere trials)는 중요한 항목이 처음부터 한 반구로만 보내지는 시행이다. 반구간 시행에서 두 반구간 상호작용이 있어야 할 것이고, 반면 반구내 시행은 그런 상호작용이 필요하지 않다. 과제가 상대적으로 쉬울 때, 예를 들어 두 개의 항목이 물리적으로 동일한지 아닌지를 판단하는 것(2와 2)과 같은 과제에서는, 반구내 시행일 때 처리속도가 더 빠르다. 그러나 과제가 더 복잡하면, 예를 들어 두 개의 숫자(2와 8)의 합이 10인가 또는 그 이상인가를 판단해야 하는 과제일 때는, 반구간 우세성이 관찰된다(Banich & Belger, 1990; Belger & Banich, 1992, 1998). 이런 반구간 소통의 유리함은 한 반구의 기능이 감소된, 예를 들어 노인들(Reuter-Lorenz, Stanczak, & Miller, 1999), 또는 어린아이들(Banich, Passarotti, & Janes, 2000) 같은 사람들에서는 명백히 드러난다. 역으로 뇌량의 온전성에 영향을 미치는 질병, 예를 들어 다발성경화증이나 페닐케톤뇨증 같은 병에서는 반구간 협응 능력이 온전하지 못하여 이런 증세를 가진 개인에게서 관찰되는 주의 장애를 일으키게 된다(Banich, 2003).

왜 반구내 처리가 쉬운 과제에서는 더 빠르고 더 효과적으로 일어나지만, 반구간 처리는 어려운 과제에서 더 유리할까? 아주 간단한 비유로, 당신이 20세기 역사수업을 듣는데, 교수

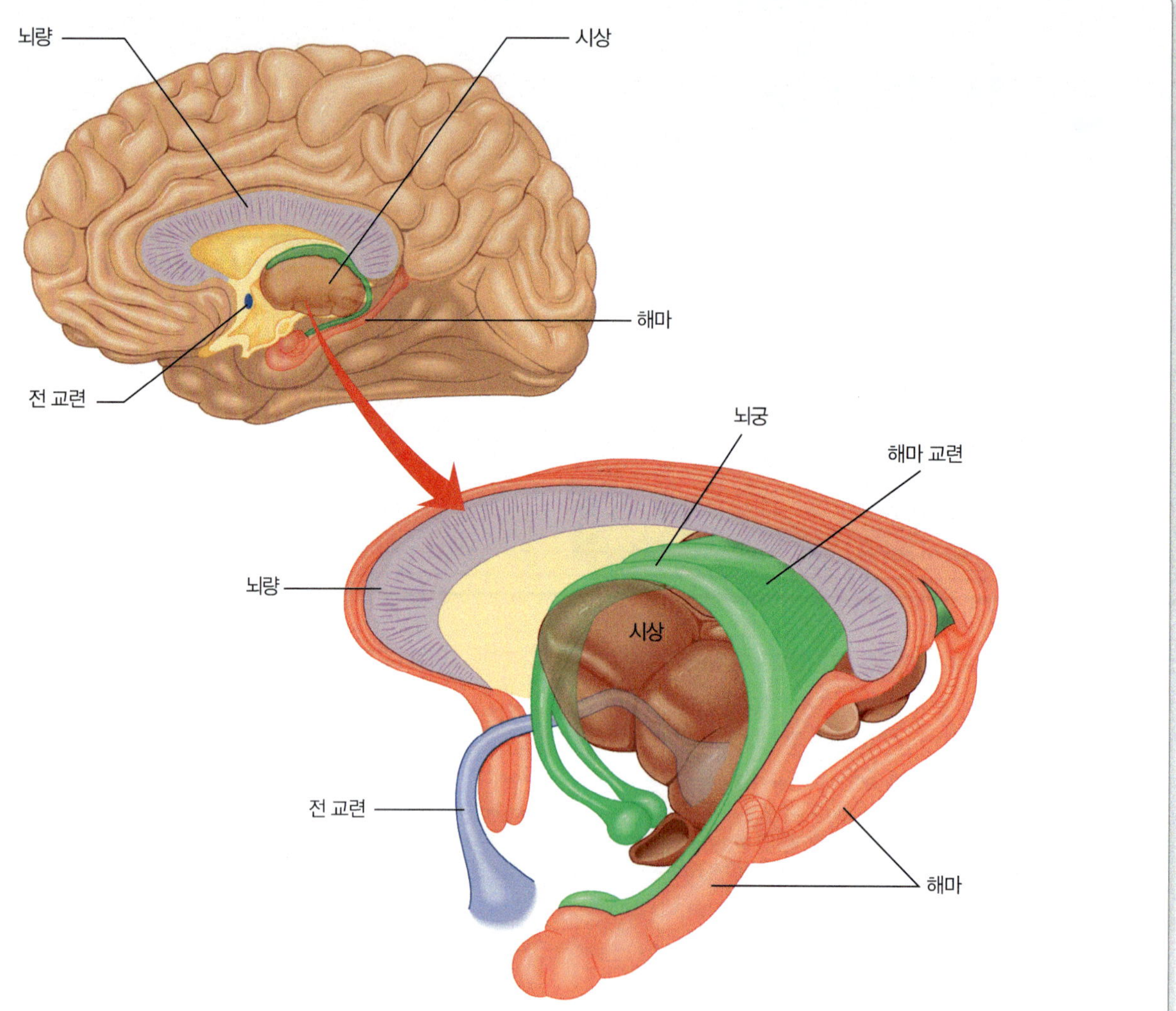

● **그림 4.11 뇌의 주된 교련들의 위치.** 비록 뇌량이 양쪽 두 뇌간의 주된 연결이기는 하지만, 전측 교련이나 해마 교련 같은 다른 연결 통로도 반구간 정보전달을 위한 경로일 수도 있다. © 2009 Cengage Learning

가 당신에게 역할을 주었다고 가정해보자. 제 2차 세계대전 중 중요한 사건 하나가 나와 있는 한 단락을 요약 정리하는 것과 같이 과제가 쉽다면, 혼자하는 것이 친구와 함께 의사소통하면서 과제를 하는 것보다 시간이 더 적게 걸릴 것이다. 하지만 40페이지나 되는 기말 보고서 형태로 작성해야 하는 것과 같이 더 어려운 과제인 경우는 어떠한가? 이런 경우는 친구와 함께 나누어 과제를 하는 것이, 친구와 함께 의논하는데 걸리는 시간과 서로 분배하여 수행한 일을 통합하는 시간이 걸리더라도, 친구가 과제를 하기 위해서 조사하는 시간과 과제의 반인 친구의 몫을 작성하는데 걸리는 시간을 절약할 수 있게 된다. 과제가 어려울수록 뇌는 양쪽 반구가 모두 기여하는 것이 과제 수행을 더 잘 할 수 있게 한다(이런 모델에 대해서 더 자세한 것이 알고 싶으면 Banich & Brown, 2000 참조).

요약하자면, 지금 소개한 이런 연구들은 두뇌의 기능이 두뇌의 다른 영역의 특성화에 전적으로 의존한다기보다는, 두 반구의 상호작용의 특성에 좌우된다는 것을 증명하고 있다. 물론 과제의 요구가 높을 때만 그렇기는 하지만, 두뇌의 처리 용량은 두 반구가 상호작용할 때 증가한다. 다른 말로 하면, 두뇌의 능력은 모든 부위들의 단순한 총합이 아닌 것이다!

대뇌반구 특성화의 발달적 관점

지금까지는 반구 기능이 특성화된 방법과 어떻게 상호작용하는지 알아보았는데, 이제는 그런 양상이 아주 어릴 때부터 관찰되는지, 아니면 사람이 발달하는 과정에서 변화되는지를 고려해볼 필요가 있다. Eric Lenneberg (1967)의 유명한 저서인 언어의 생물학적 기초(Biological Foundation of Language)라는 책에서, 대뇌반구는 태어나면서부터 동등한 가능성을 가지고 있다고 가정하였다. 이 견해에 의하면 각 반구는 다른 반구와 동일한 기능을 수행할 수 있는 가능성을 가지고 있다는 것이다. Lenneberg는 사춘기까지 기능의 편재화가 증가하다가 그 이후에는 일정하게 유지된다고 하였다. 그

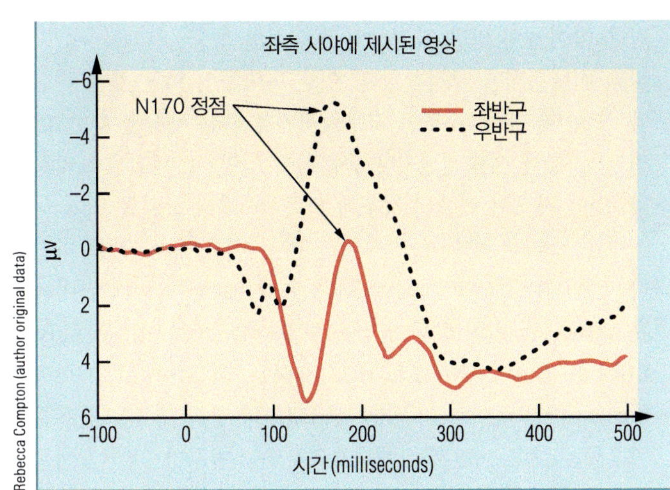

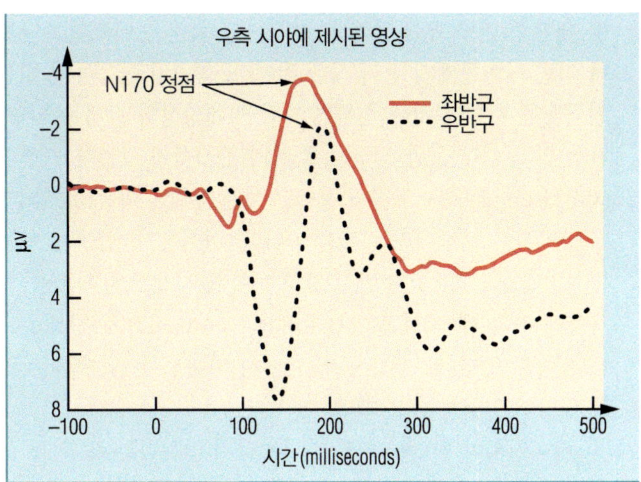

● **그림 4.12 감각 정보의 한 반구에서 다른 반구로의 신속한 전달.** 여기에 보여주는 사건-관련 전위는 한 시야에 제시된 얼굴 상에 대한 반응이다. 뇌파는 양 반구의 측두엽 위에서 기록된 것이다. 뇌파상 N170 지점은 시각정보를 뇌량을 통해서 전달받은 반구에 비해, 시각 정보를 직접 받은 반구 위에서 먼저 나타난다. 예를 들어 얼굴영상이 좌측 시야에 제시되면 좌반구보다 우반구에서 N170가 먼저 유발되며, 그 반대도 사실이다. 정보가 뇌량을 통해 보내지는 데 걸리는 시간은 좌반구와 우반구의 최고 점간의 시간차이로 예측해 보건대, 약 15내지 20 밀리 초 정도이다.

는 이러한 가설을 좌반구 손상이 있는 어린 아이들은 동일한 손상을 가진 성인이나 나이 든 아이들보다도 그 결함이 덜 심각하다는 증거에 근거하고 있다. 그는 아주 어린 아이들의 회복이 가능한 것은 아직 완전히 특화되지 않은 우반구가 언어처리 기능을 담당하기 때문에 일어나는 현상이라고 보았다.

그러나 후속 연구들은 출생 시에 이미 기본적인 반구 특성화가 존재하고, 그 특화의 정도는 심각한 환경적 영향, 예를 들어 두뇌 손상의 영향과 같은 예외적인 경우를 제외하고는, 발달과정에서 변화하지 않는다는 점을 시사한다. 기능의 편재화가 증가하는 것이 아니라는 증거는 네 가지의 주요 영역에서 도출되었다(Segalowitz & Gruber, 1977).

아이들의 뇌가 태어나면서부터 편재화되어 있다는 첫 번째 증거는 바로 신경해부학에서 온다. 이 장의 앞부분에서 논의했듯이, 측두 평면(planum temporale)과 같은 인간 뇌의 특정 영역에는 신경해부학적 비대칭성이 존재한다. 만일 발달하면서 편재화가 진행된다면 이러한 신경해부학적인 비대칭성은 나이가 듦에 따라서 더 나타날 것이다. 그러나 사실은 그렇지 않다. 측두 평면의 비대칭성은 갓 태어난 아기에게서도(Witelson & Pallie, 1973), 심지어는 태어나기 전의 아기(Wada, Clarke, & Hamm, 1975)에서도 관찰된다. 그래서 신경해부학적으로 보면, 유아의 뇌는 이미 편재화되어 있다.

두 번째 증거는 어린이들의 지각 비대칭성의 크기를 조사한 연구에 비롯된다. 만일 비대칭성이 나이가 들면서 발달하

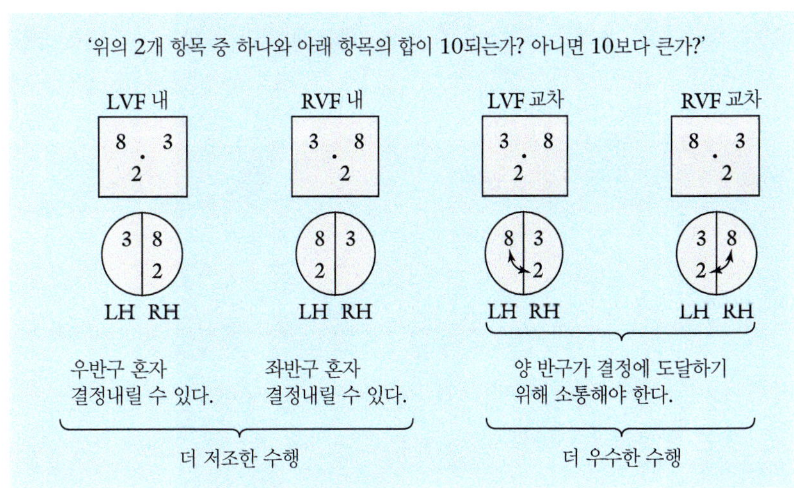

● **그림 4.13. 어려운 과제수행에 이점이 있는 반구간 상호작용의 예.** 반구간 상호작용 과제에 두 가지 종류의 시행이 비교된다. 반구내 시행조건에서는 중요한 정보의 일부가 처음에 한쪽 반구로 보내지고, 정확한 반응은 반구간 상호작용 없이 도달할 수 있다. 반구간 시행조건에서는 각 반구가 중요한 정보를 하나씩 받아서 반구가 서로 소통하여야지만 과제 수행을 정확히 할 수 있다. 두 숫자가 동일한지를 판단하는 과제처럼 과제가 쉬울 때는, 반구간 시행보다 반구내 시행의 수행이 더 우수하다. 그러나 위의 두 숫자 중의 하나와 밑의 숫자의 합이 10보다 더 큰가에 대한 판단을 하는 것과 같이 어려운 과제에서는 반구간 시행의 수행이 더 우수하다. 이런 발견들은 반구간 상호작용이 어려운 과제 수행에 도움이 됨을 나타낸다.

는 것이라면, 언어 자료들에 대한 좌반구 우세성과 공간 정보에 대한 우반구 우세성의 크기가 나이가 많은 아이들보다도 더 어린 아이들에게서 더 작을 것이다. 학령기 아동들에 대한 연구들을 개관한 것에 의하면 지각 비대칭성의 크기는 이 기간의 발달 기간 동안에, 나이에 따라 증가하지 않는다고 한다(Witelsen, 1977). 물론 그렇다고 이런 발견이 아동의 두뇌가 시간이 가도 불변이라는 것은 아니다. 사실은 양 반구는 아동이 언어 영역이나 비언어적 영역 모두에서 새로운 기술을 획득함에 따라 계속 성장한다(Holland et al., 2007 참조). 그러나 이런 발달하는 기능들에 있에서 비대칭성의 양상이야말로 상당히 일정하게 유지되는 것이다.

비대칭성이 발달에 따라서 증가하지 않는다는 세 번째 증거는 유아의 비대칭성에 대한 측정으로부터 온다. 일부 연구자들은 어린 유아기 아동들이 무의미한 음절과 같은["파(pa)", 혹은 "바(ba)"] 언어 자극에 노출되어 있는 동안에 혹은 음악 화음 같은 비언어적 자극에 노출되어 있는 동안에 두뇌의 전기적인 활동을 측정하였다. 태어난 지 일주일 정도된 유아들에게서도 언어 자극에 대해서는 좌반구 활성화가 비언어적 자극에 대해서는 우반구 활성화가 더 크게 나타났다(Best, Hoffman, & Glanville, 1982; D.L. Molfese, Freeman & Palermo, 1975). 다른 연구자들은 고무젖꼭지를 빠는 것과 같은 아이들의 발달 과정상의 정상적인 행동을 이용하여 지각적 비대칭성을 조사하였다. 어린 유아들이 어떤 것에 관심을 보일 때, 빠른 속도로 고무젖꼭지를 빠는 행동을 하는 반면에, 자극에 익숙해졌거나 습관적이 되면 그 속도가 느려진다. 언어 자극이 이용된 경우에 왼쪽에서보다 오른쪽 귀에 들려주는 소리의 변화가 젖꼭지를 빠는 비율에 더 영향 미친다. 반면, 비언어적 자극이 제시될 때는, 젖꼭지 빨기 비율은 왼쪽 귀의 변화에 더 영향을 받았다(Bertoncini, Morais, Bijeljac-Babic, McAda ms, Peretz, & Mehler, 1989; Entus, 1977). 이와 마찬가지로 fMRI나 광학 영상을 사용한 연구들은 매우 어린 유아에게서조차도 좌반구가 언어에 전문화되어 있다는 증거를 제시하고 있다(Dehaene-Lambertz, Dehaene, & Hertz-Pannier, 2002; Peña et al., 2003). 이런 연구의 결과들은 유아기의 반구도 나이가 든 아이들만큼 특성화되어 있다는 것을 시사한다.

네 번째 증거는 한쪽 반구가 심하게 작거나 기형인 상태에서 태어난 아이들의 연구에서 온다. 이러한 기형 반구는 종종 간질활동의 근원지가 되기 때문에, 태어나면서 문제가 되는 반구를 **반구절제**(hemispherectomy)(● 그림 4.14)라는 기법을 사용하여 제거해 준다면 이 아이들의 예후가 더 좋아지게 된다. 이런 경우, 만일 두 반구의 기능이 태어날 때부터 동등하다면 좌반구만 가지고 있는 아이들의 수행은 반구절제 후 수년이 흐른 후에도 우반구만 가지고 있는 아이들의 수행과 동일해야만 한다. 그러나 언어과제 특히 통사영역에서 과제를 수행했을 때, 좌반구만 있는 아이들은 우반구만 있는 아이들보다 수행이 훨씬 우수했다(Dennis & Kohn, 1975; Dennis & Whitaker, 1976). 마찬가지로 좌반구만 있는 아이들은 우반구만 있는 아이들만큼 공간능력을 획득하지 못하였다(Kohn & Dennis, 1974). 반구절제를 받은 아동들은 동일한 반구에 손상을 입은 성인에 비해 기술을 더 잘 획득할 수 있는데, 이는 발달 초기에는 손실된 반구에 정상적으로는 수행되었을 법한 기능을 반대편 반구가(적어도 어느 정도는) 대신 맡아서 할 수 있음을 의미한다. 그럼에도 불구하고 좌반구 절제를 받은 아동환자들과 우반구 절제를 받은 아동환자들 사이의 인지기능의 차이는 각 반구가 출생 때부터 동일한 잠재력을 가지고 있지는 않다는 것을 말한다.

이런 모든 것을 종합해 보면, 증거들은 인간의 두뇌가 출생 이전부터 이미 비대칭이라는 것을 강하게 주장한다. 그러나 어떻게 자연이 배아 발달(embryonic development)동안 비대칭 신경계를 만들어 내는 것일까? 다른 척추동물의 비대칭을 조사하면 좌-우 비대칭을 야기시키는 발달기제에 대한 단서들을 알아낼 수 있

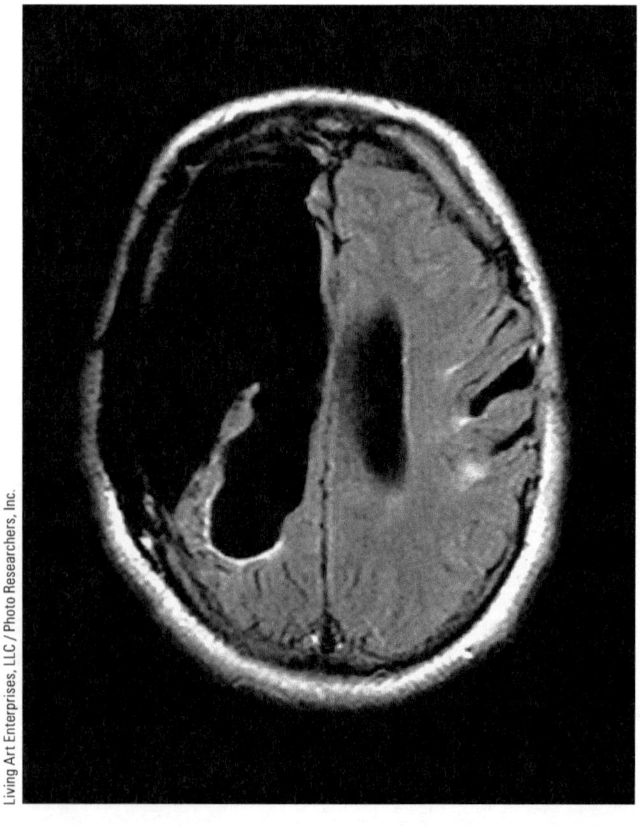

Living Art Enterprises, LLC / Photo Researchers, Inc.

● **그림 4.14. 반구절제.** 생의 초기의 심한 간질의 경우, 때로 의사들이 두뇌의 한 반구를 제거하는 극단적인 절차를 써야만 할 때가 있다.

다. 예를 들어 줄무늬 열대어(zebrafish)에서 송과선 근처 영역의 두뇌 비대칭으로 이어지는 분자 신호체계에 영향을 미치는 특정 유전자들이 알려졌다. 이 특정 영역의 비대칭은 이 영역 근처의 다른 영역들의 비대칭을 야기시킨다(Halpern, Liang, & Gamse, 2003). 여전히, 유전자가 신경계의 비대칭적 발달을 야기시키는 유일한 요인은 아니다. 병아리 배아에서 달걀 안에 있는 병아리의 자리잡은 형태 때문에 오른쪽 눈은 왼쪽 눈보다 더 많은 양의 빛에 노출되고, 이런 차이가 병아리 시각계의 발달에 단계적으로 확장되면서 비대칭을 야기시킨다(Halpern, Güntürkün, Hopkins, & Rogers, 2005). 비록 인간두뇌의 비대칭 발달을 촉발하는 요인이 무엇인가에 대해서는 잘 모르지만, 연구자들은 임신 12~14주 사이에 인간 배아 두뇌의 비대칭을 발현시키는 유전자를 발견했다(Sun et al., 2005).

이 장의 앞부분에서는 언급했듯이 사람 뇌의 두 반구간에 일어나는 정보처리의 차이는 두뇌의 신경학적 조직화의 가장 근본적인 측면이며, 이런 비대칭들은 생의 초기에 이미 자리잡고 있다는 것이다. 다음은 이런 두뇌 조직화의 기본적 양상이 개인들에 따라 차이를 보이게 되는 방식에 대해 알아보기로 하겠다.

뇌 조직화에서의 개인차

지금까지 대부분의 사람들에게서 관찰되는 기능의 편재화에 대해 논의하였는데, 그러나 이런 조직화가 모든 사람들에서 똑같이 관찰되는 것은 아니다. 두뇌 조직화의 다양성의 일부는 특정한 개인 특성과 관련되어 있다. 이 절에서는 이런 두 가지 요인, 즉 손잡이와 성별이라는 요인에 대해서 논의하겠다.

■ 손잡이

과학자들은 왼손잡이의 뇌 조직화가 오른손잡이의 뇌 조직화와 다르다는 것을 꽤 오랫동안 알고 있었다. 역사적으로 보면, 왼손잡이는 별로 좋지 않은 의미로 기술되었다. 예를 들어 라틴어로 왼쪽을 뜻하는 말이 **불길한**(sinister)을 뜻하는 말이며, 프랑스어로는 **서투른**(gauche)을 뜻하는 말이다. 인도와 같은 특정 문화권에서는 왼손은 음식을 먹을 때는 절대로 사용하지 않는데(누군가와 악수할 때도 사용하지 않는다) 왜냐하면 왼손은 화장실에서 사용하기 때문이다. 심지어 20세기 중반까지도 왼손으로 글을 쓰는 사람은 고집 세고, 불길하고, 반항적인 사람이라고 여겨져서 종종 '바른손(오른손)'으로 쓰기를 강요받고는 했다. 왼손잡이는 이런 모욕의 대상이 되곤 했는데 이는 왼손잡이가 전체 인구집단의 10% 정도로 소수였기 때문이기도 하다(문화와 자연에서 왼손잡이와 오른손 잡이에 대한 흥미로운 논의를 위해서는 McManus, 2002 참조).

비록 왼손잡이가 공정하지 못하게 부정적인 선입견을 받아왔지만, 이런 사람들은 뇌 조직화에서 오른손잡이와 다르게 보이는 것은 사실이다. 오른손잡이의 경우 언어처리는 거의 대부분 좌반구에, 시공간 처리는 우반구에 편재화되어 있으나, 왼손잡이에서는 그렇지 않다. 왼손잡이의 뇌 조직화는 이질적인데 일부는 오른손잡이와 동일한가 하면, 일부는 반대의 양상을 보이기도 하며, 또 일부는 모든 점에서 다르기도 한다. 예를 들어 말하기(발화)는 오른손잡이의 95%에서 전적으로 좌반구에 의해 통제되고, 5%에서는 우반구에 의해 통제된다. 왼손잡이 중에서는 언어산출 기능이 70% 정도의 사람들에서는 전적으로 좌반구에 의해서 통제되고, 15%의 사람들에서는 우반구, 그리고 나머지 15%의 사람들에서는 왼쪽이거나 오른쪽 한 반구에 의해 통제된다(Rasmussen & Milner, 1977). 그래서 이런 왼손잡이를 모두 통틀어 평균을 내면 마치 왼손잡이 집단이 오른손잡이 집단보다 덜 편재화가 된 것처럼 보인다(Bryden, 1965). 그러나 실제 왼손잡이 개인 한 사람만 따지면, 오른손잡이보다 덜 편재되었다고 볼 이유가 없다.

평균적으로는 왼손잡이가 오른손잡이보다 덜 편재화되어 있기 때문에, 뇌 손상의 결과로 어떤 기능에 미치는 영향은 왼손잡이에게는 덜 심각할 수 있다. 예를 들어 좌반구 손상 이후에 왼손잡이는 오른손잡이가 보다 덜 심각한 정도의 언어적인 장애를 보일지도 모른다. 언어산출 기능은 한 반구에 의해서 통제되고, 언어이해 기능은 다른 반구에 의해서 통제될 수도 있기 때문이다(Naeser & Borod, 1986). 그렇지만 이렇게 기능이 잘 남아 있는 것처럼 보여도 사실은 그렇지 않다. 왼손잡이들은 좌반구 손상 이후에, 오른손잡이보다 더 심한 시공간 기능 결함을 보이기 때문이다(Borod, Carper, Naeser, & Goodglass, 1985).

비록 왼손잡이의 두뇌가 오른손잡이의 두뇌와 다르다는 것을 알고 있지만, 왜 그런 차이가 생기는지는 알 길이 요원하다. 대부분의 연구자들은 손잡이에 어떤 유전적 요인이 있으리라 가정한다. 그렇지만 여러 유전적 모델이 제안되어 왔어도 부모 손잡이에 따라서, 오른손과 왼손잡이 아동의 분포가 어떻게 나오리라는 것을 정확하게 설명할 수 있는 유전자 모델은 아무것도 없다. 한 가지 유명한 모델(Annett, 1985, 1995)에서는, 부모로부터 소위 오른쪽-이동(RS; right-shift) 유전자를 물려받거나 물려받지 않거나 한다고 가정한다. 이 오른쪽-이동 유전자는 언어에 대한 대뇌 우세성을 좌반구로 변환시키고 동시에 오른손잡이로 변환시킨다는 것이다. 두 개의 RS 유전자를 물려받은 사람은 아마도 오른손 성향이 강할 것이고, 하나의 RS 유전자를 물려받은 사람은 오른손잡이 성향이 조금 덜 할 것이라고 주장한다. 그리고 RS 유전자를 전혀 물려받지 않는 사람은 손잡이에서 무작위 분포를 따를 것이라는 것이다. 이것과 유사한 모델은 손잡이가 두 개의 유전적인 부호 혹은 대립유전자에 의해서 통제된다고 추측한다. 하나의 대립 유전자인, D는 오른손잡이를 특성화하는 것이고 다른 C는 우연을 특성화한다(McManus, 1985). 단 C 대립 유전자를 유전적으로 물려받아야 한다는 점만 RS 유전자 부재와 다를 뿐, 이 D 대립 유전자는 RS 유전자와 유사하고, C 대립 유전자는 RS 유전자가 없는 것과 유사하다. 일반적으로 이러한 모델은 비대칭에 대한 본질적인 편향이 있으며(오른손 편향의 경우에), 이러한 편향이 발현될 것인지 아닌지에 대한 유전자 부호가 있다고 주장하는 것이다. 이 시점에서, 이런 이론적 모델들은 인구 속에서 나타나는 손잡이의 분포를 기술하거나 설명하려는 의도를 가지고 있으나, 그 어느 것도 사람을 오른손잡이나 왼손잡이로 만드는 유전자를 밝혀내지 못했다.

■ 성별

뇌 조직화의 개인차에서 뜨거운 논쟁거리 중 하나는 성별간의 차이를 놓고 이루어졌다. 수년 동안 연구자들은 기능의 편재화가 남성보다 여성에서 덜한 것인지의 여부를 놓고 싸워왔다. 만일 그렇다면 여성은 왼손잡이와 더 가까운 종족이고, 남성은 오른손잡이와 더 가까운 종족이 되는 것이다.

비록 일부 연구자들이 이런 가설에 일치하는 성 차이 양상을 보고하고 있기는 하지만, 다른 연구자들은 남녀간에 아무런 차이를 발견하지 못했거나, 어떤 연구자들은 심지어 여성이 남성보다 더 편재화되어 있다는 것을 발견했다(이런 논쟁의 다양한 입장의 차이를 위해서는 McGlone, 1980 참조). 수백 개의 분할 시야 연구(Hiscock, Israelian, Inch, Jacek, & Hiscock-Kalil, 1995)와 이분청취연구(Hiscock, Inch, Jacek, Hiscock-Kalil, & Kalil, 1994)에 대한 두 개의 개관 논문들은, 성차를 지지하기 위해서 사용된 기준에 따라 다르기는 하지만 이런 연구의 5%에서 15%만이 여성이 남성보다 덜 편재화되어 있다는 생각과 일치하는 결과를 산출했음을 밝혀냈다. 이 저자들은 비록 통계적으로 편재화 정도의 평균이 남성집단과 여성집단이 다르다고 발견되었을지라도, 성차는 개인들 사이에 기능의 편재화 양상에 나타나는 다양성의 매우 작은 부분(1~2%)만을 설명할 수 있을 뿐이다.

다른 연구들은 특정 피질구조물의 비대칭성에 초점을 맞추었다. 이렇게 성 차이가 보고되는 구조물들 가운데 하나가 뇌량이다. 원래 뇌량은 남자보다 여자가 더 크다고 보고되었지만(deLacoste-Utamsing & Holloway, 1982), 이 효과는 뇌량의 뒤쪽, 뇌량 팽배(splenium)에 제한되어 있음이 발견되었다(Allen, Richey, Chai, & Gorski, 1991). 다른 연구자들은 성과 손잡이 모두를 포함하는 개인차이를 발견하였다. 즉, 뇌량의 부위는 오른손잡이 남자들보다 비오른손잡이 남자들에서 더 크지만, 여자는 그렇지 않다는 것을 발견하였다(Habib, Gayraud, Oliva, Regis, Salamon, & Kalil, 1991; Witelson & Goldsmith, 1991). 그렇지만 이런 효과가 늘 일관성 있게 발견되는 것도 아니며(Bishop & Wahlsten, 1997), 이런 차이들의 기능적 의미가 무엇인지도 불명확하다. 보다 최근 증거는 편도체(정서적 정보처리에 관여하는) 같은 피질하 영역이 남자와 여자에서 다른 해부학적 비대칭성을 보일지도 모른다는 것을 시사한다(Cahill, 2006).

성별간의 두뇌 기능에 나타나는 차이 또한 보고되고 있지만 이런 결과를 반복해서 발견하는 것 또한 어렵다. 예를 들어 어떤 연구에서는 참여자가 휴식하고 있을 때 영역별 두뇌 활성화에 성 차이(Gur et al., 1995)가 나타났고, 또 어떤 연구에서는 언어정보 처리하는 동안에도 성 차이(Shaywitz et al., 1995)가 나타났다. 그러나 훨씬 더 많은 표집 수를 사용한 연구에서는 이런 차이가 관찰되지 않았다(Frost et al., 1999).

두뇌 기능의 이런 성 차이에 대한 연구 결과들을 해석할 때 반드시 고려해야 하는 것이 있는데, 서로 다르게 조직화된 두뇌 때문이 아니라, 그들이 동일 과제를 수행하는 데 서로 다른 전략을 쓰도록 학습해 왔기 때문에 이런 과제들에서 남자와 여자가 서로 다른 형태의 두뇌 활성화를 보일 수 있다는 것이다. 예를 들어 남자들은 나침반 바늘 방향(예, 북동쪽으로 가라)의 용어로 이동하는 반면, 여자들은 점 대 점 전략(교회 방향으로 중앙로를 똑바로 가서 대로에서 오른쪽으로 돈다)을 사용할 수도 있다. 성간에 뚜렷한 두뇌 조직화의 차이가 있음을 결정적으로 증명하기 위해서는, 연구자들이 서로 다른 두뇌 영역이 두 집단이 동일한 전략을 사용하는 동안에 다른 두뇌에서 활성화된다는 것을 보여야 할 것이다.

비록 이런 주제에 대한 대중의 상상력이 대중지에서 나오는 감각적인 이야기들로 가열된다 하더라도, 두뇌 조직화에 대한 성 차이에 대한 토론은 만족스럽게 해결되지 않고 있다. 남자와 여자의 몸은 수많은 해부학적 특성과 생리적 기능에서 명백히 다르고, 이런 차이가 두뇌에도 적용된다고 하더라도 놀라울 것도 없다. 그렇지만 정말로 중요한 것은 어떻게 두뇌 편측화의 차이를 해석하느냐이다. 차이가 관찰되었을 때, 이런 차이들은 상대적으로 작은 것이고 일반적으로 같은 성내에서도 개인차이가 남녀의 집단 차이보다 훨씬 크다.

결론

이 장에서 우리는 해부학적 차이와 기능적 차이 모두를 포함한 반구간의 근본적인 차이를 개관하였다. 두뇌 비대칭의 근본 원칙에 대한 기초적 이해를 가졌기에, 이후 장에서 논의될 공간 지각, 주의, 언어, 정서 같은 특정 정신 기능들의 비대칭성에 대하여 배울 준비가 되었다.

요약

반구 특성화의 기초

- 반구 차이는 Paul Broca가 우반구가 아닌 좌후측 전두엽의 영역의 손상이 유창하게 언어를 산출하는 능력에 결함을 야기시킨다는 보고를 했던 1860년대에 처음으로 증명되기 시작했다.
- Karl Wernicke는 이후에 좌반구의 측두-두정영역의 손상이 그 반대의 증후군, 즉 언어 산출 능력은 온전하지만 언어 이해 능력이 손상된 증후군을 나타냄을 관찰했다.
- 이러한 결과는 대뇌 우세성이라는 개념을 야기시켰다. 즉 한 반구가 정신적 기능을 지배하거나 인도한다는 개념이다.
- 심한 간질증상의 경감을 위해서 반구간을 연결하는 커다란 신경다발인 뇌량이 수술로 절단된 분리 뇌 환자의 연구들은 언어처리에는 좌반구가 우세하고, 시공간 과제에서는 우반구가 우세하다는 것을 밝혔다.
- 일측성 손상을 입은 환자 연구는 좌반구 손상이 언어처리의 결함을, 반면 우반구 손상은 얼굴재인, 선 방향 판단, 대상의 재인, 청각자극의 음조처리와 같은 다양한 능력의 결함을 야기시킨다는 것을 보고하였다.
- 반구 특성화는 신경학적으로 손상이 없는 정상인들에게서도 증명될 수 있는데, 이를 위해 감각정보가 초기에는 어느 한쪽 반구로만 가도록 하여 가능하다.
- 일반적으로 언어적 재료에 대한 정보처리는 오른손잡이에게 있어서 오른쪽 귀나 오른쪽 시야에 제시할 때 더 우세하다. 반면, 공간적 자료들은 왼손에 제시되거나, 왼쪽 귀, 또는 왼쪽 시야에 제시될 때 그 정보처리가 더 우수한 경향이 있다.

반구 차이의 특성

- 두 반구가 처리하는 정보 유형(언어 대 비언어)에 따라 두 반구가 다른 것이 아니라 그 정보를 처리하는 방식에 따라 다른 듯이 보인다. 좌반구는 단편적, 세부적, 그리고 시간-잠김 방식으로 정보를 분석하는 것을 더 잘하는 반면, 우반구는 정보를 전체적으로, 형태적으로, 그리고 공간에 토대를 둔 방법으로 분석하는 것을 더 잘한다.
- 어떤 유명한 이론은 각 반구 비대칭은 각 반구가 다른 방식으로 들어오는 감각 정보를 걸러내기 때문에 존재한다고 본다. 즉 우반구는 들어온 정보의 저주파 부분을 선호적으로 처리하고, 좌반구는 고주파 부분의 정보처리를 더 선호적으로 처리한다는 것이다.

대뇌반구간 정보의 통합

- 뇌량은 이분법적으로 범주화되는 정보(예, 남자얼굴보다 여자얼굴)보다 독특하게 특성화될 수 있는 정보(예, 마돈나의 얼굴사진)를 전달하는 데 더 중요한 역할을 한다.
- 반구간 상호작용은 과제가 어렵거나 노력을 많이 요할 때 두뇌의 처리 능력을 증가시키지만, 과제가 상대적으로 쉬울 때는 그렇지 않다.

대뇌반구 특성화의 발달적 관점

- 반구 특성화의 기본적인 양상은 발달하는 동안에 크게 변하지 않는 것으로 나타난다.
- 해부학적 비대칭성은 자궁 안에서도, 태어나는 시점에도 관찰될 수 있으며, 행동적 비대칭성은 유아기에서 관찰되고, 아동기 동안에 일정하게 유지된다. 그리고 한쪽 반구만 가지고 있는 아동들은 그 손실된 반구와 관련된 기술보다는 존재하는 반구와 관련된 기술을 더 잘 발달시킨다.

뇌 조직화에서의 개인차

- 평균적으로, 왼손잡이는 오른손잡이보다 두 반구간 기능의 분업이 덜 이루어진다.
- 비록 여성이 남성보다 덜 편재화되었다고 시사되지만, 이런 주장의 타당성에 대해서는 많은 논란의 여지가 있다.

핵심용어

공간주파수 가설(spatial frequency hypothesis)
기능 편재화(lateralization of function)
뇌량(corpus callosum)
뇌량 연결 모델(callosal relay model)
대뇌 우세성(cerebral dominance)
반구절제(hemipherectomy)
반구 특성화(hemisperic specialization)
분리-뇌 절차(spilt-brain procedure)
분리 시야 기법(divided visual field technique)
이중 촉각 제시(dichaptic presentation)
이중 경청 제시(dichotic presentation)
와다 기법(Wada technique)
주파수에 의한 이중-여과 이론(double filtering by frequency theory)
지각 비대칭성(perceptual asymmetries)
직접적 접근 이론(direct access theory)
측두 평면(planum temporale)
활동-지향 모델(activation-orienting model)

도서 참조 사이트: www.cengage.com/psychology/Banich

이 웹사이트는 학생들이나 강사들에게 강의용 퀴즈나 암기카드, 용어정리 같은 정보와 자료를 무료로 제공한다.

운동통제

Motor Control

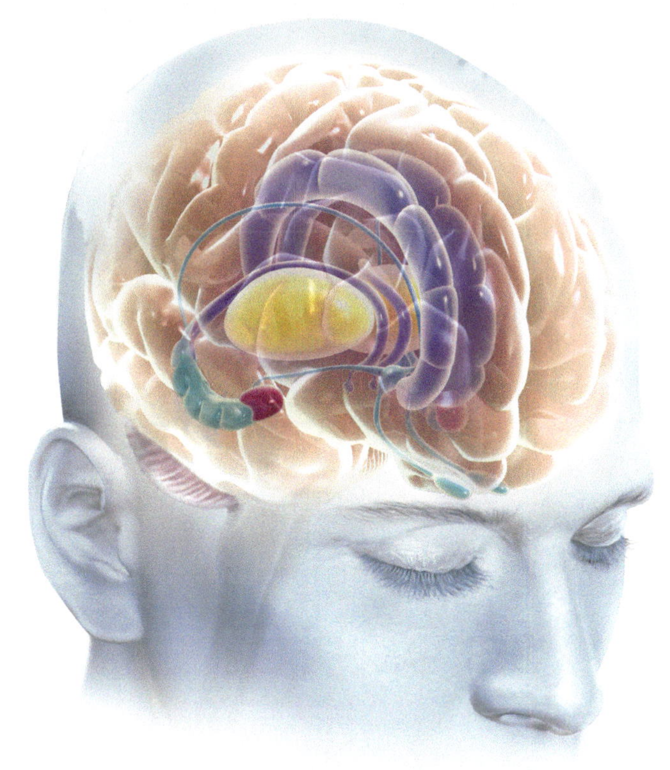

무하마드 알리의 인생 이야기: 20세기에 가장 유명한 권투선수인 무하마드 알리의 전기를 보면 권투와 정치뿐 아니라 운동통제의 신경학적 근거에 관한 이야기로 가득 차 있다. 이슬람교로 개종하기 전에는 카시우스 클레이라는 이름으로 세상에 알려졌었던 알리는 올림픽 권투선수로 급부상하게 되었다. 그는 결국 프로로 전향하였고 세계 챔피언이 되었다. 알리가 말하기를 그의 복싱 전략은 '나비처럼 날아서 벌처럼 쏜다'는 것이었는데, 이는 그의 화려한 발놀림으로 상대를 녹아웃시킬 수 있을 때까지 상대방의 펀치를 피하면서 링 주변을 서성이는 것이 가능하였다는 의미다. 그의 명성이 최고조에 이를 무렵, 알리는 베트남전에 참전하도록 소집되었으나, 그의 종교적 신념을 들어 징집을 거부하였다. 그는 징집 회피로 기소되었으며, 그의 왕관은 박탈되었고, 이후 3년 동안 공식적인 경기에서 권투를 하는 것이 금지되었다.

링에서 추방된 동안 알리의 '날아다니는' 능력이 눈에 띄게 쇠퇴하게 되었다. 나중에 다시 링으로의 복귀가 가능하여 졌을 때(대법원이 그의 기소를 기각하기 직전에), 그는 프로 복싱 시합을 중단하고 있던 동안에 얻은 힘을 최대한 활용한 다른 격투 스타일을 받아들이게 되었다. 그런데 이 새로운 스타일의 전법은 나중에 그의 생에 대단히 해로운 영향을 미치게 되는 것이었다. 알리는 초기 라운드에 상대편 선수가 링의 밧줄에 기댄 자신을 칠 수 있게 하였는데, 이는 대부분 사람을 쓰러뜨릴 만한 펀치 강습을 그대로 받아들이거나 차단하는 방식이었다. 이 테크닉은 나중에 'rope-a-dope'(직역: 바보 묶기: 상대가 지치면 공격하는 방법)이라고 알려지게 되는데, 이는 권투 선수가 이렇게 밧줄에 잡혀 얻어맞게 되면 전통적으로 그 복서는 바보라고 간주되기 때문이다(● 그림 5.1). 그러나 알리는 상대편이 완전히 지치고 속수무책이 되고, 조심성이 없어지게 될 때까지 참을성 있게 다음 라운드를 기다렸다. 그런 다음, 그는 상대편을 꼼짝없이 매트 위에서 비틀거리게 할 수 있는 펀치를 날리곤 했다.

● **그림 5.1 권투 선수 무하마드 알리가 알프레도 에바젤리스타로부터 머리에 일격을 맞고 있다.** 권투선수로 사는 동안 알리가 이러한 타격을 받을 때 견뎌야 하는 반복되는 처벌은 그로 하여금 은퇴 후에 파킨슨병과 관련된 증세를 보이게 하였다.

그가 복싱에서 은퇴한 후, 알리는 강연회의 연자로 인기를 날렸다. 그러나 시간이 지남에 따라 사람들은 알리가 말할 때 발음이 부정확해지고 더듬거리는 것을 알아차리게 되었다. 팬에게 사인해줄 때도, 알리는 느리고 그의 필체는 더욱 더 알아보기 어려워져 갔다. 사전 지식이 없는 사람이 본다면 알리는 술 취한 사람 같았으나 알리는 결코 과음하는 법이 없는 사람이었다. 건강검진 결과 알리가 심한 신경학적 손상을 갖고 있으며, 아마도 파킨슨병이라고 추측되는 병의 증후를 보이고 있다고 밝혀졌다. 파킨슨병에 걸리면 운동통제에 결함이 생겨, 이전에는 지극히 단순했던 운동도 극도로 어려워진다. 파킨슨병의 기본적인 3대 특징으로는 운동의 느림, 운동의 경직성, 그리고 진전(振顫)—(주로 환자가 쉬는 동안에 관찰되는) 리듬을 가지고 흔들리는 떨림—이 있다. 일반적으로, 파킨슨병은 진행성 신경학적 장애로서 노인에게서 주로 발견된다. 그러나 알리는 비록 복서로서는 링에서 활동하는 사람들보다 나이가 많기는 했지만, 겨우 중년일 따름이었다. 그렇다면 어떻게 이 증세를 설명할 수 있겠는가?

알리의 신경과 주치의가 최선을 다해 추측한 바로는 수년간의 복싱이 알리로부터 하여금 이런 증세를 일으키게 했다는 것이다. 비록 알리가 결코 의식을 잃은 적은 없더라도 그의 rope-a-dope 스타일로 알리가 상대방 복서로부터 받아들였던 그 막강한 연타들은 알리에게 있어서 운동통제에 관여하는 중요한 두뇌 부위를 손상시키는 효과의 누적을 가져왔던 것 같다. 이 장의 나중에 논의겠지만, 파킨슨 증후는 흑질의 도파민성 신경세포들이 상당 부분 파괴되었을 때야 비로소 그 증세를 나타내기 시작한다. 그 세포들이 죽으면, 남아있는 세포들이 그 나머지 일을 다 맡아 하다가, 어느 시점에 와서 손상된 세포의 수가 너무 많아지면 그때야 운동통제가 저하되기 시작한다. 따라서 비록 알리가 그의 길고 화려한 복싱 경력 동안 그 손상을 입고 있었다 하더라도, 그 후에야 비로소 그 손상 효과가 나타나기 시작한 것이다(Hauser, 1991).

서론

무하마드 알리의 파킨슨병은 인간이 표현할 수 있는 다양한 운동기술을 가능하게 하는 여러 두뇌 영역 가운데 단지 한 영역이 파괴되었을 때 발생한 것이다. 이 여러 두뇌 영역을 논의하기에 앞서 인간이 나타낼 수 있는 다양한 운동 유형 중 몇 가지를 살펴보기로 하자. 일부 운동 활동, 예를 들어 테니스 서브를 칠 때의 동작 같은 활동에서, 우리는 총체적인 근육과 자세 유지를 위한 근육 모두를 부드럽고 연속적인 방식으로 조절해야 한다. 서브하는 것을 배울 때, 우리는 이 과정을 일련의 단계로 나눠서 배운다: 볼을 띠우고, 다리를 구부리고, 라켓을 등 뒤로 가져가고, 구부렸던 다리를 들어 올리고, 위를 향해 라켓을 뻗고, 몸통을 돌리고, 공을 친다. 비너스 윌리엄과 로저 페더러 같은 테니스 프로 선수들의 부드럽고 잘 학습된 서브와 이 하나하나의 동작이 얼마나 다른가 생각해 보자. 프로 테니스 선수들이나 보통 테니스를 잘 하는 사람들의 스윙은, 이 개개의 운동을 붙여놓은 것의 연속 동작이기보다는 하나의 부드럽고 연속적인 운동으로 우리 눈에 비친다. 이장의 나중에 배우겠지만 이런 부드럽고 빠른 운동은 소뇌의 도움을 받는다.

어떤 활동들은 정교한 운동 동작이 정확한 시간차이로 일어나야 한다. 테니스 서브와는 달리 제대로 된 타이핑(독수리 타법이 아니라 열 개의 손가락으로 타자기를 칠 때)은 총체 근육이 운동에 별로 필요 없다. 왜냐하면, 손의 위치가 상대적으로 움직이지 않는 편이기 때문이다. 타이핑 속도는 개개 키 누르기 사이의 시간을 줄임으로써 증가한다. 이렇게 속도를 증가시키는 하나의 방법은 어떤 키를 치는 동작을, 그 키 이전에 친 키와 앞으로 칠 키에 따라 조절하는 것이다. 이런 조절을 하는 능력이 있다는 것은 우리가 생성하고자 하는 일련의 운동에 대한 전체적인 운동 프로그램을 만들어 낼 수 있음을 시사하는 것이다. 따라서 일련의 손가락 두드리기 행동을 수행하는 시점에서, 이 운동 프로그램을 작동시키게 된다. 나중에 다시 배우게 되겠지만, 이런 운동 프로그램은 **보조운동영역**(supplementary motor area, SMA)이라고 불리는 특정 두뇌 영역에서 만들어지는 듯하다. 이 영역은 다른 두뇌 영역에 운동 프로그램에 대한 정보를 전달하여, 결과적으로 그 프로그램을 수행하는 데 요구되는 특정 근육의 활성화를 허용하게 되는 것이다.

또 다른 행동에서는 그 행동을 수행(performance)한다는 것이 특정 외부 단서와 연결되어 있는데, 예를 들어 초록색 불에 엑셀을 밟는다든지, 빨간색 불에 브레이크를 밟는 것 같은 행동이다. 운동을 하는 것이 기존의 잘 배운 습관들을 파괴하거나 정상 연합을 위반해야 할 때(초록색 불에 브레이크를 밟는다든지, 빨간색 불에 엑셀을 밟는 경우처럼), 운동들이 낯설거나 잘 반복 연습되지 않는 것일 때, 전대상회(anterior cingulated)가 관여해야 하게 된다.

운동 동작들은 여러 두뇌 영역이 동시에 관여할 때가 자주 있는데, 이는 동작들이 이런 여러 종류의 운동통제가 동시에 일어나는 것을 필요로 하기 때문이다. 예를 들어 세부 근육과 총체적 근육 두 가지 모두에 대한 통제가 동시에 일어나야 하기 때문이다. 그러나 앞에서 잠시 언급하였던 것처럼, 특정 두뇌 영역은 다른 영역보다 더 두드러진 역할을 수행하게 될 수도 있다. 이 장에서는 운동통제에 관여하는 주된 두뇌 영역들을 살펴보는 것으로 그리고 각각의 영역이 중요한 운동통제의 어떤 중요한 기여를 하게 되는가를 지적할 것이다. 그 다음은 각 운동처리 과정에 문제가 생기면 어떤 임상적 증세가 나타나는지를 살펴볼 것이다. 이들 운동성 증후들은 주로 두 개의 범주로 나눌 수 있다. 두뇌의 피질하(subcortical) 구조물의 손상으로 말미암은 증후와 피질 영역의 손상으로 인한 증후가 그것이다. 논의하게 될 피질하 증후들로는 파킨슨병(Parkinson's disease), 헌팅턴병(Huntington's disease), 뚜렛 증후군(Tourette's syndrome)으로, 이들은 모두 운동의 형태 결함을 포함한다. 이런 증후들은 운동의 느림성, 부정확성, 또는 나타나지 말아야 할 운동의 출현(진전, tremors) 등을 일으킬 수 있다. 반면 피질 증후군은 이미 학습된 운동에 관여하는 개념화(conceptualizing), 계획(planning), 서열화(sequencing) 등에 문제를 야기시킨다. 이런 경우, 환자들은 피아노를 연주하거나, 경례를 붙이기 위해서 근육을 어떻게 프로그램하는지에 문제를 보인다.

운동통제에 관여하는 두뇌 구조

위에서 언급한 것처럼, 운동통제에는 다양한 두뇌가 관여한다. 이 절에서는 피질하에 위치한 두뇌 부위에서부터 시작해서 피질에 있는 영역들에 대해 논의하며 이런 운동통제에 관여하는 주된 두뇌 구조들에 대해 개관을 하겠다.

■ 피질하 구조

운동통제에 관여하는 다양한 두뇌 영역의 역할에 대한 논의를 들어가기에 앞서, 우선 근육을 움직이게 하는 기본적 기제에 대하여 먼저 이해해야 한다. 근육(muscle)은 수축한 상태나 수축하지 않은 상태 중의 하나를 취할 수 있는 근섬유(muscle fibers)들로 이루어져 있다. 근섬유 수축은 뉴런의 충동에의해 야기된다. 전형적으로, 한 운동뉴런은 수많은 근섬유를 신경지배한다. 한 뉴런이 지배하는 근섬유의 수는 매우 정교한 운동에 관여하는 경우 두세 개의 근육일 수도 있고, 커다란 반-중력(anti-gravity) 근육은 수백 개에 이를 수도 있다. 한 운동뉴런과 그 운동뉴런이 지배하는 근섬유를 합쳐서 **운동 단위**

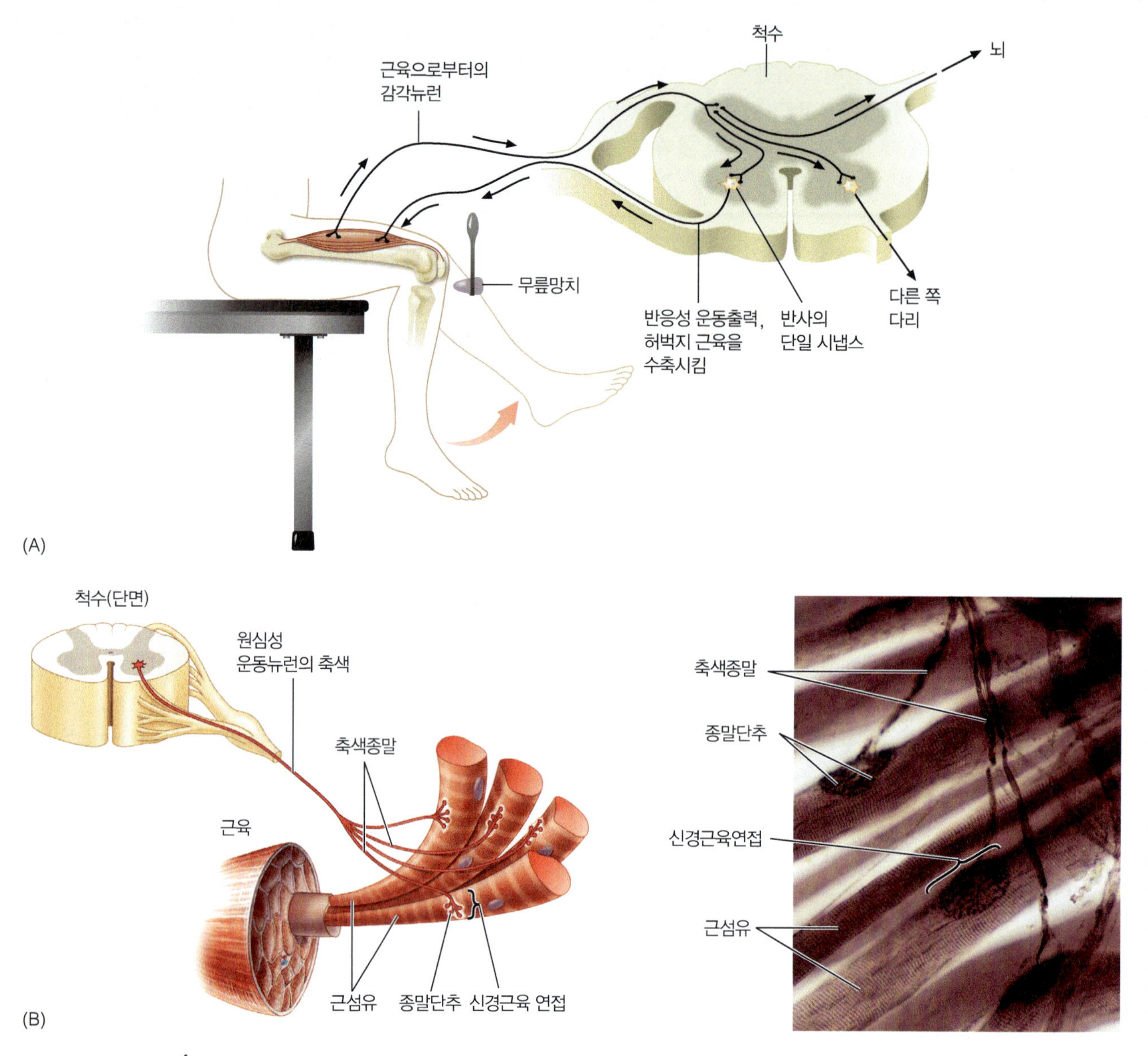

● **그림 5.2 신경근육연접(neuromuscular junction).** (A) 운동뉴런의 세포체는 척수에서 시작한다. 운동뉴런은 척추신경을 따라 그 신경이 신경지배하는 근육으로 연결된다. (B) 축색이 근육에 접할 때, 운동뉴런은 여러 개의 축색 종말로 갈라져, 각 근섬유와 일련의 독특한 연결점들을 형성하게 되는데, 이 영역이 *신경근육연접*이라고 알려진 곳이다. 개개 근섬유 연접 내에는 축색종말이 더 가는 가지로 나뉘어지고, 각각 종말 단추로 끝난다. 활동 전위가 이 종말 단추에 도달하면, 아세틸콜린이 시냅스 틈으로 방출된다. 그러면 아세틸콜린은 골격근 막의 특정 골(troughs), *운동 종판*(motor endplate)이라고 알려진 곳에 존재하는 니코틴성 콜린 수용기에 결합한다. 이는 근막에 활동전위를 일으키고, 이 결과 근수축이 일어나게 된다. © 2010 Cengage Learning

(motor unit)라고 부른다. 뉴런과 신경 섬유 간의 시냅스는 전형적인 시냅스보다 더 크고 특화된 구조로 이루어져 있다. 이 부위를 **신경근육연접**(neuromuscular junction)이라고 한다(● 그림 5.2). 근육이 움직이기 위해서 정보가 신경계로부터 근육으로 이 신경근육연접을 통해 전달되어야 한다. 이런 통제 없이는 마비(paralysis)가 일어난다.

운동로

두뇌에서 계획된 운동 동작이 집행되기 위해서는 목표 근육으로 보내져야 한다. 이런 정보는 **운동로**(motor tract)라고 알려진 경로를 따라 전달되어야 한다. 운동통제에 미치는 이들 경로의 역할을 더욱 잘 개념화하기 위하여, 이들 경로를 군대에서 전달병이 보병(이 경우 근육)에게 정보를 전달하는 것과

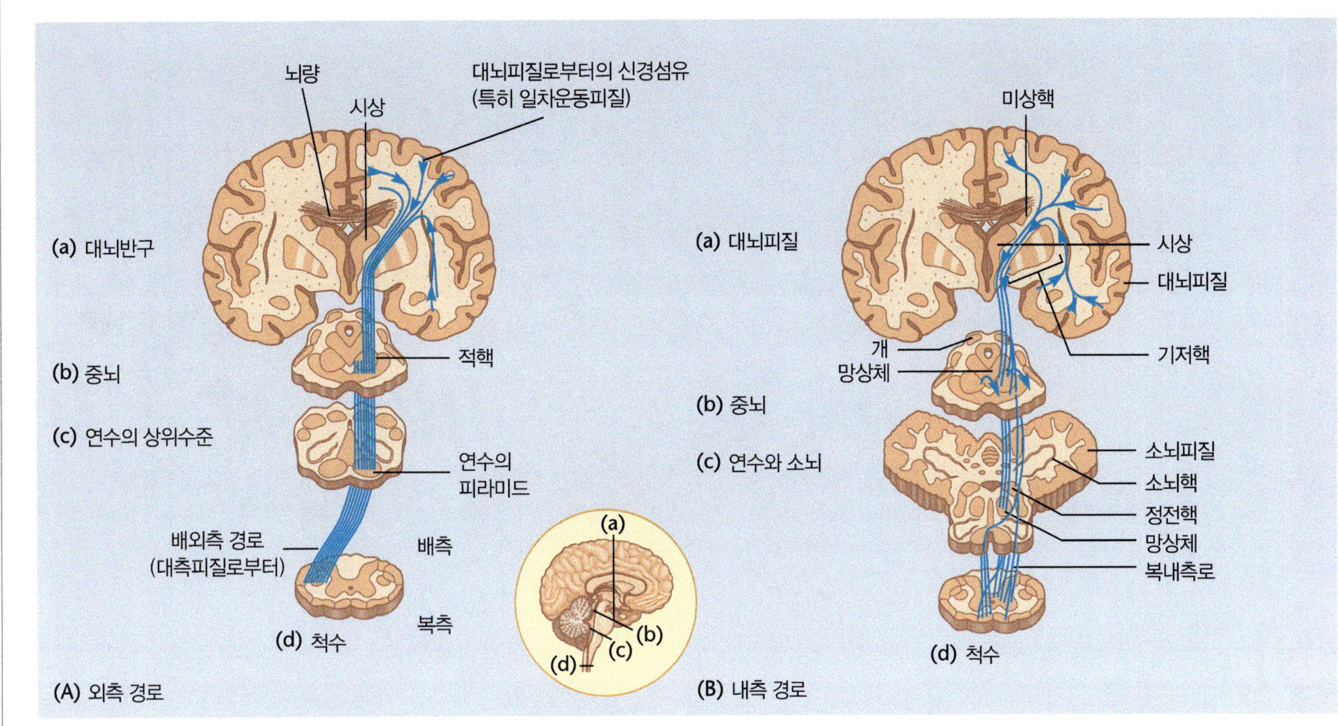

그림 5.3 뇌에서 근육으로 가는 두 개의 주 경로. (A) 외측 경로(lateral tract)는 두뇌의 한쪽에서 척수의 반대편으로 교차하며 손, 손가락, 발과 같은 사지말단의 정확한 운동을 통제한다. (B) 내측 경로(medial tract)는 자세의 조절과 걷기, 구부리기, 돌리기, 걷기와 같은 양측성 운동을 가능하게 하는 몸통 근육들을 통제할 수 있게 한다. 삽입그림은 a, b, c, d의 절편이 이루어진 위치를 보여준다. © 2009 Cengage Learning

비슷하다고 생각해 볼 수 있겠다. 나중에 논의할 피질하 영역과 피질 영역들이 바로 이들 운동 동작들의 형태, 순서를 결정하고 계획을 세우는 데 핵심적인 영역이다. 이 피질하 영역들은 소대가 적절한 형태로 움직이고 있는지 감독하는 소위나 중위 같은 장교 같은 존재라고 생각해도 무방할 것이며, 반면 피질 영역은 엄청난 수의 소대들의 활동들에 대한 계획을 세우는 장성급과 같은 존재라고 생각하면 적절할 것이다.

두뇌에서 근육을 연결하는 데는 두 종류의 통로가 존재한다. 이 중 첫 번째 것은 외측 통로(lateral pathways)라고 불리는 것으로, 이 경로의 세포체는 주로 일차운동피질(primary motor cortex)에 위치한다. 그로부터 이 신경통로(tract)들은 두뇌의 한쪽에서 반대편 신체로 연수에서 모두 교차한다. 그래서 이 신경로의 세포체(운동피질에 있는) 손상은 신체 반대편의 운동 움직임의 결함을 일으킨다. 이 신경로는 원위(distal) 사지 근육들, 예를 들어 팔, 손, 손가락, 하지, 발등을 움직이는 근육들의 섬세한 움직임을 담당한다. **외측 피질척수로**(lateral corticospinal tract)의 손상은 물건에 손을 뻗거나, 물건을 잡고, 작동하는 능력에 심각한 효과를 일으킨다.

또 다른 주된 운동 경로는 **내측로**(medial pathway)는 몸통이나 근위(근처, proximal) 사지 근육들의 통제에 관여한다. 이 통로는 대측으로 그리고 동측으로 모두 투사하며, 주로 서거나, 구부리거나, 몸을 돌리거나 걷는 것과 같은 양측성 운동은 물론 자세의 통제에 주로 관여한다(그림 5.3). 이제 어떻게 정보가 두뇌를 떠나 근육으로 가는지를 알기 위하여, 움직임을 통제하는 역할을 하는 다른 두뇌 영역에 대하여 살펴보기로 하자.

소뇌

소뇌(cerebellum)는 콜리플라워처럼 생겨 두뇌의 뒤편에 붙어있으며 운동통제에 매우 중요한 역할을 하는데, 특히 운동 움직임의 계획(planning of motor movement)이나 근육 움직임 시간조절 협응(coordination of muscle movement timing), 그리고 운동기술의 학습(learning of motor skill)에 중요한 역할을 한다.

소뇌는 크게 세 부분으로 구별되며, 각 영역 입력의 근원에 따라 명명된(그림 5.4A). 전정소뇌(vestibulocerebellum)는 계통발생학적으로 소뇌에서 가장 오래된 영역이다. 이 부위는 **편엽**(flocculus)과 **결절**(nodulus)이라고 불리는 부위로 이루어져 있다. 이 이름이 시사하듯이, 이 영역은 뇌간의 전정핵(vestibular nuclei)으로부터 입력을 받으며 이 부위로 다시 투사한다. 그래서 이 부위가 손상되면 당연히 균형감각에 문제가 생기고 자세 불안정성이 생긴다.

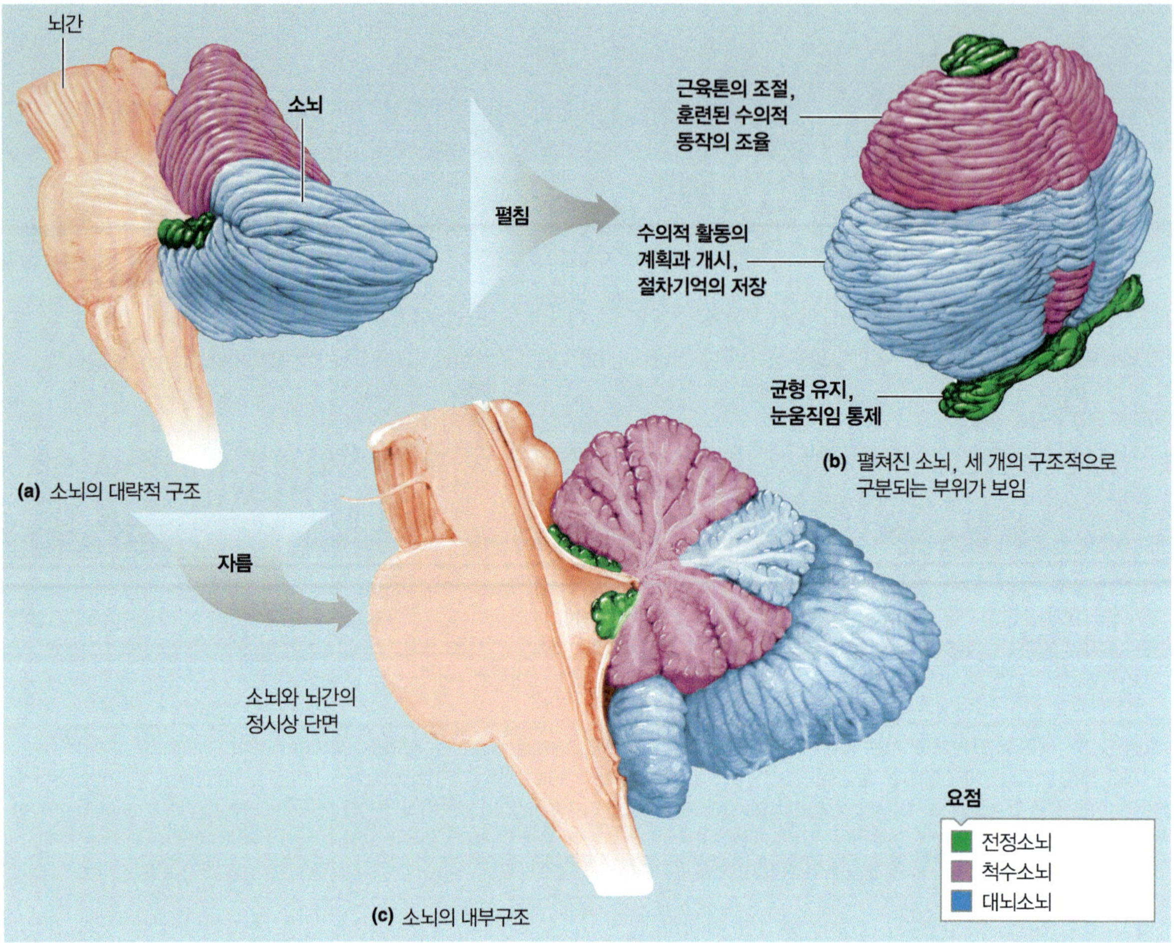

뇌간
소뇌
펼침
근육톤의 조절,
훈련된 수의적
동작의 조율
수의적 활동의
계획과 개시,
절차기억의 저장
균형 유지,
눈움직임 통제
(b) 펼쳐진 소뇌, 세 개의 구조적으로
구분되는 부위가 보임
(a) 소뇌의 대략적 구조
자름
소뇌와 뇌간의
정시상 단면
요점
전정소뇌
척수소뇌
대뇌소뇌
(c) 소뇌의 내부구조

(A)

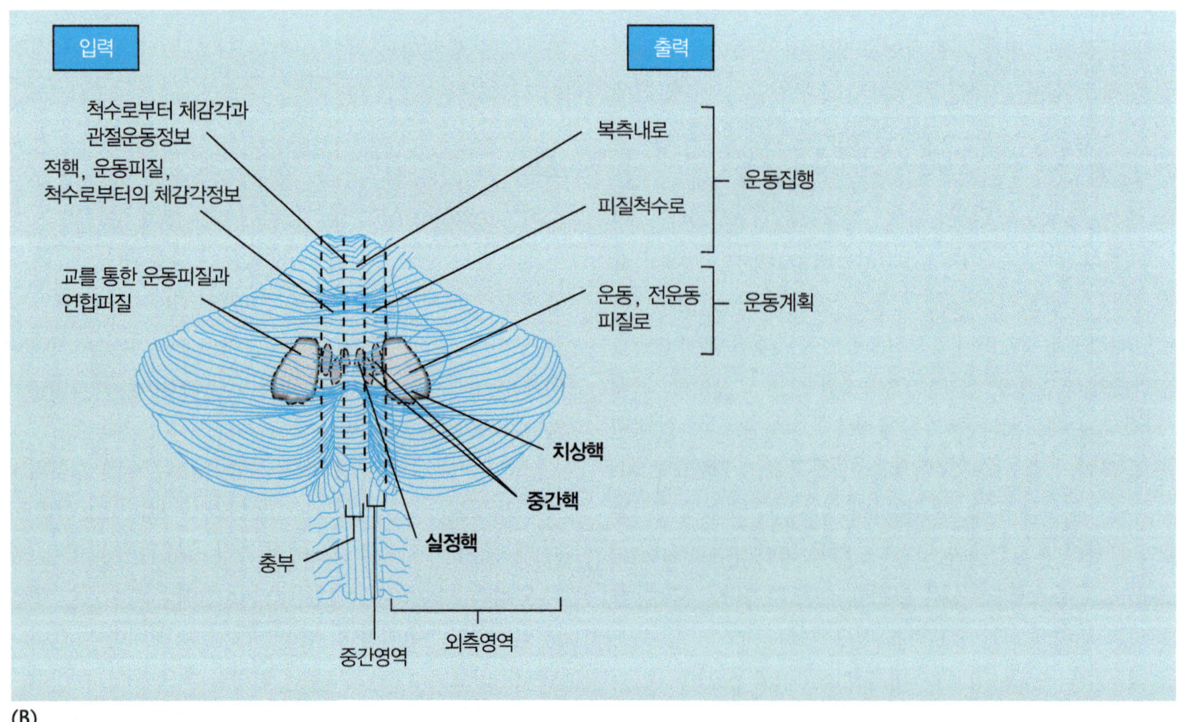

(B)

● **그림 5.4 소뇌의 입력과 출력을 보여주는 소뇌 구조.** (A) 소뇌의 세 구분. (B) 소뇌의 피질내의 소뇌 심부핵(deep cerebellar nucleus)들. © 2011 Cengage Learning

척수소뇌(spinocerebellum)는 소뇌 반구의 내측 영역으로서 척수로부터 체감각과 **운동감각정보**(kinesthetic information; 근육, 피부, 관절에서 오는 신체의 움직임에 대한 정보)를 받으며 척수로 다시 투사한다. 이 영역의 손상은 움직임의 매끄러운(smoothy) 통제에 문제를 생기게 한다. 보다 내측은 근위 근육의 움직임, 예를 들어 걸을 때 다리와 몸통 근육 움직임의 협응 같은 것에 문제를 야기시킨다(자세와 걷기에 대한 소뇌의 기능에 대한 개관으로 Morton & Bastian, 2004 참조). 이 영역에 손상을 입은 사람들은 짧거나 불규칙한 보행을 하며, 그 움직임이 우스꽝스럽다. 보다 외측 영역은 원위 근육들의 움직임, 예를 들어 팔의 움직임과 같은 것에 관여한다. 주동근(agonist)과 길항근(antagonist)의 연쇄적 움직임의 조절은 물론이고 팔의 위치를 잡는 능력 등이 손상된다.

대뇌소뇌(cerebrocerebellum)는 운동피질과 연합피질을 포함한 여러 피질 영역으로부터 입력을 받는다. 이 영역은 감각 운동학습을 포함해서 복잡한 공간적 시간적 연속성이 요구되는 고도의 숙련된 움직임의 조절에 관여한다. 이와 관련된 활동으로는 능숙한 쓰기, 말하기는 물론 공 던지기, 테니스 서브 넣기, 곡예하기 같은 것들이 포함된다.

소뇌의 반구 각 영역은 서로 다른 심부 핵으로 투사한다: **충부**(vermis)는 **실정핵**(fastigial nucleus)으로, **중간영역**(intermediate zone)은 **중간핵**(interpositus nucleus)으로, 그리고 **외측영역**(lateral zone)은 **치상핵**(dentate nucleus)으로 투사한다. 그래서 소뇌는 어떤 의미에서 세 개의 서로 다른 고리(loop)를 포함하고 있는 것으로도 생각할 수 있다. 소뇌의 입력과 출력, 그리고 **소뇌 심부핵**(deep cerebellar nucleus)들의 위치 등은 ● 그림 5.4B에 보여주었다.

소뇌의 몇 가지 일반적인 원칙을 살펴보는 것이 좋을 것이다. 첫째, 소뇌의 고리를 통한 정보의 투사는 소뇌로 하여금 운동기능에 조절적 효과를 낼 수 있는 정확한 위치설정을 한 셈이다. 이점을 강조하는 효과로 소뇌의 손상 효과는 운동을 제거시키는 것이 아니라 운동기능의 질 저하를 일으킨다. 둘째, 운동피질이 근육의 대측에 작용하는 것과 달리, 소뇌는 **동측**(ipsilateral) 근육에 작용한다. 마지막으로 소뇌의 중심선 주변의 영역들은 자세를 포함하여 몸의 중심과 관련된 기능을 담당한다. 반면, 소뇌의 보다 외측에 있는 영역은 사지를 포함한 외측 구조물들의 통제를 담당한다.

이제부터 소뇌의 손상 후에 관찰되는 결함들의 유형을 좀 더 상세히 살펴보기로 하자. 그 후에 관찰되는 다양한 장애를 아우르기 위해 과학자들이 제안한 소뇌의 기능에 대한 모델들을 살펴볼 것이다. 일반적으로 소뇌 손상 후에 관찰되는 운동협응의 문제는 **소뇌운동실조증**(cerebellar ataxia)이라고 한다. 그렇지만 이 장애가 말 산출(speech output)까지 포함하면 **구어장애**(dysarthria)라고 불리며 이 장애는 목소리 강도의 폭발적 변화가 가끔 나타나면서 발음이 불분명해지는 것이 특징이다(Spencer & Slocomb, 2007).

1장에서 이미 말한 바 있지만, 신경과 의사들이 소뇌 손상을 검사하기 위해서는 환자에게 자신의 코, 그 다음엔 의사의 코를 번갈아 집어보라고 한다. 소뇌의 손상이 있는 환자는 이런 과제를 수행할 수는 있지만 한 코에서 다른 코로 가는 손의 움직임이, 특히 목표지점 근처에 근접할수록, 오락가락하거나, 갑자기 움찔하거나, 비틀거린다. 이런 행동은 이것들이 어떤 행동을 수행하는 도중에 일어나기 때문에, **활동 진전**(action tremor) 또는 **의도 진전**(intention tremor)이라고 불리기도 한다. 이런 유형의 진전은 기저핵의 장애로 보이는 진전과 구별되는데, 기저핵의 장애로 야기되는 진전은 주로 휴지 시에 나타나는 경향이 있다. 이렇게 지나치게 되는 현상은 그 환자가 주동근과 길항근 집단이 목표지점에 닿기 위해 켜지고 꺼지고 해야 할 때 제대로 계산이 안 되기 때문이다. 환자들은 미리 정확한 동작을 프로그램할 수 없으므로 목표에 거의 와서 자신들의 팔이나 손가락을 보았을 때 조절을 하려고 하고, 이때는 너무 늦었기 때문이다(● 그림 5.5, 이런 종류의 증세에 대한 예).

소뇌의 외측영역이 손상된 환자가 경험하는 또 다른 어려움은 중다관절 움직임(multi-joint movement)의 협응이다. 이들 장애는 서로 다른 사지에 의해 야기되는 회전력(torque)의 다양한 역동적 상호작용을 예측하고 보상하는 능력의 결함과 사지의 정확한 근육 회전력을 일으키는 능력의 결함을 나타낸다고 가정한다. 중다관절 협응(multijoint coordination)이 무너지기 때문에, 한 번에 한 관절씩 연속적으로 움직이는, 소위 **움직임 분해**(decomposition of movement)라고 알려진 전략에 의해서야 의도한 움직임들은 그나마 잘 수행할 수 있다. 예를 들어 외측 소뇌에 손상을 입은 사람은 팔 전체를 움직여 잔을 집어 드는 방식이 아니라, 테이블에 팔꿈치를 대고, 앞으로 몸을 기울이고, 그리고 컵을 입으로 가져갈 것이다. 팔꿈치가 고정되면, 움직여야 하는 관절의 수가 감소하고, 성공적으로 움직일 가능성이 그만큼 증가한다(Bastian, Martin, Keating & Thach, 1996).

세 번째, 소뇌 외측 영역의 손상은 새로운 운동동작 학습을 방해한다(Deuschl, Toro, Zeffiro, Massaquoi, & Hallett, 1996). 다트 던지기 경우를 생각해보자. 팔을 움직이면서도 눈을 과녁에 고정하는 협응 능력은 획득된 기술이다. 손상 전에 남 못지않은 훌륭한 눈-손 협응을 지녔던 환자는 소뇌 손상 후에도 꽤 정확하게 다트를 던질 수 있다. 그러나 만일 과제가 약간 바뀌어서 새로운 감각운동 학습이 요구되면, 그 결함이 드러난다. 예를 들어 어떤 사람이 눈을 통해 보이는 세계가 약 15도 정도 한쪽으로 치우치게 빗나가는 프

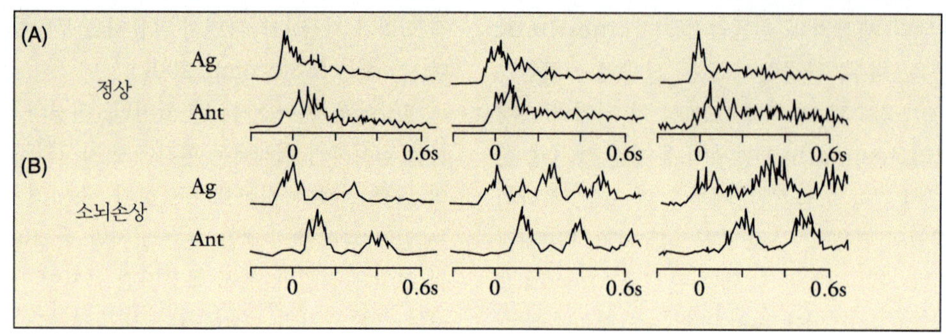

● **그림 5.5 소뇌 손상 환자들의 과녁 빗나가기(overshooting)를 일으키는 기제.** 소뇌 손상의 영향을 받지 않은 손(A)과 손상으로 영향받은 손(B)의 단일 관절 손 운동 시의 주동근(agonist)과 길항근(antagonist)의 활동. 시간은 x축에, 근육 활동의 정도는 y축에 표시되었다. 정상 손의 경우, 길항근(Ant)의 운동은 주동근(Ag) 운동을 뒤따르며 나타나 그 운동을 멈출 수 있게 작용한다. 반면, 손상으로 영향을 받은 쪽의 손은 길항근이 너무 늦게 그리고 너무 강하게 따라나오고 있음을 주목하라. 이것이 주동근에 더 큰 활동을 일으키고 다시 길항근에 의해 잘 조절되지 못하여 결국 진전(tremor)이나 과녁 빗나가기 행동 모두를 일으키게 된다. © 2011 Cengage Learning

리즘 안경을 썼다면, 과녁을 명중하기 위해서는 눈의 응시위치와 팔 동작 간의 관계에 대한 새로운 재조정이 필요하게 될 것이다. 신경학적으로 건강한 사람들은 충분한 연습을 하게 하면 서서히 이런 적응을 이루게 되는 반면, 소뇌 손상이 있는 사람은 그렇지 않다(● 그림 5.6).

마지막으로, 소뇌의 외측 영역은 감각운동 학습과 그런 학습을 해야 하는 기술에 중요하다. 그런 학습에서의 소뇌 역할로 잘 알려진 고전적 예가 눈 깜박임 조건화(eye-blink conditioning)이다(Gerwig, Kolb, & Timmann, 2007). 이 방법론에서는, 동물(또는 사람)이 톤을 듣게 되는데, 이 톤은 공기분사가 눈에 쏘아지는 것을 예측하는 톤이다. 눈 깜박임은 이 공기 분사의 부적 효과를 감소시키지만, 톤에 대하여 눈 깜박임의 타이밍이 적절할 때만 그런 효과를 본다. 소뇌에 손상이 있으면 정확한 시간 간격에 예상 반응을 하는 것을 학습하는 능력에 장애를 가져오며, 그런 반응이 이미 학습된 후에도 적절한 시간에 타이밍을 맞추어 반응하는 능력에 결함이 생긴다는 것은 잘 알려진 사실이다. 소뇌가 사건들 간의 시간 관계성의 특성을 이해하는 데 중요한 역할을 하기 때문에 소뇌가 감각운동 학습에 중요한 역할을 한다고 믿게되었다. 이런 생각을 지지하는 최근 fMRI 연구가 있는데, 이 fMRI 연구에 의하면 손 움직임과 눈 움직임 사이의 시간 간격이 증가할수록 손-눈동자 협응이 더 어려워지고, 그런 과제 수행에 대한 소뇌 관련 정도 역시 증가하였다(Miall, Reckess, & Imamizu, 2001).

이렇게 다양한 증세를 어떻게 통합하여 소뇌 기능을 통일되게 이해할 수 있을까? 몇 개의 이론들을 여기에 잠깐 소개하도록 하겠다. 어떤 한 이론은 소뇌가 정확한 운동에 관여한다고 한다. 즉 소뇌는 사전에 계획해야만 하는 움직임에 관여한다고 본다. 이런 것을 **전진 모델**(forward model)이라고 부른다(이는 미래에 무엇이 일어날 것인가를 예측하기 때문인데, 미래란 시간상으로 앞선 방향을 말한다). 이 이론은 소뇌가 운동 계획의 감각 결과를 예측하는 것을 돕는다고 보았다(Ito, 2008). 이 예측은 어떤 동작이 정확히 수행되었는지를 결정하는 데 도움이 될 수 있다(예, 나는 내가 느껴야 할 것을 지금 느끼고 있다). 그래서 만일 탁자 위에서 가득 찬 우유팩 하나를 집어 들려고 결정했다면, 그 우유팩의 감이 어떻게 느껴질 것이고, 얼마만한 힘이 우유팩을 집어 드는 데 들것인지에 대한 모델을—미리—가지게 된다. 이 전진 모델은 운동에 수반될 것 같은 감각 정보를 포함한다. 이런 모델을 가진다는 것은 뇌로 하여금 과제 수행과 무관한 다른 감각 피드백을 '차감(subtract out)'할 수 있게 한다. 당신은 스스로 간지럼 태울 수 없다는 것을 알아차린 적이 있을 것이다. 왜 그럴까? 부분적으로는 이것이 감각 결과를 가지는 운동모델을 만들어 냈기 때문이다. 당신은 스스로 간지럼 태우기의 감각 결과가 어떤 것일지를 미리 알기 때문에, 상대적으로 운동 활동의 결과에 대해 상대적으로 영향받지 않게 되는 것이다. 외부에서 발생한 것보다 자신이 일으킨 촉각 자극에 대한 소뇌 활동이 더 작게 나타나는데, 이는 것은 소뇌가 이런 정신적 모델의 발달에 어떤 역할을 하고 있음을 시사한다(Blakemore, Wolpert, & Frith, 1998).

중요한 것은 소뇌의 전진 모델이 감각 정보나 운동감각 정보 같은 말초로부터의 피드백에 영향을 받지 않는다는 것이다. 일단 한번 운동이 시작되면, 그 운동의 작동 중(online) 조정에 소뇌는 관여하지 않는다. 그 기능은 두정엽에 의해 수행되며, 이 논의는 이 장의 나중에 논의하겠다. 소뇌는 작동 중 조정에 관여하기보다는 얼마나 동작을 잘 예측하였는가와 그 동작의 최종 결과, 이 둘 사이의 오류 신호를 계산한다. 이 오류신호는 그런 다음 그 예측 모델을 변경시킬 것인지, 즉 다

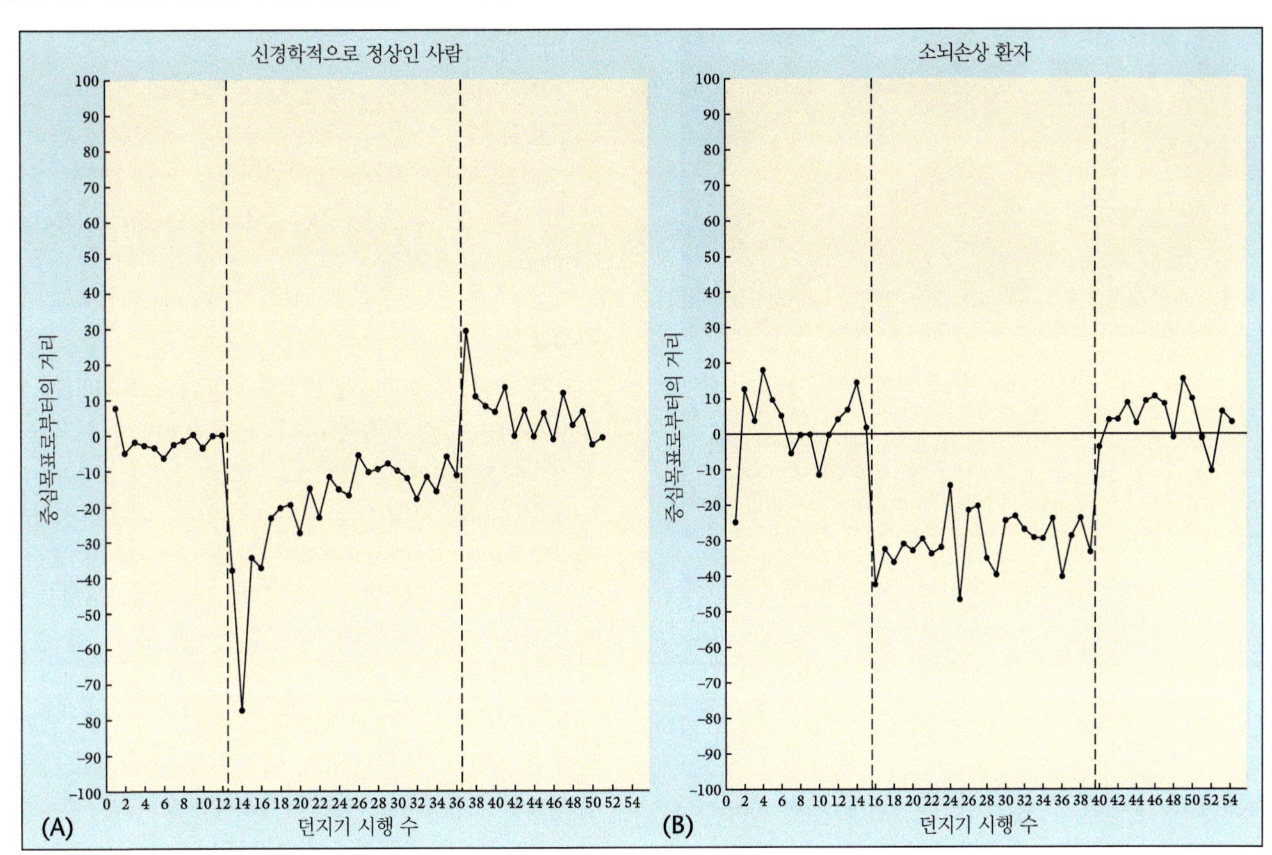

● **그림 5.6 운동 학습에서 소뇌의 역할.** 두 명의 서로 다른 사람이 다트 던지기를 할 때의 정확도를 일련의 던지기 과정마다 그린 그래프. 첫 번째 보이는 점선은 각 사람이 프리즘 안경을 쓰기 시작한 시점, 두 번째 점선은 안경을 벗었을 때를 나타낸다. (A) 신경학적으로 정상인 사람의 도표. 프리즘을 쓴 직후, 던지기는 과녁을 크게 벗어났으나, 연습하면서 그 수행이 점차 향상된다. 그리고 프리즘 안경을 벗자마자, 과녁을 다시 빗나가지만 역시 빠르게 다시 재조정됨을 알 수 있다. (B) 소뇌 손상을 입은 환자의 도표. 프리즘 안경으로 부정확하게 던지게 되며, 연습으로 적응되지 않는다. 프리즘 안경을 쓰고 있는 동안 아무런 학습이 일어나지 않았기 때문에 안경을 벗자마자 기저선 수준으로 정확도가 곧바로 돌아오는 것을 볼 수 있다.

음 활동을 위해 최신화시킬 것인지에 대한 정보를 제공한다(Bastian, 2006).

이런 이론은 소뇌 손상 환자들에게서 관찰되는 것과 일치한다. 예를 들어 위의 프리즘 예에서 그 환자들은 그 과녁에서 얼마나 떨어져 있는지(과녁을 맞히기 위한 다트라는 측면에서)에 대한 정보를 접수하여 다음번에 과녁에 더 근접하게 다트를 던지기 위해서 어떤 운동 움직임이 필요할 것인가에 대한 모델을 조절하지 못하였다. 이런 생각은 손-눈 협응이 필요한 과제의 학습 이후에, 활성화가 일어나는 소뇌 영역은 신경영상법에 의해서 측정한 바로는 과제의 속성에 좌우된다는 사실과 일치한다. 즉, 손이 눈을 이끄는지 또는 눈이 손을 이끄는지에 따라 소뇌의 활성화 부위가 달라진다는 사실은, 한 효과기(손)의 상태가 다른 효과기(눈)를 이끈다는 것을 소뇌가 예측하고 있음을 시사한다(Miall & Jenkinson, 2005).

또 다른 아이디어 중의 하나는 소뇌가 시간재기(timing) 장치로서 근본적으로 사건들에 대한 시계기능을 제공하여, 운동통제에서 서로 다른 효과기(팔, 손 등)를 위한 동작의 개시나 종료에 대한 정보를 제공한다는 것이다(Ivry & Spencer, 2004). 예를 들어 소뇌의 손상은 단순하지만 정확하게 시간에 맞추어 두드리는 동작을 수행하는 능력에 결함을 일으킨다. 소뇌는 어떤 음절이 앞서고 어떤 음 다음에 올 것인가에 근거해서, 음절을 연속으로 정확하게 발성하는 것을 통제하는 기능에 관여할 가능성이 있다고 시사되고 있다 (Ackermann, Mathiak, & Riecker, 2007). 그렇지만, 그런 시간 조절 기제는 시간 순서상 목적을 구체적으로 표상하게 되는 사건 시간화에 대한 정보를 제공함으로써, 그 외에도 여러 다른 정신과정에 쓰이는 것 같다(Ivry, Spencer, Zelaznik, & Diedrichsen, 2002). 소뇌가 이렇게 더 큰 역할을 하고 있다는 증거는 소뇌 손상 연구들로부터 온다. 이런 연구들을 통해 소뇌 손상은 두 소리 제시 간의 시간 간격이 기준 간격(예, 400 ms)보다 더 긴가 짧은가에 대한 시간 길이 대한 판단 능력 또는 화면 위에 점들이 움직이는 시각 장면 두 개를 연속으

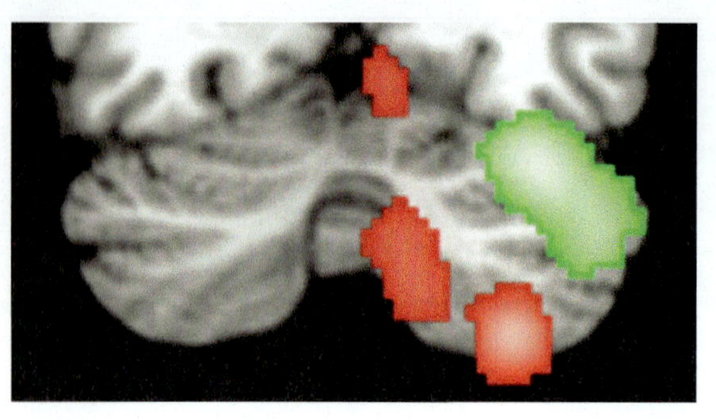

● **그림 5.7 소뇌의 외측 영역은 고차 인지 기능에 더 관여한다.** 여기에 운동통제에 관여하는 영역(적색)과 언어(녹색)에 관여하는 영역을 각각 보여주고 있으며, 이는 서로 다른 신경영상 연구들 사이에 활동을 표시하는 메타-분석으로 알려진 것이다. 언어 영역이 더 외측임을 주목하라. Stoodley & Schmahmann (2009, NeuroImage)로부터 적용된 그림.

로 보여주고 두 장면 중에서 점들이 더 빨리 움직이는 것이 어느 것인가를 판단하는 능력의 결함을 야기시킴을 알게 되었다.

만일 그런 시간 재기 기제가 손상된다면, 그로서 왜 서로 다른 근육 집단의 활동의 개시와 정지가 잘 조율되지 않는지를 잘 설명할 수 있을지도 모르겠다. 이런 가설은 수많은 발달장애들과 정신과적 장애들에서 소뇌의 해부학적 기능적 변화가 보고되는지는 물론이고, 높은 수준의 인지 과제들 동안 소뇌(특히 외측 영역)의 활성화를 보고하는 수많은 신경영상연구 결과들을 잘 설명할 수도 있다(Stoodley & Schmahmann, 2009)(● 그림 5.7). 소뇌의 비정상이 보고되는 이런 장애들로는 자폐증, 난독증, 주의 결함 과잉행동 장애, 그리고 조현병(나중의 장들에서 설명할 것임)으로, 주로 속성상 운동성이 아닌 증세가 특징인 장애들이다 (Gowen & Miall, 2007).

이 중 어느 이론이 나중에 소뇌기능을 더 잘 기술하는 것으로 밝혀지든, 이런 이론들은 모두 운동 동작의 조율과 학습에 그리고 동작의 시간조절에 관여하는 소뇌 역할을 강조하고 있다(더 긴 논의를 위해서는 Mauk, Medina, Nores, & Ohyama, 2000 참조).

기저핵

기저핵(basal ganglia)은 **미상핵**(caudate nucleus), **피각**(putamen), 그리고 **측핵**(nucleus accumbens) [집합적으로 **선조체**(striatum)로 알려진], **담창구**(globus pallidus, 또는 pallidum), **흑질**(substantia nigra), 그리고 **시상하핵**(subthalamic nucleus)과 같은 피질하 핵들로 이루어진 복합체이다. 피질 내에 기저핵의 위치는 ● 그림 5.8에서 보여주고 있다. 소뇌와 마찬가지로, 기저핵은 움직임을 변화시킬 수 있는 위치에 있다. 이는 기저핵이 어느 정도 피질과 고리(loop)들, 분리 가능한 일련의 고리들을 형성하고 있기 때문이다. 기저핵은 피질로부터 입력을 받는데, 서로 다른 피질 영역들은 미상핵과 피각의 서로 다른 영역들로 투사한다. 기저핵 대부분의 출력은 담창구에서 나와 시상으로 가는 것이며, 이 시상에서 다시 피질로 투사된다. 각 고리 구조는 피질 영역으로부터의 입력이 있으며, 그 피질로 정보가 다시 투사된다(● 그림 5.9는 이런 연결들을 보여준다). 다섯 개의 이런 고리가 지금까지 확인되었는데, 운동회로(motor circuit), 안구운동회로(oculomotor circuit), 배외측 전전두회로(dorsolateral prefrontal circuit), 외측 안와전두회로(lateral orbitofrontal circuit), 그리고 전측 시상회로(anterior cingulate circuit)이다(Alexander, DeLong, & Strick, 1986).

선조체는 피질로부터의 입력뿐 아니라, **흑질선조속**(nigrostriatal bundle)을 통하여 흑질(substantia nigra)로부터 입력을 받는다. 반면, 담창구는 선조체뿐 아니라 시상하핵(subthalamic nucleus)들로부터도 입력을 받는다(Alexander, Delong, & Strick, 1986). 기저핵의 출력은 피질에 영향을 미치는 것 외에도, 다른 운동영역에도 영향을 미친다. 예를 들어 기저핵의 출력은 상소구를 통해 안구운동에도 영향을 미친다. 그래서 기저핵은 운동통제에 관여하는 신경회로들의 교차로에 위치하고 있어(기저핵의 다양한 해부학 연결들에 관한 기술로, Alexander & Crutcher, 1990, Middleton & Strick, 2000 참조), 기저핵은 운동 활동성을 조절하기에 완벽한 위치를 차지하는 셈이다.

일단 개시하면 변화될 수 없는 움직임에 중요한 역할

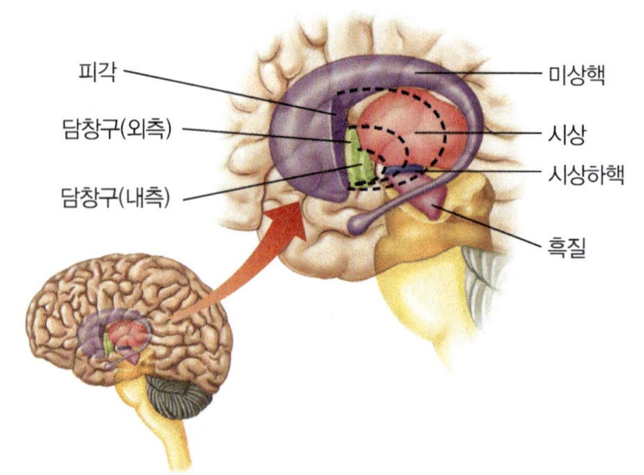

● **그림 5.8 기저핵과 다른 두뇌 영역 간의 관계.** 기저핵(basal ganglia)이 시상(thalamus)을 싸고 있으며, 피질에 의해 둘러싸여 있다. © 2009 Cengage Learning

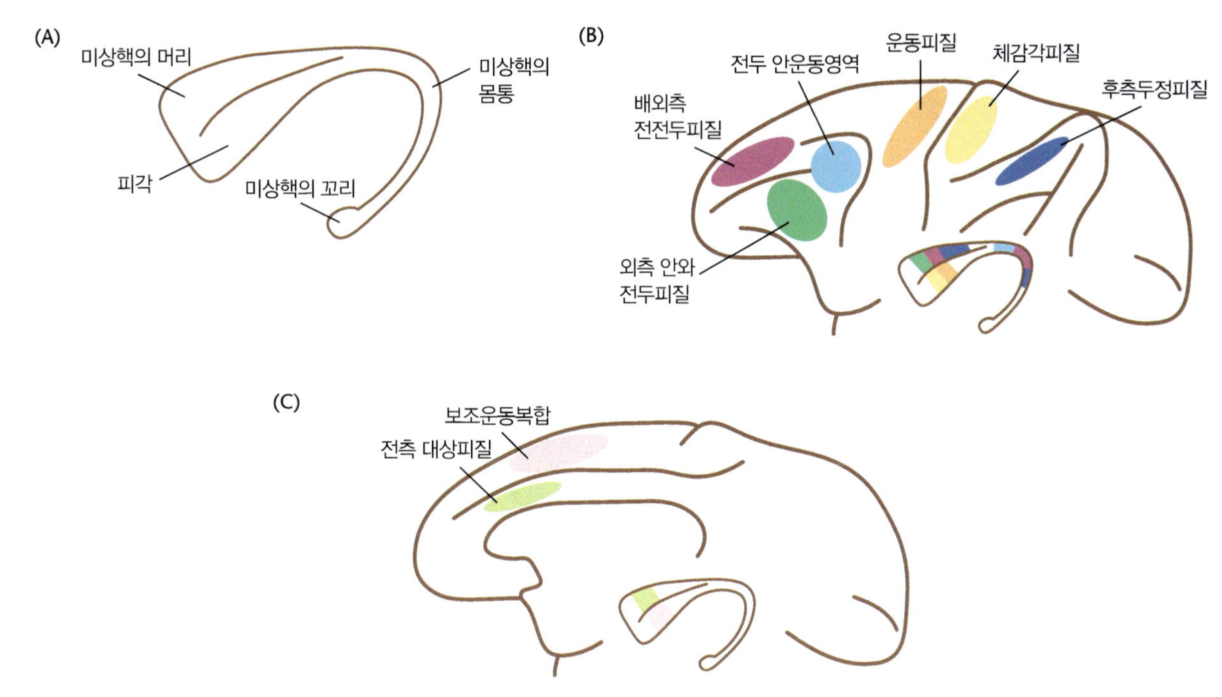

● **그림 5.9 기저핵의 다른 부위로 투사하는 원숭이 피질 영역 지도.** (A) 선조체(striatum)에 대한 해부학적 구성. (B) 선조체로 투사하는 외측 피질 영역의 연결. (C) 내측 피질 영역과 선조체의 연결성. 출처: Utter, A. A., & Basso, M. A. (2008) The basal ganglia: an overview of circuits and function. NEUROSCIENCE AND BIOBEHAVIORAL REVIEWS, 32, Figure 2, p. 335. Reprinted by permission of Elsevier.

을 하는 소뇌와 달리, 기저핵은 개시와 정지에 시간이 걸리는 운동을 수행하는 데 더 중요한 역할을 한다. 기저핵은 운동통제에 다수의 역할을 하는 것으로 생각되는데, 다음과 같다: 자세와 관련하여 운동체계 '배경 설정하기(setting)'하기, 수의적 활동을 수행할 수 있도록 신경계를 준비시키기, 이미 잘 학습된 연쇄 운동 활동에 대한 자동항해장치로서 작동하기, 운동 활동 간의 타이밍과 교환을 통제하기, 그리고 운동과 비운동 정보가 모두 기저핵으로 투사되기 때문에, 특히 운동 활동이 동기적 중요성(보상)을 가지고 있거나, 또는 운동 활동이 거대한 인지적 요소를 가지고 있을 때(기존의 잘 학습된 행동을 뒤엎을 새로운 입력-출력 관계의 규칙성을 학습할 때), 운동학습과 운동계획하기 등이다(어떻게 기저핵의 조절적 신경조직화가 학습에 기저핵이 아주 적절하게 되는가에 대한 개관으로 Graybiel, Aosaki, Flaherty, & Kimura, 1994 참조). 기저핵의 지배적 이론들은 움직임이나 사고의 적절한 연쇄 선택에 관여하는 피질 활동 동기화(synchronization)를 기저핵이 촉진한다고 보거나(Brown & Marsden, 1998), 아니면 기저핵이 개개의 활동을 하나의 조율되고(coordinated), 정형화되고(stereotyped), 그리고 습관화된(habitual) 활동 단위들로 '묶는다(chunk)'고(Graybiel, 1998) 본다.

운동과 운동장애에 관여하는 기저핵의 역할을 가장 잘 이해하기 위해서는 ● 그림 5.10을 보시오(기저핵의 해부학에 대한 개관과 이런 영역의 손상이 어떤 다른 운동장애를 일으키는지, 그리고 기저핵의 해부학과 기능에 대한 의견의 불일치는 무엇인지를 알고자 하면 Utter & Basso, 2008 참조). 미상핵과 피각은 기저핵으로 들어오는 입력 대부분을 받고 있는 구조물이며, 기저핵의 주된 출력 부위인 담창구의 내측 부위로 두 개의 경로를 통하여 투사된다. 한 경로는 **직접** 경로(direct route)로서 이 두 영역을 억제적 방식으로 직접 연결한다. 담창구의 내측 영역은 시상의 운동 핵과 억제성 연결을 하고 있는데, 이 시상의 운동성 핵들은 피질을 활성화한다. 그 결과 직접경로의 활동은 주로 담창구 내측 부위의 활동을 억제하고, 그러면 담창구 내측 부위는 더는 시상이 피질을 흥분시키는 것을 억제하지 못하게 된다. 그래서 이 통로의 활동은 현재 진행되고 있는 행동을 계속 유지하거나 촉진하는 기능을 하게 된다(시상에 대한 억제가 감소하기 때문에). 다른 경로는 **간접** 경로(indirect route)인데, 미상핵과 피각이 담창구의(내측이 아닌) 외측영역과 억제성 연결을 가지게 되는데 관여한다. 이 담창구의 외측영역은 시상하핵에 억제성 연결을 가지고 있고, 시상하핵은 다시 담창구의 내측영역에 흥분성 연결을 가지고 있다. 그래서 이 간접 경로의 정상활동은 시상하핵들이 담창구의 내측영역을 활성화하게 되며, 이 담창구의 내측영역은 시상활동을 억제하게 된다. 이 경로는 원하지 않는 움직임을 억제하는 데 중요한 기능을 하는 것으로 생각된다.

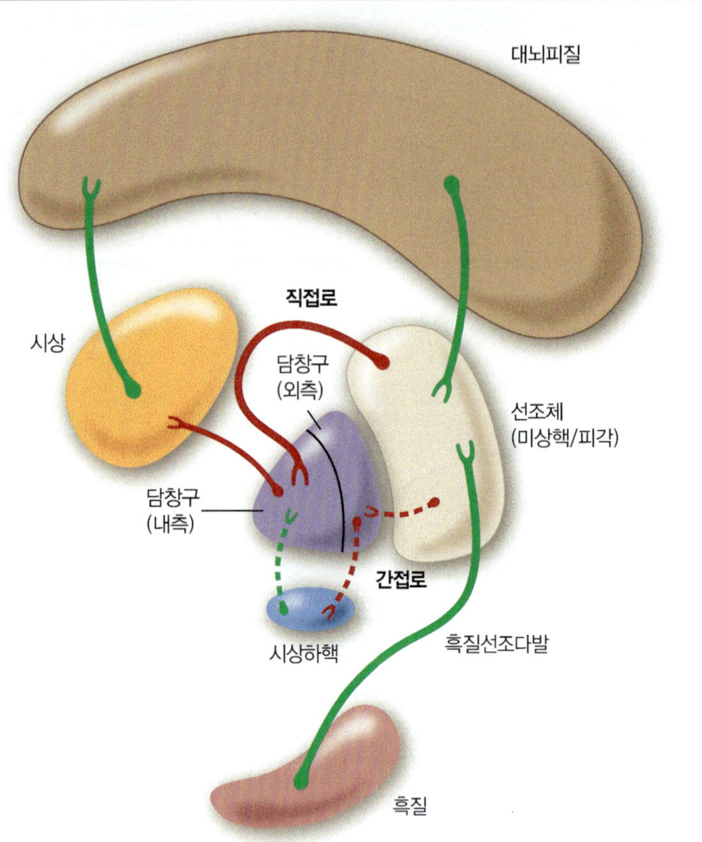

● **그림 5.10 기저핵의 서로 다른 부위 간의 연결.** 억제성 연결(적색으로 표시)과 흥분성 연결(녹색으로 표시). 미상핵과 피각(기저핵의 들어오는 모든 입력을 받는 두 핵) 그리고 담창구(globus pallidus)의 내측영역(기저핵의 주 출력 영역). 한 경로는 이 두 영역 간의 직접(Direct) 경로(억제성). 또 다른 경로는 미상핵과 피각에서 담창구의 외측영역을 통해(억제성), 시상하핵(subthalamic nucleus)으로(억제성), 그리고 다시 여기서 마침내 담창구의 내측 영역(흥분성)으로 가는 간접경로. 담창구는 시상(thalamus)의 운동성 핵과 억제성 연결을 가지고 있다. 시상의 운동성 핵들은 피질을 흥분시킨다. © 2011 Cengage Learning

기저핵의 손상은 손상받은 부위에 따라 여러 종류의 운동장애를 일으키게 된다. 파킨슨병은 **운동불능증**(akinesia; 자발적인 동작을 시작하지 못함), **운동완서증**(bradykinesia; 동작의 느려짐), 그리고 **진전**(tremor; 반복적, 진동적 동작) 등이 특징이다. 이 파킨슨병의 고전적 모형에 의하면, 파킨슨병은 직접경로가 나오는 피각의 해당 부위로 도파민성 입력이 거의 또는 없어서 발생하는 것이라고 주장한다. 도파민 부족은 흑질의 세포소멸(cell death)로서 야기되는 것인데, 흑질은 흑질선조속(nigrostriatal bundle)을 통하여 기저핵으로 투사되는 영역이다. 이 흑질(검은 물질이라는 의미)의 세포소멸은 파킨슨병으로 사망한 환자의 사후부검을 통해서 쉽게 확인될 수 있는 현상인데, 이 경우 흑질은 신경학적으로 정상인 사람에게는 주로 보이는 검은색을 띠지 않는다. 직접 경로에서 입력이 없으므로 간접 경로가 과잉 활성화되고(● 그림 5.10), 그래서 담창구의 내측영역의 활동이 너무 많아지면, 이것이 다시 시상을 억제하게 되고, 운동 활동이 감소하는 결과를 일으키게 된다(Albin, Young, & Penney, 1989).

만일 헌팅턴병처럼, 기저핵의 선조체 자체가 손상을 입게 되면 다른 종류의 운동장애가 관찰된다. **운동과다증**(hyperkinesias; 불수의적으로 의도하지 않은 동작들)을 흔하게 볼 수 있다. 운동과다증의 한 유형은 **무도병**(chorea, 그리스어로 *khoros*, 즉 춤이란 용어에서 파생되었음)으로, 몸 일부가 실룩거리거나 갑자기 홱 움직이는 제어할 수 없는 경련성(jerky) 움직임을 나타나게 되는 것이다. 또 다른 유형은 **무정위운동**(athetosis)이라는 것인데, 이는 신체가 비정상적인 자세로 실룩거리거나 불수의적으로 꿈틀거리는 것을 말한다.

헌팅턴병의 경우, GABA와 결합하는 선조체 뉴런들에 선택적 손상이 있는 것이다. 이 뉴런들은 선조체가 담창구로 보내는 간접경로를 내보내는 뉴런들로서, 이 경로의 활동저하가 초래된다. 좀 더 구체적으로 말하자면, 담창구의 외측영역으로 보내는 억제성 입력의 상실이 시상하핵에 과도한 억제를 일으키게 된다. 이 핵이 비활성화 되면, 담창구로부터의 출력이 감소한다. 이런 출력의 감소는 다시 시상 억제를 감소하는 것이 되고, 따라서 더 많은 운동 활동을 일으키게 된다(그림 5.10 참조)(Albin, Young, & Penny, 1989).

기저핵의 운동 시작과 종료에 작용하는 역할은, 특히 자극에 대한 반응이나 목적을 향하는 정향적 운동들에 대한 기저핵의 역할은 기저핵의 기능이상이 있을 때 관찰되는 증세로 잘 설명된다. 예를 들어 파킨슨병 환자는 바닥을 가로질러 걸어가려고 시작하는데 시간이 걸리지만, 일단 시작하면, 마치 고삐 풀린 기차처럼 걷기를 계속 할 수도 있다. 파킨슨병 환자는 필기체로 쓰는 것이 어려울 수도 있는데 이는 한 획 다음에 다음 획으로 전환하는 과정에서 운동의 일정 속도를 유지하기 어렵기 때문이다(● 그림 5.11).

기저핵이 이렇게 일련의 다른 행동 간의 전환을 도와주는 것처럼, 기저핵은 행동을 안내하는 새로운 규칙이나 새로운 개념적 세트를 전환하는 것도 돕는 것 같다(Owen, Roberts, Hodges, Summers, Polkey, & Robbins, 1993). 이는 기저핵이 작업기억에 관여하는 전전두엽 영역에 그 순간 유지되고 있는 정보를 지우는 것을 도움으로써 이루어지는 것 같다(Frank, Loughry, & O'Reilly, 2001). 이런 생각은 헌팅턴병

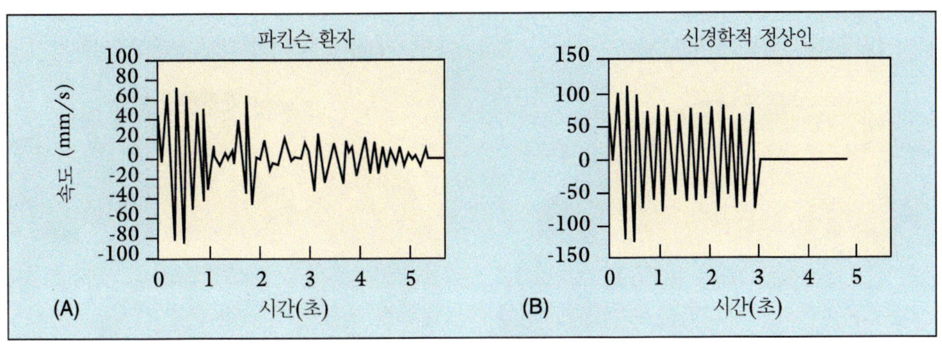

● **그림 5.11 파킨슨병의 결과로 나타난 쓰기 행동의 결함.** 'minimum'이라는 단어의 쓰기. (A) 파킨슨 환자를 (B) 정상인과 비교하였다. 파킨슨 환자는 글자 사이에 전환이 일어날 때마다 운동속도를 유지하는 능력에 문제를 보이지만, 신경학적으로 정상인 사람은 이런 전환이 일어나는 동안에도 속도를 일정하게 유지할 수 있다. © 2011 Cengage Learning

에 걸린 환자들이나 파킨슨병에 걸린 환자들이 운동 기능은 물론 인지 기능에도 문제를 보인다는 사실을 생각해 보면 더욱 설명력이 있다. 이 장의 뒤에서 운동통제에 어떤 어려움이 있는가를 논하게 될 것이며, 이런 장애와 관련된 인지적 문제는 16장에서 논하겠다.

기저핵은 외적인 자극보다는 내적인 자극으로 안내되는 움직임의 통제에 특히 중요하다. 이는 기저핵에 영향을 미치는 질병으로 잘 설명된다. 예를 들어 파킨슨 환자는 걸어가야 할 바닥에 표시가 있으면 걷기를 시작하는 게 훨씬 수월해진다. 이와 마찬가지로 파킨슨 환자는 정지된 공을 차기 위해 다리를 움직이기 시작하는 것은 못 할지 모르지만, 만일 공이 앞으로 굴러 온다면, 그 공이 유발자로 작용하여 환자가 차는 행동을 하는 반응을 하게 될 것이다[로버트 드니로와 로빈 윌리암이 주연한 **사랑의 기적**(영어제목: Awakening)이란 영화에 이런 현상에 대한 좋은 예가 나온다] 역으로 헌팅턴 환자에서 보이는 무도증도 체감각과 운동감각(kinesthetic) 자극들에 대한 반응을 억제하는 능력의 불능으로 야기되었을 것이다.

■ 피질 영역

내적으로 안내되는 운동에 중요한 기저핵과는 대조적으로, 운동통제에 관여하는 피질 영역의 주된 역할은 숙련된 동작들과 감각입력과 운동출력 간의 연결이 요구되는 움직임을 계획하고 안내하는 것이다. 피질 영역은 광범위한 운동기능을 지지하는데, 물체를 집는 행동, 도구를 사용하는 행동, 언어적 명령에 대한 반응으로 몸짓을 보이는 것, 얼굴 영상을 살펴보기 위하여 눈동자를 움직이는 행동, 환경 내에서 움직이기 등을 포함한다. 이렇게 많은 기능에 관여하는 피질 영역 기능과 어울리게, 운동통제에 관여하는 피질 영역 또한 광범위하다. 각 영역의 역할에 대한 상세한 설명을 시작하기에 앞서 두뇌의 각 위치에 친숙해질 필요가 있다.

● 그림 5.12에 운동통제에 관여하는 영역들은 전두엽 전체에, 외측과 내측 표면에 분포되어 있다. 우선 외측 표면을 살펴보자. 첫째, 일차운동피질(primary motor cortex)의 위치를 보면, 중심열(central fissure)의 바로 앞에 있으며, 브로드만 영역(Brodmann area) 4번의 대부분을 포함하고 있다. 일차운동피질의 대부분이 두뇌의 외측 표면에 위치하지만, 외측 표면의 배측을 따라 수평열(fissure)을 따라 내측 표면으로 싸고 내려간다(이 부분이 다리와 발에 대한 표상이 국재화된 영역이다, 그림 1.17 참조). 일차운동피질의 외측 표면의 바로 앞쪽에 있는 것이 전운동피질(premotor cortex)이며, 대략 브로드만 영역 6번 내에 위치한다. 이 영역의 복측 말단이면서, 브로카 영역의 바로 위에 있는 것이 전두 안운동야(frontal eye field)이다(역시 Brodmann 영역 6번 내에 위치한다, Paus, 1996년).

이제 내측 표면을 살펴보자. 뇌량(corpus callosum)의 위에 그리고 대상구(cingulate sulcus)의 아래에 위치하며, 중심열까지 길게 이어지는 것이 **전측대상피질**(anterior cingulate cortex)이다. 이는 브로드만 24번과 32번에 주로 해당하며, 25번과 33번 영역에도 위치하는 부위가 있다. 대상회의 위이며 일차운동영역의 앞쪽에 보조운동복합(supplementary motor complex)이 있으며, 브로드만 6번 영역 내에 위치한다. 이외에도 운동통제에 관여하지만, 전두엽에 있지 않는 영역이 있다. 이 영역들은 브로드만 7번과 40번 영역 내에 속하는 두정엽의 영역이다.

이 영역들은 운동통제에 서로 다른 기여를 하며, 이후 절들에서 더욱 상세한 내용을 접하게 될 것이다. 일반적으로 전운동피질, 보조운동피질(SMA), 그리고 전두 안운동야 등은 움직임의 계획, 준비, 그리고 시작에 관여한다. 이런 동작들의 실행이 적절히 일어나는가를 감시하고 특정 반응을 선택하는 역할에는 전측 대상영역이 중요한 역할을 한다. 일차운동피질

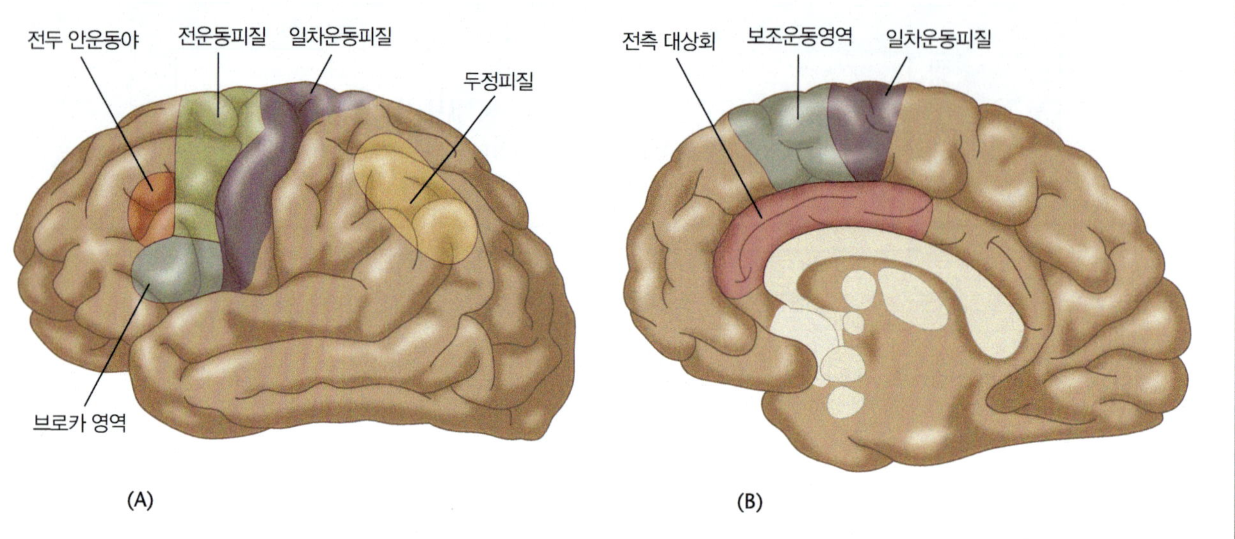

● 그림 5.12 **운동통제에 관여하는 주된 피질 영역.** (A) 좌반구, 외측면. (B) 우반구, 정중앙시상 단면. © 2011 Cengage Learning

은 운동 계획이 집행되는 힘과 방향을 통제한다. 마지막으로 두정 영역은 몸짓이 일어날 때 각 운동과 의미를 연결하는 것은 물론이며, 자기 외부 공간과 감각 정보에 운동 움직임들을 연결하는 데 관여한다.

일차운동피질

일차운동피질(종종 M1 영역이라고 불림)은 운동 뉴런을 시켜 근육이 움직일 수 있게 하는 명령 신호를 보내는 두뇌 영역이다. 1장(그림 1.17)에서 배웠듯이, 운동피질은 운동피질의 하위 영역이 손가락, 팔, 또는 다리와 같은 신체의 특정 부위의 활동을 통제할 수 있도록 조직화되어 있다. 그러나 운동 뉴런이 정확히 무엇을 부호화하고, 어떻게 부호화하는가? 운동의 부호화는 뉴런의 집합 벡터(neuronal population vector)의 형태로 일어난다.

각 뉴런은 특정 방향의 운동에 대하여 최대로 발화하도록 조율되어 있다. 그러나 매 순간, 이런 한 뉴런집합(population)을 통틀어 이 총화된 활동(벡터, vector)이 그 움직임의 방향에 영향을 미치거나 결정하는 것이다(● 그림 5.13). 만일 움직임이 그 뉴런의 선호하는 방향으로 일어나기로 되어 있다면, 이 뉴런은 발화를 많이 하여, 결국 아주 목소리 큰 투표를 하게 되는 셈이다. 만일 운동이 그 특정 뉴런이 선호하는 방향으로 일어나려는 것이 아니라면, 그 뉴런은 발화를 적게 하고, 따라서 작은 목소리 투표를 하는 셈이다(Georgopoulos, Schwartz, & Kettner, 1986). 만일 어떤 원숭이가 체계적으로 계속해서 한 방향으로 돌리는 움직임을 하여야 한다면(느리게 90도 시계 반대 방향으로), 그 집합 벡터의 활동은 그 회전 운동을 잘 반영하는 체계적 변화를 보인다(Georgopoulos, Lurito, Petrides, Schwartz, & Massey, 1989).

계산학적 측면에서, M1에 있는 뉴런들의 활동이 근육에 무엇을 지시하는가, 즉 그 뉴런들이 무엇을 암호화(code)하는가 하는 것에 대해 여전히 논란의 여지가 있다. 이런 뉴런들은, 운동의 방향 또는 관절이 움직일 때 그 가속이 일어나는 동안 근육의 힘의 정도, 축 회전력(torque) 같은 것에 민감해 보일 뿐 아니라, 목표물까지의 거리나 목표에 도달하기까지 취해야 하는 전체적인 포물선 운동의 방향에도 민감한 듯하다. 그 뿐만 아니라 M1의 활동은 감각 정보에도 민감한데, 이는 M1 뉴런이 감각-운동 통합에 관여할 가능성을 시사한다(Shen & Alexander, 1997). 가장 근본적인 수준에서, M1의 뉴런은 운동의 힘을 부호화하는 것 같다(Scott, 2000). 그러나 최근의 연구는 이것으로 이야기가 끝난 것이 아님을 증명한다. 예를 들어 일정한 부하가 근육에 가해질 때, 그 원숭이가 자세를 유지하는 것인지 또는 무엇에 닿으려는 것인지에 따라 뉴런 집합을 총괄하여 나타나는 활동이 달라진다(Kurtzer, Herter, & Scott, 2005). 이는 일차운동피질에서 부호화되는 것이 힘(force)만이 아니라는 것을 우리에게 말해준다(더 긴 논의를 위해서 Scott, 2008 참조).

최근의 연구들은 운동피질의 조직화에 대한 고전적 개념을 다시 점검하여야 한다는 것을 제시한다. 어느 영역을 자극하였는가에 따라 운동피질에 가한 짧은 기간의 자극이 특정 신체 부위의 움직임을 일으키지만, 좀 더 긴 자극(500 ms 또는 그보다 더 긴 자극)은 동물들에게 결정적으로 중요한 더 복잡하고 협응된 움직임, 손에서 입으로의 움직임, 손을 뻗어 닿으려는 행동, 그리고 공격으로부터 신체를 방어하는 움직임

(A) 원숭이와 장치

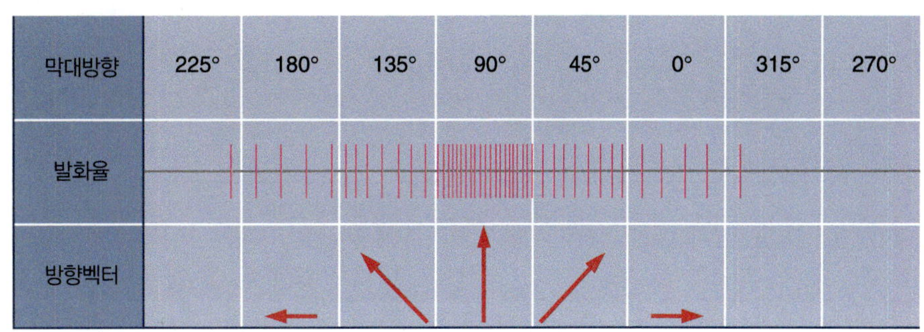

(B) 단일 세포의 반응

운동방향	세포1의 반응	세포2의 반응	집합벡터 (두 반응의 합)
90°			
0°			

(C) 두 뉴런으로부터의 개개 방향벡터와 집합벡터

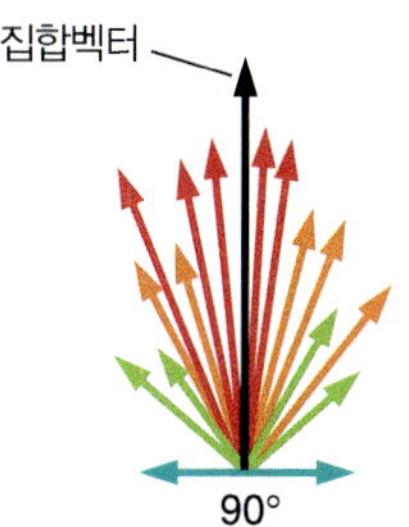

(D) 뉴런 집합으로부터 총화반응을 표상하는 벡터

● **그림 5.13 움직임의 방향은 뉴런 집합들로 부호화된다.** (A) 원숭이들은 원 주변을 따라 움직이는 작은 불빛에 반응하여 조이스틱을 움직이도록 훈련받는다. (B) 비록 단일세포 기록법에 따르면 선호 방향으로 뉴런들이 가장 왕성하게 반응하는 것을 보이지만, 이런 기록들은 세포들이 자신들의 선호방향으로부터 45도까지 달라진 방향에도 여전히 반응하는 것을 보여준다. (C) 단일 세포의 반응은 집합벡터(population vector)로 결합할 수 있다. (D) 이 뉴런들 집합의 총화 반응(summed activity)은 원숭이의 움직임의 방향을 정확히 예측한다. 달리 말하면, 세포들 집합은 움직이기에 제일 좋은 방향에 대한 개개 세포의 '투표'를 근본적으로 총계 내는 것이다. © 2011 Cengage Learning

같은 것들을 보이게 한다(● 그림 5.14). 그래서 일부 연구자들은 운동피질이 신체의 특정 부위에 근거해서라기보다는, 동물에게 행동학적으로 적절한 행동에 따라 조직화되었다고 본다(Graziano, 2006).

일차 운동피질에 의한 움직임 통제는 이전에 생각했던 것보다 더 유연한 것 같다. 비록 운동피질이 근육 움직임을 통제하기는 한다 해도, 이 영역은 수행의 인지적 측면에 영향을 받을 수도 있다(개관을 위해 Georgopoulos, 200 참조). 예를 들어, 성인에서 새로운 운동 기술을 학습하는 것은 각각의 손가락을 표상하는 일차 운동피질의 영역의 크기를 변화시킬 수 있다(Karni, Meyer, Jezzard, Adams, Turner, & Ungerleider, 1995, 1998). 자주 사용되는 손가락을 담당하는 피질 영역은 그 범위가 확장될 것이며, 자주 안 쓰는 손가락을 담당하는 영역은 줄어들 것이다(15장에서는 가소성이라고 알려진 정신 기능의 근거가 되는 신경 실질의 변화에 대한 논쟁들을 좀 더 자세히 논의할 것이다). 추가로, 운동피질과 근육 간의 연결은 말초로부터 받은 정보 피드백으로 영향받는데, 이는 이전에 생각했던 것보다 훨씬 더 유동적임을 의미한다(Graziano, 2006). 그래서 1장에 제시했던 운동피질의 조직화와 기능에 대한 고전적 모델이 꽤 유용한 점이 있기는 하지만, 진정한 이야기는 훨씬 더 복잡하고 아직도 완전히 이해되지 않은 것이다.

보조운동복합체와 전운동영역

운동피질이 손상을 입게 되면, 근육에 가해지는 힘이 잘 통제 되지 않으며, 그 결과 근육의 약화와 정교한 운동 움직임들의 부정확성이 야기된다. 물론 잘 숙련된 움직임은 단순히 근육을 움직이는 것 이상을 요구하는 것이어서, 이런 운동은 근육운동의 협응과 타이밍 또한 필수적이다. 예를 들어 만일 우리가 말을 유창하게 하거나 피아노를 치고자 원할 때는 단순히 근육을 움직이는 기능 그 이상이 필요하게 된다. 이런 복잡한 운동 과제는 동작의 계획이 요구된다. 일차운동피질과

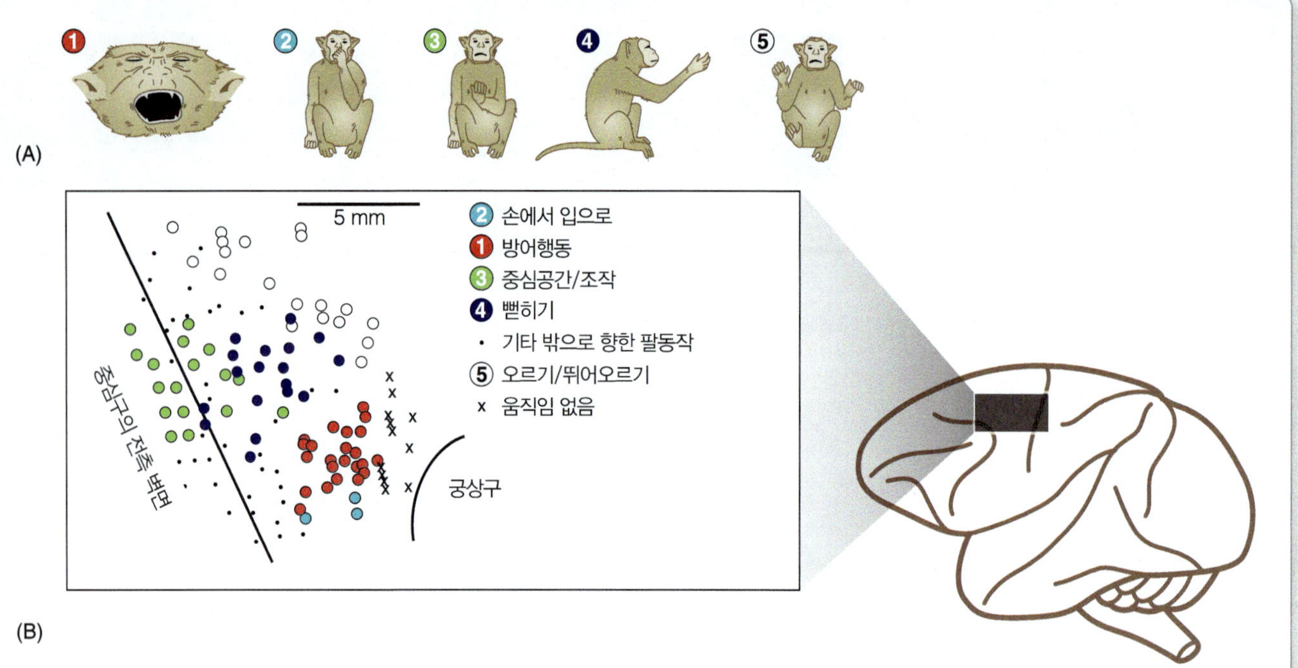

● **그림 5.14 동물 행동학적으로 관련된 행동에 대한 운동피질의 조직화.** (A) 일차운동영역의 전기 자극으로 야기된 운동 움직임의 다섯 가지 유형. (1) 얼굴의 방어적인(defensive) 것 같은 자세 (2) 손에서 입으로(hand-to-mouth) 가져가기; (3) 손가락들의 모양을 잡은 조작(manipulation)하는 듯한 움직임과 공간의 중심(central space)을 향한 손의 움직임; (4) 무엇을 움켜쥘 수 있게 손을 벌려 밖으로 뻗치기(reach); (5) 오르기(climbing) 또는 사지를 모두 이용한 뛰어 오르기(leaping) 같은 자세. (B) 자극되었을 때 이들 동작을 유발하는 운동피질영역들에 관한 지도. (좌측) 피질의 회색 사각형은 오른쪽 사각형에 보이는 운동피질영역을 나타낸다. (우측) 원형이나 상징은 자극 영역을 표상하는데, 색과 모양은 이 위치에 대한 자극으로 유발된 행동 유형을 나타낸다. 각각 하위 영역 내에서 일어나는 비슷한 운동들로 체계적인 위상이 있음을 주목하라. 출처: Figure 2 and 3 from Graziano, M. (2006). The organization of behavioral repertoire in motor cortex. ANNUAL REVIEW OF NEUROSCIENCE, 29, page 109. Annual Review의 허락으로 재인쇄됨.

는 구별되지만 일차운동과 연결된 두뇌 영역들이 그런 계획을 만드는 데 중요할 것으로 생각된다. 운동 계획(motor plan)에 대한 개념을 개관한 후에 그런 운동 계획을 세우는 데 관여하는 두뇌 영역들, 즉 보조운동복합(supplementary motor complex)과 전운동영역(premotor regions)에 대하여 살펴보기로 하겠다.

운동 계획에 대한 개념 동작에 대한 계획, 즉 **운동 프로그램**(motor program)이라 종종 불리는 이 계획은 의도하는 움직임에 대한 추상적인 표상이다. 이 계획은 일련의 움직임이 성취하려고 의도하는 목적에 대한 일반적인 정보뿐 아니라, 이 목적을 이루어지게 하려고 수행하게 될 신경근육 통제에 대한 보다 특수화된 정보를 포함해야만 한다(Keele, 1968 참조). 예를 들어 계획의 목적이 "게으른 하얀 고양이가 햇볕 아래서 나른하게 있을 때, 토끼가 갑자기 마당에 나타났다."라는 문장을 자판으로 친다고 생각해보자. 이 경우 운동 프로그램은 어떤 손가락을 움직일 것인가, 손가락들을 움직일 때 어떤 순서로 할 것인가, 움직임의 방향은 어떠한가, 움직임 간의 타이밍 같은 수많은 정보를 포함하고 있어야 할 것이다.

인간의 두뇌가 일련의 복잡한 운동에 대한 전체적인 계획을 만들어낸다는 증거는 주로 손이나 입의 운동통제를 살펴보았던 연구들로부터 나왔다. 운동 계획에 관한 것을 암시하는 현상 중의 하나가 **동시조음**(coarticulation)이라는 현상이다. 이 현상은 무슨 소리가 앞서고 따르는가에 따라 발성 근육이 소리(주로 모음에서 두드러짐)를 내는 방식에 보이는 차이를 지칭하는 것이다. 예를 들어 모음 'u' 소리는 입술을 둥글게 모으게 된다. 반면 자음들의 소리는 입술을 둥글게 하거나 말거나 웬만하면 알아들을 만하게 발성된다. 그래서 만일 일련의 자음이 입술을 동그랗게 할 필요가 있는 모음에 앞서서 나오게 되면, 이 자음들도 동그랗게 모은 입술로 소리를 내게 된다. 거울을 보면서 'construe'라고 말하면서 당신의 입 모양을 보라. 벌써 두 번째 음절의 'str'를 말하기 시작하면서 당신의 입술이 벌써 동그랗게 되는 것을 알아차리게 될 것이다. 그럼 이제 'contrict'라고 발음할 때 당신의 입모습을 거울로 보시오. 이 단어의 'str'를 말 할 때는 입술이 동그랗게 오므리지 않은데 왜냐하면 이때 모음 'i'을 발성하기 위해서 입술을 동그랗게 할 필요가 없기 때문이다.

이런 예들은 어떤 형태의 발화(speech) 사전계획이 일어났음이 틀림없다는 것을 나타낸다. 그럼 다음 질문은 얼마나 앞서서 이런 사전계획이 일어나는가 하는 것이다. 운동 명령은 연쇄적 방식으로 생성되어서, 움직임이 일어나기 전에 전체 문장에 관한 **전체계획**보다는 한두 발자국 앞서는 것만 가능하게 하는가? 아니면 대신 그 동작이 일어나기에 앞서 말하기 전체가 계획되는가? (이에 대한 더 많은 논의를 위해서는 Wright 1990 참조) 이에 대한 대답은 인간이 정말로 어떤 동작(action)을 개시하기에 앞서 전 운동 서열에 관해 계획한다는 것을 시사한다. 한 연구에서, 연구자들은 참여자에게 단어들을 줄줄이 유창하게 말하지만, 단 신호를 받은 후에 그렇게 하라고 하였다. 참여자들은 이런 발화 내용을 아주 유창하게 말할 수 있게 잘 훈련되었다. 이런 연구의 결정적인 변인은 그 개인이 신호가 나타난 후에 발언(utterance)을 시작하기까지 걸리는 시간이다. 연구자들은 만일 운동 계획이 운동이 행해지는 중에('on-line'으로) 생기는 것이라면 발언해야 할 단어 수는 그 사람이 발언을 시작하는 데 걸리는 시간에 영향을 미치지 않으리라 유추하였다. 사람들이 진행 중에 계획을 세우면서, 실제로 무엇을 말할 것인가에 대한 것을 한두 걸음 정도만 앞서서 계속 계획하는 방식으로 말이다. 이런 전략은 발언이 세 단어로 이루어져 있건 일곱단어로 이루어져 있건 상관없이 같은 방식의 전략이 유발될 것이다. 그러나 만일 전체 발화의 운동 계획이 사람이 말을 시작하기 전에 생성되는 것이라면, 말을 시작하는 데 걸리는 시간은 그 발언의 길이와 상관이 있을 것이다. 짧은 발언에는 계획에 시간이 적게 걸리고 그래서 긴 발언보다 빨리 말을 시작하게 될 것이며, 긴 발언에는 말을 시작할 때 계획을 세우는데 더 긴 시간이 걸릴 것이다. 실험을 뒷받침하는 이런 논리는 ● 그림 5.15에 소개되고 있다. 결과는 말을 시작하는 데 걸리는 시간은 그 발언에 포함된 단어의 수에 직선적으로 비례하여 증가한다는 것이다. 즉, 하나의 단어가 증가할 때마다 말을 시작하는 데 걸리는 잠재기가 특정 시간만큼 증가하였음을 보여준다. 결론적으로 두뇌는 동작이 수행되는 동안에 다음 계획을 세우는 것이 아니라, 운동이 시작되기 전에 이미 동작 전체에 대한 계획을 생성한다는 것이다(Sterngerg, Monsell, Knoll, & Wright, 1978).

이전에도 언급하였듯이 이런 운동 계획을 생성하는 데 관여하는 두뇌 영역은 일차운동영역 밖에 위치한다. 간단히 말하자면, 보조운동복합(SMC)은 가장 추상적인 수준에서 운동 계획을—결정적인 부분들을 순서화함으로써—만들어 낸다. 그러면 전운동영역이 그런 운동 계획에 맞추기 위해 반드시 일어나야 할 행동 유형들을 부호화하면, 일차운동영역이 그 명령을 집행하여 근육이 움직이게 된다. 예를 들어 만일 포도주의 술병마개를 따야 한다면, SMC는 필요한 운동 순서에 대한 것을 부호화할 것이다. 이런 것들은 한 손으로 포도주 병을 잘 잡고, 다른 손으로 코르크 따개의 위치를 병 위에 잘 올려놓고, 마개 따개로 코르크를 돌려가며 집어넣고, 그것을 잡아 뽑아내기 등이다. 전운동영역은 포도주 병을 어떤 식으로 꽉 쥐어야 하는가, 마개 따개는 어떤 특정 방향에 어떤 특정 방식으로 비틀어야 하는가와 같은 사실을 부호화할 것이다. 마침내 일차운동영역은 이 포도주 병을 움켜쥐는 것과 코르크 마개 비틀기를 수행하는 데 필요한 힘 또는 회전력을 실시하기 위해 정확히 어떻게 근육이 통제되어야 하는가를 부호화할 것이다. 운동이 이렇게 위계적으로 통제된다는 증거는 PET의 해부학적 정확성에 MEG의 시간적 정확성을 결합한 연구에서 얻어졌다(Pedersen, Johannsen, Bak, Kofoed, Saermark, & Gjedde, 1998). SMC의 활동은 행동이 시작되기 100~300 ms 전에 관찰되었다. 전운동영역의 활동은 운동이 시작되기 100 ms 전에 관찰되었으며, 일차운동피질의

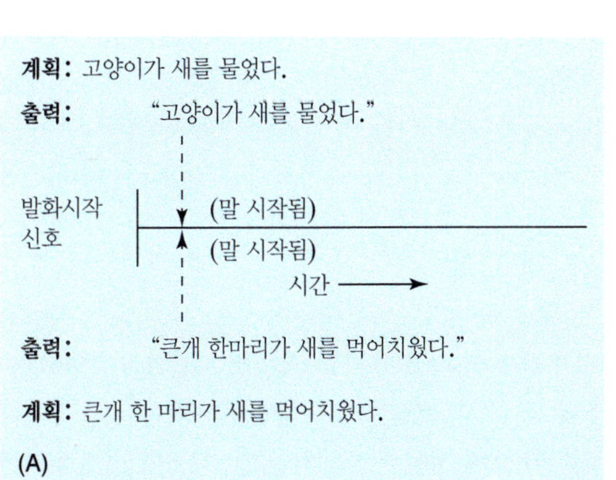

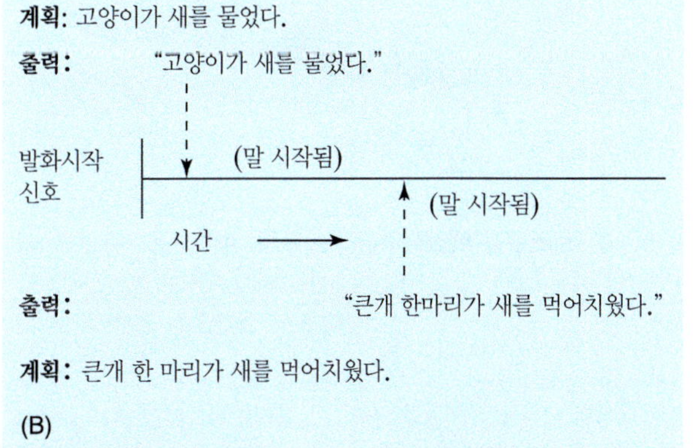

● **그림 5.15 운동 프로그램의 존재에 대한 검증.** (A) 만일 두뇌가 하나 또는 두 스텝 정도 앞서 계획을 세운다면 발언을 시작하는 데 걸리는 시간은 발언의 길이에 영향을 받지 않는다. 이 경우 4개 대 6개 단어의 차이가 없다. (B) 반면, 만일 두뇌가 말을 시작하기 전에 전체 발언에 대한 계획을 세워야 한다면, 그 발언이 길면 길수록, 발언을 시작하기 전에 지연(delay)이 더 길 것이다. 이것이 과학자들이 관찰한 패턴이다.

활동은 운동의 개시와 동시에 시작하여 100 ms 정도 더 계속되었다. 그러면 이제부터 이런 운동영역들에 관하여 좀 더 자세히 알아보기로 하자.

보조운동복합 두뇌에서 동작의 계획, 준비, 시작에 중요한 역할을 하는 주된 두뇌 영역 중의 하나가 **보조운동복합**(supplementary motor complex, SMC)이며, 다리의 활동을 통제하는 일차운동피질 부위의 바로 전측에, 두뇌의 내측 표면에 있다. 보조운동복합은 약간 후측에 위치하는 보조운동영역(SMA), 약간 전측에 위치하는 전보조운동영역(pre-SMA), 그리고 그 두 영역 사이에 끼어 있는 보조안운동야(supplementary eye field, SEF)로 이루어진다(● 그림 5.16).

운동 계획에서의 SMC의 역할은 동물이나 인간을 사용한 연구에서 모두 입증되었다. 하나의 자극에 대해 어떤 단순한 반응을 계획하도록 훈련된 원숭이에서, SMC 뉴런의 발화(단세포 기록 기법으로 연구됨)는 그 운동이 계획될 때 체계적으로 변화하는 것으로 발견되었다. SMC의 세포의 발화율이 변화할 때의 시점을 실제로 동작과 관련된 사지의 전기적 활동(근육이 움직이기 위해서는 신경 발화가 필수적임을 기억하시오)이 시작된 시점과 비교하여, 연구자들은 SMA의 발화율이 사지에서 전기활동이 기록되기 이전에 변한다는 것을 알아낼 수 있었다(Tanji, Taniguchi, & Saga, 1980). 즉 이런 결과들은 SMC가 동작의 개시 이전에 운동의 계획에 관여함을 나타낸다. 보다 구체적으로 말해서, SMA는 손이나 발의 움직임 이전에 활성화되고, SEF는 눈의 움직임 이전에 활성화된다. SMA는 신체 위상적으로 조직화되어 있어서, 사용될 팔, 다리에 따라 활성화되는 SMA 부위가 달라진다. 즉 미측 위치를 자극하면 뒷발에서의 활동이 야기되고, 문측 위치를 자극하면 앞발과 입 근처의 움직임이 야기된다(Mitz & Wise, 1987).

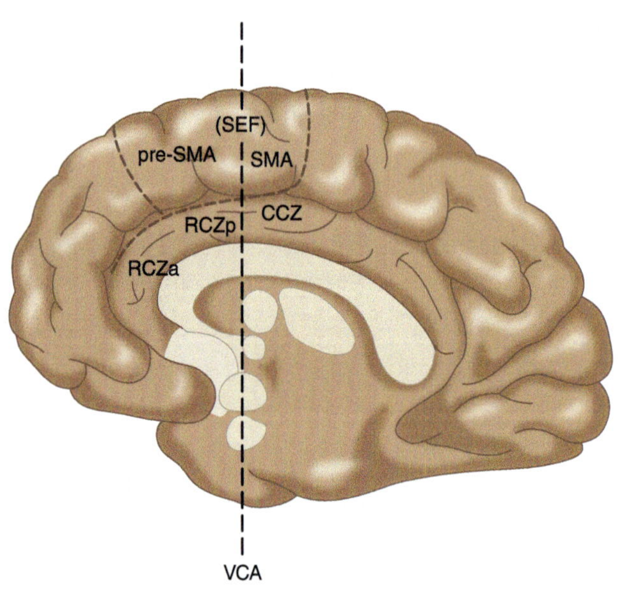

● **그림 5.16 보조운동복합을 구성하는 두뇌 영역.** 여기에 두뇌 내측의 표면 위에 보조운동영역(SMA), 보조안운동야, 그리고 pre-SMA의 위치를 보여주고 있다. Pre-SAM와 SMA의 경계는 전 교련에서 두뇌 표면 위로 뻗은 수직선에 의해 결정되는데, 이 선은 수직 전 교련(vertical anterior commissure)선 또는 VAC선이라고 알려진 선이다. 이 영역들은 전측 대상회 영역들인 RCZa와 RCZp (anterior and posterior rostral cingulate zones, 전측 그리고 후측 문측 대상 영역들)와 CCZ (caudal cingulate zone, 미측 대상 영역) 바로 위에 위치함을 주목하라. 출처: Nachev, Kennard, Hussain, "Functional role of the supplementary and presupplementary motor areas," Nature Reviews Neuroscience 9, figure 1a, page 857.

원숭이 연구에서 얻어진 다른 증거는 SMA와 pre-SMA가 동작 연쇄에 중요한 역할을 함을 시사한다. 예를 들어 SMA와 pre-SMA에 있는 특정 뉴런들은 특정 동작(말하자면 돌리기 등)으로 시작하는 어떤 연쇄 이전에 발화하는 것 같으나, 이는 그 동작이 아주 특정적인 연쇄(말하자면 돌리기-당기기-그리고 지렛대 내리기, 그러나 돌리기-밀기-당기기 순서 연쇄는 아님)로 이어질 때만 그러하다는 것이다(Shima & Tanji, 2000)(● 그림 5.17A). 더군다나 이 영역의 일부 뉴런들은 어떤 실제 동작 그 자체(밀기, 당기기, 또는 돌리기)의 속성과 무관하게, 한 동작이 일어나는 연쇄 내에서의 위치(두 번째 동작)에 특정적으로 발화한다(Clower & Alexander, 1998)(● 그림 5.17B). 이런 발견들은 다 보조운동복합이 동작의 연쇄에 중요한 역할을 한다는 사실을 지적한다. 그뿐만 아니라, 이 영역의 뉴런들은 정보를 융통성 있게 부호화하여, 새로운 자극-반응 연합을 학습하는 동안 또는 새로운 연쇄를 학습하는 동안 그 활동이 변화한다(Chen & Wise, 1996).

인간에 관한 연구 역시 SMC가 복잡한 동작들의 계획에 관여하는 역할을 한다는 점에서 비슷한 결과를 제시하고 있다. 첫째, 기능 두뇌 영상법 연구들은 이 영역이 복잡한 운동 연쇄가 요구되는 과제를 수행하는 동안에 활성화됨을 보여준다. 예를 들어 사각기둥으로 이루어진 격자 내의 특정 위치에 손가락이 위치하도록 촉각만을(보지는 못하고) 이용해서 움직여야 한다거나, 16개로 이루어진 동작 연쇄로 한 손의 손끝을 이곳저곳 반복해서 닿게 하는 활동 중에 SMA의 활동이 증가하는 것을 관찰할 수 있다(Roland, Larsen, Lassen, & Skinhøj, 1980). 따라서 SMC가 특히 복잡한 동작들에 관여하는 것을 알 수 있다. 엄지와 검지 사이의 스프링을 일 초에 한 번씩 맞닿게 하는 단순한 반복 운동에는 SMC 활동 증가가 보이지 않는다.

둘째로, 복잡한 손가락 연쇄동작 과제를 실제로 수행할 때가 아니라, 상상하도록 참여자에게 요구하였을 때, SMC가 활성화된다. 비록 이런 조건에서 SMC에서약

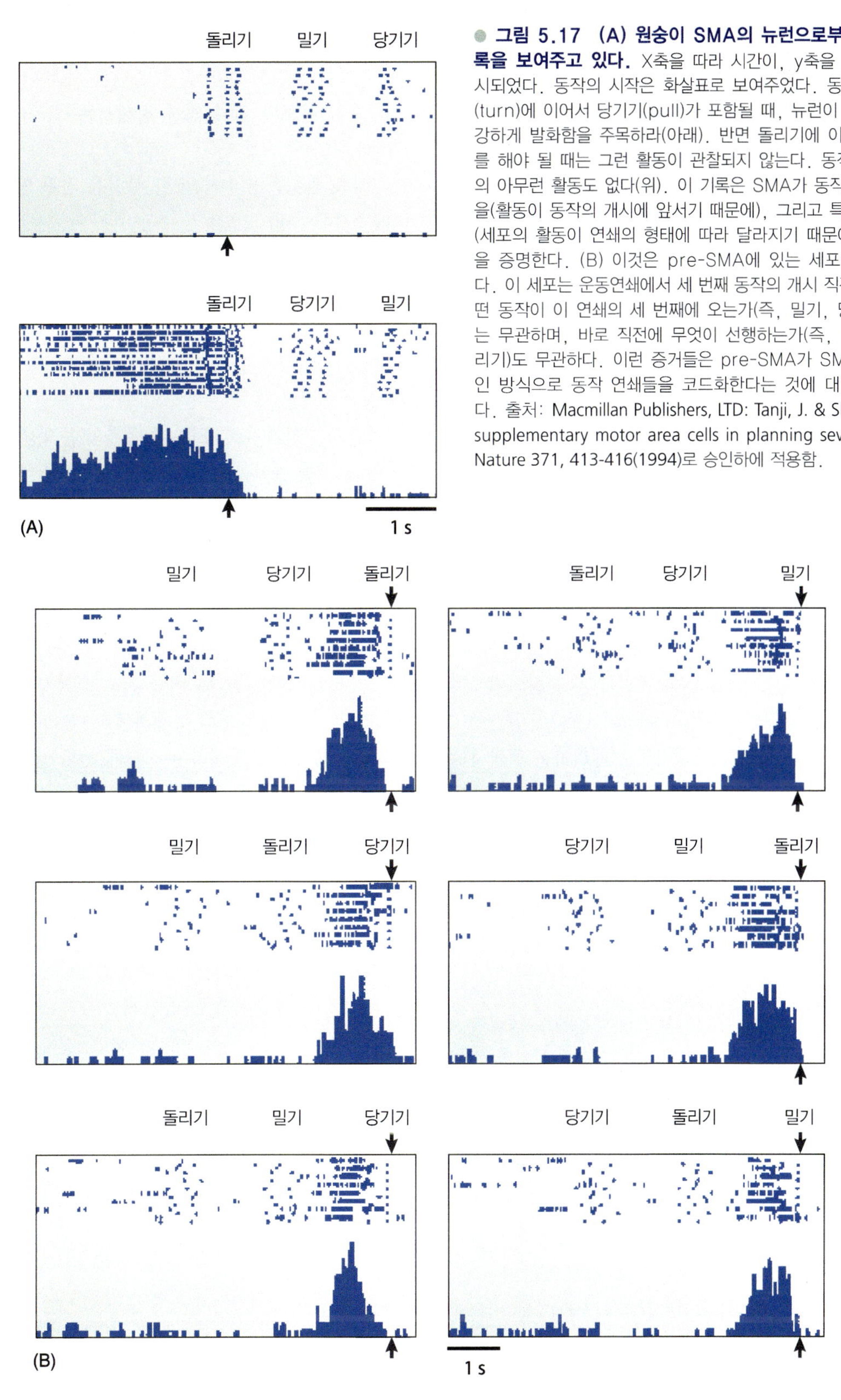

그림 5.17 (A) 원숭이 SMA의 뉴런으로부터의 두 개의 기록을 보여주고 있다. X축을 따라 시간이, y축을 따라 발화율이 표시되었다. 동작의 시작은 화살표로 보여주었다. 동작 연쇄는 돌리기(turn)에 이어서 당기기(pull)가 포함될 때, 뉴런이 동작의 개시 전에 강하게 발화함을 주목하라(아래). 반면 돌리기에 이어서 밀기(push)를 해야 될 때는 그런 활동이 관찰되지 않는다. 동작의 개시 전에 거의 아무런 활동도 없다(위). 이 기록은 SMA가 동작의 계획에 관여함을(활동이 동작의 개시에 앞서기 때문에), 그리고 특정 연쇄의 계획에(세포의 활동이 연쇄의 형태에 따라 달라지기 때문에) 관여한다는 것을 증명한다. (B) 이것은 pre-SMA에 있는 세포에서 측정한 것이다. 이 세포는 운동연쇄에서 세 번째 동작의 개시 직전에 발화한다. 어떤 동작이 이 연쇄의 세 번째에 오는가(즉, 밀기, 당기기, 돌리기)와는 무관하며, 바로 직전에 무엇이 선행하는가(즉, 밀기, 당기기, 돌리기)도 무관하다. 이런 증거들은 pre-SMA가 SMA보다 더 추상적인 방식으로 동작 연쇄들을 코드화한다는 것에 대한 증거를 제공한다. 출처: Macmillan Publishers, LTD: Tanji, J. & Shima, K. Role for supplementary motor area cells in planning several movements Nature 371, 413-416(1994)로 승인하에 적용함.

20% 혈류 증가가 일어나지만, 그 사람이 실제로 과제를 수행하지 않는 한 일차운동피질에는 전혀 혈류가 증가하지 않았다(Roland, Larsen, Lassen, & Skinhøj, 1980). 그뿐만 아니라 자기 진도로 움직임을 만들라고 지시된 상황에서, 자신이 다음에 할 동작에 주의를 기울일 때가 그 동작을 실제로 할 때보다 더 많은 활동이 pre-SMA에서 더 증가하였다(Lau,

Rogers, Haggard, & Passingham, 2004). 기능 영상 연구들은 손이나 눈의 동작 계획을 바꾸어야 할 때 pre-SMA와 보조안운동야의 활동이 각각 증가함을 보여주었는데, 이는 새로운 운동 프로그램이 생성되어야 함을 나타낸다. 이런 연구들에서는 참여자들에게 이미 시작한 운동 과제를 정지하라거나, 전형적인 운동 반응을 드문 운동 반응으로 덮어쓰라고 요구되거나, 그들의 움직임을 바꿀 것(예, 그들이 처음 시작했던 것과 반대 방향으로 움직이도록)이 요구된다(SMA와 pre-SMA의 운동통제 역할에 대한 보다 긴 논의를 위해서는 Nachev, Kennard, & Husain, 2008 참조).

출력이 대측인 운동피질과 달리, 각 SMC는 대측의 SMA는 물론 동측과 대측의 운동피질로도 투사한다. 이런 신경연결은 한쪽 반구의 SMC가 몸 양측의 운동통제에 영향을 미칠 수 있도록 한다. 일차운동피질의 편측성 손상이 신체의 대측에만 장애를 일으키는 것과 반대로, 비인간 영장류의 SMC의 편측성 손상은 양손 협응의 장애를 일으킨다. 이런 동물들은 두 손이 더는 독립적으로 움직이지 못하고 동시에 같이 움직이는 경향이 있기 때문에, 각각 손의 손가락으로 다른 움직임을 수행하지 못한다. 이런 결함은 뇌량이 절단되면 사라지는데, 이는 각 반구에 있는 SMC간의 연결이 손 움직임의 협응에 중요함을 시사하는 것이다(Brinkman, 1984). 인간에 있어서도, SMC의 활동이 양손의 움직임을 계획하는 것과 관련되어 있다. 한 손만 움직이는 과제에서도, 혈류 증가가 각 반구의 SMC에서 양측성으로 관찰된다. 반면, 일차운동피질의 혈류 변화는 움직이는 손의 대측에서만 관찰된다.

전운동영역 **전운동영역**(premotor)이라는 이름은 일차운동영역이 바로 앞에 있는 위치 때문만 아니라, 이 영역이 일차운동피질로 명령을 보내어, 명령 사슬의 위치상으로도 일차운동피질의 바로 앞을 차지하고 있다는 점 때문에도 적절한 이름이다. (보조운동복합체가 두뇌의 내측 표면에 있지만) 전운동영역은 일차운동피질의 바로 앞에, 두뇌 외측 표면에 있다. 동작을 일으키는 동안 전운동피질의 활동은 일차운동피질에서 일어나는 활동과 같다. 그러나 SMC처럼 이 영역도 움직임의 개시 직전에 활동이 보인다는 점에서 일차운동피질과 다르다. 원숭이를 이용한 최근 연구에 의하면 전운동 부위가 어떤 점에서 구별되는 역할을 가진 두 개의 영역으로 나누어질 수 있음을 시사하는데, 하나는 배측 전운동영역(PMd)이고 다른 하나는 복측 전운동영역(PMv)이다. 대략 말하자면, PMd는 감각 단서의 운동 유의성을 정보처리하는데, 감각 정보에 근거해서 어떤 운동 활동의 유형이 선택되거나 골라야 하는가 하는 것을 부호화한다. 예를 들어 시각 특성에 근거하여, 컵 집들기 행동을 계획하는 것에 비해 연필을 집기 위해서는 다른 유형의 잡기 행동을 계획한다. PMv는 이런 운동 프로그램을 실천하며, 조절하고 물건이 조작될 수 있게 한다. 예를 들어 집기 행동의 어떤 측면, 예를 들어 그 물건의 미끄러움, 그것이 무거운 정도 등과 같은 측면은 시각 단서만으로는 결정될 수 없다(보다 긴 논의를 위해서는 Chouinard & Paus, 2006 참조).

배측 전운동영역 중의 한 부분은 **전두 안운동야**(frontal eye field, FEF)로 알려진 부분이다. 이 부위의 이름이 시사하고 있듯이 안구 운동의 수의적 실행을 통제한다(Paus, 1966). 이들 안구 움직임은 당신이 많은 사람 속에서 친구의 얼굴을 찾고자 할 때처럼 시각 세계를 훑어 보는 데 사용되는 것, 그리고 하늘의 새를 따라 응시가 움직일 때처럼 움직이는 대상을 시각적으로 추적할 때 같은 안구의 움직임을 말한다. 다른 전운동영역들과 마찬가지로 FEF는 눈동자의 움직임을 계획하는데 관여한다. 예를 들어 일관성 있게 움직이는 물건이 다음에 가려는 곳을 예측할 때 그래서 눈을 그 지점으로 움직이는 것을 계획하는 데 관여한다(Ilg & Their, 2008).

전두 안운동야에 의해 통제되는 수의적인 안구 움직임은 반사적 안구 움직임과는 구별되는데, 반사적 안구 움직임은 커다란 소리나 크고 밝은 움직이는 대상이 공간상 특정 위치로 사람의 주의를 끌 때 일어나는 눈 움직임이다. 이런 반사적 움직임들은 상소구의 통제하에 있다(11장에서 논의). 수의적 안구 움직임을 통제하는 신경계(전두 안운동야 포함)와 반사적 안구 움직임을 통제하는 신경계(상소구 포함)는 독립적으로 작용한다. 예를 들어 전두 안운동야가 원숭이에서 자극될 때 나타나는 안구 운동은 상소구의 제거로 영향받지 않는다(Schiller, True, & Conway, 1980). 그러나 이 두 체계는 모두 뇌간 중추에 시냅스하는데, 여기서 3번, 4번, 6번 뇌신경을 통해 실제의 눈 움직임을 방향 짓는다. 그래서 수의적인 안구 움직임과 불수의적 안구 움직임 모두의 신경 통제는 비록 이 두 체계가 별개로 작용한다 해도, 결국 최종 공통 출력로(final common output pathway)를 통해 일어난다.

만일 이 두 체계가 뇌간의 안구 운동 중추를 통제한다면 왜 대규모의 충돌이 일어나지 않는 것일까? 전두 안운동야가 우선권을 가지기 때문에 이런 갈등은 피할 수 있게 된다. 즉, 전두 안운동야는 상소구에 강한 영향을 미친다. 인간에게 있어서, 전두 안운동야의 손상은 자율적인 안구 운동을 억제하는 것을 어렵게 한다. 이는 전두 안운동야가 주변에서 갑자기 주의-끄는 자극들이 나타날 때 일어나는 자율적인 안구 운동 반응을 억제하지 못하기 때문이다(Paus et al., 1991). 원숭이에서 보면, 전두 안운동야의 세포들은 다른 방향으로의 움직임에 중요한 상소구 세포들을 억제하면서 동시에, 동일 방향으로 눈을 움직이는 데 중요한 상소구 세포들을 흥분시킨다(Schlag-Rey, Schlag, & Dassonville, 1992). (운동피질의 다른 부위가 안구 운동에 어떻게 관여하는지에 대한 훌륭한

개관을 위해서는, Schall & Boucher, 2007 참조)

이제는 주의를 전운동영역의 복측 부위로 이동해 보자. 원숭이를 이용한 연구들은 **거울 뉴런**(mirror neuron)이라고 알려진 한 종류의 뉴런들을 PMv 내에서 밝혀내었는데, 이 세포들은 원숭이가 특정 동작을 수행할 때와 원숭이가 다른 유기체가 같은 동작을 수행하는 것을 관찰할 때 모두 발화한다. 어떤 경우, 거울 뉴런이 이 두 개에 모두 반응을 하기 위해서는 이 수행하는 동작과 관찰한 동작 간의 대응성이 상당히 엄격한 것이 분명하다. 예를 들어 거울 뉴런은 원숭이에의한 것이든, 실험자에 의한 것이든 식지손가락과 엄지손가락을 모두 이용한 집기 행동이 정확히 같을 때만 발화한다. 다른 경우에는 이런 동작들이 좀 더 대략적이어서, 실험자가 보이는 어떤 유형의 집기 행동이든 뉴런을 발화하게 한다. 그렇지만 그 물건을 그냥 보는 것으로는, 다른 동물이 몸짓을 흉내내는 것을 보는 것, 또는 어떤 대상을 향해 이루어지는 동작을 관찰하는 것만으로는 이들 뉴런의 활동이 유발되지 않는다(Rizzolatti & Lupino, 2001). 이는 이들 운동뉴런의 발화가 일어나기 위해서는 원숭이의 동작과 다른 유기체의 동작 사이에 강한 대응성이 있어야만 함을 의미한다.

인간을 이용한 기능영상 연구들은 인간의 브로드만 영역 44번, 전형적으로 원숭이의 PMv에 대응되는 부위로 간주하는 이 영역에서 손동작을 그냥 관찰하는 것보다 모방해야 할 때 훨씬 더 큰 활성화가 있음을 발견하였다. 예를 들어 어떤 손가락 사진을 보고, 그 위에 x가 있는 특정 손가락을 들어 올려야 하는 과제에서 어떤 사람이 그 사진을 보고 특정 손가락을 들어올릴 때에 비해, 비디오상에서 손가락 하나 들어올리는 것을 보고 자신이 해당 손가락을 들어올려야 하는 조건에서 이 영역의 더 많은 활성화가 보였다(Iacoboni, Woods, Brass, Bekkering, Mazziotta, & Rizzolatti, 1999). 더 나아가 이 영역에 가해진 TMS는 손가락 동작을 모방하는 능력을 방해한다(Heiser, Iacoboni, Maeda, Marcus, & Mazziotta, 2003). 덧붙여, 그 동작의 주체가 어떤 종인가와 무관하게 개인에 의해 생성될 수 있는 동작을 관찰할 때, 이 영역은 활동을 나타낸다. 예를 들어 어떤 사람이 다른 사람이나, 원숭이, 또는 개가 어떤 대상을 무는 것을 관찰하고 있을 때, 그 무는 동작을 정지 영상으로 보는 것보다 이 브로드만 영역 44번의 활동이 더 크다. 관찰되는 활동의 정도는 얼마나 그 동작이 그 사람이 수행할 수 있는 운동 행동의 레퍼토리 내에 속하는가에 비례한다. 예를 들어 어떤 개인이 다른 사람이 소리 내어 읽는 것을 보는 동안 이 영역의 활동이 관찰되는데, 그 사람이 원숭이가 입맛을 다시는 것을 볼 때는 더 적은 활동이 관찰되며, 개가 짖는 것을 볼 때는 아예 활동이 관찰되지 않는다(Buccino et al., 2004).

이런 뉴런은 무슨 목적에 유용한 것일까? 이들 뉴런은 다른 사람에 의해 수행되는 동작을 이해하고 그것들을 모방하는 것을 위한 신경 실질을 부여하는 것 같다. 이런 능력은 어떤 형태든지 의사소통의 체계에 기초 선수 조건이다. 즉 공유된 이해와 소통 코드의 실현이 있어야 하는데, 이 경우 소통 코드란 운동 동작에 대한 코드가 된다. 이 체계는 한 개인이 운동 활동의 목적을 이해할 뿐 아니라, 그 활동의 뒤에 있는 의도까지 이해할 수 있게 한다(예, 마시려고 컵을 집는 것과 흘린 것을 치우려고 컵을 집는 것). 일부 연구자들은 거울 뉴런 체계가 자폐증을 앓는 사람들에게서는 기능에 문제가 있다고 본다. 그래서 그들이 사회적 정서적 국면에서 다른 사람들을 이해하거나 관련 맺지 못한다고 본다(15장). 정상적인 거울 뉴런 체계가 적절한 사회 상호작용에 얼마나 필수적인가는 여전히 열려 있는 질문이기는 하나, 재미있는 질문임에 틀림없다(더 깊은 논의를 위해 Iacoboni & Dapretto, 2006; Rizzolatti & Fabbri-Destro, 2008 참조).

전측 대상피질

오늘날 전측 대상피질이 관여하는 인지 기능이 무엇인가 하는 질문은 가장 뜨겁게 논의되는 주제 중의 하나이다. 최근까지 인간의 대상회 기능은 대부분 미스터리로 남아 있었다. 두뇌의 정중앙에 자리 잡은 그 위치 때문에, 대상회만 별도로 손상되는 경우는 드물어서, 이 부위의 손상 효과가 무엇인지 알기가 어려웠다. 그러나 두뇌 영상 기법의 도래로 말미암아, 인지 기능에서 대상회가 차지하는 역할의 중요성이 훨씬 더 명백하게 되었다. 두뇌 영상 문헌을 잠깐 호기심으로 훑어 보기만 해도 대상회가 광범위한 범위에 이르는 다양한 과제에 걸쳐 활성화됨을 알 수 있다(Paus, Koski, Carmanos, & Westbury, 1998). 대상회의 기능이 무엇인가에 대한 논의가 일어나게 된 것의 부분적인 이유는 이 두뇌가 광범위한 영역을 포함하기 때문이다. 비록 **전측 시상**(anterior cingulate)이라는 일반적으로 용어로 불려지고 있기는 하지만, 이 영역은 사실상 여러 개의 특수한 영역들로 이루어진 것이다. 이 영역들의 일부는 주의 통제나 감정 조절에 관여할 가능성이 매우 높은데, 이 기능들은 11장과 13장에서 각각 논의하게 될 것이다. 여기서는 전측 대상회가 운동통제에 관여하는 역할에 대해서 주로 초점을 맞추기로 하겠다.

전측 대상회의 후측 영역은 운동의 통제와 계획에 관여하는 것으로 시사되고 있는데, 특히 그 운동이 새로운 것이거나 더욱 많은 인지적 통제를 해야 하는 운동일 때 그러하다. 대상피질의 손상이 운동기능에 장애를 일으키지만, 이 영역의 과잉 활동, 예를 들어 간질 발작(epileptic seizure)과 같은 때 야기되는 과잉 활동들은 운동 활동의 증가를 일으킨다. 그뿐만 아니라, 원숭이의 전측 대상회를 전기자극하면, 복잡한 신체 운동(빨기)을 유발시킬 뿐 아니라 발성(vocalization)까지도 야기된다. 이 영역이 운동의 준비(preparation)에 관여한다는 증거는 단일 세포 기록법 연구에서 제시된다. 손 움직임의 시작이 일어나기 전에 전측 대상피질에서 관찰되는 활동은, 그 움직임이 그 동물에 의해 내적으로 시작되는 것이거나(자기-속도 조절 과제; self-paced tasks) 또는 환경으로부터 제시되는 감각 신호에 대한 반응으로 나타나는 것이거나 상관없이 그러하다(Vogt, Finch, & Olson, 1992).

신경영상으로부터 얻어진 증거는 전측 대상피질이 운동 명령을 조절하는 역할을 인간에서 수행함을 시사하는데, 특히 그 생성된 동작이 새로운 것이거나 반복 연습되지 않은 것일 때, 그래서 인지적 요소에 의해 영향받을 때 그러함을 시사한다(Paus, 2001). 이를 증명한 연구로 초기에 행해진 것의 하나로는 연구자들이 양전자방출단층촬영(PET)으로 두뇌의 영역별 활동을 측정하면서, 참여자가 손 움직임, 입 움직임, 또는 안구 움직임을 해야 하는 운동 과제를 수행하게 한 것이 있다(Paus, Petrides, Evans, & Meyer, 1993). 각각 방식의 움직임(손, 입, 또는 안구 움직임)마다 연구자들은 두 유형의 과제를 실시하였는데 하나는 아주 잘 연습된 것이고 다른 하나는 그렇지 않은 것이었다. 예를 들어 잘 학습된 입 운동으로는 'A'라는 소리를 들으면, 피험자가 'B'라고 반응하고 'L'이라고 들으면 'M'이라고 반응하는 과제이다. 새로운 운동 과제는, 자극은 같으나 피험자가 해야 하는 것이 달랐다. 예를 들어 피험자는 'A'라고 들으면 'M'이라고 하고, 'B'라고 들으면 'L'이라고 반응해야 했다.

이 연구에서 중요한 두 가지가 발견되었다. 첫째, 이 연구자들은 전측 대상피질이 특화된 위상관계(topography)가 있음을 알았다. 손 동작이 요구되는 과제에서는 가장 미측(caudal)의 전측 대상회가 활성화되었고, 안구운동을 요구하는 과제에서는 가장 문측(rostral)이, 그리고 말을 해야 하는 과제에서는 그 사이의 영역이 활성화되었다. 마치 일차운동피질이나 전운동피질처럼, 전측 대사영역도 위상적(topographic)으로 조직되어 있다(이 결론에 대한 다른 의견을 보려면 Barch, Braver, Akbudak, Conturo, Ollinger, & Snyder, 2001 참조). 둘째로, 연구자들은 이 영역이 새로운 반응이 요구될 때 가장 활동적이지만('A'에 대한 반응으로 'M'을 해야 할 때), 반응이 PET이 수행되기 전에 수백 번의 시행을 거쳐 연습된 것이거나, 일생을 거쳐 획득되어 몸에 익은 것에 대해서는 ('A'에 대한 반응으로 'B'를 하는 것) 그렇지 않음을 알게 되었다. 이런 발견들은 전측 대상피질이 운동과 인지 행동의 연결에 중요한 역할을 함을, 특히 그 연결이 새롭게 학습되거나 생소한 것일 때 더욱 그러함을 시사한다.

이 교과서의 저자 중의 한 연구자도 전측 대상피질이 운동 선택(motor selection)에 중요한 역할을 한다는 것을 시사하는 연구를 수행하였다(Milham et al., 2001). 이 연구에서, 피험자는 제시되는 단어의 잉크색상(청색, 녹색, 황색)을 나타내기 위해서 세 개의 단추 중 하나의 단추를 눌러야 했는데, 이런 과제를 **스트룹 과제**(Stroop task)라고 하며, 전측 대상회를 활성화시키는 것으로 알려져 있다. 우리는 세 가지 유형의 시행들에서 활성화되는 두뇌 영역을 비교하였다. 방해 단어(distracting word)가 경쟁적인 반응을 명명하는 불일치 시행(incongruent trial; 즉 '파랑'이라는 단어가 노랑 잉크색일 때), 방해 단어(distracting word)가 다른 색, 그러나 경쟁적인 반응이 아닌 색을 명명하는 불일치 시행(즉 '빨강'이라는 단어가 파란 잉크로 쓰여 있을 때: 역자 주 – 반응에는 빨강은 선택해야 하는 반응 중의 하나가 아님), 그리고 방해 단어가 색과 아무런 관련성이 없는 중성 시행(neutral trial; 즉, '주차장'을 파랑 잉크로 쓰여짐) 이 세 가지 시행 유형이다. 만일 전측 대상회가 **특히** 반응-관련 정보처리에 관여한다면, 이 영역이 색 단어가 경쟁적 반응을 명명하는 단어일 때가 그렇지 않을 때보다 더 높은 활성화를 보여야 할 것이라고 가정할 수 있다. 그뿐만 아니라 단어가 반응과 갈등을 일으키지 않는 한, 그 활성화 정도는 그 단어가 다른 색을 명명하는가와 상관없이 비슷해야 할 것이다(즉, 단어가 '빨강'이든 '주차장'이든). 실제로 우리는 대상회의 후측이 정확히 이런 형태의 활성화를 보이는 것을 발견하여, 대상회가 반응-관련 정보처리에 중요한 역할을 한다는 생각을 더 확인하게 되었다.

여기에 기술한 두 가지 경우 모두, 우세한 주된 반응을 뒤집어야 한다는 것을 주목하라('A'에 대해 'B'라고 하는 편향을 뒤집고 'M'이라고 대답해야 하며, 단어와 연합된 운동 반응을 선택하려는 편향을 뒤집고 그 잉크색과 연합된 운동반응을 선택해야 함). 반응을 유도해야 할 때 정보가 어떤 의미로 애매모호 할 때도 활성화가 관찰되었다(Banich, 2009). 이런 발견들은 대상회의 역할이 특정 운동기능을 프로그램하는 것이 아니라 경쟁적인 반응 대안 중에서 하나를 고르는 데 도움을 주는 것임을 시사한다.

운동계는 반응을 생성하고 선택할 수 있을 뿐 아니라, 어떤 선택이 정확한 것인가를 평가할 수 있어야 한다. 최근의 연구들은 대상회가 활동과 그 결과와 연결하는 데, 즉 활동이 오류로 이어졌는지, 또는 역으로 과제의 목적과 맞는 반응을 일으켰는지, 즉 정적 강화를 이야기시켰는지를 결정하는 데 관여한다(Rushworth, Walton, Kennerley, & Bannerman, 2004). 다른 연구자들은 전측 대상회가 그 활동의 산물의 가치를 단순히 결정하는 것이 아니라 그 반응을 하는 개인에 의해 귀인되는 주관적인 가치를 반영하기도 한다고 제안한다. 이 주관적 가치라는 것은 특정 ERP 요인에도 잘 나타나는데, 이 ERP 요인을 **오류-관련 부정파**(error-related negativity, ERN)라고 하며, 이 오류-관련 부정파는 실수를 저지른 후에 대상회에서 야기되는 파이다(Holroyd & Coles, 2008). 12장에서 집행 통제에 대해서 배울 때 이 수행 평가에 관여하는 대상회의 역할에 대해 더 상세하게 논하게 될 것이다. 이 시점에서, 대상회가 반응 평가(response evaluation)에 관여하는 것으로 보이는 영역이 비전형적인 반응을 선택하거나 뒤집는 영역보다 다소 전측임을 아는 것이 중요하다 (Stevens, Kiehl, Pearlson, & Calhoun, 2009).

우측하 전두피질

운동 활동들의 순서를 정할 수 있거나 방향을 정할 수 있는 것이 중요할 뿐 아니라, 경우에 따라서는 진행되는 운동 활동에 제동을 걸거나 정지하는 것이 필요할 때도 있다. 최근의 증거들은 우측하 전두엽(특히 BA 44와 45)의 영역들, 또한 **복외측 전전두피질**(ventrolateral prefrontal cortex)이라고 불리는 이 영역들이 이런 운동 활동에 대한 통제에 특별한 역할을 함을 시사하고 있다.

이 영역이 운동 활동을 방해하거나 억제하는 역할을 한다는 것을 지지하는 여러 수렴적 증거가 있다. 억제성 통제 기능이라는 것은 '**정지-신호 패러다임**(stop-signal paradigm)'으로 알려진 과제를 이용해 종종 평가되는데, 이런 패러다임에서는 참여자는 자극이 나타날 때마다 단추를 누르라는 지시를 받는다. 그렇지만 소수의 시행 중, 소리(또는 다른 단서)가 자극 후에 나타나는데, 이 소리는 그 사람이 하려던 운동 활동을 멈추거나, 하려던 시도를 무산시켜야 함을 신호하는 것이다. 이런 단서는 '정지'신호('stop' signal) 역할을 한다. 수많은 기능 영상 연구들은 복외측 전전두피질의 일부인 우측 하전두 영역에서 동작이 중단되어야만 하는 조건(다시 말하여, 정지-신호 시행)에서 활동이 나타남을 보고하고 있는데 이런 두뇌 활동은 갑작스런 중단이 요구되지 않는 조건에서는 관찰되지 않는다. 이런 효과는 방해받는 움직임이 무슨 유형인가와 무관하게 발견되어, 손동작일 수도, 안구 움직임일 수도 있다(Leung & Cai, 2007). 더 나아가 이 영역에 반복 경두개 자극을 가하면 반응을 억제하는 기능이 간섭을 받는다 (Chambers et al., 2007).

이런 발견들은 우측 하전두 영역에 뇌 손상을 입은 환자에게서 보이는 효과와도 일치한다. 이 영역에 뇌 손상이 크면 클수록, 환자들은 행동을 억제하는 데 더 많은 어려움을 겪는다 (Aron, Fletcher, Bullmore, Sahakian, & Robbins, 2003) (● 그림 5.18) (이 영역이 억제에 미치는 역할에 대한 훌륭한 개관으로 Aron, Robbins, & Poldrack, 2004 참조). 그렇지만, 운동 억제를 포함하는 패러다임 대부분은 반응억제가 소수의 시행에서만 요구된다. 그래서 우측하 전두피질은 이런 과제에 운동 억제 그 자체 때문에 관여한다기보다는 이 영역이 가끔 일어나는 저빈도 사건을 신호하는 정보를 처리하기 때문일 수도 있다(Chikazoe et al., 2009 참조). 그렇지만 이런 대안적인 설명에 대한 보다 명백한 증거가 나타나기 전까지는, 이 우측하 전두 영역이 운동 억제에 관여하는 것으로 보는 것이 적절할 것이다.

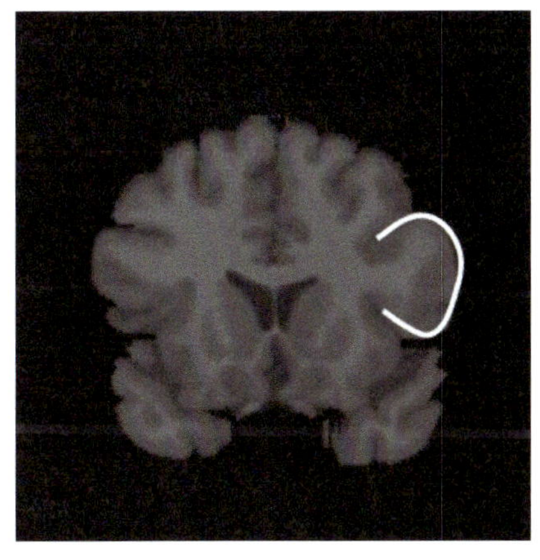

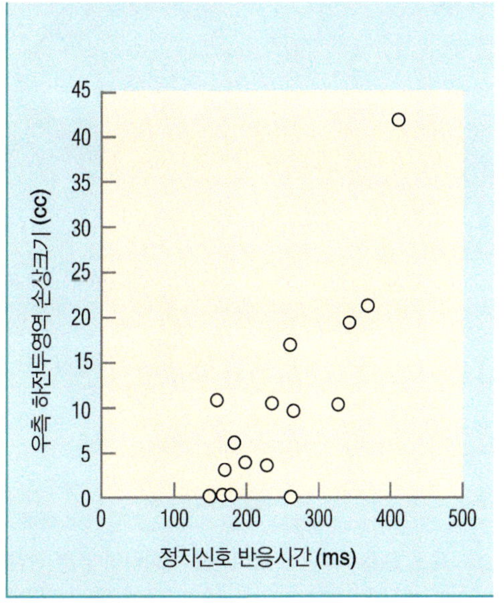

● **그림 5.18 우측 하전두 피질의 반응 억제 역할.** (A) 뇌 손상을 입은 개인들로부터 우측 하전두 피질 영역의 두뇌 부피의 손실량이 계산되었다. (B) 우측 전두피질(y축에 표시) 조직 손실이 크면 클수록 반응 억제에 더 큰 장애를 보이며, 이는 정지-신호 반응시간(stop-signal reaction time, SSRT)으로 그 정도가 x축에 표시되어 있다. SSRT는 얼마나 빨리 각 개인이 멈추라는 신호를 받은 후에 운동 반응을 중단할 수 있는가를 나타낸다. 출처: Aron, A.R., Robbins, T.W., & Poldrack, R.A. (2004). Inhibition and the right inferior frontal cortex. Trends in Cognitive Sciences, 8, 170-177. Figure 1, pg. 171로부터 Elsevier의 허가로 프린트 됨.

두정엽

운동 프로그래밍에서의 두정엽의 역할은 두 가지로 볼 수 있다. 첫째, 운동과 감각 정보 간의 상호연결(interface)에 관여한다. 둘째, 두정엽은 복잡하고 잘 학습된 운동 활동을 생성하는 능력에 이바지한다. 이 운동통제의 두 가지 측면은 두정엽의 서로 다른 영역에 기반을 두고 있는 듯하여, 전자의 기능은 상측 영역에 후자의 기능은 하측 영역에 달린 것 같다. 이들 영역과 두정내구(intraparietal sulcus)는 ● 그림 5.19에 표시되어 있다.

인간과 사람 모두에서 증명된 것으로, 상측 두정엽은 감각 정보를 운동 정보와 연결시키는 역할을 하여, 사지나 안구가 운동 활동 중에 정확히 유도될 수 있게 된다. 그렇게 되기 위해서는, 서로 다른 감각 양상의 공간 지도들로부터의 정보가 통합되어야 한다(8장에서 두정엽의 공간 정보 처리에 대한 역할을 좀 더 논의할 것이다). 예를 들어 사람이 물건에 도달하려고 할 때, 그 물건의 위치는 시각정보로부터 온 것이며, 안구-중심의 좌표로 되어 있다. 이는 손-중심 좌표로 된 공간 지도로 번역되어야 그 정확한 위치로 운동 동작이 방향을 잡는다.

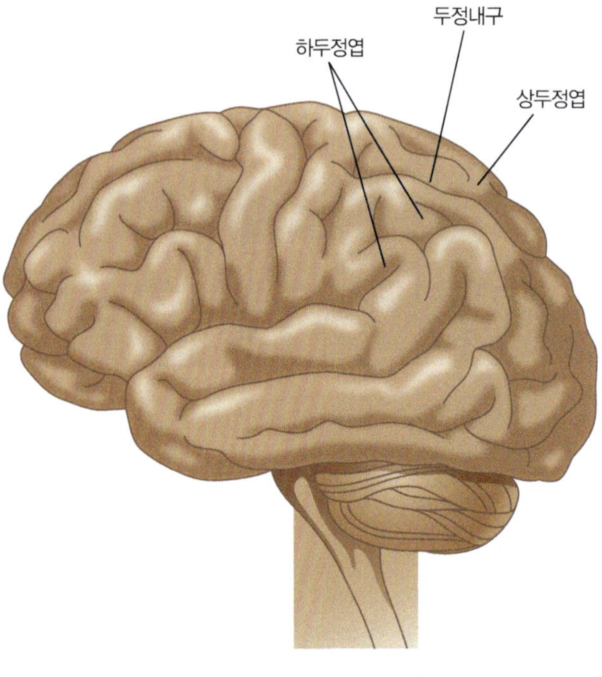

단일-세포 기록에 의하면, 상 두정엽에는 이 두 개의 참조틀(시각 중심의 틀과 손 중심의 틀)에 대한 민감도에 따라, 세포들 사이에 일종의 기울기(gradient)가 존재한다. 목표지점과 손의 위치 사이 차이에 가장 민감한 세포는 두뇌의 배측 표면 쪽으로 존재하는 반면, 안구-중심 좌표계에서의 위치를 부호화하는 것처럼 보이는 세포들은 보다 복측에 있는 것으로 보인다. 일부 연구자들은 이런 조직화가 안구-중심에서 손-중심의 좌표로의 직접적 지도화를 가능하게 한다고 주장한다(Buneo, Jarvis, Batista, & Andersen, 2002). 다른 이들은 이런 몸- 또는 손-근거 좌표들로의 중간 변형이 존재한다고 주장한다(McIntyre, Stratta, & Lacquaniti, 1997). 그럼에도, 감각 세계에 근거한 한 좌표계에서 정보가 운동 활동 통제가 가능하도록 하는 몸통-근거로의 좌표계로 바뀌는 변환에 두정 영역이 관여한다는 것은 명백하다(이에 대한 개관으로, Buneo & Andersen, 2006 참조).

두정엽은 몸의 내적 감각계로부터 받는 정보인 **고유감각 정보**(proprioceptive information), 즉 다른 신체 부위에 비해 어떤 신체 부위가 어디에 있는지에 대한 정보와 실제 몸의 움직임에 대한 **운동감각 정보**(kinesthetic information) 두 가지에 모두 민감하다. 고유감각 정보는 전운동피질과 일차운동피질로 보내져서 적절한 운동 프로그램을 선별할 수 있게 하며, 이런 영역들은 다시 그 피드백을 두정 영역으로 보낸다. 고유감각과 운동감각 정보는 물론, 운동피드백 정보도 운동이 계획에 따라 실행되는지를 확인할 수 있게 하는 데 그리고, 만일 그렇지 않으면 교정할 수 있게 하는 데 사용된다(이 분야의 고전적 연구로는 Mountcastle과 그 동료들의, 1975 참조).

인간의 상측 두정 영역의 손상은 사지를 잘 통제된 방식으로 움직이는 능력을 상실하게 하며, 종종 팔다리가 엉뚱한 곳에 닿게 하는 경향을 수반하기도 한다(D.N. Levine, Kaufman, & Mohr, 1978). 동물 연구와 한결같이, 기능 영상 연구들도 두정엽의 각각 다른 영역들이 손을 내밀어 잡으려는 행동(reaching)에 도움이 되는 단서 유형에 민감하다는 증거를 제공한다. 상두정엽의 더 전측과 내측 영역들은 고유감감 정보를 사용하여 손 내밀어 잡으려는 행동을 안내하는 것 같으며 반면, 후피질 영역과 연접한 보다 후측 두정 영역은 시각 정보에 더 의존하는 것 같다. 영역 간의 활성화의 차이는 이 두 조건을 직접 비교한 개개 연구들에 의해(Filimon, Nelson, Huang, & Sereno, 2009) 그리고 영상 연구들에 대한 개관분석연구(Blangero, Menz, McNamara, & Binkofski,

● **그림 5.19 운동 프로그래밍에 관여하는 두정엽의 상부 영역과 하부 영역.** 원숭이와 사람 모두에서 상두정엽(superior parietal lobule, SPL)은 공간상에서 움직임을 통제하는 데 중요하며, 반면 하두정엽(inferior parietal lobule, IPL)은 복잡하고 잘 학습된 운동활동을 생성하는데 기능에 중요한 역할을 한다. 신경해부학적으로 이 두 영역은 두정내구(intraparietal sulcus)에 의해 구분된다. 출처: Nachev, Kennard, Hussain, "Functional role of the supplementary and presupplementary motor areas," Nature Reviews Neuroscience 9, fi gure 1a, page 857.

2009)에서도 나타났다. 손을 내밀어 잡으려는 행동에 문제를 보이는 두뇌 손상 환자들에서 얻은 발견들과 더불어, 이런 영상 연구들은 상두정엽이 손을 뻗어 잡으려는 행동을 안내함을 시사한다.

하측 두정 영역의 손상은 복잡하고 잘 학습된 운동 활동 수행 능력에 영향을 미치는 경향이 있다. 하측 두정 영역의 손상은 **실행증**(apraxia)를 일으킬 수 있다. 실행증은 근육에 대한 신경지배나, 감각운동 동작을 동시에 협응하는 능력, 그리고 지시 사항을 이해하는 능력이 온전함에도 불구하고, 이미 잘 알고 있는 복잡한 운동과제를 수행하라고 지시를 받았을 때, 동작을 수행할 수 없게 되는 증세이다(Lezak, 1983). 실행증은 이 장의 후반에서 좀 더 자세히 논의할 것이다.

실행증이 **좌측** 하두정엽의 손상 후에 자주 야기되기에, 운동기능의 이런 측면들의 신경 통제가 편재되어 있다고 본다. 연구자들은 좌측 두정엽이 시각운동 정보나 내적 개념적 표상과 같은 다양한 정보를 운동 프로그램과 연결하는 역할을 할 것으로 가정하고 있다. 이런 식으로 생각해 보면, 이미 학습된 복잡한 활동을 수행하는 것은 두정엽이 다중양상 연합(multimodal association) 영역과 관련되었다고 1장에서 소개하였던, 바로 그 범위에 속하는 것이다. 예를 들어 하두정엽은 성냥과 성냥갑에 대한 시각과 운동감각(kinesthetic) 정보를 성냥을 성냥갑에 부딪혀 불을 켜는 데 관여하는 운동 활동과 연결하는 것 같다. 예를 들어 몸짓(안녕이라고 손짓하기)이나 팬터마임과 같은 경우에 두정엽이 운동 활동과 내적 표상을 연결하는 듯한 것을 보면, 이런 연결이 꼭 물리적 대상을 요구하는 것은 아니라고 볼 수 있다(Heilman & Rothi, 1985).

두정엽 손상 후에 팬터마임이나 몸짓의 결함이 있음을 보아, 이 영역이 운동 동작의 정신적 모델을 생성하는 데 결정적인 역할을 하는 것으로 생각되었다. 예를 들어 두정엽 손상을 입은 환자들에게 박자기의 똑딱 소리에 맞추어 손끝 하나하나를 엄지손가락에 차례로 부딪히는 것을 머릿속으로 상상하라고 지시할 수 있다. 그 박자기의 속도가 5초마다 증가하는데, 그 환자들에게 그렇게 손가락을 움직이는 그 상상이 더는 박자기 속도를 따라잡을 수 없을 때를 말해보라고 한다. 그리고 실제로 그 과제를 수행하는 할 때의 그 중단점과 상상하는 과제를 수행할 때의 중단점을 비교하여 본다. 그러면 그들이 상상 속에서 예측하는 바가 대단히 엉망임을 알 수 있는데, 이는 움직임에 대한 정신적 모델에 문제가 있음을 나타낸다(Sirigu, Duhamel, Cohen, Pillon, Dubois, & Agid, 1996). 피험자가 손가락으로 완전한 순차적 운동을 상상하는 동안(Gerardin et al., 2000)이나, 물건을 붙잡으려 동작을 상상하는 동안(Decety et al., 1994) 하두정 영역(BA 40)이 활성화되는 것을 보여준 여러 신경영상 연구 결과들에 의해 수렴적 증거가 제시되고 있다. 왼손을 사용하든, 오른손을 사용하든 상관없이, 도구를 사용하는 것을 계획할 때나 실제로 도구를 사용할 때 좌반구의 같은 영역이 관여한다(Johnson-Frey, Newman-Norlund, & Grafton, 2005). 좌반구가 어느 손을 사용하느냐와 무관하게 활성화되기 때문에, 운동통제 체계가 좌반구에 편재화되어 있음을 시사하며, 이는 실행증을 일으키는 손상의 위치가 좌반구에서 발견되는 것과 일치한다.

두정엽은 소뇌에 의해 구성된 전진모델(forward model)을 참조하여 운동 활동을 진행형으로 조절하는 역할을 한다(이 장의 앞에서 이미 논의하였다). 이미 논의하였듯이, 전진 모델은 우리 운동 계획들의 감각 결과들을 예측할 수 있게 해준다(예, 나는 내가 만질 때 느껴야 한다고 생각하는 것을 만져 느끼고 있다). 그래서 만일 가득 찬 우유팩을 집으려 할 때, 어떤 느낌이 있을 것인지, 그래서 얼마만큼의 힘으로 그것을 집어 들어야 하는지에 대한 모델을 가질 수 있다. 만일 그 우유팩이 알고 보니 빈 팩이라면, 당신은 당신의 모델과 그것이 맞지 않는다는 것을 바로 알아차리고 그에 맞추어 동작을 조절할 수 있다. 앞에서 논의한 것처럼, 소뇌는 일단 활동이 개시된 후에는 그런 조절을 할 수 없는 것 같다. 차라리 좌측 두정엽이 이런 조절과정에 보다 큰 역할을 하는 것 같다 (Desmurget & Grafton, 2000). 두정엽은 이런 조절 과정에 중요한 역할을 하는 듯하다. 이런 두정엽의 역할은 다음과 같은 연구에서 잘 증명되었다. 이런 연구에서 피험자는 팔을 시각 표적을 향해 움직인다. 피험자들은 모르지만, 그들이 팔을 움직이자마자, 그 목표 위치가 움직인다. 이 피험자가 정확하게 팔을 표적에 닿게 하기 위해서는 시각 입력의 변화에 근거하여 운동 프로그램을 온라인 조절 할 필요가 있을 것이다. 만일 이런 조절을 하는 중에, TMS(경두개 자기자극)를 후측 두정피질에 가해서 이 영역의 활동을 방해하면, 경두개 자극의 처치의 반대편(대측) 팔의 움직임에 대해서는 아무런 조절이 일어나지 못함을 관찰할 수 있는데, 이것은 표적이 처음에 위치했던 바로 그 같은 위치로 부정확하게 팔의 운동이 일어나기 때문이다(Desmurget, Epstein, Turner, Prablanc, Alexander, & Grafton, 1999).

만일 바람직한 감각 산출을 생성하기 위해 운동 활동을 통제하기를 원한다면, 두정 영역에 의해 생성되는 것과 같은 운동 활동에 대한 모델을 가진다는 것이 매우 중요하다. 이런 통제는 **역 모델**(inverse model)에 의해 이루어질 수 있는데, 이는 개념적으로 전진 모델(forward model)과 반대이다. 역 모델에서, 포물선의 시점마다 바라는 상태를 구성하고, 이 상태를 특정 운동 명령으로 전환한다. 기대되는 감각 상태를 예측하기보다는(전지 모델에서처럼), 이 경우 각 상태에 도달하는데 필요한 운동 활동이 무엇인가를 결정한다(역 모델). 예를 들어 시각적으로 통제되는 활동을 할 때, 시각으로 안내되는 위치로 팔이 도달하려면, 어떻게 운동 동작이 생성되어야 할 것인가에 대한 모델이 필요하게 된다(운동 체계에 의해 해결되어야 할 계산적 문제의 범위와 그렇게 하려면 가능한 다양한 방식들에 대한 논의를 위해선 Wolpert & Ghahramani, 2000 참조).

운동기술학습은 어떤 감각 경험이 수반될 것인가를 예측하는 전진 모델, 그리고 감각 피드백을 이용해서 그 운동 동작이 의도한 효과를 내었는가를 결정하는 능력 모두를 포함하는 것 같다. 이런 기능들은 서로 다른 신경계들이 관여하는 것 같다. 한 신경영상 연구에서, 연구자들은 참여자들에게 커서를 화면의 목표영역 내에 유지하라고 하였다. 연구자들이 화면상의 커서 위치를 계속 방해하는 복잡한, 그렇지만 자꾸 반복되는 수학프로그램을 사용하였기 때문에 이 과제를 수행하기가 어려웠다. 수학적 모델을 사용하여, 연구자들은 운동학습의 어떤 부분이 피드백 요소와 구별되는 전진 모델과 관련된 것인가를 구별해 낼 수 있었다. 이미 앞에서 논의하였던 것과 일관되는 결과를 얻었는데, 즉 (곧 다가올 감각 경험을 예측하는) 전진 학습 부분의 향상은 좌측 두정 영역의 한 부위에 의존하는 반면, 상두정 영역과 우측 두정내구는 감각 피드백을 통한 학습에 더 관여하는 것으로 나타났다(Grafton, Schmitt, Van Horn, & Diedrichsen, 2008).

■ 운동계의 통합 모델

이쯤에서, 움직임에 관여하는 주된 두뇌 영역들을 개관하고, 이런 영역의 손상 후에 발생하는 운동장애 중의 일부를 대략 정리해 보기로 하자. 각 두뇌 영역의 역할이 서로 다름에도, 상당한 중복이 있음을 기억하는 것이 중요하다. 예를 들어 연쇄적 움직임은 서로 다른 두뇌 영역의 여러 기능이 통합되는 것을 필요로 한다. 어떻게 이들 개개 두뇌 영역이 연쇄적 운동 처리에 이바지하는 것으로 보이는가에 대한 이해를 위해서 표 5.1을 보시오.

우리는 다양한 다른 견해로 각 영역의 기여를 고려해 볼 수 있겠다. 첫째, 이 각각의 영역이 서로 다른 유형의 움직임을 도와주는 것으로 볼 수 있다. 예를 들어 소뇌는 감각 피드백에 대한 반응에 의해 변경되지 않는 운동(예를 들어 빠른 동작 같은 것)에 중요하지만, 기저핵과 두정 영역은 동작을 조절하는 데 역할을 한다고 논의하였다. 둘째로, 서로 다른 추상적 수준에서 움직임을 표상하고 있는 어떤 위계 내에 있는 것으로 이런 영역들을 볼 수도 있다. 예를 들어 SMA는 일반적인 운동 계획(예, 물컵)을 생성하며, 전운동영역들은 이에 필요한 운동 유형들을 상세화시키며(예, 움켜쥐기), 일차운동영역은 이 계획을 수행하는 데 근육 움직임을 실현함을 알 수 있다.

그렇지만 또 다른 관점은 이런 활동의 계산 모델로부터 유래되는 것으로, **최적 피드백 통제**(optimal feedback control) 모델이 그런 것이다(Todorov & Jordan, 2002). 이런 견해는 두뇌의 운동영역들이 목표를 달성하기 위해 함께 하나의 신경회로로 작용하는 것으로, 이 목표는 수많은 서로 다른 선택 가능한 움직임으로 이루어질 수 있다. 어떤 운동 움직임이 사용되는가와 무관하게, 이들 목적을 이룬다는 것은 어떤 계산과정이 수행되는 것을 필요로 하는 것이며, 이는 시스템의 상태 평가하기, 활동 결과를 예측하기, 활동에 따르는 비용과 보상 결정하기, 그리고 수행 최적화하기 같은 계산과정을 말한다. 이 **최적 피드백 통제 모델**에 따르면, 운동회로의 서로 다른 영역들은 서로 다른 계산을 담당한다. 기저핵은 운동 명령의 비용과 그 운동비용으로 궁극적으로 얻게 될 보상을 평가하는 과정을 돕는다고 생각된다. 소뇌는 운동 명령의 감각 결과에 대한 내적 모델을 시스템 내에서 확인하고, 설정하며, 학습을 통해 이런 모델들을 변경하는 역할을 한다고 본다. 두정피질은 기대되는 감각 피드백과 실제의 감각 피드백을 비교함으로써 시스템의 상태를 평가하는 것 같다. 마지막으로 두정피질로부터의 정보는 전운동영역과 일차운동피질로 보내져 만일 현재의 운동이 최적이 아니라면 현재 진행되는 운동 활동을 변경한다(Shadmehr & Krakauer, 2008 참조).

이들 모델 중의 어느 것이 궁극적으로 운동 행동에 대해 설득력 있는 설명을 제공하는가와 무관하게, 이런 논의는 이 교재에서 몇 번이고 다시 돌아가게 될 요점을 강조한다. 즉 두뇌 영역의 어느 한 영역도 고립된 섬이 아니라는 것이다. 인간의 마음에 의해 증명되는 복잡한 인지 기능의 수행은 협응 방식으로 작동하는 두뇌 영역들의 다중성(multiplicity)을 요구한다.

표 5.1 동작에 관여하는 주요 두뇌 영역의 기능

두뇌 영역	계산
운동 계획	
하두정영역	동작의 내적 모델을 생성
보조운동영역	동작의 순서를 선택
전운동영역	요구되는 동작들의 유형을 선택(예, 쥐기)
전두 안운동야	수의적 안구 운동통제
전 대상피질 후측 영역	새로운 반응의 개시와 강력한 반응을 엎어 쓰기
운동 상세화와 개시	
소뇌	근육활성화의 시간적 패턴
기저핵	운동의 개시와 종료의 서로 다른 양상간의 전환
운동피질	동작의 방향 그리고/또는 힘의 운동 실행
움직임 감시	
전측 대상피질	동작이 잘못되었음을 탐지
두정피질	감각피드백을 이용하여 움직임을 진행 중 조절함

운동장애

이제 더욱 흔한 운동장애(motor disorders)의 신경학적 근거에 대해 살펴보기로 하겠다. 이 논의에서 운동장애를 두 개의 범주로 나누겠다. 하나는 피질하 영역의 손상이나 파괴 때문에 생긴 장애이고 다른 하나는 피질 손상으로 발생한 장애이다. 이 장의 시작에 논의하였던 것처럼, 피질하 운동장애를 움직임의 형태와 타이밍에 영향을 미치는 장애로 광범위하게 규정할 수 있지만, 피질 운동장애는 복잡한 운동 활동의 순차에 문제가 생기거나, 운동 활동을 개념으로 표상하는 능력의 결함으로 인하여 운동 동작들의 개념적 명료성에 영향을 미치게 된다.

■ 피질하 운동장애

본 장의 이 절에서는 우리는 주로 피질하 영역의 손상이 특징인 운동장애, 즉 파킨슨병(Parkinson's disease), 헌팅턴병(Huntington's disease), 뚜렛 증후군(Tourette's syndrome) 같은 장애들에 대하여 논하겠다.

파킨슨병

앞에서 배운 것처럼, **파킨슨병**(Parkingson's disease)은 흑질(substantia nigra) 세포의 손상으로 신경전달 물질인 도파민의 생성이 중지되어 야기되는 병이다(이 장애의 모든 측면에 대한 훌륭한 개관으로 Lees, Hardy, & Revesz, 2009 참조). 이런 손상과 질병은 여러 가지 이유로 야기될 수 있다. 어떤 경우는 가족 내에 나타날 수도 있고, 최근의 연구들은 이런 장애를 일으킬 수 있는 유전적 소인을 야기시킬 수 있는 유전자를 조사해오고 있다. 다른 경우들은 독극물, 종양, 그리고 염증과 관련이 있다. 여전히 일부의 사례는 바이러스에 근원이 있기도 하다. 1910년과 1920년대, **기면성 뇌염**(encephalitis lethargica; 또한 *von Economo's disease*라고도 알려짐)에 걸린 환자들은 독감에 걸리고 나서 그 후 바로 또는 20년이나 지난 후에 파킨슨 증후를 보여주었다.

파킨슨병은 사람들이 일부러 복용한 약물들에 의해서 야기될 수도 있다. 예를 들어 1980년 중반, 20대에서 30대에 이르는 젊은 성인들이 이런 병의 증후를 보이며 병원에 오기 시작하였는데, 특히 움직이지 못하는 것과 관련된 증후들을 보였다. 이런 증세들은 이런 연령집단에서는 워낙 흔치 않은 일이라, 의사들이 연구 끝에 이 환자들 모두 약물 사용자라는 것을 발견하게 되었다. 이 병에 걸린 환자들에게는 '얼어붙은 중독자'라는 병명이 붙여지게 되었다. 탐정조사 같은 작업 결과 이 파킨슨병의 원인은 MPTP (1-methyl-4-phenyl-1,2,3,6-tetrahydropyridine)라는 화합물에 오염된 합성 헤로인과 연관이 있었는데, 이 화합물은 몸속에서 MPP^+ (methylphenylpyridinium)로 전환되는 것으로 도파민 세포에 독이 된다.

이 병의 행동 효과들은 60%의 신경세포와 80%의 도파민 손실이 있을 때까지는 눈에 띄지 않는다(파킨슨병의 병리생리학에 대한 최근 개관을 위해서는 Bartels & Leenders, 2009 참조). 증후 개시의 지연은 두뇌가 남은 도파민성 뉴런들이 도파민 합성을 증가시키거나, 일단 시냅스 틈을 건너간 도파민의 비활성화나 청소를 감소하는 방식 등, 도파민의 손실을 여러 가지 방법으로 뛰어나게 보상하기 때문이다(Zigmond et al., 1990). 그럼에도 인생의 후기에, 보통 60이나 70세가 되면, 이런 보상 기제는 실패하게 된다. 그쯤되면, 노화의 정상적인 부분인 세포 소실이 흑질의 세포 집단을 임계점 이하로 감소시켜 행동 효과가 눈에 보이게 된다.

파킨슨병의 행동 장애는 4개의 주된 증세로 이루어져 있다: 진전(tremor), **톱니바퀴형 강직**(cogwheel rigidity), 운동불능증(akinesia), **자세 장애**(disturbance of posture). 이런 증세들은 일반적으로 신체의 양쪽에서 모두 관찰된다. 그러나 간혹 도파민 고갈이 두뇌의 한쪽에서만 일어나면, 증세들이 신체의 대측에서만 관찰될 수도 있는데 이런 경우를 **편측 파킨슨병**(hemi-Parkinsonism)이라고 한다. 각 증세에 대해 좀 더 자세히 살펴보기로 하자.

앞에서 언급하였던 것처럼, 진전은 길항근과 주동근의 진동성 움직임으로 야기된 반복적 주기적 운동이다. 이 증세가 워낙 우세해서 James Parkinson이 원래는 이 병을 '떠는 마비(shaking palsy)'라고 부르게 할 정도였다. 파킨슨성 진전은 주로 팔과 손에 영향을 미친다. 파킨슨성 진전은 의도적이고 고의적인 움직임을 할 때는 거의 보이지 않으나 휴식 중에 가장 명백히 보인다(의자에 앉아 대화를 듣고 있다든지 할 때). 손의 떨림(전진)은 '알약-굴리기(pill-rolling)'라고 기술되기도 하는데 이는 마치 엄지손가락과 식지손가락 사이에 알약을 놓고 굴리는 것처럼 보이기 때문이다.

파킨슨병에서 관찰되는 경직은 신근(extensor)과 굴근(flexor) 근육의 긴장이 증가하여 사람이 뻣뻣해진 것처럼 보이기 때문에 관찰되는 증세이다. 사실, 이런 움직임의 기계적 속성은 톱니바퀴형 강직이라고 불린다. 만일 파킨슨 환자의 팔이나 다리를 움직이려고 한다면, 그 운동에 저항이 있게 된다. 그럼에도 힘을 충분히 주면, 팔이나 다리가 움직이게 되는데 단지 다시 운동에 저항이 걸리는 데까지만 움직이게 된다. 충분한 힘이 가해지면 그 팔이나 다리는 다시 조금 움직일 수 있게 된다. 팔과 다리는 매끄럽게 움직이기보다는 특별히 뻣뻣한 단계식 방식으로, 즉 톱니바퀴처럼 움직이게 되는 것이다.

파킨슨병의 또 다른 증세로는 움직임을 못하게 되거나

움직임이 없는 운동불능증이나 운동을 느리게 하게 되는 운동완서증(bradykinesia)이 있다. 어떤 파킨슨 환자는 움직임 없이 마치 진열장의 마네킹처럼 앉아있기도 한다. 심지어는 표정 움직임조차 사라져서 이런 환자들은 **파킨슨 마스크**(Parkinsonian mask)를 가졌다고 말한다. 무하마드 알리의 경우에서 보았던 것처럼 이런 움직임 결여는 의사전달 능력에도 장애를 일으킨다. 소리를 낼 수 없으므로 말하기도 영향을 받고, 글씨를 쓰는 것이 느리고 너무 힘들어서 쓰기도 영향을 받게 된다.

파킨슨 증후군에는 또한 자세와 보행의 문제도 포함하고 있다. 전진이 주로 팔과 손에 영향을 미치는 것과 달리, 또 다른 장애는 몸 전체를 통해 근육 집단에 영향을 미치게 된다. 파킨슨 증후군 환자의 자세는 중력의 힘에 대항할 수 없는 문제 때문에 영향을 받게 된다. 예를 들어 이런 환자는 머리가 앞으로 쳐지거나, 고꾸라져서 머리가 무릎에 닿을 정도가 된다. 지지 없이는 앉거나 서 있는 데 요구되는 자세를 유지하는 것이 불가능해진다. 자제의 조절을 할 수 있는 능력 또한 손상을 받는 듯하다. 예를 들어 파킨슨병 환자들은 부딪히면 넘어지는데, 균형을 잃은 후 곧 자신을 바로 세울 수가 없기 때문이다. 자세의 전환이 요구되는 움직임들 또한 어려워지는데 예를 들어 앉은 자세에서 일어나는 동작 같은 것이 그것이다. 보행에도 문제가 생기는 데 이는 계속된 자세 조절이 필요뿐만 아니라 일련의 움직임들이 필요하기 때문인데, 운동불능증이 있으면 이런 것이 어렵다. 파킨슨 환자가 걸을 때는, 마치 정상인이 얼음 위를 걸을 때처럼 균형을 잡기 어려운 상황에서 그러는 것처럼, 발을 질질 끌며 걷는다. 파킨슨병에 걸린 환자가 어떻게 보이는가는 ● 그림 5.20에 예를 제시하였다.

● **그림 5.20 파킨슨병에 걸린 사람의 모습.** 얼은 표정과 구부정하고 구부러진 자세를 주목하라. 출처: Figure 1 From Lees, A. J., Hardy, J. & Revesz, T. (2009). Parkinson's disease, Lancet, 373, page 2057/Illustration courtesy of Nathalie Lees. With permission from Elsevier.

비록 파킨슨병이 네 개의 주된 증후를 가진다고 기술하였지만, 이들 증후가 모두 한 환자에서 다 관찰되는 것은 아니다. 어떤 환자는 경직성 운동장애 주도형(a rigid-bradykinetic-predominant form)을 가지고 있어서 주된 증후가 동작이 느린 것이지만, 어떤 환자는 전진 주도형(tremor-predominant form)을 더 많이 보일 수도 있다. 파킨슨병은 두 개의 유형이 있어 이 둘은 행동 측면에서 다를 뿐 아니라 생화학적 기초에서도 다르고, 지적 손상의 정도에서도, 그리고 병의 임상적 과정에서도 다르다. 운동장애 주도형 파킨슨 환자는 전진 주도형 환자보다, 임상적 경과가 급속히 나빠지며, 지적 장애도 더 심하다(Huber, Christy, & Paulson, 1991). 그 외에도, 병의 형태에 따라 기저핵의 영향을 받는 부위도 다르다(Bernheimer, Birkmayer, Hornykiewicz, Jellinger, & Seitelberg, 1973; Jellinger, 1999). 그뿐만 아니라, 운동불능증과 운동완서증의 심각성은 임상적 증세의 진전과 도파민 고갈과 상관이 있는 반면, 전진의 심각성은 그렇지 않다(Deuschl, Raethjen, Baron, Lindemann, Wilms, & Krack, 2000).

이제 기저핵의 장애가 어떻게 파킨슨병의 증세를 일으키는지에 대해 알아보기로 하자. 기저핵 절에서 이미 논의한 것처럼, 파킨슨병의 증세에 고전적 개념은 이 증세가 간접경로(indirect pathway)의 과잉활동으로 야기되었으며, 이 간접경로의 과잉활동이 움직임 중단을 일으킨다는 것이었다. 그렇지만 이런 모델은 파킨슨병에서 보이는 전진은 설명하지 못한다. 이 두 별개의 증세 군에 대한 어떤 별개의 기제가 있음이 분명하다. 하나의 가능성은 전진이 운동불능증과 관련된 활동 저하 수준을 보상하려는 시도, 즉 기저핵으로부터 투사를 받는 다른 아래쪽 운동영역들에 의한 보상 시도로 나타났을 가능성이다(Rivlin-Etzion, Marmor, Heimer, Raz, Nini, & Bergman, 2006). 또 다른 가능성은 전진이 소뇌와 시상 사이의 회로에 문제가 생겨 나타났을 가능성이다. 이런 생각을 지지하는 것으로는 복외측 시상(ventrolateral thalamus)이 소뇌로부터 입력을 받는 부위인데 이 부분의 손상이 전진을 감소시키거나 억제한다는 사실이다(Bergman & Deuschl, 2002).

더욱 최근의 연구들은 파킨슨병의 원인이 간접 경로의 활동 감소만으로는 설명이 다 될 수 없음을 시사한다. 독극물 MPTP—'얼어붙은 약물중독자들'이 복용했던 약물—을 처치 받은 원숭이들 연구에 의하면 한꺼번에 몰아서(burst) 발화하는 뉴런들이 차지하는 정도가 기저핵 내에서 증가한다는 것이다(Wichmann & Soares, 2006). 이렇게 한꺼번에 발화하는 형태는 도파민성 약물 치료를 통하여 감소하며, 파킨슨병 증세도 동시에 감소하는 것이 관찰된다(Heimer, Rivlin-Etzion, Bar-Gad, Goldberg, Haber, & Bergman, 2006). 파킨슨병을 치료하기 위한 수술 처치를 받는 중에 얻어지는 두뇌 기록을 보면, 도파민성 약물을 끊은 후에 다시 도파민성 약물을 도입하는 것이 신경활동의 동시성을 감소시킴을 보여준다. 그뿐만 아니라, 이런 동시성이 방해를 받는 정도는 운동불능증과 경직성 증세의 감소를 잘 예측한다(Kuhn, Kupsch, Schneider, & Brown, 2006). 이런 발견들은 파킨슨병이 기저핵의 어떤 부위 활동 감소에 의해서만 야기되는 것이 아니라, 기저핵 내의 뉴런들을 아우르는 신경 활동의 변화로 야기될 수 있음을 시사한다.

비록 파킨슨병은 치유될 수 없지만, 증세가 완화될 수는 있는데, 이는 주로 도파민 수준을 향상시키기 위해 고안된 약물로 가능하다. 흑질선체 경로가 손상되었기 때문에 도파민 경로는 활동저하 상태이다. 혈뇌장벽을 통과하지 못하는 도파민의 수준을 증강하기 위해, 의사들은 환자들에게 도파민의 물질대사의 선구물질(precursor)인 **L-DOPA**를 처방한다. 이 선구물질은 구강 복용하였을 때 뇌까지 도달하여 도파민성 시냅스전과 시냅스후 뉴런을 자극할 수 있다. 모노아민 산화(monoamine oxidase, MOA-B) 억제제도 처방될 수 있는데, 이런 약제는 시냅스에서 그리고 교세포에 의해 도파민이 분해되는 것을 줄이기 위해서 주어진다(Schapira, 2009).

유감스럽게도 이런 약물들은 수많은 부작용을 가지고 있다. 사람의 기분을 변화시켜, 쾌감(euphoria) 또는 우울을 일으킬 수 있다. 때로 기억에 문제를 일으키기도 하고 주의를 기울이는 능력에 장애를 일으키기도 한다. 어떤 경우에는 충동억제 능력에 장애를 일으키기도 한다(폭식, 병적 도박, 과잉성적 성향, 충동적 쇼핑 등). 극단적일 때는, 환자가 환각이나 망상을 경험하기도 한다. 이런 효과들은 약물의 섭취를 중지하거나, 약물의 투약량을 감소하는 것으로 사라질 수 있다. 이들 약물의 또 다른 불행한 속성은 수년의 투약 후에는 그 약효가 감소하는 경향이 있다는 것이다(Olanow, Stern, & Sethi, 2009).

파킨슨병에 대한 일부 실험적 치료방법이 탐색되고 있지만, 여전히 표준적 치료가 되기에는 멀었다. 탐색적 치료 중의 하나로 1990년대에 처음 시작해서 지금까지 많은 주목을 받고 있는 것으로 도파민 생성 세포가 풍부한 태아 조직을 병에 걸린 사람의 선조체에 이식하는 것이 있다. 이는 이식된 세포로 하여금 도파민을 생성하게 하여 이 영역의 도파민 생성 세포의 손실을 보상하자는 전략이다. 비록 초기 결과가 희망적인 듯하였지만, 나중의 결과들은 긍정적인 것과 부정적인 것이 다 섞여 있으며, 언제나 증세 완화가 따르는 것도 아니었다(Deierborg, Soulet, Roybon, Hall, & Brudin, 2008). 그렇지만 더 문제인 것은 이식이 의도하지 않은 결과, 운동이상증(dyskinesia; 즉; 원치 않는 동작)과 인지와 기분의 변화 같은 결과를 일으키기도 한다는 것이다. 이런 두뇌 이식은 되돌릴 수 없기 때문에(끊을 수 있는 약물과 달리), 이런 대안적 치료법이 어떻게 환자에게 제대로 소개되고 충분한 논의를 환자와 나누어야 하겠는가에 관한 심각한 윤리적 문제가 있다(Duggan et al., 2009). 비록 이런 수술을 받은 환자의 사후부검 연구결과가 이식이 실제로 자리를 잡았음을 밝혔지만(● 그림 5.21), 이런 연구들은 신경세포의 병적 변화 증거도 보여준다. 이런 발견들은 도파민성 뉴런의 단순한 손실 이상의 병리적 과정이 파킨슨병 환자들에게 일어났을 가능성을 시사한다(Braak & Del Tredici, 2008). 위에 말한 모든 이유 때문에 일부 연구자들과 임상가들은 세포 이식이 장기적 효율성을 가질 것인가, 그리고 파킨슨병에 정말로 유용하게 쓰이는 치료가 될 것인가에 관해 회의적이다.

또 다른 접근법으로 탐색되고 있는 것들은 두뇌 활동의 정도를 변화시키려는 시도이다. 전진을 감소시키기 위해 시상의 일부가 절제되는 절차가 있는데, 바로 **시상절제**(thalatomy)라고 알려진 방법이다. 운동이상증이나 운동 불능증을 다루기 위해서는 **담창구 절제술**(pallidotomy)이라고 알려진 방법을 통해 담창구의 내측(internal segment of globus pallidus, GP_i) 부위를 제거한다. 그렇지만 더 최근에는 두뇌 조직을 상하게 하지 않고 대신 **두뇌 심부 자극**(deep brain stimulation)을 사용하려는 시도로 접근하고 있다. 이전에 잠깐 언급하였던 것처럼, 이 절차는 전극을 만성적으로 이식하여, 이 전극을 통해 인위적으로 시상하핵(subthalamic nucleus; 내측 담창구로 억제성 투사를 하는)에 고주파 자극을 가한다. 전형적으로, 수술 중에 의사가 전극들을 시상하핵에 위치하고 이 전극들을 통해 약한 전류를 흘려보내면서 운동 행동에 어떤 효과가 나타나는지를 알아볼 수 있게 된다. 이런 식으로 해서, 부작용을 최소화하면서 파킨슨병 증후를 감소하게 하는 가장 좋은 반응이 일어나는 전극 위치를 의사가 결정할 수 있게 된다. 전기 펄스-발생기가 이식되어서 이 위치에[이전에 논의한 것처럼, 파킨슨병과 관련하여 나타나는 파열적(bursting) 발화 형태를 방해할 수 있는] 지속적이면서 계획된 형태의 입력을 제공할 수 있게 된다. 비록 전기자극이 주변 조직으로 퍼진다든지, 부정적 신경인지 변화가 야기된다든지, 그리고 이 절차 자체가 침습적이라든지 하는 부작용들이 있음에도, 이 방법은 대단히 효율적인 방법으로 보인다

IN FOCUS: 인공사지를 통제하기 위한 두뇌 활성화의 사용

반은 사람, 반은 기계인 사이보그가 주인공인 공상과학 영화를 상상해 보라. 이 사이보그의 손은 사람의 손과 같은 활동 모두를 수행할 수 있게 생겼으며, 그 외의 다른 속성들, 예를 들어 무엇을 잡아채거나, 할퀴거나, 기어오르기 위한 다시 접을 수 있는 발톱들, 그리고 잡고 부술 수 있는 펜치 같은 것이 함께 장비되어 있다. 인간과 비인간의 동작을 수행하기 위해서 사이보그는 어떻게 이 생체공학적인 팔을 명령할까? 두뇌에서 팔까지 회로화되어 있어서, 만들어내려는 동작을 단순히 생각하는 것만으로 그 동작이 일어난다!

비록 이 이야기가 공상과학 같겠지만, 오늘날 이런 각본 일부가 일어나고 있다. 최근 수년간, 인간-컴퓨터 인터페이스를 만들려는 움직임이 활발하게 일어나고 있는데, 특히 인공사지를 통제하려는 인터페이스들에 대한 것들이 그렇다. 오늘날 이런 연구들의 대부분은 쥐나 원숭이에 제한되어 이루어지고 있지만, 더 최근의 연구들은 이런 접근법의 활용을 인간에게서도 증명하고 있다. 운동통제에 관여하는 신경 기제에 대한 이해의 증가, 다수 위치에서 두뇌활동을 측정할 수 있는 능력의 향상, 그리고 두뇌 활동을 빨리 분석하고 지연 없는 출력을 처리(종종 사실-시간 처리과정, real-time processing 이라고 불림)할 수 있는 컴퓨터 파우어와 속도의 증가 등에 의해 이런 발전이 더 빨리 진행되고 있다. 더 나아가 두뇌-컴퓨터 인터페이스를 만들어내려는 탐구는 다시 두뇌 구조와 기능에 대한 부가적인 통찰을 제공해오고 있다(Nicolelis & Lebedev, 2009).

일부 두뇌-컴퓨터 인터페이스는 척수손상(운동피질의 신호가 사지에 닫는 것을 차단하는)으로 마비된 사지나, 또는 의족 장비(사지가 절단되었다면)로 신호를 보내기 위하여 정상적인 운동피질을 사용하겠다는 생각으로 고안된 것이다(신경학적 재활에서의 두뇌-컴퓨터 인터페이스에 대한 보다 큰 규모의 논의를 위해서는 Daly & Wolpaw, 2008 참조). 이 장의 앞에서 이미 배운 것처럼, 운동통제는 뉴런 집단을 아우르는 활동으로 일어난다. 새롭게 나온 중다배열 기록 기법들은 이런 뉴런 집단으로부터 신경 발화를 기록하는 것을 가능하게 한다. 원숭이에서 이런 전극배열은 사지의 움직임을 통제하는 일차운동피질에 위치하거나 이런 운동 활동을 계획하는 데 관여하는 전운동피질에 위치하게 한다.

이들 다른 영역으로부터의 신경활동에 대한 정보는 동물이 손을 내밀어 잡는 곳에 대한 정보와 연결된다. 이것을 위해서는 연구자들은 복잡한 계산 알고리즘을 사용하는데, 이런 알고리즘은 오랜 시간에 걸쳐, 신경활동 양상과 수행된 행동 사이의 연합을 학습한다. 이런 훈련 결과, 신경신호는 로봇 팔의 동작을 안내하는 데 사용할 수 있게 된다(Wessberg et al., 2000). 두정엽의 '손 닿기(reach)' 영역에서 신경세포를 기록한 연구들은 신경신호들이 손 닿기의 움직임 궤도(Mulliken, Musallam, & Andersen, 2008)는 물론이고 손 닿기의 종료점을 예측하는 데 사용될 수 있음을 증명하였다(Musallam, Corneil, Greger, Scherberger, & Andersen, 2004).

심지어 더 신나는 발견은 두뇌로부터의 전기적 출력을 얻어서 이것을 마비된 팔을 통제하는 데 사용한 것이다(Moritz, Perlmutter, & Fetz, 2008). 이런 실험에서 전극은 원숭이의 손목 움직임을 통제하는 운동피질에 이식되었다. 원숭이는 화면상의 시각적 커서의 위치를 통제하는 수단으로 이들 뉴런의 발화율을 통제하는 것이 훈련되었다. 이런 훈련에서 원숭이들은 그들의 수행이 발화의 목표율과 일치할 때마다 보상을 받게 된다. 다음은 두뇌와 손목간의 신경연결을 방해하는 신경 차단이 주어진다. 그러면 운동피질이 계속 발화를 하여도 아무런 손목 움직임이 관찰되지 않게 되며, 두뇌와 손목 간의 연결이 차단되어 손의 마비가 왔음을 확인할 수 있게 된다. 그러면 운동피질의 전극들로부터의 정보는 뇌와 손 사이에 차단된 신경 통로를 우회하여, 손에 이식된 다른 전극 세트로 직접 연결된다. 약간의 훈련을 통하여, 원숭이는 자신의 운동피질의 발화율을 이용하여 자신의 손목 움직임을 다시 통제할 수 있게 된다! (● 상자 그림 5.1)

위에 기술한 시스템에서, 마비로 이어지는 사건 이전에 정상적인 동물이 두뇌-컴퓨터 인터페이스로 훈련받았다. 물론 이런 시스템은 실제 생활에서는 마비나 사지의 손상 이후에나 사용할 수 있게 될지도 모른다. 그 결과로, 이러한 기법들이 인간에게 사용될 수 있기 전에 수많은 문제가 극복되어야 한다. 예를 들어 만일 뇌졸중으로 대측 손의 마비가 야기되었다면, 대측 손과 동측 손 모두의 운동을 통제할 수 있게 남아있는 반구는 오직 하나이다. 그러면 대측 손

(Benabid, Chabardes, Mitrofanis, & Pollak, 2009). 무엇보다 심부 두뇌 자극법은 환자가 병적 움직임을 보이는 기간이 감소한다는 면에서 표준 치료법들보다 더 효율적인 것 같다(Weaver et al., 2009).

마지막으로, 파킨슨병 환자들에 의해 보이는 병적 행동들에 대해 집중적인 훈련이 광범위한 효과가 있게 할 수 있다는 시사들이 있다. 예를 들어 파킨슨병 환자들은 전형적으로 말소리가 너무 작고, 톤이 단일해서 이해하기 어렵게 만든다. 그 결과 가족과 친지들과의 의사소통이 저하되고 사회적 상호작용의 다른 측면도 문제를 보이게 된다. 이 문제를 다루기 위한 훈련과정의 한 유형은 목청으로 내는 소리의 크기, 어조를 알아들을 수 있는 정도를 증가시키도록 고안된 훈련시행을 수 주에서 2,3개월에 걸쳐 여러 차례 실시하는 것이다. 이런 중재가 목청소리에 도움을 줄 뿐만 아니라, 훈련의 효과가 일반화되어 다른 영역들, 예를 들어 삼키기나 얼굴 표정 같은 것의 향상도 가져온다(Fox, Raming, Ciucci, Sapir, McFarland, & Farley, 2006). 이런 치료가 기저핵의 활동을 증가시킬 뿐 아니라 우반구, 더욱 명백히 청각피질은 물론 운동피질, 전운동피질, 그리고 전두엽의 배외측 영역의 활동도 증가시킴을 최근 연구는 시사하고 있다. 피질 영역들의 관여가 증가함으로, 최소한 어느 정도는 기저핵과 관련된 기능의 소실을 보상하는 듯이 보인다(Narayana et al., 2009).

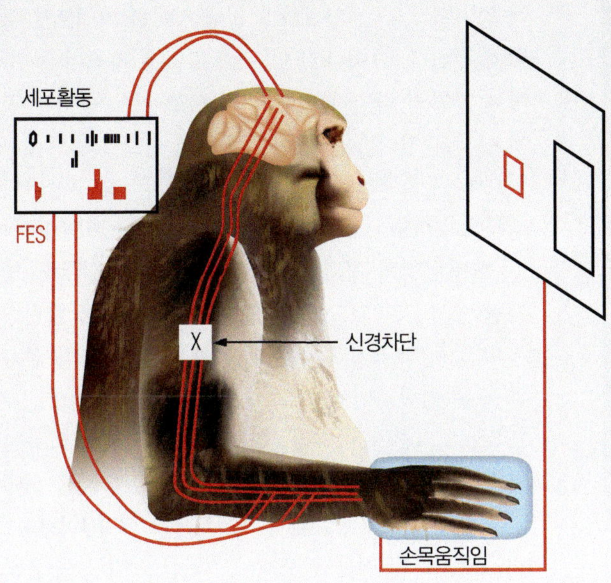

● **상자 그림 5.1 근육에 가해진 두뇌 통제(brain-controlled) 기능적 자극하기(functional stimulation)를 증명하는 실험.** 이 두뇌-컴퓨터 인터페이스에서 원숭이 운동피질영역의 전극은 두뇌 활동을 분석하는 컴퓨터로 연결된다. 원숭이는 커서를 움직여 스크린의 특정위치에 가져다 둘 때마다 보상을 받음으로써 두뇌 활동 양상을 변화시키는 것을 훈련받게 된다. 그런 다음 신경차단으로 뇌에서 손으로 가는 신호를 차단하는데, 그러면 손목의 마비가 나타난다. 다음은 컴퓨터의 정보를 손의 근육과 연결시킨다. 약간의 훈련 후에, 원숭이는 두뇌 활동을 변화시켜 손목을 통제하는 것을 할 수 있게 된다. 출처: Figure 1a Moritz, C. T., Perlmutter, S. I., & Fetz, E. E. (2008). Direct control of paralyzed muscles by cortical neurons. Nature, 456, page 639로부터 적용.

의 운동활동과 관련된 신경 신호는 동측 손과 연합된 신호와 구별되어야만 한다. (간질관련 수술을 위해서) 전두피질에 전극을 이식한 환자들에 관한 최근 연구는 다행히도 동측과 대측 운동에 대한 신경 특성이 다름을 시사한다. 더 나아가 사람들은 커서를 통제하기 위하여 대측 움직임과 관련된 활동양상을 배울 수 있으며, 이와 별개로 동측 움직임과 연합된 신경활동을 같은 방식으로 학습할 수 있다는 것이 증명되었다. 이런 발견들은 뇌졸중 환자가 어쩌면 자신의 마비된 손이나 의족을 통제할 수 있을 방법에 대한 길을 닦는 셈이다(Wisneski, Anderson, Schalk, Smyth, Moran, & Leuthardt, 2008).

다른 연구자들은 더욱 덜 침습적인 방법을 시도하고 있는데, 예를 들어 두피에서 측정하는 EEG와 같은 방법으로 얻어진 두뇌 신호를 사지가 아니라 로봇 같은 다른 외적 장치를 통제하게 하는 것이다. 이것은 두뇌 활동 양상을 다른 장치, 예를 들어 환자의 휠체어 같은 것들을 통제하기 위해 사용하는 방향으로 가기 위한 첫발이 될 것이다(Cincotti et al., 2008). 그뿐만 아니라, 실시간 fMRI로부터 유도된 운동피질 활동에 대한 정보도 로봇 팔을 통제하기 위해 사용될 수 있다(Lee, Ryu, Jolesz, Cho, & Yoo, 2009). 그렇지만 이런 발견들은 아직 의료 보조 장치의 디자인에 직접 적용할만하지는 않은데, 당연히 사람들이 MRI 내에서 그들의 하루를 보낼 수 없기 때문이다! 그럼에도 이런 발견들은 두뇌의 중다 측정이 의족 장치들을 통제하는 데 사용될 수 있음을 지적하는 것이다.

결국, 이런 접근의 성공인가 실패인가는 아마도 다음 세 가지 요인에 좌우될 것이다. 첫째는 이런 두뇌-컴퓨터 인터페이스가 두뇌로부터 충분히 정보를 뽑아내어 매일 삶에 필요한 과제를 수행하는 데 필요한 정교한 통제를 할 수 있을 것인가. 특히 이런 것이 사람에게 부적절한 위험을 가하지 않고도 가능한가 하는 것이다. 이식된 전극은 의족 통제에 필요한 두뇌 활동 양상을 더 좋은 충실성을 가지고 제공할 수 있을 것이다. 반면, 덜 침습적인 두피-기록 EEG는 신경 신호의 양상이 그렇게 깨끗하고 분명할 수는 없을 것이다. 이런 장단점은 앞으로 두고 봐야 할 것이다. 둘째, 이런 시스템은 튼튼해서 일상생활(실험실이나 병원처럼 단단히 통제된 환경 밖)에서의 동작 수행 중에도 망가짐이 없어야 하며, 사람들이 이런 인터페이스를 장치한 채로 돌아다닐 수 있을 만큼 크기가 작아야 한다. 셋째, 이런 체계가 정상적인 시스템의 빠르고, 정확하고, 그리고 융통성 있게 움직임이 일어나게 할 수 있을지는 앞으로도 두고 보아야 할 일이다(Ryu & Shenoy, 2009). 신경학적 손상으로 사지에 대한 통제를 상실한 많은 사람과 사지를 잃은 사람의 희망은 과학자들이 가까운 미래에 이런 문제를 풀어내는 데 있다.

헌팅턴병

선조체(striatum)의 퇴행으로 일어나는 유전적 신경과 질병인 **헌팅턴병**은(● 그림 5.22), 비정상적인 운동, 인지 장애(궁극적으로 치매), 그리고 정신과적 증세를 일으킨다. 파킨슨병에 관한 논의에서처럼, 여기서도 헌팅턴병의 운동 측면에 대한 논의에 집중하고, 지적 인지적 장애는 16장에서 기술하기로 하겠다. 비록 헌팅턴병이 드물기는 하지만(백만 명당 1.6 사례), 헌팅턴 유전자가 유전되면, 이 유전자는 반드시 발현된다. 이 유전자는 마치 시한폭탄 같아서 30에서 45세 정도까지는 잠재되어 있다가, 마침내 그 증세가 명백하게 발현되기 시작한다. 약 10년에서 15년에 걸쳐 서서히 나빠지기 시작하여 마침내 사망에 이른다.

헌팅턴병의 주된 운동 증후는 **무도증**(chorea)이라는 것으로, 언뜻 보면 잘 협응하고 있는 듯이 보이지만 사실은 불규칙적으로 본인의 의사와 무관하게 멈춤 없이 빠르고 갑작스럽게 움직임들이 나타나는 증세이다. 헌팅턴 환자들은 처음에는 주저주저하는 듯 보이지만, 마침내 움직임이 점점 더 증가하여 거의 멈춤 없이 나타나게 된다. 이는 한 근육에만 나타나는 것이 아니라 전체 팔다리나 팔다리 일부에서 나타난다. 결국, 모든 동작이 통제 불가능해지면서 무도증은 머리, 얼굴, 몸통, 사지를 포함한 몸 전체에 영향을 미치게 된다. 이 나중 단계에서는, 환자가 말하거나 쓰는 것으로 의사 전달하는 것도 불

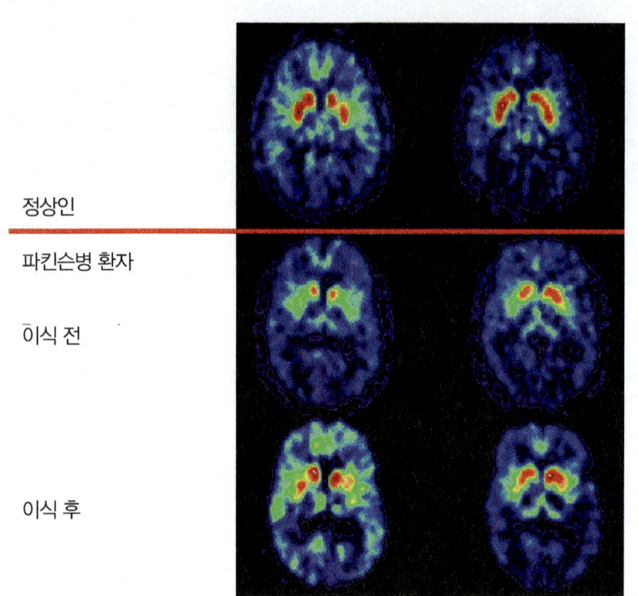

● **그림 5.21 태아 세포의 이식은 파킨슨병 환자의 치료에 사용된다.** 연구자들은 도파민 선구물질 L-dopa의 방사성 형태를 추적자(tracer)로 사용하여, 인간 두뇌의 도파민 활동을 평가할 수 있다. 이렇게 얻은 영상들로 정상환자(위)와 파킨슨병 환자의 태아 세포 이식 전과 후의 영상이 비교되었다. 붉은색과 노란색으로 활동 증가가 표시되었다. 이식 후 영상에서 기저핵의 증가한 활동을 주목하라. 출처: Sanjiv Sam Gambhir, M.D., Ph.D., Stanford University의 도움으로 영상이 제공됨.

가능해질 뿐만 아니라, 독립적인 삶을 살아가는 데 필요한 걷기, 삼키기와 같은 기본적 기능들도 거의 상실된다(Walker, 2007).

비록 무도증이 헌팅턴병의 고전적 운동 증후이긴 하지만, 이런 상태의 환자들은 그 외의 다른 운동장애들을 가지고 있다. 이들 가운데 일부는 동작의 시작과 실행이라는 측면과 관련되어 일어난다. 예를 들어 정상적인 사람에 차례대로 버튼을 누르는 절차를 수행할 때 도움이 되도록 어떤 단서를 사용할 수 있다면, 헌팅턴 환자들은 동작의 시작과 집행을 위해 그렇게 미리 주어지는 정보를 사용하지 못한다. 이런 장애는 이 장애의 결정적 운동 증후라고 볼 수 있는 무도증이 출현하기 전부터 나타나기 때문에 이 병의 표시 증세로 볼 수도 있다(Bradshaw et al., 1992). 다른 장애들은 운동 활동 연쇄 학습에서도 명백히 나타나는데, 역시 이 병의 완전한 증세가 보이기 이전부터 나타나는 것 같다(Feigin et al., 2006).

팔다리 동작이 헌팅턴병으로 영향받은 운동통제의 유일한 측면만은 아니다. 수의적 안구 운동의 속도와 그 개시 역시 영향을 받는다. 이 장의 초기에 논의하였듯이, 수의적 안구 운동은 전두 영역의 통제하에 있는 것이다. 이 전두 영역들이 헌팅턴병에 의해 영향을 받을 가능성이 높은 것은 기저핵이 이 경우 손상되었을 텐데, 이 기저핵이 전두 안운동영역으로도 투사하기 때문이다. 예를 들어 특정 위치 사이를 예측 가능한 방식으로 움직이는 목표물을 눈으로 추적할 때, 이 환자들은 눈을 정확한 시점에 정확한 지점으로 움직이지 못한다. 그러나 만일 예기치 않은 자극이 주변 시야에 갑자기 나타나면, 그 자극으로 눈을 돌리는 정상적 동작은 일어나는데, 이런 동작이 상소구의 통제하에 있으며, 상소구는 이 병에 영향을 받는 영역이 아니기 때문이다(Tian, Zee, Lasker, & Folstein, 1991).

헌팅턴병의 경과를 모니터하기 위해서 두뇌 영상 기법이 사용된 지도 꽤 되었다. 예를 들어 헌팅턴병에서 미상핵의 크기 감소는 운동과 인지 장애의 심각성과 모두 연관되어 있다고 밝혀졌다(Starkstein et al., 1988). 그뿐만 아니라, 헌팅턴병 유전자를 보유하고 있는 사람들의 기저핵 크기는 아직 운동 증세를 보이지 않을 때부터라도 정상인의 기저핵보다 작다(Jurgens et al., 2008). 더 최근 연구에서 개인들 간의 차이를 보이는 위축의 정도는 유전적 요인들과 연관이 되었음을 시사한다. 헌팅턴병은 유전적 '셔터(shutter)'라고 고려될 수 있는 것에 의해 일어난다. 이 유전적 셔터라 함은 반복되는 염기쌍서열을 말하며, 그 길이도 다양하다. 반복되는 염기 서열이 길면 길수록, 위축의 정도도 더 크다. 이 현상은 운동 증세를 이미 발현시킨 환자들(Jech et al., 2007)에게서도, 아직 발현시키지 않은 환자들(Henley et al., 2009)에게서도 모두 관찰되는 현상이다. 이런 연구들은 또한 비록 위축이 선조체에서 가장 두드러지기는 하지만 다른 두뇌 영역들, 예를 들어 시상, 대상피질, 전운동피질 등에서도 관찰된다는 사실을 강조한다(Douaud et al., 2006). 헌팅턴병은 서서히 진행하여 죽음에 이르며 치료도 완치도 없다. 그렇지만 도파민 전달을 차단하거나 고갈시키는 약물이 운동 증세의 심각성을 다소 약화시키는 데 도움을 주고자 처방된다(Philips, Shannon, & Barker, 2008).

현재, 연구자들은 운동 연쇄에 대한 학습과 활동들이 뇌에 의해서 수행되는 다양한 경로들에 관해 헌팅턴병의 환자들로부터 배우려고 부단히 노력하고 있다. 왜냐하면, 이 환자들은 피질-선조로(cortico-striatal pathway)가 손상을 입었기 때문에, 이런 학습의 획득은 다른 체계들, 예를 들어 피질-소뇌 운동로(cortico-cerebellar motor pathway) 같은 체계에 의존하는 것 같다(Doyon, 2008). 사실, 최근 신경영상 연구들은 운동과제를 학습하고 있는 증세 발현 이전의 헌팅턴 환자들에서 시상-피질 경로(thalamo-cortical pathway)에 변별적 의존이 있음을 보여주었다(Feigin et al., 2006). 이런 연구들은 운동 활동과 운동 정보처리가 두뇌에 의해서 구현되는 방식의 다양성과 복잡성을 나타내는 것이다.

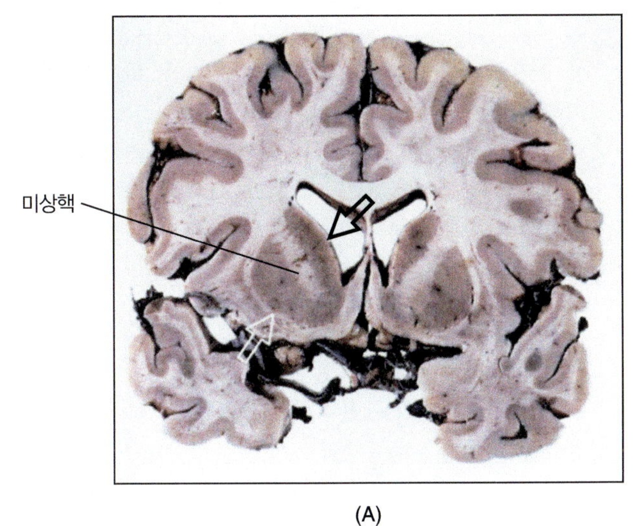

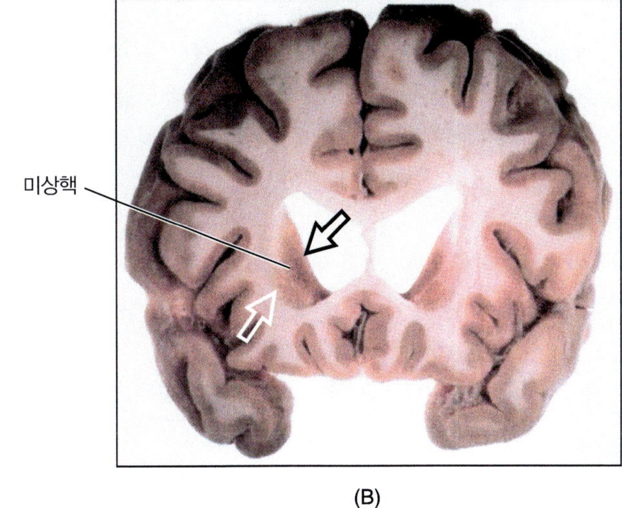

● **그림 5.22 헌팅턴병은 기저핵의 미상핵 변성을 일으킨다.** (A) 건강한 사람의 영상, (B) 헌팅턴병이 있는 사람의 뇌. 미상핵이 정상인보다 훨씬 작고, 외측 뇌실이 이 병을 가진 사람에게서는 공간을 채우면 더 커져 있다. © 2010 Cengage Learning

뚜렛 증후군

뚜렛 증후군은 상대적으로 희귀한 질병으로 그 자체가 발성이나 운동의 **틱**(tics)으로 명백히 드러나게 된다. 틱이란 반복적 불수의적 운동이 충동적으로 일어나는 것이며, 그 심한 정도도 오락가락한다. **뚜렛 증후군**의 심각성 정도는 다양해서 아주 피곤하거나 긴장하였을 때만 몇몇 틱이 일어나는 정도에서부터 분당 30에서 100회 정도 사이의 틱이 나타날 정도로 심할 수도 있다. 지금까지 논의해 온 운동장애가 주로 중년이나 노년에 나타났던 것과 달리, 뚜렛 증후는 아동기에, 주로 11세 이전에 보인다(이 장애의 모든 측면을 다 개관한 논문으로 Singer, 2005 참조).

틱은 여러 형태로 나타날 수 있다. 단순한 운동 틱은 약 6세에서 7세 정도에 나타나는데, 신체의 한 부분에서만 나타나서 눈을 반복적으로 깜빡인다든지, 코를 찡그린다든지 또는 어깨를 으쓱거린다는지 하는 것이다. 더 복잡한 틱은 녖 개의 근육 집단에서 나타나면서 더 목적 있어 보인다. 이런 것들은 복잡한 손짓일 수도 또는 반복적으로 사람들을 만지거나 물건을 만지거나 하는 것일 수도 있다. 틱이 주로 얼굴과 목에 나타나기는 하지만(팔다리나 심지어는 몸 전체에서 나타날 수도 있지만) 예를 들어 마치 포고 무용이나 펑크 록의 헤드 뱅잉(머리 심하게 흔들기) 닮은 동작으로 나타날 수도 있다(Hoekstra, Anderson, Limburg, Korf, Kallenberg, & Minderaa, 2009). 목청 틱은 좀 더 늦게 나타나는데, 역시 단순한 형태와 복잡한 형태가 있다. 단순한 틱으로는 목을 가다듬는 것 같은 것이나, 킁킁대는 것 같은 동작이 있는 반면, 복잡한 목청 틱으로는 자신이 들은 것을 따라 하는 **반향언어증**(echolalia)이나 욕을 지껄이는 **외설증**(coprolalia)이 있다. 이런 어린이들의 이상한 행동 때문에 이들은 종종 정신과적 장애로 오진되기도 한다.

운동 틱은 불수의적으로, 반복적으로, 그리고 정형화된 양식으로 일어난다. 뚜렛 증후는 오랫동안 피질하 운동영역의 기능장애라고 생각되어 왔다(더 수의적인 운동 움직임에 관여하는 피질 운동영역의 장애라기보다는). 비록 결정적인 신경 실질이나 원인이 밝혀진 것은 아니지만 여러 증거가 기저핵의 기능장애를 지적한다. 첫째, 헌팅턴병처럼, 뚜렛 증후군의 틱은 도파민을 감소시키거나 차단하는 약물 치료로 효과적으로 감소된다(Bruggeman, van der Linden, Buitelaar, Gericke, Hawkridge, & Temlett, 2001). 둘째, 비록 일관적이지는 않지만 해부학적 신경영상 연구들은 뚜렛 증세를 앓는 어른들과 어린이들에게서 정상 성인과 비교하면 미상핵의 부피가 감소된 것을 보고하고 있다. 더 나아가 이런 환자들을 시간을 두고 추적한 종단연구에서, 아동기의 미상핵의 크기가 성인기 틱의 심각성을 예측하였다. 셋째, fMRI를 이용한 기능 영상 연구들은 선조체, 시상, 그리고 관련된 피질 영역의 활동에서 뚜렛 증후를 가진 사람들과 그렇지 않은 사람들 간의 차이가 있음을 보인다. PET 연구들은 보조운동피질(supplementary motor cortex)과 안와전두영역(orbitofrontal region)은 물론 이들 영역에서 대사의 변화가 있음을 시사한다(개관을 위해, Adams, Troiano, & Caine, 2004; Albin & Mink, 2006 참조).

이 장의 앞에서 배웠던 것처럼, 다섯 개의 피질-선조-시상-피질 회로들(cortico-striatal-thalamo-cortical circuit)

이 감각운동, 운동, 안구운동, 인지, 그리고 변연계 처리과정에 이바지한다. 그뿐만 아니라, 이런 고리들 내에는 신체위상적 조직화(somatotopic organization)가 있다. 틱의 발현은 아마도 이런 조직화를 반영하고 있는지도 모르며, 이들 고리의 일부 하위 영역을 억제하는 데 실패한 것이 그 독특한 속성의 틱을 일으키는지도 모른다. 예를 들어 얼굴 틱은 미상과 피각의 배내측 영역들과 관련되며, 이 영역들은 구두안면(orofacial) 움직임을 통제하는 운동영역과 전운동영역 일부로부터 투사를 받는다. 비슷하게, 욕설 속성의 목소리내기는 변연계는 물론 운동영역도 관여한다(Mink, 2001). 기저핵이 여러 자극-반응 연합들을 합하거나 덩어리로 묶어 상투적이며 습관적인 단위로 실행되는 더 복잡한 행동 연쇄로 만든다고 생각되기 때문에, 틱은 이런 습관 학습(habit learning)에 나타난 부적절한 형태, 또는 이런 습관을 억제하는 능력의 상실을 나타내는 것일지도 모른다(Marsh et al., 2004).

뚜렛의 틱은 틱이 주로 몸의 특정 부위에 국한되어 있다는 것 이외에도, 틱에는 틱과 연합된 정서적 또는 동기적 요소가 연합되어 있다는 점에서 헌팅턴병에서 관찰되는 운동 움직임과는 다르다. 틱은 불안하거나, 흥분하거나, 피곤할 때 정서적 각성이나 감정적으로 격한 동안에 일어난다. 그뿐만 아니라 수많은 사람은 틱이 일어나기 전에 전조를 가지는데, 어떤 긴장, 충동, 가려움증, 다급함 같은 느낌을 느낀다. 일단 틱이 방출되면, 이 느낌은 사라지고 안도감을 느낀다. 이런 느낌들 때문에, 일부 연구자들은 틱의 속성을 불수의적(involuntary)이라기보다 '비수의적인(unvoluntary)' 것으로 기술한다. 어떤 항목(균)에 대한 불안이 어떤 활동(손 씻기)으로 경감되는 충동 행동처럼(14장을 보시오), 뚜렛 증후를 가진 사람들은 그들이 틱을 억제하려고 노력하면 할수록, 틱을 방출하고 싶은 충동이 더 커진다. 사실 뚜렛 증후를 가진 사람들의 절반 이상은 일종의 강박-충동 장애 같은 것을 보인다. 그뿐만 아니라 뚜렛을 가진 사람 중에는 과잉행동 주의 장애를 가진 사람일 확률이 높으며, 이는 동기와 보상을 포함하는 신경계의 조절기능이상과 관련이 있는 것 같다(15장 참조). 이 모든 증거는 뚜렛 증후가 운동과 감각운동피질-선조-시상-피질 회로의 기능장애뿐 아니라 변연계 고리의 장애도 포함하고 있음을 시사한다(Singer, 2005).

뚜렛 증후의 원인은 확실하지 않다. 많은 연구는 어떤 유전적 요인이 있고, 이 장애가 가족 내에 유전되고 있음을 시사한다. 그렇지만 현재까지 유전적 전달의 명백한 기제도 없으며, 이런 장애를 일으킬 수 있는 다수의 의심요인들만이 있을 뿐이다. 이 병이 여성보다는 남성에게 더 흔하게 나타나기에, 일부 연구자들은 이런 성 차이가 태아 발달 시기에 안드로겐성 스테로이드의 변화에 일어나는 것이 아닌가 시사하고 있다. 그뿐 아니라, 최근 연구들은 감염의 결과로 자가 면역 기제(신체가 실수로 자신의 신체 일부를 병원이나 침입자로 보아 파괴하려는 기제)의 변화가 있었던 것은 아닌가 하는 연구에 초점을 맞추고 있다(Leckman, 2002). 비록 뚜렛 증후의 원인이 아직도 알려지지 않았지만, 기저핵과 관련 영역의 기능장애라는 것은 강력하게 시사되고 있다.

■ 피질성 운동장애

지금까지 배운 것처럼, 대부분의 피질하 운동장애는 운동의 느림이나 운동의 증가로 나타난다. 피질성 운동장애는 다른 효과가 있는데, 운동활동의 특정 계획을 추구하는 능력에 손상이나, 운동 동작을 의미와 관련을 맺는 능력에 장애가 생기는 경향이 있다. 처음에는 운동통제의 특정 피질 장애인 사지 **통제불능증후군**(alien limb syndrome), 그리고 이런 장애들과 관련이 있는 실행증(apraxia)에 대하여 살펴보기로 하겠다.

사지통제 불능 증후군/외인 사지 증후군

운동기능의 드문, 흔하지 않은 장애 중의 하나가 바로 **사지통제 불능 증후군**이다(개관을 위해, Biran & Chatterjee, 2004 참조). 이 장애를 가지고 있는 환자들은 자기의 사지중의 하나, 특히 손을 이질적으로 느끼는데, 이는 이 사지가 자기 스스로 움직이는 것 같고, 자신에게 속한 것 같지 않고, 또 사지가 그 자체의 인격을 가지고 있는 것처럼 느껴지기 때문이다. 이런 환자들은 흔히들 그들의 사지가 그들의 말을 듣지 않는다거나 사지가 불수의적이며 복잡한 동작을 하고 있다고 불평을 한다. 이렇게 남의 것처럼 느끼는 사지에 의해 일어나는 운동장애의 가장 흔한 유형은 더듬기(groping)나 꽉 움켜잡기(grasping)이다. 한 사례 연구에서는 '그녀의 왼손이 조용히 더듬거리면서 근처의 물건을 잡아버리거나, 그녀의 옷을 잡아 펴거나 당기거나, 심지어는 자는 동안 목을 조르기도 한다.'라고 기술되어 있다(Banks, Short, Martinez, Latchaw, Ratcliff, & Boller, 1989, p. 456). 극단적인 경우, 사지가 별개의 인격을 가질 수도 있다. 한 사례 연구에서 환자는 그녀의 왼팔이 조셉이라는 이름을 가지고 있으며 아기라고 생각하였다. 손이 이상하게 움직일 때, 그녀는 이 외인 사지 행동을 사지의 성격의 맥락에 따라 이야기를 지어내었다. 예를 들어 그 팔이 그녀의 다른 부위를 괴롭히면(유두 꼬집기 같은), 그녀는 이 활동이 아기 조셉이 젖 먹은 동안 무는 것이라고 해석하였다. 대부분 사례에서, 하나의 사지만이 영향을 받고, 주로 손상을 입은 쪽의 반대쪽의 사지이며, 이런 손상들은 뇌졸중이나 종양, 또는 신경 퇴행성 조건에 주로 기인한다.

이런 장애를 가진 환자들에게서 흔하게 나타나는 것 중의 하나는 두 손 간의 경쟁이나 두 손으로 조절하는 능력의 장애이다. 예를 들어 운전하고 있는 동안 한 손으로는 차를 좌회전하려 하는데 다른 손이 우회전하려 하는 것 같은 경우이다.

또 어떤 경우는, 각 손이 서로 다른 쪽의 유리잔을 잡으려 하거나, 두 손이 서로 수화기를 집으려고 싸우는 경우 같은 것이다. 양손 협응의 어려움이 권력쟁탈을 할 뿐 아니라 거울상 움직임을 보이기도 하는데, 거울상 동작이란 한 손이 다른 손의 동작을 흉내 내는 것이다(Doody & Jankovic, 1992).

현재까지도, 이 외인 사지 증후군이 일어나게 되는 데 관여하는 정확한 신경 구조물에 대한 의견의 일치가 이루어지지 않고 있다(Kikkert, Ribbers, & Koudstaal, 2006). 그러나 이 증후군은 주로 뇌량의 손상이나 보조운동영역(SMA)을 포함하는 내측 전두피질 손상 후에 관찰되지만(Brainin, Seiser, & Matz, 2008), 시상이나 두정엽 손상 후에도 관찰된다. 이런 손상의 서로 다른 위치와 그 병세의 각양각색은 이 장애의 하위유형이 있을 거라는 것을 시사한다(Aboitiz, Carrasco, Schröter, Zaidel, Zaidel, & Lavados, 2003). 그럼에도 뇌량의 손상이나 내측 두정영역이 손상이 가장 흔하다는 것은 우리가 운동통제의 SMA의 역할에 대해 이전에 논의했던 것과 잘 일치하는 현상이다. 이 영역은 운동 움직임의 목적을 가진 계획에 관여하며, 양손의 통제에 관여하리라 보이는 영역이다.

이 외인 사지 증후군에 대한 치료법이 존재하지는 않고 통제하기도 어려울 수 있다. 대부분, 개인의 특정 문제에 맞게 치료가 계획되어야 한다(Pappalardo, Ciancio, Reggio, & Patti, 2004 참조). 한 방법은 팔이나 다리를 어떤 반복적인 운동이나 물건을 잡고 있게 해서 '바쁘게' 만드는 것이다. 또 다른 방법은 사지에 정신을 집중하여 그 사지에 대한 통제력을 증가시키거나 그 사지에 운동명령을 말로 직접 내리는 것이다.

실행증

어떤 사람들은 잘 훈련된, 연쇄적이고 목적적인 움직임을 수행하는 데 장애를 발전시키는데, 이 장애는 근육약화나 자세나 근육긴장이상 또는 운동장애(전진이나 무도증 같은)로 설명할 수 없는 장애일 수 있다. 이런 장애를 **실행증**(apraxia)이라고 하는데, 좌반구 손상 후에 더 흔하게 관찰되다. 나중에 논의하게 되겠지만, 환자들이 보여주는 실행증의 유형은 손상된 영역이 어디인가에 따라 달라진다.

두 개의 주된 증거는 실행증이 운동통제의 하위 측면과 결합된 장애가 아니라 상위의 운동장애임을 시사한다. 첫째, 실행증은 주로 양측성으로 나타난다. 만일 결함이 하위 수준에 있었다면, 우리는 손상의 대측 사지에서나 관찰되리라고 기대할 수 있을 것이다. 둘째로, 실행증 환자에게서 하위 수준의 운동 처리는 대체로 문제가 없어서 그들은 훈련된 운동을 자발적으로 수행할 수 있다. 이 환자들은 그 움직임을 의도적으로 수행하여야 할 때 문제에 직면하는데, 예를 들어 다른 사람을 따라하거나, 또는 언어 명령에 대한 반응으로 움직임을 수행할 때가 그런 때이다(Poeck, 1986).

실행증의 이분법적 분류 실행증(apraxia)은 여러 형태로 나타날 수 있으며, 그래서 실행증을 어떻게 분류할 것인가는 지금도 논의가 진행되고 있는 주제이다. 수많은 분류 방식이 이분법적으로 이 장애를 범주화하고 있다. 예를 들면, 일부 분류 방식은 실행증을 보이는 몸의 부위(팔, 다리 사지 vs. 얼굴)에 초점을 맞추고 있다. 그런가 하면 다른 분류 방식들은 실행증을 단순한 동작이 영향을 받은 것인지 아니면 다수연쇄 동작이 영향을 받았는지에 따라 분류하고, 반면 일부 범주화는 물건이 사용되었을 때 보이는 실행증과 물건이 사용되지 않았을 때의 실행증으로 범주화하기도 한다(더 최근의 개관을 위해서, Petreska, Adriani, Blanke, & Billard, 2007 참조). 여기서 우리는 이런 구분들을 간단하게 요약하여 보겠다.

위에서 언급하였듯이, 실행증을 구분하는 한 방법은 실행증이 걸린 신체 부위에 따라 분류하는 것이다. 만일 얼굴 동작에 장애가 생기면, 이런 조건을 구강(oral) 또는 협안면 실행증(buccofacial apraxia)이라고 하며, 만일 사지의 운동이 영향을 받으면 사지 실행증(limb apraxia)이라고 한다.

구강(oral) 또는 **협안면**(buccofacial) **실행증**은 혀, 입술, 볼, 후두의 근육을 가지고 이루어지는 수의적 운동을 수행하는 데 어려움이 있는 것을 말한다. 실행증에서 흔히 자율적 운동은 손상받지 않는 것을 볼 수 있다. 그러나 혀를 내민다든지, 헛기침을 하든지, 키스를 하는 과제를 제대로 못 하게 된다. 이런 장애는 성냥을 불어 끄기나 빨대 빨기와 같이 물건을 조작하거나 물건을 가지고 무엇인가 하는 행동까지도 포함할 수 있다.

사지(limb) **실행증**은 사지로 드라이버나, 가위, 망치 등을 사용하는 능력에 영향을 미친다(DeRenzi & Lucchelli, 1988). 이런 실행증은 깡통을 따는 행동이나 열쇠로 문을 여는 것과 같은 보다 복잡한 일련의 행동 수행 능력에 장애를 가져온다(Lehmkuhl, & Poeck, 1981). 그뿐만 아니라 사지 실행증은 상징적 방식으로 하는 운동 활동, 예를 들면 손 흔들기나 경례 붙이기와 같은 몸짓이나 팬터마임 같은 행동에 영향을 미친다(Heilman & Rothi, 1985). 그런 유형의 실행증을 가진 사람은 팬터마임을 할 때, 신체 일부를 그가 조작하고자 하는 물건처럼 표현하는 경우가 흔히 있다. 예를 들면 설탕 한 숟가락을 커피 컵에 넣고 젓는 것을 해보라고 하면, 손목을 움직여 젓는 시늉을 해야 정확한 팬터마임이 될 터인데, 사지 실행증이 있는 환자들은 식지 손가락을 마치 숟가락인 것처럼 아래로 뻗어 그 손가락을 숟가락처럼 휘 젓는다(● 그림 5.23). 실제로 그 과제를 하라고 하면, 이런 수행이 더 나아지는 경향이 있는데, 이는 아마도 이런 조건에서 받게 되는 시

● 그림 5.23 **실행증 행동의 예.** 팬터마임을 하려고 시도할 때, 실행증이 있는 사람은 종종 사지를 물건 대신 사용하는 것을 보인다. © 2011 Cengage Learning

각과 촉각-운동감각 때문인 것 같다. 사지 실행증이 있는 사람은 무의미한 운동 동작이나 익숙하지 않은 손 또는 팔의 위치를 그대로 따라 하는 데도 어려움이 있다(Kumura, 1977; Kolb & Milner, 1981).

구강 실행증은 주로 전두측두 손상으로 일어난다. 좀 더 정확히 말하면, 전두 판개와 중앙 판개(frontal and central opercula)라는 영역, 두 전두 영역 근처의 상측두영역회의 작은 영역, 그리고 실비안 열의 안쪽에 들어가 있는 도(insula)의 전측 부위가 포함된 손상일 경우에 그러하다 (Tognola & Vignolo, 1980). 반면 사지 실행증은 주로 좌반구 두정엽과 두정측두 영역의 손상과 상관이 있다(● 그림 5.24 참조) (DeRenzi, Motti, & Nichelli, 1980; Hecaen & Rondot, 1985).

실행증의 장애의 속성 실행증의 유형을 구분하는 또 다른 방법은 어떤 기능이 손상되었는가에 근거를 둔 것이다. 실생증의 유형들을 구별하는 고전적 방법은 1905년에 Liepmann에 의해 도입되었는데, Liepman은 실행증을 관념성(ideational)과 운동성으로 구분하였다. 그는 **관념 실행증**(ideational apraxia, 또는 개념 실행증, conceptual apraxia으로도 불림)은 움직임의 관념(idea)을 형성하는 능력이 손상된 것으로, 그래서 환자는 어떤 동작들을 필요하며, 어떤 순서로 동작해야 하는지를 결정하지 못하게 된다고 보았다. 예를 들어 어떤 환자는 칫솔을 사용하여 음식을 먹으려고 노력할지도 모른다. 어떤 환자는 촛불에 불을 켜지 못하는 것은, 그 환자가 필요한 일련의 사건들(성냥을 성냥갑에서 뽑기, 성냥갑 닫기, 성냥을 성냥갑에 긋기, 성냥을 양초 심으로 가져가기)을 서열화할 수 없기 때문이라는 것이다.

반면, Liepmann은 **운동 실행증**(ideomotor apraxia)을 동작에 대한 관념과 그 실행 사이의 연결단절로 개념화하였다. 그는 활동에 대한 명령이 운동 중추에 도달하지 않아서, 하나의 단순한 활동들, 주로 몸짓들이 영향을 받은 것이라고 보았다. 비록 대부분 매일 하는 운동 활동의 생성은 문제가 없음에도, 이런 장애는 가장 덜 구체적인 운동활동(몸짓, 의미 없는 동작들)이나 모방해야 하는 운동활동 시 가장 두드러지는 듯하다. 관념 실행증을 보이는 사람들과는 달리, 이런 사람들은 구성 성분 활동이 좀 엉망이기는 하겠지만, 복잡한 움직임 연쇄를 수행할 수 있을 것이다.

유감스럽게도 Liepmann의 유형론은 얼마나 두 개의 별개 증후를 대표하는가는 불분명하다. 일부 이론가들은 관념 실행증은 단지 운동 실행증의 보다 심한 형태일 뿐이라고도 한다(Zangwill, 1960). 다른 연구자들은 이 관념 실행증과 운동 실행증 사이의 차이를 물건의 사용과 관련이 있는가의 여부에 따라 구분하기도 한다(DeRenzi, Pieczuro, & Vignolo, 1968). 이를 연구자들은 운동 실행증의 핵심 증후는 성호 긋기, 경례와 같이 그 속성상 개념적이며 사물을 사용하지 않는 몸짓을 모방하지 못하는 것으로 보고 있다[이런 실행증은 자동사적 실행증(intransitive gestures)이라고도 불리는데, 자동사처럼 행위의 대상인 사물이 없기 때문이다]. 반면 관념 실행증은 망치, 칫솔, 가위 같은 실제 사물(이는 타동사적 몸짓이라고 고려한다)을 사용하는 능력의 문제로 정의하고 있다.

또 다른 개념화로는(Leiguarda & Marsden, 2000), 관념 실행증의 핵심을 사물을 그에 해당하는 움직임과 연결하는 능력의 결함으로 보는 것이다(DeRenzi와 그 동료의 결론과 다소 유사함). 그렇지만 DeRenzi와 달리, 이 연구자들은 관념 실행증을 어떤 움직임이 수행될 때, 그것이 실제적이든, 팬터마임이든, 그 속도와 시간에 장애를 보이는 것으로 본다. 그들에 의하면, 관념 실행증 환자들은 불규칙한 속도(즉, 느리고 머뭇거리는 손 움직임)에 비전형적 순서와 비전형적인 형태(관절들 사이 협응의 상실, 손의 속도와 팔의 포물선의 불일치, 몸 일부를 물건처럼 사용하기 등)를 보이며 움직일 가능성이 높다.

또 다른 개념화는 소위 Liepmann이 관념 실행증이라고 부르는 것이 '시각 운동감각성 운동 (visuokinesthetic motor)' 기억들의 상실과 관련 있다고 보았으며, 이 기억들이 두정엽의 각회(angular gyrus)와 연상회(supramarginal gyrus)에 저장되어 있다고 보았다. 이런 개념화에서, 이들 활동 패턴의 기억은 특정 몸짓 활동들의 선택 및 생성에 대한 정보를 포함하고 있을 뿐 아니라, 이런 정보와 시각적 운동감각적 피드백과의 연결성을 함께 포함하고 있다고 보았다. 이때 시각적 운동감각적 피드백이란 운동 활동을 수행하는 중에 발생하는 피드백을 말한다(Heilman & Rothi, 1985). 두정엽이 손상으로 이곳에 저장된 활동 패턴 상실이 일어난다면, 실행증 환자는 몸짓을 제대로 수행할 수도 몸짓들 간의 차이도 구별할 수 없을 것이다(이를 닦는 몸짓과 동전 뒤집기의 몸짓 간의 차이를 아는 것). 만일 이 두정엽이 손상되지 않았지만, 손상이 두정엽과 전두피질에 있는 운동 중추들과의 연결을 단절시켰다면, 그 환자는 다른 사람이 정확하게 수행하는 몸짓과 부정확하게 수행하는 몸짓들 간의 차이를 구별할 수 있을 것이나(왜냐하면, 저장된 프로그램이 온전하므로), 환자 자신은 정확한 몸짓을 보이지 못할 것이다(저장된 프로그램이 운동영역에 닿을 수 없으므로) (Heilman, Rothi, & Valenstein, 1982).

마지막으로, 더 최근의 개념은 실행증이 범주 공간적 관련성(categorical spatial relationship)을 이해하는 능력의 장애라고 보는 사뭇 다른 견해를 제시한다. 이때 말하는 범주적 공간적 관련성이란, 대상들 간의 관련성, 대상의 여러 부위 간의 관련성, 또는/그리고 손과 그 물체 또는 물체 부위들과의 관련성을 말하는 것이다. 이런 장애는 도구 사용에 문제를 일으킬 것이라고 보는데, 도구 사용에는 손과 이 물건 간의 관련성의 이해가 필요하기 때문이다. 반면 몸짓의 문제는 신체 부분들 간의 공간적 관련성을 이해하는 능력의 결여로 기인한다고 본다(Goldenberg, 2009).

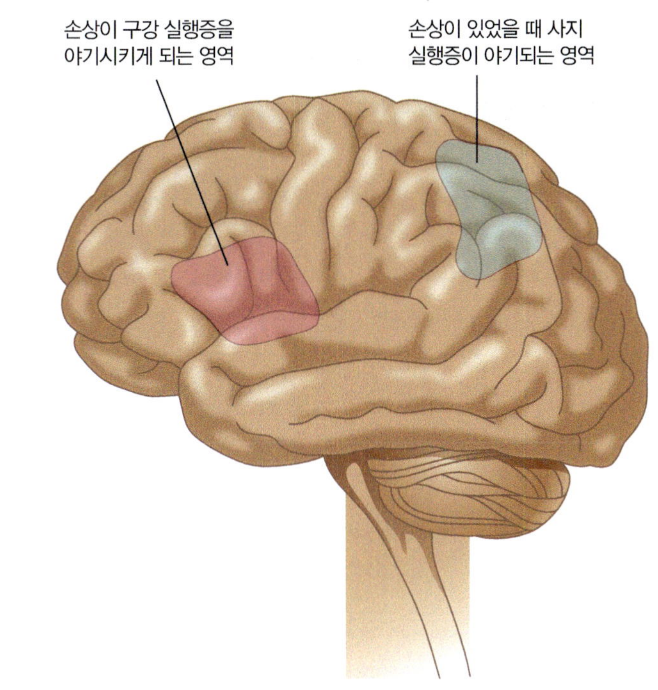

그림 5.24 구강(buccofacial) 실행증과 관련된 손상 위치. 전두측두 영역의 손상은 구강 실행증(oral apraxia)을 야기시키는 반면, 사지 실행증(limb apraxia)은 좌측 두정 또는 두정 측두 손상으로 종종 야기된다. © 2011 Cengage Learning

분명한 것은 연구자들 간에 어떻게 실행증을 의미 있는 하위 범주로 나눌 것인가에 대한 명백한 의견의 일치를 보지 못했다는 것이다. 이론적 근거에서 실행증의 유형 간의 구분의 어려움 때문에, 일부 연구자들은 대신 기술적 근거(descriptive ground)에서 이들을 범주화하고자 한다. 그래서 관념성인지 운동 실행증인지를 말하는 대신에(이것들은 다른 연구자마다 다른 의미가 있을 수 있으므로), 일부 연구자들은 그냥 '상징적 동작 실행증(aparaxias of symbolic action)' 또는 '사물 활용의 실행증(apraxias of object utilization)' 같은 용어를 사용하기도 한다(Dee, Benton, & Van Allen, 1970). 실행증을 이해하고자 하는 또 다른 접근법으로는 어떤 종류의 정보(감각, 개념, 기억)가 운동 산출과 연결될 수 없는가 하는 것으로 알아내고자 하는 방법도 있다(Westwood, Schweizer, Heath, Roy, Dixon, & Black, 2001; Heath, Roy, Westwood, & Black, 2001).

실행증을 야기시키는 손상들 이미 예측하고 있겠지만, 실행증을 일으키는 손상의 위치에 대해서도 의견의 일치가 이루어지지 않고 있다. 사실, 실행증은 광범위하게 다양한 부위들의 손상 후에 관찰되는 것으로, 실행증은 전형적으로 좌반구의 두정 영역이나 전두 영역의 손상 후에 관찰된다. 최근의 연구는 기저핵 같은 피질하 영역이 실행증에 미치는 효과에 관해 제안하고 있다(Hanna-Pladdy, Heilman, & Foundas, 2001). 확실히 말할 수 있는 것은 잘 훈련된 운동 움직임을 생성하는 것은 두정, 전두, 피질하 영역 등을 모두 포괄하는 광범위한 두뇌 영역들이 요구될 것이며, 각 영역은 계획, 인출, 그리고/또는 운동 활동 계획의 실현에 이바지할 것이다(Gross & Grossman, 2008). 운동과제에 특이성에 따라, 이 영역 중의 일부는 다른 영역보다 더 관여할 수 있고, 이 영역들이 관여하는 배열관계는 과제에 따라 달라질 것이다. 예를 들어 피아노에서 한 곡조 치는 것을 학습하는 것은 시각적 피드백에만 전적으로 의존하는 것이 아니며, 눈-손의 협응이 보다 요구되는 저글링 곡예와는 다른 **활동 체계**(praxis system)에 부담을 주게 될 것이다. 마찬가지로 경례를 자주 하지 않는 사람에게서는, 경례하는 것은 이 동작과 연합된 운동감각 및 공간 정보를 인출하는 것이 요구될 것이다. 그렇지만 군대에서 이런 동작을 습관적으로 하는 사람에게는 이는 단지 피질하 영역만 의존하게 될 것이다. 그래서 실행증 장애의 그 많은 다양성이 특정 두뇌 조직 부위에 말끔하게 대응되지 않는 것은 어쩌면 너무 당연한 일일지도 모른다.

실행증의 다른 다양성 실행증은 복잡한 운동 활동을 수행하는 것에 어려움을 느끼는 증세이며, 이런 장애의 증세 중의 일부는 공간 정보처리의 문제에 일차적으로 기인하는 듯이 보인다. 이런 증세의 두 가지 예들이 **구성 실행증**(constructional apraxia)과 **착의 실행증**(dressing apraxia)이다. 구성 실행증은 주로 물건이나 대상을 공간적 관계성에 근거해서 정확히 조작하지 못하는 것이다. 예를 들어 환자들은 다른 사람이 나무 블록들로 이미 만들어 놓은 형태를 보고 나무 블록들을 이용하여 그대로 똑같이 만드는 것을 하지 못한다. 착의 실행증 환자는 옷과 환자의 팔의 방향을 맞추어 조작하면서 옷을 정확히 입는 것이 어렵다(예, 상의의 구멍에 팔을 넣고, 적절하게 팔을 빼내고 팔꿈치를 구부려서 재킷을 입는 것). 이런 증후들은 일반적으로 우반구 손상 후 관찰되며, 공간-정보처리의 장애나 편측무시(hemineglect)와 관련이 있는 것을 자주 볼 수 있다. 많은 신경심리학자와 인지 신경과학자들은 이런 증세를 실행증 그 자체라고 보기보다는 시공간 장애가 운동으로 나타난 것으로 보고 있다.

다른 실행증들 역시 운동프로그램의 장애가 아니라 분리증후군(disconnection syndrome)에 기인한다. 실행증의 어떤 경우에 시운동감각정보가 두정엽과 전두엽 사이의 분리 때문에 운동영역에 도달하지 못해서 야기된다는 개념은 이미 앞에서 논의한 적이 있다. 분리증후군으로 야기되는 또 다른 실행증은 **뇌량 실행증**(callosal apraxia)이다. 다른 실행증들, 즉 운동통제에 양측성으로 영향을 미치는 실행증들과 달리, 이 실행증은 언어 명령에 대한 반응으로 왼손으로 대상을 조작하거나 왼손을 움직이는 데 심각한 장애가 있는 것이다. 뇌량 실행증은 뇌량의 손상과 상관이 있으며, 좌반구와 우반구의 분리 때문에 생긴다고 보기도 한다. 즉 잘 훈련된 운동 연쇄에 특화된 좌반구와 왼손을 통제하는 우반구 사이의 분리 때문에 생긴다고 생각된다고 보는 것이다(Rubens, Geschwind, Mahowald, & Mastri, 1977). 이런 설명에 의하면 환자가 말로 익숙한 운동 활동을 수행하라고 지시받았을 때, 좌반구가 그 명령을 해석하고 이를 좌반구 두정엽에 연결하여 적절한 운동 프로그램이 소집될 수 있다. 일단 형성되면, 그 운동 명령은 좌반구의 전운동과 운동피질로 보내진다. 이 영역들은 제대로 된 프로그램을 받기 때문에 오른손은 실행증을 보이지 않는다. 그러나 뇌량 단절 때문에, 그 운동 프로그램은 좌반구에 갇히게 되고 왼손을 통제하는 우반구에 닿을 방도가 없다. 운동성 정보가 우반구에 닿지 못하기 때문에 왼손은 실행증을 보이게 된다. ● 그림 5.25에 이 증세와 관련된 중요한 해부학적 관련성을 도식화하여 놓았다.

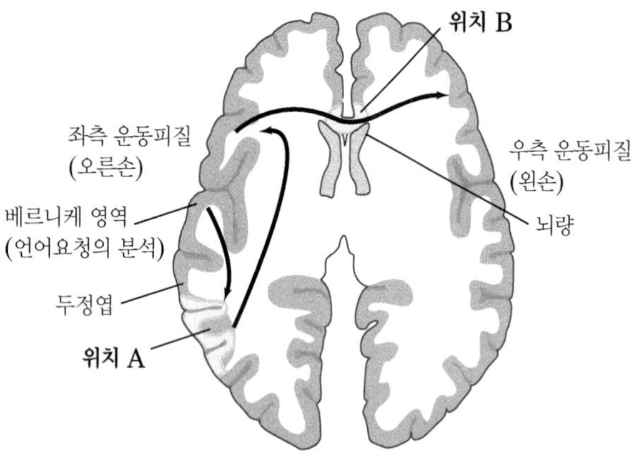

● **그림 5.25 편측성 실행증과 양측성 실행증의 해부학적 기제.** 베르니케 영역(Wernicke's area)은 언어적 지시를 분석하고 이 정보를 좌측 두정(left parietal) 영역(위치 A)으로 전달하며, 여기서 정확한 동작이 선택된다. 만일 이 영역에 손상이 오면, 양측성 실행증이 야기된다. 반면, 왼손의 편측성 실행증에서 좌반구 두정엽은 정상이며, 정확한 동작에 대한 정보는 좌측 운동피질로 전달되고, 여기서 운동 명령이 수행된다. 그래서 오른손은 실행증이 아니다. 그러나 뇌량(corpus callosum)의 손상(위치 B)으로 인해, 정보는 우반구로 전달되지 않으며, 결국 왼손의 실행증이 야기된다.

이 장에서 두뇌의 다양한 구조물의 활동 때문에 동작에 대한 통제가 일어남을 배웠다. 피질하 영역과 소뇌 영역들은 활동을 변경하기 위하여 다른 두뇌 영역과 고리를 형성하는 경향이 있다. 반면, 피질 영역들은 운동 활동들의 계획과 집행에 더 많이 관여하는 경향이 있다.

요약

운동통제에 관여하는 두뇌 구조

- 운동 경로는 두뇌로부터의 정보를 근육으로 전달한다.
- 소뇌는 전체적인 자세, 동작의 매끈한 협응, 포물선 운동(되먹임에 대한 기회를 전혀 고려하지 않고 빠른 동작이 계획됨), 훈련된 운동 움직임들의 학습, 그리고 움직임들의 시간 맞추기(timing)에 중요한 역할을 한다.
- 기저핵은 내적으로 유도되는 운동 움직임의 개시와 중단을 통제하는 데 중요하며, 기저핵은 또한 운동계획과 학습에 중요한 역할을 한다.
- 일차운동피질은 특정 근육의 움직임의 방향과 힘을 통제한다.
- 보조운동복합(SMC)은 활동에 대한 운동 계획을 제공하는 것으로 생각되는데, 이때 운동 계획이라 함은 운동이 개시되기 이전에 사전 프로그램되는 의도된 움직임에 대한 추상적 표상이다.
- 전운동영역은 어떤 과제를 수행하는 데 필요한 운동 활동의 유형(잡기 등)을 규정하는 데 관여한다고 생각된다. 전운동영역의 일부, 전두 안운동야은 시공간을 훑어보는 것 같은 수의적 안구운동을 프로그램한다.
- 전 대상피질은 운동 반응의 선택에 중요한 역할을 하는데, 특히 새롭거나 비정형적인 운동들에 대해 그러하다.
- 두정엽은 운동통제에 다중 역할들을 수행한다. 두정엽은 움직임들이 일어날 공간상의 표상과 움직임들을 연결하는 역할을 한다. 두정엽은 운동 프로그램에 대한 정보를 그 운동 활동에 대한 시각운동감각과 다른 감각 정보들과 연결한다. 그리고 두정엽은 운동활동을 그 운동활동의 개념적 유의성과 연결한다.
- 복잡한 동작은 이 모든 영역의 통합된 방식으로 협응 노력을 필요로 한다.

운동장애

- 피질하 운동장애는 운동의 형태와 타이밍에 영향을 미치지만, 피질 운동장애는 운동 활동이 개념적 명확성에 영향을 미치는데, 이는 복잡한 운동 동작 연쇄에 교란이나 운동 동작이 개념을 표상되게 하는 능력의 교란으로 야기된다.
- 파킨슨병은 흑질의 세포 손실로 인하여 피각이 도파민을 받지 못하게 되어 생기는 병으로 자발적 운동의 시작 불능(운동불능증, akinesia), 동작의 느림(운동완서증, bradykinesia), 반복적 떨림(전진, tremors) 등을 일으킨다.
- 헌팅턴병은 선조체의 손상의로 생기는 병으로, 불수의적인 경련성 움직임이나 비틀거림을 야기시킨다.
- 뚜렛 증후군은 아동기에 발현되는 드문 장애로서, 심하지 않은 정도에서는 얼굴이나 사지 신체의 다른 부분들에서 틱이나 씰룩거림으로 나타난다. 더 심한 경우는 울음, 으르렁거림, 욕지거리와 같은 성대화로 나타난다.
- 외인 사지 증후군(alien limb syndrome)은 SMA의 손상으로 야기되며, 파괴적이며 쓸모없이 움직여 양손 활동의 협응을 방해하는 방식으로 사람의 사지가 마치 자신의 자유의지를 가지고 있는 것처럼 보인다.
- 실행증은 전형적으로 좌측 하두정엽 손상이나 좌측 전두엽 손상으로 야기되며 잘 훈련된 운동활동의 연쇄적 수행을 방해한다.
- 실행증의 어떤 분류체계는 실행증에 의해 영향을 받는 신체 부위를 강조하는가 하면, 다른 분류체계는 동작의 관념과 그 실행의 단절 여부를 강조하고, 또 다른 체계는 상징적 유의성을 가진 동작과 물건을 사용하는 데 필요한 동작의 차이를 강조한다.
- 진정한 의미의 실행증이 아닌 다른 질병으로는, 관련 대상을 그 대상의 공간적 관계성에 따라 정확히 조작할 수 없게 만드는 구성 실행증과 팔, 다리와 옷을 조작하여 옷을 입을 수 없게 되는 착의 실행증이 있다.
- 뇌량 실행증에서는 구두 명령에 반응하여 왼손으로 물체를 조작하거나 운동을 수행하는 능력이 상실된다.

핵심용어

관념 실행증(ideational apraxia)
구강 실행증(oral(buccofacial) apraxia)
구성 실행증(constructional apraxia)
구어장애(dysarthria)
근육긴장이상(dystonia)
기저핵(basal ganglia)
내측경로(medial pathway)
뇌량 실행증(callosal apraxia)
담창구(globus pallidus)
동시조음(coarticulation)
뚜렛 증후군(Tourette's syndrome)
모듈(nodules)
무도병(chorea)
무정위운동(athetosis)
미상핵(caudate nucleus)
보조운동복합(suppementary motor complex)
보조운동영역(supplementary motor area)
사지 실행증(limb apraxia)
소뇌(cerebellum)
소뇌 심부핵(deep cerebellar nuclei)
소뇌운동실조증(cerebellar ataxia)
시상하핵(subthalamic nucleus)
신경근육연접(neuromuscular junction)
실정핵(fastigial nucleus)

실행증(praxis)
실행증(apraxia)
역 모델(inverse model)
외인 사지 증후군(alien limb syndrome)
외측영역(lateral zone)
외측 피질척수로(lateral corticospinal tract)
의도 진전(intention tremor)
운동불능증(akinesia)
운동완서증(bradykinesia)
운동과다증(hyperkinesias)
운동 실행증(ideomotor apraxia)
운동 단위(motor unit)
운동 프로그램(motor program)
움직임의 분해(decomposition of movement)
자세 장애(disturbances of posture)
전진 모델(forward model)
전두 안운동야(frontal eye field)
전운동영역(premotor area)
전측 대상피질(anterior cingulate cortex)
중간영역(intermediate zone)
중간핵(interpositus nucleus)
진전(tremors)
착의 실행증(dressing apraxia)
충부(vermis)
최적/피드백 통제(optimal feedback control)
측핵(nucleus accumbens)
치상핵(dentate nucleus)
톱니바퀴형 강직(cogwheel rigidity)
틱(tics)
파킨슨병(Parkinson's disease)
편엽(flocculus)
피각(putamen)
행동(praxis)
흑질(substantia nigra)
흑질선조속(다발)(nigrostriatal bundle)
활동 진전(action tremor)
헌팅턴병(Huntington's disease)
L-도파(L-dopa)

도서 참조 사이트: www.cengage.com/psychology/Banich

이 웹사이트는 학생들이나 강사들에게 강의용 퀴즈나 암기카드, 용어정리 같은 정보와 자료를 무료로 제공한다.

초기 지각 과정

Early Perceptual Processing

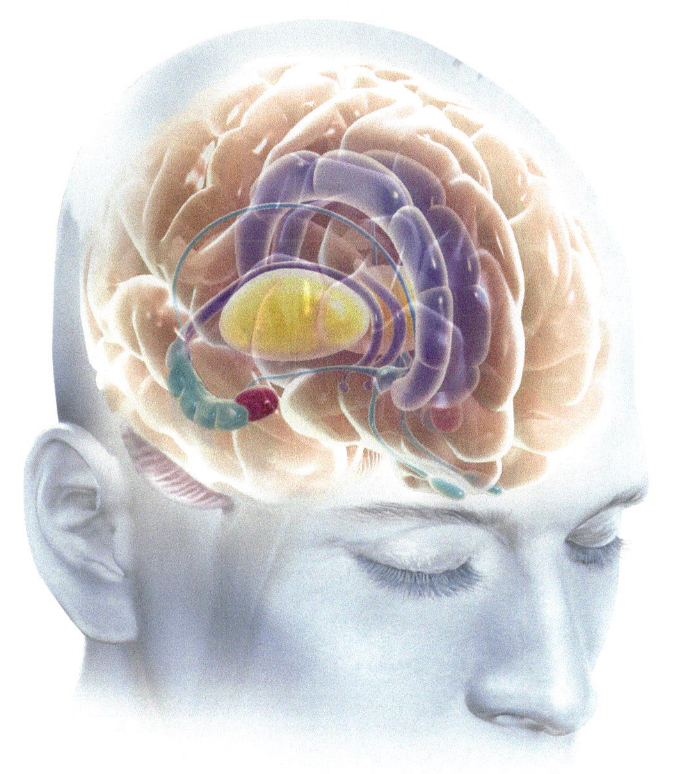

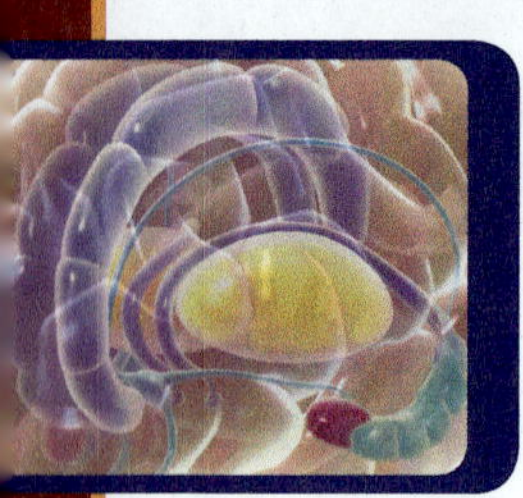

심한 교통사고로 론은 오른쪽 뒤쪽 머리를 심하게 받혀 우측 시각피질에 손상을 입었다. 그로 인해 론은 왼쪽 시야에 보이는 것들에 대한 시각에 손상을 입었고, 왼편에 있는 물건들에 부딪히는 일이 잦아졌다. 그렇지만 손상은 시각 피질에만 제한되었기 때문에 시각 이외의 다른 정보, 왼쪽에서 들리는 소리라든지, 왼손으로 만져지는 물건 같은 정보는 다 정상적으로 처리할 수 있었다.

이 사고 이후, 론은 어떤 연구자를 방문하게 되었다. 그 연구자는 론이 무엇을 볼 수 있고, 볼 수 없는지를 정밀하게 검사하기를 원하였다. 연구자는 스크린의 여러 위치에 플래시 불빛을 여기저기 비추면서, 론에게 그 불빛을 볼 수 있을 때 말해달라고 했다. 론은 그의 오른쪽 시야가 보고 있는 벽면에 비추어진 플래시 불빛을 지각하는 데는 전혀 문제가 없었다. 그렇지만 불빛이 왼쪽 시야에 비칠 때, 검사자가 '뭔가가 보이십니까?'하고 물어도 론은 한결같이, '아니오. 죄송하지만 전 아무것도 안 보입니다.' 라고 대답하였다. 벽에 있는 스크린을 두 눈을 다 뜨고 보든지, 한 눈으로 보던지 똑같았다. 론은 항상 공간의 반쪽, 왼쪽에 있는 것들은 어느 것도 보이지 않는다고 한결같이 대답할 뿐이었다.

론은 왼편에 있는 것은 그게 뭐든지 보이지 않을 것이라고 주장하였지만, 검사자는 그래도 어떻게든지 대답을 해보라고 부추겼다. 우선 검사자는 론이 작은 사각형을 좌측 시야에서 보게 될 것이라고 하였다. 그러면서 단지 그 사각형이 위로 움직이는지 아래로 움직이는지만 론에게 대답해 보라고 하였다. 론은 당혹스러워 하면서 "그렇지만 전 아무것도 보이지 않아요!"라고 대답하였다. 검사자는 "글쎄요. 좋습니다. 그렇지만 그냥 그래도 매번 추측해 보십시오."라고 대답했다. 론은 시키는 대로 했다. 다음에는 검사자가 론에게, 다음부터 왼쪽 시야에 보여줄 것들에 대해서 그 대상이 색깔이 있는 것인지, 회색인지를 대답하기만 하면 된다고 말하였다. 론은 아무것도 안 보이는데 이런 바보 같은 일을 해야 하다니 하고 혼자 생각했지만 어쨌든 되는데로 추측해서 대답해 주었다. 그 다음 검사자는 왼쪽 시야에 몇 개의 선을 한 번에 하나씩 제시하면서, 그 선이 수직 방향인지 수평 방향인지 말하라고 부탁했다. 그리고 마지막으로 그 연구자는 뭔가를 왼쪽(론의 안 보이는 시야)에 하나씩 제시하면서 론에게, 그가 생각하기에 물체가 있다고 생각하는 곳을 가르켜 보라고 말했다(론은 정말 황당하다고 생각했다). 검사가 끝나자, 결국 론이 말했다. "저는 정말 이 모든 것이 뭐 하자는 것인지 모르겠습니다. 아까도 말씀드렸지만, 전 아무것도 안 보입니다."

연구자는 "그렇지만 실제로 론씨가 추측한 것이 틀릴 때보다 정확할 때가 더 많았습니다. 좀 놀라우시지요?"라고 대답하였다.

지금 당신은 '**맹시**(blindsight)'라고 알려진 현상을 보이고 있는 한 남자에 대한 글을 읽었다. 맹시란 보인다는 의식적 경험 없이 시각 기능이 어느 정도 유지되는 것을 말한다(Weiskrantz, 1986). 이런 사례가 재미있을 수밖에 없는 이유는 근본적인 문제에 관해 중요한 질문을 던지기 때문이다. 즉 "보인다는 것, 본다는 것이 정말로 무슨 뜻인가"하는 질문이다.

아침에 눈을 떴을 때, 시각 세계가 우리에게 보이는데, 이는 별로 힘들이지 않고도 일어나는 일이다. 이런 시각적 각성이 명백하고 즉각적으로 쉽게 일어나기 때문에, 시각이라는 복잡한 문제를 해결하기 위해 우리 뇌의 상당 부분이 아주 열심히 일하고 있다는 것을 믿기 어려울 정도이다. 인간이나 영장류의 뇌에서 시각 정보처리는 고도로 발달되어 있는데, 시각을 지지하는 신경계는 사실 피질의 엄청나게 큰 부분을 차지하고 있다. 시각에 기여하는 두뇌 조직의 양은 엄청나며, 그 엄청나게 상세한 색 지각이 가능하다는 것 자체가 우리가 영장류로서 가지고 있는 특징 중의 하나이다.

지각(perception)의 주제는 너무나 복잡해서 이 교과서의 한 장에서 다루기에는 불가능하다. 이 장의 앞부분에서는 시각계의 기본 요소에 대한 개관을 제시하겠다. 시각 정보가 눈으로 들어와서 여러 단계를 거쳐 피질에 도착할 때까지의 흐름에 관한 내용을 배우게 될 것이다. 시각피질에는 두 개의 주요 시각 정보 경로가 있다는 것도 배우게 될 것이다. 이 경로 중의 하나는 공간 내의 대상(object, 물건)의 정체(identity)를 재인(recognize)하는 데 중요한 역할을 하며, 7장에서 좀 더 논의하게 될 것이다. 또 다른 경로는 대상의 공간에서 위치를 알아차리는 데 아주 중요한데, 이 또한 8장에서 다루게 될 것이다. 이 세 장을 공부하는 것은, '본다(seeing)'는 매일의 경험에 관여하는 놀라운 계산화 과정(computation)을 이해하는 데 도움이 될 것이며, 동시에 시 지각에 문제가 생길 수 있는 여러 가지 방식을 이해하는 데 도움이 될 것이다.

비록 시각은 영장류에게서 특히 잘 발달하여 있지만, 청지각(듣기) 또한 그 중요성이 엄청나다. 그래서 이 장의 후반부에는 청각계의 근본적 특성들을 살펴보고, 아울러 시각 정보처리와 청각 정보처리 두 가지의 유사성은 무엇이고 차이는 무엇인가를 알아보겠다. 지각 정보처리 과정의 여러 단계에 대한 논의를 통하여, 공통적으로 나타나는 하나의 핵심을 보게 될 것이다. 이 핵심이란 말하자면, 두뇌가 지각 과정의 복잡성을 처리할 때, 각 단계마다 지각의 서로 다른 측면을 부분마다 해결하는 방식을 말한다. 이를 '**평행적 처리**(parallel processing)'라고 한다. 이는 시각계의 매 수준 즉, 눈의 망막에서 시작하여, 시각 정보처리에 이바지하는 고위 두뇌피질에 이르기까지 모두 나타나는 현상이다. 평행적 처리는 물론 청각계에서도 명백히 나타난다. 이 장의 마지막에 이르면, 시각과 청각 같은 서로 다른 감각 정보가 어떻게 통합되는가를 배우게 될 것이다.

망막

눈의 뒤에 있는 **망막**(retina)은 실제로는 뇌가 확장된 부분이다(● 그림 6.1). 배아 발달과정에서 망막 조직은 신경조직으로부터 분화되며, 망막은 뇌의 다른 부분과 마찬가지로 정보처리 장치로 작용한다. 우리는 눈이 단지 빛을 감지하고, 그 정보를 뇌로 보낸다고 단순하게 생각하는 경향이 있지만, 사실 계산화(computation) 과정은 망막 자체 내에서부터 시작되며, 이미 망막에서 일부 처리되고, 변형된 정보를 두뇌가 받는 셈이다. 비록 망막 정보처리 과정에 대한 세부 분석적 내용은 이 장에서 다룰 수 있는 내용이 아니지만, 다음의 기본적이고 중요한 몇몇 요점에 대해 논의해 보기로 하겠다(더 상세한 정보를 위해서는 Field & Chichilnisky, 2007; Sterling, 2004 참조).

■ 광수용기

평행적 정보처리는 이미 망막에서, 간상체(rod)와 추상체(cone)로 나누어질 수 있는 감각 수용기(sensory receptor)에서부터 시작되며, 이 두 수용기를 합쳐서 **광수용기**(photoreceptor) 세포라고 부른다(● 그림 6.2). 인간의 눈에는 약 1억 2천만 개의 간상체와 6백만 개의 추상체가 존재한다. 간상체와 추상체는 빛을 흡수하는 색소(pigment)를 포함하고 있다. 간상체나 추상체에서는 빛의 입자인 광자(photon)가 흡수될 때는 일련의 단계적인 화학적 변화가 일어난다. 이런 화학적 변화가 막분극(membrane polarization)의 변화와 신경전달물질의 방출을 일으키며, 안구 내에 있는 다음 세포층으로 신호를 보내게 된다. 그래서 간상체와 추상체는 빛 에너지를 받아들여 이를 신경계에서 쓰이는 전기화학적 에너지로 변형시키는 역할을 하게 되는 것이다.

간상체와 추상체는 중요한 세 가지 점에서 다르다. 첫째, 두 세포는 다른 색소를 각각 포함하고 있는데, 이 색소의 차이

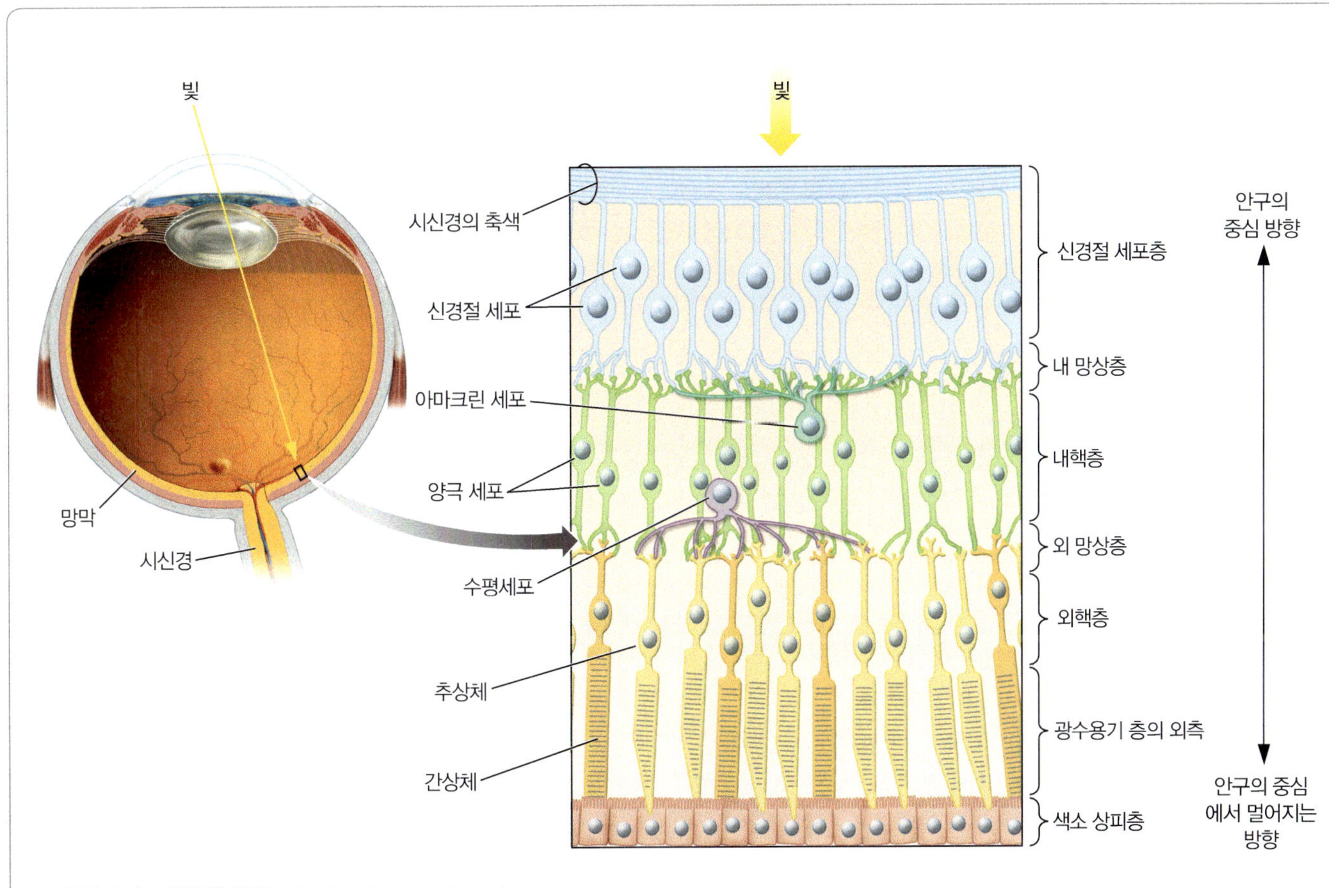

● **그림 6.1 망막의 구조.** © 2010 Cengage Learning

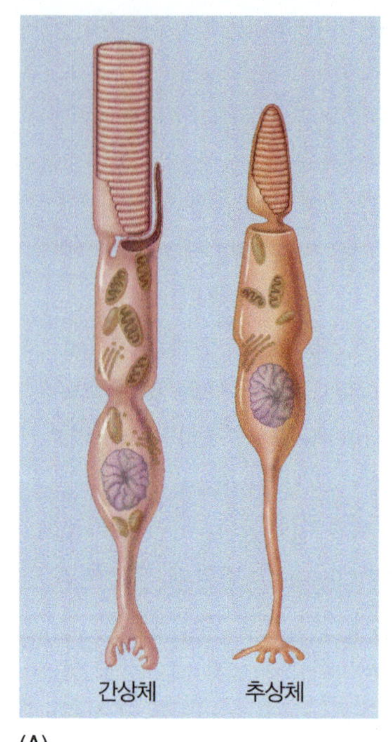

(A)

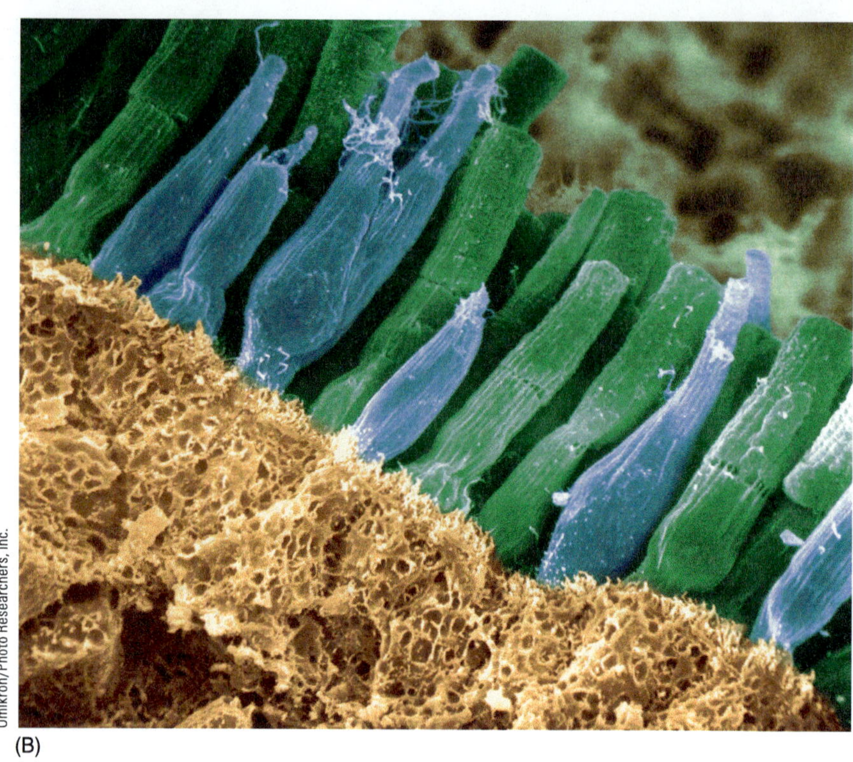

(B)

● **그림 6.2 망막의 간상체와 추상체.** (A) 간상체와 추상체의 대략적 모습. (B) 전자현미경으로 관찰된 간상체(초록색으로 보임)와 추상체(파란색으로 보임) 사진. © 2009 Cengage Learning

가 빛에 대한 반응을 다르게 한다. 간상체는 소위 **시홍/로돕신**(rhodopsin)이라고 불리는 한 개의 색소를 포함하고 있는데, 이 색소는 아주 적은 양의 빛에 민감하다. 밝은 대낮에는 이 색소가 포화되어 간상체가 더는 기능을 할 수 없게 된다. 이때는 추상체가 정보처리를 담당하게 된다. 추상체는 세 가지 종류로 다시 분류될 수 있는데, 각 종류는 서로 다른 색소를 포함하고 있다. 추상체의 세 가지 유형의 색소들은 광파장의 전체 중, 각각 다른 영역(주파수)에 해당하는 파장에 민감하다. 즉 단파장, 중파장, 또는 장파장에 각각 민감하게 반응하는 것이다. 단-, 중-, 장파장 추상체 색소는 우리가 소위 파란색, 녹색, 빨간색으로 지각하게 되는 그런 빛의 파장에만 각각 민감한 것이다. 이 세 유형의 수용기들 간에 일어나는 활동 양상이 결국 화려한 색 지각을 할 수 있게 한다.

망막 내에서 간상체와 추상체의 분포 또한 다르다. 추상체는 망막의 중심부에 밀집하여 빽빽하게 들어서 있는데, 소위 **중심와**(fovea)라고 알려진 부분에 몰려 있지만, 간상체는 보다 말초 부위에 분포하고 있다. 마지막으로, 간상체와 추상체는 망막의 다음 단계의 세포들, 즉 우리가 **신경절 세포**(ganglion cell)라고 부르는 세포에 연결되는 방식이 약간 다르다. 간상체 여러 개가 하나의 신경절 세포에 연결되어 있지만, 추상체는 몇 개만이 각각의 신경절 세포에 연결되어 있다.

간상체와 추상체가 다른 세포와 연결된 방식의 차이 때문에 결국, 간상체 체계(rod system)와 추상체 체계(cone system)가 서로 다른 특성을 띠게 되는 이유 중 하나가 된다. 여러 이웃하는 간상체들이 하나의 신경절 세포로 몰려 입력되기 때문에 여러 간상체에 동시에 탐지된 약한 빛도 합쳐져서, 결국 신경절 세포의 반응을 일으키게 된다. 시홍이 원래 아주 적은 양의 빛에도 민감한 특성과 위의 특성이 합쳐져, 결국 간상체 체계는 밤처럼 낮은 조도하에서 더욱 유용하다. 그러나 이런 간상체계에는 거기에 따르는 반대급부가 있기 마련인데, 세밀한 것에 대한 민감성이 떨어지는 것이 그것이다. 워낙 여러 개의 간상체가 하나의 신경절 세포로 연결되기 때문에, 빛의 정확한 위치에 대한 정보는 상실될 수밖에 없다. 반면, 추상체는 몇 개 정도만이 하나의 신경절 세포에 연결된다. 추상체 체계는 몇 개 안 되는 광수용기들을 합하기 때문에, 망막의 어디에서 빛이 탐지되는지에 대한 정보를 더 정밀한 수준에서 보유할 수 있다. 그렇지만 역시 이 추상체계도 반대급부가 있는데, 약한 빛 조건에서는 기능할 수 없다는 것이다. 왜냐하면, 몇 안 되는 추상체들로부터의 합산이 이루어져도 신경절 세포를 발화하기에는 충분하지 못하기 때문이다. 결국, 간상체와 추상체는 교묘하게 진화되어 시각의 서로 다른 측면을 담당하게 되었다고 볼 수 있다.

간상체와 추상체의 차이를 보려면, 밤에 밖에 나가서 하늘을 보면 된다. 옆 눈으로 희미한 별을 찾은 다음 똑바로 바라보려고 해보라. 별을 약간 비켜서 쳐다보면, 그 별이 보이지만, 똑바로 초점을 맞추어 보려고 하면 그 별이 사라진다는 것을 알게 될 것이다. 간상체와 추상체에 대해서 이미 배웠으니, 왜 그런지 설명해 볼 수 있는가? 간상체가 어두운 빛에서 특히 민감하지만, 간상체는 망막의 중심에서 떨어져 분포하고 있다는 것을 생각해 보라. 희미한 별을 약간 삐딱하게 바라볼 때, 측 간상체가 주로 있는 곳, 즉 망막의 주변부에 별빛이 닿게 될 것이다. 그런데 별을 똑바로 바라보면, 희미한 별빛은 중심와에 떨어지게 되고, 그곳은 주로 추상체가 있는 곳이다. 비록 개개의 추상체가 그 희미한 빛에 반응했을 수도 있지만, 추상체들 간의 합산이 간상체들만큼 크지 않기 때문에 신호는 상실될 수밖에 없다. 위의 예는 간상체와 추상체 간의 차이를 잘 보여준다. 우리는 지각하는 것은 감각 정보를 등록하고 정보처리하기 위한 시각계의 조직화에 전적으로 좌우된다는 것을 기억해야 할 것이다.

■ 신경절 세포

간상체와 추상체가 망막의 '입력' 부위라면, **신경절 세포**(ganglion cell)는 '출력' 부위에 해당하며 정보를 눈으로부터 두뇌로 보내게 된다. 그림 6.1에서 본 것처럼, 광수용기와 신경절 세포 간에는 실제로 서너 개 층이 존재한다. 그러나 여기서 상세히 설명하고 지나가기에는 지면이 부족하기에 넘어가기로 한다. 신경절 세포체는 망막에 위치하고, 신경절 세포의 축색은 망막에서 뇌로 뻗어 나가면서 **시신경**(optic nerve)을 형성하게 된다.

망막 신경절 세포는 두 개의 주요 유형으로 나누어지는데, 시각체계 안에서 일어나는 평행적 정보처리의 개념을 잘 설명해 준다. 이 두 유형의 신경절 세포는 M 세포와 P 세포라고 불린다(개관으로 Kaplan, 2004과 Martin & Grünert, 2004 참조). 시각을 연구하는 많은 연구자가 **M과 P 신경절 세포**를 **난쟁이 세포**(midget cell) 또는 **양산 세포**(parasol cell)라고 부르기도 하지만, 우리는 그냥 M과 P라는 용어를 사용하기로 하겠다. 이는 이 두 유형의 세포들이 기능적 연결을 맺고 있는 시상에 있는 세포들이 비슷한 이름을 가지고 있어서, 세포들과의 관계를 설명하기 좋기 때문이다. M 신경절 세포들은 대략적 형태에 반응하는 경향이 있으며, 빠른 움직임을 탐지에 적절한데, 이런 특성은 이 M 신경절 세포가 망막의 중간단계 세포들의 일부와 해부학적으로 연결된 방식 때문에 나왔을 가능성이 있다(Demb, 2007 참조; Masland, 2004). 반면 P 세포는 추상체들에 의해 부호화된 색 정보를 잘 보존한다. 나중에 설명하게 되겠지만 M 세포와 P 세포는 두뇌의 다른 영역으로 신호를 보낸다.

마치 주로 두 유형의 신경절 세포만 있는 것처럼 지금까지 설명하긴 했지만, 실상은 훨씬 더 복잡하다. M 세포와 P 세포 같은 신경절 세포는 가장 잘 연구된 신경절 세포이고, 신경절 세포의 약 80%를 차지한다. 그렇지만 적어도 10개 이상의 다른 유형의 신경절 세포가 존재한다(Nassi & Callaway, 2009; Dacey, Peterson, Robinson, & Gamlin, 2003). 또 다른 유형 중의 하나는 소위, 소형 이중층 세포 (small bistratified cell)라고 불리는 유형인데 독특한 방식으로 시상으로 신호를 전달한다. 자세한 것은 이후 절에서 다루겠다. 이 소형 이중층 세포 유형은 신경절 세포는 약간의 색 정보를 전달하는 것으로 보이는데, 특히 파란색과 노란색 관련 색 정보를 전달하는 것 같다. 그 외의 나머지 신경절 세포유형은 해부학적으로 독특하지만, 기능적 차이는 현재까지 잘 알려지지 않았다. 이렇게 많은 독특한 신경절 세포 유형이 존재한다는 것 자체가 바로 시각 정보가 눈을 빠져나오기도 전에, 엄청나게 복잡한 정보처리 과정이 일어난다는 것을 보여주는 것이다.

■ 수용야

망막을 끝내기 전에, 시각계에서 이해하고 지나가야 할 또 하나의 세포 성질이 있다. 시각계의 모든 세포는—그게 광세포이든, 신경절 세포이든, 또는 시각계의 더 상위단계의 세포이든—소위 각 세포 개개의 **수용야**(receptive field)라는 것을 가지고 있다. 수용야란 시공간상의 특정영역을 가리키는 것으로, 어느 특정 세포가 바로 이 영역에 대해서만 반응하는 것이다. 즉, 각 세포는 그 특정 위치에 존재하는 빛의 패턴에만 관심을 가지고, 그 위치 밖의 빛은 근본적으로 못 본다. 수용야란 세포의 한 부분이 아님을 잘 명심하자. 수용야란 빛이 세포의 발화율에 영향을 미치게 되는 외부 (시각) 공간의 어느 한 부분을 말하는 것이다.

수용야를 이해하려면 광수용기 수준에서 생각해 보는 것이 가장 쉽다. 어떤 간상체나 추상체에 빛이 흡수되어야, 그 광수용기가 반응한다. 망막은 수백만 개의 광수용기로 이루어져 있으며, 공간상의 특정 위치의 빛은 아주 특정 일부 간상체나 추상체 집단만을 자극하게 될 것이다. 한 신경절 세포가 특정 간상체나 추상체의 집단으로부터만 입력을 받는다는 사실을 기억해 보자. 따라서 하나의 신경절 세포는 공간의 특정 영역으로부터 오는 빛에만 반응하게 될 것이다. 그 특정 영역이 바로 수용야인 것이다. 만일 우리가 눈의 어떤 신경절 세포 하나를 정해 그 세포로부터 신경활동을 측정한다고 상상해 보자. 이를 위해, 망막의 여기저기 다른 위치에 빛을 쏘았다고 하자. 그랬다면 이 특정 신경절 세포가 대부분은 별로 흥분하지 않는다는 것을 발견하게 될 것이다. 그러다가 이 쏘아준 빛이 망막의 아주 특정 부분에 비추어졌을 때, 즉 그 특정 신경절 세포로 정보를 보내는 바로 그 추상체나 간상체들이 있는

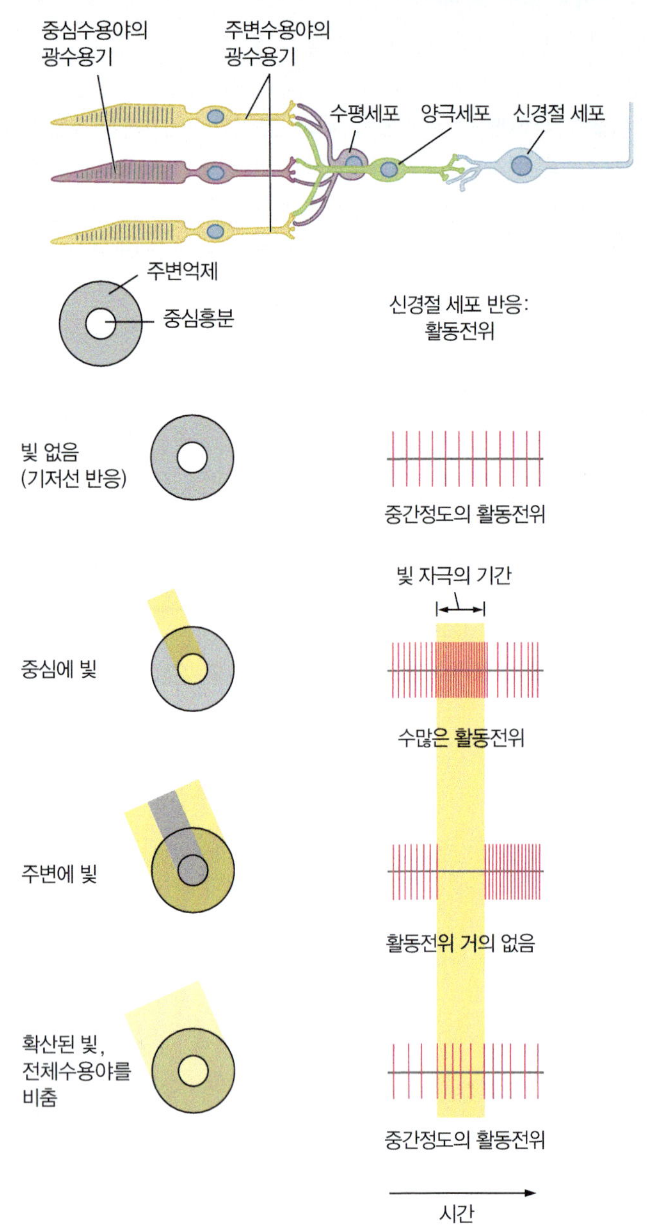

● **그림 6.3 신경절 세포의 수용야.** 수용야의 흥분성 중심에 쪼이는 빛은 이 세포에 강한 발화를 일으키는 반면, 이 세포의 억제성 주변에 떨어진 빛은 그 세포의 기저 발화율보다도 더 느리게 세포가 반응하게 한다. 만일 빛이 중심와 주변을 다 비추면, 흥분 효과와 억제 효과의 조합 때문에 그 세포에 약간의 반응만이 야기될 뿐이다. © 2010 Cengage Learning

영역으로 빛이 닿았다면, 그 특정 신경절 세포가 급격히 발화하기 시작할 것이다. 여기서 기억해야 할 것은 빛이 신경절 세포를 직접 자극하는 것이 아님을 명심하자. 신경절 세포는 시각계의 특정 위치에 도달한 빛에 반응하는데, 신경절 세포로 입력을 보내는 광수용기들 때문이다. 각 신경절 세포는 근처에 있는 광수용기들로부터(망막의 여기저기 흩어진 위치에 있는 광수용기들로부터가 아니라) 입력을 받기 때문에, 바로 이런 신경절 세포 사이의 활동양상을 통해 시각 세계에서의 빛의 위치가 부호화된다.

사실은 신경절 세포들의 수용야는 지금 방금 설명한 것보다 약간 더 복잡하다. 특히 망막의 신경절 세포의 수용야는 소위 **중심-주변**(center-surround)이라고 부르는 구조로 되어 있다. 이것은 시공간에 한 특정 지점에 도달한 빛이 한 신경절 세포를 자극할 수 있지만, 그 중심점을 싸고 있는 도넛 모양의 영역에 떨어지는 빛은 그 신경절 세포를 억제한다는 뜻이다. 이런 유형의 세포는 '중심흥분, 주변억제(on-center, off-surround)'라고 알려진 속성을 가진다고 말하게 되는 것이다. (물론 중심억제, 주변흥분의 속성을 가지는 세포도 있다. 이런 세포들은 수용야의 중심에 도착한 빛에 억제되고, 도넛 모양의 주변 영역에 비추어진 빛에 흥분된다.) 비록 이 장에서 더 상세한 것을 다룰 수는 없지만, 이런 신경절 세포의 중심-주변 구조의 수용야는 그 신경절 세포가 망막의 광수용기와 다른 중간 세포로부터 받게 되는 흥분성 입력과 억제성 입력들의 조합으로 생기는 현상이다. 잠시 시간을 들여 복습을 해보기로 하자. ● 그림 6.3은 어떤 유형의 빛 자극이 전형적인 망막 신경절 세포에서 어떻게 다른 반응을 유발할 수 있는지를 보여주고 있다.

도대체 **중심-주변 수용야**(center-surround visual field)를 가지는 것이 어떤 의의가 있는가? 이는 세포들 사이의 조직형태 때문에 생긴 이상한 부수 효과에 불과한가? 아니면 뭔가 유용한 기능이 있는가? 사실 망막 신경절 세포 수용야의 이런 중심-주변 구조가 빛의 대비(contrast)를 더 두드러지게 한다는 것이 밝혀져 있다. 즉 밝은 빛이 비치는 부분과 주변의 어두운 경계가 실제보다 뚜렷하게 보이는 효과를 일으키게 되는 것이다. 신경절 세포가 (그냥 밝기가 다 일정하게 똑같은 자극보다) 어두운 주변에 있는 밝은 점에 반응을 더 잘 하므로, 이런 세포들은 빛의 대비에 특히 민감하게 반응하게 된다. 이는 망막 신경절 세포의 특별히 유용한 속성 중의 하나이다. 왜냐하면, 시각적 세상에서 우리가 관심가지는 물체나 시각적 사건의 대부분은 모서리나 면으로 정의되기 때문이다(7장에서 더 자세히 논의하겠지만). 보다시피, 시각 처리의 아주 초기 단계나, 망막 단계에서조차도, 모서리의 대비를 특히 돋보이게 할 수 있는 장치가 있는 셈이다. 이는 두뇌가 나중에 받게 될 정보가 망막 단계에서부터 이미 부분적 변형이 이루어진다는 사실의 좋은 예가 되겠다.

망막에서 두뇌로의 경로

시각 세계에 대한 정보가 눈을 떠나서 어디로 가는가? 1장에서 논의하였듯이, 시신경을 따라 눈을 떠난 시각 정보는 두 개의 주 목적지가 있다. 하나는 상소구(superior colliculus),

다른 하나는 외측 슬상핵(lateral geniculate nucleus)이다(물론 이 외측 슬상핵으로부터 시각 정보가 두뇌로 이어진다). ● 그림 6.4가 이 목적지를 잘 보여주고 있다. 추가로, 주된 영역은 아니지만 다른 두뇌 영역들로도 투사된다. 예를 들면, 망막 신경절 세포는 정보를 시상하부의 시교차상핵(suprachiasmatic nucleus)에 보내어, 빛과 어둠의 일주기에 신체의 리듬이 맞추어지게 한다. 그렇지만 이 장에서는 시각 정보의 두 개의 주 목적지에만 초점을 맞추기로 하겠다. 이 목적지는 시각 정보처리의 두 해부학 경로의 시작점이 된다.

■ 개시상침경로

이 **개시상침경로**는 사람들로 하여금 중요한 시각 정보에 빠르게 정향할 수 있도록 한다. 예를 들어 어느 저녁에 부엌에서 일하고 있다고 상상해 보라. 그러다가 당신의 주변부 시야에 뭔가 조그만 검은 형태가 나타난 것을 갑자기 알아차렸다. 그러면 당신은 즉각 머리와 눈을 그 위치로 돌려서 그것이 박쥐라는 것을 알아차리게 된다. 그 형체가 무엇이었는지를 알아차리기도 전에, 당신의 두뇌는 눈, 머리, 그리고 주의를 그 지점으로 이동하게 해서 그것에 이미 반응한 것이다. 이런 유형의 빠른 시각적 정향은 신경 정보를 망막에서 직접 중뇌에 있는 **상소구**(superior colliculus)라는 영역, 개(tectum)의 한 영역으로 보내는 경로에 의해 가능한 것이다. 이 영역이 개의 일부이기 때문에 개시상침경로라는 이름이 생긴 것이다. 이 경로는 매우 신속하게 반응하며, 시각 주변부에 나타난 움직임이나 새로운 물체의 출현에 특히 민감하다.

개시상침경로가 운동에 민감하지만, 고도의 섬세함에는 민감하지 않으므로, 이 경로들이 M 신경절 세포들로부터 대부분의 입력을 받는다는 사실도 놀랍지 않을 것이다. 더군다

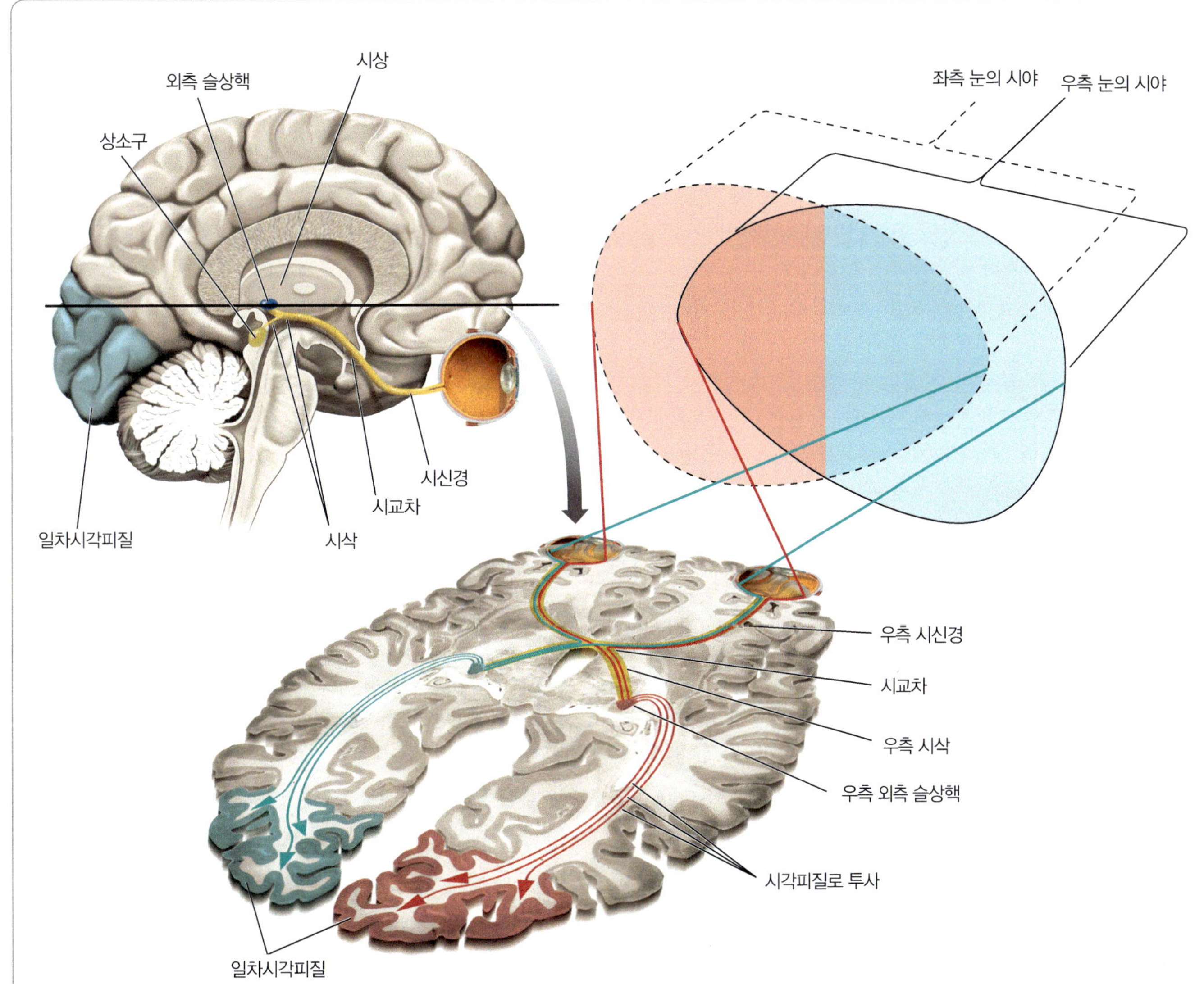

● **그림 6.4 눈에서 피질로 가는 슬상선조경로.** 각 망막에서 코 방향 반쪽으로부터의 정보는 시교차에서 교차하여 다른 쪽 두뇌의 LGN으로 가는 반면, 망막의 측두(관자놀이 쪽) 방향 반쪽으로부터의 정보는 동측 LGN으로 곧장 간다. © 2010 Cengage Learning

나, 상소구의 각 반쪽은 코 쪽보다는 측두(관자놀이)쪽으로부터 오는 정보에 더 민감하며, 이런 비대칭은 다음에 논의할 슬상선조경로(geniculostriate)에서는 관찰되지 않는 현상이다(Sylvester, Josephs, Driver, & Rees, 2007). 이 비대칭은 사람들이 코 쪽 시야보다 측두 시야에 나타난 정보에 더 빨리 정향반응을 보인다는 행동 발견과도 일치하는 것이다(Rafal, Henik, & Smith, 1991). 생각해 보면, 주변 자극에 빨리 정향 할 수 있도록 고안된 체계라면, 이 체계가 코 쪽에서 오는 정보에 덜 민감하면서 주변부에서 오는 정보에는 더 민감하리라는 것은 당연히 이해가 된다.

비록 상소구가 시각 자극에 주로 반응하는 것으로 전통적으로 알려진 부위이지만, 상소구는 또한 시각 정보와 청각 정보의 통합이 일어나는 곳이기도 한다. 예를 들어 청각 정보가 시각 정보에 시간적 동시성을 가지고 일어날 때 상소구가 활성화된다(Dhamala, Assisi, Jirsa, Steinberg, & Kelso, 2007). 상소구 심부층 내의 일부 개개 뉴런들은 시각적 입력과 청각적 입력에 상승작용하는 식으로 반응한다. 즉, 이런 세포들은 청각 자극 하나나 시각 정보 하나에 대한 반응에 근거해서 예측할 수 있는 것보다, 통합된 시청각 자극(audiovisual stimulation)에 대한 반응을 훨씬 크게 보인다(Stanford, Quessy, & Stein, 2005; 또한 Zangenehpour & Chaudhuri, 2001). 이 다중양상(multisensory) 특성은 정향반응에 대해 특히 적응적이다. 예를 들어 만일 당신이 말초 시각에 불빛이 번쩍하는 것을 보는 것과 동시에 '꽝'하는 큰 소리를 들었다면, 그쪽으로 빨리 쳐다보는 것이 당연히 도움될 것이다.

상소구로부터 시작해서, 이 개시상침경로는 시상의 시상침(pulvinar)핵으로 올라가고, 거기서 눈과 머리의 운동을 통제하는 피질 영역으로 간다(Sommer & Wurtz, 2004). 상소구는 역시 눈동자 근육을 통제하는 뇌간 영역으로도 내려가는 투사를 한다. 이런 연결로 인하여 사람은 처음 보는 중요한 물체 또는 사건이 나타날 수도 있는 공간 주변부를 향하여 눈의 방향을 돌리게 되며, 그래서 이 공간이 중심 시각(central vision)에 들어오게 된다. 일단 중심 시각에 들어오면, 이 대상은 또 다른 주 시각 경로, 즉 슬상선조경로를 통하여 더욱 상세히 분석된다.

■ 슬상선조경로

대략 시신경들의 90%는 이 **슬상선조경로**(geniculostriate pathway)로 투사되는데, 이 경로를 통해 '본다'는 의식 경험을 하게 된다(그림 6.4). 이 슬상선조경로를 통해서, 우리는 눈으로 보이는 세계 안에서 사물과 다른 보다 중요한 세부사항을 알아차리는 데 필요한 색상이나 다른 모든 상세한 특성을 지각할 수 있게 된다. 이런 정보 때문에, 시각 세상에 존재하는 어떤 물체의 정체나, 다른 중요한 세부사항을 알아차릴 수 있게 된다. 시신경(optic nerve)의 슬상선조 부분의 축색은 시상의 한 복잡한 구조물인 **외측 슬상핵**(lateral geniculate nucleus, LGN)에 도착한다. 이곳으로부터, 정보가 일차시각피질로 보내지는데, 이 영역은 **선조피질**(striate cortex)이라고 알려진 영역이다. 이 경로가 외측 슬상핵으로부터 선조피질로 보내지기 때문에, 슬상선조경로란 명칭이 나오게 되었다. LGN과 선조피질은 그 자체가 대단히 복잡한 구조여서, 다음에 나올 절에서 하나씩 다루기로 하겠다.

외측 슬상핵

외측 슬상핵에 대해 좀 더 자세히 알아보기 전에, 우선 정보가 어떻게 LGN에 도달하는가를 살펴보자. 망막 신경절 세포가 눈의 망막으로부터 시신경을 통해 축색을 투사하여 어떻게 LGN에 도착하는지는 이미 설명했다. 양 눈의 망막 우측에서부터의 정보는 두뇌의 우측에 있는 LGN으로 투사되는 반면, 각 망막의 좌측에서 출발하는 정보는 두뇌의 좌측에 있는 LGN으로 투사된다. 이렇게 되기 위해서 왼쪽 눈에서 시작하는 정보 일부는 오른쪽 두뇌로, 오른쪽 눈에서 시작한 정보 일부는 왼쪽 두뇌로 교차할 수밖에 없게 된다. 이 교차점을 **시교차**(optic chiasm)라고 부르며, 그림 6.4에 나타나있다. 일단 시신경이 시교차에서 교차하게 되면, 이 시점부터 시신경(optic nerve)은 시신경이라기보다 **시삭**(optic tract)이라고 불리게 된다. 그 결과, 우측 LGN은 세상의 왼쪽 절반으로부터의 정보를 (양쪽 눈으로부터) 받게 되는 것이고, 좌측 LGN은 세상 오른쪽 절반에 대한 정보를 (양쪽 눈을 통해서) 받게 되는 셈이다. 이 분리가 시각계 대부분을 통하여 계속되는데, 결과적으로 시각 세계의 두 반쪽 정보가 합쳐지지 않고 계속 처리되다가 매우 나중에 시각 정보처리의 고차 수준에 관여하는 피질에 와서야 합쳐진다.

LGN은 아름다운 층 구조로 되어 있다(● 그림 6.5). LGN은 6개의 층으로 이루어져 있는데, 한층 한층 차곡차곡 쌓여있으며, 무릎 모양으로 접혀있다[슬상(geniculate)이란 단어는 라틴어의 무릎이라는 어원에서부터 온 것이다]. 연구자들은 또한 이 주 LGN 층 사이 사이에 작은 세포층이 존재하는 것을 발견하고 이를 K **세포층**, 또는 *koinocelluar layer*, 즉 과립성 세포층이라고 부른다(Hendry & Reid, 2000; Kaplan, 2004). 물론 현재까지 이 세포층의 기능이 무엇인지는 잘 알려지지 않았지만 이 장의 뒤에서 맹시(blind sight)와 관련해서 좀 더 논의하게 될 것이다.

그럼 LGN의 주된 층들은 각각 어떻게 다른가? 첫째, 각 층은 한쪽의 눈으로부터만 정보를 받는다. 어떤 층은 대측, 반대편의 눈으로부터 정보를 받는가 하면 어떤 층은 동측, 같은 쪽 눈으로부터 정보를 받는다. 어느 쪽 눈에서 오는 정보를 받는가와 상관없이 모든 층은 반대편, 대측 시야로부터의 정보만을 받게 되는 셈이다. 예를 들어 왼쪽 LGN에 있는 층들 간의 차이는 모두 시각 세계의 오른쪽을 표상한다는 점에서 같지만, 오른쪽 눈(대측 눈)으로부터 들어온 것을 표상하느냐, 왼쪽 눈(동측)으로 본 정보를 표상하느냐에서는 다르다. 물론 우측 LGN은 또 그 반대로 생각하면 된다.

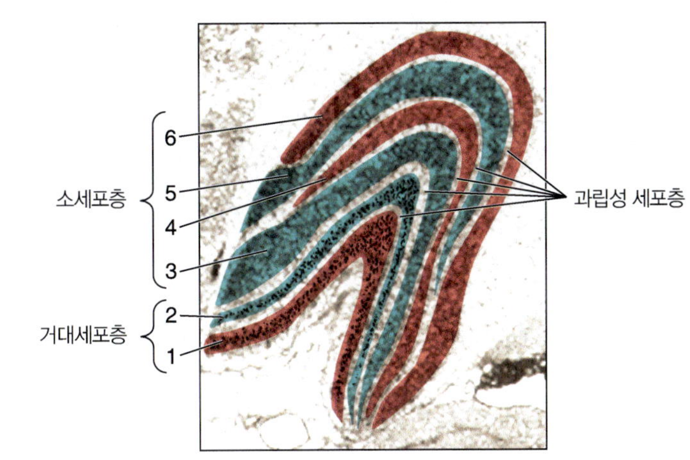

● **그림 6.5 LGN의 층 구조.** 1번 층과 2번 층은 거대세포층(magnocellular layers), 3~6번 층은 소세포층(parvocellular layers). 대측 안구에서 오는 정보는 2, 3, 그리고 5번 층에서 처리되며, 반면 동측 안구에서 오는 정보는 1, 4, 그리고 6번 층에서 처리된다. © 2010 Cengage Learning

두 번째로, LGN 층은 망막으로부터 각각 다른 입력을 받는다. 아래 두 개층(거대세포층: magnocelluar later layer)은 망막의 M 신경절 세포로부터 오는 입력을 받는다. 반면 위 네 개의 층은 P(소세포층: parvocellualar cell layer) 신경절 세포로부터 오는 입력을 받는다. 과립세포층은 거대세포층과 소세포층의 주된 층 사이에 끼어 있는데, 상소구로부터의 정보는 물론이고 작은 크기의 이중층 신경절 세포로 오는 정보를 받는다.

M 신경절 세포와 P 신경절 세포에 대해서 이미 배웠으면, LGN의 대세포층이 움직임 탐지에 중요하며, 소세포층은 색채와 상세한 정보를 보는 데 중요하다는 사실에 새삼 놀랄 필요가 없을 것이다. 이런 기능적 차이는 원숭이 LGN의 거대세포층이나 소세포층만 선택적으로 손상해 실험한 연구에 의해 잘 밝혀졌다(Schiller, Logothetis, & Charles, 1990). 거대세포층이 손상되면, 원숭이는 자극(작은 점들)의 움직임 방향을 식별하는 데 어려움을 겪게 된다. 반면 소세포층이 손상되면, 원숭이는 색이나 상세한 세부적인 측면에서 다른 비슷한 자극들을 구별하는 데 문제를 일으키게 된다. 다시 한번 여기서 우리는 서로 다른 유형의 정보처리가 시각계의 구조에서 해부학적으로 분리되어 있음을 확인할 수 있다.

LGN의 주된 층 각각은 시각 세상의 절반에 대한 **망막위상 지도**(retinotopic map)를 가지고 있다. 망막위상이란, 망막 자체처럼 공간적으로 배열된 지도란 뜻이다. LGN 층의 근접한 세포들은 망막에서도 근접하고 있는 신경절 세포로부터 입력을 받게 되는데, 그래서 이 세포들은 이 세계의 빛 패턴에 대한 공간 조직화를 잘 유지한 채로, 시각 세계의 근접한 영역을 부호화하게 된다. 다른 말로 하면, 망막으로 부호화된 공간적 정보는 LGN에 도달할 때도 뒤죽박죽되지 않는다는 것이다. 세포가 다른 세포와 구조화되어 있는 방식을 이해하기 위해서, 연구자들은 무척 고생스럽게 세포 하나하나를 차례로 기록하여, 어떤 자극이 이웃하는 세포들을 흥분시키게 되는가에 대한 체계적 관계성을 알아내고자 한다. 최근에, fMRI 연구에 의하여 LGN이 가지고 있는 기본적인 구조가 인간에게도 같음이 확인되었다. 비록 fMRI가 단일세포기록법처럼 아주 상세하게 공간적 관계를 분리하는 것이 가능하지는 않지만, 각 LGN이 대측의 시야장으로부터만 정보를 받으며, 시야장의 하측과 상측의 정보가 LGN의 상측 부위와 하측 부위를 각각 활성화시킨다는 것을 연구자들이 보여줄 수 있었다(Chen, Zhu, Thulborn, & Ugurbil, 1999; Kastner, Schneider, & Wunderlich, 2006).

이런 놀라운 LGN의 조직화에도, 많은 사람들은 LGN이 실제로 무엇에 도움이 되는 것일까 궁금해 왔다. LGN 세포의 수용야 특성은 사실 망막의 신경절 세포의 수용야 특성과 상당히 유사하여, 정보가 실제로 어떤 새로운 방식으로 시각경로의 이 단계에서 전환되는 것 같지도 않다. 그래서 눈에서 시각피질로 가기 전에 왜 이 정거장을 거치는 것일까 궁금해 할 수밖에 없다. 한 가지 답은 LGN이 받는 입력 대부분이 사실은 망막에서 오는 것이 아니라, 두뇌피질로부터 온다는 사실에서 찾을 수 있다(Sherman & Guillery, 2004; Sillito & Jones, 2004). 흥미롭게도 피질에서 LGN으로 들어오는 입력도 잘 분리되어 있으며, 서로 다른 집단의 피질세포 집단들은 LGN의 서로 다른 층으로 입력을 보낸다(Briggs & Usrey, 2009).

두뇌피질로부터 오는 이 피드백 연결의 기능적 중요성이 무엇인지는 연구가 더 되어보아야 알게 되겠지만, 한 가지 가능성은 이런 기능적 피드백 연결로 말미암아 피질이 LGN으로부터 받는 입력에 영향을 미칠 수 있게 될 가능성이다. 피질로부터 오는 이 하향성 투사 때문에, 망막으로부터 들어오는 특질 표상 중의 어떤 것은 더 향상되고, 어떤 것은 더 둔화하게 할 수 있으리라는 것이다. 예를 들어 공간 주의의 이동은 LGN 활동에 변화를 일으킬 수 있는데, 이것을 인간에서

fMRI로 측정할 수 있다. 연구에 참여한 참여자에게 한쪽 시야의 어떤 자극에 주의를 기울이라고 지시하면, 그 자극의 위치로부터 주의를 멀리하라고 할 때에 비해, 주의를 기울이는 쪽의 대측에 있는 LGN의 활동이 증가한다(O'Connor, Fukui, Pinsk, & Kastner, 2002). 어떤 자극에 대해 주의를 기울이라는 '지시'는 상위의 두뇌 영역(예를 들어 망막으로부터 오는 것은 아님)으로부터 오는 것일 것이다. 그래서 이런 상위 두뇌 영역이 직접 간접으로 LGN에 하향성(Top-down) 조율을 행사하였으리라 추측해 볼 수 있다(토론으로 Kastner et al., 2006 참조).

LGN으로 보내지는 이 하향적 투사의 기능에 대해서는 앞으로도 더 연구되어야 할 것이 많기는 하지만, 기억하고 넘어가야 할 것은 망막에서 피질에 이르기까지, 시각(vision)이라는 것은 단순히 아래에서부터 온 시각 정보를 꿰맞추는 과정이 아니라는 것이다(Sillito, Cudeiro, & Jones, 2006). 그렇다기보다는 오히려, 피질에서부터 시각 정보처리 과정의 중간 정거장으로 보내는 하향적 영향이 피질이 궁극적으로 받게 될 시각 정보를 미리 조형할 수 있는 그런 과정이라는 것이다.

일차시각피질(선조피질)

시각 정보는 LGN을 통한 후 바로 피질에 도착하게 된다. 피질의 첫 번째 종착지는 후두엽(occipital lobe)에 있는 일차시각피질(primary visual cortex)이다. 특히 LGN의 소세포체와 거대세포체로부터의 투사는 6층으로 되어있는 피질 내의 4번째 층으로 들어와, 거기 있는 세포들에 시냅스한다. 이 일차피질에는 여러 가지 이름이 붙어있는데, V1이 그 중의 하나이며[시각(visual) 정보를 받는 첫 번째 피질이기 때문에], 브로드만 영역 17번, 그리고 선조피질이라는 이름도 있다. 선조(striate)란 줄무늬란 뜻으로, 현미경으로 보았을 때(● 그림 6.6) 피질의 절단면에 보이는 줄무늬 때문에 붙여진 이름이다.

LGN에서 일차시각피질로 투사할 때, LGN의 공간적 조직화가 끝까지 잘 유지된다. 즉 시각 세계의 좌측 절반이 우측 선조피질에 표상되며, 우측은 또 그 반대로 표상된다. 이 선조피질은 LGN 층처럼, 망막위상적으로 조직된 지도를 포함하고 있다. 사실, 이 지도화가 어찌나 정확한지 우리는 **피질 배율 계수**(cortical magnification factor)를 명시할 수 있을 정도인데, 피질 배율 계수란 시각 세계의 1도에 해당하는 각도를 표상하기 위해 몇 mm의 피질 표면을 사용하고 있는가에 관한 기술이다. 이 피질 배율 계수치는 망막의 말초에 비해 중심와 근처에서는 1대 100 정도로 높다. 이는 훨씬 많은 양의 일차시각피질이 시야의 말초보다 시야의 중심부에서부터 오는 정보처리에 이바지하고 있다는 의미이다(● 그림 6.7 설명). 망막의 중심부/황반부는 여러 광세포가 밀집되어 있어 풍요롭고, 상세하고 정밀한 정보를 제공하고 있음을 고려하면 이해가 된다. 반면 시야의 주변부로부터 오는 정보는 훨씬 적은 부분만이 일차시각피질에 도달한다.

■ 선조피질의 조직화

시각 정보는 선조피질에 표상되는데, LGN의 표상과는 다른 복잡한 형식을 띠고 있다. 노벨상 수상자인 신경생리학자 데비드 휴벨과 토스틴 위젤에 의한 선구자적 연구들을 통하여, 선조피질 세포의 수용야 특성이 LGN 세포와 다르다는 것이 알려지게 되었다(Hubel과 Wiesel의 발견과 그 연구의 영향에 대한 개관을 위해서는 Hubel, 1982; Kandel 2009; Wurtz, 2009 참조).

선조피질에는 몇 개의 서로 다른 유형의 세포가 있는데, **단순**(simple), **복합**(complex), 그리고 **초복합**(hypercomplex) [또는 **종말-정지**(end-stopped)] 세포라고 불리는 것들이다. 이 모든 유형의 공통점은 수용야가 더는 LGN 세포 같은 단순한 점 모양의 빛(spot of light)에 조율되지 않는다는 것이다. 대신 이 피질 세포는 특정한 방위(orientation)가 있는 막대 모양의 빛에 반응한다. 단순세포의 수용야는 막대 모양이며, 흥분성 중심과 억제성 주변 구조로 되어 있고, 그 막대가 특정 방위일 때만 세포가 발화한다(● 그림 6.8A). 서로 다른 단순 세포는 각각 다른 방위의 막대에 반응한

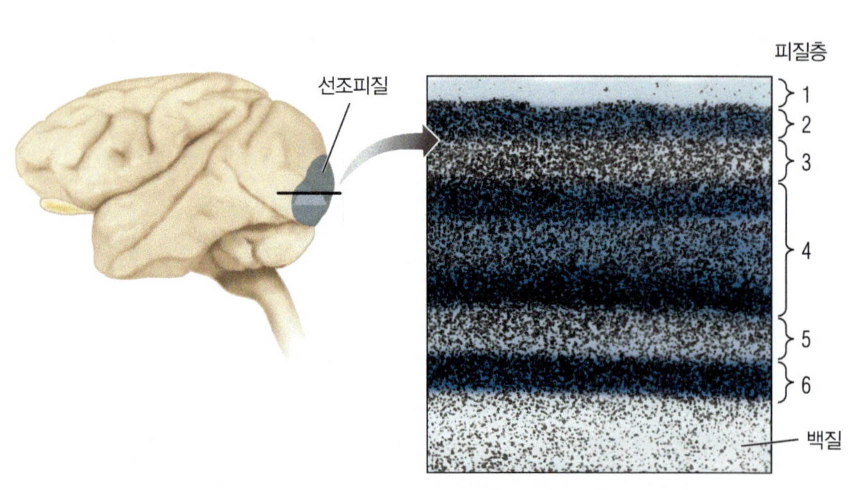

● 그림 6.6 선조피질이란 그 줄무늬 형태 때문에 명명되었다. © 2010 Cengage Learning

다. 복합 세포는 특정 선분의 방위에 반응한다는 점에서 단순 세포와 비슷하기는 하지만, 복합 세포는 선분이 정확히 어디에 있는가에 대해서는 덜 까다로운 편이어서 흥분, 억제 영역이 따로 없으며, 복합 세포는 왼쪽에서 오른쪽 같이, 특정 방향으로 움직이는 선분에 선호 반응을 보인다(● 그림 6.8B). 초복합, 또는 종말-정지 세포(end-stopped cell)라고 불리는 세포는 단순 세포와 비슷하지만, 특정 길이의 선분을 선호한다. 선분의 길이가 점점 늘어나면 어느 한 점에 이르러 이 초복합 세포는 그 선분에 덜 흥분하게 된다.

● 그림 6.9에서 설명하고 있듯이, 개개 공간 위치를 표상하는 한 덩이의 피질 내에, 체계적으로 조직화된 세포들이 있어, 선분의 여러 가지 방위에 모두 반응하게 되어있다. 특정 방위의 선분을 선호하는 세포들은 함께 집단화되어 있어, **방위 기둥**(orientation column)이라는 것을 형성하게 된다. 이웃하는 기둥은 비슷한 방위 선호를 가진 세포를 포함하고 있으며, 그래서 피질의 작은 부위를 아울러, 여러 방위가 다 표상될 수 있다. 방위 기둥은 또한 특정 방향으로의 움직임에 최대한으로 반응하는 경향이 있다. 덧붙여, 세포들은 어느 쪽 눈이 그 세포로 정보를 보내는가에 따라 분리되어 조직화하여 있다. 이런 기둥은 그래서 **안구 우세 기둥**(ocular dominance column)이라고 불린다. 이런 기둥들을 다 합쳐서, **초기둥**(hypercolumn)이라고 불리는 조직화를 이루게 되는데, 이때 각 초기둥은 특정 공간위치의 자극에 반응하도록 특성화되어 있는 세포들로 이루어져 있다. 즉, 이 초기둥 안에는 특정 방향과 특정 안구의 입력을 선호하는 세포들로 이루어진 하위 기둥들이 있다. 그뿐만 아니라, 이 초기둥을 위아래 수직으로 지나는 소위 '블럽(blob)'이라고 알려진 영역이 있는데, 이 부분에 있는 세포들은 색채 정보의 부호화에 특별히 관여하는 세포를 포함하고 있다. 전체적 망막위상 지도는 바로 이런 일련의 초기둥들로 이루어져 있는 셈이며, 각 초기둥은 서로 다른 망막 위치에 대응된다(개관을 위해서는 Ts'o, Zarella, & Burkitt, 2009 참조).

이 초기둥에 의해 표상되는 속성들(방위, 안구 우세, 공간, 색) 이외에도, 세포들이 변별적으로 반응하는 다른 속성이 있는데, 이 속성이 바로 **공간 주파수**(spatial frequency)이다. 4장에서 배운 것을 기억한다면, 공간 주파수란 시각 정보가 얼마나 갑작스럽게 밝음에서 어둠으로 변화하는가를 가리키는 것으로, 대략적인 형태는 저주파로, 정밀한 형태는 고주파수를 포함하고 있다. 일차시각피질의 일부 세포들은 저주파에 가장 잘 반응하는가 하면, 어떤 세포들은 고주파에 가장 잘 반응한다. 현재, 이런 공간 주파수 선호 세포들이 시각피질에 어떻게 분포되어 있으며, 이런 세포들의 조직화가 초기둥과 어떤 관계를 이루고 있는지는 잘 알려지지 않았다(Sirovich & Uglesich, 2004). 그렇지만 망막의 중심와—시각 세계에 대한 가장 정밀한 정보를 제공하는—에서 정보를 받는 세포들은 고주파 공간 정보에 더 민감한 경향이 있으며, 주변부로부터 오는 정보를 받는 세포들은 저주파 공간 정보에 더 민감한 경향이 있다.

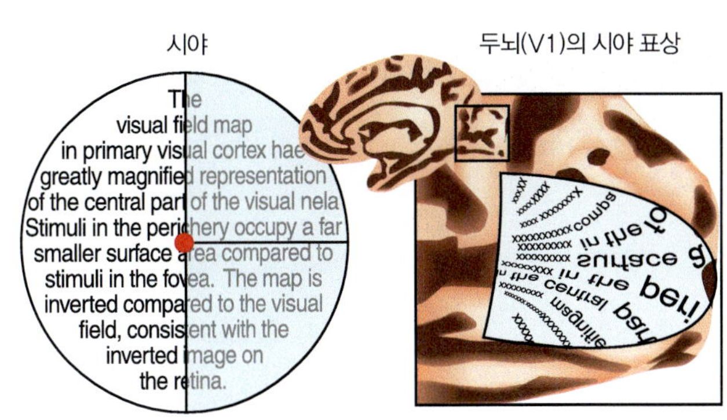

● **그림 6.7 일차시각피질의 망막 위상층.** 만일 관찰자가 시야의 중심에 있는 점에 초점을 맞춘다면 응시점 좌측의 정보는 우측 선조피질에 표상될 것이다. 좌측 시야의 위쪽 절반은 조거열의 아래쪽에 표상되며, 아래쪽 절반은 위쪽에 표상될 것이다. 피질 배율 계수를 주목하라. 즉, 망막의 중심부가 말초보다 과표상됨을 알 수 있을 것이다. 출처: Fig. 6 from B. A. Wandell et al. (2009) Visual cortex in humans. Encyclopedia of Neuroscience, 10, 251~257. Reprinted by permission of Elsevier.

이렇게 아름다울 정도로 잘 조직화된 지도를 보면, 두뇌 안에 마치 작은 또 다른 인간이 있어서 선조피질을 쳐다볼 수 있고, 그래서 마치 어떤 세포가 발화하는 것을 알아차리면, 특정 방위의 선의 존재라든지, 특정 공간 위치에 있는 모서리 같은 시각세계의 형태를 알아차릴 수 있는 것이라고 생각하고 싶어질 정도이다. 이론적으로, 어떤 사람에게 선조피질에 표상되고 있는 모든 정보를 따로 준다면 그 사람은 이 세상에 있는 실제 장면에 관해 나름대로 꽤 잘 추론할 수 있을 것이다(Kamitani & Tong, 2005 참조). 그렇지만 우리 뇌 안에 선조피질을 관측하고 있는 또 하나의 작은 사람이 들어앉아 있는 것은 아니다. 그냥 또 다른 두뇌 영역이 있을 뿐이다. 나중의 다른 장에서 보겠지만, 다른 두뇌 영역들은 특정 목적, 예를 들어 대상 재인이나 공간 항해 같은 목표를 위해 이 선조피질이 제공하는 정보를 사용할 뿐이다.

■ 선조피질의 양안 통합

일차시각피질 조직화의 중요한 측면으로 양 눈에서 들어오는 정보의 통합을 들 수 있는데, 이는 두 눈으로부터의 입력 정보를 각 층에 별도로 분리시키는 LGN과 다르다. LGN 수준에서는 두 눈에서 오는 시각 정보가 결코 직접적으로 비교될 수 없다. 그렇다면 두 눈으로부터 오는 정보를 비교하는 것이 왜 이제야 중요해지는 것일까? 다른 각도에서 질문해보면, 왜 우리는 처음부터 눈이 두 개 있어야 하는 것일까?

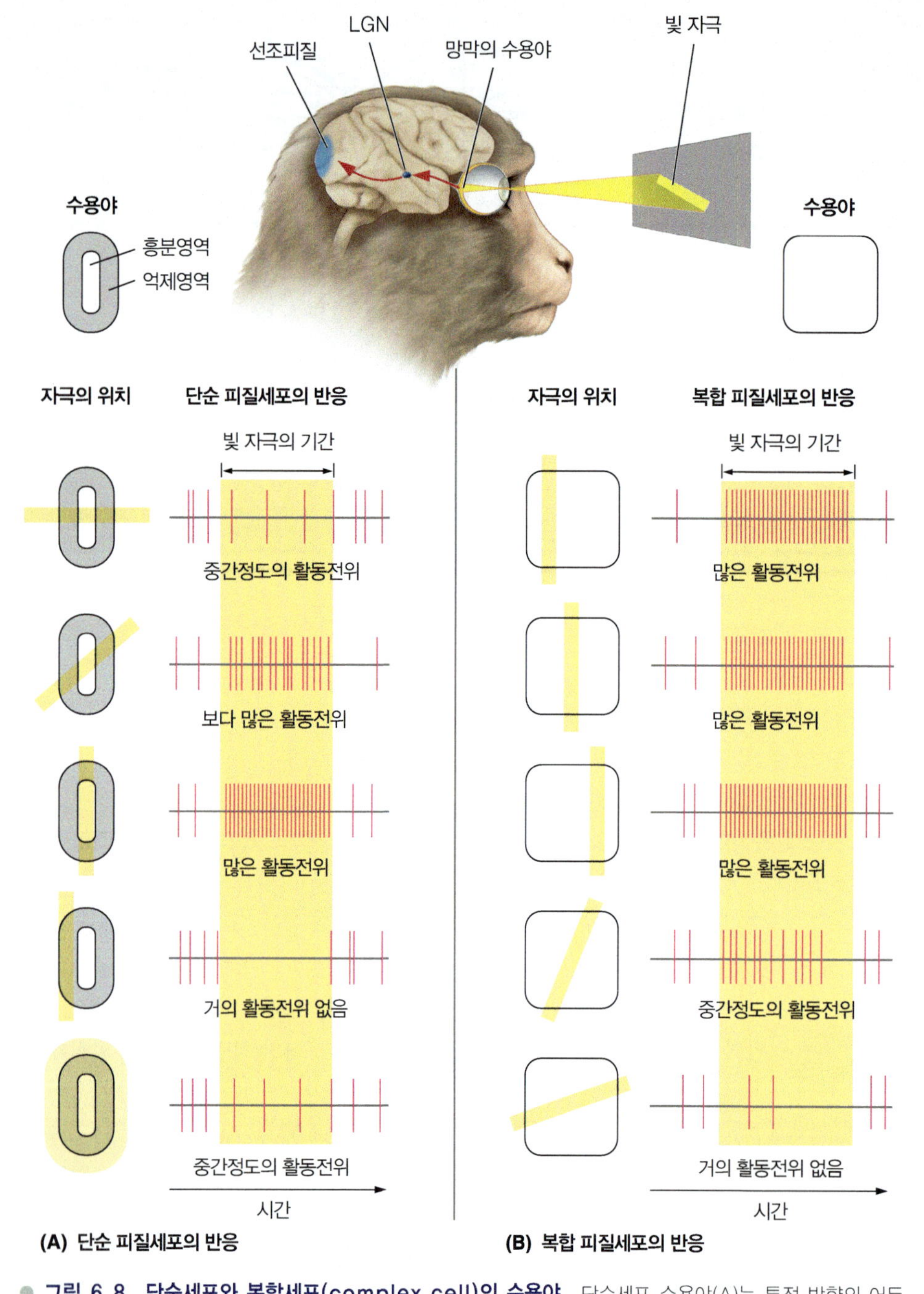

그림 6.8 단순세포와 복합세포(complex cell)의 수용야. 단순세포 수용야(A)는 특정 방향의 어두운 주변으로 둘러싸인 밝은 막대에 세포가 가장 잘 반응하도록 구성되어 있다. 복합세포(B)는 선분의 위치에 관해서는 덜 선택적인 편이지만, 특정 방위를 여전히 선호한다. © 2010 Cengage Learning

눈이 두 개인 가장 중요한 이유 중의 하나는 깊이 지각(depth perception)이다. 컵에 손을 가져가려면, 컵이 얼마나 멀리 있는지를 알아야 한다. 그래야 손을 얼마나 뻗어야 하는가를 알 수 있기 때문이다. 그러나 망막은 2차원 안에서 빛의 형태에 대한 공간 위치만을 기록할 뿐이다. 망막이 깊이를 직접 부호화할 수 없어서 깊이는 나중에 두뇌에서 계산되는 것이 분명하다. 깊이 계산화의 가장 중요한 단서들 가운데 하나가 바로 **양안부등**(binocular disparity)이라는 것이다. 양안부등이라는 것은, 두 눈이 약간 다른 위치에 있기 때문에, 양 눈의 망막에 도달한 영상이 약간 서로 다르다는 사실을 말하는 것이다. 어떤 물건이 보는 사람에게 가까이 있을수록 양 눈 망막에 미치는 각각의 영상들이 더 많이 불일치하며, 물건이 멀리 떨어져 있으면 이 불일치가 줄어든다.

선조피질의 일부 세포들은 바로 양안부등의 정해진 양에 특히 민감하게 되어 있다. 이런 종류의 세포를 양안 세포(binoclular cell)라고 하는데, 이는 양 눈 모두로부터 입력을 받기 때문이다. 다른 양안 세포들이 서로 다른 양의 양안부등을 부호화하기 때문에, 이런 세포들로 이루어진 집단은 한 방위의 선분에 대해 가능한 모든 깊이를 다 표상할 수 있게 된다. 비록 이런 양안부등 정보가 더욱 잘 사용되기 위해서는 더 고차 피질 두뇌 영역이 물론 필요하지만(Parker, 2007), 양안부등 정보는 선조피질에서 처음으로 계산된다.

■ 선조피질 세포의 맥락 조절

선조피질 세포의 또 다른 특징 중의 하나는 그 세포의 반응성이 맥락(context)에 따라 조절된다는 것이다(Lamme, 2004). 비록 한 세포의 수용야 밖에 있는 정보가 그 세포를 발화시키지는 못하지만, 그런 정보는 세포가 선호하는 자극과 함께 제시될 때, 그 세포의 반응을 조절할 수 있다. 이런 생각을 이해하기 위해 그림 6.10A의 중심에 있는 선의 방향과 위치에 최대한으로 발화하는 세포 하나를 한번 가정해 보자. 이런 선이 그 세포의 수용야에 위치하면, 그 세포는 그 발화율을 증가하는 반응을 보일 것

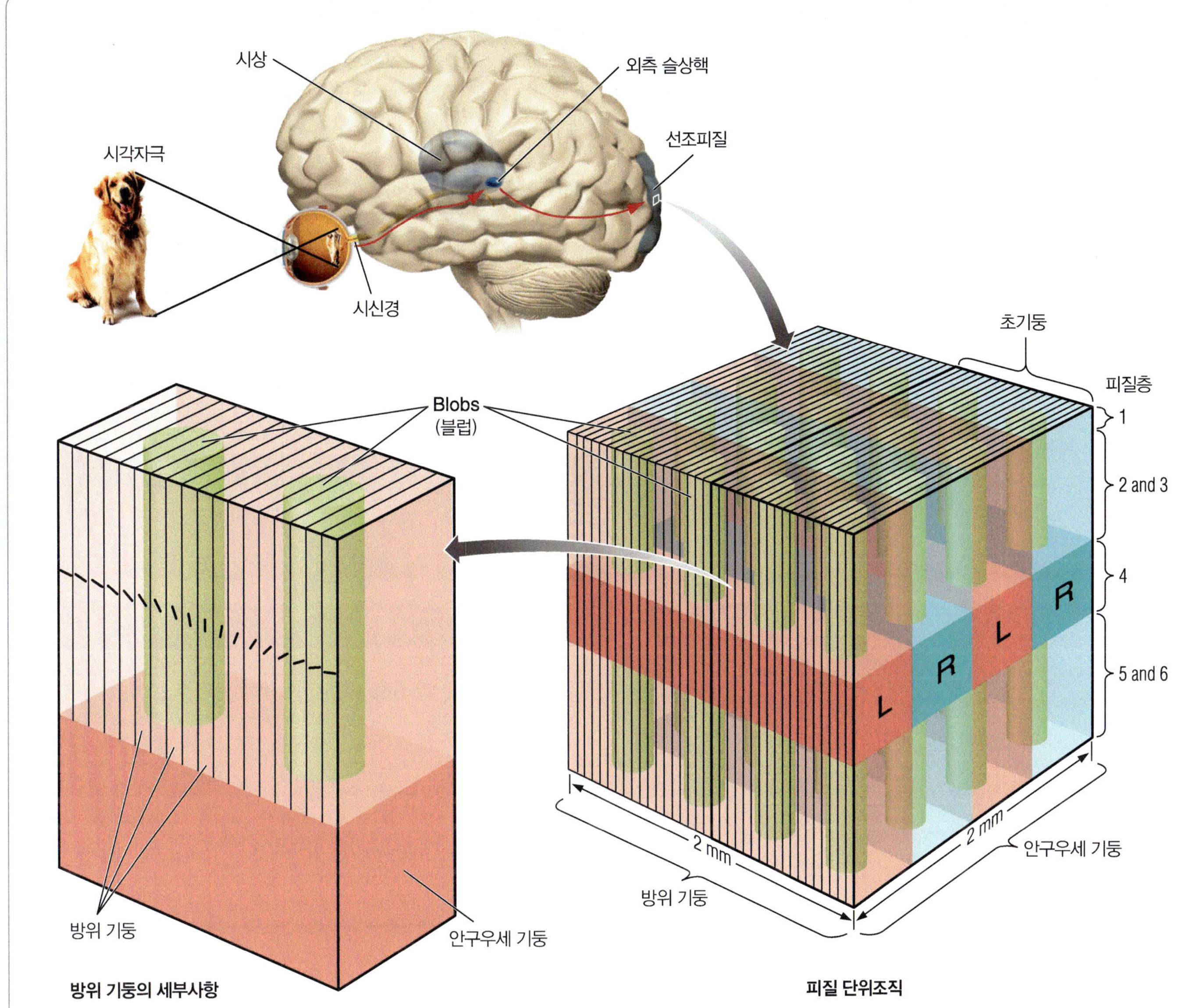

● **그림 6.9 선조피질(striate cortex)내의 초기둥(hypercolumns).** 약 2 mm × 2 mm의 피질 덩어리 안에 안구우세와 방위 기둥(orientation column)에 해당하는 수많은 하위 기둥이 자리 잡고 있다. 각각의 하위 기둥은 오른 쪽 눈이나 왼쪽 눈에 의해 보인 특정 방위의 선분에 특정적으로 반응하는 세포들로 이루어져 있다. © 2010 Cengage Learning

이다. 그럼에도, 그 선에 대한 반응의 양은 주변 맥락에 좌우될 수 있다. 예를 들어 원숭이 선조피질 연구에 의하면, 그림 6.10A에 있는 선에 해당하는 전형적인 수용야를 가진 세포라도 B처럼 주변 선들이 다 같은 모양이면 훨씬 적게 흥분한다. 이는 우리의 지각 현상과도 대응되는 현상이다. A 그림처럼 선이 빈 배경 속에 있을 때가 B 그림처럼 여러 선 속에 있을 때보다 훨씬 눈에 잘 띈다. 그와 마찬가지로 C 그림처럼 주변의 다른 선들 속에 있으면, B 그림 같은 경우보다 세포가 훨씬 강하게 반응하는데, 이는 B 그림보다 C 그림 속의 선이 우리 눈에 '확 띄는(pop out)', 지각 현상과 일치하는 결과이다.

맥락 조절(contextual modulation)과 선조피질 세포에 미치는 맥락 조절의 영향을 살펴보면, 소위 지각 심리학자들이 **전경–배경 분리**(figure-ground segregation)라고 부르는 현상을 설명하는 데 도움이 될 것이다(Lamme, 2004). ● 그림 6.11A에서, 아마도 배경에 대하여 사각형 하나, 즉 전경을 지각할 것이다. 이 사각형 내에 있는 선들의 방향이 그 사각형 바깥의 선들의 방향과 다르면, 배경에 비하여 사각형 모양이 있는 것 같은 감각을 생성하게 된다. 그럼 바로 중심에 작은 원형으로 표시해 놓은 곳이 수용야인 어떤 세포, 즉 선조피질의 한 세포를 상상해 보자. 그러면 이 세포는 그 위치에 있는 바로 그 방위의 선에 최대한으로 반응할 것이다. 그렇다면 이 세포의 반응이 A나 B에 보이는 전체 배열이 어떠한가에 따라

IN FOCUS: 거기에 있지 않는 것 보기: 시각 착시와 선조피질

실제로 거기 있지 않은 것들을 본 적이 있는가? 아마도 그럴 것이다. 가장 흔한 예는 소위 우리가 말하는 맹점(blind spot)의 지각적 채우기(perceptual filling-in)라 불리는 현상이다. 선조피질의 연구는 우리에게 이런 현상에 대한 기막힌 단서를 제공하는데, 이 단서는 두뇌가 어떻게 시각적 특성(feature)에 대한 지각을 창조하는가, 심지어 그 특성이 실제로는 망막에 등록되지도 않은 때에도 지각이 생성되고 있는 것을 우리에게 보여준다.

알고 있듯이, 사람의 두 눈 각각엔 **맹점**(blind spot)이라는 것이 있는데, 이 맹점은 광수용기가 없는 망막 영역이 있기 때문에 생기는 현상이다. 이 지점은 모든 신경절 세포들의 신경섬유들이 하나로 뭉쳐서 시신경이 되어 눈을 빠져나가는 지점이다(그림 6.1을 다시 보라). 매일의 생활에서, 당신의 맹점을 한 번이라도 알아차린 적이 있었던가? 왜 없었을까? 이는 우리에게 두 눈이 있기 때문이고, 맹점이 각 눈에서 아주 살짝 다른 위치에 있기 때문이다. 그렇지만 한쪽 눈을 감는다 해도, 다른 쪽 눈의 맹점이 알아차리게 되는 것도 전혀 아니다. 즉 시각 세계에 대한 지각에 알아차릴 만한 '구멍'이 보이는 것이 아니란 이야기다. 이는 시각계가 빠진 정보를 지각적으로 채워 넣어 그 결과 마치 배경이 이 맹점을 통과하여 계속 이어지는 것처럼 지각되기 때문이다. 이 현상을 ● 상자 그림 6.1을 이용하여 스스로 경험해 볼 수 있다.

최근 연구 증거들은 이 채우기 과정이 적어도 부분적으로는 일차피질에서 수행됨을 나타낸다(Komatsu, 2006). 몇몇 잘 고안된 연구에서는 망막위상 지도상, 이 맹점과 대응되는 영역에 있는 선조피질 개개 세포로부터 신호를 기록하였다(Komatsu, Kinoshita, & Murakami, 2000; Matsumoto & Komatsu, 2005). 원숭이가 맹점에 부분적으로 걸쳐 떨어지는 어떤 자극을 볼 때, 예를 들어 특정 방위의 선 자극 같은 것을 볼 때, 이 자극을 부호화하는 선조피질 세포가 여전히 발화하였다. 달리 말하자면, 비록 이 자극이 망막 수준에서 제시되지 않은 것임에도 불구하고(왜냐하면, 그 자극이 맹점에 떨어졌으니), 일차시각피질은 그럼에도 그 자극이 마치 거기 있는 것처럼 그 특질을 여전히 부호화하더라는 것이다. 인간을 대상으로 한 기능 영상 연구 결과는, 맹점 내

● **상자 그림 6.1 맹점 채우기 착시(illusion).** 오른쪽 눈을 가리고 오른편에 있는 노란 원 안의 파란 중심부를 응시하려고 노력해 보라. 이런 다음 얼굴을 책으로 가까이 가져가라. 그러다 보면 어느 정도 다가갔을 때(약 15 cm 정도), 왼쪽 그림 안에 있는 붉은색 중심이 갑자기 사라지고, 그냥 줄무늬만 있는 사각형이 보이는 것을 느끼게 될 것이다. 왼쪽 눈을 가리고 왼쪽에 있는 붉은 점에 초점을 맞추고 절차를 반복하면서 오른쪽 눈의 맹점을 찾으려고 해볼 수도 있을 것이다. 어느 지점에서 노란 원형 안에 있는 파란 원이 갑자기 사라질 것이다. 출처: Adapted by permission from Macmillan Publishers, LTD: Komatsu, H. (2006). Komatsu, H. (2006). The neural mechanisms of perceptual filling-in. Nature Reviews Neuroscience, 7, 220~231.

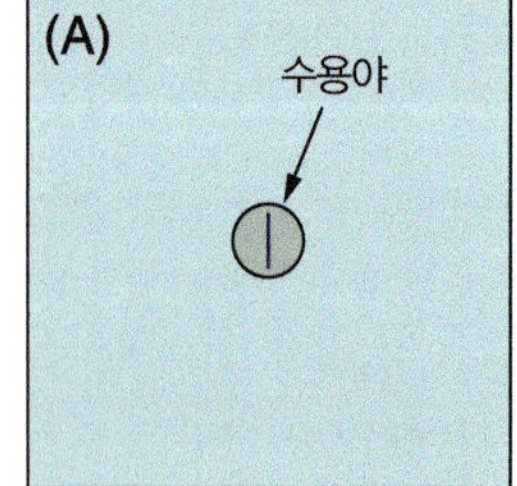

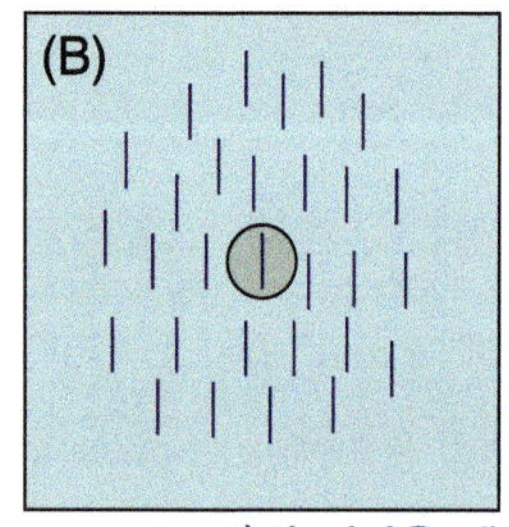

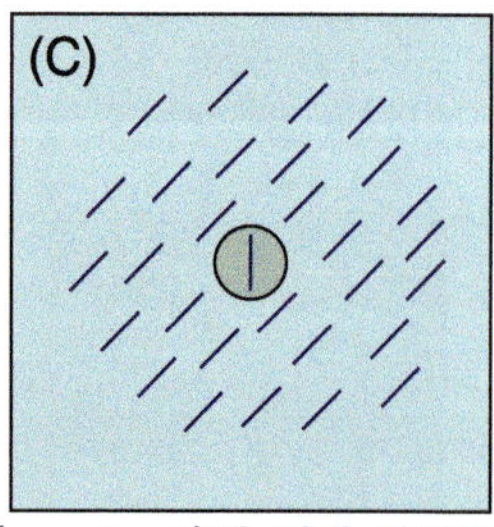

● **그림 6.10 선부분(line segment)의 지각은 맥락(context)에 의해 결정된다.** A 그림에서처럼 선이 하나만 고립되어 있을 때는 배경과 구분하기가 쉽다. 그렇지만 B 그림의 경우는 다른 선들로부터 특정 선분을 구별해 내기가 별로 쉽지 않다. 그림 C의 경우는 중앙의 선 부분이 주변 배열 속에서 바로 눈에 띤다. 원숭이에서 단일세포기록으로 측정해보면, 주변 요인들이 여기 그림의 중앙선 부분에 대응하는 수용야(receptive field)를 가지고 있는 특정 세포의 활동에 영향을 미치는 것을 보여주고 있다. 출처: Figure 45.1, panels a, b & c from Lamme, V.A. (2004). Beyond the classical receptive field: Contextual modulation of V1 responses. In L.M. Chalupa & J.S. Werner (Eds.), The Visual Neurosciences (pp. 720–732). Copyright © 2003 Massachusetts Institute of Technology, by permission of The MIT Press.

다르게 반응할 것인가? 그렇다. 이 선호자극, 즉 특정 방위의 선이 전경의 일부라고 지각될 때, 그 선호자극이 배경 일부라고 지각될 때보다 세포는 훨씬 강하게 반응한다. 수용야에 있는 정보에 의해 제공되는 자극이 두 경우에 정확히 똑같다는 사실을 잊지 마라. 여기서 다른 것은 수용야 밖의 주변 배경, 즉 맥락만 다를 뿐이다.

이런 맥락 효과가 우리에게 말해주는 것은 선조피질 세포의 활동이 단순히 개개 세포가 망막에서 LGN을 통해 받아들이는 상향적 입력으로 움직이는 게 아니라는 것이다(Gilbert & Sigman, 2007). 오히려, 선조피질 세포의 활동은 부가적 정보에 의해 좌우된다. 이 부가적 정보란 두 가지 근

에 떨어지는 자극 특질로 선조피질이 여전히 활성화됨을 발견하였다(Tong & Engel, 2001: Meng, Remus, & Tong, 2005 참조).

이런 특질이 실제로 망막에서 등록된 것이 아니라면, 어떻게 이런 현상이 일어날 수 있을까? 비록 실제 기제는 아직도 잘 밝혀지지 않았지만, 하나의 가능성은 그 특정 속성을 표상하는 세포들이 주변에 있는 세포들의 흥분이 퍼짐으로써 자극되었고, 그래서 사라진 특질에 대해 메우는 현상이 일어났을 가능성이다(Spillmann, Otte, Hamburger, & Magnussen, 2006). 또 다른 가능성으로는 맹점을 표상하는 세포는 큰 수용야, 즉 맹점을 훨씬 넘어서는 크기의 큰 수용야를 가지고 있어서, 맹점의 바로 주변에 있는 자극에 그 세포의 활동이 영향을 받았을 가능성이다(Komatsu, 2006).

맹점이 채워질 수 있다는 것은 유용한 현상이다. 그렇지 않았더라면 여러분이 보는 세상에 작은 구멍 두 개가 있는 채로 걸어 다닌다고 생각해 보라. 얼마나 방해가 될 것인가. 그렇지만 이런 채우기 현상은 어떤 종류의 두뇌 손상을 알아차리는 것을 어렵게 만들기도 한다. 예를 들어 어떤 사람이 LGN이나 선조피질의 망막위상 지도의 일부에 작은 손상을 입었다고 생각해 보자. 이런 환자는 시야의 특정 부위에 **암점**(scotoma; 안 보이는 점)이 생기는데, 종종 사람들이 이 맹점이 생긴 것을 못 느끼는 수가 있다. 왜냐하면 두뇌가 이 부분을 채우기 때문이다. 이런 암점은 안과 전문의가 시야를 아주 철저하게 체계적으로 검사해야만 겨우 발견될 수 있다.

또 다른 착시는 의식적 지각이 망막에서부터 오는 상향적 입력에 의해서만 유도되는 것이 아니라는 것을 잘 보여준다. 한 예가 **양안경쟁**(binocular rivalry) 연구로부터 온다. 특별하게 고안된 기계를 통해 오른쪽 눈을 통해서는 장미 그림을 보고, 왼쪽 눈으로는 레몬 그림을 볼 수 있다고 해보자. 첫 번째로, 이런 종류의 상황은 물론 일상에서는 절대 일어나지 않는다. 이 세상의 한 공간을 장미와 레몬이 동시에 차지하고 있는 것을 보는 일은 절대 없을 것이다. 당신의 시각계는 이런 상황을 감당할 준비가 되어있지 않다. 왜냐하면, 시각계는 실제로 이 자연현상에 존재하는 것만을 감당하도록 진화되어 왔기 때문이다. 그럼에도 시각계는 이런 이상한 각본이 제시되었을 때 완전히 포기하지는 않는다. 그렇기보다는 오히려 재미있는 일이 일어난다. 즉 시각계는 레몬을 보는 것과 장미를 보는 것 사이를 왔다 갔다하는 지각을 창조해 내는 것이다.

시각 과학자들은 양안경쟁을 이용하여, 다른 부위의 신경 발화가 어떻게 의식적 지각과 일치하게 되는가를 연구한다. 시각적 입력은 변하지 않았는데, 즉 장미와 레몬이 함께 제시되었는데, 우리의 의식적 지각은 레몬에서 장미로, 장미에서 레몬으로 왕복을 계속 반복하는 것이다. 양안 자극을 이용한 연구들은 사람이 의식적으로 지각하는 패턴이 무엇인가에 따라 선조피질의 활동이 영향을 받을 수 있음을 보여준다(Polonsky, Blake, Braun, & Heeger, 2000). 이는 우리에게 선조피질이 단순히 망막에 비추어진 것만을 부화화하기만 하는 것이 아니라는 것을 시사한다(망막상의 영상은 변하지 않았기 때문에). 그러기보다 선조피질은 우리가 의식적으로 지각한 특질을 부호화하고 있음을 시사한다. 그러나 선조피질 활성화의 변화가 경쟁 자극 간의 의식적 지각 변화를 실제로 일으키는 것인지, 아니면 더 상위 두뇌 영역에서 지각의 변화를 유도하며, 이 변화를 선조피질이 그냥 반영하고 있을 뿐인지는 여전히 논란의 여지가 있다(Lee, Blake, & Heeger, 2007). 어쨌든, 이런 연구들은 두뇌가 시각세계 표상에 적극 관여하고 있음을 보여준다.

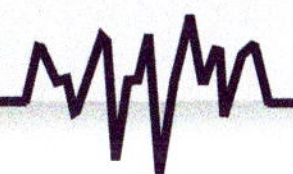

원에서 올 수 있는데, 하나는 서로 다른 선조피질내의 다른 세포에게 외측 연결성을 보내는 주변 세포들이거나 다른 하나는 시각계의 고차 수준에서 오는 되먹임 투사다. 연구에 의하면 이런 두 가지의 입력이 모두 선조피질 세포의 활동에 영향을 미치는 것 같다(Gilbert & Sigman, 2007; Lamme, 2004).

맹시와 시각 경로

이 시점에서, 이 장의 처음에 다루었던 맹시 환자의 사례를 다시 생각해 보자. 맹시를 가진 환자는 의식적인 '본다'는 경험이 없었는데, 이는 선조피질에 광범위하게 손상이 일어났기 때문이다. 그럼에도 그 환자는 원초적인 시각 변별을 할 수 있었다. 맹시를 이해하기 위해서는 어떤 경로가 이 환자의 온전한 시각 능력 부분을 담당하는 것일까 이해해야만 하므로, 이런 맹시 현상은 우리로 하여금 두뇌의 다른 시각계에 의해 이루어지는 여러 기능에 대해 생각할 수 있게 해준다.

일차시각피질이 손상된 사람은 주로 **피질맹**(cortical blindness)라는 것을 경험하는데, 이는 눈이나 시신경의 문제가 아니라 피질에 손상이 생겨 시각장애가 왔음을 의미하는 것이다. 만일 양쪽 두뇌의 일차시각피질에 손상이 생겼다면, 이 피질맹은 전 시야에 걸쳐 일어난다. 만일 한쪽 두뇌에만 손상이 있었다면, 환자는 1장에서 논의한 대로, 손상 반대편 시야만을 보지 못하는 **반맹**(hemianopia)을 경험하게 된다. 이런 환자들은 밝거나 어둡다는 감각 없이, 문제가 있는 시야의 모든 정보에 대하여 아무것에 보지 못한다고 보고한다.

피질맹 환자들 가운데 아주 일부만이 **맹시**(blind sight)를 보이는 데, 맹시란 환자 주관적 경험으로는 철저하게 시각장인(blind)이라고 느낌에도 특별히 검사를 해보면 시각의 일부 측면이 아직도 남아 있음을 보이는 것이다. 가장 근본적인 의미로, 피질맹은 일차시각피질이 시각 세계의 의식적 자각에

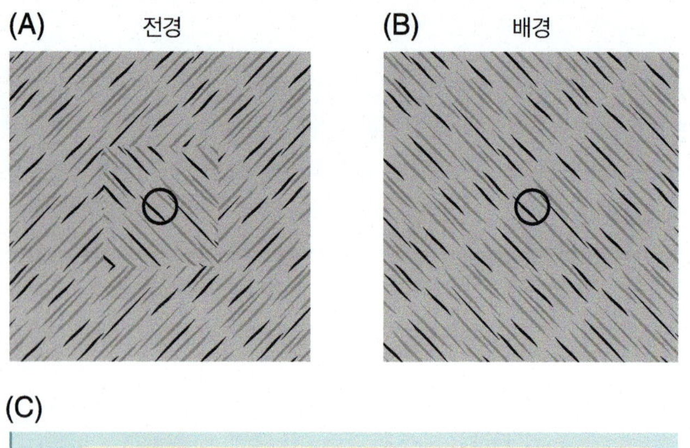

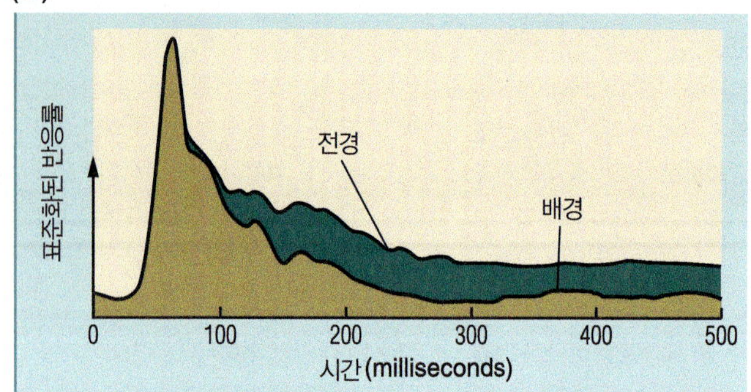

● **그림 6.11 전경(figure)과 배경(background) 지각.** (A)의 예 그림에서, 배경을 바탕으로 사각형이 있는 것처럼 지각될 것이고, (B)의 경우에는 그냥 모든 것이 배경으로만 지각될 것이다. (C)는 위 두 보기 그림의 중앙에 해당하는 부분이 해당 세포의 수용야라 할지라도, 그 수용야에서 한 방위로 지나가는 선들이 전경(figure)의 일부라고 지각되면, 그 같은 선들이 배경(background)의 일부라고 지각 될때보다 훨씬 더 강하게 반응한다는 것을 보여주고 있다. 출처: Figure 45.3, panels b & c from Lamme, V.A. (2004). Beyond the classical receptive field: Contextual modulation of V1 responses. In L.M. Chalupa & J.S. Werner (Eds.), The Visual Neurosciences (pp. 720~732). Copyright © 2003 Massachusetts Institute of Technology, by permission of The MIT Press.

필수적이라는 것을 알려준다. 그러나 맹시는 또한 일차시각피질이 모든 종류의 시각에 꼭 필수적인 것은 아니라는 것을 말해주는데, 시각의 어떤 측면들은 일차시각피질이 손상되었음에도 유지된 것을 보이기 때문이다.

비록 시각 기능의 어떤 측면이 보전되어 있느냐는 맹시 환자마다 모두 다르지만, 이런 환자들에게 아주 철저한 검사를 개관한 한 논문에 의하면, 이 보존된 기능과 관련된 몇몇 공통되는 영역들을 제시한다(Weiskrantz, 2004). 맹시 환자들은 목표물을 손으로 지적하거나 목표물로 눈을 돌려 점 모양의 빛(spot light)이나 막대 모양의 빛(bars of light)이 있는 지점을 가리킬 수 있다. 그리고 약 10도 정도만 달라도 그런 선 광들의 방향의 차이를 구별할 수 있다. 그 목표가 움직이는지 정지해 있는지에 대해서도 구별할 수 있다. 그리고 아주 기본적인 색 판단도 가능한 것 같은데, 예를 들어 그 사각형이 빨간색인지 회색인지를 구별할 수 있다. 환자들은 시각 형태에 대해서도 어느 정도 지식을 가지고 있음을 보이는데, 예를 들어 어떤 환자는 그 맹시야에 있는 특정 물건을 집기 위해 손을 적절하게 조절할 수도 있을 것이다. 이 모든 영역에서, 물론 수행 수준은 정상적인 시각을 가진 사람들이 하는 것보다는 훨씬 못하지만, 그래도 우연 수준보다 훨씬 높았다. 그뿐만 아니라, 이런 모든 환자사례에서 환자들은 자기들이 전적으로 추측(guessing)했을 뿐이며, 그 맹시야에 대해서는 전혀 '본다(seeing)'는 지각적 경험이 없다고 보고한다.

연구자들은 시각계의 어떤 부분이 이 맹시 환자들의 보존된 기능을 담당하는지에 관해서는 의견 일치를 보지 못하고 있다. 한 가지 가능성은 슬상선조계(geniculostriate system)는 손상되었더라도, 개시상침계(tectopulvinar system)가 여전히 온전할 가능성이다. 이런 설명은 직관적으로 그럴듯한데, 이는 이들 두 경로의 기능이 분리되어 있다고 알려진 것과도 일치한다. 또한, 고차 시각 각성을 필요로 하지도 않고 관여하지도 않는, 더 기초적인 기능을 개시상침계가 수행한다고 보는 생각과도 일치한다.

적어도 일부 맹시 환자들에게 있어서, 이 개시상침경로의 역할이 있었으리라는 것을 지지하는 증거가 시각 경로를 '확산텐서영상(diffusion tensor imaging)'으로 추적한 연구(Leh, Johnse-Berg, & Petito, 2006)에서 얻어졌다. 이 확산텐서영상 연구에서, 연구자들은 상소구(superior colliculus: 개시상침경로의 일부)로부터 시작하는 투사를 세 개의 다른 집단들, 즉 반구절제 수술 후 맹시가 있는 환자 집단, 대측 시야에 전혀 잔여 시각 능력이 남아 있지 않은 반구절제 환자 집단, 그리고 아무런 두뇌 손상을 입지 않은 통제 집단으로부터 연구하였다. 맹시 능력이 있는 환자 집단에서는, 손상된 반구의 상소구에서 시작되는 신경섬유가 반대편 반구의 여러 피질 영역 즉, 일차시각피질이나 시각연합영역 등과 연결되어 있었다(● 그림 6.12). 이 환자 집단의 이런 연결로들은 두뇌 비손상 통제 집단보다도 더 두드러진 것 같다. 반면 잔여 시각이 전혀 없는 반구절제 환자들에게서는 이 손상받는 쪽의 상소구가 피질 영역과 눈에 유의미한 연결을 보이는 것 같지 않다. 이런 결과들은 맹시가 개시상침경로에서 시작하여 피질 영역으로 이어지는 투사로에 의존하리라는 생각과 일치한다. 부가적인 증거는 맹시 환자들은 단파장-민감 추상체(short-wavelength-sensitive cone)로부터 오는 신호에 근거한 변별은 제대로 하지 못한다는 것이다. 이런 유형의 추상체는 상소구로 정보를 투사하지 않는 유형이다(Leh, Mullen, & Ptito, 2006). 다른 말로 하자면, 이런 환자들에게 온전하게 남아 있어 보이는 시각 능력은 상소구가 접근할 수 있는 유형의 시각정보에 국한되어 있다는 것이다.

맹시 환자의 잔여 시각능력을 매개하는 또 다른 경로는 LGN을 포함한다. 비록 LGN으로부터의 주된 투사로는 일차시각피질로 가지만, LGN은 다른 피질영역으로도 투사한다. 최근 원숭이 연구 결과에 의하면 LGN의 과립상 세포, 즉 K 세포 층은 운동(움직임) 지각이 처리되는 선조외 피질로 직접 투사한다(Sincich, Park, Wohlgemuth, & Horton, 2004). 따라서 맹시 환자들에게서 운동 탐지가 남아 있는 것은 바로 선조피질을 거치지 않고 가는 슬상로에 의해서 이루어지며, 그래서 선조피질이 손상되어도 온전하게 보존되었을 가능성이 있다.

또 다른 연구자들은 맹시 환자의 보존된 기능은 손상된 선조피질 안에 아직도 섬처럼 남아있는 일부 온전한 조직들에 의해서 이루어지는 것이라고 본다(Gazzaniga, Fendrich, & Wessinger, 1994). 이 견해에 의하면, 맹시는 선조외 피질계의 기능을 보여주는 게 아니라, 선조피질의 기능, 마치 전쟁에서 아군이 전멸한 후에도 남아서 최후까지 싸우는 군인 같은, 남아있는 선조피질의 기능을 대표하는 것이다. 이런 견해를 지지하는 증거는 어떤 맹시 환자, 즉 환자 CLT가 맹시야 내의 어느 작은 영역에 잔여 시각을 보유하고 있으며, 동시에 손상된 반구의 선조피질 내에도 정상적으로 보이는 부위가 있는 것으로 MRI상 발견되었기 때문이다(Fendrich, Wessinger, & Gazzaniga, 1992). 또 어떤 연구에서는 맹시 환자(환자 MC)가 비록 손상된 반구의 대측 시야에 대해 기능적으로 시각상실을 보임에도, 손상된 일차시각피질이 여전히 망막위상적 방식으로 시각적 자극에 반응하고 있음을 발견하였다(Radoeva, Prasad, Brainard, & Aguirre, 2008).

그렇지만 또 다른 연구자들은 맹시가 전체 피질을 외과적 수술로 절제한 환자들에게서도 증명된다는 사실을 지적한다. 이런 사례들에서, 시각을 지지할 만한 선조피질 조직이 전혀 남아있지 않기 때문이다(Stoerig, 1993; Ptito& Leh, 2007). 한 맹시 환자(FS)를 조사한 기능 영상 연구는 환자의 손상된 반구의 선조피질에서는 전혀 두뇌 활동의 증거를 발견하지 못하였다. 이들은 정상인에게서는 강력한 선조피질 반응을 일으키는 시각자극을 사용하였음에도 불구하고 그런 결과를 얻었다(Stoerig, Kleinschmidt, & Frahm, 1998). 또 다른 연구자들은 한 맹시 환자에게서는 선조 활동을 찾아내었지만, 또 다른 환자에게서는 찾아내지 못했다(Morland, Lê, Carroll, Hoffmann, & Pambakian, 2004). 그래서 정리하자면, 일부 맹시 환자들에게서는 선조피질이 남아 있다는 증거가 명백히 존재하기는 하지만, 그것이 이 증세를 보이는 환자 모두에 대한 그럴듯한 설명을 제공하지는 못할 것 같다.

아마도 맹시에 관한 이런 설명들이 상호 배타적인 것만은 아닌 것 같다. 즉 일차시각피질이 손상된 환자들에게도 잔여 시각을 지지할 만한 다른 하나 이상의 가능한 경로가 있을지도 모른다. 맹시 환자가 드물어서 아주 소수의 환자를 대상으로만 연구됐다. 각각의 환자마다 손상도 약간씩 다르고, 지각적 경험도 약간씩 다르다. 어떤 환자들은 시각 손실을 입은 시야에 아무것도 보이지 않는다고 주장하기도 하고, 어떤 환자들은 그들이 그 무엇인가를 '볼' 수는 없지만, '무엇인가 거기에 있는' 모호한 감각을 보고한다(Weiskrantz, 2004). 환자들이 이렇게 모두 달라서 현재로는 결론을 내릴 만한 것이 별로 없다. 보다 철학적 질문은 왜 어떤 종류의 시각 정보처리는, 예를 들어 선조피질에 의해 지지가 되는 것 같은 정보처리는 의식적 경험을 일으키는데, 다른 정보처리는 그렇지 않은

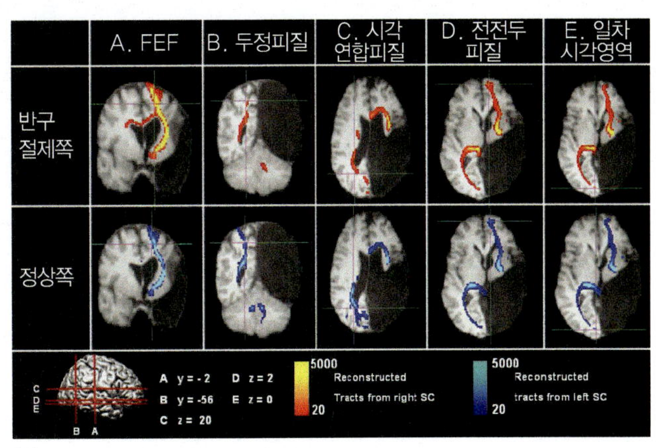

(A)

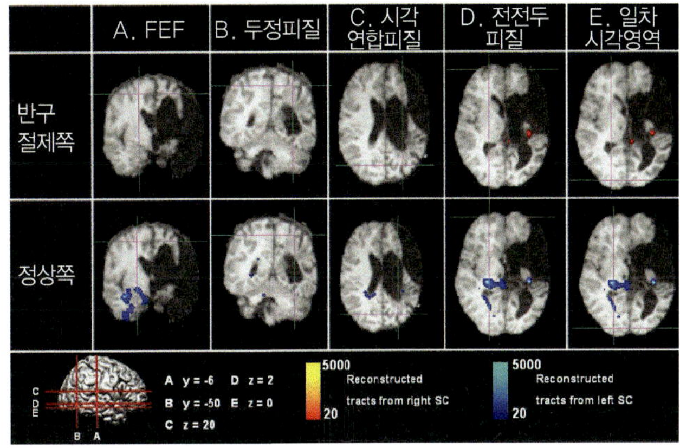

(B)

그림 6.12 맹시 환자의 상소구로부터의 온전한 신경 투사. (A)는 반구절제(Hemispherectomy' HS) 후 맹시(잔여시각)를 가지고 있는 어느 환자의 우측 상소구(적색)와 좌측 상소구(청색)에 연결을 하고 있는 해부학적 경로가 온전함을 보여준다. (B)는 반구절제 수술 후에 전혀 맹시 능력이 없는 어느 환자에서 그런 경로가 없음을 보여준다. 두 환자 모두, 어두운 회색으로 보이는 영역은 반구절제로 없어진 조직을 표현한다. 출처: Leh, S.E., Johansen-Berg, H., & Ptito, A. (2006). Unconscious vision: New insights into the neuronal correlate of blindsight using diffusion tractography. Brain, 129, 1822~1832.

가 하는 것이다. 이런 질문은 과학적 방법으로 다루기에는 훨씬 어려운 것, 어쩌면 불가능한 것일지도 모른다.

선조피질 그 이후의 시각 영역

선조피질은 시각 정보처리의 피질에서의 첫 번째 중심으로, 여기가 마지막 단계는 결코 아니다. 시각에 관여하는 것으로 보이는 피질 영역은 이 선조피질 말고도 열 개도 넘는다. 선조피질은 시각 세계에 대한 수많은 특성에 대한 표상을 제공하기는 하지만, 이 정보는 더 처리되고 전환되어야 비로소 이 세상을 이해하고, 그에 따라 활동을 할 수 있을 정도로 충분히 유용해질 수 있을 것이다.

■ 시각 세계의 다중 지도들

시각 과학자들에 의한 흥미로운 발견가운데 하나는 우리 뇌 안에는 시각 세계에 대한 수많은 지도가 있더라는 것이다. 지금까지는 LGN이나 일차 시각피질에 있는 망막위상 지도(retinotopic map)에 대해 초점을 맞추어 왔는데, 사실은 선조피질을 넘어선 영역들, 소위 선조외 피질(extrastriate)이라고 불리는 시각피질들에서도 유사한 지도가 존재한다.

● 그림 6.13은 짧은 꼬리 원숭이에서 이 추가 영역들, 소위 V2, V3, V4라고 불리는 영역들을 보여주고 있다. 각각의 영역들은 V1처럼 망막위상으로 지도화되어 있다. 예를 들어 우반구의 V2 영역은 좌시야를 포함하고 있고, V3 영역도 그렇다. 일반적으로 말해서, 각 영역의 배측 절반은 아래쪽 시야를 표상하고, 복측 절반은 시야의 위쪽 절반을 표상한다.

뇌의 다른 부위에 있는 망막위상 지도와 마찬가지로, V2, V3, V4에 있는 지도들은 원숭이에서 단일세포기록법으로 연구됐는데, 이 경우 각각 세포의 수용야를 확인하고 주변 세포들의 수용야와 비교하였다. 최근 연구자들은 fMRI를 이용하여 인간의 피질에서의 망막위상 지도화를 연구하게 되었다. fMRI를 이용하여 망막위상 지도를 확인하기 위해서는, 중심에서부터의 각도를 달리하는(편각: polar angle) 자극(쐐기 모양의 위치)뿐만 아니라, 중심에서 떨어진 정도(편심성: eccentricity)를 달리하는 자극들을 체계적으로 제시한다. 이런 실험에서 전형적으로 사용되는 자극의 종류가 ● 그림 6.14에 제시되었다. 연구자들은 이런 종류의 자극들을 여러 조합으로 제시하여 피질의 한 부위가 가장 잘 반응하는 시야 부위가 어디인가를 결정하고자 한다(Wandell& Wade, 2003).

분명히 다음과 같이 의문을 가지게 될 것이다. 이런 망막위상 지도들을 가지게 되는 이유가 무엇일까?(그리고 이런 것들이 알려진 것만 해도 세 개 이상이다) V1, V2, 그리고 V3 영역은 각각 다른 기능에 기여하는가? 이 영역들은 시각 세계의 서로 다른 속성을 표상하는가? 이런 질문의 답은 우리가 이런 시각 지도의 기능에 대해서 정말로 알지는 못한다는 것이다. 그렇지만 일부 선조외 피질에 대해서 연구자들은 특정 기능을 제시하고 있다. 예를 들어 MT(또는 V5라고도 불림)라는 선조외 피질이 있는데, 이 영역은 운동 지각과 관련이 있으며, 자세한 것은 8장에서 더 논의하게 될 것 이다. 비록 논란의 여지가 있기는 하지만 V4 영역은 색 지각에 특별한 역할을 하는 것으로 상정되고 있다. 다음 절에서, 우리는 V4의 색 지각에서의 역할에 초점을 맞추고, 이렇게 한 특정 선조외 피질을 어떤 특정 지각 기능과 연결하려는 시도로 제기되는 문제는 무엇인지를 설명해보도록 하겠다.

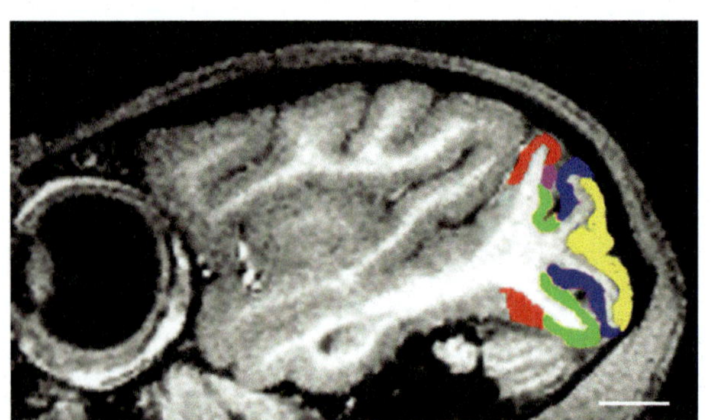

● **그림 6.13 짧은 꼬리 원숭이(macaque monkey) 두뇌의 선조시각피질(striate visual area)과 선조외 시각피질(extrastriate visual area)의 위치.** V1(노란색으로 표시)영역과 달리, V2 영역(파란색), V3(초록색), 그리고 V4(빨간색)는 배측과 복측 반반으로 분리되어 있다. 출처: Wandell, B.A., & Wade, A.R. (2003). Functional imaging of the visual pathways. Neurologic Clinics of North America, 21, 417~443. Reprinted by permission of Elsevier.

■ V4 영역: 색 부호화에 특화된 부분인가?

두뇌 손상 환자들에 대한 관찰은 시각피질의 한 하부 영역이 색 지각에 담당할지도 모른다는 생각을 처음으로 하게 했다. 전색맹, 또는 **완전색맹**(achromatopsia) 환자들은 색이 결여된 지각경험을 하게 되는 손상을 시각피질에 입었다(개관을 위해 Bouvier & Engel, 2006; Cowey & Heywood, 1997 참조). 이런 환자들은 세상이 강약만 다른 회색으로 보인다고 보고하며, 색 이름을 말하는 데도 장애를 보이고, 색상에 근거해서 자극을 식별하는 것에도 어려움을 겪는다. 이런 환자들이 주로 후 복측 피질에 손상을 입은 경우이기 때문에 이 영역의 일부 부위가 색 지각에 중요한 역할을 담당하리라고 추론하는 것은 논리적이다.

그렇지만 동시에 시각의 다른 측면은 다 정상인데 색 지각만 예외인 그런 순수 전색맹이 없는 것 같다는 것은 주목할만한 가치가 있다. 오히려 전색맹인 사람들은 공간지각이나 패턴 재인 문제도 보이는 경향이 있다(Bouvier & Engel,

2006). 전색맹의 순수 사례가 없다는 것은 뇌 어느 한 부위만 정확하게 손상되는 경우가 거의 없고, 그래서 혹시라도 '색 영역'에 작게 있다면 그 부위는 물론 다른 시각 영역도 손상을 입었기 때문일 것이다. 또는 순수 전색맹 사례가 없다는 것은 색상만 전적으로 따로 처리하는 '색 영역'이 없다는 뜻일 수도 있다. 이 문제에 답을 찾으려면 손상 이외의 다른 방법론을 찾아볼 수밖에 없다.

30년도 더 전에, 연구자들은 짧은 꼬리 원숭이의 V4라는 영역에 있는 세포들이 특히 색에 민감하다는 것을 발견했다(Zeki, 1973). 더 흥미 있는 것은, 이 세포들이 색 항상성(color constancy)을 보인다는 것이다(Zeki, 1983; 또한 Kusunoki, Moutoussis, & Zeki, 2006 참조). **색 항상성**은 색이 여러 다른 조명 조건에서도 늘 비슷한 색으로 보이는 지각 현상을 말하는 것이다. 예를 들어 빨간색 스웨터는 밝은 형광등 아래에서 보나 흐린 백열등 아래에서 보나, 조명의 근원이 아주 극단적으로 다르고, 그래서 그 스웨터에서 반사되어 우리 눈으로 들어오는 빛의 파장이 아주 극단적으로 다른데도, 한결같이 빨간색으로 보인다는 것이다. 이렇게 다른 조건에서도 그 스웨터가 빨간색으로 지각이 유지되기 때문에, 두뇌가 주변 조명의 강도와 파장을 고려하여 색을 계산하였을 것이다. V4 영역 세포들에서 바로 이런 색 항상성, 즉 조명에도 특정 색에 대한 선호성이 보인다는 것은 이 영역이 색 항상성에 필요한 계산과정에 없어서는 안 될 영역일 가능성을 시사하게 한다는 것이다. fMRI와 단일세포기록법을 함께 사용한 후속연구에서 V4는 색에 민감하지 않은 세포의 군집 사이에 함께 섞여 있는 색에 민감한 세포의 군집으로 이루어져 있음이 발견되었다(Conway, Moeller, & Tsao, 2007). V4가 단일한 유형의 세포들로만 이루어진 것이 아니라는 점 이외에도, 이 새로운 발견은 우리로 하여금 단일세포 기록법의 제한점, 즉 주어진 영역의 수백만 개 세포 중에서 일부만을 표집하는 단일세포기록법의 제한점을 깨닫게 한다.

신경영상법을 인간의 색 정보처리를 연구하기 위해 사용한 연구들은 색 변별을 해야 하는 조건을 회색으로 이루어진 자극들 속에서 밝기의 차이를 변별해야 하는 조건과 비교하였다(Bartels & Zeki, 2000; Beauchamp, Haxby, Jennings, & DeYoe, 1999; Hadjikhani, Liu, Dale, Cavanaugh, & Tootell, 1998; McKeefry & Zeki, 1997). 이런 연구들은 색 조건이 후엽의 복측 표면에 있는 영역을 활성화한다는 것을 보고하였다. 이런 활성화 영역들은 전색맹 환자가 손상을 입은 위치와 상당히 잘 일치한다(Bouvier & Engel, 2006).

그렇지만 여전히 이 뇌 영역들을 어떻게 명칭해야 할지는 논란의 여지가 있다. 즉 이 뇌 영역이 원숭이가 우리와 진화 기원을 공유하기 때문에 원숭이의 V4 영역과 진정한 의미의 상동 영역인가? 그리고 이 영역이 기능적으로 원숭이의 V4 영역과 같은 역할을 하는가? (Wandell& Wade, 2003 참고) 하는 문제가 논란의 여지로 남아있다. 어떤 연구자 팀(Barteles & Zeki, 2003)은 인간 두뇌의 복측 표면 부분에 두 개의 활성화 영역이 있는데, 후측에 있는 영역은 망막위상적으로 잘 조직화되어 있어, 아마도 원숭이의 V4에 대응되는 영역일 것이고, 그보다 전측에 있는 또 다른 영역은 망막위상적 조직화가 별로 정확히 존재하지 않는 것을 보고하였으며, 이 영역을 V4α (● 그림 6.15)로 따로 명명했다. 또 다른 연구팀은 대략 V4에 해당하는 영역의 보다 전측에 있는 영역에 색상에 민감한 활성화가 있음을 보고하면서, 이 영역을 V8이라고 불렀다(Hadjikhani et al., 1998). 이 영역에 대한 서로 다른 의견에도 적어도 두 가지는 분명하다. 하나는 복측 시각피질에 색-민감 영역이 존재한다는 것이고, 다른 하나는 이 영역이 V4 자체는 물론이고, V4의 전측 영역을 포함하는 것 같다는 점이다. 위에 말한 두 가지 중 후자의 결론도 V4를 넘어 더 전측 영역이 색 지각에 관여한다는 원숭이 연구에서 발견되는 증거들과 잘 들어맞는다(Conway et al., 2007; Tootell, Nelissen, Vanduffel, & Orban, 2004).

V4가 두뇌의 색 중추라는 생각은 지나치게 단순한 생각이라는 것 또한 분명하다. 한편으로는, 원숭이 V4에 있는 세포는 색 말고 다른 속성에도 반응을 보인다. 예를 들어 선의 방위, 깊이, 그리고 공간 주파수와 같은 속성에도 반응한다(David, Hayden, & Gallant, 2006; Desimone & Schein, 1987; Hegdé & Van Essen, 2005). 반면, 시각 흐름의 보다 초기에 있는 영역들에 있는 세포도 색 정보를 부호화하는 것으로 보인다(V4보다 더 전측에 있는 영역이 그러하듯이). 예

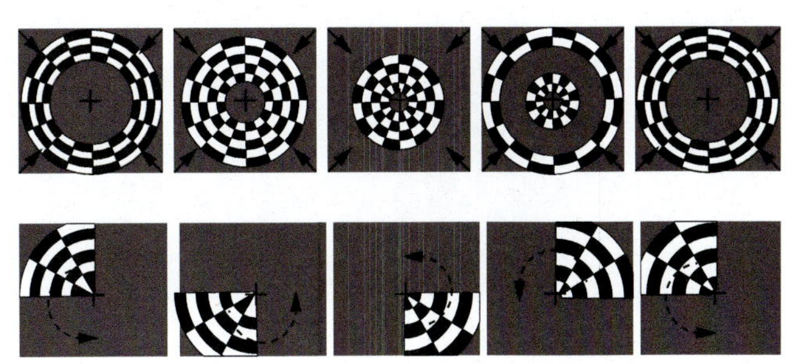

● **그림 6.14 인간의 피질 영역에 망막위상을 지도화하는 데 사용되는 전형적인 자극들.** 윗줄은 편심성(eccentricity)이 다른 자극들이다. 중간에 있는 자극은 중심와를 주로 자극하게 되지만, 양쪽 끝에 있는 두 개의 자극들은 말초 시야를 주로 자극하게 된다. 이런 두 유형의 자극으로 활성화되는 두뇌 영역을 비교함으로써 두뇌의 어떤 부분이 중심와를 표상하고 어떤 부분이 말초, 즉 주변 시야를 표상하는지 알 수 있게 된다. 아래 줄은 편각이 서로 다른 자극들을 보여준다. 이런 자극들은 시각 세계의 각각의 사분 면이 시각피질의 어느 부위에 지도화되는가를 알아내기 위해 사용된다. 출처: Wandell, B.A. & Wade, A.R. (2003). Functional imaging of the visual pathways. Neurologic Clinics of North America, 21, 417~443.

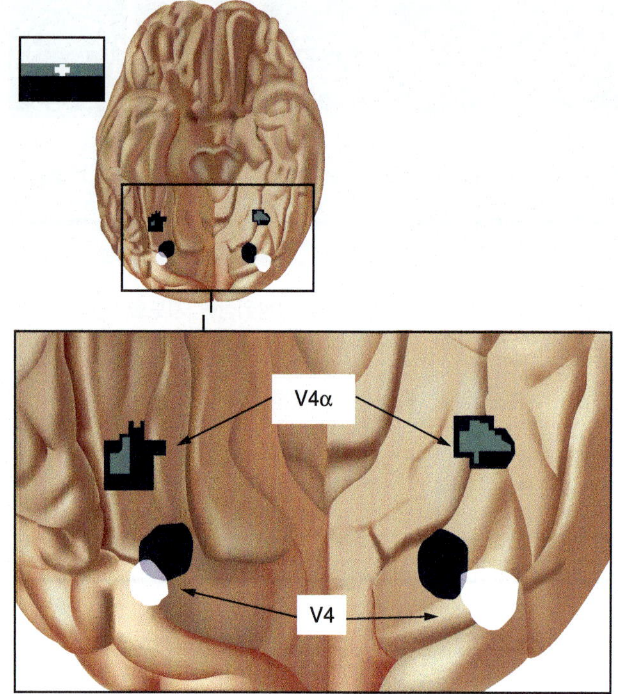

● **그림 6.15 복측 시각피질의 색-민감 영역.** Bartel과 Zeki(2000)의 연구에서 색에 민감한 두 영역을 발견하였다. V4라고 불리는 보다 후측 영역은, 망막위상적 조직화를 보이며, 위(흰색)와 아래(파란색) 시야에 각각 가해진 시각 자극은 이 영역의 약간 서로 다른 하위 영역에서의 반응을 일으키는 결과를 보인다는 것을 발견했다. 보다 전측의 색 민감 영역(V4α라고 표시된)은 그런 망막위상적 지도가 보이지 않는데, 시야의 상측 하측에 대한 자극으로 관찰되는 활성화의 위치가 중복된다. 출처: Fig. 5 from Bartels, A., & Zeki, S. (2000). The architecture of the color center in the human visual brain: New results and a review. European Journal of Neuroscience, 12, 172~193.

를 들어 원숭이 연구는 V2와 V3의 세포 중의 절반 정도는 어떤 색에 다른 색보다 더 강한 반응을 보이면서 색 민감성을 나타낸다(Gegenfurter & Kiper, 2004). 그래서 V4를 색 민감도를 보이는 독특한 영역으로 볼 수 없는 것 같다. 그보다 색이 시각 정보처리 흐름의 몇몇 단계, 예를 들어 V4와 그보다 더 전측 영역들은 물론 망막의 추상체와 LGN의 소세포 층으로부터 더 나아가, 선조피질, 그리고 선조외 피질인 V2와 V3에서 모두 부호화되는 지각 특질로 봐야 할 것이다(Conway & Tsao, 2006).

그렇다면, V4와 색 지각에 대해 무슨 결론을 내릴 수 있는가? 인간 신경영상 연구와 환자 연구들은 복측 선조외 피질의 하위 영역들이 색 처리와 관련이 있다는 것을 명백히 시사한다. 그러나 이 관련성의 정확한 본질이 무엇인가는 여전히 과학자들의 논란 대상이 된다. 즉 어떻게 서로 다른 하위 영역을 규정할 것이며, 그리고 각 하위 영역들은 색 지각에 어떤 독특한 이바지를 하게 되는가는 아직도 분명하지 않다. 이런 논쟁이 계속되는 동안, V4 영역이 색의 부호화에만 관여하고 다른 것에는 아무것도 관여하지 않는다고 단순하게 생각하고 싶은 덫에 빠지지 말아야 한다. 즉 V4가 중요하기는 하지만 더욱 분산된 색 지각 모델이 맞을 가능성이 높다. 비록 지금까지 V4에 관해서만 심도 있게 살펴보기는 했지만, 이런 논의에서 배운 교훈은 다른 시각피질에도 다 적용되는 것으로, 이는 연구자들이 어느 한 두뇌 구조를 시지각의 어떤 하나의 기능과 연결을 시키고자 하면 직면하게 되는 문제이다. 단순한 구조-기능 연합은 시간이 지날수록 빛이 바래기 마련이며, 연구자들은 여러 다른 종들과 서로 다른 방법론으로 얻어진 연구결과들을 통합하여 더욱 완벽한 그림을 얻고자 온 힘을 다 해야 한다.

■ '무엇'과 '어디' 경로로의 확산

두뇌의 시각 영역 조직화의 복잡성은 ● 그림 6.16에서 볼 수 있는 것처럼 정말 상상을 초월한다. 그림 6.16은 짧은 꼬리 원숭이의 여러 시각 반응 영역 간의 해부학적인 연결성에 대한 대략적 묘사일 뿐이다(Felleman& Van Essen, 1991). 인간의 시각 체계는 이보다 복잡하거나, 최소한 이만큼 복잡할 것이다. 이런 복잡성 가운데서 그래도 연구자들은 정보의 흐름이 선조피질을 떠나면서 어디로 가는가에 대해 두 개의 중요한 경로를 알아내었다. 선조피질은 두뇌의 아래쪽으로, 즉 하 측두피질로 가는 복측 경로와 두정피질 쪽으로 가는 배측 경로가 있다(● 그림 6.17). V4 영역은 이미 앞의 절에서 논의하였지만, 이는 이 분기점을 지나 좀 더 측두엽 쪽으로 가는 복측 경로의 첫 번째 행보 중의 하나라고 볼 수 있을 것이다.

선조피질을 나온 두 개의 경로 가운데 하나를 따라 정보가 이동하게 되면서, 상위단계 시각의 목적에 맞는 정보의 변형이 일어나게 된다. 경로를 따르는 각 단계마다 정보는 한 단계 더, 망막에서 부호화되었던 '가공 전 원재료' 형태에서 더 멀어지게 만들어지며, 시각적 세상에 대한 좀 더 추상적인 표상의 형태를 띠게 되면서 상위단계로 향하게 된다. 자세한 것은 7장과 8장에서 다시 다루도록 하겠다. 복측과 배측 두 경로에서 일어나는 이런 정보처리는 두 개의 주 시각 목적에 이바지하는 것으로 생각된다. 하나는 대상의 정체 확인, 다른 하나는 그 대상의 공간 위치를 표상하는 것이다(Ungerleider & Mishkin, 1982; Ungerleider& Pasternak, 2004). 이런 기능들은 '무엇(what)'과 '어디(where)' 기능이라고 일컬어지는 것으로, 두 가지 질문, 즉 '내가 무슨 종류의 사물을 보고 있는가(What kind of object am I looking at?)'와 '이것은 시공간 상에서 어디에 있는가(Where is it located in visual space?)'라는 질문에 대한 답이다.

배측과 복측 경로의 해리에 대한 증거는 원숭이 두뇌손상 연구에서 왔다. 이 연구에서(Mishkin, Ungerleider, &

Macko, 1983), 원숭이는 전혀 다른 두 개의 시각 변별과제를 수행하도록 훈련되었는데, 하나는 공간의 위치를 이해해야 하는 과제이고, 다른 하나는 대상의 모양을 이해해야 하는 과제였다(● 그림 6.18). 첫 번째 과제에서, 원숭이에게 똑같은 덮개로 덮힌 두 개의 먹이-우물을 보여주고, 그리고 작은 탑 하나를 두 개의 우물 중 어느 하나에 가까이 놓아둔다. 그 탑의 위치는 시행마다 바뀌며, 음식은 그 탑에 가까운 먹이-우물 시행마다 달리 숨겨졌다. 먹이를 얻으려면 원숭이는 이 공간 위치를 이해해야만 했다. 두정엽(배측 흐름: dorsal stream)이 손상된 원숭이는 이 과제에서 크게 곤란을 겪는데, 측두엽(복측 흐름: ventral stream)이 손상된 원숭이는 곤란을 겪지 않았다.

두 번째 과제에서는, 원숭이에게 어떤 물건(줄무늬 피라미드 같은 것)이 중앙 위치에 놓였다. 이 물건은 먹이-우물 위에 놓여 있으며, 다른 물건(예를 들어 체크무늬 사각형)은 다른 먹이 우물 위에 덮여 있었다. 매 시행 음식은 새로운 물건 아래 숨겨져 있었다(이 경우 체크무늬 사각형). 이 절차는 소위 **표본 비일치 방안**(nonmatch-to-sample paradigm)이라고 알려진 절차인데, 먹이를 얻기 위해 원숭이가 이전에 본 표본과 일치하지 않는 항목을 골라야 하기 때문이다. 이런 과제를 정상적으로 수행하는 데는 두 모양 간에 변별하는 능력이 요구된다. 측두엽 손상을 입은 원숭이는 이런 과제에 매우 서투르지만, 두정엽 손상된 원숭이는 정상적으로 수행했다. 이런 세련된 이중 해리(double dissociation)는 배측과 복측 경로가 공간 이해와 대상 재인에 각각 결정적으로 중요한 기능을 한다는 것에 대한 증거를 제공하게 된다.

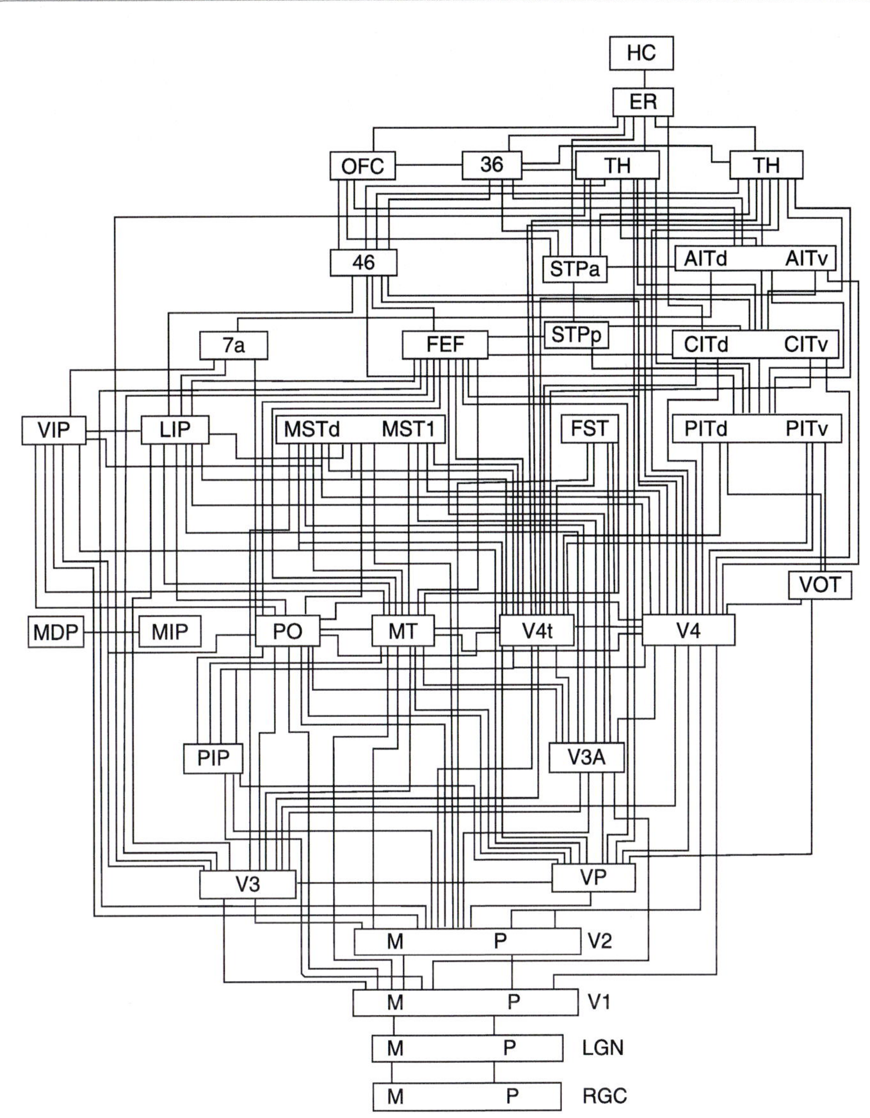

● **그림 6.16 시각피질의 복잡성 도식.** 각 상자는 시각에 관여하는 역할을 하는 개 피질 영역을 나타내며, 선은 이들 영역 간의 경로를 나타낸다. 이 자료는 Felleman과 Van Essen (1991)에 의해 보고된 짧은 꼬리 원숭이의 해부학적 발견들에 근거해서 만들어진 것이다. 출처: Felleman, D.J., & Van Essen, D.C. (1991). Distributed hierarchical processing in the primate cerebral cortex. Cerebral Cortex, 1, 1~47. Reprinted by permission of Oxford University Press.

인간을 대상으로 한 신경영상 연구 역시 이런 복측 경로와 배측 경로에 대한 기본적 구분을 확실하게 해준다. 예를 들어 한 연구에서 참여자들은 화면에 제시된 사물 그림을 보게 되었다(Marois, Leung, & Gore, 2000). 일부 시행에서 대상의 정체가 (예를 들어 의자에서 차로) 바뀌고, 어떤 시행에서는 공간 위치가 바뀌었다. 비록 이 중의 어떠한 변화라도 배측과 복측 흐름 영역 모두의 활동 증가가 야기되지만, 그 증가의 양은 그것이 대상의 정체인지 위치인지에 따라 달라진다. ● 그림 6.19에서 보여주는 것처럼, 정체의 변화는 위치 변화보다 외측 후피질과 하측 측두피질의 활동화의 보다 더 큰 폭의 증가를 일으키는 반면, 위치의 변화는 상측 후피질과 후측 두정피질의 활동에 더 큰 증가를 일으킨다.

비록 초기 연구들이 배측 흐름이나 복측 흐름을 '어디(where)'와 '무엇(what)'으로 개념화하였지만 다수의 연구자들은 현재 '어디(where)'보다는 '어떻게(how)'경로라는 것으로 배측 흐름을 개념화한다. 이는 두뇌에서 시각 세계를 향

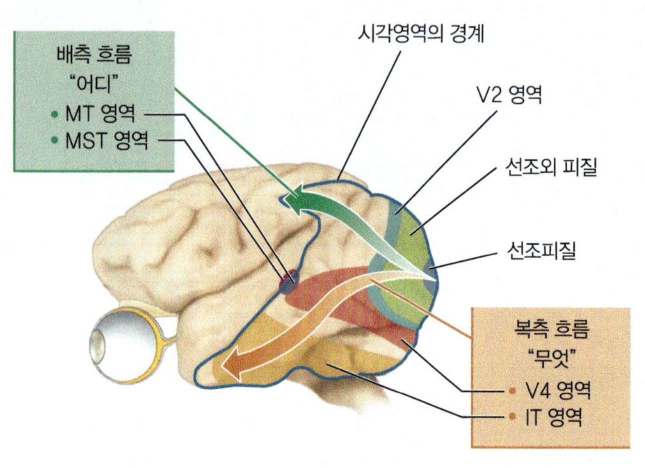

● **그림 6.17 시각정보의 복측 흐름과 배측 흐름의 도식.** © 2010 Cengage Learning

한 우리의 행동을 지배하는 운동영역과 이 배측 흐름이 밀접한 관계를 맺고 있기 때문이다(Goodale & Milner, 1992; Goodale & Westwood, 2004). 복측과 배측 경로의 기능은 대상 재인을 다루는 7장과 공간 인지를 다루는 8장에서 훨씬 심도 있게 다루게 될 것이다. 여기서는 이 두 경로가 시각계 내의 또 다른 평행적 정보처리의 예라는 것을 이해하는 데 도움이 될 것이다.

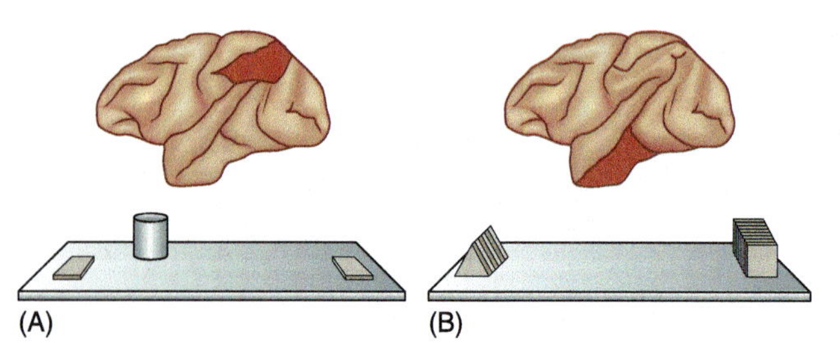

● **그림 6.18 원숭이의 배측 대 복측 흐름 손상에 민감한 과제들.** (A) 표식 구별 과제에서 원숭이는 두 개의 똑같이 생긴 먹이-우물 덮개와 표식을 보게 된다. 이 중 하나의 먹이-우물에는 음식이 숨겨져 있으며 해당하는 표식이 있다. 이 표식의 위치는 시행마다 무선적으로 바뀌어서 어떤 때는 왼쪽의 먹이-우물에 가 있는가 하면 어떤 때는 오른쪽의 먹이-우물에 가 있다. 빨간색으로 표시된 것처럼, 후측 두정 영역에 해당하는 두 뇌 부위에 양측 손상을 입은 원숭이는 이런 과제를 수행할 수 없다. (B) 대상-변별과제에서는, 원숭이가 형태가 분명하게 구별되는 두 개의 먹이-우물 덮개를 보게 되며, 이중 하나는 시행 전부터 익숙한 것이다. 보상은 이전에 본 적이 없는 음식-덮개에 숨겨져 있다. 이런 과제는 *표본 비일치 방안*(nonmatch-to-sample paradigm)이라고 알려진 것인데, 동물이 이전에 본 적이 없는 물건으로 덮인 우물을 선택해야 하기 때문이다. 하측 측두 영역에 양측 손상을 입은 원숭이는 (빨간색에 해당하는 부분) 이런 과제를 수행하지 못한다. © 2011 Cengage Learning

청각 처리 과정

지각의 신경적 근거에 관한 연구는 오랫동안 시각 연구가 주도해 왔는데, 이는 영장류가 대단히 뛰어난 시각 능력을 갖추었다고 알려졌기 때문이다. 소리 지각인 청각은 영장류 두뇌에서 역시 중요한 감각 기능으로, 언어 같은 일부 청각 기능은 인간에만 해당하는 상대적으로 독특한 핵심 기능이기 때문이다. 이 절에서는 청지각의 신경학적 근거에 관한 연구 중 가장 중요한 발견들을 살펴보기로 하겠다.

왜 청각과 시각 감각 모두를 다 가졌는지에 생각해 보는 것도 도움이 될 것이다. 청각은 시각으로부터 얻지 못하는 무엇을 우리에게 제공하는가? 시각은 눈이 쳐다보고 있는 것에만 제한된다는 것이 명백한 한계이다. 시각은 우리 뒤에서 무엇이 진행되고 있는지에 대한 정보는 전혀 제공하지 못한다. 마찬가지로 시각은 멀리서 일어나고 있는 것들에 대한 정보를 거의 제공하지 못하지만, 소리는 훨씬 더 긴 거리를 여행할 수 있다. 또 뻔한 이야기긴 하지만, 시각은 밤에는 별로 쓸모가 없다. 우리는 등 뒤 덤불 속에서도, 또는 저 멀리에서도, 또는 어둠 아래서도 위험과 기회가 다 존재할 수 있는 그런 세상에서 진화해 온 존재이다. 그래서 소리를 지각하는 능력은 빛의 형태를 지각하는 능력에 대단히 유용한 보완이 된다. 청각 정보처리는 말소리 지각에도 없어서는 안 될 중요한 정보로서 9장에서 더 상세히 논의하게 될 것이다.

■ 청각의 계산화 문제

청각계는 시각계와 마찬가지로 일종의 계산화 문제를 해결해야 한다. 음고(pitch), 소리 크기(loudness), 그리고 소리의 시차(timing) 같은 다른 감각 특질이 처리되어야 특정 청각적 사건, 예를 들어 자명종 소리라든지, 아기 울음소리 같은 청각 사건을 재인할 수 있게 된다. 자극의 여러 특질을 표상해야 하는 이런 청각계의 요구들은 대비, 선의 방위, 밝기, 그리고 색과 같은 특질을 표상해야 하는 시각계의 요구와 비슷한 것이다. 이런 중요한 특질들의 표상은 감각 수용기에 의해 부호화되는 기초적인 입력들(시각은 망막에 닿은 점 모양의 빛, 또는 소리는 내이의 유모세포를 자극하는 음파)로부터 두뇌에 의해 구성되는 것이다.

시각계와 마찬가지로 청각계도 전경을 배경으로부터 구분할 필요가 있다. 예를 들어 시지각은 우리로 하여금 나무 전체의 배경으로부터 사과 하나를 구별하는 것을 가능하게 한다. 이와 마찬가지로 청지각도 주변 배경 소음으로부터 단 하나의 소리 흐름, 예를 들어 말하는 사람의 목소리를 구별해 내는 것을 가능하게 한다.

시지각이 세상에서 대상의 위치를 파악하는 것처럼, 청지각도 공간에서 소리 위치를 파악하는 것을 가능하게 한다. 예를 들어 사자의 포효하는 소리가 당신의 왼쪽에서 들리는지 뒤에서 오는 것인지를 알아차리는 것은 유용할 것이다. 공간 국재화(localization)는 시각보다 청각에서 더 어려운 문제인데, 이는 귀의 소리 수용기의 초기 배열상에 공간을 부호화할 수 있는 것이 아니기 때문이다. 그래서 청각 공간의 표상은 뇌에서 계산되어야 한다. 곧 알게 되겠지만, 공간 국재화에 필수적인 계산화는 청각계의 매우 초기 단계부터 시작된다.

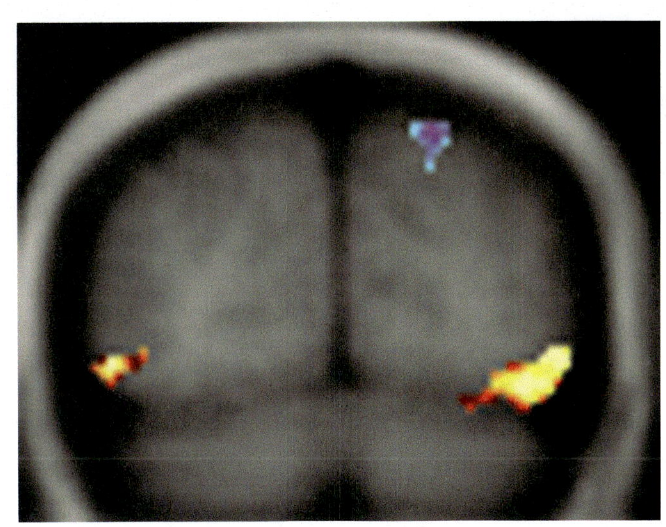

● **그림 6.19 대상의 방향(object orientation)과 대상 정체(object identity)에 민감한 영역 간의 구분.** 이 연구에서, 참여자들은 일부 시행에서는 사물 그림을 보았다. 한 시행에서는 사물의 정체가 변화하는 반면, 다른 시행에서는 그 공간 위치가 변화하였다. 이 그림은 복측 흐름 영역이 공간 변화보다 대상 변화로 더 활성화되었음을(노란/빨간색으로 표시) 보여주며, 배측 흐름 영역은 대상 정체 변화보다 위치 변화에 의해 더 활성화(보라/파란색으로 표시)되었음을 보여준다. 출처: Fig 4. from Marois, R., Leung, H.C., & Gore, J.C. (2000). A stimulus-driven approach to object identity and location processing in the human brain. Neuron, 25, 717~728.

■ 청각 경로의 조직화

이미 알고 있겠지만, 청각 정보처리는 귀에서 시작된다. 귀는 대단히 복잡한 기관이며(● 그림 6.20), 여기서는 가장 중요한 특징만 초점을 맞추고 넘어가겠다. 내이(inner ear) 안에는 **와우관**(cochlea, 달팽이관)이 있으며, 이 와우관에는 소리 에너지를 신경 충동으로 전환하는 세포가 있다. 와우관은 나선으로 감겨 올라가며, 와우관에는 일련의 막(membrane)이 있는데, 이 막은 소리 파장이 귀로 들어올 때 서로서로 움직이게 되어있다. 이 막이 앞뒤로 움직일 때 이 움직임에 의해 **유모세포**(hair cells)가 자극된다(● 그림 6.21). 이 유모세포는 소위 **섬모**(cilia)라고 불리는 작은 털들이 세포 위에 솟아 나와 있는데, 소리 진동의 반응으로 이 섬모가 움직이는 것이 궁극적으로는 이 유모세포로 하여금 활동전위를 방출하게 한다. 이 유모세포의 축색이 나선 신경절 세포(spiral ganglion cell)에 시냅스 연접하고, 이 신경절 세포가 곧 청각 신경(auditory nerve)을 이루게 된다. 이는 망막 신경절 세포가 시신경을 형성하게 되는 것과 같다.

서로 다른 주파수의 소리 진동은 와우관 내에 있는 다른 하위 집단의 유모세포들을 자극하게 된다는 것이 중요하다. 즉, 고주파 소리는 저주파 소리랑 다른 유모세포들을 자극하게 되는 것이다. 만일 와우관을 반듯하게 풀어낼 수 있다고 가정하면, 고주파에 민감한 유모세포는 와우관의 아래 기저 부분에, 저주파에 민감한 유모세포들은 와우관의 꼭대기 첨탑 부분에 있는 셈이다. 어떤 유모세포들 집단이 자극되었는가를 알면 두뇌는 어떤 주파수대의 소리가 제시되었는지를 결정할 수 있게 되는 셈이다. 이런 조직화가 **음위상 지도**(tonotopic map)를 만들어내게 되는 것이며, 이는 망막에 떨어진 빛의 형태가 망막위상 지도(retinotopic map)를 형성하는 것과 같은 이치이다. 청각은 이 지도가 소리 주파수를 표상한다는 점이 다를 뿐이다.

청각 정보는 몇몇 지점을 지나 귀에서 청각피질로 전달된다(● 그림 6.22). 이 지나는 부위 중에 두 군데가 뇌간에 있다. 첫째, 청신경은 연수의 **와우핵**(cochlear nucleus)에 연접하며, 거기서부터 연수 내의 **상올리브핵**(superior olivary nucleus)으로 정보를 보내게 된다. 와우핵과 올리브핵들 사이에, 연결경로들은 동측(ipsilateral)과 대측(contralateral) 모두로 뻗어 나가며, 그래서 양 쪽 귀에서 시작된 정보가 결국은 좌측 올리브핵과도, 우측 올리브핵과도 공유되는 셈이다. 정보는 이곳으로부터 중뇌의 **하소구**(inferior colliculus)로, 그리고 거기서 다시 시상의 **내측 슬상핵**(medial geniculate nucleus)으로 보내진다. 내측 슬상핵으로부터 마침내 일차 청각피질로 정보가 보내지며, 더 상세한 내용을 다음 절에서 다루기로 하겠다.

이쯤에서 청각로와 시각로의 차이점과 유사점을 살펴보는 것이 유용할 것이다. 이 두 경로는 어떤 점에서 유사하다. 예를 들어 중뇌의 하소구는 청각 정보를 받아들이며, 이 하소구의 바로 위에 있는 상소구는 시각 정보를 받아들인다. 상소구와 하소구의 근접성은 다시 원시적인 시청각 상호작용을 가능하게 해서 환경 자극의 방향으로 주의 기울임, 즉 정향반응(orientation)을 도와준다. 더 나아가 시상의 내측 슬상핵은 청각 정보를 받아들이지만, 외측 슬상핵은 시각 정보를 받아들이는데, 이 두 시상 핵들은 각각 감각 양식의 일차피질로 투사한다.

시각계와 청각계가 함께 가지고 있는 특징은 하향 투사로에도 어느 정도 존재한다. 이 장에서 우리는 주로 귀에서 피질

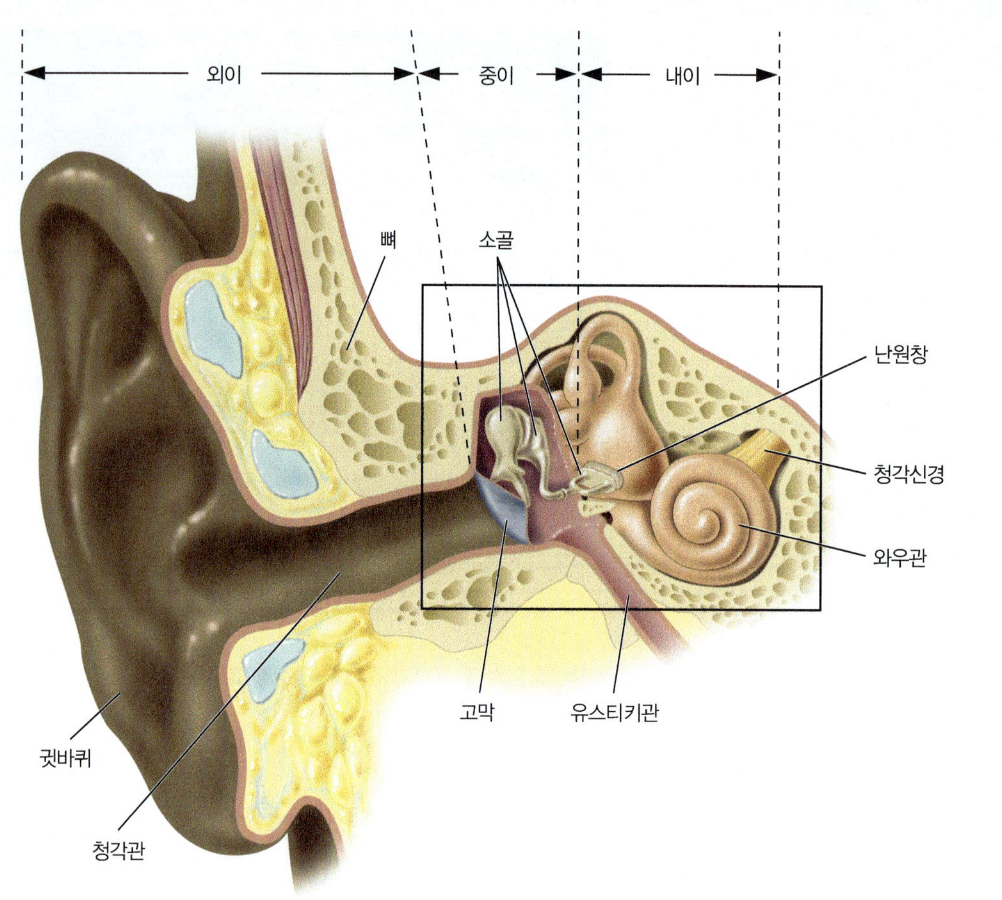

● **그림 6.20 귀의 해부학.** 소리는 귀에 이도(canal)로 직접, 또는 귓바퀴(pinna)에서 반사되어 간접으로 들어온다. 이도에서 소리는 고막(tympanic membrane)을 자극하게 되고, 그로부터 다시 내이(inner ear)의 뼈(소골)들을 진동시키게 된다. 이 진동은 난원창(oval window)을 통해 와우관으로 전달된다. © 2010 Cengage Learning

로 투사하는 상향 투사로에 초점을 맞추어왔다. 그렇지만 하향 투사도 존재하고 있으며, 이 하향 투사는 청각 정보처리 연쇄의 모든 단계로 조율적 영향을 보낸다. 하향 신호는 이런 식으로 주의, 기대, 그리고 맥락적 요소의 효과 등을 표상하며, 귀에서 피질로 올라오는 정보를 조형할 수 있다. 이런 하향 투사는 시각계에서 시각피질에서 LGN으로 투사하는 하향 투사와 기능적인 유사성이 있다.

이런 유사성을 넘어서, 우리는 시각계와 청각계의 차이도 볼 수 있다. 예를 들어 귀와 청각피질 사이에는 눈에서 시각피질 사이보다 지나는 점이 훨씬 많다. 이는 청각계에서는 일종의 계산화가 뇌간과 같은 초기 단계들에서 진행된다는 것을 의미한다. 더 나아가, 양쪽 귀에서 오는 청각 정보는 뇌간 수준에서 공유되는 반면, 두 눈으로부터의 시각 정보는 시각피질 수준에 도달하기 전까지는 통합되지 않는다.

■ 공간 국재화에 대한 뇌간의 계산화

위에서 언급하였듯이, 와우관 자체는 망막과 달리 공간적 위치를 직접 지도화하지 않기 때문에 음원(sound source)에 대한 공간적 국재화(spatial localization)는 청각계에 의해 계산됨이 틀림없다. 여기서 우리는 이런 계산화가 뇌간에서 이루어지는지에 대한 다른 종들로부터 얻어진 증거는 물론, 청각계가 소리를 국재화하기 위해 어떤 정보 단서를 사용하는지를 논의해 보겠다.

우리가 두 개의 귀를 가지고 있다는 사실은 소리를 국재화 하는 데는 아주 중요한 것이다. 청각계는 두 귀의 입력을 비교하여 소리의 위치를 계산한다. 마치 시각계가 두 눈에서 들어오는 입력을 비교하여 공간 깊이 차원을 계산하는 것과 마찬가지이다(이때 공간적 깊이는 망막에서 부호화되는 정보가 아님을 기억하자). 귀가 머리의 반대편에 서로 붙어있기 때문에 하나의 음원은 각각의 귀에, 음원이 위치에 따라 다른 효과를 미치게 된다. ● 그림 6.23에서 설명하였듯이, 머리의 오른쪽에서 오는 소리는 왼쪽 귀에 도착하는 시간보다 오른쪽 귀에 도착하는 시간이 아주 약간 빨라진다. 그리고 오른쪽에서 오는 소리가 왼쪽 귀에 도착하기 전에 머리가 소리를 차단하기 때문에, 왼쪽 귀보다 오른쪽 귀에 도달하는 소리가 약간 크기 마련이다. 그래서 **두 귀 간의 시간 차이**(interaural time difference)와 **두 귀 간의 강도차이**(interaural intensity differenc)를 비교하여, 청각계는 음원의 공간적 위치를 유추할 수 있게 된다. 이런 계산화 과정은 아주 정밀한 시간계산을 요구하는데, 이는 두 귀 간의 시간 차이가 주로 1 ms보다 더 적기 때문이다.

청각계는 소리가 어떻게 귀나 머리에 의해 조형되는가를 보여주는 아주 복잡한 단서들을 이용한다. 위에서 오는 소리

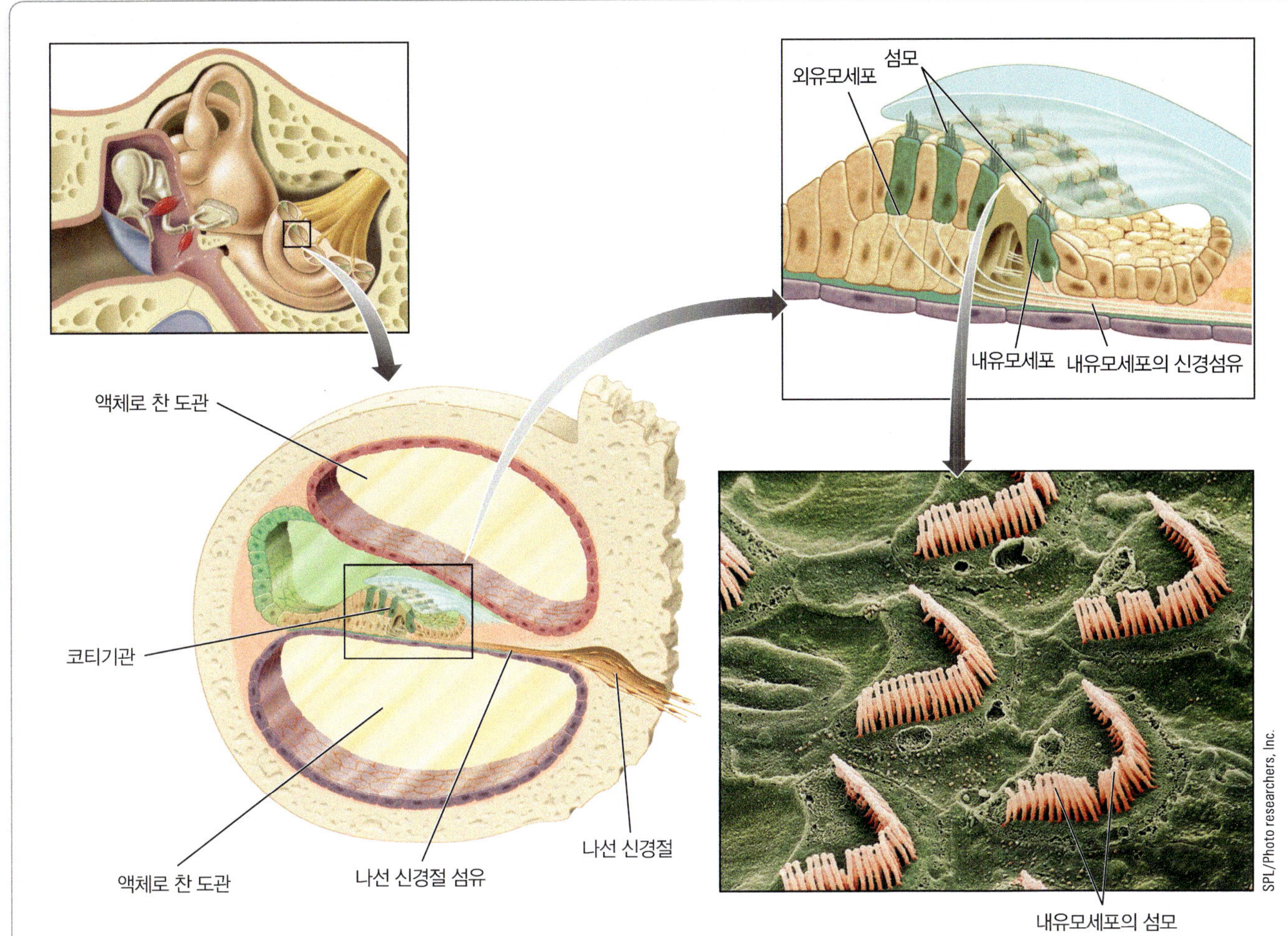

● **그림 6.21 와우관.** 와우관의 중간에는 코티기관(organ of Corti)이 존재하며, 이곳에는 소리에 반응하는 유모세포들이 자리 잡고 있다. 코티기관은 양쪽에 림프액 같은 액체로 가득 찬 수로로 둘러싸여 있는 셈이다. 내이 유모세포의 섬모 운동은 전기적 신호로 변환된다. 이 전기적 신호는 나선신경절 세포로 전달되고, 이 신경절 세포의 축색이 청신경의 근간을 형성한다. © 2010 Cengage Learning

와 아래서 오는 소리는 외이의 구조에 의해 다르게 조형되며, 이런 단서들은 청각계에서 분석되어 수직 차원의 공간적 위치를 결정할 수 있게 된다. 외이에 의한 소리 조형이 소리 국재화에 얼마나 영향을 미치나를 스스로 증명할 수 있는 쉬운 방법이 있다. 친구에게 당신이 눈을 감고 있는 동안 오른쪽 앞, 위쪽, 아래쪽에서 열쇠꾸러미를 달랑거리라고 부탁해 보라. 다음은 귀를 구부려 귀 구멍을 막고 똑같이 해보라. 무엇을 알게 되었는가?

다른 종으로부터의 증거가 시사하는 바는 뇌간 구조가 공간 위치의 기본적 계산화를 수행할 수 있다는 것이다. 올빼미와 같은 포식 조류로부터 수많은 연구를 수행하였는데, 이는 그들이 아주 탁월한 공간 국재화 능력이 있기 때문이다(Konishi, 2003). 예를 들어 밤에 저 아래에서 부스럭대는 작은 생쥐의 소리를 듣고 있는 올빼미가 높은 나뭇가지 꼭대기에 앉아 모습을 상상해 보라. 그 올빼미는 그 생쥐가 정확히 어디 있는지를 알 필요가 있는데, 그래야 올빼미가 그 먹잇감으로 쏜살같이 내려가 낚아챌 수 있기 때문이다. 올빼미의 예외적인 공간 국재화 능력 일부는 이렇게 종 특유의 적응을 반영한다. 예를 들어 올빼미의 두 귀는, 하나는 약간 위를, 다른 하나는 약간 아래를 향하고 있으며, 약간 비대칭으로 기울어져 있는데, 이는 소리를 구분하는 데 도움이 된다. 올빼미를 통해 청각 공간에 대한 뇌간의 계산화에 대해 우리가 알게 된 것들의 대부분은 포유동물에도 적용된다(Schnupp & Carr, 2009).

뇌간은 좌우 귀에 다른 소리의 도착 시간을 고려한 소위 **지연 선**(delay lines)이라는 것과 **동시발생 탐지기**(coincidence detector)라고 불리는 세포들을 사용하여 공간위치를 계산한다. 이에 대한 도식적 설명이 ● 그림 6.24에 제시되어 있다. 기본적 개념은 세포마다 두 귀에서 오는 신호 간의 특정 시간 차이에 선호적으로 반응한다는 것이다. 이 지연선과 동시발생 탐지기에 대한 개념을 이해하기 위해 다음의 비유를 고려해 보자. 예를 들어 두 명의 주자가 축구장의 반대편에서

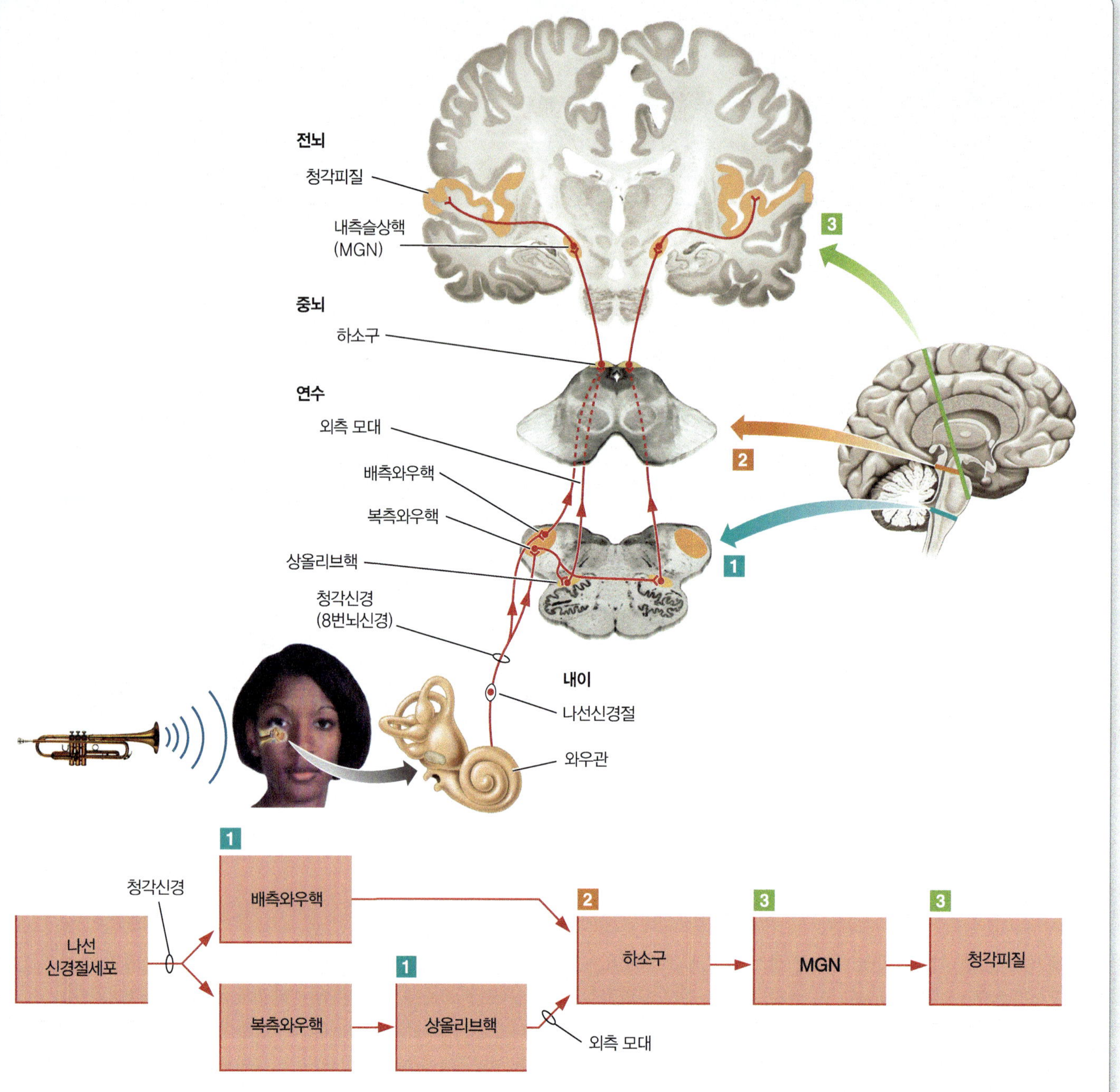

● **그림 6.22 와우관에서 피질로의 청각 경로.** 귀로부터 시작한 정보는 연수, 중뇌, 그리고 시상을 통하는 여러 단계를 거친 후 피질로 투사된다. 양쪽 귀에서 오는 정보는 뇌간 단계에서 유사한 위치에 처음 연접되어, 소리의 공간 위치를 결정하는 데 중요한 역할을 하게된다. © 2010 Cengage Learning

각각 시작한다고 생각해 보자. 만일 이 주자들이 아주 똑같은 시간에 반대편을 향해 뛰기 시작하였다면 (그리고 똑같은 속도로 달린다면), 그 두 주자는 축구장의 한가운데서 정확히 만나게 될 것이다. 그렇지만 한 주자가 약간 먼저 시작하였다면, 두 주자는 축구장의 중간에서 만나지 않게 될 것이다. 먼저 출발한 주자가 좀 더 먼 거리를 왔을 테니, 더 늦게 출발한 주자에게 약간 더 가까운 어딘가에서 만나게 될 것이다. 만일 어느 주자가 더 먼저 출발하였나를 알고 싶다면, 두 주자가 어디서 만나는가를 살피면 되는 것이다. 만일 그들이 정중앙에서 만난다면, 두 주자가 동시에 정확히 출발한 것을 알게 될 것이다. 만일 그들이 왼편으로 치우쳐 ¼ 정도 되는 데서 마주치게 된다면, 한 주자가 더 빨리 출발하였다는 것(물론 누가 더 빨리 출발하였는지)을 알게 될 것이다.

이제 주자들 대신에, 양쪽 귀에 도착하는 소리가 있고, 서로 축구장이 아니라 축색을 따라 신호가 이동하는 것으로 생각해 보자. 이 축색은 '지연 선'이라는 불리는 것으로 중뇌에

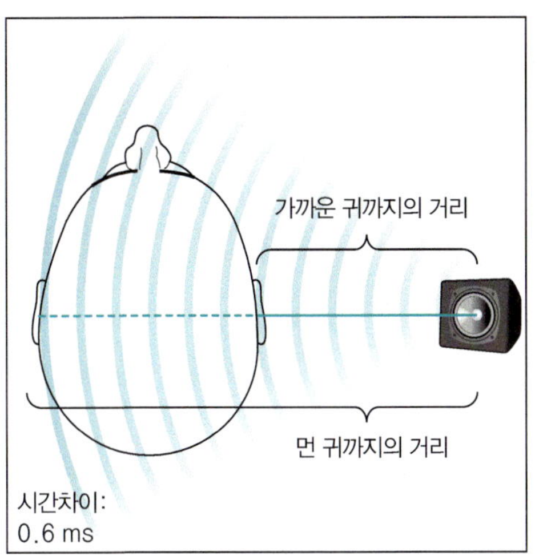

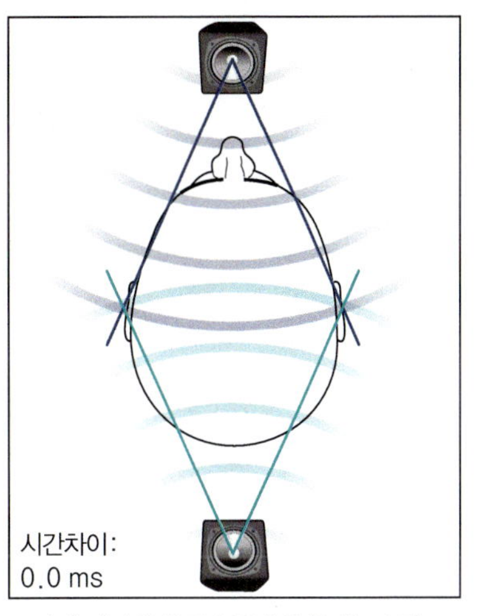

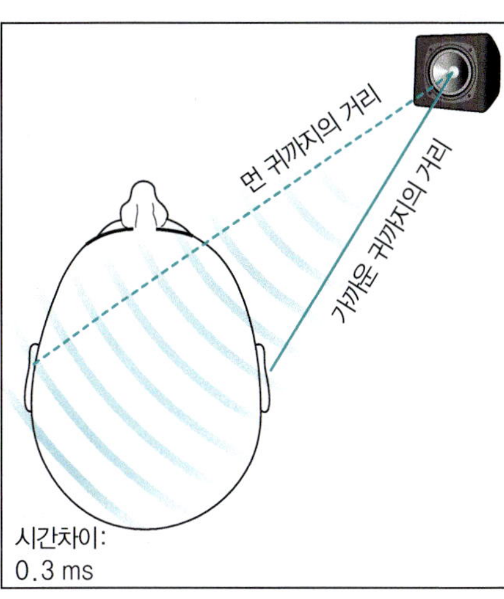

(A) 머리에 직각으로 들어오는 소리 (B) 머리의 앞이나 뒤에서 들리는 소리 (C) 머리에 45도로 들어오는 소리

그림 6.23 양쪽 귀로부터의 입력을 비교함으로써 소리 국재화하기. (A)에서 소리는 오른쪽 귀에 왼쪽 귀보다 0.6 ms 정도 일찍 도달한다. (B)그림에서는 소리가 바로 앞쪽이나 바로 뒤에서 시작하기 때문에 좌우 귀에 동시에 도달한다. 그래서 소리가 바로 앞에서 오는지, 뒤에서 오는지를 구분하는 것이 어려울 때도 있으나, 다행히도 머리를 조금만 돌려도 이런 혼동을 피할 수 있다. (C)그림에서는, 오른쪽에서 약 45도 정도의 각도에서 소리가 들어오면 왼쪽 귀 보다 오른쪽 귀에 약 0.3 ms 먼저 도착하는 것을 알 수 있다. © 2010 Cengage Learning

도착하면서 그 경로를 따라 줄로 늘어서 있는 세포들과 연접한다고 생각해 보자. 마치 미식 축구장에 있는 야드 선처럼 이 경로상에 있는 모든 세포는 지점마다 위치를 잡고 있다고 볼 수 있다. 더 나아가 각각의 세포들은 이동하는 신호(traveling signal)로 자극되며, 왼쪽 귀와 오른쪽 귀에서 들어오는 신호가 동시에 도달할 때 최대한으로 자극된다. 각 세포는 그래서 '동시 탐지기'라고 불리는데 왜냐하면, 두 귀에서 들어오는 입력의 동시성에 최대한으로 반응하기 때문이다. 이 경로의 정중앙에 있는 세포(미식 축구장 예로 들자면 50야드에 있는)는 두 귀에서 시작한 신호가 이 경로에서 동시에 만날 때 최대한으로 흥분될 것이다. 왜냐하면 두 신호가 이 중앙에 있는 세포에서 서로 만날텐데, 둘 다 동시에 세포를 자극할 것이기 때문

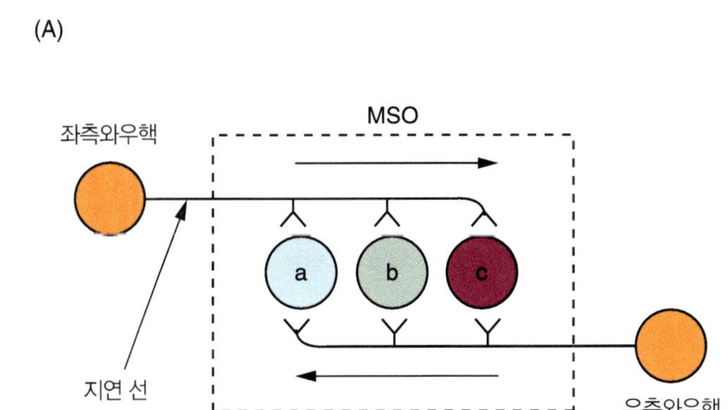

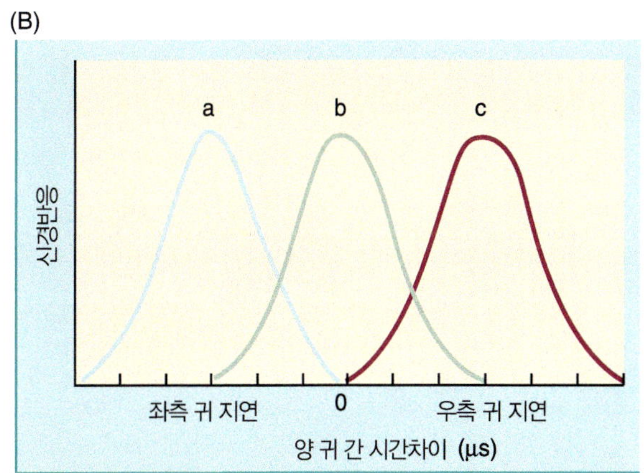

그림 6.24 뇌간에 있는 지연선과 동시발생 탐지기 모델 (A) 우측과 좌측 와우핵으로부터 신호가 뇌간의 내측 상 올리브핵 축색을 따라 보내지는데, 이를 *지연 선*(delay line)이라고 부른다. 이 핵들의 세포(여기서 a, b, c로 표시된)는 양쪽 귀에서 오는 입력으로 동시 자극된다. (B) 세포 a, b, c는 서로 다른 '두 귀 시간차'에 최대한으로 민감하게 반응한다. 예를 들어 세포 a는 처음에 오른쪽에 들어오고, 조금 뒤에 왼쪽 귀에 들어오는 소리에 가장 잘 반응할 수 있다. 이런 각본하에서 양쪽 와우핵으로부터 입력들이 세포 a에 동시에 도착할 수 있기 때문이다. 반면 세포 b는 좌우 귀에 동시에 도착하는 소리에 가장 잘 반응할 수 있고, 세포 c는 소리가 왼쪽 귀에 먼저 도착하고 약간의 짧은 지연 후에 오른쪽 귀에 도착할 때 가장 잘 반응할 수 있다. 이런 양 귀 시간 차이는 소리의 위치에 대한 단서이며, 이들 세포는 다른 소리 국재화를 부호화하게 된다. 출처: Cohen, Y.E., & Knudsen, H.I. (1999). Maps versus clusters: Different representations of auditory space in the midbrain and forebrain. Trends in Neuroscience, 22, 128~135. Reprinted by permission of Elsevier.

이다. 그렇지만 다른 세포, 25야드 선에 있는 것 같은 세포에 대해 한번 생각해 보자. 이 세포는 한쪽 귀에서 신호가 먼저 출발했을 때 가장 흥분될 것이다. 왜냐하면, 먼저 출발한 신호가 나중에 시작한 신호와 만나기 전에 이 경로를 따라 더 멀리(25야드 선 쪽으로) 와 있을 것이기 때문이다.

중요한 것은 어느 동시 탐지기가 가장 흥분하였는가를 아는 것이 왼쪽 귀와 오른쪽 귀 신호가 이 지연 선을 따라 어디서 만났는가를 아는 것과 같은 셈이며, 그것을 아는 것은 어느 쪽 머리에서 신호가 먼저 출발하였는가를 알려주는 셈이다. 이제 먼저 출발한 것이 양 귀의 시간 차이를 표상하는 것으로, 이것이 소리의 위치에 대한 단서가 된다는 것을 기억하자. 그렇다면 논리적으로, 이 지연 선을 따라 있는 세포들의 활동이 음원에 공간적 위치를 부호화하는 것이다.

외양간 올빼미 같은 동물모델을 아주 세심하게 연구함으로써, 연구자들은 이런 동시 탐지기가 상올리브핵에 위치한다는 것을 알게 되었고(올빼미에서는 층판핵이라고 불린다), 이곳에서 두 귀로부터 오는 정보가 비교되는 첫 번째 위치라는 것도 알게 되었다(개관을 위해서 Cohen & Knudsen, 1999; Konishi, 2003; 그림 6.22 참조). 그래서 뇌간 수준에서, 두 귀의 입력을 비교하여 청각 공간 지도의 계산이 본질에서 이루어 진다. 청각처리 과정 연쇄의 이후 단계들은 이 공간 장소 정보를 계속 사용한다. 예를 들어 하소구도 상소구의 공간에 대한 시각 지도와 통합이 이루어지는 청각 공간지도를 가지고 있다. 청각 사건에 빨리 반응하는 데 공간 위치가 중요하므로, 이것이 정보처리 흐름의 매우 이른 단계에서 부호화된다는 것은 이해하기 쉽다.

지연 선 모델은 어떻게 공간 위치가 간단히 부호화되는지를 설명하는 매우 세련된 계산화 모델이다. 물론 더 생각해 보면 볼수록, 그것만으로 충분치 않다는 것을 알게 될 것이다. 예를 들어 왼쪽 귀로는 낮은음을 들었고, 오른쪽에서는 고음을 들었다고 생각해 보자. 어떻게 청각계가 이 서로 떨어진 두 개의 위치를 알아차릴 수 있을까? 하나의 단서는 올리브핵에는 여러 개의 지연 선이 있으며, 각각 지연 선이 다른 주파수에 대응한다는 것이다. 그래서 저음은 고음과는 다른 동시 탐지기들을 통하여 정보처리되며, 각각의 소리가 별개로 국재화될 수 있다. 추가로, 이전에도 언급하였지만, 두뇌는 두 귀 간의 시간 차이뿐 아니라 두 귀 간의 크기(강약) 차이도 위치에 대한 단서로 사용한다. 두 귀의 강도 차이는 두 귀 간의 시간 차이를 처리하는 곳보다는 약간 다른 부위의 올리브핵에서 부호화되는 것 같다(Cohen & Knudsen, 1999). 마지막으로 소리가 오른쪽 또는 왼쪽 바깥 귀를 되돌아 올 때 소리의 변화하는 구성요소 같은 보다 복잡한 단서들도 두뇌는 잘 사용한다. 이런 더 복잡한 공간 위치에 대한 신경 부호화는 현재로는 잘 이해되지 않고 있다.

■ 청각피질의 조직화

일단 청각 정보가 피질하 통로를 통하여 상행하면, 일단 청각피질에 도착하는데, 측두엽의 실비안 열 바로 아래이다. 청각피질의 배열은 영장류를 포함한 다른 포유류들에서 단일세포기록법을 통하여 연구되어 왔다. 비록 신경영상법 환경이 청지각을 연구하는 것이 좀 어렵게 만들기는 하지만, 인간의 신경영상 연구들 또한 청각피질의 구조화 문제를 다루어 왔다. 예를 들어 fMRI 연구를 수행하는 데 필요한 기계들은 엄청나게 소음을 발생시킨다. 그뿐만 아니라, 자연스러운 소리(예를 들어 여러 다양한 거리에서 들어오는 것으로 지각되는 소리 같은 것)를 자기공명영상 장치 내에서 재생하기도 어렵다. 그럼에도, 인간과 다른 종에 대한 연구는 청각피질 구조화에 대한 주된 요인에 대해 일반적으로 일치하는 결과를 내놓고 있다(개관을 위해선 Recanzone & Sutter, 2008 참조).

첫째, 청각피질은 ● 그림 6.25에서 보여주는 것처럼 몇 개의 영역으로 나누어 진다. 이들 영역은 소위 **핵심부**(core), **벨트부**(belt, 중심부를 싸고 있는), 그리고 **벨트주변부**(parabelt)로 불린다(개관을 위해 Hackett & Kaas, 2004; Romanski & Averbeck, 2009 참조). 이 핵심부 자체는 다시 A1(일차청각영역), 그리고 문측야(rostral field)와 문측 측두야(rostrotemporal field)로 불리는 부위가 A1의 앞쪽에 있다. 그 핵심 영역은 내측 슬상핵에서 입력을 받으며, 벨트 영역은 대부분의 입력을 핵심 영역으로부터 받고, 벨트주변 영역은 입력을 벨트 부분에서 받는다. 그래서 일종의 대략적인 위상적 관계가 내측 슬상핵에서 핵심부, 벨트, 그리고 다시 벨트주변 영역으로 이어지는 것처럼 보인다. 그렇지만 벨트와 벨트주변 영역도 내측 슬상핵으로부터 직접 입력을 받는 것으로 보아, 이런 위계적 조직화가 완전히 융통성 없는 것은 아니다.

핵심 영역 안에 있는 이 세 개의 영역은 모두 **음위상 지도**를 가지고 있다. ● 그림 6.26이 A1 내의 음위상 지도를 보여주고 있다. 음위상 지도는 어떤 점에서 시각피질의 망막위상 지도와 유사한 점이 있는데, 이 두 지도 모두 감각 세계의 어떤 특질을 체계적인 방식으로 지도화해 내고 있다는 점에서 그러하다. 그렇지만 망막위상 지도가 근본적으로 공간의 지도(즉 망막의 지도)라면, 음위상 지도는 공간 지도가 아니다. 그보다는 음 주파수의 지도이다. 이 소리의 **주파수**(frequency)는 음파가 얼마나 빠르게 진동하는가를 말하는 것으로 대략 우리가 음고(pitch)라고 지각적으로 경험하는 것과 대응된다. 즉 고주파 소리는 고음으로, 저주파 소리는 저음으로 들린다. 일차 청각피질에서, 각각의 세포는 어떤 특정 주파수의 소리에 가장 잘 반응하는데, 주변의 이웃하는 세포들도 유사한 주파수에 가장 잘 반응한다. 이런 점에서 와우 세포들이 바로 주파수에 따라 조직화되어 있기 때문에, 음위상 지도는 와우관 지도이기도 하다.

음위상 지도 내의 세포들도 수용야를 가지고 있는 것으로 생각될 수 있겠지만, 이들 수용야가 시각계처럼 공간적으로 정의될 수 있는 게 아니다. 오히려, 개개 세포들은 선호하는 소리 주파수대가 있고, 단지 특정 영역 내의 주파수만이 세포를 흥분시킬 수 있으며 다른 주파수는 그 세포에 아무런 반응을 일으키지 않는다. 각 세포에 있어서 우리는 그 세포가 다른 여러 주파수 범위에 걸쳐 어떤 민감도를 보이는지에 대한 그래프를 생성할 수 있다(● 그림 6.27). 이 그래프는 종종 세포의 **동조곡선**(tuning curve)이라고 불린다.

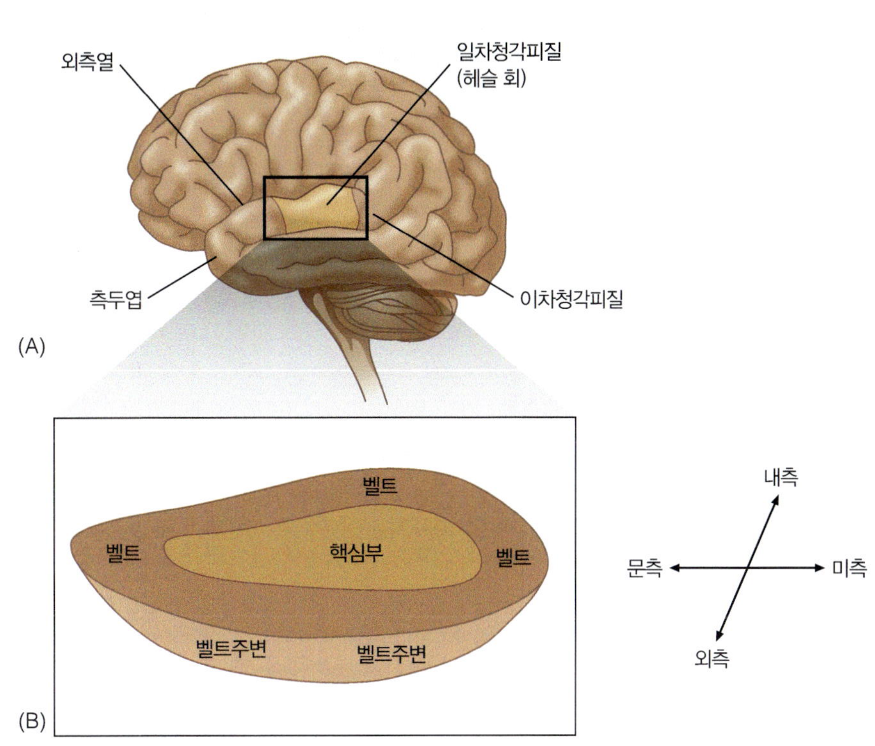

● **그림 6.25 청각피질.** (A) 인간 두뇌의 청각피질의 위치. (B) 짧은 꼬리 원숭이의 청각피질의 표상은 중앙 핵심 부위(central core area), 그를 둘러싸고 있는 벨트(beld)와 벨트주변(parabelt) 영역으로 이루어져 있다. © 2010 Cengage Learning

청각피질의 다른 부위에 있는 세포들은 다른 동조곡선을 보인다. A1 내에서 세포들은 특정 주파수에 예리하게 조율되어 있으나, 벨트나 벨트주변 영역에서는 세포들이 좀 더 광범위하게 조율되어 있어 다양한 범위의 주파수 자극에 반응한다. A1에서는, 세포들이 순수 음(하나의 주파수로만 이루어진 음)들에 최대한으로 반응하지만, 주변 영역들에서는 세포들이 여러 개개 주파수를 통합한 더 복잡한 자극들에 최대한으로 잘 반응한다. 벨트와 벨트주변 영역이 손상된 원숭이는 핵심부가 온전하더라도 복잡한 양상의 소리, 예를 들어 일련의 음조 같은 것을 식별하는 데 문제를 보인다(Kaas at al., 1999). 원숭이를 이용한 또 다른 연구들은 외측 벨트 영역내의 세포들이 원숭이의 목청소리에 특히 민감함을 보여주고 있다(Romanski & Averbeck, 2009). 그래서 시각계처럼 청각계도 어떤 위계가 있어서, 초기 피질 단계가 단순한 특질을 표상하는 반면 후기 피질 단계가 더 복잡한 복합적 특성을 보인다.

인간에게 있어서, 외측 벨트영역과 벨트주변 영역은 말소리 지각에 특히 중요한 것으로 알려진 측두평면(planum temporale)에 해당하는 영역이다. 두뇌의 좌측에 있는 측두평면은 말 소리에 활성화되며, 좌우 반구 모두에서 이 영역은 음의 패턴, 음악, 환경 소리 같은 다른 복잡한 청각 소리에 활성화된다(Griffiths & Warren, 2002). 그래서 이 영역은 청각 패턴 재인에 아주 중요한 것 같다.

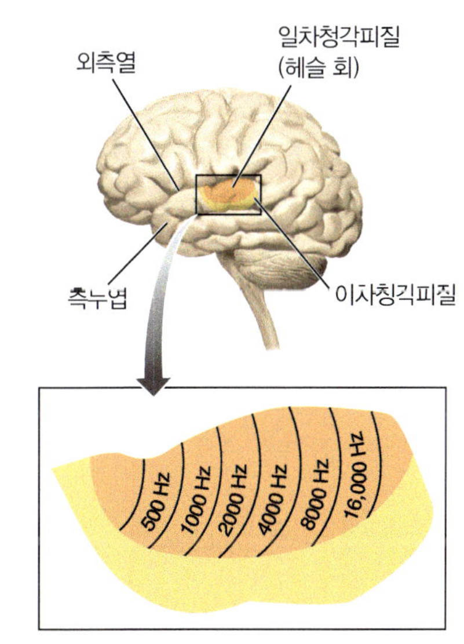

● **그림 6.26 청각피질의 음위상 지도화(tonotopic mapping).** 동일 주파수에 가장 최대한으로 반응하는 세포는 비슷한 영역에 있다. 저주파에 최대한으로 민감한 세포는 보다 전측에 있으며, 보다 고주파에 반응하는 세포들은 보다 미측으로 자리 잡고 있다. © 2010 Cengage Learning

청각피질의 구조화에 대한 가설 중 하나는 자극의 공간적

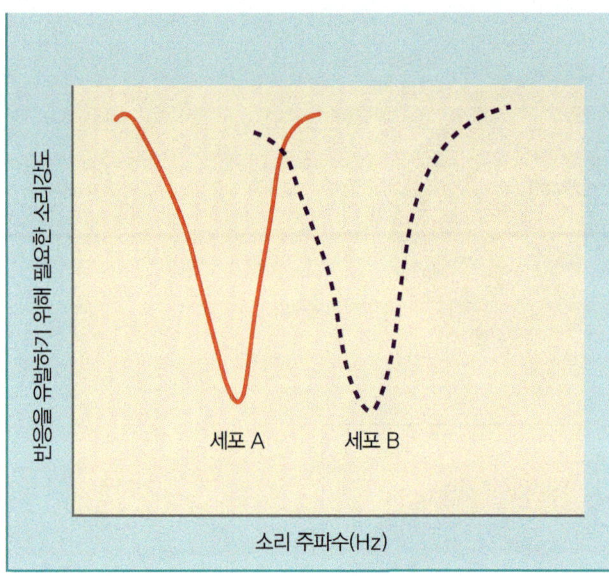

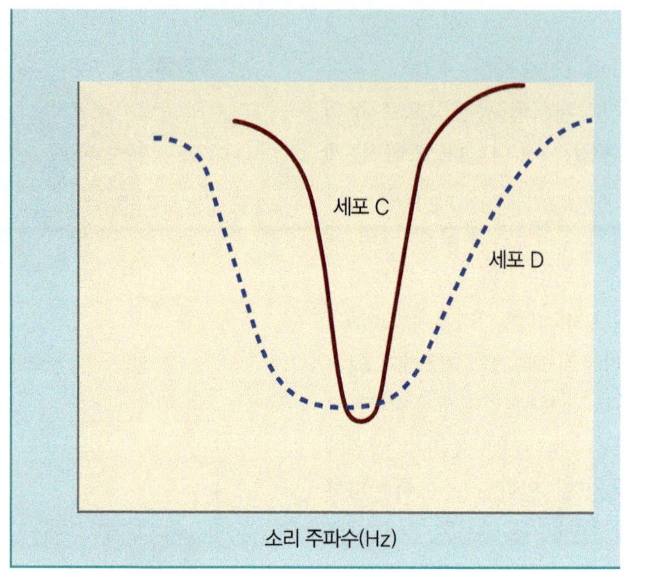

● **그림 6.27 청각피질의 동조 곡선(tuning curve).** 이 그림은 서로 다른 소리 주파수에 대한 가설적 청각피질 세포의 민감도를 체계적으로 묘사하고 있다. 이 곡선은 각각의 세포에 반응을 유발하는 데 필요한 소리 강도를 주파수의 함수로 표현하고 있다. 이 곡선의 가장 낮은 점은 그 세포가 가장 잘 반응하는 특정 소리 주파수를 나타낸다. 세포 A는 세포 B보다 좀 더 낮은 주파수에 더 민감하다. 세포 C는 뾰족한 동조곡선(turning curve)을 보이는 것에 비하여, 세포 D가 얇은 동조곡선을 보인다.

비공간적 특질이 서로 다른 흐름에서 처리된다는 제안을 한다(Hackett & Kass, 2004; Rauschecker & Tian, 2000). 이런 생각에 따르면, 공간 위치에 대한 정보는 청각피질의 보다 미측/후측 영역에서 처리되는 반면, 비공간적 특질(소리 형태)은 청각피질의 보다 문측/전측에서 표상된다. 이런 조직화는 시각계 기능의 '무엇'과 '어디' 분할에 대응된다. 청각피질의 해부학적 투사경로로부터 이런 가설을 지지하는 증거를 발견할 수 있다. 미측 청각피질은 공간 국재화에 중요한 것으로 알려진 영역, 즉 두정피질이나 전두안운동야(frontal eye field) 같은 영역으로 투사한다. 반면 문측 청각피질은 측두엽의 연합영역이나 안와전두영역(orbitofrontal area)으로 투사한다(Hackett & Kaas, 2004). 그 외에도, 원숭이의 단일세포 기록들도 이런 생각을 지지할 만한 증거를 제공한다. 원숭이가 다른 원숭이들로부터의 의사소통하는 소리를 듣는 중에 청각피질의 외측 벨트영역의 세포 활동을 기록하였다. 벨트의 전측 부위의 세포들은 특정 유형의 부르짖음에 더 민감하였는데, 벨트의 후측 영역에 있는 세포들은 공간적 위치에 더 민감하였다(Tian, Reser, Durham, Kustov, & Rauschecker, 2001).

인간을 대상으로 한 신경영상들도 청각의 공간 국재화 대 청각 대상 재인이라는 구분 개념을 지지할 만한 증거를 제시하고 있다. 예를 들어 한 연구는 청각 국재화 과제 동안 하두정엽과 중전두회와 하전두회가 활성화되는 반면, 청각 재인 과제는 중측두회와 설전부(precuneus) 영역이 활성화됨을 보였다(Maeder et al., 2001). 비록 모든 영상 연구들이 모두 공간 국재화와 대상 재인 간의 이러한 명백한 구분을 지지하는 것은 아니지만(Middlebrooks, 2002; Zatorre, Bouffard, Ahad, & Belin, 2002; for discussion, see Griffiths, Warren, Scott, Nelken, & King, 2004), fMRI와 MEG를 결합한 최근 연구결과들은 이런 구분에 대한 강한 지지를 제공한다(Ahveninen et al., 2006). 참여자들은 공간의 특정 위치에서 들리는 어떤 모음 발성 소리를 듣는다. 그 다음, 참여자들은 이전 자극과 어떤 점에서 일치한 항목을 목표자극으로 듣게 되는데, 똑같거나 같은 위치에서 들리는 다른 모음일 수도, 또는 다른 위치에서 들리는 똑같은 모음일 수도 있었다. 헤슬 회(Heschl's gyrus)와 상측두회 모두의 후측 영역들은 다른 모음일 때보다 다른 공간에서 들리는 항목에 보다 높은 반응을 보여서, 이 영역은 청각 항목이 '어디'에 위치하고 있는가에 민감한 영역임을 시사하였다. 반면, 헤슬 회와 상측두회의 전측 영역들은 제시된 청각 자극이 공간 위치가 다를 때보다 모음이 달라질 때 더 높은 반응을 보여서, 이 영역들이 청각 항목이 '무엇'이냐에 더 민감한 영역임을 시사하였다. 이런 반응들은 대단히 빨리, 즉 자극의 시작시점에서 70에서 150 ms 내에 나타나는 것으로, 이런 정보들은 '무엇' 경로가 활성화되기 약 30 ms 이전에 '어디' 경로에서 활성화된 정보에 반응하는 것이다. 연구자들은 아마도 '어디' 경로로부터의 정보가 '무엇' 경로의 정보로 먹여져서, 대상 파악이 필요한 청각 대상을 향해 주의를 기울이는 데 도움이 될 수 있게 하는 것이라고 제안한다. '무엇'과 '어디' 청각 경로의 차이를 규명하고 이 두 경로가 어떻게 상호작용하는가를 이해하는 데 더욱 많은 연구가 필요하다.

■ 청각-시각 상호작용

우리는 청각 정보처리와 시각 정보처리가 두뇌 안에 있는 크게 구별되는 흐름으로 일어난다고 생각하는 경향이 있지만, 어떤 경우에는 소리와 시각 장면이 서로 연합되어 있음이 틀림없을 때가 있다. 이런 통합은 당신의 강아지의 시각 영상을 그 강아지의 짖는 소리와 연합시키는 데 필수적이다. 전통적인 위계 모델에서는, 이런 다중양상 통합(multisensory integration)이 두뇌의 측두엽이나 두정엽에 있는 고차 연합 영역에서 일어난다고 생각하였다. 이런 수렴적 모델에 의하면 청각 입력과 시각 입력은 처음에는 각각 다른 피질 영역에서 처리되다가, 이 두 개가 고차 연합영역으로 수렴되는 것으로 보았다. 비록 이런 모델이 다중감각 통합의 여러 측면을 분명하고 정확하게 설명하고 있기는 하지만, 청각과 시각 정보처리의 상호작용이 훨씬 이른 단계에서 일어날 수 있음을 최근 연구들이 시사한다. 상호작용 모델(interactive model)에 의하면, 한 감각양상(예, 시각)은 다른 감각양상(예, 청각)에서 동시에 처리되고 있는 정보에 영향을 미칠 수 있다.

원숭이의 발성에 대한 반응성을 조사한 연구에서 청각피질의 다중감각 정보처리의 예를 볼 수 있다(Ghazanfar, Maier, Hoffman, & Logothetis, 2005; see also Ghazanfar, Chandrasekaran, & Logothetis, 2008). 원숭이들이 다른 원숭이의 컹컹대는 소리를 듣거나, 다른 원숭이가 컹컹대는 소리를 내는 장면에 대한 소리 없는 비디오를 보거나, 또는 컹컹대는 소리가 들어간 비디오를 보는 동안 연구자들은 원숭이 청각피질의 핵심부 영역과 벨트 영역에 있는 세포집단으로부터 신호를 기록하였다. 당연히, 소리 없는 비디오는 청각피질을 활성화하지 않았으나, 비디오 없는 소리는 청각피질에 있는 세포를 활성화했다. 더 재미있는 것은, 청각피질의 소리에 대한 반응이 비디오와 동시에 제시되는 것에 의해 달라진다는 것이다. 일부 세포 집단은 컹컹대는 소리가 비디오랑 함께 제시될 때 더 흥분하였고, 어떤 집단은 억제되는 반응을 보였다(● 그림 6.28). 즉 청각피질에 있는 세포들이 시각 정보의 영향을 받는다. 청각 정보처리에 미치는 시각 영향이 시각과 청각 단일양상(unimodal) 피질 영역 간의 직접적 연결에 의한 것인지, 아니면(측두엽과 두정 연합영역 같은) 다중양상 영역(multimodal area)에서부터 오는 하향 투사 때문인지를 결정하는 데는 후속 연구가 필요할 것이다.

이런 특정 연구는 청각 처리에 미치는 시각 영향에 초점을 맞춘 것이다. 그렇지만 청각 정보가 시각 정보처리에 영향을 미치는 것 또한 가능하다. 최근에 연구자들은 일차 시각피질(V1), 특히 주변 시야를 표상하는 부위가 청각피질로부터 해부학적 투사를 받음을 보였다(Falchier, Clavagnier, Barone, & Kennedy, 2002). 덧붙여 V1 세포는 적어도 어떤 상황에서는 청각 정보에 반응하는 것처럼 보인다. 원숭이가 시야 주변에 있는 자극을 응시하기 위해서 시선을 움직여야 하는 과제 중에 V1 세포 활동을 기록한 연구가 있다(Wang, Celebrini, Trotter, & Barone, 2008). V1에 있는 세포들은 자극이 시각 자극만 제시될 때보다 시청각 복합자극에 제시될 때 더 빨리 반응하였다. 그렇지만 원숭이가 응시를 위해 주의를 기울여야 할 때가 아니라, 과제 중에 수동적으로 가만히 앉아 있어야 할 때는 청각 정보가 V1 반응에 아무런 영향을 미치지 않았다. 이런 결과들은 다중양상 통합이 기능적으로 과

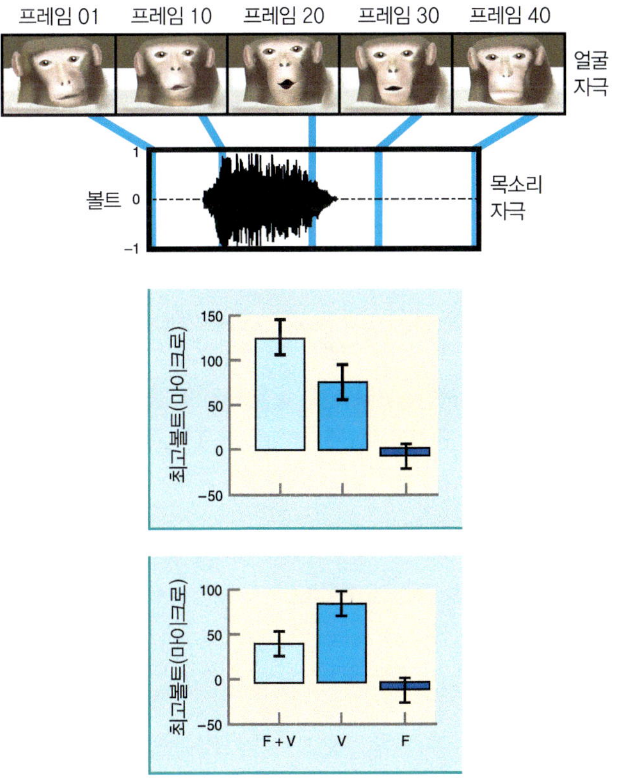

● **그림 6.28 원숭이의 청각피질반응에 미치는 시청각 자극의 효과.** 이 연구에서 원숭이는 소리를 듣거나(소리뿐 −V), 원숭이나 소리 지르는 모습의 소리 없는 비디오를 보거나(얼굴뿐 −F), 또는 그 소리를 비디오와 함께 들었다(얼굴 + 목소리: −F + V). 위에 보여주고 있는 것과 같은 유형의 청각피질 세포는 소리와 얼굴이 함께 제시될 때, 목소리만 제시할 때에 비하여, 반응 증가를 보였다. 아래에 보여주고 있는 또 다른 유형의 세포들은 목소리만 제시할 때에 비하여 목소리와 얼굴이 같이 제시될 때 반응의 감소를 보였다. 출처: Ghazanfar, A.A., Maier, J.X., Hoffan, K.L., & Logothetis, N.K. (2005). Multisensory integration of dynamic faces and voices in rhesus monkey auditory cortex. Journal of Neuroscience, 25, 5004~5012. Reprinted by permission of Society for Neuroscience.

제 수행을 위해 유용할 때만 V1의 시청각 통합이 일어날 가능성을 시사한다.

다른 연구에서는 일차감각영역을 더 지나 위치한 두뇌 영역에서 다중양상 통합을 조사하였는데, 특히 청각과 시각 영역으로부터 수렴적 입력을 받는 영역들을 조사하였다. 이런 접근법의 한 예는 복외측 전두영역(ventrolateral prefrontal cortex, VLPFC; 개관을 위해서 Romanski, 2007 참조)에서 다중양상 부호화 연구이다. 비록 VLPFC가 일차적으로 운동 기능을 통제하기는 하지만, 이 영역에 있는 일부 세포들은 의사소통에 중요한 어떤 유형의 감각 정보에 반응을 보이는 것 같다. 예를 들어 VLPFC의 하위 영역에 있는 세포들은 다른 원숭이들의 목소리에 민감한 것 같다. 흥미롭게도 이런 영역들은 원숭이의 얼굴 영상에 특히 민감한 세포들이 있는 다른 하위 영역과 아주 근접하여 있다.

청각만, 시각만, 또는 시청각 통합 자극을 제시하는 동안 이런 영역들에서 세포들을 기록함으로써, VLPFC의 일부 세포들이 다중양상적이라는 것을 증명하였다(Sugihara, Diltz, Averbeck, & Romanski, 2006). 예를 들어 원숭이의 일차적으로 시각적인 세포들, 즉 얼굴에 최대한 반응하는 세포들이 원숭이의 목소리가 동시에 제시될 때 그 발화율을 조절하는 것 같다. 마찬가지로 일차적으로 청각적이라고 볼 수 있는 세포들에서도, 즉 원숭이의 목소리에 최대한으로 반응하는 세포들도, 얼굴이 목소리와 함께 제시될 때 그 발화율이 변화할 수 있다. 흥미롭게도 얼굴과 목소리를 포함하지 않는 시청각 통합(예를 들어 손뼉 치는 소리와 짝지어진 무선 점 그림)은 얼굴-목소리 짝처럼 이 세포들을 흥분시키지 않는다는 것이다. 이런 결과들은 흥미롭다. 왜냐하면, 복측 전두엽은 9장에서 자세히 논의하겠지만, 언어산출에 중요하다고 알려진 영역이다. 그래서 VLPFC의 다중감각 통합의 기능 중의 하나는 아마도 의사소통을 향상하는 것 같다.

비록 어떻게 감각 양상이 통합하는가에 대해 배워야 할 것이 여전히 많기는 하지만, 이런 상호작용에는 몇 가지 기제가 있는 것이 명백하다. 중뇌 상소구에서 일차감각피질로 그리고 상위 다중감각 통합 영역에 이르기까지 그러하다. 우리의 일상 경험에서 보이는 것과 소리가 아주 매끄럽게 함께 지각되는데, 이런 다중감각 지각의 신경학적 근거를 이해하는 데 이런 연구들이 궁극적으로 많은 도움을 줄 수 있을 것이다.

결론

청각과 시각계 모두 그 입력이 빛 형태이든 소리든 상관없이 계속 변화하는 막대한 양의 입력으로부터 의미 있는 정보를 축출해야 한다. 이제까지 보아온 것처럼, 두 가지 감각계 모두 이 문제를 해결하기 위하여 직렬적 과정과 병렬적 과정의 통합을 사용하고 있는데, 직렬적 과정에서는 정보가 연속되는 위계적 단계를 통하여 상향하고, 병렬적 과정에서는 서로 다른 정보처리흐름이 감각 정보의 다른 측면을 다루도록 특화되어있다. 빛과 소리 형태의 표상(냄새, 피부감각, 미각과 같은 다른 감각 정보와 더불어)은 우리로 하여금 주변 환경을 이해하고, 기본적 자료의 형태를 갖추어 기억과 언어와 같은 다른 정보처리에 사용될 수 있게 한다. 다음 두 장에서는 우리는 대상을 재인하고 우리 주변 세상의 공간적 구조를 이해하는 데 관여하는 두 뇌 체계에 대하여 좀 더 상세하게 배우게 될 것이다.

요약

망막

- 망막은 신경조직으로부터 분화되었으며 뇌에 정보가 도달하기 전에 시각 정보를 처리한다.

광수용기

- 간상체와 추상체는 색-민감 색소를 가진 세포이다. 이를 색소에 의해 빛이 흡수되면 신경신호가 생성되고 이 신호가 망막에 있는 다른 세포와 의사소통을 한다.
- 간상체와 추상체는 다른 색소가 있다. 세 개의 추상체 색소는 각각 다른 빛 파장에 민감해서 색 지각에 관여한다.
- 간상체는 망막의 말초에 분포되어 있지만 추상체는 망막의 중심, 중심와에 분포되어 있다.
- 간상체는 추상체보다 신경절 세포에 고도의 수렴을 이룬다. 간상체의 이런 합산은 낮은 조도하에서 탐지를 가능하게 하지만 동시에 상세한 위치에 대한 정보를 상실한다.

신경절 세포

- 신경절 세포체는 망막에 있으며, 그 축색들은 모여서 시신경을 이룬다.
- M 신경절 세포는 움직임과 대략적 형태에 민감하지만, P 신경절 세포는 색과 상세한 세부를 부호화한다.

수용야

- 한 세포의 수용야는 빛으로 자극되었을 때 그 세포 발화율의 변화를 일으키는 공간상 한 영역을 말한다.

- 광수용기는 시공간에 어떤 위치에 단순한 점 모양의 빛(spot of light)에 대응하는 수용야를 가지고 있다.
- 신경절 세포는 중심-주변 조직화의 수용야를 가지고 있어서, 시야의 한가운데 위치에 빛이 닿으면, 도넛 모양의 주변 영역에 빛이 닿을 때와는 다른 효과가 세포의 발화율에 나타난다. 이 중심-주변 조직화는 빛과 어둠의 대비에 세포가 특히 흥분할 수 있게 되어 있다.

망막에서 두뇌로의 경로

- 망막에서 시작하는 두 개의 주된 경로가 있다. 개시상침경로는 망막에서 중뇌의 상소구로 투사되는 반면, 슬상선조경로는 망막에서 시상의 외측 슬상핵으로 투사된다.

외측 슬상핵

- LGN은 망막에서 들어오는 정보를 조직해서 피질로 보내는 거쳐 가는 지점이다.
- LGN은 여섯 개의 층으로 이루어진 복잡한 구조물이며, 층마다 망막위상 지도가 포함되어 있다. 소위 거대세포층이라고 불리는 두 개의 층은 M 신경절 세포로부터 입력을 받는다. 소위 소세포 층이라고 불리는 네 개의 층은 P 신경절 세포로부터 입력을 받는다. 거대 세포층은 운동지각에 중요하지만, 소세포 층은 색과 형태지각에 중요하다.
- LGN은 시각피질로부터 막대한 피드백 투사를 받는데, 이는 피질이 LGN을 통해 올라오는 정보를 조형할 수 있게 한다.

일차시각피질 (선조피질)

- 선조피질은 시각정보를 받는 처음으로 받는 피질 영역이다.
- 각 반구의 선조피질은 시각세계의 절반에 대한 망막위상 지도를 포함한다.
- 선조피질의 세포들은 망막이나 LGN과는 다른 수용야를 가진다. 단순 세포는 특정 방위의 막대 모양에 가장 잘 반응하고, 복합 세포는 특정 방향으로 움직이는 특정 방위의 막대에 가장 잘 반응하며, 초복합 세포는 특정 길이를 가진 특정 방위의 막대에 가장 잘 반응한다.
- 선조피질에는 양안 부등의 특정 정도에 민감한 세포들이 있는데, 이 세포들은 왼쪽 눈과 오른쪽 눈의 차이에 민감하다. 양안 부등 정보는 깊이를 부호화하는 데 중요하다.

선조피질에 있는 세포의 맥락 조절

- 선조피질의 세포들은 주변 맥락에 따라 발화율이 변화된다. 잘 알려진 지각에 미치는 맥락의 영향은 이것으로 설명될 수 있으며, 선조피질 내의 외측 연결들은 물론이고, 상위 피질 영역으로부터의 하향성 입력에 의해서도 일어날 가능성이 있다.

맹시

- 맹시 환자들은 그 손상된 시야에 대해서 완전한 시력상실을 경험하더라도, 약간의 원시적 시각 기능이 남아 있음을 보여준다.
- 맹시의 잔여 시각이 무엇 때문인지는 아직도 논란이 분분하다. 개시상침로가 손상되지 않아서 일 수도 있고 LGN에서 선조외 피질로 가는 경로가 온전해서 일 수도 있거나, 또는 선조피질 내에 기능이 온전한 작은 부분이 남아 있어서 일 가능성에 대해서 논란의 여지가 있다.

선조피질 이후의 시각 영역

- V2와 V3를 포함한 선조외 피질에는 다수의 망막위상 지도가 존재한다. 각각 지도의 독특한 기능에 대해서는 아직도 잘 알려지지 않았다.
- 두뇌의 복측 표면 영역에는 색 자극으로 특히 활성화되는 영역이 있으며, 이 영역의 손상은 색 시각에 결함을 일으킬 수도 있다. 이 결함은 완전색맹(achromatopsia)이라고 불린다. 이 두뇌 영역이 진정으로 색 처리 부위(color module)인가의 여부에 대해서나, 이 영역이 원숭이의 시각 영역 V4와 어떻게 대응되는가에 대해서는 논란의 여지가 있다.
- 선조피질에서부터 두 개의 경로가 나온다. 복측 경로는 하측두엽 쪽으로 투사되며, 대상 재인에 관여한다. 반면 배측 경로는 두정엽 쪽으로 투사되며, 공간 지각이나 활동에 관여한다.

청각 처리 과정

- 청각계는 시각계와 유사한 계산화 문제를 풀어야 한다. 예를 들어 다수의 감각 세계의 특질을 표상해서 그 대상의 위치와 그 대상이 무엇인지 이해될 수 있도록 해야 하기 때문이다.
- 청각 경로는 내이의 와우관에서 시작하며, 연수의 와우핵, 연수의 상올리브핵, 중뇌의 하소구, 내측 슬상핵, 그리고 청각피질로 연결이 이어진다.
- 공간 위치는 뇌간 수준에서 계산되는데, 왼쪽과 오른쪽 귀에 도착한 소리의 시간차이와 강도차이를 비교함으로써 이루어진다.
- 청각피질에는 핵심부위 내의 일차피질과, 벨트나 벨트주변부라고 불리는 이차 처리 영역이 존재한다. 일차청각피질은 순수 음의 주파수 같은 단순한 특성을 부호화하는 듯 보이지만, 이차 청각 영역은 더 복잡한 소리 형태를 부호화한다.
- 연구자들은 청각피질 내에 '무엇'과 '어디' 정보처리 경로 사이에 차이가 있다고 본다. 그렇지만 이런 구분이 시각계처럼 명확하지는 않다.
- 청각과 시각 정보처리 흐름은 몇 지점에서 교차할 가능성이 있는데, 예를 들어 중뇌의 상소구, 일차감각피질, 그리고 고차 다중양상 피질 영역 등이 그런 자리이다.

핵심용어

개시상침경로(tectopulvinar path)
광수용기(photoreceptor)
내측 슬상핵(medial geniculate nucleus)
단순세포(simple cell)
동시발생 탐지기(coincidence detectors)
동조곡선(tuning curve)
두 귀의 강도차이(interaural intenstity difference)
두 귀의 시간 차이(interaural time difference)
망막(retina)
망막위상 지도(retinotopic map)
맥락 조절(contextual modulation)
맹시(blindsight)
맹점(blind spot)
벨트(belt)
벨트주변부(parabelt)
복합세포(complex cell)
상올리브핵(superior olive nucleus)
선조피질(striate cortex)
수용야(receptor field)
슬상선조경로(geniculostriate pathway)
시교차(optic chiasm)
신경절 세포(ganglion cells)
암점(scotoma)
양안경쟁(binocular rivalry)
양안부등(binocular disparity)
와우관(cochlea)
와우핵(cochlear nucleus)
외측 슬상핵(lateral geniculate nucleus)
유모세포(hair cell)
음위상 지도(tonotopic map)
중심-주변 수용야(center-surrounding receptive field)
중심와(fovea)
지연 선(delay lines)
초복합 세포(hyper-complex cells)
표본 비일치 방안(nonmatch-to-sample paradigm)
피질 배율 계수(cortical magnification factor)
피질맹(cortical blindness)
하소구(inferior colliculus)
핵심부(core)
M 과 P 신경절 세포(M and P ganglion cells)

도서 참조 사이트: www.cengage.com/psychology/Banich

이 웹사이트는 학생들이나 강사들에게 강의용 퀴즈나 암기카드, 용어정리 같은 정보와 자료를 무료로 제공한다.

대상 재인

Object Recognition

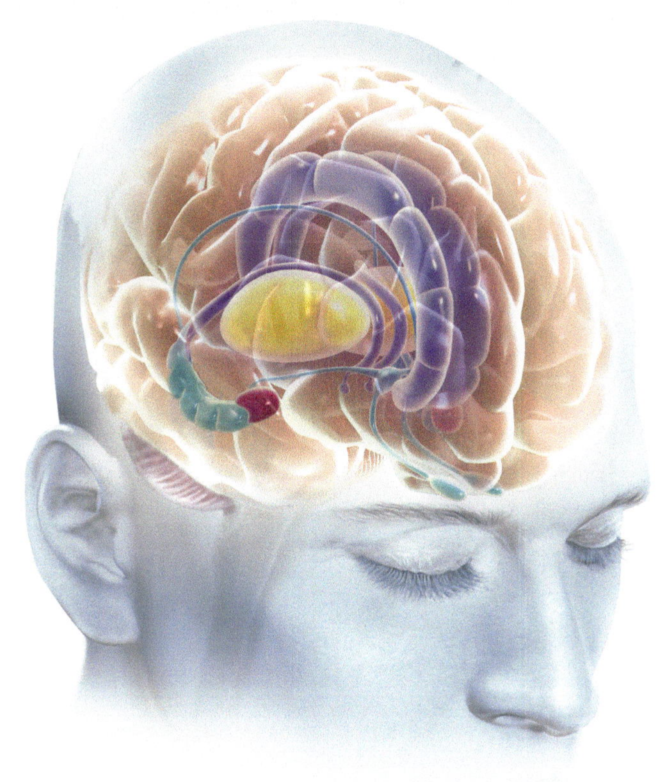

화창한 가을밤, 베티는 맛있는 애플파이가 냉장고에 남아있다는 것이 생각나자 밤참이 먹고 싶어졌다. 그녀는 '따뜻한 차 한잔과 함께 먹기에 딱 좋은 밤이야'라고 생각한다. 비록 보통 사람들에게는 냉장고에서 파이를 꺼내는 것이나 차 한잔을 만드는 것이 쉬운 일이겠지만, 베티에는 어려운 과제가 될 것이다.

그녀는 부엌으로 걸어가서 그 크기와 검은색으로 냉장고를 알아차린다. 그 다음 그녀는 파이를 찾아야 하는데, 이것은 쉽지 않을 것이다. 냉장고 안을 들여다보니 크고 둥그런 물체가 보이지만, 그 색깔이 빨간 것으로 보아, 그것은 애플파이가 아니라 먹다 남은 피자일 것으로 추측한다. 더 찾아보니, 누렇고 둥근 모양의 물체가 보여 그것을 손으로 만져본다. 그러나 그 물체가 얼마나 흐늘거리는가를 알아차리자마자, 그녀는 이것이 먹고 싶은 파이가 아니라 토틸라 묶음임을 깨닫게 된다. 더 뒤져보니 다른 누런 둥그런 물체가 보이는 듯하다. 이것은 좀 더 단단한 것이 파이 팬인 것 같으며, 랩으로 씌워져 있다. 그녀는 그것을 꺼내서 랩을 벗겨 내고 냄새를 맡아본다. 음, 그것이야말로 그녀가 찾던 바로 그 파이다. 그녀는 조심스럽게 그 파이를 테이블 위에 올려놓는다.

이제는 컵을 찾아야 한다. 그녀는 스토브가 냉장고 왼쪽에 있다는 것을 알고 있기 때문에 그녀가 주로 쓰는 전략은 스토브 위에 늘 찻주전자를 올려놓아서 쉽게 찾을 수 있게 하는 것이다. 불행히도 지금은 차주전자가 스토브 위에 없다. '오! 왜 내가 찻주전자를 제자리에 놓아두지 않았지?' 하고 그녀는 한숨을 쉰다. 이제 그녀는 스토브 옆의 싱크대 상판 위의 모든 물건을 손으로 만져보기 시작한다. 흠, 길쭉하고 가느다랗고, 약간 기름기가 있는 이것은 아마도 올리브기름병일 거야. 둥그런 통 모양이고 종이로 만들어진 또 다른 것은 커다란 것이 소금통이거나 아니면 오트밀 깡통일거야. 그 다음, 그녀는 특이한 곡선의 주둥이가 달린 찻주전자를 만져보고 넓고 둥근 몸체를 만져본다. 그리고 그 옆에서 티백이 들은 상자를 더듬는다. '다행이야. 아니었으면 티백 상자 찾으려고 5분은 더 썼을 거야'라고 생각한다. 그녀는 조심스럽게 티백 상자를 스토브 위에 놓아둔다. 그러면 이 상자가 이제부터 찾기 쉬워질 것이다. 왜냐하면, 그 상자의 밝은 초록색이 스토브 위에서 눈에 잘 띌 것이기 때문이다.

그녀는 다시 싱크대로 돌아선다. 그녀는 싱크대가 스토브 바로 앞에 놓여있다는 것을 잘 알고 있기 때문이며, 거기서 수돗물로 찻주전자를 채운다. 물이 끓기를 기다리는 동안, 그녀는 수저 서랍에 손을 가져가 포크의 꼭지를 손으로 만져보고 그 중 하나를 꺼낸다. 곧 찻주전자에서 물 끓는 소리가 난다. 그녀는 한 잔의 차를 만들고 식탁으로 가져가 파이 한 조각을 먹을 준비한다. 그녀는 이런 모든 것이 좀 귀찮은 절차란 생각이 들기는 하지만 파이 한입에 차 한 모금을 마시고 나니 이런 모든 수고를 할 만했다는 것을 알게 된다.

이쯤에서, 당신은 베티가 보이는 이상한 증세가 도대체 무엇인가 생각하고 있을 것이다. 이 이야기에 대해 생각해 보는 동안 여러 가능성이 생각날 것이다. 그녀는 어쩌면 시각장애가 있을지도 모르고 어쩌면 맹인일지도 모른다. 그러나 그런 것 같지는 않다. 그녀는 피자를 알아볼 수 있었으며(그 특유의 둥근 모양과 빨간색으로) 애플파이처럼 생긴 토틸라를 틀리게 집어 들기도 했으나 그렇다고 우유갑 같이 아주 다른 것을 집어 든 것은 아니다. 다른 가능성은 그녀가 기억장애가 있어서 물건을 어디다 두었는지 아니면 그런 물건들의 특징이 무엇인지 기억하지 못하는 것이다. 그러나 역시 이것도 아니다. 그녀는 스토브의 위치와 싱크대의 위치를 잘 기억했다. 그뿐만 아니라 애플파이의 냄새를 맡자마자 그것이 애플파이인 것도 알아차리고, 주전자도 만지자마자 알아차린 것으로 보아 특정 물건에 대한 기억도 멀쩡하다.

베티가 보이는 신경학적 증세는 시각 지각이나 기억장애의 기본적 문제를 띠고 있지는 않다. 그녀의 장애는 시각 실인증(visual agnosia)이라는 특정 감각양상(이 경우 시각)의 정보를 사용하여 사물, 즉 대상(object)을 알아보는 능력, 달리 말해 재인(recognition)하는 능력을 잃게 하는 증세이다. 이 장의 목적은 사람들로 하여금 다른 감각은 물론이고 시각을 통하여 대상을 재인하는 것을 가능하게 하는 신경 기제를 알아보는 것이다. 그러나 우리의 논의는 주로 시각적 대상 재인(object recognition) 과정에 집중될 것인데, 이는 시각 대상 재인 정보처리 과정이 다른 감각들보다 더 많이 연구되었기 때문이다.

시각적 대상을 재인하려고 할 때 두뇌는 수많은 어려움과 직면하게 된다. 이런 어려움 중 가장 근본적인 것은 두뇌가 망막에 맺히는 이차원 정보로부터 이 세상에 있는 대상의 삼차원 표상을 구성하여야 한다는 것이다. 그래서 두뇌는 그 '대상(object)'에 대한 정보를 구성하거나 채워 넣어야만 한다. 그러나 이 것에는 부차적인 문제점들 역시 수반된다. 주된 문제는 그 상이 망막의 어디에 떨어지거나, 망막의 얼마나 많은 범위에 떨어지느냐와 무관하게 그 대상이 재인되어야 한다. 예를 들어 고양이 한 마리가 무릎에 앉아 있으면 그 고양이가 방 저쪽 끝의 의자에 앉아있을 때보다 망막에 더 큰 영역으로 투사된다. 그렇지만 두 경우 모두, 그 대상이 고양이라는 것을 재인해야 한다. 덧붙여, 대상은 그 방향과 무관하게 재인되어야 한다. 당신은 고양이가 정면으로 보여서 그 두 눈을 볼 수 있거나 고양이가 딴 데를 쳐다보고 있어서 머리의 앞쪽이 아니라 뒤를 쳐다보고 있더라도 눈앞에 있는 것이 고양이라는 것을 알아야 한다. 마지막으로 다른 형태(configuration)로 나타나도 고양이라는 것을 알아보아야 한다. 당신의 두뇌는 얼굴을 앞으로 하고 웅크리고 앉아 있는 그 고양이가 공 위에서 뒹굴며 누워있는 그 고양이와 동일 대상이라는 것을 재인해야 할 필요가 있다. 요약하면, 동일 대상은 망막에 여러 가지 방식으로 투사될 수 있는데도, 두뇌는 그럼에도 그 대상을 같은 것으로 해석해야 한다. 망막에 비친 상의 크기, 위치, 방향, 그리고 형태와 무관하게 그렇게 되어야 한다.

6장의 끝에서 논의하였지만, 시각피질의 복측 흐름은 시각을 통한 대상 재인에 일차적으로 관여한다. 이 장에서는 우리는 첫째, 인간과 다른 영장류들의 복측 흐름(ventral stream)의 기본 특징들에 대해 논의하겠다. 그런 다음 실인증, 즉 대상 재인에 결함이 있는 사람들의 연구로부터 대상 재인에 대하여 알게 된 것들을 살펴볼 것이다. 그 다음 대상 재인 연구의 주된 이론적 질문들에 대해 다루겠다. 복잡한 대상이 신경 발화의 형태로 어떻게 표상되는가, 두뇌는 그렇게 다양한 종류의 조건들에서도 어떻게 대상을 재인할 수 있는가, 그리고 이런 복측 흐름의 일부 중에는 특정 범주의 시각적 대상들, 예를 들어 얼굴 같은 것에 특화되어 있는가 하는 질문들을 다루겠다.

'무엇' 복측 시각계

일차시각피질을 떠난 정보는 두 개의 별도의 처리 흐름으로 들어가게 되는데, 하나는 복측으로 전측 측두영역으로 가는 것이고, 다른 하나는 배측으로 이어져 두정엽으로 가는 것이다. **복측 시각처리 흐름**(ventral visual-processing stream)(● 그림 7.1)은 시각적 자극 정보처리에 관여하는 후피질(occipital), 후측두피질(occipitotemporal), 그리고 측두(temporal) 영역들로 이루어져 있다. 이들 영역에 있는 세포들의 특징을 보면, 이들 특징은 특별히 대상 재인을 위해 적응된 듯하다. 복측 흐름을 따라 더 앞쪽으로 가면서, 이 흐름의 개개 세포들로부터 기록하면, 몇 가지 중요한 경향성을 관찰할 수 있다.

그 첫 번째 경향성은 후측에 있는 세포들은 주로 상대적으로 단순한 자극들에 발화하지만, 복측 흐름을 따라 더 앞쪽으로 나아가면 있는 세포들은 더 복잡하고 특수한 자극들에 발화한다. 그래서 일차시각피질을 막 지난 영역, 예를 들어 V2 같은 영역은 한두 가지 단순한 자극 속성들(색, 질감, 길이, 폭, 방위, 운동의 방향, 공간 주파수)에 반응하는 반면, 하측두 영역의 세포들은 그보다 훨씬 더 복잡한 시작 자극들에만 발화한다.

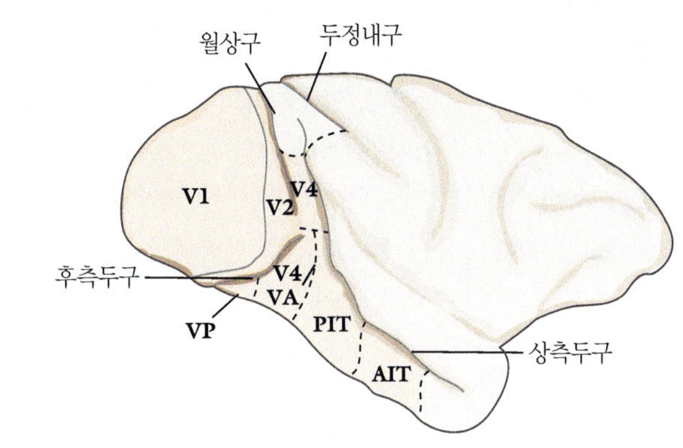

● **그림 7.1 짧은 꼬리 원숭이(macaque monkey) 두뇌의 복측 정보처리 흐름.** 복측흐름(우반구의 외측면에 진하게 표시되어 있음)은 V1, V2, V3, VP와 V4로, 후측(PIT)과 전측(AIT) 하측두영역(inferotemporal area)들로 투사된다. © 2011 Cengage Learning

실제로 원숭이의 하측두피질의 세포들은 특정 형태(form)에 예를 들어 손이나 얼굴 같은 형태에 민감하게 반응하는 것 같다(Gross, Bender, & Rocha-Miranda, 1969; Gross, Rocha-Miranda & Bender, 1972; 개관을 위해서는 Gross, 2008 참조). 이들 세포 반응에서 보이는 이런 선택성(selectivity)은 우연한 발견으로 밝혀진 것이다. 연구자들은 이 하측두 영역의 세포들을 발화하게 할 자극 유형이 무엇인가를 알아내는 데 어려움을 겪고 있었으며, 속이 탄 연구자 중의 한 명이 원숭이 시야에 손을 막 흔들어 보았다. 그러자 놀랍게도, 그 세포가 이제까지의 어느 다른 대상들에서 보였던 어떤 발화보다도 더 강하게 발화하는 것을 발견하였다! 그 연구자들은 곧 다른 복잡한 자극들로 검사를 해보았고, 검사해 본 모든 경우마다 세포들이 아주 고도로 복잡한 형태에만 반응하여 발화한다는 것을 발견했다(● 그림 7.2). 이런 발견은 복잡한 대상의 부호화가 이런 대상에만 특별히 민감한 몇 안 되는 세포들에 의해 이루어질 가능성을 제기하며, 이런 쟁점은 이 장의 뒤에 가서 좀 더 깊이 있게 논의하게 될 것이다.

두 번째 경향은 수용야(receptive field)가 후측 영역보다

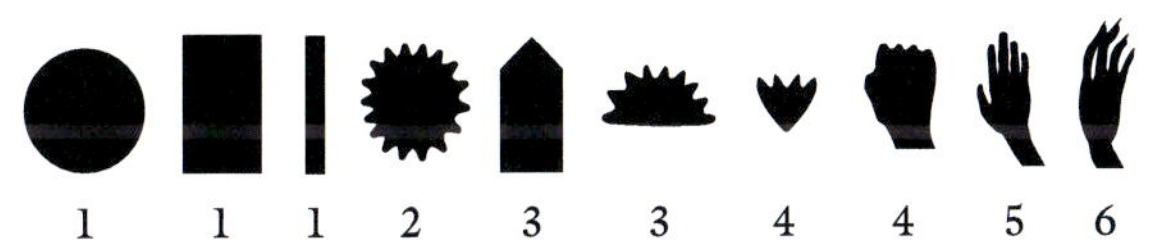

● **그림 7.2 짧은 꼬리 원숭이의 하측두 영역의 있는 세포들의 반응성을 검사하기 위하여 사용된 자극들의 예.** 자극이 반응을 일으키는 정도에 따라 좌측에서 우측으로, 1(무반응), 2와 3(적은 반응), 6(최대 반응)으로 배열되어 있다. 세포가 발화하게 하는 자극의 형태들이 복잡하고 특수함을 주목하라. © 2011 Cengage Learning

전측 영역으로 갈수록 더 크다는 것이다. 6장에서 논의하였던 것처럼, 한 세포의 **수용야**는 그 세포가 민감하게 반응하는 공간상의 정해진 영역을 말한다. 일차시각피질의 세포들은 매우 작은 수용야를 가지고 있지만, 복측 시각정보 흐름을 따라 전측으로 이동할수록, 세포들은 공간상 더 큰 영역에 반응한다. ● 그림 7.3은 복측 흐름의 후측과 전측 영역에 있는 세포의 수용야 크기를 도식적 비교로 보여주고 있다. 일차시각피질에서, 중심와 영역을 표상하는 세포들은 그 수용야의 크기가 시각 각(visual angle)으로 1도도 채 되지 않는다(전 시야가 약 180도 정도밖에 되지 않음을 기억하라). 반면, 원숭이의 하측두피질의 개개 세포들의 수용야는 26도 정도의 시각 각도까지도 보일 수 있다(Op de Beeck & Vogels, 2000; 표면 전극을 사용하거나 fMRI data를 사용한 인간에 대해 연구한 내용을 보려면 다음을 참조하시오. Smith, Singh, Williams, & Greenlee, 2001; Yoshor, Bosking, Ghose, & Maunsell, 2007). 하측 측두영역의 수용야는 거의 언제나 중심와, 또는 정보처리의 한가운데 영역을 포함한다(Desimone & Gross, 1979; Op de Beeck & Vogels, 2000). 일차시각피질의 조그마한 구멍 같은 수용야들이 공간 전체에 골고루 퍼져있는 것에 비해, 하측두 영역의 수용야들은 마치 커다란 전망용 창이나 집의 한쪽 벽을 다 차지하는 유리 벽 같은 것으로서, 즉 직접 우리 앞에 있는 것에 대한 전망을 제시하는 것으로 생각해 볼 수 있겠다.

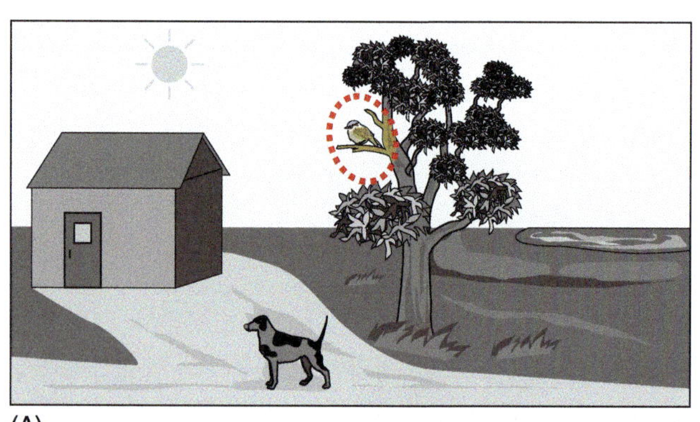

(A)

(B)

● **그림 7.3 하측두 영역 내의 세포들의 수용야 크기와 비교한 일차시각피질 세포의 수용야 크기.** *수용야*(receptive field)는 세포가 민감하게 반응하는 공간의 영역을 말한다. 만일 대상의 최적 자극이 이 수용야 밖에 떨어지면, 그 세포는 반응하지 않는다. 이 그림에서, 세포의 수용야는 점선으로 표시되어 있다. 이 그림의 목적상, 수용야 내의 영역은 색으로 표시했지만, 수용야 밖은 회색으로 표시하였다. (A) 일차시각피질에서, 세포의 수용야 크기는 작다. (B) 반면, 하측두 영역의 수용야는 훨씬 크며, 주로 중심선을 포함하는 시공간의 넓은 영역을 포함한다. © 2011 Cengage Learning

대상이 공간 내의 어디에 있든 그 크기가 얼마나 크든 상관없이 대상을 파악할 수 있기 때문에, 커다란 수용야는 대상 재인에 유용할 수밖에 없다(Gross & Mishkin, 1977). 작은 구멍으로 밖을 내다본다고 가정해 보라. 당신은 대상의 일부만을 보게 될 것이고, 그러면 무엇을 보고 있는 것인지 파악하기 어렵게 된다. 이런 문제가 일차시각피질의 작은 수용야에 있게 된다. 그러나 수용야 크기가 증가하면, 전체 대상을 탐지할 수 있는 능력도 향상하는데, 대상 부분들 간의 관련성이 잘 보이기 때문이다. 그래서 커다란 수용야를 가지는 것은 그 세포로 하여금 대상의 국소적 윤곽이나 위치보다는 전체적인 형태에 근거한 반응을 할 수 있게 한다. 수용야가 시야의 중앙을 항상 포함하고 있는 것도 대상 재인에 도움이 된다. 우리는 주로 눈을 돌려 우리가 알고 싶은 대상이 망막의 중심와, 중앙영역에 오게 하는데, 이 영역의 시력(acuity)이 가장 좋기 때문이다.

그러나 커다란 수용야를 가진다는 것은 공간상 항목의 위치정보를 상실하는 결과가 따른다. 만일 복측 흐름의 어느 특정 세포가 그 대상이 공간상의 어디에 있든지 반응한다면, 이 세포는 그 세포의 발화에 근거하여 그 대상이 공간의 어디에 위치하는지를 알아내는 것이 불가능해진다. 복측 흐름의 세포들은 약간의 공간 정보를 보존하고 있는데, 이는 이 세포들의 수용야가 그렇다고 전체 시야만큼 넓지는 않기 때문이다(Op de Beeck & Vogels, 2000). 그렇지만 분명한 것은 복측 흐름에서는 공간 부호화가 일차시각피질만큼 정확하지 못하다는 것이다. 다행히 배측 흐름(dorsal stream)은 공간 정보를 잘 보존하고 있으며, 8장에서 이에 대해 상세히 논의할 것이다.

복측 정보처리 흐름의 세포가 가지는 또 다른 특질은 이 세포들이 종종 색에 민감하다는 것이다(Edwards, Xiao, Keysers, Földiák, & Perrett, 2003). 색은 우리로 하여금 대상을 배경에서 분리하게 하는, 즉 **전경-배경 분리**(figure-ground separation)라고 불리는 과정을 가능하게 해서, 색은 대상 재인에 도움이 되는 시각 특질이다. 주차한 차, 나무, 빌딩, 전봇대 등이 있는 일반적인 거리 모습을 생각해 보라. 차가 노란색이거나 흰색이라면, 붉은 벽돌건물이나, 회색 전봇대, 누런 도보나 차를 둘러싸고 있는 나무의 초록색과 구별되어 색이 특정 자동차를 신속하게 알아차리게 하는 데 도움이 된다.

복측 흐름에 있는 개개 세포들이 이런 속성들을 보인다는 가정하에, 이 모든 세포가 피질 조직 내에서 어떻게 조직화되어 있는 것일까 하는 궁금증이 생길지도 모르겠다. 6장에서 기억하고 있는 것처럼, 일차시각피질은 기둥 형태로 절묘하게 조직화되어 있으며, 한 피질 기둥 내의 세포들은 서로서로 동일한 선의 방위와 동일한 위치에 가장 잘 반응하는 경향이 있었다. 그렇다면 복측 흐름도 그런 식으로 어떤 기둥 구조로 되어 있는가? 하측두피질 내의 구조는 일차시각피질의 구조보다 알아내기 훨씬 어렵다. 하측두피질의 세포들이 선호하는 자극이 단순한 특질이 아니라 복잡하므로, 이런 세포 선호성을 검사하기 위해, 또는 어떤 속성이 피질 표면을 가로질러 체계적으로 지도화되어 있는가를 발견하기 위해, 어떤 시각적 자극 세트들을 써야 할지 분명하지가 않다. 그럼에도 일부 증거들은 주변에 있는 세포들이 다 같이 유사한 속성에 가장 잘 반응하는 경향이 있는 기둥 구조로 되어 있음을 시사한다. 예를 들어 하측두피질 세포의 반응을 약 60에서 80개로 이루어진 시각 영상 세트로 검사하였을 때, 주변 세포들은 어느 정도 비슷한 선호를 보이는 경향이 있음을 연구자들이 발견하였다(Kreiman, Hung, Kraskov, Quiroga, Poggio, & DiCarlo, 2006; Tamur Kaneko, & Fujita, 2005; Fujita, Tanaka, Ito, & Cheng, 1992; Sato, Uchida, & Tanifuji, 2009). 그렇지만 하측두피질을 아우르는 세포 조직화에 대해서 완전히 이해되려면 아직 멀었다.

대상 재인의 복측 흐름의 중요성을 더 잘 이해하기 위하여, 다음은 두뇌 손상 이후에 발생하는 재인 결함에 관한 연구를 살펴보겠다. 이런 결함들은 대상 재인에 아주 중요한 것으로, 이 장의 후반에 다루게 될 대상 재인에 대한 중요한 이론적 쟁점을 일으킨다.

시각 대상 재인의 결함

대상 재인의 복측 흐름의 역할을 지지하는 가장 초기의 증거는 대상 재인에 결함을 가진 신경심리학적 환자들에게서 왔다. 이들 환자는 피질의 복측 흐름 내에 있는 영역들을 포함하는 손상을 보이고 있다. **시각 실인증**(visual agnosia)은 기본적 시각 정보처리를 할 수 없는 장애나, 기억장애, 주의문제, 언어문제, 또는 일반적인 정신적 장애와 같은 다른 이유로는 설명되지 않는, 시각이라는 감각양상에서 보이는 대상 재인 장애이다. 다른 감각양상을 통해서는 대상이 재인될 수 있기 때문에, 이런 결함을 **감각양상 특정적**(modality specific)이라고 하는데 이것은 이런 결함이 하나의 감각에서만 보임을 의미한다.

예를 들어 시각 실인증을 가진 사람은 어떤 대상을 곱슬곱슬한 갈색, 흰색, 검은색의 달걀형이 네 개의 짧고 땅딸막한 원통형 위에 균형 잡고 있으며, 이 원통형에는 삼각형 모양의 꼭지가 한끝에 있고 다른 한쪽에는 매우 가늘고 매우 뾰족한 것이 달려 있어 쉬지 않고 움직이고 있다고 기술할 수 있을 것이다. 이런 기술은 그 환자의 원초적인 시각 능력이 손상받지 않았음을 의미한다. 더 나아가, 만일 이 곱슬곱슬한 타원형의 것이 그 환자에게 다가와 코끝으로 비벼대거나 그 촉촉한 코끝과 채찍 같은 꼬리를 만져볼 수 있게 되면, 또는 투정하는 듯한 '왕왕, 우우'하는 소리를 듣게 되면, 그 환자는 그것이 아마도 개라는 것을 알아차리는 데 문제가 없을 것이며, 심지어는 그 개가 비글이라는 것도 알아차릴지 모른다. 즉, 비록 시각양상으로는 알아차리지 못했을지라도, 그 환자는 촉감이나 소리로 그 비글을 알아차릴 수 있다.

실인증(agnosia)이란 단어는 그리스어로 '알지 못하는(without knowledge)'이란 의미이다. 심리학에서 가장 유명한 인물 가운데 한 사람인 지그문드 프로이트(Sigmund Freud)가—신경심리학에 대한 기여로 알려진 사람은 아니지만—이 신경심리학적 장애를 기술하는 데 이 용어를 처음으로 사용하였다. 그는 이 증세를 실인증이라고 불렀는데 이는 그 장애가 감각과정의 결함이 아니라 감각 경험에 대한 과거의 지식이나 정보에 접근하는 능력의 결함을 나타낸다고 보아서 이 명칭을 선택하였다고 주장하였다.

전통적으로, 시각 실인증은 두 유형, 즉 통각실인증과 연합실인증으로 나뉜다. 이런 구분은 1890년대로 올라가며 Lissauer와 관계가 있다고 본다. 그는 **통각실인증**(apperceptive agnosia)을 지각(percept: 감각에 의해 지각되는 무엇인가에 대한 정신적 인상)을 형성하는 데 보이는 근본적인 장애라고 제안하였다. 비록 시각 정보가 원초적인 수준으로 처리된다 하더라도(즉, 명암의 구분은 가능하다). 이런 시각정보는 유의미한 전체가 지각될 수 있도록 통합되지 않는다. 반면, **연합실인증**(associative agnosia)에서는 기본적 시각 정보는 유의미한 지각적 전체를 형성할 수 있게 통합될 수 있지만, 여전히 특정 지각적 전체가 저장되어 있는 지식과 연결될 수 없다. 만일 우리가 이런 구분을 다르게 고려해 본다면, 통각실인증 환자는 어떤 점에서 통합된 대상들을 '보는데(seeing)' 결함이 있지만, 연합실인증 환자는 대상들을 '볼(see)' 수는 있는데 그가 보고 있는 것이 무엇인지를 모른다고 볼 수 있다. 이제 실인증의 이런 두 가지 주된 유형을 좀 더 자세히 논의해 보기로 하자(실인증에 대한 정의적인, 거의 책 한 권 분량의 개관을 위해서는 Farah, 2004 참조).

■ 통각 시각 실인증

통각실인증에서, 원초적 시각 정보처리 과정은 온전하여 명

● **그림 7.4 통각실인증 환자가 심지어 가장 기초적인 형태를 따라 그리는 능력조차도 결함을 보이는 예.** 환자가 따라 베끼라고 요구된 대상은 각각 열의 좌측에, 환자가 베끼려고 한 시도는 오른편에 있음. © 2011 Cengage Learning

암, 색, 선의 방향, 운동 등에 대한 지각적 변별이 가능하다. 그러나 환자는 이런 기본적 시각 정보를 통합하여 지각(percept), 독립체(entity), 또는 하나의 전체로 보는 능력을 상실한 것이다. 통각실인증을 가진 환자들은 형태 간의 구별이 불가능한데, 그 대상이 얼굴이든, 대상이든, 글자이든 마찬가지이며, 단순한 모형을 그대로 따라 그리거나(copy) 같은 도형을 짝짓는(match) 능력에 문제가 있다(● 그림 7.4).

이런 사람들은 전반적으로 대상의 부분적 특성은 정확하게 지각하지만, 이들 부분을 전체적 대상의 지각으로 통합하는 능력이 없다(Farah, 2004). 이런 장애의 예가 ● 그림 7.5에 나타나 있다. 통각실인증 환자는 그림 7.5의 형태를 'T'와 'H'의 부분 간의 불연속성 때문에 'this'로 지각하지 못할 것이다. 그런 환자는 이를 숫자 '7415'라고 읽을 수도 있는데, 이는 이런 능력이 시각의 가장 기본적인 특질 중의 하나인 선의 방위에 대한 지각에 의존하기 때문이다. 일반적으로 이렇게 대상을 지각하는 능력의 심한 결함을 보이는 환자들은 후엽과 주변 조직에 확산된 손상을 보이며, 일산화탄소 중독으로 가장 자주 발생하는 형태의 손상이다(Farah, 2004).

● **그림 7.5 통각실인증 환자에서 나타나는 국소적 형태 지각의 한계.** 이 환자는 이 시각 형태를 'this'라는 단어로 읽지 못하고 '7415'라고 읽는 경향이 있다. © 2011 Cengage Learning

비록 **통각실인증**이란 용어가 복측 정보처리 흐름이 아닌, 우측 두정엽에 손상을 입은 사람들에게도 적용되고 있다. 우측 두정엽 손상을 입은 통각실인증 환자들은 특히 평상시와 다른 관찰위치(unusual vantage point)에서 대상을 재인하는 능력에 장애가 있다(Warrington, 1982; Warrington & Taylor, 1973, 1978). 이들의 결함은 아마도 공간 정보처리에 대상의 부분들로부터 공간적 불변성(spatial invariants)을 축출하게 되는 능력이 없어서 생기는 문제 때문인 것 같다. 그 결과 이런 환자들은 평상시와 다른 조망(perspective)에서 대상을 재인하는 것에 어려움을 보인다.

■ 연합 시각 실인증

연합실인증 환자들은 통각실인증 환자가 어려움을 보였던 지각적 집단화(perceptual grouping)를 수행하는 능력은 잘 보유하고 있다. ● 그림 7.6처럼 그림을 따라 그리는 것은 통각실인증 환자에게는 불가능할지 몰라도, 연합실인증 환자에게는 상대적으로 쉽다. 그렇지만 연합실인증 환자는 같은 그림을 기억으로부터는 그리지 못할 것이다. 이런 문제가 일반적 기억장애로 야기되는 것은 아니다. 왜냐하면 예를 들어 닻이 무엇이냐고 물으면, 연합실인증 환자는 '배를 위한 브레이크' 같이 상식적인 정의를 대답할 수 있기 때문이다(Ratcliff & Newcombe, 1982). 어떤 경우, 연합실인증 환자들은 시각적으로 제시된 항목으로부터 충분한 정보를 축출하여 이 항목의 상위 범주(예, 포유류, 곤충, 새)가 무엇인지는 답할 수 있어도 다른 특질들(예, 길들일 수 있게 순한가 아니면 위험한가?)은 답할 수 없는 예도 있다(Warrington, 1975).

이런 장애를 가진 환자들은 대상을 보고 따라 그릴 수도, 즉 모사(copy)할 수도 있고 비슷한 항목들 속에서 똑같은 항목을 알아차릴 수도 있기 때문에, 연구자들은 처음에는 그들의 시각 처리 과정이 온전하다고 가정하였다. 단지 기억 속에 있는 의미 정보와의 연결이 문제라고 보았다. 보다 최근에 증거들은 비록 이런 환자들의 지각적 능력이 통각실인증 환자보다 좋은 것은 사실이지만, 이들의 지각 능력도 진정한 의미로 정상은 아님을 시사한다. 첫째, 비록 연합실인증인 환자들이 짝짓기나 베끼기 과제를 수행할 수 있지만, 그들은 점 대 점, 또는 부분 대 부분 비교를 통해서 극도로 느리게 과제를 수행하는데, 이는 그들이 전체적인 형태에 대한 지각을 획득하고 있지 못함을 시사한다. 이런 전략은 신경과적으로 정상적인 사람들이 수행하는 방식, 즉 전체를 먼저 그리고 부분을 채워

나가는 방식과는 다른 것이다. 그뿐만 아니라, 비록 이런 환자들이 매우 세부적인 부분까지 그림을 따라 그릴 수 있지만, 이들이 따라 그리는 속도는 엄청나게 느리다.

둘째, 이들 환자의 대상 재인 결함은 시각 정보의 입력이 더욱 빈약할수록 더 심각해진다. 대상 재인 능력은 실제 대상에 대해 가장 좋으며, 다음이 사진이고, 선 그림의 경우 최악이다(가장 빈약한 정보 형태). 셋째, 이들의 오류는 종종 시각적 유사성과 관련이 있는 것으로 야구 방망이를 방망이가 아니라 노, 칼, 온도계로 잘못 보는 경향이 있다. 마지막으로 이들은 의미상 관련이 없는 대상들, 낯선 얼굴이나 복잡한 새로운 모양을 짝짓기하는 데 어려움을 보인다. 만일 그들의 시각 처리 과정이 온전하고 이런 결함이 순전히 시각 형태와 의미 간의 단절 때문에 야기된 것이라면, 위의 항목들을 짝짓기하는 능력에는 아무런 장애가 없어야 한다(Farah, 2000).

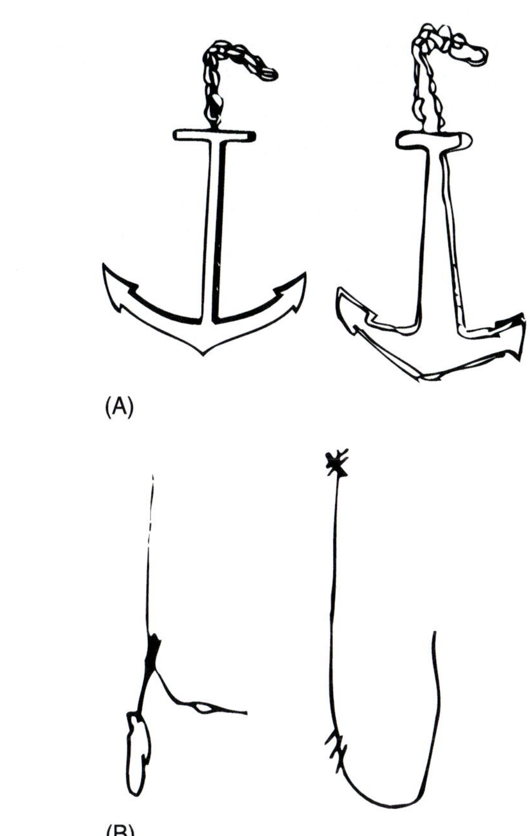

그림 7.6 연합실인증을 가진 사람의 모사(copy) 능력. (A) 환자가 모델(왼쪽)을 베껴그린 것(오른쪽). 통각실인증을 가진 사람의 모사 능력(그림 7.4를 보라)과 비교하면 이 환자의 모사 능력이 훨씬 낫다. 그러나 그림을 모사할 수 있고 돛을 '배의 브레이크'라고 말할 수 있는 환자의 능력에도, 그는 모델이나 그가 그린 그림을 돛이라고 알아보지 못했다. (B) 돛을 그리라는 요청에 환자가 보여준 반응. 그는 기억으로부터 정확한 시각 형태를 인출하지 못하였다. © 2011 Cengage Learning

■ 통각실인증과 연합실인증 간의 차이

정리해보면, 통각실인증과 연합실인증의 주된 차이가 정보처리할 수 있는 시각 정보의 유형에 있었다. 고전적인 통각실인증 환자는 선의 방향이나 색과 같은 대략적인 시각 정보를 처리할 수 있으나, 윤곽 같은 형태 정보를 추출(extract)하는 데 필요한, 더 복잡한 시각 정보를 끌어내는 능력이 결여되어 있다. 반면, 연합실인증 환자는 대상을 짝 짓기하거나 그림을 꽤 정확하게 복사할 수 있는 능력이 증명하는 것처럼, 통각실인증 환자들보다는 훨씬 더 정교한 정보를 지각할 수 있다. 추가로 그들은 일반적인 형태 정보 일부를 추출할 수 있으며, 혹시 잘못 알아차렸을 때도 그 대상과 형태가 비슷한 다른 대상으로 잘 못 생각한다(예, 돼지를 양으로 잘못 알아차림). 통각실인증 환자와 연합실인증 환자들의 정보처리 능력의 차이를 보면, 이 두 부류의 환자들의 손상 위치가 다를 거라고 기대할 수 있는데, 그것이 사실이다(그림 7.7). 통각실인증 환자들은 주로 후엽(occipital lobe)과 주변 영역에 광범위한 손상을 가지고 있는 반면, 연합실인증 환자의 손상 위치가 다양하지만 주로 양 반구의 후측두 영역(occipitotemporal region)을 포함하고 있다. 그럼에도, 이 두 증세의 공통점은 시각 정보를 의미와 연결하는 능력의 손실이다.

■ 안면실인증: 얼굴실인증

지금까지 특정 감각양상 내에서 모든 정보를 확인하거나 재인하는 능력의 상실이 일어나는 장애로서 실인증에 대하여 논의하였다. 그럼에도 적어도 시각 실인증의 한 형태는 시각 항목 중에 아주 특별한 집단인 얼굴에 특정적이다. **안면실인증**(prosopagnosia)이라고 알려진 장애는 비록 시각감각양상의 다른 대상들은 정확히 파악하면서도, 얼굴을 재인하거나 얼굴을 구별하는 능력에 대한 선택적 장애이다. 안면실인증 환자들은 얼굴을 얼굴로 재인할 수 있는데 이는 고도의 시각 정보처리의 어떤 면들이 온전하다는 의미이다. 실제로, 안면실인증 환자들은 사람 얼굴의 성별이나 상대적 나이(젊음 vs. 늙음)에 대한 구별도 가능하고 그 얼굴이 나타내는 감정적 표정에 대한 구별도 가능하다(Tranel, Damasio, & Damasio, 1988). 그럼에도 특정 얼굴이 어떤 개인에게 속한 것인지를 파악하는 능력이 상실되었다. 이런 결함은 대단히 심각한 수준이어서 실인증을 가진 사람은 그녀 또는 그의 배우자, 아이들, 심지어는 자신의 얼굴도 알아보지 못할 수 있다.

실인증을 가진 다른 사람들과 마찬가지로, 안면실인증 환자들도 일반적인 기억 결함은 없다. 그들은 특정개인에 대한 정보를 기억할 수 있으며, 비록 얼굴 재인을 못할 때라도 다른 감각양상을 통하여 그가 누구인지 알아 볼 수 있다. 일반적으로 안면실인증 환자는 그들의 결함을 극복하기 위하여 그 사람의 머리스타일, 옷의 특징과 같은 얼굴 이외의 두드러진 시

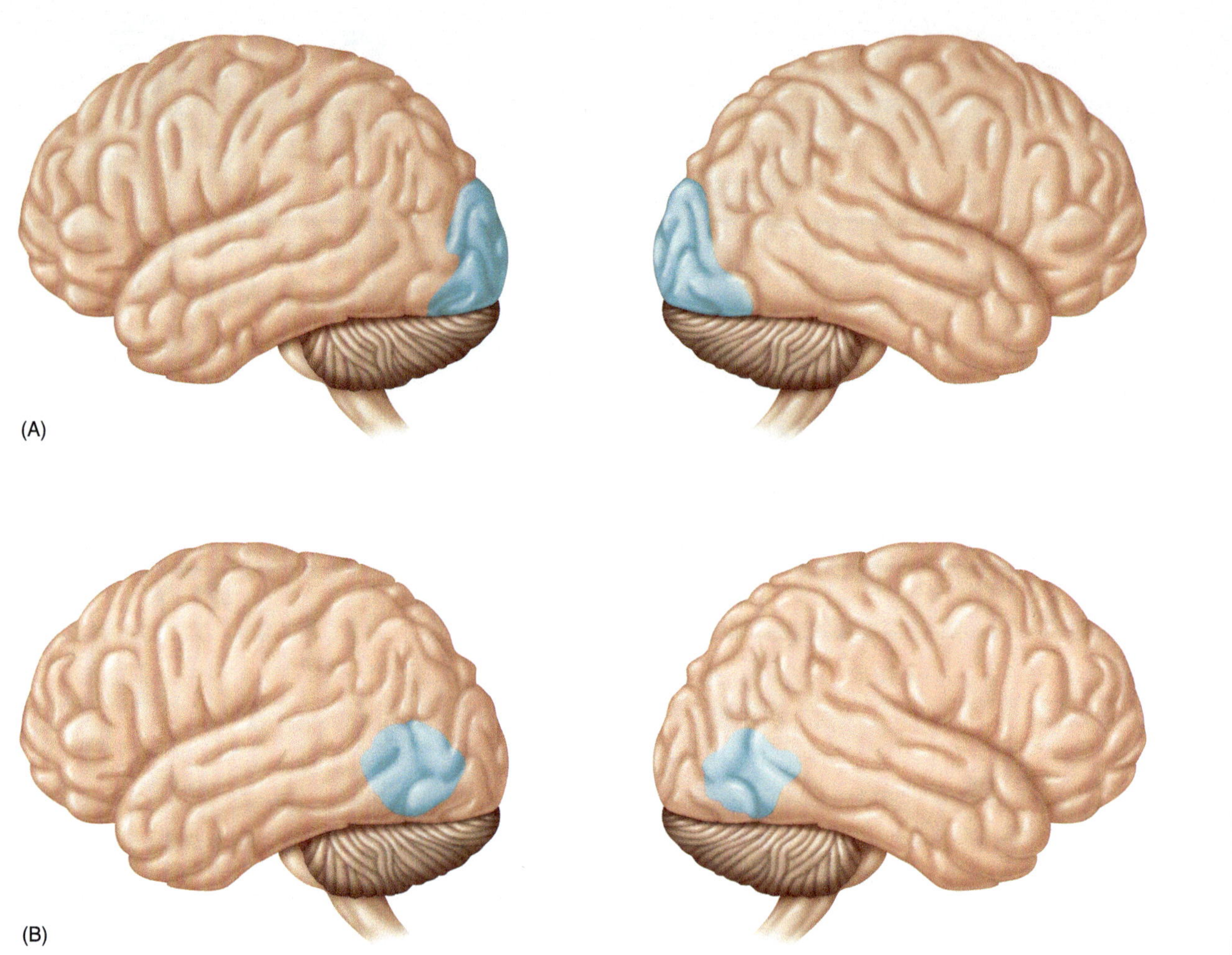

● **그림 7.7 통각실인증과 연합실인증에서 전형적으로 손상을 보이는 두뇌 영역.** (A) 통각실인증에서, 손상은 대개 후뇌 영역들에 걸쳐 존재한다. (B) 연합실인증에서, 손상은 후측두 경계에 양측성으로 존재하는 경향이 있다. 연합실인증의 전형적인 손상은 통각실인증의 손상에 비해 더 전측에 존재한다. © 2011 Cengage Learning

각적 정보를 사용하기도 하고 목소리나 걸음걸이 같은 비시각적 감각양상의 정보를 이용하기도 한다(Damasio, Damasio, & Van Hoesen, 1982).

안면실인증의 대부분의 사례가 후천적인데, 이는 두뇌 손상 이전에는 그 환자의 수행이 정상이었음을 의미한다. 최근에, 연구자들은 알려진 두뇌 손상 없이 '얼굴-장님'이 된 것 같은 환자들을 확인하였는데, 이런 조건을 **발달성** (또는 **선천성**) **안면실인증**[developmental (or congenital) prosopagnosia]이라고 한다(Duchaine & Nakayama, 2006). 이런 장애를 가진 사람들은 그들이 언제나 그들 생애 전체를 걸쳐 이런 문제가 있었다고 보고하는데, 그들은 다른 시각적 대상들을 재인하는 데는 전혀 문제가 없다. 그들은 얼굴 단서에 의존하지 않고 다른 사람을 재인할 수 있는 전략들, 예를 들어 목소리나 움직임 같은 특징적 스타일 같은 다른 단서들에 의존하는 전략 같은 것을 보상 전략으로 평생에 걸쳐 구축해왔다. 비록 이런 환자들은 명백한 두뇌 손상이 없음에도, 우리는 두뇌의 얼굴-재인 기제에서 무엇인가가 잘 못 되었음이 틀림없다고 추측할 수 있다(Behrmann & Avidan, 2005). 가족 중 한 명 이상이 이런 발달성 안면실인증을 보이는 가족들에 관한 미래의 연구들이 정상 또는 비정상적 얼굴 재인 발달에 관여하는 유전적 기제를 규명하는 데 도움이 될 수 있을 것이다(Duchaine & Nakayama, 2006; Grueter et al., 2007).

후천적 안면실인증의 재미있는 측면 중 하나는 일부 사례에서 이들 환자가 얼굴 정보에 의식적으로 접근하지는 않았지만, 일종의 제한된 수준의 얼굴 재인이 가능하다는 증거들이 보인다는 것이다. 이런 증거는 실인증에 대한 고전적 개념을 흔드는 것으로, 고전적 개념의 실인증은 실인증이 지각적 형태를 기억에 있는 정보와 연결하는 능력이 손상을 받았기 때문이라고 보기 때문이다. 얼굴에 대한 암묵적 정보처리과정은 두 가지 방식으로 증명되어 왔다. 즉 생리학적 측정과 행동 점화 연구(behavior priming study)를 통해서 증명됐다.

비록 안면실인증 환자에게 어떤 얼굴이 친숙하고 어떤 얼굴이 낯선지를 구별하여 말해보라고 하면, 거의 우연 수준으로 과제를 수행하지만, 일부 사례들에서는 그들이 모르는 얼굴을 볼 때보다 두뇌 손상 전부터 알던 사람의 얼굴을 볼 때 그들의 피부전도반응(skin conductance response)이 더 크게 나타났다(Tranel & Damasio, 1988). 전기 피부전도반응은 자율신경계의 통제하에 있는 반응으로 피부가 더 땀을 흘릴 때, 피부전도가 증가한다. 그래서 비록 이 환자들이 이전에-알던 얼굴들을 의식적으로는 재인하지 못함에도, 자율반응 수준에서는 적어도 이전에-알던 얼굴들을 확인할 수 있는 듯이 보인다. 비슷하게, 피질 활동의 측정치인 P300 ERP 반응을 사용하여, 어떤 안면실인증 환자에게서 친숙한 얼굴과 친숙하지 않은 얼굴 간에 다른 반응이 측정되었다(Bobes et al., 2004; ● 그림 7.8). 기억하고 있겠지만, P300 반응은 일련의 친숙한 자극들 제시 속에 나타나는 'oddball'자극(의외의 자극)에 가장 강하게 반응한다. 이 연구에서, 안면실인증 환자는 일련의 친숙하지 않은 얼굴들 속에 가끔 친숙한 얼굴이 'oddball'로 섞여 있는 자극들을 보았다. P300가 친숙한 얼굴에서 더 크게 나타났는데, 이는 이 환자의 두뇌가 이 친숙한 얼굴들을 친숙하지 않은 얼굴들과는 별개의 다른 범주로 취급하고 있음을 의미한다.

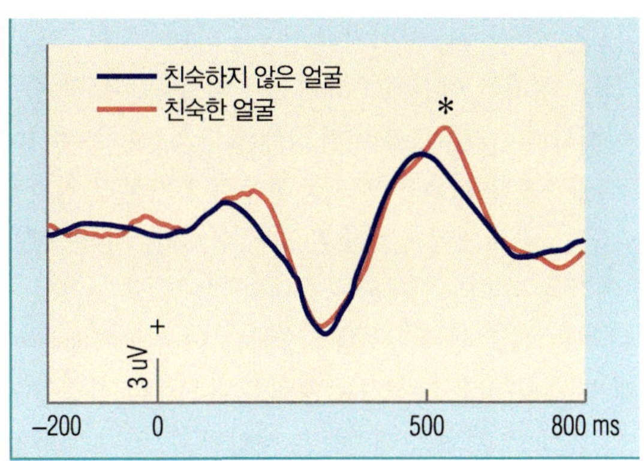

● **그림 7.8 안면 재인 환자에서 친숙한 얼굴들에 대한 P300 반응.** 비록 이 환자는 이전에 친숙한 얼굴들에 대한 기억이 없지만, P300 사건-관련 전위는 친숙하지 않은 얼굴들과 친숙한 얼굴들 사이를 구별하는데, 이는 친숙한 얼굴이 어떤 수준에서 암묵적으로 재인되었음을 시사한다. 출처: Bobes, M.A. et al, 2004. Brain potentials reflect residual face processing in a case of prosopagnosia. Cognitive Neuropsychology, 21, 691–718.

안면실인증 환자의 암묵적 얼굴 재인에 대한 다른 증거는 얼굴의 정체에 대한 어떤 종류의 정보에 접근하였을 때만 환자에게서 간섭효과가 일어날 수 있다는 것이다. 한 연구에서, 안면실인증 환자가 각 사람의 이름을 큰 소리로 읽은 다음 그 사람의 직업(예, 음악가 또는 정치가)을 분류해야 하는 과제를 수행하였다. 이때 이름은 같은 직업을 가진 사람이나 다른 직업을 가진 사람의 얼굴 사진 옆에 제시되었다. 비록 안면실인증 환자는 제시된 얼굴을 알아보지는 못하였고, 직업별로 얼굴을 분류하지도 못하였지만, 그럼에도 함께 제시된 얼굴이 이름 읽기 수행에 영향을 미쳤다. 환자들도, 신경학적 정상인들과 마찬가지로, 어떤 사람의 이름이 다른 직업 군에 속하는 사람의 얼굴 옆에 제시되었을 때는 그 이름을 읽는데 더 오래 걸렸다(De Haan, Young, & Newcombe, 1987).

이런 연구 결과는 얼굴에 대한 외현적 명명이나 범주화를 가능하게 하는 방법이 없을 때조차도, 안면실인증 환자가 기억 속의 얼굴에 대한 정보를 파지하고 있음을 시사한다. 안면실인증의 이런 사례들은 얼굴의 지각적 특질과 얼굴과 연합된 기억 속의 전기적 정보 간의 연결의 완전한 단절로 안면실인증을 보는 모델과는 잘 맞지 않는다. 이 환자들이 얼굴로부터 시각 정보를 부호화할 때 그 양이 대단히 빈약할지도 모른다. 아니면, 얼굴 재인의 역치가 너무 높을지도 모른다. 그래서 정상적인 상황에서는 그 정보의 접근성을 획득하는 것이 불가능하지만, 그럼에도 다른 특이한 조건에서는 처리된 낮은-수준의 정보가 여전히 수행에 영향을 미쳤을 수도 있을 것이다(이런 가능성을 증명하는 계산화 모델을 위해 Farah, O'Reilly, & Vecera, 1993 참조). 이런 암묵적 기억에 대한 논쟁은 10장에서 좀 더 자세히 다루게 될 것이다.

종합하면, 안면실인증은 연구자들에게는 여러 가지 이유에서 흥미로운 연구주제이다. 안면실인증 환자들에 관한 연구들은 한 항목이 특정 범주에 속하는지를 확인하는(예, 그 시각 패턴이 얼굴인지를 결정하는) 능력이 그 범주의 일원으로서의 특정 항목을 기억하는(예, 당신이 보고 있는 얼굴이 톰의 얼굴이 아니라 존의 얼굴임을 결정하는) 능력과는 구별됨을 보여준다. 덧붙여, 안면실인증의 암묵적 '재인(recognition)'은 저장된 정보가 어떻게 의식적으로 인출되는가에 대한 흥미로운 질문을 제기한다. 마지막으로, 안면실인증의 출현은 얼굴이 시각 대상의 특별한 유형임을 시사하는데, 이 장의 뒤에 가서 좀 더 자세히 이 논쟁을 논의할 것이다.

■ 대상 재인에서 범주-특정적 결함

지금까지는 실인증을 특정 감각양상 내에서 정보를 재인하거나 확인하는 능력이 상실된 것으로 논의하였다. 그러나 같은 감각양상 내에서 다른 범주의 항목들을 재인하는 능력은 온전한데도, 어떤 특정 범주의 대상만을 알아차리는 것에 곤란함을 겪는 다른 유형의 사례가 보고되고 있다. 이런 장애는 **범주-특정적 장애**(category-specific deficit)라고 알려진 것이다(개관을 위해서는 Caramazza & Mahon, 2003;

Humphreys & Forde, 2001 참조). 예를 들어 과일과 채소를 알아보는 데 장애를 보이지만 인공물에 대해서는 그렇지 않을 수 있다. 우리가 이전에 고려하였던 실인증을 보던 틀 내에서는 이해하기 어려우므로 이런 장애는 당혹스런 문제이다.

실인증을 논할 때, 우리는 실인증이 기본적 감각처리 과정의 근본적 장애에서 비롯된 것이 아니라, 지각을 형성하거나, 지각을 의미와 연결하는 능력의 장애라고 보았었다. 그러면 우리는 이런 범주-특정적 장애를 어떻게 이해해야 할까? 첫째, 지각 표상을 형성하는 능력은 온전함이 틀림없다. 왜냐하면, 특정 범주 외의 대상들은 재인될 수 있기 때문이다. 예를 들어 비록 사과와 오렌지를 재인할 수 없는 사람도 자동차와 기차는 재인할 수 있다는 것은 시각적 지각을 형성하는 전반적인 능력은 온전함을 나타낸다. 둘째, 제한된 사례들이기는 하지만, 영향받지 않는 범주의 항목은 잘 재인되기 때문에, 지각 표상이 의미와 연결될 수 있음을 의미한다.

범주-특정적 결함 대부분은 진정한 실인증 결함이 아닌 것 같다. 일부 사례들에서, 이들 장애는 어의기억(semantic memory) 체계 내의 문제에서 기인한다. 예를 들어 Warrington과 Shallice (1984)는 환자들이 특정 범주의 대상물을 시각적으로 제시하였을 때 이를 재인하지도 못하고, 대상들의 이름을 들려 주었을 때도 그 항목들에 대한 적절한 정의를 말하지 못하는 것을 발견하였다(실인증과 달리). 이런 발견들은 영향을 입은 범주에 속하는 항목에 관한 기억에 접근하는 능력이 이런 환자들에게서 상실되었음을 의미한다. 다른 사례들에서는, 환자들이 과일, 채소와 같은 어떤 범주의 항목들은 명명할 수 없으면서도 이들의 장애가 명명에만 국한되기 때문에 어의적 기억의 문제라기보다는 단어 인출, 즉 **선택적 실명증**(selective anomia)의 문제로 보인다(Hart, Berndt, & Caramazza, 1985).

어떻게 그런 기억 내의 범주-특정적 결함이 생기는 것일까? 현재까지 두 가지 견해가 존재한다. 하나의 가능한 설명은 기억이 범주-특정적 신경회로로 조직화되어 있어서, '살아있는 것들' 부분은 '살아있지 않은 것들' 부분과는 다른 것이며 (Caramazza & Shelton, 1998), 이 중의 하나가 선택적으로 손상되었다고 보는 것이다. 이런 설명은 동물, 다른 사람들, 특정 식물처럼 우리의 진화적 역사 동안에 중요한 항목들을 위해 특정 신경계들이 존재한다는 주장이다. 사실, 자연물(동물, 새, 과일 등)의 재인은 결함을 보이면서 인공물에 대한 재인은 손상되지 않은 경우가 그 반대 경우보다 다섯 배나 흔하다(Laws, 2005).

이런 설명의 문제는 장애의 형태가 항상 그렇게 단순한 규칙들을 따르지 않는다는 데 있다. 예를 들어 어떤 환자는 물고기, 꽃, 또는 과일을 재인하지 못하는데, 이 모든 것들이 다 살아있는 것이다. 그렇지만, 신체 부위는 잘 재인하는데, 신체 부위야 말로 모두 살아있는 것이다. 그런가 하면, 어떤 환자는 비록 의류, 부엌 도구, 자동차와 같은 무생물 항목들을 잘 확인할 수 있지만, 악기류는 그렇지 않다(Warrington & Shallice, 1984). 그럼에도 범주-특정적 결함을 보이는 모든 환자에 관한 사례를 철저하게 살펴보면 어떤 패턴이 나타난다(Capitani, Laiacona, Mahon, & Caramazza, 2003). 대부분의 사례는 동물을 재인하는 능력, 과일과 채소를 재인하는 능력, 그리고 인공물(도구, 가구 등)을 재인하는 능력들이 분리되어 있음을 보인다.

이런 장애에 대한 더 그럴듯한 설명은, 사람들이 기억에 접근할 때, 각각 다른 감각양상으로부터의 정보가 다른 영향, 다른 정도의 비중을 가지게 된다는 것이다(계산 모델을 알아보려면 Farah & McClelland, 1991 참조). 예를 들어 크레용, 망치, 테이블 같은 인공물을 재인할 때, 우리는 주로 기능에 따라 구분하거나, 또는 그것들로 수행하는 활동에 따라 구분한다. 그러나 살아있는 것들은 그렇지 않다. 표범을 사자나 호랑이와 구분할 수 있는 가장 좋은 방법은 시각감각양상의 어떤 특질에 의해서이다(표범은 점이 있고, 사자는 누런 색이며, 호랑이는 줄무늬가 있다). 이런 설명에 따르면, 쓰기 도구보다 동물들을 재인하는 데 더욱 심각한 결함이 있으리라 생각할 수 있는데, 왜냐하면 기억 내의 정보가 이런 항목들의 시각 특질에 상당히 의존하고 있기 때문이다(Warrington & Shallice, 1984).

이런 견해를 지지하는 사례 연구들은 물건, 대상에 대한 지각적 이해가 결함을 보일 때도 그 대상에 대한 기능적 지식이 유지되고 있음을 나타낸다. 예를 들어 시각실인증을 보이는 한 여자 환자는 그 물건이 무엇에 사용되는 것인지(즉, 그 기능)를 설명할 수 있었다. 한 예로 냄비와 프라이팬을 보여주었을 때, 그 환자는 '그 두 가지가 다 요리할 때 쓰는 것'이라고 말할 수 있었다. 그렇지만 두 물건이 지각적으로 유사한지에 대한 여부 같은, 지각적 지식에는 접근할 수 없었다(Peru & Avesani, 2008). 사실, 한 쌍의 그림을 보여주면서 그것이 어떻게 지각적으로 유사한가를 설명해보라고 하면, 그 환자는 그 두 쌍의 대상이 살아있는 것인지, 살아있지 않은 것인지와 무관하게, 지각적 유사성보다는 기능적 유사성에 관해 기술하는 경향을 보였다.

두뇌 영상 연구들 또한 살아 있는 것들, 즉 생물(living things) 대 살아있지 않은 것들, 즉 무생물(nonliving things)에 대해 서로 다른 두뇌 영역이 활성화됨을 보이는데, 생물들에 대해서는 지각적 영역에서 더 많은 활성화가, 무생물들에 대해서는 운동영역에서 더 큰 활성화가 관찰되었다(Martin, Wiggs, Ungerleider, & Haxby, 1996; Perani et al., 1995; Phillips, Noppeney, Humphreys, & Price, 2002). 더 나아가, 살아있는 것들에 대해서는, 참여자가 시각 특질들(예, 앵무새는 곡선의 부리를 가지고 있습니까?)에 대한 질문을 받을 때나 비시각적 특질들(예, 판다는 중국에 삽니까?)에 대한 질문을 받을 때나 상관없이, 좌측 방추회(fusiform gyrus)에서 활동이 관찰되었다. 그렇지만, 무생물에서는 비시각적 특질에 대한 질문을 받는 동안에는 방추회 활성화가 관찰되지 않았고, 시각적 특성에 대한 질문을 받을 때만 방추회 활성화가 관찰되었다(Thompson-Chill, Aguirre, D'Esposito, & Farah, 1999). 이런 발견들은 무생물과 달리 생물들에 대해서는 지각적 특성에 대한 접근이 보다 자동으로 일어남을 시사한다.

그렇지만 이 설명도 무엇인가 부족하다. 우리는 여전히 왜 어떤 환자들은 과일이나 채소를 재인하는 데 장애를 보이면서, 꽃과 같은 다른 항목은 잘 재인할 수 있는가를 설명할 필요가 있다. 왜냐하면 꽃이나 채소, 과일 모두 시각적 특질에 의해 구분될 수 있기 때문이다. 또 어떤 환자들은 열쇠, 펜, 비행기, 헬리콥터 모두를 기능에 근거해서 구분할 수 있음에도, 열쇠나 펜과 같은 대상은 재인할 수 있는데 비행기나 헬리콥터는 구분할 수 없는지 설명할 수 있어야 한다. 하나의 설명으로는 한 감각양상 내에서 특정 정보 통로가 다른 통로보다 더 두뇌 손상의 영향을 잘 받는다고 생각하는 것이 있다. 모양이 꽃들을 가장 잘 구분하는 반면, 색이 과일들을 가장 잘 구별하는 시각 특성일 수 있기 때문에 꽃 대 과일 재인은 두뇌 손상이 색-정보처리 영역에 영향을 미쳤는가 아니면 모양-정보처리 영역에 영향을 미쳤는가에 따라 달라질지도 모른다(Warrington & McCarthy, 1987).

여기서 볼 수 있겠지만, 몇 개의 설명 체계 중 어느 것도 범주-특정적 재인 결함을 설명하지 못하고 있으며, 이 논쟁거리들이 해결되려면 멀었다. 그럼에도, 이런 결함들은 연구자들의 관심을 사로잡게 되는데, 이는 환자들을 실제로 관찰해보면, 그 장애가 너무나 분명하기 때문이다. 과학적 관점에서, 이런 결함에 관한 연구는 대상, 사물에 대한 서로 다른 정보가 어떻게 기억에 저장되고 이런 정보가 어떻게 대상의 시각재인에 이바지하는가를 더 잘 이해하는 데 도움이 될 가능성이 있다.

대상 재인의 이론적 쟁점

지금까지 보아온 증거들은 복측 시각 흐름이 시각적 대상 인식 기능을 수행하며, 이 영역의 손상은 일상생활에서 대상 재인하는 능력에 중대한 영향을 미칠 수 있음을 우리에게 말해준다. 그렇지만 대상이 복측 흐름의 신경 조직 내에서 실제로 어떻게 표상되는지는 아직도 배울 것이 많다. 남은 절에서, 시각 대상 재인의 인지 신경과학 분야에서 활발하게 연구되고 논의되고 있는 네 개의 서로 밀접하게 연결된 질문들에 대해 초점을 맞추겠다. 첫째, 특정 복측 흐름 안에서 대상은 어떻게 표상되는가? 단일 대상은 몇몇 소수의 세포들만의 활동으로 표상되는가? 아니면 어떤 주어진 대상을 표상하는 데 관여하는 신경 조직의 더 거대한 구획으로 표상되는가? 둘째, 지각 불변성, 즉 지각 항상성(perceptual invariance: 대상의 방향, 위치, 또는 크기와 무관하게 그 대상을 재인하는 능력)은 복측 흐름에서 어떻게 성취되는 것인가? 셋째, 대상 지각은 한 대상의 개개 부위들에 대한 이해와 그 부위들을 다 이어 맞추는 것에 근거하는 것인가 아니면 더욱 총체적인 표상에 근거하는 것인가? 마지막으로, 범주 특정성을 다루겠다. 즉, 얼굴 같은 특정 종류의 자극을 처리하는 데 관여하도록 특화된 어떤 부분이 복측 흐름에 있는 것인가? 하는 문제를 다루게 될 것이다.

■ 대상의 희소 부호화 대 집단 부호화

대상 재인의 근본적 질문 중 하나는 한 사람(또는 원숭이)이 알아볼 수 있는 그 방대한 수의 대상들을 부호화하는 데 복측 흐름의 개개 세포들이 어떻게 관여하는 것일까 하는 것이다. 어떤 종류의 부호화가 두뇌에서 사용되고 있는가? 이런 질문에 대해 생각할 수 있는 한 방법은 두뇌가 희소 부호화를 쓰는지 집단 부호화를 쓰는지에 대해 질문을 던지는 것이다(Reddy & Kanwisher, 2006). **희소 부호화**(sparse coding)란, 작지만 특화된 세포 집단이 하나의 주어진 대상에 반응하는 것을 의미한다. 각각의 대상은 작은 세포 집단을 자극하는 것이고, 그런 소규모 한 세트의 세포들의 활동이 우리의 지각에서 어떤 특정 대상을 표상하게 될 것이다. 이런 생각이 극도로 단순화된 것에 의하면, 세포 #3는 사과가 있을 때마다 발화하는 반면, 세포 #9은 오렌지가 있을 때마다 발화한다(● 그림 7.9A). 이런 견해의 대안으로 **집단 부호화**(population coding)라는 것이 있는데, 이는 하나의 커다란 세포 집단을 아울러 일어나는 활동 형태가 개개의 대상들을 표상한다고 이론화한다(● 그림 7.9B). 집단 부호화 견해에 따르면, 같은 세포가 여러 개의 다른 대상을 표상하는 데 관여하게 된다. 예를 들어 세포 1에서 세포 10까지의 모든 세포가 사과와 오렌지에 둘 다 반응적이지만, 이들 세포를 아울러 나타나는 활동양상이 달라서, 한 양상은 사과를 다른 양상은 오렌지를 표상하게 된다.

이런 견해들을 잘 구별하려면, 극단적인 입장을 고려해 보는 것이 도움이 된다. 희소 부호화의 극단적 형태는 **할머니 세포 이론**(grandmother cell theory)이라고 불리는 것이다(Barlow, 1985). 이 생각에 따르면, 복측 흐름에 특정 세포가 있어 그 세포들의 역할은 당신의 할머니를 볼 때 발화하는 것이다. 어떤 다른 세포는 당신의 할아버지를 볼 때 발화하고 또 다른 세포는 당신의 외삼촌을 볼 때 발화하는 것 등이다. 여러 측면에서 이런 생각은 복측 흐름에서 우리가 본 경향들이 논

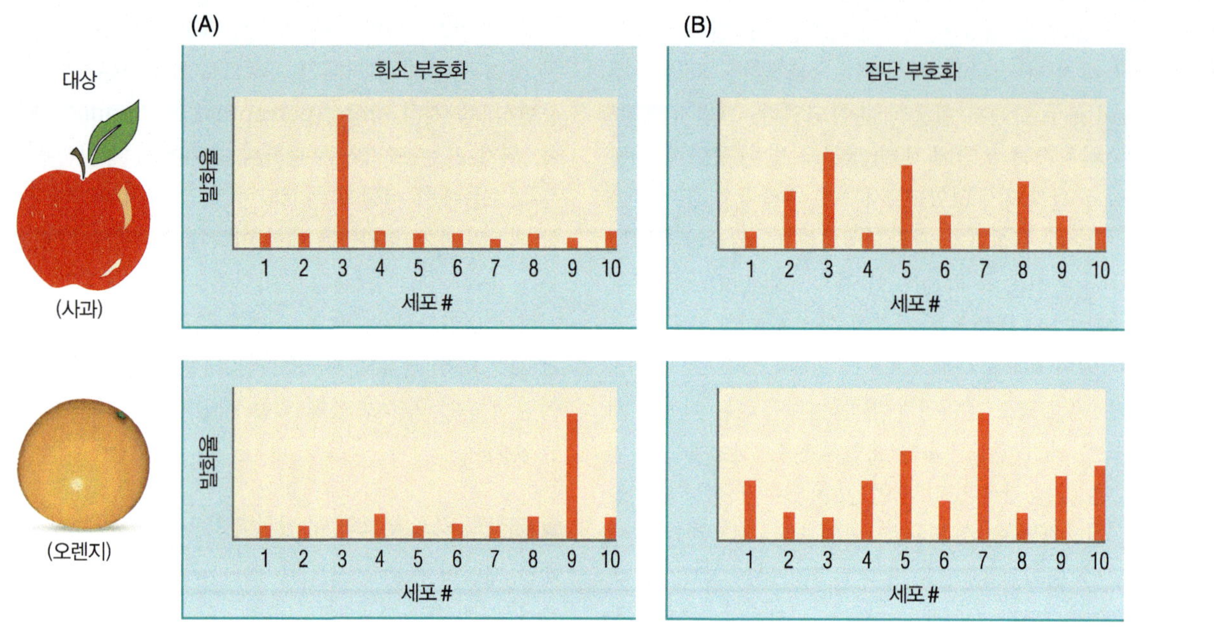

● 그림 7.9 **희소 부호화 대 집단 부호화의 도식적 묘사.** 희소 부호화에서(A), 단일 세포(또는 몇 개의 세포로 이루어진 한 집단)는 특정 단일 대상을 표상한다. 예를 들어 세포 #3은 '사과'를 표상하는 반면, 세포 #9는 '오렌지'를 표상한다. 집단 부호화(B)에서는, 세포 집단을 모두 아울러 나타나는 활성화 패턴에 의해 서로 다른 대상이 표상된다.

리적으로 확장한 것 같다. 예를 들어 이런 식으로 흐름을 따라 자꾸 앞으로 가면, 복측 흐름의 초기에 있는 세포들로부터 더 많은 정보를 받아들이기 때문에 흐름의 나중에 나오는 세포들은 더 복잡하고 특정한 자극에만 반응하게 된다는 논리에 도달하는 것이다. 그렇지만, 논리적으로 생각해 보면 단지 하나(또는 소수의 몇 개)의 세포가 당신의 할머니를 알아본다는 것은 말이 되지 않는다. 우선, 그 특정 세포가 죽으면 어떻게 되겠는가? 당신이 할아버지와 외삼촌은 알아보면서 갑자기 할머니는 못 알아볼 수 있는가? 두뇌가 표상이 그렇게 쉽게 망가지는 체계로 진화하였을 것 같지 않다. 또한 만일 새로운 대상을 재인하게 학습이 되었을 땐 무슨 일이 생기겠는가? 아무것에도 공헌하지 않고 그냥 표상될 새 대상을 위해 기다리고 있는 세포들이 있다는 말인가? 그것도 그럴 것 같지 않다. 이런 이유들로 해서, 실제로 할머니 세포 개념의 극단적인 해석이 맞다고 믿는 사람은 아무도 없다.

이제는 집단 부호화 체계를 극단적으로 생각해 보면 어떻게 되는가 고려해 보자. 복측 흐름에 있는 모든 세포가 모든 대상의 표상에 다 관여한다고 가정해 보자. 모든 가능한 대상은 복측 흐름에 있는 수백만 개의 세포들을 아울러 독특한 활동 패턴을 생성하게 될 것이다. 5장에서, 우리는 유사한 집단 부호화가 일차 운동피질에서 계획된 동작을 부호화한다는 것에 대해 배웠다. 집단 부호화 책략은 할머니 세포 체계보다는 더 융통성 있을 것 같은데, 이는 몇 개의 세포가 손실된다 하더라도 어떤 주어진 표상을 그다지 변화시키지 않을 것이기 때문이다(Pouget, Dayan, & Zemel, 2000). 그렇지만 이런 극단적인 생각은 다른 문제들이 있다. 우리가 기억해야 할 것은, 궁극적으로는 시각 정보를 표상하는 목적이 단순히 대상을 표상하는 그 자체에 있는 것이 아니라, 그 정보를 뇌의 다른 곳에 있는 다른 정보와 연결할 수 있게 하기 위해서라는 것이다. 예를 들어 사과를 본 것을 사과의 맛, 사과의 냄새, '사과'라는 단어, 그리고 사과를 한 입 베어물어 먹은 동작과 연결할 필요가 있다. 만일 복측 흐름의 수백만 개의 세포들이 모두 '사과'의 시각 영상의 표상에 관여해야만 한다면, 바로 이 같은 세포들이 또 어떻든지 맛체계, 냄새체계, 언어체계, 그리고 운동체계와 연결되어 있어야 한다. 이 말은 복측 흐름의 '사과' 세포들과 맛이나 언어 영역의 '사과'세포들 간의 특정 연결들은 있을 수가 없게 될 것이라는 뜻이다. 왜냐하면 복측 흐름의 모든 세포가 사과의 모습을 부호화하는 데 필요하기 때문이다. 그런 체계는 대단히 사용하기 불편할 것이다.

극단적인 입장이 이치에 맞지 않는 경우가 자주 있듯이, 이 경우도 답은 이 두 입장의 중간 어디쯤 있을 것이다. 세포의 수는 하나 이상이지만 복측 흐름의 전체 세포 수보다는 적은 수의 세포가 '사과' 표상에 관여할 것이다. 그렇지만 세포의 집단에 의해 개개의 대상이 부호화되는 것에 대해서 연구자들은 실제로 무엇을 알고 있을까? 대부분의 발견은 원숭이의 단일세포기록 연구들로부터 온다. 인간의 신경영상 연구들은 이런 질문을 다루는 것에 어려움을 경험하고 있는데, 왜냐하면 혈역학적 신경영상 방법의 해상도가 개개 세포들 수준의 신경

활동을 해결하기에는 너무 대략적이다.

이전에 언급한 것처럼, 원숭이의 하측두 영역 개개 세포들이 손이나 얼굴 같은 복잡한 특정 자극들에 가장 잘 반응한다는 것은 지난 수십 년 동안 잘 알려져 온 것이다(Gross, Bender, & Rocha-Miranda, 1969; Gross, Rocha-Miranda, & Bender, 1972). 그렇지만 실험자가 이 세상에 존재하는 모든 대상을 동원하여 검사할 수 있지 않는 한, 한 세포의 반응이 정말 어느 한 종류의 대상에만 특화된 것인지는 말하기 어려우며, 이런 식의 검사는 사실상 불가능하다. 최근의 한 연구에서 원숭이 하측두 피질의 세포들을 1,700여 개의 사진 검사를 사용하여 이 문제를 조사하려는 시도가 있었다. 이들 연구자는 많은 세포가 얼굴 또는 그밖에 못지않게 복잡한 형태에 특별히 흥분하도록 맞추어져 있음을 발견하였다(Földiák, Xiao, Keysers, Edwards, & Perrett, 2004). 물론, 원숭이나 인간 모두 1,700개 대상보다 훨씬 많은 수의 대상들을 재인할 수 있다. 그래서 비록 이 연구가 다른 대부분의 연구들보다 훨씬 더 많은 수의 자극 영상들로 검사하기는 했어도, 여전히 우리가 매일 쉽게 재인할 수 있는 영상들의 막대한 수에 가까이 가지는 못한다.

다른 접근방식을 이용하여, 다른 연구자들은 특정 세포의 활동을 변화시키게 되는 것이 복잡한 영상을 보는 원숭이의 지각 자체를 변화시키게 되는가를 알아보았다. 만일 그렇다면, 이는 이 특정 세포들이 특정 지각을 표상하는 데 아주 결정적인 역할을 함을 시사하는 것이다. 이런 유형에 속하는 한 연구에서, 연구자들은 하측두피질의 얼굴-선호 세포들을 자극하는 것이 원숭이가 모호한 그림을 얼굴로 범주화하게 할 가능성을 높인다는 것을 증명하였다(Afraz, Kiani, & Esteky, 2006). 이런 발견들은 특정 세포의 활동이 특정 대상들의 지각을 창출하는 데 이바지할 수 있음을 시사한다.

이런 연구들 대부분이 원숭이로 이루어지긴 했지만, 단일 세포기록이 인간 간질 환자들에게서도 아주 드물게 이루어졌다. 일부 간질 환자들의 경우, 발작(seizure)과 연합된 이상전기 활동의 존재를 추적하기 위해 기록 전극들이 이식될 수 있다. 연구자들은 이런 상황을 이용하여, 서로 다른 자극이 제시되는 동안 이들 위치에서부터의 세포 활동 기록을 수행할 수 있다. 몇몇 환자들을 대상으로 수행된 한 멋진 연구에서, 연구자들은 이 개개 세포들이 어떤 대상들에 대해 아주 고도로 특수화된 반응을 보인다는 것을 발견했다(Quiroga, Reddy, Kreiman, Koch, & Fried, 2005). 어떤 세포는 다른 각도에서 본 여배우 제니퍼 애니스톤(Jannifer Aniston)의 얼굴에 강한 선호성을 보였으나 다른 여배우들이나 또는 브래드 피트(Brad Pitt)와 함께 있는 제니퍼 애니스톤의 얼굴에는 반응을 보이지 않았다(● 그림 7.10). 이런 세포가 '할머니 세포(grandmother cell)'는 아닐지 모른다. 그러나 '제니퍼 애니스톤'의 세포쯤되는 것일까?

몇몇 요인이 이런 연구의 해석을 더 복잡하게 한다. 첫째, 이 연구의 세포들은 복측 흐름의 하측두피질에 있는 것이 아니라, 간질 기록을 위해 전극들이 이식되었던 곳인 내측 측두엽

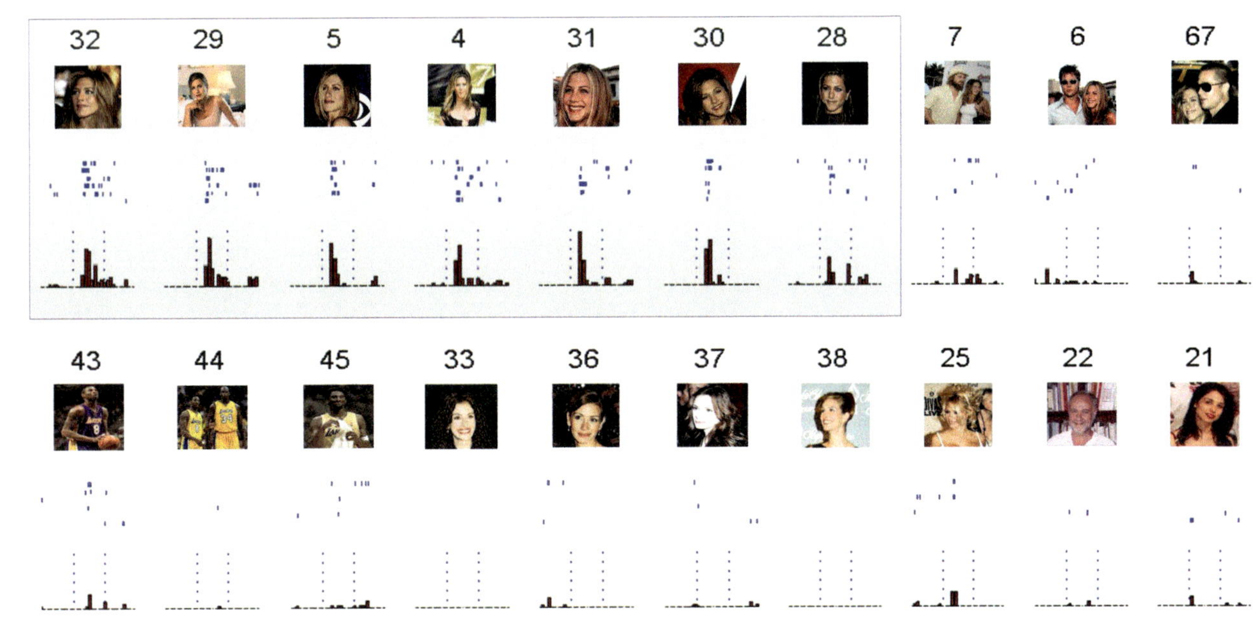

● **그림 7.10 얼굴 그림들에 대해 인간 간질 환자의 단일세포가 보인 반응.** 내측 측두엽에 있는 이 세포는 비록 다른 유명한 사람들이나, 여배우 제니퍼 애니스톤이 배우 브래드 피트와 함께 보일 때는 반응하지 않지만, 제니퍼 애니스톤의 사진에만 선호적으로 반응한다. 각 그림 위에 있는 번호는 연속 제시 상의 위치를 말한다. Adapted by permission from Macmillan Publishers, LTD: Quiroga, R.Q., Reddy, L., Kreiman, G., Koch, C., & Fried, I. (2005). Invariant visual representation by single neurons in the human brain. Nature, 435, 1102–1107.

내에 있는 해마였다. 윤리적 이유 때문에, 과학적 호기심을 해결하려고 연구자들이 전극들을 복측 흐름 영역으로 이동할 수도 없었다. 그래서 이 연구가 그 복측 흐름이 투사되는 기억 체계의 부호화의 특수성에 대해서는 우리에게 무엇인가를 말해 줄 수는 있어도, 복측 흐름 자체에도 이렇게 고도로 특화된 반응을 보이는 세포를 포함하고 있는지에 대해서는 말해줄 수 없다. 덧붙여, 연구자들 자신이 지적하고 있는 것처럼, 환자를 검사하도록 주어졌던 시간이 제한되어 있었고, 한 사람이 몇천 개의 얼굴을 재인할 수 있다는 것을 고려하였을 때, 그 전극이 이식되었던 자리에 있는 그 세포에 딱 맞는 배우를 연구자들이 우연히도 찾아냈을 가능성 또한 희박하다. 그보다는, 검사된 세포가 그 검사 세트에 있던 다른 얼굴에는 반응을 안 보일지라도 다른 얼굴에 여전히 반응을 보일 가능성이 더 높다.

이들 연구가 세포들이 특정 대상에 고도의 특수성을 가지고 있다는 것을 나타내기는 하지만, 그렇다고 할머니 세포 이론의 강한 설명을 받아들여야 한다는 것을 말하는 것은 아니다. 또 다른 연구는 복측 흐름 내에 있는 세포 집단으로부터 정보를 수집하는 것이 다른 대상들 간의 차이를 구별해내는 최고의 방법을 제공한다는 것을 증명하였다. 예를 들어 한 연구팀은 원숭이에게 8개 범주로 묶일 수 있는 77개의 다양한 대상 사진을 제시하는 동안, 원숭이의 하측두엽으로부터 무선적으로 선택된 수백 개의 뉴런들을 기록하였다(Hung, Kreiman, Poggio, & DiCarlo, 2005). 연구자들은 세포 집단으로부터의 활동양상을 컴퓨터 프로그램에 입력시킨 결과, 컴퓨터 프로그램은 세포들 사이의 활동양상을 아울러 각 특수한 대상의 정체 확인은 물론, 각 대상의 범주를 정확하게 구분할 수 있었다. 예를 들어 256개 세포의 활동에 근거하여, 프로그램은 94%의 정확성을 가지고 대상을 범주화할 수 있었고, 72%의 경우 특정 대상을 정확하게 알아낼(identify) 수 있었다. 더 결정적인 것은, 연구자들이 더 많은 수의 세포를 그 배열에 추가하면 할수록, 다른 대상들 간의 차이를 구별하는 능력이 기하급수적으로 증가하였다. 이는 대상-특정적인 '할머니 세포'의 활동이 아니라, 전체 세포 집단을 아우르는 활동양상이 대상의 독자성을 가장 효율적으로 부호화함을 시사한다.

연구자들은 또한 시각상으로부터 정보가 추출되는 동안 어떻게 세포 집단의 발화 형태가 빠르게 발전할 수 있는가를 연구하기 시작했다. 원숭이를 대상으로 한 연구에서 시각 상이 제시된 후에, 하측두피질의 세포 집단이 처음에는 영상의 일반적인 속성을 부호화하면서 대상 범주화를 가능하게 하며, 그 다음에는 특정 대상에 관한 부호화를 한다는 것을 발견하였다(Matsumoto, Okada, Sugase Miyamoto, Yamane, & Kawano, 2005). 예를 들어 세포 집단 활동 형태는 처음에는 얼굴과 음식 간을 구별이 가능할 수 있는 정보를 제공하고, 약 100~200ms 후에 같은 세포 집단 전체의 패턴이 오렌지와 바나나 간을 구별하는, 보다 특정적 정보를 제공할 수 있었다. 이는 같은 집단의 세포들이 다른 종류의 정보를 다른 시간대에 부호화할 흥미로운 가능성을 제시한다. 이런 개념으로는, 대상의 어떤 속성에 대한 표상은 여러 세포에 분산되어 있을 뿐 아니라, 시간적으로도 여러 시간대에 분산되어있는 듯하다.

■ 재인의 불변성 문제

시각 재인의 놀라운 측면 하나는 무수히 많은 조건에서 대상을 확인하는 능력이다. 예를 들어 사과가 어떤 컴퓨터 위에 로고로 그려져 있거나, 앞에 놓인 테이블 위에 그릇에 놓여 있거나, 그림으로 그려진 것이거나 상관없이 아주 쉽게 사과라는 것을 알아차린다. 이는 **형태-단서 불변성**(form-cue invariance)이라고 알려진 것으로, 그 대상을 표상하는 단서의 형태와 무관하게 두뇌의 범주화(categorization)가 일관됨을 의미한다. 사람들은 다른 위치, 크기, 그리고 다른 조명 조건에서 본 대상들을 또한 쉽게 재인하는데, 이는 **지각 항상성**(perceptual constancy)이라고 알려진 현상이다. 그렇게 다양한 조건들에 걸쳐서도 대상을 재인할 수 있는 능력은, 원래의 자극 조건들과 독립적이거나 또는 그와 동떨어져 있다는 의미에서, 우리의 대상에 대한 정신적 표상이 어떤 수준에서 꽤 추상적이라는 것을 시사한다.

형태-단서 불변성과 지각 항상성을 연구하는 데 특히 유용한 방법은 적응법(adaptation method)이라는 것이다(Krekelberg, Boynton, & van Wezel, 2006). 적응법은 어떤 항목을 반복적으로 보게 됨에 따라 그 항목에 대한 두뇌 반응이 감소한다는 사실을 이용한다. 전형적인 적응법 연구에서, 참여자가 특정 항목에 적응하도록 처음에는 그 항목을 보는데 시간을 쓰고 그에 대응해서 두뇌 활동은 줄어든다(● 그림 7.11). 그 다음에 같은 항목이 다시 제시되면, 두뇌 활동은 낮은 수준에 머무르게 될 텐데, 이는 그 항목을 부호화하는 영역에 있는 뉴런들이 그 항목의 존재에 적응하였기 때문이다. 만일 새로운 대상이 제시되면, 두뇌 활동이 다시 증가한다. 두뇌 영역 내에 있는 새로운 항목을 부호화하는 뉴런들은 아직 적응되지 않았으며, 그래서 이 뉴런들이 그 새 대상에 대해 강한 반응을 보인다는 개념이다.

이제, 어떤 두뇌 영역이 형태-단서 불변성을 보이는지 아닌지를 검사하는 데 이 방법이 어떻게 쓰일 수 있는지 알아보기로 하겠다. 논리적으로는, 만일 두뇌의 한 부분이 불변성을 보인다면, 같은 대상을 다른 두 가지 제시 방식(예, 사과의 윤곽 그림과 사과 사진)으로 제시하였을 때에 한 대상을 두 개의 같은 표상으로 제시한 때만큼이나 적응을 보여야 한다. 다른 말로 하면, 만일 두뇌가 같은 유형의 대상에 대한 새로운 표시 방법에 적응을 보인다면, 그 두뇌 영역은 새로운 표시 방법을

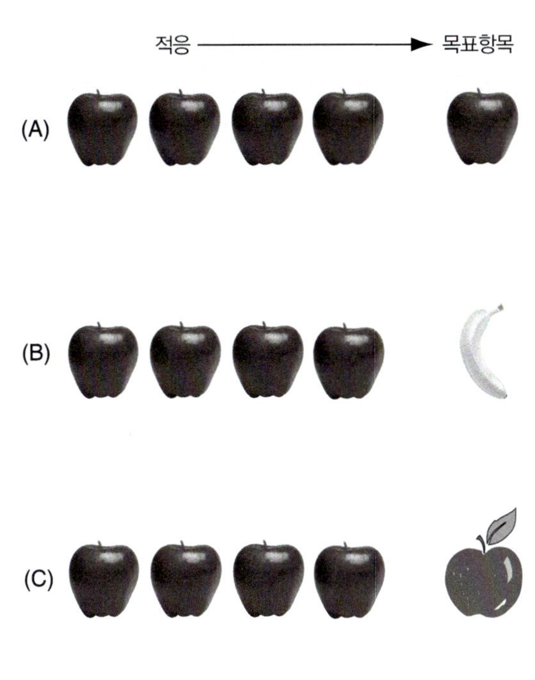

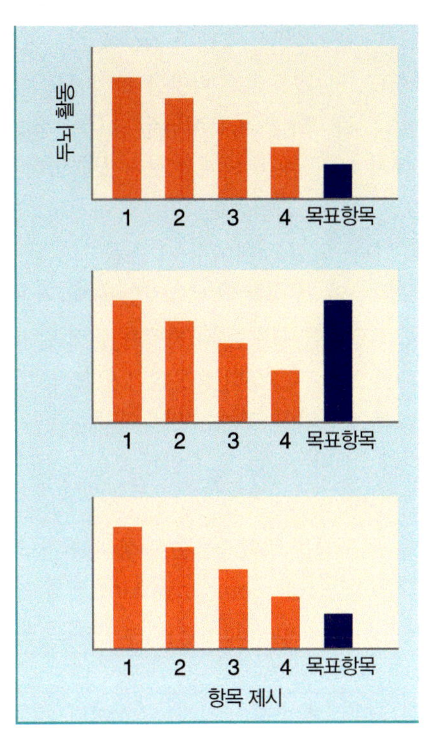

● **그림 7.11 fMRI 적응법의 논리.** 참여자는 특정 시각 영상에 적응되고, 그러고 나서 같은 영상이 목표자극으로 제시되거나(A 열), 또는 다른 항목이 목표자극으로 제시(B 열)된다. 두뇌 활동은 반복되는 영상에 감소하거나, 즉 적응되거나 하지만, 새로운 항목의 제시로 다시 증가한다(적응으로부터의 회복). 이 두뇌 영역이 형태-단서 불변성을 보이는지를 검사하기 위하여, 연구자들은 이미 같은 항목이지만 약간 다른 시각 형태(사진에 비해 선 그림 같은)로 목표 항목으로 제시한다. 만일 C 열에서 보이는 것처럼 적응이 지속한다면, 이 영역은 적응된 항목과 목표 항목을 비슷한 것으로 취급한 것으로, 이는 형태-단서 불변성을 보이고 있는 것이다.

이미 적응되었던, 즉 이전에 본 형태와 똑같이 취급하는 것이고, 그러면 이는 형태-단서 불변성의 증거를 보이는 게 되는 것이다.

적응법을 사용한 신경영상 연구들은 복측 흐름내의 어떤 특정 영역이 지각 항상성과 형태-단서 불변성을 나타낸다는 것을 보여주었다. 이 영역은 외측 후복합(lateral occipital complex, LOC)이라는 영역으로 브로드만 19번의 바로 전측에 있는 방추회(fusiform gyrus)의 후측에 자리잡고 있으면서, 크기, 위치, 조망, 그리고 조명의 변화에도 지각 항상성에 대한 증거를 보여준다(Grill-Spector, Kushnir, Edelman, Avidan, Itzchak, & Malach, 1999; Mazer & Gallant, 2000). 덧붙여, LOC의 활성화는 같은 대상의 사진과 선 윤곽 그림 모두에 비슷한 반응을 보인다(Kourtzi & Kanwisher, 2000). 이 증거는 복측 흐름의 어느 부분은 적어도 대상의 다른 변형에 반응하여 불변성(constancy)을, 즉 지각 항상성을 그대로 반영하는 현상을 보여준다는 것을 말한다.

어떤 연구는 위치 불변성(position invariance)의 문제에 특별히 초점을 맞추고 있는데, 위치 불변성이란 대상이 시야의 어디에 있는 것과 무관하게 그 대상을 재인할 수 있는 능력을 말한다. 이런 능력이 일상생활에서 쉽고 명백하게 나타나는데, 연구자들은 여전히 복측 흐름이 어떻게 이런 불변성을 성취할 수 있는지 모르고 있다. 이미 논의하였던 것처럼, 복측 흐름의 세포들은 일차시각피질 세포보다 커다란 수용야를 가지고 있으며, 이는 복측 흐름 세포들이 공간상 광범위한 영역에 걸쳐 그 대상에 반응할 수 있게 해준다. 이는 일차시각피질 세포만으로 근거하여 가능한 것보다 훨씬 넓은 영역이다. 그러나 동시에, 복측 흐름의 개개 세포들이 선호하는 위치를 가지고 있음을 연구들이 보여주고 있다. 즉, 복잡한 시각 형태에 내한 반응은 그 형태의 공간적 위치의 작은 변화에도 영향을 받는다(DiCarlo & Maunsell, 2003). 인간 fMRI 연구 또한 LOC의 활동이 시각 영상의 망막 위치에 민감하다는 것을 증명하고 있다(Grill-Spector et al., 1999; Sayres & Grill-Spector, 2008). 다른 연구들은 원숭이가 망막의 특정 공간 위치에 있는 새로운 대상을 재인할 수 있도록 훈련받을 때, 하측두피질의 세포들이 망막의 그 위치에 있는 그 형태에, 나중에 망막의 다른 위치에 있는 그 형태와 비교하여, 가장 잘 반응함을 보여주었다(Cox & DiCarlo, 2008). 아직 잘 이해되지 않은 방식으로, 위치 선호성이 있는 복측 흐름 세포들로부터 바로 위치-불변인 재인이 생기는 것이다.

추가 연구들은 관점 불변성(viewpoint invariance)이라는 성가신 문제에 특별히 초점을 맞추고 있다. 대상을 재인하는 매일의 경험은 관점 불변성에 대한 질문에 대하여 두 가지를 말해줄 수 있다. 첫째, 우리는 다양한 관점에서 대상을 쉽게 재인할 수 있다. 즉 당신은 바둑이라는 당신의 개를 옆에서 보건, 얼굴 쪽에서 보건, 또는 뒤에서 보건 상관없이 잘 알아볼 수 있다. 그런 다양한 관점에도, 당신은 여전히 그것이 바둑이라는 것을 안다. 당신은 뒤에서 그 개를 보았을 때(개를 산책시킬 때와 같이)와 그 개를 앞에서 보았을 때(먹이를 얻어먹으려고 그 개가 달려올 때처럼)의 차이를 쉽게 알아차릴 수 있다. 대상에 대한 표상은 충분히 융통성이 있어서, 어느 방향으로 그 개를 보든 상관없이 그 개가 바둑이라는 것을 잘 알아차릴 뿐만 아니라, 그 바둑이를 보고 있는 조망도 쉽게 알아낼 수 있다.

대상 재인을 연구하는 과학자들은 대상의 신경 표상들이 일차적으로 관점-불변(viewpoint-invariant)인지 아니면 관점-의존적(viewpoint-dependent)인지에 대해 오랫동안 고민했었다(Peissig & Tarr, 2007). 즉, 대상에 대한 신경 표상은 대상이 보이는 관점에 따라 달라지는가? 이런 논쟁은 어떻게 두뇌가 망막의 이차원 정보를 받아들여 대상에 대한 삼차원적 표상을 창조하여서 마침내 여러 관점에서도 재인될 수 있게 되는가에 관한 논쟁이 중심이 된다.

고전적 설명은 대상에 관한 이차원 정보로부터 지어진 관점-불변 삼차원 표상(viewpoint-invariant three-dimensional representation of an object)을 두뇌가 생성한다고 가정한다. 예를 들어 두뇌가 처음에는 관점-특정적 정보(viewpoint-specific information)를 추출하고, 그런 다음 관점에 독립적인 더 추상적인 삼차원 표상을 만들기 위해 이 관점-특정적 정보 표상을 이용한다는 것이다. 이런 기본적 아이디어를 갖춘 계산 모델이 컴퓨터 과학자인 David Marr (1982)에 의해 제안되었다. Marr에 의하면, 삼차원 영상을 추출하는 것은 몇 단계에 걸쳐 일어난다. 첫째, 시각계는 시각 세계의 특질들에 대한 **원시스케치**(primal sketch)를 구성하는데, 이 원시스케치라는 것은 어두운 부분들을 밝은 부분으로부터 분리(segments)하고 이들을 게스탈트 원리들에 따라 집단(group)으로 묶는다. 이 원시스케치의 정보로부터, 시각체계는 서로 다른 표면, 모서리들의 상대적 깊이를 추론하며, 대상 사물의 어떤 부분이 앞에 있고 뒤에 있는지에 대한 표상을 구성한다. 그리고 마침내 시각계는 관점(viewpoint)에 특징적이지 않지만, 더 추상적이며 관점-불변적인(abstract and viewpoint-invariant) 완전한 **3차원(3D) 표상**(three-dimensional representation)을 짓는다(build).

다른 연구자들은 다양한 관점에서도 대상 재인이 가능한 것은 대상에 대한 완전한 3차원 관점-불변적인 표상을 갖게 되는 것에 좌우되는 것이 아니라고 주장한다. 오히려 일련의 **관찰자-중심 표상**(viewer-centered representation)들 간의 일종의 체계적 통합(integration)이나 보간법(interpolation)에 의존하는 것이라고 주장한다(개관으로 Tarr & Bülthoff, 1998 참조). 예를 들어 관찰자-특정적 관점의 영상 표상으로 시작해서, 시각계는 그 대상이 무엇일지 추측하고, 저장된 대상 표상들과 비교하고, 차이를 측정하고, 그리고 만일 대응이 너무 형편없으면 새로운 가설을 형성할 것이다. 이런 유형의 모델에서는 특정 관점으로부터의 대상 재인이 두뇌에 저장된 기술(description)과의 비교에 상당히 좌우된다는 것을 주목하라(Riesenhuber & Poggio, 2000).

몇몇 다른 유형의 증거들은 재인에서의 어느 정도의 관점 의존성을 지지한다. 예를 들어 비록 우리가 여러 관점에서도 대상 재인을 상당히 훌륭하게 할 수 있더라도, 가장 전형적인 관점에서 대상을 볼 때, 또는 가장 자주 본 관점에서 대상을 볼 때의 그 재인이 가장 빠르고 정확하다는 것이 행동 연구를 통해 나타났다(Hayward & Tarr, 1997). 원숭이 연구에서는, 새로운 대상을 학습하는 동안 세포들이 이 대상들의 특정 관점에 특별히 민감해 짐이 발견되었다(Logothetis & Pauls, 1995). 원숭이들에게 처음 보는 대상들이 아주 특정적 관점(specific viewpoints)으로 제시되었다. 훈련이 끝난 후, 원숭이는 훈련받았던 관점과 훈련받지 않았던 관점 모두에서 같은 대상을 보았다. 훈련받았던 관점과 훈련받았던 관점의 약 40도 이내 관점에서 재인 수행이 가장 우수했다. 그럼에도, 훈련받았던 관점의 중간에 해당하는 각도의 관점에서 대상이 제시되어도, 원숭이는 중간값 추정을 할 수 있어서 그 대상을 재인하였다. 더 나아가, 복측 흐름의 개개 세포는 대상이 훈련된 관점들에서 제시될 때 가장 잘 반응하였다. 이런 결과들은 세포가 경험을 통해 대상에 대한 어떤 이차원적 조망에 민감하게 되며, 이런 관점-특정적 세포들은 다른 관점에서의 재인을 어느 정도 지원하게 되리라는 것을 시사한다.

적응법(adaptation method)을 사용한 신경영상 연구의 증거들은 관점-의존적 재인에 관해 지지하는 결과를 내놓고 있다. 이 방법을 적용하여, 참여자들은 특정 관점에서 한 대상을 보는 것에 적응하고, 그러고 나서 그 대상을 같은 또는 다른 관점에서 나중에 보게 된다(Andresen, Vinberg, & Grill-Spector, 2009). 만일 신경적 표상이 관점 불변적이라면, 이런 적응은 동일 대상에 대한 다른 관점에 영향받지 않을 것이다. 그렇지만 만일 신경 표상이 관점 의존적이라면, 한 관점에 대한 적응이 다른 관점까지 이어지지는 못할 것이다. 그 연구는 관점 간 적응의 정도가 복측 흐름의 특정 영역에 따라 다름을 관찰하였다. 그 결과, 일반적으로 관점 의존성이 우측 방추 또는 외측 후 피질보다 좌측 방추 피질에서 덜 두드러지기는 하지만, 연구되었던 복측 흐름의 모든 영역은 어느 정도의 관점 의존성(viewpoint dependence)을 보이는 것으로 나타났다.

단일세포기록법 연구에 의하면 두뇌는 관점-불변 부호화와 관점-의존적 부호화 두 가지를 세포들의 다른 하위 집단에 따라 모두 사용하는 것 같다. 일부 복측 흐름의 세포들은 보는 관점과 상관없이 선호하는 대상에 반응하는 반면, 다른 세포들은 대상의 방향에 따라 대상에 대한 반응이 크게 달라졌다(Booth & Rolls, 1998). 대상의 유형에 따라 다른 전략이 사용될 가능성을 고려하는 것도 관점-불변과 관점-의존적 모델 간의 타협을 이룰 수 있는 한 가지 방법이 될 수 있다. 예를 들어 관점-의존적 방식은 익숙한 대상을 재인하는 데 잘 맞지만, 관점-불변적 접근법은 새로운 대상을 재인하거나 흔치 않은 방향에서 보는 대상의 재인에게 잘 맞는 지도 모른다.

종합하면, 한 대상이 망막에 어떻게 투사되었는가에 좌우되지 않고 어떻게 두뇌가 대상 재인 기능을 추상적인 방식으로 성취하는지를 알아내려고 연구자들은 여전히 노력하고 있다. 시각 영상은 일차시각피질에서 하측두피질로 복측 흐름을 지나 처리되면서, 한 영상이 실제 망막 영상으로부터 시작하여 하측두피질로 가면서, 영상은 실제 망막 영상보다 더 추상화되고 재표상되어, 결국 복잡한 대상도 구별되고 재인되는 것이 가능해진다(DiCarlo & Cox, 2007). 이런 일이 일어날 수 있는 바로 그 기제를 알아내는 것은 두뇌의 대상 재인에 사용되는 부호를 풀어내는 것에 도움이 될 뿐 아니라, 컴퓨터-기반 대상 재인 시스템을 공학자들이 디자인하는 것도 도와주게 될 것이다.

■ 특질-근거 대 윤곽 대상 부호화

비록 우리가 하나의 대상(object)을 하나의 통합된 개체로 보지만, 대부분의 대상은 부분으로 이루어져 있다. 예를 들어, 손은 손가락, 엄지손가락, 그리고 손바닥으로 이루어져 있다. 컵은 손잡이와 원통형으로 구성되어 있다. 그리고 자동차는 바퀴, 몸체, 문짝, 그리고 창문으로 이루어져 있다. 그렇다면 대상 재인은 이 부분들의 특질들에 도대체 얼마나 영향을 받으며, 부분들이 전체를 만들기 위해 어떤 윤곽으로 서로 짜 맞추어질 때의 그 방식에는 도대체 얼마나 좌우되는 것인가?

명백히, 부분을 전체로 통합하는 것은 시각 체계에서 중요한 기능의 하나이다. 이 장의 앞부분에서 본 것을 되살려보면 알겠지만, 통각실인증 환자들이 부분을 전체로 통합하지 못하고, 그래서 이 문제가 그들의 시각경험을 끔찍하게 바꾸었다. 예를 들어 한 사례연구에서, 실인증 환자에게 두 부분으로 구성된 새로운 대상들을 제시하였다. 그 환자는 그 부분들의 하나가 다른 새로운 부분으로 대치되었을 때를 정확하게 알아차릴 수 있었지만, 이전과 같은 두 부분이 함께 제시되되, 다른 배열, 즉 다른 윤곽(configuration)으로 제시될 때는 바뀐 것을 알아차리지를 못하였다(Behrmann, Peterson, Moscovitch, & Suzuki, 2006). 이런 증거는 부분들을 전체로 통합하는 것은 개개 부분을 재인하는 것 이상의 어떤 부가적 정보처리를 요구한다는 것을 나타낸다.

대상 재인에서 특질과 윤곽 정보의 상대적 중요성은 어떠할까? 다른 말로 하면, 우리가 어떤 대상을 확인(identify)할 때, 개개 특질에 더 의존하는 것일까? 아니면 이들 특질이 함께 묶이는 방식에 더 의존하는 것일까? 하나의 답은 특질과 윤곽 정보가 두 반구에 서로 다른 중요성을 가진다는 것이다. 4장에서 논의하였듯이, 좌반구(특히 측두엽 영역)의 손상은 전체 말고 부분을 보는 능력의 결함을 일으킬 수 있지만, 우반구의 손상은 반대 효과를 보여, 부분 말고 전체 윤곽을 보는 능력의 결함을 일으킬 수 있다(Delis, Robertson, & Efron, 1986; Robertson, Lamb, & Knight, 1988). 그래서 대상 재인에는 두 개의 구별되는 신경기제가 있는 듯 하다. 즉, 하나는 좌측 복측 흐름에 편재되어 있으며, 대상의 부분을 분석하는 데 중요하고, 다른 하나는 우측 복측 흐름에 편재화되어 있으며 전체 형태를 분석하는 데 중요한 역할을 하는 것 같다.

연구자들은 윤곽정보—즉, 한 항목의 서로 다른 부분들 간의 전체적인 관련성—가 많은 전문성을 가진 대상 범주들에 특히 중요함을 발견하였다. 이는 **역전 효과** (inversion effect)라고 알려진 것을 조사한 얼굴 재인 연구들로 가장 잘 설명될 것이다. 기본적 논리는 다음과 같다. 만일 윤곽정보가 어떤 대상을 재인하는 데 중요하다면, 그 대상이 위가 아래로 뒤집혀서(역전으로) 제시될 때, 그 대상의 재인이 상당히 나빠져야 할 것이다. 이는 역전이 부분들 간의 지엽적 관련성은 변화시키지 않지만, 특히 윤곽 관련성을 파괴하기 때문이다. 정말로, 역전은 집, 자동차 같은 다른 대상들보다 얼굴 재인을 특히 방해하는데, 이는 얼굴 재인에 윤곽정보가 핵심임을 시사하는 것이다(Yin, 1970). ● 그림 7.12가 역전 자극이 윤곽 정보처리를 방해할 수 있는 또 다른 예를 설명하고 있다.

역전 효과에 의해 조사되는 윤곽 정보처리는 우반구에 좌우된다는 것도 연구들이 보여주고 있다. 예를 들어 Yin의 고전적 연구는 얼굴의 역전 효과가 우반구 손상 환자에게서 감소함을 발견하였다. 비록 이들 환자가 역전된 얼굴의 재인에서 신경학적으로 정상인들과 마찬가지 수준의 수행을 보이기는 하지만, 이 환자들은 똑바른 얼굴 재인에 선택적으로 장애를 보였다. 이런 발견들로 우반구의 후측 부위가 얼굴 재인에 필요한 윤곽 정보처리에 특화되어 있다고 Yin은 제안하게 되었다. 이런 제안은 신경학적으로 정상인 사람들의 얼굴 재인 연구에 관한 방대한 문헌들과도 일치한다. 전형적인 정상인 연구에 의하면, 좌시야 우세(left visual field advantage)가 얼굴 재인에서 발견되었지만(Geffen, Bradshaw, & Wallace, 1971), 이 효과는 얼굴을 역전된 방향으로 제시할 때 줄어든다(Leehey, Carey, Diamond, & Cahn, 1978).

비록 얼굴이 역전 효과에 특히 민감하기는 하지만, 참여

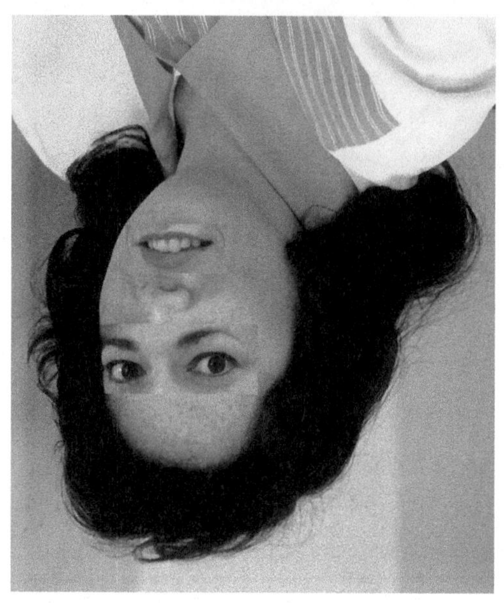

● **그림 7.12 얼굴 재인에 배열 정보의 중요성을 보이는 예.** 두 얼굴을 잘 살펴보고 이 관점에서는 두 얼굴이 비슷해 보임을 주목하라. 이제 책의 위를 아래로 돌려서 두 얼굴을 똑바른 방향으로 보라. 당신은 곧 두 얼굴의 차이를 보게 된다. 이 연습은 *Thompson* 착시라고 불리는 것으로 배열 전략이 똑바른 방향에서 얼굴처리를 하는 데 중요한 정도와 그 전략이 얼굴을 역전시켰을 때 얼마나 최소화하는지를 증명하는 것이다. 출처: Margaret Thatcher: A New Illusion, P. Thompson, 1980 Perception, Volume 9, pp. 483–484, Pion Limited, London.

자가 전문성을 가진 다른 자극 유형들도 역전 효과에 민감하다. 예를 들어 Yin에 의해 사용되었던 것과 유사한 패러다임을 사용하여, 어떤 연구자들은 여러 다른 개 사진을 제시하였을 때 대학생들과 개 쇼의 심판관들 집단이 개를 얼마나 잘 구별해내는가를 비교했다(Diamond & Carey, 1986). 기대했던 것처럼, 대학생들은 개보다 얼굴에 훨씬 큰 역전 효과를 보였다. 반면 개 쇼의 심판관들은 얼굴만큼이나 큰 역전 효과를 개 쇼에 나온 개 사진에도 보였는데, 이는 경험 있는 심판관에서 개의 개별확인에 윤곽 정보처리가 중요한 역할을 수행함을 시사하는 것이다(반대되는 발견으로는 Robbins & McKone, 2007 참조). 다른 연구는 지문 패턴 인식에 전문가들인 사람들에게서 지문 패턴에 관한 역전 효과를 발견하였다(Busey & Vanderkolk, 2005). 또 다른 연구들은 얼굴-역전 효과가 동일-인종의 얼굴에서 가장 두드러지며, 이때 동일-인종이란 그 참여자들이 더 많은 경험이 있는 인종을 말한다. 예를 들어 중국인들에게는 유럽인 얼굴보다 중국인 얼굴에서 더 큰 역전 효과가 있었고, 반면 유럽인들은 그 반대 유형을 보였다(Rhodes, Tan, Brake, & Taylor, 1989). 이런 결과들은 아마도 우리 종 개개인들의 얼굴에 대한 윤곽 특성에 대해 다른 종들보다 더 많은 경험이 있기 때문에 일어난 것일 것이다. 얼굴을 구별해야 할 때, 우리는 그 얼굴들이 우리에게 친숙한 윤곽에 잘 맞을 때 더 쉽게 분간할 수 있다. 마지막으로, 발달학적 증거는 아동들이 얼굴 재인의 경험을 더 많이 가지게 될수록 우반구 전략, 즉 윤곽 전략을 더 의존하기 시작함을 시사한다(Carey & Diamond, 1977; Levine, 1984). 이런 전략의 변화에는, 아동기와 청소년기를 통하여, 역전 얼굴에 보이는 우반구 외측 방추회의 반응 감소가 수반된다(Passarotti, Smith, DeLano, & Huang, 2007).

원숭이의 단일세포기록법 연구의 증거는 개체가 어떤 대상을 학습하게 됨에 따라 대상의 특성 대 윤곽 정보의 상대적 중요성이 어떻게 바뀌는가에 대한 정보를 제공한다. 물론 대상들을 변별하는 것을 학습할 때 하측두피질의 세포들이 특정 특질에 더 민감하게 된다는 증거가 있기는 하지만(Sigala & Logothetis, 2002), 다른 연구들은 하측두피질에서 특질의 조합에 가장 높은 반응성을 보이는 세포들을 발견하였다. 한 연구에서(Yamane, Tsunoda, Matsumoto, Phillips, & Tanifuji, 2006), 연구자들은 원숭이에서 광학 영상(optic imaging)방법을 사용하여, 특질들의 윤곽배열에, 예를 들어 한 고양이의 이차원 그림과 같은 것에 반응하여 활성화되지만, 고양이의 머리나 몸통과 같이 그 그림의 개개 요소들에는 반응하지 않는 피질 영역들을 확인하였다(● 그림 7.13A). 그 다음 연구자들은 피질에서 확인된 이 영역들 내에 있는 개개 세포들을 기록하여, 대상의 특질들이 특정 공간 윤곽으로 배열될 때 가장 잘 반응하는 세포들을 발견하였다(● 그림 7.13B). 이런 결과들은 개개 세포들이 특정한 공간적 윤곽으로 된 개개 특성들이 조합을 부호화할 수 있음을 시사한다.

또 다른 연구는 원숭이가 두 부분으로 구성된 새로운 대상을 재인하도록 훈련되었을 때, 하측두피질의 세포들이 두 특질들이 하나씩 제시되었을 때 기대할 수 있는 것에 비하여 두 개 특질이 함께 동시에 제시될 때 가장 왕성하게 발화하는 것을 발견하였다(Baker, Behrmann, & Olson, 2002). 다른 말로 하면, 원숭이가 새로운 대상을 재인하는 것을 배우게 됨에 따라, 하측두피질의 세포들은 그 대상의 일부가 되는 두 개의 특질들의 결합에 특별히 민감해 졌다. 이 세포-수준 증거들은 우리가 대상들의 범주에 대해 더 많은 경험을 하게 되면 될수록, 특성 부호화에서 윤곽 부호화로 전환하는 어떤 기제가 있을 가능성을 시사한다.

■ 범주 특정성: 어떤 자극은 다른 자극보다 더 특별한가?

대상 재인 연구에서 가장 뜨겁게 논의되는 주제 중의 하나는 복측 흐름 내에 특정 범주의 대상을 재인하도록 특화된 특정 신경모듈이 있는가에 대한 질문이다. 일부 증거들은 이런 특화된 모듈에 대한 생각을 지지한다. 예를 들어 **방추 안면 영역**(fusiform face area, FFA)이라고 알려진 영역은 다른 대상보다 얼굴에 큰 반응을 보인다(Kanwisher, McDermott, & Chun, 1997). 또 다른 영역, **해마방회 장소 영역**(parahippocampal place area)이라고 알려진 영역은 지역 환경 안의 장소(place) 관련 정보를 처리하는 듯(Epstein, Harris, Stanley, & Kanwisher, 1999)이 보이지만, 또 다른 영역은 빌딩들을 선호적으로 정보처리하는 듯이 보인다(Aguirre, Zarahn, & D'Esposito, 1998). 마지막으로, **선조외 신체 영역**(extrastriate body area)은 여러 다른 살아있는 대상이나 대상 부분보다 인간의 몸, 몸의 부분들에 선호적으로 반응한다(Peelen & Downing, 2007). 이런 영역 중의 몇몇이 ● 그림 7.14에 제시되고 있다. 이런 발견들은 복측 시각처리 흐름이 특정 집단의 대상을 확인하는 데 각각 특화된 여러 영역으로 이루어져 있음을 시사한다.

범주 특정성에 대한 논의 중 얼굴-특정적 모듈에 대한 논의만큼 격렬한 것도 없는데, 이제 바로 이 질문에 주의를 기울여 보자. 의심할 바 없이, 얼굴 재인은 생태학적으로 중요한 과제, 어쩌면 영장류에 가장 중요한 과제 중의 하나일 것이다. 사람들이 얼굴을 구별하는 능력은 사회적 상호작용과 의사소통 등 여러 측면에서 결정적이다. 게다가, 이런 능력들은 오랜 진화를 거치는 동안 날카롭게 연마됐을 것이다. 인간이 한 종(species)으로서 읽고 쓰게 된 것이 겨우 지난 5,000년 동안인 반면, 가족, 친구, 적들을 얼굴 특성에 근거하여 구별하는 능력은 인간과 다른 영장류의 생존에 지난 수백만 년 동안 중대한 중요성을 지니게 되었을 것이다. 그래서 두뇌는 정말로 얼굴을 다른 물건이나 대상들과 다르게 처리하는 것일까?

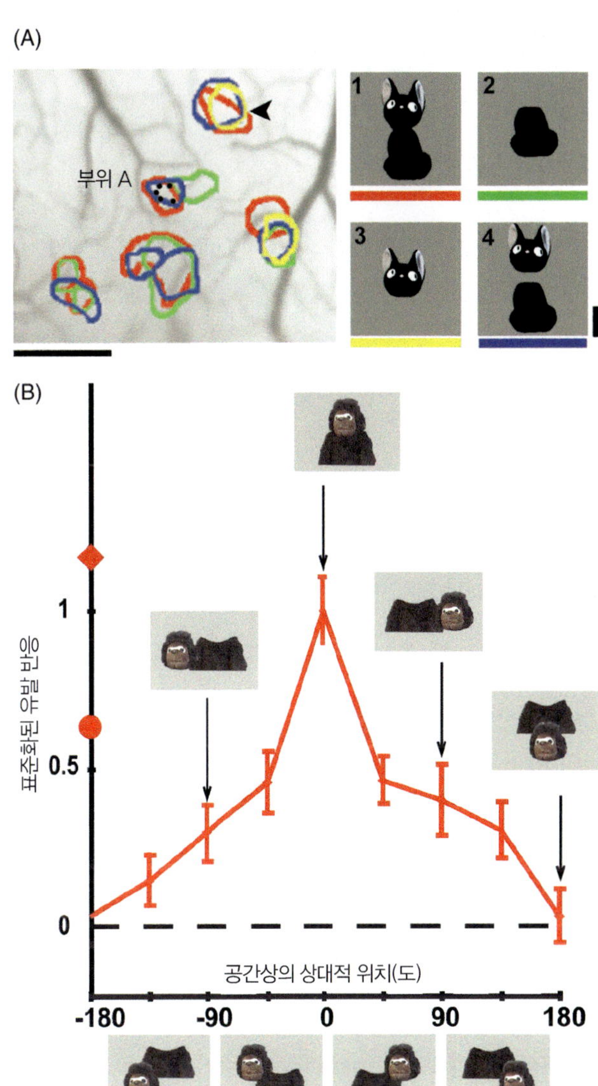

● **그림 7.13 부분의 배열들을 선호하는 하측두피질의 세포.** (A) 원숭이의 광학 영상 연구(optic imaging study)의 결과. 대상의 부분들과 그들의 배열 윤곽에 대해 반응으로 나타난 활동을 두뇌 표면에서 측정하였다. 색이 있는 원형은 오른편에 보여준 자극들에 대해 반응성을 보인 두뇌 영역을 나타냄(1-빨강, 2-초록, 3-노랑, 4-파랑). A 영역이 유일하게 활동을 보인 때는 고양이 몸통과 머리가 함께 있는 제시되는 자극(자극 1과 4)에 대해서 뿐이다. 반면, 화살표로 나타내는 영역은 고양이 머리(자극 1, 3, 4)에만 반응하며, 그 머리가 몸통과 함께 나타나는 가와는 무관하게 반응한다. (B) 같은 연구에서, 연구자들은 이 그림에 A로 표시한 영역 A와 같은 두뇌 영역들에서 개개 뉴런들이 보이는 발화율을 측정하였다. 개개 뉴런들은 대상의 부분, 특정 윤곽으로 배열된 대상의 부분에 대한 선호 반응을 하고 있는 경향이 있었다. 출처: Fig 4A and 6A from Yamane, Y., et al (2006). Representation of the spatial relationship among object parts by neurons in macaque inferotemporal cortex. Journal of Neurophysiology, 96, 3147–3156. Reprinted by permission of American Physiological Society. J Neurophysiol 96: 3147-3156, 2006. Yukako Yamane, Kazushige Tsunoda, Madoka Matsumoto, Adam N. Phillips and Manabu Tanifuji.

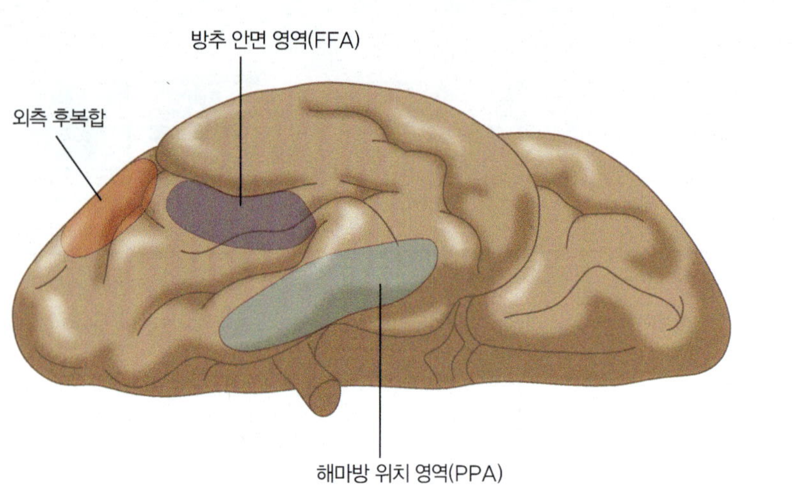

● **그림 7.14 방추 안면 영역(fusiform face area), 해마방 위치 영역 (parahippocampal place area), 그리고 외측 후복합(lateral occipital complex)의 상대적 위치.** 이는 두뇌의 복측 표면을 보여주고 있다. © 2011 Cengage Learning

다른 영장류로부터의 증거

원숭이 단일세포기록은 얼굴 재인에 기초가 되는 특정 신경 실질(neural substrate)에 대한 증거를 제시한다. 이 장의 앞에서 언급하였던 것처럼, 하측두피질의 세포(inferotemporal cell)들은 고도로 특화된 시각 정보에 민감할 수 있다. 어떤 경우에는, 이 영역의 세포들이 얼굴에 반응으로만 발화하도록 조율되어 있으며, 이럴 때 그 얼굴들이 사람에 속한 얼굴이든 원숭이 얼굴이든 상관이 없다(Gross, Bender, & Rocha-Miranda, 1969; Gross, Rocha-Miranda, & Bender, 1972). 이들 세포는 그밖의 탁상시계 같은 다른 둥그스름한 물건이나 뱀 같은 정서적으로 중요한 다른 대상들에는 발화하지 않는다. 하측두피질의 훨씬 특화된 세포들은 얼굴의 특정 측면에만 또는 특정 속성이 있는 얼굴에만 반응하여 발화한다. 예를 들어 어떤 세포들은 눈과 같이 특정 얼굴 특질에만 반응해서 발화한다. 다른 세포들은 개개 구성요소들이 정확히 자리잡고 있을 때에만 얼굴의 요소들에 반응하여 발화하지만, 그 요소들의 위치가 뒤죽박죽일 때는 얼굴의 구성요소에 반응해서 발화하지 않는다. 어떤 경우에, 세포들은 실험자의 얼굴같은 개개인 얼굴에만 선택적으로 반응한다(개관을 위해서는 Gross, 2005; Rolls, 2004 참조).

비록 개개의 하측두 세포들이 얼굴 특정적이라고 오랫동안 알려져 왔지만, 단일세포기록법은—다른 위치들에 있는 개개 세포들로부터 고생스럽게 측정해야 하는—복측 흐름의 어떤 특정 영역에 그렇게 많은 세포가 몰려 있는지 아닌지에 대해 알아내기 힘들다. 최근 들어, 연구자들은 원숭이에게 fMRI를 적용하였으며, 피질의 얼굴-선택적 부분영역(patch)을 발견하였다(Tsao, Freiwald, Knutsen, Mandeville, & Tootell, 2003). 이런 부분영역들 내에, 많게는 97%의 세포들이 얼굴 특정적인 듯하다(Tsao, Freiwald, Tootell, & Livingstone, 2006)(● 그림 7.15). 다른 영상법들을 사용하여 연구자들은 원숭이의 얼굴-특정적 세포들이 비대칭적으로 우반구에 명백히 더 많이 분포하고 있음을 발견하였다(Zangenehpour & Chaudhuri, 2005). 이런 결과들은 우반구 복측 흐름의 두뇌 영역들이 얼굴 재인에 특히 중요하다는 것을 보이는 인간 데이터와 잘 들어맞는다.

(A)

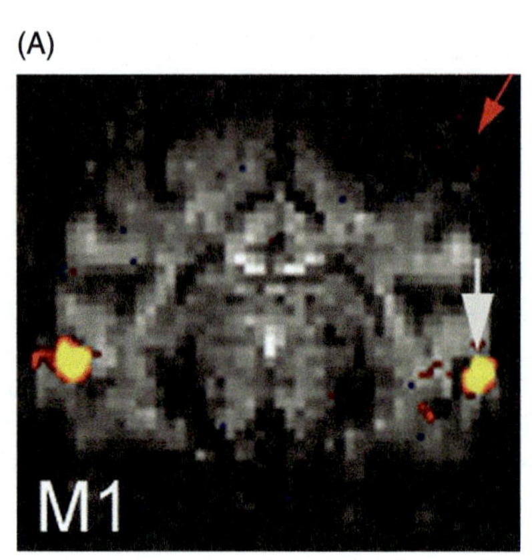

(B)

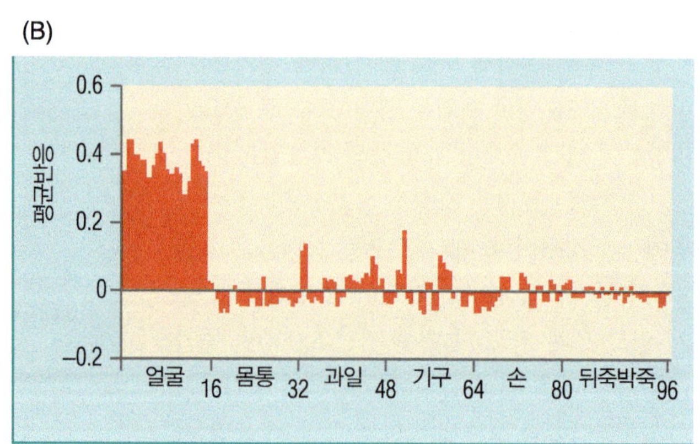

● **그림 7.15 원숭이의 시각피질에서 얼굴-선택적 부분영역.** (A) fMRI가 짧은 꼬리 원숭이에서 얼굴에 반응하는 영역을 확인하기 위해 사용되었다. (B) 이런 영역들에 있는 개개 세포들로부터의 기록은 다른 범주의 대상들에 비하여 얼굴에 강한 반응을 보인다. 출처: Tsao, D.Y., Freiwald, W.A., Tootell, R.B.H., & Livingstone, M.S. (2006). A cortical region consisting entirely of face-selective cells. Science, 311, 670–674.

안면실인증으로부터의 증거

두뇌 손상 환자들로부터의 증거가 우리로 하여금 얼굴이 특별한 것인지의 아니지를 평가하는 데 도움이 될 것인가? 연구자들은 이 문제에 답하기 위하여 안면실인증 연구로 주의를 돌려왔다. 3장에서 논의한 것처럼, 이중 해리(double dissociation)는 두 정신과정이 각각에 독립적으로 진행될 수 있음과 이 정신과정들이 서로 다른 신경 실질에 근거하고 있다는 것을 증명할 수 있는 특별히 강력한 방법이다. 이런 이중 해리는 얼굴 재인과 대상 재인에 대해서도 관찰되어 왔다. 이전에 논의했던 것처럼, 안면실인증은 얼굴의 정체확인(identification)이 결함이 있으나 다른 대상들에 대한 재인은 상대적으로 정상적인 증세이다. 원래는 이 선택적 얼굴 재인 결함이 얼굴이 대상보다 재인하기에 더 어려워서 나타났을 것으로 생각되었다. 그렇지만 안면실인증에 비하여 반대증세를 보이는 환자 사례 보고들이 있었다. 그 환자들은 얼굴은 재인할 수 있으나 대상에 관해 실인증을 보인다(Feinberg, Schindler, Ochoa, Kwan, & Farah, 1994; Moscovitch, Winocur, & Behrmann, 1997)(● 그림 7.16). 이런 사례들은 얼굴 재인이 다른 대상 재인과 해리되어 있고, 별개의 신경 체계에 의존하고 있음을 확인해 주는듯 하다. 더 나아가, 안면실인증은 우반구에 제한된 손상으로 기인할 수 있으며(DeRenzi, Perani, Carlesimo, Silveri, & Fazio, 1994), 이는 우반구가 좌반구보다 얼굴 재인에 더 중요하다는 다른 증거들과도 일치한다.

● **그림 7.16 실인증 환자에서 대상 재인과 얼굴 재인에 사용되는 그림.** 한 환자는 과일 또는 채소를 재인하지 못하였지만, 얼굴은 재인할 수 있었다. 과일 같은 대상은 여전히 재인할 수 있으면서 얼굴은 재인하지 못하는 안면실인증 환자들과 더불어, 이 환자의 수행 양상은 대상과 얼굴 재인의 이중 해리를 증명하는 데 도움이 된다.

어떤 연구자들은 이런 안면실인증이 얼굴 재인 결함으로 정말 가장 잘 정의되는가, 아니면 범주 내 개별화(within-category individuation)의 결함으로 설명하는 것이 더 적절한가에 의문을 제기한다. 다른 말로 하면, 우리가 안면 재인을 논할 때, 실제로 두 개인의 얼굴(예, 수잔 대 마리아)을 구별하는 능력을 말하지만, 우리가 대상 재인을 논의할 때는 한 유형의 두 다른 경우(사과 #1 대 사과 #2)가 아니라 두 전혀 다른 유형의 대상(사과 대 바나나)을 구별하는 능력에 관해 언급하는 것이다. 그렇다면, 안면실인증 결함은 실제로는 특정 범주 내의 개별적 구분 기능의 문제를 반영하고 있는 것은 아닐까?

일부 사례 보고들은 안면실인증 환자들이 다른 범주(얼굴이 아닌)들 구성원 간의 차이를 구별하는 능력에도 결함을 보인다고 시사한다. 한 사례 연구에 의하면, 안면실인증 환자가 된 어떤 농부는 자신이 길렀던 소 하나하나를 알아보지 못하게 되었다(Bornstein, Sroka, & Munitz, 1969). 또 다른 사례에서는, 새 관찰가(bird watcher)가 더 이상 주어진 종들 내의 새들을 개개 확인할 수 없게 되었다(Bornstein, 1963). 그렇지만 또 다른 사례에서는, 이런 능력이 해리되어 나타난다. 예를 들어 어떤 안면실인증 환자는 자신의 개개 소들을 구별하는 능력은 유지된 것으로 보이거나(Bruyer et al., 1983) 또는 다른 대상으로부터 개인적 대상을 구별해 내는 능력은 유지하는 듯하다(DeRenzi, 1986). 일부 사례(비록 전체는 아니지만)에서 보이는 이런 해리의 존재는 얼굴 재인이 범주-내 구별 능력들과 독립적으로 손상을 입을 수 있음에 대한 증거가 될 수 있다.

다음의 두 사례 연구들이 범주-내 구별을 해야 하는 전문지식(expertise) 문제를 직접 다루기 때문에 흥미로울 수 있겠다. 한 사례에서, 안면실인증 환자는 5,000개 이상의 미니 자동차 세트를 소유한 자동차 전문가였다. 자동차들 간 구별을 할 수 있는 능력을 검사하기 위하여, 연구자가 210여 개의 자동차 그림을 보여주고 각 자동차의 모델, 제작자, 그리고 생산 연도(오차 범위 2년)를 말해보도록 요구하였다. 그는 172개의 그림에 대해서 이 세 가지 측면에 대해 다 정확히 구별해 말하였으며, 나머지 38개도 31개는 회사를 정확히, 22개의 경우는 모델을 정확히 알아보았다(Sergen & Signoret, 1992). 이 사람은 비록 얼굴을 알아보는 능력은 상실하였으나, 차들 내에 개별화하는 능력은 유지하고 있었다.

다른 사례에서, 안면실인증이 된 후에 취미 삼아 농장주가 된 어떤 환자는 비록 사람의 얼굴 구별은 할 수 없음에도, (그전에 전혀 본 적이 없는 양들은 물론) 그가 키우는 양들 개개 얼굴은 구별할 수 있었다(McNeil & Warrington, 1993). 재미있게도, 이 사람이 양 얼굴을 구별하는 능력은 다른 새로 시작한 농부들보다도 더 뛰어났다. 이런 발견은 그가 양 얼굴을 재인하는 데 다른 농부들이 어쩌면 양 얼굴에도 적용하고 있는지도 모르는 '인간 얼굴 도식'에 의해 방해받지 않으면서, 나름의 단서를 사용할 가능성이 있음을 암시한다.

종합하면, 안면실인증으로부터의 증거는 일반적으로 얼굴이 특별하다는 생각을 지지한다. 얼굴 재인은 다른 대상 재인과 이중 해리되어 있으며, 다른 범주-내 구별은 여전히 온전한 중에도 손상을 입을 수 있는 능력이다.

두뇌 영상 연구로부터의 증거

다양한 신경영상 기법들이 인간의 복측 흐름의 얼굴 특정성 문제를 평가하기 위해 적용되었다. 전기 전위기록은 얼굴 정보처리의 신경 실질에 대한 정보원 중의 하나이다. 신경학적으로 정상인 개인들에게서는, 자동차, 나비 같은 다른 범주의 대상들이나 뒤죽박죽된 얼굴들과 같은 자극들을 볼 때에 비해, 얼굴을 보라고 요구하였을 때 자극 제시 170 ms 후에 큰 진폭으로 부적 진행 뇌파(즉, N_{170} 요소)가 나타난다. 게다가 좌반구보다 우반구에서 더 큰 경향이 있다(Bentin, Allison, Puce, Perez, & McCarthy, 1996).

간질 제거 수술을 받게 된 환자들 두뇌의 표면으로부터 얻어진 기록은 이런 전위를 일으켰을 것 같은 두뇌 부위에 대해 더 많은 정보와 확증을 제공한다(Allison, McCarthy, Nobre, Puce, & Belger, 1994). 이 전위의 근원은 환자마다 다 조금씩 다르지만, 일반적으로 양측 방추회와 하측두 영역으로부터 기록된다(● 그림 7.17A). 그렇지만 어느 환자나 이런 반응을 보이는 영역이 아주 작은 영역, 한 1 내지 2 cm 폭 정도여서, 얼굴 특정 영역의 정확한 위치에 관한 상당한 해부학적 변산이 있음을 시사한다. 반구 간의 차이도 이런 기록법

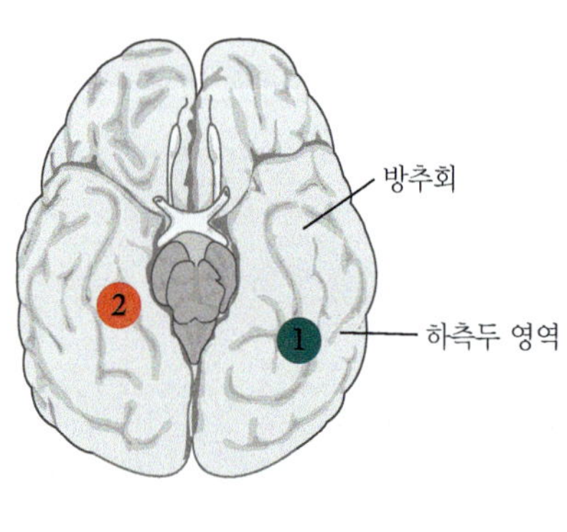

(A)

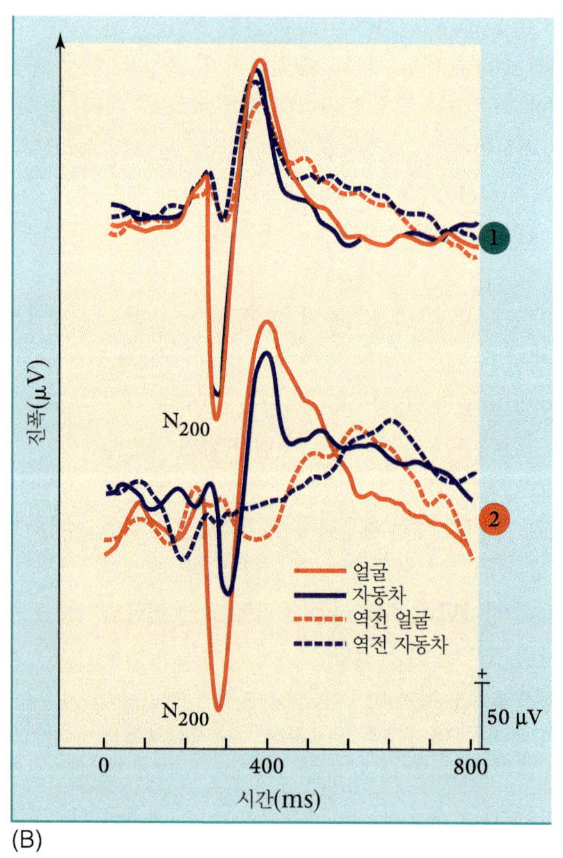

(B)

● **그림 7.17 간질의 통제를 위해 외과 수술적 처치를 받아야 하는 한 환자의 피질로부터 기록된 자동차와 얼굴에 대한 N_{200} 반응의 예.** (A) 전위가 기록된 방추회의 위치들(1번과 2번으로 표시). (B) 좌반구(위)에 기록된 전위와 우반구(아래)에서 기록된 전위. N_{200} 반응이 자동차보다 얼굴에서 더 큼을 주목하라. 또한, 역방향 얼굴보다 정방향 얼굴에 대한 더 큰 반응이 좌반구(위)에서는 일어나지 않았음을 주목하라. 두개 내 전극에서 기록된 N_{200} 최고점은 두피 표면에서 기록된 N_{170} 최고점에 대응된다.

에서 발견되었는데, 우반구가 역전된 얼굴보다 똑바른 얼굴에 대해 차별적 반응을 보였으며, 좌반구에서는 이런 차별적 반응이 발견되지 않았다(● 그림 7.17B).

그렇지만 최근의 한 연구는 이런 얼굴-특정적 N_{170}이 정말 얼굴 특정적인가에 대해 의문을 제기한다(Thierry, Martin, Downing, & Pegna, 2007a). 이 연구자들은 자동차와 나비보다 얼굴에서의 N_{170}을 비교하는 위의 연구에서 사용되었던 자극들이 어쩌면 오염 변인에 의해 영향을 받았을 것이라고 주장하였다. 즉, 다른 범주의 예들보다 얼굴 예에서 훨씬 지각적인 변이가 적었다는 것이다. 이 연구자들이 자극 세트 내에서 지각적 변이의 양을 통제하였을 때 얼굴-특정적 N_{170}이 사라졌는데, 이는 N_{170}이 얼굴-특정적인 것이 전혀 아니었음을 시사한다. 이런 논쟁은 끝나기에는 아직 멀었으며(Bentin et al., 2007; Thierry, Martin, Downing, & Pegna, 2007b), 이는 어떤 신경적 반응이 정말로 얼굴-특정적인가, 즉 정말 훨씬 덜 재미있는 다른 지각적 요인에 의해 야기된 것은 아닌가를 증명하는 것이 매우 어려울 수 있음에 대한 좋은 교훈이다. 또 다른 가능성으로는 N_{170} 반응이 어쩌면 배열윤곽 정보처리가 대상을 재인하는 데 요구되는 정도를 나타내는 것이어서, 얼굴이 배열윤곽 정보처리를 요구하기 때문에 얼굴에 대한 소위 N_{170} 같은 반응이 더 크게 나타났을 가능성이다.

복잡하기는 하지만, 이런 전기생리학적 연구로부터 얻어진 발견들은 복측 측두 영역에 얼굴에 대한 특정적 반응이 있음을 보여주며, 얼굴 정보처리의 기능영상 연구 결과와 잘 들어맞는다. 초기 PET 연구들은 얼굴의 물리적 특질 간의 구별에 중요한 영역이 우반구의 선조외 피질의 복측 영역이라는 것을 규명했다(Sergent, Ohta, & MacDonald, 1992). 이들 영역은 Kanwisher와 그의 동료가 fMRI를 사용하여 기술한 방추 안면 영역(FFA)의 위치와 대단히 비슷하다(Kanwisher, McDermott, & Chun, 1997). 비록 이런 증거들이 FFA가 얼굴 신원확인의 관여함을 시사하고 있지만, 최근 증거들은 FFA 내의 조직화가 획일적이지 않을 가능성을 시사한다. 그보다는 FFA 내의 피질 부분영역들의 일부는 얼굴에 고도로 특정적이지만, 다른 부분영역들은 덜 특정적인 것 같다(Grill-Spector, Sayres, & Ress, 2006).

비얼굴 대상보다 모든 얼굴에 단순히 반응하기보다는, 복측 흐름 내의 하위 영역들은 서로 다른 개인들을 구별하는데 특히 중요한 듯하다. 우측 방추회와 해마방회의 전측 영역들은 얼굴-확인 과제에서만 활발하며, 성별-확인 과제에서는 그렇지 않았는데, 이는 우반구의 이런 영역들이 안면 정체성을 결정하는 데 특화되어 있을 가능성을 시사한다(Sergent, Ohta, & MacDonald, 1992). 후속의 fMRI 연구 또한 사람들이 그 얼굴과 관련된 자서전적 정보를 인출할 때에 이들 영역이 활성화되며(Leveroni, Seidenberg, Mayer, Mead, Binder, & Rao, 2000), 이 영역의 손상이 유명한 얼굴들의 의미적 신원확인(semantic identification)에 결함을 일으킴을 시사한다(Tranel, Damasio, & Damasio, 1997).

얼굴 처리에 관여하는 듯 보이는 다른 두뇌 영역 가운데 하나가 상측두구(superior temporal sulcus, STS; 그림 7.1 참조)이다. 원숭이의 단일 세포 기록은 이 영역의 세포들이 시선(gaze)과 얼굴 방향(head direction)에 민감하며, 대부분 세포가 눈을 똑바로 응시하는 정면 얼굴과 흘겨보고 있는 옆얼굴을 볼 때 선택적으로 발화한다는 것을 보여주었다(Perrette et al., 1985). 이런 세포들은 얼굴의 동작에도 민감한데, 특히 찡그리거나, 이를 딱딱 맞부딪치거나, 위협적으로 과시하는 입 모양을 포함한 동작에 그러하다(Perrett & Mistlin, 1990). 인간에서, 눈-응시 방향(eye-gaze direction)이 방추영역보다 STS에 더 큰 활동을 야기하는 반면, 얼굴의 정체에 주의를 기울이는 것은 상측두 영역보다 외측 방추영역을 더 활성화 시키는데, 이는 이들 두 영역 간의 해리를 시사한다(Hoffman & Haxby, 2000). 간질을 위한 외과수술을 받으려는 개인들로부터 얻어진 전기적 기록들 또한 STS의 어떤 세포들은 입 움직임에 특정반응을 보임을 나타낸다(Puce & Allison, 1999). STS가 얼굴 표정을 해석하는 역할은 사회적 유의성을 가지는 움직임을 해석하는 더 큰 역할을 하는 부분일지도 모른다(Materna, Dicke, & Their, 2008; Allison, Puce, & McCarthy, 2000). 이는 외측 방추영역은 얼굴의 불변한 측면, 그래서 개개 사람의 신원을 확인하는 데 도움이 되는 측면의 정보처리에 중요하지만, 상측두 영역은 시선, 표정, 입술 움직임 같은 얼굴의 변화 가능한 측면들에 더 중요한 역할을 하는 것 같다(Haxby, Hoffman, & Gobbini, 2000).

이런 연구들은 후피질과 복측 측두 영역의 광범위한 범위의 두뇌 영역이 얼굴 처리에 관여함을 보여주는데, 우반구가 더 우세한 역할을 한다는 것을 말한다. 일반적으로 보다 후측의 영역들은 얼굴의 윤곽 표상(configural representation)(다른 대상과 구별되는 것으로)을 창조하기 위해 그리고 그 얼굴을 독특하게 하는 불변성을 추출하기 위해 수행되어야 할 지각적 정보처리 과정에 중요한 것 같다. 반면, 더 전측 영역들은 특정 얼굴 표상을 그 사람과 관련된 전기적 정보와 연결하는 데 관여한다. 마지막으로 STS의 영역들은 시선, 표정과 같이 변화하는 얼굴 특질들을 정보처리하는 데 관여하며, 사회적 단서에 대한 결정적 정보를 제공하게 된다.

만일 얼굴이 특별하다면, 왜 특별한가?

수렴적 증거들은 인간과 원숭이 두뇌의 어떤 부위가 얼굴에 특별히 반응한다는 것을 나타낸다. 그러나 무엇이 얼굴을 특별하게 하는가? 얼굴이 진화적으로 그렇게 중요해서, FFA가 시각 자극들 가운데 특별범주를 위해 생득적으로 프로그램 되도록 영장류는 고정화되어(hardwired) 있는가? 다른 자극들로 FFA를 활성화시킬 수 있는가? 그렇다면 이는 이 영역의 특성화에 대해 우리에게 무엇을 말해줄 수 있는가?

이미 생각하고 있을지 모르는 가능성 중의 하나는 우리가 다른 수많은 대상보다 훨씬 더 얼굴을 경험하게 되었다는 것이다. 특히 생의 초기에 우리는 많은 다른 사람의 얼굴들 가운데서 구별하는 것을 배우지만, 우리의 대부분은 수많은 다른 나무 간의 구별, 수많은 다른 의자들, 또는 자동차들 사이의 구별은 배우지 않는다. FFA가 정말로 범주 내의 대상들 간의 정밀한 구분을 도와주는 영역에 불과한 것일까?

신경영상 연구들은 특정 범주의 전문성이 FFA에서의 활동 증가를 유도할 수 있다는 생각을 지지한다. 평균 20년의 해당 항목 대상확인 경험이 있는 11명의 자동차 전문가와 8명의 새 전문가를 이용한 한 연구에서, 그 전문가들에게 지금 제시된 항목(자동차/새)이 이전에 본 항목과 같은 것인지를 아닌지를 판단하라고 요구하였다. 자동차 전문가는 다른 대상보다 자동차에 대해 '안면' 영역에서 더 큰 활성화를 보인 반면, 새 전문가는 다른 대상들보다는 새에 대해 이 영역에서 더 큰 활동을 보였는데, 이는 ● 그림 7.18에 보여주고 있다(Gauthier, Skudlarski, Gore, & Anderson, 2000; Grill-Spector, Knouf, & Kanwisher, 2004).

그뿐 아니라, 이 '안면/얼굴' 영역의 활성화가 사람들이 새로운 대상을 재인하도록 훈련이 잘되면 잘 될수록 증가했다. 한 연구에서, 사람들이 '그리블'이라고 알려진 새로운 대상을 재인하는 것에 전문가가 되도록 훈련되었다(● 그림 7.19). 그리블 비전문가는 그렇지 않지만 그리블 전문가들은, 그리블을 보는 동안 우측 FFA가 활성화되었다. 그리고 이 역전된 것보다 위가 제대로 위로 향한 그리블에 대한 우측 FFA 활성화가 훈련이 증가함에 따라 증가했다(Gauthier, Tarr, Anderson, Skudlarski, & Gore, 1999). 역전 효과가 윤곽 정보처리의 지표로 받아들여진다는 것을 기억하라. 이들 결과는 FFA가 진정으로 '융통성 있는 방추 영역(flexible fusiform area)으로써' 하위-수준 시각 정보처리(즉, 개개 구별화)에 특화된 것이라고 일부 연구자들이 주장하게 한다. 물론 이때 이 하위-수준 정보처리는 전문가에게는 아주 자동화되는 정보처리이다(Tarr & Gauthier, 2000; 반대의견을 위해서는 McKone, Kanwisher, & Duchaine, 2006 참조).

FFA가 그리블 전문가에게서는 그리블에, 새 전문가에게서는 새에, 자동차 전문가에게서는 자동차에 민감하다는 증거로부터 우리가 무엇을 알아내야 겠는가? 이것은 얼굴이 특별하지 않다는 의미인가? 이 견해에 대한 일부 비평들은 그리블이, 그리고 어쩌면 새와 자동차 영상도 역시, 그들이 윤곽배열 구조(configural structure)를 가지고 있다는 의미에서 어쩌면 얼굴-같은(face-like) 것임을 지적한다(Kanwisher, 2000; 이에 반대하는 증거를 위해서는 Gauthier, Behrmann, & Tarr, 2004, and Xu, 2005, 참조). 그래서 어쩌면 자동차, 새, 또는 그리블 전문가들에게서 이런 다른 대상 집단을 개별화하기 위해 생득적인 얼굴-정보처리 모듈을 이용하기 때문에, 이들에게서 FFA 관여 증가가 일어나는지도 모른다.

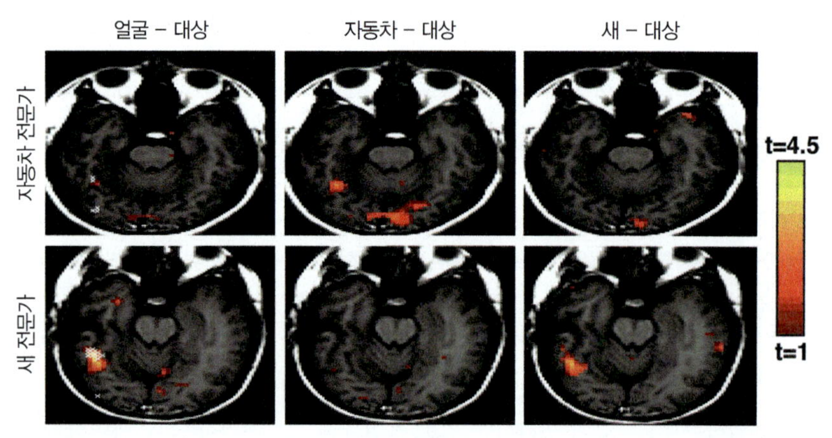

● **그림 7.18 한 유형의 대상 중 구성원들의 개별화에 전문화되는 우측 방추 영역의 민감성.** 여기에 보이는 것은 다른 대상들에 비해 얼굴, 자동차, 그리고 새에 관한 활성화 양상으로, 1, 2, 3열이 얼굴, 자동차, 새를 각각 보여줌. 위의 열은 자동차 전문가로부터의 데이터, 아래 열은 새 전문가로부터의 데이터(두뇌 절면은 오른쪽 두뇌가 영상의 왼쪽에 보이는 방사선과 전통을 따라 제시됨)로 자동차 전문가는 비슷한 영역이 얼굴과 자동차에 활성화되는 반면, 새 전문가는 비슷한 영역이 얼굴과 새에 활성화된다. Adapted by permission from Macmillan Publishers, LTD: Gauthier, I., Skudlarski, P., Gore. J.C., Anderson, A.W. (2000). Expertise for cars and birds recruits brain areas involved in face recognition. Nature Neuroscience, 3(2), Figure 3, page 193.

그렇다면 FFA의 기본적 특수화는 윤곽 정보처리를 위한 것이고, 단순히 우리가 다른 대상보다 얼굴에 더 경험이 더 많기 때문에, FFA가 '얼굴' 처리로 가장하고 있는 것인가? 아니면 FFA는 생득적으로 얼굴 처리에 특화되었으나, 다른 대상이 점점 얼굴-같이 되어 갈 때 그 자극 범주에도 관여하게 되는가?

여러 이유로, 후자의 해석이 좀 더 정확한 듯 하다(Kanw-isher & Yovel, 2006). 첫째, 두뇌 영상 연구는 FFA가 부분-근거 과제보다 윤곽 과제에 의해 더 활성화되는 것이 없음을 보여주지만, 다른 범주의 대상보다 얼굴에 의해 더 활성화됨을 보여준다(Yovel & Kanwisher, 2004). 이런 증거는 FFA의 선택성이 얼굴 자극범주에 의한 것이지 윤곽 정보처리를 통한 재인 과정에 있는 것이 아님을 시사한다. 두 번째, 우리가 안면실인증 환자들로부터 얻어진 증거들을 개관할 때 개개 얼굴을 구별할 수 있게 하는 신경기제가 우리로 하여금 자동차나 양 같은 다른 범주의 개개를 구별하게 하는 신경기제와 독립적이라는 것을 시사한다. 마지막으로, 사례 연구에 의하면 얼굴 처리에 관여하는 이 영역의 우반구 특성화가 적어도 부분적으로는 생득적(innate)이라는 것을 시사한다. 후피질 영역과 후측두피질 영역에 생후 첫날 뇌 손상을 입었던 16세의 한 소년은 다른 대상과 달리 얼굴 재인은 심하게 장애를 보여, 언제나 안면실인증을 보였으며 평생 그러할 것이다(Farah, Rabinowitz, Quinn, & Liu, 2000). 그래서 FFA는 어쩌면 생득적으로 얼굴 재인을 수행하도록 사전 프로그램되었던 것 같다. 그럼에도, FFA가 다른 대상을 지각하는 데도 사용될 수도 있다는 사실은 하측두피질의 융통성에 관한 재미있는 단서를 제공한다(Bukach, Gauthier, & Tarr, 2006).

몸 역시 특별하지 않을까?

대상 재인에서 범주 특수성에 관한 대부분의 연구는 특정 범주로서의 얼굴 연구에 초점을 두고 있다. 그렇지만, 최근에는 연구자들이 시각 체계가 몸, 신체의 다른 부위를 어떻게 표상하는가에 관해 이해하기 시작하고 있다(Peelen & Downing, 2007). 신체의 시각적 표상이 두뇌에서 엄청난 유의미성을 가진다는 것은—예술의 역사를 통틀어 인간 형태의 표상이 어디에나 존재하는 것이었음을 고려하면—놀라울 것도 없다. 인간과 영장류 모두에게, 같은 종의 다른 구성원들에 의해 전달되는 정보를 재인하고 해석하는 것은 결정적으로 중요한 것이다. 이는 그냥 얼굴 알아차리기나 표정 알아차리기만을 포함하는 것이 아니고, 그들의 몸 움직임, 자세, 몸짓 등을 역시 포함한다.

행동연구들은 몸에 대한 우리의 지각 정보처리가 어쩌면 얼굴 처리 방식과 유사한 것 같음을 보여준다. 예를 들어 우리 몸의 재인은 얼굴 재인과 마찬가지로 윤곽 정보에 근거한다. 이런 주장은 신체 재인에 얼굴과 마찬가지로 역전이 방해된다는 증거에 의해 지지가 되는데, 사실 역전 효과는 신체 자세에 대해서도 얼굴 역전만큼 크게 나타나며, 신체, 얼굴 모두 집 같은 비생물학적 범주보다 더 큰 효과를 보인다(Reed, Stone, Bozova, & Tanaka, 2003; Reed, Stone, Grubb, & McGoldrick, 2006).

다른 영장류 연구도 측두엽의 영역들에서 신체-특정적 신경반응을 확인했다. 이미 수십 년 전에 단일세포기록법 연구를 통해 원숭이 측두엽의 개개 세포들이 손 같은 특정 신체 부위들에 반응한다는 것이 증명되었다(Gross, Rocha-Miranda, & Bender, 1972). 연구자들은 짧은 꼬리 원숭이에 fMRI를 사용하여, 얼굴 반응 영역 근처의 측두피질 영역에서 신체-반응성 부위를 발견하였다(Pinsk, DeSimone, Moore, Gross, & Kastner, 2005).

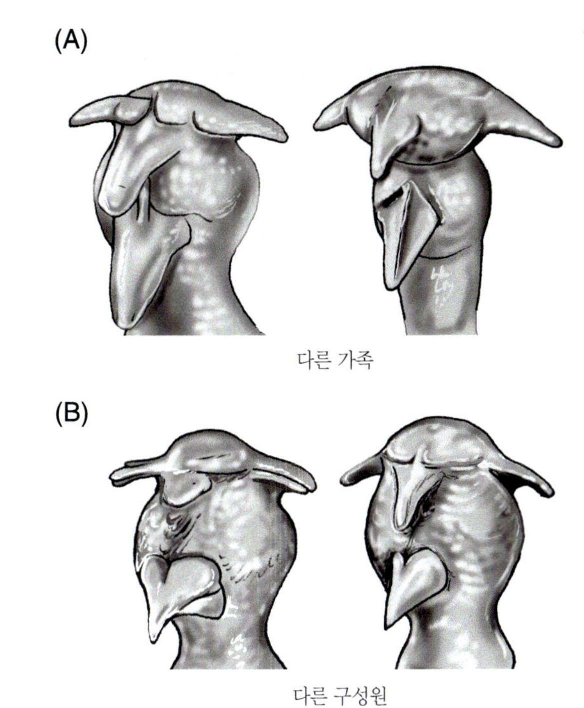

● 그림 7.19 얼굴 방추 영역을 활성화시킬 수 있는 다른 대상. 여기에 보여주고 있는 것이 '그리블(greebles)'로서, 약간 얼굴 같기도 한 이 대상들은 사람들이 그런 대상들을 개별화하는 데 전문성을 획득한 후에는 안면 방추 영역을 활성화시킬 수 있다. (A) 서로 다른 '가족'에 속하는 두 그리블인데, 그들의 커다란 가운데 부위로 구별될 수 있다. (B) 동일 가족으로 분류되는 그리블. 그들의 중심 부위는 비슷하지만, 작은 부위들은 다르다. 전문성의 표시로, 전문가는 서로 다른 가족에 속한 두 그리블을 구별하는 것만큼이나 빨리 같은 가족에 속한 두 구성원을 구별할 수 있다. © 2011 Cengage Learning

인간 연구로부터의 수렴적 증거도 어떤 영역이 신체의 시각적 영상에 특히 민감하다는 것을 지지한다. 예를 들어 간질 수술을 받으려는 환자의 우반구 측두엽으로부터 전기적 반응을 기록한 연구가 있었다(Pourtois, Peelen, Spinelli, Seeck, & Vuilleumier, 2007). 이 연구자들은 다른 범주의 영상들, 예를 들어 얼굴, 인간 외 포유류, 그리고 연장 같은 영상들에 대한 반응에 비하여 신체의 영상에 대한 반응이 더 크다는 것을 발견하였다. 또 다른 연구는 TMS를 사용하여 측두엽 하위 영역의 활동을 방해하였으며, 이런 처치가 손과 발의 자세 같은 신체 형태들 간의 구별 능력을 방해한다는 것을 발견하였다(Urgesi, Candidi, Ionta, & Aglioti, 2007).

fMRI를 사용한 인간 영상 연구들은 시각피질 내의 신체-민감 영역들의 위치에 대해 더 많은 정보를 제공하고 있다. 현재로 이해하고 있는 것은 신체 영상들에 반응하는 두 가지 구별되는 영역이 있다는 것이다(Peelen & Downing, 2007).

하나는 선조외 신체 영역(extrastriate body area)이라고 불리는 영역으로 후측두피질의 브로드만 18번 영역에 있다(Downing, Jiang, Shuman, & Kanwisher, 2001). 재미있는 것은 이 영역은 MT에 근접한 영역인데, MT는 특별히 동작(motion)에 민감한 영역이다. 아마도 이런 근접성은 신체 영역의 영상을 운동과 연결하는 것의 중요성을 반영하는 것 같다. 또 다른 신체-민감 영역은 **방추 신체 영역**(fusiform body area)이라고 불리는 영역으로, 우리가 이미 논의한 바 있는 방추 안면 영역에 아주 근접하여 자리 잡고 있다. 처음에 일부 연구자들은 얼굴 없는 신체 영상들에 대한 방추회의 반응이 방추피질의 얼굴-특정성을 반박하는 것으로 생각했었다(Peelen & Downing, 2005). 그렇지만, 고해상도 영상 방법을 사용한 후속 연구는 방추회의 얼굴-민감 하위 영역과 신체-민감 하위영역이 서로 구분된다는 것이 증명되었다(Schwarzlose, Baker, & Kanwisher, 2005)(● 그림 7.20).

신체 형태들에 대한 신경 표상에 관한 연구는 몇몇 이유에서 흥미롭다. 첫째, 다른 사람들의 신체에 대한 지각은 사회 인지에 결정적으로 중요하다. 다른 사람의 자세와 활동을 시각적으로 표상하는 능력은 그 사람 마음의 상태나 우리를 향한 의도에 대한 통찰을 줄 수 있다. 둘째로, 신체의 지각은 자

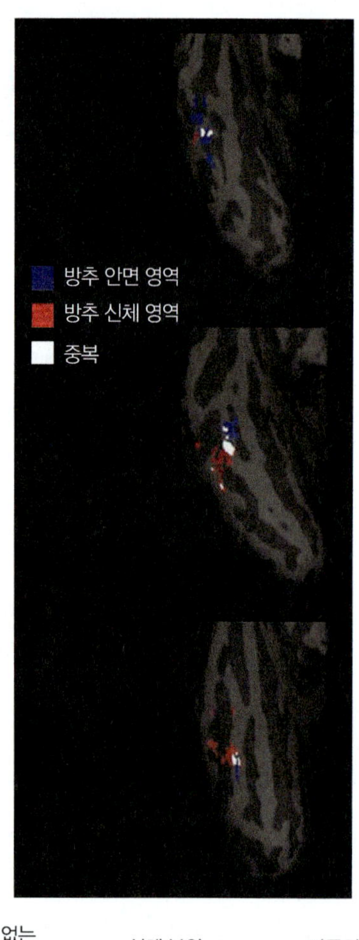

(A)

(B)

● **그림 7.20 얼굴과 얼굴 없는 몸에 대한 방추회 내 별개의 활성화 영역.** (A)부분은 세 명의 다른 참여자들의 방추 안면 영역(FFA)의 활동과 방추 신체 영역(FBA)의 활동을 보여주고 있다. 우반구의 후측 복측 표면이 제시되었다. (B)부분은 이런 실험에 사용된 자극들을 보여주고 있다. FFA는 얼굴에 대한 활동이 차나 다른 대상보다 더 큰 영역으로 정의된 것이다. FBA는 머리 없는 몸통 또는 다른 몸통 부분들에 대한 반응이 다른 대상보다 더 큰 영역으로 정의된 것이다. (A)부분에 '중복(overlap)'이라고 제목을 붙인 영역들은 다른 종류의 대상보다 얼굴과 몸통 모두에 의해 더 활성화되는 영역이다. 출처: Schwarzlose, R.F., Baker, C.I., & Kanwisher, N. (2005). Separate face and body selectivity on the fusiform gyrus. Journal of Neuroscience, 25, 11055–11059.

신에 대한 우리의 감각에 직접 관련되어 있다. 자기 자신의 신체에 관한 한 사람의 지각은 근육과 관절의 위치에 대한 체감각 정보 같은 여러 다수의 단서로부터 구성되는 것이다. 흥미롭게도, 선조외 신체 영역의 활동은 사람 자신의 움직임에 영향을 받으며, 심지어는 아무런 시각 피드백이 없을 때도 그러하다(Astafiev, Stanley, Shulman, & Corbetta, 2004). 비록 이런 결과들이 아주 초보적이기는 하지만, 이런 결과들은 이 영역이 다른 사람의 신체를 표상하는 것은 물론이고, 자신의 신체 위치에 대한 정보 표상에 어떤 역할을 할 것임을 시사한다.

청각과 촉각 양상에서의 대상 재인

이미 언급하였던 것처럼, 인간의 지각에 관한 연구는 시각 양상을 이해하는 데 중심을 두고 주로 진행됐다. 그렇지만 우리는 다른 감각들, 예를 들어 듣기나 촉각을 이용해 대상을 재인할 수 있다. 만일 두 눈을 감는다면, 주변 소리를 여전히 알아차릴 수 있으며, 손에 놓인 좋아하는 커피잔의 느낌도 재인할 수 있다. 이 장에서는, 어떻게 대상 재인이 다른 감각들을 통해서 일어나는가는 물론이고, 어떻게 다른 감각양상의 대상 재인이 장애를 보일 수 있는가에 대해 알아보겠다.

■ 다른 감각양상의 실인증

이 장의 앞에서 우리는 시각실인증에 대해 초점을 두었다. 그러나 실인증은 다른 감각양상에서도 역시 일어날 수 있다. 예를 들어 **청각실인증**(auditory agnosia)은 주의, 기억, 그리고 언어 같은 다른 인지 기능들이 다 정상처럼 보이고 기본적 청각 정보의 정상적인 정보처리 능력은 정상이지만, 그 청각 감각 정보를 의미와 연결하는 능력의 장애가 특징이다(Bauer & McDonald, 2006). 청각실인증을 가진 사람들은 순수 음(즉, 단일 주파수로 이루어진 톤)의 발생을 지각할 수 있으며, 소리의 크기에 대한 역치도 실인증이 없는 평균적인 사람들과도 일반적으로 유사하다. 그렇지만 청각실인증이 있는 사람은 복합적인 소리를 들을 때, 그것이 무엇인지 알아차리지 못한다.

청각실인증은 주로 다음 세 가지 중의 하나로 나타난다. **언어적 청각실인증**(verbal auditory agnosia; 또한, **순수-언어 농**, pure-word deafness로도 알려져 있다)은 비언어적 소리에 의미를 붙이는 것은 온전하지만, 단어가 이해될 수 없다. 언어적 청각실인증, 또는 순수 언어 농에서 환자들은 읽고, 쓰고, 정상적으로 말할 수 있다. 이는 이 실어증 조건이 언어적 처리의 장애 때문이 아님을 의미한다. 그럼에도 이런 유형의 청각실인증을 가지고 있는 환자는 비록 그들이 소음이 들렸다는 것을 알기는 하지만 말소리가 '아무런 리듬 없이 구별도 할 수 없는, 계속 들려오는 윙윙거리는 잡음'처럼 들린다고 호소하거나 '멀리서 외국인이 말하는 것처럼' 들린다고 호소한다.

이와 마찬가지로, **비언어적 청각실인증**(nonverbal auditory agnosia)은 언어적 청각실인증보다 더 드물게 나타나는데, 단어에 의미를 부여하는 능력은 정상적이지만, 비언어적 소리에 그렇게 하는 능력이 손상을 입었다. 이런 증세가 있는 환자들은 소리가 들렸다는 것은 아는데, 그 소리가 무엇인지, 예를 들어 자동차가 경적 소리인지, 개 짖는 소리인지, 또는 잔디 깎는 기계 소리인지 알아차리지 못한다. 실제 생활에서 이런 장애는 대단히 곤란할 수 있다. 예를 들어 자동차 운전사가 사람한테 길을 비키라는 경고로 경적을 울렸다고 하자. 청각실인증을 가진 사람은 이 잡음을 듣기는 하지만 이 소리가 마치 전화기에서 들리는 잡음이나 귀뚜라미 울음소리처럼 의미를 알 수 없는 소리로 들리기 때문에, 길을 서둘러 건너지 않을지도 모른다. **혼합성 청각실인증**(mixed auditory agnosia)은 같은 소리인지, 다른 소리인지 구별할 수 있고, 어떤 소리가 다른 소리보다 더 큰 지도 알 수 있지만, 언어적 소리와 비언어적 소리 모두에 대해 의미를 부여하는 능력에 장애를 보이는 것이다. 즉 소리를 듣는(hear) 능력은 온전하며, 그리고 그들은 청각장애인(deaf)도 아니다.

실인증은 촉각 정보에서도 일어날 수 있다. **체감각실인증**(somatosensory agnosia), 또는 **촉각실인증**[tactile agnosia; 때로 입체인지불능(astereognosia)이라고도 불린다]은 만져서는 알아차리지 못하지만 다른 감각양상으로는 대상을 재인할 수 있는 장애를 말한다(Reed & Caselli, 1994; Reed, Caselli, & Farah, 1996). 다른 실인증과 마찬가지로, 두 유형의 실인증이 제안되었는데, 하나는 장애를 보이는 사람이 촉각 정보를 이용하여 지각을 생성하는 능력의 장애를 가지는 것이고, 다른 하나는 지각은 어느 정도 온전하지만, 의미와 연합을 하지 못하는 것이다. 후자의 실인증은 때로 **촉각 상징불능증**(tactile asymbolia)이라고 부르기도 하는데, 촉각 정보가 상징적 의미와 연결되지 못하기 때문이다(예, 위가 좀 더 크고 아래쪽은 가늘며 울퉁불퉁한 모서리를 가지고 있는 작은 금속성 물건이 열쇠라는 개념과 연결될 수 없다).

이런 청각과 촉각 양상에서 보이는 실인증의 존재는 재인의 결함이 시각 재인이 온전할 때조차도 일어날 수 있다는 것을 보여준다. 다시 말해서, 이는 재인은 서로 다른 감각에서 독립적으로 일어날 수 있음을 상기시킨다. 그렇지만, 일상생활에서 우리는 다수의 감각양상들로부터 재인을 위한 평행적 단서들을 동시에 지각하는 수가 자주 있다. 예를 들어 고양이의 얼굴을 보고 있는 동안 고양이의 골골거리는 소리도 듣고, 부드러운 털도 만진다. 다음은 시각, 촉각, 청각 감각을 통한 재인들 간의 관계성을 이해하기 위한 몇 가지 접근법들을 보기로 하자.

IN FOCUS: 심상: 마음의 눈으로 대상을 보다

당신은 한 번이라도 카리브 해의 열대 섬에 있는 모습을 상상해 본 적 있는가? 길고 하얗게 펼쳐진 모래사장과 물빛이 연초록에서, 옥빛으로, 연한 청록색으로, 그리고 푸른 색으로 변하는 게 보이는가? 미풍에 흔들리는 야자나무 잎들은? 그림을 완성하자면, 더할 나위 없이 매혹적인 수영복을 입은 완전히 유혹적인 모습인 당신의 가장 최근의 로맨틱한 파트너는 어떤가? 만일 그렇다면, 지금까지 대상에 대한 논의가 현실 세계의 대상을 재인하는 데 중심을 두어왔지만, 정신적 상상력으로 우리 마음의 눈으로 대상을 조사하고 조작하는 능력 또한 가지고 있음을 깨닫게 된다.

심상의 본질은 오랫동안 논쟁의 주제였으며, 이런 논쟁의 실마리는 부분적으로는 인지 신경과학 데이터에 근거하고 있다. Stephen Kosslyn이라는 연구자는 심상(mental imagery)이 마음의 눈이라는 예외 점을 제외하고는, 시각적 정보처리와 유사하다고 제안했었다. 이런 입장에 관한 지지 중 일부는 그가 한 영상의 특정 부위를 보는 데 걸리는 시간은 우리가 마음의 눈으로 그 부위에 도달하기 위해 움직여야 할 때 기대할 수 있는 거리와 비례한다는 것을 발견한 연구로부터 왔다. 예를 들어 참여자는 한 항목(예, 비행기)을 상상하라고 지시받은 다음, 다시 그 항목의 한쪽 끝(예, 프로펠러)에 주의를 기울이라고 요구된다. 그 다음 참여자들에게 찾아야 할 특정 특질의 이름('꼬리')을 주고 그것을 볼 수 있을 때 반응 단추를 누르라고 지시된다. Kosslyn (1973)은 사람들이 만일 찾아야 할 특정 부위가 상상하던 항목(예, 꼬리)의 반대쪽 끝에 있으면, 그 부위가 중간쯤에 있는 것보다(예, 날개), 단추를 누르는 데 더 오래 걸린다는 것을 발견하였다.

반면, Zenon Pylyshyn (1973, 1981)은 우리는 실제로 심상을 끌어내지 않는다고 주장하였다. 그는 심상을 끌어내는 것이 아니라, Kosslyn 실험의 결과들은 *명제적 지식*(propositional knowledge)에 의해 쉽게 설명될 수 있을 뿐이라고 제안했다. 명제적 지식이란 어떤 개체(예, 프로펠러, 날개), 그것들의 관계(다음, 뒤), 그 속성(길다, 은색), 그리고 그들의 논리적 관련성(~라면) 같은 것을 기술하는 것이다. 그는 어떤 사람이 꼬리보다 날개에 관해 결정할 때 시간이 더 적게 걸리는 것은 그 사람이 날개가 프로펠러 뒤에 있다는 것을 기억하였기 때문이라고 주장하였다. 즉 꼬리가 날개 뒤에 있으며, 다시 그 날개는 프로펠러 뒤에 있다는 것을 기억하는 것보다 더 적은 수의 명제가 관여하기 때문이라고 본 것이다.

Kosslyn과 Martha Farah가 신경심리학적 증거를 제시할 때까지 이런 각 이론에 대한 갑론을박하는 논쟁을 10년 이상 끌었다. 이들 연구자가 제시한 신경심리학적 증거는 이 문제를 가라앉히는 데 큰 역할을 했다(더 자세하고 읽기 쉬운 논쟁을 위해서는, Kosslyn 1990 참조). 이 연구자들은 만일 심상이 정말로 마음의 눈에서의 그림을 생성하는 것에 의존한다면, 시각에 요구되는 동일한 신경적 기계장치의 일부를 요구함이 틀림없다고 보았다(Farah, 1988). 그렇지 않으면, 심상 과제는 이 세계의 대상들에 대한 명제적 지식에 근거하는 것으로만 수행할 수 있는 것이 되는데, 그렇다면 두뇌의 기억이나 어의 정보처리 영역들이 활성화되어야 하는 것이고, 시각 영역은 활성화되지 않아야 한다.

경두개 자기자극(TMS)에 의해 가해진 가역적(reversible) 손상은 물론 두뇌 활성화 연구들과 두뇌 손상 환자 연구 모두 시각 영역이 심상에 중요한 역할을 한다는 것을 시사한다. 예를 들어 Kosslyn과 그의 동료(1993)는 만일 심상이 시각피질에 의존한다면, 상상하는 대상의 크기와 활성화되는 시각피질이 크기 간에 어떤 관련성이 존재해야 한다고 가정하였다. 6장에서 논의하였던 것처럼, 시각 공간은 망막위상 형식으로 시각피질에 지도화되기 때문에 이런 발견이 예측될 수 있다. 마음의 눈으로 한가운데 있는 작은 글씨들을 상상할 때 내측 후엽의 후측 영역에서 활성화가 가장 크게 발견된다는 것을 연구자들은 알아내었다. 이 내측 후엽의 후측영역은 중심와로 부터 오는 정보를 처리하는 영역으로 그들의 가설과 일치하는 결과이다. 반면, 어떤 사람이 더 커다란 글자들을 상상하는 동안에는 활성화가 보다 전측의 영역을 포

■ 다중양상 대상 재인

다중양상 대상 재인에 대한 한 가지 입장은 시각과 촉각을 통한 재인의 공통성을 강조한다. 예를 들어 연구들은 새로운 물체를 만져서 재인하도록 훈련을 받은 사람들이 역전 효과를 보인다는 것을 보여주었는데, 이는 시각 대상 재인의 전문성에서 바로 보았던 것처럼 윤곽 정보처리(configural processing)가 관여함을 시사한다(Behrmann & Ewell, 2003). 덧붙여, 촉각과 시각 모두가 청각정보는 부여할 수 없는, 대상의 삼차원 모양에 대한 정보를 부여한다. 이를 설명하기 위해 특정 모양과 크기의 자명종을 상상해 보라. 당신은 그 모양과 크기를 만지거나 볼 수 있지만, 자명종의 소리를 그냥 듣는 것은 그 크기나 모양에 대한 정보를 제공하지 않는다. 보는 것과 만지는 것은 대상의 질감(texture)에 대한 정보를 제공할 수 있지만 듣는 것은 보통 그럴 수 없다.

촉각과 시각 사이의 이런 연결성과 일관되게, 영상 연구들은 외측 후피질이 대상의 시각 정보는 물론 촉각 정보에도 민감하다는 것을 발견하였다. 우리가 앞에서 주목하였던 것처럼, 이 영역은 대상의 시지각에 중요한 것으로 알려진 영역이다. 보다 최근에, 연구자들은 참여자가 비록 그것들을 볼 수는 없지만, 손으로 흔하게 접할 수 있는 물건들을 만질 때 이 외측 후피질(LOC)의 하위 영역이 활성화됨을 발견하였다(Amedi, Malach, Hendler, Peled, & Zohary, 2001). 재미있게도, 외측 후 영역은 사포와 털 같은 질감을 만져볼 때는 활성화되지 않았는데, 이는 이런 반응이 어떤 재인 가능한 촉 감각에 대한 것이 아니라 대상에 특정적이라는 것을 나타낸다. 후속 연구는 망치 소리, 헬리콥터 소리 같은 청각 자극들은 이 영역을 활성화시키지 않는다는 것을 보였다(Amedi, Jacobson, Hendler, Malach, & Zohary, 2002). 이 결과는 이 영역이 청각을 제외하고 시각과 촉각 간에 공유되는 대상 특성을 부호화한다는 것을 나타낸다.

함하는 훨씬 더 큰 영역에서 일어났는데, 이 전측 영역은 시각 공간의 보다 주변 영역을 처리하는 부분이다(비슷한 결과를 위해 Slotnick, Thompson, & Kosslyn, 2005 참조).

또 다른 창의적 실험에서, 연구자들은 fMRI를 사용하여 참여자가 X나 O를 보고 있거나, 또는 이 자극들을 상상하는 동안의 두뇌 활성화를 기록하였다(Stokes, Thompson, Cusack, & Duncan, 2009). 이런 연구자들은 실제로 O를 볼 때에 비하여 X를 지각하는 동안의 외측 후 복합(lateral occipital complex)에 나타나는 변별적인 두뇌 활동양상에 근거하여, X 시행과 O 시행을 구분하도록 컴퓨터 프로그램을 훈련시켰다. 컴퓨터 프로그램은 실제 지각 시행들에 근거한 학습을 일반화시켜, 심상 시행에 적용할 수 있었다. 다른 말로 하자면, 컴퓨터 프로그램은 참여자가 X를 심상으로 보고 있는지, 아니면 O를 심상으로 보고 있는지를 우연 수준 이상으로 알아맞힐 수 있었다. 이런 발견들은 지각과 심상이 어떤 공통된 신경적 기초를 공유하고 있음을 나타내는 것이다.

심상이 시각피질에 의존한다는 추가 증거들은 한쪽 반구의 후엽이 치유 불가능한 간질 발작의 근원이기 때문에 수술로 제거해야 하는 어떤 희귀한 환자 사례 연구에서 온 것이다(Farah, Soso, & Dasheiff, 1992). 연구자들은 수술 전과 후에 환자의 심상의 시각 각도를 계산했다(어떻게 이런 절차가 이루어졌는지에 대한 세부사항은 원 논문을 보라). 만일 심상이 시각피질에 의존하는 것이라면, 한 반구의 시각피질이 시야의 반쪽으로부터 오는 정보처리를 담당하기 때문에, 연구자들은 수술 후 심상의 수평 차원의 시야각이 수술 전의 반으로 줄어들 것이라고 가정하였다. 그렇지만 수직 차원에서는 심상의 시각(visual angle)이 변해서는 안 되는데, 이는 남아있는 후피질이 공간의 상측과 하측 두 반쪽 시야 모두로부터 오는 정보를 처리할 수 있기 때문이다. 연구자들은 예측하였던 것처럼, 수평 차원에서 심상의 시야각이 약 절반으로 줄어들었고, 수직 차원에서는 아무런 변화가 없음을 발견하였다.

TMS의 발전과 더불어, 시각 영역의 정보처리를 교란하는 것이 가능하게 되었다. 만일 심상이 두뇌의 시각 정보처리 영역에 의존한다면, 이 영역을 교란하는 것은 심상의 사용능력을 방해해야 할 것이다. 이런 가정을 검증하기 위하여, Kosslyn과 그의 동료는 참여자들로 하여금 4개 세트의 선분들을 기억하게 하였다. 참여자에게는 청각 단서를 주어 어떤 두 개의 선분 세트를 비교하고 어떤 차원(예, 상대적 길이, 폭, 방향, 또는 둘 사이의 간격 등)으로 비교할 것인가를 알 수 있게 하였다. 사람들은 아무런 심상을 요구하지 않는 통제 조건보다, 이런 심상 조건에서 V1(BA 17) 활성화를 보였다. 그런 다음, 그 사람들이 심상 과제를 수행하는 중 TMS를 적용하거나, 아니면 일종의 변형 과제로 지각 과제를 수행하는 중, 즉 참여자 앞에 자극이 남아있는 중에 TMS를 적용하였다. TMS는 지각과 심상 모두를 방해하였으며, 이는 일차시각영역이 이런 기능에 결정적으로 중요함을 시사한다(Kosslyn et al., 1999).

이것은 지각에 관여하는 두뇌 영역과 심상에 관여하는 두뇌 영역이 같은 자리임을 의미하는가? 그렇다면 우리는 특별히 생생한 꿈에서 경험하는 것과 지각적 경험의 차이를 어떻게 구별할 수 있는 것일까? 비록 신경영상 연구는 이 두 영역이 대단히 중복된다는 것을 시사하지만, 각각의 기능에만 활성화되는 두뇌 영역들도 있다(Kosslyn, Thompson, & Alpert, 1997). 더 나아가, 심상은 손상되지 않고, 대상 지각만 손상된 개인에 대한 사례 연구도 있으며(Behrmann, Moscovitch, & Winocur, 1994), 그리고 또한 역으로 심상은 손상되었지만, 지각은 손상되지 않은 사례도 보고되었다(Farah, Levine, & Calvanio, 1988). 이런 발견들은 비록 대부분 상황에서 심상과 지각이 매우 유사한 두뇌 구조들에 의존하고 있는 것 같지만, 심상과 지각의 신경 통제의 적어도 어떤 측면은 분리 가능한 것임을 시사한다(이 논의에 대한 매우 읽기 수월하고 짧은 개관을 위해서는 Behrmann, 2000 참조).

비록 시각과 촉각이 청각과 공유할 수 없는 어떤 공통 속성이 있을 지 모르지만, 듣기도 대상을 재인하는 데 사용될 수 있다. 6장에서 이미 배운 것처럼, 상위 청각피질영역은 청각 패턴 재인에 결정적으로 중요하다. 예를 들어 재인 가능한 청각 소리(물 떨어지는 소리, 달걀 깨는 소리, 말 달리는 소리)는 똑같은 소리를 역으로 들려줄 때에 비해 중측두회에 더 큰 활동을 유발하는데, 이런 소리를 역으로 들려줄 때는 그 소리가 무슨 소리인지 알 수 없다(Lewis, Wightman, Brefczynski, Phinney, Binder, & DeYoe, 2004). 연구자들은 청각 대상의 어떤 범주들은 다른 청각피질영역을 활성화시키는가를 조사해 보았다. 한 연구에서, 참여자는 동물 울음 소리(새 소리, 말 우는 소리)와 도구-관련 소리(망치질 소리, 타자기 치는 소리, 종이찍개 소리) 두 범주의 소리를 들었다. 동물 울음 소리는 상측두회를 양측으로 활성화시켰지만, 도구 소리는 운동영역을 포함해서 좌반구의 여러 영역을 활성화시켰다(Lewis, Brefczynski, Phinney, Janik, & DeYoe, 2005). 직관적으로, 도구 소리가 운동영역을 활성화시킨다는 것은 이해가 가는데, 타자기 소리는 참여자로 하여금 타자기 치는 동작을 생각하게 준비시킬지도 모른다. 반면 새의 소리는 특정 운동 활동의 어느 것도 반드시 준비시킬 이유가 없다.

재미있는 것은, 한 연구에서 비록 얼굴이 동시에 제시되지 않았음에도, 친숙한 사람들의 목소리가 친숙하지 않은 사람들의 목소리보다 FFA를 활성화시킨다는 것이 발견되었다(von Kriegstein, Kleinschmidt, Sterzer, & Giraud, 2005). 역시 같은 연구는 친숙한 사람들의 목소리를 듣고 있을 때, FFA의 활동이 상측두구의 활동과 결합하며, 이 상측두구야말로 인간의 목소리에 민감한 것으로 알려진 영역이다(Belin, Zatorre, Lafaille, Ahad, & Pike, 2000). 이는 친숙한 사람의 목소리가 그 사람 얼굴에 대한 심상을 준비시키는가? 그래서 FFA를 활성화시키는가? 아니면, FFA가 특정 사람의 정체(identity)

에 대한 보다 추상적 정보를 표상하는 것인가? 안면실인증 피험자는 종종 어떤 사람을 얼굴로는 못 알아보아도, 그 사람의 목소리로 알아차릴 수 있다는 것을 기억하라. 이는 안면실인증 환자에서 손상된 영역이 얼굴 재인에는 핵심적이지만 목소리 재인에는 그렇지 않다는 것을 의미한다. 이는 FFA가 사람에 대한 추상적인 정체라기보다는, 얼굴 정체를 표상한다는 것을 시사한다. 친숙한 사람의 목소리에 반응한 FFA의 활성화는 그 사람의 목소리를 표상하는 다른 영역에 의해서 얼굴 상의 준비가 일어났음을 나타내는 것일 수 있다.

청각 대상 재인과 시각 대상 재인은 어쩌면 서로 상승작용을 하는지도 모른다. 대상 재인의 시각-청각 상호작용에 대한 증거는 각 참여자에게 특정 동물(개, 소 등)에 대한 반응으로 가능한 한 빨리 단추를 누르라고 요구하는 연구에서 얻어진다. 동물은 시각적으로 제시될 수도, 청각적으로 제시될 수도(짖는 소리, 또는 음매 소리), 또는 시각 영상과 소리가 통합하여 제시될 수도 있다. 참여자들은 시각 단서와 청각 단서가 함께 제시될 때 더 빠르게 재인하였다. 그뿐만 아니라, 청각 단서는 두피-기록된 초기 시각 유발 전위인 N1, 즉 자극 제시 후 100~200 ms 정도에 나타나는 전위를 더 증폭시켰다(Molholm, Ritter, Javitt, & Foxe, 2004). 이런 결과들은 대상에 대한 청각과 시각 정보가 정보처리의 아주 초기에 통합됨을 시사한다.

서로 다른 모든 감각에 존재하는 하나의 공통성은 '무엇(What)'과 '어디(Where)'를 구분한다는 것이다. 즉 대상의 정체(identity)는 무엇(what)이며 그 대상이 어디(where)에 놓여 있는가가 구분된다는 것이다. 우리가 이미 배운 것처럼, 시각계에서 이들 기능에 대한 주된 해리가 존재해서, 복측 흐름은 주로 '무엇'의 문제를 다루며, 배측 흐름은 '어디' 문제를 다룬다. 비록 청각에서는 '무엇'과 '어디'라는 구별에 대한 증거가 시각만큼 뚜렷하지 않아도, 청각계도 역시 '무엇 대 어디'라는 구분이 있음을 일부 연구자들이 제안하고 있는 것을 이미 6장에서 배웠다. 대상의 정체 부호화와 대상의 위치에 대한 부호화의 구별은 촉각 정보에서도 보고되고 있다. 예를 들어, 참여자들에게 촉각 대상을 정신적으로 회전하라고 요구하였을 때는(공간과제) 두정엽이 활성화되었으며, 반면 촉각 대상들이 무엇인가를 알아맞히는 정체성 구별을 해야 할 때는 외측 후복합(lateral occipital complex) 부위가 활성화되었다(Prather, Votaw, & Sathian, 2004; see also Reed, Klatzky, & Halgren, 2005). 이를 보면, 두뇌의 'what(무엇)'과 'where(어디)' 경로 구분은 어느 특정 감각양상을 넘어서는 어떤 근본적인 조직화 특성인 듯 보인다.

우리가 이 장에서 이미 보아온 것처럼, 어느 감각양상이든 대상 재인에 의해 제기되는 문제들은 어마어마한 것이며, 우리의 두뇌는 이런 문제들을 해결하고 있기에, 우리는 다양한 관찰 조건에서도 수천 개의 다른 대상들을 재인하고, 이들 대상의 감각 영상들을 저장된 지식과 의미와 연결하며, 그리고 한순간에 다른 감각양상 간의 정보를 합쳐서 어떤 대상을 완전히 이해한다. 인간 영상 연구들과 단일세포기록법, 그리고 환자 연구들의 수렴화는 대상 재인에 관여하는 두뇌 체계에 대한 이해에 발전을 가져오고 있지만, 연구자들이 이 수수께끼를 완전히 풀려면 아직도 멀었다. 여전히 대상의 정체 재인은 두뇌가 풀어야 할 문제의 단지 한 부분일 뿐이다. 또 다른 중요한 문제는 환경의 어디에 이 대상이 위치하고 있는가를 표상하는 것이며, 우리는 이 공간 표상의 문제를 8장에서 계속 알아보게 될 것이다.

요약

'무엇' 복측 시각계

- 이 두뇌 체계는 대상 재인 기능에 주된 역할을 하며 후엽의 두뇌 영역에서 시작하여 복측으로 진행하여 측두엽의 전측 첨단까지 진행한다.
- 원숭이의 단일세포기록법들은 복측 시각 처리 흐름의 보다 전측에 있는 세포들이 특정 형태에 반응하여 발화하며, 커다란 수용야를 가지고 있고, 색에 민감함을 보여주고 있는데, 이런 모든 특질은 특정 대상을 재인하는데 유용한 것이다.

시각 대상 재인의 결함

- 통각실인증은 시각 정보의 기본적 특질을 처리하는 능력의 결함으로 가장 단순한 형태에 대한 지각(예, 'X')조차도 불가능하게 한다.
- 연합실인증에서, 시각정보의 기본적 지각적 속성이 처리될 수 있지만 그 처리는 대상 재인을 가능하게 충분할 만큼 고차적인 정도가 아니다.
- 통각실인증이 후 영역에 광범위하고 확산적인 양측성 손상과 관련이 있지만, 연합실인증은 후측두 경계 근처의 양측성 손상과 상관이 있다.

안면실인증: 얼굴실인증

- 안면실인증은 다른 대상들은 그렇지 않은 데, 얼굴 재인이 불가능하며, 복측 흐름의 어떤 영역의 손상 후에 나타날 수도 있고, 아주 드물게는 특별히 알려진 두뇌 손상 없이 발달 중에 나타나기도 한다. 얼굴의 신원을 확인할 수 없거나 그 얼굴을 범주화하지 못할지라도, 얼굴의 어떤 측면은 암묵적으로 재인될 수 있다.

대상 재인에서 범주-특정적 결함

- 어떤 장애는 다른 범주들(예, 인간이 인공적으로 만든 항목들)에는 영향을 끼치지 않으면서 어떤 범주 내의 항목들(예, 과일, 채소)을 재인하는 능력에 손상을 일으킨다.
- 이런 장애에 대한 가장 그럴듯한 설명은 서로 다른 범주의 항목들에 대한 기억 접근성이 서로 다른 방식으로 얻어져서라고 보는 것이다. 예를 들어 시각 영역의 손상은 시각 형태에 근거해서 변별되는 대상들, 예를 들어 꽃이나 식물들의 재인에 결함을 일으킬 수 있다. 반면 운동 영역의 손상은 어떻게 조작하고 사용하는가에 근거하여 구별하게 되는 도구 같은 대상에 영향을 미칠 수 있다.

대상 재인의 이론적 쟁점

- 복측 흐름의 어떤 세포는 어떤 복잡한 자극에 고도록 선택적인 듯이 보일지라도, 세포들의 집단수준에서 나타나는 역동적인 활동양상으로 대상이 부호화될 가능성이 매우 높다.
- 시각 체계가 풀어내야 하는 주된 문제 하나는 크기, 위치, 조도, 그리고 관점의 변이에도 대상이 재인되는 것이다. 예를 들어 어떻게 관점 특정적일 때 최대로 잘 반응하는 세포들로부터 그토록 관점 불변적 표상이 구성될 수 있는가를 이해하기 위하여 연구자들은 여전히 노력하고 있다.
- 개인 특성들과 전체적 윤곽 모두 대상 재인에 중요하다. 좌반구는 특성 재인에 특화되었지만, 우반구는 윤곽 재인에 특화된다. 우리가 전문성을 가지고 있는 대상에 대해서는 윤곽 정보에 더 많이 의존하는 경향이 우리에게 있다.
- 두뇌 손상 환자, 신경영상, 그리고 전기생리학적 증거들은 얼굴이 다른 범주의 대상들과는 다른 방식으로 처리됨을 시사한다. 최근 증거는 다른 신체 부위에 대한 지각도 또한 이런 특수화된 영역에서 일어난다는 것을 보여준다.
- 얼굴의 물리적 특징에 관한 확인, 물리적 기술과 그 사람의 신원에 관한 정보와 연결, 그리고 사회적 또는 정서적 정보를 전달하는 데 도움이 되는 얼굴 특질의 재인은 주로 우반구에 있는 측두엽의 특정 부위에서 일어나는 것 같다.
- 얼굴 재인에 특화된 우반구 영역들은 다른 범주의 대상들에 대한 전문성을 획득해 감에 따라 그 다른 범주의 대상 재인을 돕도록 관여하게 될 수도 있다.

다른 감각양상의 실인증

- 청각실인증은 언어적 소리, 비언어적 소리, 또는 두 가지 소리 모두의 재인 능력에 결함을 일으킨다.
- 체감각, 또는 촉각실인증은 감촉으로 항목을 재인하는 능력에 장애가 생기는 것이다.
- 외측 후복합은 시각은 물론 촉각을 통한 대상 재인에도 관여한다.
- 한 감각양상으로 대상을 재인하는 것은 다른 감각양상으로 그 대상을 표상하는 것 역시 준비시키는 것 같다.

핵심용어

감각양상 특정적(modality specific)
관찰자-중심 표상(viewer-centered presentation)
발달적(선천성) 안면실인증 [developmental (congenital) prosopagnosia]
방추 신체 영역(fusiform body area)
방추 안면 영역(fusiform face area, FFA)
복측 시각처리 흐름(ventral visual-processing stream)
범주-특정적 장애(category-specific deficit)
비언어적 청각실인증(nonverbal auditory agnosia)
3차원 표상[three-dimensional (3D) representation]
선조외 신체 영역(extrastriate body area)
순수 언어 농(pure-word deafness)
수용야(receptive field)
시각실인증(visual agnosia)
안면실인증(prosopagnosia)
연합실인증(associative agnosia)
역전 효과(inversion effect)
언어적 청각실인증(verbal auditory agnosia)
원시스케치(primal sketch)
전경-배경 분리(figure-ground separation)
집단 부호화(population coding)
청각실인증(auditory agnosia)
체감각실인증(somatosensory agnosia)
촉각실인증(tactile agnosia)
촉각상징불능증(tactile asymbolia)
통각실인증(apperceptive agnosia)
할머니 세포 이론(grandmother cell theory)
혼합성 청각실인증(mixed auditory agnosia)
희소 부호화(sparse coding)

도서 참조 사이트: www.cengage.com/psychology/Banich
이 웹사이트는 학생들이나 강사들에게 강의용 퀴즈나 암기카드, 용어정리 같은 정보와 자료를 무료로 제공한다.

공간 인지

Spatial cognition

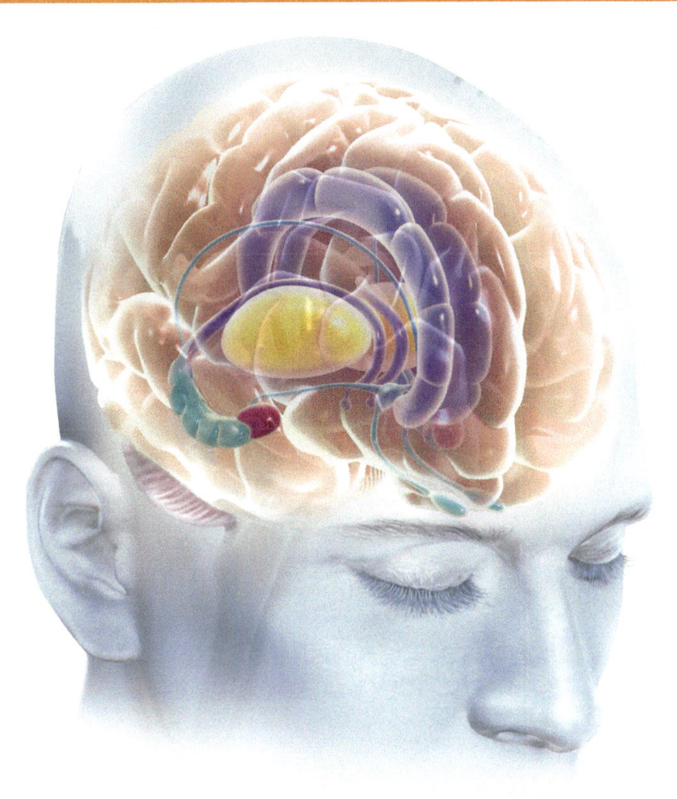

유쾌한 성격의 소유자인 중년 여성 C.J.는 성인이 되면서부터 야외 활동을 활발히 하고 있다. 최근 그녀는 경미한 뇌졸중을 앓게 되었고 이로 말미암아 우반구 후측 부위의 작은 영역에 손상을 입게 되었다. 그녀는 병원에 갇혀 있는 것을 싫어하였고 바깥 활동을 할 수 있게 되기를 학수고대하고 있었다. 그녀의 기본적인 시각 처리능력이 유지되었기 때문에(이는 그녀가 입은 손상 부위가 일차시각영역과 이차시각영역이 아니라는 것을 시사한다) 그녀는 자신이 좋아하는 것들, 예를 들어 하이킹, 스키와 등산을 하는 것에 어떤 어려움이 있을 것이라고는 기대하지 않았다.

재활센터에서 퇴원한 지 몇 주 후인 어느 주말에 C.J.는 친구 Sarah와 함께 가까운 산으로 하이킹을 다녀오기로 결정하였다. 아름답고 청명한 어느 가을날 그녀들은 트레일을 따라 걷기 시작하였고 자신들 앞에 펼쳐지는 산봉우리들의 거대한 모습을 감상하였다. 그녀들이 한 시간 가량 하이킹을 하는 동안 몇 개의 분기점을 지나쳤으며, 마침내 숲길로 접어들었다. 숲길로 들어서자 트레일이 잘 분간되지 않았고 많은 지그재그 길들이 있었다. 하이킹은 힘들었지만 C.J.는 뇌졸중을 앓기 전인 예전의 자신을 찾은 것 같은 느낌을 가졌다. 곧 그녀들은 트레일의 분기점을 맞았고 자신들이 찾고 있는 지름길이 근처에 있다는 것을 알았지만 정확하게 어느 위치인지를 알 수 없었다. 그러자 C.J.는 지도와 나침반을 꺼내 들었다. 그러나 C.J.는 나침반의 방향과 일치하게 지도의 위치를 놓는 것에 상당한 어려움을 겪었다. C.J.는 이전에는 매우 좋은 방향감각을 가지고 있었기 때문에 자신이 어느 방향이 북쪽, 동쪽, 남쪽 혹은 서쪽인지를 분간하지 못한다는 사실에 매우 당황하였다. 곧 Sarah가 C.J.를 불렀으며 두 갈래길 중 오른쪽 길로 가라고 트레일 표시에 적혀 있다고 말하였다. C.J.는 지도와 나침반 사용에 어려움을 경험하였음에도 불구하고 자신이 좌측과 우측 길을 정확하게 구분할 수 있다는 사실에 안도하였다.

그녀들은 대략 두 시간 후 정상에 올랐으며, 자신들 앞에 펼쳐지는 아름다운 경치에 즐거워하였다. 일상적으로 해왔던 것처럼 그녀들은 지도를 꺼내 자신들이 바라보고 있는 산봉우리들을 지도에서 찾고자 하였다. 나침반과 태양의 위치를 근거로 방향을 알 수 있었지만 C.J.는 다시 한번 당황하기 시작하였다. 그녀는 자신이 바라보고 있는 산들을 지도에서 찾을 수 없었기 때문이었다. 이전에 C.J.와 Sarah는 산의 위치에 관해 열띤 논쟁을 벌였으나 이번에는 자신이 경험하고 있는 혼란에 대해 놀란 나머지 C.J.는 Sarah의 이야기를 조용히 듣고만 있었다.

트레일을 따라 내려오는 동안 C.J.는 아무 말이 없었으며, 자신이 입은 외상으로 말미암아 아직 신체가 완전히 회복되지 못한 것이 아닌가 하고 마음속으로 생각하였다. Sarah가 C.J.에게 괜찮으냐고 물었을 때 C.J.는 약간 피곤하다고 대답을 하면서도 그녀는 다른 생각에 골몰하였다. C.J.는 뇌졸중이 전혀 예상하지 못했던 후유증을 초래하여 자신이 좋아하는 일을 하지 못하게 되는 것이 아닌가 하고 걱정하였다.

C.J.의 예는 공간 처리가 단순한 인지기능이 아니라 서로 다른 많은 능력들로 구성된 복잡한 인지기능이라는 것을 시사한다. C.J.의 경우 뇌졸중으로 말미암아 몇 가지 공간 능력, 예를 들어 지도상의 위치와 주위 영역들 간의 관계를 이해하는 것과 방향(동서남북)을 이해하는 능력은 손상되어 있지만 좌측과 우측을 이해하는 능력은 유지되어 있다. 이 장에서는 사물들 사이의 공간 관련성을 계산하는 방법들과 이러한 계산에 관여하는 뇌 체계에 관해 살펴본다.

6장에서 살펴보았듯이 시각피질은 상세한 공간 망막위상 지도(retinotopic map)를 제공한다. 그러나 망막위상 지도만으로는 우리를 둘러싸고 있는 공간을 충분히 이해하지 못한다. 첫째, 대상 인식과 관련하여 이미 언급한 바와 같이 망막은 삼차원으로 이루어져 있는 세상에 관한 이차원 정보만을 제공한다. 둘째, 여러분의 눈이 어디를 바라보고 있는지, 머리가 어디로 향해 있는지 혹은 신체가 어디로 향해 있는지와 상관없이 항상 일정한 공간 심적 지도를 만들어낼 필요가 있다. 예를 들어, 좌측에 있는 테이블 위에 놓여있는 커피잔이 망막위상 지도의 중앙에 맺히든지(커피잔을 정면으로 바라볼 경우) 혹은 망막위상 지도의 중앙에서 약간 벗어난 위치에 맺히든지(커피잔 옆에 있는 케익 조각으로 시선을 옮길 경우) 간에 동일한 커피잔이라는 것을 알 필요가 있다. 셋째, 망막위상 지도는 현재 바라보고 있는 장면에 관한 정보만을 제공한다. 그러나 간혹 우리가 현재 바라보고 있지 않는 영역을 포함하는 공간의 심적 표상이 필요하다. 예를 들어 같이 커피를 마시기 위해 찾아온 친구를 맞이하기 위해 머리를 테이블에서 친구로 돌릴 경우 커피잔이 놓여 있는 위치를 기억하지 않는 한 친구와 악수하기 위해 일어날 때 커피잔을 엎게 된다. 마지막으로 시야 내에 있지 않는 장소를 포함하는 공간 지도가 필요하다. 집에서부터 친구와 만나기로 한 커피숍까지 가기 위해서는 넓은 주위 환경에 대한 심적 지도가 필요하다.

이 장은 뇌의 공간 처리에 관련된 몇 가지 주요 이슈들에 관해 기술한다. 첫째, 어떻게 뇌가 삼차원 공간을 부호화할 수 있는가를 살펴보는데, 여기에는 좌측과 우측의 부호화와 깊이 계산에 관한 이슈가 포함된다. 둘째, 어떻게 뇌가 서로 다른 참조틀(reference frames)에 근거한 공간 관계를 이해하는가를 살펴보겠다. 이에 덧붙여서 서로 다른 공간 척도의 이해, 즉 식탁 위에 놓여 있는 사물들 사이의 공간 관계와 같은 작은 공간 척도의 이해와 시카고 거리를 이동하는 것과 같은 큰 공간 척도의 이해를 구분하여 살펴보겠다. 움직임의 지각 역시 공간 지각과 매우 밀접하게 관련되는데, 이는 한 대상의 공간 위치가 시간에 따라 변하는 것으로부터 움직임이 추론되기 때문이다. 마지막으로 공간 이해와 행동 사이의 관련성에 관해 살펴보겠다. 예를 들어 커피잔이 어디에 있는가를 아는 것과 손을 뻗어 커피잔을 집는 행동 사이의 관련성을 살펴보겠다.

앞으로 살펴보겠지만 이러한 공간 기능의 대부분이 주로 두정엽에 위치하는 배측 시각계에 크게 의존한다. 우반구 두정엽이 특히 공간 지각에 중요한 역할을 하며, 나아가 이는 인간 뇌의 두 반구의 기능이 서로 다르다는 것을 설명한다(4장 참조). 그러나 두정엽 이외의 다른 뇌 영역들도 공간 지각에 관여하고 이와 동시에 두정엽이 가지는 기능이 공간 처리에만 국한되어 있지 않다(Husain & Nachev, 2007). 따라서 두정엽과 공간 지각을 서로 연관시키는 것이 적절하지만 다른 기능처럼 공간 지각도 단순히 두정엽에만 의존하는 것이 아니라는 것을 인식하는 것이 중요하다.

공간 처리에 관여하는 배측 시각계

7장에서 복측 시각계가 대상 인식에 중요한 역할을 하는 것을 살펴보았다. 이 장에서는 배측 시각계의 기능을 알아보고자 한다. 배측 시각 경로는 일차시각피질에서 두정엽으로 연결되며 다양한 공간 처리 과정에 관여한다. 배측 시각계의 주요 요소들이 ● 그림 8.1에 제시되어 있다. 그림에서 볼 수 있듯이 배측 경로의 많은 주요 요소들이 두정피질에 위치하며 두정피질은 여러 하위 영역들로 구분된다. 전측 두정엽(**중심후회**로 알려져 있음)은 주로 체감각 표상에 관여하며 배측 경로의 일부로 여겨지지 않는다. 이와 상반되게 후측 두정피질(posterior parietal cortex, PPC)은 다감각 영역이고 다양한 공간 인지 기능에 중요하다. PPC는 두정내구(intraparietal sulcus)에 의해 상두정 소엽(superior parietal lobule)과 하두정 소엽(inferior parietal lobule)으로 구분된다. 원숭이 뇌에서 두정내구 안에 묻혀있는 피질 영역들도 서로 다른 하위 영역, 즉 전측, 외측과 내측 두정내 영역들로 구분된다. 이 장의 뒤에서 살펴보겠지만 이 하위 영역들은 특정 유형의 행동을 시각적으로 가이드하는 데 중요한 역할을 하는 것으로 여겨진다. 이 두정 영역들 외의 다른 피질 영역들도 배측 경로와 관련된다. 예를 들어 MT와 MST 영역은 움직임에 관여한다.

배측 경로는 공간 기능에 관여하기에 적합한 위치에 있다. 즉 배측 경로는 일차시각피질로부터 시각 정보를 받을 뿐만 아니라 전측 두정엽에 있는 체감각피질과 전정계로부터도 입력을 받는데 이를 통해 공간 내의 신체 위치에 관한 정보를 받는다. 두정엽은 서로 다른 감각계로부터 정보를 받아 신체 위치에 관한 다감각 공간 표상을 구성한다. 배측 경로에 포함되는 두정 영역은 신체의 움직임을 통제하는 전두 영역과도 밀접하게 연결되어 있다. 이러한 연결을 통해 공간에 관한 감각

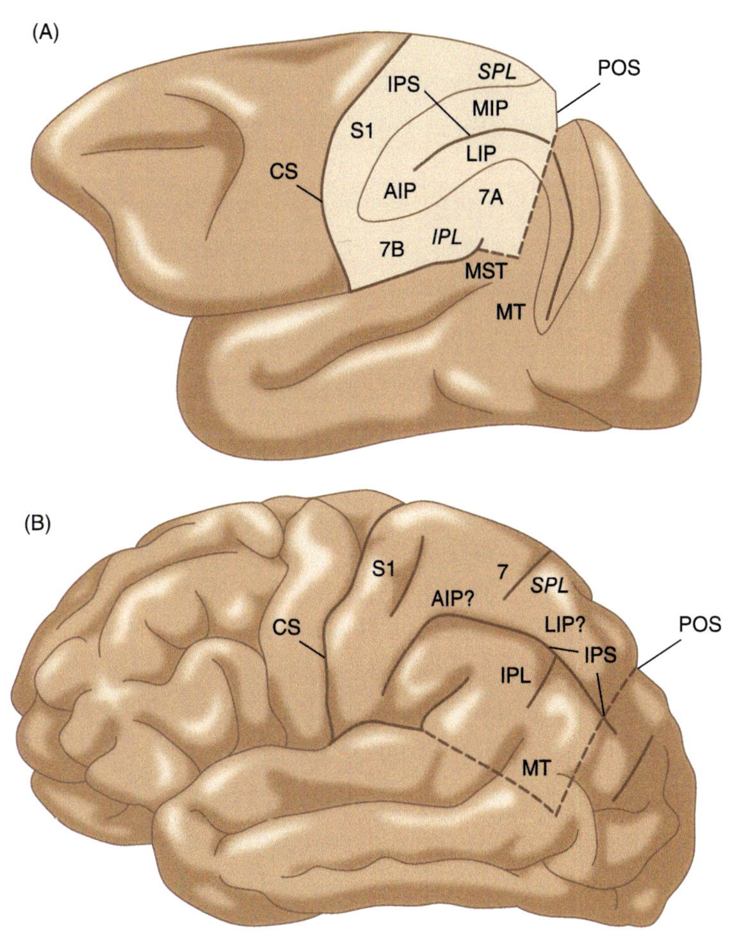

● **그림 8.1 배측 시각 경로.** 마카쿠 원숭이(A)와 인간(B)에서 관찰된 배측 경로의 주요 영역. 두정엽은 중심구(CS)와 두정-후두구(POS)에 의해 각각 전두엽과 후두엽으로부터 구분된다. 전측 두정엽에 위치하는 일차체감각피질은 S1으로 표시되어 있으며 이 영역은 배측 경로에 포함되지 않는다. 후측 두정엽은 두정내구(IPS)에 의해 상두정소엽(SPL)과 하두정소엽(IPL)으로 구분된다. 마카쿠 원숭이의 경우 구의 조직(A에 열어젖힌 것으로 제시되어 있음) 안에 묻혀 있는 하위 영역들에는 전측 두정내 영역(AIP), 내측 두정내 영역(MIP)와 외측 두정내 영역(LIP)이 포함된다. 이 영역들의 인간 뇌에서의 위치는 아직 밝혀지지 않고 있다. 마지막으로 두정엽 바깥에 위치하는 MT와 MST는 운동 지각에 중요한 역할을 한다. 출처: Culham, J.C., & Kanwisher, N.G. (2001). Neuroimaging of cognitive functions in human parietal cortex. Current Opinion in Neurobiology, 11, 157-163.

정보가 운동 계획을 담당하는 뇌 영역으로 전달된다.

복측 시각 체계에 위치하는 세포들이 대상 인식에 적합하듯이 배측 시각계에 위치하는 세포들은 공간정보의 처리에 매우 적합하다. 원숭이를 대상으로 한 연구들에 의하면 후측 두정엽에 위치하는 세포들은 측두엽에 위치하는 세포들과는 다른 속성에 민감하게 반응한다. 복측 시각 경로에 위치하는 세포들과는 달리, 두정엽에 위치하는 세포들은 물체의 형태나 색채 등에 특히 민감하게 반응하지 않는다. 다시 말하면 두정엽에 위치하는 세포들은 대상의 형태를 인식하는 데 도움이 되는 시각 속성에 민감하게 반응하지 않는다는 것이다. 더욱이 이 세포들은 시력이 가장 좋은 중심 시야에 위치하는 물체에 특별히 민감하게 반응하지 않는다. 이 사실들이 시사하는 것은 후측 두정엽에 위치하는 세포들이 대상 인식에 큰 역할을 하지 않는다는 것이다.

후측 두정엽의 세포들은 시각정보들 중에서도 공간 관련성의 처리에 유용한 정보들에 특히 민감하게 반응한다. 이 사실을 지지해 주는 여러 증거들을 살펴보기로 하자. 첫째, 이 부위의 세포들은 시각 자극이 망막에 맺힌 위치와 동물의 눈 혹은 머리의 위치 모두에 반응하는 것으로 여겨진다(Andersen & Mountcastle, 1983). 이는 주위 환경에 대한 안정된 공간 지도를 만들어 내는 것을 가능하게 한다. 둘째, 이 세포들은 특정 방향의 움직임에 민감하게 반응한다. 움직임이 시야의 중심으로 향하든지 혹은 시야의 중심에서 주변으로 향하든지 간에 특정 방향으로의 움직임에 민감하게 반응하는데, 이러한 민감성 때문에 공간을 가로질러 움직이는 물체를 탐지하는 것이 가능하다. 셋째, 이 세포들이 발화하는 데 가장 최적의 움직임 속도는 동물이 움직이지 않을 때보다 걷거나 뛸 때이다(Motter & Mountcastle, 1981). 이러한 속도 범위에 민감하게 반응하는 것은 동물이 움직이면서 지나치는 사물의 위치 변화를 최신화하는 것을 가능하게 한다. 마지막으로 하두정엽에 위치하는 세포들은 시각 및 촉각 자극에 대해 반응할 뿐만 아니라 손을 뻗거나 무엇을 집는 것과 같은 계획된 움직임에 의해서도 발화한다(Rozzi, Ferrari, Bonini, Rizzolatti, & Fogassi, 2008). 이러한 감각-운동 세포의 연대 활성화는 배측 경로 내에서 공간 지각과 행동이 서로 밀접하게 관련되어 있다는 것을 시사한다.

요약하면 배측 경로의 구조 및 세포 특성은 이 영역이 공간 처리에 적합하다는 것을 시사한다. 다음 절에서는 배측 경로가 관여하는 복잡한 공간 표상과 기술에 관해 살펴보겠다.

공간의 삼차원 부호화

잘 알다시피 공간은 삼차원이다. 이는 명확한 사실이지만 뇌가 어떻게 공간의 삼차원, 즉 수직(위-아래) 차원, 수평(좌우) 차원과 깊이(원근) 차원을 부호화하는가에 관해서는 생각해 볼 필요가 있다. 6장에서 살펴보았듯이 뇌가 받아들이는 망막상은 이차원이고 깊이 차원은 피질에서 계산되어야만 한다. 망막 상으로부터 직접적으로 만들어지는 공간 차원의 부호화부터 살펴본 다음 깊이의 부호화를 살펴보기로 하자.

■ 좌우의 구분

6장에서 살펴본 바와 같이 시각 세계는 망막위상 지도의 형태로 시각피질에 지도화되는데, 이 경우 시각 세계와 반대의 형태, 즉 위-아래, 좌-우 차원이 서로 반대되는 형태로 지도화된다. 이처럼 지도와 유사한 뇌의 시각계 내의 조직화에 근거하여 좌우 차원을 구분하는 것이 매우 쉬운 것처럼 여겨진다. 그러나 망막에서 부호화하는 또 다른 차원인 위-아래의 구분보다 좌우를 구분하는 것이 더 어렵다. 발달 과정 중인 아동은 위와 아래를 충분히 이해한 훨씬 후에도 좌우를 간혹 혼동한다. 한 연구에 의하면 일부 대학교수들 조차 좌우를 구분하는 것에 어려움을 경험한다고 한다(Harris & Gitterman, 1978). 좌우를 구분하는 것이 왜 어려운가? 위-아래는 절대적 기준점(지구)에 의해 쉽게 구분될 수 있지만 좌우는 상대적이다. 예를 들어 만약 내가 여러분과 마주 보고 있으면 나의 우측에 있는 대상은 여러분의 좌측에 있고 좌측에 있는 대상은 여러분의 우측에 있다.

Michael McCloskey와 동료들(1995; McCloskey, 2009)이 보고한 한 환자는 좌우 혼동이 어떻게 일어날 수 있는가를 생생하게 보여준다. 뇌손상을 가지고 있지 않은 대학생인 환자는 읽기 장애의 병력을 가지고 있었지만 그녀의 문제가 더 광범위한 것으로 드러났다. 여러 가지 검사를 실시한 결과, 그녀가 간혹 사물의 공간 위치를 거울상의 형태로 잘못 지각하는 것이 관찰되었다. ● 그림 8.2는 이 환자가 복잡한 도형을 모사한 것을 보여준다. 그녀가 도형의 여러 요소들을 좌우 중앙선을 넘어 반대 위치에 모사하는 것에 주목하라. 연구자들은 그녀가 단순한 뻗침 과제(reaching task)에서도 거울-반사를 보임을 관찰하였다. 목표물이 특정 위치, 예를 들어 중앙선의 좌측 45도에 위치하지만 환자는 중앙선 우측 45도 위치에서 목표물에 손을 뻗었다. 환자의 뻗침이 무작위로 일어나는 것이 아니라 거울-역전의 형태로 일어난다는 사실은 그녀가 대상의 공간 좌표 중 일부를 정확하게 표상할 수 있다는 것을 시사한다. 그러나 그녀는 좌우 차원에서 대상의 방향을 잘못 표상하였다. 비록 연구자들이 이 환자의 뇌 손상 영역을 확인할 수 없었지만 그녀가 대상 인식 과제를 정확하게 수행할 수 있었다는 사실은 복측 시각계의 손상을 가지고 있지 않다는 것을 시사한다.

뇌손상 환자들로부터 얻은 부가적인 정보는 좌우의 공간 부호화에 관한 흥미로운 단서를 제공한다. 각 대뇌반구의 배측 시각계의 손상으로 인하여 좌우 혼동이 초래되지만 어느 반구가 손상을 입었는가에 따라 좌우 구분의 어려움이 서로 다른 양상으로 표현된다. 전형적으로 좌우 혼동은 좌반구 두정 영역의 손상과 관련되어 있다(McFie & Zangwill, 1960). 그러나 여러분이 마주 보고 있는 사람의 좌우를 구분하는 것처럼 공간 변환(spatial transformation)이 요구되는 경우에는 우반구 두정엽의 손상 역시 좌우 혼동을 야기할 수 있다(Benton, 1985).

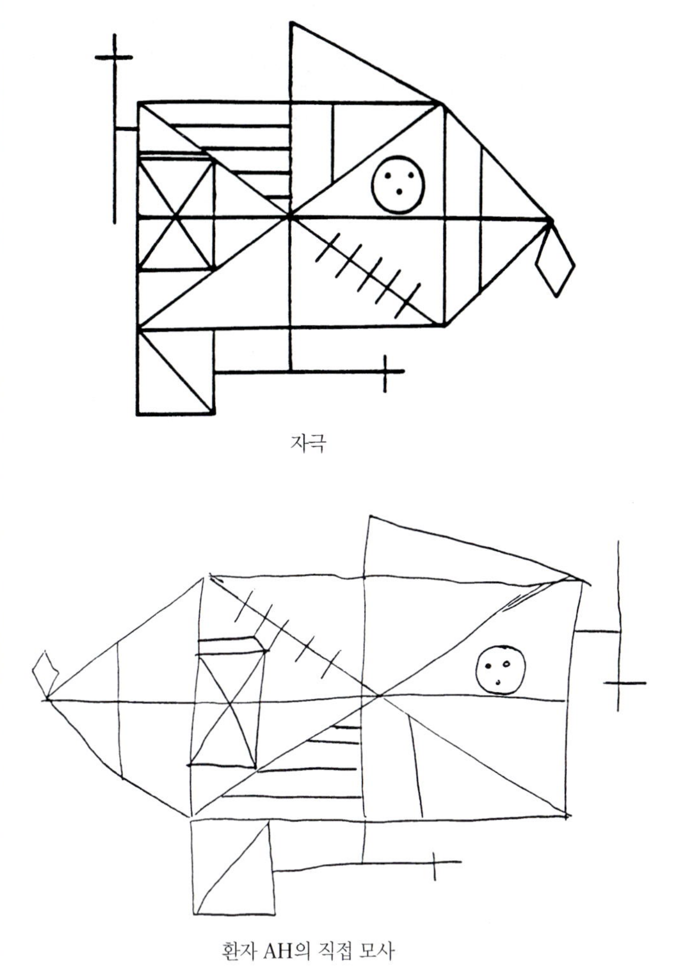

● **그림 8.2 환자에서 관찰되는 좌우거울반사.** 환자가 복잡한 도형을 직접 모사한 것이 아래에 제시되어 있다. 출처: Figure 1 from McCloskey, M. et al (1995). A developmental deficit in localizing objects from vision. Psychological Science, 6, 112-117. Printed by permission of Associations for Psychological Science.

■ 깊이 지각

깊이 지각은 우리로 하여금 원근의 측면에서 물체의 위치를 지각하게 하는 공간 능력이다. 6장에서 살펴본 바와 같이 깊이는 망막위상 지도에 의해 직접적으로 제공되는 것이 아니라 두 눈으로부터 오는 상을 서로 비교하여 계산된다. **양안시 부등**(binocular disparity)의 정도 혹은 두 눈에 맺힌 상의 불일치가 깊이 단서이다. 일차시각피질의 세포들은 서로 다른 정도의 양안시 부등에 민감하게 반응하고 깊이에 관한 중요한 정보를 배측 시각 영역으로 전달한다.

깊이 지각이 공간의 이해에 매우 중요하기 때문에 배측 시각계가 깊이 정보를 부호화하는 것으로 이해되고 있다. 포유동물을 대상으로 한 연구들은 배측 경로의 여러 영역들에 위치하는 세포들이 양안시 부등에 민감한 것을 보고하고 있다. 깊이 부호화에 관여하는 배측 시각계 영역에는 하두정엽, 7a 영역과 외측 두정내 영역이 포함된다(Sakata, Taira, Kusunoki, Murata, & Tanaka, 1997; 그림 8.1 참조). 이 영역들에 위치하는 서로 다른 세포들은 눈이 깊이 내의 서로 다른 위치에 고정될 때 가장 큰 반응을 보이는데 이는 마치 복측 시각계에 위치하는 특정 세포들이 특정 대상에 대해 가장 큰 반응을 보이는 것과 유사하다. 대부분의 세포들은 눈이 가까운 공간 위치에 고정될 때 가장 크게 반응하지만 일부 세포들은 멀리 떨어진 공간 위치에 가장 크게 반응한다. 깊이 정보를 부호화하는 또 다른 배측 시각계 영역이 V5/MT 영역인데, 이 영역에 관해서는 움직임 지각을 살펴볼 때 좀 더 자세히 살펴보겠다. 이 영역에 위치하는 세포들은 깊이 면에서의 움직임 혹은 회전에 특히 민감하다(Sakata et al., 1997).

앞서 언급한 연구들은 개개 세포들이 깊이 정보에 민감하게 반응하는 것을 보여주지만 이 세포들이 실제로 깊이 지각에 관여한다는 것을 어떻게 알 수 있는가? 한 연구는 MT 영역에 위치하는 세포들 중 양안시 부등에 민감한 일군의 세포들을 자극하여 이 자극이 원숭이의 지각에 어떤 영향을 미치는가를 조사하였다(DeAngelis, Cumming, & Newsome, 1998). 이 실험에서 원숭이는 눈을 위 혹은 아래로 움직이는 것을 통해 자극의 깊이에 반응하였다(멀리 위치하는 자극에 대해서는 눈을 위로 움직이고 가까이 있는 자극에 대해서는 아래로 움직임). MT에 위치하는 세포들 중 가까운 것을 선호하는 세포들을 자극할 경우 원숭이는 가까운 곳에 위치하는 자극을 보는 것을 시사하는 눈운동을 보였고 멀리 있는 것을 선호하는 세포들을 자극하면 원숭이는 멀리 위치하는 자극을 보는 것을 시사하는 눈운동을 보였다. 이 연구는 MT 세포들의 활성화가 원숭이의 깊이 지각에 영향을 미치는 것을 보여준다.

인간을 대상으로 한 연구들은 비록 두정피질의 손상이 깊이 지각의 장애를 초래하지만(Holmes & Horax, 1919), 다른 공간 기능들 역시 장애를 보임을 보고하였다. 이 결과는 깊이에 관한 부호화가 깊이를 계산하는 것 외의 다른 기능을 가지지 않는 단일의 뇌 영역에 의존하지 않는다는 것을 시사한다. 그 대신 깊이 처리는 배측 시각계의 다양한 영역들에 의해 일어나며, 이 영역들은 뻗음과 집기 행동 혹은 깊이 면에서의 움직임을 이해하는 공간틀을 제공한다. 이 결론은 원숭이의 배측 시각계의 많은 영역들에 위치하는 세포들이 깊이에 민감하다는 연구 결과와 일치한다.

공간참조틀

공간 정보의 부호화에 **참조틀**(frames of reference)이 중요하다. 이 개념은 한 대상의 공간 위치를 다양한 참조점(reference points)에서 이해할 수 있다는 것을 의미한다. 예를 들어 과일이 담긴 그릇이 놓여 있는 테이블 앞에 앉아 있다고 상상해 보자. 몸은 과일 그릇과 나란히 있지만 테이블 옆에 서 있는 사람을 보기 위해 눈을 오른쪽으로 돌리면 머리는 약간 왼쪽으로 기울어진다. 이제 과일 그릇이 어디에 위치하는가를 기술하는 과제를 생각해 보자. 첫째, 그릇이 신체 중앙선에 근거하여 어디에 위치하는가를 생각해 보라. 그릇은 몸통의 중앙선 바로 앞에 위치한다. 그러나 머리가 기울어져 있기 때문에 그릇은 머리 중앙선 앞에 위치하지 않는다. 또한 눈이 우측 방향을 보고 있기 때문에 그릇의 상이 망막의 중앙선에 맺히지 않는다. 다시 말하면 몸통, 머리와 눈이 독립적으로 움직이기 때문에 이 신체 부위들에 근거한 대상의 위치는 독립적으로 부호화되어야만 한다는 것이다. 이와 동시에 이 참조틀은 안정된 표상을 제공하기 위해 서로 상호 참조되어야만 한다.

방금 언급한 참조틀, 즉 신체-중심, 머리-중심과 눈-중심의 참조틀은 모두 **자기중심적 참조틀**(egocentric reference frames)이라고 알려진 참조틀 범주에 포함되는데, 이는 이 모든 참조틀이 자신을 기준으로 대상의 위치를 결정하기 때문이다. 그러나 자신을 기준으로 하지 않고도 공간 관계를 결정할 수 있다. 예를 들어 과일 그릇이 책 위에 혹은 아래에 위치한다고 지각할 수 있거나 과일 그릇이 소금뿌리개로부터 몇 인치 떨어져 있는가를 결정할 수 있다. 자신의 위치와는 무관하게 대상들 사이의 상대적 공간 관계를 고려하여 대상의 위치를 결정할 경우 **환경중심적 참조틀**(allocentric reference frames)이 사용된다.

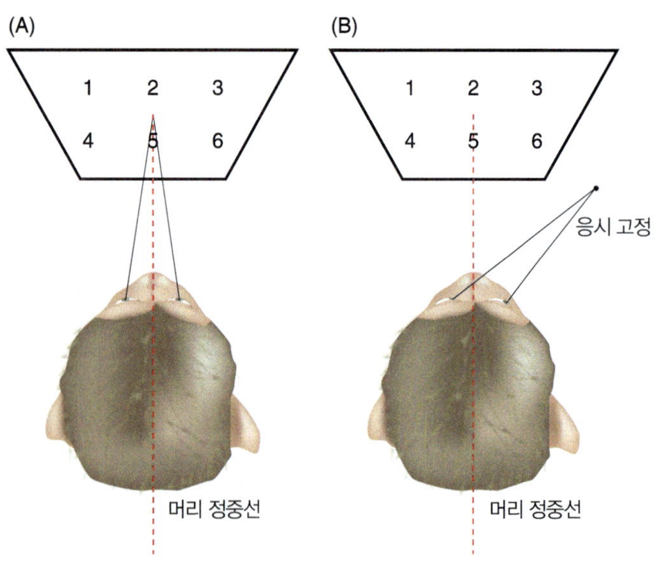

● **그림 8.3 머리-중심 공간위치 부호화.** 머리-중심 세포들은 머리의 정중성에 근거하는 수용장을 가지고 있다. 원숭이가 스크린의 6 위치 중 한 위치에 불빛이 비치는 것을 바라보고 있는 동안 단일세포의 활성화를 기록한다고 가정해 보자(그림에서 위치는 1~6의 번호가 매겨져 있다). 머리-중심 세포는 A 패널의 위치 1에 빛이 제시될 때 강하게 발화하지만 빛이 2~6의 위치에 제시될 때에는 반응하지 않는다. 원숭이가 패널 B에서처럼 눈을 우측으로 돌리더라도 이 머리-중심 세포는 여전히 빛이 위치 1에 제시될 때 가장 강하게 반응하는데, 이 경우 자극은 망막의 다른 부위에 맺힌다. 머리가 동일한 위치에 있는 한 이 머리-중심 세포는 위치 1에 제시되는 빛에 계속해서 반응할 것이다. 위치를 환경중심적 관점에서 부호화하는 세포는 원숭이가 머리 혹은 신체를 움직이더라도 자신이 선호하는 위치(예를 들어 위치 1)에 대해 계속해서 반응한다.

원숭이를 대상으로 단일세포기록법을 사용한 연구들은 다양한 참조틀이 뇌에서 어떻게 부호화되는가를 밝히기 시작하였다. 이 이슈를 살펴보기 전에 먼저 어떻게 수용장이 일차시각피질에 지도화되는가를 살펴보자. 6장에서 살펴본 바와 같이 일차시각피질에 위치하는 각각의 세포들은 망막위상적으로 한정된 수용장을 가지는데 즉 각 세포는 망막의 특정 부위가 빛에 의해 자극을 받을 때 최대한으로 발화한다. 이제 동물의 눈이 어디를 보고 있는가와는 무관하게 동물 머리의 중앙선을 기준으로 하는 수용장을 생각해 보자. 머리-중심의 수용장을 가지는 세포는 동물의 눈이 머리의 중앙선에서 옆으로 벗어난 위치를 바라보고 있더라도 시각 자극이 머리 중앙선으로부터 일정 거리에 제시될 경우 최대한으로 발화한다(● 그림 8.3). 머리-중심 수용장을 가지는 세포는 일차시각피질의 세포보다 더 복잡한 방법으로 공간 정보를 부호화한다. 이러한 세포들은 두 가지 정보 출처, 즉 자극을 받은 망막의 위치와 이 망막 위치와 머리 중앙선 사이의 거리에 관한 정보를 결합한 것에 근거하여 머리-중심 위치를 계산해야만 한다.

한 연구는 외측 및 내측 두정내 피질의 세포들이 머리-중심 혹은 눈-중심(망막위상) 공간 위치에 더 민감한가를 조사하였다(Mullette-Gillman, Cohen, & Groh, 2005). 이 영역들에 있는 세포들 중 대략 33%는 주로 눈-중심(망막위상) 좌표의 공간 위치를 부호화하고, 대략 18%는 머리-중심 좌표의 위치를 부호화하며 나머지 세포들(거의 절반 정도)은 눈-중심 혹은 머리-중심으로 분류하기 어려웠다. 따라서 서로 다른 유형으로 자기중심적 표상(머리 중심 대 눈-중심)이 서로 중복되는 세포집단에 의해 부호화되는 것으로 여겨진다.

단일세포 연구들로부터 얻은 또 다른 발견은 자기중심적과 환경중심적 표상이 두정엽의 서로 다른 하위 영역들에 의해 부호화된다는 것이다. 외측 두정내 영역(lateral intraparietal, LIP) 내에 있는 세포들은 환경중심적 좌표 내의 위치에는 민감하지 않고 자기중심적 좌표 내의 공간 위치에는 민감한 반면 상두정엽 내의 7a 영역에 위치하는 세포들은 환경중심적 좌표에 더 민감한 경향을 보였다(Snyder, Grieve, Brotchie, & Andersen, 1998). 이 연구의 저자들은 이 두 참조틀이 서로 다른 중요한 기능을 가지고 있다고 제안하였다. 눈과의 상대적 거리에 근거하여 한 대상의 위치를 정하는 것은 응시 방향을 통제하는 데 도움이 된다. 예를 들어 그 대상을 직접적으로 보기 위해 눈을 얼마나 옮겨야 하는가를 아는 데 도움이 된다. 이 가설과 일치하게 LIP 영역은 눈운동을 통제하는 전두시야장과 같은 뇌 영역들과 연결되어 있다. 이와 상반되게 환경중심적 부호화는 공간 환경을 이동할 경우 더 중요한데, 이 경우에는 대상과 랜드마크가 어떻게 관련되어 있는가를 이해하는 것이 중요하다. 따라서 환경중심적 위치에 더 민감하게 반응하는 원숭이의 7a 영역은 해마방회와 같이 이동(navigation)에 중요한 역할을 하는 뇌 영역들과 연결되어 있다. 이보다 더 흥미로운 점은 두정피질의 일부 세포들은 머리 혹은 눈과 관련해서보다 대상 전체에 대한 부분의 위치를 결정하는 데 환경중심적 참조틀을 사용하기도 한다는 것이다(Chafee, Averbeck, & Crowe, 2007). 이는 사과 꼭지가 여러분의 머리 혹은 눈과 관련해서 어디에 위치하는가보다 사과의 나머지 부분과 관련하여 어디에 위치하는가를 부호화하는 것으로 비유할 수 있다.

한 가지 궁금한 점은 배측 시각계로 들어오는 최초 입력이 망막위상(눈-중심)적 참조틀에 표상화되는데도 불구하고 어떻게 뇌가 대상-중심 참조틀을 계산할 수 있는가이다. 원숭이를 대상으로 하는 단일세포 기록 연구들이 이 미스터리를 밝히기 시작하였다. 한 연구진은 원숭이에게 여러 개의 정사각형으로 구성된 목표물을 맞추는 구성 과제를 실시하였는데, 이 과제에서 원숭이는 상실된 정사각형의 위치를 찾아 목표물을 완성하는 것이 요구되었다(Crowe, Averbeck, & Chafee, 2008). 연구자들은 상두정엽 내의 한 영역에 위치하는 20~30개의 세포들의 발화를 기록하였다. 과제의 각 시행 동안 이 세포 집단은 처음에는 망막위상 좌표(원숭이의 고정점을 기준으로)에서 상실된 정사각형의 위치에 관한 정보를 부호화하였고 100밀리초 이후에는 동일한 세포 집단이 대상-중심 좌표(원숭이의 응시점이 어디에 고정되어 있는가와 상관없이 대상의 중심을 기준으로)에서 상실된 조각의 위치를 부호화하였다. 따라서 이 세포들은 망막위상 참조틀에서부터 환경중심적 참조틀에 이르기까지 공간 정보의 필요한 변환을 계산할 수 있는 것으로 여겨진다. 연구자들은 세포들이 이러한 계산에 어떤 입력을 사용하는가와 이 세포들이 어떻게 한 참조틀에서 다른 참조틀로의 정보 변환을 하는가를 정확하게 이해하기 위해 노력하고 있다.

더 복잡한 것은 두정피질이 다감각적, 다시 말하면 시각뿐만 아니라 촉각과 청각과 근거한 공간 표상을 생산하는 데 관여한다는 것이다. 그러나 촉각과 청각 정보는 반드시 시각 정보와 동일한 참조틀로 표상화되지 않는다. 예를 들어 눈-중심 표상은 다른 감각보다 시각 정보에 더 사용되는 반면 머리-중심 좌표는 촉각과 청각에 더 사용된다. 그러면 다감각적 공간 정보가 어떻게 통합되는가? 한 가능한 방법이 두정엽 영역들이 서로 다른 감각들로부터 구성된 지도를 조정하는 것이다. 예를 들어 인간을 대상으로 한 fMRI 연구는 상두정엽의 한 영역이 머리-중심 좌표내의 시각 정보와 촉각 정보를 조정하는 것을 관찰하였다(Sereno & Huang, 2006). 원숭이를 대상으로 한 단일세포 기록 연구들은 복측 두정내 영역과 같은 두정엽의 다른 영역들에서 촉각 정보가 머리-중심 참조틀로 표상되는 반면 시각 정보가 머리-중심 혹은 눈-중심 참조틀로 표상된다고 제안하고 있다(Avillac, Deneve, Olivier, Pouget, & Duhamel, 2005). 앞으로 살펴보겠지만 다양한 감각들로부터 오는 다양한 참조틀이 어떻게 통합되는가는 아직 잘 이해되지 않고 있다.

그럼에도 불구하고 뇌손상 환자를 대상으로 한 연구들은 뇌손상에 의해 참조틀이 개별적으로 방해를 받을 수 있다고 제안하고 있다. 다시 말하면 한 환자에서 한 참조틀은 뇌손상의 영향을 받을 수 있으나 다른 참조틀은 영향을 받지 않는다. 이 결론을 지지하는 가장 좋은 증거는 우반구의 손상으로 말미암아 공간의 좌측면에 주의를 주지 못하는 편측무시증을 가지는 환자들을 대상으로 한 연구들에서 제공된다(11장 참조). 일부 편측무시증 환자들은 신체 중앙선의 좌측면에 있는 정보에 주의를 주지 못하는 반면 일부 환자들은 눈 고정점의 좌측면의 정보에 주의를 주지 못하고 일부 환자들은 머리의 좌측면에 있는 정보에 주의를 주지 못한다. 일부 환자들은 대상이 환자 신체를 기준으로 어디에 위치하는가와 상관없이 대상의 좌측면을 무시하기도 하는데, 이는 환경중심적 무시를 시사한다(Halligan, Fink, Marshall, & Vallar, 2003 참조). 최근 연구 결과에 의하면 자기중심적 무시가 우반구 두정엽의 연상회의 손상과 가장 흔히 연관되어 있는 반면 대상-중심 무시는 중측두엽과 하측두엽 영역의 손상과 가장 흔히 관련되어 있다고 한다(Medina et al., 2009). 환자에 따라 서로 다른 장애가 나타나는 것은 서로 다른 참조틀에서의 부호화가 적어도 부분적으로 분리된다는 것을 강조한다.

무시증 환자들을 대상으로 한 연구들은 신체와의 상대적 거리에 근거하여 공간을 서로 다른 영역 혹은 범위로 구분할

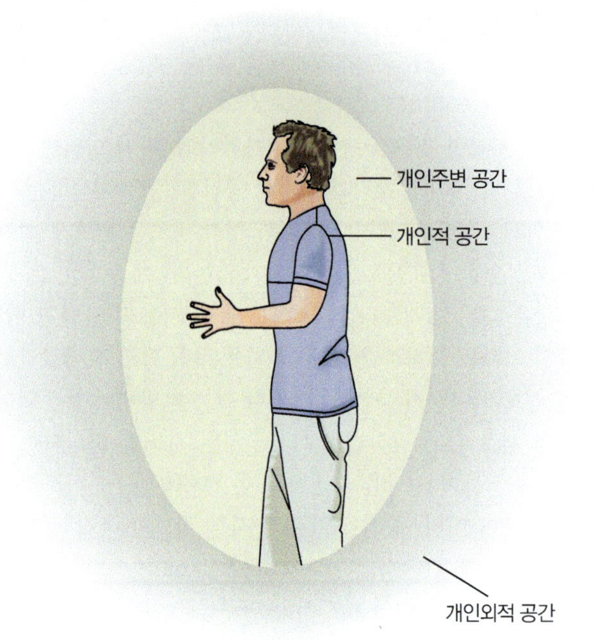

● **그림 8.4 개인적 공간, 개인주변 공간과 개인외적 공간.** 편측공간 무시증(hemispatial neglect)을 가진 환자들에 관한 연구는 뇌손상으로 말미암아 세 공간 영역에 관한 부호화가 독립적으로 방해를 받는 것을 관찰하였다.

수 있다는 것을 보여준다(Halligan et al., 2003)(● 그림 8.4). **개인적 공간**(personal space)은 신체 상의 공간 위치를 의미한다. 예를 들어 일부 무시증 환자들은 얼굴의 좌측면을 면도하지 않는 등과 같이 자신의 좌측 신체만을 무시한다. 다른 무시증 환자들은 **개인주변 공간**(peripersonal space)의 좌측만을 무시하는데, 개인주변 공간이란 개인의 팔이 닿을 수 있는 공간 범위 혹은 개인 가까이에 있는 공간 범위를 의미한다. 마지막으로 일부 무시증 환자는 자신의 팔이 닿을 수 있는 범위 밖의 좌측 공간에 대한 정보를 무시하는데, 이러한 공간 범위를 **개인외적 공간**(extrapersonal space)이라고 한다. 환자의 공간 이해가 개인적, 개인주변 혹은 개인외적 영역에서 독립적으로 방해를 받기 때문에 이 공간 영역들이 다소 서로 다른 뇌 영역들에 의해 혹은 서로 다른 처리 과정을 통해 부호화되어야만 한다.

소규모 공간에서의 공간 관계

이 절에서는 식탁과 같은 비교적 소규모인 공간 내에 있는 사물들 사이의 관련성을 이해하는 능력에 관해 살펴보겠다. 저녁 식사를 하기 위해서는 접시가 어디에 있는지를 아는 것이 필요하고 음식뿐만 아니라 포크, 나이프와 스푼을 발견하는 것이 요구된다. 이러한 단순하게 보이는 능력이 배측 경로에 의해 통제되는 여러 기능들에 의존한다.

■ 공간 내 한 지점의 국소화

공간 처리 능력 중에서 가장 기본적인 것이 아마도 공간 내의 한 위치를 파악하는 것이다. 1918년 Holmes는 뇌손상으로 말미암아 공간 내의 위치를 찾는 능력을 상실한 환자를 보고하였다. 이 환자는 자신의 바로 앞에 포크와 같은 물체가 놓여 있으면 이를 쉽게 인식하지만, 만약 물체가 다른 곳, 예를 들어 식탁 위에 놓여 있으면 이를 인식하지 못하고 마치 맹인처럼 행동하였다. 삼차원 공간 내의 어느 위치에서도 물체의 위치를 인식하지 못하였다. 물체의 위치를 실제 물체가 있는 곳보다 너무 가까이, 너무 멀리, 지나치게 좌측으로 혹은 지나치게 우측으로 인식하였다. 더욱이 환자들은 사물의 절대적 위치(물체가 있는 공간 내의 위치를 판단하는 경우)뿐만 아니라 상대적 위치(두 물체 중 어느 물체가 더 좌측에 위치하는가를 판단하는 경우)도 인식하지 못하였다. 우리가 충분히 상상할 수 있듯이 이러한 장애는 환자들의 생활에 심각한 지장을 초래한다.

Holmes가 관찰한 증후군을 공간 위치에 관한 장애라고 여길 수 없었는데, 왜냐하면 그의 환자들이 다른 다양한 공간 처리의 장애도 보였기 때문이다. 그럼에도 불구하고 이 환자들이 손상을 입은 뇌 영역(전형적으로 좌우 반구의 두정엽)이 공간 위치의 지각에 중요한 역할을 담당한다는 것을 알 수 있었다.

Holmes 이후 공간 위치의 지각에 관한 두정엽의 역할이 더 명백하게 밝혀졌다. 한 대뇌반구 두정엽의 상측 영역에 손상을 입으면 손상된 뇌의 반대편 공간에 있는 물체를 왼팔 혹은 오른팔로 정확하게 잡지 못하는 반면, 손상된 뇌와 동측 공간에 있는 물체의 위치는 정확하게 지각한다(Cole, Schutta, & Warrington, 1962; Ratcliff & Davies-Jones, 1972). 더욱이 두정엽의 손상은 물체를 향해 뻗는 행동을 하지 않는 경우에도 공간 내의 위치를 지각하는 것에 장애를 초래한다. 이에 대한 연구는 실험실에서 다양한 방법들, 예를 들어 연속적으로 제시되는 두 점이 동일한 위치에 제시되는가를 판단하게 하든지 아주 짧은 시간 동안 스크린에 점을 제시한 후 다양한 위치에 있는 점들 가운데 앞서 제시한 점과 동일한 위치에 있는 점을 찾게 하는 등의 방법을 사용하여 실시할 수 있다. 비록 연구들이 보고한 손상된 뇌 부위에 다소의 차이는 있지만 우반구 후측 부위에 손상을 입을 경우 이러한 과제들의 수행이 저하되어 있는 것이 관찰되었다(Hannay, Varney, & Benton, 1976; Warrington & James, 1988; Warrington & Rabin, 1970). 두정 영역은 시각 공간뿐만 아니라 청각 공간 내에서의 위치 지각에도 중요한 역할을 하는데, 이는 두정엽에 손상을 입으면 소리의 위치, 즉 음원을 지각하는 능력이 장애를 받게 된다(Pinek, Duhamel, Cave, & Brouchon, 1989; Ruff, Hersh, & Pribram, 1981).

공간 내의 위치 지각에 우반구가 중요한 역할을 한다는 것을 지지하는 초기의 증거는 지각 비대칭을 조사한 연구들로부터 제공되었다. 신경학적 손상을 가지지 않는 사람을 대상으로 분리 시야 기법을 사용한 연구들은 좌측 시야에서 위치 지각이 가장 정확하다는 것을 보고하였는데, 이는 위치 지각에 우반구가 우세한 것을 지지한다(Kimura, 1969). 한 귀만을 사용하여 음원을 지각하는 경우 우측 귀보다 좌측 귀가 더 우세하고(Butler, 1994) 우측 공간보다 좌측 공간의 음원 지각이 더 우세한데(Burke, Letsos, & Butler, 1994), 이는 우반구가 좌반구보다 위치 지각에 더 우세하다는 것을 시사한다.

TMS와 신경영상 기법을 사용한 최근 연구들도 이 결과를 지지한다. 예를 들어 음원 과제를 수행하는 동안 우반구 하두정피질이 특히 활성화를 보이고 이 영역의 활성화가 높을수록 음원 과제에서 더 정확한 반응을 보임을 보고한 연구들이 있다(Zatorre, Bouffard, Ahad, & Belin, 2002; De Santis, Clarke, & Murray, 2007; Maeder et al., 2001; Rama et al., 2004). 한 선을 정확하게 양분하는 지점을 판단하는 동안 우반구 두정피질이 활성화되고(Fink et al., 2000), TMS를 사용하여 우반구 두정피질의 활성화를 방해할 경우 선을 정확하게 양분하지 못하게 된다(Fiero, Brighina, Piazza, Oliveri, & Bisiach, 2001). TMS를 사용한 연구들은 선 양분화 능력이 우반구 하두정피질에 주로 의존한다고 보고하고 있는데 이는 전측 두정엽 혹은 상측두회에 TMS를 적용하면 정확하게 선 양분을 하기 때문이다(Oliveri & Vallar, 2009).

■ 공간 내 지점들의 관계

식탁을 다시 예로 들어보자. 공간 내의 한 특정 지점의 위치를 파악하는 능력은 한 물체, 예를 들어 으깬 감자를 담은 그릇이 정확하게 어디에 위치하는가를 판단하는 데 중요하다. 그러나 이 능력은 공간 내에 있는 여러 지점들의 관련성을 이해하는 데에도 중요하다. 예를 들어 만약 친구가 소금을 찾고 있다면 "소금은 으깬 감자가 담긴 그릇 바로 뒤에 있다"라고 말해주거나 소금이 친구의 팔이 닿을 거리보다 2인치 더 멀리 있으면 여러분이 소금을 친구에게 전해줄 수 있다. 첫 번째 예(소금이 감자가 담긴 그릇 뒤에 있다)에 기술된 공간적 관계는 **범주적 공간 관계**(categorical spatial relation)인데, 이는 한 지점과 다른 지점과의 상대적 위치를 이분적인 범주적 용어(예를 들어 위 대 아래, 꼭대기 대 바닥, 전 대 후, 좌측 대 우측)로 기술하는 것을 의미한다. 두 번째 예(소금이 친구의 팔이 닿을 거리보다 2인치 더 멀리 있다)에서 기술된 공간 관계는 **계량적(좌표) 공간 관계**[metric (coordinate) spatial relation]의 예인데, 이는 두 지점 사이의 거리를 기술하는 것을 의미한다. 좌반구가 범주적 공간 관계를 계산하는 데 전문화되어 있고 우반구가 계량적 공간 관계에 전문화되어 있다고 알려져 있다(Kosslyn, 1987, 2006; Jager & Postma, 2003 개관 참조).

이 이론의 중요한 특징들 중 하나가 계량적 공간 관계와 범주적 공간 관계를 서로 독립적인 것으로 여긴다는 것이다. 즉 두 지점 사이의 관계를 계량적인 측면에서 기술하는 것은 두 지점의 범주적 측면에 관한 정보를 전혀 제공하지 않는다는 것이다. 예를 들어 소금뿌리개가 친구의 팔이 닿을 거리보다 2인치 더 멀리 있다고 기술할 경우 이 기술은 소금뿌리개가 친구의 우측 혹은 좌측에 있는가에 관한 정보를 전혀 제공하지 않는다. 이와 마찬가지로 만약 소금뿌리개가 으깬 감자를 담은 그릇 뒤에 위치한다고 기술할 경우 소금뿌리개가 그릇보다 1인치 혹은 2인치 뒤에 있는가에 관한 정보를 제공하지 않는다. 더욱이 계산 모델(computational models)은 이 두 유형의 정보가 동일한 한 체계보다는 서로 다른 분리된 체계에 의해 처리된다는 것을 제안한다(Baker, Chabris, & Kosslyn, 1999; Kosslyn, Chabris, Marsolek, & Koenig, 1992)

뇌손상 환자들을 대상으로 한 연구들은 범주적 처리와 계량적 처리가 서로 분리된다는 것을 지지한다(Laeng, 1994). 이미 살펴본 바와 같이 좌반구 병변을 가지는 환자들은 좌우를 구분하는 데 어려움을 보이는데, 좌우의 구분은 공간 관계를 범주적으로 기술한다. 반면 우반구 병변을 가지는 환자들은 공간 내에 있는 물체들의 위치를 인식하는 데 어려움을 보이는데, 이는 공간틀 내의 참조 지점으로부터 그 물체가 있는 곳까지의 거리를 계산하지 못하기 때문이다. 이와 유사하게 나트륨 아모바비탈(sodium amobarbitol)을 사용하여 뇌전증 환자의 좌반구와 우반구를 활성화하지 못하게 하면 적어도 난이도가 높은 범주적 과제와 계량적 과제에서 각각 더 많은 오류를 보인다(Slotnick, Moo, Tesoro, & Hart, 2001).

신경계의 손상이 없는 사람들을 대상으로 한 연구들 역시 범주적 공간 관계와 계량적 공간 관계가 서로 분리되어 있는 것을 지지한다. 분리 시야 과제에서 신경계의 손상이 없는 사람들은 범주적 공간 관계의 판단에는 전형적으로 우시야 우세(좌반구 우세)를 보인 한편 계량적 공간 관계의 판단에는 주로 좌시야 우세(우반구 우세)를 보인다(Kosslyn, Koenig, Barrett, Cave, Tang, & Gabrieli, 1989; Hellige & Michimata, 1989)(● 그림 8.5). 흥미로운 점은 이러한 시야 차이가 계량적 공간 관계를 범주적 관계로 재부호화하는 상황에서만 관찰된다는 것이다(Banich & Federmeier, 1999; van der Ham, van Wezel, Oleksiak, & Postma, 2007). 예를 들어 지연 표본 대응 과제에서 비교해야 할 두 자극 사이의 지연이 비교적 짧은 경우(500밀리초) 범주적 관계에는 우시야 우세, 계량적 관계에는 좌시야 우세가 관찰되었으나 두 자극 사이의 지연이 긴 경우에는 이러한 시야 차이가 관찰되지 않았다(van der Ham, van Wezel, Oleksiak, & Postma, 2007). 이러한 연구 결과는 시간이 지날수록 범주적 구분(위/아래, 좌/우 등)에 더 잘 적용될 수 있는 언어적 전략을 사용하여 공간 정보를 기억하는 경향을 반영한다.

뇌영상 연구들도 이러한 좌우반구의 차이를 지지한다. 예를 들어 한 연구에서 연구참여자들에게 추상적 도형을 제시하였는데 그 도형으로부터 다소 떨어진 곳에 하나의 점이 있었다. 추후 참여자들에게 동일한 도형을 제시하면서 점의 위치를 기억에 근거하여 범주적 혹은 계량적으로 판단하게 하였다. 기억 인출 동안 범주적 판단에 대해서는 좌반구 전전두피질이 활성화한 반면 계량적 판단에는 우반구 전전두피질이 활성화하였다(Slotnick & Moo, 2006; Kosslyn, Thompson, Gitelman, & Alpert, 1998 개관 참조). 공간 작업 기억에서의 전두엽 역할에 관해서는 10장에서 더 상세하게 살펴볼 것이다. 요약하면 범주적 공간 처리와 계량적 공간 처리가 구분된다는 사실은 다양한 연구 기법을 사용한 연구들에서 관찰되었지만 과제 난이도와 기억 쇠퇴 기간 등과 같은 요인들이 연구 결과에 영향을 미칠 수 있다.

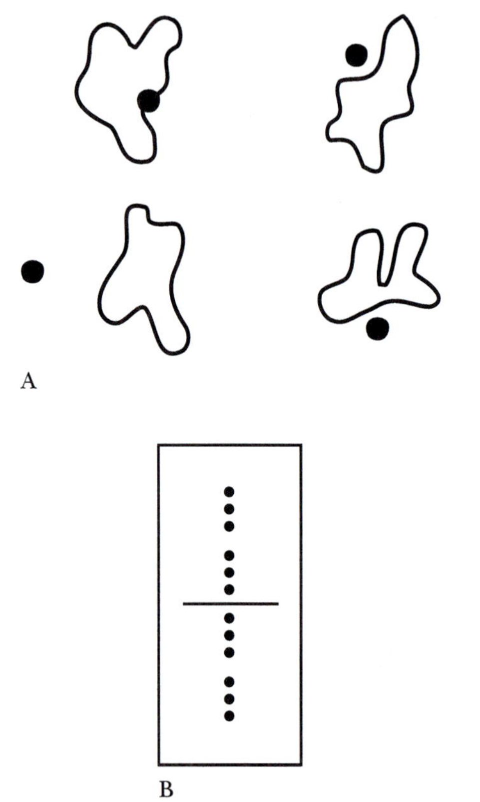

● **그림 8.5 범주적 공간 관계와 계량적 공간 관계의 차이를 조사하는 데 사용되는 자극.** (A) 네 자극이 하나씩 제시된다. 범주 과제에서 피검자는 점이 블롭의 표면 혹은 바깥에 있는가를 판단해야 한다. 계량 과제에서는 점이 블롭에 가까이 혹은 멀리 위치하는가를 판단하는 것이 요구된다. (B) 이 과제에서 각 시행마다 줄과 한 개의 점이 제시된다. 그림은 12개의 가능한 점의 위치를 묘사하고 있다. 범주 과제는 피검자에게 점이 줄의 위 혹은 아래에 위치하는가를 판단하는 것을 요구한다. 계량 과제에서 피검자는 줄이 점 가까이(0.79인치 혹은 2 cm 이내) 혹은 멀리(0.79인치 혹은 2 cm 이상) 위치하는가를 판단해야 한다. 일반적으로 범주 과제에서는 우시야 우세가 관찰되고 계량 과제에서는 좌시야 우세가 관찰된다. © 2011 Cengage Learning

구성 능력

이제까지 공간 관계를 지각하는 능력에 관해 살펴보았지만, 지금부터는 조작을 통해 사물들로 하여금 특정 공간 관계를 가지게 하는 능력에 관해 알아보겠다. 이러한 능력들을 **구성 행동**(constructional praxis)이라고 부른다. 구성 행동은 일상생활을 영위하는 데 매우 중요한데, 예를 들어 으깬 감자를 담은 그릇을 집어 접시에 담는 것부터 열쇠를 자물쇠에 정확하게 집어 넣는 행동에 이르기까지 구성 행동이 필요하다.

실험실과 임상 장면에서 구성 기술을 평가하기 위해 사용하는 과제들은 앞서 언급한 일상생활의 예보다 더 단순한 것들이다. 이러한 과제에는 복잡한 무의미 그림을 모사하는 것, 블록쌓기, 색깔이 칠해져 있는 큐브를 사용하여 특정 형태 만들기 등이 포함된다. ● 그림 8.6A에 제시되어 있는 Rey 도형 검사(Rey-Osterrieth Complex Figure)도 공간 구성력과 지각 능력을 평가하는 데 자주 사용된다. 대부분의 경우 우반구에 손상을 입으면 구성 능력이 장애를 받게 된다(Benton, 1967). 뇌졸중으로 말미암아 우반구 측두두정 영역에 손상을 입은 세 명의 환자들이 Rey 도형을 모사한 것을 통하여 이러한 과제 수행에서의 우반구의 역할을 알 수 있다(● 그림 8.6B).

비록 공간-구성 능력의 결함이 전형적으로 우반구 손상 후 초래되지만 좌반구 손상 후에도 이러한 결함이 초래될 수 있다(Black & Strub, 1976; Trojano et al., 2004). 좌반구 손상 후 공간-구성 능력의 결함이 초래되는 것은 다음의 두 가지 이유 중 한 가지 이유에 의해 야기된다. 첫째, 비록 구성 능력을 측정하기 위해 개발된 과제들이지만 이 과제들이 구성 능력 외에도 미세한 운동 통제 등과 같은 다른 하위 능력도 측정한다. 따라서 구성 능력에 관여하는 뇌 영역 이외의 다른 뇌 영역에 손상을 입을 경우에도 과제의 수행이 방해를 받게 된다. 둘째, 구성 능력을 측정하기 위해 사용되는 대부분의 과제들이 언어적 전략을 통해 수행될 수 있다. 예를 들어 ● 그림 8.7은 토막짜기 소검사를 보여 주는데, 이 검사에서는 특정 면에 색깔이 칠해져 있는 블록들을 배열하여 표본으로 제시된 특정 형태와 배열한 블록들의 윗면이 일

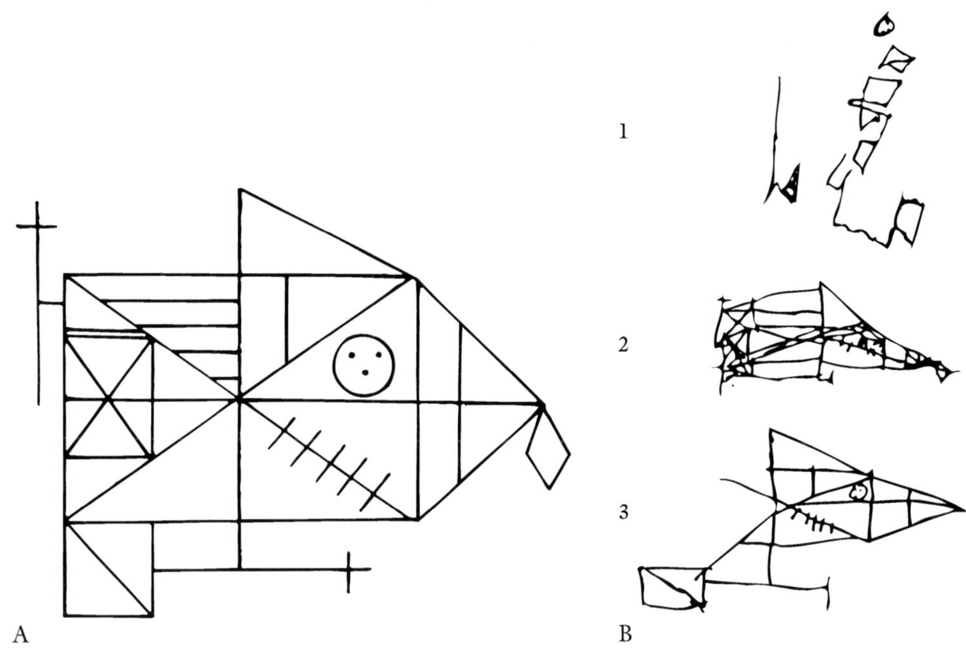

● **그림 8.6 시공간 그림그리기 능력에 관한 검사.** (A) Rey 도형 검사, (B) 우반구 후측 영역에 손상을 입은 세 사람의 Rey 도형 모사의 예. 출처: From Neuropsychology Assessment (2nd ed. P. 396), by M.D. Lezak, 1983, Oxford, England: Oxford University Press; B. Adapted with permission from "The Role of the Right Cerebral Hemisphere in Evaluating Confi gurations," by L.I. Benewitz, S. Finkelstein, D.N. Levine, and K. Moya, as appeared in Brain Circuits and Functions of the Mind (p. 327), edited by C. Trevarthen, Copyright 1990, Reprinted by permission of Cambridge University Press. © 2011 Cengage Learning

치되게 하는 것이 요구된다(그림 8.7A). 이 검사를 수행하는 한 방법은 주어진 표본의 공간 관계를 분석하는 것이다. 이 검사 수행의 또 다른 방법은 언어적 전략을 사용하는 것인데, 즉 "하얀색 블록을 아래면은 검은색이고 윗면은 하얀색인 블록의 왼쪽에 놓아야 된다."고 자신에게 말하면서 이 과제를 수행할 수 있다. 과제의 수행에 어떤 전략이 사용되었는가는 피검자의 수행 결과를 질적 분석함으로써 알 수 있다. 예를 들어 우반구에 손상을 입은 환자는 전체적인 블록 배열이 표본과 다른 반면(그림 8.7B), 좌반구에 손상을 입은 환자는 표본의 특정 부분을 맞추지 못하는 경향을 보인다(그림 8.7C).

뇌영상 연구들은 좌반구와 우반구 두정엽 모두 또 다른 구성 능력인 그리기에 관여한다고 보고하고 있다. 예를 들어 fMRI를 사용하여 신경계의 손상이 없는 연구참여자들이 그림을 명명할 때와 명명을 한 후 오른손으로 그 그림을 그릴 때의 뇌활성화를 비교하였다(Makuuchi, Kaminaga, & Sugishita, 2003). 명명만을 한 조건에 비해 명명과 그리기를 모두 한 조건에서 더 큰 양반구 두정엽 활성화가 관찰되었고, 대부분의 참여자들이 우반구보다 좌반구에서 더 큰 활성화를 보였다. 그리기 과제 동안 좌반구가 활성화된 이유는 비록 이 과제가 시공간적 특성을 가지지만 좌반구에 의해 통제되는 기능인 오른손의 움직임을 계획하는 능력도 포함하기 때문이다.

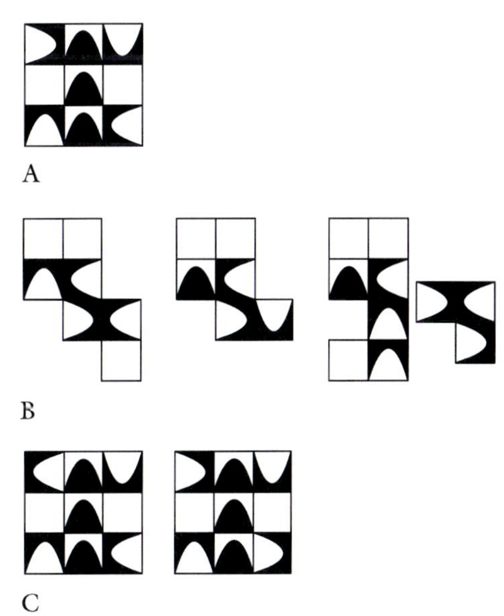

● **그림 8.7 토막짜기 검사로 측정하는 구성 기술.** (A) 모사에 참조해야 할 디자인(표본), (B) 우반구 손상 환자가 (A)의 디자인을 모사하는 3단계, 환자는 디자인을 구성하는 기본적인 정사각형 패턴을 인식조차 못한다. (C) 좌반구 손상 환자가 동일한 도형을 모사하고자 한 첫 번째와 두 번째 시도. 전반적인 모양은 정확하지만 세부적인 것이 부정확하다. 첫 번째 시도에서 상측 왼쪽 모퉁이의 블록이 정확한 위치에서 180도 회전되어 있는 반면 두 번째 시도에서 하측 오른쪽 모퉁이의 블록이 180도 회전되어 있다. © 2011 Cengage Learning

운동 통제가 구성 과제에서 중요한 역할을 하는 것을 고려하면 이 과제들이 공간 표상 능력을 실제로 측정하는지 혹은 단순히 운동 계획과 협응을 측정하는가에 관한 의문을 가질 수 있다. 이러한 의문에 관해 한 연구는 선의 방향, 각도와 도형 판단 등과 같은 시공간 능력이 우반구 손상을 가진 환자뿐만 아니라 신경계의 손상이 없는 사람에서도 시운동 모사 과제의 수행을 상당히 잘 예견하는 것을 보고하였다(Trojano et al., 2004).

움직임의 지각

이제까지 정지되어 있는 공간 관계에 관해 살펴보았다. 그러나 움직임이 일어나면 공간 관계가 변할 수 있다. 움직임 지각은 공간 지각과 매우 밀접하게 관련되어 있는데 이는 움직임의 지각이 한 물체의 공간 위치가 시간이 지남에 따라 변하는 것에 관한 지각에 관여하기 때문이다. 이에 덧붙여서 현재 우리가 어디에 위치하는가를 충분히 이해하기 위해서는 주위 환경 내에서의 우리 자신의 움직임을 표상할 수 있어야만 한다.

■ 다른 공간 능력과 구분되는 움직임 지각

한 임상 사례 연구는 인간에 있어서 움직임의 분석에 관여하는 뇌 부위가 다른 공간 기술에 관여하는 뇌 부위들과 서로 다르다는 것을 시사하는 중요한 정보를 제공하였다. 비록 이 여성 환자는 삼차원 모두에서 일어나는 움직임을 지각하는 능력은 상실하였지만 다른 기초적 시공간 기능, 예를 들어 시력, 양안시, 색채지각, 물체 및 단어의 시지각, 공간 내의 물체 위치에 관한 지각 등은 모두 정상적으로 기능하였다(Zihl, Von Cramon & Mai, 1983). 우리가 충분히 상상할 수 있듯이 이 환자가 가지는 장애는 환자의 생활에 큰 불편과 어려움을 야기하였다. 차나 커피를 컵에 따라 부을 경우 흐르는 차나 커피가 이 환자에게는 마치 빙하나 스냅사진으로 보였다. 또한 차나 커피가 컵에 차올라 오는 것을 보지 못하기 때문에 언제 붓는 것을 멈추어야 하는가도 알지 못하였다. 이보다 더 심각한 것은 자동차의 속도를 판단하지 못하는 것이었다(환자가 자동차를 인식하는 데는 전혀 어려움을 가지고 있지 않았다). 이 장애는 환자가 길을 건너는 것을 매우 위험하게 만들었다. 그녀는 자신이 경험하는 곤경을 다음과 같이 표현하였다. "내가 처음 자동차를 보면 아주 멀리 떨어져 있는 것처럼 보이지요. 그러나 내가 길을 건너고자 하면 자동차가 갑자기 가까이에 있어요."(Zihl et al., 1983, p. 315) 이 환자는 자동차가 자신으로부터 얼마나 멀리 혹은 가까이에 있는가를 추정하기 위해 자동차 소음과 같은 청각 단서를 활용하는 것을 점차 배우게 되었다.

앞서 언급한 이 여성 환자는 우반구 두정엽의 광범위한 부위와 좌반구의 일부 제한된 영역 그리고 양반구 중측두회와 상측두회에 손상을 입었다(Hess, Baker, & Zihl, 1989). 움직임의 지각 장애를 보이는 또 다른 환자(이 환자는 삼차원 모두에서 장애를 보이는 것이 아니라 이차원에서만 장애를 보였다)는 앞서 언급한 여성 환자와 유사한 부위, 즉 양반구 후측 측두두정 영역에 손상을 가지고 있었다(Vaina, Lemay, Bienfang, Choi, & Nakayama, 1990).

원숭이와 인간을 대상으로 한 많은 연구들이 움직임의 지각과 표상에 특히 중요한 역할을 하는 뇌 영역들을 보고하고 있다. 가장 중요한 두 영역이 MT 영역(V5라고도 알려져 있다)과 MST 영역이다(그림 8.1). **MT 영역**은 V1, V2와 V3와 같은 하위 수준의 시각영역들로부터 입력을 받고 이 영역들로 정보를 다시 보낼 뿐만 아니라 복측 두정내 피질과 MST 영역과 같은 상위 수준 영역에도 정보를 전달한다.

원숭이를 대상으로 단일세포기록법을 사용한 연구들은 MT 영역의 활성화가 움직임의 지각을 초래한다고 제안한다. 첫째, MT 영역에 위치하는 각각의 세포들은 특정 속도로 특정 방향으로 움직이는 것에 가장 잘 반응하는데, 서로 다른 세포들은 서로 다른 속도와 서로 다른 방향에 대해 최대한으로 반응한다(Born & Bradley, 2005; Zeki, 1974). 이보다 더 중요한 점은 특정 속도를 선호하는 MT 세포의 발화율이 두 패턴 중 어느 것이 더 빠르게 움직이는가를 판단하는 것이 요구되는 과제에서의 원숭이의 행동 반응을 정확하게 예견할 수 있다는 것이다(Liu & Newsome, 2005). 아마도 가장 인상적인 발견이 서로 다른 MT 세포집단을 자극할 경우 각 세포집단이 서로 다른 속도 선호를 보인다는 것이다. 연구자들은 각 자극이 원숭이의 자극 속도 판단에 어떤 영향을 미치는가를 관찰하였다. 자극을 받은 세포 집단에 따라 실험자는 실제로 원숭이의 반응을 변화시킬 수 있었는데, 이는 자극이 자극 속도에 관한 원숭이의 지각을 변화시키기 때문인 것으로 여겨지고 있다(Liu & Newsome, 2005). 특정 방향을 선호하는 MT 세포들을 자극함을 통해 자극의 움직임 방향에 관한 원숭이의 결정을 변화시킬 수도 있다(Nichols & Newsome, 2002).

영상 연구들은 인간이 움직이는 패턴을 보고 있을 때 MT와 주변 영역들이 매우 활성화되는 것을 보고하였다(Tootell et al., 1995; Zeki, Watson, Lueck, Friston, Kennard, & Frackowiak, 1991; Hesselmann, Kell, & Kleinschmidt, 2008 참조). 이에 덧붙여서 뇌병변 혹은 TMS로 인해 MT 영역이 방해를 받으면 움직임의 지각과 움직임 단서를 행동 가이드로 사용하는 능력이 장애를 받게 된다(Bosco, Carrozzo, & Lacquaniti, 2008; Newsome & Pare, 1988; Schenk, Ellison, Rice, & Milner, 2005; Whitney et al., 2007).

MT 영역처럼 MST 영역도 움직임에 민감하지만 MT 영역보다 다소 더 복잡한 움직임 패턴을 부호화하는 것으로 여겨진다. 특히 MST 영역의 세포들은 시각 흐름을 포함하는 움직임 패턴에 반응한다(Britten, 2008). **시각 흐름**(optic flow)은 여러분이 환경 내를 능동적으로 움직일 때 망막 위에 맺히는 상의 움직임 패턴을 의미한다. 예를 들어 운동장을 가로질러 달리는 것을 상상해 보자. 달리는 동안 주위 환경이 여러분을 지나 갑자기 움직인다. 즉 나무, 관목과 담이 처음에는 앞에 나타났다가 우리가 통과하면 날아가듯 지나친다. 망막에 맺힌 이러한 상들의 움직임이 예상되는 패턴으로 나타난다. 즉 전반적인 움직임 속도는 달리는 속도에 의해 결정되고 가까이 있는 물체가 멀리 있는 물체보다 더 빨리 우리를 지나치는 것으로 여겨진다. 이에 덧붙여서 가까이 갈수록 물체들이 더 커 보이고 물체들을 지나쳐서 달려갈수록 물체들은 더 작게 보인다. 비록 이러한 유형의 흐름 패턴은 달릴 때마다 항상 자연스럽게 발생하지만 이러한 흐름 패턴을 실험실 상황에서 인위적으로 만들어낼 수 있고 정확하게 수리적으로 특징지을 수 있다(Heuer & Britten, 2007). 여러 연구들은 MST 영역의 세포들이 양반구(좌우 시야) 시각 흐름에 의해 흥분하는 반면 MT 영역의 세포들은 대측 시야에서 일어나는 더 단순한 움직임에만 최대한으로 흥분하는 것을 관찰하였다. 이 관찰은 6장에서 살펴본 위계적 시각 처리 과정의 또 다른 예인데, 즉 더 복잡한 표상은 단순한 표상들로 구성된다.

■ 자기운동 정보의 통합

뇌가 해결해야만 하는 한 문제가 환경 내에 있는 물체가 실제로 움직이는가와 망막에 맺힌 물체상이 움직이는가를 구분하는 것이다. 망막에 맺히는 한 물체의 상의 위치가 다음의 두 가지 이유로 인해 변할 수 있다. 즉 망막은 동일한 위치에 있지만 물체가 움직이거나 혹은 물체는 움직이지 않지만 눈의 움직임으로 말미암아 망막이 움직이기 때문이다(● 그림 8.8). 예를 들어 집과 같이 정지되어 있는 물체를 가로 질러 눈을 움직이면 망막에 맺히는 집의 상이 움직임에도 불구하고 우리는 집이 움직이는 것으로 지각하지 않는다. 왜 집이 움직이지 않는 것으로 지각하는가? 이와 정 반대의 상황도 있는데, 즉 움직이고 있는 물체를 눈으로 추적하면 망막에 맺히는 물체의 상이 고정된다. 예를 들어 하늘을 가로 질러 날아가는 새를 여러분이 추적한다고 상상해 보자. 만약 새를 잘 추적하여 새의 상이 중심와에 맺히게 되면 망막의 상은 고정되어 있지만 우리는 새가 움직이는 것으로 지각한다.

물체의 움직임과 망막에 맺힌 상의 움직임을 구분하는 것이 중요한가를 설명하는 한 방법이 이 능력이 상실될 경우 어떤 일이 일어나는가를 살펴보는 것이다. 실제 양반구 선조외(extrastriate) 영역에 손상을 입은 한 사례가 보고되었다(Haarmeier, Their, Repnow, & Petersen, 1997). 이 환자는 정지되어 있는 배경을 가로 질러 자신의 눈을 움직이면 배경이 움직이는 것처럼 지각된다고 보고하였다(불행하게도 이 증상은 일상생활에서 많은 현기증을 초래하였다). 이 현상을 측정하기 위해 연구자들은 환자가 자신의 눈을 움직일 때 물체가 정지되어 있는 것처럼 여기기 위해서는 얼마나 물체가 움직여야 되는가를 조사하였다. 그 결과 환자가 눈을 움직이는 속도와 동일한 속도로 물체가 움직일 때에만, 즉 물체의 상이 망막에 정지되어 있을 때에만 물체가 정지된 것으로 지각하였다. (이 현상은 정상인에서는 일어나지 않는데 정상인의 경우에는 물체가 실체로 정지되어 있을 때에 정지된 것으로 지각한다!) 이 환자는 자신의 눈 움직임에 관한 정보를 시각 세계에서 일어나는 움직임을 이해하는 데 활용하지 못하였다.

그러면 뇌는 실제 움직임과 망막 상의 움직임을 어떻게 서로 구분할 수 있는가? 1910년 저명한 지각 심리학자인 Hermann von Helmholtz는 이 문제에 대한 해결책을 제안하였다. Helmholtz는 실제 움직임과 망막 움직임을 구분하는 유일한 방법이 움직임 지각에 관여하는 뇌 영역이 눈의 움직임

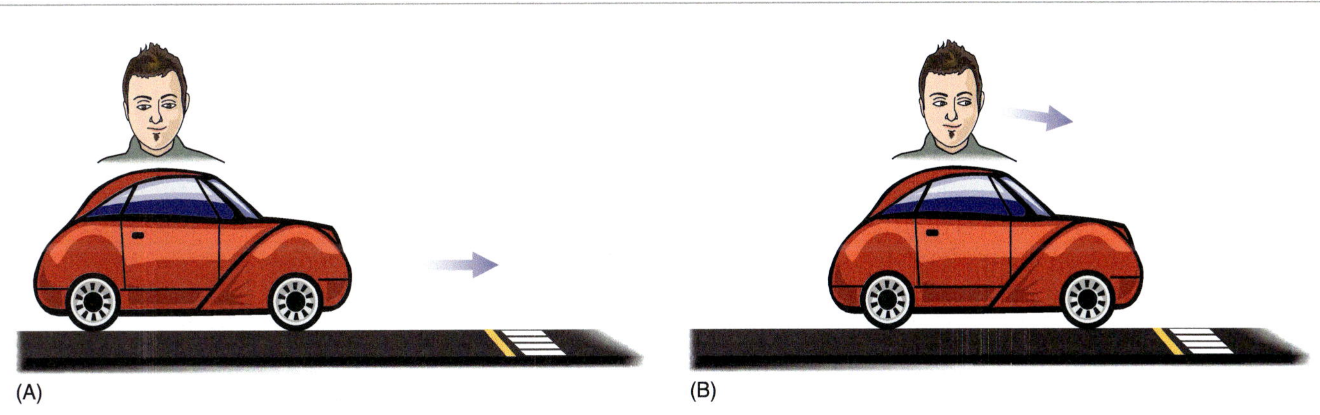

● **그림 8.8 망막 시각상의 움직임이 일어나게 하는 두 가지 조건.** (A) 개인이 자동차가 지나가는 도로를 응시한다. 자동차의 상이 개인의 망막을 따라 움직인다. (B) 개인이 주차된 차 주위를 눈으로 탐색한다. 이 경우 개인의 눈 움직임으로 인하여 자동차의 상이 망막을 따라 움직이게 된다. © 2011 Cengage Learning

에 관한 정보를 받는 것이라고 이해하였다. 다시 말하면 시각계는 눈이 움직이기 때문에 망막 상이 움직이는지 혹은 환경 내에 있는 물체가 움직이기 때문에 망막 상이 움직이는지를 구분할 수 있다. 만약 망막 상의 움직임이 눈의 움직임과 일치하면 뇌는 물체가 실제로 정지되어 있다고 여긴다. 이와 상반되게 만약 망막 상의 움직임이 눈의 움직임과 일치하지 않으면 환경 내의 물체가 실제로 움직이는 것으로 여긴다.

눈 운동에 관한 정보를 시각계에 전달하는 두 가지 서로 다른 출처가 있기 때문에 망막 상의 움직임을 이해하는 데 눈 운동이 고려된다. 한 가능성은 뇌의 운동 영역이 눈의 움직임을 계획할 때 이에 관한 것을 시각계에 전달하는 것인데 이는 Helmholtz가 제안한 모델이다. Helmholtz의 가설에 의하면 운동 계획에 관여하는 뇌 영역이 **동반 방출**(corollary discharge)을 보내는데, 이는 시각 영역에 보내는 곧 일어날 눈 움직임에 관한 신호를 의미한다. 비록 이 가설이 그럴 듯하지만 현재로는 이 가설을 지지하거나 반박할 직접적인 증거가 없는 실정이다(이와 관련된 이슈에 관한 개관은 Sommer & Wurtz, 2008 참조).

또 다른 가능성은 눈 근육 안에 위치하는 감각 수용기가 눈 위치의 변화에 관한 피드백을 제공한다는 것이다. 이 가능성을 지지하는 증거로는 원숭이의 체감각피질 내에 있는 세포들이 눈의 위치를 표상할 수 있다는 것이다(Wang, Zhang, Cohen, & Goldberg, 2007). 이 세포들은 운동피질에서 오는 명령보다 눈 자체로부터 오는 감각 단서에 의존하는 것으로 여겨지는데, 왜냐하면 원숭이가 마취 때문에 움직이지 못하는 눈을 움직이려고 시도할 경우 이 세포들이 반응하지 않기 때문이다. 인간을 대상으로 TMS를 사용한 최근 연구도 전측 두정엽에 위치하는 체감각피질이 눈의 위치에 관한 정보를 부호화하는 것을 관찰하였다. TMS에 의해 체감각피질의 기능이 일시적으로 중단될 경우 연구참여자들이 자신들 바로 앞에 놓여 있는 점을 지각하기 위해 눈의 위치로부터 오는 단서를 정확하게 사용하지 못하였다(Balslev & Miall, 2008). 체감각피질의 세포들이 눈의 방향에 대한 정보를 부호화할 수 있기 때문에 눈-중심과 머리-중심 참조틀을 조율하는 과정뿐만 아니라 배측 시각계의 움직임-지각 영역에 관한 유용한 정보를 제공할 수 있다.

실제 환경에서 일어나는 움직임 지각은 훨씬 더 복잡한데, 이는 우리의 눈뿐만 아니라 신체 전체가 움직일 수 있기 때문이다. 실제로 우리의 지각 대부분이 우리가 움직이는 동안, 즉 주위를 걸어 다니거나 자동차를 운전하는 동안 일어난다. 따라서 움직임-지각 체계가 우리 주위의 물체가 움직이는지 혹은 정지되어 있는지를 정확하게 지각하기 위해서는 공간 내에서 몸 전체가 움직이는 것(뛰거나 걷거나 움직이는 차 안에 앉아 있거나)을 고려할 수 있어야 한다. 어떻게 뇌가 이러한 계산을 수행하는가에 관한 연구가 현재 진행 중에 있다. 한 단서는 MST 영역이 신체의 전정계로부터 입력을 받는 것이다(Gu, DeAngelis, & Angelaki, 2007). 전정계는 신체 움직임에 관한 감각 정보와 중력에 기준한 신체 방향에 관한 정보를 내이(inner ear)로부터 제공한다. MST 영역은 공간 내에서 일어나는 신체 움직임에 관한 정보를 망막 상의 정보와 통합하고 이에 근거하여 외부 물체의 움직임 속도와 방향을 추론한다.

■ 회전

움직임 탐지와 관련하여 마지막으로 살펴볼 중요한 능력이 회전인데, 이는 움직임의 특수한 형태로 여겨지기도 한다. 회전은 공간 내의 한 위치에서 다른 위치로 움직이는 것 대신에 축(axis)을 중심으로 움직이는 것을 의미한다. 원숭이를 대상으로 단일세포기록법을 사용한 연구들은 상측두 영역과 하두정 영역에 위치하는 일부 세포들이 시계방향 혹은 시계반대방향으로의 회전에 민감하게 반응하는 것을 관찰하였다(Saito, Yukic, Tanaka, Hikosaka, Fukada, & Iwai, 1986; Sakata, Shibutani, Kawano, & Harrington, 1985). 더욱이 또 다른 세포들은 앞뒤 방향으로의 깊이 회전에 반응한다.

Shepard와 동료들이 인간의 심상 회전에 관해 심도 있게 연구하였다(Shepard, 1988). 이들에 의하면 두 개의 삼차원 물체를 서로 일치되게 맞추는 데 필요한 심상 회전의 각도가 크면 클수록 두 물체가 동일한가를 판단하는 데 더 많은 시간이 소요된다고 한다(● 그림 8.9). 예를 들어 두 물체가 60도 회전되어 있는 것에 비해 180도 회전되어 위치하면 두 물체가 동일한가를 판단하는 데 더 많은 시간이 필요하다.

상당수의 연구들은 두정 영역이 회전 능력에 중요한 역할을 한다고 제안하고 있다. 예를 들어 그림 8.9에 제시되어 있는 것과 유사한 회전 과제의 수행 동안 우반구로 향하는 혈류량이 증가되는 것이 보고되었다(Deutsch, Bourbon, Papanicolaou, & Eisenberg, 1988). 이 과제에서 사용되었던 자극보다 더 단순한 자극을 사용한 연구에서는 좌반구 두정엽의 손상보다 우반구 두정엽의 손상이 과제 수행을 더 저하시킴이 보고되었다(Ditunno & Mann, 1990). 이에 덧붙여서 신경계의 손상을 가지지 않는 사람을 대상으로 TMS로 우반구 두정 영역의 기능을 중단할 경우 심상회전 과제의 수행이 저하되었다(Harris & Miniussi, 2003).

회전의 정도가 증가할수록 반응시간이 증가하는가를 조사한 뇌영상 연구들은 우반구 두정엽이 심상회전에 관여한다는 정보를 제공하고 있다. 이 연구들은 회전에 관여하는 뇌 영역은 회전의 정도가 증가할수록 더 많은 활성화를 보여야 하고(Carpenter, Just, Keller, Eddy, & Thulborn, 1999), 반면 과제 수행에 필요한 다른 뇌 영역(예를 들어 반응에 관여하는 운동 영역)은 활성화를 보이지만 이 활성화가 회전의 정도와 비례해서는 안 된다고 가정하였다. ● 그림 8.10에서 볼 수 있듯이 심상 회전 과제와 관련된 활성화가 상두정엽에서 관찰되며, 좌우 반구 상두정엽 모두에서 뇌 활성화가 관찰되지만 우반구 상두정엽의 활성화가 좌반구 상두정엽의 활성화보다 더 증가한다(Carpenter et al., 1999; Milivojevic, Hamm, & Corballis, 2008; Ng, Bullmore, de Zubicaray, Cooper, Suckling, & Williams, 2001; Podzebenko, Egan, & Watson, 2005; Richter et al., 2000).

신경영상 연구들은 심상 회전의 근거가 되는 계산 특성에 관한 정보도 제공하고 있다. 앞서 살펴본 바와 같이 우반구 두정피질의 활성화가 회전의 정도와 비례한다는 사실은 심상이 공간 표상의 연속적인 변환에 의존한다는 것을 시사한다. 다른 신경영상 연구들은 운동 계획과 집행에 관여하는 전두 영역이 회전과 관련되어 있음을 보고하였다(Cohen et al., 1996). 이 연구 결과는 물체를 특정 방향으로 회전하는데 요구되는 행동을 생각함을 통해서도 심상 회전이 일어난다는 것을 시사한다(Zacks, 2008 개관 참조).

(A)

(B)

● **그림 8.9 심상회전의 측정에 사용되는 전형적인 방안.** (A) 삼차원에서 사물을 회전시키는 능력의 측정에 삼차원의 자극이 자주 사용된다. 왼쪽의 두 쌍은 서로 일치되도록 회전시킬 수 있는데, 첫 번째는 수직방향으로 80도 회전하고 두 번째는 수평방향으로 80도 회전한다. 가장 오른쪽의 쌍은 회전할 수 없는데, 이는 두 형태가 거울상이기 때문이다. (B) 신경계의 손상이 없는 사람들에서 전형적으로 관찰되는 심상회전 과제의 수행. © 2011 Cengage Learning

공간과 행동

공간 차원, 참조틀, 공간 관계와 움직임의 지각은 외부 세계의 공간적 레이아웃을 정확하게 구성하는 데 중요하다. 그러나 우리에게는 세상을 공간적 용어로 표상하는 것 이상이 필요하다. 즉 세상에 대해 어떤 행동을 취하는 것이 요구된다. 따라서 배측 시각계의 중요한 한 기능이 감각-운동 변환, 즉 감각 표상을 행동 패턴으로 변환하는 것이다. 이 감각-운동 변환은 원숭이로 하여금 자신의 머리 위에 있는 물체에 손을 뻗고 그 물체를 집기 위해 손 모양을 정확하게 하는 것을 가능하게 한다. 이와 유사하게 방금 들은 소리를 내는 새를 찾기 위해 하늘을 쳐다볼 경우 뇌는 눈 운동 명령과 세상에 관한 공간 지도를 서로 연결해야만 한다. 이러한 이유로 인하여 일부 연구자들은 배측 경로를 단지 공간 내의 위치를 지도화하는 '어디에' 경로로 여기기보다는 행동을 계획하는 '어떻게' 경로로 여긴다.

5장에서 운동 통제에 관해 살펴본 바와 같이 상두정엽의 손상은 운동 결함을 초래할 수 있는데, 이는 배측 경로가 행동을 위한 공간 정보를 부호화하는 데 관여하는 것을 시사한다. 상두정엽에 손상을 입은 환자는 **시각 운동실조증**(optic ataxia)을 보이는데 이는 시각 정보에 근거하는 뻗음 행동을 하지 못하는 것을 의미한다(Perenin & Vighetto,

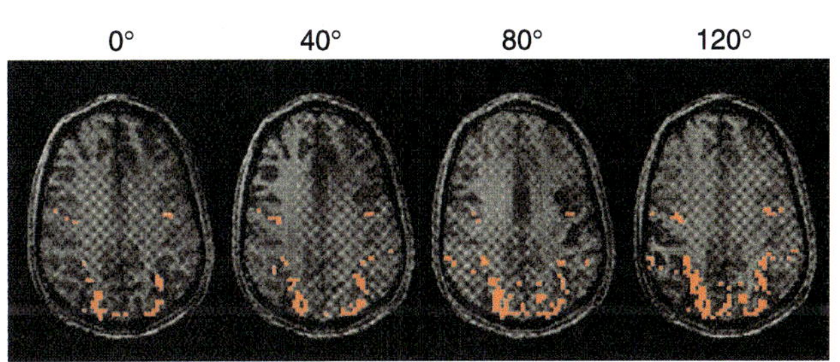

● **그림 8.10 심상회전의 정도가 클수록 증가되는 뇌 활성화.** 두정내구 가까이에 위치하는 상두정엽의 복측 부위의 사진이다. 왼쪽에서 오른쪽 방향의 사진들은 0, 40, 80, 120도 회전과 관련된 뇌 활성화의 정도를 보여준다. 더 많은 심상회전이 요구될수록 활성화가 증가된다. 출처: From Carpenter, P.A., et al. (1999). Graded functional activation in the visuospatial system and the amount of task demand. Journal of Cognitive Neuroscience, 11 (1), p. 14.

1988). 환자가 목표물의 위치를 정확하게 말로 기술할 수 있음에도 불구하고 목표물에 손을 정확하게 뻗지 못하는데, 이는 장애가 감각 표상에 있는 것이 아니라 감각–운동 전환에 있음을 시사한다. 흥미롭게도 이 환자들은 어떤 물체에 손을 뻗을 때 방해가 되는 물체를 지각하지도 못한다. 예를 들어 커피잔을 집으려고 할 때 설탕 용기가 커피잔 사이에 있다고 가정하자. 우리는 설탕 용기를 피해 커피잔에 손을 뻗을 것이다. 이와 상반되게 시각 운동실조증을 앓는 환자는 이렇게 하지 못한다(Schindler, Rice, McIntosh, Rossetti, Vighetto, & Milner, 2004). 또 다른 연구는 목표물의 제시와 이 목표물로 손을 뻗는 행동 사이에 지연이 있을 경우 시각 운동실조증 환자의 뻗기 행동이 향상되는 것을 관찰하였는데, 이는 시각과 행동 통합이 실시간으로 이루어질 경우 결함이 가장 두드러진다는 것을 시사한다(Milner, Dijkerman, McIntosh, Rossetti, & Pisella, 2003).

더욱이 뇌손상 환자에서 관찰되는 이중 해리(double dissociation)는 배측 '어떻게' 체계가 복측 '무엇' 체계와 서로 독립되어 있다는 것을 시사한다. 한 사례 연구는 양반구 두정엽의 손상으로 말미암아 비록 그림을 통해서는 일상적 물체를 인식할 수 있지만 동일한 물체를 집기 위해 자신의 집게손가락과 엄지손가락 사이의 갭을 조절하지 못하는 한 환자를 보고하였다(Jakobson, Archibald, Carey, & Goodale, 1991). 이와 상반되게 복측 선조외 영역에 손상을 입은 환자들은 시각적으로 제시되는 물체의 크기, 모양과 방향을 인식할 수 없지만 그 물체를 집기 위해 손과 손가락의 모양과 위치를 정확하게 할 수 있다(James, Culham, Humphrey, Milner, & Goodale, 2003).

TMS를 사용한 연구들도 이 영역들이 공간 내의 행동 방향을 통제하는 데 중요한 역할을 한다는 것을 지지한다. 연구들은 목표물의 크기와 위치가 변화되는 동안 이 목표물에 팔을 뻗어 집는 행동을 온라인으로 조절하는 것이 요구되는 과제를 사용하였다. 친구가 여러분을 향해 던진 원반을 잡으려고 애쓰는 것을 상상해 보자. 원반을 잡기 위해 어떤 위치를 취해야 하는가를 알기 위해서는 점점 다가오는 원반 위치에 관한 시각 정보를 끊임없이 최신화해야 한다(특히 바람이 불거나 친구가 불안정하게 원반을 던질 경우에는 특히 그러하다). 신경계의 손상이 없는 사람의 두정엽에 TMS를 적용할 경우 이러한 유형의 온라인 조절 능력이 방해를 받는다(Della-Maggiore, Malfait, Ostry, & Paus, 2004; Desmurget, Epstein, Turner, Prablanc, Alexander, & Grafton, 1999; Glover, Miall, & Rushworth, 2005; Tunik, Frey, & Grafton, 2005).

원숭이를 대상으로 한 연구들은 두정피질의 세포들이 감각–운동 통합에 매우 적합하다는 것을 보여준다(Scherberger & Andersen, 2004). 예를 들어 원숭이의 눈을 스크린의 중앙점에 고정하게 한 다음 스크린의 다른 영역에 매우 짧은 시간 동안 제시되는 목표물을 관찰하게 한다. 얼마 동안의 지연 후 원숭이는 목표물이 제시되었던 위치로 팔을 뻗어야만 한다. 목표물이 세포의 수용장에 제시되는 한, 두정피질의 세포들이 지연 기간과 팔을 뻗는 동안에 활성화한다(Batista, Buneo, Snyder, & Andersen, 1999). 목표물이 더 이상 제시되지 않음에도 불구하고 팔을 움직이는 동안 세포들이 활성화하는 사실은 세포들이 목표물의 위치에 관한 감각 정보만을 부호화하지 않는 것을 시사한다.

역행성 도약안구운동 과제(anti-saccade tasks)도 감각–운동 변형에서의 두정엽 세포의 역할을 조사하는 데 사용되고 있다. 이 과제에서 원숭이는 특정 위치에 제시되는 자극을 보지만 그 자극 자체보다는 자극에서 떨어져 있는 위치로 시선을 돌려야만 한다(● 그림 8.11). 이러한 방법을 통해 역행성 도약안구운동 과제는 감각 자극의 위치와 예정된 눈 운동 위치를 명확하게 구분한다. 외측 두정내 피질의 세포들은 자극의 실제 위치를 먼저 부호화하고 이후 1초 이내에 예정된 눈 운동의 위치(역행성 도약안구운동 위치)를 부호화하는 것으로 여겨진다(Zhang & Barash, 2000). 또한 인간을 대상으로 역행성 도약안구운동 과제를 사용한 뇌파 연구는 감마파(통합적 신경활성화의 지표)가 자극 위치의 대측 두정엽에서 먼저 관찰된 후 예정된 눈 운동 위치의 대측 두정엽에서 관찰된다고 보고하였다(Van Der Werf, Jensen, Fries, & Medendorp, 2008). 원숭이와 인간을 대상으로 한 연구들에서 일관되게 관찰되는 결과는 두정엽의 세포들이 비록 예정된 움직임의 위치가 감각 자극의 위치와 다르더라도 예정된 움직임의 공간 위치를 부호화하는 것을 시사한다.

두정피질 내의 서로 다른 하위 영역들이 서로 다른 유형의 움직임에 필요한 감각–운동 변환에 관여하는 것으로 보인다. 예를 들어 원숭이의 경우 서로 다른 두 하위 영역들이 각각 예정된 눈 운동의 부호화(외측 두정내 피질)와 예정된 팔–뻗침 행동(내측 두정내 피질)의 부호화에 관여하는 것으로 보인다(Snyder, Batista, & Andersen, 1998; Chang, Dickinson, & Snyder, 2008). 인간을 대상으로 한 신경영상 연구들도 이 구분을 지지한다(Iacoboni, 2006). 예를 들어 예정된 눈 운동을 요구하는 과제는 두정내구의 외측 영역을 활성화하는 반면 예정된 손 운동을 요구하는 과제는 좀 더 내측에 위치하는 두정 영역을 활성화한다(Rushworth, Paus, & Sipila, 2001; Astafiev, Shulman, Stanley, Snyder, Van Essen, & Corbetta, 2003). 이에 덧붙여서 두정피질의 전측 영역은 물체의 집기 혹은 조작을 요구하는 과제 수행 동안 활성화된다(Binkofski, Buccino, Stephan, Rizzolatti, Seitz, & Freund, 1999; Frey, Vinton, Norlund, & Grafton, 2005).

따라서 두정피질의 서로 다른 하위 영역들이 공간 정보를 서로 다른 유형의 행동으로 변환하는 것에 관여하는 것으로 여겨진다.

종합하면 원숭이와 인간을 대상으로 한 연구들은 두정피질에 의해 부호화되는 공간 표상이 특정 공간 위치로 사지와 눈을 움직이는 데 중요한 역할을 한다는 것을 시사한다. 이제 다른 유형의 움직임, 즉 대규모 환경 내에서의 이동(navigation)에 관해 살펴보기로 하자.

공간 이동

지금까지 비교적 소규모, 예를 들어 개인이 바라볼 수 있는 공간 내의 사물들 간의 공간 관계를 이해하는 데 초점을 두고 살펴보았다. 그러나 일상생활에 필요한 또 다른 중요한 공간 기술이 있는데, 이는 환경 내를 이동할 수 있는 능력이다. 현대 사회에서 이는 매우 중요한 기술인데, 예를 들어 도시 내의 거리, 이웃 혹은 병원 복도에서 길을 찾는 데 매우 중요하다. 이 기술은 우리들의 먼 조상들에게도 중요하였는데, 이들은 주위 환경을 이동하면서 마실 물, 음식, 거주 혹은 위험을 피할 수 있는 장소를 찾았다.

사람들은 공간 이동에 두 가지 전략, 즉 경로에 근거한 전략과 인지적 지도에 근거하는 전략을 사용하는 것으로 여겨진다(Aguirre, 2003). 경로에 근거한 전략(route-based strategies)의 경우 개인은 일련의 걸음걸이 혹은 특정 랜드마크로 공간 관계를 이해한다. 우리는 이러한 유형의 이동 전략에 익숙한데, 예를 들어 친구 집을 찾아갈 때 친구는 다음과 같은 이동 정보를 제공한다. 마켓 거리에서 두 블록 더 가서 주유소에서 우회전하고 다음 신호등에서 좌회전하면 오른쪽에서 세 번째가 나의 집이다. 이러한 유형의 공간 이동은 친구의 집 주변이 어떻게 레이아웃되어 있는가에 관한 지도가 요구되지 않는다. 대신 이동 지시를 따라 하는 것과 특정 단서(신호등)에 대해 정확한 행동(좌회전)을 하는 것이 요구된다. 이는 또한 자기중심적 방향인데, 즉 좌회전하라는 것은 개인으로부터 좌측으로 회전하라는 것을 의미하기 때문이다. 이와 상반되게 지도에 근거한 전략(map strategies)에는 환경을 구성하는 서로 다른 요소들이 어떻게 서로 관련되어 있는가에 관한 환경중심적 이해가 포함된다. 이러한 이해에는 영역에 관한 심적 지도와 주어진 특정 시간에 개인이 그 지도 내의 어디에 있는가에 관한 이해가 포함된다. 지도와 같은 지식을 가지는 사람도 경로에 근거한 방향 지시를 제공하거나 따를 수 있고 만약 이러한 사람이 잘 못 회전을 할 경우 빨리 오류를 수정할 수 있는데 왜냐하면 목표 지점까지 가는 새로운 경로를 알아낼 수 있는 공간적 레이아웃을 충분히 이해하고 있기 때문이다.

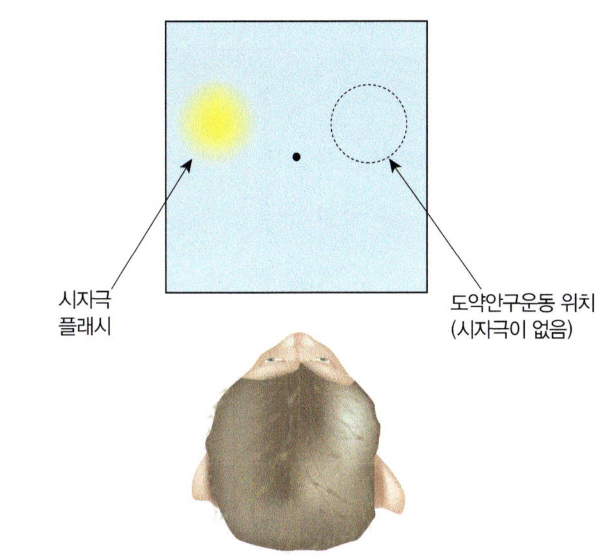

● **그림 8.11 감각-운동 전환의 연구에 사용되는 역행적 도약안구운동 과제.** 이 과제에서 원숭이는 한 위치, 예를 들어 좌시야에 제시되는 시자극을 보지만 보상을 받기 위해서는 시자극이 제시된 위치의 반대편 위치로 응시점을 옮겨야 한다. 두정피질의 세포들은 의도적 움직임의 위치(응시점이 옮겨가는 위치)를 부호화하는데, 실제 그 위치에 시자극이 없을 경우에도 부호화한다. 출처: Janzen, G., & van Turennout, M. (2004). Selective neural representations of objects relevant for navigation. Nature Neuroscience, 7, 673–677.

이동 기술은 다양한 방법을 통해 측정될 수 있다. 길찾기(route-finding) 능력을 평가하기 위해 자주 사용되는 과제가 첨필미로과제(stylus maze task)이다. 이 과제에서는 첨필을 사용하여 일련의 볼트헤드를 통과하여 목적지에 도달하는 것이 요구된다(● 그림 8.12). 길찾기 능력을 측정하는 또 다른 방법은 피검자로 하여금 직접 미로를 통과하여 목적지에 도달하게 하는 것이다(첨필미로과제처럼 물체를 움직여 미로를 통과하게 하는 대신). 이러한 유형에 속하는 과제인 이동미로(locomotor maze)는 넓은 방의 격자무늬 바닥에 일련의 9개의 점이 그려져 있다(Semmes, Weinstein, Ghent, & Teuber, 1955). 피검자에게 출발지와 목적지가 그려져 있는 지도를 주고 가능한 한 빠르고 정확하게 목적지에 도달하게 한다.

두정엽에 손상을 가질 경우 대부분 첨필미로과제와 이동미로과제를 수행하는 능력 모두가 장애를 받게 되지만(Newcombe, 1969; Semmes, Weinstein, Ghent, & Teuber, 1963), 어떤 경우는 두 과제 중 하나만이 영향을 받는다(Ratcliff & Newcombe, 1973). 이러한 현상에 대한 여러 가지 설명이 제안되었다. 첫째, 첨필미로과제가 이동미로과제에 비하여 규모가 훨씬 작다. 즉 첨필미로과제에서는 피검자가 전체 지도를 한 눈에 볼 수 있는 반면 이동미로과제에서는 그렇지 못하다. 둘째, 첨필미로과제의 경우 찾아야 하는 미로의 방향이 일정한 데 반하여, 이동미로 과제에서는 비록 지도상의

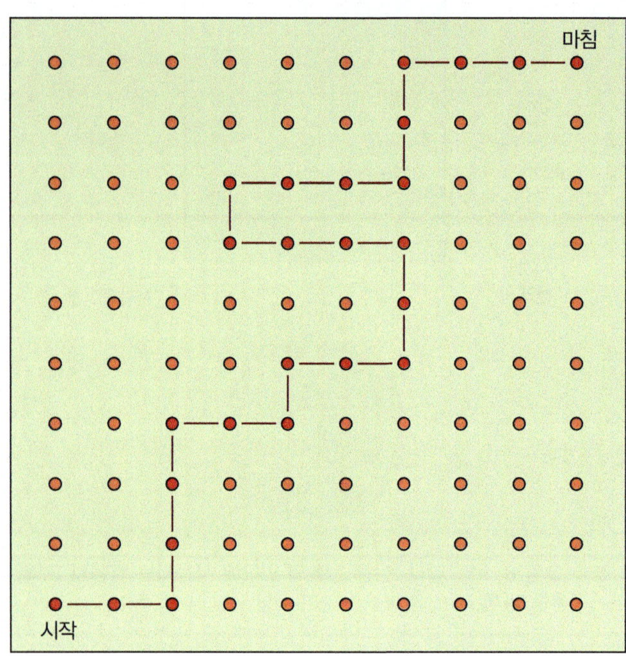

● 그림 8.12 **첨필미로과제에서 요구되는 학습경로.** 미로는 동일한 금속볼트로 구성되어 있다(원). 비록 그림에는 경로가 표시되어 있지만 대개 검사를 받는 개인에게 경로가 제시되지 않는다. 개인이 정확하지 않은 볼트를 지적할 때마다 틀렸다는 것을 신호하는 음이 제시된다. 따라서 개인은 각 지점에서 정확한 방향을 선택해야만 하고 이미 발견한 일부 경로에 관한 정보를 기억해야만 한다. © 2011 Cengage Learning

방향은 일정하지만 개인이 지도에 따라 목적지에 도달할 수 있는 방향이 끊임없이 변한다. 두 과제의 또 다른 차이점은 첨필미로과제에서는 피검자가 길을 외우는 것이 반드시 필요한 반면, 이동미로과제에서는 목적지까지의 경로가 피검자에게 제시된다는 것이다.

뇌손상 환자들을 대상으로 한 추후 연구들은 공간 이동이 다양한 서로 다른 방법으로 방해를 받는 것을 보고하고 있다(Aquirre, 2003). 배측 경로와 가장 밀접하게 관련되어 있는 증후군이 **자기중심적 지남력상실**(egocentric disorientation)인데, 이는 개인이 자신을 기준으로 하여 물체의 위치를 인식하지 못하는 것을 의미한다. 이 증후군은 양반구 혹은 우반구의 후측 두정엽의 손상으로 초래된다. 이 장애를 가지는 환자는 이동(경로에 근거한 이동과 지도에 근거한 이동 모두)의 어려움을 보이는데 이는 공간적 관계를 표상하지 못하기 때문이다. 공간 작업 기억과 심상 회전 등과 같이 공간 이해가 요구되는 과제들에서도 전형적으로 수행 저하를 보인다. 이 환자들은 이동 경로를 설명하는 것에 심각한 장애를 보인다. 이러한 유형의 심각한 지남력상실을 가지는 환자는 본인 혼자서 어디를 찾아나서는 것을 꺼려한다.

이동 장애는 뇌의 다른 부위가 손상을 입을 경우에도 초래될 수 있다. 예를 들어 **랜드마크 실인증**(landmark agnosia)이라고 불리는 증후군은 비록 길찾기의 능력을 방해하지만 공간 장애보다는 대상 인식 장애로 여겨질 수 있다. 이 증후군을 가지는 환자는 이동의 주요 단서로 사용되는 특정 랜드마크를 인식하는 능력을 상실한다. 예를 들어 어떤 환자는 자신의 집 혹은 침실을 인식하지 못한다. 이러한 환자가 다른 공간 과제에서 좋은 수행을 보이는 경우가 자주 관찰되며, 이 증후군은 배측 영역보다는 복측 경로에 손상을 입을 경우 주로 초래된다. 설회(lingual gyrus)와 해마방회(parahippocampal gyrus)를 포함하는 후두엽의 내측면에 손상을 입을 경우에도 이 증후군이 초래된다(Aguirre, 2003). 해마방회의 손상은 **순행성 지남력상실**(anterograde disorientation)을 초래하기도 하는데, 이는 환자가 자신에게 익숙한 환경을 이동할 수 있음에도 불구하고 새로운 환경에 대한 표상을 만들지 못하는 경우를 의미한다(Epstein, DeYoe, Press, Rosen, & Kanwisher, 2001).

이 두 증후군, 즉 랜드마크 실인증과 순행성 지남력상실에 관한 정보는 해마방회가 장소의 지각이 요구되는 과제에서 특히 활성화되는 것을 보고한 신경영상 연구들의 결과와 매우 일치한다(Epstein & Kanwisher, 1998)(7장에서 해마방 장소영역에 관해 살펴보았다). 한 연구(Janzen & van Turennout, 2004)에서 연구참여자들에게 컴퓨터 스크린에 제시되는 새로운 환경을 이동하는 것을 학습하도록 하였다. 새로운 환경 내에 있는 길의 '결정 지점(decision points)'에서 일부 물체들을 만나게 된다(이 물체들은 앞서 제시된 예, 즉 친구가 알려준 지시에서 좌회전을 해야 하는 지점인 신호등과 유사하다). 결정 지점 외의 다른 지점에서 만나는 물체들보다 결정 지점에서 만나는 물체들에 대해 해마방 영역들이 더 큰 활성화를 보였다(● 그림 8.13). 이 결과는 해마방 영역이 이동에 중요한 랜드마크를 부호화하는 데 특히 중요한 역할을 한다는 주장을 지지한다.

공간 이동의 연구에서 현재 논란이 되는 한 가지 이슈가 해마의 역할이다. 지난 수십 년 동안에 걸쳐 실시된 연구들은 설치류에서 해마와 해마와 밀접하게 연결된 영역들이 공간 이동에 매우 중요한 역할을 한다는 것을 일관되게 보고하였다. 예를 들어 쥐를 대상으로 한 연구들은 해마 내에 소위 '장소세포(place cells)'가 존재한다는 것을 보고하였다(O'Keefe & Dostrovsky, 1971; Moser, Kropff, & Moser, 2008; Moser & Moser, 2008). 이 세포들은 동물이 환경 내의 특정 장소에 놓일 경우에 활성화한다. 이에 덧붙여서 직접적으로 해마에 축색을 보내는 비내피질(entorhinal cortex) 내에 '격

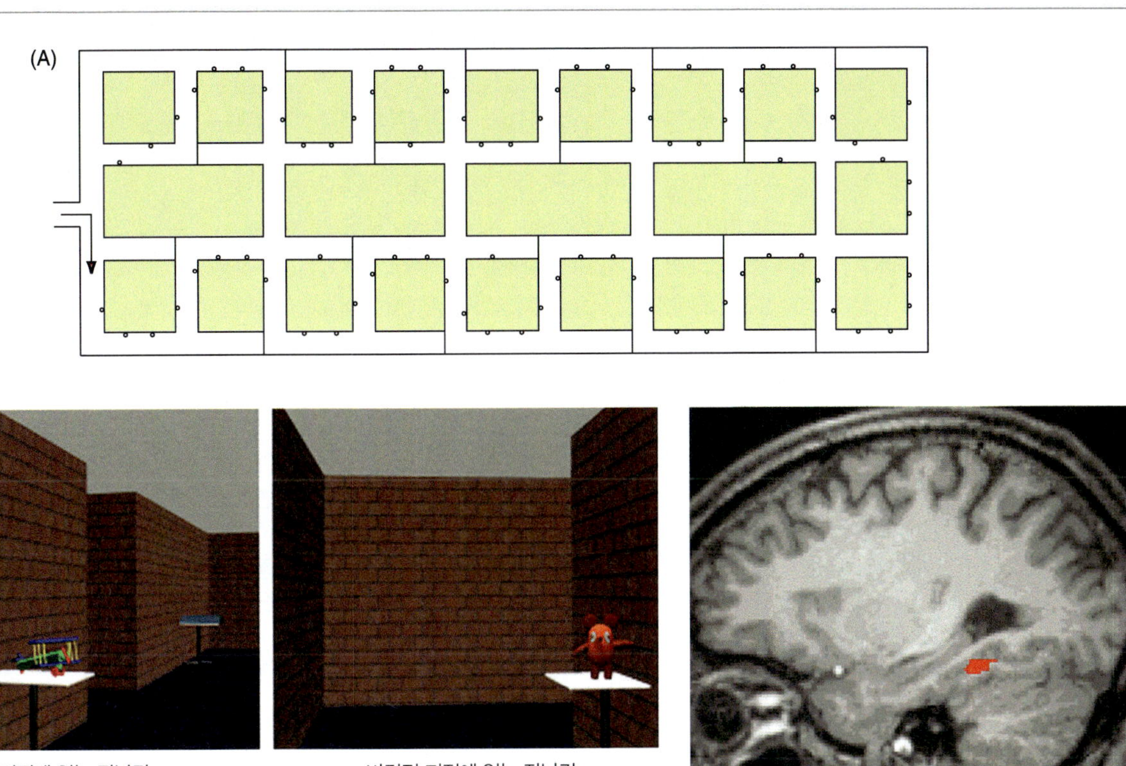

● **그림 8.13 이동경로에 있는 랜드마크에 의해 활성화되는 뇌 영역.** 이 연구(Janzen & van Turennout)에서 연구참여자는 패널 A에 제시되어 있는 가상 미로를 이동하였다. 장난감(패널 B 참조)이 미로 내의 특정 지점에 놓여 있었다. 일부 장난감은 미로 내의 결정 지점, 즉 참여자가 어느 방향으로 가야할지를 결정해야만 하는 지점에 놓여 있었고 일부 장난감은 비결정 지점에 놓여 있었다. 뇌영상 자료는 비결정 지점에 있는 장난감보다 결정 지점에 있는 장난감이 해마방회(패널 C)를 더 활성화시킴을 보여준다. 출처: Adapted by permission from Macmillan Publishers, LTD: From fi gures 1 and 3 in Janzen, G., & van Turennout, M. (2004). Selective neural representations of objects relevant for navigation. Nature Neuroscience, 7, 673–677.

자 세포(grid cells)'가 존재하는데 이 세포는 격자 형식으로 다양한 공간 위치에 반응한다(Fyhn, Molden, Witter, Moser, & Moser, 2004; Sargolini et al., 2006). ● 그림 8.14는 쥐가 주위 환경을 이동할 때 관찰되는 장소 세포와 격자 세포의 전형적인 반응을 보여준다. 서로 다른 장소 및 격자 세포가 서로 다른 위치에 선택적으로 반응하기 때문에 동물이 환경 내의 어디에 위치하든지 간에 세포들이 이 위치를 부호화할 수 있다. 이 두 유형의 세포 외에도 동물이 특정 방향으로 향할 때 발화하는 머리-방향 세포(head-direction cell)와 동물이 환경의 가장자리 가까이 있을 때 발화하는 가장자리 세포(border cell)가 해마복합체(hippocampal complex)에 존재한다. 더욱이 쥐의 해마복합체가 손상을 입으면 환경 내 이동에 심각한 장애가 초래되는 것으

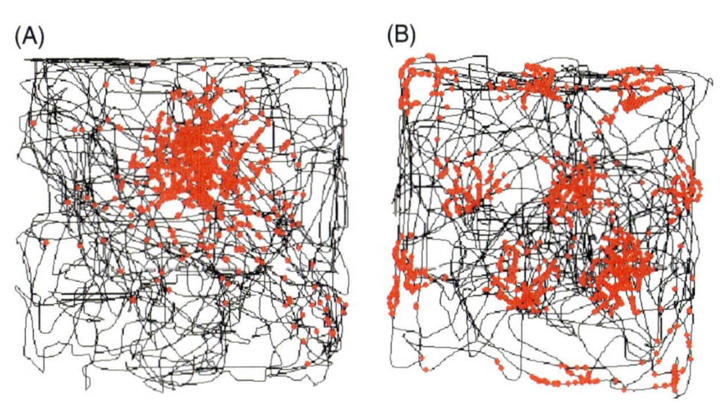

● **그림 8.14 쥐의 위치 세포의 반응.** 어두운 선은 쥐가 제한된 일정 영역 주위를 달릴 때 보인 경로이다. 그 위에 겹쳐져 있는 빨강 선은 특정 세포의 발화를 일으킨 위치를 보여준다. 패널 A는 해마 장소 세포의 전형적인 반응을 보여주는데, 이 세포는 쥐가 환경 내의 특정 장소에 있을 때 발화한다. 패널 B는 내측 비내피질의 격자 세포의 전형적인 반응을 보여준다. 격자 세포는 격자 모양으로 조직화되어 있는 여러 공간 위치에 반응한다. 출처: Figure used with Permission: Annual Review of Neuroscience Vol. 31: 69–89 (Volume publication date July 2008) Place Cells, Grid Cells, and the Brain's Spatial Representation System. Edvard I. Moser,1 Emilio Kropff,1,2 and May-Britt Moser1 1Kavli Institute for Systems Neuroscience and Centre for the Biology of Memory, Norwegian University of Science and Technology, 7489 Trondheim, Norway. 2Cognitive Neuroscience Sector, International School for Advanced Studies, Trieste, Italy; email: edvard.moser@cbm.ntnu.no.

IN FOCUS: 비행에 필요한 공간 능력

대부분의 사람들에게는 기초적인 공간 능력이 일상생활의 영위에 필요하지만 일부 직업에 종사하는 사람들에게는 매우 우수한 공간 기술을 가지는 것이 가장 중요하다. 여러분이 비행기에 탑승할 때 우수한 공간 기술을 가지고 있는 조종사를 만나기를 바랄 것이다. 성공적인 비행기 조종에는 분리주의와 일의 우선 순위를 정하는 능력 등과 같은 기술도 요구되지만 특히 공간 능력이 요구된다(Wickens, 2002 참조). 지상에서 운행하는 것과 달리 비행기 조종은 삼차원에서 일어난다. 조종사는 비행기의 뒷질 각도(비행기의 기수가 위 혹은 아래로 향하는 정도)와 옆질 각도(비행기가 좌측 혹은 우측으로 기우는 정도)를 고려해야만 한다. 또한 조종사는 비행기의 고도와 비행 경로와의 관계도 이해할 수 있어야만 한다. 더욱이 조종사는 구름, 강한 눈보라 등과 같은 방해물로 인해 땅, 시계 등과 같은 주요 랜드마크가 잘 보이디 않는 조건에서도 조종해야만 한다.

조종사들은 심상회전, 좌표적 혹은 계량적 공간 처리 등과 같이 우반구에 의존하는 공간 기술에 뛰어나다(Dror, Kosslyn, & Waag, 1993; Banich, Stokes, & Elledge, 1989; Strokes, Banich, & Elledge, 1999). 흥미롭게도 한 연구는 조종시뮬레이션 동안 경험 있는 조종사들에서는 신참 조종사들과는 다른 뇌 영역들이 활성화하는 것을 관찰하였다 (Peres, Van De Moortele, Pierard, Lehericy, Le Bihan, & Guezennec, 2000). 시각 추적 과정의 수행 동안 신참 조종사들에서는 배측 경로를 포함하는 시각 처리 영역들의 활성화가 관찰되는 한편 경험 있는 조종사들에서는 작업기억과 의사결정 등에 관여하는 전두 영역의 활성화가 관찰되었다. 이 결과는 조종 경험이 쌓이면 배측 경로에 의한 공간 처리가 더 간략하게 일어나는 것을 시사한다. 그러나 이제까지 소수의 신경영상 연구들이 조종 시뮬레이션과제를 조사하였기 때문에 숙련된 조종사들에서 이러한 뇌 체계들이 어떻게 활용되는가에 관해서는 거의 알려진 것이 없다.

숙련된 조종사들조차 공간 실수를 범할 수 있으며 이 실수로 인한 타격이 클 수 있다. 실제로 공간 지남력 상실이 아마추어 조종사뿐만 아니라 숙련된 조종사들에 의해 일어나는 비행기 추락 사고의 주된 원인이다(Albert, 2007). 이러한 이유 때문에 응용인지심리학자들은 조종사들이 당면하는 공간 인지의 어려움과 이 어려움을 가장 효과적으로 해결할 수 있는 방법이 무엇인지를 연구하여 왔다.

이와 관련된 한 이슈가 정보를 어떻게 시각적으로 제시하는 것이 조종사의 공간 이해를 용이하게 하는가이다. 이 장에서 살펴본 바와 같이 신경과학적 연구들은 자기중심적 참조틀과 환경중심적 참조틀에 근거하여 정보를 처리하는 것이 서로 구분된다는 것을 보여준다. 이 두 체계들이 서로 분리되어 있는 만큼 이 두 체계는 서로 양립하지 않고 기본적으로 서로 분리된 인지적 조작을 요구한다. 실제로 조종사들이 사용하는 화면표시(display)는 자기중심적 참조틀 혹은 환경중심적 참조틀을 제공하지 둘 다 제공하지 않는다. 한 체계, 즉 *항로조준*(track-up alignment)은 조종실 창문 바깥의 세상과 완벽하게 맞추어진 전망을 제공한다. 즉 창문 앞에 바로 보이는 것이 지도에서도 바로 앞에 놓인다. 비행기가 옆으로 돌면 화면표시도 이에 따라 돌게 되기 때문에 조종사는 본인중심적 참조틀을 가지게 된다(● 상자 그림 8.1A). 다른 체계, 즉 *북향조준*(north-up alignment)은 고정된 세상 지도를 제공한다. 즉 비행기가 움직이는 방향과는 상관없이 항상 앞쪽이 북쪽이다. 이 지도는 지면에 근거하는, 즉 환경중심적 참조틀을 제공한다(● 상자 그림 8.1B).

항로지도의 장점은 화면에 나타나는 위치와 조종실 창문 밖으로 보이는 위치가 직접적으로 일치하는 것이다. 반면 단점은 화면에 나타나는 표시가 끊임없이 바뀌기 때문에 조종사가 주위 세상에 관한 고정된 심적 지도를 작성하는 것이 방해를 받는다는 것이다. 이와 상반되게 지구중심적 참조틀을 제공하는 북향지도는 인지 지도를 작성하는 것에 도움이 되지만 조종사로 하여금 화면 표시 혹은 조종실 창문 밖으로 보이는 전망을 심적으로 회전하여 이 둘을 조정하게 하는 것을 요구하며 이러한 조작에 시간이 소요된다(Aretz, 1991; Aretz & Wickens, 1992; Wickens & Prevett, 1995).

조종실 디자인에 관심을 가지는 심리학자들은 각 체계의 장점을 최대화하는 동시에 비용을 절감하는 새로운 화면을 개발하거나(Aretz, 1991), 이 두 지도 중 어느 지도가 어떤 특정 상황에서 가장 좋은가를 결정하려고 시도하였다. 예를 들어 헬리콥터와 같이 지상 가까이에 나는 항공기에는 항로 지도가 가장 적합한데 이는 항로 지도가 끊임없이 지역에 따라 조절되기 때문이다. 반면 높은 고도로 나는 항공기들에는 북향 지도가 가장 적합할 것이다(Harwood & Wickens, 1991).

최근 심리학 연구들은 다감각 기술을 디자인하는데 초점을 맞추는데, 즉 조종사들에게 공간 정보를 시각뿐만 아니라 청각과 촉각을 통

로 알려져 있다(Morris, 1981; Schenck & Morris, 1985; Sutherland, Whishaw, & Kolb, 1983). 이 모든 결과는 해마 및 해마와 밀접하게 연결되어 있는 영역들이 공간 이동에 매우 중요한 역할을 한다는 것을 분명하게 시사한다. 인간을 대상으로 한 신경영상 연구들은 해마방 영역의 역할을 길 찾기와 연관시키는 경향이 있는(Aguirre, Detre, Alsop, & D'Esposito, 1996; Maguire, Frith, Burgess, Donnett, & O'Keefe, 1998) 한편 이와 동시에 해마의 역할을 좀 더 일반적인 기억의 부호화와 연관하는 경향이 있다.

그럼에도 불구하고 인간을 대상으로 하는 일부 연구들은 해마가 쥐뿐만 아니라 인간의 이동 능력에도 중요하다는 것을 제안한다. Maguire와 동료들(Maguire, Frackowiak, & Frith, 1997)이 실시한 한 연구는 런던의 택시 기사를 연구대상으로 하였다. 런던의 택시 기사들은 런던 지형을 매우 잘 알기 때문에 이상적인 연구대상들이다. 즉 이들이 운전면허증을 얻기 위해 대략 3년의 수습 기간을 보내고 매우 까다로운 검사를 통과해야 하기 때문이다. 택시 기사들은 특정 랜드마크를 단순히 기억할 때보다 특정 경로를 기억할 경우 더 큰 우반구 활성화를 보였다. 환자를 대상으로 한 연구들도 물체가 환경 내 어디에 위치하는가를 기억하는 것에 우반구 해마가

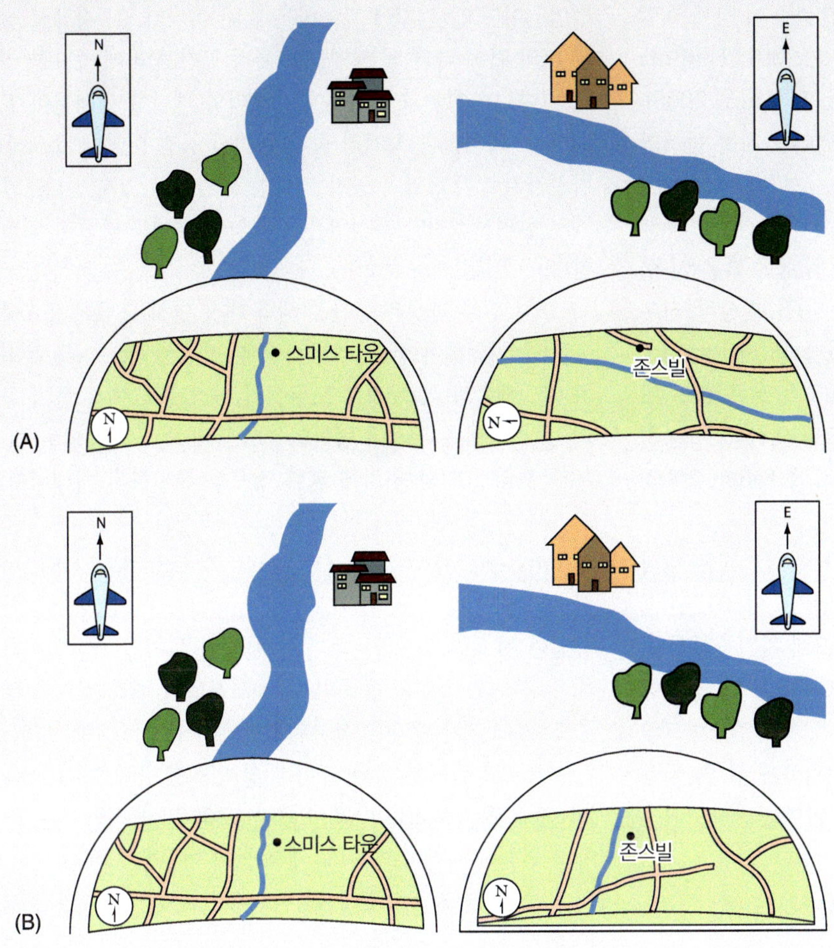

● **상자 그림 8.1 서로 다른 참조틀에 의존하는 두 개의 비행 체계.** (A) 항로 조준의 예: 조종실 창문 바깥의 세상이 지도와 직접적으로 일치한다. (B) 북향 조준의 예: 지도는 공간에 관한 일정한 조망을 제공한다. 따라서 조종사는 조종실 창문으로 보이는 바깥 환경과 일치하게 심상 회전을 해야만 한다. A와 B 모두 비행기 위의 기호(N, E)는 비행기가 향하고 있는 방향을 의미한다. 원안의 철자는 조종사 화면에서 북쪽 방향을 의미한다. © 2011 Cengage Learning

해서도 전달하려는 시도를 하고 있다(Albery, 2007). 예를 들어 비행기가 한 면으로 지나치게 많이 기울 경우 진동하는 조종사용 자켓을 개발하는 것이다. 이와 유사하게 비행기가 좌측 혹은 우측으로 얼마나 기우는가에 따라 조종사의 좌측과 우측 귀에 전달되는 소음의 볼륨을 변하게 하는 오디오 시스템을 개발하는 것이다. 이에 덧붙여서 3D 청각 기구가 개발 중인데, 이 기구는 조종사로 하여금 지상 통제사, 부조종사, 엔지니어의 목소리를 들을 때 이 목소리들이 한 채널보다는 서로 다른 장소에서 오는 것으로 들리게 한다. 목소리의 지각 위치가 분리되면 조종사는 목소리를 더 빨리 지각하고 구분할 수 있다. 이러한 기술 개발이 다양한 방법으로 일어나고 있으며 이는 뇌의 감각 체계의 강점, 예를 들어 두 귀의 입력을 비교하거나 공간 위치를 사용하여 청각 정보를 구분하는 능력을 최대화하기 위해서이다.

물론 조종사가 더 많은 감각 정보를 받으면 이에 따라 "정보의 과부하"의 위험이 증가한다(Wickens, 2002). 제11장에서 어떻게 뇌의 주의체계가 많은 양의 정보에 대처하는가를 살펴보았다. 흥미롭게도 군용기 연구자들은 EEG를 사용하여 비행 동안 조종사의 뇌 상태를 모니터하려는 시도를 하고 있다(Albery, 2007; Russo, Stetz, & Thomas, 2005). 이론적으로는 이와 같은 체계가 졸음이나 지나친 각성 등과 같은 뇌 상태를 탐지하여 이를 조종사에게 알려주어 자신의 상태를 조절하게 하는데 사용될 수 있다. 인지심리학과 신경과학 분야에서 제공되는 지식이 조종사와 탑승객들에게 더 안전한 비행을 제공하는데 사용될 수 있다.

중요한 역할을 한다는 것을 보여준다. 예를 들어 우반구 측두엽, 특히 우반구 해마에 손상을 입은 환자들은 두 물체의 위치가 서로 바뀌었다는 것을 발견하지 못하였다(Pigott & Milner, 1994).

일부 연구들은 해마의 역할을 다른 방법을 사용하여 조사하였다. 한 연구(Ekstrom et al., 2003)는 뇌전증 환자들이 전산화 가상현실 체계를 사용하여 새로운 '마을'을 찾는 과제를 실시하는 동안 해마와 해마방 피질을 포함하는 내측 측두엽의 개개 세포들의 활성화를 기록하였다. 그 결과 해마 세포들이 특정 공간 위치에 가장 잘 반응하는(이 결과는 설치류의 연구에서도 관찰되었다) 반면 해마방 세포들은 특정 랜드마크가 보일 때 가장 잘 반응하는 경향을 보였다. 이 연구는 동물 연구들과 인간을 대상으로 한 영상 연구들의 결과를 서로 연결해 주며, 장소의 위치 인식에는 해마가 중요한 역할을 하고 랜드마크 인식에는 해마방이 중요한 역할을 하는 것을 시사한다.

비록 후측 두정피질, 해마와 해마방회가 공간 이동과 관련하여 가장 많이 연구되었지만 **후팽대피질**(retrosplenial cortex)이라고 불리는 영역도 이동에 관여하는 것으로 여겨진다. 이 영역은 두정피질의 내측면과 뇌량의 팽대(splenium)의 후측에 위치한다. 후팽대피질은 공간 이동에 관여하는 영역들,

즉 후측 두정피질의 다른 부위, 해마방과 비내피질의 영역들과 구조적으로 연결되어 있다. 다른 종을 대상으로 한 연구들은 후팽대피질을 인위적으로 손상하면 공간 이동이 장애를 받는 것을 관찰하였다(Cooper & Mizumori, 2001; Haijima & Ichitani, 2008; Pothuizen, Aggleton, & Vann, 2008). 인간을 대상으로 한 영상 연구들도 이 영역이 가지는 독특한 역할을 보고하고 있다. 예를 들어 한 연구는 사람들이 제시되는 장면이 자신들에게 익숙한가를 단순히 판단할 경우보다 제시된 장면 내의 위치(랜드마크가 되는 도로의 동쪽 혹은 서쪽) 혹은 방향(동쪽 혹은 서쪽을 향하고 있는지)을 회상할 경우 후팽대피질이 더 많이 활성화하는 것을 관찰하였다(Epstein, Parker, & Feiler, 2007). 따라서 후팽대피질은 넓은 환경 내에서 특정 장소의 위치를 기억하는 데 중요한 역할을 하는 것으로 보인다(Epstein, Higgins, Jablonski, & Feiler, 2007; Iaria, Chen, Guariglia, Ptito, & Petrides, 2007).

요약하면 복잡한 대규모 환경 내에서의 길찾기에는 여러 서로 다른 뇌 영역들에 의해 통제되는 여러 기술이 요구된다. 후측 두정피질은 환경 내의 이동에 매우 중요한 자기중심적 공간에서의 공간적 관계를 이해하는 데 필수적이다. 이와 동시에 해마와 해마방 영역은 각각 환경 내의 특정 위치와 랜드마크의 부호화에 중요한 역할을 하는 한편 후팽대피질은 더 큰 공간 맥락 내의 특정 위치를 표상하는 데 중요한 역할을 한다.

배측–복측 경로의 양분에 따른 문제

7장에서는 복측 경로가 대상 인식에 중요한 역할을 한다는 것을 살펴보았고 이 장의 대부분에서 배측 경로가 다양한 공간 지각에 중요한 역할을 한다는 것이 강조되었다. 복측 경로와 배측 경로로 구분하는 것이 뇌가 수행하는 다양하고 복잡한 시각 과제를 이해하는 데 큰 공헌을 한다. 그러나 시각 처리 과정을 배측 경로와 복측 경로로 양분하는 단순한 모델이 다음과 같은 제한점을 가지고 있다는 것도 명심해야 한다(Husain & Nachev, 2007).

첫째, 공간 기능이 완전히 뇌의 두정 영역에 의해서만 통제되는 것이 아니라는 점을 인식하는 것이 중요하다. 비록 두정엽(특히 우반구 두정엽)이 공간 인지에 매우 중요하지만 두정엽만이 공간 인지에 관여하는 것이 아니다. 이 장에서 살펴본 바와 같이 다른 뇌 영역들도 특정 공간 처리에 중요한 역할을 한다. 이러한 뇌 영역들에는 해마와 해마방 영역들이 포함되며 이 영역들은 장기적 공간 기억과 공간 이동에 중요하다. 마찬가지로 두정엽이 공간 기능만을 가지고 있지 않다. 11장에서 살펴보겠지만 두정엽은 주의와 경계에도 중요한 역할을 한다.

또한 일부 과정은 공간 이해와 대상 인식 모두에 중요하다는 것을 기억해야 한다. 따라서 일부 정보는 서로 다른 목적을 가지고 배측과 복측 경로 모두에서 처리된다. 예를 들어 물체의 형태는 외측 두정내 영역의 세포들에 의해 처리되는 데 이는 물체의 크기와 위치에 관한 정보를 유지하기 위해서이다. 따라서 이 정보는 물체를 집는 행동을 가이드하는 데 유용하다(Janssen, Srivastava, Ombelet, & Orban, 2008). 이와 상반되게 복측 경로의 세포들은 물체의 크기와 위치를 항상 동일한 것으로 표상하는데 이는 물체가 무엇인가를 인식하는 데 유용하다. 깊이와 움직임 단서도 복측과 배측 경로 모두에 중요하다. 깊이 지각은 삼차원으로 물체를 이해하게 하며 이는 7장에서 살펴본 바와 같이 대상 인식에 중요하다(Orban, Janssen, & Vogels, 2006; Parker, 2007). 움직임 지각도 물체를 인식하는 데 유용하다. 예를 들어 어두운 곳에서 멀리 떨어져 있는 형태가 가볍게 뛰는지 혹은 무겁게 움직이는지에 따라 개와 곰을 구분할 수 있다. 따라서 움직임 정보를 처리하는 MT 영역이 배측 경로뿐만 아니라 복측 경로의 한 부분으로 포함된다는 사실이 놀라운 일은 아니다. 공간 이동이 또 다른 예를 제공한다. 즉 공간 내에서 이동하는 한 방법이 건물이나 사인과 같은 특정 랜드마크를 인식하는 것인데 이는 복측 경로에 의해 처리된다. 이 예들은 배측과 복측 경로의 기능들이 서로 분리되어 있는 동시에 또 서로 관련되어 있다는 것을 시사한다. 실제 많은 최근 연구들은 어떻게 배측과 복측 경로가 서로 상호작용하는가를 설명하는 데 초점을 맞춘다(Himmelbach & Karnath, 2005).

요약

공간 처리에 관여하는 배측 시각계

- 공간적 관계의 지각은 주로 배측 혹은 '어떻게' 시각계에 포함되는 두정엽에 의존한다.
- 단일세포기록법은 두정 영역의 세포들이 눈과 머리의 위치와 동물의 움직임에 민감하다는 것을 보여주는데 이 모든 것은 이 세포들이 공간 관계를 처리하고 외적 공간에 관한 지도를 형성하는데 적합하다는 것을 시사한다.
- 두정엽의 손상을 가지는 원숭이는 공간 내에 존재하는 물체들의 상대적 위치에 관한 판단을 하지 못하지만 물체를 인식할 수는 있다.

공간의 삼차원 부호화

- 깊이는 두 눈으로부터 오는 입력을 서로 비교함으로써 부호화되고 이는 공간 위치의 지각과 대상 인식에 유용하다. 배측 경로의 세포들은 목표물의 깊이와 깊이 면에서의 움직임에 민감하게 반응한다.
- 좌우 혼동은 좌반구 두정피질의 손상과 관련되어 있지만 우반구 두정피질의 손상은 타인의 좌측과 우측을 구분하는 능력을 방해하는데, 이는 타인의 좌우측 구분이 좌우측에 관한 참조틀의 변환을 요구하기 때문이다.

공간참조틀

- 공간 위치는 본인을 중심으로 부호화될 수 있는데 이를 자기중심적 참조틀이라고 한다. 또한 외적 준거에 의해 부호화되기도 하는데 이를 환경중심적 참조틀이라고 한다.
- 원숭이를 대상으로 한 연구들은 두정피질의 세포들이 다양한 참조틀, 즉 머리-중심, 눈-중심과 대상-중심의 참조틀에서의 공간 위치를 부호화하는 것을 보고하고 있다.
- 뇌손상 환자들을 대상으로 한 연구들은 서로 다른 유형의 자기중심적 및 환경중심적 부호화가 서로 독립적으로 손상될 수 있음을 보고하는데 이는 이 두 유형의 부호화가 서로 분리된 뇌 처리 과정에 의존함을 시사한다.

소규모 공간에서의 공간 관계

- 공간 내의 한 지점의 위치를 지각하는 능력은 우반구 두정엽의 상측 영역에 의존한다.
- 좌반구는 범주적 공간 관계의 판단에 우세한데 이는 두 지점의 관계를 위치 범주(위/아래, 좌/우측)에 따라 기술하는 것을 의미한다. 반면 우반구는 계량적(좌표적) 공간 관계에 우세한데 이는 두 지점 사이의 거리를 계산하는 것을 의미한다.
- 구성 능력은 물체를 특정 공간적 관계로 조작하는 능력을 의미하는데 주로 우반구에 손상을 입으면 구성 능력이 방해를 받는다.

움직임의 지각

- 뇌손상 환자들을 대상으로 한 연구들과 신경영상 기법을 사용한 연구들은 뇌의 특정 영역, 즉 두정엽과 측두엽의 경계에 위치하는 MT 영역(V5)이 움직임 지각에 매우 중요하다고 보고하고 있다.
- 외부 물체가 움직이고 있는지 혹은 정지되어 있는지를 정확하게 이해하기 위해서는 개인이 자신의 신체 움직임을 고려해야만 한다. 두정 영역은 전정계와 눈움직임을 통제하고 탐지하는 영역들로부터 입력을 받기 때문에 자신을 기준으로 하여 외부 물체의 움직임을 계산할 수 있다.
- 신경영상 연구들은 회전 지각에 상두정소엽이 관여함을 보고한다.

공간과 행동

- 두정 영역의 세포들은 공간 정보를 특정 공간 위치로 향하는 행동으로 전환하는 데 필수적이다. 두정피질의 서로 다른 하위 영역들이 목표물로 향하는 예정된 눈 운동과 팔 운동을 부호화하는데 관여한다.
- 시각 운동실조증은 시각 정보를 활용하여 물체에 손을 뻗는 행동을 하지 못하는 것을 의미하며 이는 두정엽이 지각과 행동을 통합하는 데 중요하다는 것을 시사한다.

공간 이동

- 대규모 공간 내의 이동은 경로에 근거하거나 지도에 근거한다.
- 두정엽의 손상으로 인해 초래되는 자기중심적 지남력상실은 공간 관계의 이해 결함으로 말미암아 길찾기 능력이 심각하게 방해를 받는 것을 의미한다.
- 랜드마크 실인증은 공간 이동에 유용한 랜드마크를 인식하는 것의 장애를 의미하며 복측 경로의 손상과 관련되어 있다.
- 순행성 지남력상실은 이전에 학습한 이동 정보를 기억하고 있음에도 불구하고 새로운 환경 내에서 이동하는 것을 학습하지 못하는 것을 의미한다. 이 결함은 주로 내측 측두엽의 손상과 관련된다.
- 내측 측두엽에 포함되는 해마는 환경 내의 특정 공간 위치를 부호화하는 한편 해마방 영역은 랜드마크의 인식에 특히 중요한 것으로 여겨진다.

핵심용어

- 구성 행동(constructional praxis)
- 계량적(좌표) 공간 관계 [metric(coordinate) spatial relations]
- 동반 방출(corollary discharge)
- 랜드마크 실인증(landmark agnosia)
- 범주적 공간 관계(categorical spatial relations)
- 순행성 지남력상실(anterograde disorientation)
- 시각 운동실조증(optic ataxia)
- 시각 흐름(optic flow)
- 양안시 부등(binocular disparity)
- 자기중심적 지남력상실(egocentric disorientation)
- 자기중심적 참조틀(egocentric reference frame)
- 참조틀(reference frame)
- 환경중심적 참조틀(allocentric reference frame)
- MT 영역(area MT)

도서 참조 사이트: www.cengage.com/psychology/Banich

이 웹사이트는 학생들이나 강사들에게 강의용 퀴즈나 암기카드, 용어정리 같은 정보와 자료를 무료로 제공한다.

언어

Language

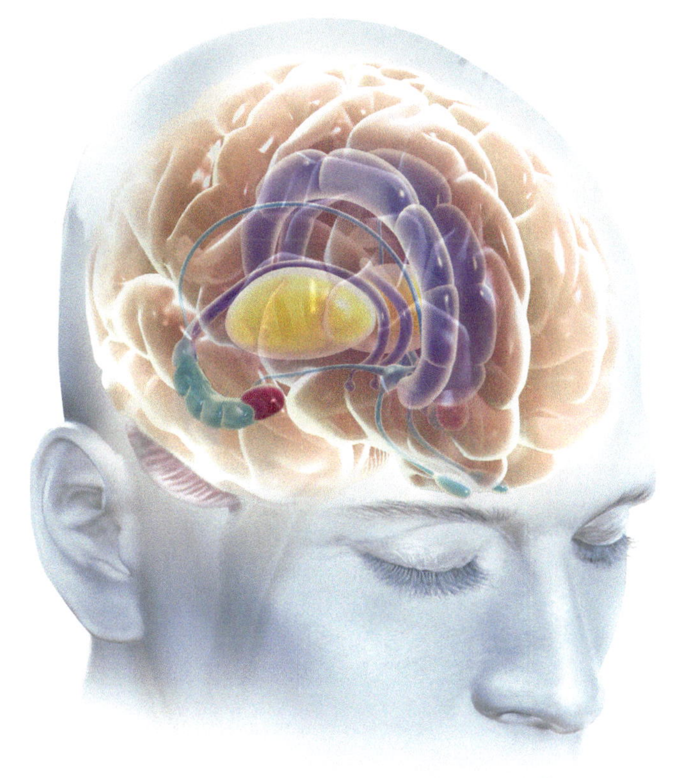

신경과 의사인 Sheila Chorpenning 박사는 얼마 전에 미국 재향병원 의사로 부임하였다. 그녀는 큰 레크리에이션 방에서 두 남성 환자(한 사람은 중년이었고 다른 한 사람은 젊은 청년이었다)가 소파에 앉아 있는 것을 보았다. 이름이 Bill Rieger인 중년 남성은 고등학교 시절 뛰어난 학업 성적과 운동 실력으로 장래가 촉망되는 청년이었다. 그러나 그의 어머니가 갑자기 사망하자 어머니의 갑작스런 죽음에 혼동된 이 청년은 대학에서 주는 장학금을 포기하고 군에 입대하였다. 베트남 전쟁에서 그는 총상을 입었고 이로 말미암아 좌반구 전두엽과 후두엽 일부에 손상을 입게 되었다. Chorpenning 박사는 두 남성에게 자신을 소개한 후 Bill에게 자신의 얘기를 들려달라고 부탁하였다. 그는 다음과 같이 답하였다.

"나의 어머니, 음…. 돌아가셨어요. 음.. 음.. 나는.. 음… 15살… 음.., 오… 오… 6달쯤에….어머니가 사망한 지… 그리고… 그리고… 아… 17.. 17… 갔어요… 음…. 고등학교…. 아… 아… 크리스마스… 음… 나.. 피츠버그…"(Goodglass, 1976, p. 239).

Bill은 자신의 이야기를 매우 힘들게 말하였으며, 단어를 말할 때에는 마치 입에서 터져 나오는 듯 하였다. 그의 억양이 한결같지 않았기 때문에 처음에는 그의 말을 이해하는 것이 어려웠지만 시간이 지날수록 Chorpenning 박사는 Bill의 말을 이해할 수 있게 되었다.

젊은 남성은 나이가 20대 후반이었고 이름은 Jim Hurdle이었다. 그는 경동맥류(경동맥이 풍선처럼 부풀어 오른 다음 파열되는 경우)로 말미암아 뇌 손상을 입었다. Chorpenning 박사와 대화를 시작하자 그는 자신이 병원에 입원해 있는 것이 아니라 치과 진료 때문에 아버지가 자신을 병원에 데려왔다고 설명하고자 하였다.

"아… 월요일… 아, 아빠와 Jim Hurdle(자신의 이름 전체를 거론함) 그리고 아빠… 병원, 두… 오, 의사들… 그리고… 아.. 30분… 그리고 예…. 아…. 병원, 그리고 수요일…. 9시, 그리고, 음… 목요일, 10시… 의사들, 두 의사… 그리고…. 아…. 이빨…예…. 좋아요"(Goodglass, 1976, p. 238).

첫 번째 남성처럼 Jim은 매우 느리고 중간중간 쉬어가면서 말을 하였다.

두 남성은 말하는 것의 어려움을 가지고 있음에도 불구하고 Chorpenning 박사가 자신들에게 하는 말 대부분을 이해하는 것처럼 보였다. Chorpenning 박사가 날씨가 마치 봄 같다고 얘기하자 Bill은 따뜻한 바람이 불어오는 열려진 창을 가리켰다. 또한 그녀가 지난 겨울 매섭도록 추웠던 날씨와 비교하여 오늘 날씨가 얼마나 좋은가를 얘기하자 Bill은 스웨터로 자신을 감싸면서 추워서 떠는 시늉을 하였다. 자리에서 일어나기 전에 그녀는 두 사람이 유창하게 말하지 못하는 것에 대해 얼마나 좌절하였는가를 기억하면서 두 남성에게 자신과 대화를 나눈 것에 대해 감사하다는 말을 하였다.

대부분의 사람들은 언어가 인간 고유의 인지 기능으로서 인간과 지구상에 존재하는 다른 종을 구분해 준다고 여긴다. 언어는 아주 오랫동안 신경심리학자와 인지 신경과학자에 의해 연구되어 온 기능이기도 하다. Bill Rieger와 Jim Hurdle과 같은 사람들이 경험하는 증상들로 말미암아 1800년대 말 Paul Broca는 좌우 반구가 각각 다른 기능을 가지고 있다는 것을 처음으로 인식하게 되었고 나아가 오늘날의 신경심리학이 발달할 수 있는 계기가 마련되었다. Broca는 좌반구의 특정 영역에 병변이 있으면 언어 이해의 기능은 비교적 정상 수준으로 유지되지만 말을 유창하게 하는 능력은 상실되는 것을 관찰하였다. **브로카 실어증**(Broca's aphasia)으로 알려져 있는 이 증후군은 언어의 신경학적 구조를 이해하는 창구의 역할을 하였다.

실어증(aphasia)이란 뇌 손상을 입은 후 언어 처리 능력이 상실되는 것을 의미한다. 이 장에서 우리는 다양한 실어증을 통하여 언어의 신경학적 구조에 관해 살펴보고자 한다. 구어(spoken language)와 문어(written language)의 신경학적 구조가 어느 정도 유사하고 어느 정도 다른가에 관해 알아보고자 한다. 비록 대부분의 논의가 영어와 같은 인도유럽(Indo-European) 언어의 신경학적 구조를 중심으로 이루어지겠지만 다른 언어, 즉 아시아 국가들에서 사용되는 언어나 농아가 사용하는 수화의 신경학적 구조에 관해서도 살펴보겠다. 만약 서로 다른 언어들이 보편적인 신경학적 구조를 어느 정도 공유하고 있다면 이는 서로 다른 문법 구조를 가지고 있는 언어들(인도유럽어 대 아시아 언어) 사이에서도 관찰되어야 하며, 또 언어정보가 서로 다른 감각 유형(영어의 말소리 대 수화의 손 움직임)으로 전달되어도 관찰되어야 한다. 이 장의 마지막 부분에서는 언어에 관여하지 않는 것으로 알려져 있는 우반구가 언어 이해에 어떠한 공헌을 하는가를 살펴보겠다.

언어 처리에서 주된 역할을 하는 좌반구

실어증과 분리뇌 증후군을 가지는 환자들(4장 참조)을 통하여 좌반구가 언어 산출에 주된 역할을 하는 것으로 밝혀졌다.

이 사실은 뇌전증 환자에서 언어 처리에 관여하는 뇌 영역을 조사하기 위해 수술 도중 사용되는 두 가지 연구 방법을 통해 지지를 받는다. 연구 방법 중 하나가 4장에서 살펴본 와다 기법(Wada technique)인데, 이는 두 개의 경동맥(carotid arteries) 중 하나에 바비튜레이트(barbiturate)인 나트륨-아모바비탈(sodium amobarbital)을 주사하는 방법이다. 나트륨-아모바비탈을 주사하면 두 대뇌반구 중 한 대뇌반구만이 마비되는 효과가 생긴다. 마비 현상이 일어난 후 검사자는 환자에게 사물이 그려진 일련의 카드를 제시하면서 카드에 그려진 사물의 이름을 말하도록 한다. 나트륨-아모바비탈을 주사하기 전에 환자들은 카드에 그려진 사물의 이름을 이미 정확하게 반응하였다. 만약 마비된 대뇌반구가 언어 산출에 중요한 역할을 담당하는 반구이면 마비 후 환자가 사물의 이름을 말하지 못하게 된다. 전형적으로 이 절차를 다음 날 다른 대뇌반구에 반복 실시한다(Grote, Wierenga, & Smith, 1999). 즉 다음 날에는 바비튜레이트를 다른 경동맥에 주사하여 반대편 대뇌반구를 마비시킨다. 첫 번째 마비에서 언어 기능이 방해를 받더라도 두 번째 주사가 필요한데, 이는 비록 비교적 드문 경우이지만 일부 사람들에서 좌우 대뇌반구 모두가 언어 산출에 관여하기 때문이다.

표 9.1에 와다 기법을 사용한 연구들에서 밝혀진 왼손잡이와 오른손잡이에서 좌반구, 우반구 혹은 좌우 반구 모두가 언어 산출에 관여하는 백분율이 제시되어 있다(Rasmussen & Milner, 1977a). 이 백분율은 신경계의 손상이 없는 사람들을 대상으로 TMS (Khedr, Hamed, Said, & Basahi, 2002)와 fMRI (Springer et al., 1999)를 사용하여 언어의 편재화를 조사한 최근의 연구 결과와도 일치한다. 이렇게 와다 기법을 사용한 연구 결과와 이보다 덜 침습적인 기법을 사용한 연구 결과가 일치하기 때문에 곧 fMRI와 같은 기법이 와다 기법 대신으로 사용될 것이다(Baxendale, 2009; Paolicchi, 2008).

표 9.1에서 볼 수 있듯이 오른손잡이의 경우 우반구가 언어 산출을 통제하는 경우는 매우 드물며, 특히 좌우 반구 모두에 의해 언어 산출이 통제되는 경우는 없다. 이 정보는 **교차 실어증**(crossed aphasia)—오른손잡이에서 우반구의 병변으로 말미암아 초래되는 실어증—의 발병률이 1% 미만이라는 임상 결과와도 일치한다(Benson & Geschwind, 1972).

오른손잡이보다 왼손잡이에서 언어가 더 다양하게 조직화되어 있다. 비록 오른손잡이와 마찬가지로 왼손잡이에서도 언어 산출이 대부분 좌반구에 의해 통제되지만 우반구에 의해 언어 산출이 통제되는 경우가 오른손잡이보다 훨씬 더 많다. 더욱이 일부 왼손잡이의 경우에는 좌우 반구 모두가 언어 산출의 통제에 관여하는 경우가 관찰되지만 이러한 현상이 오른손잡이에서는 거의 관찰되지 않는다.

언어의 국재화(localization) 연구에 사용되는 또 다른 방법이 뇌전증의 병소 조직을 제거하는 수술 전이나 수술 동안 뇌를 전기적으로 자극하는 것이다(Hamaberger, 2007 개관 참조). 이 자극 기법은 뇌의 운동 및 체감각 영역의 위치와 범위를 조사하기 위해 사용된 자극 기법과 매우 유사하며(3장 참조), 이 기법을 사용하여 언어에 중요한 역할을 하는 뇌 영역을 조사한다. 전기적 자극법을 사용한 연구들은 거의 모든 오른손잡이에서는 언어가 좌반구에 위치한다는 결과를 보고하였는데, 이 결과는 뇌 손상 환자를 대상으로 한 연구와 와다 기법을 사용한 연구(Wylie, Luders, & Murphy, 1990)들의 결과와 일치한다. 좌반구가 서로 다른 언어 기능에 어떤 중요한 역할을 하는가를 밝힌 연구들을 살펴보기로 하자.

뇌 손상 환자로부터 추론된 언어의 신경학적 구조

이 책의 서두에서, 우리는 뇌와 정신기능 사이의 관계를 두 가지 관점에서 연구할 수 있다고 하였다. 즉 한 관점은 뇌의 신경학적 구조를 강조하는 입장이고, 또 다른 관점은 뇌에 의해 일어나는 심리 과정을 강조한다. 뇌 손상 후 발병하는 언어장애에 관한 연구는 이 두 관점 모두에서 이루어지고 있다. 언어장애에 관한 초기 연구, 즉 1800년대 중후반의 연구들은 전적으로 신경학적 혹은 의학적 관점에서 이루어졌는데, 즉 특정 뇌 병변으로 말미암아 어떤 특정 언어 장애가 초래되는가에 관심을 가졌다. 대뇌피질의 특정 영역에 손상을 입으면 특정적인 언어장애가 초래되기 때문에 초기에 실어증을 연구한 사람들은 대뇌피질의 각 영역이 언어 처리에 있어 독특한 역할을 가지고 있다고 제안하였다. 즉 한 영역은 단어의 소리 이미지를 인식하고 다른 영역은 말소리를 산출하는 데 중요한 역할을 한다고 제안하였다. 이 모델들은 마치 공장에서 컨베

표 9.1 와다 기법으로 조사한 오른손잡이와 왼손잡이 환자의 언어 산출 통제

		언어 표상(%)		
손잡이	사례 수	좌반구	양반구	우반구
오른손잡이	140	96	0	4
왼손잡이	122	70	15	15

이어 벨트를 따라 제품을 생산하듯이 뇌가 언어를 처리한다고 한다. 즉 한 영역에서 입력을 수용하고, 그런 다음 다른 영역에서 이를 포장하고 마지막으로 또 다른 영역에서 완제품을 내보내는 것과 같은 방식으로 뇌가 언어를 처리한다고 주장한다. 이 관점에서 보면 '무릎뼈들이 넙적다리뼈로 서로 연결된다'는 식으로 언어 처리가 뇌에서 이루어진다고 할 수 있다.

1960년대부터 언어심리학자들은 이와 다른 관점에서 언어의 신경학적 근거에 관해 연구하기 시작하였다. 뇌 손상이 언어 처리에 미치는 효과를 이해하기 위하여 이들은 뇌의 구조보다는 언어의 구조를 더 강조하였다. 이 접근 방법은 이들로 하여금 실어증에 관해 매우 다른 의문을 가지게 하였다. 예를 들어, 언어심리학자들은 실어증을 통해 언어의 기본 구성 요소에 관한 자신들의 이론을 검증하고자 하였다.

이 장에서 우리는 두 관점, 즉 신경학적 관점과 심리학적 관점에서의 언어 과정을 살펴보기로 하겠다. 두 관점 모두 유용한 정보를 제공하기 때문에 이 두 관점은 언어의 대뇌 구조화를 이해하는 데 상호 배반적이 아니라 상호 보완적이라고 여겨진다. 각각의 관점을 살펴본 다음 이 두 관점 모두를 고려하여 언어에 관한 일반적인 견해를 제안하고자 한다. 구어를 먼저 살펴본 다음 문어에 관해 살펴보기로 하겠다.

■ 고전적인 신경학적 개념

이 장의 서두에 소개된 두 남성 환자, Bill과 Jim은 Broca의 환자들이 경험한 것과 유사한 실어증을 가지고 있다. 이 두 환자가 말한 내용을 다시 읽어 보면 그 내용 중에 다음의 특징들을 발견할 수 있을 것이다. 즉 대화 내용의 빈곤을 알 수 있다. 브로카 실어증을 앓는 환자들은 단어를 말하는 것에 상당한 어려움을 보인다. Broca는 자신의 환자들에서 관찰한 이 어려움이 언어에 국한되어 있는 것을 알 수 있었는데, 왜냐하면 이 환자들이 가지는 언어 산출의 어려움이 성대근(vocal muscle)의 마비 때문이 아니었기 때문이다. 이 환자들은 말소리가 아닌 다른 소리들은 낼 수 있었으며, 얼굴을 움직이기 위해, 예를 들어 촛불을 불어 끄기 위해 입과 입술을 사용할 수 있었다. 장애가 언어 영역에 국한되어 있는 것으로 보였기 때문에 Broca는 이 환자들이 손상을 입은 뇌 영역(오늘날 Broca의 이름을 따 이 영역을 브로카 영역이라고 부른다)이 언어 산출(speech output)을 프로그래밍하는 데 중요한 역할을 한다고 여겼다.

비록 언어 산출의 어려움이 브로카 실어증의 가장 두드러진 증상이지만 Bill과 Jim의 대화에서 다른 특징도 관찰된다. 예를 들어 이들이 말하는 문장들이 표준 구조에 맞지 않고 마치 전보와 문자 메시지와 같다는 것을 알 수 있다(예, '도움 바람, 송금요망'). 이 특징을 때로 **전보어**(telegraphic speech)라고 부르는데, 이는 이 환자들이 명사나 동사와 같은 내용어(content words)만을 말하는 경향이 있기 때문이다. 반면 기능어(function words)와 단어의 어미(word ending)는 생략되는 경향이 있다. 접속사(예, *but, and*)와 전치사(예, *around, behind, about*)와 같은 기능어들이 Bill과 Jim과 같은 환자의 대화에 생략되어 있다. 기능어는 단어들 사이의 관련성에 관한 정보를 제공하기 때문에 언어 이해에 중요하다. 어미 역시 언어 이해에 중요한 의미를 전달한다. 예를 들어 단어의 끝에 *-ing*가 제시되면 현재 어떤 행동이 일어나고 있다는 것을 의미한다. 다음 절에서, 즉 브로카 실어증에 관한 심리학적 관점을 논의할 때 이러한 특징들을 다시 살펴보겠다.

지금까지 브로카 실어증이 좌반구에 손상을 입을 때 초래된다는 것을 제외하고는 특정 병변 부위에 관해서는 언급되지 않았다. 그러나 앞 장들에서 우리가 습득한 지식들을 활용하면 브로카 실어증을 초래하는 뇌 병변 부위를 충분히 추측할 수 있다. 첫째, 병변 부위가 중심열의 전측인지 후측인지를 추측해 보라. 힌트를 주면 다음과 같다. 브로카 실어증의 가장 두드러진 행동장애가 언어 이해는 비교적 유지되는 반면 언어 산출이 심각한 장애를 받는 것이라는 것을 기억하라. 이 힌트를 사용하면 브로카 실어증이 중심열의 전측 부위의 손상으로 초래된다고 추론할 수 있는데, 이는 전측 영역들이 운동 산출에 관여하기 때문이다. 그러면 병변 부위가 운동띠(motor strip)에 포함되어야만 하는가를 추측해 보자. 병변 부위가 운동띠에 포함되어서는 안 된다고 결론을 내릴 수 있는데, 왜냐하면 브로카 실어증이 안면근육이나 성대근육의 마비 때문에 초래되지 않기 때문이다. 마지막으로 브로카 실어증을 초래하는 병변 부위가 전두엽의 복측 혹은 배측 부위인가를 생각해 보자. 이 결정은 다소 어렵지만 만약 운동띠의 구조를 기억하고 있다면 병변 부위가 복측이라고 추측할 수 있는데, 왜냐하면 머리와 얼굴의 운동을 담당하는 영역이 운동띠의 하측 부위이기 때문이다. 실제로 브로카 실어증은 전형적으로 운동띠 중 얼굴의 움직임을 담당하는 부위보다 전측에 위치하는 병변의 손상으로 초래된다(● 그림 9.1)(Damasio, 1991).

Broca 환자들 중 2명에 대한 구조적 신경영상 연구가 브로카 실어증에 관여하는 피질하 영역과 피질 영역에 관한 추가적인 단서를 제공한다(Dronkers, Plaisant, Iba-Zizen, & Cabanis, 2007). 다른 환자들을 대상으로 한 연구들은 손상이 브로카 영역에만 있을 경우 언어 장애가 일시적으로 일어난다고 보고하고 있다. 대신 브로카 실어증의 모든 증상들이 초래되기 위해서는 브로카 영역 주변의 백질과 피질하 영역들도 병변에 포함된다(Mohr, Pessin, Finkelstein, Funkenstein, Duncan,, & Davis, 1978). 이러한 연구 결과로 말미암아 최근 연구자들은 프랑스 파리의 Dupuytrn 박물관에 100년 이상 동안 보관되어 있는 Broca의 두 환자의 뇌에 다시 관심을 보인다(● 그림 9.2). 연구자들이 정확한 병

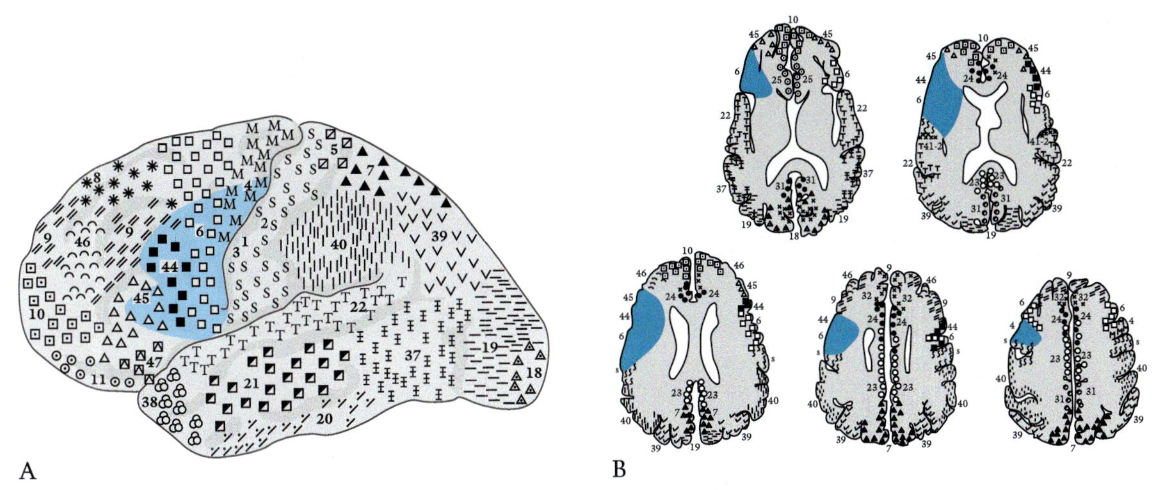

● 그림 9.1 **브로카 실어증을 초래하는 병변 부위.** 브로카 실어증을 앓는 한 환자에서 관찰된 병변 부위이다. (A)는 외측면에서의 병변 위치이고 (B)는 손상을 입은 뇌 영역의 가장 하위(윗줄 왼쪽 슬라이스)에서 가장 상위 영역(아랫줄 오른쪽 슬라이스)을 보여주고 있다. 이 환자에서 관찰되는 손상 부위에는 브로카 영역(브로드만 지도 44번과 45번)뿐만 아니라 운동 영역과 전운동 영역(4번과 6번)도 포함되어 있다. © 2011 Cengage Learning

변을 알아내기 위해 이 뇌들에 대해 MR 스캔을 실시하였다. 그 결과 뇌의 외측면에 위치하는 브로카 영역뿐만 아니라 더 내측 영역에 있는 백질까지 병변에 포함된 것을 관찰하였다(Dronkers et al., 2007). 이 연구는 이 환자들이 보였던 증상과 Broca가 자신이 관찰한 것을 해석한 것에 관한 놀랄만한 정보를 제공한다.

Broca가 실어증에 관한 보고를 한 지 대략 20년이 지난 후 Karl Wernicke가 브로카 실어증과 반대되는 증상, 즉 언어의 이해는 장애를 받지만 유창한 언어 산출이 가능한 언어장애를 보고하였으며, 이 언어장애는 **베르니케 실어증**(Wernicke's aphasia)으로 알려져 있다. 유창함이란 이 증후군을 기술하는 조작적 단어인데, 이는 베르니케 실어증 환자들이 주저함 없이, 정확한 발음으로 그리고 말을 구성하는 모든 요소들을 다 포함하여 언어 산출을 하기 때문이다. 그러나 이 환자들이 하는 말이 앞뒤가 맞지 않는 경향이 있다. 즉 이 환자들의 말은 단어들만 질서 없이 뒤죽박죽으로 나열되어 있는 경향을 보이는데, 이를 말 비빔(word salad)이라고 한다. 실제 베르니케 실어증 환자들의 말은 지나치게 뒤죽박죽이어서 적절한 의학적 훈련을 받지 않은 사람은 이 환자들을 신경과 의사보다는 정신과 의사에게 의뢰할 수도 있다.

다음은 70세된 남성 환자의 말을 예로 제시하였는데, 이 환자는 중대뇌동맥 일부의 경색으로 말미암아 베르니케 실어증을 앓게 되었다. 브로카 실어증 환자들의 말과는 달리 그는 정상적인 속도와 리듬으로 말을 하였고 단지 억양만이 다소 과장되어 있었다. "I feel very well. My hearing, writing been doing well, things that I couldn't hear from. In other words, I used to be able to work cigarettes I don't know how … This year the last three years, or perhaps a little more, I didn't know how to do my any able to" (Goodglass, 1976, p. 239).

베르니케 실어증 환자의 말을 이해하기 어려운 것은 단어들이 앞뒤가 맞지 않게 연결되어 있기 때문만이 아니라 특정 단어를 말하는 데 오류를 보이기 때문이기도 한데, 이를 **착어증**(paraphasias)이라고 한다. 착어는 여러 형태로 표현된다. **의미 착어증**(semantic paraphasia)은 말하고자 의도한 단어와 의미가 유사한 다른 단어로 대체되는 경우이다('barn'을 'house'로 대체). **음소 착어증**(phonemic paraphasia)은 대체된 단어가 의도한 단어와 유사한 발음을 가지는 경우를 의미한다('table'을 'trable' 혹은 'fable'로 대체). 또 다른 경우에는 베르니케 실어증 환자가 **신생어**(neologisms)를 보이기도 하는데, 이는 말소리를 결합하여 단어를 말하지만 실제 존재하지 않는 단어를 말하는 경우이다('galump', 'trebbin').

말을 유창하게 함에도 불구하고 베르니케 실어증 환자는 언어를 이해하는 데 심한 장애를 보인다. 간단한 지시, 예를 들어 "파랑색 정사각형을 지적하세요." 혹은 "숟가락을 집으세요." 등과 같은 지시를 이해하지 못한다. Wernicke는 처음에는 이 환자들이 언어의 '소리 이미지'를 의미와 연결시키지 못하는 것으로 가정하였다.

베르니케 실어증 환자들이 보이는 행동 특징들로 미루어 이 장애를 초래하는 병변 부위를 충분히 추측할 수 있다. 병변 부위가 중심열의 전측 혹은 후측인가? 아마도 후측이라고 여길 것인데, 이는 이 영역들이 감각정보의 해석에 관여하기 때문이다. 그러면 후측 피질 중 어느 부위인가? Wernicke가 이 실어증이 소리 이미지를 의미 혹은 저장되어 있는 정보와 관

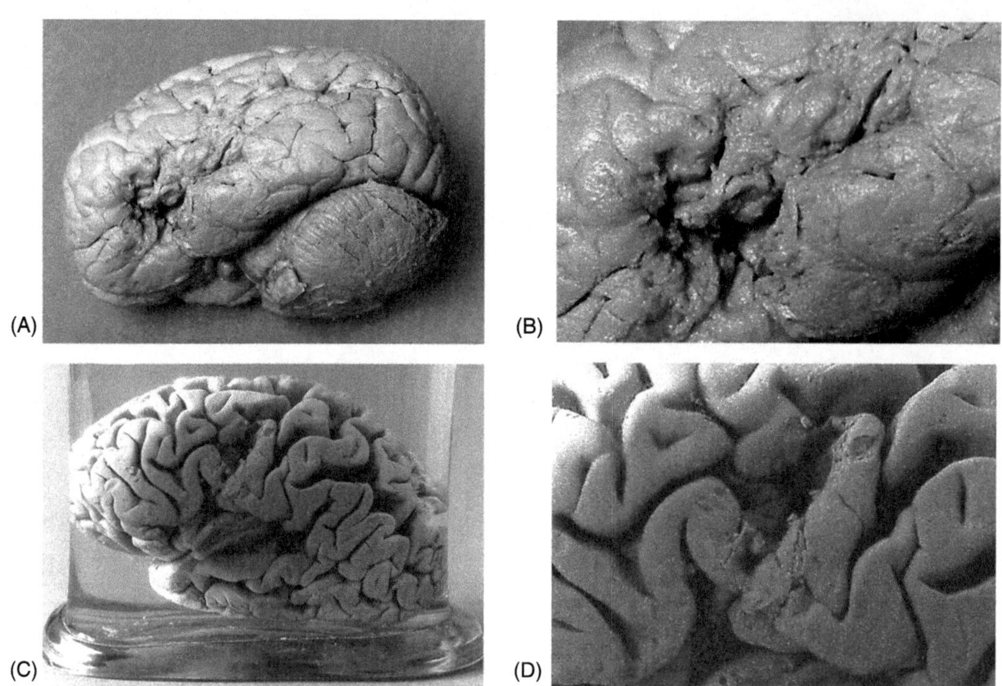

● **그림 9.2 브로카의 최초 두 환자의 뇌의 외측면.** 브로카의 첫 번째 환자였던 Leborgne씨의 뇌가 윗줄(A, B)에 제시되어 있고 두 번째 환자였던 Lelong씨의 뇌가 아랫줄(C, D)에 제시되어 있다. 왼쪽 줄은 전체 뇌에서의 병변 부위를 보여주는 한편(A, C) 오른쪽 줄은 병변 부위를 더 자세하게 보여준다(B, D). Leborgne씨의 뇌병변에는 브로카 영역뿐만 아니라 외측면의 주위 조직도 포함된다. 이와 상반되게 Lelong씨의 뇌병변은 브로카 영역의 후측 부위에 제한되어 있다. 이 뇌들의 신경영상은 두 사례의 병변이 인접한 내측 영역(백질을 포함하여)까지 확장되어 있다는 것을 보여준다. 출처: Dronkers, N. F., Plaisant, O., Iba-Zizen, M. T. & Cabanis, E. A. (2007). Paul Broca's historic cases: high resolution MR imaging of the brain of Leborgne and Lelong. Brain, 130, Figure 3, pg. 1436. By permission of Oxford University Press.

련 짓지 못하는 것으로 기술한 것을 고려하면 후측 뇌 영역 중 어느 영역이 떠오르는가? 우리가 현재 소리 이미지에 관해 논의하고 있기 때문에 이 부위가 일차청각영역인 헤슬회 가까이에 위치하는 상측두엽이라고 추측할 수 있다. 의미의 인출 역시 중요하기 때문에 측두엽의 다른 영역들도 베르니케 실어증을 초래하는 병변 부위일 가능성이 있다. 마지막으로 감각정보가 의미와 연결되어야 하기 때문에 두정엽 역시 병변 부위일 가능성이 있다. ● 그림 9.3에서 볼 수 있듯이 베르니케 실어증을 초래하는 병변 부위는 앞서 언급한 모든 부위들 가까이에 위치한다. 즉 전형적으로 이 부위는 헤슬회 근처인 측두엽, 두정엽과 후두엽의 경계에 위치한다.

베르니케 실어증을 초래하는 병변이 베르니케 영역에 국한되어 있는 것이 아니라 이 영역 주변의 조직들도 포함된다는 것을 인식하는 것이 중요하다. 이러한 상황은 브로카 실어증과 유사한데, 즉 브로카 실어증이 초래되기 위해서는 브로카 영역뿐만 아니라 주변 영역, 대부분의 경우는 브로카 영역 아래에 있는 백질도 손상되어야 한다. 따라서 비록 브로카 영역과 베르니케 영역이 각각 브로카 실어증과 베르니케 실어증에서 주된 손상 부위들이지만 이 영역들만의 손상으로는 실어증후군이 초래되지 않는다. 또한 적어도 일부 환자들에서는 실어증후군, 예를 들어 베르니케 실어증이 베르니케 영역이 손상을 입지 않아도 초래된다(Dronkers, 2000). 따라서 실어증상은 전측 뇌 영역의 병변 혹은 후측 뇌 영역의 병변 후 초래되는가에 따라 구분된다.

Wernicke는 자신의 이름을 따서 불리는 실어증만 발견한 것이 아니라 다른 유형의 실어증도 존재한다고 제안하였는데, 이 유형의 실어증에 관해서는 다음에 살펴보겠다. Wernicke는 언어의 신경학적 조직에 관한 기초적인 청사진을 제안하였다. 즉 그에 의하면 브로카 영역은 언어 산출에 중추적인 역할을 담당하고 베르니케 영역은 언어 이해에 중요하다고 여겼다. 더 나아가 그는 이 두 영역을 연결하는 경로에 손상을 입으면 방금 들은 말을 복창하는 것의 어려움이 특징인 또 다른 유형의 실어증이 초래된다고 주장하였다. 비록 두 영역을 연결하는 경로에 손상을 입더라도 브로카 영역과 베르니케 영역은 손상을 입지 않기 때문에 언어 산출과 언어 이해는 정상적으로 기능한다. 그러나 방금 들은 말을 복창하는 것의 어려움이 관찰되는데, 이는 베르니케 영역에 의해 수용된 소리 이미지가 말 산출에 관여하는 브로카 영역으로 전달되지 못하기

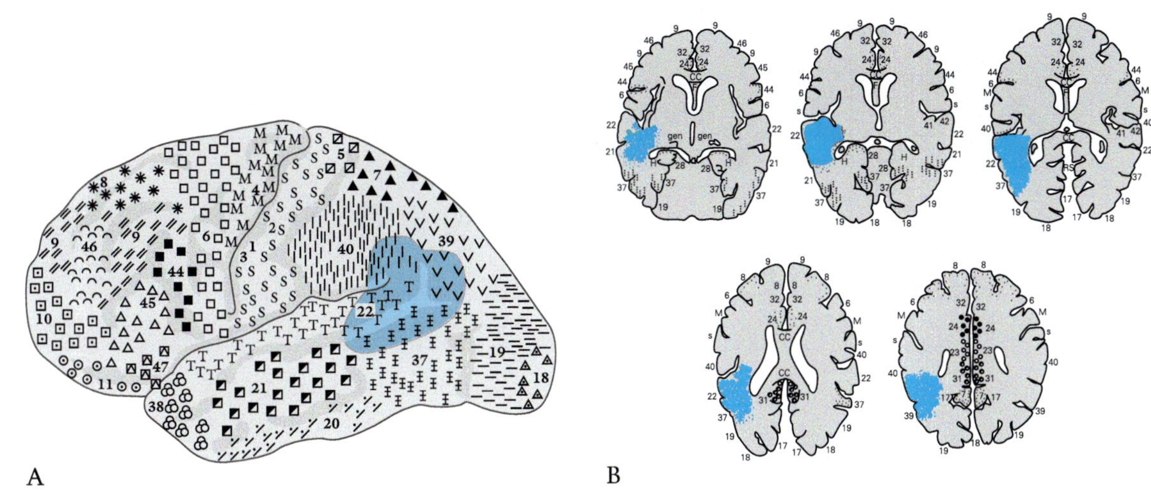

● **그림 9.3. 베르니케 실어증을 초래하는 병변 부위.** 베르니케 실어증을 앓는 한 환자에서 관찰된 병변 부위이다. (A)는 외측면에서의 병변 위치이고 (B)는 손상 영역의 가장 하위(윗줄 왼쪽 슬라이스)에서부터 가장 상위 영역(아랫줄 오른쪽 슬라이스)을 보여 주고 있다. 일반적으로 베르니케 영역(브로드만 22번)뿐만 아니라 일차청각영역(41번과 42번)도 손상되어 있다. 때로 병변이 중측두회(37번의 일부와 21번)와 각회(39번)까지 확장되어 있다. © 2011 Cengage Learning

때문이다. 이 증후군은 **전도성 실어증**(conduction aphasia)으로 알려져 있다. 전도성 실어증 환자들은 단어를 복창하도록 요구받으면 자주 음소 착어증을 보이거나 다른 단어로 바꾸어 말하거나 혹은 전혀 복창하지 못한다.

3장에서 우리는 손상되지 않은 여러 뇌 영역을 연결하는 경로에 손상을 입을 경우 초래되는 증후군을 **분리증후군**(disconnection syndrome)이라고 부른다는 것을 살펴보았다. 전도성 실어증이 분리증후군의 좋은 예인데, 이는 소리 이미지를 처리하는 뇌 영역(베르니케 영역)이나 언어 산출을 담당하는 영역(브로카 영역)에 손상을 입었기 때문이 아니라 한 손상되지 않은 영역에서 다른 손상되지 않은 영역으로 정보가 전달되지 못하기 때문에 초래되기 때문이다. 즉 두 영역 사이의 의사소통 케이블선이 끊어진 것과 유사하다. 실제로 **궁상속**(arcuate fasciculus)이라고 알려진 큰 신경섬유로(nerve-

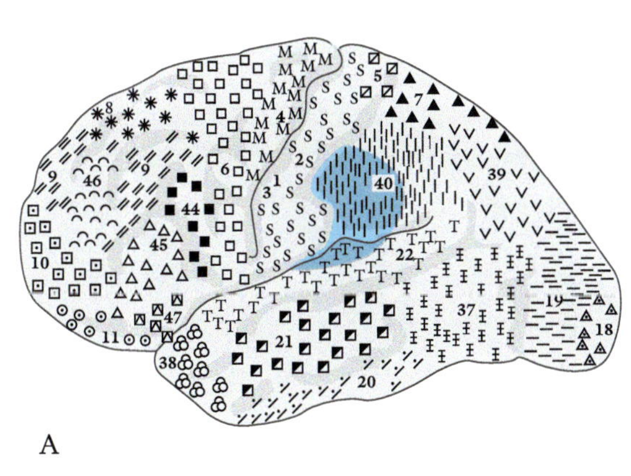

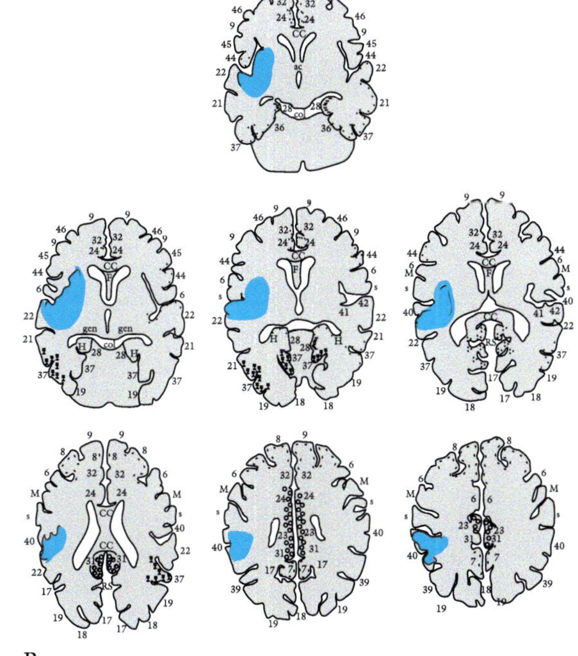

● **그림 9.4 전도성 실어증을 초래하는 병변 부위.** 여섯 명의 전도성 실어증 환자들에게서 관찰된 병변 부위이다. (A)는 외측면에서의 병변 위치이고 (B)는 손상 영역의 가장 하위(윗줄 왼쪽 슬라이스)에서부터 가장 상위 영역(아랫줄 오른쪽 슬라이스)을 보여 주고 있다. 병변 부위에는 뇌섬엽(실비안 열 안에 묻혀 있는 부위, 브로드만의 22, 41과 42번이 포함된다)이 포함된다. 연상회(40번)의 상측 영역도 자주 손상되어 있다. 그림에 표시되어 있는 병변 부위가 그림 9.1과 그림 9.3에 표시되어 있는 병변 부위들 사이에 위치하는 것에 주목하라. © 2011 Cengage Learning

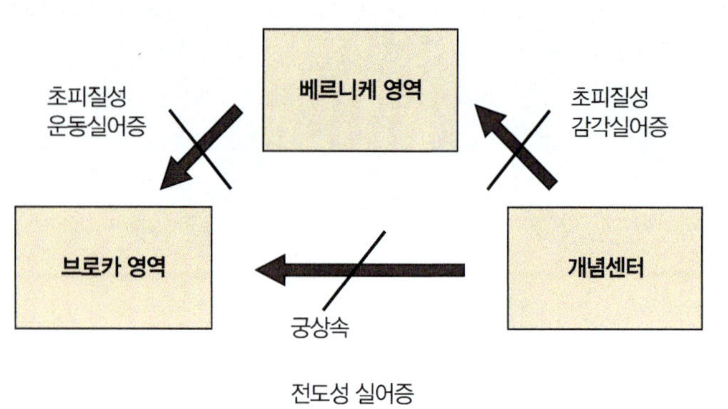

● **그림 9.5 Lichtheim의 언어 과정 모델.** Lichtheim의 이론은 베르니케 영역에서 처리된 단어의 소리이미지가 궁상속이라고 불리는 신경섬유다발을 통하여 언어 산출에 관여하는 브로카 영역으로 전달된다고 주장한다. 브로카 영역과 베르니케 영역 사이에 위치하는 부위에 손상을 입으면 전도성 실어증이 초래된다. 이에 덧붙여서 베르니케 영역으로부터 전달되는 정보가 개념센터에 전달되지 못할 경우에도 언어장애가 초래되고(초피질성 감각 실어증) 혹은 개념센터의 정보가 브로카 영역에 전달되지 못할 경우에도 언어장애가 초래된다(초피질성 운동 실어증). © 2011 Cengage Learning

fiber tract)가 이 두 영역을 연결하며, 거의 대부분의 전도성 실어증에서 이 신경섬유로의 일부와 주위의 뇌 조직이 손상되어 있다(● 그림 9.4).

1800년대 말 Lichtheim을 비롯한 다른 학자들은 Wernicke의 모델을 더 확장한 모델을 제안하였다. 즉 이들은 언어 산출에 관여하는 뇌 영역과 소리 이미지를 처리하는 뇌 영역 외에도 단어의 의미를 저장하는 뇌 영역인 **개념센터**가 존재한다고 제안하였다. 이 세 요소 모델(three-part model)이 ● 그림 9.5에 묘사되어 있다. 단일의 '개념센터'가 뇌에 존재하지 않는다고 추후에 밝혀짐에 따라 비록 이 모델이 단점을 가지고 있는 것으로 알려졌지만 자주 관찰되는 특정 실어증후군이 존재하는 것을 예견하는 데 이 모델이 유용하게 사용되었다. 이 증후군들의 특징에 대해 살펴보기로 하자.

실어증 연구자들은 개념센터와 다른 언어 처리 체계들 사이의 연결이 손상될 경우 어떤 언어장애가 초래되는가에 큰 관심을 가졌었다. 이들은 만약 개념센터와 언어 산출 센터(브로카 영역)가 분리되면 말을 하고자 하는 생각이 말로 전환되지 못하기 때문에 대부분의 언어 산출이 장애를 받을 것이라고 가정하였다. 그러나 브로카 영역 자체는 손상을 입지 않기 때문에 다른 경로를 통하여 브로카 영역과 연결되면 적어도 어느 정도의 언어 산출이 가능할 것으로 가정하였다. ● 그림 9.5에서 볼 수 있듯이 베르니케 영역에 위치하는 소리 이미지 체계는 의미 체계를 통해서뿐만 아니라 직접적으로 브로카 영역과 연결되어 있다. 따라서 손상을 입지 않은 직접적 경로를 통하여 방금 들은 말을 자동적으로 따라 말할 수 있는 능력, 즉 복창 능력이 유지될 것이라고 실어증 연구자들은 가정하였다. 실제 이러한 증후군이 존재하며, 이는 **초피질성 운동 실어증**(transcortical motor aphasia)이라고 불린다. 이 환자들은 브로카 실어증 환자들에서 관찰되는 증상과 유사한 증상을 보

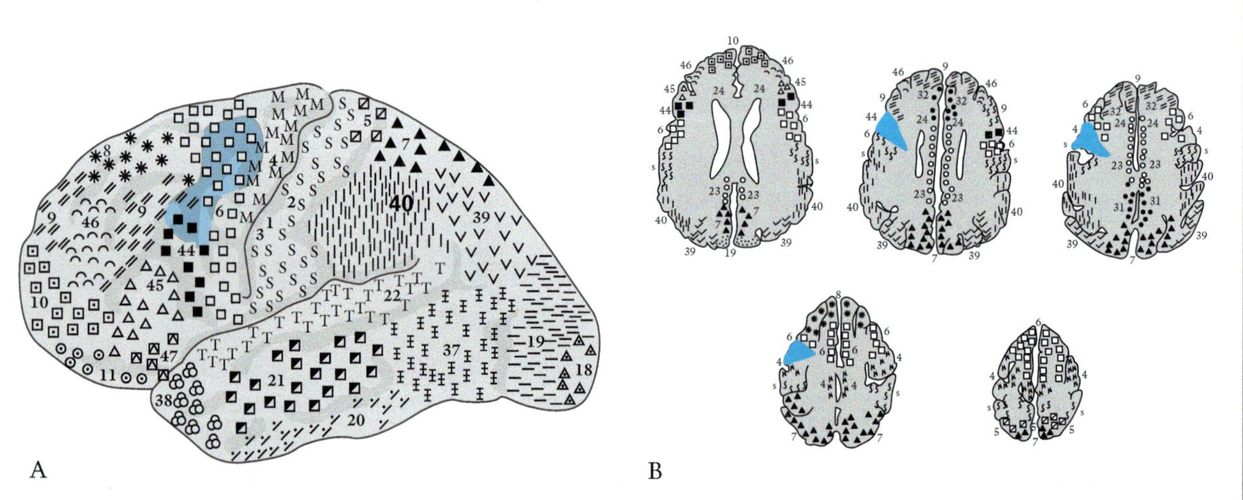

● **그림 9.6. 초피질성 운동 실어증을 초래하는 전형적인 병변 부위.** (A)는 외측면에서의 병변 위치이고 (B)는 손상 영역의 가장 하위(윗줄 왼쪽 슬라이스)에서부터 가장 상위 영역(아랫줄 오른쪽 슬라이스)을 보여 주고 있다. 일반적으로 병변이 브로카 영역의 바깥, 더 전측 혹은 더 상측에 위치한다. 이 환자의 경우 브로카 영역 위에 위치하는 좌반구 전운동 영역과 운동 영역이 손상되어 있다. © 2011 Cengage Learning

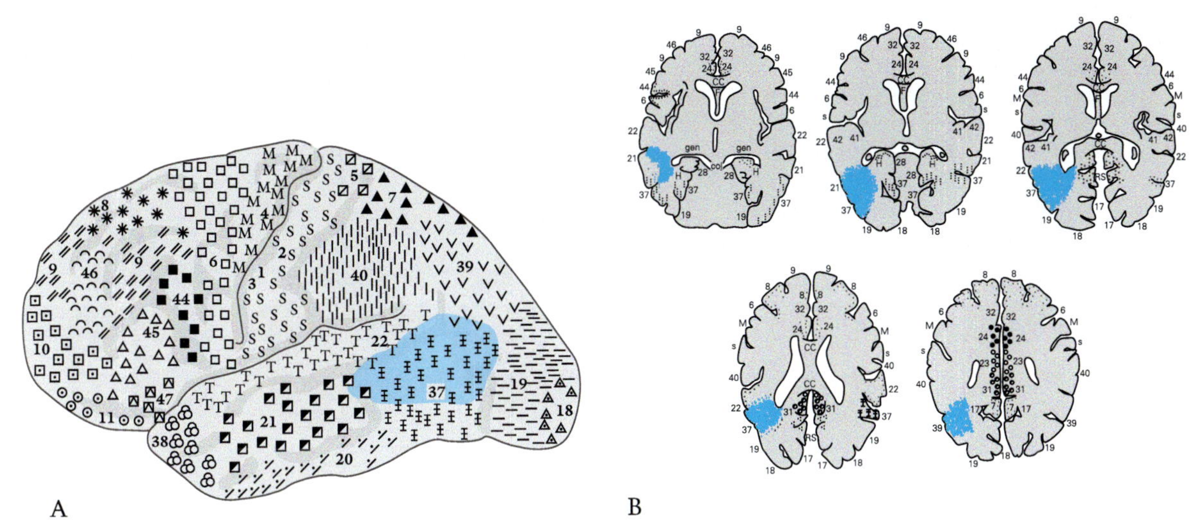

● **그림 9.7 초피질성 감각 실어증을 초래하는 병변 부위.** 여섯 명의 초피질성 감각 실어증 환자들에서 관찰되는 병변 부위이다. (A)는 외측면에서의 병변 위치이고 (B)는 손상 영역의 가장 하위(윗줄 왼쪽 슬라이스)에서부터 가장 상위 영역(아랫줄 오른쪽 슬라이스)을 보여주고 있다. 이 유형의 실어증에서는 베르니케 영역(22번)이 완전히 손상되지 않지만 측두엽의 후측 영역(37번)은 항상 손상된다. 때로 각회(39번)와 선조외 영역(19번)도 손상된다.

이고, 단지 이들에게 복창 능력이 유지된다. 때로 이 환자들은 방금 들은 말을 강박적으로 따라 말하는데, 이러한 특징을 **반향어**(echolarlia)라고 한다. 이 증후군을 초래하는 전형적인 병변 부위가 ● 그림 9.6에 제시되어 있다.

또한 실어증 연구자들은 단어의 소리 이미지를 처리하는 영역과 개념센터 사이의 연결이 분리될 경우 초래되는 장애에 관해서도 관심을 가지고 연구하였다. 이들은 이 분리가 단어의 의미를 해석하는 것의 장애를 야기할 것이라고 가정하였다. 그러나 소리 이미지를 담당하는 영역과 언어 산출 영역은 손상을 입지 않기 때문에 방금 들은 단어를 복창하는 것이 가능할 것이라고 가정하였다(그림 9.5). 이러한 특징을 가지는 증후군 역시 관찰되었으며 이는 **초피질성 감각 실어증**(transcortical sensory aphasia)으로 알려져 있다. 이 증후군을 가지는 환자는 베르니케 실어증 환자와 유사한 증상을 보이고 단지 이 환자들은 복창과 반향어를 보인다. 이 증후군과 관련된 전형적인 병변 부위가 ● 그림 9.7에 제시되어 있다.

마지막으로 실어증 연구자들은 언어 체계의 여러 부위에 광범위한 손상을 입을 경우(예, 언어 산출 센터와 소리 이미지 센터 모두에 손상을 입음) 언어 이해뿐만 아니라 언어 산출에도 어려움을 가질 것으로 가정하였다. 이러한 특징을 가지는 실어증 역시 관찰되었으며, 이를 **전실어증**(global aphasia)이라고 한다. 이 증후군은 좌반구 브로카 영역과 베르니케 영역뿐만 아니라 이 두 영역 사이에 위치하는 영역들을 포함한 광범위한 부위의 손상으로 초래된다(● 그림 9.8).

표 9.2에는 주요 실어증 증후군의 목록과 주요 특징들이 기술되어 있다. 다양한 증후군들이 서로 다른 명칭으로 불리고 있다. 예를 들어 브로카 실어증은 **비유창성 실어증**(nonfluent aphasia), **실문법 실어증**(agrammatic aphasia) 혹은 **전측 실어증**(anterior aphasia)으로 불리는 한편, 베르니케 실어증은 **유창성**(fluent) 혹은 **후측 실어증**(posterior aphasia)으로도 불린다. ● 그림 9.9는 표 9.2에 기술되어 있는 각 실어증의 전형적인 병변 부위를 요약, 묘사하고 있다(실

표 9.2 주요 실어증후군의 특징

실어증 유형	자발적 언어	착어증	이해	복창	명칭
브로카	비유창	흔하지 않음	유지	손상	손상
베르니케	유창	흔함(언어)	손상	손상	손상
전도성	유창	흔함(문자)	유지	손상	손상
초피질성 운동	비유창	흔하지 않음	유지	유지(반향어)	손상
초피질성 감각	유창	흔함	손상	유지(반향어)	손상
전실어증	비유창	다양함	손상	손상	손상

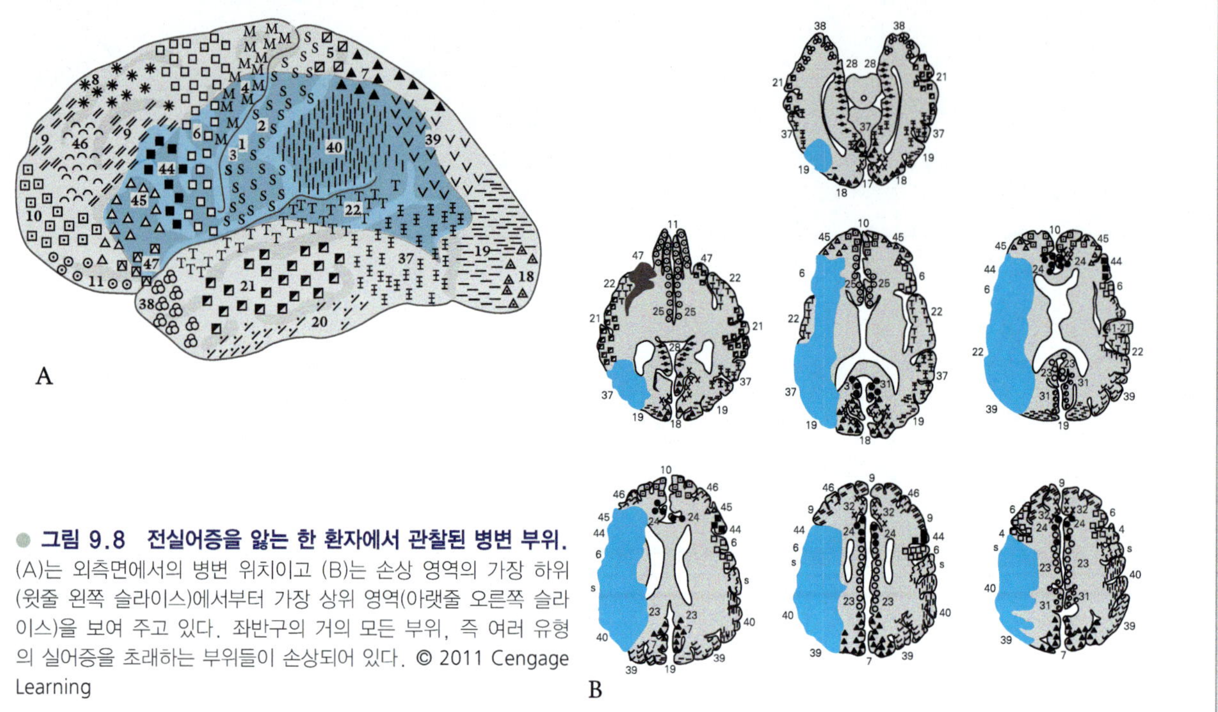

● **그림 9.8 전실어증을 앓는 한 환자에서 관찰된 병변 부위.** (A)는 외측면에서의 병변 위치이고 (B)는 손상 영역의 가장 하위(윗줄 왼쪽 슬라이스)에서부터 가장 상위 영역(아랫줄 오른쪽 슬라이스)을 보여 주고 있다. 좌반구의 거의 모든 부위, 즉 여러 유형의 실어증을 초래하는 부위들이 손상되어 있다. © 2011 Cengage Learning

어증에 관한 최근 개관은 Hillis, 2007 참조).

비록 Lichtheim의 세 요소 모델은 유용하기는 하지만 실어증의 모든 증상을 적절하게 설명하지 못한다. 이 모델이 가지는 주된 단점은 뇌 손상 이후에 초래되는 언어장애를 지나치게 단순하게 설명한다는 것이다. 예를 들어 이 모델은 브로카 실어증이 언어 산출 센터의 손상으로 말미암아 초래된다고 제안한다. 그러나 앞으로 살펴보겠지만 브로카 실어증 환자들이 경험하는 어려움은 언어 산출에 국한되어 있지 않다. 다음 절에서 실어증의 복잡한 증상들을 언어심리학적 관점에서 살펴보기로 하자.

■ 언어심리학적 관점

1960년대 이후부터 심리학자들과 언어심리학자들이 실어증에 관심을 가지게 되었는데, 이들은 언어의 심적 구조(mental structure of language)를 밝히는 한 수단으로 실어증을 활용하였다(Hillis, 2007). 언어심리학자들은 전통적으로 언어를 세 가지 주된 요소, 즉 **음운**(phonology), **통사**(syntax)와 **의미**(semantics)로 구분한다. 간략하게 말하면 음운론은 언어를 구성하는 소리와 소리 결합의 규칙에 관한 것을 연구하고 통사론은 문법 규칙에 관한 것을 의미하며, 의미론은 언어의 의미에 관한 것이다. 다음 절들에서 이 언어 요소들과 이 요소들이 실어증에 의해 어떤 영향을 받는가에 관해 살펴보기로 하자.

● **그림 9.9 다양한 유형의 실어증을 초래하는 병변 부위.** 그림에 제시되어 있는 번호는 브로드만 영역을 나타낸다. © 2011 Cengage Learning

음운

방금 언급한 바와 같이 음운은 언어의 소리에 관한 규칙을 의미한다. 언어학자들은 말소리를 두 가지로 구분하는데, 즉 음소와 음성으로 구분한다. **음소**(phoneme)는 의미를 전달하는 소리의 가장 기본적인 단위이다. 예를 들어 /b/와 /p/는 그 자체로는 아무런 의미를 가지고 있지 않지만(//는 말소리를 표시하기 위해 사용되며 /b/소리는 철자 b와 구분된다),

/bat/와 /pat/은 서로 다른 의미를 가진다. 이와 반대로 말소리의 **음성**은 특정한 경우 혹은 특정한 맥락에서 어떻게 발음되어야 하는가를 기술한다. 예를 들어, 'pill'에서 /p/는 기식음인 반면 'spill'의 /p/는 기식음이 아니다.

브로카 실어증 환자들이나 언어 산출의 장애를 가지는 다른 유형의 실어증 환자들은 한 음소의 정확한 변형(이음)을 산출하는 데 어려움을 보이는데(Blumstein, 1991), 이는 이들이 말소리를 정확하게 발음할 수 없다는 것을 의미한다. 동일한 음소를 서로 다른 이음으로 발음하기 위해서는 조음근육(articulatory muscle)을 정확하게 통제하는 것이 요구된다. 즉 각 이음은 아주 미묘한 정도로 서로 다르게 발음되어야 하는데, 이런 섬세하고 정확한 발음이 브로카 실어증 환자들에게 부족하다.

이와 반대로 베르니케 실어증 환자들과 다른 유창성 실어증 환자들은 주어진 음소의 이음을 정확하게 발음하는 데 거의 어려움을 보이지 않는다. 그러나 이들은 정확한 음소를 산출하는 데는 어려움을 보인다. 이는 말소리의 음소적 표상과 음성적 표상이 서로 구분된다는 것을 시사한다. 브로카 실어증 환자들은 말소리의 정확한 음성 및 음소적 표상 모두를 산출하는 데 장애를 가지는 한편 베르니케 실어증 환자들은 단지 음소적 표상의 산출에만 어려움을 가진다.

실어증에서 말소리의 음소 표상의 장애가 체계적으로 나타나며, 이는 말소리가 일련의 변별 특징(distinctive features)들로 구성된다고 여기는 언어심리학적 관점에서 잘 설명된다. 언어학 이론에 의하면 자음은 변별 특질에서 서로 다른데, 즉 **조음 위치**(place of articulation)와 발성(voicing)에서 서로 다르다. 이 두 특질은 공기가 폐에서부터 성도(vocal tract)를 따라 이동하는 것을 기술한다. 조음 위치는 성도에서 날숨(폐에서 나오는 숨)이 차단되는 위치를 의미한다. 예를 들어 /b/와 /p/는 순음(labial stops)으로 알려져 있는데, 이는 날숨이 입술에서 일단 정지되기 때문이다. 한편 /d/와 /t/는 치조음 혹은 치경음(alveolar stop)인데, 이는 앞니 뒤에 위치하는 치경(alveolar ridge)에 혀가 위치할 때 날숨이 정지되기 때문이다. 또한 /g/와 /k/는 연구개음 혹은 연구개 폐쇄음(velar stops)인데, 이는 날숨이 입 뒤의 연구개 혹은 여린입천장(velar or soft palate)에서 정지되기 때문이다. 이 자음들을 지금 한 번 발음해 보면 날숨이 서로 다른 위치에서 정지되는 것을 분명하게 알 수 있을 것이다. **발성**(voicing)은 폐쇄음을 발음하기 위해 공기를 배출하는 것과 성대의 진동 사이의 시간을 의미한다. 자음을 발음할 때는 공기의 배출과 성대의 진동이 동시에 일어나는 반면(/b/, /d/, /g/), 무성음의 경우(/p/, /t/, /k/)에는 공기의 배출이 일어난 후까지 성대가 진동을 시작하지 않는다. 따라서 둘 다 순음인 /b/와 /p/의 유일한 차이는 /b/의 경우 공기 배출과 성대의 진동이 동시에 일어나는 반면 /p/의 경우에는 공기의 배출이 성대의 진동보다 대략 40~80밀리초 정도 더 일찍 일어난다는 것이다(여러분이 다음 문장을 말하거나 들을 경우 여러분은 뇌가 얼마나 정확한가를 느낄 수 있을 것이다. "Pat, it's your turn to bat").

음소의 변별 특질이 실어증 환자들에게서 관찰되는 말 산출 오류와 언어 이해의 장애 모두에 영향을 미치는 것으로 알려지고 있다. 음소 오류를 보일 때 실어증(실어증 유형과는 무관하게) 환자들은 두 가지 변별 특질, 즉 조음 위치와 발성 모두에서 서로 다른 음소(예, /t/를 /b/로 발음)를 말하기보다 한 변별 특질에서만 서로 다른 음소(예, 발성에서만 서로 다른 /p/를 /b/로 발음)로 대체하는 경향을 훨씬 더 자주 보인다(Blumstein, 1991). 대부분의 실어증 환자들이 음소 산출뿐만 아니라 음소 지각에서도 변별 특질을 구분하는 데 어느 정도 어려움을 보인다고 한다(Miceli, Gainotti, Caltagirone, & Masullo, 1980). 모든 변별 특질들의 지각이 동일한 정도로 장애를 받지는 않는데, 이는 어떤 특질들은 다른 특질들에 비해 덜 혼동스럽기 때문이다. 예를 들어, 조음 위치에 근거한 오류(예, /pa/ 대 /ta/)가 발성에 근거한 오류(예, /pa/ 대 /ba/)보다 훨씬 더 자주 관찰된다(Baker, Blumstein, & Goodglass, 1981).

음운 이론에는 우리가 방금 살펴본 언어의 소리에 관한 것뿐만 아니라 소리들이 결합하는 규칙에 관한 것도 포함된다. 예를 들어, 영어에서 'casmeck'은 말소리들이 규칙에 맞게 결합된 것인 반면 'cnamzik'은 말소리들이 규칙에 맞지 않는 경우이다. 앞서 살펴본 바와 같이 실어증 환자들, 특히 베르니케 실어증 환자들은 말소리를 전혀 새로운 방식으로 결합하여 일종의 신생어를 만들어 내는 경향이 있다. 이 신생어들이 말소리 결합 법칙에 부합되기 때문에 단어가 될 수 있지만 특수한 결합이기 때문에 실제 단어는 아니다. 이러한 사실은 실어증 환자들이 자신들이 사용하는 언어의 음운 법칙을 이해하고 있다는 것을 시사한다.

요약하면 실어증은 음운 과정의 두 가지 주요한 점에서 장애를 가진다. 첫째, 음소의 음성 표상(phonetic representation)이 비유창 실어증 환자들에서 손상되어 있다(그러나 유창 실어증 환자들에서는 손상되지 않는다). 둘째, 말 산출 시 음소를 대체하는 것과 음소 구분을 어려워하는 것이 유창 실어증과 비유창 실어증 모두에서 관찰된다. 실어증 환자들의 언어장애를 분석하면 말소리의 발음 표상과 음소 표상이 서로 구분되는데, 즉 음소 표상은 발음 표상이 정상적으로 기능하더라도 손상될 수 있다는 것이다. 이러한 장애에도 불구하고 실어증 환자들의 말을 분석하면 이들이 특정 음소의 결합에 관한 규칙을 유지하고 있는 것으로 여겨진다.

통사

언어의 두 번째 기본 요소가 통사(syntax)인데, 이는 문장에서 단어들이 어떻게 나열되는가에 관한 규칙을 의미한다. 예를 들어, 영어를 사용할 경우 우리는 일반적으로 주어-동사-목적어(SVO)의 순으로 단어를 나열하지만(예, The cat chased a mouse) 터키어에서는 표준 어순이 주어-목적어-동사(SOV)이다. 한 언어에서도 다양한 통사적 형태나 틀을 사용하는 것이 허용된다. 영어에서 SVO의 어순은 능동형(active voice)이고 OVS는 수동형(passive voice)이다[예, The lobber(목적어) was chased(동사) by the police officer(주어)].

특정 유형의 실어증을 앓는 환자, 특히 뇌의 전측 부위의 병변 때문에 실어증을 앓는 환자들은 언어의 통사적 측면에서 장애를 보인다. 이 장의 서두에 제시된 남성 환자의 말에서 기능어와 단어의 어미가 생략되어 있는 것과 단어들이 표준 통사틀에 맞지 않게 나열된다는 것을 알 수 있다. 역사적으로 연구자들은 전측 실어증 환자들이 기능어와 전치사를 생략하는 것이 이들이 통사의 장애를 가지고 있어서가 아니라 언어 산출의 장애가 심각하여 가장 적은 노력으로 의미를 가장 잘 전달하기 위해 동사와 명사를 사용하기 때문이라고 가정하였다. 그러나 전측 실어증 환자들은 말 산출과 언어 이해 모두에서 문법적 장애를 보인다. 따라서 전측 실어증을 **실문법 실어증**(agrammatic aphasia)이라고도 부른다. 예를 들어 전측 실어증 환자들은 문법적 표지(syntactic marker)에 민감하지 못하기 때문에 "The cat chased the kitten."과 같은 능동형 문장과 "The cat was chased by the kitten."과 같은 수동형 문장 모두 SVO 어순을 가진다고 여긴다. 이들은 조동사 'was'와 전치사 'by'와 같은 문법적 표지가 비표준적 OVS(목적어-동사-주어)의 어순을 나타낸다는 것을 무시한다. 그 결과 각 문장의 의미를 나타내는 그림을 선택하라고 지시하면 이 환자들은 두 문장에 대해 동일한 그림을 선택하는데, 즉 어른 고양이가 어린 고양이를 쫓아가는 그림을 두 문장 모두에 대해 선택한다.

이러한 통사 장애가 서로 다른 문법적 표지를 가지는 서로 다른 언어들에서 일관되게 관찰된다. 예를 들어 영어에서 정관사는 'the' 하나밖에 없지만 다른 많은 나라들에서 사용되는 언어의 경우 문장의 주어에 해당되는 단어에 붙여지는 'the'와 목적어에 해당되는 명사에 붙여지는 'the'는 서로 다르다. 독일어에서 문장의 주어인 남성 명사에 붙여지는 'the'는 'der'인 한편 문장의 목적어인 남성 명사에 붙여지는 'the'는 'den'이고 명사의 끝에 '-n'이 첨부된다. 따라서 다음과 같은 독일어 문장 "Der Junge Kusste das Madchen."은 "The boy kissed the girl(소년이 소녀에게 키스를 하였다)."을 의미하는 반면 "Den Jungen kusste das Madchen."은 "The girl kissed the boy(소녀가 소년에게 키스하였다)."를 의미한다. 'den'과 'Junge'의 끝에 붙어 있는 '-n'은 소년이라는 단어가 이 문장에서 목적어 역할을 하고 있다는 것을 의미한다. 이 두 문장을 독일어가 유창한 전측 실어증 환자들에게 제시하면 이들은 두 번째 문장에서 소년이 키스를 받고 있다는 것을 인식하지 못하는데, 이는 이들이 덜 전형적인 문법 구조를 나타내는 문법적 표지에 민감하지 못하기 때문이다(von Stockert & Bader, 1976).

서로 다른 통사 구조를 구분하는 것의 어려움을 가지고 있음에도 불구하고 전측 실어증 환자들은 "The ice-cream cone was eaten by the boy(소년이 아이스크림 콘을 먹었다)."와 같은 문장을 이해하는 데는 어려움을 보이지 않는데, 이는 환자들이 유지하는 단어 의미의 이해 능력(즉, 의미론)이 이와 같은 문장을 제한적으로 해석하게 하기 때문이다. 전측 실어증 환자들은 아이스크림이 소년을 먹을 수 없다는 것을 알기 때문에(매우 기이한 공포 영화를 제외하고) OVS 어순에 혼동되지 않는다.

전측 실어증 환자와는 달리 후측 실어증 환자들은 언어의 통사적 측면을 처리하는 데에 거의 어려움을 보이지 않는다. 이 장의 서두에서 언급한 바와 같이 이 환자들은 말을 유창하게 하고 이들의 말 속에 의미가 크게 부족함에도 불구하고 정상적인 말에서처럼 모든 문법적 표지(예, 동사 어미, 전치사, 조동사)가 포함되어 있다.

의미

언어의 세 번째 기본 요소가 의미(semantic)인데, 이는 단어와 단어 결합의 의미에 관한 것이다. 서로 다른 통사 구조를 가지고 있는 문장들이 거의 동일한 의미를 가지고 있을 수 있다. 예를 들어, "The beaver appeared among the reeds on the far side of the lake from where I was standing."은 다음의 문장 "On the side of the lake opposite from where I was positioned, the beaver appeared among the reeds."와 동일한 의미를 가진다.

언어로부터 의미를 추출하는 능력과 의미를 전달하기 위해 단어를 사용하는 능력이 후측 실어증 환자들에서 심각하게 손상되어 있다. 매우 심각한 경우에는 실어증 선별검사로 널리 사용되는 **토큰 검사**(Token Test; DeRenzi, 1980)에 포함되어 있는 다음과 같은 간단한 지시, "파란색 원을 지적하세요." 혹은 "큰 빨간색 정사각형을 지적하세요."를 이해하지 못한다. 이보다 덜 심각한 경우 간단한 명사는 이해하지만 이보다 더 복잡한 언어적 자료는 이해하지 못한다. 더욱이 이러한 언어 이해의 어려움이 여러 자극 유형, 예를 들어 구어와 문어 모두에서 관찰된다. 이러한 사실은 의미 체계에 접근하는 일부 감각체계(청각)보다는 의미 체계 그 자체가 후측 실어증에서 손상되어 있다는 것을 시사한다. 후측 실어증 환자들은 언어 이해의 어려움 못지않게 쓰기와 읽기에서도 어려움을 보이며, 의미를 전달하는 데에도 어려움을 보인다.

이와 상반되게 전측 실어증 환자들은 의미 처리 능력을 정상적으로 유지한다. 즉 이들은 비록 문장의 해석에 문법이 중요한 역할을 하는 경우에는 이러한 문장을 이해하는 데에 다소 어려움을 보이기는 하지만 간단한 지시 정도는 쉽게 수행한다. 예를 들어, 전측 실어증 환자들에게 "파란색 원을 큰 빨간색 정사각형 **위에** 놓으세요."라는 지시를 주면, 이 환자들은 파란색 원을 큰 빨간색 정사각형 옆에 놓는 경향이 있다. 이 환자들이 가지는 통사 장애가 두 항목 사이의 관계를 기술하는 전치구(prepositional phrase)를 이해하는 것을 방해하기 때문이다.

언어 처리의 이중 해리

이제까지 우리는 전측 실어증과 후측 실어증 사이의 차이를 두 가지 독립된 관점에서 살펴보았다. 즉 한편으로는 뇌의 전측 영역이 언어 산출에 중요하고 후측 영역은 언어 이해에 중요하다는 것을 살펴보았다. 또 다른 한편으로는 전측 영역이 통사 처리에 중요하고 후측 영역은 의미 처리에 관여한다는 것을 살펴보았다. 이 두 관점이 각각 나름대로의 장점을 가지고 있지만 두 관점을 종합하는 것이 실제 뇌 영역들이 언어를 어떻게 처리하는가를 가장 잘 설명해 줄 수 있다.

두 유형의 실어증을 앓는 환자들이 어떠한 언어 처리 과정의 어려움을 경험하는가와 무관하게(언어 산출-언어 이해 혹은 통사-의미), 이 실어증들은 언어 처리 과정이 이중 해리(double dissociation)될 수 있다는 것을 보여 준다. 이론적 측면에서 이 해리는 뇌에 **단일의** 언어 센터 혹은 언어 체계가 존재하지 않는다는 것을 말해 준다. 그 대신 언어 체계가 다양한 요소들로 구성되어 있고 각 요소들은 다른 요소들과 어느 정도 독립적으로 기능하고 있다는 것을 시사한다. 이러한 정보는 언어의 신경학적 기제의 이해와 현실적인 측면 모두에서 중요하다. 청각 언어(구어)의 이해와 산출이 각각 서로 다른 체계에 의해 통제되기 때문에 언어 산출에 초점을 맞춘 언어 치료법은 언어 이해의 향상에는 거의 효과적이지 못하다. 이와 마찬가지로 언어의 문법과 의미 또한 각각 다른 신경학적 기제에 근거하기 때문에 의미 있는 말을 하지 못하는 실어증 환자에게 문법을 가르치는 것은 도움이 되지 않는다.

요약하면 인간의 뇌는 언어 기능에 각각 다른 역할을 갖는 두 개의 분리된 하위 언어 체계를 가지고 있는 것으로 여겨진다. 비록 정상적으로 기능하는 뇌에서는 전측과 후측 체계가 긴밀하게 연결되어 서로 상호작용하지만 뇌에 손상을 입은 환자들의 행동을 관찰하면 이 두 체계가 서로 분리될 수 있다는 것을 알 수 있다.

다른 연구 방법으로부터 추론된 언어의 신경학적 구조

1960년대 이후 신경영상 기법과 전기생리적 기법을 사용하여 뇌의 언어 조직화를 조사한 연구들이 많이 발표되었다. 이러한 새로운 연구 기법을 사용한 연구들 중 일부는 실어증 환자를 대상으로 한 연구와 일치하는 결과를 보고한 반면 또 다른 연구들은 실어증에만 근거한 언어 모델의 단점을 밝혀준다. 이 절에서 신경영상 연구들이 언어의 신경학적 구조에 관한 이해를 얼마나 높여주는가를 살펴보겠으며 이 절의 마지막 부분에서는 인간 뇌에서의 언어 과정을 이해하기 위해 실어증에 근거한 모델을 대신하여 좀 더 통합적이고 시스템에 근거한 모델을 제안하고자 한다.

뇌 손상 환자를 대상으로 한 모델과 일치하는 결과

신경영상 기법의 개발과 더불어 뇌 손상 환자들을 대상으로 한 모델이 신경계의 손상을 가지지 않는 사람의 언어 처리를 얼마나 잘 설명하는가를 조사하기 시작하였다. 이러한 연구들은 좌반구 전측과 후측 영역들이 언어에서 서로 다른 역할을 한다는 선행 연구의 결과를 지지하였다. 예를 들어 청각으로 제시되는 비단어와 단어를 구분하는 과제(Frith, Friston, Liddle, & Frackowiak, 1991)의 수행 동안 Wernicke가 단어의 소리 이미지를 처리한다고 제안한 좌반구 상측두 영역의 활성화가 증가하는 것이 관찰되었다. 이와 상반되게 제시된 단어를 듣고만 있을 때보다 복창할 경우 언어 산출에 관여하는 브로카 영역이 활성화한다(Petersen, Fox, Posner, Mintun, & Raichle, 1988).

뇌영상 연구들은 좌반구 전측과 후측 영역들이 각각 통사 처리와 의미 처리에 더 중요하다는 것도 지지한다. 예를 들어, 개인이 다음과 같이 문법적으로 복잡한 문장 "The limerick that the boy recited appalled the priest."를 처리할 때가 다음과 같이 비교적 덜 복잡한 문장 "The biographer omitted the story that insulted the queen."을 처리할 때보다 브로카 영역(BA 44)의 활성화가 더 증가한다(Stromswold, Caplan, Alpert, & Rauch, 1996). 전자의 경우 절(즉 "that the boy recited")이 주어("the limerick")를 동사구("appalled the priest")로부터 분리시키는 한편 후자의 경우 주어("the biographer")와 동사구("omitted the story")가 서로 붙어있다(Stromswold, Caplan, Alpert, & Rauch, 1996). 더욱이 피검자가 의미 판단을 할 경우, 예를 들어 주어진 단어가 생물 혹은 무생물인가를 판단할 경우에는 베르니케 영역 가까이에 위치하는 좌반구 후측 측두두정 피질(BA 39)의 활성화가 관찰된다(Price, Moore, Humphreys, & Wise, 1997). 이에 덧붙여서 무관한 단어나 문장보다는 관련이 있는 문장이나 이야기가 제시되면 후측 측두두정 영역 가까이에 위치하는 영역(BA 22)의 활성화가 더 증가하는 것도 관찰되었다(Price, 1998).

전기생리적 기법을 사용한 연구들 역시 통사를 담당하는 뇌 영역과 의미를 담당하는 뇌 영역들이 서로 구분된다는 결론을 지지한다. 3장에서 언급한 바와 같이 사건관련전위(ERP)의 한 요소인 N_{400}은 청각 혹은 시각으로 제시된 문장 내의 단어가 의미 기대를 져버리게 할 경우, 예를 들어 "He spread the warm bread with socks." 혹은 "The girl dropped the sky on the table." 등과 같은 경우에 초래된다. ● 그림 9.10A에 제시되어 있는 것처럼 이 ERP 요소는 후측 전극 부위에서 크게 나타나며 우반구보다 좌반구에서 더 큰 경향이 있다(Hagoort & Brown, 2000a). 뇌 손상 환자, 두개내 기록법과 뇌자도를 사용한 연구들은 N_{400}이 좌반구 활성화를 반영한다고 주장한다(Van Petten & Luka, 2006). 이 주장은 좌반구 측두 영역에 영향을 미치는 베르니케 실어증이 의미 처리의 어려움을 초래하게 한다는 사실과 일치한다.

이와 상반되게 문장이 문법 규칙에 맞지 않을 경우, 예를 들어 "The spoiled child *throw* the toys on the floor."의 경우에는 다른 ERP 요소가 관찰된다. 이 요소는 P_{600}[때로는 **문법관련 정적 전위**(syntactic positive shift)라는 의미에서 SPS라고도 부름]으로 ● 그림 9.10B에서처럼 후측과 전측 전극 부위 모두에서 관찰된다. 이 요소가 다양한 언어, 즉 독일어, 영어 및 네덜란드어에서 관찰되기 때문에, P_{600}은 특정 언어 체계와는 상관없이 통사에 민감한 것으로 알려져 있다(Friederici, Hahne, & Mecklinger, 1996; Osterhout & Holcomb, 1992; Hagoort & Brown, 2000b). 통사와 의미 체계가 서로 분리된다는 것을 제시하는 또 다른 예로 문장이 의미가 없고 문법 규칙에 어긋나는 경우, 예를 들어 "The boiled watering-can *smoke* the telephone in the cat."에서도 P_{600}이 관찰된다는 것이다(Hagoort & Brown, 1994). 따라서 ERP 연구들은 뇌가 통사와 의미를 서로 다른 방식으로 처리한다는 사실을 지지한다(이에 관한 개관은 Osterhout, McLaughlin, & Bersick, 1997 참조).

비록 이 연구들이 실어증 환자들을 대상으로 한 연구들이 밝힌 언어의 기본 요소들을 지지하는 결과를 제공하지만 최근 연구들은 뇌의 언어 처리에 관한 전통적인 모델이 설명하지 못하는 것이 있다는 것을 보여주는데 다음 절에서 이에 관한 것을 살펴보기로 하자.

■ 전통적 모델에서 설명하지 못하는 부가적 통찰

신경영상 연구들은 언어에 관한 세 가지 주요 통찰을 제공한다. 첫째, 언어의 특정 처리에 관여하는 뇌 영역에 관한 자세한 정보를 제공한다. 두 번째 통찰은 언어의 하위 체계들이 처음에 생각하였던 것처럼 분명하게 구분되지 않다는 것이다. 대신 어느 정도 구분되는 동시에 중복도 되는 네트워크들이 음운, 통사 및 의미 처리에 관여하는 것으로 여겨진다. 세 번째 중요한 통찰은 이 네트워크들의 활성화가 특정 조건 혹은 경험에 의해 수정될 수 있다는 것이다.

뇌 영상 연구들은 언어 과정에 관여하는 신경학적 구조에 관한 우리의 이해를 더 확대시켰다(이에 관한 개관은 Bookheimer, 2002 참조). 이 연구들은 언어 과제의 수행 동안 전통적으로 언어 영역으로 알려진 영역들(예, 브로카 영역, 베르니케 영역) 이외의 다른 좌반구 영역들도 활성화하는 것을 보고하였다. 이 영역들의 대부분이 베르니케 영역 밖의 측두엽에 위치한다(Binder, Frost, Hammeke, Cox, Rao, & Pricto, 1997).

이에 덧붙여서 이 연구들은 언어 처리에 관여하는 피질 구조들에 관한 더 자세한 지도를 제공하였다. 예를 들어 전통적으로 상측두회의 후측 영역이 언어와 관련된 소리만을 처리한다고 알려져 왔다. 그러나 적어도 상측두회의 한 하위 영역이 언어적 자극(단어)뿐만 아니라 비언어적 자극(톤)에 대해서도 활성화하는 것이 보고되었으며, 이는 이 부위가 Wernickerk가 주장한 것처럼 언어와 관련된 청각 특성보다는 일반적인 청각 정보의 특성을 추출하는 데 중요하다는 것을 시사한다(Binder, Frost, Hammeke, Rao, & Cox, 1996). 자극이 청각으로 제시되든(Zatorre, Meyer, Gjedde, & Evans, 1996) 시각으로 제시되든지 간에(Pugh et al., 1996), 음운 분석에 특히 중요한 영역은 이 영역보다 다소 후측에 인접해 있는 것으로 여겨진다. 이 영역은 비단어보다 단어를 들을 때 더 많은 활성화를 보이는데, 이는 이 영역이 모국어의 음운 형태를 분석하는 데 중요하다는 것을 시사한다(Price, Wise, Watson, Patterson, Howard, & Frackowiak, 1994). 더욱이, 이 영역은 음운정보에 특히 민감하게 반응하는 반면 의미정보의 추출이 요구되는 과제(예, 단어가 생물 혹은 무생물인가를 판단하는 과제)에서는 활성화를 보이지 않는다.

신경영상 연구의 또 다른 놀랄 만한 결과는 좌반구 하전전두피질이 수용성 언어 과제(receptive language tasks), 예를 들어 단어 읽기 과제 동안 활성화를 보인다는 것이다(Kelley et al., 1998; Fiez & Petersen, 1998). 좌반구 하전전두피질의 특정 영역은 과제에서 음운 처리 혹은 의미 처리가 더 요구되는가에 따라 활성화가 달라진다. 음운 처리가 더 요구되는 경우, 예를 들어 단어의 발음과 구성 철자들을 비교하는 과제(Fiez, Tallal, Raichle, Miezin, Katz, & Petersen, 1995), 특정 음소를 탐지하는 것이 요구되는 과제(예, /pa/), 혹은 단어의 마지막 자음을 탐지하는 것이 요구되는 과제 등의 경우에는 BA 44 내에 위치하는 브로카 영역의 활성화가 관찰된다(Zatorre, Meyer, Gjedde, & Evans, 1996). 이와 상반되게

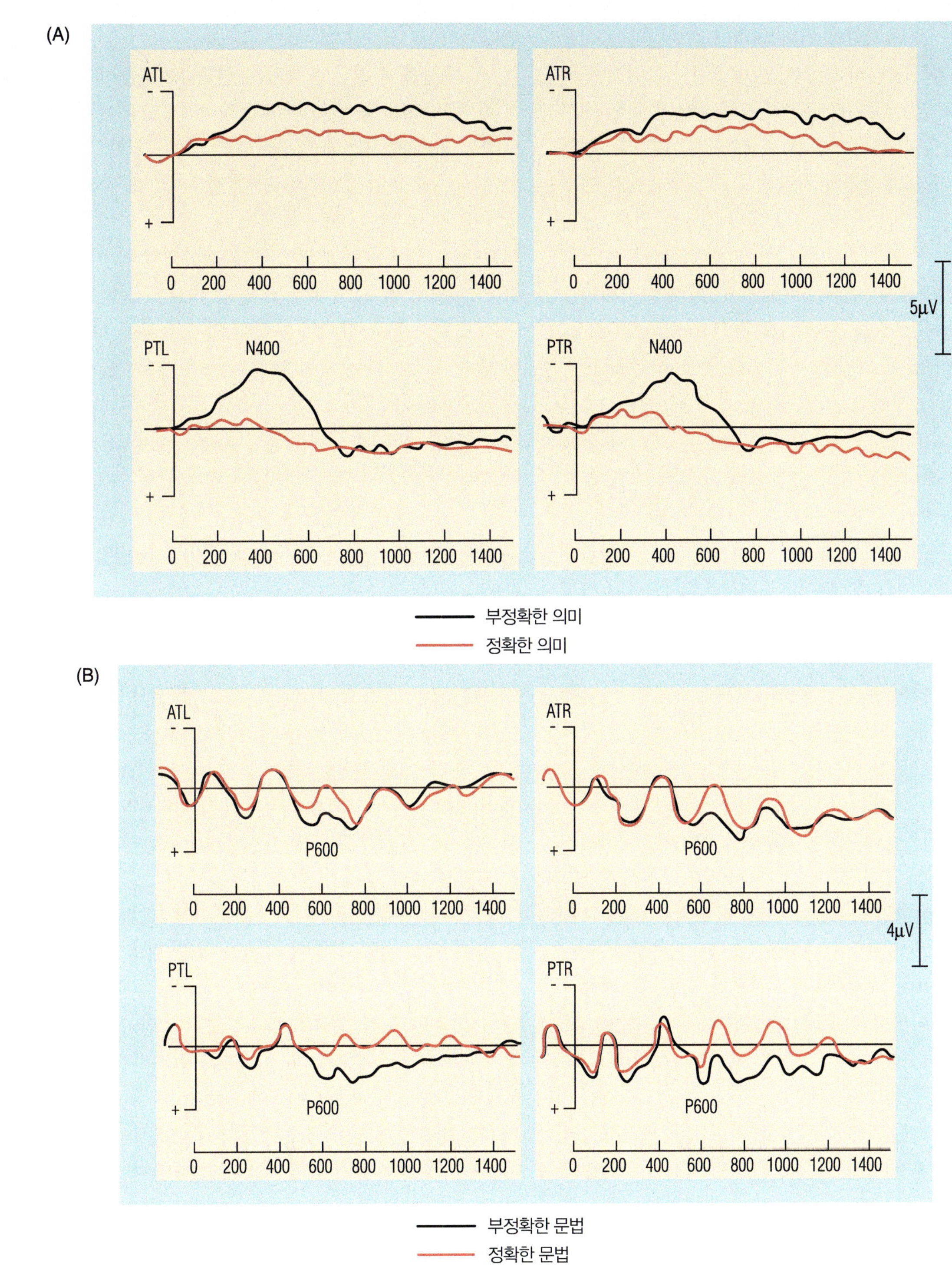

● **그림 9.10 언어 처리에 민감한 ERP 요소.** (A) 청각으로 제시된 의미가 정확하지 않은 문장에 대한 반응으로 초래된 N_{400}. 전측 영역(AT로 표시되어 있음)보다 후측 영역(PT로 표시되어 있음)에서 더 큰 N_{400} 진폭이 관찰되며, 우반구(R로 표시되어 있음)보다 좌반구(L로 표시되어 있음)에서 더 큰 진폭이 관찰된다. (B) 문법적으로 정확하지 않은 문장에 대한 반응으로 초래된 P_{600}. N_{400}과는 달리 P600은 전측과 후측 영역 모두에서 관찰된다. © 2011 Cengage Learning

의미 처리가 강조되는 경우에는 하전두 영역의 전측 부위(BA 45/47)의 활성화가 관찰된다(Wagner, 1999). 좌반구 하전두 영역의 미측(후측) 부위가 음운 처리에 관여하고 문측(전측) 부위가 의미 처리에 관여한다는 사실은 TMS를 적용한 연구들에 의해서도 지지된다(Devlin & Watkins, 2007).

이 장에서 좌반구 전두엽이 언어 산출과 통사 처리에 관여한다는 것을 여러 번 언급하였다. 그러면 이 영역들이 수용성 언어 과제에서 음운 처리와 의미 처리에 관여한다는 것은 무엇을 의미하는가? 즉 앞서 언급한 언어에 관한 고전적 모델들이 잘못된 것을 의미하는가? 고전적 모델들이 잘 못된 것이 아니라 이 모델들을 더 정교하게 할 필요가 있을 뿐이다. 언어의 음운 및 의미 지식의 장기적 저장은 후측 영역들에서 이루어지는 반면, 전측 영역들은 음운 및 의미 정보의 인출, 단기 파지 그리고/혹은 전략적 통제에 관여한다고 이해되고 있다. 실제로 브로카 실어증 환자들은 일부 음운 처리에 어려움을 보인다(Fiez, Tranel, Seager-Frerichs, & Damasio, 2006).

음운에 관련하여 이 좌반구 하측 영역들은 소리에 근거하는 언어적 표상을 운동으로 산출하는 것에 관여하는 것으로 여겨진다. 이 장의 앞 부분에서 음운 표상이 음성 표상으로 전환되어야만 정확한 발음이 산출될 수 있다는 것을 살펴보았는데, 이 영역들이 이 전환 과정에 중요한 역할을 하는 것으로 보인다. 왜 좌반구 전두 영역이 의미 처리에 관여하는가는 잘 이해되지 못하지만 아마도 이 영역의 역할이 집행 과정과 관련되어 있기 때문인 것으로 여겨진다(12장 참조). 좌반구 하전두 영역은 특정 단어에 접근하는 데 도움을 제공하는 것으로 이해되고 있다. 즉 무엇을 묘사하는데 적합한 단어를 찾거나 작업 기억에서 언어 관련 정보를 온라인으로 파지하는 데 관여하는 것으로 알려져 있다(Snyder, Feigenson, & Thompson-Schill, 2007). 예를 들어, 양반구 전전두엽에 손상을 입었으나 실어증을 앓지 않는 환자들에게 15초 동안 동물 이름을 가능한 한 많이 말하라고 지시하면 알츠하이머병 환자처럼 매우 낮은 수행을 보인다. 이는 이들의 의미 정보가 사라졌기 때문일까? 아니다. 왜냐하면 이 환자들에게 15초마다 단서를 제공하면(예, 농장에서 볼 수 있는 동물, 물 속에서 사는 동물), 알츠하이머병 환자들보다 훨씬 더 좋은 수행을 보이고 정상인들과 비슷한 수행을 보이기 때문이다(Randolph, Braun, Goldberg, & Chase, 1993).

일부 연구들은 좌반구 하전전두피질의 45번과 47번 영역이 이러한 과정에 다소 다른 역할을 한다고 제안한다(Badre & Wagner, 2007). 이 사실은 우리가 다른 사람에게 말로 설명하고자 하는 상황을 통해 설명된다. 이 모델에 의하면 두 영역들 중 다소 전측에 위치하는 47번 영역은 적절한 의미를 찾기 위해 의미 지식에 접근하는 것을 통제한다. 예를 들어 이 영역은 전달하고자 하는 의미와 관련된 단어들을 인출하는 데 관여한다. 친구의 성품을 기술하고자 할 때 이와 의미적으로 관련되는 단어들인 '친절한', '보살피는', '이기적이지 않은', '온화한', '배려심 깊은' 등과 같은 단어들을 확인하는 데 관여한다. 45번 영역은 인출된 단어들 중 가장 적합한 단어를 선택한다. 예를 들어 친구가 남을 배려할 뿐만 아니라 자신에게 이득이 되지 않는 일도 다른 사람을 위해 기꺼이 하는 경우 우리는 친구를 '배려심 깊은' 대신 '이기적이지 않은' 것으로 표현한다.

이 주장을 지지하는 증거는 연구참여자들이 단서 단어를 본 후 두 단어들 중 단서 단어와 의미적으로 관련된 단어를 선택하는 과제를 사용한 연구로부터 제공되었다. 단서와 목표 단어 사이의 의미적 연관이 강한 경우(예, '초'-'불길')보다 다소 미약할 경우(예, '초'-'후광'), 즉 약간의 기억 탐색이 요구되는 경우에는 47번 영역이 더 활성화되었다. 이와 상반되게 45번 영역의 경우, 피검자가 둘 중 하나를 선택해야 하는 두 단어 모두가 목표 단어와 관련이 없기 때문에 피검자가 정확한 단어를 선택하는 것이 어렵지 않은 경우(예, '아이비'-'비취' 중 '석탄'과 의미적으로 관련된 단어를 선택)보다 부정확한 반응(예, '아이비'-'비취' 중 '리그'와 의미적으로 관련된 단어 선택)이 목표 단어('아이비 리그')와 관련이 있지만 맥락상으로 부적절하여 결정을 내리기 어려울 경우 더 큰 활성화를 보였다(Badre, Poldrack, Pare-Blagoev, Insler, & Wagner, 2005).

비록 이 장에서 통사, 의미와 음운이 서로 분리되는 체계로 살펴보았지만 이들은 특정 상황의 요구에 따라 어느 정도 중복되는 것으로 여겨진다. 고전적인 언어심리학 이론에 의하면 먼저 통사구조(예, 주어-동사-목적어)가 형성되고 이 구조에 적절한 의미적 가치[예, "The dog bit the mailman."(개가 우편물 집배원을 물었다)]가 부여된다고 한다. 따라서 고전적 관점에 의하면 통사와 의미가 서로 분리될 뿐만 아니라 통사가 의미보다 우선한다. 그러나 언어 처리에 관한 사건관련전위 연구는 이와 다른 결과를 보고하고 있다. 앞서 살펴본 바와 같이 N_{400}은 문장 내의 단어가 의미 기대를 져버릴 경우 초래되는 한편 P_{600}은 문장을 문법적으로 맞지 않게 만드는 단어에 의해 초래된다. 만약 통사구조가 구성된 후 그 구조에 단어가 들어가게 된다면 다음과 같은 문장, "The hearty meal was devouring…".(식욕 왕성한 음식이 게걸스럽게 먹고 있는….)의 첫 부분이 N_{400}은 초래하지만 P_{600}은 초래하지 않을 것으로 기대할 수 있다. 왜냐하면 이 첫 부분의 경우 음식(meal)이 게걸스럽게 먹는 것이 불가능하지만 명사구가 문법적으로 정확하기 때문이다(예, "The lion was devouring."). 그러나 이 문장의 경우 N_{400} 대신 큰 진폭의 P_{600}이 관찰되었고(● 그림 9.11)(Kim & Osterhout, 2005), "The dusty table-tops were devouring….”(먼지가 쌓인 테이블의 윗면이 게걸스럽게 먹고 있는…)에서 N_{400}이 초래되었다.

이 결과를 어떻게 이해할 수 있는가? 한 방법은 통사가 반드시 의미보다 우선하지 않는다는 것과 언어 체계가 의미 관련성을 먼저 재빨리 검열한다고 가정하는 것이다. 이와 같은 조건에서는 '음식'과 '게걸스럽게 먹다' 단어들이 서로 관련되

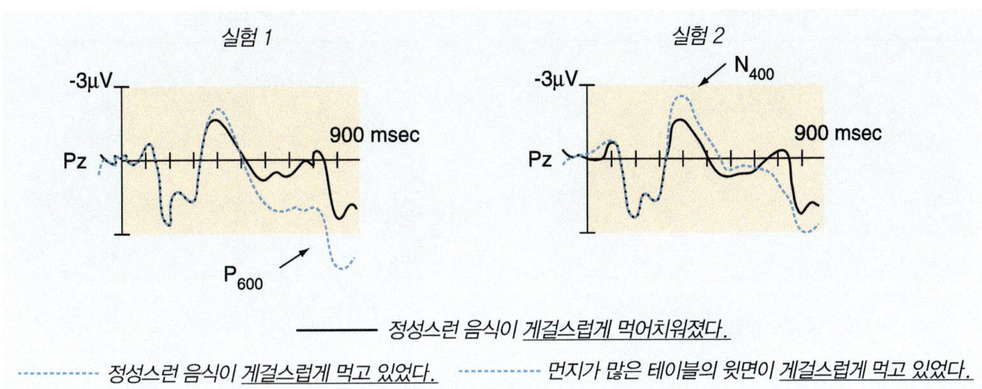

그림 9.11. 통사와 의미 과정의 상호작용을 지지하는 ERP 결과. (왼쪽)"The hearty meal was devouring(정성스런 음식이 게걸스럽게 먹고 있었다)"처럼 의미가 정확하지 않는 구에 대해서는 N_{400}이 초래되지 않고 대신 P_{600}이 초래된다(오른쪽). 이와 상반되게 "테이블의 윗면"과 "게걸스럽게"와 같이 의미가 부조화한 경우에는 N_{400}이 초래된다. 이러한 결과는 문장의 통사적 틀이 먼저 구성되고 이 틀 속으로 적절한 의미를 가지는 단어들이 들어간다는 주장과 맞지 않다. 만약 이 주장대로라면 오른쪽 문장처럼 왼쪽의 문장이 N_{400}을 초래할 것이다. 출처: Kuperberg, G. R. (2007). Neural mechanisms of language comprehension: challenges to syntax. Brain Research, 1146, Figure 5A, page 30 adapted from "The independence of combinatory semantic processing: Evidence from event-related potentials" by Albert Kim and Lee Osterhout in Journal of Memory and Language, 52 (2005), 205–225.

어 있고 이에 따라 N_{400}이 초래되지 않는 반면 '테이블의 윗면'과 '게걸스럽게 먹다'는 의미적 관련성이 부족하기 때문에 N_{400}이 초래된다. 그러나 주어진 문장 의미에서 '음식'과 '게걸스럽게 먹고 있는'이 문법적으로 맞지 않는다는 것이 탐지될 때 P_{600}이 초래된다. 이 결과는 P_{600}이 통사 그 자체의 표시가 아니라 의미와 통사 처리의 결합 표시라는 것(Kuperberg, 2007), 즉 두 체계가 중복되어 있는 것을 시사한다.

언어가 기능적으로 서로 독립되어 있기보다 중복된 체계에 의존한다는 생각은 신경영상 연구들로부터도 지지를 받는다. 예를 들어 한 개인이 단어를 들을 경우 베르니케 영역뿐만 아니라 다른 여러 영역들도 활성화된다. 이 사실은 좌반구에 위치하는 언어처리 영역들이 독립적으로 활동하기보다는 네트워크로 활동하는 것으로 여기게 한다. 최근 129개 이상의 신경영상 연구들을 개관한 Vigneau 등(2006)은 세 개의 독립된 동시에 중복되는 체계가 있다고 제안하였다. 그림 9.12에 제시되어 있듯이 음운 처리는 청각 처리에 관여하는 상측두회뿐만 아니라 44번 영역을 포함하는 전운동 영역의 후측 부위에 의해 일어난다. 소리가 측두엽에서 처리되지만 음운 정보를 언어 작업기억 내에 파지하기 위해 운동 명령을 사용하기도 하기 때문에(예를 들어 다이얼을 돌릴 때까지 전화번호를 여러 번 반복하는 것처럼) 이 주장은 그럴 듯하다.

의미 처리는 측두엽 내에 있는 두 개의 서로 다른 경로에 의해 일어나는 것으로 여겨지는데, 더 배측에 위치하는 경로는 언어의 청각적 자료에 관여하는 한편 더 복측에 위치하는 경로는 언어의 시각적 자료에 관여한다. 두 경로의 일부는 음운 체계와 중복되어 있다. 이에 덧붙여서 두 경로 모두 의미에 관여하는 전두엽 영역과 연결되어 있다(앞서 살펴본 바와 같이 음운에 관여하는 영역보다 더 전측에 있는 전두엽 영역).

마지막으로 이미 살펴본 바와 같이 통사에는 배측 측두 영역뿐만 아니라 후측 전두 영역이 관여한다. 일부 모델은 지엽적 혹은 전반적인 통사 구조가 각각 서로 다른 하위 체계들에 의해 처리된다고 주장한다(Grodzinsky & Friederici, 2006). 이 모델에 의하면 명사구의 구성["the fluffy rabbit(푹신한 토끼)"에서 한정사–형용사–명사]처럼 지엽적인 통사 구조는 상측두회의 전측 영역을 따라 브로카 영역의 복측과 내측에 의존한다고 한다. 이와 상반되게 후측 측두 영역과 브로카 영역(BA 44/45)은 문장 전체의 통사와 같은 더 전반적인 수준의 통사에 관여한다.

여러 영역들이 하나 이상의 과정(음운, 통사, 의미)에 관여하는 것으로 여겨진다. 대부분의 언어 처리에 음운, 통사와 의미 모두가 참여하는 것을 고려하면 이 주장이 그럴듯하게 여겨진다. 언어 기능이 유연하게 일어나기 위해서는 뇌 영역들 사이의 통합이 요구된다. 고전적 이론에서 이런 통합에 관해 이미 언급되었는데, 즉 전도성 실어증이 후측과 전측 뇌 영역들의 연결이 단절된 결과로 초래된다고 제안하였다. 비교 신경해부학 연구들은 전측과 후측 뇌 영역들을 연결하는 백질로(white-matter tracts)가 다른 영장류에서는 관찰되지 않는다고 하는데, 이는 이 백질로가 인간 뇌에서 언어 처리에 중요한 역할을 한다는 것을 시사한다(Rilling et al., 2008). 확산 영상 신경섬유추적도(diffusion imaging tractography) 등과 같은 최신 기법은 뇌 영역들 사이의 백질로를 추적하는 것을 가능하게 하여 좌반구 전측 및 후측 언어 영역들이 어떻게 연

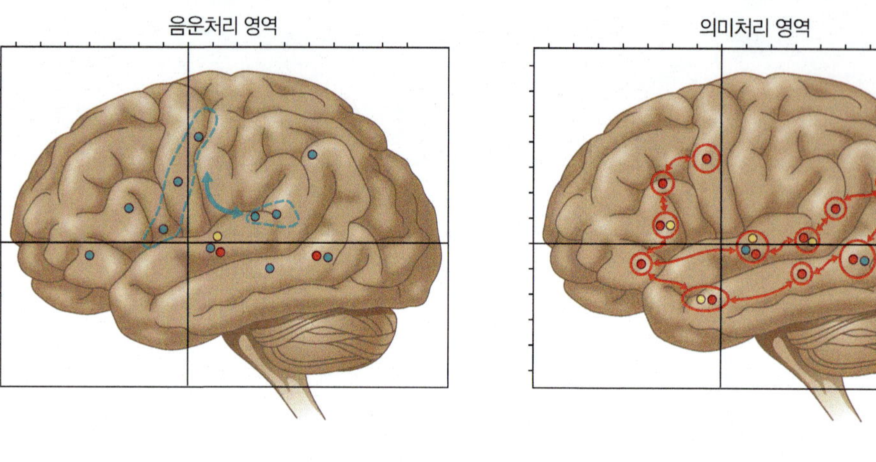

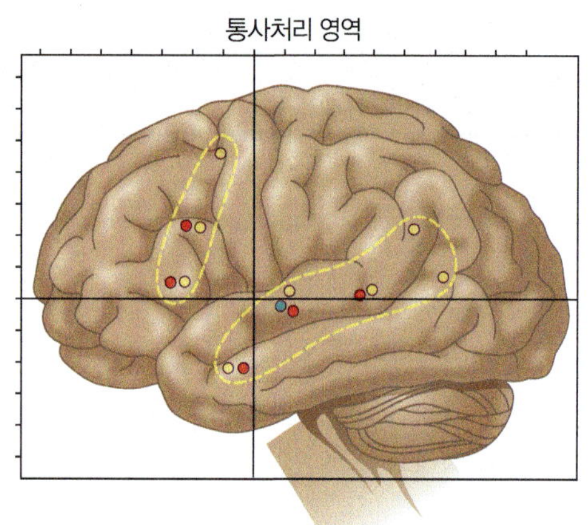

● **그림 9.12 언어의 의미, 통사와 음운 처리에 관여하는 주요 뇌 영역.** 이 그림에서 음운, 의미 및 통사에 관여하는 영역들이 각각 파란색, 빨간색과 노란색으로 표시되어 있다. 브로카 영역처럼 전측 언어 영역들이 통사 처리에 관여하는 것에 주목하라. 이 영역들은 단어의 음운과 의미의 인출에도 관여한다. 후측 언어 영역들은 음운 처리뿐만 아니라 의미 처리에도 관여한다. 그러나 대부분의 언어 처리에 전측과 후측 영역 모두를 포함하는 네트워크가 관여하는 것이 분명하다. 출처: Vigneau et al. (2006) Meta-analyzing left hemisphere language areas: phonology, semantic, and sentence processing. Neuroimage, 30, Figure 2, pg. 1420, Figure 3, pg. 1420, Figure 4, page 1421.

결되고 상호작용하는가를 이해하게 한다(Friederici, 2009). 전혀 생각하지 않는 상황에서도 전측 및 후측 뇌 영역들이 기능적으로 상호작용한다. 예를 들어 TMS와 PET를 사용한 연구는 PET을 통해 관찰된 언어 지각 동안의 브로카 영역의 활성화가 일차운동피질에 동시에 적용된 TMS에 대한 반응으로 입술에서 관찰된 운동 전위의 크기를 예언하는 것을 보여준다(Watkins & Paus, 2004). 이 결과는 언어 처리에 관여하는 후측 뇌 영역이 언어 이해 동안에서 조차 언어에 관여하는 '운동' 영역을 점화시킬 수 있음을 보여준다.

마지막으로 신경영상 연구들은 언어-처리 영역들의 활성화 양상이 경험, 연습 혹은 발달에 따라 변할 수 있다는 것을 보여준다. 이러한 효과를 조사한 초기 연구들 중 한 연구는 제시된 명사와 관련되는 동사를 말하는 과제를 실시하였다(Raichle et al., 1994). 연구참여자들이 이 과제에 대한 이전 경험이 없거나 혹은 이들에게 생소한 자극 세트가 사용되면 좌반구 베르니케 영역의 활성화가 관찰되었다. 그러나 연구참여자들에게 친밀하거나 이전에 훈련을 받았던 자극 세트가 제시되면 베르니케 영역보다 전측, 즉 손상을 입으면 전형적으로 전도성 실어증이 초래되는 영역에서 활성화가 관찰되었다. 최근 연구는 아동이 나이가 들거나 더 유창하게 언어를 사용하게 될수록 언어 처리에 관여하는 네트워크의 상대적 활성화가 변화한다는 것을 보고하였다(Chou et al., 2006). 또 다른 연구는 영역들 사이의 상대적 활성화 양상이 새로운 음소 대조(예를 들어 힌디어를 사용하지 않는 사람이 힌디어의 말소리를 구분)의 학습 정도를 예견할 수 있다고 보고하고 있다. 학습이 증가할수록 측두-두정 언어 영역의 활성화가 증가하고 전두엽의 언어 영역의 활성화가 감소되었다(Golestani & Zatorre, 2004). 개인의 뇌 형태가 새로운 언어 지식을 얼마나 쉽게 획득할 수 있는가에 영향을 미칠 수 있다. 또 다른 연구(Golestani, Molko, Deheane, Le Bihan, & Pallier, 2007)는 훈련 전 헤슬회의 백질이 클수록 음소 대조를 더 빨리 학습한다고 보고하였다(뇌의 형태가 언어 기술의 정도와 관련되어 있는가에 관한 개관은 Richardson & Price, 2009 참조).

이제까지 병변 연구 외의 다양한 방법들, 즉 전기적 자극, 와다 절차, 뇌영상과 전기생리적 기법을 사용한 연구들 모두 좌반구가 언어 산출에 전문화되어 있다는 것과 음운, 통사와 의미 처리에 다소 독립된 신경 체계가 관여한다는 것을 보고하고 있음을 살펴보았다. 뇌 손상 환자의 관찰에 근거하는 전통적 언어 모델은 다소 제한된 뇌 영역들이 특정 언어 처리에 관여한다는 것을 제안한다. 그러나 보다 최근의 신경영상 및 전기생리적 기법을 사용한 연구들은 뇌의 전측 및 후측 영역 모두를 포함하는 매우 복잡하고 통합된 언어 네트워크가 존재함을 보여준다. 이제 뇌가 어떻게 시각 언어, 즉 인간이 진화론적으로 비교적 최근에 만들어낸 의사소통 체계에 관해 살펴보기로 한다.

시각 언어 과정에 관한 신경학적 근거

비록 오른손잡이의 경우 문어(written language)와 구어(spoken language)에 관여하는 신경 체계 모두가 좌반구에 위치하지만 문어 처리에 관여하는 신경 체계는 청각 언어에 관여하는 신경 체계와 서로 다르다. 우리는 청각 언어와 문어에 관여하는 신경 체계가 서로 다르다는 사실에 놀라지 않을 것이다. 왜냐하면 첫째, 이 두 유형의 언어 과정이 서로 다른 자극 유형에서 일어나기 때문이다. 다시 말하면 이 두 유형의 언어가 각각 다른 감각 영역에서 처리되기 때문에 이들의 신경 체계가 서로 다르다. 둘째, 비록 구어는 오래 전부터 존재해 왔지만 문어는 구어보다 비교적 최근에 발달되었다. 뇌의 구조가 구어의 발달에 필요한 진화론적 압력을 오래 전부터 받아 왔지만 문어의 발달에 관한 압력은 그렇게 오랫동안 받지 않았다. 셋째, 다음의 절에서 살펴보겠지만 문어의 해석에 구어가 항상 중개자로 작용하지 않는다. 시각적으로 제시된 단어들의 처리는 어느 정도 구어와 무관하게 일어나기 때문에 이 두 유형의 언어가 서로 다른 신경학적 근거를 가지고 있을 것이라고 추측할 수 있다. 그러면 시각 언어의 신경학적 근거를 좀 더 자세하게 살펴보기로 하자.

■ 뇌 손상 환자들을 대상으로 한 연구 결과

청각 언어 과정의 신경학적 근거를 살펴볼 때처럼 문어의 신경학적 근거도 뇌 손상을 입은 환자들을 대상으로 한 연구 결과부터 살펴보면서 시작하고자 한다. 그런 다음 다른 기법을 사용한 연구들의 결과를 살펴보기로 하겠다.

실독증과 실서증

구어의 산출이 구어의 지각과 서로 다르듯이 문어의 산출(쓰기)과 문어의 지각(읽기)도 서로 다르다. 뇌 손상으로 말미암아 읽기 능력이 상실되는 경우는 **실독증**(alexia) 혹은 **후천성 난독증**(acquired dyslexia; 아동기 동안 읽기 능력을 습득하는 데 심각한 어려움을 보이는 **발달 난독증**과 구분하기 위해)으로 알려져 있다. 쓰기 능력이 상실되는 경우는 **실서증**(agraphia)으로 알려져 있다. 비록 각회(angular gyrus; 실비안 열 위의 두정엽의 복측 영역)에 손상을 입으면 전형적으로 실독증과 실서증이 동반되어 나타나지만 이 두 증후군은 분리될 수 있다. 어떤 경우에는 실서증 없이 실독증이 초래되고(Greenblatt, 1973), 또 다른 경우에는 실독증 없이 실서증이 초래된다(Hecaen & Kremin, 1976). 이러한 분리 때문에 기이한 상황이 야기되는데, 즉 실서증 없는 실독증을 앓는 환자는 큰 어려움 없이 문장을 쓸 수 있지만 자신이 쓴 문장을 읽을 수는 없다! 이와 마찬가지로 실독증 없는 실서증을 앓는 환자는 문장을 쓸 수는 없지만 큰 어려움 없이 문장을 읽을 수 있다.

실서증 없는 실독증 증후군과 실독증 없는 실서증 증후군은 기능의 이중 해리의 예들이다. 이 경우, 이중 해리는 읽기와 쓰기가 어느 정도 독립된 신경 체계를 가지고 있고 두 체계가 서로 크게 의존하지 않는다는 것을 시사한다. 다시 말하면, 문어는 단일의 뇌 모듈을 가지는 대신 분리된 체계를 가지는데, 한 체계는 문어의 해석에 관여하고 다른 체계는 문어의 산출에 관여한다.

읽기

뇌가 문어를 어떻게 처리하는가를 더 잘 이해하기 위해, 먼저 문어의 인지 과정을 살펴보기로 하자. 읽기의 인지 과정을 먼저 살펴본 후, 이 인지 과정이 쓰기에도 일반화될 수 있다는 것을 살펴보기로 하겠다.

의미의 음운 경로와 직접 경로 문어에 담겨 있는 정보와 의미가 연합되는 데에 두 가지 서로 독립된 경로가 있다고 제안되고 있다(Coltheart, Rastle, Perry, Langdon, & Ziegler, 2001). 첫 번째 경로는 **읽기의 음운 경로**(phonological route to reading) 혹은 비어휘 경로(nonlexical route)로 알려져 있는데, 왜냐하면 문어와 의미가 서로 연결되는 과정에서 소리가 매개체로 작용하기 때문이다. 이 경로는 읽기를 처음 학습할 때 사용되는데, 예를 들어 'cat'을 처음 배울 때

IN FOCUS: 이중언어자의 대뇌 조직화

단일언어의 심리학적 혹은 신경학적 기제를 이해하는 것이 거의 불가능한 것처럼 보이지만 전 세계 인구의 대부분이 한 가지 이상의 언어를 유창하게 사용한다. 이중언어 현상이 언어에 관한 흥미로운 관심을 가지게 한다. 즉 두 언어가 동일한 뇌 속에 어떻게 조직화되어 있는가? 이 언어들이 서로 분리된 혹은 서로 다른 신경 체계에 의존하는가? 어떻게 뇌가 두 가지 혹은 그 이상의 언어 체계들 사이의 전환이 일어나게 하는가?

전통적으로 인지 신경과학자들은 뇌졸중 혹은 다른 원인으로 말미암아 뇌에 손상을 입은 후 초래되는 언어 장애의 패턴을 조사함으로써 이중 언어자의 뇌를 이해하려고 노력하여 왔다. 대부분의 경우 이중언어자에서 관찰되는 실어증은 단일언어자처럼 좌반구 손상 후 초래된다. 그러나 좌반구의 손상이 두 언어 기능에 미치는 효과와 두 언어가 재활 치료와 더불어 회복되는 정도가 매우 다양하다(Lorenzen & Murray, 2008). 일부 환자들은 두 언어 모두에서 실어증을 보이고 일부 환자들은 모국어에서는 결함을 보이지만 외국어에 대해서는 결함을 보이지 않는다. 또한 일부 환자들은 모국어보다 외국어에 대해 더 심각한 결함을 보이기도 한다. 이에 덧붙여서 일부 이중언어 실어증 환자들은 통역의 어려움을 보이는데 이는 한 언어를 다른 언어로 통역하는 능력의 상실 때문이거나 환자들이 끊임없이 통역을 하지만 이를 억제하지 못하기 때문이기도 하다. 명확한 점은 실어증 환자들을 관찰하는 것만으로는 두 언어의 대뇌 조직화에 관한 정보를 갖기 어렵다는 것이다.

신경 수술 동안 이중언어 환자들의 피질을 자극한 연구들도 복잡한 결과를 보고하고 있다. 일련의 환자들을 대상으로 미국에서 실시된 한 연구는 특히 외국어에 관여하는 뇌 영역들이 두정엽과 후측 측두 영역에 위치한다고 보고하였다. 더욱이 외국어에 반응하는 후측 영역들에는 단일언어자들에서 언어에 관여하는 일부 영역들이 포함되어 있었다(Lucas, McKhann, & Ojemann, 2004). 그러나 이중언어자 혹은 다중언어자들이 훨씬 더 많은 유럽에서 실시된 연구들은 특히 외국어에 관여하는 영역들에 두정엽과 측두엽의 언어 영역뿐만 아니라 전두영역들도 포함된다고 밝혔다(Giussani, Roux, Lubrano, Gaini, & Bello, 2007) (● 상자 그림 9.1 참조).

이중언어자에서 두 언어가 동일한 뇌 체계에 의존하는가와 같은 질문에 간단하게 답하지 못하게 하는 여러 변인들이 있다. 첫째 이중언어자들은 첫 번째 언어(L1)와 두 번째 언어(L2)를 습득한 연령이 서로 다르다. 일부 사람들은 출생과 동시에 두 언어에 노출되는 한편 일부 사람들은 출생 때부터 L1을 습득하고 이후 L2를 습득한다. 또한 사람들마다 L2를 서로 다른 방법을 통해 습득하는데, 즉 일부 사람들은 L2가 사용되는 환경에 거주하면서 자연스럽게 습득하고 또 다른 사람들은 학교 교육을 통해 습득한다. 이에 덧붙여서 이중언어자들은 L2의 유창성에서도 서로 다른데, 즉 일부 사람들은 모국어처럼 L2를 유창하게 사용하는 반면 일부 사람들의 경우 L1보다 L2의 유창성이 낮다. 이중언어자들은 자신들이 알고 있는 특정 언어들이 서로 다르다. 만다린어와 아랍어가 서로 유사한 것보다 스페인어와 불어가 훨씬 더 유사하다. 따라서 두 언어가 뇌에 같이 조직화되어 있는가에 관한 답은 두 언어가 얼마나 유사한 가에 달려있다. 마지막으로 언어의 어떤 측면이 연구의 초점인가를 고려할 필요가 있다. 이 장에서 살펴본 바와 같이 언어는 단일 기능이 아니라 음운, 통사, 의미와 같은 많은 요소들로 구성되어 있다. 두 언어가 공통된 신경계에 의존하는가는 언어의 어떤 측면에 관여하는 뇌 영역을 조사하는가, 예를 들어 문법 혹은 어휘에 관여하는 뇌 영역을 조사하는가에 달려있다.

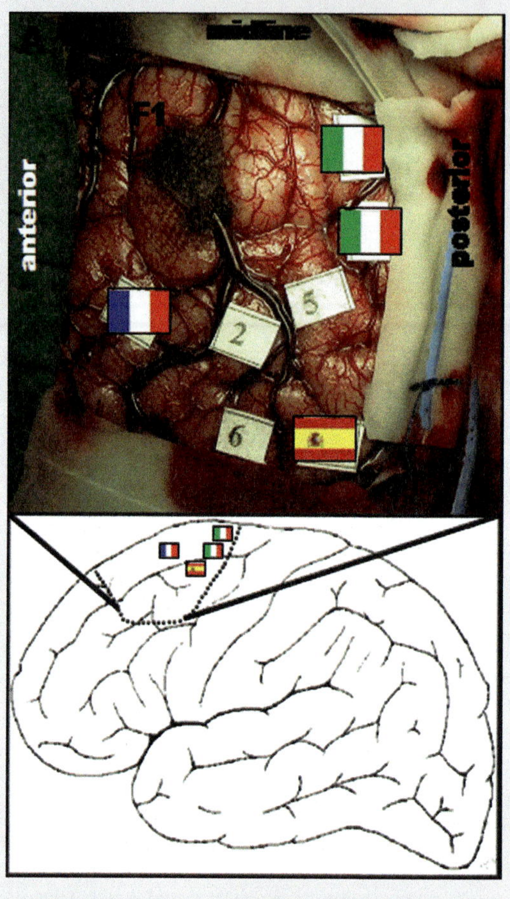

● **상자 그림 9.1 이중언어자의 언어 처리 해리를 보여주는 피질 자극.** 성인이 되었을 때 프랑스어와 스페인어를 학습하고 이 두 언어를 직장에서 매일 사용하는 한 이탈리아 사람에서 관찰된 언어-관련 영역들이다. 각 언어에 관여하는 영역들이 그 언어를 사용하는 나라의 국기로 표시되어 있다(빨강, 흰색, 초록—이탈리아; 빨강, 흰색, 파랑—프랑스; 노랑, 빨강, 검정—스페인). 출처: Giussani C, Roux FE, Lubrano V, Gaini SM, Bello L (2007). Review of language organisation in bilingual patients: what can we learn from direct brain mapping? Acta neurochirurgica, 149, 1109-1116. Wien-New York: Springer, 2007.

각 철자, 즉 c, a, t를 각각 발음한 후(/k/, /a/, /t/), 이 세 발음을 통합하여 'cat'이라는 단어를 발음한다. 단어를 발음하고 나면 단어의 의미를 인식하게 되는데, 왜냐하면 이미 소리를 소리가 나타내는 개념과 연관시켰기 때문이다('발톱이 있는 작고 털이 있는 애완동물로서 참치와 쥐를 좋아하고 냉담하고 독립적인 태도를 취한다'). 따라서 청각 발음이 시각적으로 제시된 단어를 의미와 연결시키는 매개체의 역할을 하게 된다.

인쇄된 글을 소리와 연관시키는 데 적용되는 법칙을 **문자소-음소 대응법칙**(grapheme-to-phoneme correspondence rules)이라고 한다. 문자소(graphemes)는 문어의 가장 뇌영상 연구들은 방금 살펴본 변인들 중 일부를 고려하여 이러한 근본적인 질문(즉 두 언어가 동일한 뇌 체계에 의존하는가)에 답하고자 시도하여 왔으며, 그 결과 몇 가지 결론을 내릴 수 있게 되었다. 일반적으로 대부분의 연구들은 L1과 L2에 대한 뇌 활성화가 상당히 중복되며(Perani & Abutalebi, 2005), L2가 생의 초기에 습득될수록 중복되는 정도가 증가한다고 보고하고 있다(Bloch et al., 2009). 다시 말하면 L1보다 L2에 완전히 다른 뇌 영역이 관여한다는 증거가 없다. 그러나 언어 과정에 관여하는 뇌 영역들이 단일언어자와 다르고(Kovelman, Shalinksy, Berens, & Petitto, 2008) 외국어를 습득한 연령에 따라 달라진다(Sakai et al., 2009). 예를 들어 한 연구는 L2의 습득 연령에 상관없이 베르니케 영역이 L1과 L2에서 유사한 정도로 활성화하지만 브로카 영역의 활성화는 두 언어를 어린 나이에 습득한 이중언어자에서만 중복되는 것을 관찰하였다. 그리고 늦은 나이에 L2를 습득한 이중언어자의 경우 L1과 L2에 대해 브로카의 서로 다른 하위 영역들이 활성화하였다(● 상자 그림 9.2) (Kim, Relkin, Lee, & Hirsch, 1997). 또 다른 연구는 습득 연령이 언어의 문법에 관여하는 영역의 조직화에 영향을 미치지만 의미에 관여하는 영역에는 영향을 미치지 않는다는 것을 관찰하였다. 특히 어린 나이에 L2를 습득한 이중언어자는 나중에 습득한 이중언어자에 비해 두 언어의 문법 과제 동안 활성화하는 영역들이 중복되어 있었다(Wartenburger, Heekeren, Burchert, De Bleser, & Villringer, 2003). 또한 이 연구는 습득 연령보다는 L2의 유창성 정도가 의미 과제 동안의 뇌 활성화에 영향을 미친다고 보고하였다(언어 유창성의 역할에 관한 다른 연구들로는 Chee, Hon, Lee, & Soon, 2001; Tatsuno & Sakai, 2005 참조).

외국어의 학습은 언어 과제 동안 어느 뇌 영역이 활성화하는 가에 영향을 미칠뿐만 아니라 뇌의 실제 구조에도 영향을 미친다. 한 연구는 이중언어자와 단일언어자의 피질의 회백질과 백질의 농도를 비교하였으며 그 결과 이중언어자들의 좌반구 하두정피질의 회백질 농도가 더 큰 것을 관찰하였다(Mechelli et al., 2004). 또한 이 영역에서의 회백질 농도가 L2의 유창성 및 습득 연령과 매우 밀접하게 관련되어 있음을 발견하였는데, 즉 L2의 유창성이 높고 더 어린 나이에 습득할수록 농도가 더 높았다. 이러한 연구는 이 장에서 이미 살펴본 바와 같이 뇌의 신경해부학적 구조가 새로운 언어 기술을 얼마나 잘 습득할 수 있는가에 영향을 미친다는 점에서 흥미롭다(Golestani et al., 2007). 이 연구들이 상관 연구들이기 때문에 뇌의 구조적 변화가 이중언어 경험의 결과로 초래되었는지 혹은 이미 특정 뇌 구조를 가지는 사람이 외국어를 더 잘 습득할 수 있는가는 명확하게 이해되지 못한다.

마지막 이슈는 이중언어자의 뇌가 어떻게 두 언어 체계 사이의 협응적 처리를 하는가에 관한 것이다. 일부 이중언어자들은 한 대화 동안 여러번 '코드-전환'을 하고 일부 이중언어자들은 서로 다른 상황만, 예를 들어 학교 혹은 가정에서만 언어들을 전환한다. 두 경우 모두 뇌는 특정 언어를 선택할 수 있어야만 하고 두 언어 사이에서 일어나는 갈등을 극복할 수 있어야만 한다(Abutalebi, Brambati, Annoni, Moro, Cappa, & Perani, 2007). 이러한 갈등은 피할 수 없는데 왜냐하면 fMRI와 ERP 연구들은 한 언어로 단어를 읽으면 두 언어 체계 모두 동시에 활성화하는 것을 보고하기 때문이다(Martin, Dering, Thomas, & Thierry, 2009; van Heuven, Schriefers, Dijkstra, & Hagoort, 2008). 여러 연구들의 결과는 집행 통제(12장)에 관여하는 뇌 영역들이 뇌가 두 언어를 처리할 때 요구되는 코드-전환에 관여한다고 제안한다(van Heuven, Schriefers, Dijkstra, & Hagoort, 2008). 실제 두 언어를 습득하는 것은 집행 능력을 증가시키는 예기치 않은 부작용을 초래한다(Bialystok, Craik, Klein, & Viswanathan, 2004). 다른 언어를 학습하는 것이 다른 문화를 탐구하거나 안락하게 외국을 여행하는 것 이외의 다른 좋은 이유가 될 수 있다!

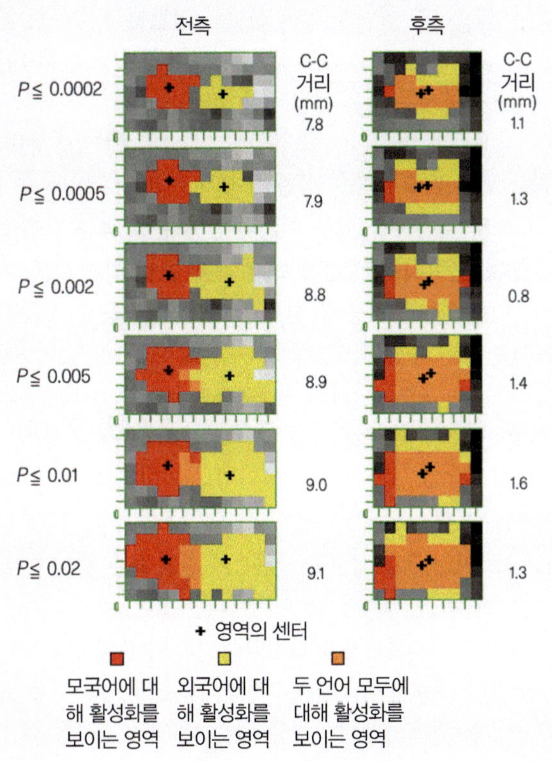

● **상자 그림 9.2 모국어와 늦은 나이에 습득한 외국어에 활성화를 보이는 영역.** 비록 두 언어가 베르니케 영역에서는 유사한 활성화를 보이지만 브로카 영역에서는 두 언어에 대해 각각 서로 다른 하위 영역들이 활성화를 보인다. © 2011 Cengage Learning

작은 단위로서 문자소들이 결합하여 단어를 형성하게 된다. 예를 들어 'c'라고 쓰여 있는 것이 문자소인데, 문자소는 다양한 형태, 즉 'c', '*c*', 'C'와 '**C**' 등의 형태를 가질 수 있다. 문자소-음소 대응법칙은 각 문자소가 어떻게 발음되는가(예, 'c'는 주로 /ka/로 발음된다)와 문자소들이 어떻게 서로 결합되어야 하는가에 관한 법칙이다. 예를 들어 이 법칙들은 **모음-자음-'e'**로 끝나는 대부분의 단어들(예, lake, mike)의 경우 첫 번째 모음을 길게 발음하고 마지막 'e'는 발음하지 않는다고 명시한다.

두 번째 경로는 **읽기의 직접 경로**(direct route to reading) 혹은 어휘 경로(lexical route)인데, 왜냐하면 인쇄된 글이 음운의 매개 없이 직접적으로 의미와 연합되기 때문이다. 영어의 경우 일부 단어들은 직접 경로를 통해 읽히는데, 왜냐하면 **불규칙 단어**(irregular word)들은 문자소-음소 대응법칙을 따르지 않기 때문에 이 법칙을 적용하면 정확하게 발음하는 것이 불가능하기 때문이다. 예를 들어 만약 'colonel'이라는 단어를 발음할 때 문자소-음소 대응법칙을 적용하면 'kur-nel'이라는 정확한 발음 대신 'koe-loe-nell'이라는 부정확한 발음을 하게 된다. 직접 경로가 사용되면 특정 단어의 시각 형태(예, colonel)와 의미(예, '군에서 장군 바로 아래 계급') 사이의 연합이 이루어지게 된다.

두 경로에 관한 신경심리적 증거 뇌 손상을 입은 환자들로부터 얻은 정보는 이 두 경로가 서로 독립적으로 사용될 수 있다는 것을 보여준다. 음운 경로가 정상적으로 기능하는가를 조사할 때 개인이 이전에 본 적이 없는 단어들을 읽을 수 있는지를 알아본다. 이전에 본 적이 없는 새로운 단어들을 읽을 경우 단어의 시각적 형태와 의미 사이의 연결이 존재하지 않기 때문에 직접 경로를 통하여 읽는 것이 불가능하다. 비단어(nonword)를 읽을 때에도 음운 경로를 사용해야 하는데, 이는 비단어가 의미를 가지고 있지 않기 때문이다(예를 들어 지금까지 'glimay'라는 비단어를 본 적이 없을 것이지만 문자소-음소 대응법칙을 사용하여 이 비단어를 읽을 수는 있다). 'colonel' 혹은 'yacht'와 같이 문자소-음소 대응법칙을 따르지 않는 단어들을 정확하게 읽을 수 있는가를 통하여 직접 경로가 정상적으로 기능하는가를 조사할 수 있다.

표층성 난독증(surface dyslexia) 혹은 **표층성 실독증**(surface alexia)이라고 알려진 증후군을 가진 환자들의 경우 직접 경로에는 손상을 보이지만 음운 경로는 정상적으로 기능하는 것이 관찰된다. 이 증후군을 표층성 실독증이라고 부르는 이유는 표면 정보(surface information), 즉 단어의 시각 형태를 의미와 직접적으로 연결시키지 못하기 때문이다. 표층성 실독증 환자들은 불규칙 단어들을 정확하게 읽지 못한다. 음운 경로를 사용하여 단어들을 읽기 때문에 부정확하게 발음하게 된다. 이들은 자주 **동음이의어**(homophone)들을 혼동하는데, 즉 'beat'와 'beet'처럼 발음은 동일하지만 뜻이 다른 단어들을 혼동한다. 따라서 'pane'이라는 단어의 의미를 물어보면 이 환자들은 '고통을 느끼는 것(pain으로 잘못 정의함)'으로 답하거나 'mown'을 정의하라고 하면 '불평하는 것(moan으로 잘못 정의함)'으로 답하기도 한다. 이들이 보이는 철자 오류 역시 이들이 음운 경로에 의존한다는 것을 시사하는데, 왜냐하면 철자가 발음상으로는 정확하지만 문자소적으로는 부정확할 경우가 있기 때문이다(예, 'whisk'를 'wisque'로 잘못 쓰거나 'mayonnaise'를 'mayenaze'로 잘못 쓴다; Coltheart, 1982; Shallice, Warrington, & McCarthy, 1983). 이와 상반되게, 이들이 비단어나 규칙 단어들을 읽을 때에는 어려움을 전혀 보이지 않는데, 이는 음운 경로가 정상적으로 기능하기 때문이다.

앞서 언급한 표층성 실독증과 상반되는 실독증이 **음운 난독증**(phonological dyslexia) 혹은 음운 실독증(phonological alexia)인데, 이 경우 음운 경로는 손상되지만 직접 경로는 정상적으로 기능한다. 음운 실독증 환자들은 이전에 이미 배운 단어들을 읽는 데는 거의 어려움을 보이지 않는데, 이는 단어가 규칙 단어이든 불규칙 단어이든지 간에 단어의 시각 형태로부터 정확하게 단어의 의미를 알 수 있기 때문이다. 이들의 읽기 장애는 자신들에게 익숙하지 않은 단어나 비단어를 읽는 것이 요구될 때 명백하게 나타난다. 이 경우, 단어의 시각 형태와 의미 사이의 연합이 존재하지 않기 때문에 직접 경로가 읽기에 도움이 되지 않는다(Patterson, 1982). 단어의 시각 형태와 의미 사이의 연합이 존재하지 않을 경우 음운 경로를 사용하여 단어를 발음하는 것이 필요한데 음운 실독증에서는 음운 경로가 손상되어 있다.

음운 실독증과 관련되는 증후군이 있는데, 즉 심층성 난독증(deep dyslexia) 혹은 **심층성 실독증**(deep alexia)이다. 이 유형의 실독증을 앓는 환자들은 음운 실독증 환자들에서 관찰되는 여러 증상들을 보이지만(예를 들어 비단어를 읽지 못하는 등), 심층성 실독증 환자들은 음운 실독증 환자들이 보이는 증상 이외의 다른 증상들도 보인다. 즉 첫째, 글을 읽을 때 이들은 **의미 착독증**(semantic paralexia)을 자주 보이는데, 이는 읽고자 하는 단어를 유사한 의미를 가지는 다른 단어로 대체하여 읽는 것을 의미한다. 예를 들어 'forest(숲)'를 'woods(나무)'로 읽거나 'tulip(튤립)'을 'crocus(크로커스)'로 읽는다. 둘째, 이 환자들은 구체적 단어(예, *refrigerator, basket*)보다 추상 단어(예, *sympathy, faith*)을 읽는 데 더 어려움을 보인다. 셋째, 이 환자들은 문법적 표시(grammatical marker)로 사용되는 기능 단어들을 읽는 것의 어려움을 보인다. 이 증상들이 분리뇌 증후군을 가진 환자들이 우반구를 사용하여 읽을 때 관찰되는 증상과 유사하기 때문에(Zaidel, 1990), 심층성 실독증 환자들이 우반구에 의존하여 읽는다는 사실을 이 증상들이 보여 준다는 주장이 있다(Coltheart, 2000). 이 주장을 지지하는 증거로 발달 장애를 가진 환자에서 읽기 과제 동안 우반구가 활성화하는 것을 보고한 연구 결과가 있다(Pitchford, Funnell, De Haan, & Morgan, 2007).

실독증 유형에 따라 나타나는 결함 양상이 서로 다른 것은 문어가 음운을 통하거나 혹은 통하지 않고 의미에 접근할 수 있다는 것을 시사한다. 그럼에도 불구하고 일상생활에서 두 경로 모두가 사용된다. 실제로 젊은 정상인, 읽기 장애를 가진 아동(Coltheart et al., 2001; Castles, Bates, & Coltheart, 2006)과 후천성 실독증 환자(Rapczak, Henry, Teague, Carnahan, & Beeson, 2007)의 불규칙 단어(직접 경로의 기능을 조사)와 비단어(음운 경로의 기능을 조사) 읽기 능력을 측정함으로써 이들의 전반적인 읽기 능력을 예견할 수 있다.

쓰기

읽기에 두 가지 경로가 있듯이 쓰기에도 두 가지 경로가 있다는 사실이 편측성 뇌 손상을 입은 환자들을 통하여 관찰된다. 한 경로는 생각을 직접적으로 쓰는 것에 관여하는 한편 다른 경로는 음소-문자소 대응법칙을 사용하여 생각을 간접적으로 글로 쓰는 데 관여한다. **음운 실서증**(phonological agraphia) 환자들은 규칙 단어와 불규칙 단어의 철자를 글로 쓰거나 말할 수 있으나 비단어의 철자는 정확하게 글로 쓸 수 없거나 말하지 못한다(Shallice, 1981). **어휘 실서증**(lexical agraphia) 환자들은 음운 실서증 환자들과 상반되는 양상을 보인다. 즉 규칙 단어와 비단어의 철자는 글이나 말로 정확하게 반응하지만 불규칙 단어의 철자는 정확하게 반응하지 못한다(Beauvois & Derouesne, 1981). 읽기와 마찬가지로 쓰기에도 두 가지 경로, 즉 직접 경로와 음운 경로가 있는 것으로 여겨진다. 그러나 비록 읽기 과정과 쓰기 과정이 유사하지만 쓰기 과정이 읽기 과정의 정반대 순서로 이루어지지는 않는다. 예를 들어 음소-문자소 법칙이 문자소-음소 법칙의 정반대가 아니다. 다음의 예가 이를 잘 설명해 준다. 즉 비록 /k/가 문자소 'k'의 가장 흔한 발음이지만 /k/ 발음의 가장 흔한 문자소는 'c'이다. 그럼에도 불구하고 읽기와 쓰기 모두에 음운 경로와 직접 경로가 존재하는 것으로 여겨지며 이 경로들을 통해 쓰여진 글에 의미가 부여된다.

시각 언어 과정의 다른 요소

이제까지 우리가 살펴본 증후군들을 **중추** 실독증(central alexia) 혹은 **중추** 실서증(central agraphia)이라고도 부르는데, 이는 주된 장애가 시각 형태(글)와 의미를 연결하지 못하는 반면 쓰기 및 읽기의 주변 과정들, 예를 들어 철자를 시각적으로 분석하는 능력이나 문자소를 쓰는 데 요구되는 운동 능력은 정상적으로 유지되기 때문이다. 다양한 유형의 시각 형태를 인식하지 못할 경우 읽기 장애를 가지고 있다고 여겨지지 않는다. 그러나 만약 철자 등과 같은 언어 관련 시각형태를 처리하는 데에만 장애를 가지고 있을 경우에는 읽기 장애로 진단하는 경향이 있다. 만약 읽기 과정 중 글과 의미를 연결하는 것 이외의 다른 과정에 문제가 있을 경우, 이를 **전중추** 실독증(precentral alexia) 혹은 **말초** 실독증(peripheral alexia)이라고 부른다. 즉 한 번에 하나 이상의 철자를 처리하는 능력이나 단어를 구성하는 철자 모두를 읽거나 지각하는 능력이 상실될 경우이다.

전중추 실독증 중의 하나는 주의과정의 장애가 읽기를 방해하기 때문에 초래되는데, 따라서 이를 **주의 난독증**(attentional dyslexia)이라고 부른다. 환자는 단일 철자나 단일 단어를 따로 분리해서 인식할 수는 있지만 이 철자나 단어가 다른 철자나 단어와 같이 제시되면 이를 인식하지 못하게 된다(Shallice & Warrington, 1977). 또 다른 실독증인 **무시 난독증**(neglect dyslexia)은 단어의 처음 시작과 끝부분을 끊임없이 잘못 읽는 경우이다. 예를 들어, 'this'를 'his'로 혹은 'discount'를 'mount'로 잘못 읽는다(Ellis, Flude, & Young, 1987). 8장에서 언급한 바와 같이 무시증은 외적 참조틀과 관련해서 초래될 뿐만 아니라 대상 관련 참조틀과 관련해서도 초래되는데, 이 경우 단어의 길이나 방향과 상관없이 단어의 특정 부분이 무시된다(Caramazza & Hillis, 1990).

또 다른 실독증이 **한 철자씩 읽기**(letter-by-letter reading)이다. 혹은 이를 철자 난독증(spelling dyslexia) 혹은 순수 실독증(pure alexia)이라고 부른다. 이 경우 개개의 철자들은 인식하지만 이들을 묶어 한 단어로 인식하지 못한다(Patterson & Kay, 1982; Warrington & Shallice, 1980). 이 증후군을 앓는 환자들은 각 철자들을 크게 읽은 다음 이 정보를 근거로 단어를 추론해 낸다. 따라서 'cat'이라는 단어를 보면 'cat'을 구성하는 각 철자들, 즉 'c, a, t'를 하나씩 읽은 다음 "네, cat입니다."라고 말한다.

이제까지 살펴본 것을 종합하면 신경계의 손상을 입은 환자들을 대상으로 한 연구들은 시각 언어, 즉 문어의 장애가 글과 의미 사이를 연결하는 것의 어려움이나 시각 언어 기술의 특정 과정에 어려움이 있을 경우 초래된다는 것을 보고하고 있다(후천성 난독증/실독증에 관한 개관은 Coslett, 2000 참조).

■ 다른 방법을 사용한 연구 결과

이 절에서는 다양한 기법을 사용하여 뇌가 어떻게 읽기의 전중추 과정(예, 의미 이전 과정)과 중추 과정(예, 글과 의미의 연결)을 통제하는가를 조사한 연구들을 살펴보기로 하자. 먼저 뇌 영상 연구, 전기생리적 연구 및 신경계의 손상을 가지지 않는 사람들의 행동을 조사한 연구들을 중심으로 뇌가 어떻게 시각 형태의 단어(글)를 처리하는가를 살펴보자.

단어 형태의 부호화는 좌반구와 우반구에서 서로 다른 방식으로 이루어진다. 우반구는 단어를 특정 시각 형태로 부호화하는 한편, 좌반구는 단어가 어떤 시각 형태로 제시되든지 간에(어떤 폰트로 제시되든지 혹은 대문자, 소문자로 제시되든지 간에) 단어의 공통적인 추상적 표상을 추출해 낸다고 한다. 좌우반구가 서로 다른 방법으로 단어 형태의 부호화에 관여한다는 사실은 신경계의 손상이 없는 연구참여자들을 대상으로 한 점화 연구들의 지지를 받는다. 이 연구들은 만약 특정 형태(예, 대문자)의 단어가 우반구에 제시된 후 이 단어를 다른 형태(예, 소문자)로 제시할 때보다 동일한 형태(예, 대문자)로 제시할 때 단어의 처리가 더 용이하게 이루어진다고 보고하였다. 그러나 자극이 대문자 혹은 소문자로 제시되는 것과 상관없이 좌반구에서는 점화가 동등하였다(Burgund & Marsolek, 1997). 이러한 반 구간의 차이가 단어에 국한되기보다는 두 반구가 일반적으로 시각 정보를 처리하는 차이를 반영하는 것으로 여겨진다.

단어 처리의 초기 단계는 좌반구에서 일어나는 것으로 여겨지는데, 이는 좌반구가 **철자법**(orthography), 즉 어떻게 철자들이 서로 결합되어야 하는가에 관한 규칙에 관여하기 때문이다. 이 과정은 자극 제시 후 대략 200밀리초 정도에서 일어나는 것으로 여겨지는데, 이는 단어를 우시야 혹은 좌시야에 제시하는가와 상관없이 제시된 단어들에 대한 반응으로 나타나는 ERP 파형이 이 시점 정도에서 한곳으로 모아지는데 이는 단어 처리에 관한 공통적인 기제가 좌반구에 위치하는 것을 시사한다(Cohen et al., 2000). 뇌자도를 사용한 연구들에서도 자극 제시 후 150밀리초 정도에서 유사한 과정이 관찰되고 이 과정의 근원지가 좌반구 하측 후두측두 영역인 것으로 보고되고 있다(Tarkiainen, Helenius, Hansen, Cornelissen, & Salmelin, 1999). 이러한 결과는 fMRI 연구 결과와도 일치하는데, 이 연구들에서 읽기 동안 후두측두구(occipital-temporal sulcus) 가까이, 방추상회와의 경계 부위(BA 37)에서 활성화가 관찰된다. 이 영역이 **시각 단어 형태 영역**으로 여겨지는데, 이는 이 영역이 단어의 공간적 위치와 상관없이 활성화되고 철자법이 요구되지 않은 과제(예, 자음열)보다 철자법이 요구되는 과제(예, 실제 단어)에서 더 활성화되기 때문이다(Petersen, Fox, Snyder, & Raichle, 1990; Pugh et al., 1996; Cohen et al., 2000, 2002)(● 그림 9.13).

비록 시각 단어형태 영역이 추상적 철자법을 표상한다고 제안되고 있으나 Kronbichler 등(2009)은 시각 단어형태 영역이 익숙한 단어 형태보다 비정상적인 활자케이스와 철자 형태(예, TaXi와 Taksi 대 Taxi)에 대해 더 큰 활성화를 보이는 것을 관찰하였다. 이러한 결과는 이 영역의 활성화가 철자법에만 국한되어 일어나지 않는다는 것을 시사한다. 대신, 새와 자동차와 같은 대상을 전문적으로 지각 분류할 때 활성화를 보이는 방추상회의 다른 영역들처럼(7장 참조), 이 영역이 단어의 쓰기 체계의 되풀이되는 속성에 동조하는 것으로 보인다(McCandliss, Cohen, & Dehaene, 2003). 한 언어에서 문법에 맞고 흔한 철자배열을 쉽게 인식하는 것을 가능하게 하기 때문에 이 영역이 읽기에 중요하다.

뇌영상 연구들은 임상 장면에서 드물게 관찰되는 음운 실독증 혹은 표층성 실독증 환자보다 신경계의 손상이 없는 사람을 대상으로 하여 단어 읽기의 직접 경로와 음운 경로에 관여하는 영역들을 밝히고자 하였다(단어 읽기에 관한 일부 뇌영상 연구들은 실독증 환자를 대상으로 하였다; Price et al., 2003). 음운 경로를 조사하기 위해 연구자들은 개인이 규칙 혹은 비규칙 단어를 읽을 때보다 가단어(pseudoword)를 읽을 때 어느 영역이 더 활성화되는가를 조사하였는데, 왜냐하면 가단어를 읽을 때에는 철자에서 음운으로의 전환이 요구되기 때문이다. 또 다른 방법으로는 단어를 명명할 때와 그림을 명명할 때의 활성화 정도를 비교하는 것인데, 이는 그림과 단어를 명명할 때에는 음운과 의미를 서로 연결하는 것이 요구되지만 철자에서 음운으로의 전환은 단어 명명에서만 요구되기 때문이다. 규칙 단어를 읽는 경우보다 불규칙 단어를 읽을 때 어느 뇌 영역이 더 활성화되는가를 비교함으로써 직접 경로를 조사할 수 있는데, 이는 불규칙 단어는 직접 경로를 통해서만 인식될 수 있기 때문이다. 직접 경로를 조사하는 또 다른 방법은 의미 경로를 활용할 수 없는 비단어에 비해 의미 경로를 직접적으로 활용할 수 있는 실제 단어에 대해 더 증가된 활성화를 보이는 뇌 영역을 찾는 것이다.

많은 연구들의 결과를 메타-분석한 결과에 의하면 적어도 일부 뇌 영역들이 직접 경로보다 음운 경로에 더 관여하고 또 다른 일부 영역들은 음운 경로보다 직접 경로에 더 관여한다고 한다(Jobard, Crivello, & Tzourio-Mazoyer, 2003). 단어의 음운 분석이 다음의 세 영역들을 활성화시키는 것으로 보인다. 첫 번째 영역이 상측두회와 중측두회인데, 이 영역들은 철자와 관련된 소리에 접근

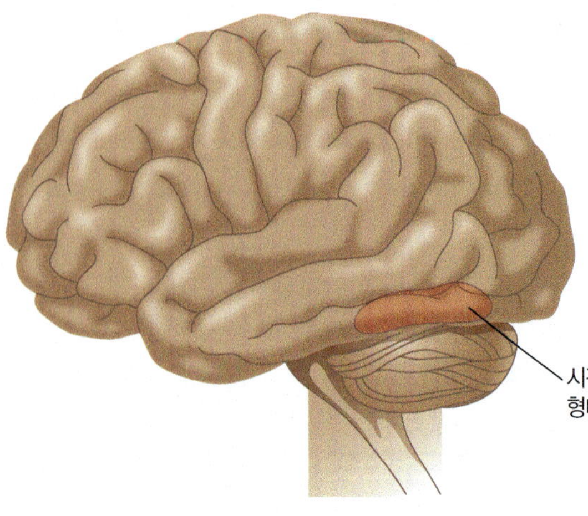

● **그림 9.13 복측 시각 경로 중 시각 단어 형태에 관여하는 영역의 위치.** 이 영역은 글자의 크기, 폰트 혹은 위치와 무관하게 인쇄된 단어의 불변적 특성을 인식하는 데 관여하는 것으로 여겨진다. © 2011 Cengage Learning

하는 것에 관여하는 것으로 여겨진다. 두 번째가 하두정엽에 위치하는 연상회인데, 이 영역은 문자소-음소 전환에서 요구되는 것처럼 상징(철자)을 소리로 전환하는데 주된 역할을 하는 것으로 보인다. 세 번째 영역이 브로카 영역(BA 44)인데 이 영역은 음운을 말로 연결하는데 주된 역할을 하는 것으로 알려져 있다.

이와 상반되게 직접 경로는 다소 다른 영역들을 활성화시키는 것으로 보인다. 첫째 직접 경로가 하측두회의 복측 영역을 활성화한다. 이 영역은 단어와 물체의 의미 처리에 관여하는 것으로 보인다. 두 번째 영역이 중측두회의 후측 영역, 즉 베르니케 영역인데 이 영역은 의미 처리에 중요한 것으로 알려져 있다. 마지막으로 45번 영역이 활성화되는데 앞서 살펴본 바와 같이 이 영역도 의미 처리에 관여한다(● 그림 9.14).

비록 경로들을 구분할 수 있지만 신경계의 손상이 없는 사람들에서도 이 경로들이 읽기에 독립적인 역할을 가지는가? 단어 읽기에 관한 계산 모델은 철자에서 의미로 전환하는 데에 두 개의 서로 분리된 경로가 관여하기보다는 단지 한 체계만이 관여한다고 제안한다(Seidenberg & McClelland, 1989). 즉 가단어가 실제 단어와 유사하게 취급되어 읽혀지기 때문에 독립된 음소-문자소 경로가 필요하지 않다는 것이다. 단어 일부는 발음 단위들과 연결되어 있으며, 이 연결의 정도는 연결 가중치(connection weights)에 의해 부호화되고 학습에 의해 수정된다고 한다(Plaut, 2003). 이러한 계산 모델의 손상으로 말미암아 초래되는 장애가 뇌 손상으로 말미암아 초래되는 읽기 장애와 실제로 유사할 수 있다(Patterson, Seidenberg, & McClelland, 1989).

이 모델은 뇌에서의 언어 처리에 관해 다른 관점을 제공한다. 두 개의 서로 분리된 뇌 체계, 즉 음운 경로와 직접 경로가 뇌에 존재한다기보다는 읽기 요구의 유형에 따라 변화하는 가중치를 가지는 단일 체계가 존재한다는 것이다. 실제로 신경영상 연구들은 비록 음운으로의 전환이 요구될 때와 직접적으로 의미로 전환할 때의 활성화 양상이 다소 다른 동시에 상당한 정도 중복되기도 한다는 것을 보여준다(Rumsey, Horwitz, Donohue, Nace, Maisog, & Anderson, 1997).

읽기가 한 체계 혹은 두 체계에 의해 통제되는가와 상관없이 과제 요구와 언어 특성에 따라 어떻게 읽기가 일어나는가가 변한다. 예를 들어 가단어를 읽는 동안(이 경우 음운 경로가 요구된다) 각회의 활성화가 상측두영역(BA 22)과 브로카 영역처럼 음운 처리에 관여하는 영역들의 활성화와 매우 높은 상관을 보인다. 이와 반대로 실제 단어를 읽는 동안에는 각회의 활성화가 직접 경로와 관련되는 후두엽과 복측 측두피질 영역들의 활성화와 더 높은 상관을 보인다(Rumsey et al., 1997). 이와 유사하게 뇌 영역들 사이의 연결성에 관한 통계적 모델은 규칙 혹은 불규칙 단어보다 가단어를 읽는 동안 후측 측두영역에서 후측 전두 영역으로 가는 입력이 더 큰 반면 가단어 혹은 규칙 단어보다 불규칙 단어를 읽는 동안에는 전측 측두 영역에서 전측 전두 영역으로 가는 입력이 더 크다고 제안한다(Mechelli et al., 2005). 이러한 결과는 읽기 과정에 관여하는 직접 경로와 음운 경로를 구분하게 하는 것이 언어-관련 뇌 영역들 사이의 상대적 활성화 수준과 언어 네트워크에 포함되는 다른 부위들과의 상대적 연결이라는 것을 시사한다.

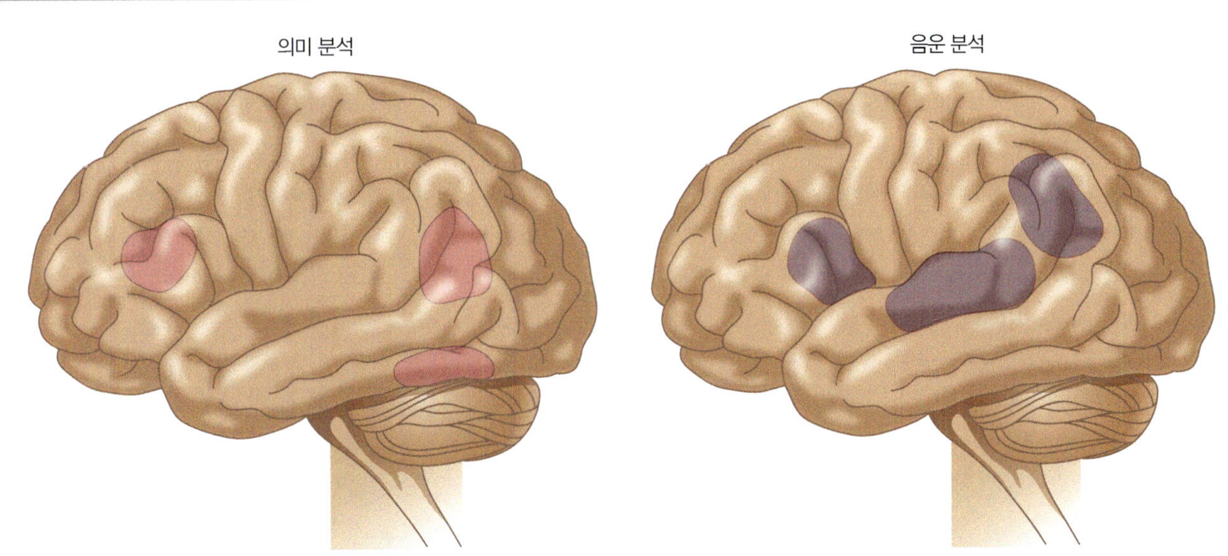

● **그림 9.14 직접 및 간접 의미 경로에 관여하는 뇌 영역.** (왼쪽) 직접 경로, 즉 문어가 음운을 거치지 않고 직접 의미에 전환되는 경로에 포함되는 영역들. (오른쪽) 간접 경로, 즉 음운과 의미가 연결되는 경로에 포함되는 영역들. 출처: Cohen, L. et al. 2002; Language-specifi c tuning of visual cortex? Functional properties of the Visual Word Form Area, Brain,125, Figure 2, pg. 1058.

각 경로에 의존하는 정도는 언어의 본질에 따라 달라지기도 한다. 예를 들어 이탈리아어의 철자법은 일관적인 것으로 여겨지는데 이는 단어의 정확한 발음을 가능하게 하는 신뢰로운 문자소-음소 변환 법칙이 있기 때문이다. 이와 반대로 영어의 철자법은 훨씬 일관되지 못하다. 실제 단어를 읽을 때 이탈리아 사람들이 영어를 사용하는 사람에 비해 좌반구 측두영역에서 더 큰 활성화를 보인다. 이와 상반되게 비단어를 읽을 경우 영어를 사용하는 사람들이 이탈리아 사람들보다 좌반구 하후측 측두영역과 좌반구 하전두회의 전측 부위에서 더 큰 활성화를 보인다(Paulesu et al., 2000). 이 뇌 영역들이 전형적으로 직접 경로와 관련되기 때문에 이 결과는 영어를 사용하는 사람들이 부분적으로 비단어를 실제 단어와 유사하게 읽는 전략을 사용하여 비단어를 읽는 것을 시사한다.

읽기에 관한 연구들의 결과에서 무엇을 이해할 수 있는가? 앞서 살펴본 바와 같이 매우 다양한 영역들이 언어에 관여하고 개인이 무엇을 읽는가와 특정 언어가 가지는 본질(예, 이탈리아어 대 영어)에 따라 관여하는 뇌 영역이 달라진다. 이 다양한 양상은 읽기의 뇌 조직화에 관한 진화적 압력이 거의 혹은 전혀 없었다는 것을 반영하기도 한다. 즉 읽기 동안 뇌가 다른 인지 기능에 중요한 처리 모듈들을 주어 맞추는 것으로 여겨진다. 예를 들어 단어 형태를 인식하는 과정은 대상 인식에 중요한 역할을 하는 신경 체계에 의존하고 단어의 음운 분석은 소리 산출에 관여하는 전두 영역에 일부 의존하는 것으로 여겨진다.

읽기가 일련의 다양한 영역들에 의존할 뿐만 아니라 영역들 간의 상호 작용에도 의존하는 것으로 보인다. 읽기에 관한 여러 모델과 일관되게 MEG 연구들은 시각 단어형태 영역들이 단어가 제시된 후 200밀리초 정도에서 처음으로 활성화되는 것을 보고하고 있다. 이후 대략 400밀리초에서 활성화가 후측 뇌 영역(측두 영역과 두정 영역)과 전두 영역 모두에서 관찰되는데 여기에는 의미 처리뿐만 아니라 음운 처리에 관여하는 영역들이 포함된다(Mainy et al., 2008) (각각의 경로에서 일어나는 초기 단계를 시사하는 ERP 표시에 관한 개관은 Dien, 2009 참조). 더욱이 MEG 연구들은 측두 영역과 전두 영역의 활성화가 서로 상호작용하는 것을 보고하고 있다(Salmelin & Kujala, 2006). 이러한 결과는 읽기가 특정 뇌 영역에 의존할 뿐만 아니라 뇌 영역들 사이의 상호작용에도 의존한다는 것을 시사한다. 청각 언어를 살펴볼 때 언급한 바와 같이 뇌 영역들 사이의 상호작용은 백질로에 의해 일어난다. 최근 연구들은 이 백질로들이 읽기 과정에 어떤 중요한 역할을 하는가에 초점을 맞추고 있다(Ben-Shachar, Dougherty, & Wandell, 2007). 이에 관한 것은 15장에서 발달 난독증, 즉 아동이 읽기 기술의 학습에 어려움을 경험하는 장애를 살펴볼 때 다시 살펴보기로 하겠다.

이제까지는 인도-유럽어를 대상으로 한 연구들을 살펴보았지만 이제 관심을 다른 언어 체계로 돌려 언어의 인지 신경과학에 관한 이해를 더 높이기로 하자.

비인도-유럽 언어와 다른 상징 체계의 처리

전 세계를 통하여 다양한 언어들이 사용되고 있으며 이들 중 일부는 영어에서 사용되는 음운 체계를 사용하지 않는다. 영어 이외의 다른 언어들이 뇌에 어떻게 조직화되어 있는가를 조사해 봄으로써 언어의 보편적인 뇌 조직화가 존재하는가를 알 수 있게 된다.

■ 가나와 간지

세계에서 사용되고 있는 모든 언어들이 영어에서와 같이 음소-문자소 대응법칙에 근거하는 알파벳을 사용하는 것은 아니기 때문에 인지 신경과학자들은 의미로 가는 음운 경로와 직접 경로를 이해하기 위해 영어 이외의 다른 언어 체계들을 조사한다. 이러한 목적을 위해 일본어가 자주 연구된다. 일본어의 쓰기 체계에는 두 가지가 있는데, 그 중 하나가 **가나**(kana)로 알려져 있으며, 이는 음절과 소리에 근거한 쓰기 체계이다. 반면 또 다른 쓰기 체계인 **간지**(kanji)는 중국어에서 유래된 것으로 어표(logographic) 쓰기 체계이다(Paradis, Hagiwara, & Hildebrandt, 1985). 이 두 체계를 차례로 살펴보기로 하자.

가나와 같이 음절에 근거한 쓰기 체계에서 각 상징(symbol)은 개개의 음소보다는 전체 음절과 연결되어 있다. 예를 들어 음절에 근거한 언어는 소리 'tor'에 대한 상징을 가지고 있으며, 이 상징은 'torrential'과 같은 3음절 단어의 세 상징 중 맨 처음에 나타날 수도 있고 'motor'와 같은 2음절 단어의 두 상징 중 두 번째에 나타날 수도 있다. 음절 체계가 소리에 근거하기 때문에 이 단어들은 음운 경로를 통하여 읽힐 수 있다. 이와 상반되게 간지와 같은 어표 쓰기 체계는 각 상징이 하나의 개념을 나타내며 단어의 시각 형태와 발음 체계가 서로 상관이 없다. 이러한 언어에는 전형적으로 수천 개의 기본 어표가 사용되며 각각의 서로 다른 상징이 서로 다른 단어와 관련되어 있는 것을 알아야만 이를 읽을 수 있게 된다. 어표 체계는 직접 경로를 필요로 하는데, 이는 상징이 발음에 관한 정보를 거의 혹은 전혀 제공하지 않기 때문이다. 가나와 간지의 예가 ● 그림 9.15에 제시되어 있다.

뇌 손상 후 가나로 쓰인 단어를 읽는 능력과 간지로 쓰인 단어를 읽는 능력이 분리될 수 있는데, 이는 의미와 연결되는 직접 경로와 음운 경로가 서로 구분된다는 것을 시사한다. 간지를 읽지 못하지만 가나를 읽을 수 있는 사람들이 있

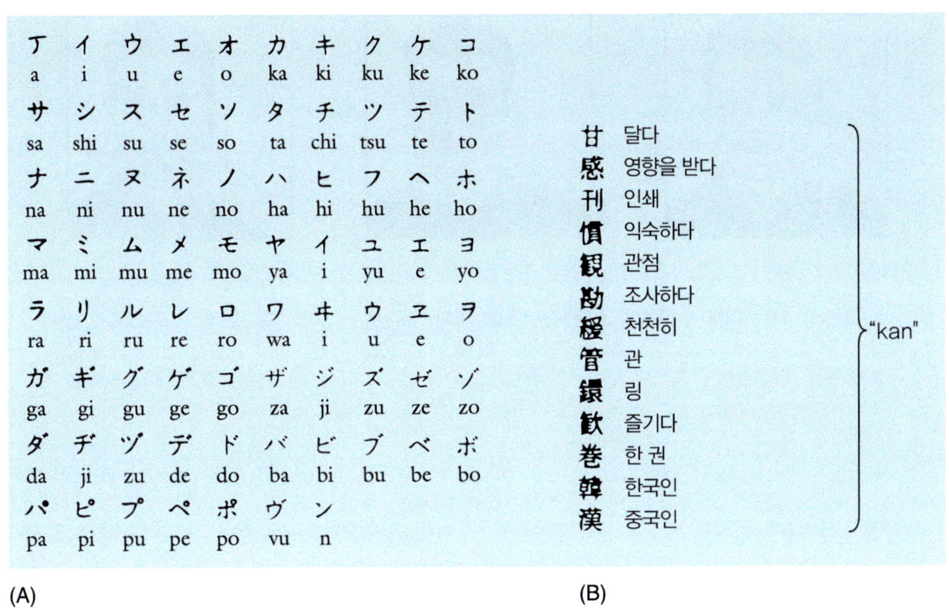

● **그림 9.15 가나와 간지.** (A) 가나의 77개 상징 거의 대부분은 자음모음 결합을 나타낸다. (B) 간지의 경우 상징은 단어가 어떻게 발음되는가와 거의 관련이 없다. 그림에 제시되어 있는 다양한 상징들은 모두 "kan"으로 발음되지만 각각의 상징이 서로 다른 의미를 가지고 있다. 출처: from Salmelin R, Kujala J (2006). Neural representation of language: activation versus longrange connectivity. Trends in cognitive sciences, 10, Figure 1c, pg. 520.

는 반면 어떤 이들은 간지를 읽는 능력은 유지하지만 가나를 읽는 능력을 상실한다(Sasanuma, 1980). 더욱이 사례 연구들(Kawamura, Hirayama, Hasegawa, Takahashi, & Yamaura, 1987; Kawahata, Nagata, & Shishido, 1988)과 신경영상 연구들은 가나를 읽는 데에는 좌반구의 배측 영역들, 즉 각회와 측두두정의 경계 영역 등이 관여하는 한편 간지 읽기에는 후두엽과의 경계에 있는 하측 후측두피질 영역들이 관여한다고 보고하는데(Sakurai, Momose, Iwata, Sudo, Ohtomo, & Kanazawa, 2000), 이는 가나와 간지 읽기가 각각 음운경로와 직접 경로에 의존한다는 사실과 일치한다. 비록 두 쓰기 체계 모두 좌반구의 시각 단어형태 영역을 활성화하지만(Bolger, Perfetti, & Schneider, 2005), 다른 연구들은 두 쓰기 체계가 다른 특성을 가지고 있기 때문에 두 쓰기 체계가 복측 시각 처리 영역 내에서 다소 다르게 처리된다고 제안하고 있다. 뇌전증 환자들에게 전기적 자극을 직접적으로 적용한 연구들은 복측 시각 경로의 서로 다른 부위들을 자극하면 간지보다 가나를 읽는 능력이 방해를 받는 것을 관찰하였다(Usui et al., 2009). 이러한 차이에도 불구하고 신경영상 연구들은 가나와 간지 읽기에 관여하는 뇌 영역들이 상당히 중복된다고 보고하고 있다(Ino, Nakai, Azuma, Kimura, & Fukuyama, 2009). 이러한 사실들은 영어 이외의 다른 언어에서도 소리에 근거한 읽기 체계와 시각에 근거한 읽기 체계가 서로 독립적으로 기능한다는 것을 보여 준다.

■ 미국 수화

언어의 대뇌 조직화에 관한 정보는 완전히 시각계에 근거하는 구어를 조사함으로써도 얻을 수 있다. 미국 내의 대부분의 농아들이 사용하는 미국 수화(American Sign Language, ASL)가 이러한 언어 중의 하나이다.

ASL의 기본 구조

ASL이 언어의 대뇌 조직화에 관한 정보를 제공한다는 사실을 살펴보기 전에 이 언어가 기본적으로 어떻게 구성되어 있는가를 먼저 간략하게 살펴보기로 하자. ASL에서 명사는 신체를 중심으로 하여 공간 내의 특정 방향과 위치로 향하는 특정한 손 모양으로 표현된다. 음소들 사이에 변별 대조(distinctive contrasts)가 존재하는 것과 마찬가지로 ASL의 신호들 사이에서도 변별 대조를 볼 수 있다. ASL의 특징 중의 하나가 서로 다른 단어들을 구별하는 데 사용되는 손 모양이고 또 다른 특징은 얼굴을 기준으로 손 모양이 어디에 위치하는가이다. 동일한 손 모양이 놓이는 위치에 따라 서로 다른 의미를 전달하는 것을 보여 주는 예가 ● 그림 9.16에 제시되어 있다.

ASL과 구어의 통사 구조는 서로 다르다. ASL의 일부 문법은 단어의 순서(예, 주어-동사-목적어 대 목적어-동사-주어)보다는 공간 내에서의 손 위치에 의해 이루어지거나 혹은 단어의 끝부분(예, *-ly*)보다는 손 움직임의 유형에 의해 이루어진다. ASL로 한 문장을 표현하고자 할 경우 명사는 화자

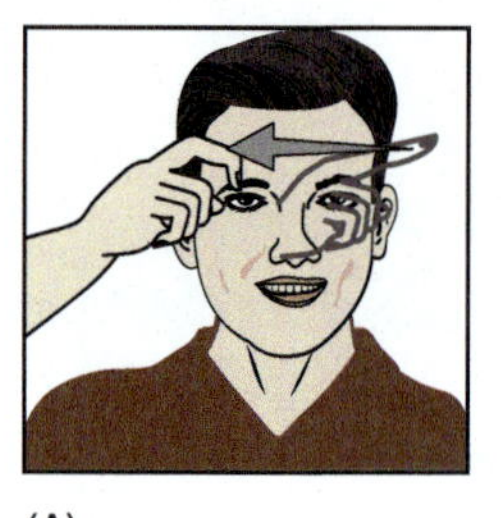
(A)

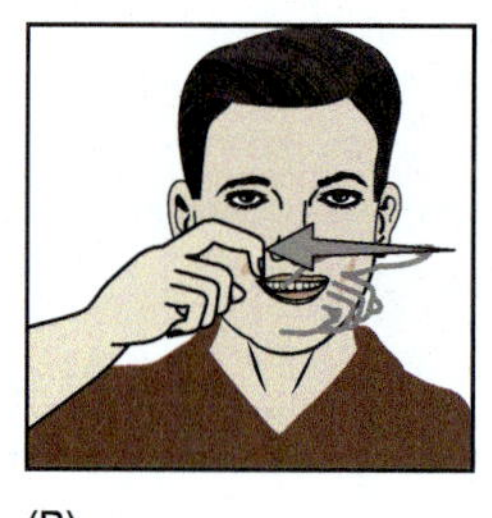
(B)

(C)

● **그림 9.16 미국 수화에서 사용되는 조음 위치.** 동일한 손모양이더라도 손이 어디에 위치하는가에 따라 의미가 다르다. (A) 손모양이 눈의 위치에 있으면 '여름'을 의미한다. (B) 코의 위치에 있으면 '못 생겼다'를 의미한다. (C) 턱위치에 있으면 '건조하다'를 의미한다. © 2011 Cengage Learning

의 신체 바로 앞의 공간참조틀 내에 위치하게 된다. 화자는 손모양으로 명사를 표현하고 이 공간참조틀 내에서 특정 위치를 지적한다. 문장 내의 각 명사는 이 참조틀 내의 서로 다른 위치로 지적된다. ASL 문장 내에서 동사(예, 'bit')를 표현하기 위한 신호는 주어를 뜻하는 명사(예, 'dog')의 위치에서 목적어를 나타내는 명사(예, 'cat')의 위치로 향한다. 따라서 주어와 목적어의 문법적 구분은 ● 그림 9.17에 묘사되어 있는 것처럼 손 움직임의 방향에 의해 표현된다.

손 움직임의 유형은 통사적 정보, 예를 들어 영어의 동사 어형 변화(예, *-ed*, *-ing*)와 같은 정보도 제공한다. 예를 들어 만약 어떤 사람이 무슨 일이 연속적으로 일어났다는 것을 말하고자 할 경우 그 사건이 한 번만 일어났다고 말하고자 할 경우와는 손 모양을 달리 하는데, 이는 마치 영어에서 진행 중인 행동을 동사의 말미에 *-ing*를 붙여 말하는 것과 같다. 이러한 구분들을 보여 주는 예들이 ● 그림 9.18에 제시되어 있다.

ASL의 대뇌 조직화

ASL의 기본 구조에 관해 살펴보았는데, 이제부터 ASL의 기

● **그림 9.17 미국 수화에서 주어와 목적어의 구분에 사용되는 공간참조틀.** (A) 이 경우 개인이 '개가 고양이를 문다'를 의미하는 수화를 하고 있다. 먼저 화자가 '개'라는 단어를 의미하는 사인을 하며 이는 명사를 의미하는 특정 위치를 지적한다(왼쪽). 그런 다음 화자가 '고양이'를 의미하는 사인을 하며 이 명사를 표현하기 위해 다른 공간 위치를 지적한다(가운데). 마지막으로 '문다'를 나타내는 사인을 하는데, 이는 그의 손을 '개'의 위치에서 '고양이' 위치로 돌린다(오른쪽). (B) 이 경우 개인은 '고양이가 개를 문다'를 의미하는 수화를 한다. 이 문장을 표현하는 절차는 (A)와 동일하지만 단지 손이 '고양이'의 위치에서 '개'의 위치로 움직인다. © 2011 Cengage Learning

본 구조가 제공하는 언어의 대뇌 조직화에 관한 정보를 살펴보기로 하자. 첫째, 비록 ASL이 공간 처리가 통사에 중요한 역할을 하는 시각 언어이지만 ASL이 좌반구에 의존하는 것으로 여겨진다. 우반구보다 좌반구, 특히 좌반구 측두 영역에 손상을 입으면 수화의 이해가 더 장애를 보인다(Hickok, Love-Geffen, & Klima, 2002).

둘째 선천적으로 농아여서 ASL을 사용하였지만 이후 실어증에 걸린 환자들에 관한 사례 연구들은 ASL 사용자들에게서도 전측 언어 체계와 후측 언어 체계가 서로 구분된다고 한다(Poizner, Klima, & Bellugi, 1987). 영어에서처럼 이 두 언어 체계 중 하나에 손상을 입을 경우 언어 이해 대 언어 산출 그리고 통사 대 의미에서 서로 다른 효과가 관찰된다. 뇌의 전측 부위에 손상을 입은 ASL 사용자들은 신호와 유창성의 부족을 보인다. 또한 ASL에서 문법을 사용하지 못하는데, 즉 문법적 표시인 손 움직임이 장애를 보이고 어형 변화를 반영하는 손 움직임을 정교하게 하지 못한다. 이러한 장애와는 상반되게 이들이 보이는 손 움직임은 정확한 의미를 전달한다. 다음의 예는 좌반구 전두엽에 병변을 가지는 한 선천적 ASL 사용자가 자신의 어린 시절을 얘기하는 것이다. 이 환자는 검사자의 질문을 이해하는 데에는 어려움을 거의 보이지 않았다.

검사자 : 무슨 일이 일어났습니까?

GAIL D : 자동차… 운전… 남동생… 운전… 나… 일어나… ('stand up'을 표현하려는 동작을 보이려고 함)

검사자 : 당신이 일어났었습니까?

GAIL D : 네… 나… 운전… (잘 가라는 손짓을 표현하려는 동작을 보이려고 함)

검사자 : 잘 가라고 손짓을 하였습니까?

GAIL D : 네… 남동생… 운전… (잘 가라는 손짓을 표현하려는 동작을 보이려고 함)

검사자 : 당신의 남동생이 운전을 하였습니까?

GAIL D : 네… 뒤로… 운전… 남동생… 남자… 엄마… 남동생… 운전

(Poizner, Klima, & Bellugi, 1987, p. 120)

ASL에서 브로카 영역이 언어 산출에 주요 역할을 한다는 또 다른 증거로는 수화를 사용하는 농아의 브로카 영역을 자극할 경우 수화 산출에 오류가 초래되는 것이다(Corina, McBurney, Dodrill, Hinshaw, Brinkley, & Ojemann, 1999).

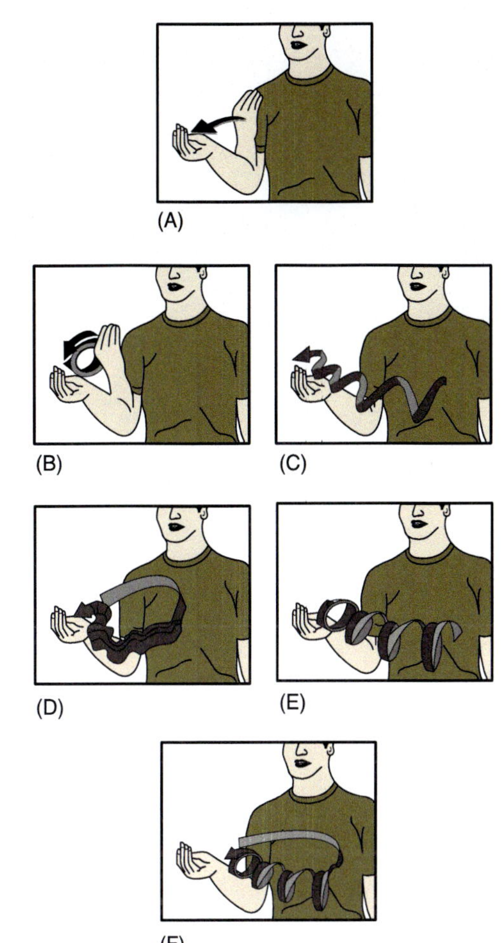

그림 9.18 미국 수화에서 동사의 어미를 표현하기 위한 손 움직임. (A) '준다(give)'를 의미하는 기본적인 사인과 손 움직임, (B~F) 움직임의 지속 시간과 방향을 의미하는 다양한 손 움직임. (B)는 '지속적으로 준다'를 의미한다. (C)는 '서로에게 준다'를 의미한다. (D)는 '서로에게 주는 것이 반복적으로 일어나는 것'을 의미한다. (E)는 '서로에게 끊임없이 교대로 준다'를 의미한다. (F)는 '서로에게 교대로 주는데, 이 행동이 반복적으로 일어나는 것'을 의미한다. © 2011 Cengage Learning

뇌의 전측 부위뿐만 아니라 후측 부위에도 병변을 가진 또 다른 환자는 베르니케 실어증 환자에서 관찰되는 것과 유사한 언어 양상을 보였다. 비교적 유지되었던 언어 이해 능력도 뇌졸중 발병 전에 비해서는 저하되어 있었다. 유창하게 ASL 신호들을 사용하고 쓰기 능력도 유지하였지만 환자가 보이는 신호들이 거의 의미를 가지지 못하였다. 베르니케 실어증과 마찬가지로 이러한 장애들은 구어뿐만 아니라 쓰기에도 영향을 미친다. 다음의 예는 이 환자가 유리로 둘러싸여 있는 파티오가 거실 앞에 있는 자신의 아파트를 설명한 것이다.

한 사람이 서 있었어요(한쪽 끝에)[알아듣기 어려움]. 그 사람이 방이 증축된 것을 보기 위해[연결이 끊어짐] 걸어왔습니다. 그 사람이 지붕과 등을(허물어 뜨렸어요). 그리고 네 개의 유리벽이 있습니다…. 그가 망치로 쳤어요. 그는 벽의 여러 곳에 모빌을 만들었어요. 훌륭한(항상 재주 있는) 사람이지요(Poizner, Klima, & Bellugi, 1987, p. 98).

ERPs 연구 결과 역시 ASL에서 의미 처리와 통사 처리가 서로 구분된다는 것을 보여준다. 선천적 농아에게 수화로 문법적 오류가 있는 문장을 보여주면 후기 정적 전위(late

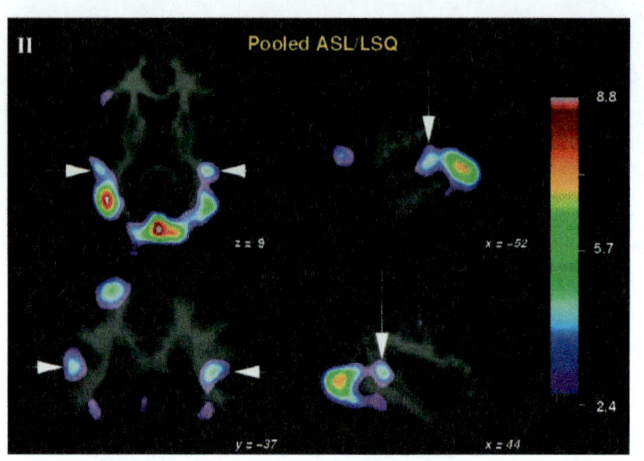

● **그림 9.19 농아의 "청각 영역"의 활성화.** 화살표는 미국 수화와 퀘벡 수화 사용자들이 단어 혹은 합법적인 비단어를 읽는 동안 활성화를 보이는 상측두회를 표시한다. 빨간색은 가장 큰 활성화를 보인 영역을 나타낸다. 출처: Petito et al., 2000. Speech-like cerebral activity in profoundly deaf people processing signed languages: Implications for the neural basis of human language. Proceedings of the National Academy of Sciences, USA, 97, p. 13964, fi g. 1.1. Figure 1, pg. 13964. Copyright 2000 National Academy of Sciences, U.S.A.

positivity; P_{600} 등)이 관찰되는 한편 의미적 오류가 있는 문장을 보여주면 N_{400}이 초래되는데, 이러한 결과는 구어에서 관찰된 결과와 유사하다(Capek et al., 2009).

셋째, 여러 신경영상 연구들은 언어 처리에 관여하는 좌반구 내의 여러 영역들의 조직화가 ASL과 구어에서 매우 유사하다는 것을 보여준다. 예를 들어 ASL로 단일 단어의 이름을 말하게 하거나(Emmorey et al., 2003; Horwitz et al., 2003; Kassubek, Hickok, & Erhard, 2004), 무엇인가를 이야기하게 하는 과제(Braun, Guillemin, Hosey, & Varga, 2001)에서 활성화하는 좌반구 영역들이 이러한 과제를 구어로 수행할 때 활성화하는 영역들과 동일하다.

그럼에도 불구하고 구어와 수화의 대뇌 조직화가 완전히 동일하지 않다. 예를 들어 구체적 사물의 이름을 말하게 할 경우 구어 사용자보다 수화 사용자들에서 좌반구 두정엽의 두 영역이 훨씬 더 많이 활성화된다. 한 영역은 연상회에 위치하는데, 이 영역은 ASL에서 음운 처리, 예를 들어 변별 특질의 선택(예, 손 모양과 위치)에 관여한다. 또 다른 영역은 좌반구 상두정엽에 위치하며 이 영역은 산출하고자 하는 움직임의 고유감각적 모니터에 관여하는 것으로 여겨진다(Emmorey, Mehta, & Grabowski, 2007). 더욱이 구어를 사용하는 사람들보다 수화 사용자들에서 더 큰 우반구 활성화가 관찰되기도 한다. 수화를 사용하는 대부분의 사람들이 농아이기 때문에 이 활성화가 난청 때문인지 혹은 수화 사용 때문인지를 구분하는 것이 가능하지 않다. 귀먹음과 수화의 사용 경험이 뇌 조직화에 미치는 영향을 구분하기 위해 선천적으로 귀가 먹어 ASL을 사용하는 사람들과 영어와 수화를 모두 사용할 수 있는 사람(농아 부모의 자녀들)들의 뇌 활성화 양상을 비교할 수 있다. 선천적으로 귀먹음을 앓아 수화를 사용하는 집단에서는 언어 자극의 처리 동안 좌반구의 언어 영역들뿐만 아니라 이에 상응하는 우반구 영역들의 활성화가 관찰되었다(Neville et al., 1998). 이 결과는 수화가 시각적이고 공간적이라는 것을 반영한다고 여길 수 있다. 그러나 우반구의 어느 영역들, 예를 들어 각회 등의 활성화는 선천적으로 농아인 사람들에서만 관찰되고 사춘기 이후에 수화를 습득한 사람들에서는 관찰되지 않는다(Newman, Bavelier, Corina, Jezzard, & Neville, 2002). 따라서 선천적 농아들에서 관찰되는 우반구의 활성화는 언어 처리에 우반구가 관여한다는 것을 시사하는 것으로 여겨진다. 이러한 주장을 지지하는 증거로는 ASL을 전혀 사용하지 못하는 사람에 비해 ASL를 사용하는 사람들에서 뇌 구조의 변화, 특히 우반구 뇌섬엽(insula)의 백질 증가가 관찰된다는 것이다. 수화 사용자들에서 관찰되는 백질 증가가 여러 유형의 감각 정보가 통합되는 것을 증가시킨다(Allen, Emmorey, Bruss, & Damasio, 2008).

이에 덧붙여서 서로 다른 수화들을 사용하는 동안의 뇌 활성화를 비교할 수 있다. 영어와 중국어가 서로 다른 언어인 것처럼 미국 수화와 중국 수화 역시 서로 다르다. ASL을 아는 것이 중국 수화를 이해하는 데 도움이 되지 않는다. 수화들 사이의 공통점을 조사하기 위해 ASL 사용자와 퀘백을 포함한 프랑스어권 캐나다 지역에서 사용되는 수화인 퀘백 수화(Langue des Signes Quebecoise : LSQ) 사용자들의 뇌 활성화를 비교하였다(Petito, Zatorre, Gauna, Nikelski, Dostie, & Evans, 2000). 그 결과 수화의 유형에 따른 뇌 활성화의 차이는 그다지 크지 않은 것으로 관찰되었다. 더 놀라운 것은 농아들이 비단어 수화를 처리하는 동안 청각 자극을 처리하는 데 관여하는 것으로 알려져 있는 상측두회 내의 영역들이 활성화함이 관찰되었다! 이 결과는 이러한 영역들이 청각정보 그 자체보다는 일련의 빠른 시간적 순서로 나타나는 정보의 처리에 관여하며, 청각 언어와 시각 언어 모두가 이러한 정보 처리에 근거하고 있다는 것을 시사한다(● 그림 9.19).

요약하면 수화사용자들을 대상으로 한 연구들은 언어가 표현되는 양식(말, 시각)과는 상관없이 좌반구가 언어 처리에 중요한 역할을 한다는 것을 보여준다. 더욱이 언어 처리 네트워크를 구성하는 하위 요소들이 구어와 수화에서 유사하다. 그러나 구어보다 수화 처리에 우반구가 더 많이 관여하는 것으로 여겨진다(최근 개관은 Campbell, MacSweeney, & Waters, 2007 참조).

■ 음악

언어와 마찬가지로 음악은 추상적인 상징 체계이다. 뇌가 어떻게 음악을 처리하는가를 연구함으로써 언어의 대뇌 구조화에 관한 통찰을 얻을 수 있을 것이다. 만약 언어 처리 과정 동안 어떤 뇌 영역이 활성화하는 것이 이 영역이 청각정보에 근거한 추상적 표상을 처리하는 것에 전문화되어 있기 때문이라면 음악의 처리 과정 동안에도 이 영역의 활성화가 관찰될 것이다. 이와 상반되게 만약 특정 뇌 영역이 언어 처리에만 전문화되어 있다면 음악 처리 과정 동안에는 이 영역의 활성화가 관찰되지 않을 것이다. 현재까지의 연구 결과는 이 두 가지 가능성이 모두 존재한다는 것을 보여 준다(개관은 Peretz & Zatorre, 2005 참조).

뇌 손상 후 음악 지각, 연주, 악보 읽기 및 쓰기의 능력이 상실되는 후천성 장애인 **실음악증**(amusia) 환자에 관한 사례 연구는 실음악증이 언어 능력의 상실 없이 발생할 수 있다는 것을 보여준다. 거꾸로 실어증이 실음악증 없이 초래될 수도 있다(실음악증에 관한 최근 논의는 Alossa & Castelli, 2009 참조; 음악 듣기 장애에 관한 논의는 Stewart, von Kriegstein, Warren, & Griffiths, 2006 참조). 이러한 이중 해리는 음악과 언어가 서로 구분된다는 것을 시사한다. 실제 멜로디 사이 사이에 말을 끼워 넣는 멜로디 인토네이션 치료(melodic intonation therapy)는 비유창성 실어증 환자들이 단어를 말로는 표현하지 못하지만 노래로 표현할 수 있다는 사실을 활용한다(개관은 Norton, Zipse, Marchina, & Schlaug, 2009 참조).

음악 과제의 수행 동안 뇌 활성화를 관찰한 신경영상 연구들은 음악과 언어 처리 중 적어도 읽기 과정에는 각각 다른 뇌 영역들이 관여한다는 것을 보고하였다. 예를 들어 초기 PET 연구는 개인이 점을 볼 때보다 악보를 읽을 때 좌반구 후두두정 경계 영역의 활성화를 관찰하였는데, 이 영역들은 글을 읽을 때 활성화되는 부위들보다 다소 배측에 위치한다(Sergent, Zuck, Terriah, & Macdonald, 1992). 추후 연구들은 악보(musical notation)의 특정 처리에 초점을 맞추었다. ● 그림 9.20에 제시되어 있듯이 악보의 경우 특정 음표는 오선상의 특정 부위에 위치한다. 오선상의 음표 위치는 그 음표의 피치(pitch)가 얼마나 높고 낮은가를 시사하며 두 음표 사이의 거리는 피치의 차이를 시사한다. 어떤 뇌 영역이 악보 읽기에 관여하는가를 알아보기 위해 훈련된 음악가가 악보에 적혀있는 음표를 키보드로 연주할 때 활성화되는 뇌 영역과 음표 이름을 말할 때 혹은 그 음표를 연주할 때 사용되는 손가락을 보고 있을 때 활성화되는 뇌 영역을 비교하였다. 그 결과 후자보다 전자에서 더 큰 우반구 후두측두 영역의 활성화가 관찰되었는데, 연구자들은 이 영역이 시각 단어형태 영역과 상응하는 우반구 영역이라고 제안하였다. 우반구 연상회에서도 증가된

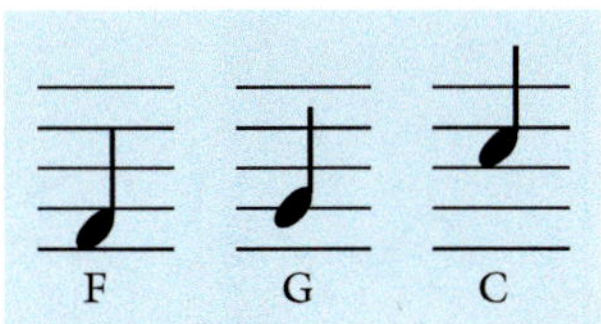

● **그림 9.20 음악 기보법의 공간적 측면.** 음악 기보법에서 각 음표는 오선에서 특정 위치를 가진다. 두 선 사이(F와 C음표의 경우) 혹은 한 선에 걸친 위치(G 음표)를 가진다. 음표의 위치가 올라갈수록 피치가 높아진다(343 Hz의 F는 384 Hz의 G보다 피치가 낮고 G는 512 Hz의 C보다 피치가 낮다). 두 음표가 나타내는 피치의 차이는 오선에서의 공간 거리에 의해 표시된다. G가 F보다 약간 고음이기 때문에 G는 F보다 약간 위에 위치한다. 그러나 C가 G보다 상당히 고음이기 때문에 C는 G보다 상당히 위에 위치한다. © 2011 Cengage Learning

활성화가 관찰되었는데 이는 이 영역이 공간적 음표를 움직임 패턴(음표 연주)으로 전환하는 데 관여하는 것을 시사한다고 여겨지고 있다(Schön, Anton, Roth, & Besson, 2002). 따라서 음표가 가지는 공간적 특성 때문에 문어의 경우보다 우반구가 더 많이 관여하는 것으로 보인다(개관은 Stewart, 2005 참조).

글과 악보를 읽는 과정에 관여하는 뇌 영역들이 서로 분리되어 있는 것과는 상반되게 언어와 음악의 '통사'는 유사한 대뇌 기제에 의존하는 것으로 보인다. 앞서 언급한 바와 같이 브로카 영역은 통사 구조의 위반, 예를 들어 한 문장 내의 단어가 문법적으로 맞지 않을 경우에 중요한 역할을 한다. 이와 유사하게 화음(chord)이 순서에 맞지 않을 경우 어떤 뇌 영역이 이에 반응하는가를 알 수 있는데, 이는 음악에서의 순서가 언어의 통사 구조와 유사하기 때문이다. MEG를 사용하여 비정상적인 위치에 나타난 화음에 대한 뇌의 반응을 조사한 결과, 이 반응이 화음의 제시 200밀리초 이후에 나타나고 쌍극자 모델(dipole modeling)에 의해 이 반응의 생성지가 브로카 영역에 위치하는 것이 밝혀졌다(● 그림 9.21; Maess, Koelsch, Gunter & Friederici, 2001; 최근 개관은 Fadiga, Craighero, & D'Ausilio, 2009 참조).

언어와 우반구

Broca 이후 언어에서의 좌반구 역할에 대한 지지가 지나치게 강조된 결과 좌반구를 언어 반구라고까지 부르게 되었다. 그러나 비교적 최근에 이루어진 연구들에 의하여 우반구가 언어 처리에 전혀 관여하지 않는 것이 아니라고 밝혀지고 있다. 따라서 우반구가 언어 처리에 어떻게 관여하는가를 살펴보기로 하자(이에 관한 최근 개관은 Lindell, 2006; Jung-Beeman, 2005 참조).

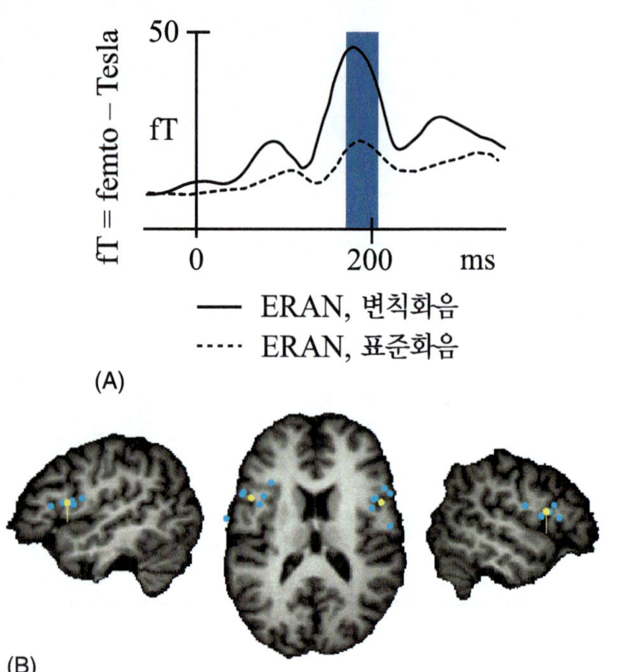

● **그림 9.21 뇌자도(MEG)로 측정한 초기 우반구 전측 부적 전위(early right anterior negativity, ERAN)** (A) 표준 화음(세 번째)에 비해 변칙 화음(Neopolitan 5th)에 대해 더 큰 부적 전위가 관찰된다. (B) ERAN의 평균 출처가 노란색으로 표시되어 있으며, 이는 브로카 영역에 위치한다. 각 연구참여자에서 관찰된 위치가 파란색으로 표시되어 있다. 출처: Adapted by permission from Macmillan Publishers, LTD: Maess B, Koelsch S, Gunter TC, Friederici AD, Nat Neurosci. 2001 May;4(5):540-5. Figure 5, pg. 54.

■ 언어 과정에 관한 우반구의 역할

이 장과 4장에서 살펴보았듯이 분리뇌 환자들의 우반구가 지극히 제한적으로 문어와 구어를 이해할 수 있다. 우반구는 복잡한 통사를 잘 이해하지 못하고 언어 산출을 하지 못하며 음소-문자소 대응 법칙을 사용하지 못한다. 또한 우반구는 매우 제한적인 어휘 능력을 가지고 있기 때문에 단지 구체적인 단어들만 사용할 수 있다. 이러한 제한점에도 불구하고 우반구는 두 가지 방법을 통하여 언어 자료로부터 의미를 추출하는 데 공헌한다. 첫째, 우반구는 억양, 소리덮개(sound envelop)와 어조(utterance) 등을 포함하는 **운율**(prosody) 처리 역할을 한다. 둘째, 우반구는 **화술**(narrative)과 **추론**(inference)에 중요한 역할을 한다. 화술이란 이야기를 만들어 내거나 이해하는 능력을 의미하는 한편 추론은 명백하게 언급되지 않은 자료로부터 가정(assumption)을 만들어 내는 능력을 의미한다. 이제부터 우반구가 가지는 이 두 가지 역할을 좀 더 자세하게 살펴보기로 하자. 그런 다음 우반구가 언어 능력의 발달에 어떤 역할을 하는가를 살펴보고 마지막으로 우반구가 왜 언어 과정에 전문화되지 않는가를 살펴보기로 하겠다.

운율

운율, 즉 단어를 둘러싸고 있는 소리덮개는 말의 해석에 관한 정보를 제공하는 데 유용하다. 예를 들어 영어에서 서술적인 말(declarative statement)에서는 목소리의 피치가 낮아지는 반면 질문에서는 대개 억양이 높아진다. 어느 경우에는 억양의 양상이 모호한 문장에 관한 두 해석을 구분하게 하는 유일한 단서로 사용될 수도 있다. 다음의 대화에서 "She did it again(그녀가 다시 다쳤군요)."라는 반응을 하였을 경우 운율이 이 네 단어의 의미를 어떻게 구분하는지 살펴보자.

LYNN: 부상을 입은 후 Alice가 좀 더 조심을 할 것으로 생각하였습니다. 그러나 어제, 그녀는 매우 가파른 곳에서 스키를 타고 내 뒤를 따라 오고 있었는데, 나는 그녀가 넘어지는 소리를 들었습니다.

SARA : 그녀가 다시 다쳤군요.

만약 Sara가 높은 억양으로 말하였다면 그녀는 Alice가 다시 다쳤는지를 물어보는 것이다. 반면 만약 Sara가 이 동일한 단어들을 낮은 피치로 말하였다면, 이 억양은 그녀가 이미 알고 있었던 사실, 즉 Alice가 자신을 다치게 하는 일을 다시 할 것이라는 사실을 단언하는 것을 시사한다.

대부분의 경우 우반구는 좌반구에 비해 운율 단서(예, 목소리 톤이 온화, 친절, 비난, 경멸 혹은 흥분되어 있는지)를 해석하는 데 더 우세하다. 심각한 실어증을 앓는 환자(따라서 좌반구에 병변을 가지고 있음)들조차도 운율 단서에 근거하여 질문과 진술을 구분할 수 있고(Heilman, Bowers, Speedie, & Coslett, 1984), 분리뇌 증후군이나 뇌전증을 앓는 환자를 대상으로 한 연구, 와다 기법을 사용한 연구 혹은 이분청취기법을 사용한 연구들은 우반구가 운율의 지각에 매우 중요하다는 것을 보고하고 있다(Benowitz, Bear, Rosenthal, Mesulam, Zaidel, & Sperry, 1983). 운율의 이해에 관한 우반구의 역할은 운율이 정서 상태(예, 짧은 고주파 모노톤은 놀람을 나타냄) 혹은 화자의 태도(예, 확신, 공손함)를 내포하고 있는 경우뿐만 아니라 정서적인 상태를 내포하지 않을 경우(예, 어조가 높았다 낮았다 함)에도 관찰된다(Weintraub, Mesulam, & Kramer, 1981; Zatorre, Evans, Meyer, & Gjedde, 1992). 정서적 운율에서의 우반구 역할에 관해서는 13장에서 더 자세하게 살펴보기로 하자.

운율 단서의 해석에는 우반구가 좌반구에 비하여 절대적으로 우세하지만 운율의 산출에는 좌우 반구가 모두 관여하며, 단지 각 대뇌반구가 서로 다른 역할을 하는 것으로 여겨진다. 운율은 두 부류의 단서로 구성되는데, 즉 한 단서는 피치 혹은 음색(tone)과 관련된 것이고 다른 단서는 타이밍과 관련된 것이다. 우반구가 음색 처리에 더 우세하다는 연구 결과와 일치하게 우반구 전측 영역에 손상을 입을 경우 **실운율**

증(aprosodic)적 대화, 즉 개인이 하나의 피치로만 말하는 증상이 관찰된다(Behrens, 1988). 좌반구에 손상을 입을 경우에는 **난운율증**(dysprosodic)적 대화가 초래되는데, 이는 운율 단서를 제때에 사용하지 못하고 부적절하게 사용하는 것을 의미하며 이는 좌반구가 순차적 처리 과정에 우세하다는 것을 지지한다. 예를 들어 신경계의 손상을 가지고 있지 않는 사람은 말을 할 때 처음 단어보다 마지막 단어를 더 길게 말하는 경향이 있다. 브로카 실어증 환자들은 이와 반대되는 현상을 보이는데, 즉 마지막 단어보다 처음 단어를 더 길게 말한다(Danly & Shapiro, 1982). 뇌 손상 환자들을 대상으로 한 연구 결과에 의하면 운율에 관한 우반구의 조직화가 언어에 관한 좌반구의 조직화를 닮은 것으로 여겨지는데, 즉 우반구의 전측 영역이 운율 산출에 관여하는 한편 후측 영역은 지각에 관여하는 것으로 알려져 있다(Ross & Monnot, 2008).

운율과 관련하여 한 가지를 더 언급할 필요가 있는데 이는 운율의 산출이 대뇌반구 이외의 다른 영역에 손상을 입을 경우에도 장애를 받을 수 있다는 것이다. 즉 기저핵과 소뇌(Cancelliere & Kertesz, 1990; Kent & Rosenbek, 1982)에 손상을 입을 경우에도 운율의 장애가 초래되지만 이 영역들이 손상되면 정확한 타이밍에 따라 일어나는 운동 통제에 의존하는 다른 다양한 과정들도 동시에 장애를 받게 된다.

추론과 화술

말의 의미가 항상 명확한 것이 아니기 때문에 독자와 청자는 이해를 돕기 위한 특정 전략을 사용한다. 예를 들어 이야기의 주제를 정하는 것이 애매모호한 정보를 해석하거나 명확하지 않은 진술을 바탕으로 추론하거나 어떤 정보가 다음에 제시될 것인가를 예상하는 데에 도움이 된다. 다음의 문장을 통하여 이를 설명하고자 한다. "With mosquitoes flying all about the room, she came across a small black bug that was being used to eavesdrop on her conversation." 문장의 처음 부분 때문에 'bug'을 해석하는 데 여러 번 생각하였을 것이다. 이 문장은 앞에 제시된 정보가 뒤에 제시되는 단어 의미의 추론에 어떻게 영향을 미치는가를 설명해 주는 예이다. 우반구에 손상을 입은 사람들은 방금 언급한 과제들, 즉 이야기의 줄거리를 따라가거나(Kaplan, Brownell, Jacobs, & Gardner, 1990), 방금 들은 것에 근거하여 추론을 하거나(Beeman, 1993) 은유를 이해하는(Brownell, 1988) 데에 어려움을 보인다. 이러한 어려움은 구어와 문어체의 문장, 이야기, 대화 혹은 절 등에서 관찰된다. 이에 관해 좀 더 자세하게 살펴보기로 하자.

말을 이해하기 위해 우리는 담화(discourse)에 구조를 첨가한다. 이 구조는 우리로 하여금 정보를 조직화하는 것을 도와주는데, 즉 문장 속의 절 혹은 이야기 속의 에피소드 및 사건들을 서로 연결하여 순서 있게 정보가 제시되게 한다. 우반구 손상을 가진 환자들은 이러한 구조들을 수립하는 데 어려움을 보인다. 즉 문장들을 순서 있게 제시하여 하나의 이야기로 꾸미지 못하거나(Delis, Wapner, Gardner, & Moses, 1983), 단어들을 순서 있게 나열하여 하나의 문장을 말하지 못하거나(Cavalli, DeRenzi, Faglioni, & Vitale, 1981) 혹은 하고 있는 말이 대화에 적합한지를 결정하지 못한다(Rehak, Kaplan, & Gardner, 1992). 우반구의 병변을 가진 사람들은 이야기의 주제를 끌어내는 데에도 어려움을 보이거나(Moya, Benowitz, Levine, & Finklestein, 1986) 이야기의 주제에 관한 정보를 다른 과제, 즉 문장들을 나열하여 이치에 맞는 절로 만드는 데 어려움을 보인다(Schneiderman, Murasugi, & Saddy, 1992). 우반구는 시각 언어에서도 이러한 역할을 가지는 것으로 보이는데, 왜냐하면 우반구에 손상을 입은 농아 수화사용자들이 담화 능력의 손상을 보이기 때문이다(Hickok, Wilson, Clark, Klima, Kritchevsky, & Bellugi, 1999).

이러한 영역들에서의 우반구의 역할을 지지해 주는 결과를 신경영상 연구들이 제공하고 있다. 이솝 이야기에 나오는 주인공에 관한 질문에 답할 때에 비해 이솝 이야기의 주제에 주의를 줄 경우 우반구 중측두회의 활성화가 증가하였다(Nichelli, Grafman, Pietrini, Clark, Lee, & Miletich, 1995). 또한 제목이 있는 글을 읽을 때에 비해 제목이 없는 글을 읽고 주제를 추론할 경우, 이 영역의 활성화가 증가하였다(St. George, Kutas, Martinez, & Sereno, 1999). 좌반구가 이 과정에 얼마나 공헌하는가가 현재 논란이 되고 있다. 텍스트 이해(추론에 제한되지 않고)에 관한 신경영상 연구들을 최근 메타-분석한 결과는 양반구 전측 측두 영역의 활성화가 일관되게 관찰됨을 보여준다(Ferstl, Neumann, Bogler, & von Cramon, 2008).

우반구에 손상을 입은 환자들이 농담을 이해하는 데 어려움을 보이는데, 이 어려움은 이야기의 주제를 이해하지 못하는 것과 관련이 있는 것으로 여겨진다. 일부 연구자들에 의하면 농담이 우스운 이유는 이치에 맞는 이야기 중에 돌연히 나타나는 급소 문구(punch line)가 놀라움을 안겨 주지만 이 문구 역시 이야기의 전반적인 줄거리와 일치하기 때문이라고 제안한다. 우반구에 손상을 입은 환자들은 이야기의 흐름을 따라가는 데 어려움을 보이기 때문에 이들이 농담이 되는 급소 문구를 선택하는 데 어려움을 보일 것이라고 추측할 수 있다. 이들은 깜짝 놀라게 끝나는 부분을 급소 문구로 선택하는 경향이 있는데, 이들이 선택한 문구는 이야기의 전반적인 줄거리와 조화를 이루지 못한다(Brownell, Michel, Powelson, & Gardner, 1983). 그러나 신경영상 연구들은 언어적 농담(Goel & Dolan, 2001) 혹은 만화와 같은 비언어적 농담

(Bartolo, Benuzzi, Nocetti, Baraldi, & Nichelli, 2006; Mobbs, Greicius, Abdel-Azim, Menon, & Reiss, 2003)을 이해할 경우 양반구 모두가 활성화되는 것을 보고하고 있다.

우반구에 손상을 입은 사람들은 은유 혹은 간접적인 질문 등을 이해하는 데에도 어려움을 보인다. 예를 들어 이들은 어떤 사람이 "Crying her eyes out(그녀는 몹시 울었다)."라고 얘기하는 것을 들으면 매우 놀란다. 왜냐하면 이들은 이 말을 문자 그대로 해석하여 끔찍한 장면을 떠올리기 때문이다. 'Heavy heart(상심한)' 사람의 그림을 지적하는 과제에서 우반구 손상 환자들은 우울해 보이는 사람의 그림보다는 큰 하트 모양의 그림을 지적하는 경향이 있다(Winner & Gardner, 1977). 또한 "문을 열어 주실래요?(Can you open the door?)"라는 질문을 하면 우반구 손상 환자들은 방어적인 태도를 취하면서 "물론 나는 문을 열 수 있어요. 왜 그런 질문을 하지요? 내가 문도 열 수 없을 정도로 약해 보이나요?"라는 반응을 보이는 경향이 있다(Foldi, 1987). 이러한 연구 결과와 일치되는 결과를 fMRI 연구들도 보고하고 있다. 즉 언어의 은유를 처리하는 동안 우반구, 특히 우반구 중측두회와 전두극의 활성화가 변화하는 것을 보고하고 있다(Bottini et al., 1994).

요약하면 우반구는 언어 이해를 풍성하게 한다. 비록 우반구에 손상을 입으면 언어 이해와 의미 전달 능력이 심각하게 방해를 받지 않지만 언어의 매우 중요한 측면, 예를 들어 뛰어난 은유, 예상치 못한 비꼼 혹은 구의 전환 등과 같은 것을 이해하지 못하게 되거나 말하지 못하게 된다.

■ 언어 과정에 관한 양반구 모델

좌반구가 언어 과정에 주된 역할을 한다는 사실과 우반구 또한 언어 과정에 관여한다는 사실을 어떻게 통합할 수 있는가? 연구자들은 각 대뇌반구의 언어 과정에 관한 상대적 역할에 관한 사고틀을 제공한다.

일부 연구자들은 각 대뇌반구가 서로 다른 방법을 통해 단어 의미에 접근한다고 주장한다. 우리가 특정 단어, 예를 들어 'nurse(간호사)'라는 단어를 듣거나 읽으면 이 단어의 의미와 관련되는 단어들, 예를 들어 **의사**, **병원**, **주삿바늘** 등과 같은 단어들의 네트워크가 활성화된다고 여겨 왔다. 분리 시야 연구들은 주어진 단어에 의해 점화되는 관련 단어의 네트워크가 우반구보다 좌반구에 더 제한적으로 위치한다는 것을 보여 준다. 예를 들어, 'bank'와 같이 두 가지 의미를 가지는 단어가 제시되면 우반구는 이 단어의 두 의미 모두를 대략 1초 동안 활성화하는 반면 좌반구는 이 단어의 주된 의미(즉 돈을 예금하는 곳인 은행)만을 활성화하고 보조 의미(즉 강변)를 활성화하지 않는다고 한다(Burgess & Simpson, 1988; Chiarello, 1991). 더욱이 특정 단어와 약하게 관련되어 있는 단어들은 특정 단어가 우시야보다 좌시야에 제시될 때 그 단어의 처리가 용이하게 된다(Rodel, Cook, Regard, & Landis, 1992).

이러한 결과는 각 대뇌반구에 서로 유사한 의미 처리 체계가 존재하는 것을 시사한다. 좌반구에서는 의미가 매우 정확하게 부호화되기 때문에 문장에서 서로 가까이에 위치하는 정보들 사이의 통합이 쉽게 일어나는 반면, 우반구에서는 좌반구에 비해 의미 처리가 엉성하고 광범위하게 일어나기 때문에 긴 언어 자료에 포함되어 있는 정보의 통합이 쉽게 일어나는 것으로 알려져 있다(Jung-Beeman, 2005). 이를 지지해 주는 연구 결과는 다음과 같다. 즉 여러 가능한 단어로 끝날 수 있는 문장(예, "He went into the *house, garden, bank, office, store*, etc.")의 끝 단어를 채우는 과제를 수행할 때, 단지 하나의 단어만으로 끝날 수 있는 문장을 읽는 과제를 수행할 때에 비하여 우반구 측두엽의 활성화가 더 두드러지게 관찰된다(Kircher, Brammer, Andreu, Steven, Williams, & McGuire, 2001).

이와 다소 다르지만 서로 관련되는 모델이 ERP 연구들에 의해 제안되었다(Federmeier, 2007). 이 모델은 좌반구가 의미에 접근할 때 단어가 나타나는 맥락의 영향을 받는다고 주장한다. 따라서 좌반구는 특정 단어가 제시되면 이 단어의 일반화된 의미에 근거하고 단어가 제시된 맥락에 따라 편향되게 의미를 해석한다. 반면 우반구는 단어의 일반화된 의미보다 특정 의미에 근거하여 단어를 처리한다. 이 능력이 매우 중요한데 왜냐하면 한 문장이 얼핏 보기에는 어떤 것을 의미하지만 실제로 다른 것을 의미하는 경우에는 정보가 재고려되거나 재분석되어야만 하기 때문이다. 예를 들어 "The author wrote the novel was likely to be a best seller."와 같은 문장을 읽을 때 처음에는 저자가 소설을 쓴 것으로 가정한다. 그러나 문장을 계속 읽어보면 저자가 소설이 베스트셀러가 될 것이라고 썼다는 것으로 재해석하게 된다. 우반구가 특정 의미를 기억하고 있는 것이 이러한 재해석을 가능하게 한다(Federmeier, 2007). 어떤 모델이 양반구의 차이를 더 잘 설명하는가와 상관없이 명확한 점은 한 가지이다. 즉 이 교재에서 살펴보는 많은 다른 인지 기능과 마찬가지로 언어 기능도 한 대뇌반구가 아니라 뇌 전체에 의존한다는 것이다.

요약

청각 언어 과정에 관한 신경학적 근거

- 뇌 손상 이후 초래되는 언어기능의 장애가 실어증이다.
- 좌반구 전측 영역, 더 구체적으로 말하면 브로카 영역은 언어 산출에 가장 중요하다.
- 좌반구 후측 영역, 특히 베르니케 영역이 언어 이해에 가장 큰 역할을 한다.
- 음운, 즉 말소리의 형성과 결합에 관한 법칙이 전측 실어증과 후측 실어증 모두에서 장애를 받는다.
- 통사, 즉 단어들이 결합하여 문장을 만드는 데 적용되는 규칙은 전측 실어증에서 장애를 받는다.
- 의미는 단어와 문장의 뜻에 관한 것으로, 좌반구 후측 영역에 손상을 입을 경우 장애를 받는다.
- 한 대뇌반구만을 마비시키는 와다 검사는 대부분의 오른손 사용자의 경우 좌반구가 언어 산출에 전문화되어 있다는 사실을 밝혀 준다.
- 뇌 영상과 전기생리적 기법을 사용한 연구들 역시 뇌의 전측과 후측 부위가 각각 통사와 의미에 전문화되어 있다는 사실을 지지한다.

시각 언어 과정에 관한 신경학적 근거

- 실독증은 뇌 손상으로 말미암아 읽기 능력을 상실한 경우를 의미한다.
- 실서증은 뇌 손상의 결과로 쓰기 능력을 상실하는 경우이다.
- 의미로 향하는 음운 경로는 단어의 문자 형태를 음운과 먼저 연결시킨 다음 의미와 연결시킨다. 이 경로는 개인이 전혀 알지 못하는 단어와 비단어(예, glimp)의 읽기에 필요하며 음운 실독증에서는 이 경로가 상실된다.
- 직접 경로는 문자 형태를 의미와 직접적으로 연결시킨다. 이 경로는 불규칙 단어, 예를 들어 'colonel'과 같이 전형적인 음소-문자소 대응법칙이 적용되지 않는 단어를 읽을 때 사용된다. 직접 경로는 표층성 실독증에서 상실된다.
- 음운 실서증 환자들은 음소-문자소 대응법칙에 근거하여 철자를 쓰지 못한다.
- 어휘 실서증 환자들은 직접 경로를 사용하여 철자를 쓸 수 없다.
- 단어를 직접적으로 의미와 연결시키는 체계가 정확히 좌반구 내의 어느 부위에 위치하는가에 관해서는 아직 논란이 되고 있지만 이 체계가 주로 측두엽의 복측 영역과 중측두회에 위치한다고 여겨진다.
- 음운을 의미와 연결하는 체계는 측두엽과의 경계에 위치하는 연상회와 각회에 위치하는 것으로 여겨진다.

비인도-유럽 언어와 다른 상징 체계의 처리

- 가나는 음절에 근거한 체계로서 각 상징이 음과 연결되어 있으며 영어의 알파벳과 매우 유사하다. 따라서 음운 경로에 의존한다.
- 간지는 어표 체계로서 각 단어를 나타내는 상징이 독특하며 직접 경로에 의존한다.
- 뇌 손상 환자들을 대상으로 한 연구들과 뇌 영상 연구들의 결과는 이 두 체계가 서로 분리될 수 있다는 것을 시사한다.
- 미국 수화에서는 소리를 이용한 청각 방법이 아닌 손 모양을 이용한 시각적 방법으로 정보가 전달된다. 그리고 통사는 영어처럼 단어의 순서뿐만 아니라 손 운동이 일어나는 공간 내의 특정 위치와 손 운동의 유형에 의해 이루어진다.
- ASL은 좌반구 내의 구어와 유사한 영역에 의존하는 것으로 보이지만 우반구가 구어보다 ASL에서 더 큰 역할을 한다.
- 악보를 읽는 것과 단어를 읽는 것은 좌반구 내의 유사하지만 독립된 체계에 의존한다.

언어와 우반구

- 운율 단서, 즉 말의 어조와 타이밍의 지각은 말의 의미를 명확하게 하는 데 도움이 되며, 이러한 과정은 주로 우반구에 의해 수행된다.
- 우반구는 이야기를 이해하는 것, 추론을 만들어 내는 것과 이야기의 주제를 추출하는 데에 중요한 역할을 한다.
- 좌반구에 비해 우반구는 광범위한 의미 연합을 활성화시킴으로써 은유를 이해하게 한다.

핵심용어

교차 실어증(crossed aphasia)
난운율증(dysprosodic)
무시 난독증(neglect dyslexia)
문자소-음소 대응법칙(grapheme-to-phoneme correspondence rules)
반향어(echolalia)
발성(voicing)
베르니케 실어증(Wernicke's aphasia)
불규칙 단어(irregular words)
브로카 실어증(Broca's aphasia)
신생어(neologisms)
실독증(alexia)
실문법 실어증(agrammatic aphasia)
실서증(agraphia)
실운율증(aprosodic)

심층성 실독증(deep alexia)
어휘 실서증(lexical agraphia)
운율(prosody)
음운(phonology)
음소 착어증(phonemic paraphasia)
음운 실독증(phonological alexia)
음운 실서증(phonological agraphia)
의미(semantics)
의미 착독증(semantic paralexias)
의미 착어증(semantic paraphasia)
읽기의 음운 경로(phonological route to reading)
읽기의 직접 경로(direct route to reading)
전도성 실어증(conduction aphasia)
전보어(telegraphic speech)
전실어증(global aphasia)
조음 위치(place of articulation)
주의 난독증(attentional dyslexia)
착어증(paraphasia)
초피질성 운동 실어증(transcortical motor aphasia)
초피질성 감각 실어증(transcortical sensory aphasia)
추론(inference)
통사(syntax)
표층성 실독증(surface alexia)
한 철자씩 읽기(letter-by-letter reading)
화술(narrative)

도서 참조 사이트: www.cengage.com/psychology/Banich

이 웹사이트는 학생들이나 강사들에게 강의용 퀴즈나 암기카드, 용어정리 같은 정보와 자료를 무료로 제공한다.

기억

Memory

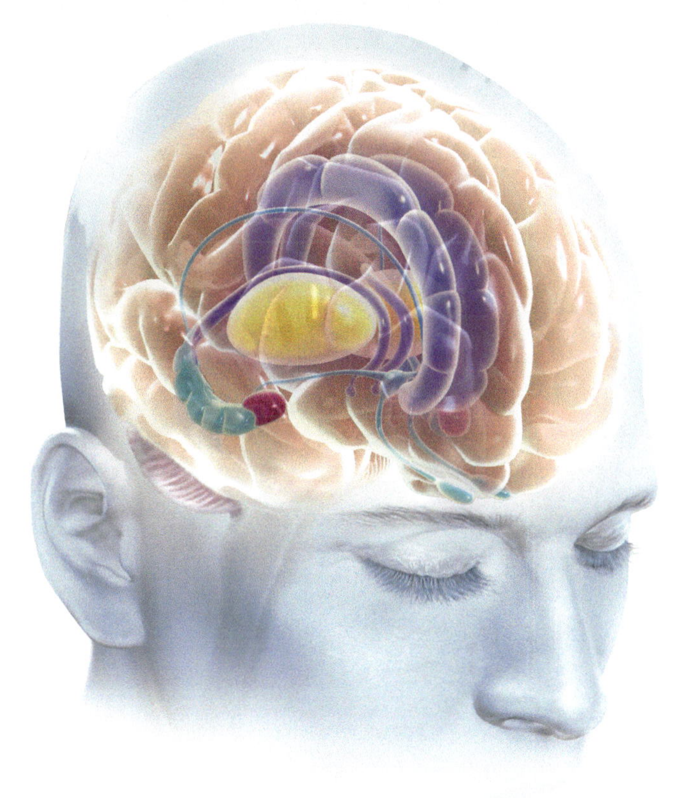

항경련제를 사용해도 통제할 수 없을 만큼 심각한 발작 장애로 1953년 한 청년이 내측두엽 구조들을 제거하는 실험적 수술을 받았는데, 이 구조들이 오늘날에 이르러서야 기억에 매우 중요하다는 것이 밝혀졌다. 비록 수술은 성공적으로 이루어져서 발작 장애는 많이 호전되었지만 수술로 말미암아 심각한 기억장애가 초래되었다. 이 청년은 수술 후 자신이 경험한 사건이나 자신이 만난 사람들, 예를 들어 주치의나 간병인을 기억하지 못하였으며 새로운 사실을 학습하지 못하였다. 수술 후 그는 자신의 나이가 몇 살인지 오늘이 며칠인지 혹은 자신의 최근 이력(예, 자신이 어디에 살고 있으며 그 곳에서 얼마나 오랫동안 살았는지)을 알지 못하였다. 실제 그의 생의 말년 동안 자신의 최근 사진을 보고 사진 속의 인물을 자신의 아버지로 오해하기도 하였다. 공적 인물이나 사건에 관해서도 기억하지 못하였다. 2008년 82세의 나이로 사망할 때까지 기억장애는 지속되었다.

그럼에도 그는 자신의 전 생애 동안 다양한 기억 능력을 보여주었다. 그는 추론, 문제해결, 대상인식 및 언어 능력을 가지고 있었고 모든 대상과 상황에 대해 적절한 수의적 운동과 반사 행동을 보였다. 따라서 그는 수술 이전에 습득한 지식을 가지고 있는 것으로 보였다. 그는 수술 이전에 경험한 것을 기억하였으며, 간섭을 받지 않는 한 일시적으로 정보를 파지할 수 있었다.

그는 기억장애와 기억 파지를 동시에 가지고 있었기 때문에 그의 생활에서 다소 기이한 면이 관찰되었다. 예를 들어 그는 크로스워드 퍼즐을 푸는 것을 즐거워하였고 동일한 퍼즐을 반복해서 푸는 것을 즐겼는데 이는 자신이 반복해서 동일한 퍼즐을 푼다는 것을 인식하지 못하였기 때문이다. 그는 TV 쇼를 즐겼지만 쇼를 이해하지는 못하였는데, 이는 쇼 중간에 방송되는 광고가 쇼의 줄거리를 잊어버리게 하기 때문이었다. 그는 다른 사람과 완벽하게 이성적인 대화를 하였지만 최근에 일어난 사건들에 관한 것을 말하지 못하였다. 즉 그는 최근의 날씨 혹은 자신이 가장 최근에 읽은 책에 관해서는 대화할 수 없었다. 이러한 주제를 제외하고 그와 대화를 나누면 그가 기억 결함을 가지고 있다는 것을 눈치 채기 어려웠다. 그러나 대화를 단지 몇 분 정도라도 중단하면 그는 자신이 몇 분 전에 나눈 대화의 내용을 기억하지 못하고 심지어 자신과 대화하던 상대방을 기억하지도 못하였다!

그가 경험을 회상하는 능력이 거의 제로에 가까울 만큼 심각한 것도 충격적이지만 또 다른 충격은 그가 유지하고 있는 능력들이 경험에 의해 변할 수 있다는 것이었다. 놀랍게도 그는 새로운 기술을 습득하거나 표현할 수 있었다. 예를 들어 비록 그가 단어를 읽은 것을 기억하지 못함에도 불구하고 그 단어를 거꾸로 읽는 것과 같은 기술을 습득할 수 있었다. 더욱이 신경계의 손상이 없는 정상적인 사람처럼 처음 제시되는 항목보다 반복 제시되는 항목에 대해 수행이 더 향상되었다. 그러나 반복 제시된 항목에 대해 향상된 수행을 보임에도 불구하고 그는 어느 항목이 반복 제시되었고 어느 항목이 한번만 제시되었는지를 판단하지 못하였다.

위의 글상자에 기술되어 있는 환자는 H.M.이는 유명한 환자이다. 그의 주치의인 Henry Scoville 박사는 수술 후 자신이 의도하지 않았던 장애를 관찰한 후 Montreal에 있는 McGill 대학에 재직 중이던 Brenda Milner와 그녀의 동료들에게 이 환자의 기억 상실에 관한 미스테리를 풀어달라고 부탁하였다. Milner 교수는 H.M의 기억이 서로 구분된다는 것, 즉 내측두엽의 제거 수술 후 H.M.의 기억 중 일부는 상실된 반면 일부는 유지되고 있는 것을 발견하였다. 이는 기억에 적어도 두 개의 서로 분리된 체계가 존재하는 것을 보여준다. 기억 형성에 관여하는 분자 기제에 관한 업적으로 생리학과 의학 분야에서 2000년 노벨상을 수상한 Eric Kandel은 다음과 같이 기술하였다. "Brenda Milner의 H.M. 연구는 현대 신경과학에서 일어난 중대한 공헌 중 하나이다. 그녀의 연구는 뇌에 두 개의 기억 체계가 존재하는 것을 처음으로 밝혔으며 추후 연구가 가능하게 된 기초가 되었다."(Carey, 2008) (지난 40년 동안 뇌의 기억 체계에 관해 얼마나 많은 정보가 제공되었는가에 관한 개관은 Squire, 2009b 참조)

기억 이해에 관한 H.M.의 공헌은 거기에서 중단되지 않았다(Squire, 2009a). H.M.이 수술을 받은 후 50년 동안 Milner 교수와 그녀의 제자인 MIT의 Suzanne Corkin이 H.M.을 집중적으로 연구하는데 이 연구들은 H.M.이 결함을 보이는 능력과 유지하는 능력 등에 관한 것이었다(Scoville & Milner, 1957; Corkin, 1984; Milner, Corkin, & Teuber, 1968; Corkin, 2002). H.M.의 기억 결함은 **기억상실증**(amnesia)으로 알려져 있으며, 그의 기억상실증은 매우 심각하고 또 광범위한 영역에 걸쳐 관찰되었다(● 그림 10.1). 기억상실증은 단어, 글, 이름, 얼굴, 공간 레이아웃, 길, 도형, 무의미 도형, 톤, 공적 사건과 개인적 일화 등을 기억하지 못한다. H.M.의 기억상실증이 그의 생활의 모든 면에 영향을 미쳤고 그가 매일의 생활에서 경험하는 사건들을 경험하자마자 잊어버리게 하였다(Scoville & Milner, 1957, p. 15). H.M.은 신경과학, 신경심리학 및 인지 신경과학분야에서 가장 유명하고 또 가장 집중적으로 연구된 환자이지만, 기억장애가 너무 심각하여 H.M.은 자신이 그렇게 유명하다는 것을 전혀 몰랐다.

H.M.과 다른 많은 기억상실증 환자들에서 관찰되는 기억장애는 기억이 무엇이고 또 뇌가 어떻게 과거 경험을 기록하는가에 관한 많은 것을 설명해 준다. 기억상실증은 다른 인지기능의 장애 없이도 일어날 수 있기 때문에 기억상실증은 기억이 어떻게 다른 인지기능과 무관하게 독립적으로 기능할 수 있는가를 보여 준다. 또 기억상실증이 매우 선택적으로 일어나기 때문에, 다시 말하면 기억의 어떤 측면은 상실되지만 또 다른 측면들은 유지되기 때문에 이를 통하여 우리는 기억이 다양한 유형으로 구성되어 있다는 것을 알 수 있다. 이 교재에서 살펴본 다른 기능들과 마찬가지로 기억은 다양한 뇌 영역들의 상호작용으로 일어나고 각 뇌 영역은 기억에 서로 다른 공헌을 한다. 기억에 관여하는 뇌 영역들이 매우 밀접하게 상호작용하기 때문에 한 뇌 영역의 기억에서의 역할을 분리해서 알아보는 것이 매우 어렵다. 따라서 기억을 매개하는 다양한 뇌 영역들과 인지 체계들의 고유 역할을 신경심리, 신경영상, 정신생리 및 신경생리 분야에서 이루어지고 있는 연구들의 결과를 통해 단지 추론할 수밖에 없다. 이 장에서는 다양한 기억 체계들과 이 체계들이 기억에서 어떤 역할을 하는지를 이해하고자 한다.

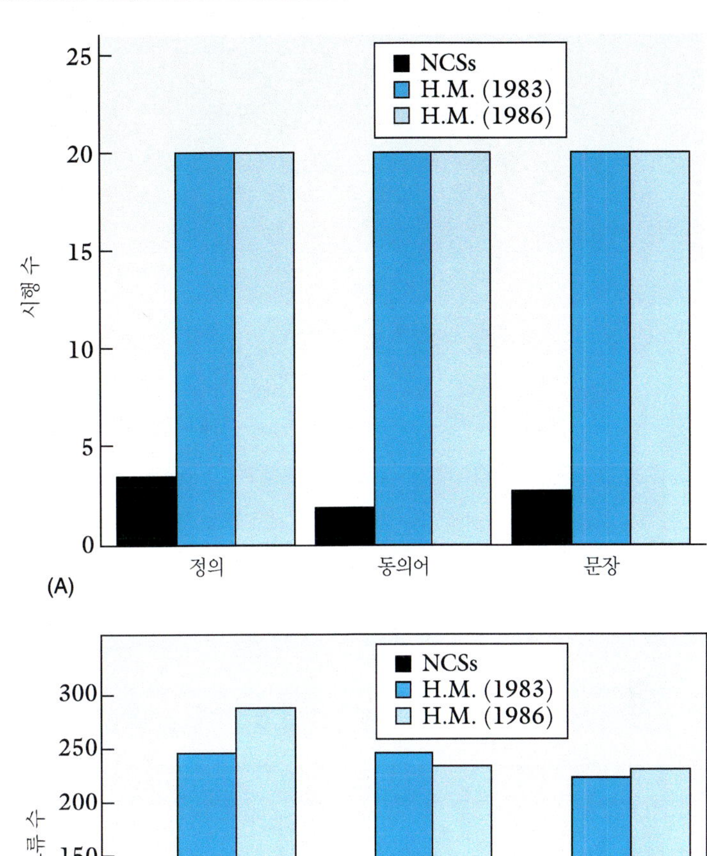

그림 10.1 양반구 측두엽 절제술을 받은 환자 H.M.이 새로운 정보를 학습할 수 없음을 보여주는 예. 이 연구에서(Gabrieli, Cohen, & Corkin, 1988) H.M.과 신경계의 손상을 가지지 않은 피검자들(NCSs)은 자신들이 알지 못하는 단어들의 의미를 학습하였다. (A) 그래프는 학습 준거에 도달하기까지 필요하였던 학습 시행의 수를 나타낸다. 검사가 실시된 1983년과 1986년 모두 H.M.은 최대한의 시행 수인 20번의 시행이 필요하였던 반면 NCSs는 단어의 의미, 동의어와 적절한 문장형태를 학습하는 데 5번 미만의 시행이 필요하였다. (B) 단어들에 대한 적절한 정의, 적절한 동의어 혹은 정확한 문장형태를 선택하는 것을 학습할 때 NCSs는 오류를 거의 보이지 않은 반면 H.M.은 각각 200개 이상의 오류를 보였으며 이는 그가 어떤 단어도 학습할 수 없다는 것을 시사한다. © 2011 Cengage Learning

기억이란 무엇인가

기억에 관한 이해를 가장 기본적인 질문, 즉 '기억이란 무엇인가'에서부터 시작하고자 한다. 기억이란 경험을 통하여 개인을 형성하게 하고 또 개인의 뇌와 행동을 변화시키는 일련의 기제와 과정들이라는 것이 이 질문에 대한 가장 좋은 대답일 것이다. Tennessee Williams는 "인생은 현재 순간을 제외하고는 우리가 붙잡을 수 없을 정도로 빨리 달아나 버리는 기억이다."라고 말하였다. 기억은 연속적으로 일어나는 '현재 순간'을 개인의 신경계 내에 붙잡아 두어 그로 말미암아 개인이 영구적으로 변할 수 있게 되는 능력이라고 할 수 있다. 우리는 기억이 신경계 내의 어느 부위에 어떻게 저장되는가를 이해하고자 한다.

우리는 다음과 같은 질문을 할 수 있다. 즉 "기억은 무엇 때문에 존재하는가?" 이 질문에 대해 다양하게 답할 수 있다. 기억은 일상생활의 사소한 경험을 저장하기 위해서 존재한다. 열쇠, 코트 혹은 도시락을 어디에 두었는지 기억하기 위해 존재한다. 차를 어디에 주차하였는지, 가방을 어디에 두었는지, 슈퍼마켓이 어디에 위치하는지 등을 회상하기 위해 존재한다. 약속이나 과제물을 기억하기 위해 존재한다. 우리가 만난 적 있는 사람들의 이름, 모습, 특징 등을 알기 위해 존재한다. 그러나 기억은 아주 잠시 동안 마음 속에 정보를 저장하기 위해서도 필요하다. 예를 들어 암산을 하거나 피자를 주문하기 위해 피자집에 전화를 거는 동안 피자집의 전화번호를 잠시 동안 마음 속에 저장할 필요가 있다. 또한 기억은 개인의 생애에서 일어난 사건들을 기억하거나 다양한 사물들과 상황을 확인하고 이에 반응하기 위해서도 필요하다. 마지막으로 기억은

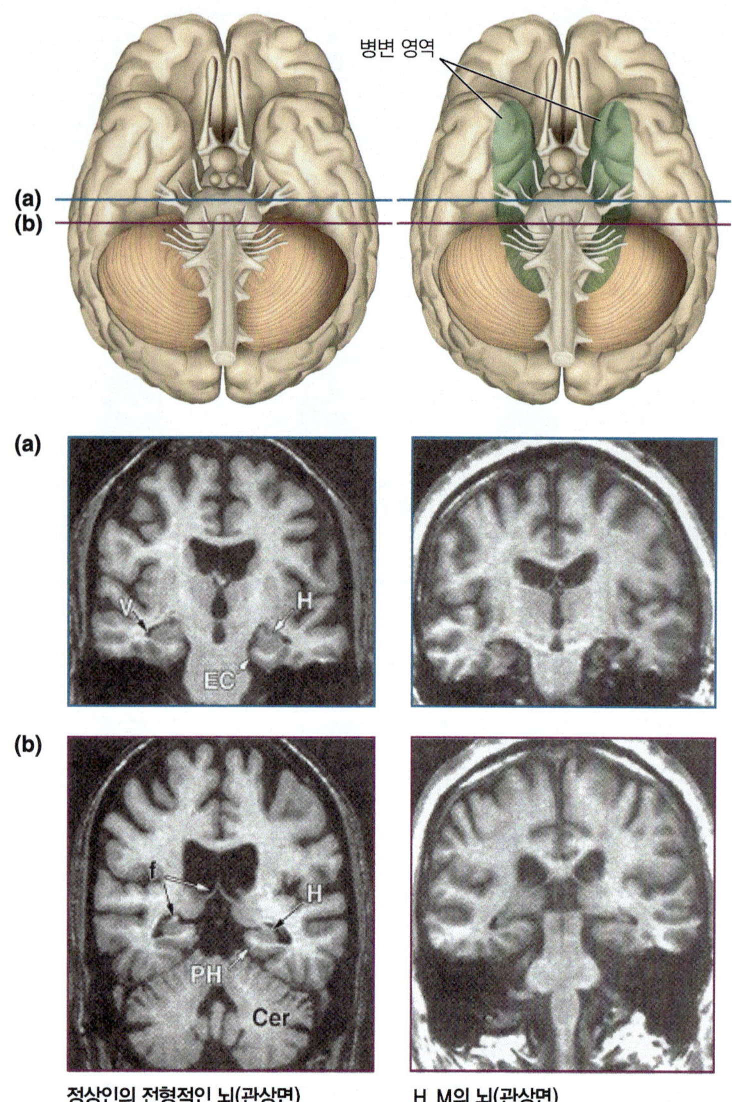

● **그림 10.2 H.M.의 수술에서 절제된 뇌 구조.** 생명을 위협하는 발작을 통제하기 위해 H.M.은 양반구 해마(H), 비내피질(EC), 해마방회(PH)와 내측두엽의 다른 부위를 절제하는 수술을 받았다. 이 MRI 스캔은 H.M의 뇌와 정상인의 전형적인 뇌를 비교, 제시하고 있다. 출처: Suzanne Corkin, David G. Amaral, R. Gilberto Gonzalez, Keith A. Johnson, and Bradley T. Hyman H. M.'s Medial Temporal Lobe Lesion: Findings from Magnetic Resonance Imaging J. Neurosci., May 1997; 17: 3964–3979.

세상의 규칙, 즉 동시에 일어나는 것의 관련성과 양상(우리가 타이핑하는 철자의 결합, 음식의 맛과 냄새)을 저장하기 위해서도 필요하다.

그러나 기억은 다양한 능력으로 구성되며, 이 능력들이 기억이라는 하나의 라벨로 불린다. 뇌는 이 모든 서로 다른 능력 혹은 기능을 지지해야만 하는데, 이를 위해서 다양한 뇌 체계가 일련의 기제를 수행한다. 지금부터 기억에 관여하는 뇌 체계가 무엇이고 또 이 체계의 역할이 무엇인지를 살펴보자.

기억상실증: 장기기억의 장애

신경심리학과 인지 신경과학 분야에서 이루어진 기억 연구들은 지나치게 한 유형의 기억장애, 즉 기억상실증에 초점을 맞추고 있다. 기억상실증에 관한 연구들을 통해 뇌가 기억 과정을 어떻게 통제하는가를 이해하게 된다. 기억상실증에 관한 연구 결과가 매우 중요한 정보를 제공하기 때문에 기억상실증을 먼저 살펴보기로 하자. 기억상실 증후군에서 관찰되는 기억상실의 특징들을 먼저 살펴본 다음 기억의 신경학적 모델을 살펴보겠다.

다양한 발병 원인으로 인하여 초래되는 기억상실증 사례들을 살펴보겠지만 그 중에서도 주로 H.M.의 기억상실증에 초점을 맞출 것이다. 뇌 구조를 스캔하는 CT 및 MRI가 발달되기 이전에는 뇌 구조의 손상을 확인할 수 있는 방법이 없었으며, 이에 따라 절제 수술로 인해 초래된 H.M.의 기억상실증이 중요하였다. 이는 H.M.의 경우 어느 뇌 구조에 병변이 있는가를 분명하게 알 수 있었기 때문이다. 이에 덧붙여서 병변으로 말미암아 기억의 어떤 측면들이 손상되었는가를 정확하게 알 수 있었는데, 왜냐하면 H.M.은 기억상실증을 초래한 수술을 받기 이전부터 신경심리적 평가를 받아 왔기 때문이다.

H.M.의 사례는 기억상실증이 해마, 치상회(dentate gyrus), 해마지각(subiculum), 편도체와 인접한 영역[해마방 영역(parahippocampal area), 비내(entorhinal) 및 비주위피질(perirhinal cortices)]을 포함한 내측두엽에 손상을 입을 경우 초래된다는 것을 처음으로 제시하였다(● 그림 10.2). 추후 연구들은 해마가 어떻게 손상되었는지와 상관없이 해마의 손상이 기억상실증을 초래한다는 사실을 입증하였다. 즉 해마가 H.M.처럼 수술에 의해 절제되든지, 뇌졸중이나 무산소증의 경우처럼 공급되는 혈류량이 감소하든지 혹은 단순포진 뇌염(herpes simplex encephalitis)처럼 이 영역에 치명적인 손상을 주는 질환을 앓든지 간에 해마가 손상을 입을 경우에는 기억상실증이 초래된다. 해마라는 이름은 이 구조가 해마(seahorse)와 유사하게 생겼기 때문에 붙여졌다(● 그림 10.3). 이에 덧붙여서 해마와 매우 가까이에 위치하는 **중앙 간뇌 영역**(midline diencephalic region), 즉 시상의 배내측핵(dorsomedial nucleus)과 시상하부의 **유두체**(mammillary bodies)에 손상을 입을 경우에도 기억상실증이

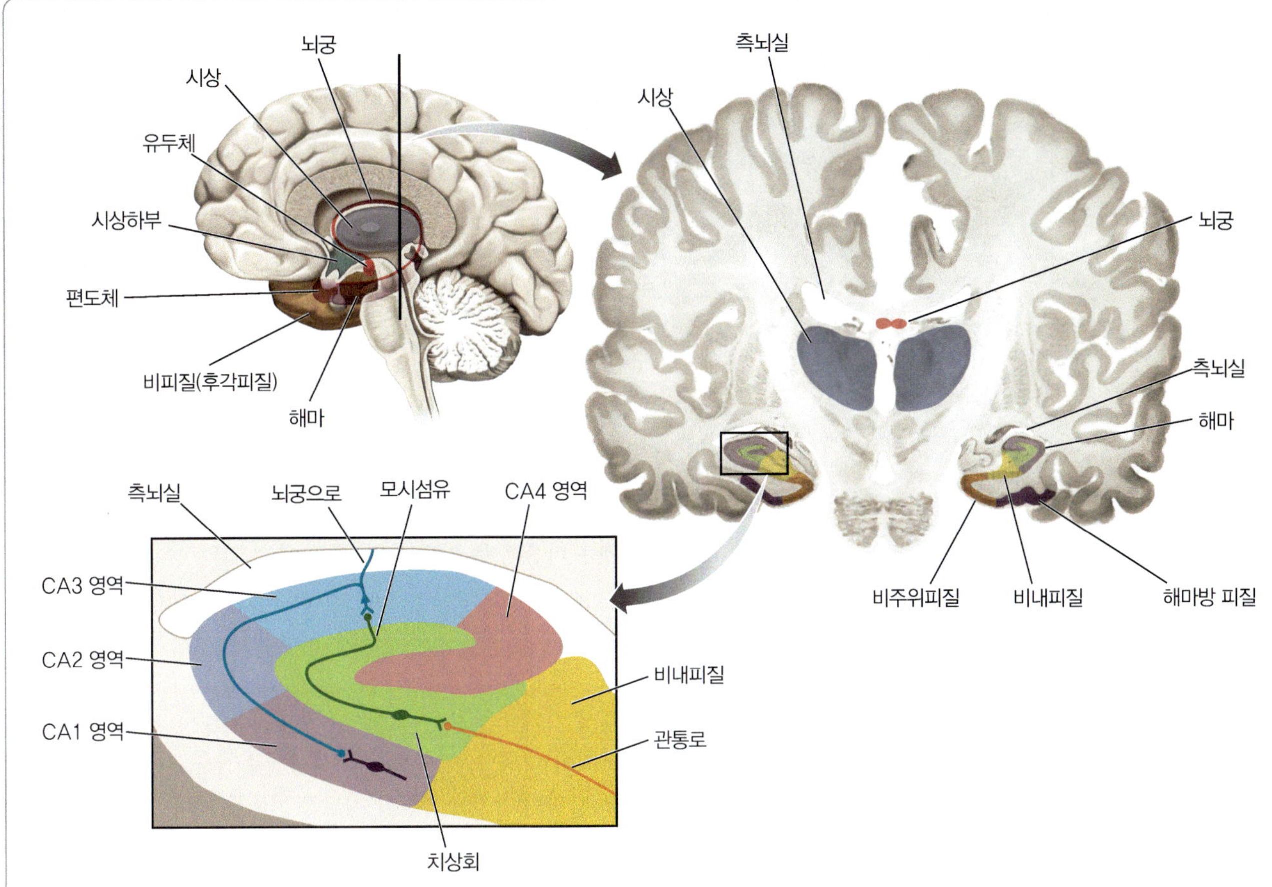

● **그림 10.3 뇌의 다양한 영역들로부터 오는 정보(입력)는 비내피질로부터의 관통로를 통해 해마에 수렴된다.** 해마로부터의 정보(출력)는 뇌궁을 통해 뇌로 전달된다. © 2010 Cengage Learning

초래된다는 것이 관찰되었다. 이 부위의 손상은 여러 이유로 일어날 수 있는데, 즉 만성 알코올 남용으로 말미암아 코르사코프 병(Korsakoff disease)이 발병되거나 사고를 입을 경우에도 이 영역의 손상이 일어날 수 있다(● 그림 10.4). 발병 원인이 무엇이든지 간에 기억상실증의 근본적인 특성은 새로운 장기기억을 형성하지 못한다는 것이다.

■ 기억상실증의 일반적 특성

기억상실증의 가장 근본적 특징 중의 하나가 일반적(global)이라는 것이다. 다시 말하면 기억장애가 자극의 감각 유형(modality)이나 자료 유형에 상관없이 일어난다는 것이다. H.M.의 경우 자극이 청각, 시각, 체감각 혹은 후각으로 제시되어도 기억장애를 보였는데, 즉 자극의 감각 유형과 상관없이 기억장애를 보였다(Corkin, 1984; Milner, Corkin, & Teuber, 1968). 그리고 자료의 유형과 상관없이, 즉 자료가 언어적/비언어적, 공간적/비공간적, 유의미한/무의미한 정보인가와 상관없이 기억장애를 보였다.

이러한 기억상실증의 감각 유형 및 자료 유형의 일반화 특성은 지각, 언어 및 다른 인지기능의 장애로 인해 초래되는 기억장애와 기억상실증을 구분하는 데 매우 중요하다. 언어, 시지각, 운동 순서 등의 처리에 관여하는 피질 영역에 손상을 입을 경우에도 기억장애가 초래되는데, 이 기억장애는 항상 특정 감각 유형의 자극이나 특정 유형의 자료에 국한되어 나타난다. 예를 들어 시각 실인증의 경우 시각적으로 제시되는 사물은 인식하지 못하지만 동일한 사물을 촉각이나 청각으로 인식할 경우에는 장애를 보이지 않는다(7장 참조). 한 대뇌 반구의 **해마 체계**에만 손상을 입을 경우, **특정 자료 유형에 국한된 기억장애**(material-specific memory disorder)가 초래된다. 즉 좌반구에 손상을 입으면 언어 자료에 국한되어 기억장애가 나타나는 반면, 우반구에 손상을 입으면 비언어적 자료에 국한되어 기억장애가 나타난다(B. Milner, 1971; 4장 참조). H.M.처럼 양반구 해마 모두에 손상을 입을 경우에만 기억장애가 모든 자료에 일반화되어 나타난다.

기억상실증의 감각 유형 및 자료 유형 일반화 특성은 기억을 어떤 방식으로 평가하느냐와 상관없이 관찰된다. 환자에게 15개의 단어 목록을 불러 준 다음 이를 기억하게 하고(예, *motel, cathedral, broker, bowl, cyclone* … 등), 30분 후에 기억 검사를 실시한다고 가정하자. 해마에 손상을 입은 환

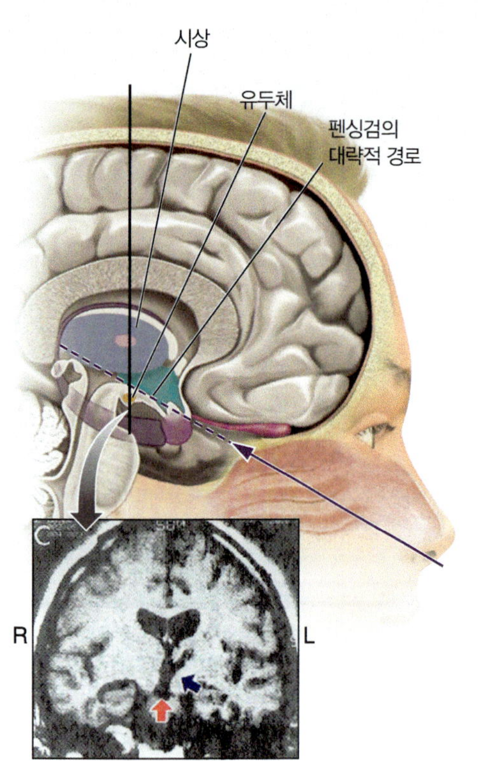

● **그림 10.4 중앙 간뇌구조의 손상도 기억상실증을 초래할 수 있다.** (위) 이 그림은 뇌의 정중선 양측에 하나씩 있는 유두체의 위치를 시상의 위치와 비교하여 보여준다. 코르사코프 증후군의 기억상실증에서 이 영역들의 손상이 관찰되지만 이 영역들은 사고를 통해서도 손상될 수 있다. 환자 N.A.의 경우 이 정중선 구조들의 손상이 펜싱검에 찔림으로써 일어났으며 그림에서 보라색 화살표로 표시되어 있다. (아래) N.A. 뇌의 MRI 스캔이다. 빨간색과 파란색 화살표가 펜싱검에 의해 손상된 영역들이다. 유두체가 더 이상 관찰되지 않는데 이는 사고로 인해 유두체가 제거되었기 때문이다. © 2011 Cengage Learning

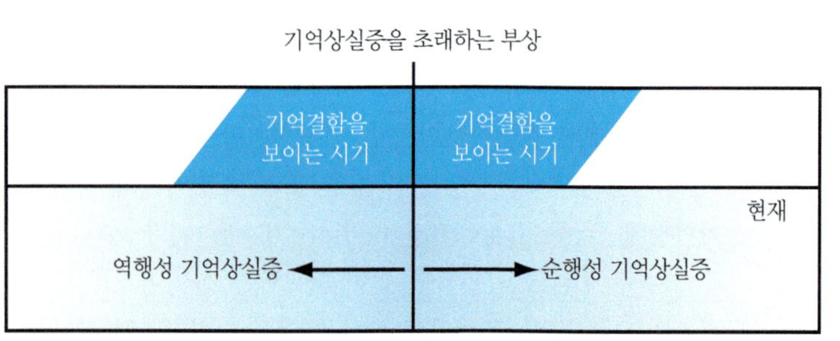

● **그림 10.5 기억상실증 중 순행성과 역행성 기억상실 부분을 설명하는 시간대.** 기억상실증의 발병 후 경험한 것에 관한 기억 결함, 즉 새로운 기억이 형성되는 것이 방해받지만 발병 이전의 기억을 유지하는 것을 *순행성 기억상실증*이라고 한다. 반면 기억상실증 발병 이전에 경험하고 습득한 정보의 인출이 방해받는 것을 *역행성 기억상실증*이라고 한다. © 2011 Cengage Learning

자는 어떤 방식으로 기억을 검사하는가와 상관없이 기억장애를 보인다. 즉 **자유 회상**(free recall; 개인에게 '학습 목록에 있던 단어 모두를 말해 보라'고 지시), **단서 회상**(cued recall; 개인에게 '학습 목록에 있던 단어 중 빌딩을 의미하는 단어나 'b'로 시작되는 단어를 말해 보라'고 지시) 혹은 **재인 기억**(recognition memory; 개인에게 15개의 단어쌍을 제시하는데 이 쌍 중 한 단어는 학습목록에 있었고 한 단어는 새로이 제시된 단어이다. 개인에게 '이 두 단어 중 어느 단어가 학습목록에 있었는지 말하라'고 지시)의 방법으로 기억을 측정해도 기억장애를 보인다. 어떤 기억 이론이라도 해마 손상 후 관찰되는 기억상실증의 일반적 특성을 반드시 고려해야만 한다.

■ 기억상실증의 시간 범위

기억 이론은 기억상실증의 영향을 받는 기억의 시간 범위(time span of memories)도 설명할 수 있어야 한다. 기억장애는 다음의 두 가지 유형, 즉 순행성 기억상실증과 역행성 기억상실증으로 구분된다. 이제까지 언급한 기억상실증은 **순행성 기억상실증**(anterograde amnesia), 즉 기억상실증의 발병 이후 습득한 정보를 기억하지 못하는 경우이다. 그러나 순행성 기억상실증은 항상 어느 정도의 역행성 기억상실증과 동반되어 나타난다. **역행성 기억상실증**(retrograde amnesia)은 발병되기 전에 습득한 정보를 기억하지 못하는 경우이다(● 그림 10.5, Kapur, 1999). 역행성 기억상실증의 정도나 기억하지 못하는 발병 전 기간은 환자에 따라 다른데, 어떤 환자는 발병 몇 주 전에 경험한 것을 기억하지 못하는 한편 어떤 환자는 몇 십 년 전에 경험한 것을 기억하지 못한다(Kapur & Brooks, 1999; Bayley, Hopkins, & Squire, 2006). 다음에 살펴보겠지만 역행성 기억상실증에서 이와 같이 기억하지 못하는 발병 전 기간이 다르다는 사실은 기억에 관한 중요한 점을 시사한다.

대부분의 역행성 기억상실증은 발병 전 **제한된 시기** 동안에 경험한 것을 기억하지 못한다. 예를 들어 교통사고, 추락 및 스포츠 관련 사고 등으로 인해 **경미한 폐쇄성 두부 손상**(closed head injury)을 입은 환자들 중 95%는 사고를 당하기 60분 이전에 경험한 사건들을 기억하지 못한다(Paniak, MacDonald, Toller-Lube, DURAND, & Nagy, 1998). 그러나 역행성 기억상실증 환자 모두가 이렇게 짧은 발병 전 시기 동안만의 기억을 회상하지 못하는 것은 아니다. 양반구 전기충격요법으로 말미암아 역행성 기억상실증을 앓는 환자는 전기충격요법을 받기 몇 년 전에 경험한 사건을 기억하지 못하기도 한다. 예를 들어 전기충격요법으로 말미암아 역행성 기억상실증을 앓는 환자는 한두 해 전에 방송된 TV 프로그램은 기억하지 못하지만 이보다 훨씬 이전에 방송된 프로그램은 잘 기억한다(Squire & Cohen, 1979;

● 그림 10.6).

발병 수십 년 전의 경험을 기억하지 못할 정도로 심각한 역행성 기억상실증은 코르사코프 증후군, 알츠하이머병, 파킨슨병 및 헌팅톤병 등과 같은 퇴행성 질환에서 자주 관찰된다(Reed & Squire, 1998; Kopelman, Stanhope, & Kingsley, 1999). 예를 들어 이 환자들에게 현재 미국 대통령이 누구인지 물으면 자신들이 젊었을 때 대통령을 지낸 사람, 예를 들어 Harry Truman이나 Dwight Eisenhower의 이름을 말하는 경향이 있다(이들은 1940년대 중반과 1950년대 후반에 미국 대통령을 역임). 제한된 뇌 영역의 손상을 입은 환자들을 대상으로 한 연구들은 심각한 역행성 기억상실증이 측두영역의 내측뿐만 아니라 외측까지 손상을 입을 경우에 초래된다고 한다(Bright, Buckman, Fradera, Yoshimasu, Colchester, & Kopelman, 2006).

그러나 손상이 해마 체계에만 국한되고 신피질 영역까지 확대되지 않을 경우에는 기억상실증 발병 이전에 습득한 지각, 운동, 언어 및 지적 능력에 관한 기억이 유지된다. 또한 어린 시절에 습득한 언어, 대상 및 세상에 관한 정보도 유지된다(Cipolotti & Bird, 2006). 이러한 정보를 유지하는 능력과 특정 사건을 기억하지 못하는 능력이 서로 분리된다는 사실은 기억의 신경학적 근거에 관한 중요한 점을 시사하며 이에 관해서는 뒷부분에서 다시 살펴보겠다.

그러면 역행성 기억상실증이 나타나는 발병 전 시기 동안의 기억장애는 그 정도가 동일한가? 전형적으로 발병 시점으로부터 가까운 시기에 경험한 사건을 더 먼 시기에 경험한 사건보다 더 기억하지 못한다. 이러한 현상을 역행성 기억상실증의 **시간 기울기**(temporal gradient)라고 부르며 19세기 과학자인 Theodule Ribot가 처음으로 이에 관해 언급하였다는 점에서 **리보의 법칙**(Ribot's Law)이라고도 불린다(Ribot, 1881/1882). 역행성 기억상실증이 매우 심각하여 발병 전 수십 년 동안에 경험한 사건들을 기억하지 못하는 코르사코프병 환자와 알츠하이머병 환자에서도 시간 기울기가 관찰된다(Kopelman, Stanhope, & kingsley, 1999; Meeter, Eijsackers, & Mulder, 2006; Sadek et al., 2004). 이 환자들에게 수십 년 전부터 유명하였던 사람들의 얼굴 사진을 보여 주고 재인시킬 경우 유명인들의 오래 전 사진(예, Ronald Reagan이 배우를 했던 1930~1950년대 사진)을 근래의 사진(예, Ronald Reagan 대통령의 1970~1980년대 사진)보다 더 정확하게 재인하였다(Albert, Butters, & Levin, 1979)(● 그림 10.7).

모든 유형의 기억상실증에서 시간 기울기가 관찰되는 것은 아니다. 즉 어떤 기억상실증은 발병 전의 모든 시기에 대해 균등하게 역행성 기억상실을 보인다. 이러한 '균등' 기울기(flat gradient)는 중앙 간뇌 영역에 손상을 입은 환자와 헌팅톤병 환자(Kopelman, Stanhope, & Kingsley, 1999; Sadek et al., 2004; 16장 참조) 또는 특정 원인으로 인해 해마 체계에 손상을 입은 결과 초래되는 기억상실증(Mayes et al., 1994; Noulhaine, Piolino, Hasboun, Clemenceau, Baulac, & Samson, 2007)에서 관찰된다. 역행성 기억상실증의 시간 기울기는 학습이 일어난 이후에도 기억이 변화를 거듭한다는 것을 시사한다. 따라서 역행성 기억상실증이 발병 전 일부 시기에 국한되어 나타나거나 혹은 발병 전 모든 기간에서 나타나는가와 상관없이 역행성 기억상실증은 내측두엽 구조들의 기억에서의 역할에 관한 중요한 점을 시사하며, 이에 관해서는 이 장의 뒷부분에서 다시 살펴보기로 하자.

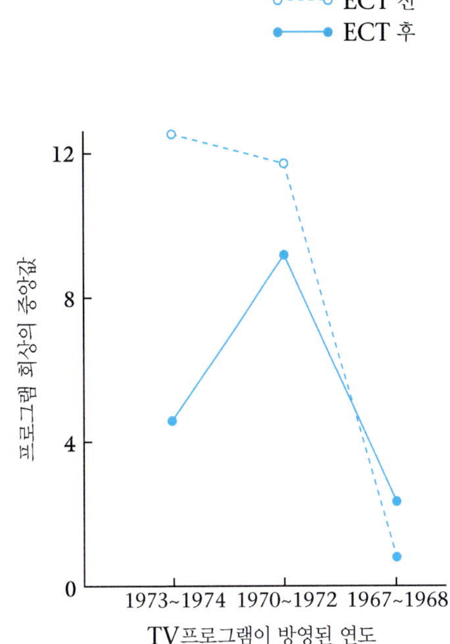

● **그림 10.6 전기충격요법(ECT)을 받은 환자가 보이는 제한된 시기 동안의 역행성 기억상실증.** ECT 치료 전과 후, 20명의 환자들에게 한 시즌 전에 방영되었던 TV 프로그램에 관한 정보를 회상하게 하였다. 이들이 회상한 중앙값이 제시되어 있다. ECT 치료를 받기 전에는 환자들이 정상적인 망각 곡선을 보였다(점선). 다시 말하면 가장 최근에 방영된 TV쇼를 가장 잘 회상하였고 가장 오래전에 방영된 쇼를 가장 잘 회상하지 못하였다. ECT 치료 후(파란색), 쇼의 회상에 선택적인 장애를 보였는데, 가장 최근에 방영된 쇼를 회상하지 못하였다. © 2011 Cengage Learning

■ 작업기억의 유지

기억상실증 환자들에서 관찰되는 장애는 장기기억의 장애이다. 즉 습득한 정보를 장기간 파지하는 능력의 장애이다. 이와 반대로 작업기억, 즉 정보를 온라인으로 짧은 기간 동안 파지하는 능력은 유지된다. Drachman과 Arbit (1966)는 장기기억과 작업기억이 서로 분리될 수 있다는 것을 **숫자외우기**

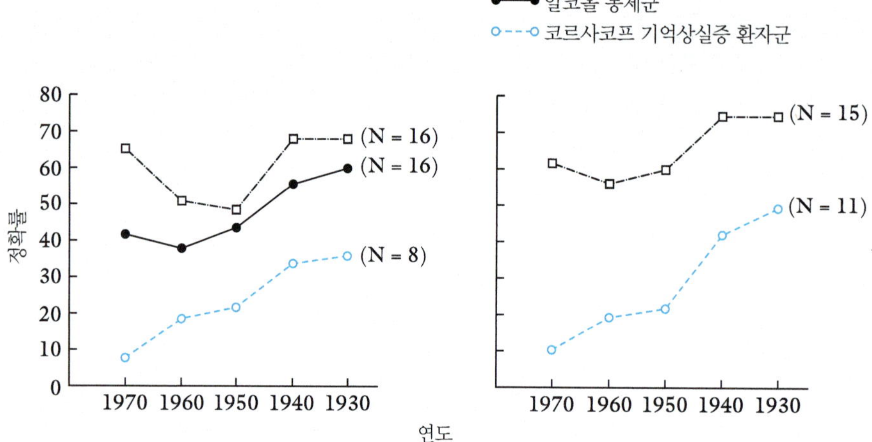

● **그림 10.7 코르사코프 증후군 환자에서 관찰되는 심한 역행성 기억상실증.** 알코올과 비알코올 정상통제군과 코르사코프 질환 환자군에게 1930~1970년대 동안 유명하였던 공적 인물의 사진을 제시한 후 사진 속의 인물을 인식하게 하였다. 정상통제군에 비하여 코르사코프 증후군 환자들이 모든 시기 동안의 공적 인물을 인식하는 데 수행이 낮았다. (왼쪽) Cohen과 Squire (1980) 연구 결과. (오른쪽) Albert, Butters와 Levin (1979)의 연구 결과. © 2011 Cengage Learning

검사(digit span task)를 사용하여 보여주었는데, 이 연구에서 연구자가 불러준 일련의 숫자를 거꾸로 따라 말하는 것이 H.M.에게 요구되었다. H.M.은 숫자외우기 검사에서 정상 수준의 수행(7 ± 2 항목)을 보였다. 그러나 작업기억의 폭을 넘을 경우에는 수행이 저하되었다. 이러한 장애는 확장된 **숫자외우기**(extended digit span) 과제에서도 관찰된다. 이 과제에서는 동일한 숫자열(digit string)이 반복적으로 제시되는데, 반복 제시될 때마다 숫자열에 하나의 새로운 숫자가 덧붙여 제시된다. 예를 들어 개인의 숫자폭보다 한 숫자가 더 많은 숫자열(예, 2-7-9-1-3-4-8-6)이 정확하게 회상될 때까지 반복적으로 제시된다. 동일한 숫자열이 여러 번 제시되지만 피검자가 정확하게 회상할 때까지 다음 시행에는 숫자열 끝에 한 숫자가 첨부된다(예, 2-7-9-1-3-4-8-6-5). 이 절차를 사용하면 신경계의 손상을 입지 않은 사람은 적어도 20개의 숫자를 회상하는데, 이는 이 과제를 수행하는데 작업기억뿐만 아니라 장기기억도 사용하기 때문이다. H.M.은 동일한 숫자열을 25번이나 반복해서 제시하였지만 자신의 숫자폭을 넘어서는 단 하나의 숫자도 더 회상하지 못하였다. 이는 그가 이 과제의 수행에 작업기억만을 사용하였고 장기기억을 사용하여 작업기억의 폭을 확대하지 못하는 것을 시사한다.

기억상실증 환자들에서 작업기억이 정상적으로 기능하기 때문에 정보 제시와 기억 검사 사이의 시간 간격이 짧거나 기억해야 할 자극의 수가 적을 경우에는 이들의 기억 검사 수행이 저하되지 않는다. 따라서 이들은 잠시 전에 경험한 사건들을 이해하고 기억하며, 또 한 주제에 관한 대화에 참여할 수 있다. 그러나 정보의 습득과 기억 검사 사이의 시간 간격이 길어질 경우에는 기억장애가 나타나게 되는데, 이는 정보를 장기간 파지하지 못하기 때문이다. 이에 따라 기억상실증 환자들은 어떤 사건이나 에피소드를 반복적으로 경험하더라도 축적된 학습(cumulative learning)을 거의 보이지 않는다. 예를 들어 우리는 현재 읽고 있는 이 단락을 이해할 수 있고, 이 단락을 이 장의 앞부분에서 기술되었던 단락뿐만 아니라 이전 장(10장 이전의 장)에 기술되었던 단락들과도 통합할 수 있다. H.M.처럼 기억상실증을 앓는 환자들의 경우는 다르다. 실제로 아주 심각한 기억상실증을 앓는 환자들은 자신들에게 제시된 단락을 읽고 해석하는 것이 어렵다. 기억상실증으로 말미암아 자신들과 세상에 관한 새로운 사실과 정보를 학습할 수 없다.

장기기억과 작업기억의 해리는 해마에 손상을 입은 포유동물에서도 관찰된다. 이러한 해리 현상은 주로 **지연 비표본 대응 과제**(delayed nonmatch-to-sample task)를 사용하여 연구되었다(Gaffan, 1974; Mishkin & Delacour, 1975). 동물에게 각 시행 동안 여러 물건들 중 하나를 제시한다. 얼마 동안의 지연이 있은 다음 동물에게 앞서 제시하였던 물건을 다른 물건과 같이 다시 제시한다. 동물이 보상을 받기 위해서는 앞서 제시되었던 물건이 아닌 다른 물건(비표본 물건)을 선택해야만 한다. 지연 시간이 10초를 넘을 경우 해마에 심한 손상을 입은 동물의 과제 수행이 매우 저하되지만 아주 짧은 시간 동안만 지연될 경우에는 수행이 정상 수준을 유지한다(Gaffan, 1977; Mishkin, 1978, 1982; Zola-Morgan &

Squire, 1985). 단기기억은 유지되고 장기기억은 장애를 받는다는 사실은 이 두 유형의 기억이 서로 다른 신경학적 구조에 의존한다는 것을 시사한다.

■ 기술 학습의 유지

H.M.의 사례가 워낙 독특하기 때문에 그에 관한 연구가 수십 년 동안 집중적으로 진행되어 왔다. H.M.을 조사한 연구자들은 그의 장기기억장애가 너무나 심각하고 일반적이라는 사실에 놀라움을 금하지 못하였다. 그러나 H.M.을 평가하는 동안 흥미로운 사실이 발견되었다. 즉 H.M.이 심각한 기억장애를 가지고 있음에도 불구하고 새로운 것을 학습할 수 있다는 것을 연구자들이 발견하기 시작하였다. 더욱이 학습을 하고 있음에도 불구하고 H.M.은 자신이 새로운 것을 배우고 있다는 사실을 전혀 인식하지 못하고 있는 것처럼 보였다. 대신 그는 "이것이 내가 생각한 것보다 쉽네요"라는 말만 하였다.

이제부터 H.M.과 다른 기억상실증 환자들이 어떤 과제에서 학습을 보이는지를 살펴보기로 하자. 일반적으로 이러한 과제들은 수행의 향상을 가능하게 하는 규칙을 인식하는 것을 포함한다. 기억상실증 환자들이 학습 가능한 것 중의 하나가 **기술 학습**(skill learning)인데, 이는 수행을 도와주는 운동, 지각 및 인지적 조작과 절차를 반복을 통하여 점차적으로 습득하는 것을 의미한다.

H.M.이 기술 학습이 가능하다는 것을 처음으로 보여 준 예 중의 하나가 **거울추적과제**(mirror tracing task)인데, 이 과제에는 거울을 통해 도형(예, 별)을 보면서 이 도형의 윤곽을 추적하는 것이 요구된다(Milner, 1962; Corkin, 1968) (● 그림 10.8). 시행을 거듭할수록 윤곽 밖으로 추적을 하는 오류와 과제 수행에 걸린 시간이 감소하였다. 기억상실증 환자들은 이와 유사한 학습을 **회전 추적**(rotary pursuit)에서도 보이는데, 이 과제에는 원을 그리며 회전하는 목표물을

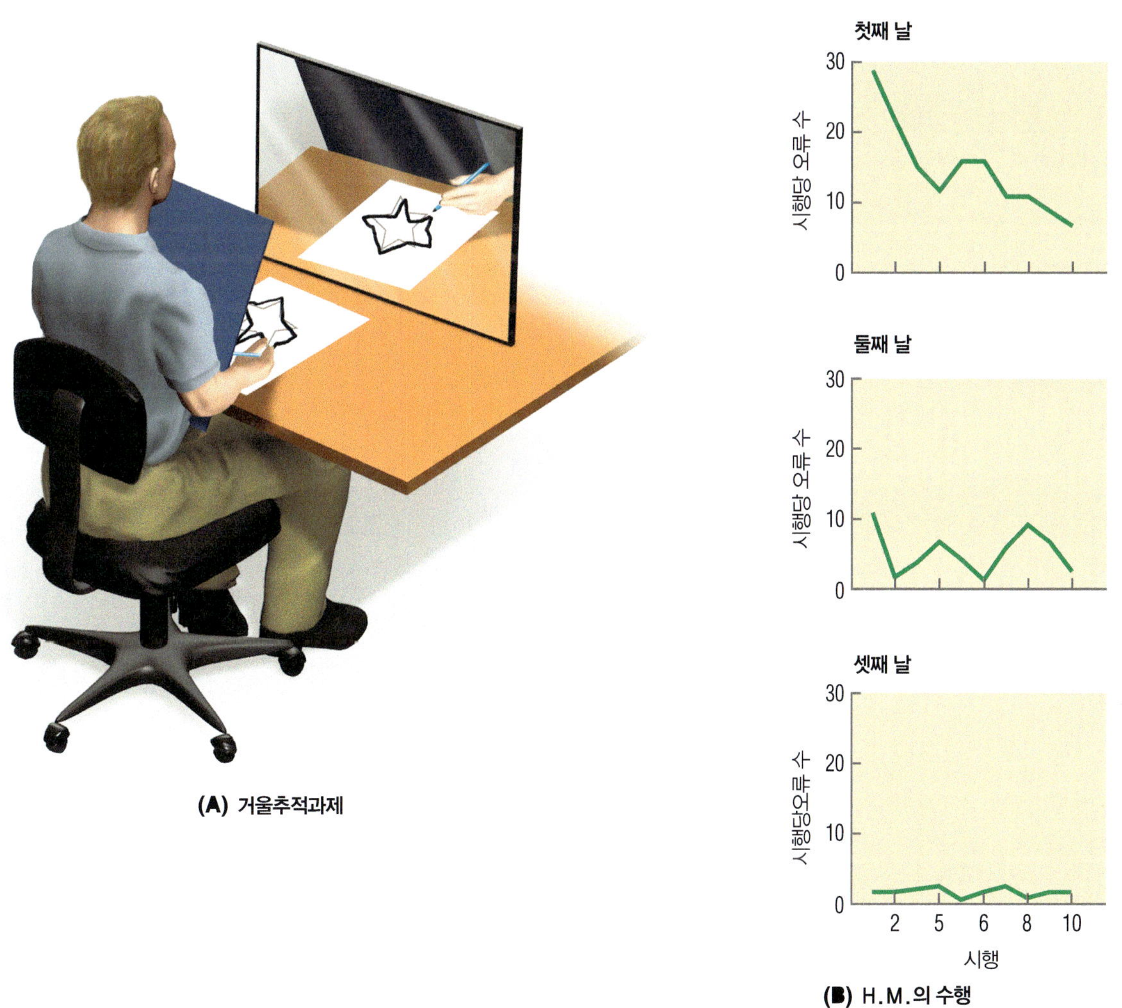

● **그림 10.8 H.M.이 새로운 정보를 학습할 수 있다는 것을 처음으로 보여준 거울추적과제.** (A) 이 과제에서 개인은 거울을 통해 별 모양을 바라보면서 별 모양의 윤곽을 추적하는 것이 요구된다. (B) 그림에 제시되어 있듯이 H.M.이 보인 오류(윤곽 밖으로 추적하는 것) 수는 연습이 거듭될수록 감소하였다. 그의 수행은 정상인이 보이는 수행과 유사한 수준으로 향상되었다. © 2010 Cengage Learning

추적하는 것이 요구된다. 연습을 거듭할수록 기억상실증 환자들은 목표자극의 추적에 소요되는 시간을 단축할 수 있다(Brooks & Baddeley, 1976; Cermak, Lewis, Butters, & Goodglass, 1973).

이 과제들에서는 동일한 과제를 여러 번 반복 실시한다. 연구자들은 기억상실증 환자들이 특정 과제에 필요한 기술만을 습득하는지(예, 거울을 통하여 별 모양을 보면서 별 모양의 윤곽을 추적하는 것) 혹은 다른 상황에도 적용되는 일반적 기술을 습득하는지를 알아보고자 하였으며 이를 위하여 **거울읽기 과제**(mirror-reading task)를 실시하였다(Cohen & Squire, 1980). 이 과제에서는 단어 세 개 한 벌이 거울상의 방향으로 제시되며 피검자는 가능한 한 빠르고 정확하게 큰 소리로 읽어야 한다(● 그림 10.9A). 이 과제에서 중요한 점은 단어 세 개 한 벌 중 반은 여러 번 제시되는데 반면(● 그림 10.9B의 좌측 패널), 나머지 반은 실험 동안 단지 한 번만 제시된다(그림 10.9B의 우측 패널). 연습을 거듭하는 동안 신경계의 손상이 없는 사람뿐만 아니라 기억상실증 환자들도 이전에 제시된 거울상의 단어들뿐만 아니라 새로 제시된 거울상의 단어들도 더 빠르고 정확하게 읽는다. 이 결과는 이들이 거울상의 글을 읽는 기술을 습득하였다는 것을 시사한다(그림 10.9B).

기술 학습의 일반화는 거울읽기과제보다 더 복잡한 인지과제에서도 관찰된다. 즉 기억상실증 환자들이 복잡한 일련의 자료들의 통계적 구조와 일치되게 수행하는 것을 학습한다. 예를 들어 **인위적 문법**(어느 철자 뒤에 어느 철자가 나타나야 되는가를 결정하는 인위적 규칙)에 의해 생성된 일련의 철자열을 제시할 경우 기억상실증 환자들은 비록 자신들이 어느 항목들을 이전에 학습하였는가를 인식하지 못함에도 불구하고 새로운 철자열이 인위적인 규칙을 따르는지 혹은 따르지 않는지에 근거하여 철자열이 '문법적으로 맞다' 혹은 '문법적으로 맞지 않다'를 분류하는 것을 학습한다(Knowlton, Ramus, & Squire, 1992)(● 그림 10.10).

기억상실증 환자들에서 유지되는 또 다른 학습과 기억이

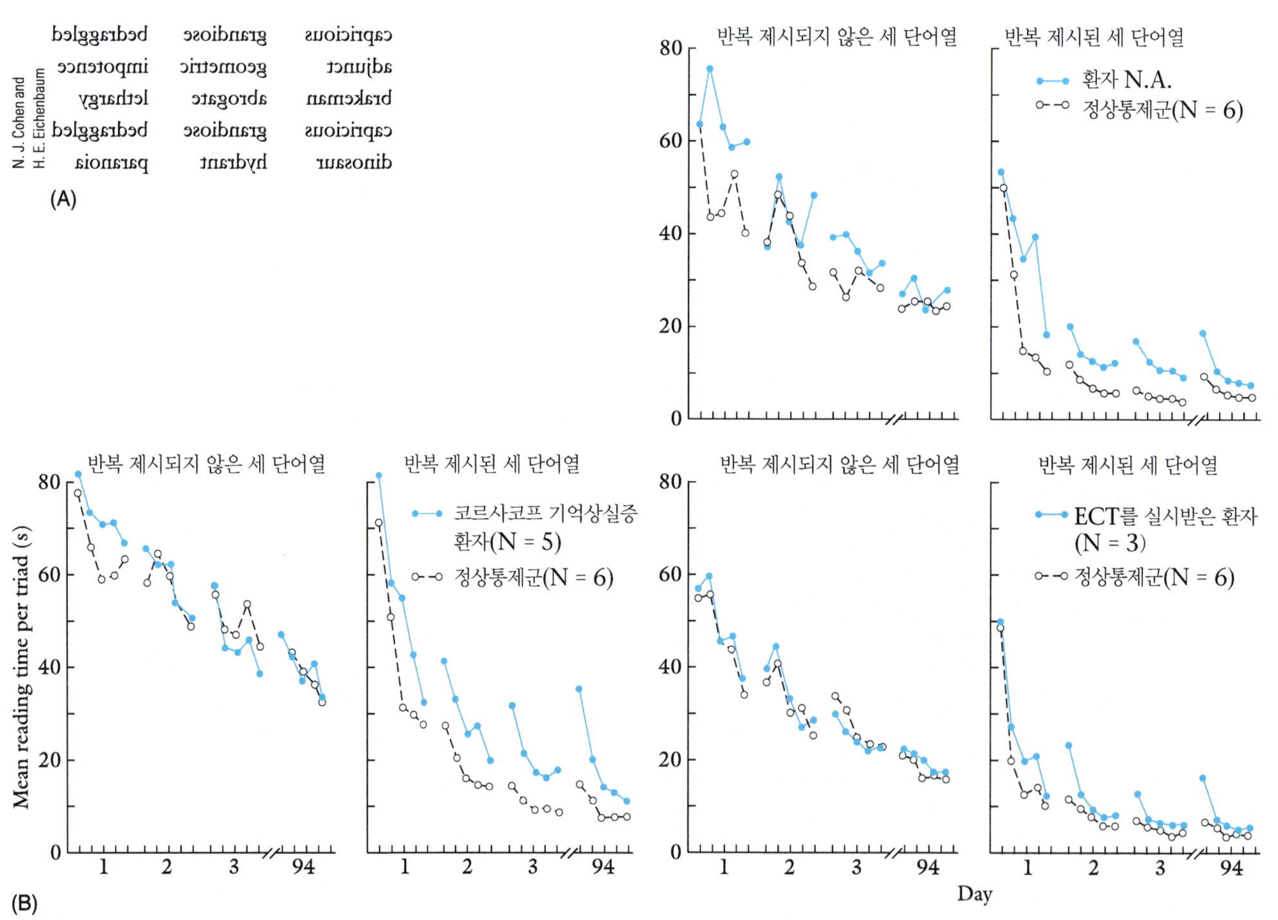

● **그림 10.9 기억상실증 환자에서 유지되는 지각 기술.** (A) 거울읽기과제에서 사용되는 거울상의 세 단어열(Cohen & Squire, 1981). (B) 다양한 원인에 의해 발병된 기억상실증을 앓는 환자들도 정상인들처럼 단어열을 읽는 속도가 향상되었다. 간뇌 손상을 가지는 환자 N.A.(위)의 수행이 코르사코프 증후군 환자(가운데)와 전기충격요법(ECT)을 받은 환자(아래)의 수행과 비교, 제시되어 있다. 세 환자 모두 반복 제시된 세 단어열(이전에 제시되었던 세 단어열, 오른쪽 그래프)뿐만 아니라 새로이 제시된 세 단어열(왼쪽 그래프)을 읽는 속도가 향상되었다. 새로운 단어열을 읽는 속도가 향상되었다는 사실은 기억상실증 환자가 거울상 읽기의 지각적 기술을 학습하였다는 것을 시사한다.

반복 점화이다. 기억상실증 환자들에서 가장 많이 연구된 것이 **반복 점화**(repetition priming)인데, 이는 제시된 항목을 개인이 직접적으로나 명백하게 조작하는 것이 요구되지 않음에도 이전에 제시되었던 항목이 개인의 수행을 향상시키거나 어느 한쪽으로 편향되게 하는 경우를 의미한다. 기억상실증 환자들을 대상으로 반복 점화를 조사한 초기 연구들은 Gollin 미완성 그림 검사(Gollin Incomplete Picture task)의 도형들을 사용하였다(Milner, Corkin, & Teuber, 1968; Warrington & Weiskrantz, 1968, 1970). 이 과제에서는 환자들에게 미완성의 대상 그림을 아주 희미하게 제시하면서(● 그림 10.11의 아래쪽 그림) 이 대상의 이름을 말하게 한다. 환자들이 대상의 이름을 말하지 못하면 처음 제시된 것보다 좀 더 분명하게 보이는 것을 제시한다(그림 10.11의 아래에서 두 번째 그림). 환자가 제시된 대상의 이름을 말할 때까지 이와 같은 절차를 반복하며, 대상의 이름을 정확하게 말할 수 있을 때까지 소요된 시행 수를 기록한다. 일정 시간이 지난 다음 이 절차를 한 번 더 반복한다. 기억상실증 환자를 포함한 모든 피검자들은 이전에 이 검사를 받은 것의 영향을 받는데, 즉 시행이 거듭됨에 따라 더 희미하고 더 불완전한 그림을 보고 그 대상의 이름을 정확하게 말할 수 있었다.

더 놀라운 것은 환자들이 새로운 기술을 습득한 훈련을 기억하지 못하거나 혹은 새로운 기술을 보인 자료를 회상하거나 재인하지 못함에도 혹은 자신들의 수행이 향상되었다는 것을 인식하지 못함에도 새로운 학습이 일어난다는 것이다. 기억상실증 환자들이 수행의 향상을 보임에도 이전에 제시되었던 항목들을 기억하지 못하는 현상은 **단어-어간 완성검사**(word-stem completion task)를 통하여 가장 잘 설명된다(Graf, Squire, & Mandler, 1984). 이 과제는 피검자에게 학습해야 할 일련의 단어들이 적힌 목록을 제시한다. 일정 시간이 지난 다음 두 가지 방법을 사용하여 단어에 대한 기억을 검사하는데, 두 방법 모두 세 철자(예, *mot, cyc*)를 제시한다. 한 검사 조건은 단서 회상 조건인데, 즉 피검자들에게 학습한 단어 목록에서 제시된 세 철자로 시작되는 단어들을 회상하는 것을 요구한다. 기억상실증 환자는 신경계의 손상이 없는 피검자에 비하여 당연히 이 조건에서 저하된 수행을 보인다. 또 다른 검사 조건인 단어-어간 완성조건에서는 피검자들에게 '마음 속에 맨 처음 떠오르는 단어로' 단어 어간을 완성하도록 요구한다. 피검자들이 학습 목록에 없었던 단어(moher, cycle)들보다 학습 목록에 있었던 단어(*mot*el, *cyc*lone)들로 단어 어간을 얼마나 더 많이 완성하는가를 통하여 수행을 평가하였다. 기억상실증 환자들의 수행이 정상 수준을 유지하였는데, 즉 신경계 손상을 가지고 있지 않은 피검자들처럼 학습 목록에 있었던 단어들로 어간을 완성하는 경향을 보였다(● 그림 10.12).

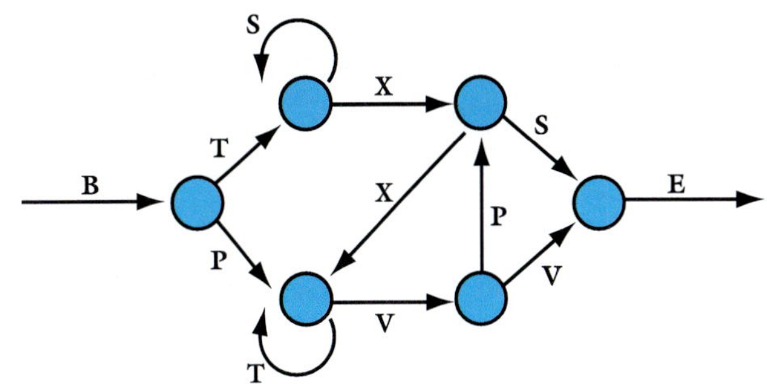

● **그림 10.10 인위적 문법 규칙의 예.** 인위적 문법에서 합법적인 철자열에 관한 규칙을 보여주는 흐름도이다. 직선으로 된 화살표는 순차적으로 이어지는 철자를 의미하는 한편 곡선으로 된 화살표는 반복 사용할 수 있는 철자를 의미한다. 따라서 이 규칙에 의하면 'BTSSX'는 합법적인 철자열이지만 'BPTTX'는 합법적이지 않다. © 2011 Cengage Learning

기억상실증 환자들에서 살펴본 모든 예들은 기억에 관한 어떤 정보를 제공하는가? 첫째, 내측두엽 구조들이 새로운 장기 기억의 형성에 매우 중요하다는 것이다. 둘째, 장기기억에 관여하는 신경계와 단기 기억에 관여하는 신경계의 일부가 서로 구분된다는 것이다. 셋째, 기술 학습과 재인 기억의 해리는 이 두 유형의 기억이 서로 다른 체계에 의존한다는 것을 시사한다. 동물을 대상으로 한 연구들이 기억 구조화에 관한 어떤 정보를 제공하는가를 살펴보기로 하자.

■ 동물을 대상으로 한 기억 연구

학습에 관한 해마 체계의 역할은 설치류와 비인간 영장류를 대상으로 한 연구들에서 명확하게 관찰된다. 해마 체계에 손상을 입은 쥐는 **모리스 수중 미로**(Morris water maze; Morris, 1981; ● 그림 10.13A)에서 요구되는 공간 관계의 학습과 기억에 명백한 장애를 보인다. 이 과제에서 쥐는 불투명한 액체로 채워져 있는 원통 속에 놓이는데, 이 원통 속에는 플랫폼이 액체 속에 잠겨 있다. 이 플랫폼은 미로 밖에 위치하는 다양한 시각 단서(예를 들어 방 주위에 있는 전등, 문, 창문들과 같은 물건)들로부터 항상 일정한 장소에 위치한다. 매 시행마나 쥐는 원통 주변의 서로 다른 위치에서 원통 속에 놓이게 된다. 시행이 거듭될수록 해마 체계에 손상을 입지 않은 정상 쥐는 단서와 플랫폼 위치 사이의 관련성을 학습하게 되고 이에 따라 헤엄쳐서 플랫폼에 도달하는 데 소요되는 시간이 급격하게 감소한다(● 그림 10.13B). 이와 상반되게 해마 체계에 손상을 입은 쥐는 단서들 사이의 관계를 학습하지 못하고(● 그림 10.13C), 매 시행 플랫폼의 위치를 찾아야 되며 이에 따라 시행이 거듭되어도 플랫폼에 도달하는 시간을 단축시키지 못한다(Schenk & Morris, 1985; Sutherland, Whishaw, & Kolb, 1983). 그러나 만약 플랫폼의 위치가 출발점과 비교하여 항상 동일하면 해마 손상을 입은 쥐는 과제 수행의 저하를 보이지 않

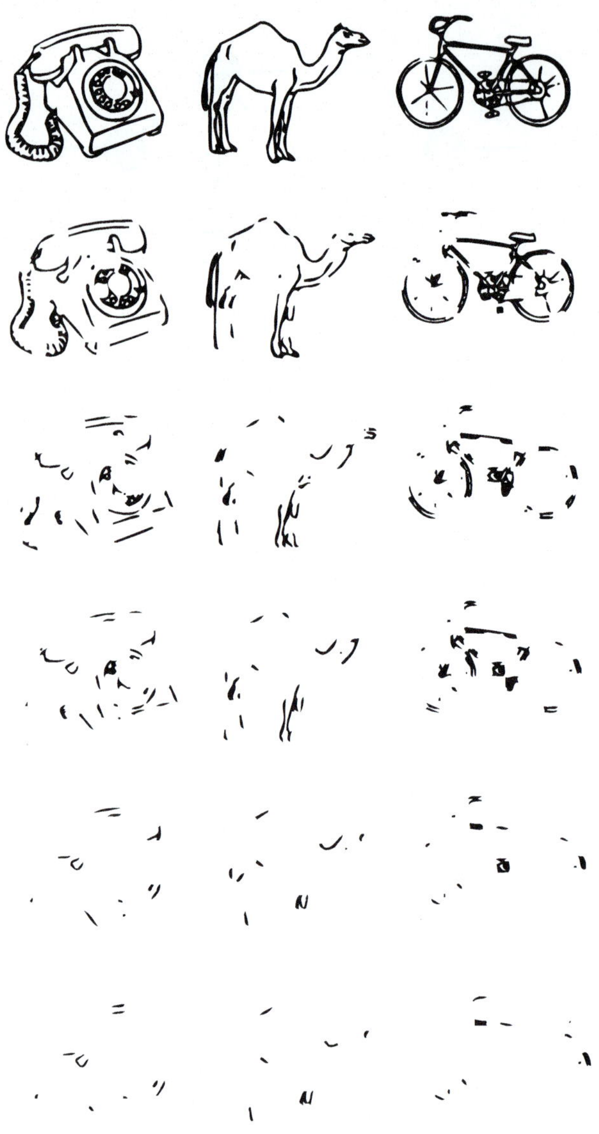

● **그림 10.11 기억상실증 환자의 반복 점화를 평가하는 데 사용되는 미완성 그림의 예.** 서로 다른 완성 단계에 있는 세 개의 대상 그림이 제시된다. 가장 미완성된 그림(맨 아랫줄)부터 완성된 그림(윗줄)에 이르기까지의 단계에 있는 그림들이 제시되며 개인이 처음으로 대상을 인식한 단계가 어디인가를 조사한다. 지연이 있은 다음 그림들을 반복 제시하면 신경계의 손상이 없는 사람들은 이전보다 덜 완성된 단계에서 대상을 인식한다. 이는 이전 경험이 수행에 영향을 미친다는 것을 시사한다. 기억상실증 환자들도 이와 유사한 수행을 보이며 이는 반복 점화를 시사한다. 출처: "Priming Effects in Picture Fragment Completion: Support for the Perceptual Closure Hypothesis," by J. G. Snodgrass and K. Feenan, 1990, Journal of Experimental Psychology: General, 119, p. 280. Copyright 1990 by the American Psychological Association. Reprinted with permission.

는다(Eichenbaum, Stewart, & Morris, 1990; Whishaw, Cassel, & Jarrad, 1995). 이러한 결과는 해마 손상을 입은 사람들에서도 관찰된다. 즉 해마에 손상을 입은 사람은 매 시행마다 수행 요구가 변하지 않는 과제로 잘 훈련을 받으면 정상인과 유사한 수행 수준을 보인다.

해마 체계의 신경해부와 생리적 기능에 관한 동물 연구들은 해마 체계가 기억 속의 단편적 정보를 서로 결합 혹은 연합하는 것을 가능하게 하는 해부적 연결과 신경 기제를 갖추고 있다는 것을 밝히고 있다. 해부적 측면에서 보면 해마 체계는 다양한 피질 영역들로부터 정보를 받는데, 이 피질 영역들은 대상 인식과 공간 처리 등과 같은 다양한 인지기능의 통제에 관여한다. 또한 해마 체계는 시각과 청각 등과 같은 서로 다른 감각 체계의 정보를 처리하는 영역들로부터도 정보를 받는다. 이러한 정보는 관통로를 통해 도달한다. 따라서 해마는 주위 환경 속에서 경험하는 '항목'들에 관한 처리 전 정보(pre-processed input)를 받는다고 할 수 있다. 해마는 피질 영역들로부터 정보를 받을 뿐만 아니라 뇌궁(fornix)을 통해 이 영역들에 정보를 다시 보내기도 한다(그림 10.3 참조). 따라서 해마의 위치는 환경 속에 존재하는 대상에 관한 정보, 이 대상 사이의 관련성에 관한 정보, 사건 사이의 시간적 관련성에 관한 정보와 정서 및 행동 반응에 관한 정보를 받아 이를 결합하는 데 적합하다고 할 수 있다.

더욱이 동물 조직의 전기적 활동을 측정한 연구 결과 역시 해마 체계가 유입되는 정보의 결합이나 동시성을 처리하는 데 적합한 신경 기제를 가지고 있는 것을 보고하고 있다. 해마 체계에서 **장기 증강**(long-term potentiation, LTP)이라고 불리는 현상이 관찰되는데, 이 현상은 특정 경로 특유의 짧은 전기적 활동으로 몇 시간에서 몇 주 동안 시냅스의 효율성을 증가시킨다(개관은 Raymond, 2007 참조). LPT는 N-메틸-D-아스파테이트(N-methyl-D-aspartate, NMDA)라고 불리는 신경전달물질 수용기에 의해 매개되는 것으로 알려져 있으며, NMDA 수용기는 거의 동시에 도달하는 정보들이 수렴될 때 활성화한다(Wigstrom & Gustafsson, 1985). 2장에서 이미 살펴본 바와 같이 NMDA 수용기는 일종의 글루타메이트(glutamate) 수용기이다.

더욱이 해마 뉴런들의 전기생리적 반응은 이 뉴런들이 환경 속에 존재하는 중요한 단서들이나 사물들의 관련성에 매우 민감하다는 것을 시사한다. 예를 들어 8장에서 살펴본 바와 같이 쥐들이 자신들의 환경을 적극적으로 탐색할 때 해마 뉴런들이 **위치장**(place field)을 보이는데, 즉 쥐가 환경 내의 특정 위치에 있을 때 선택적으로 발화한다(O'Keefe & Dostrovsky, 1971). 무엇보다도 중요한 점은 이 뉴런들의 발화가 환경 속의 특정 자극에 의존하는 것이 아니라 자극들 사이의 관련성에 의존한다는 것이다. 만약 자극들 사이의 상대적 위치가 변화되면(예, 시계방향으로 90° 회전하면) 이에 따라 위치장도 변화한다(Shapiro, Heikki, & Eichenbaum, 1997). 만약 탐색되는 환경의 크기가 확장되면 이에 따라 위치장의 크기도 확장된다(Muller, Kubie, & Ranck, Jr., 1987). 그리고 만약 탐색되는 환경의 경계가 바깥 방향으로 확장되면 위치장의 크기도 확장된다(O'Keefe & Burgess, 1996). 따라서 이 모든 예들은 뉴런들이 정확한 공간 위치에 반응하는 것이 아니라 사물들 사이의 상대적 위치에 반응한다는 것을 시사한다(● 그림 10.14).

그러나 해마 세포들의 활동이 공간 관계성에 의해서만 야기되는 것은 아니다. 한 연구에서 쥐가 현재 시행과 이전 시행 동안 특정 장소에 제시된 냄새를 구별하는 과제를 수행하는 동안에도 해마의 활성화가 관찰되었다(Wood, Dudchenko, & Eichenbaum, 1999). 해마 뉴런들 중 일부는 한 가지 속성(예를 들어 특정 공간 위치, 특정 냄새)에 선택적으로 반응하지만 대부분의 뉴런들은 한 가지 이상의 속성, 예를 들어 냄새, 위치, 움직임 등의 결합에 반응하는 것으로 여겨진다 (Wood et al., 1999).

해마 뉴런들의 활동은 특정 위치와 동물의 행동 사이의 관련성과 같은 상위의 관련성에 의해서도 일어난다(Eichenbaum, Dudchenko, Wood, Shapiro, & Tanila, 1999). 즉 뉴런의 활동이 동물이 위치장 내에서 어떤 속도와 어느 방향으로 움직이는가에 의존한다. 더욱이 동물의 어떤 행동이 과제에 적절한가에 따라 동일한 뉴런이라도 발화 속성이 달라진다. 예를 들어 이 뉴런들은 동물이 공간 내에서 이동하는 과제를 수행하는 동안에는 특정 위치에 반응하여 발화하지만 동물이 냄새 구별 과제를 수행하는 동안에는 다른 장소에 반응하여 발화한다.

종합하면 인간과 동물을 대상으로 기억, 기억상실증과 해마 체계를 조사한 연구들의 결과는 해마 체계가 특정 유형의 새로운 장기기억을 형성하는 데 중요하다는 것을 시사한다. 즉 해마 체계가 분리되고 단편적인 정보를 서로 연합하고 통합하는데 중요한 역할을 한다는 것을 보여준다.

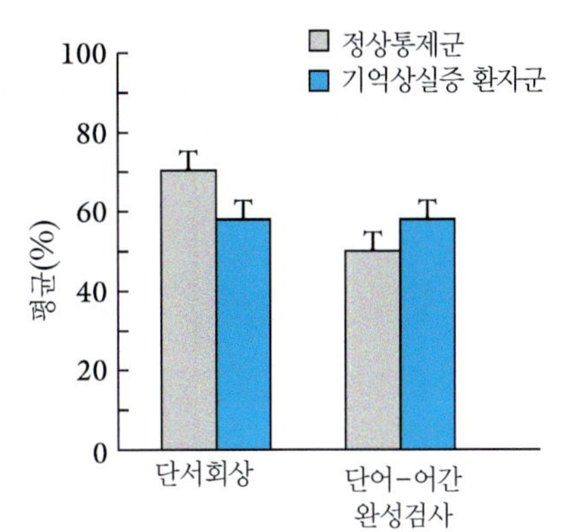

● **그림 10.12 단서 회상 검사와 단어-어간 검사를 통한 기억상실증의 해리.** 기억상실증 환자들은 정상인들에 비하여 이전에 제시된 학습 목록에 포함되었던 단어들을 단서 회상하는데 어려움을 보인다(왼쪽). 그러나 '마음 속에 처음으로 떠오르는 단어'로 단어-어간을 완성하게 할 경우 기억상실증 환자들은 정상인들처럼 이전에 제시된 학습 목록에 포함되었던 단어들을 선호하는 경향을 보인다(오른쪽). 따라서 비록 환자들이 자신들의 이전 경험을 외현적으로 회상하지 못함에도 불구하고 이전의 노출이 환자들의 행동을 점화하는 효과를 가진다. © 2011 Cengage Learning

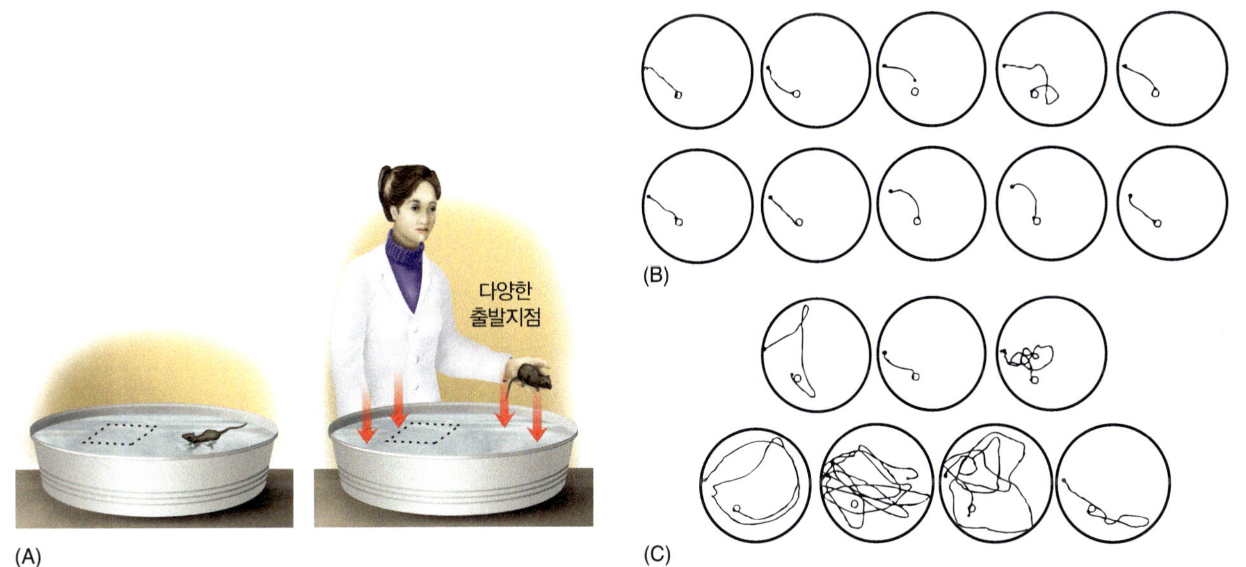

● **그림 10.13 기억상실증의 동물 모델에서 사용되는 모리스 수중 미로 과제.** (A) 쥐를 원형풀 주변에 놓는다. 풀에는 쥐가 쉴 수 있는 플랫폼이 잠겨 있지만 풀을 채운 액체가 불투명하기 때문에 쥐는 플랫폼을 보지 못한다. 플랫폼과 방 주위에 있는 다양한 물체와의 상대적 위치는 항상 일정하다. (B) 단지 위장된 병변만을 가진 10마리 정상 쥐가 선택한 출발점에서부터 플랫폼까지의 길(검은색 선). 정상 쥐는 플랫폼의 위치를 학습할 수 있었기 때문에 플랫폼까지 가장 가까운 길로 직접 헤엄쳐 갔다. (C) 해마 체계의 손상을 가진 7마리의 쥐가 선택한 길이 검은색 선으로 표시되어 있다. 이 쥐들은 플랫폼의 위치를 학습할 수 없었기 때문에 직접 플랫폼으로 헤엄쳐 가지 못하고 많은 시간을 풀 주변을 헤엄치는 데 소요하였다. © 2009 Cengage Learning

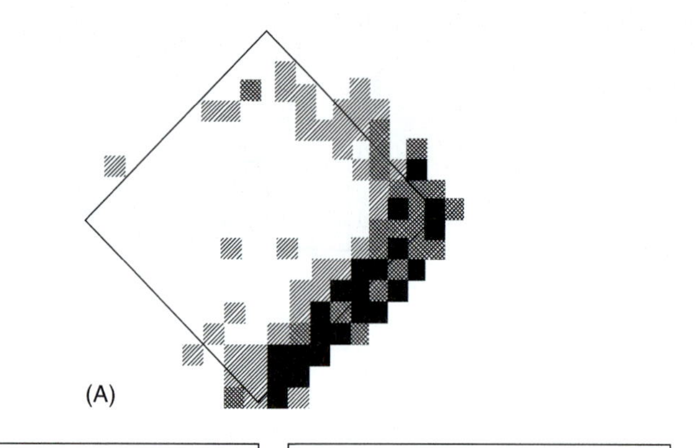

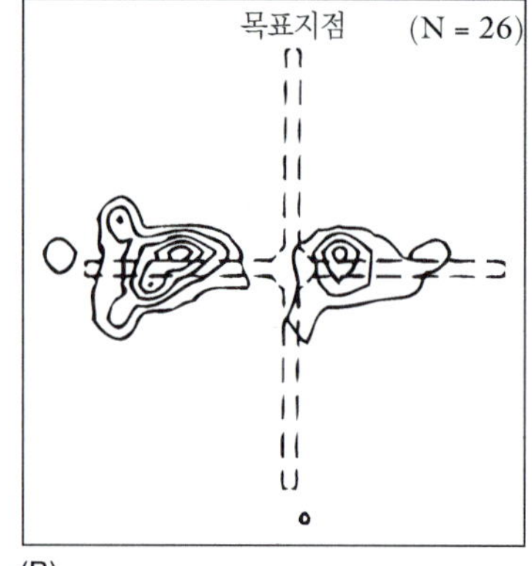

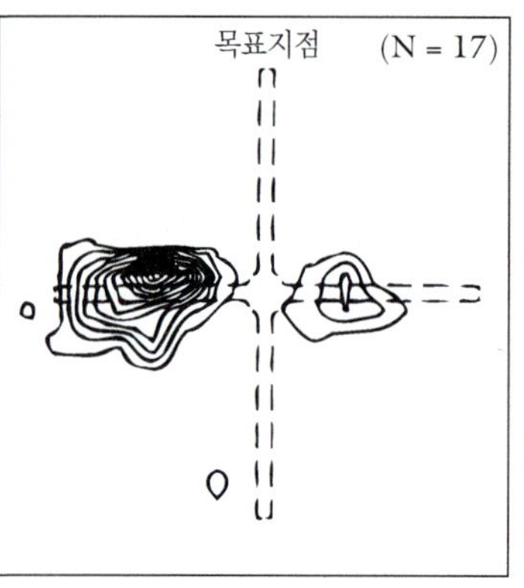

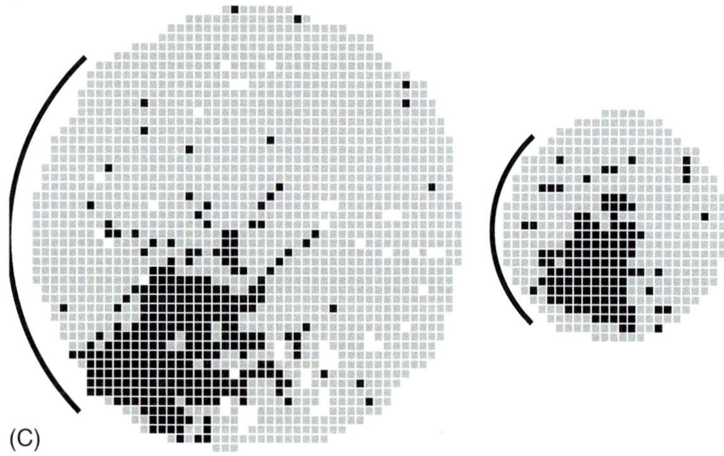

● **그림 10.14 쥐가 주위 환경을 탐색하는 동안 위치장을 가지는 해마 뉴런들의 발화율과 발화 패턴.** (A) 발화율이 쥐의 환경 내 위치 함수라는 것을 시사한다. 상자 안에 더 어둡게 표시된 것이 더 높은 발화율을 의미한다. 뉴런이 선택적으로 발화하는 것을 알 수 있는데 쥐가 환경 내의 특정 장소에 위치할 때, 즉 다이아몬드 모양의 환경에서 오른쪽 아래 부위에 위치할 때 가장 높은 발화율이 관찰되었다. (B) 쥐가 미로의 두 지류 안에 위치할 때(점선) 선택적으로 발화하는 뉴런의 발화 패턴(이 뉴런의 장소장은 곡선이다). 뉴런은 미로의 다른 지류보다 한 지류에 대해 더 반응한다. 이와 유사한 패턴이 쥐가 주위 환경을 볼 수 있을 때(지각 조건, 왼쪽)와 쥐가 환경 내에서 특정 방향으로 향한 후 단서가 제거될 때 일어난다(기억 조건, 오른쪽). (C) 이 그림들은 쥐가 환경 내의 특정 위치에 놓일 때의 뉴런의 발화율(검은색은 높은 발화율, 밝은 색은 낮은 발화율을 의미한다)을 보여준다. 쥐가 작은 원 모양의 환경에 놓이면(오른쪽), 환경 내의 위치에 선택적으로 뉴런이 발화한다. 동물이 큰 원 모양의 환경(왼쪽)을 탐색하면 뉴런의 장소장이 비율에 따라 확대된다. 즉 뉴런은 공간의 동일한 1/4에 선택적으로 발화하지만 큰 원의 1/4은 작은 원의 1/4보다 더 많은 영역을 포함한다. © 2011 Cengage Learning

다중 기억 체계

기억상실증 환자에서 일부 기억은 손상되지만 일부 기억은 유지되는 현상이 관찰되는데 이는 여러 유형의 장기기억 체계가 존재한다는 것을 시사한다. 기억상실증 환자들을 대상으로 한 연구들이 보여주듯이 이 기억 체계들 중 하나는 해마 체계에 의존하는 반면 다른 기억 체계는 의존하지 않는 것으로 여겨진다. 비록 기억을 연구하는 학자들이 이 사실에는 동의하지만 기억 체계를 어떻게 이분화할 것인가에 대해서는 의견의 일치를 보이지 않는다(Cohen & Squire, 1980; Eichenbaum, 1997; Eichenbaum & Cohen, 2001; Gabrieli, 1998; O'Keefe & Nadel. 1978; O'Reilly & Rudy, 2001; Schacter, 1987; Schacter & Tulving, 1994; Squire, 1987, 1992). 장기기억을 구분하는 기억 모델 모두를 살펴보는 대신 일부 기억 모델에 초점을 맞추어 살펴보기로 하겠다.

■ 이분화 개념

가장 널리 알려져 있는 기억 이분화가 기억을 **외현 기억**(explicit memory)과 **암묵 기억**(implicit memory)으로 구분하는 것이다. 기억상실증에서 결함을 보이는 기억 체계가 외현기억 체계인데, 이는 이전 경험이나 사실을 의식적으로 회상하는 것이 요구되기 때문이다. 다른 기억 체계인 암묵 기억 체계는 이전 경험을 의식적으로 인출 혹은 인식하지 않음에도 불구하고 이전 경험이 행동에 영향을 미치는 경우이다(Schacter, 1987). 기억상실증 환자들이 자신들의 지식 내용을 의식적으로 검토할 수 있는 능력이 없기 때문에 이들이 '의식 없는 기억'을 가지고 있다고 표현되기도 한다(Jacoby, 1984; Moscovitch, 1994). 드물지만 신경계의 손상이 없는 사람들은 이전 경험에 대해 전혀 친숙감을 가지지 않음에도 이전 경험에 대한 기억을 보인다. 따라서 일부 학자들은 의식 없는 기억을 기억상실증의 주요 특징으로 여긴다.

기억을 이분화하는 또 다른 방법은 기억을 서술기억(declarative memory)과 절차기억(procedural memory)으로 구분하는 것이다. 해마에 의존하는 기억 체계를 **서술기억 체계**라고

하는데 이는 사람들이 특정 정보를 '알고 있고' 이 정보를 융통성 있게 사용하며 이 기억 체계가 정보를 습득한 상황과 무관하기 때문이다(Cohen & Squire, 1980; Cohen, 1984). 예를 들어 이탈리아의 수도가 로마라는 것을 처음으로 배운 상황을 기억하지 못하더라도 이탈리아의 수도가 로마라는 것을 '서술'할 수 있다. 더욱이 이 지식을 로마에 관한 다른 사실, 즉 로마가 '불멸의 도시'라는 사실과 연결지을 수 있다. 한 개인이 특정한 날 혹은 특정 강의실에서 한 것에 관한 정보를 제공하는 것도 서술 기억의 예이다. 우리가 친구 혹은 가족과 가지는 일상적인 사회적 상호작용 중 대부분은 이러한 특성을 가지고 있는데, 즉 이들과 어떤 일을 하였고 어떤 만남을 가졌는지를 상기한다.

이와 상반되게 **절차기억 체계**는 어떤 일을 '어떻게' 해야 하는가에 관한 기억인데, 이 기억은 기술을 습득하고 행하게 하는 것을 가능하게 한다. 이 기억 체계는 각 사건을 분리해서 저장하기보다는 사건들에 관한 정보를 통합하는 것이다. 전형적으로 이 기억은 무엇인가를 학습하는 상황과 유사한 상황에서 나타난다. 이 기억 유형의 한 예가 자전거를 타는 능력이다. 이 능력은 단지 한 맥락, 즉 우리가 자전거에 앉아 있을 때에만 나타나고 사람들은 자전거 타는 기술이 어떻게 표현되는가에 관해 의식적으로 알지 못한다. 이 기억 체계는 기억상실증에서 유지되며 따라서 해마 체계에 의존하지 않는다.

마지막으로 일부 연구자들은 해마 체계가 관계 학습이 의식적 혹은 무의식적으로 일어나든지 간에 이 **관계 학습**을 지지한다고 주장한다. 관계 학습은 제시된 항목들 사이의 임의적이거나 우연적인 관련성에 관한 기억을 요구하는 상황이나 과제들을 통하여 측정된다. 한 예가 특정 사람의 얼굴, 주소 및 전화번호와 그 사람의 이름을 학습하는 것이다. 이 관련성은 임의적인데 왜냐하면 사람의 실제 이름을 그 사람의 외모를 보고 붙인 것이 아니고(예를 들어 부모는 자신의 자녀가 'Emily'처럼 생겼기 때문에 Emily라는 이름을 짓지 않는다) 전화번호나 주소 또한 그 사람의 이름이나 모습에 따라 부여된 것이 아니기 때문이다(즉 전화 회사에서 나에게 특정 전화번호를 준 것이 그 번호가 나의 이름이나 얼굴과 잘 어울리기 때문이 아니다). 어제 만난 사람의 이름을 상기하거나 그 사람의 전화번호를 기억하는 것은 그 사람에 관한 다른 정보 때문이 아니라 그 사람의 이름, 얼굴과 전화번호 사이의 관련성을 기억하고 있기 때문이다. 이러한 관계기억 과제는 어떤 사람들, 특히 기억상실증 환자들에게는 매우 어려운 과제이다. 예를 들어 H.M.은 매년 자신을 평가하는 사람의 얼굴과 이름을 결코 일치시키지 못하였다(Corkin, 1984). 관계 체계는 주어진 장면 혹은 사건을 구성하는 여러 요소들, 즉 사람, 장소와 사물들 사이의 관련성과 사건의 공간적, 시간적 및 상호작용 관련성을 동시에 표상한다. 관계 체계는 다양한 사건들 사이의 관련성을 표상하여 시간이 지남에 따라 개인의 경험에 더 광범위한 기록이 남게 한다.

PET과 fMRI를 사용한 기능 뇌영상 연구들 역시 기억상실증 환자들의 병변이 위치하고 있는 해마 체계가 관계기억과 관련되어 있다는 것을 보고하고 있다. 제시된 항목들 사이의 관련성을 기억하는 것을 지나치게 요구하는 과제에서는 해마 체계의 활성화가 증가하는 것이 관찰된다(이에 관한 개관은 Cohen, Ryan, Hunt, Romine, Wszalek, & Nash, 1999 참조). 예를 들어 한 PET 연구에서 신경계의 손상을 가지고 있지 않은 연구참여자들에게 한 명의 사람과 하나의 집이 그려져 있는 일련의 그림들을 제시하였다(Henke, Buck, Weber, & Weiser, 1997). 한 조건에서는 참여자들에게 사람(남자 혹은 여자입니까?)과 집(집의 내부 혹은 외부입니까?)에 관해 각각 독립된 질문을 하여 이에 답하게 하였다. 다른 조건에서는 사람과 집 사이의 관련성(이 사람이 이 집의 주인입니까 혹은 방문객입니까?)에 관해 주관적인 결정을 하는 것이 요구되었다. 이 과제에는 정답과 오답이 없었으며 참여자들은 그림에 있는 사람의 연령이나 집 혹은 사람에 관해 자신들이 알고 있는 일반적인 지식에 근거하여 답하는 것이 요구되었다. 두 조건에서 동일한 자극들이 제시되었음에도 불구하고 자극들이 독립적으로 부호화되는 경우에 비해 자극들이 서로 관련되어 있다고 부호화될 때 해마의 활성화가 더 증가하였다.

■ 기억과 의식

논란이 되었던 한 이슈는 회상 경험과 의식이 기억상실증의 결함 특성 및 해마 기능과 관련되어 있는가이다(Gray 1998; Moscovitch, 1994). 앞서 언급한 바와 같이 일부 기억 이론은 해마 체계가 외현 기억 혹은 의식적 기억을 지지하는 반면 다른 뇌 체계가 암묵기억 혹은 무의식적 기억을 지지한다고 한다. 그러나 의식적 회상이 해마 활성화와 관련되어 있는가에 대한 논란이 있고, 일부 연구자들이 뇌기능 혹은 계산 모델의 관점에서 보면 의식 준거를 가지고 기억 체계를 구분하는 것이 가장 좋은 방법이 아닐 것이라고 주장한다(Reder, Park, & Kieffaber, 2009).

해마 체계 그 자체가 의식적 앎을 생산하지 않는다는 것과 의식적 앎이 생산되는 데 중요하지 않다는 것을 인식하는 것이 중요하다. 해마 영역에 광범위한 손상을 입을 경우 심각한 기억장애가 초래되지만 의식에는 거의 영향을 미치지 않는다. 더욱이 기억 검사가 얼마나 의식적 회상을 요구하는가가 기억 수행이 저하 혹은 유지되는 것에 중요한 영향을 미치지 않는 것으로 여겨진다. 예를 들어 기억상실증 환자들이 임의적으로 짝지어진 항목들 사이의 관련성을 학습해야만 하는 간접적이고 암묵적 기억 검사에서 저하된 수행을 보이는 경우가 많이 관찰된다.

H.M.이 흔하게 사용되지 않는 단어들, 예를 들어 *tyro*나 *cupidity* 등과 같은 단어의 의미를 학습하지 못하는 것을 보여준 어휘학습 실험을 예로 들어보자(Gabrieli, Cohen, & Corkin, 1988). 이 실험의 세 단계 모두에 간접적이고 암묵적 기억 검사가 사용되었다. 이 과제의 수행에는 이전 학습 경험을 근거로 하거나 이전 학습 경험을 의식적으로 회상하는 것이 요구되지 않았다. 예를 들어 반응 선택 목록에서 주어진 단어의 의미와 가장 가까운 의미를 가지거나, 가장 가까운 동의어이거나 혹은 미완성 문장을 의미에 맞게 가장 잘 완성하는 단어를 선택하는 데에 이전 학습 경험을 의식적으로 회상하는 것이 요구되지 않았다. 피검자들에게 단어, 정의, 동의어 혹은 문장틀 등을 이전에 본 적이 있는가에 관한 질문도 하지 않았다. 비록 H.M.이 다수의 간접적이고 암묵적 기억 검사를 정상적으로 수행하였음에도 불구하고 새로운 단어와 의미 사이의 관련성에 관한 기억을 요구하는 이 과제에서 매우 저하된 수행을 보였다.

기억상실증 환자들에서 관계 학습의 결함이 다음과 같은 조건, 즉 신경계의 손상을 가지지 않는 사람들도 의식적으로 회상할 수 없는 특정 맥락 정보(특정 에피소드를 구성하는 다수의 단서들)가 주어지는 조건에서도 관찰된다(Chun & Phelps, 1999). 더욱이 기억상실증 환자에게 자신의 경험을 의식적으로 회상하지 않게 하는 조건에서도 이 결함이 관찰된다. 한 연구에서 피검자들에게 실제 주위 환경의 장면을 담은 사진들을 각각 두 번씩 제시하였다(Ryan, Althoff, Whitlow, & Cohen, 2000). 세 번째 제시에서 피검자들은 세 장면 중 하나의 장면 사진을 보았는데, 즉 처음 제시된 사진과 동일한 사진(반복 장면)(● 그림 10.15A), 장면 중 일부 요소들의 관계가 경미하지만 중요하게 변화된 사진(● 그림 10.15B)과 완전히 새로운 사진을 보았다. 세 장면에서 신경계의 손상을 가지지 않는 사람들이 보인 눈 운동을 분석한 결과 두 개의 효과가 관찰되었다. 하나는 반복 효과였는데, 즉 새로운 장면에 비해 이전에 제시된 장면에서는 위치 탐지를 위한 눈 운동의 수가 감소되었다. 기억상실증 환자들에서도 이 반복 효과가 관찰되었는데, 이는 반복 점화에서처럼 이들이 이전 경험의 영향을 받는다는 것을 시사한다. 신경계의 손상이 없는 사람들에서 두 번째 효과, 즉 원래 장면보다 조작된 장면에서 조작된 위치를 더 쳐다보는 **관계조작 효과**(relational manipulation effect)가 관찰되었다(● 그림 10.15C). 이 효과는 원래 보았던 장면의 구성 요소들 사이의 관련성에 민감한 것을 시사한다. 기억상실증 환자들에서는 이 효과가 관찰되지 않았는데 이는 이들이 항목들 사이의 관련성에 관한 기억에 선택적으로 결함을 가지고 있음을 시사하며 이 결함은 의식적 인식을 요구하지 않는 암묵적 과제에서도 관찰된다(눈 운동이 반영하는 기억 유형에 관한 또 다른 견해는 Smith & Squire, 2008 참조).

해마 체계가 의식적 회상을 매개하기보다는 의식적 회상과 내성적 보고가 일어날 수 있도록 사람, 장소, 물체 혹은 행동 사이의 관련성에 관한 정보를 제공한다고 여기는 것이 더 합리적으로 보인다. 이 이론은 기억상실증 환자들에서 관찰되는 기억 결함을 설명할 뿐만 아니라 해마 의존기억에 관한 동물 연구의 결과를 이해하는 데도 도움이 된다. 쥐와 비인간 포유동물의 해마 체계가 손상되면 기억상실증 환자들에서 관찰되는 기억 능력의 해리가 관찰된다. 이 동물들은 환경 단서들 사이의 공간적 관련성, 맥락 및 조건 관련성 혹은 불연속적으로 일어나는 사건들 사이의 비교를 학습하거나 기억하는 것의 어려움, 즉 단편적인 경험이나 사건을 서로 연합하는 관계 기억의 결함을 보인다. 그러나 이 동물들은 관계 기억이 요구되지 않는 한 다양한 조건화, 구별 및 기술 과제를 정상적으로 학습하고 기억할 수 있다. 이 해리는 기억상실증 환자들에서 관찰되는 해리와 매우 유사하다.

요약하면 의식적 회상과 의식적 앎은 많은 뇌 영역들에 의존하는 것으로 여겨진다. 이 영역들이 의식적 회상을 매개하기 위해 해마 체계와 상호작용하는데 이는 해마가 경험의 관계적 측면에 관한 정보를 제공하기 때문이다.

기억에 관여하는 해마외 영역

기억상실증 환자를 대상으로 한 연구들은 적어도 두 개의 기억 체계가 서로 분리되어 있음을 보여준다. 이제까지 이 기억 체계들 중 한 체계, 즉 해마에 의존하는 기억 체계를 살펴보았다. 이제 다른 뇌 영역들이 기억에 어떤 역할을 하는가를 살펴보자.

■ 특정 감각 정보에 관여하는 신피질 영역

정보가 처음 처리된 영역 내에 저장된다는 것을 지지하는 연구 결과를 살펴보겠다. 시각 대상 재인에 관여하는 복측 시각 처리 경로 내의 영역, 즉 원숭이의 하측두피질(TE 영역)과 인간의 방추상회를 예로 들어보자. 이 영역에 관한 해부학적, 신경생리학적, 신경심리학적 및 신경영상 연구들의 결과는 이 뇌 영역이 시각 대상에 관한 정보를 처리할 뿐만 아니라 이 대상들에 관한 기억을 장기적으로 저장한다는 것을 시사한다. 7장에서 살펴본 바와 같이 이 영역은 '무엇' 시각 경로의 끝 부분이며 해마 체계와 연결된다. 이 영역에 손상을 입게 되면 시각실인증이 초래되는데, 즉 이전에 알았던 시각 대상을 인식하지 못하고 새로운 대상의 시각 형태를 학습하지 못한다. 이는 이 영역의 손상이 시각 대상의 지각과 기억 모두에 영향을 미친다는 것을 시사한다.

시각 처리와 시각 기억이 서로 밀접하게 관련되어 있는 것에 관한 증거는 신경계의 손상이 없는 사람을 대상으로 한 기

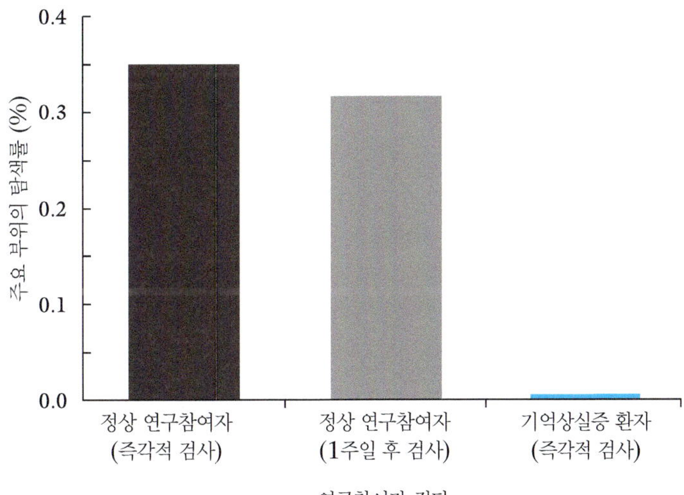

그림 10.15 암묵 기억의 측정에 사용되는 눈 운동 모니터. (A) 관계 조작 실험에 사용되는 원래 장면, 연구참여자들은 이 장면을 두 번 보게 되며 이후 이 장면을 다시 한 번 더 보거나 (B) 장면에 있는 대상들의 관계를 변화시킨 장면을 보게 된다. 신경계의 손상이 없는 정상인이 A와 B를 볼 때 보인 눈 운동이 장면에 표시되어 있다(시선고정점의 위치는 원으로 표시되어 있다). 연구참여자가 원래의 장면을 볼 경우 대부분의 눈 운동이 중앙 전경에 있는 세 대상으로 향하여 있다. 즉 사람, 나무로 만든 쓰레기통과 표지판으로 향하여 있다. 변경된 장면을 볼 경우 원래 사람이 있었지만 이제는 비어 있는 위치를 바라본다. 따라서 눈 운동을 통하여 개인의 장면에 관한 지식을 암묵적으로 측정하게 된다. (C) 이 실험의 결과가 그래프로 제시되어 있다. 장면을 본 직후 혹은 1주일 후(이때는 연구참여자가 변경된 장면과 원래의 장면을 구분하는 확률이 우연 수준이다)에 검사를 실시한 결과, 정상인은 대상 관계에 관한 암묵 기억을 가지고 있는 것이 관찰되었는데 이는 연구참여자가 변경된 부위를 더 오랫동안 보았기 때문이다. 이와 상반되게 기억상실증 환자는 이 부위를 더 오랫동안 보지 않았으며 이는 암묵적으로 측정하여도 환자가 관계 정보를 기억하지 못한다는 것을 시사한다. 출처: Courtesy of Neal J. Cohen; used by permission. © 2011 Cengage Learning

능 신경영상 연구들로부터 제공된다. 시각 복측 경로, 특히 방추상회는 시각 자극 없이 시각적 형태를 회상할 때에 활성화된다(Grady et al., 1992; Haxby, Horwitz, Ungerleider, Maisog, Pietrini, & Grady, 1994; Sergent, 1994). 한 연구에서 연구참여자들은 단어들을 특정 그림 및 소리와 짝지어 학습하였다. 검사 시 참여자들에게 단어를 제시한 후 이 단어가 이전에 시각 형태와 짝지어졌는지 혹은 소리와 짝지어졌는지를 판단하게 하였다. 참여자들이 단어와 짝지어졌던 그림을 회상할 경우에는 방추상회의 활성화가 관찰되었으며, 이 활성화는 그림이 처음 제시되었을 때 관찰되었던 활성화와 유사하였다(Wheeler, Petersen, & Buckner, 2000, Nyberg, Habib, McIntosh, & Tulving, 2000). 단어와 짝지어졌던 소리를 회상할 경우 상측두회의 청각 영역의 활성화가 관찰되었는데, 이 활성화는 단어가 처음 제시되었을 때 관찰되었던 활성화와 유사하였다(Wheeler, 2000). 선행 연구와 이 연구의 결과를 종합하면 지각 정보를 처음 처리할 때와 그 정보를 회상할 때 동일한 영역이 활성화하며 이는 이 신피질 영역들이 지각기능과 기억기능 모두에 관여함을 시사한다.

마지막으로 세상 지식에 관한 영역, 예를 들어 얼굴 재인 혹은 구어의 이해 등과 같은 영역에 영향을 미치는 신경심리적 장애를 가진 환자들은 이전에 습득한 그 영역의 지식뿐만 아니라 그 영역과 관련된 새로운 정보를 학습할 수도 없다. 이는 신피질의 특정 영역이 특정 정보를 처리하고 이와 동시에 그 정보를 기억하는 데 관여한다는 것을 시사한다. 그러나 각 영역은 기억의 특정 요소에만 관여한다.

요약하면 우리가 경험을 하면 그 경험을 구성하는 다양한 요소들이 서로 다른 피질 영역, 즉 시각, 청각, 언어와 공간 처리에 관여하는 영역들에 의해 처리된다. 정보를 처리한 영역이 처리의 결과를 저장하기도 한다. 다시 말하면 경험에 포함되는 시각 요소에 관한 기억은 시각-처리 영역에 저장되고 언어에 관한 기억은 언어-처리 영역에 저장된다는 것이다.

특정 사건에 포함되는 서로 다른 요소들이 특정 유형의 정보 처리에 관여하는 서로 다른 피질 영역들에서 처리되고 저장된다는 것을 살펴보았는데, 이제 해마가 특정 사건에 관한 기억을 저장하는 데에 어떤 역할을 하는가를 살펴보자. 해마는 한 영역 내에서 처리된 정보를 결합하기보다는 서로 다른 피질 영역들에서 처리된 정보를 결합하는 데 특히 중요한 것으로 여겨지고 있다(Mayes, Montaldi, & Migo, 2007). 다시 말하면 해마 체계와의 상호작용을 통해 경험의 서로 분리된 측면들이 서로 결합하여 하나의 일관된 사건 혹은 에피소드가 된다. 이러한 정보가 인출되면 해마가 특정 사건 혹은 에피소드의 서로 다른 단편들이 뇌의 어디에 저장되어 있는가에 관한 정보를 제공하는 것으로 보인다(Tyler & DiScenna, 1986). 그러나 기억 단편들에 관한 실제 정보는 이 정보들이 처음에 처리되었던 피질 영역 내에 저장되어 있다.

이제까지 한 특정 사건이 저장되고 인출되는 상황에 관해서만 살펴보았다. 그러나 만약 일정 시간 동안 한 영역 내에서의 연합을 학습하거나 기술을 점진적으로 학습하는 경우는 어떠한가? 연구 결과는 이와 같은 학습이 특정 신피질 처리 영역 내의 변화를 통해 일어난다는 것을 보여준다. 원숭이를 대상으로 한 다음 연구를 예로 들어보자(Sakai & Miyashita, 1991). 7장에서 언급된 바와 같이 원숭이의 하측두 영역에 위치하는 뉴런들은 특정 시각 대상에 반응한다. 뉴런이 선호하는, 다시 말하면 각 뉴런이 최대한 발화하는 시각 대상이 신경원마다 다르다. 이 연구에서 연구자들은 다양한 시각 형태에 대한 뉴런들의 반응을 측정하였는데 이를 통하여 각 뉴런이 선호하는 대상과 선호하지 않는 대상이 무엇인지를 알 수 있었다. 그런 다음 원숭이들에게 자신들이 선호하는 대상과 선호하지 않는 대상을 짝짓는 훈련을 시행하였다. 훈련 후 원숭이들에게 훈련 시 사용되었던 대상들을 제시하였는데, 뉴런들은 이전에는 선호하지 않았지만 짝짓기 훈련 동안 제시되었던 대상들에 대해 매우 강한 반응을 보였다. 새로운 훈련 대상(즉 훈련 이전에는 뉴런들이 반응을 보이지 않았던 대상)들이 훈련 기간 동안 짝지어졌던 선호 대상들을 회상하는 단서로 작용하였기 때문에 이 결과가 초래된 것으로 추측된다(● 그림 10.16). 이 결과는 경험이 특정 유형의 정보를 처리하는 영역 내에 있는 뉴런들의 반응을 변화시킬 수 있다는 것을 시사한다.

동물을 대상으로 한 전기생리적 연구와 해부학 연구들은 기본적인 지각 및 운동 처리에 관여하는 네트워크를 경험이 어떻게 변화시키는가에 관한 부가적인 정보를 제공한다. 예를 들어 Recanzone과 동료들(Recanzone, Schreiner, & Merzenich, 1993)은 원숭이에게 특정 주파수의 소리를 구분하는 훈련을 시킨 결과 청각피질 내에서 이 주파수에 반응하는 영역이 더 확대된 것을 관찰하였다. 더욱이 이 변화가 행동 수행의 향상과 상관을 보였다. 경험으로 인한 변화가 체감각피질과 운동 영역에서도 관찰되었다. 원숭이에게 촉각 구분 훈련을 실시한 결과 훈련이 주어진 신체 표면의 촉각을 담당하는 뉴런들의 수용장이 확대되었다(Merzenich, Racanzone, Jenkins, & Grajski, 1990; Recanzone, Merzenich, & Jenkins, 1992). 더욱이 작은 물체를 집는 것처럼 손가락의 숙련된 움직임을 강조하는 훈련을 실시한 결과 일차운동피질의 손가락 담당 영역이 확대되었고 열쇠를 돌리는 것처럼 팔뚝의 움직임을 강조하는 훈련은 팔뚝을 담당하는 영역을 확대하는 결과를 초래하였다(Nudo, Milliken, Jenkins, & Merzenich, 1996). 명확한 점은 기본적인 지각 과정에 관여하는 네트워크가 경험에 의해 변한다는 것이다. 특정 유형의 정보를 처리하는 영역에 국한되어 나타나는 이러한 변화가 암묵/절차 기억을 지지하는 것으로 여겨진다.

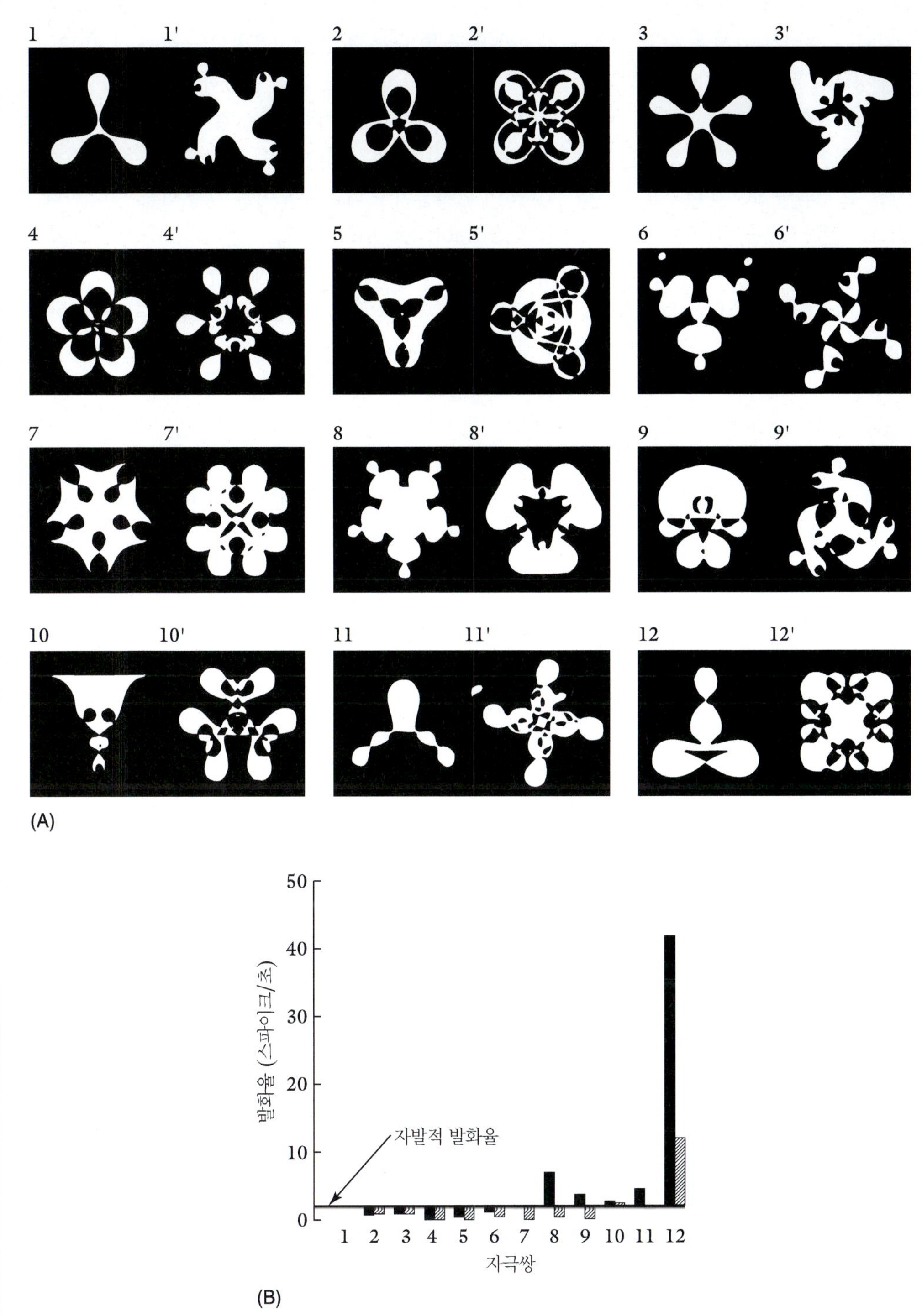

그림 10.16 시각 대상의 기억에 관여하는 하측두피질. (A) Sakai와 Miyashita (1991)에 의해 실시된 실험에서 원숭이는 24개의 시각 형태 중 쌍을 연합하는 것을 학습하였다. 특정 시각 형태에 민감하게 반응하는 뉴런들이(검은색으로 제시) 훈련 동안 그 시각 형태와 임의로 짝지어 졌던 시각 형태에도 민감하게 반응하기 시작하였다(회색으로 제시). 예를 들어 12에 민감하게 반응하던 뉴런이 학습 과정 동안 12'에도 민감하게 반응하기 시작하였다. 출처: "Neural Organization for the Long-Term Memory of Paired Associates," by K. Sakai and Y. Miashita. Reprinted with permission from Nature (354, pp 152–155). Copyright 1991 by Macmillan Magazines Limited. © 2011 Cengage Learning

동물 연구들은 특정 유형의 정보를 처리하는 영역 내에서 일어나는 이러한 변화가 구조적 변화, 즉 뇌의 재배치를 통해 일어난다는 정보를 제공한다. 이러한 변화에는 운동피질과 같은 영역 내에서 새로운 시냅스(시냅스생성)가 형성되는 것이 포함된다. 예를 들어 방해물이 있는 코스를 건너가는 데 필요한 숙련된 운동 기술을 학습한 쥐의 운동피질에서 한 뉴런이 맺는 시냅스의 수가 증가된 것과 이 시냅스의 증가가 운동 수행의 향상과 상관을 보임이 관찰되었다(Kleim, Lussnig,

Schwarz, Comery, & Greenough, 1996). 앞에서 언급한 연구 결과와 마찬가지로 이 결과는 주어진 과제를 수행하는 데 필요한 뇌 체계가 그 과제의 경험과 더불어 변하고 이 변화가 절차 기억의 근거가 된다는 것을 보여준다.

인간을 대상으로 한 연구도 경험이 특정 유형의 정보를 처리하는 영역의 기능을 변화시킬 수 있음을 보여준다. 예를 들어 신경영상 연구들은 특정 순서로 손가락을 움직이는 것을 학습하면 이 기술의 수행에 중요한 운동 체계의 여러 부위들, 즉 운동피질(karni et al., 1995)과 소뇌(Jenkins, Brooks, Nixon, Frackowiak, & Passingham, 1994)의 활성화 분포가 변하는 것을 관찰하였다. 기억상실증 환자들에서 유지되는 과제, 예를 들어 회전 추적 과제(Grafton, Woods, & Tyszka, 1994)와 그리기 및 추적 과제(Flament, Ellermann, Kim, Ugurbil, & Ebner, 1996)를 학습하는 동안에도 운동피질의 확대가 관찰된다.

이와 유사하게 시각 자극에 대한 반복 점화 효과가 시각 처리 영역들의 활성화 변화와 관련되어 있다. 반복 점화는 자극이 처음 제시될 때보다 반복 제시될 때 더 빨리 혹은 더 정확하게 반응하는 학습 유형이다. 반복 점화가 일어날 경우 시각 자극들을 처리하는 데 관여하는 선조외 영역들의 활성화 변화가 관찰된다(Buckner, Koutstaal, Schacter, Wagner, & Rosen, 1998). 이 연구 결과는 선조외 영역에 손상을 입은 두 명의 환자에 관한 신경심리적 연구에 의해 지지를 받았다. 이 영역에 병변을 가진 환자 L.H.(Keane, Clarke, & Corkin, 1992)와 M.S.(Gabrieli, Fleischman, Keane, Reminger, & Morrell, 1995)는 시각 자극에 대한 지각적 점화의 장애를 보였다. 이 장애는 선택적인 것으로, 즉 두 환자 모두 동일한 시각 자극을 외현적으로 기억하거나 청각 등과 같은 다른 감각 유형의 자극에 대한 점화에서는 장애를 보이지 않았다.

■ 기저핵

특정 유형의 정보 처리에 관여하는 영역들에 덧붙여서 기저핵이 암묵/절차 기억에 관여한다. 이에 관한 대부분의 정보는 파킨슨병이나 헌팅톤병을 앓는 환자들에 관한 신경심리학적 연구들로부터 제공받는다. 이 환자들은 해마 손상을 가진 환자와는 상반되는 결함 양상을 보인다. 다시 말하면 외현/서술 기억은 유지되는 반면 암묵/절차 기억의 결함을 보인다. 5장에서 이미 언급된 바와 같이 파킨슨병과 헌팅톤병은 선조체의 기능이상으로 초래되기 때문에 이 환자들이 암묵/절차 기억의 장애를 가진다는 사실은 이 영역이 암묵/절차 학습에 중요하다는 것을 시사한다. 그럼에도 불구하고 이 환자들에서 기술 학습을 평가하는 것이 매우 복잡한데, 이는 이들이 학습과 기억 결함과 매우 다른 두드러진 운동장애를 가지고 있기 때문이다. 이에 덧붙여서 이 질환들의 치료를 위해 사용되는 약물들이 인지기능에 영향을 미치기도 하기 때문이다. 그러나 신경영상 연구 및 다른 기법을 사용한 연구들은 기저핵이 암묵/절차 기억에 중요하다는 증거를 제공하고 있다.

헌팅톤병과 파킨슨병 환자들은 기억상실증 환자들이 정상적으로 수행하는 많은 기술 학습 과제에서 수행의 저하를 보인다. 이 환자들이 어려움을 보이는 기술 학습 중의 하나가 **습관 학습**(habit learning)인데, 이는 수행이 점진적으로 향상되지만 수행의 향상이 다른 과제에까지 일반화될 필요가 없는 경우이다. 이 장의 앞부분에서 이 유형의 학습을 측정하는 과제를 이미 소개하였는데, 즉 회전 추적 검사로서 원을 그리면서 움직이는 목표 자극을 침필을 사용하여 추적하는 과제이다. 선조체의 병변으로 말미암아 파킨슨병이나 헌팅톤병을 앓는 환자들에서는 신경계의 손상이 없는 사람들에서 관찰되는 이 과제의 수행 향상이 관찰되지 않는다(Gabrieli, 1995). 이와 상반되게 신경계의 손상이 없는 사람들에서는 선조체의 활성화 변화가 이 과제의 학습과 상관되어 있는 것이 관찰된다(Grafton et al., 1992).

이 환자들이 습관 학습의 장애를 가지고 있다는 것을 보여주는 또 다른 예는 **순차적 반응시간 과제**[serial reaction time (SRT) task]이다. 이 과제에서는 각 시행마다 컴퓨터 스크린의 여러 위치들 중 한 위치에 불이 들어오며 피검자는 불이 들어온 위치에 따라 버튼을 누르는 것이 요구된다. 피검자가 알아차리지 못하는 가운데 불이 들어오는 위치가 일정 순서로 반복된다. 이 과제의 학습은 두 가지 방법을 통하여 관찰된다. 즉 반복 순서로 제시되는 자극에 대한 반응시간이 시행이 진행될수록 점진적으로 감소하는 것과 자극이 무선적인 순서로 제시되는 시행 블록에서는 반응시간이 증가되는 것으로 알 수 있다. 자극이 일정 순서로 반복 제시된다는 것을 피검자가 알지 못함에도 불구하고 수행이 점진적으로 향상된다는 점에서 이 학습이 암묵적으로 이루어진다고 여길 수 있다. 여러 연구들은 파킨슨병 환자나 헌팅톤병 환자가 이 과제의 학습에서 어려움을 보이는 것을 보고하였다(Willingham & Koroshetz, 1993; Ferraro, Balota, & Connor, 1993; Pascual-Leone et al., 1993) 기능 신경영상 연구 역시 이 사실을 지지하는 결과를 보고하고 있는데, 즉 이 과제 혹은 이 과제와 유사한 손가락 순서 과제(Grafton, Hazelton, & Ivry, 1995; Seitz & Roland, 1992)의 학습과 관련하여 선조체가 활성화하는 것을 보고하고 있다.

이제까지 살펴본 모든 과제가 운동 산출(반응)을 요구한다. 즉 회전 추적 과제에서는 목표물을 추적하기 위해 피검자가 자신의 사지를 통제해야 하고 순차적 반응시간 과제에서는 일련의 버튼을 눌러야 한다(이 환자들에서 관찰되는 운동 순서 장애에 관해서는 Doyon, 2008 참조). 여러분은 파킨슨병 혹은 헌팅톤병 환자가 이 과제들에서 수행 저하를 보이는 것이 기저핵이 운동 처리에 중요한 역할을 하기 때문이 아닌가 여길 수 있다.

이는 확실히 합리적인 의문이지만 여러 연구들은 이 환자들이 운동 산출을 요구하는 과제에서 보이는 수행 저하가 운동 산출을 요구하지 않는 다른 과제와 훈련 받은 영역 내의 다양한 예들에도 일반화된다는 것을 보여준다(개관은 Gabrieli, 1995; Salmon & Butters, 1995; Knowlton et al., 1996 참조). 한 예가 헌팅톤병 환자들이 거울읽기과제에서 보인 수행 결함이다(Martone, Butters, Payne, Becker, & Sax, 1984). 더욱이 기능 신경영상 연구들은 거울상으로 제시되는 글을 읽는 동안 선조체, 좌반구 전전두 영역, 측두엽과 소뇌에서 활성화를 관찰하였다(Poldrack, Desmond, Glover, & Gabrieli, 1998; Poldrack & Gabrieli, 2001).

거울읽기과제를 사용한 연구뿐만 아니라 또 다른 연구 결과가 암묵/절차 학습에서의 선조체의 역할이 운동 영역에 국한되지 않음을 보여 준다. 파킨슨병(Knowlton, Mangels, & Squire, 1996; Shohamy et al., 2004)과 헌팅톤병(Knowlton et al., 1996)을 포함하여 기저핵의 손상을 가지는 환자들은 **확률학습 과제**(probabilistic learning tasks), 즉 단서가 일대일 방식이 아닌 확률로 결과를 예상하게 하는 과제에서 수행 저하를 보인다. 이러한 과제 중 하나인 날씨 예상 과제(weather prediction task)는 카드에 제시된 단서를 근거로 하여 두 날씨(비 혹은 맑음) 중 하나를 예상하는 것을 요구한다. 각 시행마다 네 개의 카드 중 1~3개의 카드를 제시한다. 각 카드는 맑음 예상과 단지 확률적으로 관련되어 있는데, 즉 75%, 57%, 43%, 25%의 확률과 관련되어 있다. 여러 카드가 제시될 경우는 각 카드의 확률합을 고려하여 날씨를 예상해야 한다. 각 시행에서 카드가 제시되면 피검자는 비와 맑음 중 하나를 예상하며, 이에 대한 피드백이 피검자에게 주어진다. 확률적 특성을 가지는 이 과제의 수행 동안 만약 피검자가 이전 시행을 회상하려고 노력하면 이 과제의 수행이 저하될 수 있는데 왜냐하면 특정 단서들이 반복 제시된다고 하여도 이전과 다른 결과를 초래할 수 있기 때문이다. 이 과제에서 활용될 수 있는 가장 유용한 정보는 특정 단서 혹은 단서들과 관련되어 있는 확률을 학습하는 것인데, 이 학습은 시행을 거듭함으로써 점진적으로 습득된다.

50 시행의 블록을 실시하는 동안 신경계의 손상이 없는 사람들에서는 날씨 예상에 관한 수행이 점진적으로 향상되었으나 파킨슨병 환자들에서는 이러한 학습이 관찰되지 않았다. 더욱이 해마 영역의 손상으로 인하여 기억상실증을 앓는 환자들도 신경계의 손상을 가지지 않는 사람들만큼 수행을 잘 하였다. 이와 같은 확률 과제의 학습에 선조체가 중요한 역할을 한다는 것이 신경영상 연구들에 의해서도 지지를 받는다(Poldrack, Prabharkarn, Seger, & Gabrieli, 1999). 따라서 다양한 영역에서 이루어지고 있는 연구들은 선조체가 운동과 인지 영역 모두의 암묵/절차 학습에 매우 중요하다는 것을 보여 준다(동물과 인간을 대상으로 한 연구들의 개관은 Packard & Knowlton, 2002 참조).

이러한 연구 결과를 고려하면 기저핵이 학습에서 정확하게 어떤 역할을 하는가에 관한 질문이 떠오른다. 일부 이론은 기저핵이 특정 자극과 그 자극에 대한 반응 사이의 연합을 학습하는데 중요하다고 제안한다. 반응은 앞서 살펴본 기술 학습처럼 운동일 수 있고 날씨 예상 과제의 경우처럼 어떤 반응 혹은 결과를 예상하는 것일 수 있다. 또 다른 이론은 기저핵이 피질의 서로 다른 영역들로부터 받은 자극 입력에 근거하여 다양한 가능한 반응들 중에서 반응을 선택하는 것을 도와주는 역할을 한다고 제안하고 있다(Atallah, Frank, & O'Reilly, 2004).

기저핵에 의한 연합 유형이 해마에 의한 연합과 서로 다르다는 것에 주목하자. 일반적으로 기저핵은 자극과 반응을 연합하게 하는 한편 해마는 다양한 신피질 처리 영역들이 서로 연합하게 한다. 이 장의 마지막 절에서 기저핵과 해마에 의존하는 학습 체계를 서로 비교하여 살펴보겠다.

■ 편도체: 기억과 정서의 인터페이스

13장에서 자세하게 살펴보겠지만 편도체는 정서적 정보의 분석과 정서 표현에 중요한 역할을 한다. 따라서 편도체는 기억과 정서 사이의 인터페이스의 역할을 한다고 볼 수 있다. 편도체가 가지고 있는 이 역할에 관한 첫 번째 증거는 기억상실증 환자 H.M.으로부터 제공되었다. 양반구 편도체의 절제를 포함하는 수술을 받은 이후 H.M.은 자신의 내적 상태에 관한 정보에 접근할 수 있는 능력의 감소를 보였다. 통증과 배고픔에 대한 그의 반응을 체계적으로 연구한 결과(Hebben, Corkin, Eichenbaum, & Shedlack, 1985), 그는 편도체가 정상적으로 기능하는 다른 기억상실증 환자나 신경계의 손상이 없는 사람과 다른 양상을 보였는데, 즉 자극들이 얼마나 강한 통증을 초래하는가와는 상관없이 자신에게 통증 자극이 주어졌을 때 이 자극에 대한 통증 반응을 보이지 않았다. 또한 그는 식사 전과 후에 평정한 배고픔 평정에서 아무런 변화를 보고하지 않았다. 실제로 H.M.은 배고픔을 0~100 사이에서 평정하는 척도에서 식사 전후의 배고픔을 50이라고 동일하게 평정하였다. 실험자와 대화를 한 후에 H.M.에게 또 식사가 제공되었다. 그는 조금 전에 식사를 한 사실을 기억하지 못하였으며 두 번째 식사를 평소처럼 한 후 배고픔 평정에서 역시 배고픔을 50으로 평정하였다.

이러한 초기 연구들 이후 편도체가 정서와 기억의 상호작용에 두 가지 독립적이고 중요한 역할을 한다는 것이 알려지게 되었다(Eichenbaum & Cohen, 2001). 첫째는 자극에 대한 정서적 반응의 학습과 표현에서의 편도체 역할인데, 자극의 정서적 중요성에 대한 자동적인 반응이 아니라 연합을 통한 학습된 반응을 편도체가 매개한다는 것이다. 편도체의 두 번째 역할은 장기기억의 특정 면을 조율하는 정서적 경험을 가능하게 하는 것이다. 편도체가 가지는 이 역할을 차례로 살펴보기로 하자.

편도체는 정서기억과 정서 반응의 학습에 매우 중요한 역할을 한다. 학습된 정서기억의 가장 좋은 예가 파블로프의 **공포 조건화**(fear conditioning; LeDoux, 1992, 1994; Davis, 1992, 1994)인데, 공포 조건화는 중립적 자극이 혐오적인 사건과 짝지어진 결과로 말미암아 추후 그 자극이 공포를 유발하게 되는 경우를 의미한다. 예를 들어 쥐를 작은 케이지에 가두어 둔 다음 10초 정도 지속되는 소리를 여러 번 제시하는데, 이 소리가 끝날 무렵에 바닥을 통해 잠시 동안 전기 쇼크를 쥐에게 제시한다. 쥐는 소리가 들리면 점차 조건화된 공포를 보이기 시작하는데 왜냐하면 소리와 전기 쇼크가 짝지어져서 제시되기 때문이다. 공포는 혈압 등과 같은 자율신경계의 변화나 몸을 웅크리거나 얼어붙은 듯한 행동 반응 혹은 쥐들이 대개 좋아하는 설탕물을 마시고 싶어 하는 욕구를 억제하는 등의 반응으로 표현된다. 외측 편도체에 선택적인 병변을 가지고 있는 동물에서는 소리에 대한 조건화된 자율신경계 반응과 운동 반응이 극적으로 감소한다.

뇌 병변을 가지지 않은 정상적인 쥐는 **맥락적 공포 조건화**(contextual fear conditioning)를 보이는데, 이는 조건화가 일어나는 맥락 혹은 환경에서만 공포가 선택적으로 나타나는 것을 의미한다. 정상 쥐는 처음 조건화 환경에 노출된 이후 조건화가 일어났던 방에 다시 있게 되면 소리가 제시되기 이전부터 얼어붙은 듯한 행동을 보이기 시작한다. 이는 쥐의 반응이 소리뿐만 아니라 소리와 전기 쇼크가 짝지어 제시되었던 환경 맥락에도 조건화되어 있다는 것을 시사한다. 만약 쥐가 다른 환경에 놓이게 되면 소리가 제시되지 않는 한 얼어붙은 듯한 행동을 보이지 않는다. 편도체 병변은 파블로프의 공포 조건화뿐만 아니라 맥락적 공포 조건화가 일어나는 것도 방해한다. 이와 반대로 해마의 병변은 맥락적 공포 조건화만을 선택적으로 봉쇄하는데, 이는 맥락적 공포 조건화에는 조건화와 특정 맥락 혹은 환경 사이의 관련성에 관한 기억이 요구되기 때문이다.

다양한 실험 방안을 사용한 연구들이 편도체가 자극-보상 연합의 학습에 매우 중요하다는 것을 보여 주고 있다. 이에 관한 좋은 예가 White와 McDonald (1993)가 실시한 연구인데 이들은 쥐의 방사형 미로 수행을 조사하였다(● 그림 10.17). 편도체에 손상을 입은 동물은 먹이 보상과 연관되어 있는 미로를 찾는 데 실패하였다. 그러나 이 동물은 방사형 미로 과제의 변형인 'win-shift' 과제에서는 정상적인 수행을 보였는데, 이 과제에서 동물은 8개의 방사형 미로 중 어느 한 미로를 찾기 전에 8개 각 미로를 탐색하는 것이 허락된다. 또한 이 동물은 'win-stay' 과제에서도 정상적인 수행을 보였는데, 이 과제에서는 불이 비치는 미로 하나만을 찾고 어두운 미로는 회피하는 것이 학습된다. 해마 혹은 선조체에 손상을 입은 동물은 먹이 보상과 관련되어 있는 미로를 찾는 과제를 학습하는 데에는 어려움을 보이지 않았지만 각각 'win-stay'와 'win-shift' 과제의 학습에는 장애를 보였다. 따라서 편도체의 손상은 보상의 중요성을 학습하는 것 혹은 자극-보상 연합을 학습하는 것을 방해하는데, 이 학습은 보상이 있는 하나의 미로를 선택하는 데 필요하다.

Mauro Fermariello/Photo Researchers, Inc.

● **그림 10.17 쥐의 공간 기억의 측정에 사용되는 방사형 미로.** 쥐가 이미 들어갔었던 미로에 다시 들어가면 오류이다.

기억에 관한 편도체의 두 번째 역할은 정서 경험을 통하여 기억을 조율하는 것이다. 이 역할에 대한 가장 좋은 예가 Cahill과 동료들이 인간 기억을 연구하기 위해 개발한 방안이다(1995, 1996, 1999). 이 과제에는 일련의 슬라이드와 두 개의 이야기가 제시되는데, 한 이야기는 정서적인 내용(예, 모자가 교통사고를 당하는 이야기)이고 다른 이야기는 정서적 내용이 아니다(예, 안전 훈련에 관한 이야기). 추후에 실시되는 지연기억 검사에서 신경계의 손상이 없는 사람은 중립적인 이야기보다 비극적인 이야기의 정서적 내용을 더 잘 회상하였다. 우르바하-위데병(Urbach-Wiethe syndrome)으로 말미암아 양반구 편도체에 손상을 입은 한 환자는 비극적인 이야기의 정서적 부분을 중립적 이야기보다 더 잘 회상하는 현상을 보이지 않았다. 편도체의 손상은 이 환자가 비극적인 이야기의 정서적 부분을 이해하는 것을 방해하지는 않았다.

기억에서의 편도체 역할은 앞서 살펴본 기억에 관여하는 다른 많은 뇌구조, 즉 해마, 선조체 등과의 상호작용을 통하여 일어나는 것으로 여겨진다(이에 관한 개관은 LeBar & Cabeza, 2006 참조). 13장에서 자세히 살펴보겠지만 편도체는 매우 강한 각성을 일으키는 정서적 상황에 반응한다. 편도체가 활성화하면 차례로 뇌의 기억 회로 중 일부분에 영향을 미친다. 따라서 기억에서 편도체가 가지는 역할 중 일부가 기억 회로의 활성화를 조율하는 것으로 여겨진다. 이러한 기제는 매우 적응적이다. 심각한 위협에 당면하는 것과 같이 강한 각성을 일으키는 상황은 자주 생존에 중요할 수 있으며, 이러한 상황에 대한 기억을 증진시키는 기제는 확실히 개인에게 이득이 된다.

■ 전측 측두영역

전측 측두영역의 기억에서의 역할을 이해하기 위해서는 외현/서술 기억체계를 두 개의 하위 유형, 즉 의미 기억과 일화기억으로 구분할 필요가 있다(Tulving, 1972). **의미 기억**(semantic memory)은 사실, 개념, 범주와 단어의 의미에 관한 정보를 파지하고 우리 자신과 우리가 아는 사람에 관한 정보, 즉 그 사람이 어디에 살고 직업과 흥미가 무엇이며 성격이 어떠한지에 관한 정보를 파지하는 것을 의미하는데, 이 정보는 서로 다른 다양한 맥락에서 표현된다. 이와 상반되게 **일화 기억**(episodic memory)은 특정한 시간적 · 공간적 맥락에서 개인이 사적으로 경험한 자서전적 기억을 의미한다. 의미 기억과 일화 기억을 다음의 예로 구분해보자. 먼저 일화 기억의 경우 여러분의 첫키스에 관한 기억을 생각해 보자. 이 기억에는 여러분이 첫 키스를 누구와 어디에서 했는지 그리고 기분은 어떠하였는지 등에 관한 정보가 포함된다. 이와 상반되게 키스에 관한 의미 기억에는 한 사람의 입을 다른 사람 혹은 물체에 놓는 것, 키스가 열정, 사랑 혹은 감사를 표현한다는 것 혹은 누구를 만나거나 누구와 헤어질 때 하는 것이라는 정보가 포함된다. 이 예에서 의미 기억에 포함된 키스에 관한 정보는 일반적인 반면 일화 기억에 포함된 키스에 관한 정보는 특별한 키스에 관한 것이다. 이와 같이 일화 기억은 개인이 경험한 사건을 재경험하는 것을 가능하게 하고 이전 시간으로 되돌아가는 경험을 가능하게 한다(Tulving, 1985).

이 장에서 여러 번 언급한 바와 같이 내측두엽에 손상을 입은 사람들은 자신이 새로이 경험하는 에피소드에 관한 기억을 형성할 수 없다. 그러나 손상 후 새로운 의미 정보의 습득이 어느 정도 가능한데, 이는 의미 기억이 내측두영역에 완전히 의존하지 않는다는 것을 시사한다(Bayley, O'Reilly, Curran, & Squire, 2008). 이러한 학습에 관한 가장 극적인 예 중의 하나가 아동기(출생 시, 4세와 9세) 때 해마 일부에 손상을 입은 세 아동에 관한 사례이다(Vargha-Khadem et al., 1997). 이 아동들이 자신들의 생활에서 경험하는 일상의 에피소드에 관한 심각한 기억상실을 보임에도 불구하고 일반 학교에서 언어 기술(읽기 능력을 포함하여)을 배울 수 있었으며 평균하에서 평균 범위에 속하는 지적 수준을 보였다! 이러한 결과는 의미 기억에는 해마가 요구되지 않는다는 것을 시사한다.

적어도 의미 기억의 특정 측면은 특정 감각의 정보를 처리하는 신피질 영역에 의존한다. 예를 들어 양털에 관한 느낌은 체감각 영역에 저장되는 한편 양의 모습에 관한 기억은 시각 영역에 저장된다. 그러나 특정 감각과 관련되어 있지 않은 의미 기억은 어떠한가? 전측 측두 영역이 이러한 정보를 저장하는 데 중요한 역할을 한다. 이 견해에 관한 증거는 **의미 치매**(semantic dementia), 즉 점차적으로 의미 정보를 저장하는 능력을 상실하는 장애로부터 제공된다. 예를 들어 친구를 방문하기 위해 시골을 여행하는 동안 이 장애를 가진 환자가 자신의 부인에게 어느 곳에서 차를 돌려야 친구 집에 갈 수 있다는 것을 말하는 동안 지나가는 양을 보고는 부인에게 "저게 무엇이지요?"라고 묻는다. 기능 신경영상 연구도 의미 처리 동안 이 영역의 활성화를 관찰하였다(개관은 Patterson, Nestor, & Rogers, 2007 참조).

부호화, 응고와 저장, 인출에 관여하는 뇌 체계

이제까지 서로 다른 기억 유형, 즉 일화와 의미 기억으로 구성된 서술 기억, 기술과 습관을 포함하는 암묵 기억과 정서 기억에 관해 살펴보았다. 기억을 이해하는 또 다른 방법은 기억을 유형에 따라 구분하는 것이 아니라 처리 단계로 구분하는 것이다. 먼저 기억이 만들어져야 한다. 다시 말하면 정보가 기억 속에 **부호화**되어야 한다. 기억은 **저장**되거나 일정 시간 동안 파지되어야 한다. 정보가 저장되는 동안 정보는 **응고** 혹은 강하게 된다. 마지막으로 기억이 사용되기 위해서는 기억에 접근할 수 있어야 한다. 다시 말하면 정보가 **인출**될 수 있어야 한다. 이 절에서 이러한 과정에 관여하는 뇌 영역들에 관해 살펴보기로 하자.

그러나 먼저 이 과정에 관여하는 특정 뇌 영역을 조사하기 위해 다양한 방법을 사용한 연구들의 결과를 수렴하는 것이 중요하다. 예를 들어 기억상실증 환자만을 대상으로 한 연구들이 제공하는 정보가 제한되어 있다. 학습 후 오랜 시간이 지난 다음 관찰되는 기억 결함은 기억 단계 중 어느 단계의 장애라도 반영한다. 기억 단계의 초기 부호화 과정의 결함은 정보가 충분히 처리되거나 추후에 그 정보가 인출될 수 있을 정도로 충분히 저장되는 것을 방해한다. 한편 기억의 저장, 파지 혹은 응고 단계의 장애는 시간이 지남에 따라 비정상적으로 빨리 정보를 쇠퇴하게 하여 개인으로 하여금 그 정보를 잘 기억하지 못하게 한다. 마지막으로 정보가 정상적으로 저장되고 파지되어도 그 정보를 인출하는 단계에서 장애가 발생할 수 있다. 기억상실증이 어느 단계의 장애로 말미암아 초래되는가에 관한 명확한 대답은 기억상실증 환자를 대상으로 한 연구들로만 얻을 수 없다. 그럼에도 불구하고 인지 신경과학의 새로운 연구 기법을 사용한 연구들과 더불어 기억상실증 환자를 대상으로 한 연구들은 기억의 여러 단계, 즉 부호화, 저장 및 응고와 인출 단계에 어느 뇌 체계가 가장 영향을 미치는가를 확인하는 데 중요한 정보를 제공하고 있다.

■ 부호화

두 개의 주요 뇌 영역, 즉 해마와 전전두피질이 부호화에 중요한 역할을 한다. 해마가 부호화 단계에 중요한 역할을 한다는 증거는 ERP 연구와 기능 신경영상 연구들로부터 제공된다. 다수의 연구들은 해마가 얼굴, 단어, 장면 혹은 물체를 부호화하는 동안 활성화하는 것을 보고하였다(Kelley et al., 1998; Martin, Harley, Smith, Hoyles, & Hynes, 1997; Brewer, Zhao, Desmond, Glover, & Gabrieli, 1998; Wagner, Desmond, Glover, & Gabrieli, 1998; Kirchhoff, Wagner, Maril, & Stern, 2000). 이 연구들은 단어와 같은 언어적 자극에 대해서는 좌반구 해마가 더 활성화를 보이는 반면 얼굴과 같은 비언어적 자극의 처리에는 우반구가 더 활성화하는 것을 관찰하였다(Powell et al., 2005).

그러나 이 연구들만이 해마 활성화가 자극의 성공적인 부호화에 중요한 역할을 한다는 것을 보고하지 않는다. 해마의 역할에 관한 더 강력한 정보가 **후속기억효과**(subsequent memory effect), 즉 추후에 기억되는 자극이 기억되지 않는 자극에 비하여 부호화 당시 더 많은 뇌 활성화를 야기하는 현상을 조사한 연구들로부터 제공되고 있다. 이 효과는 사건관련전위 연구에서 처음으로 보고되었는데, 즉 부호화 당시 두피에서 측정한 뇌의 전기적 활동은 추후의 기억 수행과 관련되어 있다는 것이다(Paller, Kutas, & Mayes, 1987; Fabiani & Donchin, 1995). 이 연구를 수행할 당시에는 이러한 후속효과를 생산해 내는 뇌 체계를 확인하는 것이 가능하지 않았지만 추후 연구들은 해마 깊숙이 전극을 삽입하여 해마의 활동을 측정하였는데, 이 연구들 역시 이전 연구들에서 보고한 ERP 효과를 관찰하였으며(Fernandez et al., 1999), 이는 관찰된 전기적 활성화의 근원지가 해마라는 것을 시사한다. 마지막으로 fMRI 연구들은 자극이 처음 제시되어 부호화하는 동안의 해마 활성화 정도가 이후 그 자극이 얼마나 잘 기억되는가를 예견한다는 것을 보고하고 있다(Brewer et al., 1998; Wagner et al., 1998). 종합하면 정보가 기억 내로 부호화하는 동안 해마 체계가 활성화하며, 이 활성화가 추후의 기억 수행을 예견한다.

다양한 장기기억 과제들에서 정보의 습득과 부호화 동안 강한 활성화를 보이는 또 다른 뇌 영역이 복외측 전전두피질이다(Buckner, 1996; Buckner, Koutstaal, schacter, Wagner, & Rosen, 1998). 해마 체계처럼 부호화되는 정보의 특성에 따라 전전두엽의 편재화된 활성화가 관찰된다(Poldrack & Gabrieli, 1998; Wagner et al., 1998). 예를 들어 피검자들에게 항목을 기억하게 할 경우 만약 항목이 언어적으로 부호화되면(단어) 좌반구 전전두엽의 증가된 활성화가 관찰되는 반면, 항목이 공간적으로 부호화되면(얼굴) 우반구 전전두엽이 좌반구 전전두엽에 비하여 더 활성화한다. 만약 정보가 언어와 공간적으로 부호화되면, 좌우반구 전전두엽 모두가 활성화한다(Kelley et al., 1998). 복외측 전전두엽의 활성화는 피검자가 정보를 의도적으로 부호화하거나(**의도적 부호화**) 수동적으로 부호화(**우연적 부호화**)하든지 간에 어느 경우에도 관찰된다(Buckner, Wheeler, & Sheridan, 2001). 해마 체계처럼 전전두엽의 활성화는 추후의 기억 수행을 예견한다. 추후에 기억되는 항목들은 기억되지 않는 항목들에 비하여 부호화 당시 더 증가된 전전두엽의 활성화를 초래한다. 더욱이 신경영상 연구들은 추후기억효과를 예견하는 영역이 복외측 전전두 영역의 후측 부위(BA 44)라고 보고하고 있다.

최근 연구는 작업기억에 중요한 역할을 하는 배외측 전전두피질이 부호화 과정에도 중요하다고 보고하고 있다. 이 영역은 다양한 단편적 정보를 동시에 결합하여 부호화하여 이 정보들이 장기기억 내에 더 잘 결합되고 연합되는 것을 돕는 것으로 알려져 있다(전전두 영역의 부호화에서의 역할에 관한 개관은 Blumenfeld & Ranganath, 2007 참조).

이러한 결과는 해마 체계와 복외측 전전두엽 회로가 부호화 당시에 상호작용하여 기억을 성공적으로 형성하게 한다는 것을 시사한다. 앞 절에서 살펴본 바와 같이 전전두엽이 기억 전략에 중요한 역할을 한다는 것을 고려하면 우리는 부호화 과정에서의 전전두엽의 역할이 무엇인가를 추측할 수 있다. 전전두엽은 부적절한 정보를 억제하고 적절한 정보를 부호화하는 과정을 조직화함으로써 추후에 정보가 손쉽게 인출되게 한다. 흥미로운 점은 최근에 처리된 정보에 대해서는 전전두엽의 활성화가 감소한다는 것인데(Buckner et al., 1998, 2001), 이는 이미 정보의 부호화가 이루어졌기 때문에 더 이상 전전두엽의 관여가 필요하지 않다는 것을 의미한다. 더욱이 전전두엽과 해마가 가지는 부호화에서의 역할이 서로 다른데, 이는 해마 체계에 손상을 입은 결과로 심각한 기억장애를 가지고 있는 환자들에서도 복외측 전전두엽의 정상적인 활성화가 관찰되기 때문이다(Dupont et al., 2000). 이와 상반되게 해마는 동시에 일어나는 서로 다른 정보를 결합하여 하나의 특정 사건으로 만들어 이를 부호화하고 추후 인출하게 하는 데 중요한 역할을 한다.

■ 응고와 저장

적어도 일부 이론은 해마가 기억 **응고**, 즉 장기적인 파지가 가능하도록 기억이 강화되는 과정에도 중요한 역할을 한다고 제안하고 있다. 기억이 응고 과정을 거친다는 생각은 역행성 기억상실증을 가지는 환자들을 대상으로 한 연구들로부터 나왔다. 앞서 살펴본 바와 같이 뇌손상을 입은 환자는 역행성 기억상실증, 즉 손상을 입기 전 일부 기간 동안 경험한 사건을 기억하지 못한다. 이 환자들의 해마 체계가 손상을 입기 전에 정상적으로 기능한 것으로 가정하면 손상 전에 경험한 사건에 대한 기억은 정상적으로 부호화되었을 것이다. 그럼에도 불구하고 이 사건들을 회상하지 못하는 것은 손상을 입은 뇌 구조가 부호화 이후에도 기억에 관여하는 것을 시사한다.

응고 시기가 존재하는 것을 지지하는 더 강한 증거는 폐쇄성 두부손상을 입은 후 역행성 기억상실증이 나타나는 현상을 조사한 연구들로부터 제공되었다. 일반적으로 손상을 입은지 몇 시간 혹은 며칠이 지난 후보다 손상 직후에 환자들이 더 먼 과거에 경험한 것을 기억하지 못한다(● 그림 10.18). 기억 하지 못하는 것이 먼 과거에 경험한 것에서부터 가장 최근에 경험한 것으로 축소된다(Guillery-Girard et al., 2004). 예를 들어 손상을 입은 직후 환자는 손상을 입기 20분 전에 일어난 것을 기억하지 못한다. 그러나 2일 정도가 지나면 역행성 기억상실증이 손상을 입기 단지 5분 전에 일어난 것만을 기억하지 못하고 이 기억은 결코 회복되지 못한다(이 이유 때문에 환자들은 두부 손상을 초래한 사건이 경미한 것이더라도 이 사건을 기억하지 못한다).

응고 모델(consolidation model)이라고 알려져 있는 한 모델은 해마 체계가 기억 저장뿐만 아니라 기억을 응고시키는 데에도 필요하다고 주장한다. 응고 과정 동안 독립된 신피질 영역들에 있는 단편적 기억 흔적이 천천히 서로 결합하는 것을 돕는다. 이러한 방식으로 정보가 일단 결합하면 해마 체계와는 무관하게 인출될 수 있다(Squire, Stark, & Clark, 2004). 이 과정을 다음의 비유로 설명할 수 있다. 두 명의 친구들을 서로 소개시켜준다고 가정해보자. 처음에는 두 사람이 여러분과 같이 만날 것이다. 그러나 여러분이 두 사람이 서로 우정을 나눌 수 있도록 도와주면 머지 않아 여러분의 도움 없이 두 사람만이 서로 만날 수 있다. 이와 유사하게 서로 다른

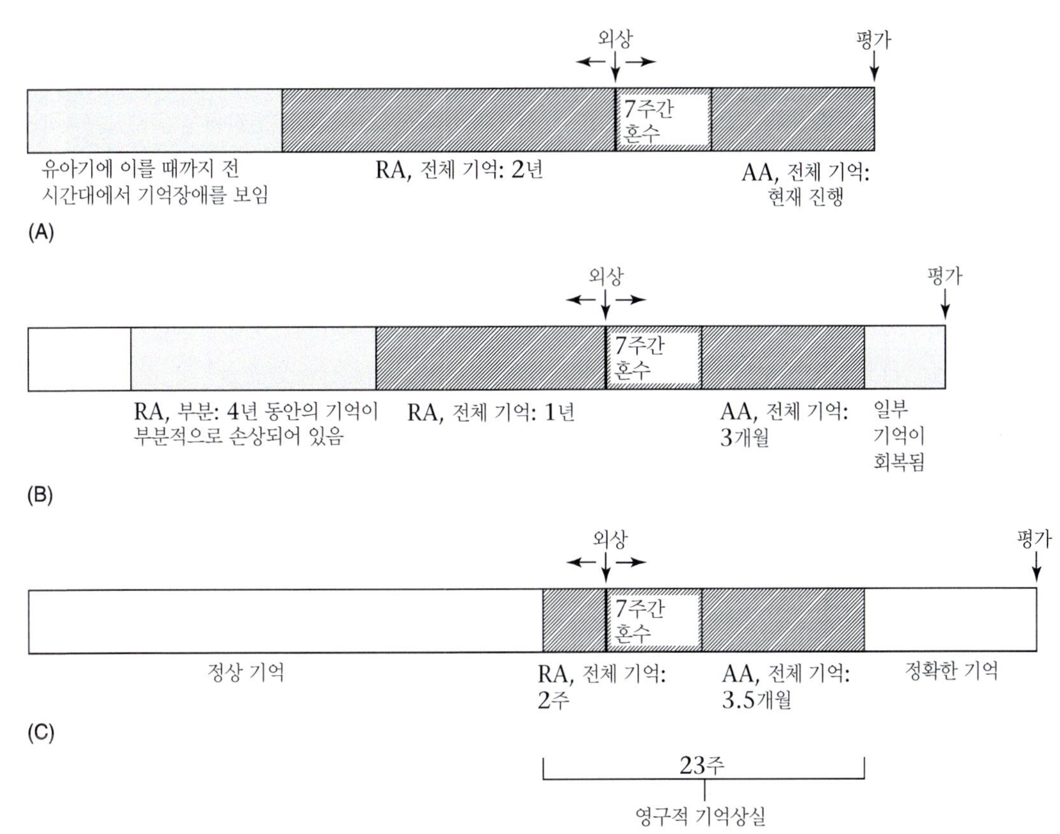

● **그림 10.18 역행성 기억상실증의 영향을 받는 시기의 감소.** 한 환자의 기억 상태를 세 번에 걸쳐 평가하였다. (A) 폐쇄성 두부손상을 입은 지 5개월, (B) 8개월, (C) 16개월 후. 두부 손상을 입은 시기는 각 시간대에서 진한 수직선으로 표시되어 있다. 기억이 손상된 시기는 사선으로 표시되어 있고 기억이 부분적으로 손상된 시기는 밝은 회색으로 표시되어 있다. 진한 수직선의 오른쪽에는 순행성 기억상실증의 영향을 받는 시기가 표시되어 있다(AA). 진한 수직선 왼쪽에는 역행성 기억상실증의 영향을 받는 시기가 표시되어 있다(RA). 세 번의 평가 시기에 걸쳐 역행성 기억상실증의 영향을 받는 시기가 수년에서 단지 몇 주로 감소되었다. © 2011 Cengage Learning

피질 영역에 저장되어 있는 서로 다른 정보들이 서로 결합될 수 있도록 해마가 얼마 동안 이를 도와주는 역할을 하는 것으로 여겨진다. 일단 정보의 결합이 일어나면 해마는 더 이상 관여하지 않는다.

이 모델은 역행성 기억상실증의 시간 기울기, 즉 먼 시기의 기억보다 최근 기억이 방해를 받는 것을 설명한다. 해마에 손상을 입을 경우 최근 기억이 충분히 응고되지 못하게 된다. 이와 상반되게 손상을 입기 오래 전의 기억은 해마 손상 전에 이미 응고되었기 때문에 해마 손상의 영향을 받지 않는다. 즉 더 이상 해마의 도움을 필요로 하지 않으며 이미 피질의 다른 영역에 저장되어 있다(Squire & Alvarez, 1995). 더욱이 이 모델에 의하면 응고 과정이 모든 외현 기억, 즉 일화/자서전적 기억 혹은 의미 기억 모두에서 일어난다고 한다.

그러나 해마 손상으로 인해 역행성 기억상실증이 심각하고 오랫동안 지속되는 것을 보고한 연구 결과는 일부 기억이 해마와 무관하지 않다라는 주장에 의문을 제시한다(Warrington & Sanders, 1971; Warrington, 1996). 더욱이 심각한 역행성 기억상실증의 영향을 가장 많이 받는 기억이 일화 혹은 자서전적 기억이다(Kinsbourne & Wood, 1975). 또 다른 모델인 **다중 흔적 이론**(multiple trace theory) (Nadel & Moscovitch, 1997; Moscovitch et al., 2005)은 해마가 경험의 서로 측면들을 부호화하고 결합하는 데 중요한 역할을 한다고 주장한다. 해마가 피질 영역에 분포되어 있는 다양한 정보에 대한 포인터를 가지 있으며 이 포인터가 일화를 인출하는 데 매우 중요하다. 이 견해에 의하면 응고 과정이 오랫동안 지속되지 않고 대신 몇 초 혹은 길어야 며칠 내에 일어난다고 한다. 따라서 해마가 얼마나 오래 전에 경험한 것인가와는 무관하게 일화 기억에 중요하다.

이 모델은 기억이 인출될 때마다 해마에 의해 매개되는 새로운 흔적이 형성된다고 주장하며 이로 인해 이 모델을 '다중 흔적' 이론이라고 부른다. 새로운 기억보다 오래된 기억은 더 강한 해마-신피질 흔적으로 남게 된다. 따라서 최근에 형성된 기억보다 오래 전에 형성된 기억은 뇌 손상의 영향을 덜 받는다. 이 모델에 의하면 자서전적 혹은 일화 흔적들이 서로 관련되어 있으면(예를 들어 Diana 황태자비가 John Travolta와 춤추는 사진을 연예 잡지에서 보거나 그녀가 BBC 방송과의 인터뷰에서 외도를 고백하는 것을 시청하는 경우) 신피질의 여러 영역들에 저장되어 있는 이 사건의 모든 흔적들 중에 공통적인 정보가 쉽게 인출된다(예를 들어 Diana 황태자비의 특성들, 즉 그녀의 목소리, 미소, 동작 등). 이 모델은 이러한 정보가 의미 지식과 서로 결합되어(예를 들어 Diana 황태자비가 Charles 황태자와 결혼하였고 그들은 불행한 결혼생활을 하였다) 더 이상 해마와는 무관한 기억이 형성된다고 한다. 다시 말하면 기억 흔적의 본질이 일화적인 것에서 보다 의미적인 것으로 변화된다는 것이다. 일화적인 것에서 의미적으로 기억 형태가 변화하는 과정이 응고 과정이라고 여겨진다고 주장한다.

이 교재에서는 서로 다른 모델의 장점에 관해서 살펴보지 않겠다(이 두 모델 각각에 관한 간략한 개관은 Squire & Bayley, 2007과 Moscovitch, Nadel, Winocur, Gilboa, & Rosenbaum, 2006 참조). 이 모델들에 관해서는 현재 활발하게 연구가 진행되고 있다. 예를 들어 기억상실증 환자들을 대상으로 한 일부 연구는 뇌 손상을 입기 전의 어느 시기에 경험되었는가와 무관하게 모든 자서전적 기억이 영향을 받는다고 보고하는데(Noulhaine et al., 2007; Steinvorth, Levine, & Corkin, 2005), 이는 다중 흔적 이론의 주장과 일치한다. 그러나 연구 결과를 메타-분석한 것에 의하면 일반적으로 손상을 입기 훨씬 전에 경험한 것이 손상 입기 직전에 경험한 것보다 덜 영향을 받는다고 한다(Brown, 2002). 이와 마찬가지로 노인을 대상으로 한 일부 신경영상 연구들은 먼 과거 기억에 비해 최근 기억에 대해 내측두엽 영역이 더 큰 활성화를 보인다고 보고하고 있으며(Haist, Bowden, Gore, & Mao, 2001), 이 결과는 응고 과정과 일치한다. 반면 일부 연구들은 오래된 기억과 최근 기억에 대한 뇌활성화의 차이를 관찰하지 못하였는데(Maguire, Henson, Mummery, & Frith, 2001), 이는 다중 흔적 이론의 주장을 지지한다.

이 연구들은 기억의 신경학적 근거에 관한 이슈가 얼마나 복잡한가를 보여준다. 기억이 우리의 일상생활에 매우 중요한 이유 중 하나는 우리가 기억을 부호화할 뿐만 아니라 인출하여 기억을 다른 경험과 관련짓기 때문이다. 다시 말하면 두 이론이 주장하는 것은 기억이 정적이지 않다는 것이다. 대신 시간이 지남에 따라 기억은 우리의 추후 경험과 획득한 새로운 기억에 의해 변화된다는 것이다.

■ 인출

해마와 전전두 영역이 부화화에서처럼 기억의 인출에 관여한다. 이에 덧붙여서 좌반구 두정 영역도 인출에 관여한다. 이 세 영역이 인출 과정에 어떤 공헌을 하는가를 차례로 살펴보기로 하자.

해마

신경영상 연구들은 다양한 인출 조건, 예를 들어 일화적, 의미적과 자서전적 정보의 회상을 요구하는 조건에서 해마 체계의 활성화가 관찰됨을 보고하고 있다(Burianova, McIntosh, & Grady, 2010; Ryan, Cox, Hayes, & Nadel, 2008). 그러나 부호화와 인출에 관여하는 해마 영역이 다소 다르다. PET와 fMRI 연구를 메타-분석한 결과에 의하면 해마의 전측 영역이 일화 기억의 인출보다는 부호화에 관여한다고 한다

(Lepage, Habib, & Tulving, 1998; Schacter & Wagner, 1999; Spaniol et al., 2009). 이러한 결과는 해마의 서로 다른 부위들이 부호화와 인출에 관여하는 것을 시사한다.

해마가 인출에 어떻게 관여하는가에 대해서는 아직 잘 이해되지 못하고 있다. 한 이론은 해마가 장기기억의 재활성화에 관여한다고 주장한다. 즉 한 사건을 구성하는 일부 요소가 추후에 경험되면 해마는 신피질의 기억 저장 부위와 상호작용하여 그 요소와 결합되어 있는 나머지 정보들도 인출되게 한다. 이러한 방법으로 해마는 한 기억 조각으로 전체를 기억하게 하는 것, 즉 **패턴 완결**(pattern completion)을 가능하게 하는 것으로 여겨진다(Halgren, 1984; Eichenbaum, 2000).

여러 연구들은 해마가 기억 인출에 관여하는 정도가 정보가 인출되는 방식에 따라 다르다는 것을 보고하고 있다. 심리학자들은 기억 인출 과정에 관한 연구를 100여 년 이상 동안 진행해 왔다. 일부 연구자들은 주어진 자극이 이전에 제시된 것인지 아닌지를 재인하는 것과 이전에 제시된 자극을 회상하는 것이 동일한 과정이지만 피검자가 자신의 수행에 대해 가지는 확신감은 재인보다 회상에서 더 크다고 주장한다(Dunn, 2004). 그러나 다른 심리학자들은 두 개의 서로 분리된 과정이 기억 인출에서 일어난다고 주장한다. 이중-처리 모델(개관은 Yonelinas, 2001 참조)이라고 불리는 이 견해에 따르면 재인은 자극 혹은 사건에 대한 구분되지 않는 기억, 즉 친밀감에 의존한다고 한다. 이와 상반되게 회상은 자극에 관한 특정한 것, 예를 들어 정보를 처음 획득한 당시의 에피소드 등을 기억하는 것이다. 기억 연구에서 실험심리학자들은 피검자에게 특정 자극을 회상하게 하거나 이전에 본 것을 '기억'하게 하는 대신 자극에 대해 이전에 본 적이 있는 것처럼 친숙함을 느끼는지 혹은 자극을 이전에 본 적이 있는 것을 '확신'하는가를 답하게 한다.

● 그림 10.19에 제시되어 있는 것처럼 전기생리적 연구들은 이 두 과정을 구분하는 신경학적 신호가 있다는 것을 보고하고 있으며 이는 이 두 과정이 실제로 분리되어 있다는 것을 시사한다. 기억에 관한 전형적인 실험의 경우 일련의 단어 목록이 피검자에게 주어진다. 이후 피검자에게 또 다른 단어 목록을 제시하여 그 목록에 있는 단어를 이전에 본 적이 있는가를 판단하게 한다. 두 번째 목록에는 이전에 제시되지 않았던 새로운 단어들이 포함되어 있다. 새로운 단어들 중 일부는 처음 목록에 있었던 단어들과 매우 다르지만 일부는 매우 유사하다(예, 'truck' 대신 'trucks'가 두 번째 단어 목록에 제시됨). 피검자들은 이 유사한 새로운 단어들을 이전에 본 적이 있다고 반응, 즉 오긍정 반응을 보인다. 자극 제시 후 600밀리초 정도에서 뇌의 후측 영역에서 가장 큰 진폭을 보이는 정적 전위가 관찰되는데, 이 전위는 피검자가 이전에 본 적이 있다고 반응하는 유사한 새로운 단어나 피검자가 이전에 본 적이 없

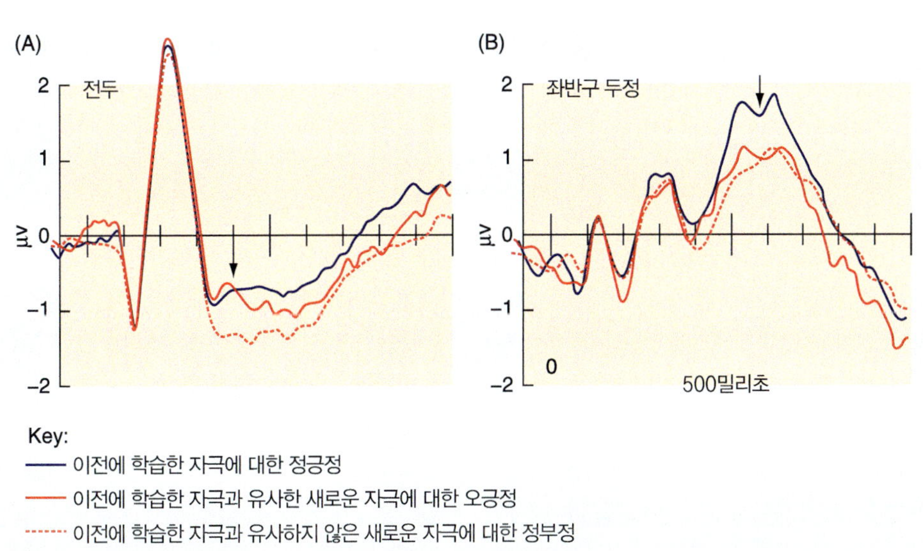

● **그림 10.19 서로 다른 기억과정을 시사하는 사건관련전위.** (A) 좌반구 전두 영역의 부적 전위는 친밀감을 시사한다. 이 부적 전위는 개인이 자극을 이전에 본 적이 있다고 반응하는 경우(이전에 제시된 자극을 본 적이 있다고 정확하게 반응하는지 혹은 이전에 제시된 적이 없는 새로운 자극을 본 적이 있다고 부정확하게 반응하는지와 상관없이)보다 새로운 자극을 이전에 본 적이 없다고 정확하게 반응하는 경우 더 큰 진폭을 보인다. (B) 이와 상반되게 좌반구 두정 영역에서 관찰되는 요소는 재인 과정의 지표이다. 이 요소는 개인이 이전에 제시된 자극과 유사한 새로운 자극을 본 적이 있다고 반응하거나 이전에 제시된 자극과 유사하지 않은 새로운 자극을 본 적이 없다고 정확하게 반응하는 경우보다 이전에 제시되었던 자극을 본 적이 있다고 정확하게 반응하는 경우에 더 큰 진폭을 보인다. 출처: Rugg, MD and Curran, T, "Event-related potential and recognition memory," Trends in Cognitive Sciences, 11, Figure 2, page 253 (2007).

다고 정확하게 반응하는 유사하지 않은 새로운 단어보다 이전에 제시되었던 단어를 본 적이 있다고 정확하게 반응하는 경우에 더 큰 진폭을 보인다. 이 정적 전위가 피검자가 이전에 본 적이 있다고 보고하는지와 상관없이 이전에 제시된 단어와 제시되지 않은 단어를 정확하게 구분하는 것에 주목하자! 두정엽에서 관찰되는 이 정적 전위가 개인이 실제로 자극을 기억하는 과정을 반영한다. 이와 상반되게 자극 제시 후 400밀리초 정도에서 주로 전두 영역에서 관찰되는 부적 전위는 피검자가 이전에 본 적이 있다고 반응하는 경우(이전에 제시된 자극을 본 적이 있다고 정확하게 반응하든지 혹은 이전에 제시된 적이 없는 새로운 단어를 본 적이 있다고 부정확하게 반응하는지와 상관없이)보다 새로운 단어를 본 적이 없다고 정확하게 반응하는 경우에 더 큰 진폭을 보인다(그림 10.19)(Curran, 2000, ERP가 재인 기억에 관해 어떤 정보를 제공하는가에 관한 논의는 Rugg & Curran, 2007 참조). 신경영상 연구들과 제한된 뇌 영역에 손상을 가진 환자들을 대상으로 한 연구들도 재인 기억의 친밀감과 회상에 각각 서로 다른 신경 체계가 관여한다고 보고하고 있다(Skinner & Fernandes, 2007).

내측두엽에 손상을 입은 환자들을 대상으로 한 연구와 신경영상 연구는 해마와 중앙 간뇌 구조(유두체, 전시상핵)가 공간과 시간 맥락 속에서 한 사건과 자극을 기억하는 데 관여한다고 한다. 이와 상반되게 비내피질과 배내측핵의 연결은 친밀감과 관련된 인출 과정에 관여한다(개관은 Eichenbaum, Yonelinas, & Ranganath, 2007; Squire, Wixted, & Clark, 2007 참조).

전전두피질 영역들도 기억 인출 동안 활성화하는 것이 일관되게 관찰된다. 다수의 연구들은 회상기억 검사처럼 기억 수행에 도움이 되는 단서가 거의 없을 경우 전전두엽에 손상을 입은 환자들이 심각한 기억장애를 보이는 것을 보고하였다(Gershberg & Shimamura, 1995; Wheeler, Stuss, & Tulving, 1995). 전전두엽에 손상을 입은 환자들이 거짓 기억(false memories)을 포함하여 **작화증**(confabulation)을 보이는 것으로 미루어 전전두엽이 기억 인출을 조직화하고 모니터링하는 데 관여하는 것으로 여겨진다(Moscovitch, 1995). 이에 덧붙여서 이 환자들은 재인 기억 과제에서 지나치게 많은 오긍정 반응을 보이는 경향이 있는데, 즉 이전에 본 적이 없는 항목을 보았다고 답하는 경향이 있다(Schacter, Curran, Galluccio, Milberg, & Bates, 1996).

전전두피질

전전두피질(prefrontal cortex, PFC) 영역들이 기억 인출 동안 활성화한다. 후측 PFC의 활성화는 인출되는 정보가 언어적 혹은 비언어적인가에 따라 편재화를 보인다(McDermott, Buckner, Peterson, Kelley, & Sanders, 1999; Wagner et al., 1998). 이 편재화 효과는 부호화 동안에 관찰되는 편재화와 유사하다. 예를 들어 좌반구 후측 PFC는 단어 생성, 단어 분류와 단어 기억 등을 포함하는 언어 과제에서 활성화를 보인다.

흥미롭게도 후측 PFC가 인출 성공보다는 인출 시도와 더 관련되어 있는 것으로 여겨진다(Buckner et al., 1998; Konishi, Wheeler, Donaldson, & Buckner, 2000; Buckner, Wheeler, & Sheridan, 2001). 다시 말하면 이 영역에서 관찰되는 활성화의 정도가 인출을 시도할 때 얼마나 많은 노력이 필요한가에 달려 있다는 것이다. 정보의 부호화가 잘 이루어져서 인출이 덜 어려운 경우에 비하여 부호화가 잘 이루어지지 않아 인출이 어려운 경우에 더 많은 후측 전전두엽의 활성화가 관찰된다. 더욱이 활성화의 정도는 정보가 성공적으로 기억되는지 혹은 기억되지 못하는지와 무관하다.

9장에서 살펴본 바와 같이 복외측 전전두피질의 전측과 후측이 의미 인출에서 각각 서로 다른 역할을 한다. 한 모델에 의하면 좌반구 복외측 전전두피질의 전측이 의미적으로 관련이 있는 단어(예, 여러분의 친구를 기술하기 위해 '친절한', '배려하는', '이기적이지 않는', '온화한'과 '사려깊은' 등의 단어)를 확인하고 인출하기 위해 장기 의미 기억을 탐색하는 것에 관여한다고 한다. 단어들을 확인하면 복외측 전전두피질의 후측 영역들이 이 단어들 중에서 현재 상황에 가장 적합한 단어를 선택하는 데 관여한다(Badre & Wagner, 2007; Badre, Poldrack, Pare-Blagoev, Insler, & Wagner, 2005).

두 대뇌반구가 인출에 각각 다른 역할을 한다. 예를 들어 일화 기억의 인출에 관한 한 모델은 좌반구 전전두 영역이 인출되는 자극의 생산 혹은 생성에 관여하는 한편 우반구 전전두 영역은 정보가 기억 내에 저장되어 있는가를 모니터하는 데 관여한다고 제안한다. 이 모델을 지지하는 증거는 재인보다 회상 과제에서 좌반구 전전두엽의 활성화가 더 증가하는 한편 회상보다 재인 과제에서 우반구 전전두엽의 활성화가 증가하는 것이다(Cabeza, Locantore, & Anderson, 2003).

전전두피질의 특정 영역이 재인 기억에 관여한다는 것은 신경심리 연구에서도 관찰되는데, 즉 이 연구들은 전전두엽에 손상을 입은 환자들에서 회상 장애는 관찰되지만 재인 장애는 관찰되지 않는다는 것을 보고하고 있다. 종합하면 전전두엽의 여러 영역들이 기억의 전략과 집행 측면에 관여하는 것으로 여겨진다. 부호화와 인출 과정 동안의 조직화, 선택, 모니터링과 평가에 관여하는 것으로 여겨진다.

좌반구 두정피질

비록 두정 영역에 손상을 입어도 심각한 기억 결함이 초래되지 않지만 두정 영역도 전전두피질처럼 인출에 관여한다. 자서전적 기억에 관한 정보를 회상하게 할 경우 정상인들에 비해 양반구 두정엽에 손상을 입은 환자들은 덜 자세하게 혹은 덜 생생하게 정보를 보고한다. 그러나 환자들의 생활에 관해 구체적인 질문을 하면 이에 대해 아무런 어려움 없이 답을 하는데, 이는 이들의 기본적인 기억 과정이 유지되고 있음을 시사한다(Berryhill, Phuong, Picasso, Cabeza, & Olson, 2007).

최근의 신경영상 연구에 의하면 좌반구 두정피질이 기억 내용(즉 언어, 비언어)이나 기억 유형(즉 청각, 시각)과는 무관하게 기억 인출에 일반적인 역할을 한다고 한다(Vilberg & Rugg, 2008). 재인 기억에 관한 fMRI 연구는 학습목록에 제시되지 않았던 항목을 제시되지 않았다고 정확하게 반응하는 경우에 비해 학습 목록에 제시되었던 항목을 제시되었다고 정확하게 기억하는 경우 좌반구 두정엽이 더 활성화되는 것을 관찰하였는데, 이 활성화는 자극의 특성과는 무관하게 관찰되었다(Henson, Rugg, Shallice, Josephs, & Dolan, 1999; Konishi et al., 2000; Sanders, Wheeler, & Buckner, 2000). 이 결과는 fMRI와 ERP를 사용한 연구의 결과와도 일치하는데, 즉 이 연구들에서 제시되지 않았던 항목보다 제시되었던 항목에 대해 좌반구 두정엽에서 두드러진 ERP 효과가 관찰되었는데(Curran, 2000), 이는 두정피질의 활성화를 반영한다(Vilberg & Rugg, 2009).

좌반구 두정엽의 인출에서의 역할을 설명하고자 하는 다양한 모델(개관은 Wagner, Shannon, Kahn, & Buckner, 2005; Cabeza, Ciaramelli, Olson, & Moscovitch, 2008, 참조)들이 제안되었지만 현재로는 좌반구 두정엽의 역할이 잘 알려져 있지 않다. 일부 모델은 두정 영역이 내적으로 생성된 정보에 주의를 향하게 하고 주의를 유지하는 데 관여한다고 주장하는 한편 일부 모델은 기억의 강도에 근거하여 서로 다른 뇌 영역들로부터의 정보를 통합하는 데 관여한다고 주장한다. 이 두 모델 모두 두정피질의 기억에서의 기능과 다른 기능이 중복되는 것을 주장한다. 예를 들어 두정피질은 주의와 서로 다른 감각 유형의 정보의 통합에 중요한 역할을 한다. 그러나 이 모델들은 이러한 두정엽의 기능이 외부로부터 들어 오는 자극보다 내적 표상, 즉 이미 저장되어 있는 정보에 대해 일어난다고 주장한다.

작업기억

지금까지 정보가 어떻게 부호화되고 저장되며 또 장기적인 저장으로부터 어떻게 정보가 인출되는가를 살펴보았다. 이 절에서는 단기기억, 즉 작업기억에 초점을 맞추어 살펴보기로 하자. 앞서 H.M.에 관해 살펴볼 때 언급되었지만 **작업기억**은 정보를 적극적으로 처리하는 동안 제한된 양의 정보를 짧은 시간 파지하는 능력을 의미한다. 선택적으로 작업기억의 결함만을 가지는 환자를 대상으로 한 연구들과 신경영상 기법과 같은 다른 연구 기법을 사용한 연구들의 결과를 살펴보기로 하자.

■ 환자를 대상으로 한 연구 결과

이미 살펴보았듯이 해마 체계에 손상을 입으면 장기기억의 장애는 초래되지만 작업기억은 유지된다. 이와 반대로 작업기억의 장애, 즉 정보를 처리하는 동안 그 정보를 일시적으로 파지하는 능력에 선택적인 장애를 보이는 환자들이 있다(Shallice & Warrington, 1979; Vallar & Baddeley, 1984). 이 환자들은 작업기억이 매우 손상되어 즉각적으로 회상할 수 있는 항목이 두 개 정도밖에 되지 못한다. 최초로 연구된 환자가 K.F.로 알려져 있는 환자인데, 이 환자는 좌반구 측두두정 영역에 병변을 가지고 있었으며 아주 적은 수의 단어나 숫자조차 작업기억 속에 파지할 수 없었다(Shallice & Warrington, 1970). 이러한 장애를 가지고 있음에도 불구하고 그는 단어 목록, 쌍연합, 이야기의 내용 등에 관한 장기기억은 유지하였다.

작업기억에 장애를 가지고 있음에도 불구하고 장기기억을 유지할 수 있다는 사실은 매우 놀라운 일이다. 기억에 관한 초기 이론들은 작업기억과 장기기억이 정보를 완전히 순차적인 방식으로 처리한다고 제안하였다. 즉 정보가 먼저 단기기억에 저장된 후에 장기기억으로 간다고 제안하였다. 그러나 작업기억의 장애와 장기기억의 장애가 해리된다는 것을 보여주는 신경심리 연구 결과는 작업기억과 장기기억이 병렬적으로 처리된다는 것을 시사한다. 작업기억 체계는 정보를 온라인으로 처리를 위해 정보를 적극적으로 파지하는 한편 장기기억은 미래의 사용을 위해 정보를 영구적으로 저장한다.

작업기억의 장애는 개인의 정보 처리 체계와 매우 밀접하게 관련되어 있으며, 또한 매우 제한된 영역의 정보 처리 체계에서 작업기억의 장애가 일어난다. 따라서 작업기억의 장애를 가장 잘 보여 주는 사례들, 예를 들어 K.F. 등은 **청각-언어 작업기억**(auditory-verbal working memory) 혹은 음운 저장(phonological store)에서만 장애를 보인다. 이 장애는 큰 소리로 복창하는 것의 어려움 혹은 숫자 따라 외우기 과제에서 요구되는 것처럼 방금 제시된 언어 자극을 즉각적으로 회상하는 것의 어려움이 특징이다. 이러한 어려움을 가지고 있음에도 작업기억의 장애를 가진 환자들은 제시된 언어 자극의 내용을 파지하거나 회상할 수 있으며 심지어 단어 목록을 학습할 수도 있다. 중요한 점은 이들이 다른 처리 영역, 즉 공간 처리 혹은 수리적 조작 과정에서는 작업기억의 장애를 보이지 않는다는 것이다.

일부 연구들은 언어 작업기억의 장애가 특정 정보 처리 체계에서만 관찰된다는 것을 보고하였는데, 즉 언어 작업기억의 장애가 언어 이해 혹은 산출에만 선택적으로 영향을 미친다는

IN FOCUS: 수면이 기억에 도움이 되는가?

"내가 생각해 보겠다(I think I'll sleep on it)"와 같은 말을 들은 적이 있을 것이다. 수면이 기억에 도움이 된다는 생각은 아주 오래 전부터 존재하였다. AD 1세기 무렵 로마의 수사학자인 Quintilian이 다음과 같이 말하였다. "되풀이하지 않은 것이 다음 날에 쉽게 통합된다. 그리고 일반적으로 망각된다고 여기는 순간 기억이 더 강해진다." 그러나 이러한 생각이 과연 사실일까?

최근 과학자들이 실제로 수면이 기억 향상에 도움이 되는가를 연구하기 시작하였다. 동물과 인간을 대상으로 한 많은 연구들의 결과는 수면을 충분히 취하는 것이 기억에 도움이 된다는 것을 보여준다(개관은 Stickgold, 2005; Marshall & Born, 2007 참조).

연구들은 외현/서술기억과 암묵/절차기억 모두 수면의 도움을 받는다고 보고하고 있다. 깨어 있는 것에 비해 수면을 취한 후 수행이 향상되는 것이 거울추적검사(Plihal & Born, 1997), 운동 순서 과제(Fischer, Hallschmid, Elsner, & Born, 2002)와 단어-어간 점화 등과 같은 절차 과제들에서 관찰된다. 해마에 의존하는 연합 기억과제의 수행도 수면 후 향상된다(Gais, Lucas, & Born, 2006; Talamini, Nieuwenhuis, Takashima, & Jensen, 2008).

실제 수면 연구자들은 서술 기억과 절차 기억이 서로 다른 신경계에 의존하는 것을 보여주는 정보를 제공하고 있다. 인간의 수면 주기는 전형적으로 90분 정도이며 두 유형의 뉴런 활성화로 구분된다. 주기의 첫 번째 절반은 *서파 수면*이 특징인데, 이는 뉴런 활성화가 4 Hz(*델타 활성화*라고도 불린다. 3장 참조) 이하로 일어나기 때문이다. 주기의 두 번째 단계가 램(REM; *급속안구운동*) 수면으로 알려져 있는데, 이 단계는 더 빠른 데타파(4~8 Hz)의 활성화가 특징이다. 비램수면은 서술 기억에 도움이 되는 한편 램수면은 절차 기억에 도움이 되는 것으로 알려져 있다. 따라서 짧게 낮잠을 자는 것이 램수면 단계에 이를 만큼 시간적으로 충분하지 않기 때문에 낮잠은 쌍연합의 기억에는 도움이 되지만 거울추적과제의 수행에는 도움이 되지 않는다(Tucker et al., 2006).

그러면 수면이 어떤 기제를 통하여 기억에 도움이 되는가? 현재로는 연구자들 사이에 일치된 견해가 없지만 몇 가지 가능한 기제가 고려되고 있다(개관은 Axmacher, Draguhn, Elger, & Fell, 2009; Ellenbogen, Payne, & Stickgold, 2006 참조). 흥미를 끄는 한 기제가 수면이 응고 과정을 돕는다는 것인데, 즉 응고가 오래된 기억이 새로운 정보에 의해 간섭을 받는 것을 막아준다는 것이다. 이 견해를 지지하는 증거는 4집단의 연구참여자들에게 단서-목표단어 쌍(예, 이불-마음)을 학습하게 한 한 연구로부터 제공되었다. 연구참여자들에게 단서를 제시하고 단서와 쌍을 이루는 목표단어를 회상하게 하였다. 처음의 두 집단에게는 단지 회상 과제만을 실시하였는데, 즉 한 집단은 12시간 깨어있게 한 후 회상을 하게 하였으며 나머지 집단은 12시간 수면을 취하게 한 후 회상 과제를 수행하게 하였다. 수면 후 검사를 받은 사람들이 깨어 있던 사람들에 비해 회상을 더 잘 하였다(94% 대 82%). 다른 두 집단에게는 원래 학습하였던 단서-목표단어 쌍에 관한 검사를 실시하기 12분 전에 동일한 단서와 새로운 목표단어 쌍(예, 이불-고무)을 학습하게

것이다(Caramazza, Miceli, Silveri, & Laudanna, 1985). 이들은 **입력음운완충기**(input phonological buffer)는 청자가 들은 정보를 분석하는 동안 청각언어 정보를 온라인으로 파지하는 한편, **출력음운완충기**(output phonological buffer)는 화자가 자신이 하고자 하는 말을 준비하는 동안 음운부호를 온라인으로 파지한다고 제안한다. 일부 환자들은 **시각-언어 작업기억**(visual-verbal working memory)의 장애를 가지고 있으며, 이로 말미암아 읽기 동안 시각-언어 정보를 온라인으로 파지하는 것의 어려움을 보인다. 이 외에도 Baddeley (1986)가 제안한 **시공간 잡기장**(visuospatial scratch pad)의 장애로 말미암아 작업기억의 장애가 초래되는데, 즉 자극세트에 관한 지각적 분석을 수행하는 동안 비언어적 시각정보를 일시적으로 파지하지 못한다. 언급한 각각의 작업기억의 장애는 특정 처리 영역에 국한되어 나타나고, 다른 처리 영역과 관련된 작업기억은 유지된다. 이러한 양상은 다양한 작업기억 능력이 존재하며, 각각의 작업기억의 능력이 뇌의 특정 정보 처리 체계와 밀접하게 관련되어 있다는 것을 시사한다.

동물을 대상으로 한 연구 결과

동물을 대상으로 한 병변 연구들과 전기생리적 연구들은 배외측 전전두엽(dorsolateral prefrontal cortex, DLPFC)이 작업기억에 매우 중요한 역할을 한다는 것을 보여 준다. 전두엽의 단기기억에서의 역할은 1935년부터 알려지게 되었는데, 이 당시 Fulton이 개를 대상으로 공간 지연 반응 과제를 처음으로 수행하였다. 이 과제의 각 시행에서 실험자는 동물이 지켜보는 동안 여러 개의 먹이통 중 하나에 먹이를 넣은 후 먹이통의 뚜껑을 닫았다. 일정 시간이 지난 다음 동물로 하여금 여러 개의 먹이통 중에서 먹이가 담긴 통을 찾아 먹이를 먹게 하였다(● 그림 10.20). 동물이 전두엽에 손상을 입은 후에는 지연 시간이 1초 정도로 매우 짧아도 이 과제를 수행하지 못하였다. 여러 다른 연구자들에 의해 실시된 후속 연구들은 전두엽의 광범위한 병변보다는 배외측 전전두엽의 제한된 병변이 이 과제의 수행을 어렵게 한다는 것을 보여 주었다(Goldman-Rakic, 1988).

배외측 전전두엽이 작업기억에 매우 중요한 역할을 한다는 것이 Goldman-Rakic과 동료들이 원숭이를 대상으로 실

하였다. 전형적으로 동일한 단서에 대해 다른 목표단어를 짝지어 학습하는 경우 처음 학습하였던 목표단어를 회상하는 것이 방해를 받는다. 이 연구에서 흥미를 끄는 결과는 이러한 효과가 12시간 동안 수면을 취하였던 집단보다(76%) 12시간 동안 깨어 있었던 집단에서(32%)에서 매우 증가하였다는 것이다. 이 결과는 수면이 일화 기억의 응고를 용이하게 하고 이로 인하여 추후 학습에 의한 간섭을 덜 받게 한다는 것이다(Ellenbogen, Hulbert, Stickgold, Dingers, & Thompson-Schill, 2006).

기억응고를 돕는 한 신경계의 과정이 학습 후 기간 동안 이미 저장되어 있는 기억을 재활성화하는 것이다. 이러한 재활성화가 학습 후 취하는 수면 동안 일어나는 해마, 신피질과 전전두피질의 활성화와 관련되어 있다는 흥미로운 연구결과가 있다. 예를 들어 일부 연구자들은 동물이 주위 환경의 공간 가장자리를 탐색하는 동안 활성화된 해마 뉴런들이 탐색 후 서파 수면 동안 더 증가된 발화율을 보이는 것을 관찰하였다(Pavlides & winson, 1989). 또 다른 연구자들(Wilson & McNaughton, 1994; Skaggs & McNaughton, 1996)은 동물이 환경 내의 특정 위치를 탐색할 때 동시에 높은 활성화를 보이는 일련의 해마 뉴런들이 탐색 후 수면을 취하는 동안에도 동시에 활성화하는 것을 보고하였다. 더욱이 미로 학습 동안 해마와 시각피질의 여러 세포들의 활성화를 기록한 결과는 이 두 영역들이 프레임으로 조직화되는 동기화된 스파이크 패턴을 보이거나 뉴런 집단의 활성화가 서서히 증가하는 것을 보여준다. 이러한 프레임은 특정 일화 혹은 경험을 표상한다. 주목할 점은 이러한 세포집단의 발화 순서가 수면 동안에도 되풀이 되어 나타난다는 것인데 이는 특정 사건이 수면동안 재기억되고 있을 가능성을 시사한다(Ji & Wilson, 2007).

인간을 대상으로 한 훌륭한 한 연구는 수면이 해마와 신피질의 활성화 협응에 영향을 미친다는 견해를 지지한다. 연구참여자들은 "주의집중"이라는 아동용 게임을 하였다. 이 게임에서 유사하게 색칠된 카드 매트릭스(6X5)가 사용되었다, 각 카드의 반대면에는 도형이 제시되어 있다. 이 게임에서 참여자는 쌍으로 자극들을 뒤집어 카드와 매칭하는 도형이 어디에 있는가를 학습하였다. 다시 말하면 연합 기억 과제를 수행하였다. 참여자들은 이틀 동안 게임을 하였고, 이틀 모두 게임을 하는 동안 장미향기가 제시되었다. 그런 후 게임을 한 밤에 연구자들이 참여자들이 서파 수면에 빠질 때까지 기다렸다. 한 밤에 연구자들이 장미향기를 제시하였고 다른 밤에는 비활성화 물질을 제시하였다. 다음날 아침 연구자들에게 전날 학습한 특정 쌍의 위치에 관한 기억 검사를 실시하였다. 전날 밤에 장미향기가 제시된 경우의 수행은 97%이었지만 비활성화 물질이 제시된 경우의 수행은 단지 86%이었다. 이 결과는 해마가 부분적인 정보에 근거하여 기억을 재구성하여 패턴 완결을 가능하게 하고 이러한 과정이 수면 동안 일어난다는 주장과 일치한다.

이러한 연구들이 시사하는 것이 무엇인가? 연구들은 만약 여러분이 이 교재에서 학습하고 있는 뇌에 관한 정보들을 기억하기를 원한다면 충분히 수면을 취해야만 한다는 것과 아마도 수업 후 낮잠을 자는 것이 나쁜 것이 아니라는 것을 분명하게 밝히고 있다. 실제로 과학자들은 특정 비즈니스 장면에서 근무시간 동안 잠을 자는 것이 시간낭비라는 여기는 것을 재고할 필요가 있다고 제안하고 있다(Stickgold, 2009).

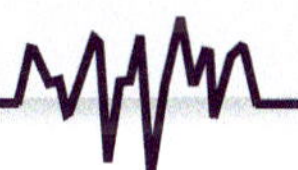

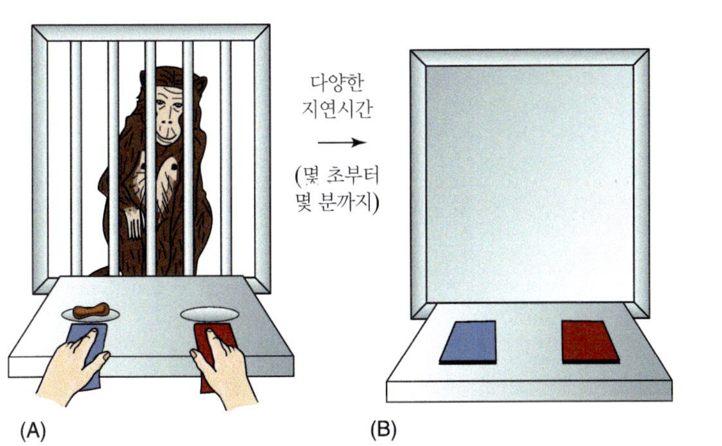

● **그림 10.20 작업기억에서의 배외측 전전두 영역의 역할을 보여주는 원숭이 대상 지연 반응 방안.** (A) 단서 시기 동안 원숭이는 실험자가 두 개의 먹이통 중 하나에 먹이를 놓는 것을 관찰한다. (B) 이후 스크린을 내려 원숭이가 먹이통을 보지 못하게 한다. (C) 1~10초 정도의 지연 후 스크린을 올리고 원숭이에게 두 개의 먹이통 중 하나를 선택하게 한다. 만약 정확하게 먹이가 들어있는 먹이통을 선택하면 원숭이는 먹이를 얻을 수 있다(반응 단계). 배외측 전전두엽에 손상을 입은 원숭이는 지연시간이 1초 이상이면 이 과제를 수행하지 못한다. © 2011 Cengage Learning

시한 지연 반응 과제에서 잘 드러났는데, 이 과제에서는 시운동을 사용하였다(Funahashi, Bruce, & Goldman-Rakic, 1993; Goldman-Rakic, 1995). 이 과제는 원숭이로 하여금 제시되는 중앙점에 눈을 고정하게 한다. 원숭이가 중앙점에 눈을 고정하고 있는 동안 8개의 가능한 목표 위치 중 하나에 불이 짧게 제시된다. 이후 아주 짧은 시간 동안의 지연이 있는데, 이 시기 동안에도 원숭이는 중앙점에 눈을 고정하고 있어야 한다. 고정점의 불이 꺼지면 원숭이는 보상을 얻기 위해 목표 자극이 제시되었던 위치로 눈을 돌려야 한다. 이 시기 동안에는 목표 자극의 위치에 관한 어떤 단서도 주어지지 않는다. 대신 원숭이의 반응은 지연 시기 동안 파지된 작업기억에 의해 이루어져야 한다(● 그림 10.21A).

배외측 전전두엽의 병변은 이 과제의 수행을 저하시킨다. 원숭이들은 기억에 의존하여 목표 자극이 제시되었던 위치로 자신의 눈을 정확하게 움직이지 못한다. 지연이 길어질수록 수행의 저하는 더 두드러진다. 이와 반대로 단서로 시각 정보가 주어질 경우 정상적으로 과제를 수행하는데, 이는 원숭이가 보이는 장애가 기억의 장애 때문에 초래되고 눈 운동의 장애 때문에 초래되는 것이 아니라는 것을 시사한다.

이 영역에 위치하는 뉴런들은 지연 기간 동안, 즉 원숭이가 목표 자극의 위치를 파지하고 있는 동안에도 발화한다. 이 뉴런들의 발화는 지연 시간이 몇 초 혹은 수십 초이든지 간에 지연 시간 동안 지속된다(● 그림 10.21B). 더욱이 이 뉴런들의 발화 양상은 동물의 행동과 관련되어 있다. 즉 동물이 목표의 위치를 정확하게 기억하고 있는 시행들의 지연 시간 동안에만 발화하고 위치를 정확하게 기억하지 못하는, 즉 오류를 보인 시행들의 지연 시간 동안에는 발화하지 않는다. 이 결과는 배외측 전전두피질이 지연 기간 동안 정보를 파지하고, 따라서 이 영역이 작업기억에서 정보를 저장하는 부위라는 것을 시사한다(개관은 Funahashi, 2006 참조).

원숭이를 대상으로 하여 단일세포의 활동을 기록한 연구들은 정보를 온라인으로 파지하는데 관여하는 배외측 전전두엽의 영역이 파지하는 정보의 특성에 따라 다르다는 것을 보고하고 있다. 위치, 대상 혹은 운동 반응에 관한 정보를 지연 시간 동안 파지해야 할 경우 배외측 전전두엽의 서로 다른 영역에 위치하는 세포들이 발화한다. 더욱이 전전두엽의 여러 영역들에 손상을 입을 경우 원숭이들은 서로 다른 유형의 지연 반응 과제(예, 공간 위치, 대상, 운동)에서 수행 저하를 보인다. 작업기억에 관여하는 전전두엽의 각 하위 영역들은 다른 뇌 영역들로부터 중복되지 않은 독립된 정보를 받는다. 위치에 관한 정보를 파지하는 데 관여하는 배외측 전전두엽 영역은 배측 시각 경로의 일부이고 공간 처리에 관여하는 하두정회로부터 정보를 받는다(8장 참조). 대상 재인에 관한 정보를 파지하는 데 관여하는 전전두엽 영역은 7장에서 살펴본 바와 같이 하측두엽으로부터 정보를 받는데, 하측두엽은 자극의 재인에 중요한 역할을 하는 복측 시각 경로의 일부이다(Ungerleider, 1995; Goldman-Rakic, 1996). 운동 영역으로부터의 정보는 전전두엽의 또 다른 영역으로 전달된다. 따라서 특정 유형의 정보(예, 공간정보)를 처리하는 뇌 영역들은 그 정보를 온라인으로 파지하는 데 관여하는 전두엽의 영역들과 밀접하게 연결되어 있다.

■ 신경계의 손상이 없는 사람을 대상으로 한 연구 결과

최근 연구들은 동물을 대상으로 한 단일세포 연구의 결과, 즉 배외측 전전두피질이 작업기억에서 정보를 파지하는 영역이라는 것과 일치되지 않는 결과를 보고하고 있다. 만약 단일

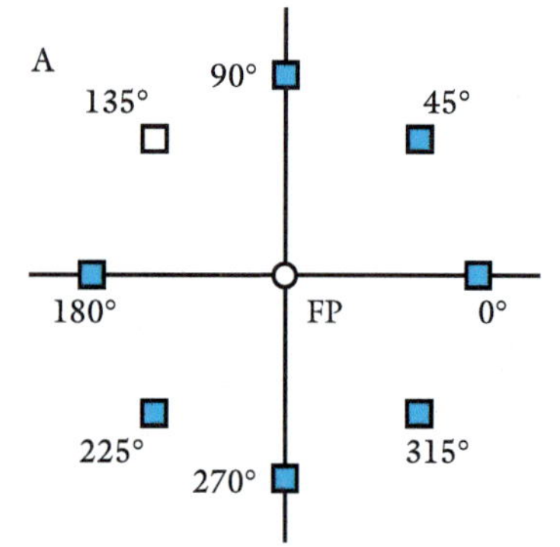

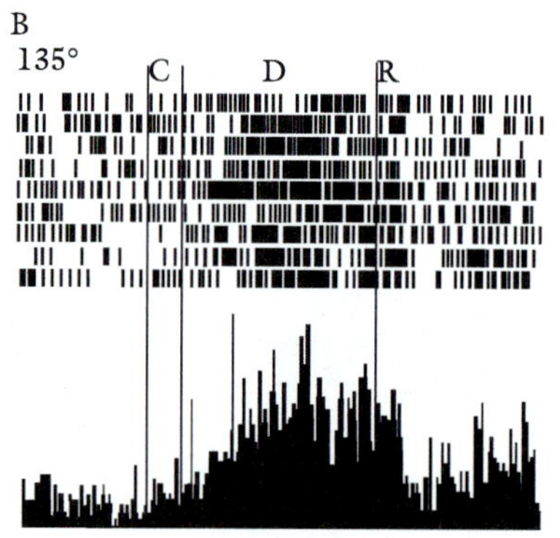

● **그림 10.21 지연 시기 동안 관찰된 원숭이의 배외측 전전두피질 뉴런의 활성화.** (A) 과제는 고정점(FP)과 8개의 가능한 단서 위치를 포함한다. 불빛이 고정점에 위치할 때마다 원숭이는 그 지점에 눈을 고정해야만 한다. 불빛이 고정점에 비추어진 3/4초 후에 단서 위치 중 하나에 불빛이 1/2초 동안 제시된다. 고정점의 불빛이 사라진지 3초 후 원숭이는 단서가 제시되었던 위치로 눈을 움직여야 한다. (B) 배외측 전전두엽(DLPFC) 뉴런의 활성화를 기록한 것이다. 지연 시기 동안(D)의 활성화가 단서 제시 동안(C)과 반응 동안 (R)의 활성화에 비해 더 증가하는 것이 관찰된다. 지연 시기 동안의 뉴런 활성화의 증가는 이 뉴런들이 작업기억에 중요한 역할을 한다는 것을 시사한다.

세포 연구들의 결과가 정확하다면 전전두엽 병변을 가진 환자들이 작업기억의 장애를 가질 것으로 추측된다. 그러나 이 환자들이 심각한 작업기억의 장애를 보이지 않는데, 즉 일련의 숫자를 회상할 수 있고 지연 기간 동안 정보를 파지할 수 있다(D'Esposito, Cooney, Gazzaley, Gibbs, & Postle, 2006; Muller & Knight, 2006). 더욱이 배외측 전전두피질(DLPFC)에 rTMS를 적용하여도 피검자들은 다음의 과제, 즉 현재 제시되는 자극이 이전에 제시되었던 자극인지를 판단하는 과제에서 수행 저하를 보이지 않는다(Sandrini, Rossini, & Miniussi, 2008). 이러한 결과는 전전두 영역이 작업기억에서 정보를 파지하는 데 중요한 역할을 하는 것이 아니라는 것을 시사하는데, 그러면 정보를 파지하는 영역이 어디인가?

좌반구 측두두정 영역의 손상으로 인하여 작업기억의 장애를 가지게 된 K.F.와 같은 환자들에서 적어도 한 가지 단서를 얻을 수 있다. 후측 뇌 영역들이 작업기억에 중요한 역할을 한다는 주장과 일치하는 결과가 신경영상 연구들이 보고하는데, 즉 이 연구들은 특정 유형의 자극을 처리하는 후측 피질 영역(예, 얼굴을 처리하는 방추상 피질)이 지연 기간 동안 활성화되는 것을 보고하고 있다(Postle, Druzgal, & D'Esposito, 2003). 따라서 만약 정보가 짧은 시간 동안 파지될 경우 이 정보를 저장하는 피질 영역이 재활성화된다. 만약 그렇다면 전전두피질은 작업기억에서 어떤 역할을 하는가?

이를 해결하기 위해 작업기억의 심리학적 모델을 다시 살펴보자. Baddeley (Baddeley & Hitch, 1974; Baddeley, 1986, 1992, 1996)를 포함한 여러 연구자들은 작업기억의 저장 혹은 파지 특성과 작업기억의 통제 혹은 집행 과정이 서로 구분되어야 한다고 강력하게 주장하였다. Baddeley의 작업기억 모델에서는 저장 과정을 매개하는 하위 체계들과 중앙집행기가 구분되는데, **중앙집행기**(central executive)는 하위 체계들을 통제하고 하위 체계들이 가지고 있는 정보를 활용하는 전략을 형성하는 기능을 가지고 있다고 한다.

작업기억이 정보 파지와 정보의 조작으로 구분되는 것이 단기기억 대신에 작업기억이라는 용어가 더 선호되는 이유 중의 하나이다. 작업기억은 단기기억의 수동적인 파지뿐만 아니라 중앙집행기에 의해 통제되는 정신적 '작업'을 포함한다. 때로는 작업기억에서 요구되는 것이 파지뿐일 경우도 있다. 예를 들어 전화번호부에서 전화번호를 읽은 다음 이를 저장하거나 전화교환원이 알려 주는 전화번호를 기억하는 것만이 요구된다. 그러나 때로 작업기억은 이보다 더 많은 것을 요구받는데, 예를 들어 우리가 근사한 저녁을 준비하거나 암산을 할 경우이다.

신경영상 연구에서 작업기억의 측정에 널리 사용되는 방안이 N-back 과제(N-back task)인데, 이 과제는 작업기억의 집행 혹은 통제기능과 파지기능 모두를 평가한다. 이 과제에서는 일련의 자극들이 한 번에 하나씩 제시되며 현재 제시되는 자극이 *N* 시행(1, 2, 3시행) 전에 제시된 자극과 일치하는지를 판단하게 한다. 예를 들어 1-back 과제에서는 현재 제시되는 자극을 전 시행에서 제시된 자극과 비교하는 것이 요구되는 한편 2-back과 3-back 과제에서는 1-back 과제보다 더 많은 조작이 요구된다. 예를 들어 2-back 과제에서 4-2-9-2-7-5-7의 순서로 숫자를 제시할 경우 피검자는 세 번째 숫자부터 반응을 하기 시작하며, 정답은 "아니오, 네, 아니오, 아니오, 네"이다. 따라서 2-back 과제의 경우 피검자가 현재 시행에서 제시되는 숫자뿐만 아니라 두 시행 전에 제시된 숫자들도 작업기억에 파지하고 있어야만 현재 제시되는 숫자를 이전 시행에서 제시된 숫자들과 비교하여 현재의 숫자가 두 시행 전에 제시된 숫자와 일치하는지를 판단할 수 있다. 각 시행 후 피검자는 작업기억의 내용을 새로운 자극으로 최신화시키고 두 시행보다 더 이전에 제시되었던 자극은 기억에서 지워야 할 필요가 있다. 따라서 이 과제는 파지, 비교, 최신화와 억제 등의 기능이 요구된다. 이러한 유형의 과제는 전전두피질을 일관되게 활성화시키고(Wager & Smith, 2003), 전전두 영역에 rTMS를 적용하면 이 과제의 수행이 저하된다(Sandrini, Rossini, & Miniussi, 2008).

이와 유사하게 피검자가 정보를 단순히 온라인으로 파지하는 것 대신 현재 어느 유형의 정보가 중요한가를 선택해야 하는 것이 요구되는 작업기억 과제에도 전전두 영역이 관여한다. 예를 들어 한 과제에서 피검자에게 스크린을 통하여 네 개의 목표 자극을 제시한 후 일정 지연 시간 다음 하나의 자극을 제시한다. 피검자의 과제는 제시된 자극이 앞서 제시된 4개의 목표 자극 중 하나인가를 판단하는 것이다. 그러나 일부 시행에서는 제시된 자극이 그 시행의 4개 목표자극 중 하나가 아니라 이전 시행의 목표 자극 중 하나이다. 이 경우 피검자는 현재 시행에 적합한 정보를 선택해야 한다. 이 과제 역시 전전두 영역을 활성화시킨다(Jonides, Smith, Marshuetz, Koeppe, & Reuter-Lorenz, 1998). 작업기억이 집행적 혹은 정보 조작적 요소를 포함하고 있다는 것을 이해하면 왜 작업기억이 전전두엽에 의존하는지를 이해하게 된다. 전전두엽은 집행기능의 다양한 측면에 중요한 역할을 하는데, 즉 행동의 계획, 조직화와 모니터에 중요한 역할을 한다. 집행기능에 관해서는 12장에서 살펴볼 것이다.

지금까지 우리는 기억에 관여하는 모든 주요 뇌 영역들을 살펴보았다. 이 영역들에는 그림 10.22에 묘사되어 있는 해마 체계(해마와 해마방 영역을 포함한), 전두엽, 좌반구 두정 피질, 편도체와 선조체가 포함된다. 이 장을 마치기 전에 뇌에 존재하는 서로 다른 기억 체계들이 어떻게 서로 관련되어 있는가를 살펴보기로 하자.

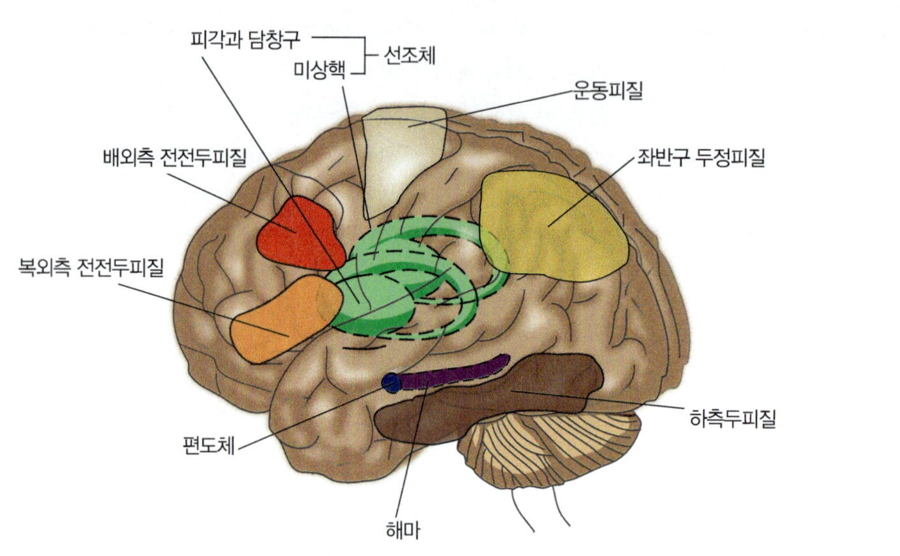

● **그림 10.22 기억과 학습에 관여하는 구조 네트워크.** 기억에 관여하는 주요 구조들이 제시되어 있다. 보라색으로 표시되어 있는 해마 체계(해마와 주위의 비내피질을 포함하여)는 서술 기억과 일화 기억에 중요한 역할을 한다. 짙은 파란색으로 표시되어 있는 편도체는 정서 기억에 중요한 역할을 한다. 초록색으로 표시되어 있는 선조체는 절차/암묵 기억에 관여한다. 빨간색으로 표시되어 있는 배외측 전전두피질 영역들은 작업기억에 관여하는 한편 오렌지색으로 표시되어 있는 복외측 전전두 영역은 부호화와 인출에 중요한 역할을 한다. 노란색의 좌반구 두정피질은 인출에 관여하는 것으로 여겨진다. 마지막으로 지각 정보에 관한 기억은 갈색으로 표시된 하측두 영역과 같은 감각피질에 의존하는 한편, 운동 기억은 황갈색으로 표시된 일차 운동피질과 같은 운동 영역에 의존한다.

기억 체계들 사이의 관련성

이 절에서는 왜 뇌에 다수의 기억 체계가 존재할 필요가 있는가와 이 기억 체계들이 어떻게 서로 상호작용하는가를 살펴보겠다.

■ 계산 모델

왜 복잡한 일련의 신경 체계가 기억에 필요한가를 이해하는 한 방법이 기억과 학습에 무엇이 요구되는가를 고려하는 것이다. 계산 모델(computational model)은 적어도 두 유형의 학습 체계가 요구된다고 가정한다. 한 체계는 통계적 학습을 통해 서로 다른 경험들을 일반화하는 데 사용된다. 모든 경험에 공통되는 통계적 특징이 수없이 추출된다. 예를 들어 수많은 경험을 통해 여러분은 차를 어디에 주차하는 것이 가장 좋은지를 학습하게 된다(예, 여러분이 좋아하는 음식점). 이러한 지식은 수많은 유사한 경험—동일하거나 유사한 공간 위치를 여러 번 방문—을 수없이 한 것으로부터 얻는다. 이러한 경험들이 많은 공통점을 가지고 중복된다. 서로 다른 많은 경험을 통해 정보가 축적되기 때문에 이 체계의 학습은 천천히, 점진적으로 일어난다.

오늘 여러분이 차를 어디에 주차하였는가를 기억하게 하는 학습 및 기억 체계에서는 앞서 언급한 체계와는 다른 것이 요구된다. 방금 언급한 체계는 이러한 정보를 기억하는데 비교적 유용하지 않다. 이 체계는 여러분이 차를 주로 어디에 주차하는가에 관한 정보만을 기억하게 한다. 오늘 여러분이 실제로 자주 주차하는 곳에 차를 주차할 수 있다. 그러나 오늘은 운 좋게 평소에 주차하던 곳보다 훨씬 가까운 곳을 발견하여 그 곳에 주차를 하거나 햇빛을 받으며 걷는 것을 즐기기 위해 평소보다 훨씬 먼 곳에 주차할 수도 있다. 이러한 정보를 저장하는 체계는 학습이 빨리 일어나게 하고(즉 오늘 어디에 주차를 하였는가에 관한 정보를 부호화할 필요가 있다), 차를 주차한 곳에 관한 일반적인 정보 보다는 모든 특정적인 정보를 부호화할 필요가 있다. 더욱이 여러분은 이 정보를 다른 정보와 중복되지 않게 기억해야 한다. 다시 말하면 어제 여러분이 주차한 곳이 아닌 오늘 주차한 곳을 기억해야 한다.

이제 여러분은 첫 번째의 점진적으로 일어나는 학습 체계가 암묵 기억과 의미 기억에 관여하는 학습 유형이라는 것을 짐작할 것이다. 이 유형의 학습은 운동 영역 혹은 시각 처리 영역과 같은 특정 신피질 영역에서 일어나는 것으로 여겨진다. 이와 상반되게 특정한 단편적 정보들을 결합하여 특정 사건을 부호화하고 저장하는 체계는 해마에서 일어나는 학습 유형이다(O'Reilly & Norman, 2002).

이 모델은 왜 서로 분리되는 학습 체계가 필요한가를 설명한다. 이 체계들의 목적과 정보를 저장하는 방법은 서로 독립적이다. 구분되고 분리된 기억 체계를 가지고 있기 때문에 우리는 특정 상황에 잘 적응할 수 있다.

■ 경험적 연구 결과

그러면 왜 두 뇌 체계가 서로 상호작용하는가? 이 두 체계가 서로 협력하여 작용하는가 혹은 서로 상반되게 작용하는가 아니면 다른 방식으로 상호작용하는가? 현재로는 이 이슈에 관한 정보가 거의 없으며, 최근에 보고된 날씨 예상 과제를 사용한 fMRI 연구가 이 이슈에 관한 단서를 제공한 것밖에 없는 실정이다(Poldrack & Grbrieli, 2001). 앞서 언급한 바와 같이 이 과제는 카드에 제시된 단서를 근거로 하여 두 날씨 중 하나(비 혹은 맑음)를 예상하는 것을 요구한다. 결과는 14개 조합 중 하나가 제시되는 각 카드들의 확률합과 관련되어 있다. 이 과제에는 해마가 관여하지 않는데 왜냐하면 기억상실증 환자들이 이 과제에서 정상적인 수행 수준을 보이기 때문이다. 그러나 이 사실이 신경계의 손상을 가지고 있지 않는 사람의 경우 이 학습에 해마가 아무런 역할을 하지 않는다는 것을 의미하지 않는다. 실제로 적어도 한 fMRI 연구는 이러한 유형의 학습 동안 선조체-의존 기억 체계와 해마-의존 기억 체계가 서로 경쟁하는 것을 보고하였다. 학습 초기 단계에서는 해마의 활성화가 관찰되지만 학습이 진행되어 가면서 활성화가 점차 감소되어 결국에는 학습 초기 단계에서 관찰되었던 활성화 수준 이하로까지 감소한다. 이와 반대로 선조체의 활성화는 시간이 지날수록 증가한다. 이러한 결과는 피검자들이 처음에는 서술기억에 더 의존하는 전략(예를 들어 특정 카드의 조합을 기억하기 위해 노력한다)을 활용한다는 것을 시사한다. 이 단계 동안에는 선조체가 크게 유용하지 않는데, 왜냐하면 이 체계의 의한 학습은 점진적으로 증가하기 때문이다. 그러나 더 많은 경험을 통해 학습이 이루어지면 선조체에 의한 자극-반응 수반성(contingency)의 학습이 일어나게 되고 피검자의 수행이 이 학습에 의존하게 된다. 마지막으로 해마 활성화가 기저선 이하로 감소하는 사실은 선조체의 활성화와 해마 체계의 활성화가 서로 상반되게 작용한다는 것을 시사한다.

또 다른 실험에서는 피검자가 전형적인 날씨 예상 과제와 날씨 예상 과제를 수정하여(**쌍연합 학습**의 형태로) 좀 더 서술기억을 강조하는 과제를 수행하는 동안 fMRI를 실시하였다. 그 결과 전형적인 날씨 예상 과제에는 선조체 영역들이 관여하는 한편 수정된 과제에는 해마 영역들이 관여하는 것이 관찰되었다. 더욱이 한 영역의 활성화가 다른 영역의 활성화와 부적 상관을 보였는데, 즉 선조체의 활성화 증가가 해마의 활성화 감소와 상관이 있었다. 선조체 회로에 의존하는 자극-반응 수반성 학습과 해마 체계에 의존하는 관계에 관한 기억 사이의 경쟁은 쥐를 대상으로 한 여러 연구들에 의해 지지를 받는다(Packard & McGaugh, 1996; White & McDonald, 1993).

일부 연구들은 두 체계의 관련성을 약물을 사용하여 보다 직접적으로 조사하였다. 약물 연구의 장점은 동일한 피검자가 약물을 복용하였을 때와 복용하지 않았을 때의 수행에서 차이가 보이는가를 조사할 수 있다는 것이다. 이 연구들은 해마를 비활성화시켜 심각한 외현기억의 장애를 초래하는 일종의 진정제인 미다졸람(midazolam)을 사용하였다(실제로 미다졸람은 가벼운 수술과 같은 침습적 의료 처치가 있기 전에 개인에게 투여되어 개인을 단지 경미한 수준으로 마취시키고 수술을 기억하지 못하게 한다). 그러나 거울읽기과제 등으로 측정한 기술 학습은 이 약물의 영향을 받지 않는다(Thomas-Anterion, Koenig, Navez, & Laurent, 1999). 미다졸람을 사용한 한 연구는 암묵/절차 기억 체계에 근거하는 과제 수행 시 미다졸람을 복용하지 않을 때보다 복용하였을 때 피검자의 수행이 더 우수하였다(Frank, O'Reilly, & Curran, 2006). 이 결과는 외현/서술 학습 체계와 암묵/절차 체계가 실제로 다소 경쟁관계에 있다는 것을 시사한다.

그러나 이 결과들이 두 체계가 완전히 상반되게 작용하는 것, 즉 한 체계의 학습이 다른 체계의 학습이 일어나지 못하게 하는 것을 시사한다고 과장 해석해서는 안 된다. 그 대신 앞서 언급한 바와 같이 각 체계가 정보를 저장하는 방법에서 서로 다르다. 이 두 체계의 상대적 활성화가 과제 요구, 학습 및 개인에 따라 달라진다. 이에 관한 예로 다음의 연구를 들어보겠다. 이 연구에서 피검자들은 한 목표물과 여러 개의 랜드마크 사이의 상대적 위치를 학습하는 것을 요구받았다(Baumann, Chan, & Mattingley, 2009). 신경영상 연구들은 정보의 부호화 동안 관찰된 우반구 해마와 해마방회의 활성화가 인출 단계에서의 정확한 반응을 예견하였는데, 이는 외현/서술 체계가 학습 초기 단계에 중요한 것을 시사한다. 그러나 인출 동안 수행이 우수한 피검자가 수행이 저조한 피검자에 비해 더 많은 선조체 활성화를 보였는데 이 결과는 학습을 잘 한 사람이 암묵/절차 전략을 더 많이 사용하여 과제를 수행하였음을 시사한다. 이와 상반되게 학습을 잘 하지 못한 사람들은 잘 한 사람들에 비해 더 많은 좌반구 해마 활성화를 보였는데 이는 이들이 덜 효과적인 언어적 전략을 사용하여 과제를 학습하였다는 것을 시사한다.

요약하면 기억은 우리가 과거에 경험한 것과 현재 경험하고 있는 것을 서로 연결하게 하는 체계이다. 따라서 기억은 정적이지 않다. 더욱이 우리는 내측두엽 영역에 의해 결합되는 에피소드처럼 특정 시간과 공간에 관한 기억과 전형적으로 기술 학습의 통계적 학습처럼 과거와 현재를 결합하는 기억도 필요하다. 이에 덧붙여서 우리는 의미 기억처럼 맥락과 무관하여 다양한 상황에서도 접근 가능한 기억도 필요하다. 이러한 요구를 모두 만족시키기 위해 뇌에 서로 다른 체계가 존재한다.

요약

기억이란 무엇인가

- 기억은 경험이 우리를 형성하고 뇌와 행동을 변화시키는 일련의 기제와 과정들을 의미한다.

기억상실증: 장기기억의 장애

- 기억상실증은 해마 영역이나 시상의 배내측 핵과 시상하부의 유두체를 포함한 중앙 간뇌 구조들에 손상을 입은 후 발병한다.
- 순행성 기억상실증은 새로운 학습의 장애를 의미하는데, 즉 기억상실증의 발병 이후에 습득한 정보에 관한 장애를 의미한다.
- 역행성 기억상실증은 기억상실증의 발병 **이전**에 정상적으로 습득한 정보에 관한 기억의 장애를 의미하여, 기억이 장애를 받는 시간 범위가 있다.
- 기억상실증은 정보의 감각 유형이나 정보의 특성(예를 들어 언어, 비언어)과 무관하게 초래되고 기억 검사의 유형, 즉 자유 회상이나 단서 회상 검사 등과도 무관하다.
- 기억상실증은 새로운 장기기억의 형성 과정을 선택적으로 방해하는데, 특히 장면이나 사건을 구성하는 요소들 사이의 관계에 관한 기억의 형성을 방해하지만 단기기억의 형성에는 영향을 미치지 않는다.
- 기억상실증에서 새로운 기술이나 습관을 학습하는 능력은 유지되는데, 이러한 능력은 점화에서 관찰된다. 즉 이전에 노출된 적이 있는 정보에 대한 수행이 빨리 일어나는 것을 통하여 관찰된다.
- 비록 기억상실증 환자들이 외현 기억 검사에서 수행의 저하를 보이지만, 즉 특정 학습 에피소드나 사건을 회상하지 못하지만 암묵 기억 검사에서는 정상적인 수행을 보인다(학습 사건에 관한 회상이 요구되지 않을 경우 기억 검사의 수행이 이전 경험에 의해 영향을 받는다).
- 동물들 역시 해마 체계에 손상을 입을 경우 기억장애를 보이는데, 즉 경험의 여러 측면들 사이의 관계를 기억하지 못한다.
- 동물의 해마에 위치하는 세포들은 두 가지 특성, 즉 장기 증강과 장소장의 역할을 가지고 있다. 이러한 사실은 이 뇌 영역이 새로운 장기기억의 형성에 중요한 역할을 한다는 것을 시사한다.

다중 기억 체계

- 기억상실증 환자들에서 어떤 유형의 기억은 장애를 가지는 반면, 어떤 유형의 기억은 유지된다는 사실은 여러 기억 체계가 뇌에 존재한다는 것을 시사한다.
- 한 견해는 정보의 외현적, 의식적 회상에는 해마 체계가 중요한 한편 암묵적, 무의식적 기억에는 해마 외의 영역들이 관여한다고 주장한다.
- 또 다른 견해는 해마 체계에 의존하는 서술기억 체계는 경험 혹은 사건의 서로 다른 단편적인 정보들 사이의 관련성을 기억하게 하는 한편 해마에 의존하지 않는 절차기억 체계는 점진적인 학습 증가를 통해 기술을 습득하고 표현하게 한다.
- 비록 해마 체계가 학습 상황에 관한 의식적 회상에 관여하지만 의식은 해마에 의존하지 않는다.

기억에 관여하는 해마외 영역

- 특정 정보에 관한 기억은 그 정보를 처음으로 처리한 피질 영역들을 재활성화하게 한다.
- 특정 정보를 처리하는 영역의 활성화 패턴의 변화는 기술 학습을 반영하는데, 예를 들어 손가락 순서를 학습하면 이에 따라 운동 영역의 활성화 패턴이 변한다.
- 기저핵은 암묵/절차 학습에 중요한 역할을 하는데, 이 학습은 반복적인 운동, 지각 및 인지 조작을 통해 점진적으로 일어나서 결국에는 수행의 향상을 초래한다. 기저핵은 암묵/절차 학습을 나타내는 데 요구되는 운동 산출, 행동 혹은 선택과 감각 정보가 서로 결합하는 데 관여한다.
- 편도체는 공포 조건화에 중요한 역할을 하며 사건과 자극을 공포스러운 경험과 연결한다. 편도체는 자극-보상 연합의 학습과 정서적 경험을 통하여 기억을 조율하는 데에도 중요한 역할을 한다.
- 전측 측두 영역은 의미 기억, 즉 다양한 맥락에 걸쳐 일어나고 특정 감각 유형에 국한되어 있지 않는 사실, 개념과 범주를 포함하는 세상에 관한 일반적 지식에 관여한다. 이와 상반되게 특정 에피소드 혹은 사건에 관한 기억인 일화 기억은 해마 영역에 의존한다.

부호화, 응고와 저장, 인출에 관여하는 뇌 체계

- 해마와 전전두 영역 모두 새로운 정보의 부호화에 관여하는데, 이는 정보를 부호화할 동안 이 영역들에서 관찰된 활성화가 추후 그 정보의 기억을 예견하기 때문이다. 해마는 사건의 서로 다른 속성들을 결합하는 한편 전전두 영역은 부호화 과정에 주의를 주고 조직화하는 것을 돕는다.
- 적어도 일정 시간 동안 해마는 정보를 저장하거나 사건의 여러 특성들(예, 시각 청각, 느낌)이 신피질의 어느 영역에 저장되어 있는가를 표시하는 것에 관여한다.
- 해마에 저장되어 있는 표시는 신피질 영역에 저장되어 있는 정보의 패턴 완결을 통해 기억 인출이 일어나게 한다.
- 전전두 영역은 기억에 저장되어 있는 정보의 탐색 과정을 돕거나 적절한 정보들이 인출된 후 현재 맥락에 가장 적절한 정보가 무엇인지를 선택하는 데 관여한다.
- 좌반구 두정 영역은 재인 기억과 기억으로부터 인출된 정보에 관한 친밀감을 판단하는 데 관여한다.

작업기억

- 어떤 환자들은 장기기억은 유지하지만 작업기억에는 장애를 보인다.
- 이 환자들과 기억상실증 환자들 사이에서 관찰되는 이중 해리 현상은 작업기억과 장기기억이 각각 다른 신경 체계에 의존한다는 것을 시사한다.
- 작업기억의 장애는 청각 언어 작업기억 혹은 시공간 작업기억처럼 특정 감각 유형의 처리 체계와 밀접하게 연관되어 있다.
- 동물을 대상으로 한 단일세포 연구들은 배외측 전전두엽 영역에 위치하는 세포들이 정보를 온라인으로 파지해야 하는 지연 시기 동안 발화하는 것을 보고하고 있다. 이는 작업기억에서의 전전두피질의 역할을 시사한다.
- 인간을 대상으로 한 연구들은 전전두 영역이 작업기억 중 정보에 조작을 가하는 집행 과정에 관여한다고 한다. 즉 전전두 영역이 가장 적합한 작업기억 내의 정보를 선택하거나 정보를 조작하는 데 관여한다고 한다.

기억 체계들 사이의 관련성

- 계산 모델은 두 개의 기억 체계가 요구된다고 주장하는데, 이는 학습이 두 개의 서로 다른 방법으로 일어나기 때문이다. 한 체계는 상당한 정도로 중복되는 표상을 사용하여 서로 다른 많은 예들에서 점진적으로 일어나는 학습을 통해 지식의 일반화가 가능하게 한다. 또 다른 체계는 매우 분명하고 중복되지 않은 표상을 통해 특정 에피소드와 사건을 빠르게 학습하게 한다.
- 여러 연구들은 이 두 체계에 의한 학습이 다소 양립되지 않으며 서로 다른 학습 단계에 우선적으로 관여한다고 한다.

핵심용어

거울읽기과제(mirror-reading task)
거울추적과제(mirror tracing task)
공포 조건화(fear conditioning)
관계 학습(relational learning)
기술 학습(skill learning)
기억상실증(amnesia)
단어-어간 완성검사(word-stem completion task)
단서 회상(cued recall)
리보의 법칙(Ribot's law)
맥락적 공포 조건화(contextual fear conditioning)
모리스 수중 미로(Morris water maze)
반복 점화(repetition priming)
서술기억 체계(declarative memory system)
순행성 기억상실증(anterograde amnesia)
숫자외우기 검사(digit span task)
습관 학습(habit learning)
시각-언어 작업기억(visual-verbal working memory)
시간 기울기(temporal gradient)
시공간 잡기장(visuospatial scratch pad)
쌍연합 학습(paired-associate learning)
암묵 기억(implicit memory)
역행성 기억상실증(retrograde amnesia)
외현 기억(explicit memory)
위치장(place fields)
유두체(mammillary bodies)
응고(consolidation)
의미 치매(semantic dementia)
의미 기억(semantic memory)
일화 기억(episodic memory)
입력음운완충기(input phonological buffer)
자유 회상(free recall)
장기 증강(long-term potentiation, LPT)
재인 기억(recognition memory)
제한된 시기(temporally limited)
절차기억 체계(procedural memory system)
중앙 간뇌 영역(midline diencephalic region)
중앙집행기(central executive)
지연 비표본 대응 과제(delyaed nonmatch-to-sample task)
청각-언어 작업기억(auditory-verbal working memory)
출력음운완충기(output phonological buffer)
특정 자료 유형에 국한된 기억장애(material-specific memory disorders)
패턴 완결(pattern completion)
해마 체계(hippocampal system)
확장된 숫자외우기(extended digit span)
회전 추적(rotary pursuit)
후속기억효과(subsequent memory effect)

도서 참조 사이트: www.cengage.com/psychology/Banich
이 웹사이트는 학생들이나 강사들에게 강의용 퀴즈나 암기카드, 용어정리 같은 정보와 자료를 무료로 제공한다.

주의

Attention

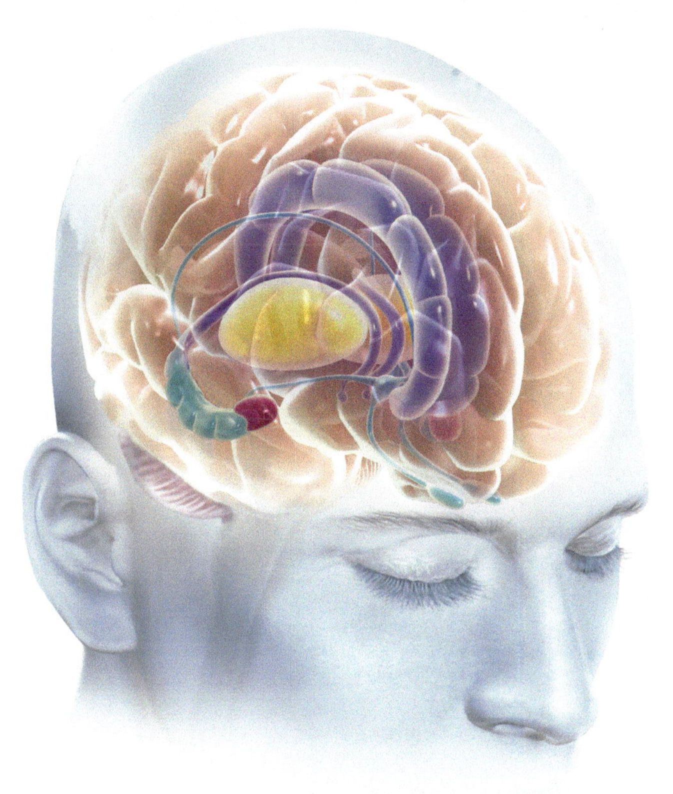

매일 아침 잠에서 깨어나서 하듯이 Bill은 침대에서 일어난 후 욕실로 들어갔다. 칫솔에 치약을 짠 다음 Bill은 거울을 들여다보면서 양치를 하기 시작하였다. 그는 입의 오른쪽 치아는 매우 열심히 닦았지만 왼쪽 치아를 거의 닦지 않았다. 양치를 끝낸 다음 샤워실로 들어가서 비누 거품을 낸 후 자신의 신체 오른쪽 면에만 비누를 칠하였고 왼쪽 면에는 비누를 칠하지 않았다.

옷을 입은 다음 Bill은 아침 식사를 위해 자신이 좋아하는 식당으로 갔으며 그날의 특선메뉴인 달걀 두 개, 토스트, 베이컨과 브라운 빵을 주문하였다. 베이컨과 브라운 빵은 Bill이 가장 좋아하는 음식이다. Bill이 주문한 음식이 준비되어 웨이트리스가 Bill 앞에 음식을 놓았는데, 달걀과 토스트는 Bill의 오른쪽에, 그리고 베이컨과 브라운 빵은 왼쪽에 놓았다. 그는 베이컨과 브라운 빵을 한 번 먹은 다음 달걀과 토스트를 먹기 시작하였다. 이상하게 일단 그가 달걀과 토스트를 먹기 시작한 후에는 브라운 빵과 베이컨을 더 이상 먹지 않았다. Bill이 커피를 마시는 동안 식당종업원이 Bill의 왼쪽을 지나쳐 부엌으로 가는 도중 가지고 있던 그릇들을 바닥에 떨어뜨려 식당에 소동이 일어나게 되었다. Bill은 식당 안에 있던 다른 사람들과 마찬가지로 당황한 종업원이 어지러워진 그릇을 치우는 것을 바라보고 있었다. 이후 Bill은 아침 식사를 계속하였고 앞서 그가 무시하였던 베이컨과 브라운 빵을 먹었다.

Bill이 음식값을 계산하기 원하자 웨이트리스는 계산서를 가져다가 테이블의 왼쪽에 놓았다. 몇 분 후 Bill은 웨이트리스를 다시 부르면서 다음과 같이 말하면서 불평하였다 "계산서를 5분 전에 부탁하였는데 왜 이렇게 시간이 오래 걸리지요?"

웨이터리스는 이상한 눈초리로 그를 바라본 다음 테이블에 놓인 계산서를 가리키면서 다음과 같이 말하였다. "손님, 계산서는 여기에 있는데요. 제가 조금 전에 이 계산서를 여기다 놓았어요."

Bill이 계산서를 가지고 자리에서 일어났고 웨이트리스는 이 모든 상황에 당황해 하면서 Bill을 쳐다보았는데, Bill은 출입문의 왼쪽 면에 부딪치면서 거리로 나갔다. 웨이트리스가 Bill의 음식 그릇을 치우고자 할 때 그녀는 Bill이 많은 액수의 팁을 테이블 위에 두고 간 것을 발견하였다. 어깨를 으쓱이면서 그녀는 다음과 같이 자신에게 속삭였다, "손님이 항상 옳은 것 같아."

이 사례의 남성 환자에게서 관찰되는 기이한 행동들은 **편측무시증**(hemineglect) 혹은 **편측부주의**(hemi-inattention)로 알려진 증후군 때문이다. 정상적인 감각기능과 운동기능을 가지고 있음에도 불구하고 편측무시증 환자들은 공간의 한 면을 무시하거나 주의를 주지 않는다. 편측무시증을 주로 공간 관련 현상으로 여기는데, 왜냐하면 공간의 한 면에 제시된 정보의 무시가 공간틀을 기준으로 일어나고(예를 들어 손상된 뇌 반대편 공간을 무시함) 자극 유형과는 상관없이 모든 유형의 정보를 무시하기 때문이다. 8장에서 두정엽이 공간 처리에 중요한 역할을 하는 것을 이미 살펴보아서 알겠지만, 편측무시증은 전형적으로 우반구 두정엽에 손상을 입은 후에 관찰된다.

주의가 다양한 측면을 가진 과정이기 때문에 주의는 매우 다양하게 정의된다. 따라서 주의가 무엇이고 어떻게 행동에 영향을 미치는가를 먼저 간략하게 살펴보고자 한다. 그런 다음에는 주의에 중요한 역할을 담당하는 뇌 구조들에 관해 살펴보기로 하자. 주의는 지금까지 이 교재의 다른 장들에서 논의한 인지기능들보다 훨씬 더 널리 분포된 네트워크에 의해 통제된다. 이 장의 절반 정도를 주의의 통제에 관여하는 뇌 구조들에 관해 기술하고 나머지 절반에서는 편측무시증에 관해 자세하게 살펴볼 것이다. 이 증후군은 증상들이 매우 기이할 뿐만 아니라 뇌가 우리로 하여금 어떻게 주의를 기울이도록 돕는가에 관한 중요한 정보를 제공하기 때문에 많은 연구자들의 관심을 받고 있다.

'주의'란 무엇인가

오래 전부터 심리학자들이 주의를 정의하고자 노력해 왔으나 아직까지 보편적으로 받아들여지는 주의의 정의가 없는 실정이다. 그럼에도 불구하고 대부분의 심리학자들은 뇌가 한 순간에 처리할 수 있는 정보의 양이 제한되어 있다는 사실에는 의견을 같이 한다. 따라서 뇌로 입력되는 많은 정보 중에서 특정 정보만을 선택하여 더 깊이 처리하는 기제가 있다면 뇌가 효율적으로 기능할 수 있을 것이다. 이와 같은 정보의 선택과정이 **주의**(attention)라고 알려져 있다. 기억이라는 용어가 많은 기억 유형을 내포하는 우산 용어(umbrella term)이듯이 주의에도 여러 유형이 있다.

각성(alertness and arousal)은 가장 기초적 수준의 주의이다. 각성이 없으면 개인은 환경으로부터 정보를 받을 수 없거나 특정 반응을 선택할 수 없게 된다. 우리가 피곤하거나 졸리면 각성 수준이 낮아지는데, 이러한 경우 우리는 중요한 정보를 놓치거나 정확한 행동을 선택하지 못하게 된다. 극심한 경우, 예를 들어 혼수상태와 같은 경우에는 각성이 지나치게 낮기 때문에 개인은 외부 세계에 대한 반응을 거의 하지 못하게 되고 자신의 반응을 거의 통제하지 못하게 된다.

또 다른 주의 범주가 **경계**(vigilance)이며, 이를 **지속 주의**(sustained attention)라고도 한다. 경계는 각성 상태를 일정 시간 동안 유지할 수 있는 능력을 의미한다. 개인이 장시간 주의를 유지하지 못할 때 우리는 일상적 용어로 '주의폭이 짧다'고 얘기한다. 경계는 어떤 과제를 쉬지 않고 수행해야 할 경우 중요하다. 수업 시간 동안 강의 한 마디 한 마디를 귀담아 듣는 것, 즉 주의를 지속하는 것이 매우 힘들다는 것을 우리 모두가 경험하였을 것이다(특히 강의가 지루할 때!).

주의의 세 번째 범주가 **선택 주의**(selective attention)인데, 이는 과제에 꼭 필요한 정보를 선택하는 능력을 의미한다. 선택 주의는 많은 양의 정보들 중에서 중요한 정보에 집중하게 하는 여과 과정으로 여겨지기도 한다. 이 선택 과정은 현재 유입되는 감각정보나 마음속으로 생각하고 있는 정보 혹은 가능한 반응들을 대상으로 이루어진다. 예를 들어 지금 이 책의 한 페이지를 읽으면서 그 내용을 이해하고자 노력하고 있다면 라디오에서 들리는 노래나 주위에서 움직이는 사람들을 관찰하는 것을 동시에 행할 수 없다. 선택 주의는 여러분 앞에 놓여 있는 모든 가능성 중에서 여러분으로 하여금 페이지에 인쇄되어 있는 단어를 선택하여 이해하게 하는, 즉 많은 정보들 중에서 과제의 수행에 가장 필요한 정보를 선택하게 하는 인지적 기제이다.

주의의 네 번째 범주는 주의를 여러 과제들에 분할하는 주의 유형인 **분리 주의**(divided attention)이다. 분리 주의의 핵심적 개념은 정보를 처리하는 데 필요한 **자원**(resource) 혹은 노력(effort)이다. 뇌가 제한된 자원을 가지고 있는 것으로 여겨지기 때문에 과제들에 주의를 분할하는 것이 어렵다. 원래 자원은 분화되지 않은 것, 다시 말하면 교환할 수 없는 것으로 여겨졌다. 따라서 다양한 과제들을 수행해야만 할 경우 자원이 하나도 남지 않을 때까지 각 과제의 수행에 필요한 자원들이 분배되는 것으로 여겼다(Kahneman, 1973). 예를 들어 우리가 한 뭉치의 달러를 가지고 있다고 가정하자. 이 중 일부를 아침식사를 위해 사용하고 일부를 신문을 사는 데 쓰고 또 일부를 교통비로 사용할 수 있다. 어떤 지폐를 어떤 목적으로 사용하였는가는 상관이 없다. 그러나 **다중자원 이론**(multiple-resource theory)은 자원이 구분된다고 주장한다. 마치 달러는 미국에서만 사용될 수 있고 유로화는 유럽 국가에서만 사용되고 엔화는 일본에서만 사용될 수 있는 것처럼, 서로 다른 유형의 과정에 사용될 수 있는 자원이 정해져 있다는 것이다. 예를 들어 공간 처리와 언어 처리가 청각 및 시각 처리처럼 서로 다른 자원에 의존하는 것으로 여겨진다. 과제들이 동일한 자원을 사용하기보다 서로 다른 자원들을 사용할 경우 뇌의 처리 능력은 더 커진다(Wickens, 1980). 따라서 두 시각 과제를 동시에 수행하는 것보다 하나의 시각 과제와 하나의 청각 과제를 동시에 수행하는 것이 훨씬 더 용이하다. 그러면 서로 다른 유형의 주의를 지지하는 신경 체계에 관한 인지 신경과학 분야의 연구 결과를 살펴보기로 하자.

주의에 관여하는 뇌 구조

주의는 이제까지 우리가 살펴본 다른 인지 능력과는 다소 다르다. 즉 주의는 운동의 계획, 서로 다른 시각형태의 구분, 크게 문장을 말하는 것 혹은 이름을 기억하는 것 등과 같이 특정 유형의 정보를 처리하는 능력을 제공하지 않는다. 대신 주의는 모든 기능 영역에 걸쳐 현재 진행되고 있는 처리 과정을 조율하거나 수정하는 역할을 한다. 주의가 가지는 이 역할을 고려하면 주의 통제가 많은 뇌 영역들을 포함하는 회로를 통해 일어난다는 사실이 놀랍지 않다. 이 절에서 다양한 유형의 주의, 즉 각성, 경계, 선택 주의와 분리 주의를 지지하는 신경 체계에 관해 살펴보기로 하자.

■ 각성

가장 기본적인 수준의 주의인 각성은 신경계가 자극에 반응하는 데 필요한 주의를 주는 능력을 의미한다. 각성에 중요한 역할을 하는 뇌 구조가 **망상활성화 체계**(reticular activating system, RAS)이다. 이 체계는 흥분성 신경전달물질인 글루타메이트에 의존하며(2장), 수면-깸 주기(sleep-wake cycles)에도 관여한다. RAS의 세포체가 뇌간의 망상체에 위치한다. RAS는 거의 대부분의 대뇌피질 영역과 광범위하게 연결되어 있는 상향 경로를 가지고 있으며(● 그림 11.1), 이를 통해 뇌 전체의 각성 수준을 조율한다. (척수와 연결되어 있는 RAS의 하향 경로에 관해서는 이 절에서 살펴보지 않는다.) 피질과의 연결은 두 가지 경로를 통해 일어나는데, 즉 시상을 거쳐 대뇌피질로 가는 배측 체계와 시상하부에서 기저전뇌를 거쳐 대뇌피질로 가는 복측 경로가 있다.

RAS가 각성에 매우 중요한 역할을 담당하기 때문에 RAS에 손상을 입거나 RAS의 기능이 방해를 받으면 **혼수**(coma) 상태가 초래된다. 혼수 상태에 있는 사람은 눈을 감은 채 외부 자극에 반응하지 않거나 외부 자극을 인식하지 못한다. 극심한 경우에는 해로운 자극이나 고통스러운 자극에 대해서조차 방어적 움직임을 보이지 않는다. 혼수는 양반구 RAS의 병변 혹은 RAS의 기능을 방해하는 여러 문제들로 인하여 초래된다. 어떤 경우, 즉 뇌막염(meningitis), 종양, 뇌출혈, 두부 외상 및 발작 등과 같은 원인들은 신체가 아닌 뇌에 영향을 미친다. 또 다른 발병 원인들은 뇌뿐만 아니라 신체에도 영향을 미치는데, 예를 들어 신진대사장애, 비정상적인 혈중 가스 수준(일산화탄소), 특정 비타민 부족(티아민) 혹은 독성물질(알코

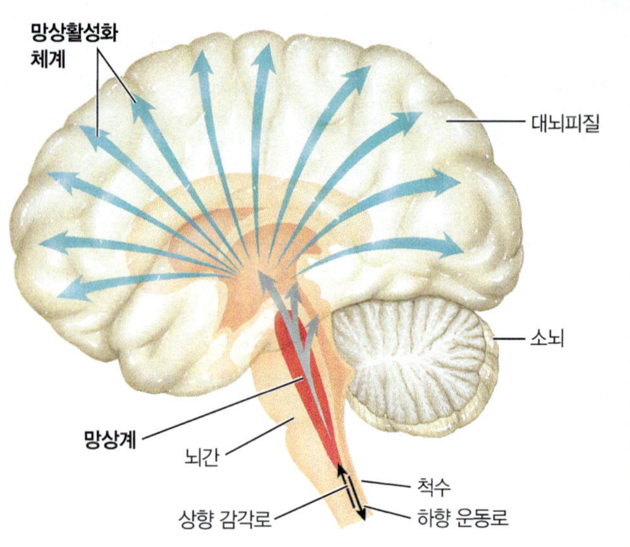

● **그림 11.1 전반적 각성에 관여하는 망상활성화체계.** 망상체는 뇌간 내에 위치하는 뉴런들의 광범위한 네트워크이다(빨간색). RAS의 상향 부분(파란색)은 대뇌피질의 다양한 영역들로 축색을 보낸다. 이 입력이 대뇌피질을 각성, 활성화시킨다. © 2010 Cengage Learning

올, 중금속) 등이 혼수 상태를 초래한다(Young, 2009). 혼수 및 관련 상태에 대해서는 16장에서 다시 살펴보겠다.

두 가지 신경전달물질 체계, 즉 콜린계와 노르아드레날린계가 전반적 각성에 관여한다(2장). 뇌간에 세포체가 있는 콜린계의 한 부류는 RAS의 상향 경로와 평행하는 경로를 구성한다. RAS의 상향 경로처럼 이 뉴런들은 시상과 기저전뇌로 축색을 보낸다. 이 뉴런들을 자극하면 피질의 활성화가 초래된다(Jones, 2003).

세포체가 뇌간의 청반(locus coeruleus)에 위치하는 노르아드레날린계도 각성에 매우 중요한 역할을 한다(개관은 Sara, 2009; Berridge, 2008 참조). 노르아드레날린계의 뉴런들은 광범위한 뇌 영역으로 축색을 보낸다. 단일세포기록법을 사용한 연구들은 청반에 위치하는 세포들이 규칙적으로 느린 비율로 활성화하지만(대략 1 Hz), 각성 자극에 대해서는 발화율이 증가하고 졸거나 수면을 취하는 동안에는 발화율이 감소하는 것을 보고한다. 실제 청반의 활성화가 수면을 방해하는 것으로 보인다. 더욱이 이 영역의 병변은 쥐와 원숭이의 인지 과제 수행을 저하시키는데, 특히 각성 수준이 높거나 과제에서 요구하는 것이 많은 경우 과제 수행이 저하된다. 노르아드레날린계는 스트레스와 관련된 각성에 관여하고 지나친 각성 상태가 특징인 외상후 스트레스 증후군과 같은 정신 질환에 관여한다(14장 참조; Krystal & Neumeister, 2009).

이 뇌간 핵들이 시상과 연결되어 있기 때문에 시상이 대뇌피질의 각성 수준을 조율함으로써 우리로 하여금 각성되고 깨어 있게 한다는 사실이 놀랍지 않다. 이러한 기능을 가지는 시상 부위가 **배내측핵**, **수판내핵**(intralaminar nucleus)과 **망상핵**이다(● 그림 11.2). 이 시상핵들만이 손상을 입어도 혼수 상태가 초래된다(Schiff, 2008). 이 영역의 각성에서의 역할을 보여주는 예가 외상성 두부 손상을 입은 후 6년 동안 최소한의 의식 수준만을 가진 환자에 관한 사례 연구이다. 최소한의 의식 상태에 있는 동안 이 환자는 단지 간헐적으로 환경에 반응하고 자신을 인식하였다. 환자의 수판내핵과 인접한 수판방핵(paralaminar nucleus)에 자극 전극을 놓은 후 이 영역을 전기적으로 자극할 때와 자극하지 않을 때의 환자 행동을 비교하였다. 시상에 자극이 주어졌을 때 환자가 더 긴 시간 동안 눈을 뜨고 있고 지시에 대해 더 많이 반응하고 사지를 통제하는 능력이 증가하였다(Shiff et al., 2007). 신경영상 연구들도 시각 혹은 체감각 자극에 대해 빨리 반응할 경우 수판내핵의 활성화가 증가하는 것을 관찰하였다(Kinomura, Larsson, Gulyas, & Roland, 1996). 이 모든 연구 결과는 시상 영역이 각성에 중요한 역할을 하는 것을 보여준다.

시상수판
전핵
배내측핵
수판내핵
망상핵
복전측
복외측
배외측
후외측
복측후외측
정중핵
복측후내측
시상침
내측 슬상핵
외측 슬상핵

● **그림 11.2 주의에 관여하는 것으로 여겨지는 시상핵.** 망상핵, 수판내핵과 배내측핵이 각성과 경계에 관여하고 시상침이 선택주의에 관여한다. © 2011 Cengage Learning

■ 경계와 지속 주의

방금 살펴본 두 가지 신경전달물질 체계, 즉 콜린계와 노르아드레날린계가 경계와 지속 주의에도 중요한 역할을 한다. 앞서 언급한 바와 같이 망상활성화 체계와 뇌간의 콜린계 세포들은 기저전뇌(중격핵, 브로카 대각띠, 전뇌기저핵를 포함하여)로 축색을 보낸다. 여기에는 지속 주의와 경계에 중요한 역할을 하는 것으로 보이는 다른 콜린계 경로의 세포체가 위치한다. 쥐의 경우 이 영역의 콜린계 경로를 화학적으로 손상하면 지속 주의가 상실된다(McGaughey, Kaiser, & Sarter, 1996). 더욱이 동물을 대상으로 하는 연구들은 과제에서 더 많은 지속 주의가 요구되면 더 많은 양의 아세틸콜린이 분비되는 것을 보고하고 있다(Sarter, Givens, & Bruno, 2001).

노르아드레날린계는 뇌를 각성시켜 뇌로 하여금 정보를 받아들이거나 반응을 하도록 준비시키는 것으로 여겨진다. 예를 들어 약물을 통해 노르아드레날린계의 기능을 조율하면 다가올 과제에 관한 정보를 제공하는 단서를 사용하는 개인의 능력이 영향을 받는다(Coull, Nobre, & Frith, 2001).

기저전뇌와 노르아드레날린계의 뉴런들은 경계에 중요한 역할을 하는(앞 절에서 살펴본 바와 같이 각성에도 중요한 역할을 함) 시상의 중앙핵으로 축색을 보낸다. 예를 들어 60분 동안의 청각 경계 과제 동안 시간이 지남에 따라 수행이 저하되면 이에 따라 시상 중앙 부위의 활성화도 감소한다(Paus et al., 1997). 각성에 관여하는 영역들이 경계에도 중요한 역할을 한다는 것이 이해가 되는데, 즉 주의 상태를 일정하게 유지하기 위해서는 일정한 수준의 지속적인 각성이 요구된다.

실제 시상은 각성과 다른 주의 유형, 예를 들어 지속 주의 사이의 인터페이스의 역할을 한다. 이 주장은 신경영상 연구의 결과로부터 비롯되었는데, 이 연구에서 연구참여자는 4개의 위치 중 한 위치에 무작위로 제시되는 '7'을 탐지하기 위해 주의를 유지해야만 하였다. 연구참여자들은 세 가지 서로 다른 각성 수준, 즉 정상적인 각성 수준, 낮은 각성 수준(수면박탈 후)과 높은 각성 수준(카페인 섭취 후)에서 과제를 수행하였다. 과제 수행 동안 피질 영역들(이에 관해서는 다음 절에서 살펴보겠다)이 활성화를 보였지만 이 활성화가 각성 수준에 따라 변하지 않았다. 이와 상반되게 시상의 복외측 영역의 활성화가 낮은 수준의 각성 조건, 즉 수면박탈 효과를 없애기 위해 피질이 자극을 필요로 하는 조건에서 가장 컸으며 높은 각성 수준 조건, 즉 피질을 각성시키기 위해 더 이상의 자극이 요구되지 않는 조건에서 가장 적었다(Portas, Rees, Howseman, Josephs, Turner, & Frith, 1998).

피질 영역들도 각성과 경계에 관여하며, 여러 연구들의 결과에 의하면 우반구가 좌반구보다 더 우세한 역할을 한다. 예를 들어 뇌 손상을 입을 경우 자극에 대한 반응이 거의 항상 느려지지만 우반구 손상이 더 느린 반응을 초래하는데, 이는 자극이 청각 혹은 시각일 경우와 무관하다(Coslett, Bowers, & Heilman, 1987; Howes & Boller, 1975). 우반구에 손상을 입을 경우 경고 신호에 대한 심장박동률의 반응이 방해를 받고(Yokoyama, Jennings, Ackles, Hood, & Boller, 1987), 분리뇌 환자의 경우 좌반구보다 우반구가 분리될 때(우반구가 기능하지 못할 경우) 수동적-경계 과제의 수행이 더 저하된다(Dimond & Beaumont, 1973).

우반구가 경계에서 특히 중요한 역할을 한다는 사실은 신경계의 손상을 가지지 않는 사람들의 뇌 활성화를 조사한 연구들에서도 밝혀지고 있다. 연구참여자가 자극이 제시되는 것을 기다렸다가 자극이 제시되면 재빨리 반응하는 것이 요구되는 경계 과제에서 우반구의 활성화가 관찰된다(Sturm et al., 1999; Sturm et al., 2004). 경계 과제 동안 활성화를 보이는 영역들에는 시상과 뇌간 영역뿐만 아니라 우반구 전두 영역과 하두정 영역도 포함된다. 더욱이 전기생리적 연구들도 지속 주의에서의 우반구 편재화를 보고하고 있다(Arruda, Walker, Weiler, & Valentino, 1999).

■ 선택 주의

주의를 준다는 것은 단순히 각성되고 깨어있는 것 이상이다. 즉 우리는 여러 정보 중에서 특정 정보에 주의를 향하게 하는 기제를 가지고 있어야 한다. 실제 선택 주의가 가장 많이 연구되고 있는 주의 유형이다. 비록 선택 주의를 설명하는 많은 이론들이 있지만 대부분의 이론들은 주의 선택의 상향 대 하향 측면을 구분한다. **상향 주의 선택**(bottom-up attentional selection)의 경우 자극이 가지는 특성 그 자체가 주의를 끌어 우선적으로 처리된다. 예를 들어 다른 물체보다 더 밝은 색채의 물건이나 정서적으로 의미 있는 것이 쉽게 주의를 끈다.

이와 반대로 **하향 주의 선택**(top-down attentional selection)에서는 개인이 자신의 주의가 어디로 향해야 하는가를 결정해야 한다. 서로 다른 특징들에 따라 주의 방향이 결정된다. 예를 들어 하이킹을 하는 동안 여러분은 우측으로 90도 되는 지점에 주의를 줄 수 있고 꽃과 같은 특정 물체에 주의를 줄 수 있다. 더욱이 꽃의 특정한 특징, 예를 들어 특정 색채 혹은 형태(예, 얼룩덜룩한 잎)를 띠는 꽃에 주의를 줄 수 있다. 또한 호수에 도달하기 위해 트레일 지도를 따라 가는 등과 같은 특정 과제 혹은 목표에 주의를 줄 수 있다. 이 장에서 우리는 세상의 물리적 특성(예, 공간 위치 혹은 색채)에 근거하여 일어나는 주의 과정을 주로 살펴본다. 목표 혹은 추상적 처리 과정에 관한 주의에 대해서는 12장 집행기능에서 살펴볼 것이다.

주의 선택의 시간 경과

선택 주의에 관여하는 뇌 영역들을 살펴보기 전에 주의가 한 순간에 일어나지 않는 것을 인식하는 것이 중요하다. 대신 주의는 감각 자극이 처리될 때부터 그 자극에 대한 반응이 일어나기까지 지속적으로 작용한다. 이를 인식하는 것이 왜 많은 뇌 영역들이 선택 주의에 관여하는가를 이해하는 데 도움이 된다. 즉 서로 다른 뇌 영역들이 자극 처리 과정 중의 서로 다른 시간에 작용한다. 주의를 단일의 여과기로여기기 보다는 입력부터 출력에 이르는 동안의 정보처리 과정 동안 정보의 서로 다른 측면들에 작용하는 일련의 여과기로 여기는 것이 더 바람직하다.

비록 오늘날에는 연구자들이 주의가 여러 시간대에 작용하는 것을 이해하지만 이전부터 그러하지는 않았다. 주의를 연구하는 심리학자들은 오래 전부터 주의선택이 **언제** 일어나는가에 관심을 가져왔다. 주의선택이 감각정보의 수용 직후에 일어나는가 혹은 훨씬 뒤에 일어나는가? 이에 관한 두 가지 견해가 있는데, 그 중 하나인 **초기 선택 관점**(early-selection viewpoint)은 주의 선택이 정보처리 과정의 초기 단계, 즉 그 정보가 무엇인지 확인되기 전에 일어난다고 주장한다(Broadbent, 1958). 또 다른 견해인 **후기 선택 관점**(late-selection viewpoint)은 감각 처리가 완수되고 정보가 무엇인지 확인되고 분류된 이후에 주의 선택이 일어난다고 제안한다(Deutsch & Deutsch, 1963).

두 관점에 관한 논쟁이 뜨거웠는데, 이는 인지심리학 실험의 주된 종속변인인 반응시간과 반응 정확성으로는 이 두 견해 중 하나를 지지할 만한 결정적인 정보가 제공될 수 없기 때문이기도 하다. 사건관련전위(Event-Related Potential, ERP)가 이 논쟁에 관한 답을 제공할 수 있는데 이는 ERP가 언제 처리가 일어나는 가에 관한 정보를 제공하기 때문이다.

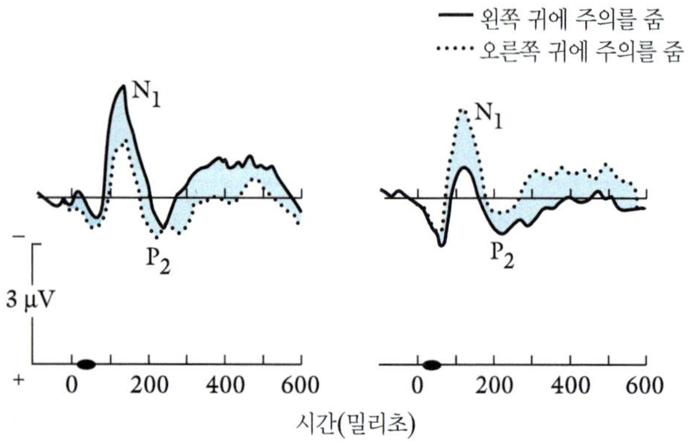

● **그림 11.3 주의에 의해 조율되는 사건관련전위의 초기 요소.** 주의를 준 곳에 제시된 자극은 주의를 주지 않은 곳에 제시된 자극에 비해 더 큰 반응을 초래한다(왼쪽). 예를 들어 왼쪽 귀에 제시된 소리는 개인이 오른쪽 귀에 주의를 줄 때(점선)보다 왼쪽 귀에 주의를 줄 때(직선) 더 큰 N_1 진폭을 초래한다. 이와 마찬가지로 오른쪽 귀에 제시된 소리는 개인이 왼쪽 귀에 주의를 줄 때(직선)보다 오른쪽 귀에 주의를 줄 때(점선) 더 큰 반응을 초래한다. 이 두 파형의 차이(검게 칠한 영역)가 N_d 요소이다. 이 효과는 자극 제시 후 비교적 빨리 일어나기 시작한다. 즉 자극 제시 후 100밀리초 내에 일어난다. © 2011 Cengage Learning

ERP 연구들은 이 두 견해 중 어느 하나의 견해만이 옳은 것이 아니라고 보고하고 있는데, 이는 주의가 처리 과정의 초기와 후기 단계 모두에서 일어나기 때문이다.

ERP와 MEG 연구들은 감각정보의 비교적 자동적인 여과 혹은 **관문**이 정보의 수용 직후에 일어난다고 보고한다. 감각 관문을 측정하기 위해 청각 자극이 제시되고 난 후 500밀리초에 동일한 청각 자극이 제시된다. 관문 측정은 첫 번째 자극에 비해 두 번째 자극에 대해 얼마나 반응이 감소하는가이다(Smith, Boutrous, & Schwarzkopf, 1994). 이 관문은 적응적인데, 왜냐하면 뇌가 정보를 이미 처리하였기 때문에 더 이상 그 정보에 많은 주의를 줄 필요가 없다는 것을 시사하기 때문이다. 두 번째 자극에 대한 반응 감소는 P_{50}, 즉 청각정보의 수용 후 35~85밀리초 정도에 관찰되는 ERP 요소에 반영된다.

주의의 효과는 추후, 즉 자극 제시 후 대략 80~100밀리초 정도에서 관찰된다. 이 효과는 두 조건의 비교를 통하여 측정되는데, 즉 한 조건에서는 제시된 자극에 피검자가 주의를 주는 것이 요구되는 반면, 다른 조건에서는 피검자가 제시된 자극을 무시하는 것이 요구된다. 두 조건에서 제시된 자극들이 동일하기 때문에 이 두 조건에서 측정된 ERP 반응의 차이는 주의의 차이 때문에 초래된 것이다. 이러한 유형의 전형적인 실험은 다음과 같다. 즉 연구참여자에게 제시되는 목표음(target tone), 예를 들어 긴 음을 주의 깊게 듣고 이 목표음이 몇 번 제시되었는가를 세도록 지시한다. 비목표음, 예를 들어 짧은 음은 자주 제시되는 반면 목표음은 비목표음 사이사이에 간혹 제시된다. 그러나 연구참여자에게 한 귀(예, 좌측 귀)에 들리는 자극에만 주의를 주도록 지시한다. 참여자가 주의를 준 목표음에 대한 반응(예, 참여자가 좌측 귀에 주의를 주는 동안 좌측 귀에 제시된 목표음)과 주의를 주지 않은 목표음에 대한 반응(예, 참여자가 우측 귀에 주의를 주는 동안 좌측 귀에 제시된 목표음)을 서로 비교한다. 주의를 준 자극과 주의를 주지 않은 자극에 대한 ERP 진폭이 서로 분리되는 시점을 주의의 효과가 시작되는 시점으로 추정한다. 그 결과, 주의를 준 자극에 대한 ERP는 주의를 주지 않은 자극에 대한 ERP보다 자극 제시 후 80밀리초 정도에서부터 더 큰 부적 전위를 띠며, 이러한 진폭 차이는 이후까지 지속된다(Hillyard, Hink, Schwent, & Picton, 1973). 주의를 받은 자극의 ERP에서 관찰되는 이러한 부적 전위의 상승을 N_d (negative difference)라고 부르며 이는 ● 그림 11.3에 제시되어 있다.

앞서 언급한 예에서는 청각 자극이 사용되었지만 시각 자극(Van Voorhis & Hillyard, 1977)과 체감각 자극(Desmedt & Robertson, 1977)이 제시되어도 유사한 부적 전위의 변화가 관찰된다. 이러한 사실들이 시사하는 것은 ERP의 초기 부적 전위가 자극 유형과는 무관한 일반적인 주의 과정을 반영한다는 것이다. N_d의 시작이 자극 제시

후 80밀리초 정도에서부터 일어나기 때문에 선택 주의에 관여하는 뇌 체계가 비록 피질이 정보를 수용한 직후는 아니지만 정보처리 과정의 비교적 초기 단계부터 영향력을 발휘한다.

주의 조작이 ERP 후기 요소에 영향을 미치는 것으로 미루어 정보처리의 초기 단계에서뿐만 아니라 후기 단계에서도 주의의 효과가 나타날 수 있다. 자극 제시 후 180~280밀리초 정도에서 N_{2pc}가 관찰되는데, 이 ERP 요소는 목표자극에 대한 주의 초점을 반영한다고 여겨지고 있다(Luck & Hillyard, 1994). 이 ERP 요소에 'pc'를 붙이는 이유는 이 요소가 목표자극의 **대측성**(contralateral) 위치와 **두정엽**(parietal) 영역에서 가장 큰 진폭을 보이기 때문이다. P_{300}(자극 제시 후 300밀리초 정도에서 관찰됨)은 개인이 목표자극에 주의를 주고 모니터할 때에만 관찰된다(Donchin, 1981). P_{300}은 주의를 받은 자극이 과제 수행에 적합한 정보를 제공하는 정도, 작업기억의 최신화를 요구하는 정도 혹은 과제에 주어진 주의의 정도를 반영하는 것으로 여겨지고 있다(Wickens, Kramer, Vanasse, & Donchin, 1983).

여러 연구들의 결과를 종합하면 주의에 관여하는 다양한 뇌 영역들이 선택 과정에서 서로 다른 역할을 하는 것뿐만 아니라 서로 다른 시간에 작용하는 것이 확실하다. 다시 말하면 선택은 한 뇌 영역에서 일어나거나 한 시간대에서만 일어나지 않고 뇌의 서로 다른 영역들과 서로 다른 시간대에서 일어난다는 것이다. 이제 선택 주의에 관여하는 뇌 영역들에 관해 살펴보기로 하자.

상구

주의를 융통성 있게 할당하기 위해 우리는 주의를 한 위치나 물체에서 다른 위치나 물체로 돌릴 수 있어야 한다. 이 과정, 적어도 시각 자극의 경우에 중요한 역할을 하는 뇌 구조가 중뇌에 위치하는 **상구**(superior colliculus) 혹은 상소구이다(1장과 6장 참조). 비록 주의의 초점이 항상 눈의 위치와 동일할 필요는 없지만 우리 눈이 고정하는 부위와 주의의 초점 부위가 대개 일치한다. 상구는 주변 시야에 있는 자극들을 빨리 중심 시야로 오게 하는 눈 움직임의 통제를 도와줌으로써 새로운 위치나 물체로 주의가 옮겨 가도록 한다. 이 과정은 **도약안구 운동**(saccade)에 의해 이루어지는데, 도약안구 운동이란 눈 운동이 천천히 일어나는 것이 아니라 한 위치에서 다음 위치로 건너뛰듯이 일어나는 것을 의미한다. 도약안구 운동에는 두 가지 유형이 있는데, 하나는 표현성 도약안구 운동(express saccade)이고 다른 하나는 규칙성 도약안구 운동(regular saccade)이다. **표현성 도약안구 운동**은 120밀리초 정도 걸리고 반사적 속성을 가지며 새로운 시각 자극이 주변 시야에 제시될 때 나타난다. 원숭이를 대상으로 한 연구들은 표현성 도약안구 운동이 상구에 의해 프로그램된다고 제안하는데, 왜냐하면 상구가 손상될 경우 표현성 도약안구 운동이 소멸되기 때문이다.

이에 반하여 **규칙성 도약안구 운동**은 수의적 통제를 받으며 200~300밀리초 정도 걸린다(Schiller, Sandell, & Maunsell, 1987). 이 유형의 안구 운동은 상구의 손상에 영향을 받지 않지만 5장에서 논의된 바와 같이 전두시야장(frontal eye field)이 손상될 경우 장애를 받게 된다(Guitton, Buchtel, & Douglas, 1985). 해부학적 관점에서 보면 상구는 반사적 눈 운동의 통제에 적합한 위치에 있다. 상구의 위치는 감각 및 운동 정보를 받아들여 이 정보를 뇌간의 눈 운동 영역으로 보내는 데 적합한데, 뇌간의 눈 운동 영역은 눈 운동의 통제에 관여하는 경로의 최종 부위이다(Wurtz & Goldberg, 1972).

단일세포기록법을 사용한 연구들은 상구가 상향 주의에 도움이 된다고 보고하고 있다. 상구 세포들은 특정 시각 특징(예를 들어 특정 선 방향, 특정 방향의 움직임)에 대해 선택적으로 반응하지 않는다. 대신 이 세포들은 어떤 특징이 시각 자극을 두드러지게 만드는가와 상관없이 자극의 전반적 특징에 민감한 것으로 여겨진다. 즉 지각적으로 두드러진 시각정보를 탐지하여 그 자극이 있는 위치로 눈이 향하게 하는 것을 돕는다(Shipp, 2004).

주의에 있어서의 상구의 역할은 **핵상 마비**(supranuclear palsy) 환자들의 연구를 통하여 이해된다. 핵상 마비는 상구와 기저핵의 일부가 퇴행하는 것이 특징이다. 일상생활에서 이 환자들은 마치 맹인처럼 행동한다. 연구 결과에 의하면 "이 환자들은 자신들에게 다가오는 사람들에게 몸을 돌리지 못하고, 대화 도중 상대방과 눈을 맞추지 못하며 식사를 하는 동안 음식이 담겨 있는 그릇을 바라보지 못하지만 만약 이 모든 행동들을 행하라는 지시를 주면 잘 수행할 수 있다"고 한다(Rafal, Posner, Friedman, Inhoff, & Bernstein, 1988, p. 268). 실험실에서 이루어진 연구들은 이 환자들이 가지고 있는 주된 문제가 공간 내의 한 지점에서 다른 지점으로 주의를 돌릴 수 없는 것이라고 보고하고 있다.

상구에 관한 논의를 마치기 전에 청각정보에 대한 주의에는 하구가 상구와 유사한 역할을 하는 것을 언급할 필요가 있다. 그러나 상구와 하구가 각각 시각과 청각에만 관여한다고 여겨서는 안 된다. 예를 들어 여러 유형의 감각정보를 통합하는 데 적절한 위치(예, 단어를 말하는 입술 위치)로 주의가 향할 때 상구의 활성화가 증가한다(Fairhall & Macaluso, 2009). 이러한 방식으로 상구는 가장 두드러진 감각정보의 위치로 주의가 향하도록 돕는다.

시상

시상 영역은 뇌에 끊임없이 유입되는 감각정보를 여과하는 데 중요한 역할을 한다. 1장에서 이미 언급한 바와 같이 감각 수용기로부터 전달되는 정보는 시상을 통하여 뇌로 연결된다. 이러한 시상의 중계소 역할이 관문 기제로 작용한다. 시각정보는 눈으로부터 입력을 받는 시상의 외측슬상핵에서 중계된다. 6장에서 살펴본 바와 같이 각 시야로부터 오는 정보가 대측 외측 슬상핵으로 전달된다. 주의가 한 시야로 향하면 이 시야의 대측 슬상핵의 활성화가 증가하는데 이는 주의가 피질에 도착할 정보를 조율하는 것을 시사한다. 따라서 슬상핵이 부적절한 정보는 여과시키고 적절한 정보만이 피질로 가게 하는 '문지기(gatekeeper)' 역할을 한다고 여길 수 있다(Kastner & Pinsk, 2004).

시상의 또 다른 구조인 **시상침**(pulvinar)도 주의에 중요한 역할을 한다(그림 11.2 참조). 원숭이의 시상침을 화학적으로 활성화하지 못하게 할 경우 방해 자극을 여과하는 능력의 장애를 보인다(Desimone, Wessinger, Thomas, & Schneider, 1990). 인간의 경우 시상에 손상을 입게 되면 특정 위치로 주의를 향하는 능력과 다른 위치에 관한 정보를 여과시키는 데 장애가 초래된다(Rafal & Posner, 1987). 시상침의 손상은 혼란 자극들 중에서 목표 자극의 방향을 구분하는 것을 방해하기도 한다(Snow, Allen, Rafal, & Humphreus, 2009). 양전자방출단층촬영술(PET) 연구들은 정보의 여과가 요구될 때 시상침의 활성화가 증가하는 것을 보고하고 있다. 예를 들어 한 자극이 제시되었을 때보다 8개의 자극들 중에서 한 자극을 탐지해야 할 경우 시상침의 활성화가 증가한다(LeBerge & Buchsbaum, 1990).

현재로는 시상침이 어떻게 주의 통제에 관여하는가가 정확하게 이해되지 못하고 있다. 해부학적 연결에 근거한 한 이론은 시상침이 복측 시각 경로(V3, 하측두피질)의 여러 영역들로부터 주로 입력을 받기 때문에 복측 경로의 여러 부위들이 한 자극에 대해 제공하는 정보를 조율하는 것으로 여겨진다고 제안하고 있다(Shipp, 2004). 시상침에 의해 일어나는 조율이 외측 슬상핵과 같은 시상중계소에 의해 일어나는 조율과 어떻게 구분되는가에 대해서도 잘 이해되지 못하고 있다.

두정엽

비록 주의 통제의 초기 단계에는 피질하 영역들이 관여하지만 두정엽은 특정 자극 혹은 과제에 주의 자원을 할당하는 기능뿐만 아니라 주의 선택을 더 정확하게 통제한다. 두정엽의 주의에 관한 기능들을 차례로 살펴보기로 하자. 그러나 이에 앞서 더 정확한 주의 통제에 관여하는 방법 중 하나가 하향 통제라는 것을 인식하는 것이 중요하다. 다시 말하면 환경 내의 자극에 의한 주의보다는 개인에 의해 일어나는 주의에 관여한다는 것이다. 예를 들어 좋아하는 레스토랑 앞에서 친구를 만나기로 할 경우 두정엽이 주의를 다른 레스토랑이나 그 거리에 있는 다른 상점보다 친구를 만나기로 한 그 레스토랑으로 향하게 한다.

원숭이를 대상으로 한 단일세포 기록 연구들은 두정엽이 시각 주의에 중요한 역할을 한다는 증거를 제공한다. 예를 들어 이 영역에 위치하는 세포들은 주의가 시각 자극으로 향할 때 발화율이 증가한다. 더욱이 이러한 발화율의 증가가 자극을 향하여 어떤 움직임을 취하기 때문에 초래되는 것이 아닌 것으로 여겨지는데, 왜냐하면 발화율의 증가가 자극을 향한 눈과 팔의 움직임과는 무관하기 때문이다(Wurtz & Goldberg, 1988). 또한 단일세포 기록 연구들은 두정엽의 일부 영역인 외측 두정내 영역(lateral intraparietal region)이 주의를 주거나 눈에 띄는 공간 위치의 표상에 중요한 역할을 담당한다고 제안하고 있다(Colby, Duhamel, & Goldberg, 1996). 이 영역에 위치하는 세포들은 주의를 준 위치에 특히 민감하게 반응하고, 이 세포들은 위치에 관한 정보가 청각 혹은 시각인가에 무관하게 반응하며, 또 원숭이가 이 위치를 향하여 어떤 행동을 취하는가와는 상관없이 반응한다.

두정내 영역에 위치하는 세포들의 발화율이 상향과 하향 요인 모두의 영향을 받는다. 원숭이들이 일련의 방해 자극들 중에서 하나의 목표 자극을 찾아야 하는 시각 탐색과제를 수행하는 동안 단일세포의 활성화를 기록한 연구들이 이에 관한 증거를 제시하고 있다(Gottlieb, Balan, Oristaglio, & Suzuki, 2009). 상향 요인의 영향을 보여주는 연구 결과는 방해 자극의 수에 따라 세포 발화율이 변하는 것이었는데, 이는 방해 자극의 수가 적을수록 목표 자극이 더 눈에 띄기 때문이다. 이에 덧붙여 세포들은 하향 요인의 영향도 받았는데, 예를 들어 단서가 목표 자극의 위치에 관한 정보를 제공하지 않을 때보다 위치에 관한 정보를 제공할 때 세포의 발화율이 증가하였다.

인간의 경우 두정내구(● 그림 11.4)가 경쟁적인 시각 자극들 중에서 목표자극을 선택하는 것에 중요한 역할을 하는데 이에 관한 증거가 기능신경영상 연구와 주의 결함을 보이는 환자의 뇌병변 지도 연구들로부터 제공되고 있다(Vandenberghe & Gillebert, 2009). 시각 주의가 요구되는 과제를 수행하는 동안 두정내구의 활성화가 증가되는데, 즉 특정 공간 위치 혹은 대상으로 주의를 줄 때와 여러 시각적 속성으로 동시에 주의를 줄 때 두정내구의 활성화가 증가된다. 그러나 이 영역의 활성화가 비록 많은 것이 요구되지만 선택과정은 요구되지 않는 과제의 수행 동안에는 관찰되지 않는다. 예를 들어 철자를 찾는 것과 같은 단순한 언어 과제에 비하여 어려운 언어 과제인 의미 범주 과제를 수행할 때 이 영역의 활성화가 더 증가되지는 않는다(Wojciulik & Kanwisher, 1999). 일부 연구들은 이 영역이 반구 편재화를 가진다는 결과를 보고하는데, 즉 우반구 두정엽이 시각 주의에 중요한 역할을 하는 한편 좌반구 두정엽이 특정 순간에 주의를 향하게 하는 데 관여한다고 한다(Coull, 2004 참조).

공간 내의 특정 위치로 주의를 향하게 하는 것이 방해 자극들 가운데서 목표 자극을 찾는 것에 도움이 되는데 왜냐하면 주의를 줌으로써 색채와 방향 등과 같은 목표자극의 특징들이 서로 결합되게 하기 때문이다. 이와 같은 결합 기능이 어떤 정보가 선택되어 더 깊이 처리되어야 하는지를 결정하는 데 도움이 된다고 한 이론에서 제안하고 있다. 이 견해에 의하면 '주의'는 우리로 하여금 특정 항목이 특정 위치에 있다는 것을 알게 하는 아교와 같은 역할을 한다고 한다. 두정엽이 이러한 기능을 가지고 있다는 것을 지지하는 여러 연구들의 결과를 검토하기 전에 이와 같은 주장을 제안한 이론을 살펴보기로 하자.

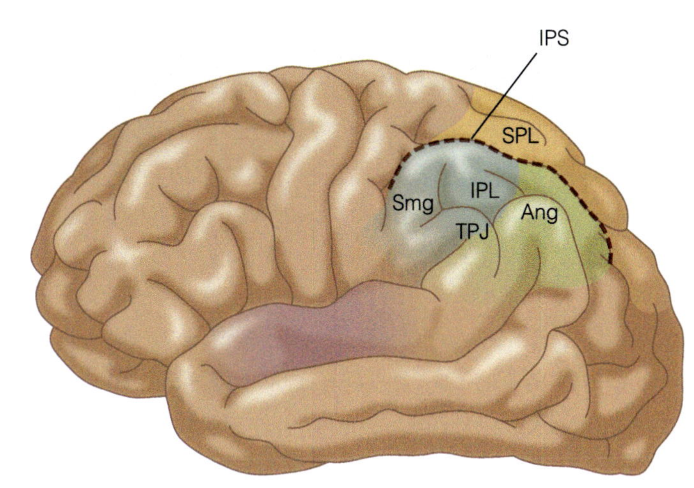

그림 11.4 두정내구와 경계를 이루는 두정영역이 주의에 중요한 역할을 한다. 점선으로 표시되어 있는 두정내구(IPS)는 상두정엽(SPL)과 하두정엽(IPL)을 구분하는데, 하두정엽에는 연상회(Smg)와 이보다 후측에 위치하는 각회(Ang)가 포함된다. 하두정엽 하측 부위가 측두두정 접합(TPJ)이다. 출처: Husain, M., & Nachev, P. (2007). Space and the parietal cortex. Trends in Cognitive Sciences, 11, Portion of Figure 1, pg. 31.

특징 통합 이론(feature integration theory)에 의하면 색채(예, 초록색)나 형태(예, X)와 같은 기초적인 시각 특징은 비교적 자동적으로 탐지된다고 한다(Treisman & Gelade, 1980). 그러나 우리가 특정 위치로 주의를 향하지 않고는 이러한 기초적 시각 속성들이 어떻게 결합되는가에 관해 알 수 없다고 한다(Wolf, 1994 참조). 따라서 주의가 기초적 속성들을 서로 결합하게 하는 아교와 같은 역할을 하여 초록색 X와 같은 항목이 지각될 수 있다. 이 견해를 설명하기 위해 실시되는 고전적 실험 방안은 다음과 같다. 즉 많은 비목표 자극들 중에서 목표 자극을 찾는 과제가 전형적으로 사용된다. 만약 목표 자극과 비목표 자극이 기초적 시각 속성에 의하여 구분될 수 있다면 목표 자극을 찾는 데 걸리는 반응시간이 비목표 자극의 수에 따라 변하지 않는다. 예를 들어 목표 자극인 빨간색 X는 비목표 자극인 초록색 X가 얼마나 많이 있는가와 상관없이 '눈에 띄게' 된다. 이와 유사하게 목표 자극인 빨간색 X는 비목표 자극인 빨간색 O들 가운데 눈에 확 띈다. 이와 같은 상황에서 목표 자극에 대한 처리는 '전주의적(preattentive)'으로 일어나게 되는데, 즉 목표 자극의 탐지에 주의가 필요하지 않다는 것을 의미한다. 반면 목표 자극이 여러 기초적 시각 속성(형태와 색채)에 근거하여 탐지되어야 한다면, 예를 들어 목표 자극인 빨간색 X를 비목표 자극인 빨간색 O(목표 자극과 동일한 색채를 가짐)와 초록색 X(목표 자극과 동일한 형태를 가짐)와 구분하여 탐지하는 경우 목표 자극을 찾는 데 걸리는 시간은 비목표 자극의 수와 관련된다는 것이다.

목표 자극의 탐지에 소요되는 반응시간이 증가하는 것은 주의가 한 번에 한 지점으로 향하기 때문이다. 따라서 제시되는 전체 자극의 수가 많을수록 목표 자극의 위치를 찾기 전에 더 많은 위치에 주의를 주어야 한다. 지금 이 사실을 논의하는 중요한 이유는 공간 내의 한 지점으로 주의를 주는 것이 정보의 확인보다 선행된다는 것, 즉 특정 공간 위치에 주의를 주는 것은 그 위치에 있는 시각적 속성들이 결합되어 그 항목이 무엇인가를 인식하게 한다는 것을 논하기 위해서이다(Treisman & Gelade, 1980). 만약 항목들이 우리가 주의를 주지 않은 위치에 있다면 그 항목들이 가지고 있는 기초적 속성들은 결합되지 못하거나 정확하지 못한 방식으로 결합된다. 예를 들어 만약 개인이 빨간색 X와 초록색 O가 있는 위치에 주의를 주지 않으면 한 항목의 색채와 다른 항목의 형태가 부정확하게 결합되어 빨간색 O를 보았다고 보고할 수 있다(Treisman & Schmidt, 1982).

두정엽이 이러한 결합 과정에 중추적인 역할을 하는 것으로 여겨지는데, 왜냐하면 양반구 두정엽에 손상을 입으면 특징들을 서로 결합하는 능력이 장해를 받게 된다. 이러한 장애를 가진 사람들은 결합된 특징들을 탐지하지 못하게 되는 반면 단일 특징을 탐지하는 능력은 유지한다(Friedman-Hill, Robertson, & Treisman, 1995). 이에 덧붙여서 신경계의 손상이 없는 성인의 우반구 두정엽에 경두개 자기자극을 적용하면 결합된 특징들을 탐지하는 데 걸리는 반응시간이 증가되는 반면 단일 특징을 탐지하는 데 걸리는 반응시간은 증가되지 않는다고 보고되고 있다(Ashbridge, Walsh, & Cowey, 1997). 특히 우반구 하두정엽의 일부인 각회가 매우 중요한 역할을 하는 것으로 여겨지는데, 왜냐하면 이 부위에 TMS를 적용하면 결합된 특징들을 탐지하는 능력이 방해를 받기 때문이다(Muggleton, Cowey, & Walsh, 2008; 이와 다른 견해에 관해서는 Ellison, Rushworth, & Walsh, 2003 참조).

공간 주의의 전환이 요구되는 과제 수행 동안 상두정 영역이 활성화하는 것이 여러 신경영상 연구들에서 보고되고 있다

(Nobre et al., 1997; Yantis et al., 2002). 주의의 전환에는 적어도 두 단계가 요구되는데, 첫 번째 단계는 현재 위치에서 주의를 이탈해서 새로운 위치(현재 고정점에서는 주변 부위)로 옮겨야 한다. 최근의 연구들은 고정점으로부터 주의를 이탈하는 데 관여하는 상두정 영역과 주변 시야에 있는 새로운 위치로 주의를 이동하는 데 관여하는 영역이 서로 다르다고 한다(Kelley, Serences, Giesbrecht, & Yantis, 2008). 흥미로운 점은 상두정엽이 다른 공간 위치로 주의를 돌리는 것뿐만 아니라 일반적 주의 전환에도 관여한다는 것이다. 예를 들어 이 영역은 주의를 남성 목소리에서 여성 목소리로 전환하거나(Shomstein & Yantis, 2006) 얼굴과 집이 그려져 있는 그림들이 중복되어 제시될 때 주의를 얼굴에서 집으로 전환할 때에도 활성화한다(Serences, Schwarzback, Courtney, Golay, & Yantis, 2004).

하향 주의 통제에 관여하는 배측 두정 영역과는 상반되게 우반구 하두정 영역은 상향 주의 통제에 관여하는 것으로 여겨진다. 예를 들어 단서가 곧 제시될 목표 자극에 대한 정보를 제공할 경우 이 영역들의 활성화가 증가되지 않는데, 이는 이 영역들이 하향 주의 통제에 비교적 관여하지 않는다는 것을 시사한다. 더욱이 목표 자극이 주의를 주지 않은 위치에 제시되어 개인이 그 위치로 주의를 전환해야 하는 조건에서 목표 자극을 탐지하는 동안 연상회와 상측두회의 일부 영역(때로 측두-두정 연결 부위라고 불림)이 매우 큰 활성화를 보인다. 이 영역은 자극 유형과는 무관하게 드문 자극이나 자극 특징이 제시될 경우에도 활성화된다(예를 들어 파란색 자극이 연속적으로 제시된 후 빨간색 자극이 제시되거나 개구리 소리가 연속적으로 제시되다가 물 흐르는 소리가 제시됨). 이 모든 연구 결과는 이 영역이 주의를 주지 않은 자극 혹은 자주 제시되지 않은 자극의 탐지에 관여한다는 것을 추측하게 한다(Corbetta & Shulman, 2002 참조). 하두정엽 병변을 가진 편측무시증 환자에서 관찰되는 결함 양상이 이러한 추측을 지지한다(Vallar & Perani, 1986). 이 환자들에게 병변 대측성 공간에 제시되는 단서(다시 말하면 하향 정보)에 주의를 주게 하면 자신들이 무시하는 면에 있는 자극을 탐지할 수 있다. 그러나 만약 단서가 제시되지 않으면 자극을 탐지하지 못하는데(Posner, Walker, Friedrich, & Rafal, 1984), 이는 주의를 주지 않은 정보에 대한 민감성이 감소되기 때문이다.

주의에 있어서 두정엽이 가지는 또 다른 주요 역할은 주의 자원을 할당하는 것이다. 이 가정을 지지해 주는 증거는 다양한 출처로부터 제공되었다. 첫째, 이 장의 서두에서 살펴본 바와 같이 우반구 두정영역이 지속 주의에 관여한다. 만약 개인이 주의를 일정 시간 동안 유지하고자 할 경우 주의 자원은 반드시 할당되어야 한다.

둘째, 비록 서로 다른 유형의 주의는 두정엽의 서로 다른 부위들을 활성화시키지만 주의가 특정 공간 영역이나 특정 시간대로 향하든지(Coull & Nobre, 1998), 혹은 특정 위치나 사물로 향하든지 간에(Fink, Dolan, Halligan, Marshall, & Frith, 1997) 공통적으로 활성화하는 영역들이 있다. 예를 들어 주의가 특정 공간으로 향하는 것이 요구되는 과제의 수행에는 우반구 하두정엽의 활성화가 두드러지는 한편, 특정 시간에 주의를 주는 것이 요구되는 과제에서는 좌반구 두정내구의 활성화가 증가된다. 그러나 이 두 영역을 제외한 하두정엽과 두정내구의 다른 영역들은 두 과제 모두에서 활성화를 보인다.

셋째, 두정엽과 측두엽의 경계 부위는 손상을 입었으나 전두엽을 비롯한 다른 영역들은 손상되지 않을 경우 P_{300}이 관찰되지 않는다(Knight, Scabini, Woods, & Clayworth, 1989). 이 사실은 매우 중요한데, 왜냐하면 P_{300}은 개인이 특정 자극이나 과제에 수의적으로 할당하는 주의 자원의 정도를 반영하는 지표로 여겨지고 있기 때문이다. 예를 들어 두 과제를 동시에 수행하고자 할 때 두 과제에 주의가 동등하게 할당되거나(예, 과제 A에 50%, 과제 B에 50%) 동등하지 않게 할당될 수 있다(예, 과제 A에 80%, 과제 B에 20%). 개인이 특정 과제에 더 많은 주의를 줄 경우 P_{300}의 진폭이 더 증가한다. 따라서 만약 주의의 80%가 과제 A에 할당된 반면 20%만이 과제 B에 할당된다면 과제 A에서 관찰된 P_{300}이 과제 B에서 관찰된 P_{300}보다 진폭이 더 크다(Kramer, Wickens, & Donchin, 1985). P_{300}이 주의 자원의 할당을 반영하고 측두-두정 연결 부위의 손상에 영향을 받기 때문에 이 영역이 주의 할당에 중요한 역할을 한다는 것을 추측할 수 있다.

내측 전전두피질

지금까지 우리는 뇌가 어떻게 각성되고, 주의를 주지 않던 자극으로 어떻게 주의를 전환하고 감각정보가 정보처리의 초기 단계에 여과되고 또 어떻게 감각정보를 더 상세하고 정밀하게 선택하는가를 살펴보았다. 뇌가 이러한 과정들을 수행한 후에는 반응을 선택해야 한다. 반응 선택에 중요한 역할을 하는 부위가 전대상피질(anterior cingulate cortex)과 보조운동영역을 포함하는 전전두피질의 내측 부위이다.

전두 영역이 행동의 선택에 관여한다는 것은 오래 전부터 알려져 왔다. 예를 들어 전두엽 병변은 공간의 무시면으로 향하는 움직임이 일어나지 못하게 하기 때문에 운동 무시증을 초래한다(Damasio, Damasion, & Chui, 1980). 이 결함은 주의 장애인데, 이는 이와 같은 움직임을 방해하는 운동마비가 관찰되지 않기 때문이다. 더욱이 이 장애는 전형적으로 두정엽의 손상과 관련되는 감각정보의 무시와도 구분된다(Bisiach, Geminiani, Berti, & Rusconi, 1990).

다양한 연구 기법을 사용한 최근 연구들은 내측 전전두 영역의 행동 선택에서의 역할에 대한 더 풍부한 정보를 제공한다. 예를 들어 한 연구는 원숭이 뇌의 대상운동 영역(cingulated motor area)의 문측(전측)에 위치하는 세포들이 주어진 시행에서의 운동 변수를 신호하는 자극(목표 자극에 대한 반응으로 바를 집을 것인지 혹은 놓을 것인지; Isomura, Ito, Akazawa, Nambu, & Takada, 2003)에 대해 발화율이 증가하는 것을 보고하였다. 이 연구에서 관찰된 활성화가 맥락에 적절한 행동의 선택과 관련되어 있다는 것에 주목하라.

이와 유사하게 뇌전증 수술을 받을 예정인 환자를 대상으로 두개골내 뇌파 기록을 실시한 연구들은 반응 직전 혹은 직후에 대상영역의 배측 부위(그리고 보조운동영역의 일부)의 베타파 활성화가 변화되는 것을 보고하고 있다. 이와 상반되게 반응 후 다른 전두 영역에서 변화되는 세타파는 이 기간 동안 변화를 보이지 않는다(Cohen, Ridderinkhof, Haupt, Elger, & Fell, 2008). 이러한 결과는 원숭이를 대상으로 한 연구에서도 관찰되며 이는 반응 선택에서의 내측 전전두피질의 역할을 시사한다.

인간을 대상으로 한 신경영상 연구들의 결과도 위의 결론을 지지하는데, 즉 정확한 반응의 선택이 어려울 경우 전대상피질이 특히 중요한 역할을 한다는 것을 시사한다. 앞서 5장에서 PET 연구를 언급하면서 새로운 반응을 해야 할 때('A'에 대해 'B'로 반응하고 'L'에 대해 'M'으로 반응하는 경우보다 'A'에 대해 'L'로 반응하고 'B'에 대해 'M'으로 반응하는 경우) 전대상피질의 활성화가 특히 두드러진다는 것을 살펴보았다(Paus, Petrides, Evans, & Meyer, 1993). 적절한 반응을 하기 위해서는 전형적이고 자동적인 반응을 억제하는 노력이 필요하기 때문에 이 과제에서 반응을 선택할 때 주의 통제가 요구된다. 5장에서 살펴본 바와 같이 스트룹 검사(Stroop task)의 불일치 조건(incongruent condition) 역시 자동적이지만 부정확한 반응을 억제하기 위한 상당한 정도의 통제가 요구되는 또 다른 과제이다. 이 조건에서는 피검자에게 단어가 인쇄되어 있는 잉크색을 인식하는 것이 요구되지만(예, 파랑) 단어가 의미한 색채는 잉크색과 다른 색채이다(예, 빨강). 단어 읽기가 자동적인 과정이기 때문에 대개 빨강으로 읽기 쉽다. 따라서 이 반응을 억제하고 파랑이라는 정확한 반응을 하는 것이 요구된다. 단어가 갈등스러운 반응을 야기할 색채를 의미할 경우(예, 단어 '파랑'이 초록 잉크로 인쇄되어 있으며 가능한 반응들이 파랑, 초록, 노랑일 때) 대상회의 특정 영역이 활성화되는 것이 관찰되며, 단어가 갈등스러운 반응을 초래하지 않는 경우에는 이러한 활성화가 관찰되지 않았다(예, 단어 '자주'가 초록 잉크로 인쇄되어 있으며 가능한 반응들이 파랑, 초록, 노랑일 때; Milham et al., 2001).

신경영상 연구들에서 정확한 반응을 선택하는 것이 요구되는 경우에도 대상피질의 활성화가 관찰된다. 예를 들어 가능한 반응이 여러 개 있을 때 대상피질의 활성화가 관찰된다. 한 예로 명사(예, 나무)를 제시한 후 일련의 동사들 중에서 이 명사와 관련이 있는 동사(예, 베다)를 선택할 경우(Petersen, Fox, Posner, Mintun, & Raichle, 1988) 혹은 방해 정보가 하나의 반응을 시사할 경우(Bunge, Hazeltine, Scanlon, Rosen, & Gabrieli, 2002) 대상피질이 활성화된다. 내측 전두피질 영역에 TMS를 적용할 경우 여러 반응들 중에서 하나의 반응을 시사하는 정보가 제시되면 오류율이 증가하지만 이러한 정보가 제시되지 않으면 오류율이 증가되지 않는 데, 이 결과도 이 영역이 여러 반응들 중 하나를 선택하는 데 중요한 역할을 하는 것을 시사한다(Taylor, Nobre, & Rushworth, 2007). 또한 자극이 가지고 있는 한 가지 속성보다는(예, 색채) 여러 속성에 근거하여(예, 색채, 형태, 속도) 반응해야 하는 복잡한 상황 (Corbetta, Miezin, Dobmeyer, Shulman, & Petersen, 1991) 혹은 각 자극에 대한 반응이 뚜렷이 구분되는 단순한 반응 선택보다 매우 유사한 자극들을 구분한 후 반응을 선택해야 하는 복잡한 상황에서 대상피질의 활성화가 증가한다(Liu, Banich, Jacobson, & Tanabe, 2006)(● 그림 11.5).

이제까지 손을 사용한 반응이 요구되는 연구들을 중심으로 살펴보았는데 물론 손 이외의 다른 신체 부위를 사용하여 반응할 수도 있다. 손 이외의 반응의 선택에는 다른 전전두 영역이 중요한 역할을 한다. 예를 들어 원숭이를 대상으로 한 연구들은 반응 갈등 조건에서 응시 방향의 선택(Schall & Boucher, 2007)과 반사적 눈 운동의 억제 혹은 무시(Paus et al., 1991)에 보조시야장(제5장 참조)이 중요한 역할을 한다고 보고하고 있다. 반면 앞서 언급한 바와 같이 전두시야장은 반사적보다 수의적으로 눈을 공간 내의 특정 위치로 향하는 것에 중요하다. 운전하는 동안의 주의 방향을 예로 들어 이 영역들이 가지는 서로 다른 역할을 살펴보자. 즉 전두시야장은 여러분으로 하여금 도로를 응시하게 하는 한편 내측 영역들은 중앙선 건너편 도로에서 여러분을 지나가는 차가 나타날 때마다 여러분의 주의가 길에서 벗어나지 않게 한다.

이 장의 서두에서 이미 살펴본 바와 같이 공간 내의 특정 위치로 주의를 향할 때 대개 눈도 그 위치로 움직인다. 그러면 뇌 영역들이 눈움직임 그 자체보다 주의 통제에 관여한다는 것을 어떻게 알 수 있는가에 관한 의문이 생길 수 있다. 주의를 주는 데에 눈움직임이 필요하지 않다는 것을 보여주는 증거는 원숭이를 대상으로 한 연구들로부터 제공되었는데, 이 연구들은 인간을 대상으로 실시하기에는 가능하지 않다(Wardak, Ibos, Duhamel. & Olivier, 2006). 이 연구에서 원숭이들은 두 가지 과제를 수행하도록 훈련받았다. 한 과제(도약안구운동 과제, saccade task)는 원숭이로 하여금 중앙점을 응시하게 한 후 중앙점을 사라지게 하였다. 짧은 지연 후 목표 자극이 주변 시야에 제시되고 원숭이는 목표 자극에 시각적 도약안구운동을 하게 하였다. 또 다른 과제(주의 과제)에서 원숭이

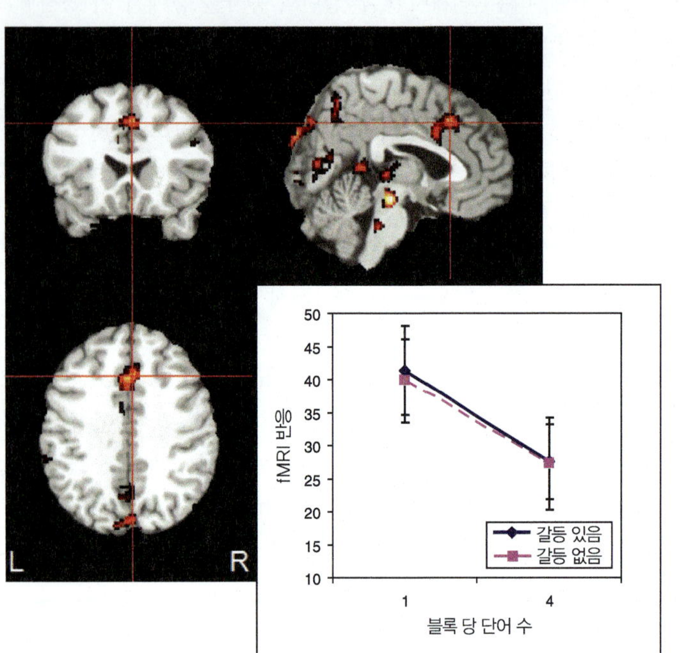

● **그림 11.5 반응 선택에 관여하는 내측 전전두피질 영역.** 전대상피질의 이 영역은 반응 선택이 쉬울 경우(오른쪽), 예를 들어 한 자극이 하나의 반응과 관련되어 있는 경우보다 반응 선택이 어려울 경우(왼쪽), 즉 한 자극이 네 개의 서로 다른 반응과 연관되어 있을 경우 더 활성화된다. 이 활성화 패턴이 선택의 다른 측면, 예를 들어 자극이 갈등을 일으키는 지각적 혹은 의미적 정보를 가지고 있는가의 영향을 받지 않는다. 출처: Liu X, Banich MT, Jacobson BL, Tanabe JL (2006). Functional dissociation of attentional selection within PFC: response and non-response related aspects of attentional selection as ascertained by fMRI. Cerebral Cortex, 16, Fig. 2, p. 832.

는 시행 동안 중앙점을 지속적으로 응시하였다. 일련의 자극이 주변 시야에 제시되고 만약 자극들 중 목표자극이 있으면 레버를 누르는 것이 요구된 반면 목표 자극이 없으면 레버를 누르지 않는 것이 요구되었다. 목표 자극은 특정 형태와 색채가 결합된 것이었기 때문에 목표 자극을 인식하기 위해서는 주의가 요구되었다. 주의 과제에서는 눈 운동이 일어나지 않았다는 점에 주목하자. 즉 눈 운동을 통해 목표 자극을 탐지하는 것이 아니라 주의를 암암리에 각 자극 위치로 향하게 하여 목표 자극을 탐지하였다. 이후 연구자들은 GABA 효능제인 뮤지몰(muscimol)을 한 대뇌반구의 전두시야장에 주사하였다. 예상한 대로 도약안구운동 과제에서 대측성 시야장으로 도약안구운동을 하는 능력이 손상되었으며 이는 약물 주사가 전두시야장의 기능을 상실하게 하기 때문이다. 그러나 중요한 점은 약물 주사가 눈 운동이 요구되지 않았던 주의 과제의 수행에도 영향을 미쳤다는 것이다. 이 결과는 전두시야장이 눈 운동뿐만 아니라 시각 주의에도 중요한 역할을 한다는 것을 시사한다.

외측 전전두피질

1장에서 살펴본 바와 같이 전전두피질은 행동을 가이드하는 데 매우 중요한 역할을 한다. 전전두피질은 주의, 즉 주의를 주어야만 하는 목표 세팅에 중요한 역할을 한다. 이 영역은 어떤 자극에 주의를 주어야 하는가 혹은 어떤 운동 반응을 선택해야 하는가보다는 좀 더 추상적인 특징에 근거하여 우리의 주의를 가이드한다. 예를 들어 전전두 영역은 개인이 주의를 주어야만 하는 정보 범주를 가이드하는 데 중요한 역할을 한다. 예를 들어 스트룹 과제에서 전전두 영역은 단어의 의미보다는 단어의 잉크색에 주의를 향하게 한다. 전두엽에 의해 이루어지는 이러한 기능들이 집행기능의 과정으로 여겨지기 때문에 집행기능을 논의하는 12장에서 이에 관해 더 자세하게 살펴보기로 하자.

그러나 여기서는 서로 다른 뇌 영역들의 주의에서의 역할을 논의할 때 자주 언급되는 주의의 구분에 관해 간략하게 살펴보겠다. 한 역할은 **주의 통제의 출처**(source of attentional control)라고 불린다. 이 역할을 가지는 영역들은 다른 영역들에 신호를 보내며 이 신호를 통해 특정 정보에 주의 편향이 일어나게 한다. 전전두 영역들이 주의 통제의 출처로 여겨진다. 이와 반대로 **주의 통제의 부위**(site of attentional control)는 특정 속성, 위치, 자극 혹은 눈에 띄는 차원에 대해 주의가 증가하는 것을 조율하는 뇌 영역이다.

이 구분을 한 신경영상 연구의 결과에 근거하여 설명하겠는데 이 연구에서 연구참여자는 두 가지 조건에서 목표자극을 탐지하는 것을 요구받았다(Kastner, Pinsk, De Weerd, Desimone, & Ungerleider, 1999). 한 조건에서 연구참여자들에게 중앙 고정점에 주의를 유지하는 것이 요구되었다. 다른 조건에서는 더 많은 주의 통제가 요구되었는데, 즉 주변 시야의 어느 곳에 주의를 주어야만 하는가에 관한 단서가 제시되었다. 이 조건에서 단서가 제시되었지만 아직 목표자극이 제시되기 전 동안 전두 영역과 상두정엽의 활성화가 매우 크게 증가하는 것이 관찰되었다. 그러나 시각 자극이 제시되면 이 영역들의 활성화가 거의 증가되지 않았는데, 이 결과는 목표 자극의 탐지가 어렵거나(목표 자극이 방해 자극들 사이에 묻혀 제시) 쉽거나(목표 자극만 제시)와 무관하였다. 이 전두-두정 영역들의 활성화가 단서가 제시된 후 그러나 자극이 제시되기 전에 증가하기 때문에 이 영역들이 주의 통제의 출처, 즉 추후 과정에 관한 편향을 세팅하는 것으로 여겨진다. 그러나 이 영역들이 자극 제시 후의 선택이 실제 일어나는 것에는 관여하지 않는 것으로 여겨지는데, 이는 이 영역들의 활성화가 실제 선택 과정의 난이도의 영향을 받지 않았기 때문이다. 이와 상반되게 후측 시각 영역(V4)의 활성화는 단서가 제시된 후 증가하였지만 전두 영역과 상두정 영역에 비해 훨씬 적게 증가하였다. 후측 시각 영역은 전두 영역과 상두정 영역으로부터 오는 편향 신호에 의해 '각성' 상태에 놓인다. 그러나 목표 자극이 제시된 후에는 이 영역의 활성화가 매우 증가되는데, 이는 이 영역이 반응 선택에 적극적으로 관여하는 것, 다시 말하면 주의 통제의 부위로 활동하는 것을 시사한다(● 그림 11.6).

선택 주의에 의한 특정 피질 영역의 활성화 조율

방금 살펴본 바와 같이 하향 신호는 다른 뇌 영역들에서 처리 과정의 편향이 일어나게 한다. 이 개념을 좀 더 자세하게 살펴보자. 우리의 시각 세계는 공간 내의 위치뿐만 아니라 공간에 존재하는 사물로도 구성된다. 과거에는 하향 신호가 주의를 공간 위치로 향하게 하는가, 즉 **주의의 공간근거 관점**(space-based viewpoint of attention) 혹은 주의를 특정 대상으로 향하게 하는가, 즉 **주의의 대상근거 관점**(object-based viewpoint of attention)에 관한 논쟁이 있었다. 공간 근거와 대상 근거 주의의 구분을 다음의 구체적인 예를 들어 설명하기로 한다. 친구를 기차역의 특정 지점에서 마중하기로 하였다고 가정하자. 기차역에 도착하여 친구를 찾기 시작할 때 친구와 만나기로 한 지점에만 주의를 주고 다른 지점에는 주의를 주지 않을 수 있다. 혹은 특정 대상에 주의를 줄 수 있는데, 만약 친구가 긴 모직코트를 입고 있다는 것을 알고 있다면 친구를 찾을 때 긴 모직코트라는 대상에만 주의를 주고 다른 대상, 예를 들어 스키 재킷이나 짧은 코트 혹은 파카 등과 같은 대상은 무시할 것이다.

인지 신경과학적 접근방법을 사용한 연구들은 선택이 공간 위치에 근거하거나 특정 대상의 속성(색채, 형태) 혹은 대상 전체에 근거하여 일어난다고 보고하고 있다. 이를 차례대로 살펴보자.

뇌 영상 연구들은 시각피질 영역들이 공간에 근거한 주의 효과를 매개하는 것을 보고하고 있다. 앞서 시각계를 논의할 때 살펴본 바와 같이 시각 처리의 초기 과정에 관여하는 영역(V1~V4)들은 시각 세계에 관한 지도를 망막위상(retinotopic) 방식으로 구성한다. 다시 말하면 공간의 특정 영역으로부터 오는 시각정보는 대측 시각피질의 특정 영역에서 처리된다. 현재 논의하고자 하는 것과 관련된 가장 중요한 것들 중의 하나는 한 시야로부터 오는 정보가 대측 시각피질에 의해 처리된다는 것이다. 한 시야의 정보에 주의를 주면 반대편 대뇌반구의 선조외 영역(V2~V4)의 활성화가 증가하는데(Heinze et al., 1994), 이는 주의가 공간에 근거하는 속성을 가지고 있다는 것을 시사한다. ERP 연구들은 공간에 근거한 주의 조율이 정보처리 과정 중 비교적 초기 단계, 즉 자극 제시 후 100밀리초 정도에서 나타나는 것을 밝히고 있다. 목표 자극이 주의를 받지 않는 공간에 제시될 때보다 주의를 받는 공간에 제시될 때 시각적 목표 자극에 의해 초래되는 P_1의 진폭이 더 증

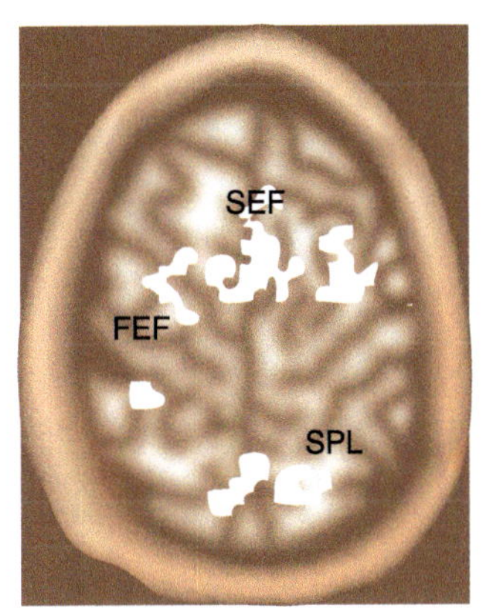

(A) 시각 자극과 주의

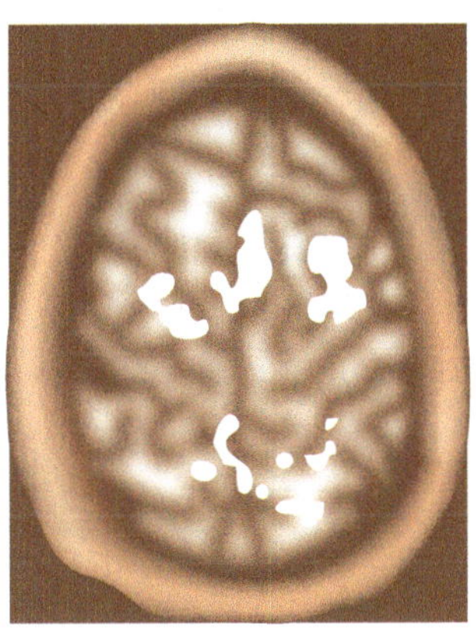

(B) 시각 자극이 없는 동안의 주의

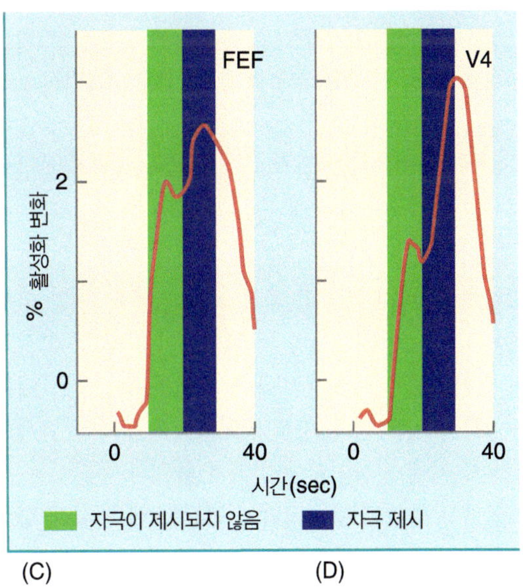

(C) (D)

● **그림 11.6 전전두피질은 하향 주의통제를 통하여 후측 뇌 영역의 활성화를 조율한다.** 보조시야장(supplementary eye field, SEF)과 전두시야장(fronal eye field, FEF)을 포함하여 전두 영역은 개인이 주의를 한 위치로 향할 때 활성화한다. 즉 (A) 자극이 제시될 때와 (B) 자극이 제시될 것이라고 기대할 때 모두 활성화한다. (C)는 fMRI로 측정한 FEF의 활성화를 보여준다. 자극이 제시되기 전에 주의가 목표 위치로 향할 때 활성화가 증가되고(초록 막대), 자극이 실제 제시되면 단지 약간 활성화가 증가된다(파란 막대). (D) 이와 상반되게 시각피질영역의 경우 자극이 제시되기 전에는 약간의 활성화 증가만이 있고(초록 막대) 자극이 제시되면 활성화가 많이 증가한다(파란 막대). 출처: Kastner, S. & Pinsk, M. A. (2004). Visual attention as a multilevel selection process. Cognitive, affective, and behavioral neuroscience, 4, Figure 6, pg. 494, Figure 11.6 A and B.

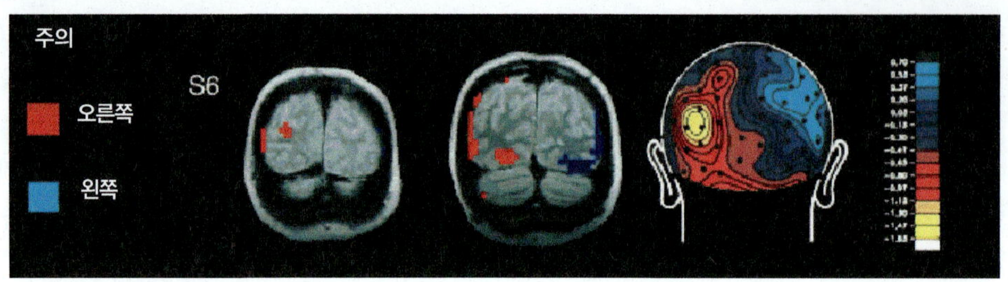

● **그림 11.7 fMRI와 ERPs로 측정한 공간 주의의 대측 통제.** 왼쪽의 두 그림은 fMRI로 측정한 선조외 피질의 활성화를 보여준다. 빨간(혹은 노란)색으로 표시된 영역은 개인이 오른쪽 공간에 주의를 주었을 때 활성화되는 영역이다. 활성화가 좌반구에 국한되어 일어나는 것에 주목하라. 이와 상반되게 파란색으로 표시된 영역은 개인이 왼쪽 공간에 주의를 주었을 때 활성화되는 영역이다. 이 영역들이 우반구에 위치하는 것에 주목하라. 오른쪽에 제시되어 있는 그림은 자극 제시 후 100~140밀리초 사이에 관찰되는 ERP 요소를 보여준다. 빨간과 노랑색은 주의가 오른쪽 공간으로 향할 때 증가하는 활성화를 나타낸다. 출처: Mangun et al., 1998. ERP and fMRI measures of visual spatial selection attention. Human Brain Mapping, 6, p.386, fi g.1. By permission of John Wiley & Sons, Inc.

가한다(Heinze, Luck, Mangun, & Hillyard, 1990). PET, 쌍극자 모델(dipole model; Heinze et al., 1994)과 fMRI (Mangun, Buonocore, Girelli, & Jha, 1998) 연구들은 P_1의 출처가 이차시각영역(선조외 영역)이라고 보고하고 있다(● 그림 11.7). 선조외 영역은 공간에 근거한 주의 조율 부위인 한편 두정피질은 앞서 살펴본 바와 같이 주의 통제의 출처로서 공간에 근거한 선택에 중요한 역할을 한다.

또 다른 연구들은 정보가 대상의 속성에 근거하여 선택된다는 것을 보여준다. 한 고전적 신경영상 연구에서 연속적으로 제시되는 두 개의 움직이는 유채색 물체가 동일한 것인지 혹은 동일한 것이 아닌지를 판단하는 과제를 실시하였다(Corbetta et al., 1991). 연구참여자들에게 물체의 한 속성(예, 색채)에 근거하여 반응하고 물체의 다른 속성(예, 속도와 형태)은 무시하도록 지시하였다. 따라서 실험 조건들에서 지각정보는 동일하고 단지 어떤 속성에 주의를 주는가만 달랐다. 연구참여자가 색채에 주의를 주는 동안에는 V4와 같이 색채에 민감한 복측 시각 경로에 있는 영역들이 가장 큰 활성화를 보였다. 또한 연구참여자가 형태에 주의를 주는 동안에는 복측 시각 경로에 있는 다른 일부 영역들에서 증가된 활성화가 관찰되었다. 이에 덧붙여서 참여자가 물체의 움직이는 속도에 주의를 주는 동안에는 움직임에 민감한 배측 시각 경로의 MT 부위가 가장 큰 활성화를 보였다.

ERP 연구들은 색채와 형태 등과 같은 대상의 속성에 근거하는 정보의 선택이 공간 위치에 근거하는 선택보다 다소 늦게, 즉 자극 제시 후 250~300밀리초 정도에서 일어난다고 보고하고 있다(Anilo-Vento, Luck, & Hillyard, 1998). 그러나 최근 연구에 의하면 색채에 근거한 주의가 자극 제시 후 100밀리초 정도로 빨리 일어날 수 있다고 한다. 이 연구들에서 반시야에 빨간 점과 초록 점이 서로 섞여 제시되었고 연구참여자들에게 한 색채(예, 빨강)에만 주의를 주도록 지시하였다. 다른 반시야에는 단일 색채의 점들만이 제시되었고 이 점들을 무시하도록 지시하였는데, 이 점들 모두가 주의를 준 색채(예, 빨강) 혹은 주의를 주지 않은 색채(예, 초록)를 띠었다. 주의를 주지 않은 점의 색채가 초록일 경우보다 빨강일 경우 P_1의 진폭이 더 컸다(Zhang & Luck, 2009). 이 결과는 공간적 선택 주의 때문에 초래된 것이 아닌데, 이는 주의를 주지 않은 위치에 있는 점들의 색채에 따라 반응의 차이가 났기 때문이다. 대신 이 결과는 뇌가 특정 속성이 어느 위치에 제시되었는가와 상관없이 특정 속성에 주의 편향되어 있다는 것을 시사한다.

주의 선택이 대상 전체에 근거하여 일어날 수도 있다(Yantis & Serences, 2003, 참조). 대상 전체에 근거하여 일어나는 주의를 측정하기 위해서는 대상의 공간 위치를 일정하게 유지하여 공간에 근거한 주의 선택이 일어나지 못하게 하는 실험 방안이 필요하다. 전형적으로 대상에 근거하는 주의를 측정하는 실험에서는 중복된 도형들이 사용되는데, 한 도형에는 주의를 주고 다른 도형은 무시하는 것이 요구된다. 한 연구에서 연구참여자에게 사람 얼굴과 집의 그림을 제시하였다. 사람 얼굴에 주의를 줄 경우에는 방추상회의 활성화가 증가되었다. 이와 상반되게 집에 주의를 주는 동안에는 해마방의 장소 영역에서 증가된 활성화가 관찰되었다(O'Craven, Downing, & Kanwisher, 1999). 이러한 주의에 의한 조율은 비교적 초기 단계에 일어나는 것으로 보이는데, 즉 시각 특징들이 서로 결합하여 특정 대상으로 인식되자마자 주의 효과가 일어나는 것으로 여겨진다. 7장에서 이미 살펴본 바 있는 ERP 요소인 N_{170}은 다른 대상보다는 특히 얼굴에 의해 초래된다. 이와 동일한 뇌자도 요소인 M_{170} 역시 대상에 근거한 주의 효과를 반영한다. 얼굴과 집이 서로 중복된 그림에서 집에 주의를 줄 때보다 얼굴에 주의를 줄 때 M_{170}의 진폭이 증가한다(Downing, Liu, & Kanwisher, 2001). 따라서 대상에 대한 주의 선택은 자극 제시 후 170밀리초 정도의 빠른 시기에 일어날 수 있다.

방금 살펴본 연구들의 결과는 정보 선택에 있어서의 주의의 조절이 다양한 방법을 통하여 일어날 수 있다는 것을 시사한다. 즉 주의는 공간 위치, 대상의 속성 혹은 대상 전체에 근거하여 정보를 선택하게 한다. 이러한 주의 효과에 관여하는 뇌 구조들에 관한 연구들은 흥미로운 결과를 보고하고 있다. 정보의 선택이 특정 특성에 의하여 이루어지면, 이 특성의 처리에 관여하는 것으로 알려진 뇌 영역의 활성화가 증가한다. 예를 들어 공간 위치에 근거하여 정보 선택이 일어나면 공간정보의 처리에 관여하는 뇌 영역들, 즉 시각 처리에 관여하는 시각피질과 세상에 관한 공간지도를 작성하는 두정엽의 활성화가 증가한다. 만약 주의가 특정 대상으로 향하게 되면 대상을 처리하는 데 관여하는 복측 시각 경로의 활성화가 관찰된다. 또한 주의가 움직임 등과 같은 물체의 특성으로 향하게 되면, 움직임에 가장 민감하게 반응하는 뇌 영역인 MT의 활성화가 증가되는 것이 관찰된다. 따라서 주의는 뇌의 한 특정 영역에만 위치하지 않는다. 대신 여러 뇌 영역들이 과제의 수행에 적합한 정보를 처리할 때 주의는 이 영역들의 활성화가 원활하게 일어날 수 있도록 한다. 따라서 주의는 조율 과정(modulatory process)이라고 할 수 있다.

이제까지 살펴본 것이 선택 주의에 관여하는 몇 가지 일반적인 신경 기제에 관한 것을 알려준다. 한 기제는 주의를 주어야 하는 정보를 처리하는 뇌 체계들의 활성화가 증가하는 것이다. 이 기제는 방금 살펴본 바와 같이 뇌 영역 수준, 뉴런집단 수준(Reddy, Kanwisher, & Vanrullen, 2009) 혹은 단일세포 수준(Moran & Desimone, 1985)에서 일어날 수 있다. 또 다른 기제는 마치 자극 제시를 알려주는 단서에 대한 반응으로 V4의 활성화가 증가하는 것처럼 자극이 제시되기 전부터 활성화의 기본율이 증가하는 것이다. 이 두 경우 모두 뉴런의 발화율이 주의를 주거나 과제에 적합한 정보를 처리하는 세포의 기능을 조율한다.

이 두 기제 외 또 다른 기제는 주의가 방해 정보의 영향을 감소시킬 수 있다는 것이다. 이에 관한 설명이 원숭이를 대상으로 한 단일세포 기록 연구에 제시되어 있다. 이 연구들에서 연구자들은 세포의 수용장 내에 하나씩 제시되는 일련의 자극들에 대한 세포의 반응을 먼저 기록하였다. 그런 후 수용장 내에 또 다른 자극들을 제시하였다. 예를 들어 자극 A(단독으로 제시)에 대한 발화율이 중간 정도이고 자극 B(단독으로 제시)에 대해서는 낮은 발화율을 보였다. 만약 세포가 수용장 내에 제시되는 모든 자극들의 추가적 효과(A에 대한 반응 + B에 대한 반응)에 반응한다면 각각의 자극이 단독으로 제시되었을 때보다 자극 모두가 수용장에 제시될 때의 세포의 발화율이 더 크다. 실제 두 자극 모두가 수용장에 제시될 경우 세포의 반응은 각 자극에 대한 반응의 평균이다. 세포가 잘 반응하지 않는 자극 B의 제시가 자극 A에 대한 세포 반응을 억제한다(Reynolds, Chelazzi, & Desimone, 1999). 따라서 수용장 내에 제시되는 자극들 사이에 경쟁적 상호작용이 있다. 가장 중요한 점은 한 자극의 위치에 대한 공간 주의가 시야 내에 있는 다른 자극의 억제적 효과를 감소시킬 수 있다는 것이다(● 그림 11.8). 이와 유사한 기제가 인간에서도 관찰되는데, 즉 특정 위치로 공간 주의를 줄 경우 시야에 존재하는 다른 자극의 억제적 효과가 제거된다(Kastner, De Weerd, Desimone, & Ungerleider, 1998). 이와 같이 주의는 방해 정보의 영향을 감소시킨다.

한 이론에 의하면(Lavie & Tsal, 1994; Lavie, 1995), 이 억제적 기제가 전반적인 주의 요구가 높을 경우 일어난다고 한다. 주의 요구가 높은 경우 방해 정보를 처리할 수 있는 자원이 거의 남지 않기 때문에 방해 자극이 억제된다. 이에 반하여 주의 요구가 낮을 경우에는 방해 정보를 처리할 수 있는 자원이 충분하다. 이 견해를 지지하는 증거는 연구참여자들이 난이도가 서로 다른 두 개의 언어 과제 중 하나를 수행하는 연구로부터 제공되었다(Rees, Frith, & Lavie, 1997). 쉬운 과제에서는 제시되는 단어가 대문자로 쓰였는가를 판단하는 것이 요구되었고 이보다 더 어려운 과제에서는 단어가 두 음절인가를 판단하는 것이 요구되었다. 중앙에 제시된 단어 주변으로 스크린의 가장자리를 향하여 빨리 움직이는 점들이 제시되었는데, 이 점들은 MT 영역을 활성화시키는 강한 움직임감(sense of movement)을 유발하였다. 참여자들에게 이 점들을 무시하도록 요구하였는데, 다시 말하면 이 점들은 과제 수행에 적절한 자극이 아니었다. 연구자들은 MT 영역의 활성화 정도에 근거하여 주의를 주지 않은 자극(움직이는 점)이 처리되었는가를 측정하였다. 쉬운 과제에서는 MT 영역의 활성화가 증가하였는데(움직이는 점이 제시되지 않은 경우에 비해), 이는 MT 영역이 과제 수행에 방해가 되는 움직임 정보를 처리하였다는 것을 시사한다. 이와 상반되게 과제가 어려울 경우 움직이는 점이 제시되지 않은 경우에 비해 MT 영역의 활성화가 감소되었다. 이 결과는 주의가 요구되는 조건에서는 주의가 부적절한 정보의 처리를 효과적으로 억제한다는 것을 보여준다.

주의를 준 정보의 처리가 증가하고 주의를 주지 않은 정보의 처리는 억제된다는 것이 **편향–경쟁모델**(biased-competition model)에 의해 설명된다(Desimone & Duncan, 1995). 이 모델은 주의가 진행 중인 뉴런 활성화를 편향시킴으로써 작용한다고 주장한다. 이 편향은 하향 방식으로 일어날 수 있는데, 특정 공간 위치에 주의를 주게 하거나 과제에 적합한 자극에 주의 편향이 일어나게 한다. 예를 들어 스프를 먹을 경우 포크보다는 스푼에 주의를 주게 한다. 그러나 모든 편향이 하향 방식으로 일어나지 않는다. 예를 들어 밝은 자극이 어두운 자극보다 더 주의를 끌듯이 자극 강도에 의한 상향 방식의 편향이 일어날 수 있다.

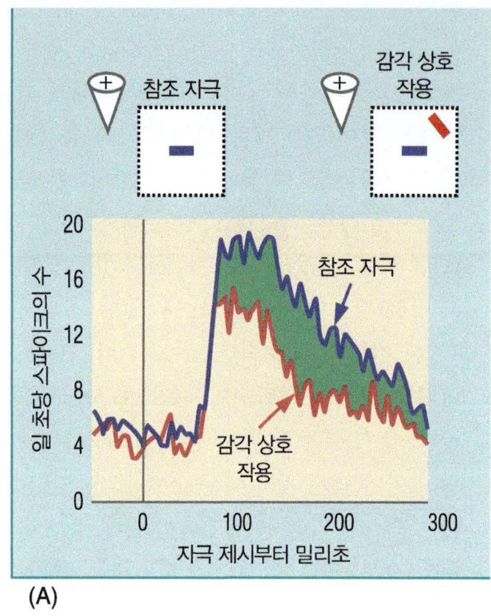

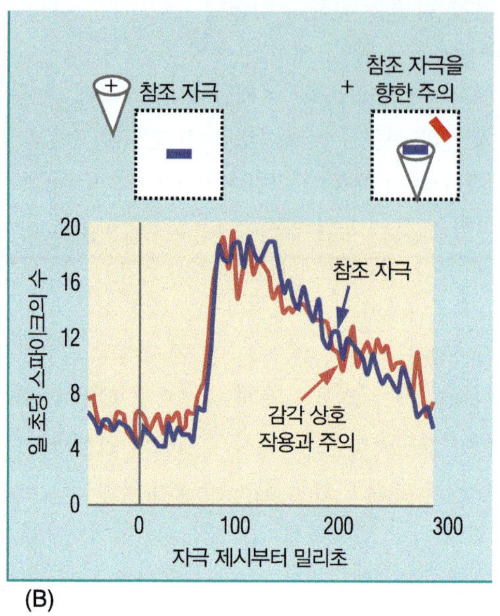

● **그림 11.8 주의에 의해 조율되는 뉴런 활성화.** 서로 다른 조건에서 관찰된 V4 세포의 활성화를 보여준다. 세포의 수용장은 점선의 사각형으로 표시되어 있고 원숭이의 주의 초점은 원뿔로 표시되어 있다. 모든 경우 파란 막대는 세포를 발화시키는 효과적인 자극을 나타내고 빨간 막대는 세포를 발화시키지 못하는 비효과적 자극을 나타낸다. (A) 이 경우 주의가 세포의 수용장 바깥에 있는 고정점으로 향한다. (왼쪽) 참조 자극이 효과적으로 강한 반응을 일으키지만 (오른쪽) 비효과적인 자극도 시야에 제시되면 세포의 활성화가 상당히 감소한다(곡선 사이의 초록색 영역). (B) 비효과적인 자극이 가지는 이 억제 효과는 주의가 효과 자극의 위치로 향하면 상쇄되는데(오른쪽), 즉 세포의 발화율 감소가 나타나지 않는다. 출처: Pessoa, L., Kastner, S., & Ungerlieder, L. G. (2003) Neuroimaging studies of attention from modulation of sensory processing to top-down control. The journal of Neuroscience, 10, Figure 1A and 1B, pg. 3992.

주의에 관한 계산 모델(computational model)은 상향과 하향 방식의 경쟁을 입증하였다. 예를 들어 시각 선택주의에 관한 계산 모델은 승리자가 모든 것을 차지하는 연결망(winner-take-all networks) 개념을 도입하였다. 이러한 연결망에서는 승리자가 가장 높은 수준의 활성화를 통해 나머지(방해 자극)의 활성화를 모두 획득하게 되고 더 부가적으로 처리된다고 한다. 이 모델에서의 각 단위의 활성화 수준은 자극의 두드러짐, 즉 상향 요인과 공간 주의, 즉 하향 요인 모두의 영향을 받는다(Mozer & Sitton, 1998). 이와 유사하게 경쟁이 주의 통제의 하향 모델에서도 중요한 역할을 한다. 예를 들어 계산 모델은 스트룹 효과를 다음과 같이 설명한다. 단어가 인쇄된 잉크색의 확인에 비해 단어 읽기가 자동적 과정이기 때문에 이 두 과정 사이의 경쟁이 단어 읽기에 편향된다는 것이다. 전전두엽으로부터의 하향 통제가 이 본능적 편향을 수정하기 때문에 주의가 단어 읽기보다 잉크색 확인으로 향한다(O'Reilly & Munakata, 2000; Cohen, Braver, & O'Reilly, 1996). 주의 통제의 출처인 전두엽으로부터 제공되는 이 편향이 잉크색의 처리(V4)와 단어 읽기(각회)에 관여하는 후측 영역들의 활성화를 조율한다. 실제 전전두 영역의 편향 신호 개념을 도입한 스트룹 효과에 관한 계산 모델은 스트룹 과제의 수행 동안 fMRI를 통해 측정된 뇌 활성화 패턴을 예견하게 한다(Herd, Banich, & O'Reilly, 2006).

주의가 편향 기제로 작용한다는 것은 매우 강력한 개념이며 이 개념은 이 장의 마지막 부분에서 살펴볼 편측무시증에서 관찰되는 일부 결함을 설명하는 데에도 사용된다.

■ 분리주의

분리주의가 우리가 살펴볼 마지막 주의 범주이다. 앞서 언급한 바와 같이 분리주의는 서로 다른 정보 출처 혹은 서로 다른 과제들 사이에 주의를 분산해야 할 때 일어난다. 때로 주의는 두 개의 서로 다른 정보 출처 사이에 분리되어야만 하는데, 이 두 출처가 동일하거나 서로 다른 감각 유형일 수 있다. 동일한 감각 유형에서 주의를 분리하는 예로는 두 친구, 즉 한 친구는 전화로 여러분과 통화하고 있고 다른 친구는 여러분 옆에 앉아 있는데, 이 중 누구에게 주의를 주어야 하는가를 결정할 때를 들 수 있다. 만약 두 사람이 동시에 여러분과 대화를 한다면 여러분은 두 청각정보 출처에 주의를 분리해야만 두 사람이 얘기하는 것 모두를 이해할 수 있다. 또 다른 경우는 서로 다른 감각정보에 주의를 분리하는 것인데, 예를 들어 여러분이 운전을 하는 동안 누군가와 대화를 하는 경우이다. 이 경우 여러분은 자신의 시각 주의를 도로로 향하기를 원하지만 이와 동시에 청각 주의를 동승하는 사람의 대화에 주어야 한다.

현재로는 주의가 분리되는 각각의 과제에 관여하는 뇌 영역들 외의 뇌 영역들이 분리주의에 관여하는가에 관한 일치된 견해는 없다. 일부 연구자들은 두 개의 서로 다른 감각유형의 과제들에 주의가 분리될 경우 전전두 영역 내의 활성화가 증가한다고 주장한다(Loose, Kaufmann, Auder, & Lange, 2003; Vohn et al., 2007), 한 연구에서 배외측 전전두 영역에만 rTMS를 적용한 결과 동시에 제시되는 청각과 시각 과제에 주의를 분리하는 능력이 방해를 받았다(Johnson, Strafella, & Zatorre, 2007). 더욱이 rTMS를 받은 일부 연구 참여자들의 경우 rTMS를 받기 전에 분리주의 과제를 수행하였고 이 수행 동안 fMRI를 사용하여 이들의 뇌 활성화가 측정되었다(Johnson & Zatorre, 2006). 이 분리주의 과제에서 배외측 전전두 피질이 더 활성화할수록 이 영역에 적용된 rTMS의 효과가 더 컸다(즉 과제 수행이 더 방해를 받았다). 따라서 배외측 전전두 영역이 과제들 사이에 주의 자원을 할당하는 데 하향 통제 혹은 가이던스를 제공하는 것으로 여겨진다.

그러나 일부 연구자들은 전전두 영역의 활성화가 주의가 분리되기 때문보다는 단일 과제 조건보다 분리 과제에서의 요구가 더 크기 때문에 일어난다고 주장한다. 이 가설을 검증하기 위해 단일 과제 조건에서의 활성화와 단일 과제 조건과 난이도에서 유사한 이중 과제 조건에서의 활성화를 서로 비교하였다. 두 조건에서 활성화를 보인 뇌 영역들이 매우 중복되었는데, 이 뇌 영역들에 전전두피질도 포함되어 있었다(Nebel, Wiese, Stude, de Greiff, Diener, & Keidel, 2005; Hahn et al., 2008). 따라서 분리주의에 전전두 영역이 어느 정도 관여하는가는 아직 확실하지 않다.

주의 통제의 네트워크 모델

주의가 다양하게 정의되고 또 많은 뇌 영역들이 주의에 관여하기 때문에 이 복잡한 주의를 이해하기 위해서는 이론적 모델이 요구된다. 이 모델들은 어떻게 다양한 영역들이 상호작용하여 주의 통제가 가능하게 하는지를 설명할 수 있어야 한다. 이제까지 우리가 살펴본 주의의 서로 다른 하위 체계들을 고려한 주의 통제에 관한 세 가지 모델을 간략하게 살펴보자.

■ 분산되어 있는 동시에 서로 중복되는 네트워크

Mesulam (1981)이 제안한 주의에 관여하는 신경체계에 관한 한 고전적 모델은 편측무시증의 임상적 현상을 설명하는 데 도움이 된다. 이 모델은 주의가 광범위한 대뇌피질 영역들로 구성된 한 네트워크에 의해 통제되며, 네트워크에 포함되는 피질 영역들의 기능은 전문화되어 있는 동시에 중복되어 있다고 한다. 네트워크에 포함되는 각 영역들의 기능이 전문성을 가지고 있다고 여기는 이유는 각 영역의 역할이 다른 영역들이 가지고 있는 역할과 완전히 동일하지 않기 때문이라고 한다. 그러나 각 영역이 가지는 고유의 기능이 절대적이라고 여기지 않는 이유는 네트워크에 포함되는 서로 다른 영역들에 손상을 입을 경우 서로 유사한 손상 효과가 관찰되기 때문이다. 따라서 이 모델은 엄격한 국재화 입장이나 엄격한 질량 작용(mass action)의 입장을 취하지 않는다.

이 모델에 의하면 네 가지 주요 영역들이 주의의 특정 측면을 통제하는 데 우세하지만 완전히 독점적이지 않은 역할을 담당하고 있다고 한다. RAS의 주된 역할은 경계와 각성을 유지하는 것이고 대상피질의 주된 역할은 정보에 동기적 중요성을 부여하는 것이라고 주장한다. 또한 후측 두정엽의 역할은 세상에 관한 감각지도를 제공하는 것이고 전두엽의 기능은 운동 프로그램을 제공하는 것인데, 이 운동 프로그램은 탐색, 스캐닝, 뻗음 혹은 고정 등을 통하여 주위 환경에 대한 주의 초점을 이동하는 것을 가능하게 한다고 한다(● 그림 11.9A).

이 모델은 주의가 상호 관련된 대뇌 네트워크에 의해 통제된다고 여기기 때문에 이 모델은 뇌손상이 어떻게 주의에 영향을 미치는가에 관한 세 가지 중요한 시사점을 제공한다. 첫째, 손상이 단일의 뇌 영역에 제한되어 일어난다고 하여도 뇌 손상이 주의 행동뿐만 아니라 다른 행동에도 영향을 미칠 수 있다는 것을 시사한다. 예를 들어 비록 전두엽이 주의 통제에 관여하는 네트워크에 포함되지만 전두엽은 집행기능에도 관여한다. 둘째, 이 모델이 엄격한 국재화 입장을 취하지 않기 때문에 서로 다른 부위의 손상으로 말미암아 동일한 기능이 장애를 입을 수 있다는 점을 시사한다. 예를 들어 잠시 후에 자세히 논의될 편측무시증은 뇌의 매우 다양한 부위의 손상으로 말미암아 초래된다. 셋째, 가장 심각한 정도의 주의장애는 네트워크에 포함된 뇌 영역들 중 하나 이상의 영역에 손상을 입을 경우 관찰된다는 점이다. 따라서 두정엽에만 손상을 입은 경우보다 전두엽과 두정엽 모두에 손상을 입으면 더 심각한 정도의 무시증이 초래되는 것을 예상할 수 있다.

■ 각성, 정위와 집행적 주의

또 다른 주요 모델은 주의가 세 개의 서로 분리될 수 있는 체계, 즉 각성, 정위와 집행적 주의로 분리될 수 있다고 주장한다(● 그림 11.9B)(Posner & Rothbart, 2007). 이 모델에 의하면 한 하위 체계가 각성에 관여한다고 하는데, 즉 유입되는 정보에 대한 높은 민감도를 성취하고 유지하게 하는데 관여한다고 한다. 이 하위 체계는 뇌로 하여금 지속적인 각성 상태를 유지하게 하고 곧 있을 사건에 대한 경고 신호에 대해서는 재빨리 반응하게 한다. 각성 체계에는 청반(locus coeruleus), 두정피질과 우반구 전두피질이 포함되며 신경전달물질인 노르에피네프린과 밀접하게 관련되어 있다. 두 번째 하위 체계가 정위에 관여하는 것인데, 이 하위 체계는 감각신호의 출처로 주의를 향하게 하고 다양한 감각 입력 중에서 선택하게 한다. 이 모델에 의하면 이 두 번째 하위 체계에는 상구, 상두정 영역, 측두-두정 경계와 전두시야장이 포함되고 신경전달물질 아세틸콜린과 밀접하게 관련되어 있다. 세 번째 하위 체계

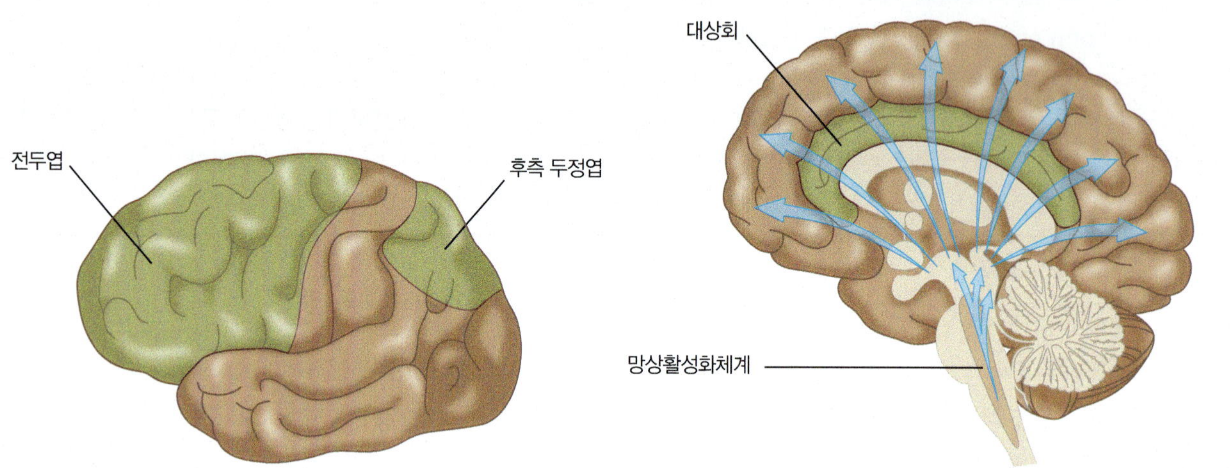

● **그림 11.9A 주의 통제의 네트워크 모델.** Mesulam (1981)이 제안한 모델에 의하면 망상체가 각성과 경계에 관여하고 후측 두정엽이 주위 환경에 대한 감각 지도를 제공하며 대상회가 동기적 가치에 따라 주의의 공간 분포를 조율하고 전두 영역이 탐색, 스캔, 손 뻗음과 시선 고정에 필요한 운동 프로그램을 조율한다고 한다. 이 네트워크는 적어도 세 개의 상호보완적이고 상호작용하는 개인외적 공간 표상, 즉 후측 두정피질의 감각 표상, 전두피질의 탐색적 움직임의 도식과 대상피질에 의한 동기적 지도(motivational map)를 필요로 한다.

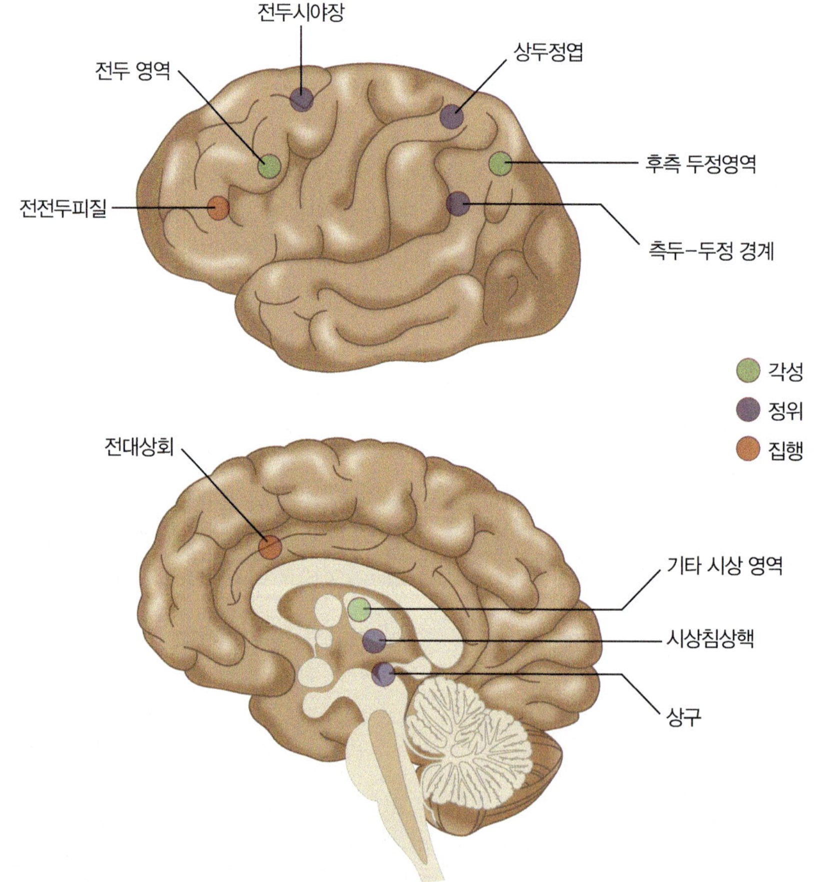

● **그림 11.9B** Posner와 동료들(Posner & Rothbart, 2007)이 제안한 모델에 의하면 세 가지 주의 네트워크가 뇌에 존재한다고 한다. 하나는 *경계*에 관여하며 그림에 초록색으로 표시되어 있다. 경계는 유입되는 자극에 대한 민감성의 생성과 유지에 관여한다. 또 다른 네트워크는 주로 *정위*(orientation)에 관여하고 그림에 보라색으로 표시되어 있다. 정위는 감각 신호의 출처로 주의가 향하게 하는 데 관여한다. 빨간색으로 표시되어 있는 세 번째 네트워크는 *주의의 집행*에 관여하는데 즉 개인의 목적과 희망에 따라 주의를 향하게 한다. 이 체계들은 각각 노르에피네프린, 아세틸콜린과 도파민 신경전달물질에 의해 조율되는 것으로 가정된다. 출처: Posner, M. I. & Rothbart, M. K., (2007). Research on attention networks as a model for the integration of psychological science. Annual review of Psychology, 58, Figure 2, pg. 6.

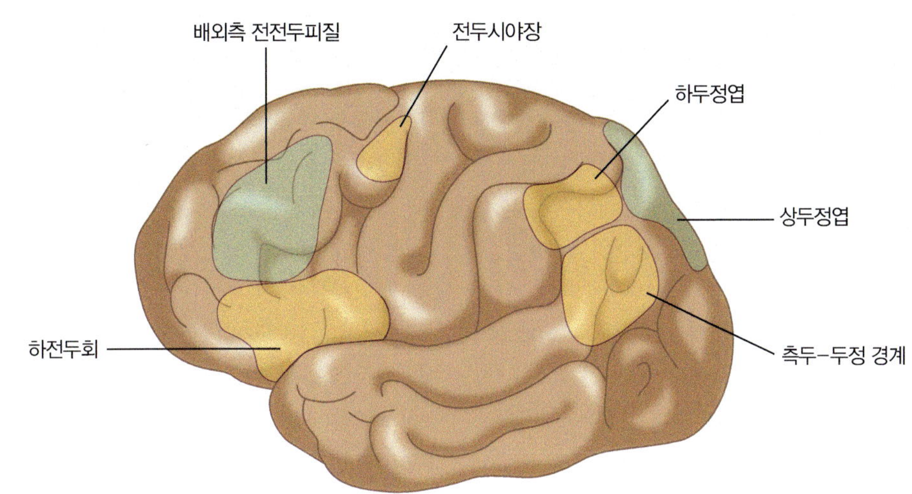

● **그림 11.9C** Corbetta와 Shulman (2002)는 시각 주의가 두 개의 네트워크에 의해 통제된다고 주장한다. 초록색으로 표시된 한 네트워크는 배측 전두-두정 네트워크로서 주의 통제의 목표지향적 측면에 관여한다. 황금색으로 표시된 또 다른 네트워크는 배측 체계로서 주로 우반구에 위치하고 하전두 영역과 측두-두정 영역으로 구성된다. 이 네트워크는 행동에 적절한 자극의 탐지에 관여한다. 출처: Corbetta, M. & Shulman, G. L. (2002). Control of goal-directed and stimulus driven attention in the brain. Nature reviews Neuroscience, 3, left—Figure 3c (righthand portion) pg. 203, right—Figure 6d page 210.

는 집행적 주의를 지지하는데, 즉 개인의 목표와 희망에 맞게 주의가 일어날 수 있도록 통제하는데, 여기에는 갈등의 탐지와 해결이 포함된다. 이 체계에는 기저핵, 복외측 전전두 영역과 전대상피질이 포함되고 도파민과 밀접하게 관련되어 있는 것으로 여겨진다.

일부 최근 연구들은 이 체계들이 완전히 독립적으로 기능하지 않고 한 체계의 처리가 다른 체계에 영향을 미칠 수 있다고 한다. 예를 들어 단서가 부정확한 목표 자극의 위치로 주의를 끌게 할 경우(정위 체계가 관여) 개인은 갈등을 야기하는 정보로부터 제공되는 간섭을 해결하는 것(집행 체계가 관여)이 더 어려워진다(Fan et al., 2009). 만약 두 체계가 완전히 분리되어 기능한다면 한 체계에 의해 일어나는 처리 과정이 다른 체계에 의해 일어나는 처리 과정에 영향을 미치지 않아야 한다. 따라서 주의의 서로 다른 기능이 서로 다른 뇌 영역들에 의해 일어난다고 주장하는 모델에서 조차 이 영역들이 궁극적으로 서로 상호작용한다는 점을 시사한다.

■ 목표 선택 대 반응에 적절한 자극 탐지

다른 모델은 두 가지 부분적으로 분리되어 있는 네트워크가 서로 다른 주의 기능에 관여한다고 주장한다(Corbetta & Shulman, 2002). 배측 하위 체계는 두정내구와 상전두피질 일부로 구성되어 있다. 이 체계는 목표에 맞게(하향) 자극과 반응을 선택하게 한다. 복측 하위 체계에는 주로 우반구의 측두-두정피질과 하전두피질이 포함된다. 이 하위 체계는 반응에 적절한 자극을 탐지하는 데 전문화되어 있는데 특히 눈에 두드러지거나 예기치 않은 자극의 경우에 그러하다. 이 모델에서 배측 체계는 하향 주의 통제에 더 관여하는 한편 복측 체계는 상향 주의 통제에 더 관여한다(● 그림 11.9C)

왜 두 체계가 존재하는가? 만약 우리가 상향 방식에 따라 선택한 목표, 장소 혹은 대상에만 주의를 줄 경우 우리가 예상하지 못한 눈에 띄는 환경 자극을 놓칠 수 있다. 다시 말하면 복측 전두두정 네트워크는 중요한 새로운 사건이 일어날 경우 주의를 재세팅함으로써 배측 체계에 대한 '회로 차단기'처럼 작용한다. 청반이 복측 주의 체계에 중요한 역할을 하는 것으로 미루어 노르에피네프린이 리셋 과정에 작용하는 것으로 여겨진다. 예를 들어 사람들에게 역치하 수준으로 얼굴 사진을 보여주어 얼굴을 의식적으로 탐지하지 못하게 할 경우 보여준 얼굴이 정서적으로 중립적인 표정을 가지고 있을 때보다 두려운 표정을 짓고 있을 때 상구, 시상침, 청반과 편도체의 활성화가 증가한다. 연구자들은 편도체와 연결되는 상구시상침 경로를 통해 역치하 두려움 신호가 처리되고 나아가 회로 차단기의 역할을 하는 청반을 활성화시킨다고 제안한다(Liddell et al., 2005). 이 연구는 어떻게 복측 체계가 주의의 방향을 다시 바꾸게 하여 우리로 하여금 현재 목표와 목적에만 근거한 터널시각(좁은 시각)을 가지지 않게 하는가를 설명한다.

■ 기본상태 네트워크: 주의의 부족?

우리가 부주의하면 어떤 일이 일어나는가? 우리가 앞서 살펴본 뇌구조들이 제대로 기능하지 않고 휴식을 취하는가? 수 십 년 동안 과학자들은 그렇게 추측해 왔다. 그러나 최근에 보고된 한 연구는 주의에 관여하는 뇌 영역들과 정반대로 기능하는 뇌 체계가 존재한다고 주장한다(Raichle, 2001). 이 체계를 '기본상태 네트워크(default network)'라고 부르는데 이는 뇌가 주의에 관여할 때보다 '기본상태'에 있을 경우 이 체계가 활성화되기 때문이다.

이 모델에 의하면 기본상태 네트워크가 내측 안와전두 영역, 후대상피질과 하두정엽의 일부 영역을 포함하는 영역들로 구성된다고 한다(● 그림 11.10). 이 장에서 살펴본 많은 영역들, 즉 배외측 전전두피질, SMA, 하두정엽의 또 다른 영역들, 전두시야장과 두정내구를 포함하는 영역들의 활성화가 증가하면 이 네트워크의 활성화는 감소한다(Fox, Snyder, Vincent, Corbetta, Van Essen, & Raichle, 2005). 다시 말하면 기본상태 네트워크의 활성화는 주의 통제에 관여하는 뇌 구조들의 활성화와 호혜적인 관계를 가지고 있는 것으로 여겨진다.

이에 관한 더 많은 증거가 주의의 실수에 관한 연구들로부터 제공된다. 사람들이 주의 실수를 하지 않을 때보다 주의 실수를 하면(예를 들어 특정 시행에서 더 긴 반응 시간과 더 많은 오류율을 보임) 기본상태 네트워크가 덜 비활성화(즉 더 활성화)된다(Weissman, Roberts, Visscher, & Woldorff, 2006). 따라서 주의 능력은 주의 체계가 관여하는 것뿐만 아니라 기본상태 네트워크가 관여하지 않은 것에도 달려있다.

현재, 기본상태 네트워크가 많이 연구되고 있지만 이 네트워크의 정확한 기능에 관해서는 일관된 연구 결과가 없다. 일부 과학자들은 이 네트워크의 활성화가 주의 부족을 시사한다고 주장하는 반면 다른 이들은 외적 환경보다는 내적 상태 혹은 생각으로 주의가 향하고 있는 정도를 반영한다고 주장한다(Buckner, Andrews-Hanna, & Schachter, 2008). 추후 연구들이 이 네트워크의 기능에 관한 일치된 견해를 제공할 것이다.

편측무시증: 임상측면

지금부터는 이 장의 서두에 기술된 증후군인 편측무시증에 관

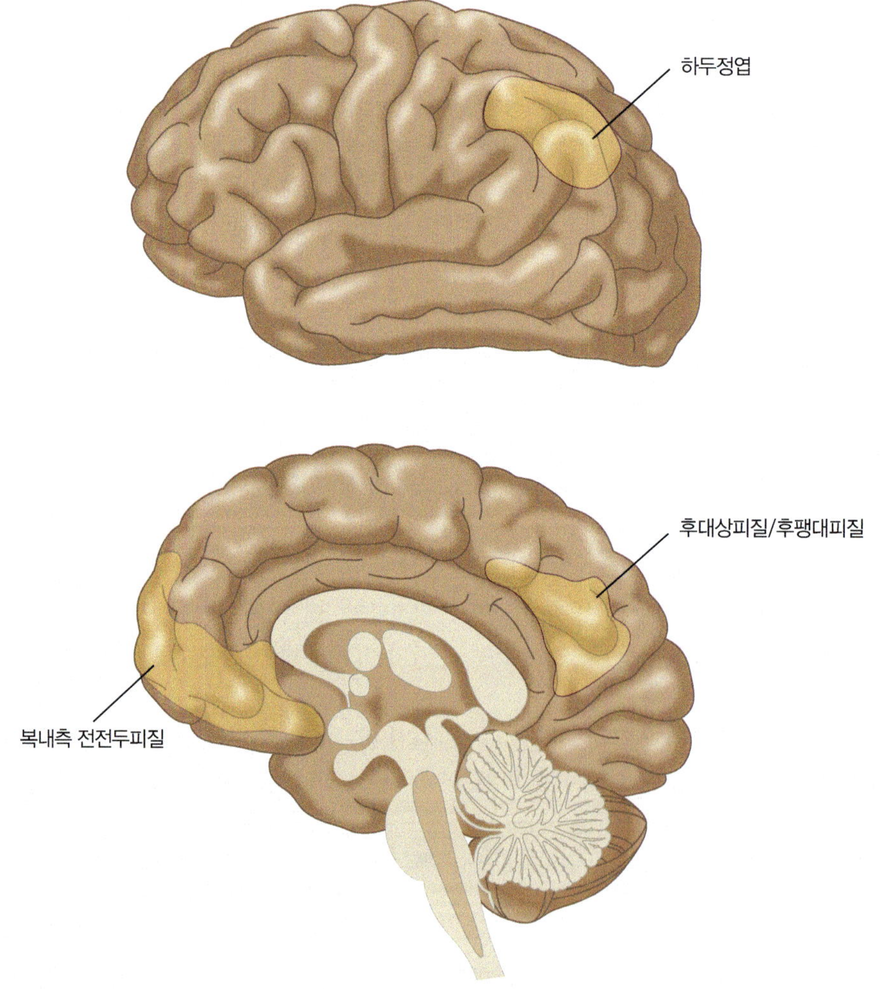

● **그림 11.10 '기본상태 네트워크(default network)'에 포함되는 주요 영역.** 이 네트워크는 개인이 외적 자극에 대해 거의 인지적 처리를 하지 않을 때 활성화한다. 주의 통제에 관여하는 영역들의 활성화가 클수록 이 기본상태 네트워크의 활성화가 감소한다.

해 살펴보기로 한다. 편측무시증은 주의 장애와 가장 많이 또 가장 흔하게 연관되어 있는 증후군 중 하나이다. 먼저 무시증의 임상적 측면을 살펴본 후 이 증후군이 주의의 인지 신경과학적 이해에 어떤 공헌을 하는가를 알아보기로 하자(Adair & Barrett, 2008; Milner & McIntosh, 2005, 참조).

■ 임상 특징

이 절에서 무시증의 임상 특징을 살펴보겠다. 먼저 이 증후군의 전형적인 증상들을 자세히 살펴보면서 이 장애가 왜 감각 장애가 아닌 주의 장애인지를 이해하도록 하자.

전형적 증상

앞서 언급한 바와 같이 편측무시증은 개인이 손상된 뇌의 대측 공간을 무시하거나 주의를 주지 않는 경우이다. 무시되는 공간면은 대개 몸의 정중선을 기준으로 정의되지만 다른 공간 틀에 근거해서도 정의될 수 있다(머리가 몸의 정중선에 위치하지 않을 경우 머리의 정중선을 기준으로 좌측면에 제시된 정보를 무시). 정보가 어떤 감각 유형으로 제시되는가와 상관없이 무시면에 제시되는 모든 유형의 정보가 무시된다. 편측무시증의 심각성에 따라 환자는 음식을 담은 접시의 좌측면에 있는 음식을 먹지 못하거나 그리고자 하는 물체의 좌측면을 그리지 못하거나 단어의 좌측면을 읽지 못하거나 신체의 좌측면을 사용하지 못한다. 심각한 경우에는 자신의 왼쪽 신체가 자신의 신체 중 일부라는 것을 부인하기까지 한다.

뇌손상을 입은 후 시간이 경과함에 따라 무시증상이 달라진다. 무시증의 발병 초기에는 증상이 대개 심각하다. 즉 무시되는 공간면에 제시되는 모든 자극들을 무시한다. 그러나 발병 후 몇 주 혹은 몇 달이 지나면 점차 회복이 일어나게 되어 무시되는 공간면에 제시되는 일부 정보들은 처리된다. 예를 들어, 환자는 무시하는 공간면에 하나의 자극이나 물체가 제시되면 이를 탐지할 수 있다. 그러나 무시증상이 완전히 사라지지는 않는 것으로 알려져 있다(Heilman, Watson, & Valenstein, 1985). 좌우시야 모두에 동일한 정보가 동시에 제시되는 것[**이중동시자극기법**(double simultaneous stimulation technique)이라고 알려져 있음]처럼 만약 서로 경쟁하는 정보가 주어지면 환자는 좌측면의 자극을 무시하는 경향이 있다. 이 현상을 **편측 소거**(hemi-extinction) 혹은 **소거**라고 부르는데 이는 무시하는 공간 면에 제시된 정보가 의식으로부터 소거되기 때문이다. 이 현상은 경쟁이 주의를 향하게 하는 데 중요한 역할을 한다는 주장을 지지한다.

비록 무시증이 대개 우반구 후측 영역에 손상을 입을 경우 초래되지만 어느 뇌 영역이 무시증의 발병에 가장 중요한가는 아직 논란이 되고 있다. 무시증은 두정엽의 연상회에서 피질하 영역까지의 부위에 발생한 혈관장애 후 자주 발병한다(Vallar & Perani, 1986; Heilman, Watson, & Valenstein, 1985)(● 그림 11.11). 그러나 일부 연구자들은 우반구 상측두피질의 하측 부위가 무시증에 가장 중요하다고 주장한다(Karnath, Fruhmann, Berger, Kuker, & Rorden, 2004). TMS를 우반구 하두정 영역에 적용하면 측두-두정 경계 영역에 적용할 때처럼 편측 소거가 초래되지만(Dambeck et al., 2006), TMS가 우반구 측두회에 적용될 경우에는 편측 소거가 관찰되지 않는다(Meister et al., 2006). 이와 같이 무시증의 초래와 관련된 뇌 영역이 아직 확실하게 알려져 있지 않지만 이 영역들의 병변이 서로 다른 유형의 무시증을 초래하는 것으로 여겨진다.

무시증은 좌반구 손상보다는 우반구 손상 시 더 자주 관

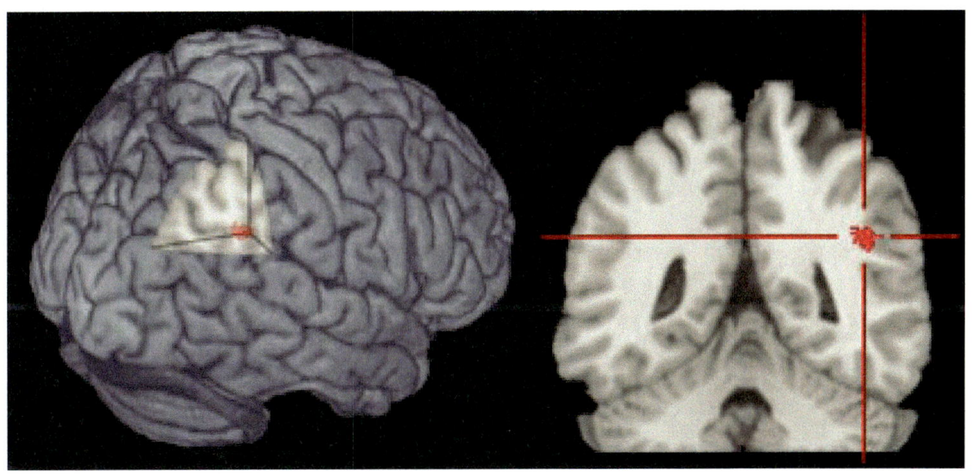

● **그림 11.11 무시증과 가장 흔히 관련되어 있는 하두정엽 영역.** 일반적으로 편측무시증을 가지는 대부분의 사람들은 측두-두정 경계의 바로 상측에 위치하는 하두정엽의 이 영역의 손상을 가지고 있다. 출처: Mort, D.J., Malhotra, P., Mannan, S.K., Rorden, C., Pambakian, A., Kennard, C., & Husain, M. (2003). The anatomy of visual neglect. Brain, 126, Fig. 2, pg. 1990. By permission of Oxford University Press.

IN FOCUS: 도로에 주의를 주세요!

비록 우리가 자주 생각하지는 않지만 운전에는 상당한 정도의 주의력이 요구된다. 이 요구는 보행자가 운전자에게 하는 "도로에 주의를 주세요!"라는 말에 반영되어 있다. 이 말은 운전자가 운전 도중, 특히 잠을 거의 자지 않거나 커피를 전혀 마시지 않은 채 늦은 밤에 운전할 때 충분히 각성 혹은 경계심을 가지지 않는다는 것을 의미한다. 혹은 운전자가 정확한 공간 위치에 주의를 주지 않을 수도 있다. 예를 들면 운전자가 운전 도중 경치 혹은 뒷좌석에서 서로 다투고 있는 어린 자녀들에게 더 많은 주의를 줄 수 있다. 운전자가 운전보다 다른 일, 예를 들어 샌드위치를 먹거나 방향표시판을 읽는 것에 더 주의를 줄 수도 있다. 운전은 우리가 살펴본 다양한 주의, 즉 경계와 지속 주의, 선택 주의와 분리 주의를 필요로 한다.

분리 주의의 개념이 현재 미국을 비롯한 여러 나라에서 논란이 되고 있는 운전 도중 휴대폰을 사용하는 것 등에 매우 적절하다. 미국을 비롯한 여러 나라에서 운전 도중 휴대폰을 사용하는 것에 대해 다양한 규제를 가하거나 혹은 규제를 하지 않고 있다. 일반적으로 많은 사람들은 운전 중 휴대폰으로 통화하는 것이 비교적 해가 되지 않는다고 생각한다. 그러나 운전 시뮬레이션을 사용한 연구들은 운전 중 휴대폰으로 통화하는 것이 음주 운전만큼 브레이크를 밟는 속도나 교통사고의 횟수에서 나쁘다는 것을 보여준다. 더욱이 이러한 결과는 핸드-프리 휴대폰을 사용할 경우에도 관찰된다(Strayer, Drews, & Crouch, 2006). 이 결과가 놀라울 수 있는데 왜냐하면 대부분의 미국 주들이 핸드-프리 휴대폰을 사용하는 것은 허용하기 때문이다. 그러나 더 중요한 것은 운전자와 통화하는 사람이 운전자가 힘든 운전 상황에 있다는 것을 지각할 수 없다는 것이다. 따라서 운전자와 통화하는 사람은 운전자가 당면하는 현재 요구에 반응하여 통화 속도를 조절할 수 없다(Charlton, 2009). 더욱이 운전하는 도중 대화를 하게 하는 등과 같이 주의를 분산하는 훈련이 주어져도 시뮬레이션에서 교통사고의 횟수가 감소되지 않는다. 실제로 운전 도중 대화를 하는 경험이 많은 사람들도 운전 도중 대화를 하지 않는 사람들보다 교통사고를 더 적게 경험하지 않는다(Cooper & Strayer, 2008).

몇몇 연구들은 운전과 대화를 동시에 하는 동안 관찰되는 뇌 활성화 패턴을 통해 왜 이런 상황들에서 더 많은 요구가 필요한가를 조사하였다. 한 연구에서 연구참여자들은 가상 운전 과제를 수행하였는데 한 조건에서는 문장을 듣게 한 반면 한 조건에서는 문장을 들려주지 않았으며 두 조건에서 가상 운전 과제를 수행하는 동안 fMRI로 뇌 활성화를 측정하였다(Just, Keller, & Cynkar, 2008). 운전은 주로 시각 과제이고 문장을 이해하는 것은 청각 과제 임에도 불구하고 이중 과제 조건에서 수행이 저하되었다. 더욱이 운전 도중 아무런 문장이 제공되지 않는 조건에 비해 문장을 이해해야 하는 조건에서 시각 주의에 관여하는 두정엽의 활성화가 37% 정도 감소하였다! 이 결과는 운전과 대화를 동시에 할 경우 시각 주의로 향할 수 있는 자원이 제한된다는 것을 명백하게 보여준다.

또 다른 연구는 연구참여자가 "생일이 언제입니까?"와 같은 비정서적 질문에 답하는 조건 혹은 전혀 질문이 없는 조건에서 운전 비디오의 왼쪽 혹은 아래에 예기치 않게 제시되는 빨간 불빛에 반응하는 것을 요구하였다(Hsieh et al., 2009). 동시에 수행된 청각 과제는 언어-관련 영역들과 우반구 상두정엽과 두정내구와 같이 시각 주의에 관여하는 우반구 영역들의 활성화를 증가시켰다. 이 결과는 대화가 상당한 정도로 시각 주의의 요구를 증가시킴을 시사한다. MEG를 사용한 유사한 연구는 이러한 효과가 주의의 비교적 초기 단계에 영향을 미침을 보여주었는데, 즉 대화가 없는 조건에 비해 대화 조건에서는 시각목표물의 제시 후 200~300 밀리초 정도에서 우반구 두정영역의 활성화가 감소되는 것이 관찰되었다(Bowyer et al., 2009). 따라서 대화에 필요한 부가적인 자원이 주의에 관여하는 뇌 영역들에 부담을 주는 것으로 여겨지며 이러한 사실은 이중과제 조건에서 반응시간이 길어지는 것을 통해서도 알 수 있다.

주의와 운전에 관련된 또 다른 중요한 이슈는 노인들이 안전하게 운전을 할 수 있는가이다. 비록 노인들의 시각 기능은 정규적으로 조사되고 있지만(Kotecha, Spratt, & Viswanathan, 2008), 노인들의 주의 능력이 추후 충돌 사고를 예견할 수 있는 지표가 될 수 있는가가 연구되고 있다. 충돌 사고를 예견할 수 있는 것으로 알려진 한 검사가 *유용한 시야 검사*(useful field of view test)로 알려져 있다(Ball et al., 2006). 이 검사는 주변 목표물을 탐지하는 동시에 중앙의 목표물을 탐지하는데, 즉 이 검사에는 분리 주의가 요구된다. 또 다른 검사는 주의 통제의 하위 요소, 즉 각성, 정위, 집행기능을 측정하기 위해 개발되었는데 이 검사는 가상 운전과제의 수행을 예견한다(Weaver, Bedard, McAuliffe, & Parkkari, 2009).

최근의 한 연구는 노인 운전자들 중 유용한 시야에 관한 훈련을 받은 사람과 받지 않은 사람의 뇌 활성화를 비교하였다. 연구자들은 유용한 시야에 관한 훈련이 실제 안전한 운전을 하는 데 도움이 되는가에 관심을 가지고 있었다(Roenker, Cissell, Ball, Wadley, & Edwards, 2003). 훈련이 효과적인 것으로 밝혀졌는데 이는 주변 목표물을 탐지하는 능력이 훈련을 받지 않은 집단에 비해 훈련을 받은 집단에서 더 증가하였기 때문이다. 당연히 훈련을 받지 않은 집단에 비해 훈련을 받은 집단에서 우반구 하전두회의 활성화가 증가하였다. 더욱이 훈련을 받은 집단에서는 이 영역의 활성화 증가가 수행의 증가를 예견하였다. 우반구 하전두회가 주의 정위에 관여하는 것으로 알려져 있기 때문에 연구자들은 훈련이 주의 통제의 이러한 측면에 특히 도움이 된다고 제안하였다(Scalf et al., 2007). 노인 운전자들에게 영향을 미치는 신경 체계를 밝힘을 통해 많은 새로운 훈련 방법이 개발될 것이다. 이러한 훈련이 노인들의 운전 능력을 유지하게 하여 독립적으로 기능하게 할 뿐만 아니라 모든 도로가 모든 이들에게 더 안전할 수 있게 만들 것이다.

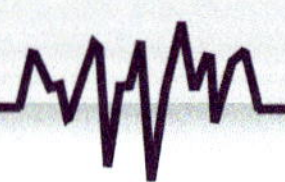

찰되고 또 증상이 더 심각하다(M.L. Albert, 1973; Ogden, 1985). 다시 말하면 우측 공간보다는 좌측 공간에 관한 무시가 더 자주 관찰된다. 비록 무시증이 주로 우반구 두정엽의 손상으로 말미암아 초래되지만 전두엽(Heilman & Valenstein, 1972), 기저핵(Damasio, Damasio, & Chui, 1980)과 시상(Watson, Valenstein, & Heilman, 1981)에 손상을 입을 경우에도 무시증이 관찰된다.

감각장애 때문에 초래되는 것은 아니다

지금까지 무시 증후군을 주의 과정의 장애라고 가정하면서 무시증의 증상들을 살펴보았지만 무시증이 주의장애라는 가정을 지지할 수 있는 증거들에 관해서는 논의하지 않았다. 이 절에서 무시증이 감각 처리 과정의 장애 때문에 초래되는 것이 아니라는 것을 보여 주는 연구 결과를 살펴보기로 하자. 그리고 다음 절에서는 무시증이 주의 요인들에 의해 영향을 받는다는 것을 보여 주는 연구 결과에 관해 살펴보기로 하겠다.

무시증이 감각 과정의 장애 때문에 초래될 수 있는가를 살펴보기 위해 이 장의 서두에 소개한 남성 환자의 사례를 다시 예로 들어 보겠다. 이 환자가 보이는 기이한 행동들은 이 환자가 입은 우반구의 손상이 좌측 공간에 제시되는 감각정보를 수용하는 것을 방해하고 또 이 환자의 왼쪽 신체에 대한 운동 통제를 방해하기 때문이라고 여길 수 있다. 그러나 이 사례를 자세하게 보면 이 생각이 잘못된 것이라는 것을 알 수 있다. 그는 움직이는 데는 전혀 어려움을 보이지 않았는데, 즉 면도, 샤워, 옷을 입는 것 혹은 먹는 것 등에 전혀 어려움을 경험하지 않았다. 그러나 능란하게 움직일 수 있음에도 불구하고 환자는 자신의 오른쪽 사지만으로 움직인다. 따라서 환자의 운동 능력 자체가 장애를 가지는 것이 아니다. 그 대신 환자의 왼쪽 신체로 움직임이 향하게 하는 능력이 손상되어 있다.

시각정보에 관한 감각장애가 환자의 기이한 행동이 일어나게 한 것일까? 이 환자가 좌시야에 심한 반맹증(hemianopsia)을 가지고 있다고 가정할 수 있는데, 왜냐하면 좌시야의 반맹증은 고정점의 좌측에 제시되는 모든 정보에 대해 기능적으로 맹인인 것처럼 행동하게 하기 때문이다. 그러나 이 가정은 신체의 정중선을 기준으로 하여 좌측에 제시되는 시각정보를 무시하는 것을 설명하지 못하는데, 왜냐하면 반맹증 환자들이 좌측 공간에 제시된 시각정보를 처리할 수 있기 때문이다. 즉 이 환자들은 시선의 중앙을 좌측으로 이동함으로써 좌측 공간의 정보를 처리한다.

이를 ● 그림 11.12A를 통하여 좀 더 자세하게 살펴보기로 하자. 만약 여러분이 좌측 반맹증을 가지고 있고 테이블의 중앙에 앉아 있으며 테이블의 좌측면에 켜 놓은 촛불에서 왁스가 떨어지는가를 확인하고 싶어 한다. 만약 여러분이 정면을 바라보고 있으면 신체의 정중선을 기준으로 좌측 공간에 있는 물체, 즉 촛불을 보지 못하게 된다. 그러나 그림 ● 11.12B처럼 간단하게 머리를 돌려서 테이블의 좌측 모퉁이를 응시하면 촛불을 볼 수 있게 되는데, 이는 촛불이 여러분의 우측 시야에 있게 되기 때문이다. 촛불은 몸의 정중선의 좌측에 여전히 놓여 있지만 시선 고정점을 바꾸면 촛불을 지각하게 된다. 그러므로 편측무시증 환자들이 공간의 좌측면에 있는 것을 무시하는 사실을 시각장애로 설명할 수 없다.

지금까지 살펴본 결과, 편측무시증이 시각 자극에 대한 감각 결함으로 설명될 수 없다는 것을 알았다. 그러나 편측무시증 환자들이 손상된 뇌가 수용하는 모든 감각정보에 비교적 잘 반응하지 못할 가능성은 있는가? 이 가설에 관해 살펴보기로 하자.

만약 이 가설이 사실이라면 무시증의 심각성 정도를 특정 유형의 정보가 대측성 반구에 의해 처리되는 정도를 가지

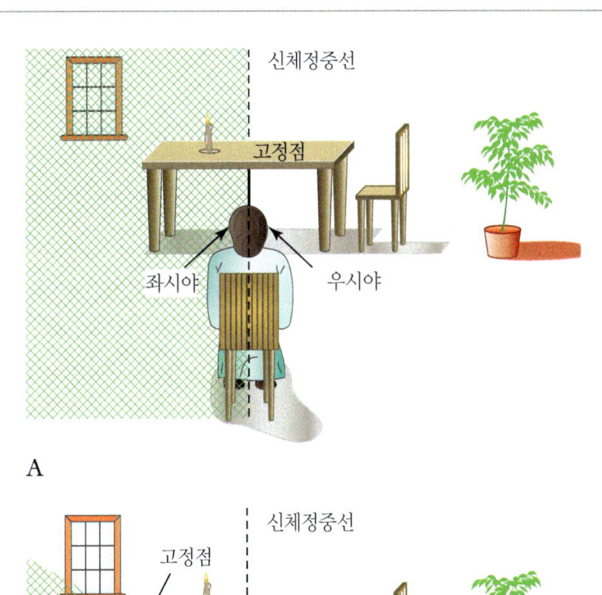

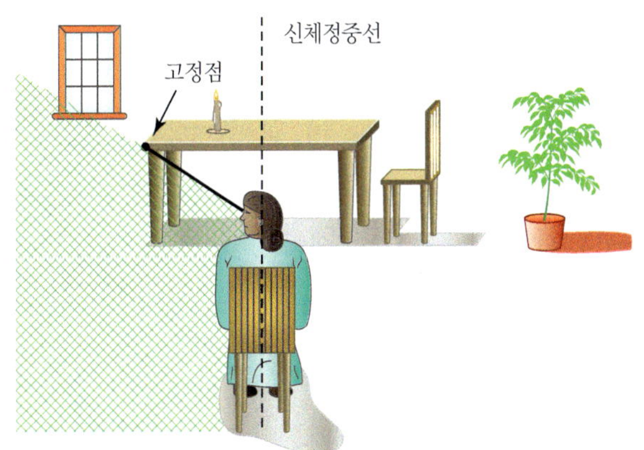

● **그림 11.12 머리 위치가 각 시야에 제시되는 정보에 미치는 영향.** (A) 개인이 정면을 바라보고 있으면 신체정중선의 왼쪽에 제시되는 정보는 좌시야에 포함되고 신체정중선의 오른쪽에 제시되는 정보는 우시야에 포함된다. 만약 개인이 좌시야에 대한 반맹증을 가지고 있다면(초록색 그물망) 그림의 촛불을 볼 수 없다. (B) 그러나 개인이 단순히 머리를 돌리기만 하면 촛불을 볼 수 있는데 이는 촛불이 볼 수 있는 시야, 즉 우시야에 포함되기 때문이다. 편측무시증 환자들이 공간의 왼쪽 면을 무시하기 때문에 이 전략을 사용하지 못한다.

고 예측할 수 있다. 다음과 같이 가정해 보자. 즉 우반구 병변으로 말미암아 좌측 공간에 제시되는 정보를 무시하는 한 환자가 있다. 우반구는 좌측에서 입력되는 시각정보와 체감각정보만을 수용하기 때문에, 만약 이 가설이 사실이라면 이 환자는 좌측에서 오는 시각 및 체감각정보를 무시하지만 우측으로부터 오는 정보는 정상적으로 처리할 것이라고 예상할 수 있다. 그리고 좌측에서부터 오는 청각정보에 대한 무시는 시각 및 체감각정보보다 훨씬 덜 심각할 것으로 예측할 수 있는데, 이는 좌측 귀로부터 입력되는 청각정보 중 일부는 정상적으로 기능하는 동측성 뇌(좌반구)로 전달되기 때문이다. 이와 동시에 우측에서부터 오는 청각정보에 대한 무시가 어느 정도 예상되는데, 이는 우반구가 동측성 경로를 따라 우측 귀에서 오는 정보를 효율적으로 처리하지 못하기 때문이다. 마지막으로 좌측 콧구멍은 좌반구로 정보를 전달하고 우측 콧구멍은 우반구로 정보를 전달하기 때문에 좌측 콧구멍으로부터 전달되는 냄새에 대한 무시는 관찰되지 않는 반면, 우측 콧구멍으로부터 전달되는 냄새는 완전히 무시하게 될 것이다.

다시 말하면 만약 무시증이 우반구가 감각정보를 처리하지 못하는 결과로 초래된다면 좌시야의 시각정보와 신체의 좌측면의 촉각정보에 대해서는 아주 심각한 무시증이 관찰되는 반면 좌측 공간의 청각정보에 대해서는 이보다 덜 심각한 무시증이 초래되고, 좌측 공간의 후각정보에 대해서는 전혀 무시증을 보이지 않을 것이라는 것이다. 그러나 자극 유형에 따른 무시증상의 차이가 편측무시증에서 관찰되지 않는다. 그 대신 대측성 공간으로부터의 정보는, 그 정보가 시각, 촉각, 청각 혹은 후각의 형태로 제시되든지 간에 일반적으로 무시된다. 더욱이 한 유형의 감각정보, 예를 들어 시각정보를 무시하는 정도는 다른 유형의 감각정보, 예를 들어 청각정보를 무시하는 정도와 서로 관련되어 있다(Pavani, Ladavas, & Driver, 2003, 참조). 따라서 이제까지 우리가 살펴본 모든 사실들은 무시증이 감각장애 때문에 초래되는 것이 아니라는 것을 시사한다.

주의 요인에 의한 조절

편측무시증이 감각 결함 때문에 초래되는 것이 아니라는 것을 살펴보았다. 이제부터 편측무시증이 주의 과정의 장애 때문이라는 것을 보여 주는 연구 결과를 살펴보기로 하자. 이 장의 서두에 제시되었던 남성 환자를 다시 예로 들겠다. 이 환자가 보이는 기이한 행동 중 하나는 어떤 경우에는 좌측 공간의 정보를 무시하지만 또 다른 경우에는 무시하지 않는다는 것이다. 즉 처음에는 이 환자가 음식 접시에 있는 브라운 빵과 베이컨을 무시하였지만 접시를 떨어트리는 소동 때문에 환자가 좌측면에 주의를 준 후 비로소 이 음식을 먹었다.

이 예에서 알 수 있듯이 무시는 주의 요인들에 의해 조절될 수 있다. 편측무시증에 관한 여러 사례들을 보면 특히 눈에 띄거나 정서적 반응을 일으킬 수 있는 자극, 예를 들면 간호사가 큰 바늘을 손에 들고 있는 등의 경우에는 무시하던 공간에 환자가 주의를 주는 것을 알 수 있다. 실험실에서도 주의의 조작을 통하여 무시증상을 감소시킬 수 있다. 예를 들어 편측무시증의 전형적인 증상이 선을 정확하게 양분하지 못하는 것이다(● 그림 11.13). 편측무시증 환자들 대부분이 직선의 양분점을 우측 끝에서 1/4 정도 혹은 좌측 끝에서 3/4 정도 떨어진 점으로 반응한다(Reuter-Lorenz & Posner, 1990). 이들은 마치 선이 중심에서 우측으로만 존재하고 중심에서 좌측으로는 존재하지 않는 것으로 여긴다. 그러나 환자의 주의를 좌측 공간으로 향하게 하면 선 양분 과제(line bisection task)의 수행이 향상된다(비록 완전히 정확하지 않지만). 예를 들어 선의 좌측 끝에 눈에 띄는 표시(예, 숫자, 철자)를 하면 수행이 향상된다(Riddoch & Humphreys, 1983).

더욱이 만약 무시하는 공간면에 있는 정보가 자료의 이해에 매우 중요할 경우 이 정보가 주의를 받게 된다. 예를 들어 만약 좌측 공간을 무시하는 편측무시증 환자가 페이지의 중앙에 인쇄되어 있는 'antiballistic'이라는 단어를 보면 비록 단어의 중앙에서 우측에 있는 철자가 'llistic'임에도 불구하고 이 단어를 'ballistic'이라고 읽는 경향이 있다. 따라서 편측무시증 환자는 감각정보의 합리적 해석에 필요한 만큼 좌측 공간의 정보에 주의를 준다.

마지막으로 동기 요인들이 주의가 좌측으로 할당되는 정도에 영향을 미친다. 한 사례 연구에서 편측무시증 환자에게 철자 취소 과제(letter-cancellation task)를 시행하였는데, 즉 여러 철자들이 인쇄된 페이지에서 A철자를 지우는 것이 요구되었다. 첫 번째 시행에서는 환자에게 단지 과제를 수행하라는 지시만이 주어진 반면, 두 번째 시행에서는 만약 페이지에 있는 모든 A를 정확하게 지우면 특정 금액이 보상으로 제공된다는 지시가 주어졌다. 좌측 공간에 주의를 줄 동기가 환자에게 주어졌을 때 좌측 공간에 관한 무시 현상이 감소되었는데, 즉 첫 번째 시행보다 두 번째 시행에서 환자는 더 많은 A를 탐지하였다(Mesulam, 1985).

방금 우리는 주의를 좌측으로 향하도

● **그림 11.13 편측무시증 환자의 전형적인 선양분 검사 수행.** 편측무시증 환자는 공간의 왼쪽 면을 무시하기 때문에 선을 훨씬 오른쪽 방향으로, 즉 선의 중앙점에서 오른쪽 끝까지만 선이 존재하는 것처럼 양분한다. © 2011 Cengage Learning

록 조작하면 무시증상이 감소될 수 있다는 것을 살펴보았다. 이러한 조작에는 외적 요인, 예를 들어 눈에 띄는 자극이나 정서적인 반응을 초래하게 하는 정보들이 포함된다. 주의를 좌측으로 향하는 경향이 내적 요인들에 의해서도 증가되는데, 예를 들어 동기 때문에 혹은 상식적으로나 합리적으로 자료를 해석하기 위해 좌측 공간으로 주의를 향하게 된다.

■ 편측무시증 이론

편측무시증의 가장 두드러진 특징 중의 하나가 편측무시증 환자들이 자신들이 공간의 한 면을 무시하고 있다는 것을 인식하지 못한다는 점이다. 이 현상을 이해하기 위해 우리가 등 뒤에 있는 공간을 어떻게 생각하는가를 비유로 들어 보자. 일반적으로 우리는 앞에 존재하는 세상에 초점을 맞추고 우리 등 뒤에 존재하는 세상에 관해서는 거의 생각을 하지 않는다. 만약 개인에게 등 뒤에 있는 것에 주의를 주라고 지시를 하여도 몇 초 동안 어깨 뒤로 돌아보고는 곧 앞을 보게 된다. 그러나 등 뒤에서 일어나는 일에 대해 보고할 때마다 금전적 보상을 받게 되면 아마 오랫동안 등 뒤에서 일어나는 일에 주의를 줄 것이다. 혹은 등 뒤에서 매우 중요한 정보가 제공되면, 예를 들어 밤에 어두운 길을 걷고 있는 동안 뒤에서 바짝 따라오는 발자국 소리를 듣는다면 등 뒤로 주의를 줄 것이다. 평상시에 우리가 등 뒤의 공간을 대하는 것처럼 편측무시증 환자들은 한 공간면을 대한다.

연구자들은 왜 이런 무시증상이 야기되는가를 밝히고자 노력해 왔다. 한 이론에 의하면 편측무시증 환자들은 자신들이 무시하는 공간면에 관한 내적 심적 표상(mental representation)이 부족하다고 한다. 이 이론에 의하면 이 환자들에게는 무시하는 공간면이 아예 존재하지 않는다! 이 주장이 Bisiach와 Luzzatti (1978)의 매우 훌륭한 연구에서 직접적으로 조사되었다. 이들은 이탈리아, 밀라노 출신의 두 편측무시증 환자를 대상으로 하여 연구하였다. 이 두 환자는 좌측면에 대한 편측무시증을 가지고 있었다. 이 환자들로 하여금 자신들의 병실에서 밀라노의 유명한 광장에 관해 상상하게 하였다. 이 광장은 밀라노 시민 대부분에게 알려져 있을 만큼 유명하고 밀라노의 대표적인 대성당을 포함한 여러 빌딩으로 둘러싸여 있다. 먼저 이 환자들에게 대성당과 마주보는 광장의 한쪽 끝에 서 있다고 가정하고 보이는 것을 기술하게 하였다. 환자들이 언급한 랜드마크는 ● 그림 11.14A의 광장 지도에 검은색 원으로 표시되어 있다.

환자들은 우측에 있는 랜드마크는 정확하게 묘사하였지만 좌측에 있는 랜드마크는 잘 묘사하지 못하였다. 그러면 왜 좌측에 있는 랜드마크는 묘사하지 못하였을까? 아마 이 환자들이 마음의 눈으로 보았을 때 좌측에 있는 정보를 무시하고 있는 것일 수 있다. 그러나 이외에 또 다른 설명이 있을 수 있다. 즉 광장의 왼쪽에 위치하는 건물들을 잘 기억하지 못했기 때문일 수도 있다. 이러한 두 가지 가능한 설명 중 어느 것이 정확한가를 알아보기 위해 연구자들은 환자들에게 이번에는 광장의 반대편 끝, 즉 대성당을 등지고 대성당의 계단에 서 있다고 가정하게 한 후 광장 주변을 묘사하게 하였다. ● 그림 11.14B에서 볼 수 있듯이 이전과는 전혀 다른 랜드마크를 묘사하였다. 즉 이전에는 좌측에 있었지만 지금은 우측에 위치하는 건물들을 묘사하였다.

이 연구로부터 우리는 몇 가지 결론을 내릴 수 있다. 첫째, 광장 전체에 관한 환자들의 기억이 유지되었다는 것이다. 즉 첫 번째와 두 번째 묘사를 통하여 광장의 좌우면 모두를 환자들이 기술하였기 때문이다. 둘째, 환자들이 공간의 한 면, 이 경우는 좌측면에 대한 인식을 못하고 있는 것인데, 이는 이들이 좌측면의 정보를 기술하는 것에 실패하였기 때문이다. 셋째, 편측무시증에서 관찰되는 주의장애는 외적 자극에 의해서만 야기되는 것이 아니라는 것이다. 이 연구에서 환자들은 광장이 아닌 자신들의 병실에서 광장에 관해 상상하였기 때문이다. 이러한 사실들은 편측무시증 환자들이 공간의 한 면을 표상화하지 못하거나 세상에 관한 심적 표상의 한 면에 주의를 주지 못한다는 것을 시사한다.

공간의 좌측면을 완전히 무시하는가 혹은 좌측면의 표상이 일부 체계적인 방식으로 왜곡되어 있는가에 관한 의문이 들 수 있다. 한 이론은 주의 무시증의 기울기가 존재한다고 주장하는데, 즉 정보가 병변의 대측 시야장의 주변 부위에 위치할수록 무시가 더 심하게 나타난다고 한다(Kinsbourne, 1987) (● 그림 11.15A). 부등 가설(anisometry hypothesis)이라고 알려져 있는 또 다른 이론은 공간 표상이 주변 시야로 갈수록 점점 간결(compact)해지는 것처럼 공간 표상이 왜곡된다고 주장한다(● 그림 11.15B) (Bisiach, Neppi-Modona, & Ricci, 2002).

편측무시증을 설명하는 또 다른 이론은 병변의 대측 공간을 표상하지 못하거나 이 공간면에 주의를 주지 못하는 것에 초점을 맞추는 대신 두 대뇌반구 사이의 경쟁의 관점에서 편측무시증을 설명하고자 한다. 이 관점은 이 환자들에서 공간의 좌측면이 왜곡되어 있는 것이 문제가 아니라 환자들이 주의를 주는 공간면의 감각 자극이 너무 두드러져서 무시하는 다른 면의 정보에 주의를 주지 못한다고 주장한다.

이 이론을 지지하는 다수의 연구 결과가 보고되었다. 첫째, 두정엽 병변을 가진 환자들이 때로 주의를 주는 시야에서 주의를 이탈하는 것에 어려움을 보인다. ● 그림 11.16에 제시되어 있는 단서 방안을 통해서 이 현상을 설명할 수 있다. 이 과제에서 단서는 추후 목표 자극이 어디에 제시될 것인가에 관한 정보를 제공한다. 단서가 무시면에 제시되면 무시증 환자들은 추후 목표 자극을 탐지하는 데 큰 어려움을 보이지 않

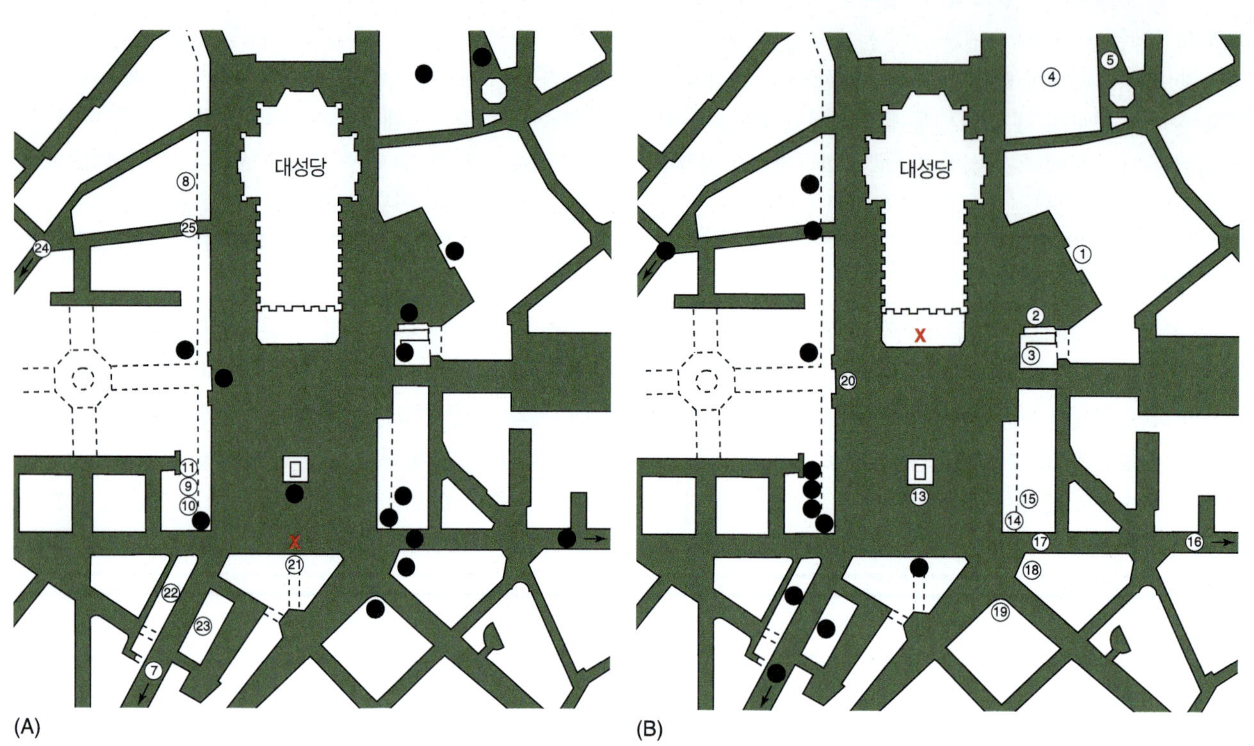

● **그림 11.14 편측무시증 환자가 이탈리아 밀라노의 델 두오모 광장에 서 있다고 상상하면서 기술한 광장 주변의 경계표에 관한 지도.** 환자가 자신이 서있다고 상상한 광장 내의 위치가 X로 표시되어 있다. 환자가 보고한 경계표는 검은색 원으로 표시되어 있다. (A) 환자가 대성당을 바라보는 위치에 서있다고 상상하면서 기술한 경계표. 경계표는 주로 오른쪽에 위치하고 있다. (B) 환자가 대성당의 계단에 서서 성당을 등지고 서있다고 상상하면서 기술한 경계표. 경계표는 오른쪽에 위치하고 있다. 환자의 광장에 관한 기억은 정확하였는데, 이는 두 위치에서 기술한 보고에 광장 주변에 있는 대부분의 주요 경계표가 포함되어 있기 때문이다. © 2011 Cengage Learning

는다. 이 조건에서는 주의가 이탈되어야 하는 주의면(무시하지 않는 공간면)에 경쟁이 되는 정보가 없기 때문이다. 그러나 만약 단서가 주의면에 제시되고 이후 무시면에 목표자극이 제시되면 환자들의 반응 시간이 신경계의 손상이 없는 사람들보다 훨씬 더 길어진다. 이 환자들은 주의를 주는 공간면에 제시된 경쟁 정보로부터 주의를 이탈하는 데 특히 어려움을 가지는 것으로 여겨진다(Posner, Walker, Friedrich, & Rafal, 1984). 이중동시자극기법의 조건에서 편측무시증의 결함이 어떻게 일어나는가를 앞서 살펴보았는데, 이 또한 주의를 주는 공간면에 경쟁적인 정보가 있는 경우 편측무시증이 초래된다는 것을 지지한다.

무시하지 않는 영역에 제시된 정보가 환자의 수행에 미치는 영향에 관한 흥미로운 연구가 있다. 이 연구에서 편측무시증 환자들이 무시증의 평가에 널리 사용되고 있는 두 가

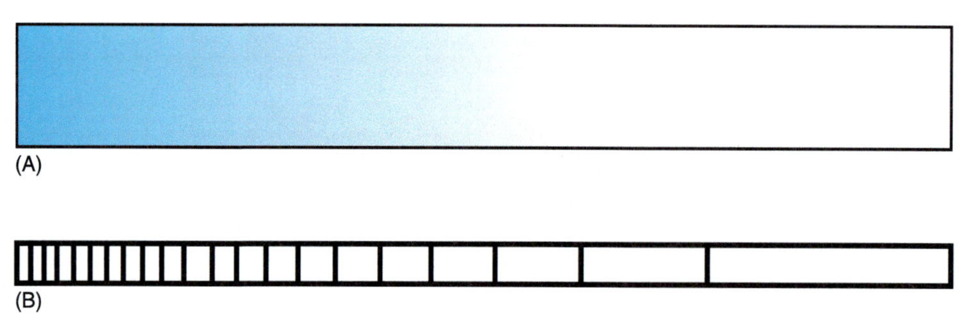

● **그림 11.15 편측무시증에서 관찰되는 주의와 공간 왜곡.** (A) 무시증에 관한 일부 모델은 병변의 대측 공간의 모든 부위에 대해 주의가 균등하게 왜곡되어 있지 않다고 제안한다. 그 대신 무시증은 대측 공간의 가까운 부위보다 멀리 떨어져 있는 부위에 대해 더 심각하다고 한다. 이 주의 기울기가 막대의 어두운 부분으로 표시되어 있는데 밝은 부분은 정상적인 주의를 나타내고 파란색 부분은 심각한 무시증을 나타낸다. (B) 또 다른 모델은 공간 자체의 내적 표상은 왜곡되어 있다고 제안하는데, 즉 병변의 대측 공간의 정보 표상이 감소되어 있다고 제안한다.

지 유형의 취소(cancellation) 검사를 수행하였다(Mark, Kooistra, & Heilman, 1988). 이 과제에서 일련의 선들이 무작위로 한 페이지에 걸쳐 제시되었으며, 환자는 가능한 한 많은 선을 지우는 것이 요구되었다. 한 유형의 검사는 보드판 위의 선들을 어두운 색채의 잉크로 덧칠함으로써 지우는 것이 요구되었기 때문에 환자들이 선을 지운 후에도 선들이 남아 있었다. 두 번째 유형의 검사는 환자들로 하여금 선을 지우개로 지우게 하였다. 첫 번째 검사보다 두 번째 검사에서 좌측의 자극들에 대한 무시 정도가 덜 심하였다. 이는 지우개로 선을 지우게 되면, 우측면에 있는 자극들의 수가 감소하게 되고, 이로 말미암아 주의를 이탈시킬 자극이 감소하며 이 결과 무시 증상이 감소하게 된다.

이 연구 결과는 무시증이 좌우 반구가 주의 방향의 통제에 대해 서로 불평등하게 경쟁하는 결과로 초래되는 것을 보여 주는 것으로 해석될 수 있다. 이 장의 앞부분에서 살펴본 바와 같이 경쟁의 개념은 많은 주의 통제 모델의 기본적인 개념이다. 만약 좌우 반구 모두 정상적으로 기능하면 두 반구의 경쟁은 동등하지만 만약 두 반구 중 한 반구가 손상을 입으면 경쟁이 두 반구 중 하나로 기울게 되고 편측무시증이 초래하게 된다. 이 주장을 지지하는 가장 강력한 연구 결과는 편측성 뇌 손상을 입어 무시증을 앓는 환자들 중 TMS를 받은 환자들로부터 제공되었다. 연구자들은 만약 무시증이 두 대뇌반구의 불균형 때문에 초래된다면 TMS가 손상을 입지 않은 반구의 처리 과정을 혼란시키고, 이로 인하여 좌우 반구의 균형이 이루어지면 무시증상이 감소하게 될 것으로 가정하였다. 실제 이러한 연구 결과를 얻었다(Oliveri et al., 2001).

두 반구 사이의 불균형에 관한 주장을 지지하는 증거는 신경계의 손상이 없는 사람들에게 TMS를 적용한 연구로부터 제공된다. 만약 TMS를 두정엽에 적용하여 이 영역이 활성화하지 못하게 하면 대측면에 제시된 정보에 대한 소거가 발생하는 것이 관찰된다(Oliveri & Caltagirone, 2006 참조). 이와 반대로 뇌 활성화를 증가시키기 위해 TMS를 적용하면 대측 시야에 대한 주의가 증가한다(Kim, Min, Ko, Park, Jang, & Lee, 2005).

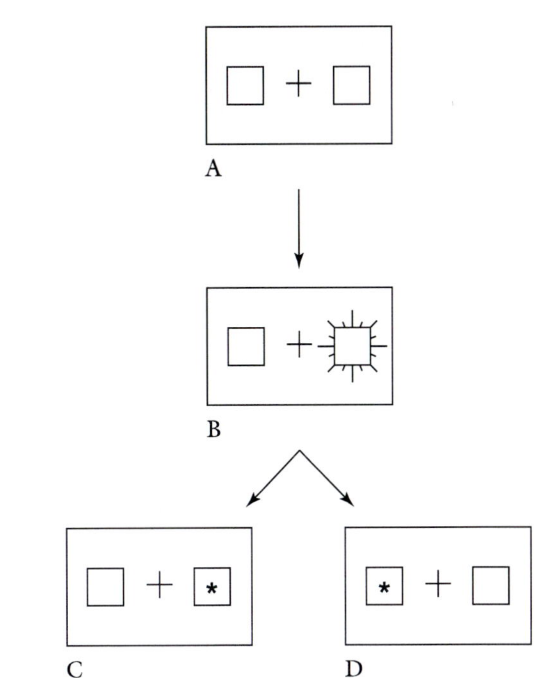

● **그림 11.16 편측무시증 환자의 공간 주의 결함을 측정하는 전형적인 방안.** (A) 개인에게 시행 동안 스크린의 중앙에 제시되어 있는 +에 초점을 고정하도록 지시한다. (B) 얼마 후 + 주변에 있는 상자에 단서, 즉 불빛이 제시된다. 이 단서는 추후에 제시되는 목표자극의 위치를 상당히 정확하게 예상하게 한다. 개인이 반응해야 하는 목표자극(*)은 다양한 시간 간격 후에 제시된다. 두 유형의 시행이 실시되는데, 이 중 한 시행은 단서가 추후에 제시되는 목표자극의 위치를 정확하게 예상하게 하는 *타당 시행*이다(C). 다른 시행은 단서가 추후 목표자극의 위치를 정확하게 예상하게 하지 않는 *부당 시행*이다(D). 타당 시행보다 부당 시행에서 반응 시간이 더 길며 이는 개인이 단서가 제시되었던 위치에서 목표자극의 위치로 주의를 이동해야만 하기 때문이다. 편측무시증 환자들은 단서가 자신들이 무시하지 않는 시야에 제시되는 부당 시행에서 특히 수행의 어려움을 보인다. © 2011 Cengage Learning

■ 치료

앞서 언급한 바와 같이 시간이 지남에 따라 편측무시증이 호전되지만 완치되는 경우는 매우 드물다. 환자의 일상생활을 방해하는 정도에 따라 편측무시증이 환자에게 성가실 수 있다. 예를 들어 편측무시증을 앓을 경우 운전을 하는 것이나 길을 건너는 것이 얼마나 위험한가를 충분히 상상할 수 있을 것이다! 따라서 편측무시증상을 완화시킬 수 있는 효과적인 치료법을 개발하는 것이 임상가들의 큰 관심 중의 하나이다. 일부 연구자들은 실제 환경보다 훨씬 더 안전한 가상현실 환경에서 무시증 환자를 대상으로 길 건너는 것을 훈련한다(Katz, Ring, Naveh, Kizony, Feintuch, & Weiss, 2005).

주의가 하향 요인과 상향 요인 모두의 영향을 받기 때문에 무시증을 완화시키는 것을 목적으로 하는 치료는 하향 혹은 상향적 접근을 취할 수 있다(Marshall, 2009 참조). 하향 접근은 환자들로 하여금 자신들의 주의를 가이드하는 데 치료자의 도움을 받게 한다. 이와 상반되게 상향 접근은 무시면에 주의를 주기 위해 감각 혹은 자극을 사용한다. 상향 접근을 취하는 한 치료법이 시각 탐색 훈련이다. 이 치료에서 치료자(혹은 가족구성원)가 환자에게 왼쪽을 보라고 말하는데, 이는 무시증 환자들이 언어 능력을 유지하고 있기 때문이다. 때로는 환자들로 하여금 어떻게 자신들의 주의를 통제할 수 있는가에 관해 생각하는 것을 돕기 위해 은유가 사용되기도 한다. 예를 들어 환자에게 등대 그림을 보여준 후 자신이 등대인 것처럼 상상하라고 얘기한다. 마치 등대의 불빛이 공간을 가로질러 비추듯이 환자는 자신의 눈을 오른쪽에서 왼쪽으로 돌려 주위 환경을 둘러보아야 한다.

상향 접근에는 뇌로 입력되는 감각 자극을 조작하여 전반적인 각성 혹은 주의를 증가시키거나 대뇌반구의 불균형적인 활성화를 감소시킨다. 예를 들어 일부 치료자는 환자에게 방해물을 피하면서 스크린에 제시되는 자동차를 가능한 한 빨리 운전하게 훈련시키는데, 이때 한 키는 페달로, 다른 키는 브레이크로 사용되며 이를 통하여 환자의 각성 상태를 유지하게 한다. 이 치료를 받은 환자의 뇌 영상은 주의 통제에 관여하는 우반구 영역들, 즉 각회, 대상피질 및 전두 영역의 활성화가 증가하고 이와 동시에 좌반구의 동일한 영역들의 활성화가 증가하는 것을 보여준다(Thimm, Fink, Kust, Karbe, & Strum, 2006).

또 다른 접근법은 감각 자극을 통하여 두 대뇌반구의 각성에서의 불균형을 제거한다(Kerkhoff, 2003 참조). 무시증상을 완화시키는 간단한 한 방법이 무시하는 면의 사지를 무시 공간(neglected hemispace) 내로 적극적으로 혹은 소극적으로 움직이게 하는 것이다(Frassinetti, Rossi, & Ladavas, 2001). **열량 자극**(caloric stimulation)으로 알려져 있는 다른 치료법은 체온보다 적어도 섭씨 7도 정도 낮은 온도의 물을 외이도(ear canal)로 붓는데, 이 경우 전정계(vestibular system)의 반고리관(semicircular canals)에서 움직임이 일어난다(Bisiach, Rusconi, & Vallar, 1991; Rode, Charles, Perenin, Vighetto, Trillet, & Aimard, 1992). 여러 연구들에 의하면 좌측 목근육의 진동[때로는, **목-고유감각 자극**(neck-proprioceptive stimulation)으로 부른다] (Johannsen, Ackermann, & Karnath, 2003)과 시운동 자극(Vallar, Guariglia, Nico, & Pizzamiglio, 1997; Kerkhoff, Keller, Ritter, & Marquardt, 2006)이 무시증상을 감소시킨다고 한다. 후자의 경우 무시증 환자들에게 일관된 패턴으로 움직이는 유채색 정사각형이 무작위로 분포되어 있는 것을 제시하고 환자들에게 머리를 움직이지 않고 단지 눈을 오른쪽에서 왼쪽으로 움직여 이 정사각형들을 추적하게 한다. 이 치료법은 주의와 관련된 전두엽과 두정 영역들의 활성화를 증가시키지만 앞서 살펴본 지속 주의를 위한 운전 과제보다 더 후측 영역들의 활성화를 증가시키는 경향이 있다(Thimm, Fink, Kust, Karbe, Williams, & Sturm, 2009). 마지막으로 언급할 치료법이 프리즘 적응법이다. 이 치료법에서는 환자들로 하여금 시각 세계를 10도 정도 오른쪽으로 움직이게 하는 프리즘을 착용하게 한 후 거의 중앙선에 있는 목표 자극을 지적하도록 훈련한다. 프리즘을 벗으면 훈련 전보다 더 중앙선에 가깝게 지적할 수 있게 되는데, 이는 시각 세계를 더 오른쪽으로 움직이게 하는 프리즘이 환자들로 하여금 더 왼쪽으로 향하게 하기 때문이다(Rossetti et al., 1998; Serino, Barbiani, Rinaldesi, & Ladavas, 2009).

현재 이러한 유형의 자극 기법이 어떤 기제를 통하여 무시증상을 완화시키는가에 관한 논쟁이 있다. 편측성 전정 자극은 뇌의 측두-두정 영역의 활성화를 증가시키고(Freiberg, Olsen, Roland, Paulson, & Lassen, 1985), 이로 인하여 무시증상이 감소된다. 열량과 목-고유감각 자극법은 정면(straight ahead)이 좌측으로 기울어져 있는 것과 같은 환상을 느끼게 하고(Karnath, Sievering, & Fetter, 1994), 개인의 공간 참조틀을 몸의 정중선에서 좌측으로 옮겨 가게 하는 것으로 여겨진다(Vallar, Guariglia, & Rusconi, 1997). 또한 이러한 유형의 자극법은 감각 및 운동과 관련된 무시증상뿐만 아니라 심적 표상과 관련된 무시증상도 완화시킨다(Cappa, Sterzi, Vallar, & Bisiach, 1987; Rubens, 1985; Vallar et al., 1990). 프리즘 적응법은 개인의 참조틀을 왼쪽으로 옮겨가게 함으로써 무시증상을 감소시킨다(Serino, Angeli, Frassinetti, & Ladavas, 2006).

앞서 살펴본 바와 같이 TMS를 좌반구에 적용하여 대뇌반구들 사이의 불균형적인 활성화를 감소시키는 것이 무시 증상을 감소시키는 가장 극적인 방법이다(Fierro, Brighina, & Bisiach, 2006, 참조). 이 치료법에 관한 초기 연구들은 무시 증상의 완화가 일시적이거나(Oliveri et al., 2001) 대략 2주 정도(Brighina et al., 2003) 밖에 지속되지 않는다고 보고하였으나 최근 연구들은 적어도 일부 사례에서는 무시증상의 완화가 장기적으로 지속된다고 보고하고 있다(Shindo, Sugiyama, Huabao, Nishjima, Kondo, & Izumi, 2006). 비록 서로 다른 치료법들의 효과에 대해서는 논란이 있지만(Marshall, 2009 참조) 무시증의 핵심적인 결함을 치료할 수 있는 더 나은 치료법이 개발될 것이라는 희망을 가지고 이에 관한 연구가 계속되고 있다.

편측무시증: 뇌-행동 관계의 이해

편측무시증의 임상 특징에 관해 살펴보았다. 이제부터 이 증후군을 통하여 우리가 이해하게 되는 여러 뇌-행동 관계의 이슈들로 관심을 돌려 보자. 8장에서 이미 살펴본 바와 같이 편측무시증에 관한 연구는 뇌가 다양한 참조틀에 따라 공간을 부호화한다는 것을 알려주는데 이는 서로 다른 환자들이 서로 다른 정중선(신체의 정중선 혹은 대상의 정중선)의 좌측을 무시하기 때문이다. 이 절에서는 어떻게 편측무시증이 대상에 근거하는 주의에 관한 부가적인 정보를 제공하는가, 어떻게 편측무시증이 두 대뇌반구가 주의에 서로 다르게 관여하는가에 대한 이해를 높이는가와 주의를 받지 못한 자극을 뇌가 어떻게 처리하는가 등에 관해 살펴보고자 한다. 필요할 경우에는 인지 신경과학에서 사용되고 있는 여러 기법들을 사용한 연구 결과를 인용하겠다.

■ 대상에 기초하는 주의

이제까지 무시증을 주로 신체의 정중선으로 정의된 공간 틀을 중심으로 살펴보았다. 다시 말하면 무시증이 신체의 정중선의 좌측에 제시된 정보에 한하여 일어난다고 가정하였다. 이 경우 공간을 신체 그 자체를 중심으로 정의한다. 그러나 환자들은 신체로부터 어느 위치에 대상이 존재하는지와 상관없이 대상의 좌측 반을 무시하기도 한다. 이 장의 앞부분에서 우리는 주의가 어떻게 공간 내의 특정 영역이나 특정 대상으로 향할 수 있는가를 살펴보았다. 이 절에서는 무시증 환자들에서 관찰되는 여러 현상들이 대상에 기초한 주의에 관한 이해를 높이는가를 살펴보기로 하자.

만약 대상의 특정 부위에 대한 무시가 관찰된다면 대상에 기초하는 주의를 지지하는 부가적인 증거를 축적할 수 있다. 다수의 사례 연구들이 **대상에 기초하는 무시증**이 비언어적 자료(Young, DeHaan, Newcombe, & Hay, 1990; Young, Hellawell, & Welch, 1992; Behrmann & Moscovitch, 1994; Driver, Baylis, Goodrich, & Rafal, 1994)와 언어적 자료(Caramazza & Hillis, 1990; Hillis & Caramazza, 1991) 모두에서 관찰된다고 보고하고 있다. 이 사례들에서 환자는 자극이 공간 내의 어디에 위치하는가와 상관없이 자극(전형적으로 대상 혹은 단어)의 좌측 반을 무시한다. 더욱이 자극-취소 검사와 같은 표준 과제의 수행 동안 공간의 좌측 반에 대해서는 무시를 보이지 않는다. 이 유형의 무시증을 이해하기 위해 ● 그림 11.17을 살펴보자. 편측성 무시증 환자에게 일부분이 상실된 모든 자극 옆에 X를 표시하고 상실되지 않은 모든 자극들에는 원을 그리도록 지시한다. 한 환자는 페이지의 좌측면에 있는 모든 자극들을 무시한 반면 우측면에 제시된 자극들 중 일부분이 상실된 모든 자극들, 심지어 좌측 부분이 상실된 자극들 조차에 원을 그렸다(그림 11.17A). 이 환자는 자극의 공간적 위치에 대해 무시증을 보인다. 이와 상반되게 다른 환자는 전 페이지에 제시된 자극들에 원을 그렸지만 좌측면이 상실된 자극 옆에는 X 표시를 하지 않았다. 이 사실은 이 환자의 무시증이 자극의 공간 위치보다는 대상 그 자체와 관련되어 일어난다는 것을 시사한다(그림 11.17B)(Ota, Fujii, Suzuki, Fukatsu, & Yamadori, 2001).

어떤 경우에는 공간에 기초한 무시증 혹은 대상에 기초한 무시증이 대상의 방향에 따라 관찰된다. 예를 들어 한 환자는 단어들이 180도 회전되어 있을 경우(즉 위-아래가 바뀌어져 제시될 경우) 공간에 기초한 무시증상을 보였지만 단어들이 거울상으로 제시된 경우에는 대상에 기초한 무시증상을 보였다(Savazzi, 2003). 또 다른 경우에는 개인에게 주어진 주의 지시에 따라 무시증이 초래되는데, 예를 들어 만

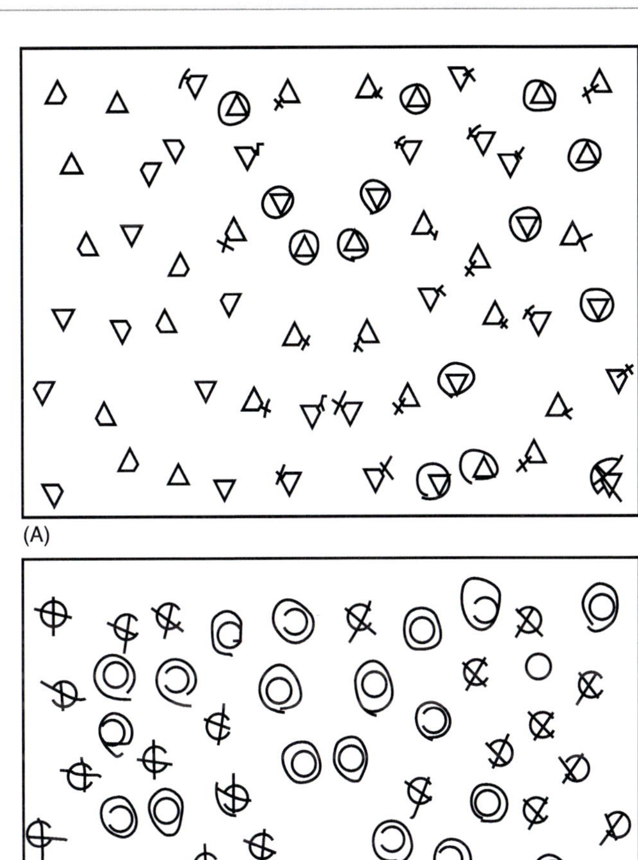

● **그림 11.17 공간에 근거하는 무시 대 대상에 근거하는 무시.** 이 과제는 개인에게 완결 도형은 원으로 표시하고 부분이 상실되어 있는 도형 옆에 X를 표시하게 한다. (A) 공간에 근거하는 무시증을 가지는 한 환자의 수행을 보여준다. 페이지의 왼쪽 면에 있는 모든 도형을 무시한 것에 주목하라. 주의를 준 공간(즉 오른쪽 공간)에 있는 도형에 대해서는 상실된 부분이 도형의 왼쪽 혹은 오른쪽에 있는가와는 무관하게 모든 미완결 도형을 원으로 표시하였는데 이는 이 환자가 대상에 근거하는 무시증을 가지고 있지 않음을 시사한다. (B) 대상에 근거하는 무시증을 가지고 있는 다른 환자의 수행을 보여준다. 페이지의 양면에 제시되어 있는 도형에 원으로 표시하였는데 이는 이 환자가 공간에 근거하는 무시증을 가지고 있지 않음을 시사한다. 그러나 이 환자는 상실된 부분이 왼쪽 면에 있는 도형 옆에 X 표시를 하지 않고 완결된 도형인 것처럼 원으로 표시하였다. 그러나 이 환자는 오른쪽 부분이 상실된 원은 정확하게 탐지하여 그 원의 옆에 X 표시를 하였다. 이는 그가 대상에 근거하는 무시증을 가지고 있음을 시사한다. 출처: Ota, H. Fujii, Suzuki, K.,Fukatsu, R. & Yamadori, A. (2001) Dissociation of body-centered and stimulus-centered representations of unilateral neglect. Neurology, 57, A) Figure 3, pg. 2066, B) Figure 4, page 2067.

약 환자에게 컴퓨터 모니터 전체에 주의를 주라고 할 경우와 모니터에 제시되는 특정 형태의 자극에만 주의를 주라고 할 경우 서로 다른 무시증이 나타난다(Baylis, Baylis, & Gore, 2004). 따라서 정보가 제시되는 환경 유형과 개인의 자극 탐색 방법에 따라 서로 다른 유형의 무시증이 관찰된다.

무시증의 유형이 병변의 위치에 따라 다르다는 주장도 있다. 최근 연구 결과에 의하면 각회 조직의 혈류저하(hypoperfusion; 신경 조직에 대한 혈류 공급의 부족)는 관찰자-중심의 무시증을 초래하는 한편 상측두피질의 혈류저하는 대상에 기초하는 무시증을 초래한다고 한다. 따라서 서로 다른 뇌 조직들이 서로 다른 참조틀에 대한 무시증의 근거가 된다(Shirani et al., 2009). 이 결과는 무시증의 발병에 어느 뇌 영역이 중요한 역할을 하는가에 관해 일부 설명해 주는데, 즉 무시증이 어떤 참조틀에 대해 일어나는가에 따라 관여하는 뇌 영역이 달라진다.

대상에 기초하는 무시증에 관한 기술을 마치기 전에 다음을 언급할 필요가 있는데, 즉 일부 연구자들이 **자극-중심 무시증**(stimulus-centered neglect)과 대상-중심 무시증을 구분한다는 것이다. **대상-중심 무시증**(object-centered neglect)의 경우 대상이 어떻게 제시되는가와 무관하게 대상의 좌측 반을 무시한다. 예를 들어 좌측의 자극-중심 무시증을 가지는 개인에게 'feet'라는 단어를 정상적으로 제시하면 이를 'meet'로 읽지만 거울상으로 제시하면 이를 'feel'이라고 읽는다. 두 경우 모두 자극의 좌측면이 무시된다. 그러나 대상-중심 무시증을 가지는 환자는 대상이 어떤 위치에 제시되는가와 상관없이 대상의 좌측반을 무시한다. 대상-중심 무시증을 가지는 환자는 'feet'이라는 단어가 정상적으로 혹은 거울상으로 제시되는가와 상관없이 'feet'를 'meet'로 잘 못 읽을 수 있는데 이는 'feet'가 어떤 방향으로 제시되는가와 무관하게 'fe'가 항상 이 단어의 좌측에 있기 때문이다(Hillis & Caramazza, 1991). 단어를 제외하고는 어떤 물체도 좌측과 우측이 규칙에 의해 정해져 있지 않기 때문에 이 참조틀은 구분하기가 매우 힘들다. 그럼에도 불구하고 여러 연구들은 만약 무시증 환자들로 하여금 반복적 훈련을 통해 비언어적 자극이 특정 규칙적인 표상을 가지는 것처럼 지각하게 할 경우 대상에 기초한 중심이 이러한 자극들에서도 관찰될 수 있다는 것을 보고하고 있다(Savazzi, Mancini, Veronesi, & Posteraro, 2009).

■ 주의 통제에서의 좌우 반구 차이

무시 증후군의 가장 큰 특징 중의 하나가 좌반구보다는 우반구에 손상을 입을 경우 더 두드러지고 증상이 심각하다는 것이다(Denes, Semenza, Stoppa, & Lis, 1982). 연구자들은 이 이유에 대해 많은 관심을 가지고 연구해 왔고 이를 설명할 수 있는 몇 개의 이론을 제안하였다.

일부 이론들은 우반구 손상 이후에 초래되는 편측무시증이 두 개의 서로 독립된 요인들의 효과를 반영한다고 제안하였는데, 즉 공간의 서로 반대편에 제시되는 정보에 대해 좌우 반구가 보이는 주의 편향과 좌반구보다 우반구의 주의와 각성에서의 더 큰 역할과 같은 두 요인들의 효과를 반영한다고 한다. 이 두 요인들을 각각 살펴본 다음, 이 요인들이 어떻게 상호작용하여 편측무시증에서 관찰되는 효과를 야기하는지를 알아보도록 하자.

앞서 살펴본 바와 같이 각 대뇌반구는 대측성 공간에 제시되는 정보들에 대해 주의 편향을 가지고 있다. 이 장의 앞 부분에서 살펴본 바와 같이 개인이 한 시야, 예를 들어 좌시야에 주의를 줄 경우 대측 후두엽(우반구 후두엽)에서 측정한 ERP가 동측 후두엽(좌반구 후두엽)에서 측정한 ERP보다 진폭이 더 크다(Mangun & Hillyard, 1988). 만약 주의를 한 시야 내의 여러 위치로 옮겨야 할 경우, 예를 들어 우시야 내의 다양한 위치로 주의를 옮겨야 할 경우에는 좌반구 상두정엽과 상전두엽에서 가장 큰 활성화가 관찰되고 좌측시야 내에서 주의를 옮겨야 하는 경우에는 우반구 상두정엽과 상전두엽에서 가장 큰 활성화가 관찰된다고 한다(Corbetta, Miezin, Shulman, & Petersen, 1993). 더욱이 과제가 한 대뇌반구의 활성화만을 요구할 경우 대측성 공간에 대해 주의 편향이 일어나고 이로 인해 그 위치에 제시된 자극의 처리가 증가된다(Kinsbourne, 1974).

공간의 한 면에 대한 주의 편향은 자극이 자유 시야(free vision)에 제시될 경우에도 관찰된다. ● 그림 11.18을 보라. 두 얼굴 중 어느 얼굴이 더 행복하게 보이는가? 만약 당신이 오른손잡이이면 A 얼굴이 더 행복하게 보인다고 답할 가능성이 높다. 오른손잡이인 경우 우반구가 얼굴을 처리하거나 정서 표현을 해석하는 데 우세하기 때문에 우반구가 더 활성화된다. 이는 대측성 공간, 즉 좌측면에 주의 편향을 야기하고 이에 따라 얼굴의 좌측면이 더 눈에 띄고 이로 말미암아 더 행복하게 보인다고 판단하게 된다. 이 주의 편향은 순전히 뇌에 의하여 초래된다는 것을 알 수 있는데, 왜냐하면 그림 11.18의 두 그림은 거울상(mirror image)으로, 다시 말하면 지각적 측면에서는 한 얼굴이 다른 얼굴보다 더 행복해 보인다고 지각할 이유가 전혀 없기 때문이다(Levy, Heller, Banich, & Burton, 1983b). 이러한 연구 결과는 각 대뇌반구가 대측성 공간에 대해 주의 편향을 가진다는 것을 지지한다(Reuter-Lorenz, Kinsbourne, & Moscovitch, 1990).

앞서 우반구가 전반적인 주의와 각성에 중요한 역할을 한다고 언급하였다. 이 요인을 특히 무시증과 관련지을 경우, 편측성 무시증 환자들은 지속 주의, 특히 공간에 대한 지속 주의의 어려움을 가진다(Malhotra, Coulthard, & Husain, 2009). 더욱이 지속주의의 장애는 무시증의 심각성 정도를 예견한다(Samuelsson, Hjelmquist, Jensen, Ekholm, & Blomstrand, 1998).

이 두 요인들이 서로 상호작용하여 무시증을 초래하는 것을 조사한 한 연구는 세 집단, 즉 우반구 손상 환자군, 좌반구 손상 환자군과 신경계의 손상이 없는 통제군에게 대상탐지 과제를 실시하였다(Weintraub & Mesulam, 1987). 피검자들에게 제시된 자극들 중에서 목표 자극을 가능한 한 많이 찾도록 지시하였으며, 그 결과는 표 11.1에 제시되어 있다. 예상한 바와 같이 신경계의 손상이 없는 피검자들은 공간의 어느 면에 목표 자극이 제시되든지 간에 목표 자극을 모두 탐지하였다. 뇌 손상 환자들은 두 가지 중요한 결과를 보였다. 첫째, 좌반구 혹은 우반구에 손상을 입었든지 간에 뇌 손상 환자들은 손상된 뇌의 대측성 공간에 제시된 목표 자극을 동측성 공간에 제시된 목표 자극에 비하여 훨씬 더 많이 놓치는 경향을 보였다. 이러한 결과는 각 대뇌반구가 대측성 공간에 제시된 정보에 더 많은 주의를 준다는 것을 시사한다. 둘째, 표 11.1에서 알 수 있듯이 우반구에 손상을 입은 환자들의 수행이 좌반구에 손상을 입은 환자들에 비하여 전반적으로 더 저하되어 있었다. 다시 말하면 우반구 손상 환자들은 공간의 좌우면

표 11.1 Weintraub와 Mesulam (1987)의 시각탐지과제에서 관찰된 놓친 항목 수

	평균 놓친 항목 수	
집단	**왼쪽 면**	**오른쪽 면**
좌반구 병변 환자군:	1.25	2.38
우반구 병변 환자군:	17.13	8.00
신경계의 손상이 없는 통제군:	0.56	0.30

편측성 병변을 가지는 환자들은 병변의 동측면보다 대측면에 제시된 항목들을 더 놓치는 경향을 보였다. 전반적으로 우반구에 손상을 입은 환자들이 좌반구에 손상을 입은 환자들에 비하여 더 많은 목표자극을 놓치는 경향을 보였다.

에 제시된 자극 **모두**를 더 놓치는 경향을 보였다는 것이다. 실제 좌반구에 손상을 입은 환자들이 자신들이 **무시하는 공간면**(즉 우측면)에 제시된 자극을 탐지하지 못하는 것보다 우반구에 손상을 입은 환자들이 자신들이 **무시하지 않는 공간면**(즉 우측면)에 제시된 자극을 더 탐지하지 못하였다. 이 연구 결과는 앞서 살펴본 연구 결과와 더불어 우반구가 좌반구보다 전반적인 주의와 각성에 더 많은 영향을 미친다는 것을 보여 준다(주의 통제의 편재화 혹은 비편재화가 어떻게 무시증에 영향을 미치는가에 대한 논의는 Husain & Rorden, 2003 참조).

우반구에 손상을 입을 경우 편측무시증이 훨씬 더 심각하다는 것에 관한 또 다른 설명은 이 장의 앞 부분에서 살펴본 바와 같이 두 대뇌반구 사이의 주의할당 기울기(gradient of attentional allocation)가 서로 다르다는 것이다(Kinsbourne, 1993). 이 모델에 의하면 좌반구는 가파른 기울기, 즉 동측 공간 영역(즉 좌측 공간)에 비해 공간의 가장 우측에 매우 강한 주의편향을 가진다고 한다. 이와 상반되게 우반구의 주의 기울기(즉 대측 공간과 동측 공간에 할당하는 주의의 차이)가 좌반구만큼 극적이지는 않다. 두 대뇌반구가 주의 기울기에서 서로 차이를 가진다는 것을 지지하는 증거가 다양한 연구들로부터 제공되고 있다. 앞서 언급한 바와 같이 처리 과정을 용이하게 하는(방해하기보다는) rTMS는 우반구에 제시된 정보에 대한 주의와 수행을 증가시키지만 이와 동시에 좌반구 정보에 대한 오류를 증가시킨다. 이 결과는 좌반구가 우측에 대한 강한 주의편향을 가지고 실제로 좌반구가 활성화되면 좌반구로 향하는 주의를 방해하기조차 한다. 이와 상반되게 우반구에 적용된 rTMS는 좌반구에 제시된 정보 수행을 증가시키고 우반구 정보에 대한 오류를 증가시키지 않는데 이는 우반구가 가지는 주의 기울기가 좌반구보다 덜 두드러진다는 것을 시사한다(Kim et al., 2005). 이에 덧붙여서 좌우 반구 모두에 동등하게 주의를 주어야 할 경우 우반구의 활성화는 증가하지만 좌반구 하두정엽의 활성화는 증가하지 않는데, 이는 우반구가 좌반구보다 양반구 모두에 더 주의를

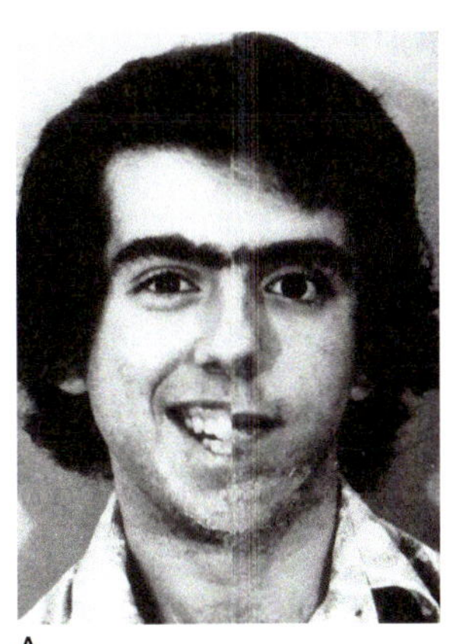
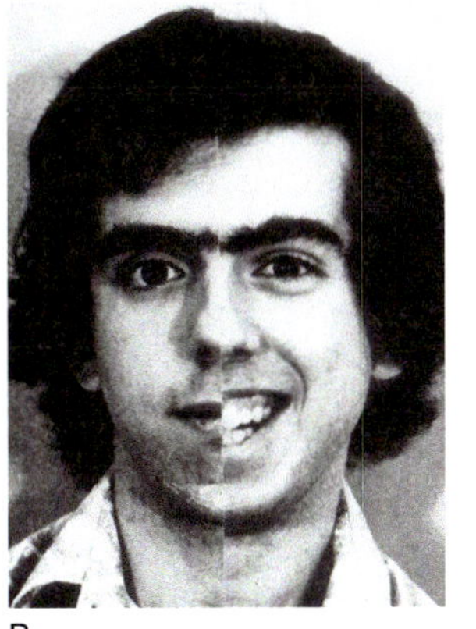

A B

그림 11.18 공간의 한 면에 주의 편향을 보이는 합성 얼굴. 비록 합성 얼굴들이 거울상이라는 것을 제외하고는 동일하지만 대부분의 오른손잡이들은 얼굴의 왼쪽 면에 미소를 띠는 얼굴 (A)가 오른쪽에 미소를 띠는 (B)보다 더 행복해 보인다고 지각한다. 전문가들은 얼굴 왼쪽의 표정이 더 눈에 띠는 것이 우반구가 정서적 정보와 얼굴 정보를 처리하는 데 더 우세하여 공간의 왼쪽 면으로 주의 편향이 일어나기 때문이라고 여긴다. 따라서 왼쪽에 위치하는 정보가 더 두드러지게 지각된다. 출처: I: "Asymmetry of Perception in Free Viewing of Chimeric Faces," by J. Levy, W. Heller, M. T. Banich, and L. A. Burton, 1983, Brain and Cognition, 2, p. 406. With permission from Elsevier.

할당할 수 있다는 것을 시사한다(Cicek, Gitelman, Hurley, Nobre, & Mesulam, 2007).

■ 주의를 주지 않은 자극의 처리

이제까지 우리는 뇌가 다양한 정보들 중에서 처리하기 원하는 정보를 선택하는 기제로 주의를 정의하고 이에 관해 살펴보았다. 그러면 주의를 받지 않은 자극들은 어떻게 되는가? 의식의 블랙홀 속으로 떨어져서 아무런 흔적도 없이 사라지는가 아니면 주의를 받은 자극들보다 훨씬 낮은 정도이지만 처리가 되는가? 7장에서 안면 실인증(prosopagnosia) 환자들이 자신들이 인식하지 못하는 얼굴에 관해 어느 정도의 정보를 추출해 낼 수 있는 능력을 가지고 있다는 것을 살펴보았다. 이러한 발견은 정보가 비록 개인의 의식 수준에 도달하지 못하여도 어느 정도 처리될 수 있다는 것을 시사한다. 다음으로 편측무시증 환자들이 자신들이 무시하는 공간면에 제시된 모든 정보들을 무시하는 것처럼 보임에도 불구하고 특정 조건하에서는 이러한 정보들이 환자들의 행동에 영향을 미칠 수 있다는 것을 살펴보기로 하자.

편측무시증 환자들이 자신들이 무시하는 공간면에 제시된 정보를 처리할 수 있다는 것을 입증하는 증거 중의 하나는 좌측면에 대해 무시증상을 보이는 한 환자의 사례로부터 제공되었다. 이 환자에게 집을 그린 두 개의 그림을 제시하였는데, 이 두 그림은 한 집의 왼쪽에서 연기가 나오는 것을 제외하고는 동일하였다(Marshall & Halligan, 1988). 비록 환자는 두 개의 집 그림이 차이가 있다는 것을 발견하지 못하였지만, 두 집 중 어느 집에서 살고 싶은가라는 질문을 받았을 때, 연기가 나지 않는 집을 선택하였다. 추후 연구들은 이 연구와 동일한 결과를 얻는 데 실패하였으나(Bisiach & Rusconi, 1990), 점화 연구들에서는 좌측면에 제시된 정보가 명백하게 혹은 외현적으로 인식되지 못하였음에도 불구하고 개인의 수행에 영향을 미치는 것이 관찰되었다. 한 연구에서 연구자들은 우반구에 손상을 입어 대측성 공간에 대해 무시증상을 보이는 환자들이 우시야(환자들이 무시하지 않는 공간)에 제시된 그림을 동물 혹은 과일 등의 범주로 반응하는 속도를 측정하였다. 이 연구에서 중요한 점은 우시야에 그림이 제시되기 400밀리초 전에 동일하거나 혹은 다른 범주에 속하는 그림이 환자들이 무시하는 공간면, 즉 좌측면에 제시되었다는 것이다. 무시면에 다른 범주의 그림이 제시되었을 때보다 동일한 범주의 그림이 제시되었을 때 우시야에 제시된 정보에 대한 반응시간이 훨씬 더 빨랐다. 이 결과는 무시면에 제시된 정보가 어느 정도 처리된다는 것을 시사하는데, 왜냐하면 무시된 면에 제시된 정보가 무시되지 않는 면에 제시된 정보의 처리에 영향을 미치기 때문이다(Berti & Rizzolatti, 1992). 무시증 환자와는 달리, 좌시야에 대한 반맹증을 가지는 환자에서는 이러한 점화 효과가 관찰되지 않는데, 이 환자들은 좌측면에 제시되는 정보를 실제로 보지 못하기 때문이다(McGlinchey-Berroth, Milberg, Verfaellie, Alexander, & Kilduff, 1993; 점화 연구에 관해서는 Driver & Vuilleumier, 2001 참조).

fMRI 연구들은 어떻게 뇌가 이러한 점화 효과를 지지하는가에 대한 통찰을 제공하고 있다. 이 연구들은 뇌 영역들의 잔여 혹은 낮은 수준의 활성화가 점화는 가능하게 하지만 의식적 인식은 방해한다고 주장한다. 한 사례 연구는 우반구 하두정엽 부위의 경색으로 말미암아 편측 부주의(hemi-inattention)를 보이는 한 남성 환자에게서 이러한 현상을 관찰할 수 있었다고 보고하였다(Rees, Wojciulik, Clarke, Husain, Frith, & Driver, 2000). 이 환자는 한 자극을 좌우 시야에 하나씩 제시할 경우에는 95%의 정확률을 보였지만 양 시야에 동시에 제시하였을 때에는 2 자극만이 양 시야에 제시되고 나머지 58 자극은 우시야에만 제시되었다고 반응하였다. 연구자들은 두 개의 자극이 좌우 시야에 동시에 제시되었지만 환자가 우시야에서만 자극을 인식하는 경우와 우시야에만 단지 하나의 자극이 제시되어 환자가 실제 우시야에서만 자극을 인식하는 경우의 뇌 활성화를 측정하였다. 따라서 이 두 조건에서의 환자의 반응은 동일하지만 실제로 제시된 자극은 다르다(양 시야 대 우시야). 특히 연구자들은 무시면, 이 경우에는 좌시야의 대측성 반구의 시각피질(우반구 시각피질)에서의 활성화 정도를 측정하고자 하였다. 비록 환자가 아무것도 보이지 않는다고 반응하였지만 우반구 시각피질의 활성화가 관찰되었다. 그러나 한 자극이 좌시야에만 제시되었을 때와 비교하여 활성화 수준이 매우 낮았다(● 그림 11.19) (이에 관한 추후 연구는 Rees, Wojciulik, Clarke, Husain, Frith, & Driver, 2002, 참조).

ERP 결과는 무시된 자극과 주의를 받은 자극의 처리가 자극 처리 과정 중 어느 시간대에서 서로 분리되는가를 보여준다. 예를 들어 양 시야를 동시에 자극하는 경우에는 무시되는 얼굴 자극에 대해서도 N_{170}이 관찰된다(Vuilleumier et al., 2001). 이와 유사하게 무시된 반시야에 제시된 단순한 시각 자극에 대해 자극 제시 후 대략 130밀리초까지는 시각 유발전위가 관찰된다(DiRusso, Aprille, Spitoni, & Spinelli, 2008). 그러나 두 경우 모두 상위 시각피질에서의 활성화는 관찰되지 않는다. 무시된 자극이 시각계의 초기 단계에서 처리되기 때문에 무시된 자극이 수행에 영향을 미칠 수 있으며 이러한 영향이 점화 연구에서 관찰된다. 그러나 무시된 자극이 상위 시각 처리 영역에서는 처리되지 않기 때문에 무시된 자극이 의식적으로 지각되지 않는다.

이 연구들은 주의가 정보처리를 조율한다는 주장을 지지

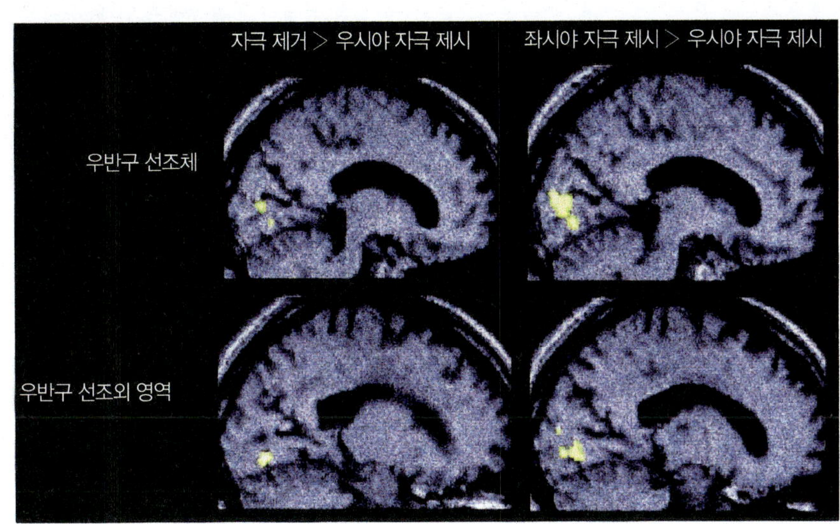

그림 11.19 자극의 의식적 지각 대 무의식적 지각 시 활성화되는 뇌 영역의 중복. 이 연구에서 개인은 좌우시야 모두에 자극이 제시되었지만 좌시야에 제시된 자극을 의식적으로 지각하지 않았다. 오른쪽 그림은 선조체(윗줄)와 선조외 영역(아랫줄)이 우시야보다 좌시야에만 자극이 제시될 때 더 활성화되는 것을 보여준다. 왼쪽 그림은 우시야보다 좌시야에 제시되었던 자극이 사라진 뒤 선조체와 선조외 영역이 더 활성화되는 것을 보여준다. 비록 사라진 자극들이 의식적으로 지각되지 않았음에도 불구하고 이 자극들이 의식적으로 지각되었을 때 활성화되었던 영역들을 다시 활성화시키는 것에 주목하라. 출처: Rees et al., 2000. Unconscious activation of visual cortex in the damaged right hemisphere of a parietal patient with extinction, Brain, 123, p. 1629, fig. 2. By permission of Oxford University Press.

한다. 즉 주의를 받은 정보는 충분히 처리되는 반면 주의를 받지 않은 정보를 덜 처리된다. 이제까지 주의를 살펴본 결과 이 조율 효과가 정보처리 과정의 서로 다른 시기와 서로 다른 피질 영역에서 일어나는 것으로 이해된다. 이 장은 주로 뇌의 후측 영역들에 의한 조율에 초점을 맞추었지만 12장에서 집행 기능을 살펴볼 때 전전두영역이 주의 통제의 집행적 측면에 관여하는 것을 살펴보겠다.

요약

'주의'란 무엇인가

- 주의란 인간의 뇌가 가지는 제한된 처리 능력 때문에 여러 정보 중 처리해야 할 정보를 선택하는 인지 능력을 의미한다.
- 심리학자들은 주의를 네 범주로 구분한다. 즉 각성, 경계와 지속 주의, 선택 주의와 분리 주의로 구분한다.

주의에 관여하는 뇌 구조

- 여러 뇌 영역들이 각성에 관여한다. 뇌간에 세포체를 가지는 망상활성체계가 광범위한 피질 영역을 활성화시킨다. 두 신경전달물질 체계, 즉 뇌간에 세포체를 가지는 노르아드레날린과 콜린 체계도 각성에 관여한다. 마지막으로 시상 구조도 피질을 활성화시킨다.
- 각성과 지속 주의에 시상뿐만 아니라 노르아드레날린과 콜린 체계가 관여한다. 이에 덧붙여서 우반구의 후측 영역들도 경계 유지에 중요한 역할을 한다.
- 처리해야 할 정보를 우선적으로 선택하게 하는 선택 주의는 정보처리 과정 중 정보 입력 직후부터 반응 선택에 이르기까지 다양한 시간대에서 작용한다.
- 중뇌에 위치하는 상구는 자발적으로 공간 내의 특정 위치에 주의를 주는 것에 중요한 역할을 한다.
- 시상의 일부 영역은 유입되는 정보를 선택하거나 여과하는 관문 기제를 가진다.
- 두정엽 후측 부위는 주의 과정에 공간 참조틀을 제공하고 특징들, 예를 들어 색채와 형태를 결합하게 하며 주의 요구에 따라 지원을 할당하는 데 관여한다.
- 내측 전전두 피질은 특히 과제가 주의를 요구할 경우 적절한 운동반응의 선택에 관여한다.
- 외측 전전두 영역은 주의를 가이드하는 추상적 범주 혹은 목표를 제공함으로써 하향 주의 통제에 중요한 역할을 한다.
- 일부 뇌 영역은 주의 통제의 출처 역할을 하여 주의를 어디로 향해야 하는가에 관한 하향 신호를 보낸다. 이 신호를 주의 통제 부위로 작용하는 뇌 영역들이 받으며 어떻게 주의가 할당되는가에 따라 이 영역들의 활성화가 조율된다.
- 선택 주의는 공간 내의 특정 위치로 향하거나 색채와 같은 대상의 특정 속성으로 향하거나 대상 전체로 향할 수 있다.
- 일반적으로 주의는 주의를 받는 정보를 처리하는 데 관여하는 뇌 영역들의 처리를 증가시킨다.

- 분리 주의, 즉 주의를 서로 다른 정보 혹은 과제에 분리하는 능력은 주의가 분리되지 않을 때보다 전전두 영역에 더 의존한다.

선택 주의

- 주의는 특정 정보처리에 편향함으로써 작용하는 것처럼 여겨지며 이를 통하여 정보 사이의 경쟁을 해결한다.
- 이는 주의를 받은 정보를 처리하는 신경 조직의 활성화를 증가시킴으로써 주의를 받지 않은 정보의 활성화를 억제함으로써 혹은 기본적인 활성화를 증가시킴으로써 일어난다.

주의 통제의 네트워크 모델

- 주의에는 다양한 뇌구조들로 이루어진 네트워크가 관여한다. 한 이론 모델은 망상활성체계가 각성을 유지하고 대상피질이 정보에 동기적 중요성을 부여하며 후측 두정영역이 세상에 관한 감각 지도를 제공하고 전두 영역이 주의 초점을 이동하는데 필요한 운동 프로그램을 제공한다고 제안한다.
- 다른 모델은 세 가지 하위 체계를 주장한다. 첫 번째 체계에는 청반, 두정피질, 우반구 전두 영역이 포함되고 각성에 관여한다. 두 번째 체계에는 상구, 상두정 영역, 측두-두정 경계 영역과 전두시야장이 포함되며 이 체계는 주의를 감각 신호들로 향하게 하여 이들 중 일부를 선택하게 한다. 세 번째 체계에는 기저핵, 복외측 전전두영역과 전대상피질이 포함되며 이 체계는 주의의 집행적 측면에 관여한다.
- 또 다른 모델은 배측 전두-두정 하위 체계와 복측 하위 체계로 구분한다. 배측 전두-두정 체계는 주의의 집행적 측면에 관여하고 우반구 측두-두정피질과 하전두피질로 구성된 복측 체계는 환경 내의 두드러진 자극으로 주의가 향하게 한다.
- 최근 연구들은 기본상태 네트워크로 알려져 있는 한 네트워크를 제안하는데, 개인이 주의가 요구되는 과제를 수행할 때 이 네트워크의 활성화가 감소한다. 연구들은 만약 과제 수행 동안 이 네트워크의 활성화가 감소되지 않으면 그 과제의 수행이 저하될 것이라고 보고하고 있다.

편측무시증: 임상 측면

- 편측무시증은 후측 두정 영역의 혈관장애로 인해 주로 발병하며, 손상된 뇌의 대측 공간에 제시되는 정보를 무시하는 경우를 의미한다.
- 무시증은 감각 결함 때문에 초래되는 것이 아닌데, 왜냐하면 대측 공간에 대한 무시증상의 정도가 감각 유형에 따라 변하지 않고 심각한 감각장애를 앓는 환자들이 그 공간면에 대한 무시증상을 보이지 않기 때문이다.
- 무시증은 무시하는 공간면에 제시된 정보에 주의를 끄는 요인들에 의해 조절된다. 예를 들어 강한 정서적 자극이나 동기 요인들, 혹은 정보의 이해에 중요한 자료를 처리할 필요가 있을 경우에는 무시면에 제시된 자극들로 주의가 향할 수 있다.
- 무시증상에 관한 이론들 중 일부는 무시증 환자들이 무시면에 대한 심적 개념을 상실하였다고 주장하고, 또 다른 이론들은 각각의 대뇌 반구가 대측 공간에 대해 가지는 주의 편향 사이의 경쟁 때문에 무시증이 초래된다고 제안한다.
- 무시증에 관한 치료에는 개인의 주의 할당을 변화시키기 위한 시각 탐색 치료, 무시하는 공간면의 신체를 감각적으로 자극하여 그 공간으로 주의를 향하게 하는 방법과 두 대뇌반구의 활성화 불균형을 변화시키기 위해 경두개 자기자극법을 활용하는 것 등이 포함된다.

편측무시증: 뇌-행동 관계의 이해

- 무시증은 주의가 공간에 기초하거나 대상에 기초할 수 있음을 보여준다.
- 무시증이 우반구에 손상을 입을 경우 훨씬 빈번하게 일어나고 증상이 더 심각하다는 사실은, 우반구가 좌반구보다 전반적인 각성이나 주의에 더 중요하다는 것과 대측 공간과 동측 공간에 대한 주의 기울기가 우반구보다 좌반구에서 더 심하다는 것을 시사한다.
- 편측무시증 환자들이 무시하는 공간에 제시된 정보를 인식하지 못함에도 불구하고 이 정보가 환자의 행동에 영향을 미치는데, 이는 점화 반응 등으로 알 수 있다. 주의를 받지 않은 정보는 정보처리의 초기 단계 동안에 처리되며, 이에 따라 의식적 접근은 어렵지만 무의식적 접근은 가능한 것으로 보인다.

핵심용어

각성(alertness and arousal)
주의(attention)
열량 자극(caloric stimulation)
상향 주의 선택(bottom-up attentional selection)
혼수(coma)
분리 주의(divided attention)
이중동시자극기법(double simultaneous stimulation technique)
초기 선택 관점(early selection viewpoint)
(편측) 소거[(hemi)-extinction]
편측 부주의(hemi-inattention)
편측무시(hemineglect)
수판내핵(intralaminar nucleus)
후기 선택 관점(late-selection viewpoint)
배내측핵(medial dorsal nucleus)
다자원 이론(multiple-resource theory)
대상에 기초하는 무시(object-based neglect)

대상에 기초하는 주의 관점(object-based viewpoint of attention)

대상-중심 무시(object-centered neglect)

시상침[pulvinar (of the thalamus)]

자원(resource)

망상활성체계(reticular activating system, RAS)

망상핵(reticular nuclei)

도약안구 운동(saccade)

선택 주의(selective attention)

공간에 기초하는 주의 관점(space-based viewpoint of attention)

자극-중심 무시(stimulus-centered neglect)

상구(superior colliculus)

하향 주의 선택(top-down attentional selection)

경계(vigilance)

도서 참조 사이트: www.cengage.com/psychology/Banich

이 웹사이트는 학생들이나 강사들에게 강의용 퀴즈나 암기카드, 용어정리 같은 정보와 자료를 무료로 제공한다.

집행기능
Executive Function

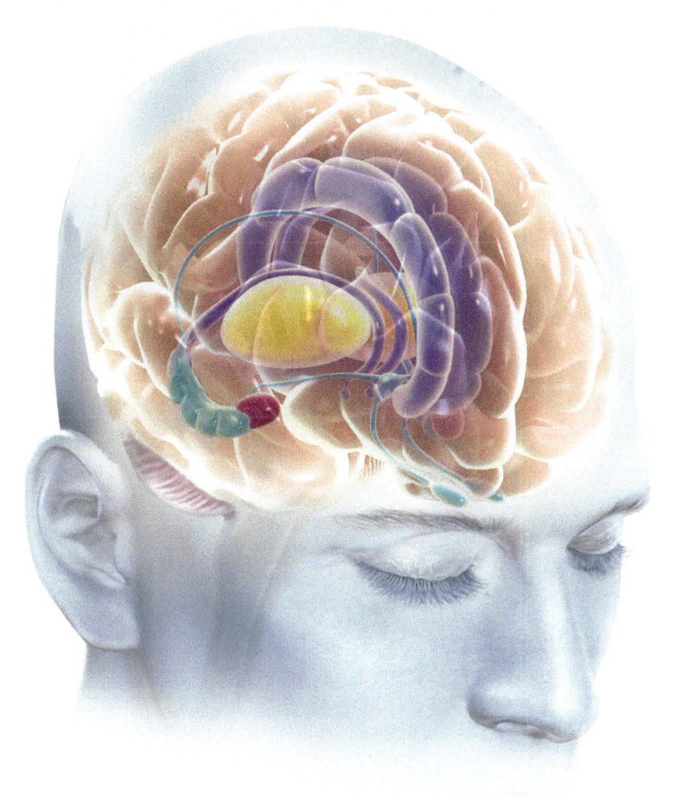

P 박사는 여행과 운동을 즐기는 중년의 성공한 외과 의사였다. 불행하게도 그가 가벼운 안면 수술을 받는 동안 합병증으로 아주 짧은 시간 동안 산소 부족이 발생하였고 이로 인하여 뇌 손상을 입게 되었다. 그는 뇌 손상의 후유증으로 인지기능의 장애를 가지게 되었는데, 즉 계획을 세우고 변화에 적응하며 독립적으로 행동할 수 있는 능력에 손상을 가지게 되었다.

수술 후 실시된 표준화 지능 검사에 의하면 P 박사의 지능은 '우수' 수준에 해당되었다. 그럼에도 불구하고 그는 단순한 일상생활 활동을 하지 못하였고 자신이 장애를 가지고 있다는 것을 인식하지 못하였다. 그의 기능 장애가 너무 심각하여 외과 의사로서 자신의 직업에 복귀하는 것이 불가능하였을 뿐만 아니라 남동생을 자신의 법적 보호자로 지명해야 할 정도였다. 외과 의사로서 P 박사는 다양한 요구에 잘 대처해 왔고 변화하는 상황에 융통성 있게 적응하였다. 그러나 지금은 가장 기본적인 일만을 수행할 수 있으며 그것도 단지 고정되고 관습적인 방식으로만 수행할 수 있었다. 더욱이 그는 행동을 개시하거나 미래를 위해 계획을 세우는 능력을 상실하였다. 예를 들어 남동생의 부인이 그에게 옷을 갈아 입어야 되겠다고 말했지만, 그는 몇 년 동안의 노력 끝에 겨우 자신 스스로 옷을 갈아 입었다. 그는 남동생 사업장의 배달용 트럭 운전자로 일했지만 이 일도 남동생이 배달 지시를 최소화할 경우에만 가능하였다. P 박사는 계획을 세울 수 있는 능력을 상실하였기 때문에 그 날의 배달 일정에 따라 스스로 배달을 할 수 없었다. 대신 그의 남동생이 한 번에 하나씩 배달 일정을 그에게 알려 주어야만 하였다.

P 박사는 자신이 처한 상황을 전혀 알지 못하였다. 그는 자신이 기본적인 생활필수품, 예를 들어 옷, 음식과 숙소를 어떻게 제공받는가를 몰랐고 이에 관심도 보이지 않았으며 남동생이 제공하는 것에 완전히 만족하였다. 이전에는 매우 사교적이었지만 지금 그는 모노톤으로 말하고 감정을 거의 표현하지 않았다. 그는 어떤 활동도 먼저 시작하지 않고 자신에 관한 질문도 하지 않으며 여유시간을 TV 시청으로 보내는 것에 만족하였다.

P 박사의 사례는 뇌 손상이 어떻게 **집행기능**(executive functions), 즉 목표를 향해 행동을 계획하고 융통성 있게 정보를 활용하며 추상적으로 사고하고 합리적으로 추론해 내는 능력 등의 장애를 초래할 수 있는가를 잘 설명해 준다. 사례에 기술되어 있듯이 집행기능의 장애는 지능검사에 의해 측정되는 지적 과정의 다른 영역(일반 상식, 어휘, 공간 처리 능력 등)들이 유지되어도 초래된다.

이 장에서 살펴보겠지만 **집행기능**에는 많은 인지기능이 포함되기 때문에 집행기능을 정확하게 정의하는 것이 쉽지 않다. 이 장에서 살펴볼 여러 유형의 인지기능들을 더 잘 이해하기 위하여, 한 회사의 간부(CEO)에게 요구되는 기술이나 특성을 비유로 들어 보고자 한다. 첫째, CEO는 회사를 어떻게 운영할 것인가에 대한 마스터플랜을 가지고 있어야 한다. 예를 들어 CEO의 목표는 고객 만족도를 높이고 시장을 넓히며 생산을 증가시키는 것일 수 있다. 다음으로는 이 목표를 달성하기 위해 특정 행동들을 취해야 한다. 즉 제품의 질을 높이거나 영업팀을 확장하거나 제품 생산의 자동화를 시도할 것이다. 두 번째, CEO는 새로운 정보를 받아들여야 하고 필요하다면 새로운 정보를 사업 계획의 수정에 활용해야 한다. 다시 말하면 CEO는 변화를 융통성 있게 받아들여야 한다는 것이다. 예를 들어 증권시장의 변화나 외국 정부의 정치적 변화에 따라 회사의 운영 계획을 수정하고 새로운 행동을 취할 수 있어야 한다는 것이다. CEO에게 요구되는 이러한 계획 능력이나 융통성은 공장의 생산 라인에서 일하는 직원들에게는 요구되지 않는다. 이들에게는 주로 일을 언제, 어떻게 하라는 상부의 지시에 따르는 것이 요구될 뿐이다. 세 번째로 CEO는 여러 일들을 동시에 모니터하는 것과 여러 일들 사이의 관계를 이해해야만 한다. 즉 어떤 일을 먼저 하고 어떤 일을 나중에 해야 하는 것인가를 이해해야 하며, 이에 근거하여 결정을 내리고 행동의 순서를 정할 수 있어야 한다. 예를 들어 자금이 충분하지 못하여 영업팀의 확장과 제품 생산의 자동화를 동시에 실시할 수 없을 경우 이 둘 중 어느 것을 먼저 해야 하는가를 결정할 수 있어야 한다. 또한 CEO는 자신이 내린 결정의 효과와 상대적 가치를 평가해야 한다. 마지막으로 CEO는 회사의 이미지를 반영하고 회사의 대변인 역할을 수행해야 한다. 이를 위해서 CEO는 상당한 정도의 사회적 기술과 정치적 감각이 있어야 한다.

이러한 능력들, 즉 계획을 세워 추진하고, 변화에 융통성 있게 적응하고 일의 순서와 우선순위를 정하고 합리적으로 판단하고 사회적으로 민첩하게 행동하는 것은 서로 상당히 관련되어 있다. 예를 들어 일의 우선순위를 정할 수 있는 능력은 계획을 세우는 능력과 융통성을 필요로 한다. 전반적인 계획을 가지고 있어야만 계획의 달성을 위해 어떤 일을 우선적으로 해야 하는가를 결정할 수 있게 된다. 나아가서 융통성도 있어야 하는데, 왜냐하면 목표 달성을 위해서는 하나의 경직된 규칙만을 고수하는 것이 아니라 다양한 길을 고려해야 하기 때문이다. 집행기능의 다양한 특성 때문에 이 장에서 우리가 살펴볼 복잡한 과제들의 수행에 하나 이상의 기능이 관여한다. 따라서 앞 장들에서 살펴본 것처럼 한 유형의 인지기능을 하나의 특정 뇌 영역과 관련짓는 것이 집행기능의 경우에는 어렵다.

비록 **집행기능**이 서로 관련된 여러 기능들을 포함하지만 집행기능이라는 개념은 신경심리학자들과 인지 신경과학자들에게 유용하게 사용되어 왔는데, 왜냐하면 집행기능 개념이 여러 장애를 이해하는 데 큰 도움이 되어 왔기 때문이다. 일부 집행기능의 장애는 후측 뇌 부위들의 손상으로 초래되지만(Anderson, Damasio, Jones, & Tranel, 1991; Grafman, Jones, & Salazar, 1990), 대부분의 집행기능 장애들은 전전두엽 부위의 손상 후에 초래된다. 전전두엽 병변은 주로 교통사고나 추락 등으로 말미암은 폐쇄성 두부 손상으로 초래된다(Stuss, 1987). 이 장에서 우리는 뇌 손상 환자들을 대상으로 하여 전두엽과 집행기능 사이의 관련성을 조사한 연구들을 살펴보겠다. 이와 더불어 뇌영상 기법을 사용하여 전두엽과 집행기능을 조사한 연구들도 살펴보고자 한다.

이론적 배경

일부 이론은 집행기능을 거의 철학적 개념으로 설명하는데, 다시 말하면 전두엽이 개인의 의지를 실행하는 능력에 중요한 역할을 한다고 주장한다. 다른 이론은 전두엽이 특정 행동을 일으키는 방법의 선택을 도와주는 관리자의 역할을 한다고 주장하는데, 이는 마치 구매자가 요구하는 특정 모델의 자동차를 생산하기 위해 작업대에서 서로 다른 부품들을 선택하는 관리자의 역할과 같다고 주장한다. 어느 이론이든지 간에 목표를 위해 행동을 가이드하거나 통제하는 것은 집행기능의 한 측면이며 이러한 능력이 전두엽에 의존한다는 것은 명백하다. 비록 이 장에서 **집행기능**이라는 용어가 사용되지만 집행기능 대신 **인지적 통제**(cognitive control)라는 용어가 사용되기도 하는데 이는 개인의 사고와 행동을 가이드하거나 통제하는 과정을 의미한다. 앞으로 살펴보겠지만 통제가 집행기능의 주된 개념이다. 먼저 집행기능에 관한 여러 모델을 살펴보고, 그 다음으로는 집행기능의 주요 요소와 하위 요소들을 살펴보기로 하자.

■ 통제적 과정과 자동적 과정의 역할

두 고전적 이론들은 전두엽이 집행기능에 중요한 역할을 하며, 이는 전두엽이 자동적 처리 과정보다 통제적 처리 과정에 더 중요하기 때문이라고 주장한다(Shallice, 1982; Stuss & Benson, 1986). 먼저 Shallice (1982)는 두 체계가 행동의 선택에 영향을 미친다고 제안하였다. 하나는 **회선 스케줄**(contention scheduling)로 비교적 자동적인 처리 과정을 담당하는 인지 체계로서 장시간의 학습을 통하여 생성된다고 한다. 자극이나 상황들이 행동, 관습 및 처리 도식(processing schemes)과 연결되고, 이후 이러한 것들의 집합이 서로 연결된다. 이러한 방법으로 한 자극이 도식(schema)이라고 불리는 비교적 자동적인 일련의 행동이 일어나게 한다. 예를 들어 운전을 하다가 빨간색 신호등을 보면 자동적으로 일련의 행동, 즉 브레이크를 밟으면서 얼마나 세게 브레이크를 밟아야 제때에 정지할 수 있는가를 결정하고 어디에서 정지해야 하는가를 결정하는 등과 같은 행동이 야기된다. 이 체계에 의해 행동이 시작되면 서로 양립하지 않는 다른 과정에 의해 억제될 때까지 지속된다.

또 다른 체계가 **주의 감독 체계**(supervisory attentional system)인데, 이는 결정 과정 동안 주의를 주도록 하고 행동을 가이드하는 인지 체계이다. 이 인지 체계는 특정 상황에서만 활동한다. 예를 들어 새로운 상황에서처럼 이미 존재하는 처리 도식이 없을 경우, 과제가 어렵거나 문제 해결이 요구되는 경우 또는 특정 반응을 하는 경향을 억제해야 할 경우에 활성화한다. 처음에는 주의 감독 체계를 단일 체계로 여겼지만, 최근 들어 이 체계가 여러 하위 체계들로 구성되어 있다고 여겨지고 있는데, 즉 일부 하위 체계는 특정 도식을 활성화시키고, 일부 하위 체계는 특정 도식을 억제하며, 또 다른 체계는 서로 다른 도식들의 활동 수준을 모니터하는 데 관여한다고 여겨진다(Shallice & Burgess, 1996 참조).

이 이론에 의하면 전두엽 손상은 주의 감독 체계의 장애를 초래하고 이로 말미암아 행동이 전적으로 회선 스케줄에 의해 일어나게 된다고 한다. 이 이론은 몇 가지 시사점을 제안한다. 첫째, 전두엽 손상 환자들이 단순하고 명확한 자극에 의해 반응이 일어나는 매우 관습적인 상황에서는 장애를 보이지 않을 것이다. 따라서 표준화 지능검사의 수행에서 전두엽 손상 환자와 신경계의 손상이 없는 사람 사이에 유의한 차이가 없을 것으로 추측되는데, 왜냐하면 이 검사의 항목들, 예를 들어 단어의 뜻을 말하는 것이 이들에게 매우 익숙하고 잘 연습된 것이기 때문이다. 그러나 만약 새롭거나 융통성을 필요로 하는 상황에 직면하면 전두엽 손상 환자들은 적절한 반응을 하지 못하는데, 이는 회선 스케줄 안에 이 상황에 적합한 도식을 가지고 있지 못하기 때문이다.

둘째, 전두엽 손상 환자들은 환경 내의 자극에 의해 행동하기 때문에 충동적인 것으로 여겨질 것이다. 예를 들어 이 환자들은 책상 위에 펜이 놓여 있는 것을 보면 펜을 집어 들고 쓰기 시작한다. 이 행동은 필기도구가 놓여 있는 책상이 특정 행동, 즉 필기도구를 집어 글을 쓰는 행동과 관련되어 있다는 것을 학습하였기 때문에 일어난다. 그리고 주의 감독 체계가 상실되면 자동적으로 회선 스케줄의 전형적 도식이 일어나게 된다. 일부 이론에서는 이 행동을 **환경의존 증후군**(environmental dependency syndrome)이라고 하는데(Lhermitte, 1983; Lhermitte, Pillon, & Serdaru, 1986), 이는 이러한 행동이 물리적 혹은 사회적 환경에 의해 무조건적으로 일어나기 때문이다(이 행동의 예는 ● 그림 12.1 참조). 놀라운 점

A

B

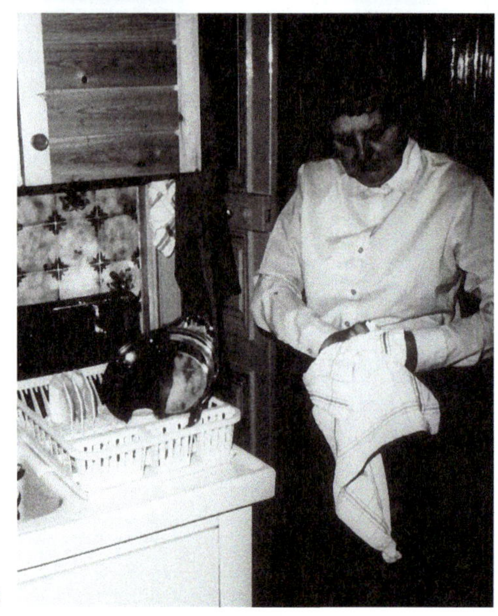

● **그림 12.1 전두엽 손상 환자에서 관찰되는 환경의존 증후군.** (A) 남성 환자가 주치의의 집을 방문하였을 때 그림이 바닥에 놓여 있는 것을 보고 그림을 벽에 건다. (B) 여성 환자는 부엌에 씻지 않은 그릇들이 있는 것을 보고 그릇을 씻는다. 출처: "Human Autonomy and the Frontal Lobes; Part II. Patient Behavior in Complex and Social Situations. The 'Environmental Dependency Syndrome'" by F. Lhermitte, 1986. Annals of Neurology, 19 (4), pp. 339, 340. By permission of John Wiley & Sons, Inc.

은 이 환경의존 증후군이 환자가 뇌 손상을 입기 이전에 경험한 개인사에 따라 다른 형태로 표현되기도 한다는 것이다. 뷔페에서 같이 저녁을 먹고 있는 두 명의 집행기능 장애 환자들의 사례를 살펴보자(Lhermitte, 1986). 한 환자는 상류층 출신의 남성 환자인데, 그는 서빙받기를 원하는 손님처럼 행동하는 한편 중산층 주부인 한 여성 환자는 뷔페에 오자마자 다른 손님들에게 음식을 서빙하기 시작하였다. 오랫동안 학습한 결과 거의 자동적이 되어 회선 스케줄의 통제를 받는 행동 유형이 두 환자에서 서로 다른데, 이는 두 환자가 서로 다른 생의 경험을 가지고 있기 때문이다.

셋째, 이 이론은 전두엽 손상 환자들이 왜 자주 **보속**(perseveration), 즉 동일한 행동(혹은 생각)을 반복해서 보이는가를 설명해 준다. 강력한 방아쇠가 한 도식 혹은 한 행동을 일으키면 이 도식이나 행동에 양립할 수 없는 과정이 일어나기 전까지 지속된다. 주의 감독 체계 없이는 회선 스케줄에 의해 일어난 행동이 중단되는 것이 어렵기 때문에 보속이 일어나게 된다.

Shallice의 이론과 마찬가지로 Stuss와 Benson (1986)의 이론도 비관습적 상황이나 제약이 있는 상황에서 행동을 통제하는 데 전두엽이 특히 중요하다는 것을 제안하였다. 그들의 모델은 통제 정도를 위계적 방법으로 특정 대뇌 기제와 연결시켰다. 가장 하위 수준에서는 감각정보와 단순한 과제가 비교적 자동적인 방법으로 뇌의 후측 부위들에 의하여 처리된다. 이와 같은 정보의 처리를 의식적으로 통제하는 것은 어렵다. 그 다음의 통제 수준은 전두엽의 집행 혹은 관리 및 감독기능과 관련되어 있다. 이 수준에서는 하위 수준의 감각정보가 조정되어 행동이 목표를 향해 가이드된다. 행동의 통제가 힘들고 천천히 진행되며 의식적 통제가 요구된다. 가장 상위의 통제 수준은 자기숙고와 초인지(metacognition)를 포함한다. **자기숙고**는 개인으로 하여금 자의식(self-awareness)을 가지게 하며 자신과 환경 사이의 관계를 이해하게 하는 한편, **초인지**는 인지 과정에 관해 생각하게 되는 능력을 의미한다. 이 수준은 세상에 관한 추상적인 심적 표상을 가능하게 하며 세상에 관해 취하는 행동을 선택하게 한다. 이 과정은 전두엽의 통제를 받는 것으로 여겨진다.

이 모델은 집행기능의 장애를 설명해 주는데, 왜냐하면 행동을 조직하는 것이 전두엽이 가지는 주요 기능 중의 하나라고 주장하기 때문이다. 또한 이 이론은 새로운 상황을 다루는 것의 장애나 인지적 융통성의 결여를 설명해 주는데, 왜냐하면 전두엽이 비자동적인 행동에 중요하다고 가정하기 때문이다. 또한 이 이론은 행동이 환경의 영향을 많이 받는 이유가 전두엽이 손상을 입으면 감각 자극에 대한 반응이 자동적으로 일어나기 때문이라고 주장한다. 마지막으로 자신을 비판하거나 자신의 행동을 모니터하지 못하는 것도 이 모델에 의해 설명되는데, 이는 전전두엽의 손상으로 말미암아 자기 자신이나 자신의 행동을 돌이켜 보는 능력이 상실되기 때문이다.

집행기능에 있어서의 전두엽 역할을 이해하는 또 다른 접근 방법은 전두엽이 목표를 향한 행동들을 가이드하는 기능을 가지고 있다는 것을 강조한다. 이 견해는 인공지능과 기계학습의 영향을 받았다. 이 입장을 주장하는 몇몇의 연구자들은 개인이 자신이 성취하기를 원하는 **목표 목록**을 가지고 있다고 제안하였다. 전형적으로 다양한 행동 혹은 전략들이 목표 달성에 사용될 수 있는데, 각 행동이나 전략은 목표 달성에 얼마나 효율적인가 관해 평가를 받아야만 한다. 이 이론에 의하면 전두엽 손상이 목표 목록을 설정하는 것의 장애를 초래한다고 한다. 이 목록이 행동을 가이드하는 데 가장 기본적인 것이기 때문에 목표 목록 설정의 실패는 다양한 영역에 걸쳐 장애가 일어나게 한다. 실제로 전두엽에 손상을 입은 환자들은 다양한 영역들, 예를 들면 추상적 사고, 지각적 분석, 언어 산출 등에 장애를 보인다. 목표 목록을 설정하지 못할 경우, 환자는 과제에 집중할 수 없고(행동을 가이드하는 목표가 없기 때문), 지나치게 환경 자극의 영향을 받을 것이고(행동을 가이드할 내적 목표가 없기 때문), 목표를 향해 행동을 조직화하는 데 어려움을 보일 것인데, 이 모든 어려움이 전두엽 손상 환자들에서 관찰된다(Duncan, 1986).

이와 유사한 이론은 전전두엽이 목표를 설정하고 이를 성취할 수 있게 하는 도구가 된다고 주장한다(Miller & Cohen, 2001). 전전두피질은 감각, 기억, 정서와 운동을 담당하는 다른 피질 영역들에 편향된 신호를 보내며, 이 신호는 정보가 과제 수행에 필요한 적절한 경로를 가도록 한다. 전두엽의 역할을 기차가 목적지에 정확하게 도착할 수 있도록 일련의 철로에 스위치를 가동하는 것으로 비유할 수 있다. 그러나 정확한 종착지는 맥락에 따라 달라질 수 있다. 예를 들어 대개 사람들은 아침 식사로 끊는 물에 오트밀을 넣어 요리하는데 만약 목표가 오트밀 쿠키를 만드는 것이라면 이렇게 오트밀을 요리하는 것이 부적절하며, 이는 마치 기차가 정확한 종착지에 도착하지 못하게 되는 것과 같다. 이 모델은 과제를 수행하고 있는 동안 목표를 지속적으로 유지하는 것을 강조하는데, 즉 오트밀 쿠키를 만드는 것이 목적이라는 것을 기억하고 있으면 끓는 물에 오트밀을 넣지 않을 것이다. 맥락을 예리하게 파악하지 못하고 또 목표에 맞게 행동을 조율하는 능력이 없기 때문에 전두엽 손상 환자들은 당장의 과제에 적합하지 못한 행동을 지속적으로 하게 된다. 더욱이 이들의 행동은 조직화되어 있지 못하고 목표에 벗어나 있는 것처럼 보인다. 비록 서로 다른 모델들이 집행기능을 다소 다르게 정의하지만 이 모든 모델들은 집행기능에서의 전두엽의 역할을 공통적으로 강조한다.

집행기능에 관여하는 체계가 단일 체계인지 혹은 여러 하위 요소들로 구성되어 있는지에 관한 논란이 있어왔다. 일부 학자들은 전두엽이 비교적 미분화된 방법으로 집행기능에 관여한다고 주장하는데 왜냐하면 다양한 집행기능의 과제에서 동일한 뇌 영역들이 활성화하기 때문이다(Duncan & Owne, 2000). 이 입장은 전두엽, 특히 외측 전두영역이 집행기능보다는 일반적인 지적 행동에 관여한다고 여긴다(Duncan et al., 2000).

그러나 다양한 집행기능 과제의 수행 패턴을 조사한 연구들은 집행기능이 하위 요소들로 구성된다고 보고하고 있다. 예를 들어 한 연구(Miyake et al., 2000)에서 전두엽 손상을 입은 환자들이 수행 저하를 보이는 일련의 과제들을 신경계의 손상이 없는 사람들에게 실시하였다. 과제들 사이의 상관에 근거하여 (잠재변인 분석이라고 알려진 수리적 기법) 연구자들은 과제 수행을 다음의 3가지 요인들, 즉 인지 세트의 전환능력(한 과제에서 다른 과제로의 전환), 반응 억제 혹은 무시능력과 작업기억의 정보 최신화 능력으로 설명할 수 있다고 제안하였다. 더욱이 추후 연구(Friedman, Miyake, Corley, Young, Defries, & Hewitt, 2006)는 반응 억제와 인지 세트의 전환능력이 지능과 밀접하게 관련되어 있지 않다고 보고하였다. 지능과 집행기능이 구분되는 것이 전두엽 손상환자들에서도 관찰되는데, 즉 이 장의 서두에 기술한 P 박사가 심각한 집행기능의 장애를 가지고 있음에도 불구하고 IQ 검사에서 측정한 지능이 우수 수준이었다.

다른 연구들도 집행기능을 몇 가지 특정 범주로 묶을 수 있다고 제안한다. 뇌 손상 환자의 수행 결함 패턴에 근거하여 Stuss와 Alexander (2007)는 집행기능이 3가지 하위 과정으로 구성된다고 제안하였다. 한 하위 과정은 반응을 시작하게 하고 유지하는 것인데 특히 행동이 환경 자극에 의해 일어나지 않는 경우이다. 이 하위 과정에는 내측 전두영역이 관여하는 것으로 알려져 있다. 두 번째 하위 과정이 한 과제를 선택하고 그 과제의 수행에 필요한 단계를 제공하는 것이다. 이 하위과정에는 좌반구 전두엽의 외측 영역이 관여하는 것으로 여겨지고 있다. 마지막 하위과정이 모니터인데 여기에는 시간이 지남에 따라 행동이 정확하게 일어나고 있는지를 모니터하고, 필요할 경우에는 행동을 조정하는 과정이 포함된다. 이 하위 과정에는 우반구 전두피질의 외측 영역이 관여하는 것으로 여겨진다.

이 모델들은 집행기능이 목표지향적 행동, 특히 비관습적인 행동을 가능하게 하는 과정이라는 것을 제안하고 있다 (Banich, 2009). 더욱이 집행기능을 몇 개의 하위 요소들로 분리할 수 있다고 제안한다. 목표지향적 행동이 집행기능의 매우 중요한 측면이기 때문에 다음 절에선 목표지향에 관여하는 다양한 하위과정들을 좀 더 상세하게 살펴보겠다. 일부 하위과정, 즉 행동을 억제하거나 모니터하는 능력에 관해서는 이미 살펴보았지만 목표지향적 행동에 도움이 되는 다른 하위 과정, 예를 들어 주의 세트의 산출을 포함하는 다른 하위과정에 관해 살펴보겠다.

목표지향적 행동

목표를 향해 행동을 가이드하는 것은 단순하지 않고 복잡한 능력이다. 곧 살펴보겠지만 목표지향적 행동 중 하나라도 상실되면 전체 계획이 엉망이 된다. 이를 단순한 과제인 피넛버터와 젤리 샌드위치를 만드는 것을 예로 들어 보자. 먼저 샌드위치를 만드는 전 과정 동안 궁극적인 목표가 무엇인지를 기억하고 있어야 한다. 예를 들어 부엌에는 다른 음식들이 많기 때문에 비록 여러분이 부엌에 있더라도 피넛버터와 젤리에 주의를 주는 것이 필요하다. 비록 하위 목표들이 달성되더라도 궁극적 목표를 계속해서 기억해야 한다. 예를 들어 샌드위치를 만들기 위해서는 무엇보다도 먼저 빵을 놓는 것이 우선이지만, 이 하위 목표(빵을 놓음)를 달성하더라도 궁극적인 목표를 기억해서 피넛버터와 젤리를 찾아야 한다. 둘째, 목표의 달성에는 융통성과 적응이 필요하다. 만약 젤리가 냉장고 위에 있었던 것으로 기억하여 그곳을 찾아보았지만 젤리를 발견하지 못할 경우, 다른 전략, 예를 들어 다른 선반을 찾아보는 등의 대안을 생각해야만 한다. 셋째, 궁극적 목표를 달성하기 위해서는 이제까지 달성한 것과 앞으로 달성해야 하는 것을 구분할 수 있어야 한다. 즉 젤리를 찾은 다음 빵을 찾지 말아야 한다(빵은 이미 찾아 놓았기 때문이다). 넷째, 목표 달성에 가장 도움이 되는 행동들이 무엇인지 평가해야만 한다. 예를 들면, 포크가 앞에 있더라도 샌드위치를 만드는 데 포크가 가장 적합한 조리도구가 아니라는 것을 인식해야 한다. 대신 샌드위치를 만드는 데 가장 적합한 도구인 칼을 찾아야 한다. 마지막으로 목표 달성을 위해 필요한 행동들이 순차적으로 진행되어야 한다. 음식재료(빵, 피넛버터와 젤리), 조리도구, 칼 등을 찾은 다음에 샌드위치를 만들어야 한다는 것이다. 아마도 여러분이 부엌에서 샌드위치를 만들 때 이러한 과정에 관해 깊이 생각하지 않을 것이지만 샌드위치를 만드는 것이 얼마나 복잡한 것인가를 이제 알았을 것이다!

예로 들은 피넛버터와 젤리 샌드위치를 만드는 과정에는 몇 가지 기술들이 요구되는데, 즉 과제 집중(일의 순서 혹은 계획), 정보, 전략 수정, 지식의 활용, 행동의 모니터 등이 요구된다. 목표지향적 행동을 구성하는 이 요소들을 하나씩 살펴보고 이 기능들에 관여하는 신경 구조들에 관해 살펴보자. 이 기능들이 전두엽에 위치하는 하나의 특정 영역에만 의존하는 것이 아니라는 것을 먼저 알아야 할 필요가 있다. 이 사실에 근거하여 이 장에서는 집행기능에 관여하는 뇌 영역보다 집행기능의 하위 과정에 초점을 두었다. 이 장에서 언급되는 뇌 영역들에 관해서는 ● 그림 12.2를 참조하면 도움이 될 것이다. 더욱이 11장에서 살펴본 바와 같이 전두 영역은 다른 뇌 영역들의 활성화를 통제한다. 이는 집행기능이 전두엽 영역들의 활성화뿐만 아니라 전두엽의 영향을 받거나 전두엽과 상호작용하는 다른 뇌 영역들의 활성화에 의해서도 일어나는 것을 시사한다. 앞으로 살펴보는 동안 이 사실이 여러 번 언급될 것이다.

■ 행동의 시작

집행기능의 장애를 가지는 환자들에서 자주 관찰되는 증상들 중의 하나가 Luria (1966)와 Lezak (1983)이 제안한 **심리적 관성**(psychological inertia)이다. 물리학에서 관성은 외부 자극이 없는 한 하던 행동을 지속하는 경향을 의미한다. 즉 외부 자극이 없을 경우 몸을 움직이지 않는 동안에는 지속적으로 몸을 움직이지 않는 상태를 유지하고 몸을 움직이는 동안에는 지속적으로 몸을 움직이는 경향을 의미한다. 다시 말하면 움직임, 행동 혹은 변화를 싫어하거나 이에 대해 저항하는 것을 의미한다. 집행기능의 장애를 가지는 환자들은 행동을 자발적으로 시작하지 못하지만 만약 행동을 시작하면 그 행동을 중단하는 것에 상당한 어려움을 가진다. 행동의 시작에 관한 것을 먼저 살펴본 다음 행동의 중단에 관해 살펴보자.

이 장의 앞부분 사례에 기술되어 있듯이 전전두엽에 손상을 입은 환자들 중 상당수에서 심리적 관성을 극복하는 것이

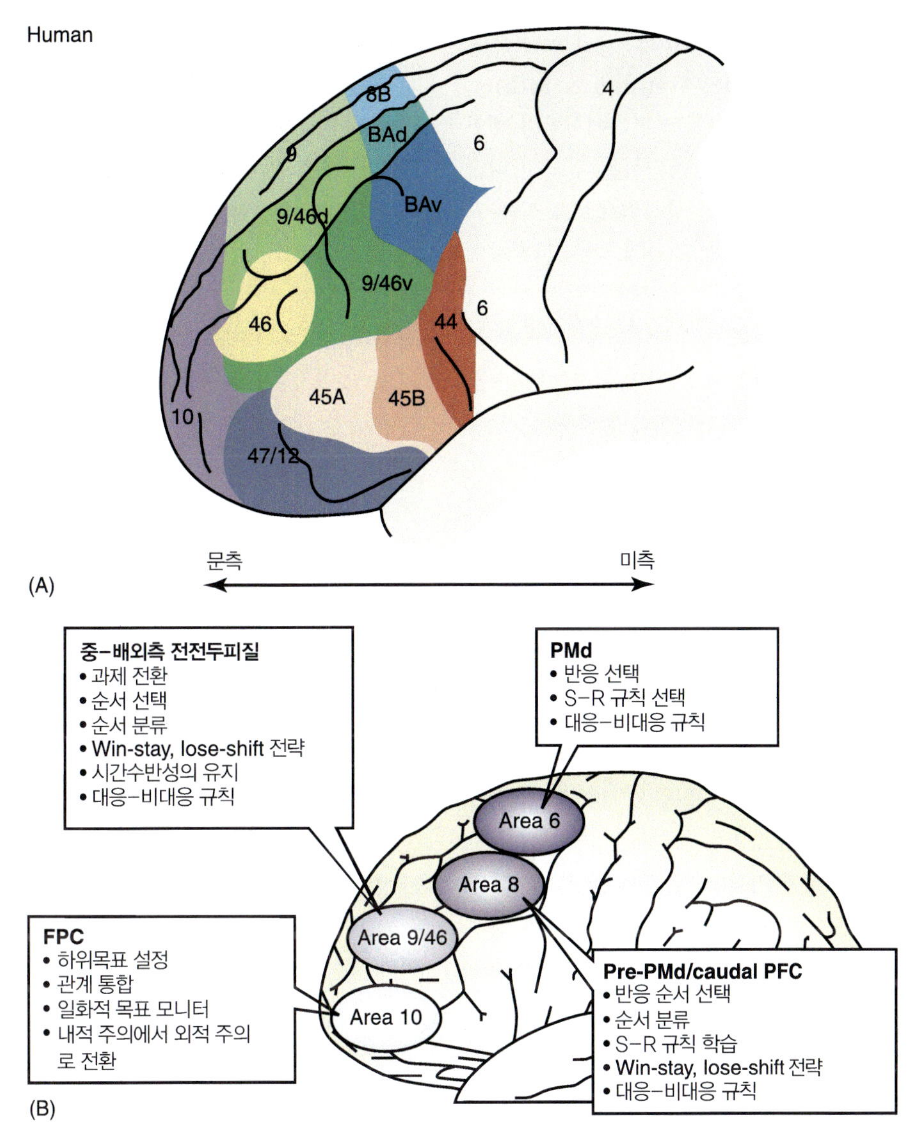

그림 12.2 인간 외측 전전두피질. (A) 브로드만의 외측 전전두피질 영역(v=배측, d=복측). (B) 각 상자 속에 기술되어 있는 서로 다른 과제 혹은 과정은 서로 다른 전전두 영역들에 의존하는 것이 관찰되었다. 출처: Badre, D., & D'Esposito, M. (2009). Is the rostro-caudal axis of the frontal lobe hierarchical? Nature reviews neuroscience, 10, a) Fig. 1 lefthand portion, pg. 660, b) Fig. 2a, pg. 663.

어렵다는 것이 관찰된다. P 박사는 자신의 위생에 대한 관심이 없고 일상생활의 활동마저도 하지 않으며 자신이나 타인의 생활사에 무관심하고 다른 사람이 먼저 말을 걸지 않는 한 자발적으로 말을 하지 않는다고 기술되어 있다. 실제로 좌반구 전두엽에 손상을 입은 환자들에서는 자발적 대화가 상당히 감소되어 있는 것이 관찰된다(Milner, 1971). 그러나 이 환자들이 가지는 장애들은 이외에도 다양하다. 전두엽 수술을 받은 후 실직을 당한 한 웨이트리스는 다음과 같은 이유로 직장을 떠날 수밖에 없었음을 고백하였다. "여러 테이블을 한꺼번에 관리하기 위해서는 내 자신을 독촉해야 하는데, 수술 이후에는 내 자신을 독촉하는 것이 불가능하였다"(Malmo, 1948, p. 542; Dunkin, 1986 인용).

앞서 언급한 바와 같이 Stuss와 Alexander (2007)가 제안한 집행기능의 세 하위 요소 중 하나가 반응을 시작하고 유지하는 능력이다. 이들은 보조운동영역과 전대상을 포함한 내측 전두 영역에 손상을 입은 환자들이 단순한 자극(예, 철자)에 대해 유의하게 긴 반응시간을 보임을 관찰하였다. 내측 전두 영역에 손상을 입은 환자는 한 자극(예, A)에는 반응을 하고 다른 자극들(예, B, C, D)에는 반응하지 않는 것이 요구되는 선택–반응시간 방안에서도 느리게 반응하였다. 이러한 결과가 전두엽의 다른 영역에 손상을 입은 환자들에서는 관찰되지 않았다.

행동을 시작하는 것의 어려움과 심리적 관성을 극복하는 것의 어려움은 집행기능의 평가에 널리 사용되는 신경심리검사에서도 관찰된다. 집행기능의 평가에 사용되는 신경심리검사 중의 하나가 언어 유창성 검사(Thurstone & Thurstone, 1943)와 비언어 유창성 검사(Jones-Gotman & Milner, 1977)이다. 이 검사들은 실어증 환자들의 평가에서처럼 개인이 얼마나 일관성 있게 반응하는가를 측정하는 것이 아니라 얼마나 쉽고 융통성 있게 혹은 풍부한 상상력으로 지식을 끄집어 낼 수 있는가를 측정한다. 유창성 검사의 경우, 피검자에게 제한된 시간(예, 4분) 내에 검사에서 요구하는 특정 준거에 맞는 항목을 가능한 한 많이 반응하는 것이 요구된다. 예를 들어 철자 유창성 검사에서는 s로 시작하는 단어를 가능한 한 많이 반응하는 것이 요구되고 범주 검사에서는 동물과 같은 특정 범주에 포함되는 단어를 가능한 한 많이 반응하는 것이 요구된다. 비언어 유창성 검사에서는 네 개의 직선을 사용하여 가능한 한 많은 도형들을 만드는 것이 요구된다. 이 검사를 사용한 연구들은 좌반구 전두엽의 손상은 언어 유창성 검사의 수행에 영향을 주는(Milner, 1964) 반면, 우반구 전두엽의 손상은 비언어 유창성 검사의 수행을 저하시킨다고 보고하고 있다(Jones-Gotman & Milner, 1977). 신경계의 손상이 없는 사람들은 검사를 시작하라는 지시와 함께 즉시 과제를 수행하기 시작하여 검사가 종료될 때까지 반응을 계속한다. 이에 반하여, 집행기능의 장애를 가지고 있는 환자들은 마치 심사 숙고하듯이 천천히 반응을 하기 시작한다. 예를 들어 신경계의 손상이 없는 사람은 's'로 시작하는 단어들을 말하라는 지시가 끝난 다음 즉시 'snail··· snake··· soil ··· shark··· stem··· stuck··· stencil··· storage··· sullen' 등으로 반응하는 반면 집행기능의 장애를 가지고 있는 환자들은 단지 몇 단어들, 예를 들어 'snake········· stand········· stall'을 반응한 다음 시간이 좀 지난 다음에야 '········· snake········· snow········· snaked' 등으로 반응을 계속한다. 정상인에 비하여 환자들의 반응 수가 적으며 또 반응을 하여도 이미 반응한 단어들과 동일하거나 유사한 단어들로 반응한다.

병변의 위치를 조사한 최근 연구들은 내측 전두영역의 손상을 입은 환자가 반응한 단어 유형이 정상인이 반응한 단어 유형과 유사하지만 환자가 정상인에 비해 훨씬 적은 수의 단어를 반응한다고 보고하고 있다(Reverberi, Laiacona, & Capitani, 2006). 이 연구 결과는 내측 전전두 영역이 반응을 시작하는 데 중요한 역할을 한다는 사실을 지지한다. 이와 상반되게 외측 영역에 손상을 입은 환자들은 의미 기억의 탐색 결함을 보이는데, 이 결과는 9장과 10장에서 살펴본 연구 결과와 일치한다. 정상인들은 한 단어의 앞과 뒤에 이 단어와 의미적으로 관련되는 일련의 단어들을 반응하는 경향이 있는데(예, 오렌지-레몬-라임) 이러한 관련성이 외측 영역의 손상을 입은 환자들에서는 훨씬 덜 관찰된다.

지금까지 이 책에서 서로 다른 정신과정의 신경학적 근거를 지지하기 위해 서로 다른 기법을 사용한 연구들의 결과를 수렴해서 살펴보았다. 그러나 유창성 과제를 사용한 신경영상 연구들은 내측 전전두 영역이 언어 유창성 과제의 수행에 관여한다는 것을 보여주지 않는다. 대신 언어 유창성 과제 동안 활성화를 보이는 뇌 영역을 메타분석한 연구들은 주로 좌반구 하전두피질의 활성화를 보고한다(Costafreda, Fu, Lee, Everitt, Brammer, & David, 2006).

일관되지 않은 결과는 인지 신경과학에서 왜 집행기능과 전두엽이 아직까지 수수께끼인지를 일부 설명한다. 또한 이는 뇌 손상 환자를 대상으로 한 연구 결과와 신경학적 손상이 없는 사람을 대상으로 한 연구 결과 사이의 차이를 좁히는 것이 어렵다는 것을 보여주기도 한다. 병변을 가진 환자를 대상으로 한 연구들은 내측 전전두 영역이 행동의 시작에 관여한다고 보고하고 있다. 이러한 연구 결과는 5장에서 살펴본 운동 계획에서의 보조운동영역의 역할과 11장에서 살펴 본 무시증 이론 중 내측 전전두 구조 중 하나인 전대상이 동기에 중요한 역할을 한다는 것과 일치한다. 만약 행동을 계획하는 것의 어려움을 가지고 있거나 행동에 대한 동기가 없으면 심리적 관성이 초래될 것이다.

그러나 신경학적 손상이 없는 사람들에서는 손상되지 않은 내측 전전두 영역이 행동을 시작하게 하는데, 이러한 결과가 언어 유창성 검사와 언어 유창성 검사와 비교하기 위해 실시되는 기본 과제, 즉 단어 반복 과제 모두의 수행 동안 관찰된다. 두 과제 모두에서 행동의 개시가 요구되기 때문에 두 과제를 비교하여도 행동의 개시에 관여하는 영역의 활성화가 두드러지게 관찰되지 않는다. 이와 동시에 신경영상 연구에서 유창성 과제가 기본 과제보다 좌반구 하전두 영역의 활성화를 증가시키는데 이는 언어 유창성 검사에는 반복 과제에서 요구되지 않는 음운과 의미 처리과정이 요구되기 때문이다. 이 예는 연구자들에게 서로 다른 연구방법을 사용한 연구들의 결과, 특히 서로 다른 결과를 통합하는 것이 어렵다는 것을 보여준다. 과제가 집행기능처럼 다양하고 복잡한 기능을 측정할 때 연구 결과가 더 상이한데, 이는 연구하는 특정 기능에서만 서로 차이가 있도록 과제와 기본 과제를 개발하는 것이 어렵기 때문이다. 환자를 대상으로 한 연구와 신경학적인 손상이 없는 사람을 대상으로 한 연구 결과가 일치하지 않음에도 불구하고 이러한 연구들은 내측 전전두 영역이 행동의 개시에 중요한 역할을 한다고 밝히고 있다.

■ 목표 혹은 과제 세트의 산출과 유지

목표 달성에 필요한 것 중 가장 기본적인 것이 아마 과제에 집중하는 것일 것이다. 전두엽 손상 환자들은 매우 심각할 정도로 '과제로부터 이탈'한다. 예를 들어 정사각형을 그리라는 지시를 주면, 전두엽 손상 환자들은 정사각형을 그리기 시작한다. 그러나 곧 옆 사람들이 하는 대화 속에서 들리는 단어를 자신이 그리는 정사각형 안에 써넣는데, 이러한 자신들의 행동이 자신들이 하고자 하였던 원래 행동과 맞지 않다는 것을 전혀 인식하지 못한다(Luria, 1966). 이 행동은 전두엽 이외의 다른 뇌 부위에 손상을 입은 환자들이 비슷한 상황에서 보이는 행동과 상반된다. 예를 들어 우반구 후측 부위의 병변으로 말미암아 시공간 능력의 장애를 가지는 환자들은 정사각형을 그리는 데에는 어려움을 보이지만 그럼에도 불구하고 관련 없는 행동을 하기보다는 정사각형을 그리는 것을 계속한다. 실제로 일부 이론(Stuss & Alexander, 2007)은 과제-세팅(task-setting)을 집행기능의 핵심적인 하위 요소 중 하나로 여긴다.

신경영상 연구들의 결과는 배외측 전전두엽 영역이 **주의 세트**(attentional set)를 생산하고 유지하는 데, 다시 말하면 과제와 관련된 정보에 주의를 주는 과정에 중요한 역할을 한다는 것을 보여 준다. 주의 세트에 관여하는 뇌 영역을 확인하는 한 방법이 그 과제에서 필요한 주의 세트에 관한 단서에 대한 반응으로 어느 뇌 영역이 활성화하는가를 관찰하는 것이다. 예를 들어 스트룹 과제(Stroop task)를 사용한 한 연구에서 실제 자극이 제시되기 1.5초 전에 한 단서가 제시되는데 이 단서는 개인이 단어가 의미하는 색채에 대해 반응해야 하는지 혹은 단어가 인쇄된 잉크색에 반응해야 하는가를 지시한다. 단서가 제시되는 동안 외측 전전두피질의 활성화가 관찰되었다. 이에 덧붙여서 잉크색에 반응하라는 지시를 받은 후 이 영역의 활성화가 증가할수록 잉크색에 반응하는 시간이 짧아지는데, 이는 이 영역이 정확한 주의 혹은 과제 세트를 유지하는 데 중요한 역할을 하는 것을 시사한다(MacDonald, Cohen, Stenger, & Carter, 2000). 중요한 점은 외측 전전두 영역이 주의 세트를 유지하는 것이 어렵거나 비관습적일 때, 예를 들어 단어가 인쇄된 잉크색에 주의를 주고 단어가 의미하는 색채를 무시할 경우에만 활성화된다는 것이다. 단어를 읽는 것이 자동적이기 때문에 이 과제는 도전적이다(Banich et al., 2000). 이와 상반되게 만약 색채보다는 단어에 주의를 주어야 할 경우 외측 전전두 영역의 활성화가 증가하지 않는데 이는 단어 읽기가 오래 전부터 잘 학습되고 훈련되어 왔기 때문이다.

다른 실험 연구들도 외측 전전두 영역이 주의 세트를 유지하는 데 중요하다는 것을 보고하고 있다. 이 연구들은 한 시행에서 다음 시행으로 얼마나 주의 세트가 변하는가에 따라 이 영역들의 활성화가 달라진다고 한다. ● 그림 12.3에서 볼 수 있듯이 전전두피질의 외측 영역(일부 내측 영역들도)들이 단서가 다음 반응에 어떤 차원이 사용되어야만 하는가를 제시할 경우 활성화한다. 더욱이 이 영역들의 활성화가 새로운 과제 세트와 이전 시행에서 요구되었던 과제 세트 사이의 차이가 클수록 증가한다(Slagter et al., 2006).

외측 전전두 영역들이 주의 세트를 유지하는 데 중요한 역할을 한다는 것을 보여주는 또 다른 연구들은 개인이 어떤 과제를 수행하는가를 결정할 경우(다시 말하면 과제 세트를 선택해야만 하는 경우)와 어떤 과제를 수행하라는 지시를 받을 경우의 뇌 활성화를 비교하였다. 과제의 수행보다 과제 세트의 산출과 유지를 조사하기 위해서는 단서(어떤 과제를 수행하는가 혹은 어떤 과제를 선택하는가를 나타내는 단서) 제시와 과제 수행에 필요한 자극 제시 사이의 지연 기간 동안의 뇌 활성화를 조사해야 한다. 개인이 스스로 과제를 선택할 때 배외측 전전두피질의 활성화가 더 증가하였다(Bengtsson, Haynes, Sakai, Buckley, & Passingham, 2006). 두 조건 사이의 활성화 차이는 전대상피질의 일부에서도 관찰되었는데(Forstmann, Brass, Koch, & von Cramon, 2006), 이는 주어진 과제에 적절한 반응 선택을 위한 주의 세트의 산출을 반영하는 것으로 여겨진다(예를 들어 잉크색에 근거한 반응을 선택할 준비)(Ruge, Braver, & Meiran, 2009). 실제로 한 훌륭한 연구는 외측 전전두피질과 전대상피질의 활성화를 측정하여 활성화 패턴을 분석함을 통하여 개인이 어떤 과제를 수행할 것인가를 정확하게 예견할 수 있다고 보고하였다(Haynes, Sakai, Rees, Gilbert, Frith, & Passingham, 2007)!

만약 하나 이상의 과제 세트를 유지하는 것이 요구될 경우는 어떠한가? 예를 들어 저녁 식사를 준비하고 있는데 전화벨이 울린다고 가정하자. 두 과제, 즉 저녁식사를 준비하는 것과 전화를 받는 것 모두에 주의를 주고 두 가지 과제를 수행해야 한다. 전두극피질(frontopolar cortex, BA 10)이 이러한 행동에 관여한다고 한다. 한 이론에 의하면 이 영역이 두 가지 이상의 서로 다른 과정의 결과를 통합하여 더 상위의 목표를 달성하는 데 관여한다고 한다(Ramnani & Owen, 2004, 참조). 이러한 유형의 협응에 관한 좋은 예가 개인에게 일련의 단어를 제시하는 과제이다. 이 과제의 한 목표는 각각의 단어가 구체적인지 혹은 추상적인지를 분류하는 것이다. 두 번째 목표는 추상적 단어 뒤에 제시되는 구체적 단어에 반응해야 하고 대신 추상적 단어들이 연속으로 제시되거나 구체적 단어들이 연속적으로 제시되거나 구체적 단어 후에 추상적 단어가 제시될 경우에는 반응하지 않아야 된다. 따라서 이 두 번째 상위 목표가 과제 수행 동안 기억되어야만 한다. 개인이 제시되는 단어가 구체적 혹은 추상적인가를 판단하는 것만이 요구되는 조건에 비해 두 목표 모두를 고려해야 하는 조건에서 BA 10의 활성화가 더 컸다(Braver & Bongiolatti, 2002).

이러한 연구 결과와 일치하게 전두극피질의 손상을 가진 환자는 하위 목표를 달성하는 데 어려움을 보이며 손상이 클수록 다양한 목표들을 달성하는 데 더 큰 어려움을 보인다(Dreher, Koechlin, Tierney, & Grafman, 2008). 이 영역

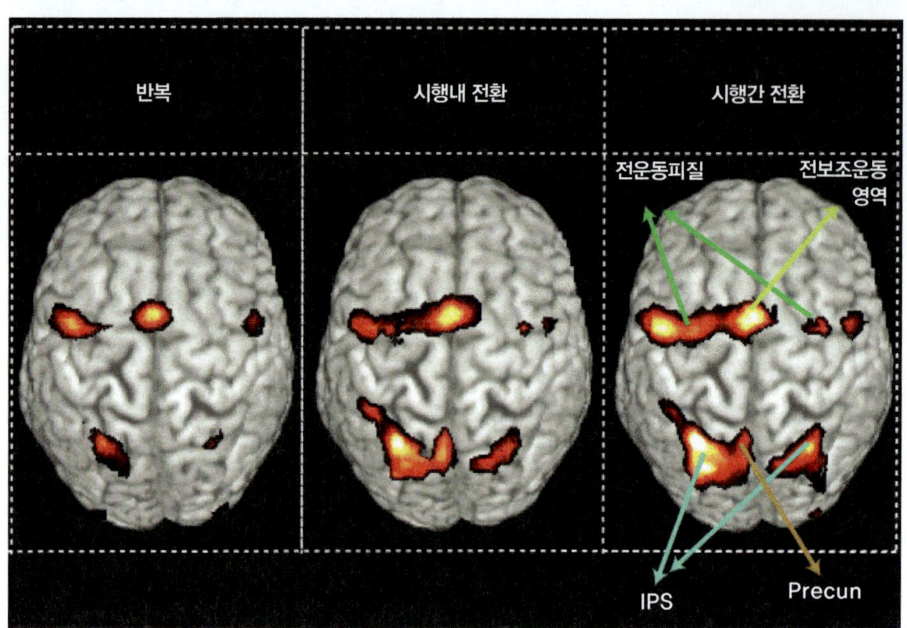

● **그림 12.3 전전두 영역이 수행할 과제에 관한 주의 세트의 생성에 관여한다.** 이 그림에는 개인이 두 개의 사각형 중 하나의 정위에 관한 결정을 내리는 과제에서 단서 기간(스크린에 자극이 제시되기 전) 동안의 활성화를 보여준다. 단서는 사각형의 어떤 속성에 근거하여 반응을 해야 하는가에 관한 정보를 제공한다. 반복 시행에서는 반응의 근거가 되는 속성 차원이 이전 시행과 동일하다(즉 이전 시행처럼 파란 사각형에 반응해야 한다). 시행내 전환(switch within trials)에서는 이전 시행에 비해 반응의 근거가 되는 속성은 다르지만(예, 노란색) 동일한 범주에 속한다(색채). 마지막으로 시행간 전환(switch across trials)에서는 반응의 근거가 되는 속성이 다른 범주(예, 위치, 좌우)에 속한다. 두 가지 중요한 결과가 제시되어 있다. 첫째 단서 기간 동안 전운동피질과 전보조운동영역(pre-SMA)의 일부를 포함하는 후측 전전두피질 영역들의 활성화가 관찰되었는데, 이는 이 영역들이 과제에 적절한 특징(색채 혹은 위치)으로 하향적 주의 세트를 생성하는 데 관여하는 것을 시사한다. 둘째 시행에 따라 과제의 재구성이 클수록(시행간 전환에서 가장 크고 그 다음이 시행내 전환이고 반복 시행에서 가장 작다) 이 영역들의 활성화가 더 크다. 출처: Slagter, H. A., Weissman, D. H., Giesbrecht, B., Kenemans, J. L., Mangun, G. R., Kok, A., & Woldorff, M. G. (2006). Brain regions activated by endogenous preparatory set shifting as revealed by fMRI. Cognitive, affective and behavioral neuroscience, 6, portion of Fig. 2, pg. 179.

이 다른 뇌 영역의 활성화를 조율하는 데 관여하는 것으로 여겨진다. 이 주장을 지지하는 증거는 전측 전전두피질에 손상을 입은 환자들로부터 제공된다. 비록 전측 전전두피질에 손상을 입은 환자들이 단서 제시에 대한 반응으로 정상적인 후측 전전두 영역의 활성화를 보임에도 불구하고 이 환자들은 이 영역에 손상을 입지 않은 사람들에 비해 과제 세트에 관한 단서 제시 후에 일어나는 여러 뇌 영역들의 활성화를 유지하는 데 어려움을 보인다(Rowe et al., 2007).

요약하면 배외측 전전두피질의 영역들이 과제 수행에 필요한 주의 세트를 산출하고 유지하는 데 중요한 역할을 하는 것으로 여겨지고, 내측 영역들은 적절한 반응을 위한 주의 세트를 산출하는 것을 돕는 한편 전두극피질은 하위 목표들을 조직하고 처리하는 것으로 여겨진다.

■ 순차

목표 달성에 필요한 기본 과정들 중의 하나가 목표를 달성하는 데 어떤 단계들이 필요하고 이 단계들이 어떤 순서로 진행되어야 하는가, 즉 **순차**(sequencing)이다. 일상생활에서 한 단계 만에 성취되는 것은 거의 없으며, 음식을 먹는 것과 같은 가장 단순한 기능조차도 여러 단계로 구성된다. 이 절에서는 순차와 계획 능력이 주로 전두엽의 통제를 받는다는 사실을 살펴보겠다. 5장에서 이미 살펴보았듯이 순차적 행동에는 뇌의 전측 부위들이 중요한 역할을 한다. 이 절에서는 이 부위들이 순차적 행동뿐만 아니라 순차적인 정신적 사고에도 중요하다는 것을 살펴보고자 한다.

순차적 행동에 필요한 기본 능력은 무엇이 앞에 오고 무엇이 뒤에 오는가를 아는 것이다. 다른 피질 영역에 손상을 입은 환자들과 비교하여 전두엽 손상 환자들은 이러한 기본 능력에 장애를 가진다(Milner, 1982). 이러한 장애를 밝혀주는 한 검사는 일련의 항목, 즉 그림들을 세밀히 학습하는 것을 요구한다. 학습 단계 후 검사 단계가 실시되는데, 이 단계에서는 각 카드마다 두 항목들이 그려져 있다. 만약 두 항목 중 어느 것이 학습 단계 동안에 제시되었는지를 반응해야 할 경우 전두엽 손상 환자들은 어려움 없이 과제를 수행한다. 그러나 두 항목 중 어느 것이 학습 단계 동안 더 나중(최근)에 제시되었는가를 선택해야 할 경우 환자들은 어려움을 보인다.

방금 언급한 연구에서, 연구참여자들은 실험자에 의하여 제시 순서가 통제되는 일련의 자극들을 수동적으로 보고만 있

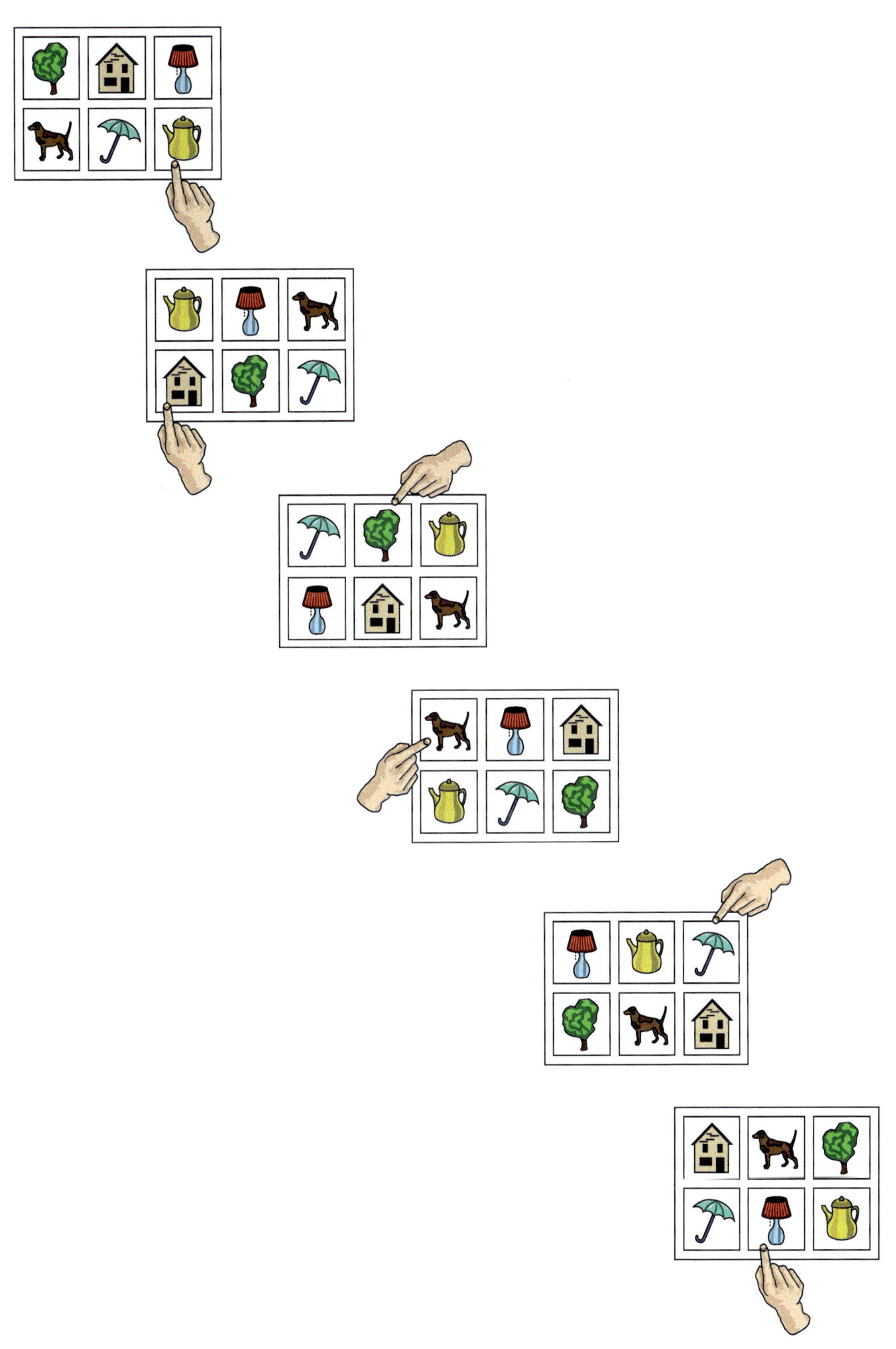

● **그림 12.4 전두엽 손상 환자가 수행의 어려움을 보이는 순차가 요구되는 과제.** 개인이 6개 항목에 대한 순서를 스스로 정하는 것이 요구되는 과제의 예이다. 개인은 각 페이지에서 서로 다른 항목을 지적해야 하고 각 그림의 위치는 페이지마다 서로 다르다. 이 과제를 정확하게 수행하기 위해 개인은 방금 자신이 선택한 항목이 무엇인가를 기억해야만 한다. © 2011 Cengage Learning

었다. 만약 참여자들이 자극의 순서를 통제할 수 있다면 그들의 수행이 더 호전될 수 있을까? 그렇지 않다. **스스로 순서를 정하여 지적하는 과제**(self-ordered pointing task)에서 참여자에게 6개 내지 12개의 일련의 자극들을 제시하는데, 이 모든 자극들은 동일한 범주에 속하는 것들이다(즉 추상적인 도형이나 단어) (● 그림 12.4) . 6개의 자극들이 주어진다고 가정하자. 각 시행에서 참여자는 순차적으로 제시되는 6장의 종이를 받을 것이다. 각 종이에는 6개 항목 모두가 인쇄되어 있지만 각 항목의 위치는 종이마다 다르다. 종이를 받을 때마다 참여자는 이전 시행에서 선택하지 않았던 항목을 지적해야만 한다. 항목들이 각 종이마다 서로 다른 위치에 제시되기 때문에 참여자는 이전에 선택한 항목이 무엇인가를 계속 기억하고 있어야 한다(Petrides & Milner, 1982). 전두엽에 손상을 입으면 이 과제의 수행이 방해를 받는다.

신경영상 연구들은 중앙 배외측 전전두피질(middorsolateral prefrontal cortex) (BA 9/46)이 이러한 유형의 과제 수행에 매우 중요하다는 것을 보고하고 있다. 한 연구에서는 다소 수정된 과제가 사용되었다. 즉 연구참여자들에게 흑백의 추상적 자극 4개가 순차적으로 (하나씩) 스크린을 통해 제시되었다. 이후 4개의 자극 중 2개가 제시되었다. 최신 과제(recency task)에서 참여자는 두 자극 중 어느 것이 먼저 제시되었는가를 반응해야 한다. 이에 반하여 통제 과제, 즉 재인 과제에서는 제시되는 두 항목 중 이전에 제시된 것이 어느 것인가를 판단하여 반응하는 것이 요구되었다. 재인 과제보다 최신 과제에서 배외측 전전두피질의 활성화가 더 큰 것이 관찰되었다(Amiez & Petrides, 2007).

전두엽이 스스로 순서를 정하여 지적하는 과제와 최신 판단 과제의 수행에 중요한 역할을 하는 것은 이 과제들이 순차뿐만 아니라 작업기억도 요구하기 때문이다. 앞서 살펴보았듯이 작업기억은 행동을 통제하는 데 필요한 정보를 온라인으로 파지하고 일상생활에서 정신적 잡기장(mental scratch pad)과 같은 기능을 한다. 작업기억은 스스로 순서를 정하여 지적하는 과제에서 중요한데, 이는 개인이 자신이 어떤 항목들을 이미 지적하였고 어떤 항목들을 앞으로 지적해야 하는가를 기억하고 있어야 하기 때문이다. 이와 마찬가지로, 최신 판단 과제는 개인에게 항목이 제시된 순서에 관한 정보를 온라인으로 기억하는 것을 요구한다. 실제 작업기억에 관여하는 것으로 알려진 전두엽의 외측 부위에 손상을 입으면 전두엽의 다른 부위에 손상을 입을 때보다 최신 판단이 훨씬 더 방해를 받는다(Milner, Corsi, & Leonard, 1991).

이제까지 우리는 두 관점에서 순차 능력을 살펴보았는데, 즉 사건이 일어나는 순서를 평가할 수 있는가와 행동을 순차적으로 산출할 수 있는가의 관점에서 순차 능력을 살펴보았다. 순차 행동의 또 다른 중요한 측면은 목표 달성에 가장 도움이 되는 순차나 전략을 선택하는 능력이다. 전두엽 이외의 다른 뇌 부위에 손상을 입은 환자에 비하여 전두엽에 손상을 입은 환자들은 전략을 사용한다는 것을 덜 보고하며, 전략을 사용하더라도 잘못된 전략을 사용하거나 전략을 일관되게 사용하지 못한다.

순차적 행동을 위해 전략을 사용하는 능력을 평가하기 위해 특별히 개발된 검사가 ● 그림 12.5에 제시되어 있는 **런던탑 검사**(Tower of London task)이다(Shallice, 1982). 검사에는 높이가 서로 다른 세 개의 막대와 세 개의 유채색 원반이 사용되는데, 원반의 가운데에 구멍이 있어 원반을 막대에 끼어 넣을 수 있다. 첫째 막대에는 세 개의 원반이 놓일 수 있고 둘째 막대에는 두 개의 원반, 그리고 마지막 막대에는 한 개의 원반만이 놓일 수 있다. 이 검사는 각 원반에 놓일 수 있는 원반 수를 고려하여 가능한 한 적은 시행으로 처음의 위치에서 목표 위치로 원반을 옮겨 놓는 것을 요구하는데, 개인은 한 번에 단지 하나의 원반만을 이동시킬 수 있다. 수행에서 개인차가 두드러지는데 어떤 사람은 원반을 몇 번(예, 3번) 이동하여 과제를 수행하지만 어떤 사람은 이보다 훨씬 더 많은 수(예, 7번)의 이동을 통해 과제를 수행한다. 전두엽, 특히 좌반구 전두엽에 손상을 입은 환자들은 이 과제를 효율적 혹은 효과적으로 수행하지 못한다(Shallice,

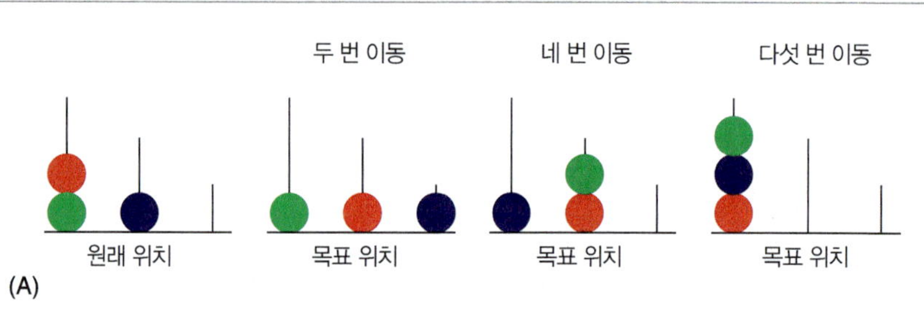

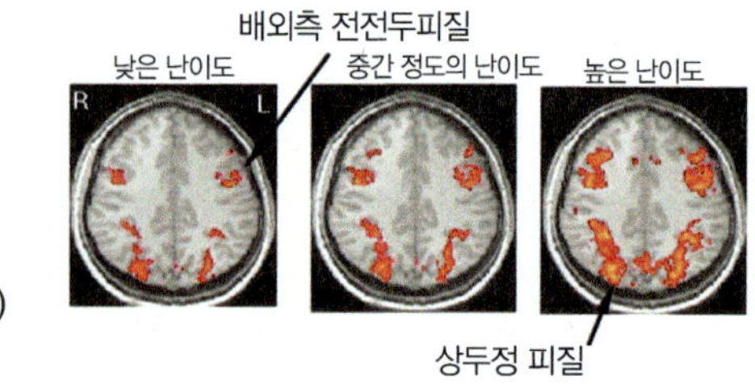

● **그림 12.5 계획과 순차 능력의 측정에 사용되는 런던탑 과제.** (A) 이 과제에서 개인에게 공이 놓여 있는 원래 위치와 공을 한 번에 하나씩 가능한 한 적은 수의 이동을 통해 달성해야 하는 목표 위치가 제시된다. 각 목표에 도달하기 위해 요구되는 최소한의 이동 수가 제시되어 있다. (B) 런던탑 과제가 복잡할수록 전전두 영역의 활성화가 증가한다. 출처: Newman, S.D., Carpenter, P.A., Varma, S. & Just, M.A. (2003).Frontal and parietal participation in problem solving in the Tower of London: fMRI and computational modeling of planning and high-level perception. Neuropsychologia,Fig. 4, pg. 1673, Figure 12.5b. © 2011 Cengage Learning

1982; Carlin, Bonerba, Phipps, Alexander, Shapiro, & Grafman, 2000). 즉 목표 위치까지 원반을 옮기는 데 너무 많은 시행이 소요되기 때문에 비효율적이고, 과제 수행 동안 목표지향적이기보다는 목표 없이 행동하기 때문에 비효과적이다. 일부 연구들은 런던탑 과제의 수행이 언어 작업기억, 공간 작업기억 혹은 일반 지능 등과 같은 기본적인 능력들에 의해 예견될 수 있는가를 조사하였다. 실제 어려운 과제의 수행이 이러한 요인들 중 어느 것에 의해서도 예견되지 못하는데 이는 이 과제가 계획과 순차에 관한 것을 평가하는 것을 시사한다 (Unterrainer et al., 2004).

런던탑 검사 수행의 신경학적 기제를 밝히기 위한 첫 번째 연구가 신경계의 손상이 없는 사람을 대상으로 전산화 런던탑 검사의 수행 동안 지엽적 뇌혈류를 측정하기 위해 단일광자방출촬영술(single photon emission computed tomography, SPECT)을 실시한 연구이다(Morris, Ahmed, Syed, & Toone, 1993). 신경영상 기법의 적용이 가능하도록 과제가 수정되었다. 연구자들은 행동을 순차적으로 계획하는 능력을 평가하기 위하여 연구참여자들에게 계획의 정도에 있어서는 차이가 있지만 동일한 정도의 감각운동 능력을 요구하는 두 개의 검사를 수행하도록 하였다. 첫 번째 검사 혹은 통제 검사에서는 컴퓨터가 지시하는 대로 수동적으로 퍼즐을 푸는 것이 요구되었다. 즉 이동시켜야 하는 원반에는 X표시가 되어 있으며, 참여자가 모니터에 제시된 그 원반에 손가락을 대면 컴퓨터가 원반을 정확한 위치로 이동시켰다. 그런 다음 참여자가 원반이 있던 위치에 손가락을 대면 이동되어야 할 다음 원반이 X표시와 함께 모니터에 나타났다. 실험 조건에서는 참여자에게 통제 검사와 동일하게 나열된 원반이 제시되었는데, 이 조건에서는 컴퓨터에 의하여 원반이 이동되는 것이 아니라 참여자가 원반의 이동 순서를 계획해야만 하였다. 참여자가 수동적으로 컴퓨터에 의해 행동을 가이드받을 때보다 능동적으로 원반 이동을 계획할 때 좌반구 전전두엽의 활성화가 훨씬 더 증가하였다. 더욱이 통제 조건에 비하여 실험 조건에서의 이 부위들의 상대적 활성화 정도가 개인의 수행 수준을 예견하였다. 즉 더 적은 이동으로 문제를 해결한 사람들은 더 많은 이동이 필요했던 사람에 비하여 더 큰 좌반구 전전두엽의 활성화를 보였다. 따라서 이 연구 결과는 순차적 행동의 계획에 전두엽이 중요한 역할을 한다는 것을 보여주는 좋은 예이다.

PET 혹은 fMRI를 사용한 추후 연구들은 이 과제와 통제 조건 사이의 수행을 비교하였는데, 이 연구들은 배외측 전전두 영역에서 활성화 차이를 관찰하였다(Lazeron et al., 2000; Owen, Doyon, Petrides, & Evans, 1996). 이에 덧붙여서 또 다른 연구들은 과제가 어려울수록 배외측 전전두영역의 활성화가 증가하는 것을 보고하였다(van den Heuvel, Groenewegen, Barkhof, Lazeron, van Dyck, & Veltman, 2003). 과제가 어려울수록 복외측 전전두피질(BA 10)의 활성화도 증가하였다(Wagner, Koch, Reichenbach, Sauer, & Schlosser, 2006). 이러한 결과는 앞서 살펴본 연구의 결과와 일치하는데, 즉 위계에 따라 혹은 수반성(contingency)에 근거하여 정보를 처리하는 데 복외측 전전두피질이 관여하는 것을 시사한다. 런던탑 과제의 수행에 더 많은 수의 이동이 필요할수록 과제의 수행에 요구되는 이동의 위계와 수반성이 더 증가한다.

런던탑 과제의 수행에 배외측 전전두엽이 매우 중요하다는 것을 지지하는 또 다른 증거는 **경부직접전류자극**(transcranial direct current stimulation, tDCS)이라고 불리는 기법을 사용한 연구로부터 제공되는데, 이 기법은 뇌활성화를 증가시키기 위해 전류를 사용한다. 이 연구에서 tDCS 혹은 허위 자극을 첫 시행블록 세트 직전이나 과제 수행 동안 배외측 전전두피질에 제공한다. 허위 자극에 비해 tDCS의 적용 후 정확성과 반응 시간 모두에서 수행의 향상이 관찰되었다 (Dockery, Hueckel-Weng, Birbaumer, & Plewnia, 2009). 요약하면 배외측 전전두피질과 전두극피질이 순차적 행동에 중요한 역할을 하는 것으로 여겨진다.

■ 세트의 전환과 전략의 수정

지금까지 우리는 목표를 달성하기 위해서 어떤 단계들이 필요한가를 결정한 후 이 단계들을 수행하는 것만이 필요하다고 가정하였다. 그러나 우리가 잘 알다시피 목표에 도달하는 길이 항상 단순한 직로가 아니라 도중에 예기치 못한 갈림길을 만나거나 좌우 회전도 해야만 한다. 이러한 상황이 앞서 예로 든 피넛버터와 젤리 샌드위치를 만드는 과정에서도 일어났다. 냉장고 위에 놓여 있던 젤리를 찾을 때 젤리가 그곳에 있지 않는 예기치 못한 상황이 일어났다. 이러한 상황에서는 전략의 수정 혹은 이전 계획을 수정할 필요가 있게 된다. 이 수정에는 개인의 주의 세트를 전환하는 것이 요구되는데, 이 능력은 앞서 살펴본 바와 같이 집행기능의 세 가지 기본적인 하위과정 중 하나이다.

과제 전환을 평가하기 위해 사용되는 전형적인 신경심리검사가 **위스콘신 카드분류 검사**(Wisconsin Card Sorting Test, WCST)이다. WCST의 예가 ● 그림 12.6에 제시되어 있다. 이 검사에서 4개의 자극 카드를 피검자 앞의 테이블에 제시한다. 각 카드는 세 가지 속성, 즉 카드에 있는 자극 수(1, 2, 3, 4), 자극의 모양(원, 삼각형, 십자가, 별)과 자극의 색채 (빨강, 초록, 노랑, 파랑)에서 서로 구분된다. 예를 들어 한 카드에는 세 개의 노란색 십자가가 있는 한편 다른 카드에는 두 개의 초록색 별이 있다. 피검자에게 한 묶음의 카드를 주고 테이블에 이미 놓여있는 4개의 카드 중 하나에 분류하게 한다. 그러나 분류 기준에 관해서는 피검자에게 알려주지 않는다.

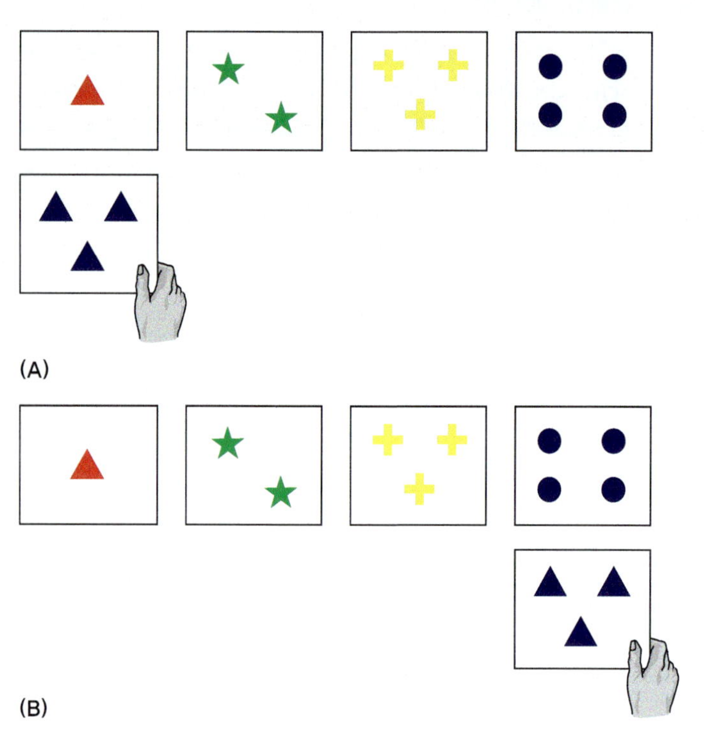

● 그림 12.6 위스콘신 카드분류 검사에서 관찰되는 분류행동. 그림에 제시되어 있는 일련의 시행에서 개인은 색채에 근거하여 카드를 분류해야만 한다. (A) 부정확한 카드분류를 보여주는데 개인이 색채 대신 형태에 근거하여 카드를 분류하였기 때문이다. (B) 정확한 분류이다. 즉 개인이 형태 혹은 항목 수 대신 색채에 근거하여 카드를 분류하였다. © 2011 Cengage Learning

대신 피검자가 4개의 자극 카드 중 하나에 카드를 놓으면 검사자는 그 반응이 정확한지 혹은 정확하지 않은지를 얘기해 준다. 검사자의 피드백에 근거하여 피검자는 카드를 어느 속성에 근거해서 분류해야 하는가를 추론해야 한다.

피검자가 특정 속성(예, 색채)에 근거하여 10개의 정반응을 한 후 검사자는 피검자에게 예고하지 않고 카드 분류의 준거를 바꾼다(예, 형태로). 신경학적 손상이 없는 사람은 이전에 정반응이었던 반응이 더 이상 정확하지 않다는 피드백을 받으면 재빨리 분류 준거가 바뀌었다는 것을 알아차린다. 따라서 새로운 분류 준거에 따라 반응을 하기 시작한다. 이와 상반되게 집행기능의 장애를 가지는 사람은 부정적인 피드백에도 불구하고 동일한 속성에 근거하여 카드를 계속 분류한다. 이 환자들에서 관찰되는 행동 통제의 결함의 놀라운 점은 이들이 어떻게 반응하는가를 '알고' 있음에도 불구하고 행동을 통제하지 못한다는 것이다. 집행기능의 장애를 가지는 사람들은 자신들의 반응이 정확하지 않다는 것을 알고 있음에도 불구하고 이전에는 정확하였지만 현재로는 정확하지 못한 범주에 근거하여 카드를 분류한다(Milner, 1963).

전형적으로 이 검사는 전두엽 손상에 매우 민감한 것으로 알려져 왔지만(Milner, 1963), 다른 뇌 영역에 손상을 입은 환자들도 이 검사에서 낮은 수행을 보인다(Nyhus & Barceló, 2009, 참조). 그럼에도 불구하고 이 검사를 사용한 연구들을 개관한 연구들은 전두엽 손상 환자들이 후측 뇌 영역에 손상을 입은 환자들에 비해 더 낮은 수행을 보이고 특히 배외측 전전두 영역에 손상을 입은 환자들의 수행이 가장 저하되어 있다고 한다(Demakis, 2003).

다수의 뇌 영상 연구들이 집행기능을 연구하기 위해 이 카드분류 검사를 사용하였다. 이 연구들에서 가장 공통되는 결과는 복외측 전전두엽의 활성화와 더불어 배외측 전전두엽의 활성화이다. 이에 덧붙여서 하두정엽, 측두-두정 연합 피질과 기저핵의 활성화도 자주 보고된다(Nyhus & Barceló, 2009, 참조). 이 결과는 WCST가 뇌 손상의 탐지 목적으로 개발된 다른 검사들처럼 복잡하고 다양한 기능을 측정하는 검사인 것을 시사한다. 피검자에게 분류 범주를 전환하는 것뿐만 아니라 분류 규칙을 세우는 능력, 이전 시행의 결과를 작업기억 내에 파지하는 것과 연역적 추론을 사용하는 것이 요구된다. 이 과정들, 예를 들어 규칙 생성과 연역을 이 장의 뒤 부분에서 살펴볼 것이다. 여기서는 세트전환을 주로 살펴보겠다.

WCST의 주요 요소 중 하나가 과제 혹은 세트 전환이다. 신경계의 손상을 가지고 있지 않은 사람들을 대상으로 한 연구들도 두 과제 사이의 전환이 쉽지 않다는 것을 보여 준다. 즉 한 과제를 계속하는 것이 한 과제에서 다른 과제로 전환하는 것보다 더 쉽다. 과제 전환은 각 과제를 실제 수행할 때 관여하는 체계와 다른 집행 통제 체계에 의존하기 때문이다(Monsell, 2003 참조).

심리학 연구들은 과제를 전환하는 데 대가가 필요하며 이 대가를 지불하는 것이 가능은 하지만 어렵다고 한다. 전형적인 과제 전환 연구에서 연구참여자는 특정 색채로 인쇄된 철자와 같은 자극을 본다. 시행 전 반응 결정에 사용되어야 할 속성을 시사하는 단서가 제시된다. 예를 들어 제시되는 철자가 초록색 혹은 빨간색으로 인쇄된 것인지 혹은 철자가 자음 혹은 모음인지에 관한 단서가 연구참여자에게 제공된다. **반복 시행**(repeat trials)이라고 불리는 일부 시행에서는 참여자가 이전 시행과 동일한 과제를 수행한다(예를 들어 "색채를 결정하세요" 뒤에 "색채를 결정하세요" 시행이 연속적으로 제시된다). **전환 시행**(switch trials)이라고 불리는 또 다른 시행에서는 피검자가 이전 시행과 다른 과제를 수행한다(예를 들어 "색채를 결정하세요" 뒤에 "자음/모음을 결정하세요" 시행이 제시된다). 전형적으로 반복 시행보다 전환 시행에서의 반응이 더 느리고 이 느린 반응은 현재의 과제 세트의 전환 요구를 반응하는 것으로 여겨진다. 이러한 연구에서는 단서 제시와 자극 제시 사이의 시간을 변화시킨다. 단서-자극 사이의 간격이 증가하면 **전환 대가**(switch cost)가 감소하는데, 이는 아마도 피검자가 새로운 과제 세트에 따라 자극에 반응하기 전에 새로운 과제 세트를 인식하는데 더 많은 시간이 가지기 때문일 것이다. 그러나 긴 지연 시간에도 불구하고 전환대가를 완전히 지우거나 제거하는 것은 불가능한데, 이는 과제 전환에는 이전에 사용한 과제 세트를 단순히 다시 불러일으키는 것 이상의 추가적인 조작이 요구되는 것을 시사한다.

좌반구 전두엽에 손상을 입은 환자들은 과제 전환에 어려움을 보이는데, 특히 언제 어느 검사를 수행해야 하는가를 암시하는 명백한 단서가 없을 경우 어려움을 보인다(Rogers, Sahakian, Hodges, Polkey, Kennard, & Robbins, 1998). 더욱이 이들이 가지는 전환의 어려움은 개념 세트(예, 동물을 사는 곳에 근거하여 분류하는 것에서 사나움의 정도에 근거하여 분류하는 것으로 전환; Delis, Squire, Bihrle, & Massman, 1992)의 전환이나 지각 세트(예, 색채에 근거하여 분류하는 것에서 모양에 근거하여 분류하는 것으로 전환)의 전환 모두에서 나타난다. 과제 전환의 어려움은 병변이 어느 대뇌반구에 위치하는가에 따라 다른 요인들의 영향도 받는다. 우반구 하측영역의 손상을 가지는 환자에서는 억제 통제의 장애(이에 관해서는 다음 절에서 살펴볼 것이다) 때문에 과제 전환이 더 어렵게 되는 반면 좌반구 배외측 전전두 영역의 손상을 가지는 환자들은 과제 세트를 유지하는 것의 어려움 때문에 과제 전환의 어려움을 경험한다(Aron, Monsell, Sahakian, & Robbins, 2004).

과제 전환에 있어서의 전전두엽의 역할은 뇌 영상 연구들에 의하여 지지를 받는다. 이 연구들은 과제 전환에 광범위한 네트워크가 관여한다고 제안하는데, 여기에는 배측, 하측 및 내측 전전두 영역과 두정피질이 포함된다(Wager, Jonides, Smith, & Nichols, 2005). 뇌 영상 연구 결과와 뇌 손상 환자를 대상으로 한 연구 결과는 과제 A에서 과제 B로 전환할 때 한 특정 영역만이 활성화되지 않는 것을 시사한다. 대신 과제 세트들 사이의 유사성 혹은 추상성 등과 같은 과제 전환의 특정 측면에 따라 과제 전환에 관여하는 뇌 영역들이 변할 수 있다는 것을 시사한다.

과제 세트의 유사성을 설명하기 위해 ● 그림 12.7에 기술되어 있는 과제를 예로 들어보자. 이 과제는 원래 동물 연구에 사용되기 위해 개발되었다. 먼저 두 항목(예, 두 개의 검은 도형)을 구별하도록 학습시킨 후 두 항목 중 하나에 반응하게 한다. 그런 다음 항목들에 다른 차원이 첨부되는데(즉, 단순한 흰색 선), 이 차원은 무시되어야 한다(그림 12.7A). 이때 새로운 형태와 새로운 흰색 선으로 구성된 새로운 자극들이 도입된다. 한 조건은 차원내 전환(intradimensional shift)인데, 이전에 채택된 동일한 차원에 근거하여 구별해야 한다(즉, 흰색 선을 무시하고 검은 도형에 근거하여 구별; 그림 12.7B). 이 조건을 차원내 전환이라고 하는 이유는 목표 자극은 바뀌었지만 이전에 사용한 동일한 자극 차원에 따라 목표 자극을 선택하기 때문이다. 또 다른 조건, 즉 차원외 전환(extradimensional shift) 조건에서는 이전 시행에서 무시한 차원(즉, 흰색 선)에 근거하여 반응해야만 한다(그림 12.7C).

측두엽에 손상을 입은 환자나 신경계의 손상을 가지고 있지 않은 사람들에 비하여 전두엽에 손상을 입은 환자들은 차원외 조건에서는 심각한 장애를 보이는 반면 차원내 전환에서는 수행 수준의 차이를 보이지 않는다(Owen, Roberts, Polkey, Sahakian, & Robbins, 1991). PET (Rogers, Andrews, Grasby, Brooks, & Robbibs, 2000)과 fMRI (Nagahama et al., 2001) 연구들은 차원내 전환에 비해 차원외 전환 조건에서 좌반구 전두극 전측 영역과 우반구 배외측 전전두 영역을 포함하는 전전두피질의 활성화가 더 증가하는 것을 보고하였다. 달리 말하면 만약 새로운 전략이 이전 전략과 유사하면 전두엽의 활성화가 요구되지 않는다. 그러나 만약 새로운 세트로의 전환이 요구되면 전두엽이 이에 관여한다!

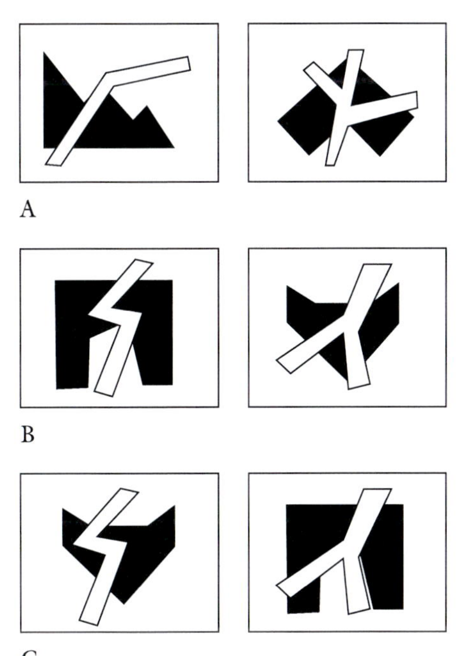

● **그림 12.7 차원내 전환과 차원외 전환.** (A) 개인에게 두 개의 검은색 형태 중 하나에 반응하고 검은색 형태 위에 있는 흰색의 형태를 무시하도록 지시한다. (B) 차원내 전환 과제에서 개인은 흰색 형태를 계속 무시하는 동안 두 개의 새로운 검은색 형태를 구분하는 것을 학습해야 한다. (C) 차원외 전환의 경우 개인은 이전에 무시하였던 흰색 형태를 구분해야 한다. 전두엽에 손상을 입은 환자는 차원외 전환조건에서 어려움을 보인다. © 2011 Cengage Learning

비교적 추상적인 과제 세트 사이의 전환이 요구될 때에도 전두엽이 이에 관여한다. 예를 들어 신경영상 연구들은 규칙 세트를 전환할 경우(예를 들어 만약 자극이 'x'면 좌측 버튼을, 'y'면 우측 버튼을 누르는 규칙과 만약 자극이 다이아몬드면 좌측 버튼을, 정사각형이면 우측 버튼을 누르는 규칙)에는 전두엽의 활성화가 증가하는 반면 지각적 특성 세트를 전환할 경우(예를 들어 자극의 형태에 근거하여 버튼을 누르는 것과 자극의 색채에 근거하여 버튼을 누르는 것)에는 두정엽이 중요한 역할은 한다고 보고하고 있다(Ravizza & Carter, 2008). 다른 연구들은 추상적인 규칙 전환에는 배외측 영역이 활성화하는 한편 특정 대상에 대한 반응의 전환에는 기저핵이 중요한 역할을 한다고 보고하고 있다(Cools, Clark, & Robbins, 2004).

과제 혹은 세트 전환에 관여하는 뇌 영역들이 전환의 어떤 측면이 가장 중요한가에 따라 달라질 수 있다. 예를 들어 배외측 전전두 영역은 과제 전환에서 이전 과제 세트에 관한 작업기억에 더 관여하는 한편 전대상피질은 어떤 반응 세트를 사용해야 하는가에 더 관여한다(Hyafil, Summerfield, & Koechlin, 2009). 여러 연구들을 메타 분석한 연구는 배외측 전전두 영역과 하전두피질의 기저부에 위치하는 하전두 접합 영역은 당장의 과제에 가장 적합한 표상을 최신화하는 데에 관여한다고 한다(Derrfuss, Brass, Neumann, & von Cramon, 2005).

만약 여러분이 대부분의 뇌 영역들이 과제 전환에 관여한다고 여긴다면 이 생각이 아주 틀린 것은 아니다. 여기서 간략하게 살펴본 결과 매우 중요한 것을 이해하게 되는데, 즉 과제 전환은 광범위한 네트워크에 의해 가능하고 상황에 따라 네트워크의 특정 영역이 다른 영역보다 더 중요한 역할을 한다는 것이다. 과제 전환이 네트워크에 의해 일어난다는 주장은 과제 전환이 뇌 영역들의 연결에 영향을 미치는 요인들의 영향을 받는다는 연구 결과에 의해 지지를 받는다. 예를 들어 노인들에서 백질이 감소하는 것이 과제 전환의 수행 저하와 관련되어 있다(Gratton, Wee, Rykhlevskaia, Leaver, & Fabiani, 2009). 또한 도파민의 전구물질인 아미노산의 부족이 전환에 대한 빠른 반응을 용이하게 하는 전전두-선조체 연결을 변화시키는 것으로 보인다(Nagano-Saito, Leyton, Monchi, Goldberg, He, & Dagher, 2008). 따라서 뇌 영역들 사이의 연결, 특히 전두엽을 포함하는 연결이 세트 전환에 중요한 역할을 하는 것으로 여겨진다.

■ 자기 모니터와 평가

목표 달성에 있어서 중요한 또 다른 기술은 현재 행하고 있는 것이 목표 달성을 가능하게 하는가를 평가하는 능력이다. 더 간단히 말하면 "내가 지금 잘하고 있는가?"라는 질문에 스스로 정확하게 답할 수 있는 능력을 의미한다. 집행기능의 장애를 가지고 있는 사람들은 자신들의 수행을 평가하거나 모니터하는 데 어려움을 보인다. 예를 들어 만약 카드를 특정 순서로 재배열하라고 지시하면 이들은 카드 한 두 장을 옮기고는 과제 수행을 마쳤다고 한다. 과제 수행에 대한 동기가 부족하거나 자신의 수행에 대한 관심이 없기 때문에 이러한 행동을 보이는 것이 아닌가 하고 여길 수 있는데, 왜냐하면 전두엽에 손상을 입을 경우 정서 과정의 변화가 초래되기 때문이다(13장에서 이에 관해 살펴볼 것이다). 그러나 동기 부족만으로는 전두엽 손상 환자들이 보이는 이러한 행동들을 다 설명할 수 없는데, 왜냐하면 앞서 살펴본 바와 같이 환자들이 어떤 상황에서는 자신들이 어떤 행동을 취해야만 한다고 말하면서도 실제 행하지 않기 때문이다. 자신들이 무엇인가를 해야 한다고 말을 하는 것은 환자들이 실제 과제를 수행하고 있으며 과제를 완성하는 데 어느 정도 관심을 가지고 있다는 것을 시사한다. 그러나 자신들의 수행을 모니터하거나 자신들의 생각을 행동으로 옮기지 못한다.

지난 십 년간 개인이 어떻게 자신의 수행을 모니터하고 오류를 탐지하는가가 많은 관심을 받았다. 연구 결과에 의하면 우리는 스스로 수행을 모니터하고 오류를 탐지하는 특정 뇌기제를 가지고 있다(Taylor, Stern, & Gehring, 2007 참조). 이 뇌 기제가 실제 존재하는 것에 관한 증거가 **오류관련 부적 전위**(error-related negativity, ERN)로 알려진 ERP 신호이다. 이 ERP 요소는 대략 오류가 일어난 100밀리초 후에 관찰된다(Falkenstein et al., 1991; Gehring, Goss, Coles, Meyer, & Donehin, 1993)(● 그림 12.8). 오류관련 부적 전위, 즉 ERN은 오류를 모니터하는 것과 특히 관련되어 있는 것으로 여겨지는데, 왜냐하면 반응 속도보다 반응의 정확성이 강조되는 조건에서 ERN의 진폭이 증가하고 오류의 정도가 클수록 ERN 진폭이 더 커지기 때문이다. 연구자들은 이 요소를 다소 덜 과학적인 용어로 '대실수 인식(blunder blip)'이라고 부른다.

ERPs의 쌍극자 모델링(Dehaene, Posne, & Tucker, 1994)과 fMRI (Kiehl, Liddle, & Hopfinger, 2000) 혹은 EEG와 fMRI를 동시에 사용한 연구(Debener, Ullsperger, Siegel, Fiehler, von Cramon, & Engel, 2005)들은 ERN이 전대상의 전측 부위에서 생성된다고 주장하는데, 이 부위는 전두엽의 내측에 위치한다. 오류 탐지에 관여하는 대상 영역이 반응 억제 혹은 반응 선택에 관여하는 대상 영역(앞서 살펴봄)과 구분되는가에 관해서는 아직 명확하게 밝혀지지 않고 있다.

현재로는 자기모니터와 평가에 관한 전대상피질의 정확한 역할이 많은 논란의 대상이 되고 있다. 초기에는 대상피질이 실제로 오류를 탐지한다는 주장이 있었다(Scheffers, Coles, Bernstein, Gehring, & Donchin, 1996). 그러나 더 최근에는 개인이 의식적으로 자신의 오류를 인식하지 않을 경우에도 ERN이 여전히 관찰된다는(Nieuwenhuis, Ridderinkhof, Blom, Band, & Kok, 2001) 것과 ERN의 생성지가 내측 전전두 영역이라는 것이 보고되었다(Hester, Foxe, Molholm, Shpaner, & Garavan, 2005). 대신 오류의 인식이 **오류 정적 전위**(error positivity, Pe)라고 불리는 다른 ERP 요소에 의해 반영되는 것으로 여겨지고 있는데(Davies, Segalowitz, Dywan, & Pailing, 2001), Pe는 ERN 후, 즉 반응 후 200~300 밀리초 정도에서 관찰된다. 현재 Pe가 어디에서 생성되는가에 관해서는 명확하지 않다.

또 다른 이론은 전대상이 갈등의 모니터에 관여한다고 한다. 이 이론에 의하면 오류가 주로 갈등을 야기하는 정보가 있을 경우 일어나기 때문에 오류 탐지 동안에 전대상이 활성화한다고 한다(Carter, Braver, Barch, Botvinick, Noll, & Cohen, 1998; Botvinick, Braverm Barch, Carter, & Cohen, 2001; Botvinick, Cohen, & Carter, 2004). 또한 이 이론은 대상피질이 갈등을 탐지하면 이에 관한 정보를 배외측 전전두엽으로 보내고 배외측 전전두엽이 하향 통제를 통해 추후 행동에서 갈등과 오류의 감소가 일어나게 한다고 주장한다.

또 다른 견해는 대상피질이 부정적인 결과 혹은 보상의 상실에 특히 민감하다고 주장한다(Holroyd & Coles, 2002). 이 견해는 대상피질이 최근 행동의 결과를 계산하여 이를 추후 행동과 반응에 사용한다고 제안한다(Holroyd & Coles, 2008; Rushworth, 2008). 이 주장과 일치하게 금전적 손실(Gehring & Willoughby, 2002)이 있거나 기대한 것과 달리 보상이 부족할 경우(Holroyd, Nieuwenhuis, Yeung, & Cohen, 2003) ERN이 관찰된다. 이 견해에 의하면 ERN이 개인이 실제 오류를 범했는가보다는 수행의 주관적 평가를 일부 반영한다("오 맙소사, 내가 실수를 했고 내가 원하는 것을 못 얻게 되었네"). 이 주장을 지지하는 증거가 금전적 보상에 비해 금전적 손실을 초래하는 오류를 범했을 때 ERN 진폭이 더 크다는 것이다(Taylor et al., 2006).

이 장에서 여러 번 강조하였듯이 전두엽의 한 특정 영역과 특정 기능, 예를 들어 과제 전환 혹은 자기 평가와 같은 기능이 일대일로 관련되어 있지 않다. 이 주장은 전두엽의 특정 영역에 제한된 병변을 가지는 환자들을 대상으로 한 연구 결과로 지지를 받는다. 평가와 모니터와 관련되어 있는 일부 능력은 전대상피질의 손상을 입은 환자들에서 유지되는데(Fellows & Farah, 2005), 이는 전대상피질이 뇌의 '오류 탐지기'가 아니라는 것을 시사한다. 대상피질의 손상을 가지는 환자들이 오류를 보고할 수 있다. 더욱이 이들은 오류 후에 관찰되는 전형적인 행동인 **오류 후 반응 느림**(post-error slowing), 즉 오류 후의 시행에서 더 천천히 반응하는 것을 보인다. 그러나 비록 이 환자들이 자신들의 오류를 정정할 수 있지만 이를 매우 천천히 행하는데 이는 이들이 온라인으로

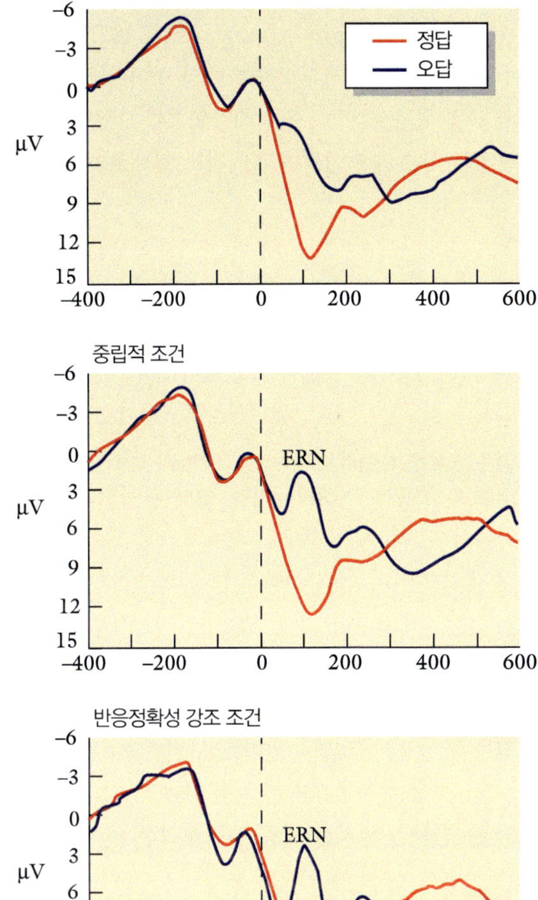

● **그림 12.8 오류관련 부적 전위(error-related negativity, ERN).** 부적 전위는 그래프의 윗부분에 표시되어 있고 정적 전위는 아랫부분에 표시되어 있다. 오류에 대한 반응(파란색으로 표시)이 근육의 움직임(EMG 시작으로 표시)이 있은 후 100밀리초 정도에서 최대에 도달한다. 반응의 속도가 강조된 조건(가장 위 그래프)보다 반응의 정확성이 강조된 조건(가장 아래 그래프)에서 ERN 진폭이 훨씬 더 크다.

오류를 탐지하는 것의 결함을 가지고 있음을 시사한다.

역으로 외측 전전두피질을 포함하는 다른 뇌 영역에 손상을 입을 경우 모니터와 평가의 특정 측면이 방해를 받을 수 있다. 개인은 자신이 오류를 범한 다음 정확한 버튼을 누르는 등과 같이 오류를 스스로 정정하려는 행동을 자주 보인다. 더욱이 오류를 범한 시행에서는 반응 강도가 대개 약한데 이는 마치 갈등을 탐지하고 약간 '머뭇거리는' 것을 반영하는 것처럼 여겨진다. 외측 전전두피질에 손상을 입은 환자들은 오류를

범하였을 때 이런 행동 중 어느 것도 보이지 않는다. 더욱이 이 환자들은 오반응에서처럼 정반응에도 큰 진폭의 ERN을 보인다(Gehring & Knight, 2000). 이러한 결과는 행동의 모니터와 오류 탐지에 전전두피질의 단일 영역만이 관여하지 않는다는 것을 시사한다. 대신 전대상피질과 외측 전전두 영역을 포함하는 다수의 영역들이 관여하는 것으로 여겨진다.

■ 억제

목표지향적 행동의 마지막 중요한 요소가 행동을 중단하는 능력이다. 일부 이론은 **반응억제**(response inhibition)라고 불리는 부적절한 반응을 중단하는 능력이 집행기능의 주요 하위 과정이라고 주장한다. 앞서 살펴본 바와 같이 보속(perseveration)은 집행기능 장애의 핵심증상이고 어떻게 억제 통제의 결함이 보속 행동을 초래하는가는 쉽게 관찰된다. 만약 부적절한 반응을 중단하지 못하면 보속이 초래된다.

신경계의 손상이 없는 사람의 반응 억제를 조사하기 위해 다양한 방안이 사용된다. 반응 억제 연구에 자주 사용되는 방안이 **Go/No-Go 과제**이다. 이 과제에서는 특정 시각 자극이 제시되면 버튼을 눌러 반응하는 것이 요구되고(Go 시행), 다른 자극에는 반응하지 않는 것이 요구된다(No-Go 시행). 만약 No-Go 시행 수가 Go 시행 수에 비하여 상대적으로 많이 적을 경우, 반응을 억제하는 것이 어려워진다. Go 반응이 흔하고 기대되는 경우 Go 반응이 우세하다고 하는데 이는 체계가 이 반응의 산출에 편향되어 있다는 것을 시사한다. NoGo 시행에서 반응을 억제하는 것이 우반구 중전두피질, 하전두피질, 전보조운동영역과 두정엽을 포함하는 우반구 네트워크에 의해 통제되는 것으로 여겨진다(메타분석에 관한 것은 Simmonds, Pekar, & Mostofsky, 2008 참조).

반응 억제의 연구에 사용되는 또 다른 과제가 정지-신호 과제(stop-signal task)이다. 이 과제에서 연구참여자는 스크린에 자극이 제시되면 가능한 한 빨리 반응해야 한다. 그러나 매우 적은 수의 시행에서는 자극 제시 직후(1/4초), 다른 신호(예, 청각 소리)가 제시되는데 이 경우에는 반응을 멈추는 것이 요구된다. 이 과제는 Go/No-Go 과제와 다소 다른데, 즉 Go/No-Go 과제에서는 우세 반응을 하려는 경향을 억제하는 것이 요구되는 한편 정지-신호 과제에서는 진행 중인 반응을 실제로 취소해야만 한다. 정지-신호 과제는 Go/No-Go 과제와 매우 유사하게 광범위한 뇌 영역을 포함하는 네트워크를 활성화시킨다.

다양한 뇌 영역들 중 어느 영역이 반응 억제에 가장 중추적인 역할을 하고 어느 영역이 보조적인 역할을 하는가는 아직 명확하게 밝혀지지 않고 있다. 일부 과학자들은 우반구 하전두피질과 같은 네트워크의 특정 영역이 반응 선택과 억제에 특히 관여하는 한편 배외측 전전두피질의 활성화는 드물게 제시되는 No-Go 시행에서처럼 통제가 추가로 더 요구될 때 일어나는 더 일반적인 기제를 반영한다고 주장한다(Nee, Wager, & Jonides, 2007). 우반구 하전두 영역이 반응 억제에 중추적인 역할을 한다는 증거는 이 영역에 손상을 입을 경우 정지-신호 과제의 수행이 저하되고 손상의 정도가 수행 수준을 예견한다는 것이다(Aron, Fletcher, Bullmore, Sahakian, & Robbins, 2003). 이에 덧붙여서 우반구 하전전두 영역의 활성화가 Go 시행보다는 반응 억제가 요구되는 No-Go 시행에서 더 크다. 이와 상반되게 Go 시행과 No-Go 시행 수가 동일할 경우(50/50), 전대상피질과 보조운동영역 등과 같은 내측 전전두 영역의 활성화 정도가 Go 시행과 No-Go 시행에서 동일한데 이는 이 영역들이 반응의 시작과 모니터에 더 관여한다는 것을 시사한다(Liddle, Kiehl, & Smith, 2001; Garavan, Ross, & Stein, 1999).

그러나 다른 연구들은 이와 상반되는 결과, 즉 내측 전전두 영역과 전운동영역이 반응의 실제적인 억제에 관여한다고 보고하고 있다(Li, Huang, Constable, & Sinha, 2006). 또 다른 연구들은 우반구 하전두회가 이러한 과제의 수행 동안 활성화하는 것은 이 영역이 행동을 중단할 필요가 있다는 것을 신호하는 눈에 띄거나 과제에 적합한 단서를 탐지하는 것에 관여하기 때문인데, 이 역할은 11장에서 살펴본 바와 같이 이 영역이 감각에 기초하는 복측 주의 경로에서의 역할과 일치한다(Hampshire, Chamberlain, Monti, Duncan, & Owen, 2010). 이러한 다소 상반되는 견해들로부터 알 수 있는 것은 비록 우반구 하전전두 영역과 내측 전전두 영역이 반응 억제에 중요한 역할을 한다는 것은 일반적으로 받아들여지고 있지만 서로 다른 하위 영역들이 반응 억제에서 어떤 역할을 하는가가 아직 더 연구되어야 한다는 것이다.

반응 억제를 살펴보는 것을 마치기 전에 일부 연구자들이 반응 억제가 **간섭 해결**(interference resolution)이라는 좀 더 일반적인 기능의 한 예에 불과하다고 주장하는데, 간섭 해결이란 서로 경쟁적인 정보 사이의 갈등이나 과제 수행에 방해가 되는 혼란 정보를 해결하는 능력을 의미한다. 간섭 해결을 요구하는 과제의 예로 스트룹 과제를 들 수 있는데, 이 과제의 경우 불일치 시행(예, '빨강'이라는 단어가 파란색 잉크로 인쇄되어 제시)에서 개인은 단어가 인쇄되어 있는 잉크색과 단어가 의미하는 색채 사이의 갈등을 해결해야 한다. 간섭 해결을 요구하는 과제의 수행 동안 배외측 전전두피질, 전대상피질, 하전두 영역과 후측 두정피질의 활성화가 관찰된다(Nee, Wager, & Jonides, 2007). 따라서 간섭 해결에 관여하는 것으로 알려져 있는 뇌 영역들이 11장에서 살펴본 목표지향적 행동에 관여하는 배측 전두-두정 네트워크와 근본적으로 상당히 중복된다. 실제 목표지향적 행동에서 요구되는 대부분의 능력은 이 체계의 일부 혹은 전체 하위 요소들에 의존한다.

상위 사고

이제까지 우리는 집행기능을 주로 목표를 달성 가능하게 하는 행동의 입장에서 살펴보았다. 그러나 집행기능은 **상위 사고**(higher-order thinking)라고 알려진 일련의 능력들을 포함하고 있다. 이 용어는 사고의 다소 복잡한 측면, 즉 구체적 사고보다는 추상적이고 개념적 사고를 할 수 있는 능력, 규칙을 추론하는 능력과 새로운 것에 대해 융통성 있게 반응하는 능력을 기술하기 위해 사용된다. 이 능력들에도 전두엽이 관여하는 것으로 여겨지며 이에 관해 살펴보기로 하자.

■ 추상적 사고와 개념적 사고

집행기능의 장애를 가지는 환자들에서 관찰되는 한 결함이 구체적 방법보다 추상적 방법으로 정보를 처리하지 못하는 것이다. 앞에서 살펴본 바와 같이 개념적 과제 세트가 추상적일수록 환자들은 과제 수행에 더 어려움을 겪는다.

추상적 사고를 조사하는 한 방법이 글자 그대로의 의미를 처리할 때보다 은유를 처리할 때 더 활성화되는 뇌 영역을 확인하는 것이다. 9장에서 은유 처리에서의 우반구 역할을 살펴보았지만 여기서는 전두엽의 역할에 초점을 맞추겠다. 한 신경영상 연구에서 연구참여자에게 세 유형의 문장들을 제시하였다. 한 유형의 문장들은 글자 그대로의 의미를 가지고 다른 유형의 문장들은 은유적 의미를 가지거나 아무런 의미도 가지지 않았다. 연구참여자의 과제는 자신이 각 문장의 의미를 이해하는가에 답하는 것이었다. 글자 그대로의 의미를 가지는 문장에 비해 은유적 문장을 읽을 때 내측 전전두피질(BA 10), 배외측 전전두피질과 하전두피질을 포함하는 전전두피질의 많은 영역들에서 더 큰 활성화가 관찰되었다 (Shibata, Abe, Terao, & Miyamoto, 2007).

추상적 사고를 조사하는 또 다른 방법은 유추에 의한 추론(analogical reasoning)을 조사하는 것이다. 유추는 관련 정보를 구체적 수준보다는 추상적 수준에서 통합하는 것이 요구된다. 한 신경영상 연구가 이를 잘 설명한다. 이 연구에서 연구자들은 연구참여자에게 두 개의 유사한 과제를 수행하게 하였는데, 이 과제들은 요구되는 추론에서만 서로 달랐다(Green, Fugelsang, Kraemer, Shamosh, & Dunbar, 2006). 두 과제 모두에서 단어들이 쌍으로 제시되었다. 유추 과제의 경우 참여자에게 다음과 같은 단어쌍, “PLANET:SUN + ELECTRON:NUCLEUS”가 제시되었고 참여자는 두 단어 쌍이 타당한 유추를 가지고 있는가를 판단하였다. 여기에 제시된 예는 유추가 타당한데, 왜냐하면 지구는 태양을 중심으로 회전하고 전자는 원자의 핵을 중심으로 회전하기 때문이다. 통제 조건의 경우 연구참여자에게 각 쌍을 이루는 두 단어들 사이의 관련성이 타당한지를 판단하여 타당하면 이에 반응하는 것이 요구되었다. 예를 들어 타당 시행의 경우 “DUCK:WATER + COW:MILK”가 제시된다. 비록 각 쌍의 각 단어의 의미 범주가 유사하지만—각 쌍의 첫 단어들 모두 농장 동물들이고 두 번째 단어들은 액체—이 단어 쌍들은 유추를 포함하지 않는데 이는 오리는 물에서 사는 한편 젖소가 우유를 생산하기 때문이다. 유추 과제에서 좌반구 배외측 전전두피질의 활성화와 전두극피질(BA 10)의 활성화가 관찰되었는데, 배외측 전전두피질의 활성화는 단어들 사이의 서로 다른 관련성을 온라인으로 파지하는 작업기억을 반영하는 한편 전두극피질의 활성화는 상위의 관계 과정을 반영한다.

ERP 연구들이 유추적 추론에 시간이 소요된다는 것을 보여주는데, 즉 쉬운 유추와 어려운 유추 사이의 차이가 자극 제시 후 600~1,000밀리초에서 관찰되는 후기 정적 파형(late positive waveforms)에서만 관찰된다. 이 요소들의 생성지를 분석한 결과가 신경영상 연구의 결과와 일치하는데, 즉 이 요소들의 생성지가 전두극피질(BA 10)의 내측 부위와 외측 전전두피질인 것으로 보고되고 있다(Qiu, Li, Chen, & Zhang, 2008). 따라서 신경계의 손상이 없는 사람들을 대상으로 한 연구들의 결과로 미루어 전전두피질의 배외측과 전두극 영역이 상위의 추상적 사고에 주된 역할을 하는 것으로 여겨진다.

■ 규칙과 추론

추상적 사고의 또 다른 형태가 규칙을 추론하는 능력이다. 전두엽에 손상을 입은 환자와 신경계의 손상이 없는 사람을 대상으로 하여 규칙을 추론하는 능력을 조사한 연구 결과를 살펴보기로 하자. WCST, 즉 이 장의 앞 부분에서 살펴본 세트-전환 능력을 측정하는 과제를 예로 들어보자. 비록 전두엽에 손상을 입은 환자들 중 일부는 WCST에서 단지 보속 반응만을 보이지만 일부 환자들은 카드를 분류할 때 사용해야 하는 준거조차 인식하지 못한다. 이들에게 구체적 지시(예, 자극의 색채에 근거하여 카드를 분류하세요)가 주어지지 않기 때문에 이들은 어떻게 과제를 수행해야 하는지를 이해하지 못한다.

이와 같은 개념화의 장애는 전형적인 WCST 검사를 일부 수정하여 사용하는 경우에도 관찰된다(Delis, Squire, Bihrle, & Massman, 1992). 이 경우 피검자에게 6장 카드가 한 세트인 카드를 제시하는데, 피검자는 이 카드를 두 개의 동일한 파일 중 한 파일에 분류해야 한다. 각 카드에는 동물의 이름과 삼각형이 그려져 있다. 각 카드는 8개의 가능한 차원에 근거하여 각 파일로 분류될 수 있도록 구성되었다. 예를 들어 카드는 카드에 적혀 있는 동물이 육지에 사는지 혹은 바다에 사는지에 근거하여 분류될 수 있다. 또는 카드에 그려져 있는 삼각형이 검은색인지 혹은 하얀색인지에 따라, 혹은 카드에 적혀 있는 동물의 이름이 삼각형의 위 혹은 아래에 있는지에 따

IN FOCUS: 기억을 억압할 수 있는가?

이 장에서 억제를 버튼 누르기 등과 같은 외적 반응의 억제 혹은 억압의 관점에서 살펴보았다. 그러나 심리학에서는 오래 전부터, 즉 프로이드 때부터 기억과 생각이 억제될 수 있는가에 관심이 있어 왔다. 프로이드는 원하지 않는 생각 혹은 열망 등으로부터 우리를 보호할 수 있는 한 기제가 이러한 생각 혹은 열망을 억압하는 것이라고 제안하였다. 그는 억압을 의식적 통제보다는 무의식적 과정으로 여겼지만 그의 주장의 핵심은 개인이 기억에 접근하는 것을 통제할 수 있으며 기억을 억압 혹은 억제할 수 있다는 것이다. 이 주장은 매우 큰 논란을 불어 일으켰는데 실제로 이 주장은 "과학적 설명이 요구되는 임상 미스테리"로 불리어 왔다(Kihlstrom, 2002). 더욱이 억압되었던 기억이 다시 의식화될 수 있는가에 관한 논란이 뜨거웠다. 즉 '억압된' 기억이 실제로 존재하는가 혹은 이 기억이 실제로는 허위 혹은 유도된 기억인가에 관한 강한 논란이 있어 왔다(Loftus, 2003).

이러한 억압적 과정이 존재하는가를 연구하는 것이 매우 어려울 것이라고 상상할 수 있다. 기억이 억압될 수 있는가를 조사하기 위해서는 두 개의 조건이 맞아야 한다. 첫째, 먼저 기억이 존재하는가를 알아야 할 필요가 있다. 둘째, 기억이 억압되었다는 것을 시사하는 일부 증거가 있을 필요가 있다. 최근 신경영상 연구들은 이 두 조건 모두에 관한 증거를 제공하고 있다.

이 두 이슈를 연구하기 위해 연구자들은 Think/No-Think라고 불리는 과제를 사용하여 기억 억압을 조사하였다(Anderson & Green, 2001). 이 과제는 반응 억제의 연구에 사용되는 Go/No-Go 방안에 근거한다. Think/No-Think 과제에서 연구참여자들은 훈련 단계 동안 무작위로 연합된 단서-항목 쌍['잉어-이념(roach-ideal)'과 같은 단어쌍]을 학습한다. 연구참여자들은 단서가 주어졌을 때 단서와 쌍을 이루는 목표 단어를 매우 정확하게 기억할 수 있을 때까지, 즉 단어쌍에 대한 기억이 이루어진 것이 확인될 때까지 훈련을 받았다. 쌍들이 무작위로 연합된 것이기 때문에 이 쌍들이 기억에 부호화되면 해마의 활성화가 관찰된다(10장 참조). 다음 단계, 즉 실험 단계에서 연구자들에게 단서만이 제시된다. 일부 단서들은 연구참여자가 단서와 연합된 목표 단어를 기억해야 하는 것을 시사하는 표시(단서 주변에 초록 상자)와 더불어 제시되며 이 시행을 *Think 시행*이라고 한다. 다른 단서들은 참여자가 단서와 쌍을 이루는 목표 단어를 기억하는 것을 억압해야 하는 것을 시사하는 표시(단서 주변에 빨간 상자)와 제시되며 이 시행을 *No-Think 시행*이라고 한다. 더욱이 이 실험 단계 동안 한 단서가 여러 번 제시되기 때문에 참여자들은 Think 시행에서는 여러 번 기억을 인출할 수 있는 기회를 가지는 한편 No-Think 시행에서는 기억을 여러 번 억제할 수 있는 기회를 가진다. 중요한 점은 이 실험 단계 동안 참여자들이 목표 자극을 두 번 다시 보지 않는다는 것이다. 대신 참여자들은 자극에 대한 *기억*을 통제해야 한다. 마지막 단계인 검사 단계에서 참여자에게 다시 단서가 제시되고 그 단서와 쌍을 이루는 자극을 반응하게 한다.

이러한 실험에서 Think 시행에서의 자극의 회상이 기준 자극(두 번째 단계인 실험 단계에서 단서가 제시되지 않는 목표자극)에 비해 더 우수하다. 이와 상반되게 기준 자극에 비해 No-Think 자극의 회상은 감소한다. 이 두 결과는 기억에 대한 통제가 일어났음을 시사한다. 더욱이 신경영상 연구들은 실험 단계 동안 배측 두정 네트워크에 포함되는 영역들이 Think 시행보다 No-Think 시행에서 더 활성화되는 것을 관찰하였으며 이는 통제 영역들이 관여하는 것을 시사한다(Anderson et al., 2004). 이 결과는 Think 조건보다 No-Think 조건에서 기억에 대한 더 많은 통제가 일어난다는 주장과 일치한다.

불행하게도 이 연구들 중 어느 것도 기억이 실제로 억제되었는가에 관한 것을 명확하게 알려주지 않는다. 예를 들어 No-Think 시행에서 더 수행이 저하되는 것이 단서와 원래 짝지어진 목표 자극을 억압하기보다는 새로운 자극과 단서와의 연합을 생각한 결과를 반영할 수 있다(Hertel & Calcaterra, 2005). 이 책의 공저자에 의해 실시된 한 연구(Depue, Curran, & Banich, 2007)는 기억 억압이 실제로 일어

라 분류될 수 있다. 전두엽에 손상을 입은 환자들은 이 과제에서 어려움을 보이는데, 이는 이들이 추상적 개념화의 문제를 가지고 있기 때문인 것으로 보인다. 환자들은 카드를 분류할 때 따라야 할 규칙을 기술하는 데 어려움을 보인다. 예를 들어 이들은 "내가 이 파일로 분류하는 카드에 적혀 있는 동물은 바다에 사는 반면 내가 다른 파일로 분류하는 카드에 적혀 있는 동물은 육지에 산다."라고 말로 설명하지도 못한다. 검사자가 카드를 파일로 분류하는 것을 보여주어도 환자들은 카드 분류에 사용되는 규칙을 인식하지 못한다. 또 이들은 "이 동물들이 사람들에게 어떻게 행동하는가와 관련이 있습니다."라는 추상적인 단서뿐만 아니라 "이 동물들은 사납거나 온순합니다."와 같은 다소 구체적인 단서가 주어졌을 때에도 이 단서에 따라 카드를 의미 있는 그룹으로 분류하는 것의 어려움을 보인다.

아동을 대상으로 한 연구들은 추상적 범주를 형성하지 못하는 능력이 이미 살펴본 과제-전환과 같은 다른 집행 능력 중 일부를 시사한다고 보고하고 있다. 한 연구에서 아동들에게 그 아동들의 발달 수준에 적합하도록 수정된 WCST를 실시하였는데, 이 WCST 카드에는 빨강 혹은 파랑색인 트럭과 꽃들이 그려져 있다. 한 시행 세트에서 아동들에게 색채 게임을 할 것이라고 말하면서 카드를 두 개의 파일, 즉 빨강색 파일과 파랑색 파일로 분류하도록 지시하였다. 다른 시행 세트에서는 다른 게임, 즉 형태 게임을 할 것이라고 말하면서 카드를 꽃 혹은 트럭에 따라 분류하도록 지시하였다. 두 번째 시행 세트의 수행에 근거하여 아동들을 두 집단, 즉 원래의 규칙에 따라 카드를 분류한 보속 집단과 새로운 규칙으로 전환한 전환 집단으로 구분하였다. 그 후 아동들에게 새로운 카드(예, 초록색 집과 노란색 사과)를 제시한 후 아동들에게 다음과 같이 말하였다. "여러분 참 잘 했습니다. 계속해서 카드를 분류해 봅시다!" 연구자들은 만약 아동들이 반응에 추상적 규칙, 예를 들어 형태에 근거하여 카드를 분류하는 규칙을 사용하면 그 규칙을 일반화하

날 수 있다는 증거를 제공하였다. 이러한 결과를 얻기 위해 연구자들은 인간 뇌의 구성에 관한 지식과 신경영상 기법의 장점을 활용하였다. 연구자들은 Think/No-Think 과제를 사용하였고 자극으로는 얼굴과 사진 쌍을 사용하였는데 사진은 풍경 혹은 부정적 정서를 나타내는 사진(예를 들어 교통사고 혹은 기형 사지의 사진)이 사용되었다. 연구자들은 연구참여자들이 자신들의 기억을 통제하는 실험 단계 동안 그들의 뇌를 영상화하였다. 복잡한 시각 정보의 처리에는 복측 시각처리 경로에 포함되는 일부 영역들이 요구된다. 따라서 참여자에게 재기억하였는지 기억을 억압하였는지를 묻는 대신 복측 시각처리 영역의 활성화를 측정함으로써 이를 통해 참여자의 마음이 무엇을 하는지를 조사하였다. 사람들이 한 자극에 대해 생각할 경우 그 자극을 처리하는 영역들의 활성화가 기준선(이 경우 스크린에 제시되는 고정점)에 비해 증가한다. 반면 사람들이 자극에 대해 생각하지 않을 경우 이 영역들의 활성화가 기준선보다 더 감소한다. 실제 이 연구에서 이러한 결과가 관찰되었다. 즉 한 자극을 의식적으로 기억할 때 복측 시각 영역들의 활성화가 증가하고 한 자극에 관한 생각을 의식적으로 억압하는 동안 이 영역들의 활성화가 기준선보다 감소하였다.

No-Think 자극에 대한 활성화 감소는 사람들이 그 자극에 대한 생각을 억제하기보다 다른 새로운 자극으로 대체하기 때문에 생각하지 않도록 지시받은 자극을 덜 회상한다는 주장이 잘못된 것이라는 것을 지지한다. 만약 사람들이 다른 자극으로 대체하여 생각한다는 주장이 옳다면 복측 시각처리 영역들의 활성화가 증가할 것인데 이는 참여자들이 Think 시행에서처럼 No-Think 시행에서도 시각 정보에 관해 생각하기 때문이다. 그러나 이러한 현상이 이 연구에서 관찰되지 않았고 시각 영역의 활성화가 No-Think 시행에서 증가하지 않고 감소하였다. 이 예는 인지 신경과학의 결과가 행동 자료에만 근거할 경우 초래될 수 있는 두 가지 가능한 설명 중 하나를 결정하는 데 도움이 된다는 것을 보여준다.

No-Think 조건 동안 해마의 활성화도 조사되었다. 10장에서 살펴본 바와 같이 해마는 기억 인출에 중요한 역할을 한다. 따라서 만약 개인이 No-Think 조건에서 실제로 기억을 억제한다면 해마의 활성화가 기준선보다 감소해야 하는 반면 Think 시행에서는 기준선보다 증가해야만 한다. 이 예상이 이 연구에서 확인되었다. 이 결과는 기억이 정말 억제될 수 있다는 견해를 지지한다.

이 연구에서 조사된 마지막 이슈가 기억 억제에 중요한 역할을 하는 영역이 어디인가이다. 11장에서 살펴본 바와 같이 주의 통제의 *출처*와 주의 통제의 *부위*가 구분된다. No-Think 조건에서의 주의 통제의 출처를 밝히기 위해 연구자들은 Think 시행보다 No-Think 시행에서 *더* 활성화되는 영역이 어디인가를 조사하였다. 우반구 중전두회와 하전두회 주변의 영역들이 이러한 활성화 패턴을 보였다. 이 결과는 우반구 하전두회가 억제 과정에 중요한 역할을 하고 우반두 배외측 전전두 영역이 하향 통제 과정에 중요한 역할을 한다는 주장과 일치한다. 더욱이 No-Think 조건에서 이 영역들의 활성화 증가를 보인 참여자들이 복측 시각 영역과 해마에서는 감소된 활성화를 보였다. 이 결과는 전전두 영역들이 주의 통제 부위(즉 해마와 복측 시각처리 경로)에서의 처리 과정을 조율하는 주의 통제의 출처라는 것을 시사한다. 이러한 방법을 통해 전두엽의 집행 체계가 기억에의 접근을 통제하는 데 중요한 역할을 한다.

이 실험은 인지 신경과학이 오랫동안 임상가와 과학자들의 큰 관심을 끌어 왔던 이슈들을 연구하는 데 사용될 수 있는가를 보여주는 한 예에 불과하다. 물론 이 연구와 억압에 관한 임상적 질문 사이의 차이는 이 연구에서 사용된 자극들이 개인의 생에서 경험하는 외상과 동등한 수준의 정서적 의미를 가지지 않는다는 것이다. 그럼에도 불구하고 연구 결과는 외상후 스트레스 장애와 강박장애에서처럼 상기되는 기억 혹은 이미지가 문제인 정신 장애에 적용될 수 있다. 예를 들어 이 장애들은 전전두엽의 통제 결함이 특징이며 이 영역들의 기능 회복이 이 장애들의 치료에 효과적인 것으로 밝혀지고 있다.

여 새로운 자극도 형태에 근거하여 분류(집과 사과로 분류)할 것이라고 가정하였다. 이와 상반되게 만약 아동이 구체적인 규칙을 사용하면, 즉 트럭 대 꽃으로 분류하는 규칙을 사용하면 새로운 자극을 분류하는 데 어려움을 보일 것으로 가정하였다. 실제로 보속 행동을 보인 아동들은 새로운 자극을 분류하는 데 어려움을 보인 반면 범주를 전환하였던 아동들은 두 번째 범주를 사용하여 새로운 자극을 분류하였다. 이 결과는 특정 예(꽃과 트럭)에 따라 자극을 처리하는 것에 비해 추상적 범주(예, 형태)를 개념화할 수 있는 능력이 과제 세트를 전환하는 데 도움이 된다는 것을 보여준다(Kharitonova, Chien, Colunga, & Munakata, 2009)(● 그림 12.9).

신경영상 연구에 적합하도록 WCST를 수정하여 사용한 연구들은 신경계의 손상이 없는 사람들을 대상으로 추상적 규칙에 근거하는 행동에 관여하는 뇌 영역들을 조사하였다. 일부 연구들은 어떤 규칙에 따라 반응해야 하는가를 연구참여자에게 지시하는 조건과 연구참여자가 규칙을 추론해야 하는 조건을 서로 비교하였다. 예를 들어 한 연구에서 참여자들은 2초 정도의 간격을 두고 연속적으로 제시되는 두 개의 넌센스 상징들이 일치하는가를 판단하였다(Sprecht, Lie, Shah, & Fink, 2009). 한 조건에서는 어느 차원(색채, 형태 혹은 위치)에 근거하여 판단해야 하는가를 알려주는 반면 다른 조건에서는 규칙을 추론해야만 하였다. 두 조건 모두에서 광범위한 뇌 영역들의 활성화가 관찰되었다. 그러나 연구참여자에게 규칙을 알려준 조건보다 참여자가 규칙을 추론해야 하는 조건에서 배외측 전전두 영역, 복외측 전전두 영역과 각회의 활성화가 더 증가하였다.

다른 연구들은 규칙을 추론하는 능력과 규칙을 사용하는 능력이 서로 구분되는가를 조사하였다. 이 연구에서 연구참여자들이 규칙이 무엇인가를 발견하는 조건과 발견한 규칙을 사용하는 조건에서의 뇌활성화를 비교하였다(Konishi et al.,

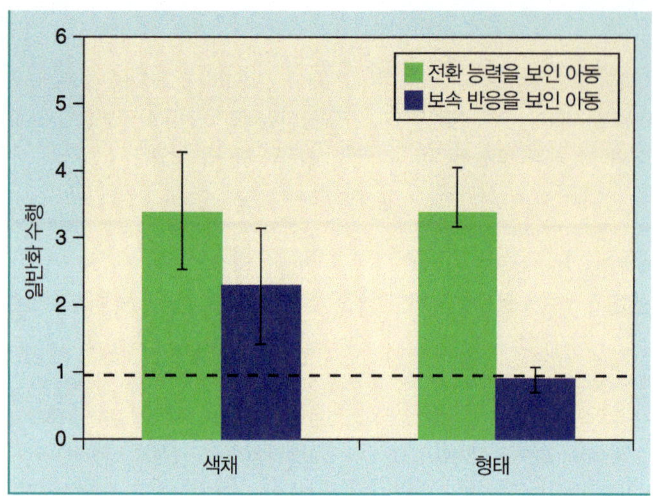

● **그림 12.9 아동의 과제전환의 융통성은 범주의 추상적 표상을 유지하는 능력과 관련되어 있다.** 두 아동 집단이 확인되었는데 한 집단은 과제 세트를 전환할 수 있는 반면(형태에서 색채로 전환) 다른 집단은 보속반응을 보였다. 첫 번째 집단의 수행은 초록 막대로 표시되어 있는 한편 두 번째 집단의 수행은 파란 막대로 표시되어 있다. 아동들에게 제시된 카드를 분류하는 것이 요구되었는데 카드는 색채 혹은 형태에 근거하여 분류할 수 있다. 보속반응을 보인 아동들에 비해 전환 능력을 보인 아동들이 분류 규칙을 새로운 카드에 일반화하는 경향을 더 보였는데 이는 이들의 행동이 추상적 범주에 의해 가이드 되는 것을 시사한다. 전환 능력을 보인 아동들만이 수평선으로 표시되어 있는 우연 수준 이상의 수행을 보였다. 출처: Karitonova, M., Chien, S., Colunga, E. & Munakata, Y. (2009). More than a matter of getting "unstuck": fl exible thinkers use more abstract representations than perseverators. Developmental science, 12, Fig. 2 pg. 665.

2008). 규칙을 사용할 때보다 규칙을 발견하는 동안 좌반구 상전두 영역의 활성화가 증가하는 것이 관찰되었다.

규칙에 근거하는 행동과 규칙을 추론하는 능력을 조사하는 또 다른 방법이 ● 그림 12.10에 제시되어 있다. 이 과제에서 연구참여자들은 두 개의 서로 다른 자극 쌍들에서 관찰한 관련성에 근거하여 두 자극 사이의 관계가 타당한 추론인가를 판단해야 하였다. 직접적으로 추론할 수 있는 경우(예, 다른 두 쌍의 자극들 중 한 쌍이 C > A라고 기술하는 것에 근거하여 A > C인지 판단할 경우)와 간접적인 추론을 사용할 경우(예, 다른 두 쌍의 자극들 중 한 쌍이 A > B, 다른 쌍이 B〉C라고 기술하는 것에 근거하여 A > C인지를 판단할 경우)를 비교하였다. 간접적 추론이 요구된 조건에서 더 큰 우반구 외측 전전두피질의 활성화가 관찰되었다(Wendelken & Bunge, 2009).

이 결과를 어떻게 통합할 수 있는가? 한 이론은 다수의 전전두 영역들이 후측 피질과의 상호작용을 통하여 규칙에 근거하여 행동하는 것에 관여한다고 주장한다. 이 이론에 의하면 복외측 전전두피질이 중측두회 영역과의 연결을 통하여 저장된 지식을 인출하는데 중요한 역할을 하며 이를 통해 규칙의 인출이 일어난다고 한다. 이 주장은 앞서 살펴본 것과 일치하는데, 즉 전전두피질의 복측 영역이 의미 정보의 인출에

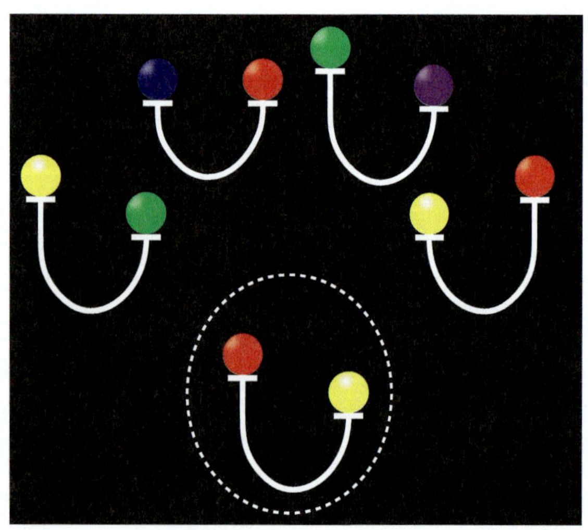

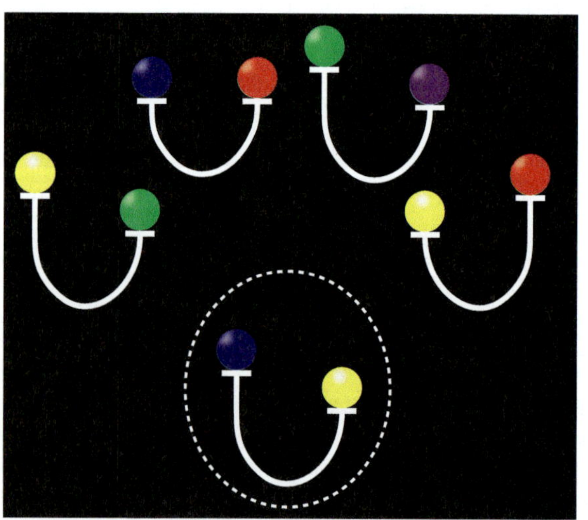

● **그림 12.10 전전두피질의 역할을 측정하는 비언어적 추론 과제에서 사용되는 자극.** 개인은 그림에서 점선으로 이루어진 원 안에 제시되어 있는 그림이 이 원에 제시되어 있는 그림들에 근거한 타당한 결론을 나타내는가를 결정하였다. 각 원의 높이는 상대적 가치를 나타낸다. 예를 들어 노란 원의 가치가 초록 원의 가치보다 더 높지만 파란 원의 가치는 빨간 원의 가치와 동일하다(왼쪽). 시행들에서 어떠한 추론도 요구되지 않는데 왜냐하면 위에 제시되어 있는 예들로부터 직접적으로 결론을 도달할 수 있기 때문이다(오른쪽). 이 경우 개인은 간접적으로 추론을 해야 한다. 파란 공과 빨간 공의 가치가 동일하고 빨간 공의 가치가 노란 공보다 크기 때문에 파란 공이 노란 공보다 더 가치가 크다고 추론할 수 있다.

중요한 한편 측두 영역이 의미 정보의 저장에 중요하다는 사실과 일치한다. 이 이론에 의하면 배외측 전전두피질이 규칙을 선택하는 것보다 어떻게 규칙을 적용하여 반응을 하는가에 더 관여한다고 한다(Bunge, 2004). 다른 이론들은 배외측 전전두피질이 규칙을 발췌하는 데 중요한 역할을 한다고 주장하고(Rougier, Noelle, Braver, Cohen, & O'Reilly, 2005), 또 다른 이론은 배외측 전전두피질이 작업기억 내에 규칙을 파지하는 데 역할을 한다고 주장한다(이에 관한 것을 원숭이를 대상으로 한 연구들에 관한 개관은 Baxter, 2009 참조).

그러나 환자를 대상으로 한 연구는 좌반구 외측 피질이 규칙 생성에 실제로 중요한 역할을 한다는 것을 보여준다. 이 연구는 두 가지 서로 다른 과제, 즉 규칙 생성 과제와 규칙 인식 과제를 사용하였다. 규칙 생성 과제의 경우 1에서 12까지의 번호가 매겨진 원이 두 열로 제시되고 연구참여자에게 자신의 만든 규칙에 따라 원을 터치하도록 지시한다. 예를 들어 참여자는 낮은 데서 높은 순으로 홀수 번호가 매겨진 원을 터치한다. 규칙 인식 과제에서는 연구참여자에게 일련의 원들을 제시하는데 이 원들 중 하나는 파란색이다. 훈련 단계 동안 참여자는 파란색 원이 어떤 순서로 이동하는가에 관한 7가지 서로 다른 규칙을 학습한다. 검사 단계에서 파란색 원의 다음 위치가 어디인가를 예견해야 하는데 만약 정확하게 예견하면 참여자가 규칙을 인식하고 이해하였다는 것을 시사한다. 좌반구 외측 및 내측 전두 영역에 손상을 입은 환자들은 규칙 인식 과제는 정상적으로 수행하였지만 규칙 생성 과제에서 수행 저하를 보였는데 이는 전두영역이 규칙을 발췌하고 생성하는 데 중요한 역할을 하는 것을 시사한다(Reverberi, D'Agostini, Skrap, & Shallice, 2005). 규칙을 생성하는 능력은 다양한 뇌 영역에 의존하는데 이 중에서 배외측 전전두피질이 가장 중추적인 역할을 한다.

이제까지 우리는 주로 규칙의 학습 관점에서 문제해결 능력을 살펴보았다. 그러나 우리는 때로 문제에 대한 답을 여러 단계에 걸쳐 얻지 않는다. 여러분은 한 단계 한 단계 논리적으로 문제를 풀기 위해 시간을 소요한 적이 있지만 때로 "아하" 하면서 순간적으로 문제해결에 이른 적도 있을 것이다. 이러한 유형의 문제 해결을 **통찰**(insight)이라고 하며 갑자기 마음 속에 정확한 해결책이 떠 오르는 것이 특징이다. 이 과정을 연구하는 것이 쉽지 않지만 통찰이 있다거나 없다고 보고하는 사람들을 대상으로 통찰의 신경학적 근거를 조사한 연구들이 있다. 흥미롭게도 문제가 제시되기 전의 뇌활성화 상태가 어떤 유형의 문제 해결을 하는가를 예견하는 것으로 보인다. EEG와 fMRI 연구 결과에 의하면 통찰에 의해 해결되었다고 보고되는 문제가 제시되기 전에는 내측 전두 영역과 의미 처리에 관여하는 측두 영역의 활성화가 크다. 이에 반하여 통찰 없이 해결되었다고 보고되는 문제가 제시되기 전에는 시각 선택 주의에 관여하는 영역을 포함하는 후측 영역들의 활성화가 증가된다(Kounios et al., 2006).

규칙에서의 전전두엽 역할을 살펴보는 것을 마치기 전에 일부 학자의 주장, 즉 특정 상황에서는 전두엽이 제대로 기능하지 않는 것이 더 낫다는 주장을 살펴보자. 이들은 전두엽의 통제가 제한적이거나 상실될 경우 개인은 규칙에 근거하는 행동이 주는 제약에서 벗어나게 되고 이로 인하여 창의성이 증가된다고 주장한다. 이에 덧붙여서 아동들에서는 아직 전두엽이 충분히 발달하지 않기 때문에(15장 참조) 집행 통제가 부족하게 되고 이로 인하여 특정 발달 학습 과정이 일어나게 된다고 주장한다(Thompson-Schill, Ramscar, & Chrysikou, 2009). 전두엽의 기능이 충분하지 않은 것이 특정 상황에 도움이 된다는 것을 보여주는 한 극적인 예가 성냥개비 문제를 사용한 한 연구이다(Knoblich, Ohlsson, Haider, & Rhenius, 1999). 이 과제에서 성냥개비에 '쓰여진' 로마숫자로 구성된 수리 방정식을 살펴본 후 단지 하나의 성냥개비를 움직여 방정식을 맞게 고치는 것이 연구참여자에게 요구되었다. 쉬운 문제는 다음과 같은데, 즉 'II = III + I'의 경우 단지 = 기호의 오른쪽에 있는 성냥개비를 기호의 왼쪽으로 옮기면 이 문제가 해결된다. 다소 어려운 문제는 피검자가 숫자에 주의를 주는 대신 방정식의 운산부호를 바꾸는 것에 주의를 주어야 하는 것이다. 예를 들어 방정식 'IV = III − I'의 경우 성냥개비 하나를 = 기호에서 − 기호로 바꾸어 'IV − I = III'로 만들면 된다. 가장 어려운 문제는 연산부호가 있는 성냥개비를 옮기는 것뿐만 아니라 회전하는 것도 요구된다(예, 'VI=VI + VI'를 'VI=VI=VI'로 변환해야 한다). 놀랍게도 정상군의 43%가 가장 어려운 문제를 풀지 못한 반면 외측 전두엽의 병변을 가진 환자들 중 82%가 이 문제를 풀었다(Reverberi, Toraldo, D'Agostini, & Skrap, 2005)!

■ 신기함에 대한 반응과 인지적 융통성

신기함(novelty)이란 물론 상대적 개념이지만, 특정 맥락에서 일어날 확률이 낮은 사건, 상황 혹은 행동으로 정의될 수 있다. 신기한 상황뿐만 아니라 이미 익숙한 상황이더라도 이에 대해 새로운 반응을 해야 할 때 융통성이 요구된다.

실제로 전기생리적 연구들은 신기한 자극이 주의를 끌 때 전두엽이 이에 대해 중요한 역할을 하는 것을 보여 준다. 3장과 11장에서 이미 살펴본 바와 같이 주의를 주어야 하는 제시확률이 낮은 자극(oddball stimulus)은 두정 영역에서 가장 큰 진폭의 P_{300}을 생성하게 한다(때로 P_{300}은 P_{3b}라고도 불린다). P_{300}과 유사한 정점인 P_{3a}는 신기하거나 기대하지 않은 자극이 주의를 끌 때 관찰된다. P_{3a}는 전두-중앙 부위에서 가장 큰 진폭이 관찰되며, P_{3b}보다 20~50밀리초 정도 더 빨리 나타난다(● 그림 12.11). 예를 들어 개인이 자주 들리는

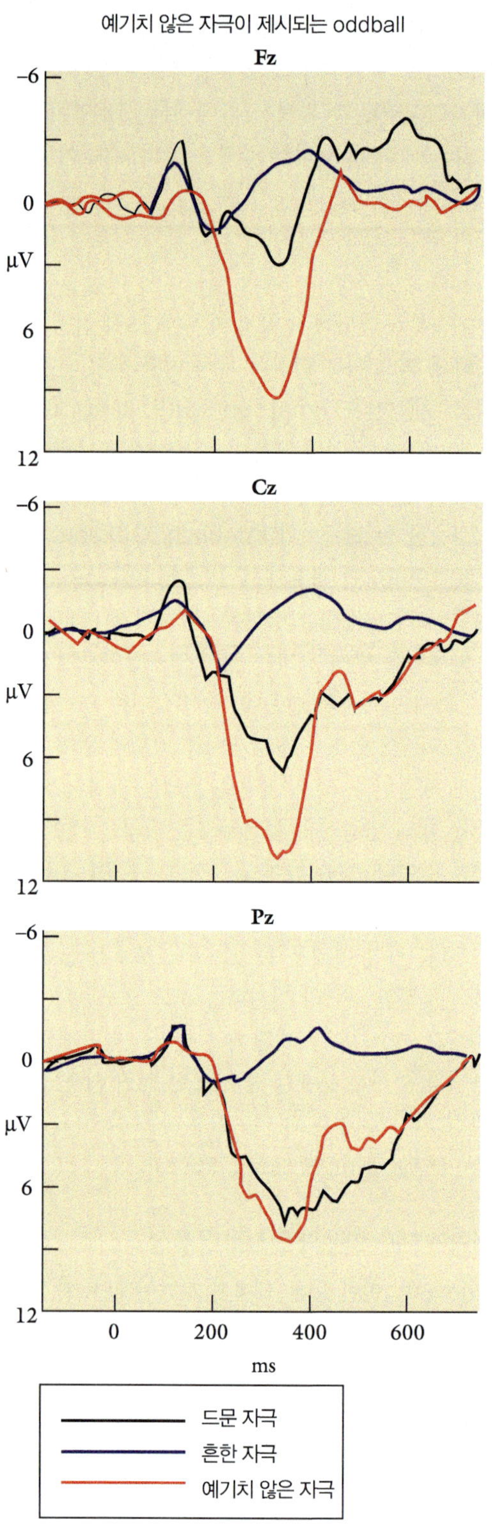

● **그림 12.11 신기함 혹은 예기치 않음에 대한 전전두 영역의 역할.** 드물게 제시되는 자극, 흔하게 제시되는 자극과 예기치 않은 자극(즉 독특한 자극)에 대한 ERP 반응을 보여준다. 드물게 제시되는 자극에 비해 예기치 않은 자극에 대한 반응이 전두 부위의 전극(Fz)에서 상당히 더 크고 중앙 부위의 전극(Cz)에서는 약간 더 크지만 후측 부위의 전극(Pz)에서는 거의 차이가 없다. © 2011 Cengage Learning

삑소리(저음) 사이사이에 간헐적으로 들리는 고음의 삑소리를 세거나 이에 주의를 줄 경우 P_{3b}가 생성된다. 만약 삑소리와 전혀 다른 소리, 즉 신기하고 예기치 않은 소리(예, 개가 짖는 소리)가 삑소리 사이사이에 들릴 경우에는 P_{3a}가 초래된다(Knight, 1991). 전두엽이 P_{3a}의 생성지로 여겨지는데, 그 이유는 (1) 전전두엽에 손상을 입을 경우 P_{3a}의 진폭이 감소하고(Yamaguchi & Knight, 1991); (2) 신경계의 손상이 없는 사람에서 P_{3a}의 진폭과 전두엽의 회백질 부피 사이의 상관이 관찰되고(Ford, Sullivan, Marsh, White, Lim, & Pfefferbaum, 1994); (3) 고밀도 뇌파 연구의 결과가 P_{3a}의 생성지로 전두엽을 제안하기 때문이다(Spencer, Dien, & Donchin, 1999)(이에 대한 개관은 Friedman, Cycowicz, & Gaeta, 2001 참조). 신경영상 연구들도 익숙한 자극보다 새로운 자극을 처리하는 동안 전전두 영역들의 활성화가 증가하는 것을 보여 준다(Kiehl, Laurens, Duty, Forster, & Liddle, 2001; Friedman, Goldman, Stern, & Brown, 2009).

뇌는 새로운 것을 탐지해야 할 뿐만 아니라 이에 대해 새롭고 융통성 있게 반응해야만 한다. 집행기능의 장애를 가지고 있는 사람들은 인지적 유통성이 결여되어 있다. 다시 말하면 어떤 상황을 다양한 각도에서 바라보거나 다양한 반응을 산출하는 것이 결여되어 있다(Fuster, 1985). 예를 들어 전두엽 손상 환자들은 어떤 행동에 대한 대안을 생성하지 못한다. 대신 한 가지 방법으로만 정보를 다루는데 '갇혀'있어 다른 행동을 하지 못하게 된다. 분류 과제를 변형한 과제에서 개인은 자신의 선택이 옳은지 혹은 틀린지에 관한 검사자의 피드백에 근거하여 문제를 해결하는 규칙을 스스로 발견해야만 한다. 전두엽에 손상을 입은 환자는 자신의 가설이 부정확하다는 충분한 정보를 가지고 있음에도 불구하고 잘못된 가설에 따라 반응을 계속한다(Cicerone, Lazar, & Shapiro, 1983).

전두엽 손상 환자들이 문제 해결을 위한 특정 방법을 선택하면 대안이 있어도 이 방법을 계속 사용하는 경향을 가지고 있다는 것은 다른 과제를 통해서도 관찰할 수 있는데, 이 과제에는 단어 혹은 그림과 같은 자극들을 일정 순서로 나열하는 것이 요구된다(Della Malva, Stuss, D'Alton, & Willmer, 1993). 이 과제는 두 유형의 시행으로 구성된다. 각 시행 모두에서 매우 밀접하게 관련되어 있는 두 개의 목표 단어(예, full moon; coffee cup)가 일련의 단어들 속에 연속적으로 제시되는데, 일련의 단어들이 의미 있는 문장이 되도록 배열되어야 한다. 한 유형의 시행에서는 목표 단어들이 의미 있는 문장이 되기 위해 서로 분리될 필요가 없다. 예를 들어 'sky/the/lit/*full*/*moon*/a'이 'A *full moon* lit the sky'로 배열되면 의미 있는 문장이 된다. 다른 유형의 시행에서는 두 개의 서로 관련된 단어들이 서로 분리되어야 의미 있는 문장이 된다. 예를 들어 'of/full/the/was/*coffee*/*cup*'이 'The *cup* was full of *coffee*'로 배열되어야 의미 있는 문장이 되는데 이 경우 *coffee*와 *cup*이 서로 떨어져야 한다. 전두엽 손상 환자들은 두 개의 서로 관련된 단어들이 분리될 필요가 없을 경우에는 단어들을 배열하여 의미 있는 문장을 만드는 데 어려움을 보이지 않지만 단어들이 분리되어야 할 경우에는 이 과제를 수행하지 못한다. 이는 두 목표 단어 사이의 강한 연합을 극복하는 데 어려움을 가지고 있음을 시사한다.

쥐(Ragozzino, 2007), 원숭이(Petrides, 2007)와 인간을 포함한 서로 다른 종을 대상으로 한 연구들은 안와전두피질이 융통성 있는 행동에 관여한다는 것을 보고하고 있다. 안와전두피질의 손상이 정상적인 **역행학습**(reversal learning)을 방해하는데, 역행학습이란 이전과 반대되는 반응을 하는 것을 의미한다. 예를 들어 파랑 불빛이 제시되면 오른쪽 키를 누르고 노랑 불빛이 제시되면 왼쪽 키를 누르는 것을 학습한 후, 역행 조건에서 노랑 불빛이 제시될 때 오른쪽 키를 누르고 파랑 불빛에는 왼쪽 키를 눌러야 한다. 신경계의 손상이 없는 사람들의 경우 역행 학습 동안에는 안와전두피질의 활성화가 증가하지만 학습 규칙을 처음으로 학습하는 동안에는 활성화가 증가하지 않는다. 배측 전대상피질과 우반구 하전두회도 역행 학습 동안 활성화하는데 각 영역은 이전에 학습한 반응 혹은 반응 패턴을 무시하는 데 관여하는 것으로 여겨진다(Ghahremani, Monterosso, Jentsch, Bilder, & Poldrack, 2009). 더욱이 복잡한 학습 방안을 사용한 연구들은 전두극피질이 현재의 반응을 유지하는 것과 다른 반응으로 전환하는 것 사이의 상대적 이익을 평가하는 데 관여하는 것을 보여준다(Boorman, Behrens, Woolrich, & Rushworth, 2009). 요약하면 안와전두피질과 전두극피질이 융통성 있는 행동의 통제에 매우 중요한 역할을 한다.

■ 판단과 의사 결정

집행기능의 장애를 가지는 환자를 치료하는 거의 대부분의 임상가들은 이 환자들이 판단과 의사 결정의 장애를 가지고 있음을 얘기한다. 여러분은 이 환자들이 이전에 습득한 지식, 예를 들어 캐나다의 독립기념일 혹은 헨리 8세의 두 번째 아내의 이름에 관한 정보를 유지하고 있다는 것을 아마도 기억할 것이다. 어떤 경우에는 이 지식이 효과적으로 사용된다. 이 환자들은 측두엽 손상을 가지는 환자 혹은 신경계의 손상을 가지지 않는 사람들처럼 문제를 해결하기 위해 얼마나 많은 단서가 필요한가를 판단할 수 있다(비록 이러한 정보를 활용해서 반응할 수 없지만). 그리고 식사 준비, 옷입기 및 위생 상태를 유지하는 등과 같은 구체적 과제를 자신이 얼마나 잘 수행할 수 있는가에 관한 환자의 추정이 환자의 친척들이 추정한 것과 다르지 않다(Prigatano, Altman, & O'Brien, 1990).

그러나 만약 과제가 다소 추상적일 경우에는 환자들이 어려움을 보인다. 예를 들어 전두엽에 손상을 입은 환자들은 여성의 평균 척추 길이를 추정하는 데 어려움을 보인다. 이러한 정보들은 대개 기억 속에 저장되어 있지 않거나 백과사전이나 위키피디아 등에서 쉽게 얻을 수 없다. 대신 추정을 하기 위해서는 다른 정보나 지식을 사용해야 한다. 즉 여성의 평균 신장은 대개 5피트 6인치(168 cm)이고 척추의 길이는 신장의 1/3~1/2이다. 이 지식에 근거하면 평균 신장을 가지고 있는 여성의 척추 길이는 22~33인치 사이가 된다(56~84 cm). 전두엽에 손상을 입은 환자들은 이와 같은 추정을 하기 어렵기 때문에 터무니없는 추정을 하기도 한다(Shallice & Evans, 1978). 이와 마찬가지로 전두엽 손상 환자들은 자동차나 세탁기 등을 축소한 모형(이는 실제 물건의 추상적 표상임)을 보여 주고 이 물건들의 값을 추정하라고 할 때 어려움을 보인다. 실제로 이들은 전체 반응 중 25% 정도에서 터무니 없는 물건값을 추정하였다(예, 세탁기의 값이 10센트라고 추정함)(Smith & Milner, 1984). 일상생활의 일이라도 만약 추상적인 추정이 요구될 경우에는 어려움을 보인다. 예를 들어 매일 매일의 스케줄을 잡거나 우울감을 떨쳐 버리거나 감정 때문에 일상 활동에 지장을 받지 않을 것 등과 같은 과제 수행 능력의 추정에서 전측 병변을 가지는 환자들은 자신들의 주변인들이 추정한 것에 비하여 자신들의 능력을 더 과대 추정하는 경향을 보였다(Prigatano, Altman, & O'Brien, 1990).

신경계의 손상을 가지지 않는 사람들을 대상으로 한 일부 연구들이 전두엽의 일부가 도덕적 판단과 같은 추상적 판단과 의사 결정에 관여하는 것을 시사하는 흥미로운 결과를 보고하고 있다. 연구자들은 연구참여자들에게 다음과 같은 시나리오를 제시한 후 결정을 내리게 하였다(다음의 시나리오를 읽으면서 여러분은 어떤 결정을 내릴 것인가를 생각해 보면 도움이 될 것이다). 첫 번째 시나리오는 다음과 같다. "여러분은 열차 철로 옆에 서 있으면서 열차가 오는 것을 보고 있다. 만약 지금 열차가 오고 있는 철로를 따라 계속해서 운행하면 그 철로에 있는 5명이 열차에 치일 것이다. 여러분은 열차를 계속 운행하게 할 것인가 혹은 다른 철로로 경로를 바꾸도록 신호를 보낼 것인가 중 하나를 결정해야 한다. 열차가 경로를 바꾸게 되면 불행하게도 다른 철로에 있는 한 사람이 사고를 당하게 된다." 두 번째 시나리오는 첫 번째와 약간 다르다. "여러분은 철로 위의 육교에 서 있으면서 열차가 오는 것을 보고 있다. 만약 열차가 계속 운행되면 5명이 치일 것이다. 여러분 옆에 한 사람이 서 있다. 여러분은 열차가 계속 운행하게 할 것인가 혹은 여러분 옆에 서 있는 사람을 던질 것인가를 결정해야 한다. 만약 옆에 있는 사람을 던지면 열차 운행을 중단시킬 수 있지만 그 사람이 죽게 된다." 여러분이 이 두 시나리오에서 각각 어떤 결정을 할 것인가? 대부분의 사람들은 첫 번째 시나리오에서는 비교적 쉽게 결정을 한다. 즉 철로를 바꾸도록 신호를 보낼 것이라는 결정을 한다. 이에 반하여 대부분의 사람들은 두 번째 시나리오의 결정이 더 어렵다고 보고한다. 두 경우 모두 결과는 동일한데, 즉 한 결정은 5명을 사망에 이르게 하는 반면 다른 결정은 단지 한 사람만이 사망하게 한다. 유사한 결과에도 불구하고 두 번째 결정에는 배외측 전전두피질과 전두극피질(BA 10)이 더 많이 활성화하는데(Greene, Sommerville, Nystrom, Darley, & Cohen, 2001; Greene, Nystrom, Engell, Darley, & Cohen, 2004), 이는 결정하는 것이 더 어렵거나 갈등을 일으킬수록 이 영역들이 더 많이 관여하는 것을 시사한다.

이제까지 집행기능에 포함되는 다양한 능력들의 신경 기제를 살펴보았으며 그 결과 광범위하고 다양한 전두 영역들이 집행기능에 관여하는 것을 알 수 있다. 다음 절에는 이 영역들이 어떻게 조직화된 체계로서 집행기능의 통제에 관여하는가를 살펴보기로 하자.

집행기능에 관여하는 전두엽의 조직화

지금까지 이 장에서 살펴본 것으로부터 알 수 있겠지만 집행기능에 관여하는 전두엽은 매우 복잡하게 조직화되어 있다. 이 장의 서두에서 언급한 바와 같이 전두엽의 한 하위 영역과 한 기능을 일대일로 매핑하는 것은 가능하지 않으며 대신 우리가 살펴본 거의 모든 기능에 서로 중복되는 영역들이 관여하는 것으로 여겨진다. 그럼에도 불구하고 전전두엽의 여러 영역들이 집행기능에 어떻게 관여하는가에 관한 원리 혹은 일반적 경향을 이해하려는 시도가 있어 왔다.

한 이론은 전두엽의 문측(전측)에서부터 미측(후측)에 이르기까지 위계적인 통제가 있다고 주장한다. 즉 가장 후측 영역은 급박한 상황의 영향을 가장 많이 받는 한편 이보다 더 전측에 있는 영역들은 맥락의 영향을 더 받는다고 주장한다(Koechlin & Summerfield, 2007) (● 그림 12.12A). 이 이론은 다음의 예, 즉 전화벨 소리에 대한 반응을 예로 들어 가장 잘 설명된다. 시간이 지남에 따라 여러분은 단순한 행동을 학습하는데, 즉 전화벨이 울리면 재빨리 전화기를 집어 든다. 감각 자극, 즉 전화벨이 울리는 것이 운동 반응, 즉 전화기를 재빨리 집어 드는 행동을 초래한다. 위계의 가장 낮은 수준에서 전운동 영역이 감각 정보에 근거하여 행동을 가이드한다고 이 이론은 주장한다. 예를 들어 전화벨이 5번 울리기를 기다린 후 전화기를 든다고 여러분이 결정할 수 있다. 만약 감각 정보에 의해 반응이 자동적으로 일어나지 않는다면 위계의 다음 수준에 있는 후외측 전전두피질에 의한 통제가 있어야 하는데, 이 영역은 맥락 정보를 활용하여 반응을 가이드하는 데 관여한다. 예를 들어 만약 친구 집에 있는 동안 전화벨이 울리면 여러분은 전화기를 집어 들지 않는다. 만약 반응이 맥락 정보에 의해 강제적으로 일어나지 않으면 행동은 다음 수준의 외측 전전두피질의 전측 영역들의 통제를 받는데, 이 영역들은 행동을 가이드하는 데 특정 에피소드를 활용한다. 예를 들어 만약 친구가 방에서 나가기 전에 전화를 받아달라는 부탁을 하였다면(특정 에피소드) 여러분은 전화를 받을 것이다. 마지막으로 만약 반응이 에피소드 정보에 의해 일어나지 않으면 행동의 가장 상위 수준, 즉 전두극피질의 통제를 받는데, 이 영역은 하위 목표 혹은 특정 조건에 관한 정보를 통합하는 역할을 가지는 것으로 여겨지고 있다. 이 영역은 친구가 다시 방으로 돌아온 후에는 전화벨

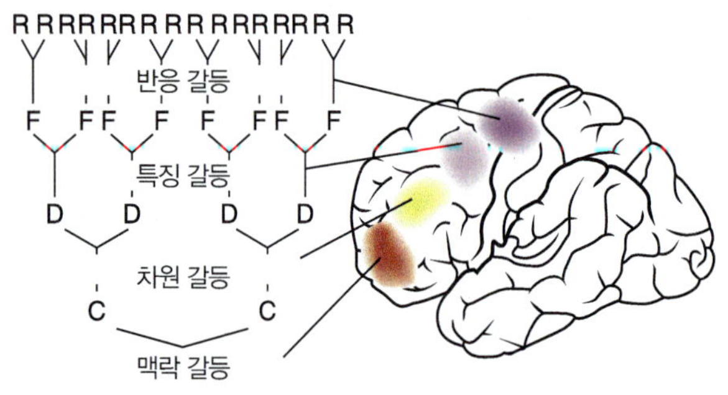

● **그림 12.12 외측 전전두피질이 집행기능에 어떻게 관여하는가를 설명하는 개념 모델.** (A) 한 모델은 위계적으로 구성된 통제 과정이 전전두피질에 존재한다고 제안한다. 이 모델에 의하면 후측에서 전측의 기능이 위계적인데, 즉 더 후측에 위치하는 영역들은 감각 정보의 선택에 관여하고 전측으로 갈수록 감각 정보가 일어난 맥락의 선택, 현재 일화 혹은 사건과 관련된 정보의 선택, 그리고 마지막으로 이전 일화 혹은 사건 맥락의 선택 등에 관여한다고 한다. (B) 또 다른 모델은 전전두피질의 후측 영역들에서 일어나는 정보의 선택은 구체적 차원에 근거하고 전측으로 갈수록 더 추상적 정보의 선택이 일어난다고 제안한다. 출처: Badre, D. (2008). Cognitive control, hierarchy, and the rostro-caudal organization of the frontal lobes. Trends in cognitive sciences, 12, Figure 2, pg. 195.

이 울려도 여러분이 전화기를 집어 들지 않도록 한다.

또 다른 이론도 외측 전두 영역의 후측부터 전측이 위계적으로 구성되어 있다고 주장하지만 앞서 언급한 이론과는 달리 이 영역들이 갈등이 일어나거나 통제가 반드시 필요할 경우에만 위계적 통제를 한다고 주장한다(Badre, 2008)(● 그림 12.12B). 전화벨이 울리는 경우를 다시 예로 들어보자. 이 이론에 의하면 외측 전전두피질의 후측 영역이 구체적인 자극-반응규칙에 근거하여 정보를 선택하는 데 관여한다고 한다. 따라서 이 영역은 만약 여러분의 휴대폰 벨소리가 가장 친한 친구로부터 온 전화인 것을 알려주면 전화를 받는 반면 벨소리가 부모님으로부터 온 것을 알려주면 전화를 받지 않는 것과 같은 한 행동을 선택하게 한다. 약간 더 전측에 위치하는 영역은 자극 특징에 근거하여 통제를 선택한다. 예를 들어 전화를 받지 않는 것과 같은 반응은 소리와는 상관없이 벨톤에 의해 일어나는 반면 휴대폰을 체크하는 등과 같은 반응은 문자메시지가 왔다는 것을 알려주는 모든 소리에 의해 일어난다. 이보다 더 전측에 위치하는 영역들은 추상적인 자극 차원에 근거하여 행동을 선택하는 데 관여하는데, 예를 들어 이 영역들은 벨톤이 여러분이 잘 아는 사람으로부터 전화가 왔다는 것을 알려주면 전화를 받지만 만약 모르는 사람으로부터 전화가 왔다는 것을 알려주면 전화를 받지 않는다. 마지막으로 가장 전측에 위치하는 영역들은 맥락에 관한 통제에 관여한다. 예를 들어 이 영역은 혼자 있을 때에는 전화벨이 울리면 받지만 문자메시지는 보지 않게 하는 반면 친구와 같이 있을 때에는 전화도 받지 않고 문자도 보지 않게 한다. 두 이론의 공통점은 외측 전전두피질의 후측에서 전측으로 갈수록 통제의 정도가 다르다는 것이다.

전전두엽 기능에 관한 또 다른 이론은 선택 혹은 통제 과정에 관여하는 전전두 영역들이 서로 다른 시간, 예를 들어 과제 준비에서부터 자극 처리, 반응 산출과 반응 평가에 이르기까지 서로 다른 시간에 일어나는 과정을 통제한다고 주장한다. 이 이론은 통제가 외측과 내측 전전두 영역을 포함하는 일련의 단계를 통하여 일어난다고 본다(Banich, 2009)(● 그림 12.13). 이 모델에 의하면 배외측 전전두피질의 후측 영역이 하향 신호를 보내어 후측 피질의 활성화가 일어나게 하는데, 이 활성화는 과제에 적합한 정보를 처리하는데, 즉 주의 세트가 일어나는 데 필요하다. 이 과정은 자극이 유입되기 전에 일어날 수 있다. 예를 들어 스트룹 과제에서 배외측 전전두피질

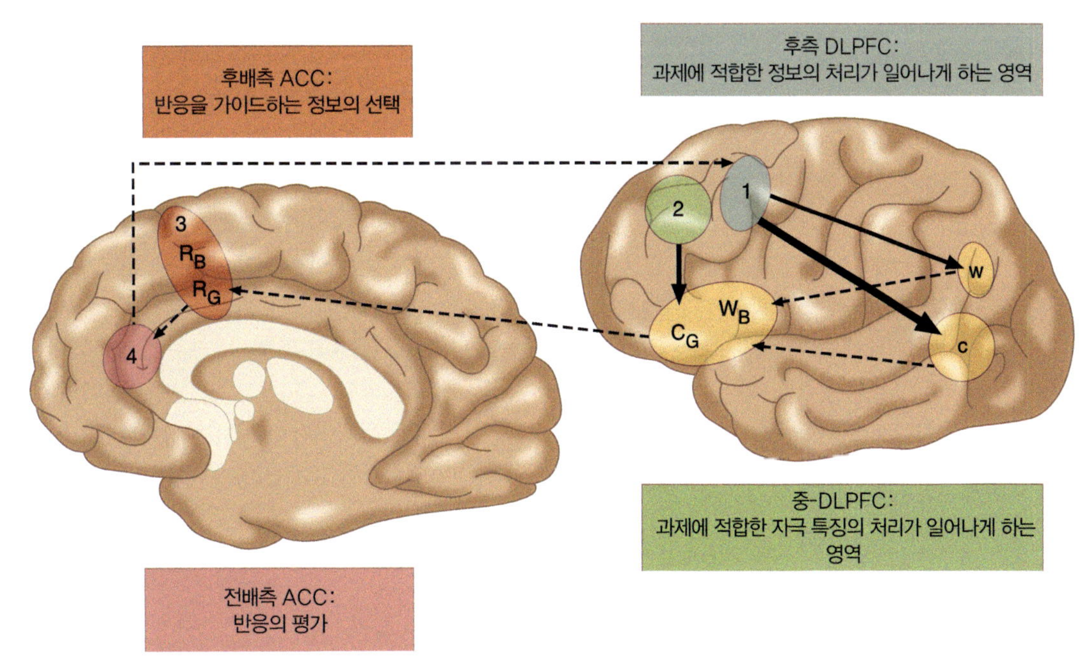

● **그림 12.13 외측 및 내측 전전두 영역이 자극입력에서부터 반응산출에 이르는 과정 동안 어떻게 집행 통제를 하는가를 스트룹(Stroop) 검사를 예로 들어 설명한다.** 단어 'blue'가 초록 잉크로 인쇄되어 제시된다고 가정하자. 이 모델에 의하면 일련의 통제 과정 중 첫 번째 단계가 배외측 전전두피질의 후측 영역(DLPFC, 그림에서 1로 표시되어 있음)이 색채 처리에 관여하는 후측 피질 영역(c로 표시됨)의 활성화가 일어나게 하고 단어 읽기에 관여하는 영역(w로 표시됨)의 활성화가 일어나지 않게 한다. 다음 단계에서 DLPFC의 중앙 영역(2로 표시됨)이 특정 단어(파란, W_B로 표시됨)의 처리보다 과제에 가장 적합, 예를 들어 특정 색채(초록, C_G로 표시됨)의 처리가 일어나게 한다. 배측 전대상피질(ACC)의 후측 영역(3으로 표시됨)이 반응산출을 가이드하는 정보의 선택을 돕는다. 즉 파란색과 관련된 반응보다(R_B로 표시) 초록색과 관련된 반응(R_G)을 선택하게 한다. 반응이 산출되기 전에 모든 갈등이 해결되어야 하기 때문에 만약 DLPFC의 통제가 적절하지 않으면 이 영역의 활성화가 증가한다. 마지막으로 배측 ACC의 전측 영역(4로 표시됨)이 반응이 정확한가를 평가하는 것을 돕는다. 만약 반응이 정확하지 않으면 DLPFC로 신호를 보내 더 많은 통제가 일어나게 한다. 출처: Banich, M. T. (2009). Executive Function: The search for an integrated account. Current Directions in Psychological Science, 18, Fig. 2, pg. 92.

의 후측 영역이 단어 읽기과정보다 색채 처리과정이 일어나도록 한다. 배외측 전전두피질의 전측에 위치하는 영역들은 과제에 가장 적합한 속성의 처리가 일어나도록 하는데, 즉 단어가 의미하는 색채보다 단어가 인쇄된 잉크색을 더 처리하게 한다. 다음으로는 배측 전대상피질의 후측 영역이 반응의 선택에 특정 정보, 예를 들어 잉크색을 활용하게 한다. 마지막으로 더 전측에 위치하는 영역들은 적절한 반응이었는가를 평가한다. 만약 이전 단계에서 통제가 잘 이루어지지 않으면 다음 단계에서 더 많은 통제가 요구된다. 예를 들어 만약 배외측 전전두피질의 후측 영역들이 하향 주의 세트가 일어나는 데에 잘 기능하지 못하면 배외측 전전두피질의 전측 영역들과 전대상피질 영역들이 더 많은 통제를 하게 된다. 이 이론들 중 어느 이론이 인지적 통제에서의 전두엽 기능을 가장 잘 설명하는가는 추후 연구들에서 밝혀질 것이다.

집행기능에서 작업기억의 역할

배외측 전전두피질이 집행기능의 많은 측면들에서 가장 중요한 역할을 한다는 것을 이 장을 읽는 동안 여러분이 분명하게 이해한 것으로 여겨진다. 일부 연구자들은 배외측 전전두피질이 집행기능에서 중추적인 역할을 하는 이유가 이 영역이 작업기억에 관여하기 때문이라고 한다. 이는 집행기능이 작업기억과 동일하다는 것을 의미하는 것이 아니라 작업기억이 집행기능에서 중추적인 역할을 한다는 것을 의미한다.

작업기억과 집행기능 사이의 관련성을 더 잘 이해하기 위해 작업기억의 일부 특성을 간략하게 살펴보자. 10장에서 살펴본 바와 같이 작업기억은 과제 수행에 필요한 정보를 온라인으로 파지하는 제한된 용량을 가지는 체계이다. 작업기억의 결함이 어떻게 집행기능의 일부 결함을 설명할 수 있는가? 만약 개인이 정보를 작업기억 내에 파지하지 못하면 목표를 마음 속에 계속해서 기억하지 못할 것이다. 따라서 이 결함이 목표지향적 행동을 수행하는 능력을 방해하게 된다. 이에 덧붙여서 정보를 온라인으로 파지하는 것의 어려움은 개인으로 하여금 자극 혹은 사건들 사이의 시간적 관련성을 이해하는 것을 방해한다. 만약 무엇이 방금 일어났는가를 온라인으로 기억하지 못하면 그 사건과 추후에 일어나는 사건 사이의 관련성을 이해하지 못하게 된다. 이와 같은 경우 순차를 이해하는 것이 매우 어려워진다. 더욱이 만약 여러 단편적 정보를 동시에 작업기억 내에 파지하지 못하면 규칙을 산출하거나 따르는 것, 추론, 주위 환경에 있는 항목들 사이의 관련성을 이해하는 것의 어려움이 초래된다. 여러분이 이미 알고 있듯이 심리학 이론들은 정보를 온라인으로 파지하는 능력과 작업기억을 최신화하는 능력 모두 집행기능에 매우 중요하다고 제안하고 있다. 만약 개인이 작업기억 내의 정보를 지울 수 없으면 보속이 일어난다. 따라서 작업기억의 어려움이 집행기능의 장애를 설명하는 사례들에서 관찰되는 여러 결함들을 설명한다(어떻게 작업기억이 집행기능을 지지하는가를 설명하는 계산모델은 Hazy, Frank, & O'Reilly, 2006 참조).

이러한 사실들을 고려하면 앞서 분리하여 살펴보았던 두 과정, 즉 작업기억과 주의통제의 목표지향적 측면이 실제로는 그 경계가 매우 모호하다. 앞서 살펴본 두 기능을 생각해보면 두 기능이 매우 관련되어 있다는 것을 알 수 있다. 작업기억은 여러분이 주의를 주는 정보뿐만 아니라 궁극적인 목표를 마음 속에 기억하는 것을 가능하게 한다. 예를 들어 작업기억은 여러분이 쇼핑몰을 가는 것이 친구에게 줄 선물을 사기 위해서라는 것과 친구가 스카프를 필요로 하고 가장 좋아하는 색이 보라색이라는 것을 기억하게 한다.

이와 마찬가지로 주의통제의 집행적 측면은 작업기억 내에 파지해야 하는 정보를 선택하고 작업기억 내에 있는 어떤 정보가 지금하고 있는 과제에 가장 적합한 것인가를 판단하는 데 필요하다(Milham et al., 2002). 여러분이 지금 공항에서 안내방송을 듣고 있다고 가정해 보자. 작업기억은 여러분으로 하여금 방금 들은 것을 마음 속에 기억하게 한다. 그러나 여러분은 탑승할 항공기 번호와 여러분의 목적지와 관련된 정보만을 선택해야 할 필요가 있다. 더욱이 방송에서 여러분이 탑승할 게이트 번호를 안내하고 있다면 작업기억 내에 파지할 정보는 게이트 번호이지 목적지가 아니다. 따라서 이 장에서 언급한 여러 입장들을 종합하여 다음과 같이 결론 내릴 수 있다. 즉 집행기능은 전전두엽 영역들 사이의 상호작용과 작업기억과 주의통제 사이의 상호작용의 결과라는 것이다.

요약

이론적 배경

- 집행기능은 목표지향적 행동을 가이드하거나 통제하는 데 필요한 일련의 능력들을 의미하고 이 능력들은 주로 전두엽에 의존한다.
- 집행적 통제는 어떤 행동을 해야 하는가에 대한 도식이 존재하지 않는 새로운 상황과 전형적인 반응을 무시하거나 억제해야 하는 상황에서 반드시 필요하다.
- 일부 이론은 집행적 통제를 단일 체계로 여기는 반면 다른 이론은 집행적 통제가 하위 요소들로 구성되어 있다고 여긴다. 제안된 하위 요소들에는 반응을 시작하고 유지하는 것, 과제를 세팅하는 것과 모니터하는 것이 포함된다. 또 다른 이론은 하위 요소가 반응 억제, 과제-전환과 작업기억의 최신화로 구성된다고 주장한다.

목표지향적 행동

- 목표지향적 행동은 행동의 시작; 목표, 계획 및 세트의 생성과 유지; 순차; 세트-전환; 자기-모니터; 평가와 억제를 포함하는 다양한 하위 요소들로 구성되어 있다.
- 전두엽의 손상을 가지는 사람들에서 행동 시작의 어려움이 관찰된다. 행동의 시작에는 주로 내측 전두 영역이 관여하는 것으로 보인다.
- 목표 혹은 계획의 생성과 유지에는 전전두피질의 다양한 영역들이 관여하는데, 그 중에서도 배외측 전전두피질이 가장 중요한 역할을 한다.
- 순차 능력에도 배외측 전전두 영역이 중요한 역할을 하는 것으로 보인다.
- 세트-전환에 많은 영역들이 관여하는데, 즉 배외측 전전두 영역, 하전두 영역과 내측 전전두 영역이 관여한다. 이 능력에 관여하는 영역들이 과제에서 요구하는 것에 따라 달라진다. 예를 들어 하전두 영역은 이전 과제 세트를 무시해야 하는 경우에 중요한 역할을 하는 한편 배측 영역은 규칙에 근거하는 과제 세트들 사이의 전환이 요구되는 경우에 더 중요하다.
- 뇌는 행동에 관한 자기-모니터와 평가에 관여하는 신경체계를 가지고 있다. 여기에는 전두엽의 내측 부위가 포함되며 오류관련 부적전위라고 불리는 ERP 요소가 자기-모니터와 평가의 지표이다.
- 반응 억제에는 우반구 하전두피질이 관여하는데, 이 영역은 반응(특히 잘 학습된 반응)을 무시, 억제하거나 종결하는 데 중요한 역할을 한다.

상위 사고

- 전두엽은 추상적 사고와 개념적 사고에 중요한 역할을 하는데, 이는 은유를 이해하거나 유추에 필요하다.
- 규칙의 적용과 추론에는 전두 영역과 이미 학습한 정보가 저장되어 있는 후측 뇌 영역들 사이의 상호작용이 요구된다.
- 전두 영역, 특히 안와전두피질과 전두극피질은 이전의 계획이나 행동 경로를 전환하는 것과 같은 융통성 있는 행동에 중요한 역할을 한다.
- 도덕적 딜레마를 포함하는 판단과 결정에는 전두피질이 관여한다.

집행기능에 관여하는 전두엽의 조직화

- 집행기능은 전두엽의 서로 다른 영역들 사이의 상호작용을 필요로 하지만 전두엽의 특정 영역이 다른 영역들에 비해 특정 통제에 더 중요한 역할을 한다.
- 한 주요 이론은 전두피질의 미측에서 문측 영역이 행하는 통제가 위계적으로 조직되어 있다고 주장하는데, 즉 가장 후측에 있는 대부분의 영역들은 가장 즉각적인 상황의 영향을 받고 더 전측에 있는 영역들은 맥락의 영향을 더 받는다고 한다.
- 다른 이론도 외측 전두 영역이 후측에서 전측에 이르기까지 위계적으로 구성되어 있다고 주장하지만 이 영역들이 갈등이 있거나 통제가 반드시 요구되는 상황에서만 통제를 행한다고 주장한다.
- 전두엽 기능에 관한 또 다른 이론은 전전두 영역들이 과제의 준비부터 자극 처리 혹은 반응 산출 및 평가에 이르는 서로 다른 과정에 통제를 행한다고 주장한다. 이 이론은 외측과 내측 전전두 영역들이 통제에 관여한다고 주장한다.

집행기능에서 작업기억의 역할

- 배외측 영역들이 집행기능의 많은 측면에서 중요한 역할을 한다. 이는 이 영역들이 집행기능에 필요한 작업기억을 지지하기 때문이다.

핵심용어

간섭 해결(interference resolution)
런던탑 과제(Tower of London task)
반응억제(response inhibition)
보속(Perseveration)
상위 사고(higher-order thinking)
순차(sequencing)
스스로 순서를 정하여 지적하는 과제(self-ordered pointing task)
심리적 관성(psychological inertia)

역행학습(reversal learning)
오류 정적전위(error positivity, Pe)
오류관련 부적 전위(error-related negativity, ERN)
오류후 반응 느림(post-error slowing)
위스콘신 카드분류 검사(Wisconsin Card Sorting Test, WCST)
인지적 통제(cognitive control)
전환대가(switch cost)
주의 감독 체계(supervisory attentional system)
주의 세트(attentional set)
집행기능(executive functions)
초인지(metacognition)
환경의존 증후군(environmental dependency syndrome)
회선 스케줄(contention scheduling)
Go/No-Go 과제(Go/No-Go task)

도서 참조 사이트: www.cengage.com/psychology/Banich

이 웹사이트는 학생들이나 강사들에게 강의용 퀴즈나 암기카드, 용어정리 같은 정보와 자료를 무료로 제공한다.

정서와 사회인지

Emotion and Social Cognition

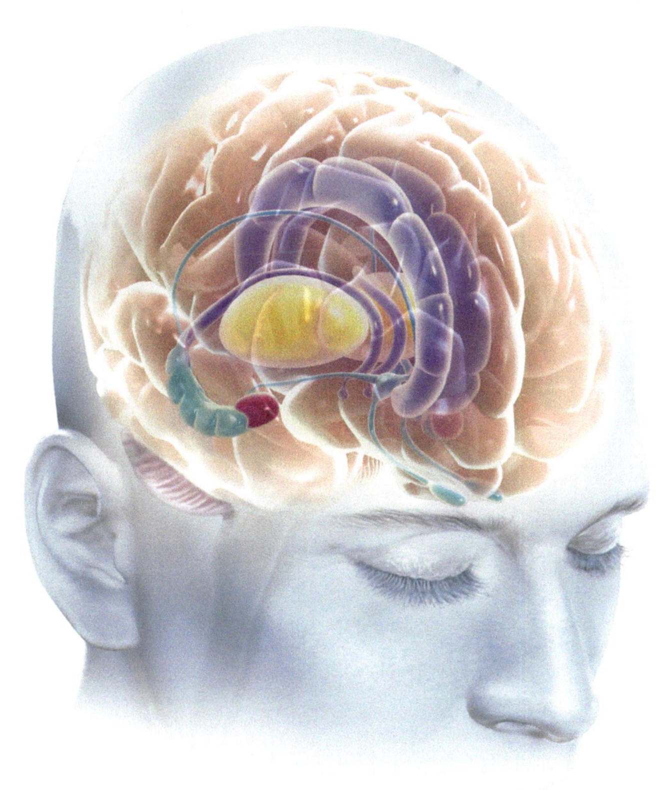

1981년 3월 30일까지 James Brady는 미국 레이건 대통령의 홍보비서로 여러 달 동안 근무하고 있었다. Brady는 위트가 있고 활력이 넘쳐서 백악관 출입기자단에게 인기가 있었다. 예를 들어 기자들과 점심식사를 하면서 그는 한 정부 관료에게 "날개로 눈을 가리고 거꾸로 매달려서 옷장에서" 자고 있다고 말하였다(Bumiller, 1982). 그러나 3월 30일은 Jim Brady와 그를 아는 모든 사람들에게 비극적인 날이 되었다. 레이건 대통령을 암살하려는 저격수가 쏜 총에 Brady가 머리를 맞았다.

총상이 매우 심해서 실제로 그날 저녁 CBS 앵커인 Dan Rather는 Brady가 사망하였다고 잘못 보도하였다(Bumiller, 1982). 그러나 수술로 뇌의 부종과 출혈을 감소시킬 수 있었고 Brady는 살아났다. 그러나 총알의 궤적 때문에 그는 우측 전두엽에 광범위한 손상을 입었다(Cytowic, 1981).

Brady가 경험한 많은 증상들은 우리가 전두엽에 관해서 이미 배운 지식으로부터 예측할 수 있다. Brady는 우측 전두엽의 운동영역이 손상되어서 왼쪽 팔과 다리가 마비되었다. 그는 또한 행동을 시작하기가 어렵고 보속적 사고를 나타내는 등 전두엽 손상으로 인한 인지 증상들을 나타냈다.

그러나 총상은 단지 Brady의 인지 기능에만 영향을 미친 것은 아니었다. 그의 정서조절 능력과 정서상태 또한 영향을 받았다. 그의 아내인 Sarah Brady는 에세이에서 "어떤 강한 감정이 우리가 '울부짖음'이라고 부르는, 울음과 웃음 사이의 매우 기겁을 하게 하는 소리를 내게 만드는 것 같았다. 뇌가 치료됨에 따라서 그는 점차 그런 소리를 통제할 수 있게 되었고, 나중에는 극도로 슬프거나 기쁜 정서적인 순간(예를 들어 미국 국가를 부를 때)에만 그런 소리를 냈다. 그러나 초기에는 항상 그런 소리를 냈었다. 그가 말을 하기 시작하면 갑자기 그의 목소리가 울부짖는 듯이 들렸다."고 기술하였다. 그러나 Brady는 다른 때에는 정상적인 수준의 정서적 음조변화가 부족한 "느리고, 신중한 억양"(De Witt, 1990)으로 말하였다.

손상을 입은 후 Brady는 정치계에 있는 보통 사람들보다 약간 더 "잔인하게" 정직한 경향이 있었다. 예를 들어 그는 백악관에 있는 예전 동료들에 대해서 매우 비난하는 말을 하였고 때로는 그런 말 때문에 주변 사람들을 불편하게 만들었다(Bumiller, 1982). 이런 경향은 깔끔했던 그의 외모를 변화시키기도 했지만, 또한 전두엽이 손상되어 사회적으로 부적절한 행동을 억제하는 기능을 하지 못함을 반영한다.

그의 비극적인 상황에도 불구하고, Brady는 자신의 트레이드마크인 위트를 유지하였다. 레이건 대통령을 맞추지 못하고 자신에게 총을 쏜 John Hinckly에 대해서 Brady는 "나는 그가 정말로 총쏘는 실력이 없다고 생각한다."고 말했다. Brady와 그의 아내는 총 폭력을 반대하고 외상성 두뇌 손상을 입은 사람들을 사회가 인식하도록 하는 데 헌신하였다. James Brady는 우리에게 우측 전두엽 손상의 정서적 결과에 관하여 가르쳐 주었을 뿐만 아니라, 비극에 직면하였을 때의 정서적 탄성에 관해서도 우리에게 가르침을 주었다.

정서 없이 하루를 산다고 상상해 보자. 심리학자이자 철학자인 William James에 따르면, 정서 없이 사는 것은 "인지적이고 지적인 존재로 사는 것"을 요구한다. James는 이것이 바람직하지 않다고 생각했다. 그는 "그런 존재는 고대 현자들의 이상이었던 것처럼 보이지만 너무 무감각하므로 감수성에 대한 경외가 되살아난 후 태어난 사람들은 그런 삶을 추구하지 않을 것이다"라고 주장하였다(James, 1884, p. 194). 정서가 파괴적일 수도 있지만 정서는 또한 우리의 인생에 활력을 가져오기도 한다. 정서는 우리의 사고, 결정, 타인과의 상호작용 등 거의 모든 측면에 스며든다.

이 장에서는 정서의 요소들과 정서를 실행하는 데 중요한 뇌 체계를 살펴볼 것이다. 첫째로, 우리는 "정서가 무엇인가?"라는 근본적인 질문에 대답할 수 있어야 한다. 정서가 무엇인지 정의해보라는 질문을 받을 때까지는 모든 사람들이 정서가 무엇인지 알고 있다고 생각한다(LeDoux, 1996). *American Heritage Dictionary of the American Language*는 정서를 "1. 생리적인 변화를 종종 포함하는 열정이나 감수성의 동요(agitation). 2. 의식적인 정신적 노력을 통해서라기보다는 주관적으로 발생하는 기쁨, 슬픔, 존경, 미움, 사랑과 같은 강렬한 감정"이라고 정의하고 있다. 언뜻 보기에 이러한 정의는 정서에 대한 일상적인 개념을 잘 포착한 것처럼 보인다. 그러나 이 정의를 보다 자세히 살펴보면, 정서를 이해하려는 시도가 얼마나 복잡한지를 알게 된다.

이 정의에는 과학적 문헌들에서 아직도 뜨거운 논쟁을 일으키고 있는 정서에 관한 몇 가지 가정이 포함되어 있다. 예를 들어 '의식적인 정신적 노력을 통해서라기보다는 주관적으로' 발생하는 감정이라는 것은 무엇을 의미하는가? 정말로 정서와 연관되어 있는 많은 과정은 의식적인 자각 밖에서 일어난다. 우리는 경험한 감정을 어떻게 기술해야 될지에 대해서는 알 수 있지만, 그러한 감정이 어떻게 만들어졌는지는 종종 인식하지 못한다. 그럼에도 불구하고, 우리 대부분은 의식적인 정신적 노력이 정서를 생성하거나 유지하는 역할을 할 수 있다는 것을 알고 있다. 예를 들어 사랑하는 사람이 다른 사람의 팔에 안겨 있다고 생각하며 자신을 더 비참하게 만드는 질투가 많은 애인을 상상해 보라.

또 다른 논쟁적인 쟁점은 신체의 말초에서의 생리적 변화가 정서에서 중요한 역할을 하는가이다. 정서적 경험은 심박률, 혈압, 체온과 피부전도(electrodermal) 반응(피부가 전도하는 전류가 땀의 양에 따라 변하는 정도)의 변화와 연관된다. 예를 들어 공포 정서를 상상해 보자. 당신은 아마 공포를 심장이 두근거리고 손바닥에 땀이 나는 것과 같은 신체 감각과 연결지어 생각할 것이다. 그러나 이러한 신체적인 변화가 정서를 의식적으로 경험한 것에 따른 결과인가, 그것이 아니면 그런 신체적 경험이 의식적 경험을 가져오는 것인가? 이 쟁점은 William James가 100년도 더 전에 그런 질문을 제기한 이래로 계속 논쟁거리가 되어 왔다(James, 1884).

마지막 곤란한 문제는 인지와 정서 간, 즉 '사고'와 '감정' 간의 관계이다. 사람들은 흔히 인지와 정서는 서로 독립적이고, 심지어 상호 배타적이라고 가정한다. 즉, 합리적인 사고는 정서적 충동에 반하고, 생각이 많아지면 감정이 적어지며 그 역도 성립할 것이라고 가정한다. 그러나 정서 및 그와 관련된 신경계의 많은 측면을 고려할 때, 인지와 정서 간에 확실한 경계선을 긋기가 어렵다는 것을 알게 될 것이다. 예를 들어 우리가 사람들의 행복한 얼굴 표정을 알아봤을 때 우리는 시각 패턴을 해독하는 인지체계를 사용하고 있는 것인가 아니면 자극을 기쁘거나 슬프게 범주화하는 정서 체계를 사용하고 있는가? 인생에서 적응적인 선택을 할 때 정교하고 합리적인 사고에 의존하는가 아니면 다른 선택을 하였을 때의 위험과 보상에 관한 본능적인 이해에 의존하는가? 멀리서 들리는 비명소리에 주의를 기울이게 되는 것은 정서과정인가 인지과정인가? 앞으로 어떤 두뇌 체계가 정서기능에 깊게 관여되는지 배우겠지만, 우리의 심리적 기능이 정서와 인지 범주로 확실하게 나뉠 수 없는 것처럼 뇌도 '정서적' 영역과 '인지적' 영역의 두 범주로 분명하게 나뉠 수는 없다.

정서라는 용어에 포함되어 있는 복합성을 생각한다면, 정서 센터로 작용하는 하나의 뇌 영역이 없다는 사실을 알게 된다 해도 당신은 놀라지 않을 것이다. 많은 다른 영역들이 우리가 정서, 때로는 정동(affect) 또는 정동적 경험(affective experience)이라고 부르는 경험에 기여한다. 이 두뇌 영역 중 일부는 두려움이나 즐거움과 같은 특정 정서에 관련되고 다른 영역들은 얼굴 표정에서 정서를 재인하거나 정서와 인지 과정을 통합하는 것과 같은 특정 과정들과 관련된다. 우리는 우리가 즐기는 모든 범위의 정서 경험과 능력이 가능하도록 여러 뇌 영역들이 어떻게 조화롭게 작용하는지를 이해하려고 노력하고 있다. 이 장은 주로 대부분의 사람들이 매일 느끼는 정서에 초점을 맞출 것이고, 정서 장애에 관하여 살펴 볼 14장의 기초가 될 것이다.

정서에 관여하는 뇌의 피질하 영역

많은 정서들은 그다지 편안한 경험이 아니다. 그러나 정서의 생존 가치는 명백하다. 어떤 사람이 위협을 받을 때, 신체는 자원을 동원하고 도망을 치거나 공격하는 등의 보호적인 행동을 할 필요가 있다. 더욱이 이런 반응은 빨리 일어나야 한다. 그 결과, 이런 반응들은 흔히 사람들이 정교하고 의식적인 인지적 평가를 할 시간을 갖기 전에 만들어진다. 정서에 관여되는 뇌 영역들 중에서, 더욱 자율적이거나 의식 이하의 정서 측면들에 관여하는 피질하 영역들을 먼저 살펴보겠다.

오래 전인 1937년에 James W. Papez는 시상하부, 해마, 전측 시상(anterior thalamus), 그리고 대상피질이 포함된 정서에 관여하는 특정한 뇌 회로를 기술하였다. Paul MacLean (1949, 1952)은 나중에 이 구조들이 피질 밑에 자리잡은 일련의 구조들을 구성하는 '경계' 또는 '띠'를 의미하는) **변연계**(limbic system)로 이름붙여진 것의 일부라고 제안하였다(● 그림 13.1). 연구자들이 정서가 변연계에 의존한다는 것에 동의하고 있기는 하지만, 정확히 어떤 구조들이 이 체계를 구성하고 있는지에 대한 과학자들의 생각은 시간에 따라 변화하였다(Brodal, 1998). 예를 들어 한때 변연계의 중심이라고 생각되었던 해마는 기억 기능에 중요한 역할을 하는

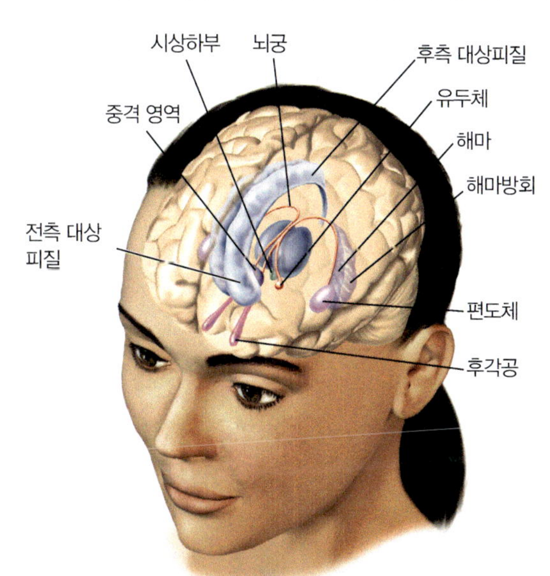

● **그림 13.1 변연계의 주요 구조.** 변연계는 정서처리에 관여되는 다양한 구조들로 구성되어 신피질 밑에 띠 모양으로 위치한다.

것으로 밝혀졌다. 이와는 대조적으로, 과거에는 변연계의 핵심 요소로 생각되지 않았던 편도체는 정서를 연구하는 신경과학자들로부터 많은 관심을 받고 있다(LeDoux, 1996). 이 장에서는 중요한 정서적 기능에 있어 피질하 구조의 역할에 관해서 현재 알려져 있는 내용들을 소개한다.

■ 싸우거나 도망치기 반응

앞에서 이미 기술한 바와 같이, 정서 경험은 심박률이 증가되거나 손바닥에 땀이 나는 것과 같은 신체적 변화를 흔히 가져온다. 신체의 '싸우거나 도망치기(fight-or-flight)' 반응은 심장, 폐, 땀샘과 같은 신체 기관들과 접촉하는 신경을 구성하는 자율신경계(● 그림 13.2)에 의존한다. 시상하부는 싸우거나 도망치기 반응이 활성화되는 정도를 결정하여 자율신경계의 활동수준을 지배한다. 자율신경계의 교감신경이 활성화되면 심박률, 혈압, 호흡 및 땀분비가 증가된다.

시상하부는 또한 신체의 호르몬체계를 통제한다. 즉, 시상하부는 뇌하수체와의 상호작용을 통해서 신체의 스트레스호르몬 수준에 영향을 미친다(● 그림 13.3). 시상하부에 의해서 자극받으면 뇌하수체는 혈류에 호르몬을 방출한다. 이 뇌하수체 호르몬은 아드레날린선과 같은 목표 기관에 영향을 미쳐서 아드레날린과 코르티졸과 같은 스트레스호르몬을 생산하도록 한다. 이처럼 시상하부는 신체의 자율신경계와 호르몬체계를 지배하여 뇌가 신체 상태에 영향을 미칠 수 있는 중요한 대문으로서 작용한다.

시상하부가 신체의 싸우거나 도망치기 반응을 언제 최고조로 유발할지를 어떻게 아는가? 예를 들어 언제 위협적인 사건이 존재하는지 어떻게 결정하는가? 그런 결정은 시상하부로 출력을 보내는 또 다른 피질하 변연계 영역인 편도체에 의해서 결정되는 것 같다. 다음으로는 공포와 그 밖의 정서에 있어 편도체의 역할에 대해 살펴보겠다.

■ 공포와 정서학습

편도체는 정서적 정보를 조기에 탐지하고 정보의 정서적 중요성을 학습하는 데 중요한 역할을 한다. ● 그림 13.4는 편도체의 위치와 그 하위구조를 보여준다. 편도체는 작지만 서로 구분되고 상호작용을 하는 여러 개의 핵들로 구성되어 있다. 이 영역의 이런 특성 때문에 일부 학자들은 이 영역을 **편도체 복합체**(amygdalar complex)라고도 부른다. 이 영역의 복외측핵(basolateral nuclei)은 보상과 처벌에 관여하는 뇌 영역뿐만 아니라 해마와 전전두피질에도 투사하여 편도체가 학습과 기억에 영향을 미치게 된다. 중심핵(central nucleus)과 피질내측핵(corticomedial nuclei)은 자율신경계의 반응과 호르몬 반응에 관여하는 시상하부 등의 뇌 영역들과 연결함으로써 이 반응들에 대한 정서적 조절이 가능하도록 한다 (Freese & Amaral, 2009).

측두엽이 크게 손상되었을 때 원숭이가 나타내는 **클루버부시증후군**(Klüver-Bucy syndrome)으로 알려진 일련의 행동 변화에 편도체가 중요하다는 것이 발견되었을 때, 과학자들은 처음으로 편도체의 역할을 인식하게 되었다. 이 원숭이들은 환경에 대해서 극단적으로 비정상적인 반응을 보였다. 과거에 두려워했던 것들을 더 이상 무서워하지 않았고, 다른 종들과 성적 행동을 하려고 시도했으며, 배설물과 돌을 포함하여 닥치는 대로 아무거나 먹으려고 하였다. Klüver와 Bucy (1937)는 사물의 감각적인 속성을 처리하는 동물의 능력과 그 사물의 정서적 속성에 대한 동물의 이해가 단절된 것을 **심맹**(psychic blindness)이라고 불렀다. 이런 초기 연구들은 피질과 편도체와 같은 피질하 영역 모두를 포함한 전체 측두엽을 제거하였으나 후속 연구들은 편도체 손상만으로도 이런 많은 행동 변화가 일어날 수 있음을 발견하였다(Emery, Capitanio, Mason, Machado, Mendoza, & Amaral, 2001; Machado, Kazama, & Bachevalier, 2009).

인간의 경우에도 편도체가 손상되면 그 효과가 클루버부시증후군 원숭이처럼 극적이지는 않지만 정서 정보를 처리하는 능력이 손상되었다. 편도체가 손상된 사람들의 사례 연구는 그들이 시각적이거나 청각적인 자극에 포함된 혐오적인 정서적 단서를 탐지하는 능력을 잃었음을 보여 주었다. 그들은 무서워하는 얼굴 표정을 알아채는 데 어려움이 있었을 뿐만 아니라 공포스럽거나 성난 소리도 잘 알아채지 못하였다(Aggleton & Young, 2000). 그들은 공포스러운 음악을 재인하는 데 조차 문제가 있었다(Grosselin, Perez, Johnsen, & Adolphs, 2007). 얼굴의 신뢰성과 접근성을 판단하도록 했을 때 그런 환자들은 신경학적으로 정상인 사람들보다 친숙하지 않은 얼굴 사진들을 신뢰성과 접근성이 더 높은 것으로 평가하였다(Adolphs, Tranel, & Damasio, 1998).

신경영상학적 연구들은 정서적으로 뚜렷한 정보에 대한 반응에 있어서의 편도체의 역할에 관하여 수렴하는 증거를 제공하고 있다. 인간 편도체는 중립적인 얼굴과 비교해서 무서운 얼굴에 대한 반응으로 활동이 증가한다(Dolan & Morris, 2000). 당연히 공포증을 지닌 사람들은 그들이 무서워하는 대상(예, 거미나 뱀)에 노출되었을 때도 편도체가 활성화된다(Larson, Schaefer, Siegle, Jackson, Anderlie, & Davidson, 2006; Phan, Fitzgerald, Narthan, & Tancer, 2006). 두려운 영상이 의식적 자각 밖에 제시되었을 때에도 편도체가 그런 영상에 반응하는지에 관해서는 현재 논쟁이 있다. 일부 연구자들은 편도체가 의식 수준 이하로 제시된 영상에도 반응한다는 것을 발견하였으나 (Whalen, Rauch, Etcoff, Mclnerney, Lee, & Jenike,

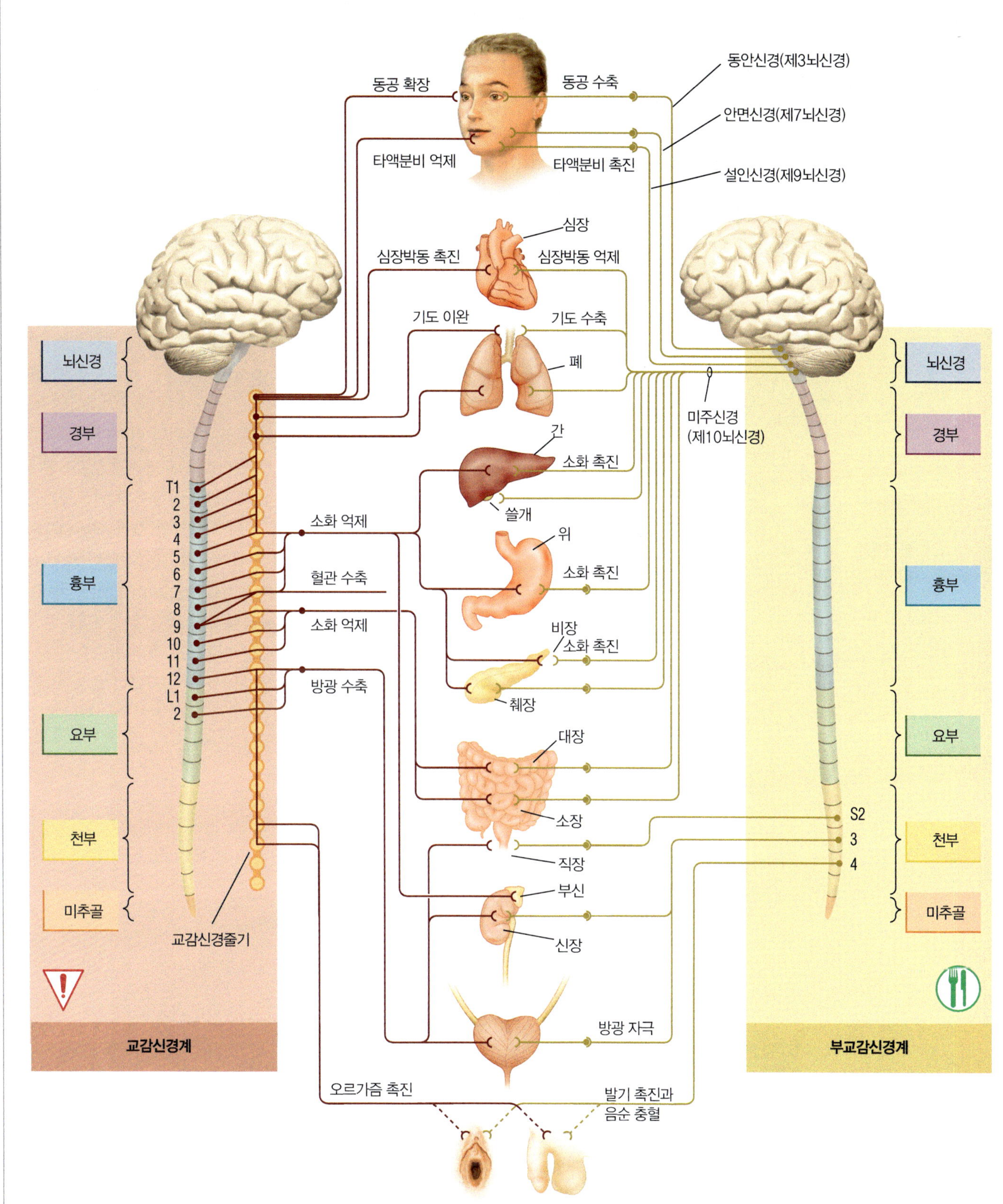

● **그림 13.2 자율신경계.** 자율신경계 중 교감신경의 활성화는 심장박동률, 호흡, 땀 분비 등의 변화와 같은 정서의 신체 표현에 중요하다. 대조적으로 부교감신경은 휴식 조건에서 활성화된다.

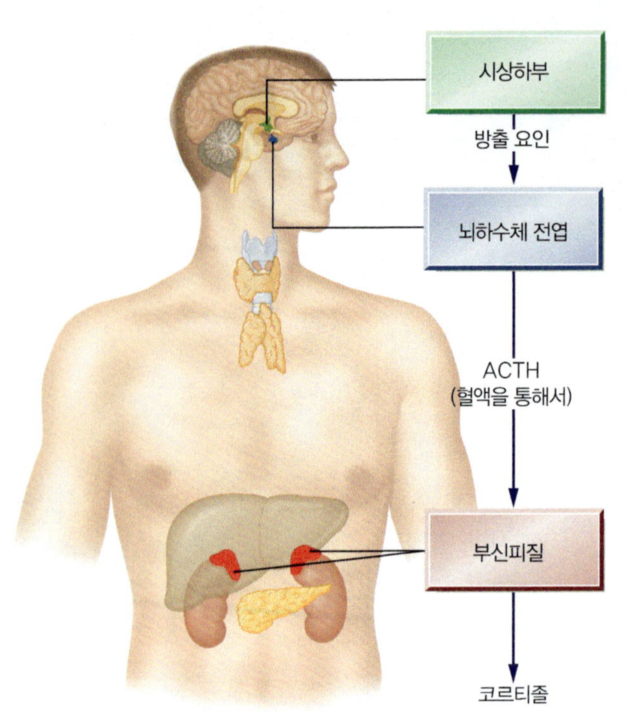

● **그림 13.3 HPA 축.** 뇌는 시상하부, 뇌하수체, 그리고 부신선을 연결하는 회로를 통해서 신체의 스트레스 반응을 통제한다. 시상하부의 자극을 받으면 뇌하수체는 부신피질자극호르몬(ACTH)을 혈류로 분비하고 이 호르몬은 스트레스호르몬인 코르티졸을 생산하도록 부신선을 자극한다. © 2009 Cengage Learning

1998; Whalen et al., 2004) 다른 연구자들은 그런 주장에 의문을 제기하였다(Pessoa, Japee, Sturman, & Ungerleider, 2006).

공포조건화에 관한 연구들에서 반복적으로 입증되었듯이 편도체는 특히 정서학습에 관여한다. 10장에서 논의했던 것처럼 공포조건화 패러다임에서 중성적인 자극은 혐오적인 자극과 연합됨으로써 부정적인 정서적 의미(connotation)를 갖게 된다(● 그림 13.5). 예를 들어 어떤 중성적인 이미지가 매우 불쾌한 소음과 짝지어지게 되면, 사람들은 결국 이 중성적인 이미지에 대해서 본래부터 혐오적인 이미지였던 것처럼 반응할 것이다. 이러한 정서적 반응은 심박률, 피부 전도율 및 눈에 바람을 불어넣을 때 눈을 깜박이는 놀람 반응(startle response)과 같은 생리적인 반응들에 반영된다.

편도체가 손상되면 다른 포유류뿐만 아니라 인간의 경우에도 공포 조건화가 파괴되는 것으로 알려져 있다. 한 연구에서, 신경학적으로 정상인 사람, 양반구의 편도체가 손상된 환자 및 해마 손상 환자에게 특정한 칼라 슬라이드와 불쾌한 소음을 짝을 지어 반복적으로 보여주었다(Bechara, Tranel, Damasio, Adolphs, Rockland, & Damasio, 1995). 조건화 이후, 신경학적으로 정상인 사람들은 슬라이드를 보여주면 그에 대한 반응으로 피부전도율이 증가하였다. 편도체가 손상된 환자는 어떻게 자극이 짝을 이뤘는지

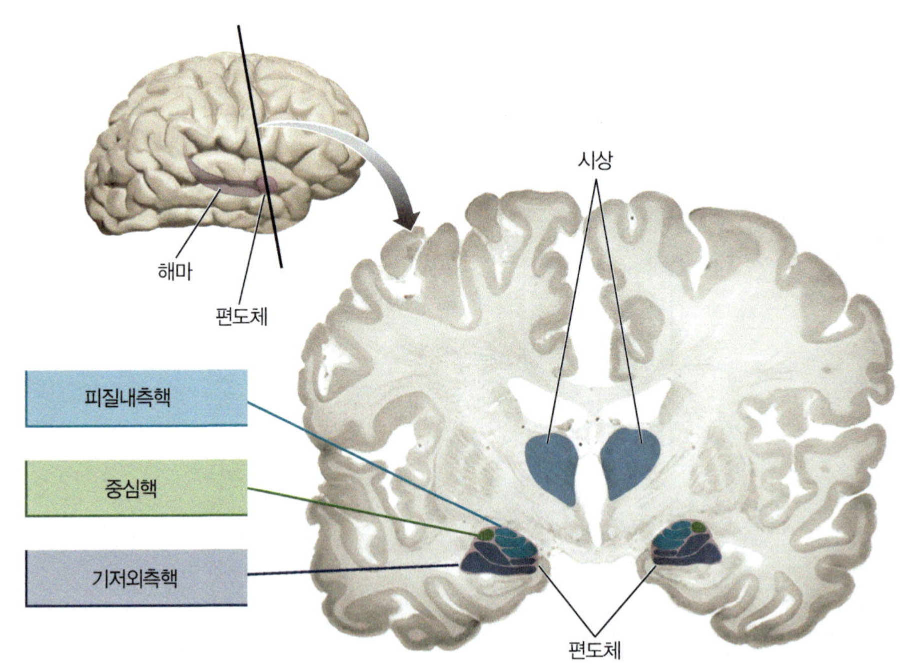

● **그림 13.4 편도 복합체.** 편도체는 서로 관련된 여러 개의 핵으로 구성되어 있다. 기저외측핵은 보상과 벌에 관여된 영역(미상핵과 측좌핵)뿐만 아니라 해마와 전전두피질로 투사하여 편도체가 학습과 기억에 영향을 미칠 수 있도록 한다. 기저외측핵은 또한 다른 연결 패턴을 지닌 중심핵과 피질내측핵으로 투사한다. 그 핵들은 자율신경계와 호르몬반응에 관여하는 시상하부 및 기타 뇌 영역들과 연결되어 편도체가 이런 반응들에 대하여 정서적 조절을 할 수 있도록 한다. © 2010 Cengage Learning

분명히 기억할 수 있었지만(예, "나는 파란 슬라이드 다음에는 쇼크가 뒤따른다고 알고 있다."), 기대되는 자율신경계의 조건화 반응을 보여주지 않았다. 이와는 대조적으로, 해마 손상 환자는 정상적인 조건화된 피부 전도 반응을 보여 주었지만 파란색 슬라이드 다음에 쇼크가 뒤따른다는 사실을 기억할 수 없었다. 이것이 편도체와 공포반응 획득을 연결짓고 해마와 명시기억을 연결짓는 고전적인 이중해리의 예이다.

편도체는 혐오적인 결과를 가져오는 직접적인 경험을 통해서뿐만 아니라 단어를 통해서 공포를 학습하는 데도 또한 중요하다. 예를 들어 손을 전기소켓 매우 가까이에 가져가면 교감신경계가 활성화되면서 피부전도율이 증가되는 것을 아마 느낄 수 있을 것이다. 그런 반응을 학습하기 위해서 손가락을 소켓에 직접 꽂고 전기충격을 경험할 필요는 없다. 대신 아마도 어렸을 때 부모가 손가락을 소켓에 꽂지 말라고 말하는 것을 듣는 언어학습을 통해서 그런 반응이 발달될 것이다. 최근 연구들은 이런 종류의 언어 학습이 편도체에 의존한다는 것을 보여주었다. 한 실험에서, 참여자들에게 다른 색깔의 네모들을 보여주고 (실제로는 쇼크가 일어나지 않지만) 어떤 특정 색깔이 쇼크와 연합된다고 말하였다. 참여자들은 그 특정 색깔을 보았을 때, 좌측 편도체가 활성화되었다(Phelps, O'Connor, Gatenby, Gore, Grillon, & Davis, 2001). 또 다른 연구에서는 좌측(우측에서는 같은 결과를 얻지 못함) 편도체가 공포에 대한 언어 학습을 파괴시킨다는 것을 발견하였다(Olsson & Phelps, 2007). 이 연구들은 좌측 편도체가 공포 반응의 언어학습에 특히 중요하다는 것을 지적하며, 이 결과는 좌반구가 언어에 관여한다는 다른 증거들과 잘 일치한다.

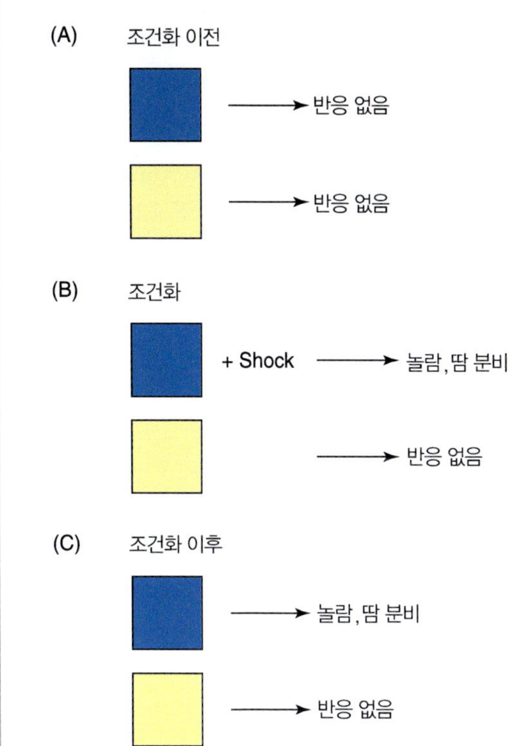

● **그림 13.5 공포조건화의 예.** (A) 파란색 또는 노란색 슬라이드처럼 정서적으로 중립적인 항목은 조건화 이전에는 공포반응을 일으키지 않는다. (B) 조건화기간 동안에는, 중립 항목인 파란색 슬라이드가 쇼크와 반복적으로 짝지어서 제시되어 놀람 반응과 같은 공포반응을 일으키고 피부의 땀 분비가 증가한다. (C) 조건화된 후에는, 파란색 슬라이드만 따로 제시되어도 조건화된 공포 반응(주로 놀람 반응과 피부 땀 분비)을 일으킨다. 편도체가 손상되면 조건화된 공포를 획득할 능력이 손상된다.

공포학습은 많은 종(種)들을 대상으로 쉽게 연구할 수 있으므로, 얼마 동안 과학자들은 일반적으로 정서를 이해하는 모델로서 공포학습에 초점을 맞추는 경향이 있었다. 그러나 후속 연구는 설치류와 영장류에서 편도체가 손상되면 공포학습뿐만 아니라 보상에 기반한 학습에도 장애가 생긴다는 것을 발견하였다(Baxter & Murray, 2002; Murray, 2007). 신경영상연구들은 또한 편도체가 중립적인 얼굴보다 행복한 얼굴에 더 잘 반응한다는 것을 발견하였는데, 이런 결과는 긍정적인 정서적 영상도 편도체를 활성화시킬 수 있음을 지적한다(Breiter et al., 1996; Williams, Morris, McGlone, Abbott, & Mattingley, 2004). 그러나 긍정적인 자극에 대한 편도체의 반응은 부정적인 자극에 대한 반응보다는 다소 덜 신뢰로운 것 같다(Zald, 2003).

긍정적인 자극과 부정적인 자극이 반응의 차이를 일으키는 한 요인은 자극의 각성 수준이다. 화난 얼굴 또는 뱀이나 거미의 사진과 같은 부정적인 자극은 행복한 얼굴이나 강아지 사진과 같은 긍정적인 자극보다 훨씬 더 자극적인 것으로 평정되는 경향이 있다. 후각 자극(유쾌한 냄새와 불쾌한 냄새)을 사용한 연구에서 편도체의 활동은 유쾌하거나 불쾌한 것에 관계없이 자극의 강도가 증가함에 따라서 증가하였다(Anderson et al., 2003; 미각에 관한 유사한 연구는 Small, Gregory, Mak, Gitelman, Mesulam, & Parrish, 2003 참조). 그러나 연구자들은 아직도 편도체의 반응이 자극의 정서가(얼마나 유쾌한가 또는 불쾌한가)와 정서적 강도 수준, 두 가지 중 어느 것에 의해서 더 잘 설명되는지에 관해서 논쟁중이다. 예를 들어 유쾌하거나 불쾌한 그림과 소리를 사용한 한 연구에서는 후각이나 미각을 사용한 연구 결과와는 달리 정서가가 각성수준보다 편도체의 반응을 결정짓는 더 강한 요인이라는 것을 발견하였다(Anders, Eippert, Weiskopf, & Veit, 2008). 또 다른 연구에서는 편도체가 손상된 환자들이 정적 정서를 나타내는 그림에 대해서는 통제집단과 차이를 보이지 않은 반면, 부적 정서를 나타내는 그림의 각성수준을 통제집단의 참여자들보다 더 낮게 평정하였다(Berntson, Bechara, Damasio, Tranel, & Cacioppo, 2007). 편도체가 부호화하는 정서적인 의미의 차원들에 대해서는 아직 밝혀지지 않은 사실이 많이 있지만,

정서가(emotional valence)와 정서의 강도가 편도체의 반응을 이끌어내는 중요한 요인들임은 분명하다.

편도체가 정서학습에 그런 역할을 한다면, 뇌는 그런 학습이 가능하도록 외부 세계로부터 감각 정보를 편도체로 보낼 수 있는 방법을 가지고 있어야만 한다. 감각 정보가 편도체로 전달되는 두 가지 경로가 있다(● 그림 13.6)(Armony & LeDoux, 2000). 한 경로는 빠르고, 본능적인 정서적 반응에 중요한 경로이고 전측 시상(anterior thalamus)에서 편도체로 곧장 투사한다. 예를 들어 이 경로는 조깅하는 사람이 "저건 뱀일거야"라는 의식적인 생각을 하기도 전에 길에서 어떤 모양을 보면 그것을 껑충 뛰어넘을 수 있게 한다. 또 다른 경로는 신피질의 감각 영역과 편도체를 연결한다.이 경로는 정서적 정보를 처리하기 위해서 더 종합적인 맥락을 제공한다. 예를 들어 안전하게 뛰어넘은 뒤, 조깅하는 사람은 그 물체를 조심스럽게 살펴보고 그것이 단순히 막대기이고 두려워할 것이 아니라는 것을 알게 된다. 따라서 편도체는 시간이 지남에 따라서 점진적으로 더 선명해지고 초점이 더 맞게 되는 영화의 페이드인(fade-in) 장면처럼 같은 정보에 대해서 점진적으로 더 완전한 이미지를 받게 되는 것 같다. 시상-편도체 경로(thalamo-amygdala pathway)는 자극의 기본적인 속성에 대한 조악하고 예비적인 스케치를 전달한다. 이것은 대상이 무엇인지 분명하게 인식하기에는 충분하지 않지만 반응을 준비시키거나 반응을 시작하게 하는 데는 충분하다. 대조적으로 더 많은 시냅스를 포함하고 있어서 더 느린 피질-편도체 회로(cortico-amygdala pathway)는 상황의 복잡성과 세부 내용을 고려한 정서적 반응을 일으키는 데 충분한 정보를 전달한다.

이런 모델은 유입되는 감각 정보가 편도체에 어떻게 영향을 미칠 수 있는지를 강조한다. 그러나 편도체가 두렵거나 무서운 어떤 것을 등록할 때 뇌의 다른 영역도 그 정보를 고려한다는 것이 또한 중요하다. 이것은 편도체에서 피질로, 반대방향으로 가는 연결에 의해서 이루어진다. 이렇게 반대로 투사하는 뇌섬유는 감각 정보들이 피질에 의해서 처리될 때 감각 정보의 다른 측면들에 어떻게 주의를 향하게 할지 편도체가 영향을 미치도록 허용하는 것으로 생각된다. 일단 편도체가 어떤 영상을 위협적이거나 정서적으로 위급하다고 파악하면 편도체는 피질에게 그 영상에 더 주의를 기울이라고 말할 수 있다. 신경학적으로 정상인 사람들의 경우, 주의는 정서적 자극에 의해서 사로잡히는 경향이 있으나(Compton, 2003; Vuilleumier, 2005), 편도체가 손상된 환자들은 그런 주의

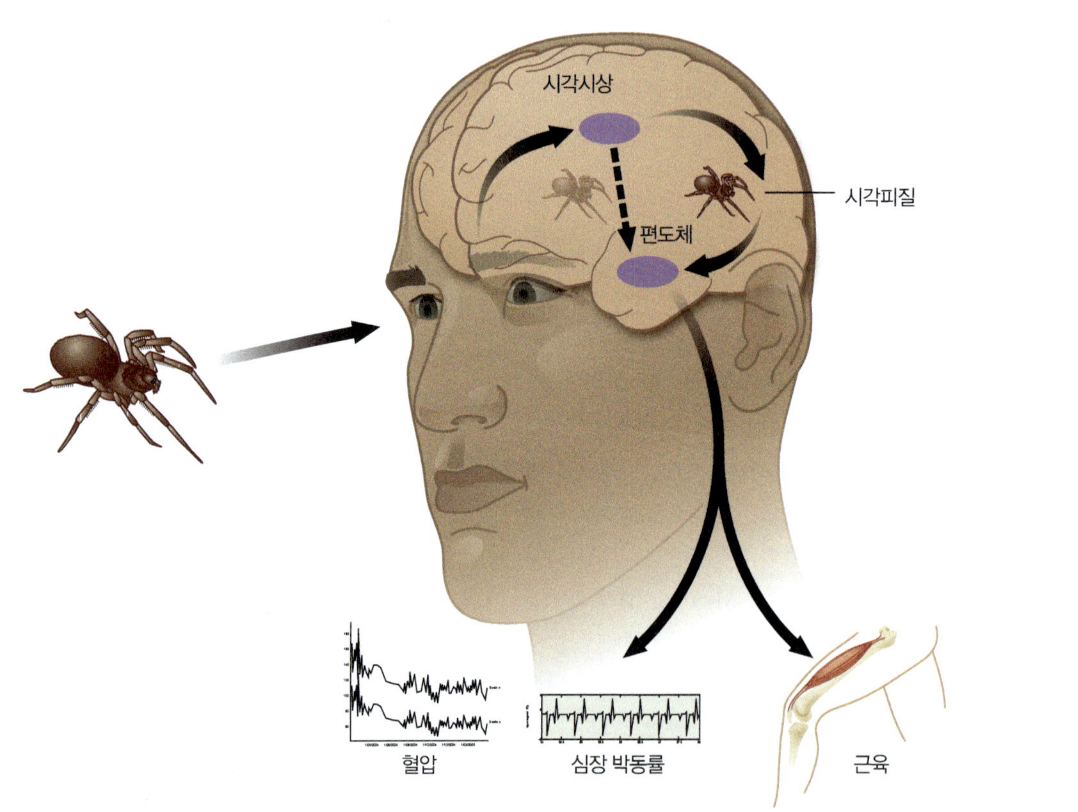

● **그림 13.6 감각 정보가 편도체에 도달하는 두 가지 경로.** 시상에서부터 편도체까지의 경로는 기본적인 감각 정보를 매우 빨리 제공하는 반면에 피질을 포함하는 더 긴 경로는 더 고도로 처리되고 자세한 정보를 제공한다. 편도체로부터의 출력은 자율반응과 호르몬 반응에 영향을 미칠 수 있다. 여기에 그려져 있지는 않지만, 편도체는 또한 편도체에서부터 피질영역으로 거꾸로 투사함으로써 유입되는 감각 정보가 어떻게 처리되는지에 영향을 미칠 수 있다. 출처: LeDoux, J. (2002) Emotion, memory, and the brain. Scientific American, special issue on The Hidden Mind.

효과를 나타내지 않는다(Anderson & Phelps, 2001).

편도체는 또한 또 다른 중요한 피질하 구조인 해마와 매우 밀접하게 상호작용한다. 10장에서 본 것처럼, 해마는 새로운 정보를 장기기억 저장고에 입력(부호화)시키고 그 정보를 시간에 걸쳐서 기억 속에 응고화시키는 데 결정적으로 중요하다. 해마와 편도체는 밀접한 양방향의 상호작용에 의해서 서로의 활동에 여러 가지 방법으로 영향을 미친다(Phelps, 2004). 예를 들어 편도체에서 해마로 가는 입력은 해마가 그 정보를 부호화하고 뒤이어 응고시키는데(편도체에 의해서 부호화된) 자극의 정서적인 의미가 영향을 미치도록 허용할 수 있다.

실제로, 편도체는 정서적인 사건들을 기억하는 데 중요한 역할을 한다(LaBar & Cabeza, 2006). 정상적으로는 사건이나 경험과 연합된 정서적 강도가 크면 클수록 더 잘 기억되며, 이런 현상을 **기억 증진 효과**(memory enhancement effect)라고 부른다. 편도체 손상은 이런 기억 증진 효과를 방해한다(Adolphs, Cahill, Schul, & Babinsky, 1997; Cahill, Babinsky, Markowitsch, & McGaugh, 1995). 이러한 패턴을 더 연구하기 위하여 PET을 사용한 연구에서 연구자들은 중립적인 영화 장면과 정서적인 영화 장면을 비교하였을 때 더 잘 기억하는 것은 우반구 편도체의 포도당 대사율이 증가하는 것과 상관이 있음을 발견하였다(Cahill et al., 1996; Dolcos, LaBar, & Cabeza, 2004). 더 나아가서, 편도체와 해마간의 연결이 감소하도록 약물 처치를 하면 기억 증진 효과가 감소하였다(Alkire, Gruver, Miller, McReynolds, Hahn, & Cahill, 2008).

요약하면, 편도체가 특출난 정서적 사건에 반응하고 정서 학습을 하는 데 중요한 역할을 하는 것은 분명하지만, 우리는 편도체가 단독으로 그런 작용을 하는 것은 아니라는 것을 알고 있다. 오히려, 정서기능에 있어서 편도체의 독특한 역할은 상호 연결된 뇌 영역들과 편도체의 상호작용에 의해서이다. 이런 뇌 영역들로는 감각 피질과 해마와 같은 지각과 기억에 관여하는 높은 수준의 영역뿐만 아니라 시상하부와 같이 싸우거나 도망치기 반응에 관여하는 낮은 수준의 영역들도 포함한다.

■ 보상과 동기

긍정적인 정서는 정서에 관심이 있는 과학자들에 의해서 때때로 무시되어 왔으나 쾌락과 그와 가까운 사촌인 보상에 대한 동기에 초점을 맞추어 연구한 일련의 연구자들이 있다. 1950년대에 Olds와 Milner는 뇌의 어떤 부위를 전기자극하였을 때 쥐에게 '보상'이 되는 것을 보여주는 실험을 수행하였다. 그러나 쥐가 그 자극이 '보상'이 된다는 것을 알았다는 것은 무슨 뜻인가? Olds와 Milner (1954)는 쥐가 뇌의 특정 부위에 전류를 흘려보내기 위해서 지렛대를 수백 번 누르는 것을

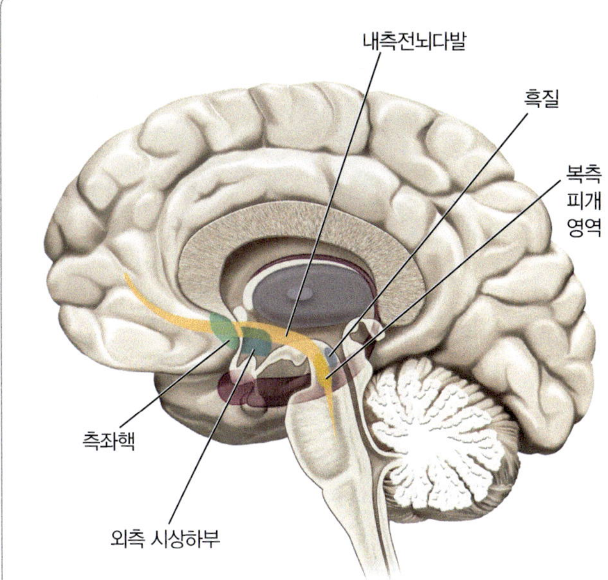

● **그림 13.7 측좌핵의 위치.** 측좌핵은 복측 피개영역으로부터 상행 도파민성 입력을 받는다. © 2010 Cengage Learning

발견하였다. 쥐가 이런 자극을 받기 위해서 너무 열심히 반응하였으므로 연구자들은 그 자극이 보상이 되고 있다고 추론하였다. 자극이 가장 보상이 되는 영역은 중뇌의 복측 피개영역에서부터 **측좌핵**(nucleus accumbens)이라고 불리는 기저전뇌의 세포 덩어리까지 뻗쳐있는 도파민경로이다(● 그림 13.7). 이 영역은 기저신경절(선조체)의 복측에 있기 때문에 복측 선조체(ventral striatum)로 불린다.

보상경로를 뇌의 '쾌락중추(pleasure center)'라고 부르고 싶지만 주의가 필요하다. 단지 동물이 자극을 받기 위해서 지렛대를 반복적으로 누른다고 해서 그것이 동물이 그로부터 즐거움을 얻는다는 것을 의미할까? 연구자들은 '원하는 것'과 '좋아하는 것'은 다를 수 있다고 주장하였다. 코카인 중독을 이에 대한 예로 들 수 있는데 약을 얻기 위해서(원하는 것) 먼 길도 가지만, 일단 약을 얻고 나면 즐거움(좋아하는 것)을 느끼지 않는다. 일부 연구자들은 측좌핵의 핵으로 들어가는 도파민경로가 즐거움 자체와 관련된 것이 아니라 보상관련 행동의 '원하는' 측면, 즉 동물이 원하는 목표를 향해서 추진하는 측면과 관련된다고 주장하였다(Berridge & Robinson, 1998, 2003). 그와는 대조적으로 측좌핵의 어떤 영역[특히, **측좌핵 껍질**(nucleus accumbens shell)이라고 불리는 측좌핵을 둘러싸고 있는 세포층]은 바라던 목적을 성취한 것에 대한 즐거움, 즉 '좋아함(liking)'에 기저하는 것으로 생각된다(● 그림 13.8)(Berridge, 2003).

보상경로에 관한 많은 연구들은 동물연구에 초점을 맞추었으나 신경영상연구들은 인간의 측좌핵이 활성화되는 조건들을 연구하여 왔다. [영상기법의 공간해상도의 한계 때문에

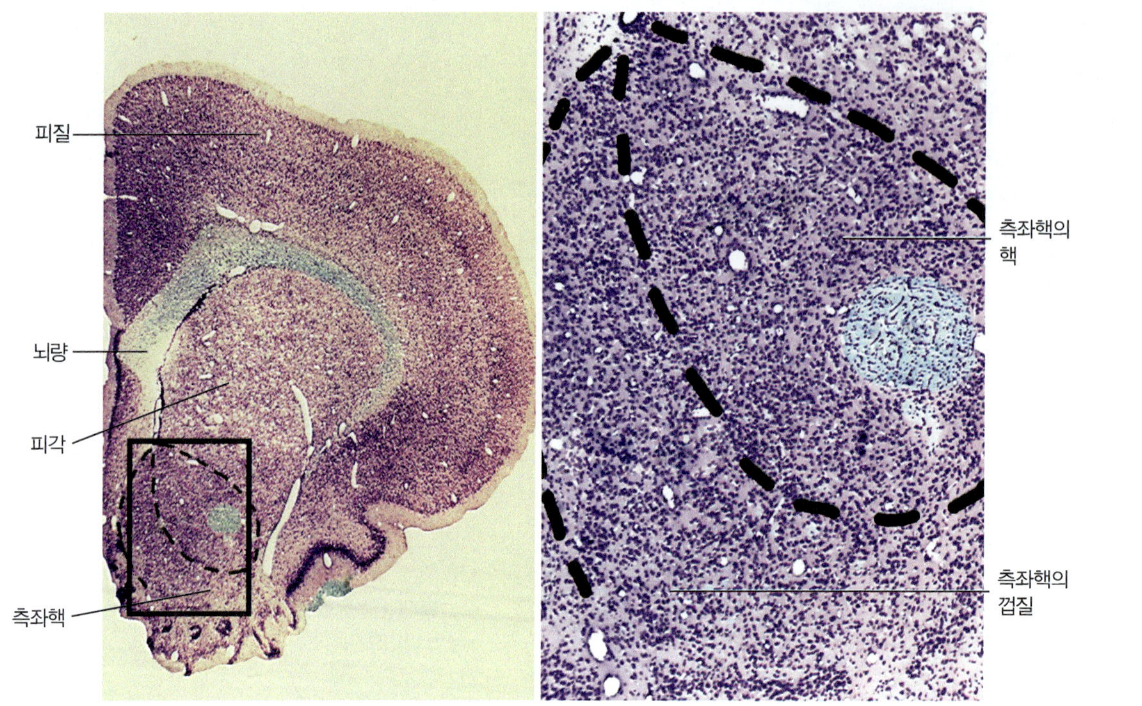

● **그림 13.8 쥐의 뇌에서 측좌핵의 핵과 껍질 영역.** 측좌핵의 핵은 자극을 바라고 원하는 데 역할을 하는 것으로 생각되는 반면 측좌핵의 껍질은 완전한 쾌락에 역할을 하는 것으로 생각된다. Courtesy of Harold Prüss

인간을 대상으로 한 대부분의 연구는 측좌핵의 중심부(core)와 껍질을 구분할 수 없다.] 흥미롭게도, 인간의 경우 측좌핵은 보상, 특히 기대하지 않았던 보상을 받을 때 활성화된다(Berns, McClure, Pagnoni, & Montague, 2001). 2장에서 본 것처럼, 측좌핵에서의 도파민 반응은 그런 조건하에서 가장 크다. 대조적으로, 보상이 예상되는 상황에서는 측좌핵은 실제로 보상이 주어지기 전 보상을 기대할 때 활성화된다(Knutson, Adams, Fong, & Hommer, 2001). 이런 결과들은 측좌핵이 처음에는 기대하지 않은 보상에 예민하지만 보상의 패턴이 나타남에 따라서 측좌핵이 보상을 예상하기 시작한다는 것을 시사한다[원숭이의 단일세포연구에서 발견된 비슷한 결과는 Fiorillo, Tobler, & Schultz (2003)과 Hollerman & Schultz (1998) 참조].

측좌핵은 달콤한 주스(Berns et al., 2001), 돈(Knutson, Westdrop, Kaiser, & Hommer, 2000), 매력적인 얼굴(Aharon, Etcoff, Ariely, Chabris, O'Connor, & Breiter, 2001; Kampe, Frith, Dolan, & Frith, 2001) 등과 같이 보상으로 간주될 수 있는 많은 자극들에 의해서 활성화된다. 이 영역은 또한 중독이 되는 보상물에 의해서도 활성화된다. 예를 들어 담배를 피우는 사람들은 담배를 피우지 않는 사람들보다 담배와 관련된 영상에 대해서 측좌핵이 더 큰 반응을 보인다(David et al., 2005). 이런 이유로 복측 선조체에 대한 임상적인 연구는 중독에 있어서의 측좌핵의 역할에 초점을 맞추고 있다. 중독에 대해서는 14장에서 다시 살펴볼 것이다.

정서에 관여하는 뇌의 피질 영역

지금까지는 정서에서 피질하 영역이 담당하는 역할을 알아보았고, 이제부터는 피질 영역의 기능을 살펴보기로 하겠다. 대뇌피질은 특정한 행동이 긍정적인 결과를 가져올지를 결정하고, 얼굴 표정에 근거하여 다른 사람의 감정을 추론하고, 우리가 어떻게 느끼고 있는지를 다른 사람에게 전달하기 위해서 그에 적절한 목소리 톤을 사용하는 것과 같은 정서적 기능에 매우 중요하다. 피질 영역들은 또한 정서의 신체적 신호를 표상하는 데 있어서도 중요하다.

■ 정서의 신체적 단서를 표상하기

100년도 더 전에 심리학의 개척자인 William James는 의식적인 정서 경험은 신체의 상태를 정신적으로 표상하는 능력에 달려 있다고 주장하였다. James에 따르면 신체 신호는 신체가 경험하고 있는 정서에 관한 정보를 뇌에 제공하고 의식적인 정서적 느낌이 일어나도록 한다. James의 이론의 더 자세한 부분들은 오랫동안 논쟁거리가 되어 왔다(Ellsworth, 1994). 어떤 사람이 정서를 느낄 수 있기 전에 뇌가 신체로부터 정보를 받는 것이 절대적으로 필요한지에 관해서는 연구자들의 의견이 일치하고 있지 않지만 우리 마음이 우리의 신체 상태를 어떤 식으로 표상할 수 있다는 것은 사실이다. 예를 들어 당신은 심장이 매우 빨리 뛰는 것을 지각할 수 있기 때문에 당신이 불안하다고 말할 수 있을 것이다.

신체적 상태가 정서를 **통제**하는 것과 신체적 상태를 정신적으로 **표상**하는 능력을 구분하는 것이 중요하다. 앞에서 이미 논의한 바와 같이, 시상하부는 자율신경계의 기능(예를 들어 심장박동이 높거나 낮도록 통제하는 것)을 조절한다. 그러나 몸의 내적인 상태를 지각하는 **능력**[**내수용력**(內受容力; interoception)이라고 알려진 기능]은 또 다른 영역인 **뇌섬 피질**(insular cortex) [또는 **뇌섬**(insular)]에 의존하는 것으로 보인다(Craig, 2002, 2009; Verhagen, 2007). 뇌섬은 실비안 열(Sylvian fissure) 안쪽에 깊이 숨어 있고(● 그림 13.9), 뇌섬의 앞쪽 영역은 편도체와 안와전두피질(orbitofrontal cortex)을 포함한 정서 관련 조직들과 광범위하게 연결되어 있다.

뇌섬이 몸의 내적 상태를 지각하는 능력에 어떤 역할을 하는지 연구하기 위해서 연구 참여자들이 자신의 심장박동을 탐지하는 능력을 조사하였다(Critchley, Rotshtein, Öhman, & Dolan, 2004). 연구자들은 외부 자극을 탐지하는 통제조건에 비해서 이 과제를 수행하는 동안 뇌섬의 활성화가 증진되었음을 발견하였다(● 그림 13.10). 또한, 자신의 심장박동을 더 정확하게 탐지하는 사람이 부정확한 사람보다 오른쪽 뇌섬이 더 크고, 더 활동적이었다. 이런 자료는 뇌섬이 체내에서 발생하는 자극 단서를 부호화하는 데 중요한 역할을 하고 있음을 의미한다.

일부 연구들은 뇌섬이 정서에 대한 다양한 내적 신체 단서를 표상하는 데 중요하다는 것을 지적하였으나, 다른 연구들은 혐오 정서에 대한 뇌섬의 특별한 역할을 강조하였다. 인간이 아닌 영장류를 대상으로 한 연구는 흥미롭게도 뇌섬의 일부가 1차 미각 영역임을 발견하였다. 미각이 정서와 무슨 관련이 있는가? 한 가지 단서는 'disgust(혐오감)'라는 단어에서 찾을 수 있는데 이 단어는 글자 그대로는 '나쁜 맛(bad taste)'을 의미한다. 혐오감은 썩은 음식이나 불결한 냄새와 연합된 감각이지만 그 단어는 보다 넓은 의미를 지니고 있다. Charles Darwin이 언급하였듯이, 우리가 도덕적으로 반감을 느끼는 상황에서 짓는 얼굴 표정은 역겨운 음식을 대하고 물러설 때 짓는 표정과 같다(Darwin, 1873). 연구자들은 사람들이 불쾌한 액체를 맛볼 때나 똥이나 벌레와 같은 더러운 것들의 사진을 볼 때, 또는 사회적인 상황에서 불공평한 대우를 받았을 때 동일한 얼굴 표정 근육[입술올림근(levator labii muscle)]이 활성화된다는 것을 발견함으로써 Darwin의 관찰이 옳았음을 확인하였다(Chapman, Kim, Susskind, & Anderson, 2009).

다양한 방면에서의 연구들이 뇌섬을 혐오감과 연결짓고 있다. 초기 연구들은 뇌수술 중에 뇌섬을 자극하면 불쾌한 맛을 느끼거나 구역질을 느낀다는 것을 발견하였다(Penfield & Faulk, 1955). 신경영상연구들은 이 영역이 냄새, 맛, 혀 자극, 삼키기, 목마름, 배고픔 등 음식을 먹는 것과 관련된 과정에 예민하다는 것을 보여주었다(Small, Zatorre, Dagh-

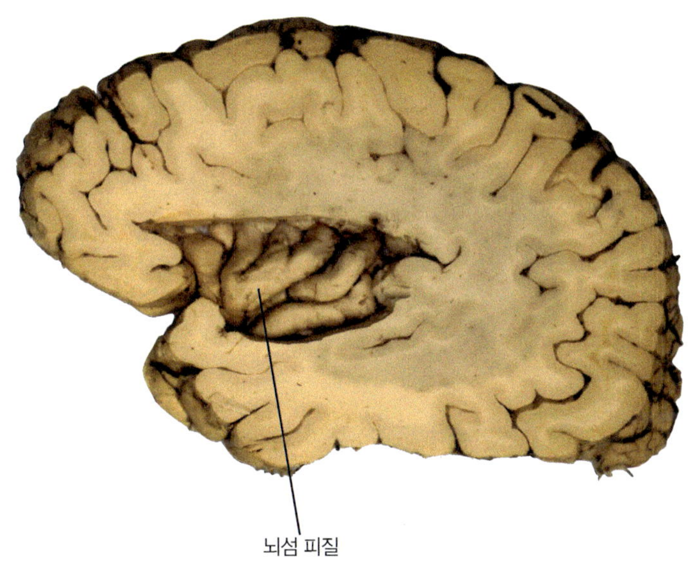

● **그림 13.9 뇌섬의 위치.** 뇌섬은 전두엽과 측두엽 사이에 접혀져 있는 피질 영역이다. 여기에서 뇌의 외측 부분은 뇌섬을 드러내기 위해서 잘라내었다. 출처: Craig, A. D. (2009). How do you feel now? The anterior insular and human awareness. Nature Reviews Neuroscience, 10, 59-70.

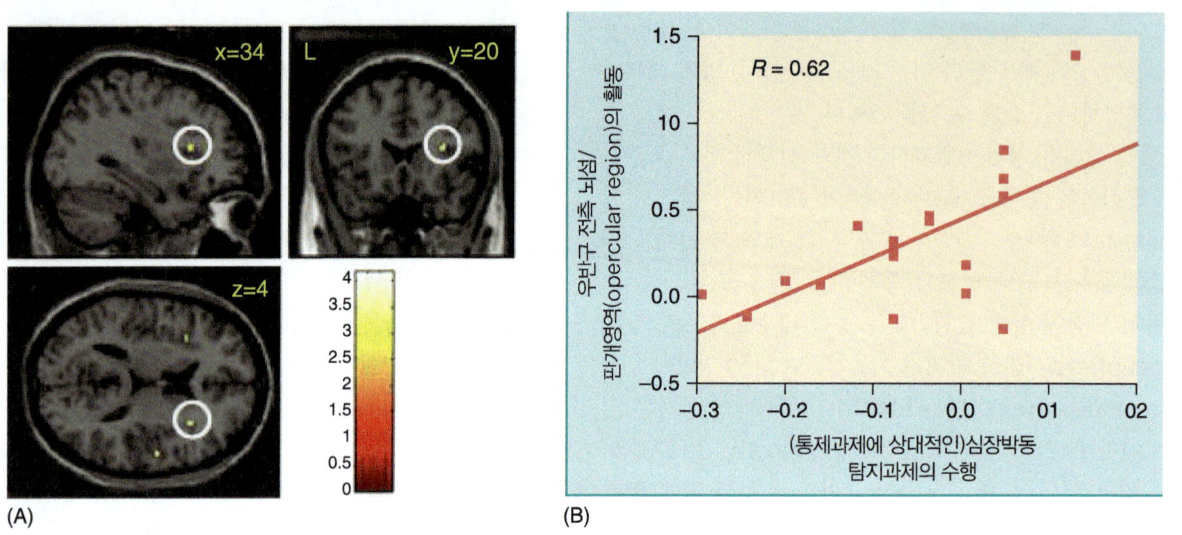

● **그림 13.10 몸의 내적인 상태에 대한 판단과제 동안 뇌섬의 활성화.** 참여자는 일련의 소리가 자신의 심장박동과 대응이 되는지 결정해야만 했다. (소리를 탐지하는 통제과제의 수행과 비교하여) 이 과제를 더 잘 수행한 사람들은 우측 뇌섬에서 더 많은 활동을 나타냈다. (A)는 우반구 뇌섬 영역(하얀 동그라미)을 보여주고 (B)는 그 영역에서의 활동과 수행 간의 상관을 보여준다. Adapted by permission from Macmillan Publishers, LTD: Fig 3(a and b) from Critchley, H. D., Rotshtein, P., Ohman, A., & Dolan, R. J. (2004). Neural systems supporting interoceptive awareness. Nature Neuroscience, 7, 189–195. Figure 13.10a & b.

er, Evans, & Jones-Gotman, 2001). 뇌섬이 손상되면 혐오감을 경험하지 못하고, 타인들의 얼굴 표정에서 혐오감을 인지하는 데에도 장애가 생긴다(Calder, Keane, Manes, Antoun, & Young, 2000). 신경영상연구들은 또한 쓴 액체를 맛보거나, 혐오스러운 장면을 상상하거나, 다른 사람이 혐오감을 표현하는 것을 볼 때 뇌섬의 앞 부분이 활성화되는 것을 보여주었다(Jabbi, Bastiaansen, & Keysers, 2008). 또 다른 신경영상연구들은 뇌섬의 활동이 혐오감에 대한 주관적인 평정과 상관이 있음을 보여주었다(Schienle, Schafer, & Vaitl, 2008; Stark et al., 2007).

뇌섬에 관한 이러한 서로 다른 발견들을 어떻게 통합해야 할까? 인간의 뇌섬은 해부학적으로 복잡한데, 연구자들은 뇌섬의 뒷쪽은 1차 감각 표상(미각)을 표상하고, 앞쪽은 이런 감각을 자각(awareness)과 통합한다고 주장하여 왔다(Craig, 2009; Taylor, Seminowicz, & Davis, 2009). 이와 관련된 한 가능성은 뇌섬이 원래는 미각을 표상하는 영역이었으나, 심장박동률, 체온변화, 통증, 내장감각 등 정서의 신체적 신호를 표상하도록 확장되었다는 것이다. 인간의 경우, 이 영역은 더 복합적이고 추상적인 정서에 있어서도 역할을 하는 것 같다. 예를 들어 한 연구에서 참여자가 자신들이 가장 죄의식을 경험한 개인적인 사건들을 상상할 때 뇌섬이 활성화되는 것을 발견하였다(Shin et al., 2000). 뇌에 분명한 '가책 센터(guilt center)'는 없지만, 죄책감은 혐오감, 메스꺼움, 기타 신체적 불쾌감과 같은 체내에서 발생하는 자극 단서들을 일부 포함하는 것 같다.

■ 정서적으로 뚜렷한 사건을 감찰하기

진화론적인 관점에서 볼 때, 맛있는 과일을 보거나 위험한 약탈자가 출현하는 것과 같이 이익이나 불이익이 될 수 있는 세상의 사건들을 경계하는 것은 매우 중요하다. 이미 배운 것처럼 어떤 피질하 영역은 이러한 기본적인 동기들에 중요한 역할을 한다. 즉 편도체는 특히 정서를 일으키는 자극에 반응하는데 관여하고, 보상경로는 긍정적인 유인물에 반응하는데 결정적이다. 또한, 다른 뇌 조직인 대상피질(cingulate cortex)은 정서적인 의미를 지닌 사건들을 감찰하고 행동의 동기적인 측면들을 통합하는 데 결정적인 것으로 보인다.

대상피질은 Broca가 1878년에 "le grande lobe limbique"를 처음 기술한 이후 변연계의 한 구성요소로 인정되어 왔다(Allman, Hakeen, Erwin, Nimchinsky, & Hof, 2001). 대상(cingulate)은 깃(collar) 또는 띠(cingulum)처럼 뇌량 주위를 둘러싸고 있다(● 그림 13.11). 전통적으로, 대상은 중심회 앞쪽의 전측 대상피질과 중심회 뒤쪽의 후측 대상피질의 두 영역으로 나뉜다.

대상은 뇌의 내측에 자리잡고 있기 때문에, 그것만 손상되는 경우는 드물다. 그 결과, 오랜 세월 동안 대상이 어떻게 조직되어 있는지는 잘 알려지지 않았다. 최근의 연구들은 대상이 9개 또는 그 이상의 하위 영역들로 이루어진 복잡한 조직이라고 제안하였으나(Beckmann, Johansen-Berg, & Rushworth, 2009) 각각의 기능들에 대해서는 아직 정확히 알려져 있지 않다. 아직 논쟁 중이기는 하지만, 한 가지 일반적으로 받아들여지고 있는 사실은 대상이 정서, 인지 및 운동

통제의 접점이 되는 영역이라는 것이다(Paus, 2001). 예를 들어 한 이론적 관점에 따르면 전측 대상피질은 운동행동을 선정하고, 그 행동에 포함된 비용과 노력을 고려하고, 과거에 그 행동을 하였을 때 얼마나 많은 보상을 얻었는지를 저울질하는 데 관여한다고 한다(Rushworth, Buckley, Behrens, Walton, & Bannerman, 2007).

그러나 분명한 것은 전측 대상피질이 손상되면 무감동, 부주의, 정서적 불안정성, 성격과 사회적 상호작용의 변화 등을 포함하는 다양한 정서적 후유증을 낳을 수 있다는 것이다(Bush, Luu, & Posner, 2000; Hadland, Rushworth, Gaffan, & Passingham, 2003). 또한 대상은 통증에도 관여하는데(Tracey, 2005) 유해한 자극에 반응하도록 전문화된 뉴런을 포함하고 있는 피질하 구조들로부터 입력을 받는다. 통증을 치료하기 위하여 대상에 작은 손상을 입은 환자들은 통증이 아직 있지만 괴로움을 느낄 만큼 더 이상 심하지는 않다고 보고하였다(Cohen et al., 1999). 전측 대상의 어떤 부분은 고통스러운 자극이 존재하는지의 여부를 변별하지만 통증의 강도에는 예민하지 않아 보이는 반면 또 다른 부분은 자극의 고통스러운 정도를 처리하는 것으로 보인다(Büchel, Bornhovd, Qunate, Glauche, Bromm, & Weiler, 2002). 매력적인 바이오피드백 연구는 사람들이 최소한 어떤 상황에서는 자신이 경험하는 통증의 강도를 통제하기 위해서 전측 대상의 활동에 관한 정보를 사용할 수 있다는 것을 보여주었다. 그런 바이오피드백 기법이 임상에서 더 흔하게 사용될 수 있을지는 아직 결론에 이르지 못하였으나 이 연구는 만성 통증을 경험하고 있는 사람들을 도울 수 있는 잠재적인 새로운 방법을 제공한다(deCharms et al., 2005).

대상의 어떤 부분은 특정한 역할을 하는 것으로 보인다. 특히, 연구자들은 전측 대상피질의 배측 부위와 복측 부위를 구분하였다(● 그림 13.11)(Bush, Luu, & Posner, 2000). 입쪽(rostral) 부위는 때로는 그 부분이 뇌량의 무릎(genu) 밑에 위치하므로 **무릎밑 부위**(subgenual portion)라고 불리기도 하는데, 이 부위는 배측 부위보다 정서적 기능에 더 밀접하게 관련 있어 보인다. 해부학적으로 대상의 입쪽은 편도체, 시상하부, 뇌섬, 안와전두피질 등 정서와 관련된 많은 다른 영역들과 연결되어 있다. 영상연구들도 입쪽 영역이 특히 정서적 요소를 지닌 과제에 의해서 활성화된다고 시사하였다(Bush, Luu, & Posner, 2000; Mohanty et al., 2007). 이 영역의 활동은 또한 자율신경계의 변화와 상관이 있고(Critchley, Tang, Glaser, Butterworth, & Dolan, 2005; Matthews, Paulus, Simmons, Nelesen, & Dimsdale, 2004), 14장에서 배울 우울과도 관련되어 있다. 대조적으로, 대상의 배측 부위는 외측 전전두피질, 두정피질 및 운동영역들과 연결되어 있다. 12장에서 보았듯이 이 영역은 인지기능, 특히 집행기능에 더 많이 관여한다.

전측 대상의 배측과 입쪽 부분은 때에 따라서는 서로 관

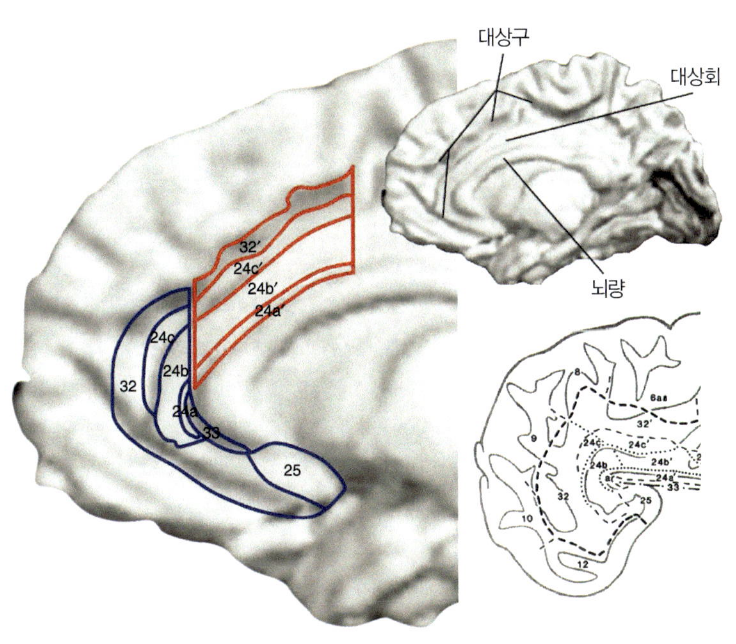

● **그림 13.11 대상피질은 인지와 정서에 관여한다.** 대상피질은 뇌량 바로 위에 위치한다. 전측 대상피질은 두 주요 부분, 붉은색으로 보이는 배측 부분과 파란색으로 보이는 입쪽/복측 부분으로 나뉜다. 입쪽 부분이 더 일관적으로 정서적 기능에 관여한다. 출처: Fig 1 from Bush, G., Luu, P., & Posner, M. I. (2000). Cognitive and emotional influences in anterior cingulate cortex. Trends in Cognitive Sciences, 4, 215–222. Reprinted by permission of Elsevier.

련되는 것 같다. 인지과제를 수행하는 동안 배측의 활동은 증가하는 반면 입쪽의 활동은 흔히 감소하고, 정서적인 조건에서는 입쪽의 활동이 흔히 증가하고 배측의 활동이 감소한다(Drevets & Raichle, 1998). 이 결과는 강한 정서적 기능은 인지체계를 기능하지 못하게 하고 강한 인지기능은 정서체계를 기능하지 못하게 하는 정서와 인지 간에 상호적인 역동이 있을 수 있음을 시사한다. 정서적인 상태가 비정서적인 과제에 주의를 집중하는 것을 어떻게 방해할 수 있는지 우리들 중 많은 사람들이 스스로 경험하였기 때문에 이 말은 직관적으로 그럴듯해 보인다. 그러나 반대로 우리들 중 많은 사람들은 또한 정서적 스트레스나 외상에 대처할 목적으로 스스로를 일에 몰두하게 한 경험도 가지고 있다.

그러나 다른 증거들이 인지와 정서가 쉽게 나뉘어질 수 없다는 것을 시사하고 있으므로(Compton et al., 2003; Davis et al., 2005; Phan, Wager, Taylor, & Liberzon, 2002) 위의 발견들을 대상(cingulate)의 두 하위영역의 기능들에 엄격한 이분법이 있음을 시사하는 것으로 받아들여서는 안 된다. 그러나 입쪽과 배측 부위가 서로 매우 밀접하게 상호연결되어 있는 것은 아마 우연의 일치는 아닐 것이다. 즉, 사건의 정서적인 측면에 반응하는 입쪽 부위가 집행적 주의를 통제하는 데 관여하는 배측영역에 영향을 미치는 것은 적응적일 것이다. 결국, 주어지는 정보의 정서적 중요성에 따라서 주의를 배분하는 것은 이치에 맞는 것 같다.

대상피질에서 인지기능과 정서기능을 분리하는 것이 얼마나 복잡한가는 대상피질에서 생성되는 오류관련 부적전위(error-related negativity, ERN)에 관한 연구가 잘 보여주고 있다. 12장에서 논의된 것처럼 ERN은 자신의 답이 틀렸다는 것을 알았을 때나 수행에 대해서 부정적인 피드백을 받았을 때 발생하는 전기적 반응이다. 영향력이 있는 이론들은 ERN을 인지적 통제 체계의 일부, 즉 결과가 기대했던 것보다 나쁠 때를 알려주는 신호로 기술하였다(Holriyd & Coles, 2002). 오류는 보통 불쾌한 결과이므로, 우리는 오류신호를 정서적 신호로 생각할 수 있다. 이런 의미에서 ERN이 대상피질에 의해서 생성된다는 사실은 대상이 정서적으로 뚜렷한 사건들을 감찰하는 데 관여한다는 생각과 들어맞는다. 그와 동시에, 오류신호는 또한 반복되는 실수를 피하기 위해서 주의나 행동변화가 필요함을 지적한다. 일부 출처-국재화(source-localization) 연구들은 ERN이 대상의 배측 또는 '인지' 부위에서 생성된다고 시사하였으나, 다른 연구들은 입쪽 또는 '정서' 부위에서 생성된다고 주장하였다(Herrmann, Römmler, Ehlis, Heidrich, & Fallgatter, 2004; Mathalon, Whitfield, & Ford, 2003; Taylor et al., 2006; van Veen & Carter, 2002). 인지와 정서 간의 경계는 다소 인위적이고 어떤 사람의 행동을 평가하는 데는 인지적 요소와 정서적 요소가 모두 포함되므로 ERN을 절대적으로 인지적인 것이나 또는 정서적인 것으로 간주하는 것은 결국에는 소용없는 일이 될 것이다.

대상피질이 분명히 정서적 처리와 인지적 처리 두 가지 모두를 위한 중심 허브로서 작용하지만, 다른 두뇌피질 영역들도 인지와 정서 모두를 포함하는 특정한 기능을 하는 데 중요하다. 그런 기능들에는 의사결정에 정서가 미치는 영향, 정서의 하향 조절, 얼굴과 목소리 단서를 통한 정서적인 의사소통 등이 있다. 그 각각을 다음에서 차례로 살펴보겠다.

■ 의사결정에 정서를 통합하기

정서가 의사결정을 하는 데 영향을 미친다는 것은 상식이다. 토요일 저녁을 어떻게 보낼까 결정할 때, 당신의 선택은 과거에 유쾌했거나 불쾌했던 활동에 대한 기억에 의해서 영향을 받을 것이다. 정치적인 후보에게 투표할 때, 당신의 결정은 부분적으로는 그 후보자의 정서적 매력에 의해서 영향을 받을 것이다. 의사결정을 하는 데 정서가 미치는 영향이 '비합리적'이기 때문에 때로는 문제라고 생각되지만 일부 연구자들은 정서적 신호가 실제로는 도움이 되는 결과로 향하게 하고 해가 되는 결과를 피하도록 우리를 효과적으로 인도하는 중요한 단서라고 주장한다(Damasio, 1994).

정서와 의사결정을 통합하는 데 가장 관여하는 뇌 영역은 **안와전두피질**(orbitofrontal cortex, OFC)이다. 최근 한 개관 논문에서는 이 영역이 종들 간에 차이가 있고 사람들 간에서도 해부학적 구조에 있어 눈에 띄는 변이가 있으므로 OFC를 "인간의 뇌에서 가장 이해되지 않은 영역들 중 하나"로 기술하였다(Kringelbach, 2005, p.691). 또한, OFC는 기능적 특징이 아직 분명하지 않은 여러 하위 영역들을 포함한다. 이 글에서 OFC는 안와(eye orbits)의 바로 윗 부분과 전두엽의 내측 벽으로 들어간 영역을 모두 포함하는데, 이 영역은 때로는 **복내측 전전두피질**(ventromedial prefrontal cortex)이라고 불린다(● 그림 13.12). 이 영역은 시상하부, 편도체, 뇌섬, 대상피질 등 정서와 관련된 다른 많은 구조들과 상호 연결되어 있으며 이러한 해부학적 연결은 OFC가 정서에 중요하다는 것을 의미한다. OFC의 주요 기능에 대해서는 아직 논쟁 중이지만, 현재까지의 연구들은 이 영역이 보상과 벌을 이해하고, 적응적인 행동으로 이끌도록 그 이해한 것을 사용하는 역할을 한다고 시사하고 있다.

사례연구들은 OFC가 손상된 사람들이 탈억제행동(예, 자신이 원하는 것을 다른 사람으로부터 빼앗기)과 사회적으로 부적절한 행동(예, 품위 없는 비속어를 불쑥 말하는 것) 및 무책임한 태도를 드러낸다는 것을 보여주었다. 그들은 자신들의 행동 결과를 예측하지 못하고, 부정적인 결과를 가져오는 잘못된 결정을 내리며, 자신들의 실수를 통해서 학습하지 못하는 것처럼 보인다(Bechara, Damasio, Damasio, & Anderson, 1994; Rolls, Hornak, Wade, & McGrath, 1994). Bechara와 동료들(1994)은 이런 행동을 "미래에 대한 근시안(myopia for the future)"이라고 지칭하였다. 표준 IQ 검사로 측정한 그 환자들의 지능에는 아무런 결함이 없기 때문에 이런 행동들은 특히 주목할 만하다. 일부 연구자들은 OFC가 손상된 사람을 폭력적인 범죄자들에게서 흔히 보여지는 공감능력의 장애를 지닌 정신과적 장애인 사이코패시(psychopathy)를 지닌 사람들과 비교하면서, OFC가 도덕적 행동 발달의 신경학적 기초를 제공한다고 제안하였다(Anderson, Bechara, Damasio, Tranel, & Damasio, 1999).

OFC에 손상을 입은 사람은 현재 적절한 선택을 하기 위해서는 과거에 어떻게 하여 잃거나 땄는지 고려해야만 하는 과제를 특히 잘 수행하지 못한다. 그런 결함은 참여자가 돈을 따거나 잃기 위해서 특정한 자극을 선택해야만 하는 도박과제를 사용하여 경험적으로 입증되었다(Bechara, Damasio, & Damasio, 2000; O'Doherty, Kringelbach, Rolls, Hornak, & Andrews, 2001). 이런 과제들은 사람들이 단순히 한 자극과 한 결과를 연합할 수 없게 고안된다. 오히려 과제들은 어떤 선택을 하면 시간이 지나면서 다른 선택들보다 더 좋은 결과를 낳도록 확률적으로 작용하게 고안된다. 어떤 도박 과제에서, 특정한 항목을 선택하면 크게 이길 수 있으나 계속 그 항목을 선택하면 계속 조금씩 잃게 되어서 결국은 그 항목을 선택한 것이 다른 선택을 한 것보다 덜 이익이 될 수 있다. OFC가 손상된 사람은 그 자극을 선택하면 나중에는 더 큰 손실을 초래하게 되더라도 당장 '크게 딸 수 있는(big win)' 자극을 고집하는 경향이 있다. 이런 행동은 나중에 배탈이 날 줄 알면서도 큰 조각의 케이크를 먹으려는 충동을 참을 수 없는 어린아이의 행동과 비슷하다. 14장에서 더 자세히 다루겠지만, 의사결정에 있어 비슷한 장애가 물질남용에서도 분명히 나타난다. 물질남용을 하는 사람들은 자주 장기적인 결과를 무시하고 즉각적인 만족에 기초하여 결정을 내린다.

OFC는 보상과 벌의 변화하는 패턴에 반응하도록 요구하는 상황에서의 학습에 특히 중요하다. 연구자들은 흔히 **강화유관성**(reinforcement contingency)이라 불리는 것을 변화시켜서 이 현상을 연구한다. 강화유관성이란 보상이나 벌이 특정한 자극이나 행위와 연합되는 정도를 의미한다. 비인간 영장류를 대상으로 한 단일세포기록 연구들은 OFC의 뉴런들이 맛, 냄새 및 시각적 자극의 보상적 가치에 반응하고 일부 뉴런들은 강화유관성이 변화할 때에만 반응한다는 것을 보여 주었다(Rolls, 1999). OFC가 손상된 사람은 유관성이 변화되었을 때 그에 따라서 자신의 행동을 변화시키는 능력에 장애가 있다. 그런 유관성 변화의 한 예가 **반전학습**(reversal learning)이다. 예를 들어 처음에는 빨간불이 들어오면 왼쪽 버튼을 누르고, 초록불이 들어오면 오른쪽 버튼을 눌렀을 때 보상을 받았다고 가정하자. 반전학습에서는 이번에는 초록불이 들어오면 왼쪽 버튼을 누르고 빨간불이 들어오면 오른쪽 버튼을 눌러야 보상을 받는다. 인간과 기타 영장류들에서 OFC가 손상되면 반전학습의 결함이 생긴다(Roberts, 2006). 신경영상연구들도 또한 OFC가 특정한 자극의 보상치가 변화하는 것을 추적한다는 생각을 지지하였다. 예를 들어 배가 부르게 되면 음식은 덜 보상적이 된다. 따라서 포만감으로 음식이 덜 요구되면 OFC 활동은 감소한다(Kringelbach, O'Doherty, Rolls, & Andrews, 2003).

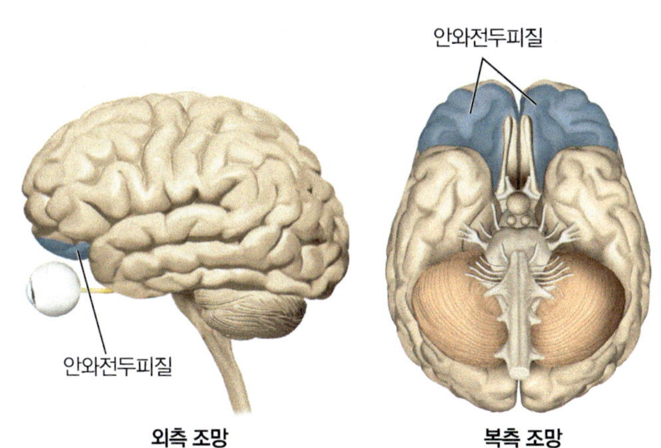

그림 13.12 안와전두피질의 위치. 안와전두피질은 안와(眼窩, 눈구멍) 바로 위에 위치하기 때문에 그렇게 이름 붙여졌다. 때때로 안와전두피질의 내측부분은 *복내측(ventromedial) 전전두피질*이라고 불린다. © 2010 Cengage Learning

최근 연구들은 OFC의 서로 다른 세부 영역들이 '보상 대 벌'에 반응하며, 이런 조직화로 인해서 OFC가 유관성의 변화를 계속 추적할 수 있도록 한다고 시사하였다(Kringelbach, 2005). OFC의 외측 영역은 도박과제에서 벌이 되는 결과 이후 활성화되는 반면 내측 영역은 보상이 되는 결과 이후에 활성화된다(O'Doherty et al., 2001). 이 두 영역은 상호적인 방식으로 작용하는 것처럼 보인다: 내측 영역은 보상에 대해 활성화가 증진되고 벌에 대해서는 활성화가 감소되는 반면, 외측 안와전두영역은 그 반대 패턴을 나타낸다. 더욱이 보상이나 벌이 클수록 뇌도 크게 활성화된다. 그러므로 정상적인 OFC는 어떤 선택과 연합된 비용이나 이익을 표상하도록 하여서 더욱 효과적인 의사결정을 할 수 있도록 한다.

OFC는 또한 선택의 결과를 평가하는 데 결정적으로 중요하다. 우리가 자신의 의사결정 결과에 관하여 생각하는 방식 중 하나는 만일 다른 선택을 했었다면 어떤 결과가 일어났을까를 고려하는 것이다. 내가 쉐비 자동차가 아니라 혼다 자동차를 샀으면 더 행복할까? 잘못된 선택을 했다는 것을 발견했을 때 우리는 종종 후회를 한다. 흥미롭게도 OFC가 손상된 환자들은 후회를 하지 않는 것 같다(Camille, Coricelli, Sallet, Pradat-Diehl, Duhamel, & Sirigu, 2004). 신경학적으로 정상인 사람들을 대상으로 한 신경영상연구도 또한 후회하는 상황에서 OFC가 활성화되는 것을 발견하였다. 예를 들어 참여자들이 자신들이 거절한 선택이 더 큰 이익을 가져왔음을 알았을 때 OFC가 활성화되었다(● 그림 13.13)(Coricelli, Crutchley, Joffily, O'Doherty, Sirigu, & Dolan, 2005). OFC 활동은 특히 바라지 않은 결과가 우연히 발생한 경우보다 그 선택에 대해서 책임감을 느끼고 있는 상황과 연결되어 있다. 이 연구의 참여자들이 비슷한 선택에 다시 직면하게 되었을 때, OFC가 재활성화되었는데 이는 아마도 참여자들이 자신들의 과거 선택으로 인한 후회되는 결과를 다시 떠올린 결과인 것 같다.

■ 정서를 조절하기

정서의 중요한 한 측면은 그것을 통제할 수 있다는 것이다. 친구에게 부당하거나 냉담한 말을 듣고 분노를 억누른 날 나중에 스스로 기분을 전환시킨 적이 있거나 스트레스를 경감시키기 위해서 명상을 한 적이 있다면 당신은 정서조절을 한 것이다. 정서조절이라는 용어가 광범위하게 생각되지만, 일반적으로 **정서조절**이란 사회적으로 적절하고 통제불능 상태가 되지 않도록 자신이 경험하는 정서를 조절하려고 시도하는 것이다. 정서조절은 기분장애(mood disorder)와 같은 임상적 조건에서 장애가 생길 수 있다. 정서를 조절하려는 많은 전략들은 의식적이고 수의적인 노력이지만 무의식 수준에서도 정서조절은 발생한다.

ERP 방법을 사용한 연구들은 정서조절전략들이 뇌가 정서적인 정보에 어떻게 반응하는지에 영향을 미칠 수 있다는 것을 보여주었다. 이런 연구들 중 몇 개는 정서적인 그림을 덜 정서적인 방법으로 재평가하는 효과를 연구하였다. 예를 들어 참여자들은 이빨을 드러내고 으르렁거리는 개의 그림을 보고 개가 나에게 덤벼들면 얼마나 무서울까를 생각하는 대신에 그 개가 침입자로부터 자신을 보호하는 상상을 하는 등의 더 긍정적인 방식으로 그 그림을 보도록 노력하라는 지시를 받았다. 부정적인 그림은 중립적인 그림에 비해서 ERP 파형에서 더 큰 P_{300}을 낳지만 그림을 재평가하게 되면 이 효과가 감소하였다(Hajcak & Nieuwenhuis, 2006; Foti & Hajcak,

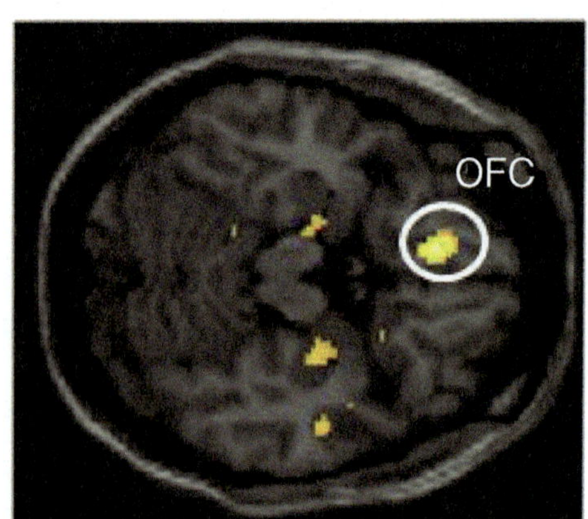

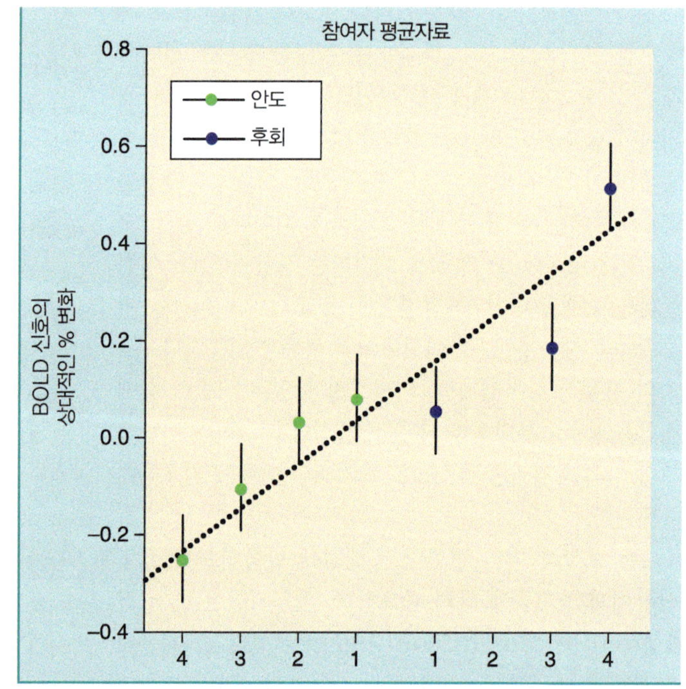

● **그림 13.13 안와전두피질은 의사결정에서 후회의 수준에 반응한다.** 참여자가 특정 선택의 결과로 얻은 것과 자신이 다른 선택을 했다면 얻었을 것 사이의 차이를 4단계(1~4) 후회 수준으로 정의하였다. 예를 들어 후회수준 Level 4는 자신이 다른 선택을 했다면 200점을 얻을 수 있었으나 자신이 한 선택으로 인해서 200점을 잃어버린 것을 참여자가 발견한 조건에 해당한다. 후회수준 Level 1은 참여자가 50점을 잃었으나 50점을 얻을 수도 있었던 상황에 해당한다. 안도(relief) 수준은 참여자가 올바른 선택을 하였다는 것을 스스로 아는 조건이다. 즉, 200점을 잃을 수도 있었는데 200점을 얻은 경우(안도수준 Level 4)나 50점을 잃을 수 있었는데 50점을 얻은 경우(안도수준 Level 1)와 같은 조건이다. 안와전두피질의 활동은 택하지 않은 길의 가치에 상대적인 실제 선택의 가치를 추적한다. Adapted by permission from Macmillan Publishers, LTD: Coricelli, G., Critchley, H. D., Joffily, M., O'Doherty, J. P., Sirigu, A., & Dolan, R. J., (2005). Regret and its avoidance: A neuroimaging study of choice behavior. Nature Neuroscience, 8, 1255–1262. Figure 13.13.

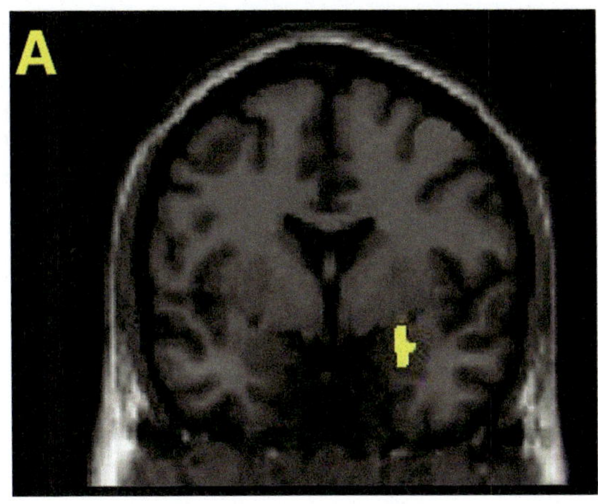

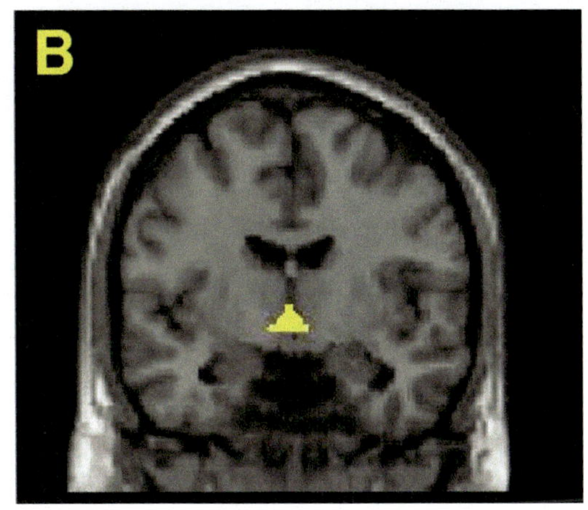

● **그림 13.14 피질하 영역에 대한 정서 조절의 영향.** 편도체(A)와 시상하부(B)는 성적으로 자극적인 사진을 볼 때 활성화된다. 그러나 그 영역들은 자신의 각성반응을 억제하라는 지시를 받으면 아무런 활동을 보이지 않는다. 출처: Fig 1a and 1c from Beauregard, M., Levesque, J., & Bourgouin, P. (2001). Neural correlates of conscious self-regulation of emotion. Journal of Neuroscience, 21, RC165 (1–6). Permission conveyed through Copyright Clearance Center, Inc.

2008). 추후 연구들은 부정적인 그림을 재평가했을 때와 만찬가지로 긍정적인 그림에 대한 P_{300} 반응도 재평가 전략에 의해서 감소될 수 있다는 것을 보여주었다(Krompinger, Moser, & Simons, 2008). P_{300}은 주의 배분을 반영하는 것으로 생각되기 때문에 이 연구들은 참여자들이 그 그림을 덜 정서적인 방식으로 보려고 할 때 그 그림에 주의가 덜 할당된다는 것을 의미한다.

일부 연구들에 따르면, 사람들이 자신의 정서 반응을 통제하려고 하면 전두엽의 활동이 증가하고 정서를 정상적으로 처리하는 피질하 영역들의 할동은 감소한다고 한다. 예를 들어 한 연구에서 성적으로 자극적인 그림을 남자들에게 보여주고 그 그림에 대한 성적인 흥분 반응을 억제하라는 지시를 주었다. 그림을 그냥 보는 조건과 비교해서 이런 억제조건에서는 우측 상전두회(superior frontal gyrus)의 활동이 증가하였고 시상하부와 편도체에서 두뇌 활동이 감소하였다(Beauregard, Levesque, & Bourgouin, 2001)(● 그림 13.14). 이와 비슷하게, 참여자들에게 부정적인 느낌을 감소시킬 수 있는 방식으로 그런 그림들을 재평가하도록 지시하였을 때 전두엽 활동이 증가하였고 편도체 활동은 감소하였다(Ochsner, Bunge, Gross, & Gabrieki, 2002). 다른 연구자들은 참여자들에게 정서적 기억을 억제하도록 지시하였을 때 우측 하전두회(inferior frontal gyrus)와 중전두회(middle frontal gyrus)가 더 활성화되고 해마와 편도체 영역이 덜 활성화되는 것을 발견하였다(Depue, Curran, & Banich, 2007).

일부 연구들은 정서반응을 조절하는 신호의 출처로서 작용하는 뇌 영역들과 그런 통제가 행사되는 목표로서 작용하는 뇌 영역들을 구분하려고 시도하였다. 예를 들어 고통스러운 의학적 절차를 겪게 될 상황에 놓였다고 상상해 보라. 당신은 아마도 당신 자신을 정신적으로 분리해냄으로써(예를 들어 따뜻한 햇살이 내리쬐는 아름다운 꽃밭에 포근한 담요를 깔고 누워 있는 자신을 상상하면서) 불안을 감소시키려고 할 것이다. 그런 전략은 지각된 통증을 감소시키는 경향이 있다. 어떤 뇌 영역들이 이러한 '분리(detachment)' 경험을 만들어내는 데 관여하고, 그 뇌 영역들은 통증을 부호화하는 영역들(통제의 목표)에 어떻게 영향을 미치는가?

이런 쟁점을 연구한 Kalisch와 그의 동료들(2005)은 참여자들에게 고통스러운 쇼크가 곧 전달될 '특별한 장소'에 있는 상상을 하도록 지시하였다. 아무런 정서적 조절을 하도록 지시되지 않은 통제조건과 비교해서 '특별한 장소'에 있다고 상상하며 쇼크를 기대하고 있는 동안에 우반구의 외측 전전두피질 활동이 증가하였다. 뒤 이어서 실제로 통증을 느끼게 되었을 때, 참여자가 정서조절 전략을 사용하였다면 (정상적으로는 통증에 반응하는 영역인) 전측 대상영역의 활동이 감소하였는데 이 결과는 이 영역이 정서조절의 목표 영역임을 가리킨다.

정서조절에 대한 대부분의 연구들은 원하지 않은 정서반응을 억제하는 데 초점을 맞추어 왔지만 미래의 연구는 긍정적이거나 부정적인 반응들이 어떻게 의도적으로 증폭될 수 있는지를 이해하는 데 도움을 줄 것이다(Kim & Hermann, 2007; Ochsner et al., 2004). 정서조절에 관해서는 아직 많은 것들이 밝혀지지 않았으나 지금까지의 이런 연구들은 사람들이 정서를 통제하는 수의적인 전략을 채택할 때 그런 전략들이 뇌가 정서적인 상황에 어떻게 반응할지를 변화시킨다는 것을 말해주고 있다.

■ 정서를 의사소통하기

우리의 정서는 단지 내적으로만 느껴지는 것이 아니고 다른 사람에게로 전달된다. 우리는 언어를 의사소통의 주된 수단으로 생각하는 경향이 있지만, 정서의 비언어적인 신호들도 사회집단의 구성원들 사이에서 중요한 정보를 의사소통한다. 친구를 만났는데 그녀의 얼굴 표정이 화가 나 있다는 것을 알아차리면 당신은 그녀의 얼굴이 행복하게 보일 때와는 다르게 그녀와 상호작용을 할 것이다. 이와 비슷하게, "Susan과 Bill이 방금 달아났다"라는 문장은 그 문장을 흥분된 목소리로 말하는지, 놀란 목소리로 말하는지, 슬픈 목소리로 말하는지 또는 화난 어조로 말하는지에 따라서 매우 다른 종류의 정보를 전달할 수 있다. 지금부터는 정서표현의 지각과 생산에 관여하는 신경계를 살펴보겠다.

얼굴 표정

정서를 얼굴 표정으로 표현하고 재인하는 능력은 거의 전 세계적으로 보편적이다. 횡문화적 연구들은 얼굴 표정이 형성되는 정확한 방식과 그런 얼굴 표정이 적절하다고 생각되는 사회적 맥락에 있어서는 문화에 따라 작은 차이가 있지만(Marsh, Elfenbein, & Ambady, 2003; Matsumoto, Yoo, Hirayama, & Petrova, 2005), 행복, 슬픔, 분노, 공포, 놀람, 혐오 등의 기본적인 정서를 전달하기 위해서 비슷한 얼굴 표정이 다양한 문화권에서 널리 사용된다는 것을 발견하였다(● 그림 13.15)(Ekman, Sorenson, & Friesen, 1969; Elfenbein & Ambady, 2002). 여러 문화에서 기본적인 표정이 매우 유사하다는 사실은 Charles Darwin이 100년도 더 전에 말하였듯이(Darwin, 1873) 이런 표정들이 우리 종(種)의 공통적인 생물학적 유산에 뿌리박혀 있음을 의미한다. 그렇다면 우리는 표정을 재인하고 만들어내는 신경기제에 관하여 무엇을 알고 있는가?

인지 신경과학에서 가장 신뢰할 수 있는 발견 중 하나는 정서를 얼굴 표정으로 표현하고 얼굴 표정으로 정서를 재인하는 두 가지 모두에 우반구가 전문화되어 있다는 것이다. 우반구, 특히 측두엽과 두정엽이 손상되면 그에 상응하는 좌반구 영역이 손상된 경우보다 얼굴을 재인하는 능력이 훨씬 더 손

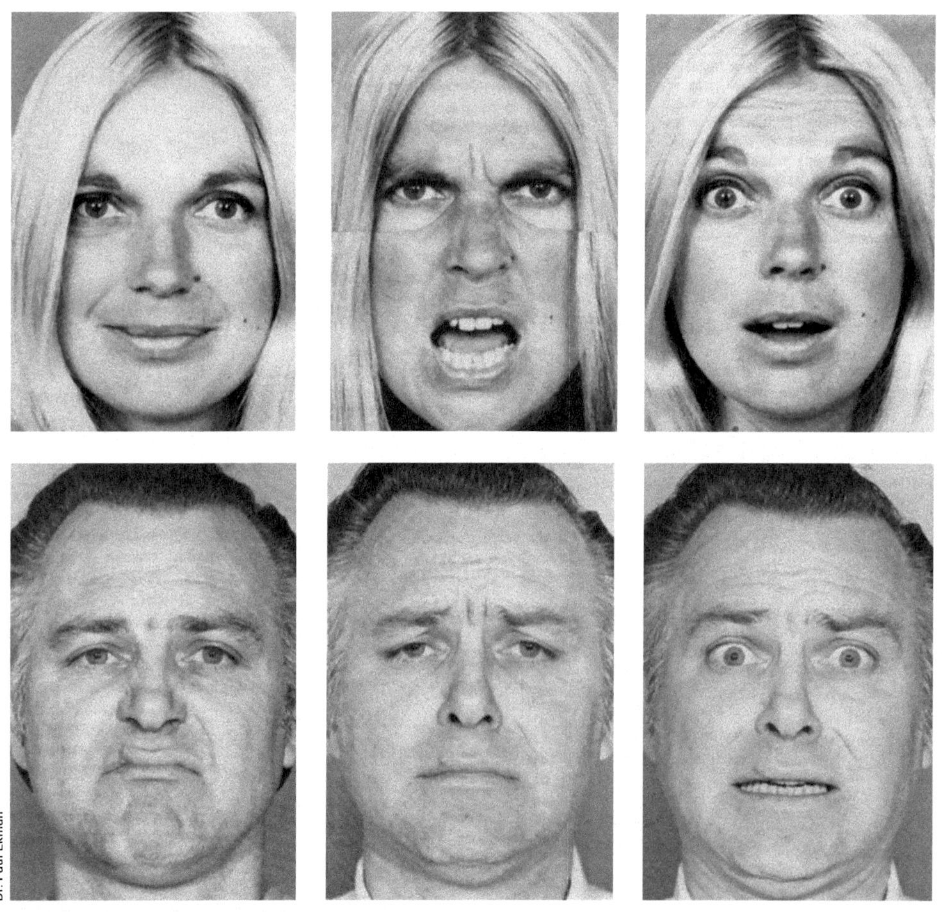

● **그림 13.15 보편적으로 재인되는 얼굴 표정.** 윗줄은 왼쪽부터 각각 행복, 분노, 놀람, 아랫줄은 왼쪽부터 각각 혐오, 슬픔, 공포를 나타내는 얼굴 표정이다.

상된다. Borod와 동료들(1998)은 슬라이드로 얼굴을 제시하였을 때 우반구 손상 환자가 좌반구 손상 환자보다 얼굴 표정이 뜻하는 정서의 이름을 붙이거나 특정 정서에 해당하는 얼굴 표정을 가리키도록 하는 과제에 더 장애가 있음을 발견하였다(Cicone, Wapner, & Gardner, 1980; DeKosky, Heilman, Bowers, & Valenstein, 1980). 정서 재인의 가장 심각한 장애는 우반구 두정엽이 손상되었을 때 관찰되었다. 그러나 의학적으로 치료되지 않는 뇌전증을 치료하기 위한 한 방법인 우반구 전측 측두엽 절제술 또한 정서적 정보처리, 특히 얼굴에 나타난 부정적 정서 정보처리에 장애를 일으키는 것으로 밝혀졌다(Adolphs, Tranel, & Damasio, 2001). 뇌손상 환자들로부터의 이러한 발견들과 일관되게 분리 시야장(divided visual field) 연구들에서도 얼굴이 좌시야장(우반구)에 제시되었을 때 우시야장(좌반구)에 제시되었을 때보다 사람들이 얼굴 표정의 정서를 더 잘 알아본다는 것을 발견하였다(Ladavas, Umilta, & Ricci-Bitti, 1980; Strauss & Moscovitch, 1981).

한 가지 중요한 질문은 얼굴 표정에서 정서를 지각하는 것과 얼굴을 보고 누구의 얼굴인지 정체를 지각하는 것이 동일한 신경기제에 의존하는가이다. 7장에서 살펴본 바와 같이 후두측두엽 손상으로 인한 안면실인증(prosopagnosia) 환자는 얼굴만 보고는 누구의 얼굴인지 그 사람의 정체를 알지 못하지만 때때로 얼굴 표정은 알아볼 수 있다(Tranel, Damasio, & Damasio, 1988). 반대로, 어떤 환자들은 얼굴 표정으로 정서를 재인하지는 못하지만 얼굴을 보고 그 사람이 누구인지는 알아 볼 수 있다(Young, Newcombe, deHaan, Small, & Hay, 1993). 이 같은 이중해리(double dissociation)는 얼굴 표정의 재인과 얼굴 정체의 재인은 부분적으로 분리된 기제에 의존한다는 것을 의미한다. 물론 얼굴 표정과 얼굴 정체를 재인하는 것은 얼굴 구조의 시각적 표상을 구성하는 것과 같이 시각적 처리과정에 있어 비슷한 몇 가지 단계들을 포함하는 것 같다. 그러므로 어떤 정서를 나타내는 얼굴 표정을 볼 때 다른 시각 대상보다 얼굴을 처리하는 데 더 중요한 영역으로 알려진 우반구의 방추상회(fusiform gyrus)가 활성화되는 것은 놀라운 일이 아니다(Blair, Morris, Frith, Perrett, & Dolan, 1999; Kesler-West et al., 2001). 그러나 그 이중해리는 시각적 이미지를 얼굴로 지각하는 단계를 넘어서 그 얼굴 이미지를 정서적 정보나 정체성 정보와 연결시키는데는 약간 다른 두뇌 영역들이 관여된다는 것을 우리에게 말해 준다.

공포, 혐오, 분노, 놀람, 행복 및 슬픔, 이 6가지 주요 얼굴 표정을 처리하는 뇌의 체계들은 상당히 중복되지만, 모든 얼굴 표정이 뇌에 의해서 똑같이 처리되는 것은 아니다(Hennenlotter & Schroeder, 2006). 공포는 분명한 신경기저의 증거가 있는 얼굴 표정이다. 예를 들어 편도체가 손상된 환자들은 얼굴 표정을 재인하는 능력이 손상되며 이런 결함은 공포에 질린 얼굴에 대해서 가장 분명히 드러난다(Adolphs et al., 1999; Calder, Young, Rowland, Perrett, Hodges, & Etcoff, 1996). 얼굴 표정을 재인하지 못하는 부분적인 이유는 편도체가 손상된 환자들의 예에서 알 수 있듯이 눈과 같이 가장 정서적인 정보를 제공하는 얼굴 부위에 시선을 가져가지 못하기 때문인 것 같다(그림 13.16)(Adolphs et al., 2005). 실제로 신경영상증거가 신경학적으로 정상인 사람들의 경우에는 편도체가 공포를 나타내는 특정한 얼굴 특징(예, 눈의 흰자위 부분이 커지는 것)에 반응한다는 것을 보여 주었다(Whalen et al., 2004). 그러므로 편도체가 손상된 환자들은 이런 특정적인 단서를 탐지하는 능력이 없어서 공포 표정을

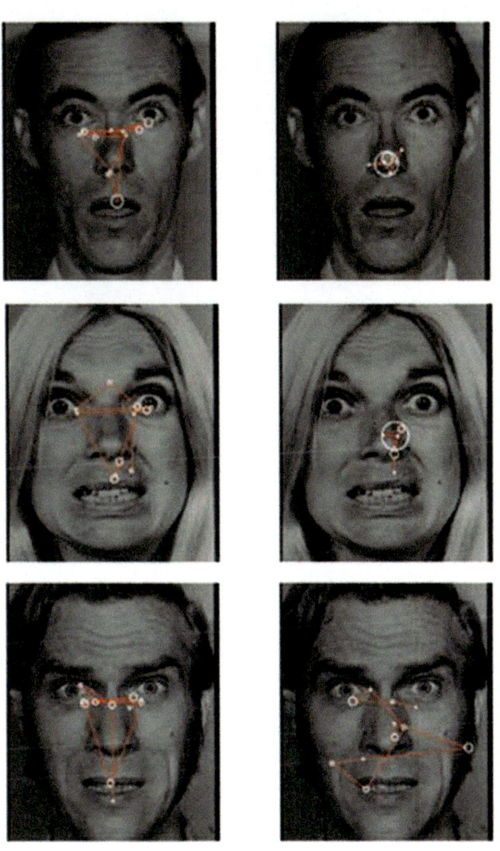

그림 13.16 편도체가 손상된 환자들은 신경학적으로 정상인 사람들과는 다르게 얼굴을 본다. 왼쪽 줄은 정상 참여자의 눈-움직임 패턴을 보여준다. 오른쪽 줄은 공포 표정을 짓고 있는 얼굴을 볼 때 편도체가 손상된 환자들의 눈-움직임 패턴을 보여준다. 정상 참여자는 눈과 입을 집중적으로 응시하는 데 반해 편도체가 손상된 사람은 코에 초점을 맞추는 경향이 있음을 주목하라. Adapted by permission from Macmillan Publishers, LTD: Fig 2 in Adolphs, R., Gosselin, F., Buchanan, T. W., Tranel, D.,Schyns, P., & Damasio, A. R. (2005). A mechanism for impaired fear recognition after amygdala damage. Nature, 433, 68–72.

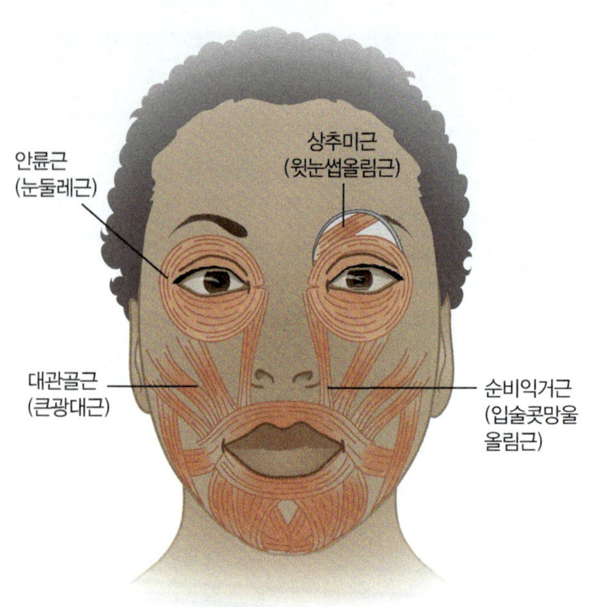

● **그림 13.17 얼굴 표정을 짓는 데 사용되는 얼굴 근육.** 안륜근(눈둘레근)은 분노나 공포로 눈썹을 찡그릴 때 사용된다; 상추미근(윗눈썹올림근)과 대관골근(광대근)은 미소지을 때 사용되고 순비익거근(입술올림근)은 혐오감으로 코에 주름이 잡힐 때 사용된다. 출처: Fig 3 in Niedenthal, P. M. (2007). Embodying emotion. Science, 316, 1002–1005.

재인하는 데 있어 결함이 생기는 것 같다. 편도체가 얼굴 표정에서 정서를 재인하는 데 분명히 기여하고 있으나 편도체의 역할이 대부분 공포 표정에 관련되어 있다는 사실은 또 다른 두뇌 영역이 다른 얼굴 정서를 재인하는 데 틀림없이 중요하다는 것을 나타낸다.

연구들은 다른 사람의 얼굴 표정을 지각하는 데 초점을 맞추어 왔다. 그러나 자신의 얼굴에 정서적인 표정을 만들어내는 것에 관해서는 어떠한가? 얼굴에 있는 여러 근육들은 얼굴 표정을 만드는 하나의 목적을 위해서 진화되었다(● 그림 13.17). 얼굴 근육들은 뇌의 다양한 운동 체계(5장 참조)에 의해서 통제되고 있는 뇌신경으로부터 입력을 받으면 움직인다. 얼굴 표정을 통제하는 체계로는 최소한 2개의 체계, 즉 자발적인(spontaneous) 얼굴 표정을 통제하고 기저신경절이 중심인 체계와 수의적인 얼굴 표정을 통제하고 운동피질이 중심인 체계가 있다. 그러므로 (파킨슨병 환자처럼) 기저신경절이 손상된 환자는 자발적인 대화 시에는 어떤 얼굴 표정도 만들지 못하여서 가면 같은 얼굴을 나타내게 되지만 의도적으로 노력하면 얼굴 표정을 만들 수 있다.

얼굴 표정에 대한 지각과 마찬가지로 얼굴 표정을 만드는 것도 주로 우반구의 통제를 받는다. 이를 연구하는 한 방법은, 말하거나 정서적인 필름을 보고 있거나 다른 과제를 수행하는 동안 좌반구 또는 우반구 손상 환자들의 얼굴 표정을 사진찍거나 비디오로 녹화하는 것이다. 사진과 비디오는 그 후 평정자들에 의해서 주관적으로 평정되거나 얼굴 근육의 움직임을 평가하는 코딩체계를 사용하여 평정된다. 전형적으로, 우반구가 손상된 환자들이 좌반구가 손상된 환자들보다 덜 표현적임이 발견되었다(Montreys & Borod, 1998).

신경학적으로 정상인 사람들을 대상으로 한 연구에서 전형적으로 사용되는 다른 연구방법은 좌측 얼굴의 표정과 우측 얼굴의 표정을 비교하는 것이다. ● 그림 13.18에서 볼 수 있듯이 단지 얼굴을 쳐다 보기만 해도 얼굴의 비대칭을 흔히 관찰할 수 있다. 그러나 얼굴의 비대칭을 양적으로 평가하는 한 가지 방법은 얼굴 사진을 반으로 자르고 각 반쪽 얼굴을 각각의 거울 이미지와 합쳐서 합성얼굴을 만드는 것이다. 결과적으로 두 개의 키메라(chimera)가 만들어지는데 하나는 두 개의 왼쪽 얼굴로 구성되고 다른 하나는 두 개의 오른쪽 얼굴로 구성된다. 이렇게 하면, 얼굴의 양쪽이 크게 다른 것을 즉각 확인할 수 있다(● 그림 13.19). 사람들은 전형적으로 왼쪽 얼굴을 합성한 얼굴을 오른쪽 얼굴을 합성한 것보다 얼굴 표정이 더 풍부하다고 평정한다(Sackeim, Gur, & Saucy, 1978). 짧은 꼬리 원숭이와 침팬지와 같은 비인간 영장류들도 또한 왼쪽 얼굴에 더 극적인 얼굴 표정을 나타낸다

(A)

(B)

(C)

(D)

● **그림 13.18 정서적 얼굴 표정에서 두드러지게 나타나는 비대칭성.** 우리는 사람들의 얼굴이 대칭적이라고 생각하지만, 비대칭을 볼 수 있다. 잘 알려진 얼굴에서 나타나는 비대칭적인 표정을 주목하라. (A) 모나리자, (B) 마릴린 먼로, (C) 엘비스 프레슬리, (D) 존 웨인.

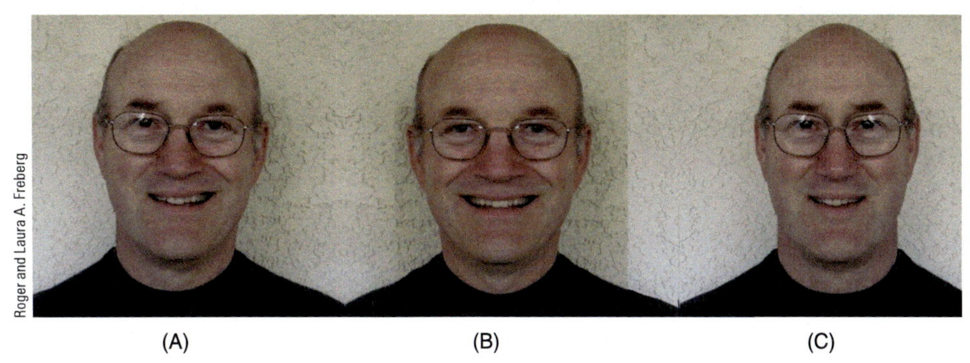

● **그림 13.19 정서적 얼굴 표정의 비대칭을 보여 주는 방법.** A에서 보이는 원래의 얼굴사진을 둘로 나누고, 각 반쪽 얼굴을 그 얼굴의 거울이미지와 합쳐서 합성사진을 만든다. B와 C, 두 합성사진 간의 차이를 주목하라. 어느 사진이 정서적으로 더 강하게 보이는가? 사람들은 보통 왼쪽 얼굴 두 개를 합성한 B를 오른쪽 얼굴 두 개를 합성한 C보다 정서적으로 더 강하게 보인다고 선택한다. 이 결과는 얼굴의 왼쪽 아랫부분을 통제하는 우반구가 정서적 얼굴 표정을 생성해내는 데 더 큰 역할을 한다는 것을 시사한다.

(Fernandez-Carriba, Loeches, Morcillo, & Hopkins, 2002; Hauser, 1993).

얼굴의 정서 지각과 표현에 있어서의 반구 차이에 대한 논의를 조심스럽게 잘 따라왔다면, 당신은 이상한 역설을 발견하였을 것이다. 정서적인 표현과 지각에 우반구가 전문화되어 있기 때문에 정서가 사람의 왼쪽 얼굴에 더 강하게 나타나고, 사람들은 (보는 사람의 우반구 전문화에 의해서) 좌측 시야장이나 공간의 왼쪽에 보여지는 정서적 표현(얼굴 표정)을 가장 잘 이해한다는 사실을 상기해 보자. 이것은 두 사람이 서로 마주보고 의사소통을 하고 있는 상황에서는 한 사람의 얼굴에서 가장 표현이 풍부한 쪽이 상대편 사람의 덜 예민한 시야장에 보여진다는 것을 의미한다(● 그림 13.20)! 이것은 의사소통의 목적을 위해서 최적으로 적응적이라 할 수 없다. 흥미롭게도, 일부 연구들은 사람들이 정서적인 정보를 의사소통하기를 원할 때에는 얼굴의 왼쪽이 더 많이 보이도록 약간 돌아서는 것을 발견하였다. 역사적인 인물들의 초상화를 분석한 결과 정서적 표현성을 덜 강조하는 과학자들의 초상화가 아니라면 얼굴의 왼쪽이 더 많이 보이는 편향이 있음을 발견하였다(McManus & Humphrey, 1973; Nicholls, Clode, Wood, & Wood, 1999). 참여자들에게 사진에 그들의 정서를 나타내도록 격려하면서 포즈를 취하라고 하자 '무표정한' 사진을 위해서 포즈를 취하라고 하였을 때보다 왼쪽 뺨을 더

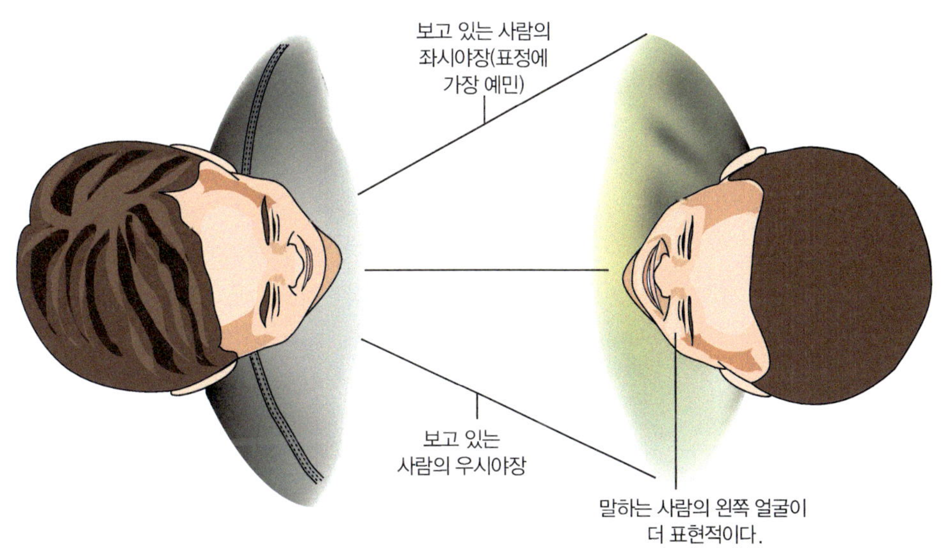

● **그림 13.20 표현의 비대칭이 지각의 비대칭을 만나다.** 두 참여자가 서로 마주보고 대화를 나누고 있을 때, 한 사람의 얼굴에서 더 표현적인 왼쪽 얼굴은 상대방의 덜 예민한 오른쪽 시야로 투사된다.이는 두 참여자가 모두 정서 표현과 지각이 우반구에 전문화되어 있을 때 불합리한 결과를 보여준다. 그러나 실생활에서 사람들은 얼굴의 왼쪽이 더 잘 보이도록 머리를 돌려서 이런 현상에 적응하려는 경향을 나타낸다.

많이 보여주었다(Nocholls et al., 1999). 초상화에서 이렇게 한쪽으로 도는 편향은 정서의 대뇌 비대칭이 어떻게 우리의 일상생활에서 미묘하게 자신을 드러내고 있는지를 보여준다.

운율

구(phrase)가 말해지는 목소리의 음색(tone)이 **운율**(prosody)이다. Monrad-Krohn(1947)은 음높이(pitch)나 주파수(frequency), 강세(stress), 강도(intensity), 타이밍 등의 목소리 단서들을 기술하기 위해서 이 용어를 처음 만들었다. 운율에는 두 가지 유형이 있다. **정서적 운율**(affective prosody)은 정서적 맥락 또는 말의 음색을 전달한다. 예를 들어 "어머니가 저녁 식사하러 오시는 중이다"라는 말은 신나게 표현될 수도 있고 실망스럽게 표현될 수도 있다. **명제적 운율**(propositional prosody)은 어휘적 또는 의미적 정보를 전달한다. 예를 들어 "길 앞에 있는 것이 무엇이지? (What's that in the road ahead?)"와 "길에 있는 것이 무엇이지? 머리야?(What's that in the road, a head?)"는 다른 의미를 전달한다. 운율은 정서를 전달하는 한 가지 수단으로서는 얼굴 표정보다 덜 연구되어 왔지만 운율 단서들이 사회적 상호작용에 중요하다는 사실은 의문의 여지가 없다. 예를 들어 친구와 전화로 이야기를 할 때, 친구의 얼굴 표정에 대한 정보는 없지만 친구의 정서적 상태나 의도를 추론해내기 위해서 정동적인 운율 단서들을 사용할 수 있다.

임상 연구들은 좌반구 손상 환자들에 비해서 우반구가 손상된 환자들이 운율을 이해하는 데 더 많이 손상된다고 시사하였다(Borod et al., 1998; Ross, 2006). 뇌 손상으로 인해서 운율을 이해하지 못하는 결함을 **운율생성곤란**(또는 실운율증, aprosodia)이라 부르는데 우반구 실비안 열(Sylvian fissure) 주변 영역의 손상과 연합되는 경향이 있다(Ross, 2006). 언어의 청각적 처리와 언어이해에 관여하는 좌반구 실비안 영역의 역할에 상보적인 이런 국재화(localization)는 논리적으로 이해가 된다. 운율의 우반구 편측화(lateralization)는 또한 신경학적으로 정상인 사람들이 운율을 이해하는 데 있어 좌측 귀가 이득이 있다는 증거에 의해서 지지된다(Grimshaw, Kwasny, Covell, & Johnson, 2003; Levy & Bryden, 1982).

그럼에도 불구하고 좌반구가 손상되어도 운율을 해석하는 데 어려움이 생길 수 있으므로 운율의 이해가 실제로 얼마나 편재화되어 있느냐에 관해서는 문헌들에서 다소 논쟁이 되고 있다(Pell, 2006; Van Lancker & Sidtis, 1992). 일부 연구자들은 우반구가 정서적 운율(예, 말하는 사람의 정서적 상태를 결정하는 것)을 이해하는 데 중요하고 좌반구는 명제적 운율(예, 목소리의 음조에 근거하여 질문과 진술을 구분하는 것)을 이해하는 데 중요하다고 제안하였다(Walker, Daigle, & Buzzard, 2002). 다른 연구자들은 좌반구가 운율에 기여하는 부분은 우반구에서 우선적으로 해독된 운율단서들을 좌반구에 의해서 지배되는 전반적인 의미적 언어이해로 통합하는 것이라고 주장하였다(Pell, 2006).

신경영상연구들도 연구에 따라서 우반구 내의 서로 다른 영역을 지적하였지만 정서적 운율을 지각하는 데 있어 우반구가 관여되었음을 보여주었다. 일부 신경영상연구들은 우반구 전전두피질 영역이 정서적 운율을 탐지하는 동안 활성화되었음을 발견하였고(George et al., 1996; Imaizumi et al., 1997), 다른 연구들은 양반구가 활성화되는 것을 발견하였다(Kotz, Meyer, Alter, Besson, von Cramon, & Friederici, 2003). 한 연구는 참여자들이 목소리의 정서적 음색을 구분해야 하는 조건(예, 화난 목소리 대 행복한 목소리)과 음소들(phonemes)을 구분해야 하는 조건(예, power vs. tower)을 비교하였다(Buchanan et al., 2000). 두 과제 모두 양반구를 활성화시켰지만, 정서적 과제에서는 우반구 하전전두피질이, 음소과제에서는 좌반구 하전전두피질이 더 크게 활성화되었다. 이 연구는 또한 정서적 조건에서 우반구 청각 피질의 유의한 활동을 발견하였다. 이 모든 결과들을 종합하면, 두뇌 손상 환자들의 자료와 영상 자료는 우반구가 운율의 지각에 더 많이 관여된다는 사실을 나타내지만, 정확히 우반구의 어떤 영역이 가장 중요한지는 아직 밝혀지지 않았다고 말할 수 있다.

운율의 생산도 또한 우반구에 매우 많이 의존한다(Ross, 2006). 예를 들어 일부 연구들에서는 뇌손상환자들에게 중립적인 문장을 제시하고 환자로 하여금 서로 다른 목소리 음색(예를 들어 행복한, 슬픈, 화난, 또는 무관심한)으로 그 문장을 반복하여 읽도록 하였다. 그 결과, 우반구가 손상된 환자들은 전형적으로 더 단조로운 음색으로 문장을 읽었다(Tucker, Watson, & Heilman, 1977). 기대한 바와 같이 운율을 만들어내는 데 있어서의 결함은 우반구의 후측 영역보다 전측 영역과 더 연합되는 경향이 있었다(● 그림 13.21)(Ross, 2006). 임상집단을 대상으로 한 일부 연구들은 발성이 이루어지는 기본 주파수[**기초주파수**(fundamental frequency)라고 알려져 있음], 강도, 타이밍 변수 등 운율을 생산하는 더욱 특정한 구성요소들이 차별적으로 편재화되어 있는지 살펴보는 데 초점을 맞추었다. 연구결과들은 기초주파수를 생성하는 데 있어서의 장애는 우반구 손상과 관련이 있고, 타이밍 변수를 생성하는 데 있어서의 장애는 좌반구 손상과 관련이 있을 수 있음을 시사하였다(Pell, 1999). 이런 발견은 우리가 4장에서 학습한 내용과 일치한다. 즉 우반구는 (말하는 동안 비교적 동일하게 유지되는 기초주파수와 같은) 자극의 전반적인 측면을 처리하고, 좌반구는 말할 때 타이밍의 변화와 같은 세부사항을 처리한다.

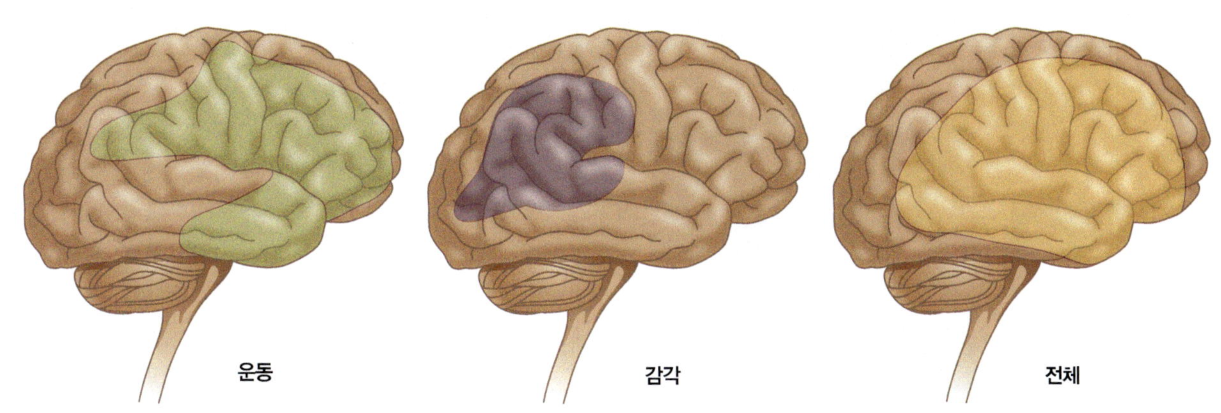

● **그림 13.21 손상되면 정서적 운율을 지각하거나 생성하는 데 문제가 생기는 우반구 영역들.** 이런 장애를 명명하기 위해서 사용되는 명명법은 실어증에 사용되는 것과 같다(9장 참조). 전두엽이 손상되면 생성에는 문제가 있으나 이해력은 정상이고(운동 실운율증), 측두두정엽이 손상되면 생성능력은 정상이나 이해력이 손상되며(감각 실운율증), 우반구의 넓은 영역이 손상되면 자발적인 운율생성과 운율이해 두 가지 모두에 결함이 생긴다(전체성 실운율증). 출처: Fig 21-1 in Ross, E. D. (2006). The aprosodias. In M. J. Farah & T. E. Feinberg (Eds.) Patient-Based Approaches to Cognitive Neuroscience, 2nd ed. MIT Press.

요약하면, 얼굴 표정이나 목소리의 음색을 통해서 정서를 의사소통하는 것은 우반구에 의해서 지배되는 경향이 있다. 의사소통을 위한 상호작용을 하는 동안 좌반구는 적절한 문법과 어휘를 이해하고 생산하는 데 주도적인 역할을 하고, 우반구는 비언어적인 단서를 이해하고 생산하는 데 주도적인 역할을 하므로 반구들 간의 이러한 노동 분담은 매우 효율적이다. 더 나아가, 두뇌피질을 전측 운동영역과 후측 지각영역으로 구분하는 것과 일치하게도 정서표현의 생산은 전두영역에 의존하는 경향이 있고 정서 표현을 지각하는 것은 측두, 두정피질과 같은 후측 영역에 의존하는 경향이 있다.

■ 정서 경험

지금까지는 정서의 신체적 상태를 표상하고, 정서와 인지를 통합하고, 정서를 조절하고, 얼굴 표정과 목소리로 정서를 의사소통하는 뇌의 여러 피질 영역들의 역할을 살펴보았다. 우리가 논의할 마지막 정서기능은 정서의 경험적 측면이다. 슬픔이나 행복함과 같은 특정한 정서적 상태를 경험할 때 어떤 뇌 영역이 그런 경험을 표상하거나 반영하는가? 이 질문은 다른 사람의 주관적인 경험을 신뢰롭게 평가하여야 하므로 대답하기 어렵다.

주관적인 정서 상태를 평가하려는 도전이 있어 왔지만, 다른 한편으로는 심리학자들은 기본적인 정서 경험 차원에 관한 모델들을 개발하여 왔다. 이 모델들은 정서 경험을 여러 개의 기본적인 차원에 따라서 존재하는 것으로 기술하려고 시도한다. 한 모델은 정서 경험의 기본 차원들이 접근과 철회 동기로 기술될 수 있다고 가정한다. 예를 들어서 행복한 상태는 세상에 접근하고 참여하려는 경향을 포함하지만 슬픈 상태는 세상으로부터 철회하려는 경향을 포함한다. 또 다른 모델은 정서의 기본차원이 정서가(valence; 긍정적이거나 부정적인 정서)와 각성(arousal; 낮거나 높은 정서 강도)이라고 주장하였다. 이제부터 살펴보겠지만, 이러한 차원모델들은 각각 특정 피질 영역들의 활동과 연관되어 있다.

접근-철회 모델

우리가 검토할 첫 번째 모델은 접근과 철회 정서에 대해서 서로 다른 두뇌 체계가 존재한다고 가정한다. Davidson과 그의 동료들에 의해서 처음으로 제안된 이 모델에 따르면 접근과 철회는 유기체가 환경에 적응적으로 반응하기 위해서 택하는 가장 기본적이고 초보적인 행위이다(Davidson, 1995, 2004; Sutton, 2002). 정서는 진화함에 따라서 이미 확립되어 있던 접근이나 철회 행동 체계와 연합된다. 이 모델의 지지자들은 좌측 전두엽 영역에 접근 행동에 관여하는 체계가 위치하고 있다고 제안하였다. 따라서 좌측 전두엽 영역의 활성화 증가는 접근 행동과 동반되는 경향이 있는 대부분의 긍정적인 정서와 연합된다. 반대로, 우측 전두엽 영역에는 회피 행동에 관여하는 체계가 위치하며, 우측 전두엽 영역의 증가된 활성화는 공포, 혐오, 우울 등 철회 행동이 동반되는 정서와 연합된다.

접근-철회 모델을 지지하는 많은 증거들은 우측 또는 좌측 전두엽 영역의 활동에 대한 EEG 측정치에 근거하는데 그 측정치는 개인의 전형적인 사고방식이나 기질(disposition)에 따라서 사람마다 다르다. 예를 들어 EEG 측정치는 아무 것도 하지 않는 기저 조건 동안 좌반구와 우반구의 활동 차이가 사람마다 다르다는 것을 보여 주었다(Coan & Allen, 2004; Davidson, 1995). 이런 비대칭은 그 사람의 기질을 예언한다. 즉, 좌반구 전두영역의 활동이 더 많으면 더 낙관적이거나 긍정적인 인생관을 지니고 있고, 우반구 전두영역의 활동이

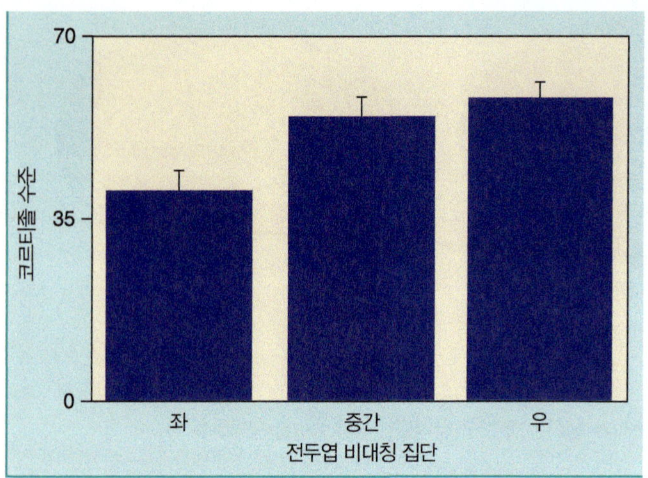

● **그림 13.22 전두엽의 비대칭 활성화와 스트레스 호르몬의 관계.** 우반구보다 좌반구 전두엽의 활동이 더 큰 붉은털 원숭이(왼쪽 막대)는 우반구 전두엽이 좌반구보다 활동이 더 큰 원숭이(오른쪽 막대)나 양반구가 비슷한 활동을 보인 원숭이(가운데 막대)보다 스트레스 호르몬인 코르티졸 수준이 더 낮았다. 출처: Fig. 4 in Kalin, N. H., Larson, C., Shelton, S. E., & Davison, R. J. (1998). Asymmetric frontal brain activity, cortisol, and behavior associated with fearful temperament in rhesus monkeys. Behavioral Neuroscience, 112, 286–292.

더 많으면 부정적인 자극에 더 크게 반응하는 경향이 있다. 이런 패턴은 10개월된 영아를 대상으로 반복검증되었는데 좌반구보다 우반구 전전두영역의 활성화 정도가 더 큰 영아가 엄마와 떨어졌을 때 더 많이 울었다(Davidson & Fox, 1989; Buss, Schumacher, Dolski, Kalin, Goldsmith, & Davidson, 2003). 비슷한 비대칭 패턴은 붉은털 원숭이에도 존재하는데, 좌반구보다 우반구 전전두영역이 더 활성화되어 있으면 더 높은 수준의 스트레스 호르몬을 지닌 것으로 밝혀졌다(● 그림 13.22)(Kalin, Larson, Shelton, & Davidson, 1998; Kalin, Shelton, & Davidson, 2000). 그런 비대칭은 또한 기분의 일시적 변화와 연관된다. 사람들이 행복한 필름을 보거나(Davidson, Ekman, Saron, Senulis, & Friesen, 1990), 영아들이 단맛이 나는 설탕물을 맛볼 때(Fox & Davidson, 1986) 좌반구 전두영역의 활동이 증가되는 것이 관찰되었다.

활성화된 반구와 기분상태 사이의 비슷한 관계가 정동장애를 지닌 임상집단에서도 관찰되었다. 예를 들어 기저 조건(resting condition) 동안 우울증이 있는 사람들은 좌반구보다 우반구 전전두영역에서 더 많은 활동을 보였고, 우울증이 없는 사람들은 그 반대 패턴을 보였다(Schaffer, Davidson, & Saron, 1983; Reid & Duke, & Allen, 1998; Shankman, Klein, Tenke, & Bruder, 2007; Thibodeau, Jorgensen, & Kim, 2006). 14장에서 더 자세히 다루겠지만, 실제로 좌반구보다 우반구 전전두엽 영역의 EEG 활동이 더 많은 것은 우울증의 한 위험요인을 나타내는 것일 수 있다.

접근-철회 모델은 또한 좌반구나 우반구 손상으로 인한 정서적 결과에 관한 연구 결과와 일치한다. 편측 뇌손상을 입은 환자들을 대상으로 한 연구에서 좌반구 전두엽이 손상된 환자들의 60%가 우울증상을 나타냈음을 발견하였다. 좌반구내에서도 병소가 앞쪽에 있으면 있을수록 더 심각한 우울증상을 나타냈다(Robinson & Szetela, 1981; Morris, Robinson, Raphael, & Hopwood, 1996). 좌반구 전두영역의 손상이 접근 동기 체계를 손상시킨다고 가정하면 이 결과는 접근-철회 모델과 잘 들어 맞는다. 즉, (철회 체계는 온전하다고 해도) 접근 체계가 손상되면 무감동, 무기력감, 즐거움을 느끼는 능력이 없는 등의 고전적인 우울증상들을 일으키는 것 같다.

접근과 철회는 각각 긍정적, 부정적 정서와 동의어인 것처럼 보인다. 그러나 이 그림에 잘 들어맞지 않는 정서가 하나 있는데 그것은 분노(anger)이다. 분노는 확실히 부정적인 정서지만 비난하는 것과 같은 '접근' 행동으로 표현될 수도 있고, 무시하는 것과 같은 '철회' 행동으로 표현될 수도 있다. 이 때문에 분노는 접근-철회 모델에 대해서 독특한 검증 사례를 제시한다. 이 모델이 옳다면, 화가 났을 때 행동으로 드러내는 사람은 더 많은 좌반구 전두엽 활동을 나타내야 한다. 연구들은 접근-철회 모델을 지지하는 이런 예측과 대체로 일치하는 결과를 보고하였다(Harmon-Jones, 2004, 2007; Harmon-Jones & Sigelman, 2001).

정서가-각성 모델

정서 경험에 대한 또 다른 인지 신경과학모델(Heller, 1993; Heller & Nitschke, 1998)은 정서가(유쾌 대 불쾌)와 각성(높은 강도 대 낮은 강도), 두 기본적인 차원에 의해서 정서가 가장 잘 기술된다는 것을 주장하는 심리학적 모델(Feldman-Barrett & Russell, 1999)에 기초한다. 정서가-각성 모델(Valence-Arousal Models)에 따르면 전두영역은 정서가(valence)에 비대칭적으로 관여하고 우반구의 후측 영역은 각성측면에 관여한다(● 그림 13.23).

정서가-각성 모델이 접근-철회 모델과 어떻게 다른가? 두 모델은 전두영역에 대한 예언에 있어서는 매우 유사하다. 정서가-각성 모델에 따르면 좌반구 전두엽 영역은 긍정적인 정서에, 우반구 전두엽 영역은 부정적인 정서에 전문화되어 있다. 앞에서 (전형적으로 긍정적인) 접근 정서는 좌반구 전두엽 영역에, (전형적으로 부정적인) 철회 정서는 우반구 전두엽 영역과 연결되어 있다는 증거를 살펴보았다. 이 증거는 두 모델 모두에 잘 들어 맞는다.

그러나 정서가-각성 모델은 또한 각성 또는 정서적 강도가 우반구의 후반부 활동에 반영된다고 제안하였다. 지각적 비대칭성을 검토한 연구들은 정서적 자극이 좌반구보다 우반구에 제시되었을 때 심박률, 혈압, 스트레스호르몬 방출 등에 더 큰 영향을 미친다는 것을 보여주었다(Wittling, 1990; Wittling & Pfluger, 1990; Wittling, Block, Schweiger, & Genzel, 1998). 더 나아가, 참여자들의 주의를 좌시야(left visual field)로 향하게 하면 우반구가 활성화되어 우측 시야로 주의를 향하게 하는 것보다 스스로 보고하는 각성 수준에 있어 더 큰 변화가 발생하였다(Compton, 1999). 또한, 스스로 보고하는 에너지나 각성 수준이 높을수록 얼굴 지각 과제에서 좌측 지각 편향이 더 컸다(Heller, Nitschke, & Lindsay, 1997).

정서의 정서가-각성 모델은 우울과 불안을 특징짓는 뇌 활동 패턴을 변별하는 데 특히 도움이 된다(Heller, Koven, & Miller, 2003). 우울과 불안이 모두 확실히 유쾌하기보다는 불쾌한 기분상태이지만, 우울과 불안은 각성 차원에 있어서 서로 다르다. 우울은 전형적으로 낮은 각성 상태인 반면에 불안은 흔히 높은 각성 상태이고, 따라서 이 두 가지는 우반구의 뒷쪽 영역에 서로 다르게 관여된다. 불안과 우울에 관여하는 두뇌 영역은 14장에서 더 자세히 살펴볼 것이다.

접근-철회 모델과 정서가-각성 모델은 전두엽과 두정엽의 정확히 어느 부분이 정서 경험에 관여하는지에 관해서는 특정적으로 밝히지 않고 있다. 오히려 두 모델은 모두 정서 경험에 포함되는 더 일반적인 활동 패턴을 강조한다. 이것은 기분의 효과를 연구하는 데 사용되는 방법론들의 한계를 나타내는 것 같다. 예를 들어 EEG 측정치들은 뇌 활동이 정확히 어디에서 일어나는지를 결정하는 데는 이상적인 측정치가 아니다. 그것은 또한 개념적으로 중요한 점, 즉 뇌에는 단지 하나의 '기분(mood)' 센터가 있는 것이 아니라는 사실을 나타낸다. 그 대신 기분 변화는 넓은 영역의 두뇌 활동을 조절하는 것과 연관되어 있고, 이를 통해서 경험하는 주관적 느낌에 영향을 미칠 뿐만 아니라 어떻게 지각적 정보를 처리하고, 주의를 기울이고, 보상을 평가하고, 의사결정을 하는지에도 영향을 미친다.

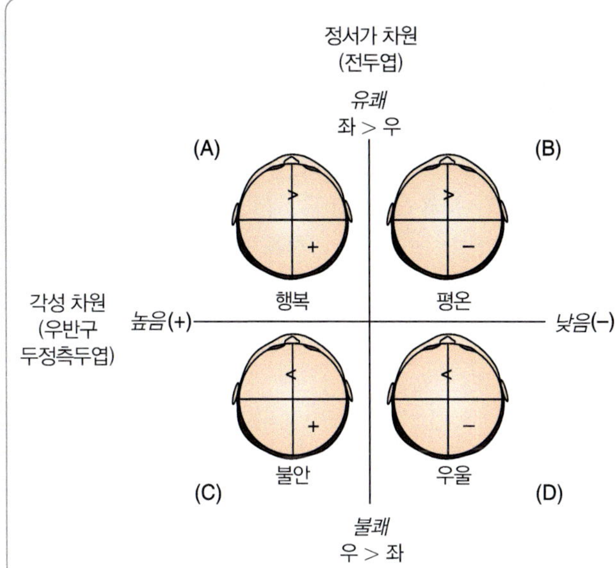

그림 13.23 Heller(1993)가 제안한 국소적 뇌 활동과 기분 모델. 이 모델은 기분의 정서가차원(긍정적 또는 유쾌 대 부정적 또는 불쾌; y축)은 뇌의 전두엽 영역의 활성화에 의해서 주로 영향을 받는 반면, 각성차원(높음 대 낮음; x축)은 우반구 후방 영역의 활성화에 의해서 주로 영향을 받는다고 가정한다. 여기에는 네 가지 기분 상태에 대한 뇌 활성화 패턴이 제시되어 있다. (A) 좌측 전두엽 영역이 우측 전두엽 영역보다 더 활성화되고(즐거운 정서로 이끎) 우측 후방 영역이 높게 활성화되었을 때(각성으로 이끎) 사람은 행복하다. (B) 전체 전두엽 영역의 활성화 패턴은 동일하지만 우측 후방 영역의 활성화가 감소되면 행복보다 낮은 각성 상태인 평온함을 느끼게 된다. (C) 불안의 경우, 좌측보다 우측 전두엽의 높은 활성화가 부정적인 정서가로 이끌며 우측 후방 영역에서의 높은 활성화는 각성수준을 증가시킨다. (D) 마지막으로 우울증에서는 좌측보다 우측 전두엽의 높은 활성화로 인해 부정적 정서가가 발생한다는 측면에서 불안과 유사하다. 그러나 우측 후방 영역의 낮은 활동은 각성수준을 감소시키며 이 점이 불안과 우울의 차이이다. © 2011 Cengage Learning

정서에서 사회 인지까지

정서 연구는 특히 인간이나 다른 영장류들과 같은 사회적인 종(種)을 대상으로 한 사회적 행동 연구와 긴밀하게 연관되어 있다. 이 장에서 다룬 내용들을 돌이켜보면, 정서 처리의 많은 예들이 사회적 자극이나 상황을 포함하였음을 알 수 있다. 예를 들어 얼굴 표정과 정서적 운율은 두 명 이상의 사람들이 서로 의사소통을 하는 상황에서 발생하기 때문에 필연적으로 사회적이다. 안와전두엽이 손상된 환자들이 어떻게 사회적으로 부적절한 행동을 억제할 수 없는지도 살펴보았고 이는 정상적인 사람들이 사회적 규범과 기대에 맞게 자신들의 행동을 어떻게 통제하는지에 관해서 내적으로 이해하고 있다는 것을 우리에게 상기시켰다. 또 다른 예로서, 매력적인 얼굴과 같은 사회적 자극이 매우 맛있는 음식처럼 피질하 보상체계에 작용할 수 있다는 것에 주목하였다.

정서 연구는 오랫동안 사회적인 측면들을 포함해왔다. 그러나 최근 몇 년 동안에는 사회적 현상을 더 널리 이해하기 위해서 인지 신경과학의 방법들을 적용하는 데 대한 관심이 증가하여 왔다(Cacioppo, Visser, & Pickett, 2006; Lieberman, 2007). 이제 사회인지 신경과학(social cognitive neuroscience)의 성장하는 하위 분야를 보여주는 두 가지 연구 흐름을 다루고자 한다. 첫째로, 우리의 마음이 어떻게 다른 사람의 마음상태를 표상할 수 있는지에 관한 이론을 살펴보겠다. 두 번째로, 인지 신경과학적인 접근을 편견과 차별이라는 주제에 적용하려고 시도한 연구들을 살펴보겠다.

■ 타인의 마음상태를 이해하는 것

사람들은 끊임없이 다른 사람들이 무엇을 생각하고 있는지를 추론하려고 한다. 룸메이트가 당신을 좋아하는지, 상사가 당신을 해고하려는 마음이 있는지, 함께 공부하고 있는 친구가 당신에게 설명해 주고 있는 수업자료를 자신은 정말 이해하고 있는지 등을 궁금하게 여길 것이다. 이 모든 예에는 다른 사람의 마음에 어떤 생각이 있는지를 이해하려는 시도가 들어 있다.

우리가 다른 사람의 생각이나 느낌을 어떻게 이해하는지에 관한 2가지 주요 이론이 있다. 한 이론은 **마음이론**(theory of mind)이라 불리는 것으로, 우리가 느낌이나 생각을 포함한 다른 사람들의 마음상태에 대하여 인지적 표상(representation)을 지니고 있다고 가정한다. 이런 인지적 표상을 통해서 우리는 두 가지 서로 다른 신념세트, 즉 "우리가 알거나 믿거나 느끼는 것"과 "우리가 다른 사람이 알거나 믿거나 느끼고 있다고 생각하는 것"을 마음에 가질 수 있다. 예를 들어 교사는 활동전위가 뉴런으로 어떻게 전파되는지 알고 있고 그와 동시에 자신의 학생들이 수업 첫날에는 아직 이 사실을 모르고 있다는 것을 알고 있을 수 있다. (한 걸음 더 나아가서 활동전위에 대해서 이미 알고 있는 한 학생이 "선생님은 내가 이것을 이미 알고 있다는 것을 모르고 계시네"라고 생각한다고 상상해 보자.) 다른 사람의 지식에 관해서 이런 종류의 이론화를 하려면 인지적으로 높은 수준으로 세련되어야 하므로 이런 능력은 학령전기(preschool years) 늦게까지 발달되지 않는다고 생각된다(Flavell, 2004). 아직 이 주제에 관해서는 많은 논쟁이 있지만 일부 학자들은 이런 식으로 다른 사람의 마음상태를 표상하는 능력은 인간과 아마도 고등유인원에게만 있는 독특한 능력이라고 주장하였다(Povinelli & Vonk, 2003; Tomasello, Call, & Hare, 2003; Brüne & Brüne-Cohrs, 2006).

또 다른 이론은 우리가 시뮬레이션(유사실험)을 통해서 다른 사람들의 마음상태를 이해한다고 제안한다. 가장 간단하게 말하자면, **시뮬레이션**은 다른 사람처럼 행동하는 것이다. 예를 들어 타인이 울고 있는 것을 본다면, 당신도 눈물을 흘림으로써 타인의 마음상태를 이해할 수 있을 것이다. 타인의 행위나 표현을 흉내냄으로써 그 사람이 느끼고 있는 것처럼 느끼고 그 사람의 마음상태를 이해한다. 타인을 이해하는 이런 방법은 공감(empathy) 개념과 밀접하게 관련되어 있다.

타인을 이해하는 두 가지 방법인 마음이론과 시뮬레이션은 상호 배타적이지 않다. 예를 들어 마음이론 접근은 바깥으로 분명히 표현되지 않은 신념이나 지식과 같은 마음상태를 우리가 어떻게 표상하는지를 더 쉽게 설명할 수 있다. 그와는 대조적으로 시뮬레이션은 쉽게 흉내낼 수 있는 정서적 행동과 운동 행위를 가장 잘 설명할 수 있다. 그것은 또한 정서(와 웃음과 같은 행동들)가 어린 아동들과 인지적인 수준이 높지 않은 동물들에게까지도 어떻게 '전염'될 수 있는지 설명할 수 있다. 그러나 타인을 이해하기 위해서 단지 시뮬레이션만을 사용한다면 자기 자신의 느낌과 타인의 느낌을 구분하기 어려울 수 있다. 그러므로 우리는 서로 다른 상황에서 사용하기는 하지만 타인의 마음상태를 표상하는 두 가지 방법 모두에 의존하는 것 같다.

그래서 우리는 이런 기술에 기저한 신경과정에 대해서 무엇을 알고 있는가? 당신이 예상할 수 있듯이, 타인의 내적 지식에 관해서 이론화하는 것은 매우 추상적인 작업이고 아마도 여러 작용 요소들을 포함할 것이므로 특정한 한 두뇌 영역에 이런 기능을 국재화시키기는 쉽지 않다. 그러나 몇몇 연구들에서는 사람들에게 타인의 신념에 관하여 추론을 해보라고 지시한 후 뇌 활동을 살펴보았다. 그 결과 내측 전전두피질, 측두엽극(temporal pole), 상측두구(superior temporal sulcus) 및 측두두정엽 접속부위(junction)를 포함한 영역들로 구성된 네트워크가 활성화되었음을 발견하였다(Frith & Frith, 2003; Saxe, Carey, & Kanwisher, 2004). 네트워크에 포함된 이 영역들이 각각 수행하는 정확한 작용은 아직 충분히 이해되지 않았으나 각 영역들이 어떤 역할을 하고 있을지 추론을 할 수는 있다. 예를 들어 상측두구는 타인의 시선(응시 방향)을 부호화하는 역할을 하는데(Hoffman & Haxby, 2000; Jellema, Baker, Wicker, & Perrett, 2000; Pelphrey, Singerman, Allison, & McCarthy, 2003) 이는 타인의 마음상태를 추론하는 것과 관련이 있을 것이다. 예를 들어 어떤 사람이 당신으로부터 시선을 다른 쪽으로 돌리면, 당신은 그 사람이 당신을 지루해하거나 귀찮아하고 있다고 추론할 수 있다.

타인을 이해하는 데 있어 시뮬레이션을 두뇌 과정과 연관시키기는 더 쉽다. 5장에서 동물이 어떤 행위를 하거나, 같은 행위를 다른 동물이 하는 것을 보면 점화되는 거울뉴런(mirror neuron)에 관하여 배웠던 것을 기억하라. 뇌의 운동 영역에서 처음 거울뉴런이 발견된 후, 연구자들은 신경미러링(neural mirroring)의 개념을 연구하기 시작했다. 실제로, 많은 상황에서 어떤 사람이 특정한 상태를 경험했을 때와 그가 타인이 같은 상태를 경험하는 것을 관찰했을 때 동일한 뇌 영역이 활성화된다. 운동 영역은 우리가 다른 사람이 행동하는 것을 볼 때 활성화되고(van Schie, Mars, Coles, & Bekkering, 2004), 뇌의 통증 영역은 우리가 다른 사람이 통증을 느끼는 것을 볼 때 활성화되며(Jackson, Meltzoff, & Decety, 2005; Singer, Seymour, O'Doherty, Kaube, Dolan, & Frith, 2004), 뇌의 혐오관련영역(뇌섬)은 우리가 악취를 맡을 때

IN FOCUS: 거절당하는 고통

왕따를 당하는 느낌만큼 나쁜 감정은 없다. 중학교시절을 돌이켜 생각해 보라: 언제 인기 있는 친구가 당신을 피했나? 또는 동아리에 들어가려고 했지만 거절당했을 때를 생각해 보라. 이런 기억은 당신의 마음을 아프게 한다. 인간과 같은 사회적 종(種)의 구성원들에게 있어 어떤 사회집단에 속하는 것은 행복과 복지로 가는 길의 일부이지만, 그 집단에서 배제되는 것은 힘과 자존감 및 자원의 상실과 연합된다.

과학자들은 신체적 고통의 신경 토대를 밝히기 위해서 많은 시간을 보냈으나, 최근에 정서 신경과학자들은 사회적 고통의 토대를 연구하여 왔다(MacDonald & Leary, 2005). 거절의 고통은 신체적 고통이 상처를 주는 것과 동일한 뇌의 영역에 '상처를 주는가'?

영향력 있는 한 연구 결과는 그렇다고 시사한다(Eisenberger, Lieberman, & Williams, 2003). 이 연구에서 참여자는 컴퓨터 화면상의 두 명의 만화 등장인물과 공을 던져서 주고 받는 가상게임을 하였다. (실제로, 다른 '참여자들'은 컴퓨터 프로그램으로 조작되었다.) 우선, 참여자는 화면 속의 두 다른 참여자들이 가상 현실에서 서로 공을 토스하는 것을 보았다. 그리고 나서 참여자도 게임 속에 들어가 3명이 모두 함께 공을 토스하였다. 게임의 3번째 부분에서는 갑자기 화면 속의 다른 두 사람이 참여자에게 공을 토스하는 것을 중지하였다. 놀랍지 않게도, 참여자들은 그들이 무시당하거나 배제되는 것 같이 느꼈다고 말하는 경향이 있었다. 그와 동시에, 그들은 앞서 공을 토스할 때와 비교해서 전측 대상피질과 우반구 복측 전전두피질의 활동이 증가함을 보여주었다. 전측 대상은 신체적 고통에 의해서도 활성화되므로 이런 결과들은 신체적 고통이 활성화시키는 뇌의 영역과 같은 영역을 사회적 배제가 활성화시키고 사회적 배제도 '상처를 준다'는 것을 가리키는 것으로 해석될 수 있다.

그러나 다른 연구자들이 지적한 것처럼 배제조건은 아마도 포함조건과는 다르다: 즉, 배제조건은 기대를 위반한다(Somerville, Heatherton, & Kelley, 2006). 즉 참여자는 다른 사람들이 자신에게 공을 던져주지 않을 때 놀랐을 것이다. 대상피질이 활성화된 것은 사회적 고통을 지각해서였을까, 아니면 단순히 기대에 어긋나서였을까? 다른 연구들은 어떤 종류의 고통도 없는 상황에서조차도 기대하지 않은 결과와 다른 인지적 갈등에 의해서 대상피질이 활성화되는 것을 보여주었다. 이러한 두 가능성을 변별하기 위해서 Sommerville과 동료들은 두 종류의 조건을 포함하는 실험을 개발하였다: 기대에 어긋나는 상황을 포함하는 조건과 사회적 피드백(또 다른 '참여자'가 실제 참여자를 좋아하는지 좋아하지 않는지를 알려주는 것)을 포함하는 조건. 그들은 사회적 거절이 기대를 위반한 조건과는 다른 대상피질영역을 활성화시키는 것을 발견하였고, 이 결과는 이 두 과정이 하나의 동일한 과정이 아니라 서로 다른 과정임을 가리킨다. 그러나 신체적 고통과 사회적 고통이 연결되어 있다는 생각을 지지하는 다른 연구자들은 공 토스 게임에서 사회적 거절에 더욱 예민한 참여자들이 신체적 고통에도 또한 역치가 더 낮은 경향이 있음을 보여주었다(Eisenberger, Jarcho, Lieberman, & Naliboff, 2006). 이런 발견은 신체적 고통과 사회적 거절로 인한 고통이 실제로 공통적인 토대를 함께 나누고 있음을 의미한다.

와 다른 사람이 악취를 맡는 것을 볼 때 활성화된다(Wicker, Keysers, Plailly, Royet, Gallese, & Rizzolatti, 2003). 이런 예들에서 보듯이 다른 사람의 경험을 관찰하는 것만으로도 감각, 운동, 정서체계가 활성화되는 것은 우리가 그 경험을 시뮬레이션하고 결국 이해하도록 도와준다.

흥미롭게도, 우리가 타인의 경험을 시뮬레이션하는 정도는 우리가 그 사람을 얼마나 좋아하는지 또는 자신이 그 사람과 얼마나 비슷하다고 여기는지와 같은 사회적 요인들에 의해서 결정된다. 한 연구에서 다른 사람이 큰 보상을 받는 것을 볼 때 선조체의 복측(측좌핵)이 활성화되고, 보상을 받는 사람이 사회적으로 바람직하고, 호감이 가고, 자신과 비슷한 사람일 때 더 크게 활성화되는 것을 발견하였다(Mobbs et al., 2009). 이와 비슷하게, 공모자가 단순한 컴퓨터 과제를 수행하는 것을 참여자가 보는 과제에서, 공모자가 저지른 실수에 대한 신경 반응은 참여자 자신과 공모자가 얼마나 유사한지에 대한 참여자의 판단에 의해서 영향을 받았다(Carp, Halenar, Quandt, Sklar, & Compton, 2009). 이런 연구들은 우리가 타인들의 상태를 미러링하는 능력을 가지고 있기는 하지만 우리 자신과 비슷하게 보이는 사람들에 대해서 그런 경향을 더 나타낸다는 것을 시사한다.

■ 편견에 대한 인지 신경과학적 접근

타인, 특히 소수파(minority) '외집단(out-group)'에 대한 편견과 차별은 모든 사회에 만연한 쟁점이다. 편견과 차별 문제는 현대사회심리학이 생겨난 이후로 그 핵심 주제가 되어 왔다. 사람들은 왜 편견과 차별적인 행동에 관여하고, 어떤 기제가 그것을 지속하게 하는가? 분명히, 이 문제 전체를 다루려면 집단 수준에서의 행동, 사회조직과 권력의 불평등, 문화적 규준과 가치가 어떻게 교육되고 학습되는지 등에 대한 이해가 있어야 한다. 뇌 안을 깊이 들여다 보면 편견을 완전히 이해할 수 있다고 생각하는 것은 너무 순진하다. 그러나 인지 신경과학이 이 중요한 영역의 지식에 무엇인가 기여할 수 있을까?

인지 신경과학적 접근으로부터 우리가 배운 한 가지는 뇌가 내집단(in-group)과 외집단(out-group) 범주를 상당히 빨리 구분한다는 것이다. 한 연구에서 연구자들은 다른 인종에 속한 얼굴들에 대한 반응을 ERP로 측정하였다(Ito, Thompson, & Cacioppo, 2004). 연구 결과, 모든 얼굴에 대해서 초기에 나타나는 ERP 정점들(peaks)은 인종에 관계없이 똑같이 나타났다. 즉, 얼굴을 제시한 후 170 ms경에 나타나는 얼굴에 특정적인 N_{170} 정점은 다른 그림들보다 얼굴에 대해서 더 크게 나타났으나 인종이 다른 얼굴에 대해서도 다르지 않았다. 그러나 외집단 구성원들의 얼굴을 제시하였을 때보다 내집단 구성원들의 얼굴을 제시하였을 때 약 250 ms에서 ERP 반응이 더 크게 나타났다. 그러므로 인간의 뇌는 내집단과 외집단을 1/4초 내에 구분한다고 말할 수 있다. 초기 연구들은 백인 참여자들에게 국한되어 있었으나 이후의 연구들을 통해서 백인과 흑인 참여자 모두에서 동일한 기본적인 패턴—내집단과 외집단에 대한 초기의 신경변별—이 확인되었다(Dickter & Bartholow, 2007).

사람들은 다른 인종의 사람들과 상호작용을 할 때 흔히 두려움이나 모호함을 느끼는 것 같다. 그들의 뇌가 외집단 구성원들을 위협으로 해석할 수 있을까? 일부 연구자들은 같은 인종의 얼굴보다 다른 인종의 얼굴들에 대해서 조건화된 공포를 더 빨리 학습한다는 것을 발견하였다(Olsson, Ebert, Banaji, & Phelps, 2005). 한 신경영상연구에서 연구자들은 무의식적인 인종편향이 편도체의 활동과 연관되어 있다는 것을 보여주었다(Phelps et al., 2000). 무의식적인 편향은 (다른 인종의 얼굴과 긍정적인 단어를 연합하는 속도와 비교하여) 다른 인종의 얼굴과 부정적인 단어를 연합하는 속도를 수량화하는 행동적 방법을 사용하여 측정되었다. 연구자들은 무의식적인 인종편향의 측정치값이 크면 클수록 (특히 좌측) 편도체가 더욱 활성화된다는 것을 발견하였다. 물론 이 사실은 왜 어떤 사람은 다른 사람보다 무의식적인 인종편향을 더 강하게 나타내는지를 말해주지는 않는다. 이것은 단지 그런 사람들이 다른 인종의 얼굴을 보았을 때 뇌의 편도체 회로를 활성화시킨다는 것을 말해줄 뿐이다. 흥미롭게도, 편도체가 손상된 환자들도 무의식적 인종 편향을 계속 나타냈는데 (Phelps, Cannistraci, & Cunningham, 2003), 이는 이 뇌 구조가 인종 편견을 지니는 데 책임이 있는 유일한 기관은 아니라는 것을 나타낸다.

이 연구들은 (우리 사회에서 매우 두드러진 범주인) 인종에 기반한 내집단과 외집단에 초점을 맞추었으나 사회심리학자들은 내집단과 외집단이 사람들 사이의 어떤 종류의 차이에 의해서도 매우 쉽게 형성될 수 있다는 것을 오랫동안 알고 있었다. 심지어 동전 던지기를 통해서 사람들을 임의로 집단에 배정하여도 그들은 나중에 자신의 집단을 좋아하는 증거를 보여주었다(Tajfel, 1970). 한 신경영상연구에서(Van Bavel, Packer, & Cunningham, 2008), 참여자들은 '표범팀'이나 '호랑이팀'에 속하도록 임의로 배정되었고, 연구의 나중 단계에서는 다른 참여자들이 자신의 팀에 속하는지 다른 팀에 속하는지 학습하도록 하였다. 뇌영상 결과는 참여자가 다른 팀의 구성원들보다 자신의 팀의 구성원들을 볼 때 편도체, 안와전두피질(OFC), 방추상회(fusiform gyrus) 등 많은 영역의 활동이 증가되었음을 보여주었다. 또한, 안와전두피질의 활동은 참여자들에게 각 얼굴을 얼마나 좋아하는지 평정하도록 하였을 때 내집단 사람들을 좋아하는 정도를 예측하였다. 참여자들이 연구 전에는 서로를 알지 못하였고 참여자들이 다른 참여자들의 얼굴을 보는 시간을 연구자들이 통제하였기 때문에 이 연구에서 내집단과 외집단에 대한 반응 차이는 집단 구성원들과의 과거 경험에 의해서는 설명될 수 없다. 이 결과들은 단일 실험 회기로 형성된 가장 단순한 종류의 사회적 범주화조차도 뇌가 다른 사람들에게 어떻게 반응하는가에 영향을 미칠 수 있다는 것을 보여 준다.

현대 사회에서는 대부분의 사람들이 겉으로 드러내는 인종적 편향이 사회적으로 받아들여지지 않는다는 것을 알고 있고, 자신이 인종차별주의적인 방식으로 행동하거나 생각한다고 생각을 하게 되면 불편하게 느낀다. 한 연구에서 사람들이 인종적 편향을 숨기고 있었다는 것을 의미하는 자신들의 실수에 대한 반응을 연구함으로써 이런 현상에 주목하였다 (Amodio, Harmon-Jones, Devine, Curtin, Hartley, & Covert, 2004). 이 연구에서 사람들은 그림이 총인지 또는 연장인지를 가리키는 버튼을 빨리 누르도록 지시를 받았다. 총이나 연장 그림을 제시하기 바로 전에 참여자들에게 흑인 또는 백인의 사진이 점화 자극으로 제시되었다. 전반적으로 참여자들은 백인 사진으로 점화되었을 때보다 흑인 사진으로 점화되었을 때 '총'에 해당하는 버튼을 잘못 누르는 경향이 더 많았고, 이 결과는 흑인과 총 사이에 암묵적으로 편향된 연합이 있음을 시사한다. 연구자들은 참여자들이 이런 실수를 하였을 때 유발된 오류관련 부적전위(error-related negativity, ERN)를 조사하였고, 참여자들이 인종 편향과 무관한 실수를 하였을 때보다 인종적인 편향과 관련된 오류를 하였을 때(예, 흑인의 얼굴을 점화 자극으로 보았을 때 '연장'보다 '총'에 해당하는 버튼을 잘못 누르는 것) ERN이 유의하게 더 높은 것을 발견하였다(● 그림 13.24)(Amodio et al., 2004; Amodio, Kubota, Harmon-Jones, & Devine, 2006). 인종적으로 관련된 오류에 대해서 더 진폭이 큰 ERN을 나타낸 참여자들은 반응 속도를 더 늦추는 경향이 있었고 다음 시행에서는 더 정확하게 반응하였다. 이는 참여자들이 미래에는 그런 오류를 피하기 위해서 보상하려고 노력하고 있음을 시사한다. ERN의 출처에 관해서 우리가 알고 있는 사실을 기반으로, 우리는 이런 인지적 통제과정이 전측 대상피질 및 그와 연관된 전두엽 영역들을 포함한다고 가정할 수 있다.

같은 연구진들에 의해 수행된 다른 연구에서는 인종적 편견에 대한 죄의식과 전두엽에서의 EEG 비대칭을 연결지었다 (Amodio, Devine, & Harmon-Jones, 2007). 이 연구에서 참여자들은 인종적인 편견이 있는 방식으로 반응하였다

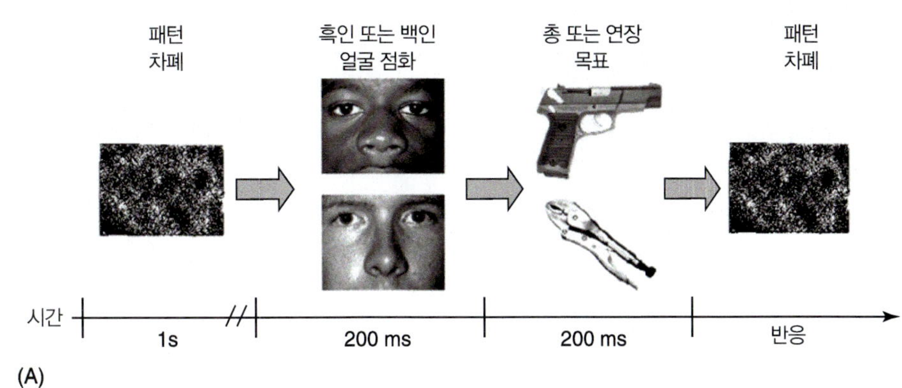

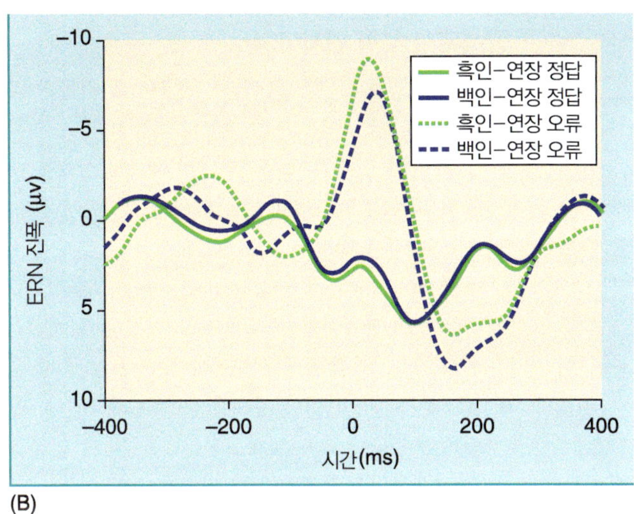

그림 13.24 오류관련 두뇌 과정은 인종적 의미에 의해서 영향을 받는다. (A)는 참여자가 시각적 영상이 총인지 연장인지를 결정해야만 하는 과제를 예시한다. 영상은 흑인이나 백인의 얼굴이 짧은 시간 제시된 후 보여진다. (B)에서 오류관련 부적전위는 참여자가 흑인-연장 오류(흑인 얼굴로 점화된 후 연장을 총으로 잘못 말한 것)를 하였을 때 백인-연장 오류나 정답을 말한 경우보다 더 컸다. 이 자료는 인종적 편향을 반영하는 오류가 다른 오류보다 더 강한 신경반응을 일으킨다는 것을 지적한다. 출처: Fig 1 from Amodio, D. M., Harmon-Jones, E., Devine, P. G., Curtin, J. J., Hartley, S. L., & Covert, A. E. (2004). Neural signals for the detection of unintentional race bias. Psychological Science, 15, 88–93 and Fig. 3a from Amodio, D. M., Harmon-Jones, E., Devine, P. G., Curtin, J. J., Hartley, S. L., & Covert, A. E. (2004). Neural signals for the detection of unintentional race bias. Psychological Science, 15, 88–93. Reprinted by permission of John Wiley.

는 거짓 피드백을 받았다. 그 피드백은 좌반구의 활동이 덜 나타나도록 전두엽의 EEG 비대칭 패턴을 변화시켰다. 접근-철회 모델에 따르면, 이런 결과는 감소된 접근 동기와 일치한다. 아마 편견을 가졌다는 죄책감이 사람들로 하여금 뒤로 물러나고 싶도록 만든 것 같다. 그러나 더 많은 죄책감을 보고한 참여자들은 이후에 편견 감소에 관한 논문을 읽는 데 더 흥미를 보였고 그와 함께 접근-관련 좌반구 전두엽의 활성화가 증가되었다. 다시 말해서, 죄책감은 처음에는 철회-관련 EEG 비대칭과 연합되었으나 벌충을 할 기회를 가진 후에는 접근-관련 EEG 비대칭과 연합되었나.

다시 한번 이야기하지만, 이런 결과들은 어떤 사람이 인종적 편견을 더 많이 가지게 되는지를 우리에게 말해주지는 않는다. 그러나 이 결과들은 인종적 단서를 지각하고 그 단서에 대한 자신의 반응을 조절할 때 뇌에서 어떤 일이 일어나고 있는지에 관한 단서를 제공한다. 분명히, 정서와 정서 조절에 관여되는 뇌 구조들이 이런 사회적 과정에도 중요한 역할을 한다.

요약

정서에 관여하는 뇌의 피질하 영역

- 시상하부는 도망가거나 싸우는 것과 연합된 자율신경계와 내분비기능의 변화와 같은 정서적 상태와 연합된 일부 생리적 현상을 중재한다.
- 편도체는 정보의 정서적 의미를 학습하고, 빠르고 본능적인 정서적 반응을 생산하는 데 관여한다. 편도체는 또한 정서적으로 중요한 사건에 주의가 어떻게 향하는지에 영향을 미칠 수 있다.
- 복측 선조체 또는 측좌핵은 보상을 추구하는 행동에 중요하다. 그것은 특히 예측하지 않은 보상에 반응하고, 보상을 기대했을 때 활성화된다.

정서에 관여하는 뇌의 피질 영역

- 뇌섬은 불쾌한 맛을 부호화하는 데 관여하고 혐오감의 경험과 지각에도 역할을 한다. 정서와 관련이 있는 내적 신체 상태를 표상하는 데 중요하다.
- 전측 대상의 입쪽 영역은 정서적으로 두드러진 사건들을 감찰하는 데 관여한다.
- 안와전두피질은 보상과 처벌 유관성을 평가하고 그 관계의 변화에 적응적으로 반응하는 데 강하게 관여한다. 안와전두피질의 손상은 사회적으로 적절한 방식으로 행동과 정서를 통제하는 데 결함을 가져올 수 있다.
- 정서통제는 피질과 피질하 뇌 영역들 간의 상호작용에 의존한다. 정서를 억제하는 데에는 편도체, 시상하부 등의 피질하체계에 대한 하향통제가 포함된다.
- 우반구의 측두두정영역은 목소리 음색이나 얼굴 표정으로 표현된 정서적 정보를 이해하는 데 중요하다.
- 우반구는 정서적 정동(affect)과 연관된 운율을 만들어내고 얼굴에 나타난 정서표현을 지배하는 데 주도적인 역할을 한다.
- 긍정적인 정서는 우측보다 좌측 전전두피질의 더 많은 활동과 연합되는 반면, 부정적인 정서는 그 반대 패턴을 보인다. 즉 좌측보다 우측 전전두피질이 더 많이 활동한다.
- 높은 각성상태는 우반구, 특히 후측 영역과 차별적으로 관련되어 있다.

정서에서 사회 인지까지

- 사회적 행동의 많은 측면들은 정서적 과정들과 밀접하게 연관되어 있다.
- 두 가지 주요 이론이 우리가 타인의 마음상태를 어떻게 이해하는지를 다룬다. '마음이론'은 타인의 지식이나 신념의 인지적 표상이고, 내측 전전두피질, 상측두구, 측두두정엽 접속부위 등을 포함하는 영역들로 구성된 네트워크를 포함한다. '시뮬레이션'은 타인이 활성화될 때, 동일한 뇌 영역을 활성화시킴으로써 타인의 마음상태를 표상하는 것이다.
- 연구자들은 편견의 신경 상관물을 조사하였다. 편도체는 다른 인종의 얼굴에 의해 활성화되는데 이는 그 얼굴들이 위협적으로 부호화됨을 시사한다. 사람들은 특히 인종 편향을 반영하는 실수에 예민하고 스스로를 고치려고 노력한다. 인종 편견과 연합된 죄책감은 두 반구에서의 접근-철회 체계의 변화와 연합된다.

핵심용어

강화유관성(reinforcement contingency)
내수용력(interoception)
마음이론(theory of mind)
명제적 운율(propositional prosody)
반전 학습(reversal learning)
변연계(limbic system)
시뮬레이션(simulation)
안와전두피질(orbitofrontal cortex, OFC)
운율(prosody)
운율생성곤란(aprosodia)
접근-철회 모델(approach-withdrawal model)
정서적 운율(affective prosody)
정서 조절(emotional regulation)
심맹(psychic blindness)
측좌핵(nucleus accumbens)

도서 참조 사이트: www.cengage.com/psychology/Banich

이 웹사이트는 학생들이나 강사들에게 강의용 퀴즈나 암기카드, 용어정리 같은 정보와 자료를 무료로 제공한다.

정신병리
Psychopathology

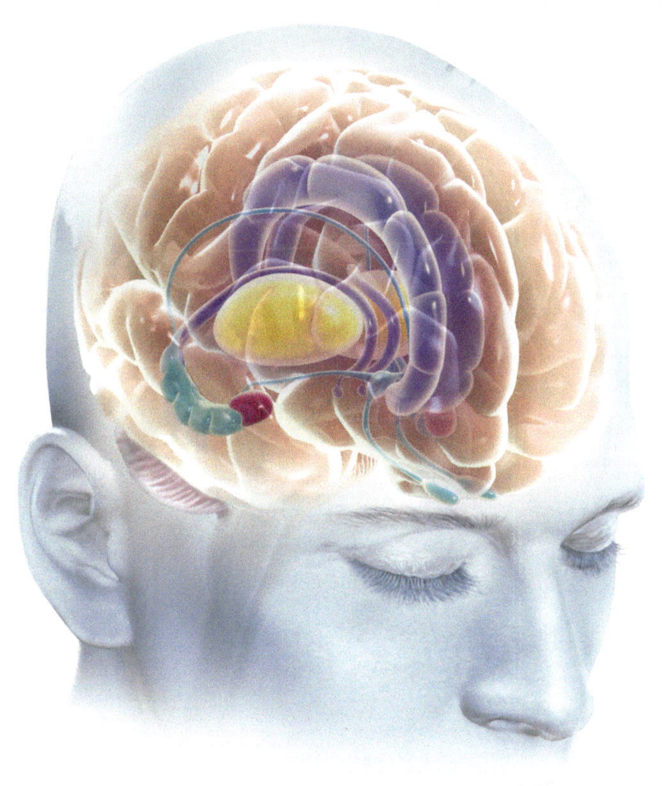

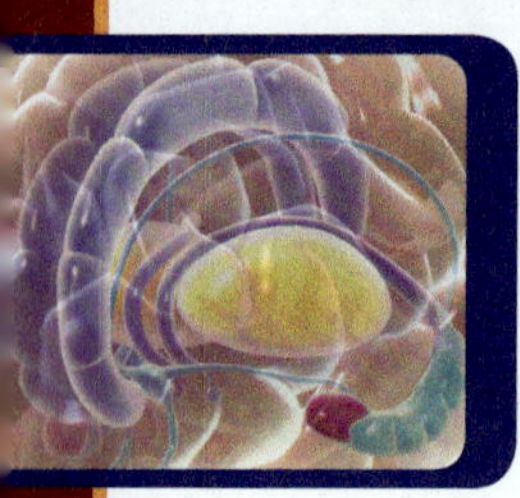

Joe Gray는 내가 15세이고 그가 60세일 때 우리 가족과 함께 살게 되었다. 그와 내 어머니는 남부 뉴멕시코에 있는 목장에서 이웃으로 함께 자랐다. 아버지가 돌아가신 후 Joe는 어머니를 돕기 위해 필라델피아로 왔다. 형제들과 나는 이전에 그를 본 적이 없었지만, 그는 곧 우리의 친구이면서 스승이자 안내자가 되었다. Joe는 72세에 생을 마칠 때까지 우리와 함께 살았다.

비록 Joe의 일부 과거는 미스터리로 남아 있지만, 우리가 그의 삶에 대해 확실히 알고 있는 것도 있다. 말에 걸터 앉아 있는 사진에서 본 젊은 시절의 그는 잘생기고 자신 있어 보였다. 그는 말을 타고 총을 쏘고 동물을 다루는 방법을 알고 있었다. 그는 학자였고, 많은 분야에 관한 책을 읽는 강한 호기심의 소유자였다. 프린스턴대학교에서 교육을 받았으며, 스페인어를 공부하였다. 우리는 그가 남아메리카의 냉전(cold war) 동안 미국을 위한 비밀 스파이로 활동하였다는 것을 알고 있었다. 이 일은 자신의 모험심과 스페인에 대한 지적 추구를 동시에 만족시켜 주었지만, 그는 결코 우리에게 자세한 것을 이야기해 주지 않았다. 또한 우리는 그가 알코올 중독자가 되었고 오랜 세월 동안 알코올중독방지회(Alcoholics Anonymous)의 회원이었다는 것도 알고 있었다. Joe는 퇴직 후 뉴멕시코의 앨버커키에서 살다가 우리가 사는 곳으로 와서 함께 살게 되었다. 그러나 삶에 대한 그의 열정은 계속되었다. 블루그래스(미국 남부 컨트리 뮤직의 하나)와 포크 음악을 들으러 가고, 강아지를 훈련시키고, 수도를 고치거나 우리에게 운전하는 법을 가르치기도 했다.

Joe는 내가 대학원에 다닐 때 첫 번째 뇌졸중을 경험하였다. 나는 휴일이어서 집에 있었다. 어느 날 우리는 Joe가 말을 하기는 하였지만 그가 말하는 것이 사리에 맞지 않는다는 것을 알 수 있었다. 그는 어쩐지 우리가 말한 것을 따라서 말하는 것 같았다.

나는 그때 대학원에서 배운 지식으로 그것이 뇌 손상으로 인한 브로카 실어증의 증상이라는 것을 알 수 있었다. 실제로 신경학적 검사를 통해서 Joe의 좌반구에 뇌졸중이 발생했음이 확인되었다. Joe는 자신의 언어 능력을 회복하기 위해 치료를 열심히 받았고, 자신의 일생에서 가장 즐겼던 일 중 하나이며 손상되지 않은 능력인 독서를 통해서 위안을 받았다. 두 번째 뇌졸중이 생기기 전까지 예후는 꽤 좋았다. 그러나 두 번째 뇌졸중 후에 Joe는 읽거나, 운전을 하거나, 또는 대화에 알맞은 단어를 말할 수 없게 되었다. 또한 그 뒤부터 Joe의 태도도 변하였다.

종종 심술궂기는 했었지만, Joe는 언제나 삶에 대해 낙관적이었으며, 삶은 모험이라는 생각을 가지고 있었다. 그러나 두 번째 뇌졸중 이후로 그의 기분은 확실히 암울해졌고 삶에 대한 에너지는 현저하게 줄어들었다. 그는 자살을 여러 번 시도했다. 하룻밤에 많은 양의 약을 복용하였지만 결국 다음날 오후에 일어났고, 하루나 이틀 동안 비틀거렸다. 그는 20년 전에 끊은 이후로는 전혀 마시지 않던 술을 이제는 하루에 스카치 다섯 잔씩 마셨고, 큰 문제가 생기기 전에 부엌 바닥에 그냥 기절해 버렸다. 나는 그에게 정신과 의사를 만나도록 권유하였는데 그 정신과 의사는 그를 매우 화나게 해서 잠시 동안 자신이 우울한 것을 잊도록 만들었다. 우리는 그의 기분을 북돋기 위해서 그가 우리 가족에게 얼마나 소중한 사람인지 이야기해 주고, 그가 좋아하는 곳에 데려갔으며, 새 웨스턴 카우보이 부츠를 사주었다. 결국 그는 목을 매달고 죽기로 결심하였고 그 자살 계획이 이번에는 성공하였다. 어머니가 금요일 오후에 퇴근하여 집에 돌아왔을 때 정문의 창에 안쪽을 들여다 볼 수 없도록 판지가 붙어있었고, Joe는 이미 매듭에서 떨어져 복도 바닥에 누워 죽어있었다. 그는 자신의 새 부츠를 신고 있었다.

대학원 시절 이후 나의 많은 연구들이 우울증에서의 뇌 기제들의 역할에 초점을 맞추고 있다는 사실이 독자들에게 놀라운 일이 아닐 것이다.

—Wendy Heller, **임상 신경과학자**

인지 신경과학의 다른 영역과 마찬가지로 뇌와 정신장애에 관해 우리가 알고 있는 많은 것은 뇌 손상을 입은 환자들로부터 제공된 정보에 근거하고 있다. Joe Gray로 하여금 자살을 하게 한 우울증은 비록 그가 뇌졸중으로 말미암아 독립적으로 생활하는 능력과 지적 능력이 감소된 것에 대해 낙담하였지만 그가 자신의 장애를 수용하지 못하였기 때문에만 발병한 것이 아니다. 좌반구 일부, 특히 전두엽에 손상을 입으면 우울장애가 초래된다는 연구 결과가 있다. 이러한 연구 결과는 정신장애의 발병에 특정 뇌 영역이 중요한 역할을 한다는 것을 시사한다.

정신장애 혹은 **정신병리**를 완전히 이해하는 데에는 뇌를 이해하는 것 이상이 요구된다. 즉 정신병리를 다양한 서로 다른 심리학적 입장, 예를 들어 생물적 입장뿐만 아니라 인지적, 사회적, 문화적 수준에서 연구할 수 있다. 예를 들어 우울장애는 좌반구 전두엽의 활성화 감소 등과 같은 생물학적 요인과 관련될 뿐만 아니라 생의 의미를 사고하고 추론하는 방법의 변화와 관련되어 있다. 우울장애는 대인관계에 영향을 줄 수도 있고 영향을 받을 수도 있다. 우울장애의 발병과 증상이 문화적 가치 혹은 규준의 영향을 받을 수 있다. 비록 이 장에서는 인지 신경과학적 접근을 강조하지만 정신병리를 이해하기 위해서는 이러한 관점들이 고려되어야만 한다(Nolen-Hoeksema, 2007 참조).

우리의 목표는 인지 신경과학이 복잡한 정신장애의 이해에 어떤 독특한 정보를 제공하는가를 이해하는 것이다. 네 가지 주요 정신장애, 즉 조현병, 우울장애, 불안장애와 물질남용에 초점을 맞추는데 이는 이 네 장애가 가장 흔하고 또 가장 큰 장애를 초래하기 때문이다. 발달(예, 자폐증, 주의결핍장애)과 노화(예, 알츠하이머병)와 관련되어 초래되는 장신장애는 각각 15장과 16장에 기술되어 있다.

이 장애들에 관해 자세하게 살펴보기 전에 먼저 윤리적 문제를 살펴보는 것이 중요하다. 이 장을 살펴보는 동안 다음과 같은 사실을 알게 될 것이다. 즉 정신장애를 더 잘 이해하기 위해 일부 연구들에서는 연구참여자들을 다소 자극적이고 어려운 상황에 놓는다. 예를 들어 우울한 사람들에게 우울한 이야기를 듣게 하거나 공포장애를 가지는 사람들에게 그들이 공포를 느끼는 대상을 보여주거나 외상후 스트레스 장애를 가지는 사람들에게 외상사건에 관해 생각하게 하는 연구들을 살펴볼 것이다. 이 연구들의 방안이 인지 신경과학이 비열하고 냉혹한 영역이라는 것을 의미하지 않는다. 대신 인지 신경과학의 목적은 이 장애를 이해하여 궁극적으로는 치료법을 확대하고 증진시키는 것이다. 모든 인지 신경과학 연구들과 마찬가지로 임상 환자들을 대상으로 하는 연구들은 윤리위원회(review board)의 승인을 받는 것이 반드시 요구된다. 이 위원회는 연구에서 사용되는 자극이 장애 때문에 환자들이 경험하는 고통보다 더 큰 고통을 주지 않는다는 것을 확인한다. 전형적으로 연구참여자들에게 연구에 대한 간략한 설명이 제공된 후 이들의 동의를 받는다. 참여자들은 선한 마음과 관대함을 가지고 이러한 연구에 기꺼이 참여한다. 즉 비록 연구에 참여하는 것이 자신들의 장애에 직접적으로 도움이 되지 않고 심지어 고통스럽기도 하지만 그럼에도 불구하고 연구에 참여하는 것은 연구 결과가 자신들과 유사한 장애를 경험하는 다른 사람들을 장차 도울 수 있기를 희망하기 때문이다.

조현병

비록 조현병이 완전히 이해되기에는 아직 많은 연구가 필요하지만 조현병이 뇌질환의 결과라는 것이 일반적으로 받아들여지고 있다. 조현병은 관리는 되지만 결코 완치되지 않는 만성장애이다. 사춘기 후반부 혹은 성인기 초기에 처음 발병하고 발병 이후부터는 임상 치료와 관리가 요구된다. 조현병이 만성장애이기 때문에 정신과 입원 환자들 중 절반이 조현병 환자들이고 오랫동안 장애를 경험하게 하는 10개 원인들 중 하나이다(Mueser & McGurk, 2004). 더욱이 이 장애는 비교적 흔하여 대략 200명 중 1명 정도에서 발병한다(World Health Organization, 2001). 이 숫자는 조현병이 개인, 가족과 사회에 큰 문제가 될 수 있음을 시사한다. 다음에서 살펴보겠지만 조현병 증상이 매우 다양하고 복잡하기 때문에 단일 뇌 영역 혹은 체계가 이 장애에 관여하는 것은 가능하지 않다.

■ 증상과 특징

다른 정신장애와 마찬가지로 조현병의 진단은 관찰 가능한 행동과 심리적 특징에 근거하지 생물학적 지표에 근거하지 않는다. 다시 말하면 조현병을 진단할 수 있는 혈액 검사 혹은 다른 생물학적 지표가 없다는 것이다. 대신 환자와 가족을 면담하여 환자가 조현병의 핵심적 특징을 가지고 있는가를 확인한 훈련받은 임상가가 진단을 한다. 진단에는 다음의 증상들, 즉 환각, 망상, 와해된 언어, 와해되거나 긴장된 행동과 음성증상 중 적어도 2개가 요구되며, 이 증상들이 적어도 한 달 이상 지속된 것이 요구된다(American Psychiatric Association, 2000, *DSM-IV-TR*, 2000).

많은 연구자들이 조현병 증상을 두 개의 범주, 즉 양성증상과 음성증상으로 분류한다. **양성증상**(positive symptoms)은 행동이 정상범주를 넘어서거나 왜곡된 경우를 의미하는 반면 **음성증상**(negative symptoms)은 정상 행동이 존재하지 않는 경우를 의미한다. 양성증상에는 환각, 망상, 와해된 사고와 행동이 포함되고 이 증상은 다른 사람에게 이상하거나 비이성적으로 보인다. 환각은 실제로 존재하지 않는 무엇인가를 지각하는 것을 의미하는데, 예를 들어 개인의 머리 속에 있는 목소리(실제 존재하는 않는)를 듣는 경우이다. 조현병에서 관찰되는 환각은 어떤 감각유형에서도 일어날 수 있지만 환청이 가장 흔하다. 망상은 비합리적인 신념을 의미하는데, 예를 들어 FBI가 전화 도청을 한다고 믿거나(편집증적 망상) 자신을 메시야로 믿는(과대 망상) 경우이다. 음성증상에는 무감동(동기부족), 정서둔마(정서적 반응의 부족)와 의욕 혹은 자기지향적(self-directed) 행동의 상실 등이 포함된다. 대다수의 연구들이 양성증상에 초점을 맞추고 있는데 이는 아마도 양성증상이 눈에 더 띄고 기능을 더 붕괴시키기 때문일 것이다. 그러나 음성증상들도 개인이 정상적으로 기능하는 데 큰 방해가 된다. 음성증상은 좋지 못한 예후와 관련되고 항정신병 약물의 효과가 덜하다(Gasquet, Haro, Novick, Edgell, Kennedy, & Lepine, 2005).

진단 유형과는 무관하게 조현병 환자들은 표 14.1에 제시

표 14.1 조현병의 증상 범주

범주	증상
사고 내용	망상 혹은 잘못된 믿음
사고 형태	사고의 조직화가 비정상적인 사고 장애. 한 주제에서 관련되지 않은 다른 주제로 생각이 전환되는 '연상 이완(loose of association)'이 이러한 유형의 증상 중 흔한 예이다.
지각	환각 혹은 감각을 초래하는 자극이 존재하지 않음에도 불구하고 감각 경험을 보고한다.
정동	정서 장애. 가장 흔한 것이 둔감, 메마름 혹은 상황에 부적절한 정서이다.
자기감	자기정체감에 대한 혼란. 개인은 비현실감을 느끼거나 외부의 힘에 의해 자신이 통제당하고 있다고 느낀다.
의지	어떤 목표를 추구하고자 하는 동기와 흥미의 감소. 이러한 증상들은 개인의 작업 능력을 심각하게 방해한다.
외부 세계와의 관계	외부 세계로부터 철회되어 있고 내적 공상과 기이한 생각에 사로잡혀 있다.
정신운동 행동	몸을 흔듦, 배회, 상동적 행동, 기괴한 행동 의식 등의 비정상적 움직임. 조현병으로 진단된 일부 환자들은 거의 움직이지 않고 일부 환자들은 매우 단정치 못한 외모를 보이거나 사회적 규준에 맞지 않게 옷을 입는다.

되어 있는 8가지 증상 범주 중에서 여러 증상들이 결합된 양상을 보인다. 이 증상들은 다양한 기능 영역, 즉 운동 기능, 지각, 정서, 동기와 집행기능에 걸쳐 나타난다. 따라서 다양한 뇌 체계가 조현병에 관여한다는 것이 놀랍지 않다.

조현병과 관련되어 가장 먼저 그리고 가장 일관되게 보고되는 신경계의 이상이 측뇌실과 제3뇌실의 확장이다(Shenton, Dickey, Frumin, & McCarley, 2001). ● 그림 14.1에서 볼 수 있는 **뇌실 확장**은 여러 뇌 영역들의 뇌조직이 위축된 결과로 초래된다. 따라서 뇌실 확장은 특정 뇌 영역의 이상을 시사하지 않는다. 최근 연구에 의하면 조현병 진단을 받은 후 대략 20년 동안 뇌가 지속적으로 위축된다고 하며 이 결과에 근거하여 일부 학자는 조현병이 지속적인 정신병리 과정과 관련되어 있다고 제안한다(Pol & Kahn, 2008).

조현병과 관련되는 특정 뇌 영역을 확인하기 위해 연구자들은 주로 두 가지 방법을 사용한다. 첫 번째 방법은 조현병 환자에서 관찰되는 인지 결함과 특정 뇌 영역에 손상을 입은 환자에서 관찰되는 인지 결함을 서로 비교하는 것이다. 두 번째 방법은 신경영상과 뇌 기능을 측정하는 방법을 사용하여 조현병 환자군과 통제군 사이의 뇌 구조 및 기능의 차이를 보이는 영역들을 확인하는 것이다. 두 방법 모두 특히 전두엽과 측두엽이 조현병과 관련되어 있다는 것을 보여준다.

■ 전두엽

조현병에서 전두엽의 기능이 손상되어 있는 것을 시사하는 많은 증거들이 있다. 조현병 환자들에서 가장 손상을 보이는 인지기능 중 많은 것, 즉 작업기억, 자기모니터, 주의, 인지적 통

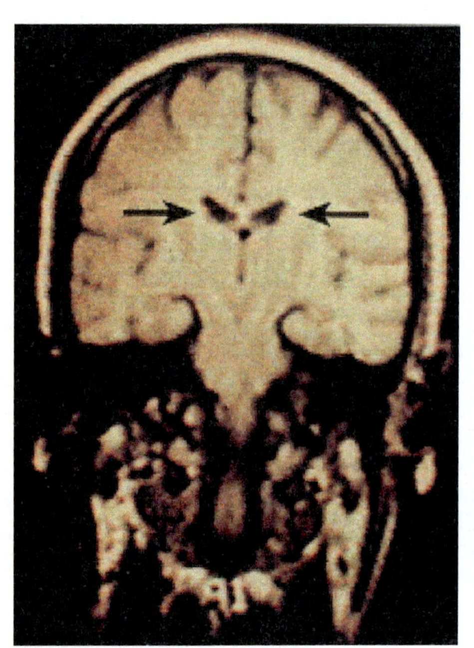

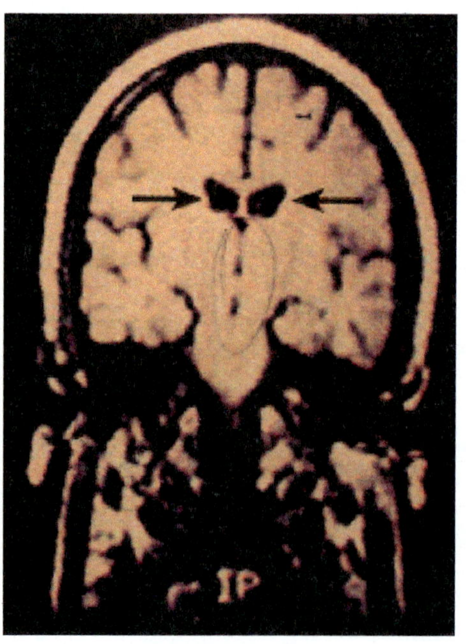

● **그림 14.1 조현병에서 관찰되는 확대된 뇌실.** 조현병 환자의 뇌(오른쪽)와 조현병을 앓지 않는 쌍둥이 형제의 뇌(왼쪽)에 관한 MRI 영상이다. 뇌실의 크기에 차이가 관찰된다(화살표). 출처: Courtesy Dr. Weinberger, NIMH, St. Elizabeth's Hospital.

제와 융통성 있는 행동 등이 전두엽에 의존한다(이에 대한 개관은 Barch, 2005 참조; Berman & Meyer-Lindenberg, 2004; Mitchell, Elliott, & Woodruff, 2001). 예를 들어 조현병 환자들은 런던탑 검사(Tower of London test)와 같이 계획능력을 측정하는 검사와 위스콘신 카드분류 검사(Wisconsin Card Sort Test)와 같이 정신적 융통성을 측정하는 검사에서 저하된 수행을 보인다(이 검사들에 관한 기술은 12장 참조)(Goldberg, Saint-Cyr, & Weinberger, 1990; Parellada, Catarineu, Catafau, Bernardo, & Lomeña, 2000). 이에 덧붙여서 다수의 기능 영상 연구들은 조현병 환자들이 통제군에 비해 전두 영역의 활성화 감소를 보임을 보고하고 있다(● 그림 14.2). **전두엽 기능저하**(hypofrontality; 전두엽 활성화 감소)는 조현병 환자가 조용히 안정을 취하고 있을 때와 전두엽의 활성화가 요구되는 과제를 수행할 때 모두에서 관찰된다(Berman & Meyer-Lindenberg, 2004).

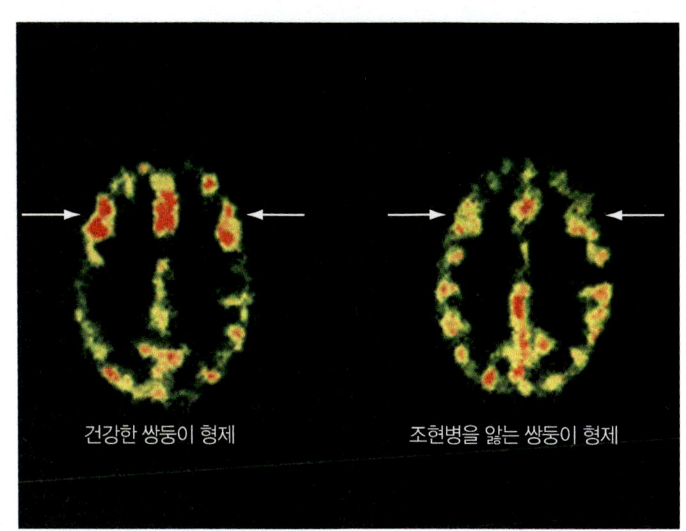

● **그림 14.2 조현병에서 관찰되는 전두엽 기능저하.** 정상인(예를 들어 조현병을 앓지 않는 쌍둥이 형제)에 비해 조현병 환자에서 전두엽 영역(흰 화살표)의 활성화가 감소된다. 가장 큰 활성화를 보인 영역은 빨간색으로 표시되고 그보다 낮은 활성화를 보인 영역들이 주황색과 노란색으로 표시되어 있다. 출처: Daniel Weinberger, M. D., E. Fuller Torrey, M. D. (formerly of NIMH), Karen Berman, M. D. NIMH Clinical brain Disorders Branc Division of Intramural Research Progress, NIMH 1990.

다양한 신경생리 기법을 사용한 연구들이 행동의 억제에 관여하는 전두엽 기제가 조현병 환자들에서 손상되어 있음을 보고하고 있다(Campanella & Guerit, 2009 참조). 한 예가 피검자가 스크린에 제시되는 지속적으로 움직이는 목표물을 추적하는 것이 요구되는 느린-추적 안구 운동 과제(smooth-pursuit eye movement task)를 사용한 연구이다(Braff, 2004). 이 과제에서 관찰되는 눈 운동이 자동적인 주의보다는 수의적인 것이기 때문에 이 눈 운동에는 전두엽의 다른 영역뿐만 아니라 전두시야장도 관여한다(Tanabe, Tregellas, Miller, Ross, & Freedman, 2002). 이 과제를 성공적으로 수행하기 위해서는 느린 눈 운동에 관여하는 전두 체계의 활성화가 요구되는 한편 이와 동시에 눈을 목표물 위로 움직이게 하는 도약 안구 운동 체계가 억제되는 것이 요구된다. 조현병 환자들이 불규칙한 눈 운동 궤도, 즉 목표물의 위로 눈 운동을 하는 경향을 보이는데, 이에 관한 것이 ● 그림 14.3에 제시되어 있다(Ross, Olincy, Harris, Radant,

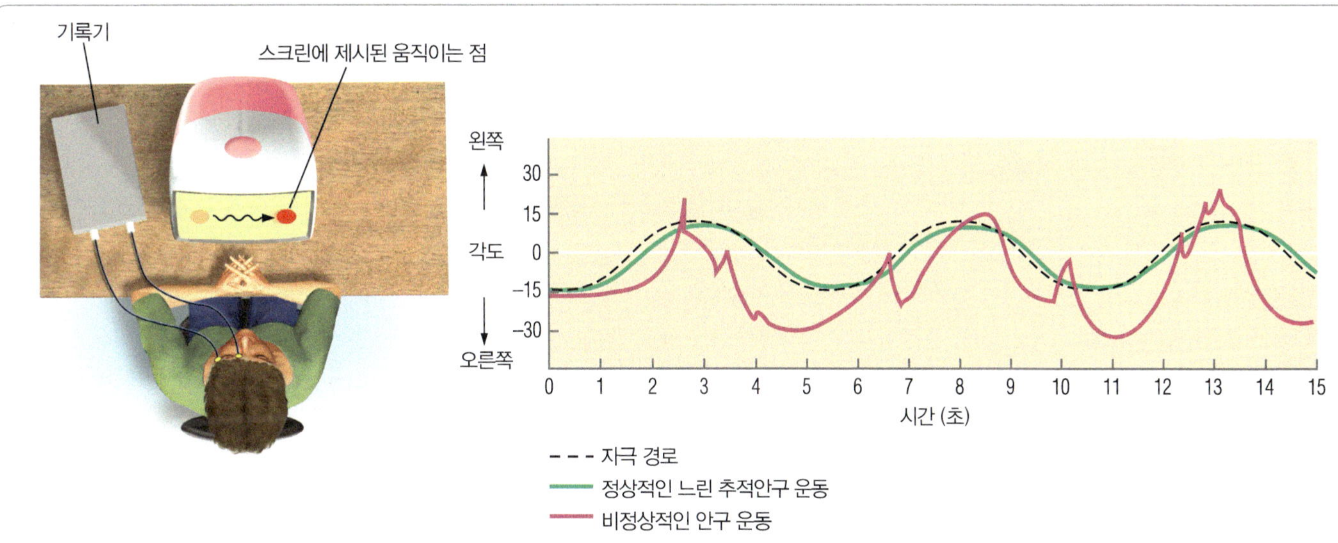

● **그림 14.3 조현병에서 관찰되는 느린 추적안구 운동 결함.** 스크린에 제시된 움직이는 목표물의 경로를 눈으로 추적하는 것이 요구되는 과제에서 조현병 환자는 비정상적인 안구 운동, 즉 한 위치에서 다른 위치로 점프하는 것과 같은 안구 운동을 보인다. © 2010 Cengage Learning

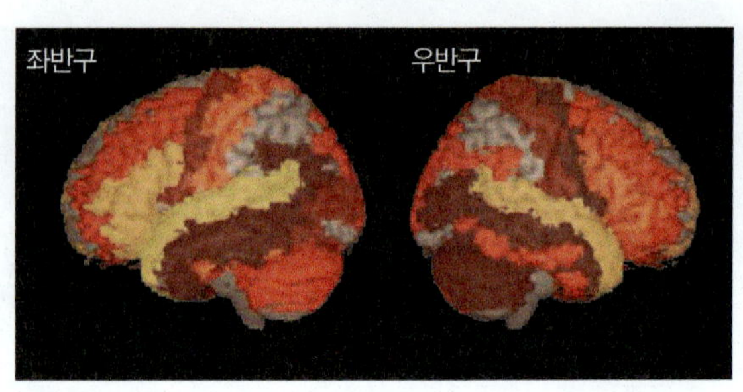

● **그림 14.4 조현병에서 관찰되는 회백질 부피 감소.** 조현병을 앓지 않는 사람보다 조현병 환자에서 여러 뇌 영역의 회백질 부피가 감소되어 있는 것이 다수의 연구에서 관찰되었다. 노란색으로 표시된 영역들의 부피가 감소되어 있는 것이 가장 일관되게 관찰되며 그 다음으로는 주황색과 짙은 빨간색으로 표시된 영역들에서 부피 감소가 관찰된다. 가장 일관되게 부피 감소가 관찰되는 영역이 양반구 상측두회와 좌반구 하전두 영역이다. 또한 전두엽의 많은 영역들이 주황색으로 표시되어 있는데 이는 서로 다른 연구들에서 일관되지는 않지만 이 영역들의 부피 감소가 관찰된다는 것을 시사한다. 출처: From "Regional defi cits in brain volume in schizophrenia: A meta-analysis of voxel based morphometry studies," by R. Honea, T. J. Crow, D. Passingham, and C. E. Mackay, American Journal of Psychiatry, 162, 2005. Reprinted with permission from the American Journal of Psychiatry, Copyright (2005) American Psychiatric Association.

Adler, & Freedman, 1998). 이에 덧붙여서 이 환자들은 느린-추적 안구 운동 과제를 수행하는 동안 통제군에서 관찰되는 만큼의 전두시야장 활성화를 보이지 않는다(Tregellas, Tanabe, Miller, Ross, Olincy, & Freedman, 2004). 조현병 환자들은 역행적 도약 안구 운동 과제에서도 어려움을 보이는데, 이 과제의 경우 자극이 특정 위치에서 제시되지만 피검자는 이 자극을 보는 것을 억제해야만 하고 대신 스크린의 반대편 위치로 응시점을 이동해야만 한다(Barch, 2005; Braff, 2004). 이 과제에서의 수행 저하는 억제의 결함을 시사하기도 한다.

10장과 12장에서 살펴본 바와 같이 작업기억에는 주로 전두엽의 외측 영역이 관여하고 작업기억은 집행기능의 다른 과제의 수행에 중요한 역할을 한다. 조현병 환자들에서 작업기억의 결함이 관찰된다. 많은 연구들이 조현병 환자들에서 작업기억 과제의 수행, 특히 작업기억 내에 파지되어 있는 정보를 조작하는 동안 비정상적인 배외측 전전두피질(dorsolateral prefrontal cortex, DLPFC)의 활성화를 관찰하였다(Barch, 2005). 예를 들어 조현병 환자들이 작업기억 과제 중 하나인 N-백 과제(N-back task)를 수행하는 동안 DLPFC 활성화가 감소되는 것이 관찰되는데, N-백 과제는 현재 시행의 정보와 몇 시행 전에 제시된 정보를 서로 비교하기 위해 몇 시행 전에 제시된 정보를 파지하는 것이 요구된다(Barch, Csernansky, Conturo, & Snyder, 2002; Perlstein, Carter, Noll, & Cohen, 2001; Perlstein, Dixit, Carter, Noll, & Cohen, 2003). 12장에서 살펴본 바와 같이 작업기억의 결함이 집행기능을 손상시키는데 이는 목표를 마음 속으로 기억하는 것, 어떤 정보를 우선으로 기억하는 것과 목표를 향해 일련의 행동을 하는 능력이 감소되기 때문이다.

전두엽의 내측 영역, 특히 개인의 행동을 모니터하고 평가하는 데 관여하는 영역의 기능이 저하되어 있다는 연구 결과도 있다. 12장에서 언급된 바와 같이 자기모니터 능력을 연구하는 한 방법이 오류-관련 부적전위(error-related negativity, ERN)를 사용하는 것인데, ERN은 오류를 범한 직후에 나타나는 뇌전위이다(Mathalon, Fedor, Faustman, Gray, Askari, & Ford, 2002). 또한 fMRI 연구들은 조현병 환자들에서 오류 후 전대상피질의 활성화가 감소하는 것을 보고하는데(Kerns et al., 2005), 이는 조현병 환자들이 자기모니터 능력의 결함을 가지고 있다는 것을 지지한다. 이러한 결과는 조현병 환자들에서 전대상피질의 구조 및 기능이상을 관찰한 다른 연구들의 결과와 일치한다(Nordahl et al., 2001; Wang et al., 2007). 요약하면 조현병 환자들에서 관찰되는 다양한 전두엽 영역들의 기능이상이 억제통제, 목표지향적 행동과 자기-평가를 포함하는 집행 능력의 결함과 관련되어 있다.

■ 측두엽

비록 많은 연구들이 조현병 환자들의 전두엽에 초점을 맞추고 있지만 이 환자들의 후측 뇌 영역들의 이상을 시사하는 많은 연구들도 있다. 만약 조현병 증상들을 고려하면 직관적으로 후측 뇌 영역들의 이상이 있을 것으로 여겨진다. 예를 들어 조현병의 흔한 증상이 환청인데 청각 처리는 측두엽에서 일어난다. 이에 덧붙여서 조현병 환자들에서 관찰되는 느슨하고 와해된 언어는 측두엽의 후측 영역의 손상으로 초래되는 베르니케 실어증 환자들의 특징인 '말비빔(word salad)'과 유사하다(9장 참조).

측두 영역과 후측 뇌 영역의 기능이상을 지지하는 증거는 뇌 구조에 관한 연구들로부터 제공되고 있다. 예를 들어 조현 행동의 첫 삽화를 막 경험한 개인들에서조차 양반구 중측두회, 좌반구 상두정회 후측과 좌반구 각회의 회백질 부피가 감소되어 있는 것이 관찰된다(● 그림 14.4)(Kuroki et al., 2006; Nierenberg, Salisbury, Levitt, David, McCarley, & Shenton, 2005). 일부 영역들의 회백질은 조현병이 진행되는 동안 더 감소된다. 예를 들어 조현 행동의 첫 번째 삽화 후 좌반구 헤슬회와 좌반구 측두평면의 회백질이 1년 6개월 동안 감소하는 것이 보고되었다(Kasai et al., 2003).

이러한 구조적 차이는 ERP와 MEG 기법을 사용하여 측정한 기능 결함과 관련이 있다. 예를 들어 조현병 환자들은 청각 정보를 정상인들과 다른 방법으로 여과한다. 두 개의 연속적인 청각 톤 혹은 째깍 소리가 제시되면 정상적으로 첫 번째 자극에 대한 반응보다 두 번째 자극에 대한 반응이 약한데 이 반응을 **감각관문**(sensory gating)이라고 한다. 우리의 뇌가 이런 방식으로 정보를 여과하는 것이 충분히 이해가 되는데 이는 이 방식이 뇌로 하여금 이미 등록된 정보보다 새로운 정보에 주의를 주게 하기 때문이다. 정보를 이러한 방식으로 여과하지 못할 경우 우리의 생활에 어떤 일이 일어나는 가를 상상해 보라. 예를 들어 여러분 주위에서 시계의 똑딱거리는 소리를 들을 경우 똑딱거릴 때마다 처음 이 소리를 들을 때처럼 주의를 준다면 여러분이 시계의 똑딱거리는 소리에 결코 익숙해 질 수 없다. 감각 관문은 사건관련전위의 초기 요소인 P_{50}을 통해 측정할 수 있는데, P_{50}은 찌깍 소리와 같은 청각 자극의 제시 후 50밀리초 이내에 유발되는 전위이다. 자극이 쌍으로 제시될 경우 두 번째 자극에 대한 P_{50} 진폭이 감소하는 것이 청각계에서 주의 선택이 매우 일찍 일어나게 하는 억제 과정을 반영하는 것으로 여겨지고 있다(● 그림 14.5).

많은 연구들이 이러한 억제 효과를 조현병에서 관찰하지 못함을 보고하는데 이는 감각관문의 장애가 있음을 시사한다(Clementz, Geyer, & Braff, 1997; Yee, Nuechterlein, Morris, & White, 1998). MEG를 사용한 연구들은 조현병에서 관찰되는 감소된 P_{50} 진폭, 즉 감각관문의 결함이 상측두회와 관련되어 있다고 보고하고 있다(Thoma et al., 2003). MEG로 우반구 측두회에서 측정한 감각관문의 결함(M_{50})의 정도가 조현병의 음성증상의 정도를 예견한다(Thoma et al., 2005). 이 결과는 감각관문의 결함이 조현병의 증상과 관련되어 있음을 시사한다.

조현병에서 명확하게 관찰되는 또 다른 전기생리적 이상이 자극, 특히 청각 자극에 대한 P_{300} 진폭의 감소이다(Ford, 1999). 이에 관한 것이 ● 그림 14.6에 제시되어 있다. 3장에서 살펴본 바와 같이 P_{300}은 일련의 자극들 중에서 과제에 적합한 자극을 탐지하기 위해 주의를 줄 경우에 초래되는 사건관련전

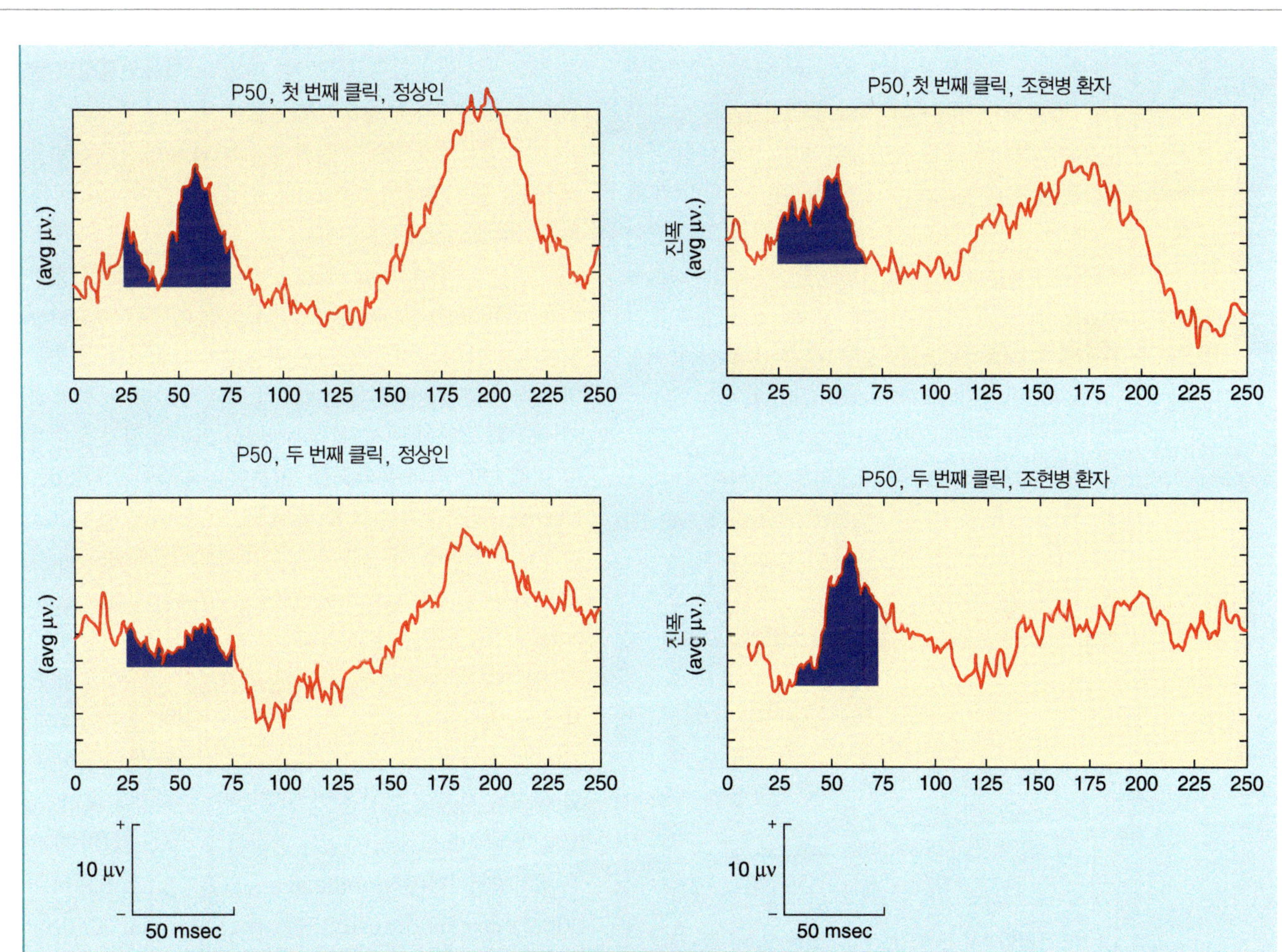

● **그림 14.5 조현병에서 관찰되는 감각관문의 결함.** 정상인의 경우(왼쪽 패널) 청각 클릭 쌍에서 첫 번째 클릭에 대한 반응(윗열)보다 두 번째 클릭에 의해 유발되는 뉴런 반응이 감소된다(아랫열). 이러한 반응 감소가 조현병 환자에서는 관찰되지 않는데(오른쪽 패널), 이는 감각 정보의 관문 결함을 시사한다. 출처: Braff, D. L. (2004). Psychophysiological and information processing approaches to schizophrenia. In D. S. Charney & E. J. Nestler (Eds.), Neurobiology of Mental Illness, 2nd Ed. (pp. 324–338). Oxford: Oxford University Press.

위이다. P_{300}은 작업기억 내의 정보를 최신화하는 것과 관련되어 있는 과정을 반영하는 것으로 여겨지고 있다. 조현병 환자들은 많은 뇌 영역들, 특히 좌반구 측두엽에서 P_{300} 진폭의 감소를 보인다(Salisbury et al., 1998), 이는 P_{300} 반응을 생성하는 영역의 회백질 감소로 인해 초래되는 것으로 여겨지는데 왜냐하면 비교적 작은 좌반구 측두평면을 가지는 환자들이 청각 자극에 대해 비교적 작은 P_{300} 진폭을 좌반구 영역에서 보이기 때문이다(McCarley et al., 2002). 좌반구 상측두회의 P_{300} 진폭이 작을수록 더 심각한 양성 및 음성증상을 보인다(Kawasaki, Sumiyoshi, Higuchi, Ito, Takeuchi, & Kurachi, 2007). 이 결과는 P_{300} 진폭의 감소와 좌반구 부피의 감소가 조현병의 공통된 병리임을 반영한다.

전기생리적 측정은 조현병 환자들의 의미 연합을 연구하는 데에도 유용하다. 와해된 사고가 조현병의 임상 증상이며 이는 개념들 사이의 매우 느슨한 연합의 형태로 나타나서 결국에는 지리멸렬한 말을 하게 한다. 이 임상 증상과 일치하게 인지 연구들은 조현병 환자들이 의미 점화의 이상을 가지고 있음을 보고하고 있다. 의미 점화 과제의 경우 연구참여자에게 특정 자극이 단어 혹은 비단어(nonword)인지를 신속하게 판단하는 것이 요구되며 목표 자극이 의미적으로 관련되는 자극 다음에 제시될 때 더 빠른 반응이 일어난다. 예를 들어 'HAMMER'라는 단어 뒤에 목표 자극 'NAIL'이 제시되면 더 빠른 반응이 초래된다. 많은 연구들은 이러한 유형의 의미 점화가 조현병 환자들에서는 비정상적이라고 보고하고 있다. 특히 점화(prime) 자극과 목표 자극 사이에 지연이 있을 경우 조현병 환자들은 점화의 감소를 보이는 경향이 있다(Minzenberg, Ober, & Vinogradov, 2002; Pomarol-Clotet, Oh, Laws, & McKenna, 2008). 의미 점화 과제의 수행 동안 N_{400}을 조사한 ERP 연구들은 통제군의 경우 N_{400} 진폭이 의미적 관련성을 반영하는(서로 관련이 없는 점화목표 쌍에서는 진폭이 가장 크고 서로 관련된 점화목표 쌍에서는 가장 작음) 반면, 조현병 환자들에서는 이러한 현상이 관찰되지 않음을 보고하고 있다(Kiang, Kutas, Light, & Braff, 2008). 다시 말하면 환자의 뇌는 매우 관련이 높은 개념들과 관련성이 매우 낮은 개념들을 잘 구분하지 못한다. 더욱이 신경영상 연구들은 조현병 환자들이 점화 과제의 수행 동안 측두피질과 하전두피질 모두에서 비정상적으로 증가된 활성화를 보이는 것을 보고하고 있는데(Kuperberg, Deckersbach, Holt, Goff, & West, 2007), 이는 이 영역들이 조현병의 특징인 느슨하고 와해된 사고의 가능한 신경학적 근거임을 시사한다.

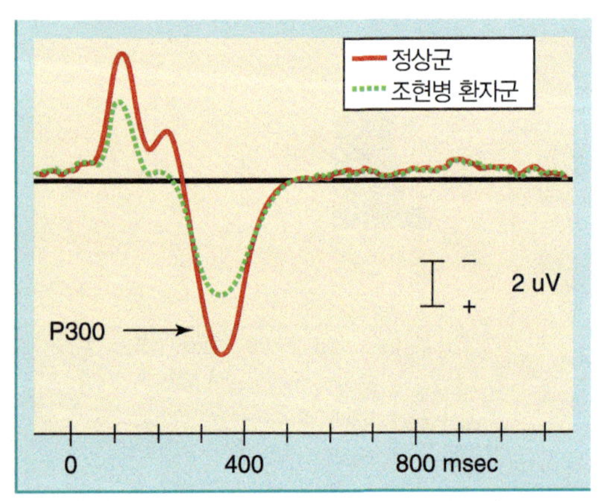

● **그림 14.6 조현병에서 관찰되는 P_{300} 진폭 감소.** 큰 진폭의 P_{300}을 초래하는 자극이 조현병 환자에서는 이러한 P_{300} 진폭을 초래하지 않는다. 출처: Fig. 3 in Ford, J. M. (1999). Schizophrenia: The broken P300 and beyond. Psychophysiology, 36, 667–682.

■ 기능연결성의 장애

앞서 살펴본 바와 같이 조현병에서 전두 영역과 측두 영역 모두가 손상되어 있다. 그러나 최근 연구들은 이 두 영역들 사이의 교신 혹은 동기화(synchronization)가 손상된 것이 조현병과 관련되어 있다고 제안하고 있다. **기능연결성**의 손상은 와해된 사고에 특히 중요한 역할을 한다.

기능연결성의 장애에 관한 증거는 여러 출처로부터 제공되고 있다. 일부 연구들은 서로 다른 뇌 영역들에서의 EEG 진동의 동기화를 조사하였으며, 그 결과 특히 EEG의 고주파 감마 밴드(40~55 Hz)의 동기화가 감소되어 있는 것을 관찰하였다(Lee, Williams, Breakspear, & Gordon, 2003). 감마밴드의 활성화는 한 대상의 서로 다른 특징들을 결합하여 전체로 지각하게 하는 과정을 반영하는 것으로 알려져 있다. 지각적 특징들의 결합을 요구하는 시지각 과제에서 조현병 환자들이 통제군에 비해 EEG 감마 동기화를 덜 보이는 경향이 있다(Spencer, Nestor, Niznikiewicz, Salisbury, Shenton, & McCarley, 2003). 이와 유사한 결과가 청각 자극에서도 관찰됨이 보고되었다(Wilson, Hernandez, Asherin, Teale, Reite, & Rojas, 2008).

뇌 구조에 관한 연구들도 기능연결성의 장애가 조현병에 존재하는 것을 지지하는 증거를 제공하고 있다. 앞서 살펴본 바와 같이 백질로(white-matter tracts)의 수초는 멀리 떨어져 있는 뇌 영역들 사이의 교신을 가능하게 한다. 뇌량을 포함하는 백질로가 신경학적 손상이 없는 사람들에 비해 조현병 환자들에서 비정상적이다(Brambilla et al., 2005; Buchsbaum et al., 2006; Narr, Thompson, Sharma, Moussai, Cannestra, & Toga, 2000). 이러한 효과는 수초 생성에 관여하는 유전인자의 비정상적 발현 때문에 초래된다(Walterfang, Wood, Velakoulis, & Pantelis, 2006).

한 훌륭한 가설은 전두 영역과 측두 영역 사이의 연결성 장애가 환각의 경험에 관여한다고 제안한다. 조현병 환자들은 환청이 없을 때에 비해 환청을 경험하고 있는 동안 브로카 영역의 활성화가 증가함을 보인다(McGuire, Shah, & Murray, 1993). 언어 산출에 관여하는 전두 영역들이 언어 지각에 관여하는 측두엽과 서로 교신을 하지 못할 경우 어떤 일이 일어날 것인가를 상상해 보자. 두 영역 사이의 연결 장애를 가지는 사람은 인간이 끊임없이 행하는 '자신에게 말하는 것'과 같은 내적 언어와 실제 언어를 구별하는 기제가 부족할 것이다. 대신 내적 언어가 다른 곳에서 들려오는 목소리로 지각하게 되며 이것이 조현병에서 관찰되는 전형적인 환각이다.

이 견해를 지지하는 일부 증거는 개인이 크게 말을 하는 동안 혹은 다른 사람이 말하는 것을 듣는 동안 측정한 EEG 동기화를 조사한 연구로부터 제공된다(Ford, Mathalon, Whitfield, Faustman, & Roth, 2002). 통제군에 포함된 연구참여자들에서는 듣기보다 말하기 동안 전두 영역과 측두 영역의 활성화가 증가하였는데, 이는 아마도 말을 하는 것에는 전두엽에 위치하는 언어 생성 기제와 측두엽에 위치하는 언어 지각 기제 모두가 관여하기 때문일 것이다. 그러나 조현병 환자, 특히 환청을 경험하는 환자들은 말하기 동안 전두-측두 동기화의 증가를 보이지 않았다. 기능 MRI 연구들도 단어를 내적으로 생성하는 것이 요구되는 과제를 수행하는 동안 환각의 정도가 심한 환자들에서는 좌반구 전두 영역과 측두 영역의 활성화가 덜 동기화함을 보고하였다(Lawrie, Buechel, Whalley, Frith, Friston, & Johnstone, 2002). 이러한 기능적 연결성의 장애는 구조적 연결이 변화되기 때문에 초래된다. 특히 전두와 후측 언어 영역들을 서로 연결하는 궁상속이 환각을 경험하는 환자들에서 비전형적이다(Hubl et al., 2004). 이 연구들은 구조적 변화가 기능적 단절을 초래하고 나아가서는 환각과 같은 조현병의 특정 증상을 초래하는 것을 시사한다. 다른 한편으로는 특정 증상이 특정 구조적 경로들의 활용을 감소시키고 이로 인해 이 경로들의 발달이 영향을 받을 수 있다.

■ 조현병의 발병원인

정신 장애에 관한 가장 힘든 질문 중 하나가 발병원인(etiology), 즉 장애의 원인이다. 이제까지 우리는 조현병에서 관찰되는 다양한 신경인지적 기능이상에 관해 살펴보았지만 이러한 기능이상을 일으키는 것은 무엇인가? 어떤 요인들이 발달 과정 동안 작용하여 우리가 방금 기술한 인지적 및 신경적 특징을 가능하게 하는가?

다른 많은 질환처럼 유전인자가 조현병의 발병에 중요한 역할을 하는 것으로 보인다. 자료에 의하면 만약 개인의 가장 가까운 친척(특히 일란성 쌍생아)이 조현병을 앓을 경우 그 개인에서도 조현병의 발병 가능성이 증가한다(Gottesman, 1991; McDonald & Murphy, 2003). ● 그림 14.7은 조현병을 앓고 있는 사람과 생물학적으로 관련되어 있을수록 조현병의 발병 위험이 증가한다는 것을 보여준다.

흥미로운 점은 조현병 환자들에서 관찰되는 신경인지적 특성 중 많은 것이 환자의 가장 가까운 친척에서도 일부 관찰된

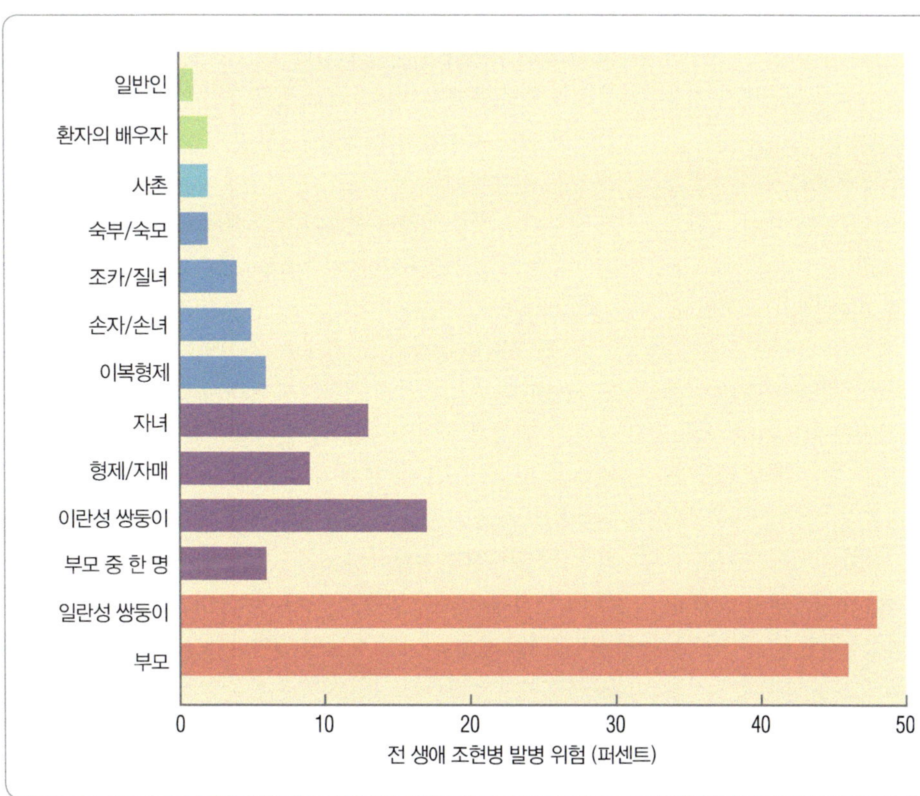

● **그림 14.7 조현병의 발병 위험이 조현병 환자와 친척 관계에 있는 사람들에서 높다.** 예를 들어 조현병 발병위험이 조현병 환자의 일란성 쌍둥이 형제에서 훨씬 높다. 일란성 쌍둥이는 모든 유전자가 동일하지만 형제/자매는 유전자의 절반만이 동일하다. © 2010 Cengage Learning

다는 것인데, 이러한 현상은 환자의 친척이 조현병 진단을 받지 않을 경우에서 조차도 관찰된다(Fusar-Poli et al., 2007). 통제군과 비교하여 조현병 환자의 친척에서 전전두 회백질 부피의 감소(Borgwardt et al., 2007; Pantelis et al., 2003)와 인지 과제의 수행 동안 전두엽 활성화의 변화(Callicott et al., 2003; Seidman et al., 2006)가 관찰된다. 그러나 이러한 효과가 조현병 환자들에서 관찰되는 것보다 일반적으로 크지 않다. 이 결과는 조현병이 '실무율(all or none)'에 따라 발병되기보다 환자와 친척들이 조현병적 특성을 공유하고 있다는 것을 시사한다.

대부분의 연구자들이 조현병과 같이 복잡한 장애는 단일 유전자 혹은 소수의 유전자로 설명될 수 없다는 것에 동의한다. 유전관련 연구들이 조현병을 앓지 않는 사람들에 비해 조현병 환자들에서 일부 염색체 영역이 변화되어 있는 것을 확인하였지만 연구 결과는 일관되지 않다(Chen, Riley, & Kendler, 2009; Wong & Van Tol, 2003). 조현병과 관련되어 있는 것으로 확인된 많은 유전인자들이 도파민 신경전달과 관련되어 있는데, 여기에는 catechol-O-methyltransferase (COMT)와 도파민-베타-하이드록시라제(dopamine beta-hydroxylase)가 포함된다. 뒤에서 살펴보겠지만 도파민 약물들이 조현병의 치료에 사용되고 있다. 일부 연구들은 도파민의 신진대사에 영향을 미치는 COMT 유전자의 개인차가 정상인과 조현병 환자의 인지 기능에 영향을 미친다고 보고하고 있다. 예를 들어 정상인과 조현병 환자 모두에서 특정 COMT 유전자 변형인 발 유전자형(val genotype)이 전두엽 기능을 측정하는 과제의 수행 저하(Egan et al., 2001)와 감각 여과의 결함(Lu et al., 20007)을 예측한다.

조현병의 원인에 관한 또 다른 주요 가설이 **신경발달 가설**(neurodevelopmental hypothesis)이다. 이 가설은 발달 초기 단계에 신경 연결과 생화학적 기능이 미묘하게 변화되어 신경 조직이 영향을 받게 된다고 주장한다(이에 대한 개관은 Rapoport, Addington, Frangou, & MRC Psych, 2005 참조). 이 가설에 따르면 장애가 사춘기 후 혹은 성인 초기에 '드러난다'고 한다. 장애가 나타나는 것은 해가 되거나 스트레스가 많은 환경적 조건 혹은 성인기에 요구되는 행동 레퍼토리가 많아지면서 뇌에 대한 요구가 증가하기 때문이다(Weinberger, 1987; Bloom, 1993). 이 가설을 지지하는 증거는 조현병 환자들이 경미한 신체적 이상(비정상적인 출생전 발달과 관련되어 있음)을 가지고 있고 첫 번째 정신병 삽화 이전에 인지적 결함과 신경학적 결함을 가지고 있으며 난산의 가족력이 있고 출생전 바이러스에 노출된 적이 있으며 비정상적인 뇌 구조와 세포 조직화를 가지고 있다는 것을 보고한 연구들로부터 제공되고 있다(Rapoport et al., 2005). 이 모든 결과는 조현병 증상의 첫 번째 발병 전에 비정상적인 발달 과정이 있음을 시사한다.

특히 상상력이 풍부한 한 연구는 성인 조현병 환자들과 그들의 발병하지 않은 형제자매로부터 얻은 아동기 때 촬영한 홈비디오를 통해 조현병이 비정상적인 초기 발달 과정과 관련되어 있음을 입증하였다. 연구자들은 의사들로 하여금 홈비디오를 통해 아동의 비정상적 신경운동 행동의 수를 평정하게 하였는데 중요한 점은 의사들이 비디오 속의 아동이 추후에 조현병 진단을 받은 사실을 몰랐다는 것이다. 비록 홈 비디오가 조현병 증상이 나타나기 훨씬 전에 촬영되었음에도 불구하고 추후에 조현병 진단을 받은 아동들의 신경운동 행동이 그들의 발병하지 않은 형제자매들의 행동보다 더 비정상적이라는 평정을 받았다(Walker, Savoie, & Davis, 1994). 그러나 발달 초기의 비정상적 신경운동을 가지고는 누가 추후에 조현병을 앓을 것인가를 확실하게 예측할 수 없는데 이는 이러한 비정상적 행동이 추후에 조현병을 앓지 않는 아동들에서도 때로 관찰되기 때문이다. 다시 말하면 이러한 발달 초기 행동들로는 조현병을 진단할 수 없다는 것이다. 비유하면 폐렴은 자주 기침을 동반하지만 기침을 하는 것이 폐렴을 의미하지 않는다. 이와 마찬가지로 조현병 환자들은 대개 비정상적인 신경발달을 가지지만 이러한 비정상이 조현병에 국한되지 않는다.

또 다른 연구 결과는 사춘기 동안의 신경발달적 변화가 조현병의 발병과 관련될 수도 있다고 한다(Walker & Bollini, 2002). 호르몬이 유전자의 발현에 영향을 미치며 나아가 신경 기능과 발달에 영향을 미칠 수 있다. 일부 이론들은 사춘기 직후의 시냅스 연결 혹은 제거의 변화가 조현병 환자들에서 비정상적으로 일어난다고 제안한다. 청소년기에 도파민 활성화의 변화가 일어나기 때문에(Sisk & Foster, 2004) 일부 학자들은 도파민 체계의 비정상적 조절이 조현병 증상의 시작과 관련되어 있다고 제안하고 있다. 일부 연구자들은 추후 조현병을 앓는 사람들에서 선조체 도파민 전달에서의 전전두엽 통제가 감소되고 이로 인하여 환각과 망상 등과 같은 조현병 증상이 일어난다고 주장한다(Heinz, Romero, Gallinat, Juckel, & Weinberger, 2003).

비록 조현병 증상의 첫 번째 시작이 일어나게 하는 구조적 및 신경학적 변화에 관해 정확하게 알려져 있지 않지만 조현병이 발달 과정 동안의 뇌 변화와 관련되어 있는 것은 확실하다. 예를 들어 ● 그림 14.8에서 볼 수 있듯이 어린 나이에 조현병 증상을 보이는 아동과 청소년에서 이미 회백질의 상실이 관찰된다. 이 회백질의 상실이 대뇌피질 전체에서 일어나며 먼저 후측 뇌 영역에서 가장 많은 상실이 일어난 다음 전측으로 이동하여 전두엽에서 회백질 상실이 일어난다(Thompson et al., 2001). 이러한 결과는 성인 조현병 환자들에서 여러 피질 영역의 비정상을 관찰한 다른 연구 결과와 일치한다.

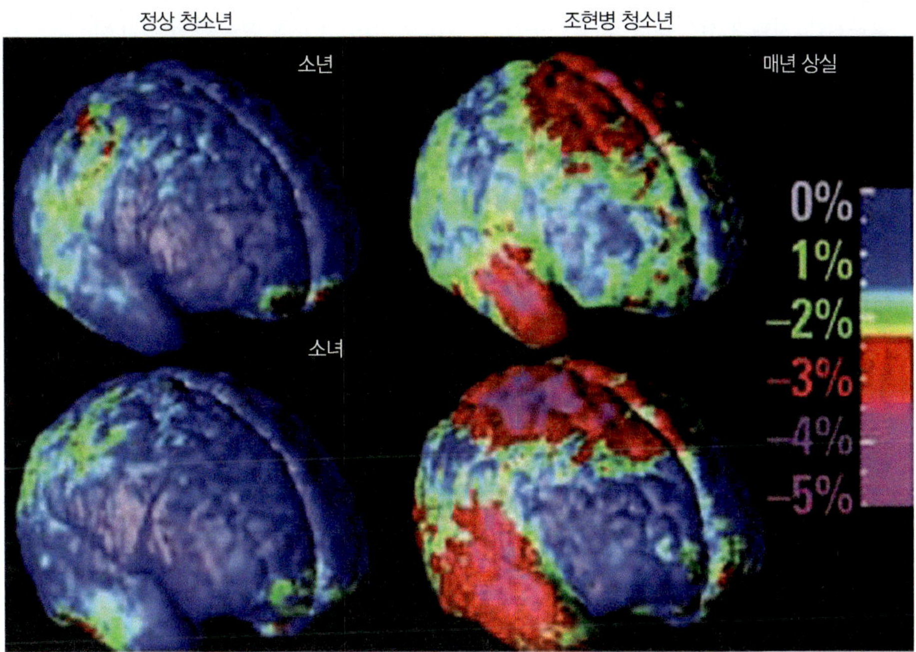

● **그림 14.8 조현병을 앓거나 앓지 않는 아동 및 청소년의 회백질 부피 감소.** 13~18세의 연구참여자들에 대해 2년 간격으로 MRI 스캔을 촬영한 종단 연구 결과 정상적인 청소년에 비해 조현병을 앓는 청소년에서 광범위한 피질 영역의 회백질 감소(매년 감소된 %)가 관찰되었다. 출처: CNS Spectr. 2007;12(3 suppl 4):1–16. Copyright CNS Spectrums LLC.

■ 치료

연구자들이 당면하는 가장 큰 도전 중 하나가 정신장애에 관한 기초적인 과학적 발견을 효과적인 치료로 발전시키는 것이다. 다양한 영역의 연구들이 조현병이 도파민 체계의 장애와 관련되어 있음을 시사하기 때문에 조현병의 가장 흔한 치료가 뇌의 도파민 체계, 특히 D_2 도파민 수용기에 영향을 미치는 항정신병 약물을 복용하는 것이다(2장 참조)(Tamminga, 2009). 이 약물들은 조현병의 양성증상을 완화시키는 데 효과적이지만 음성증상의 완화에는 상대적으로 비효과적이다. 이와 상반되게 D_1 수용기의 감소된 기능이 음성증상과 전두엽 기능이상과 관련되어 있다. 조현병의 전형적인 약물 치료는 장기간 D_2 수용기를 지나치게 조절하며 나아가 이는 D_1 수용기의 기능을 더 감소시키는 역효과를 내게 된다(Lidow, Williams, & Goldman-Rakic, 1998). 따라서 두 유형의 수용기 모두에 영향을 미쳐 조현병의 양성증상과 음성증상 모두를 감소시키는 약물을 개발하기 위한 연구가 계속되고 있다.

새로운 치료법의 연구에 인지 신경과학이 어떤 공헌을 할 수 있는가? 신경과학 연구는 인지 결함이 조현병의 주요 치료 목표가 되어야 한다는 것을 시사한다(Braff & Light, 2004; Gold, 2004). 이는 특히 중요한데 왜냐하면 실험실에서 측정한 조현병 환자의 인지 결함이 심각할수록 실생활에서의 기능과 삶의 질이 더 낮기 때문이다(Green, Kern, & Heaton, 2004; Ritsner, 2007). 최근 몇 년 동안 연구자들은 인지 훈련이 조현병의 효과적인 치료법이 될 수 있는가를 연구하였다(개관과 메타 분석은 McGurk, Twamley, Sitzer, McHugo, & Mueser, 2007 참조). 예를 들어 한 인지 훈련 연구는 특히 언어 지각과 청각 처리의 특정 측면의 훈련에 초점을 맞추었다(Fisher, Holland, Merzenich, & Vinogradov, 2009). 조현병 환자들을 무작위로 청각 훈련 혹은 통제 집단으로 할당하였는데 통제 집단에게는 청각 훈련 시간과 동일한 시간만큼 컴퓨터 게임을 실시하였다. 10주 동안의 훈련 후 훈련 집단에 속한 환자들은 언어 학습, 기억과 인지적 통제에서 향상된 수행을 보였다(Fisher, Holland, Subramaniam, & Vinogradov, 2009).

이러한 인지 훈련이 인지적 수행에만 영향을 미치는지 혹은 임상 증상의 감소도 초래하는지에 관해서는 앞으로 더 많은 연구가 필요하다. 또한 이러한 훈련이 뇌 구조와 기능에 어떤 영향을 미치는가에 관한 연구도 필요하다. 예를 들어 청각 기술은 조현병 환자들이 결함을 보이는 측두엽 영역에 의존하기 때문에 추후 연구들은 청각 훈련이 이 피질 영역에 어떤 긍정적인 영향을 미치는가에 초점을 맞출 필요가 있다.

인지 신경과학 연구들이 조현병 치료에 공헌할 수 있는 또 다른 점은 새로운 생물학적 치료(예를 들어 새로운 약물)가 조현병의 치료에 효과적인지를 평가하는 것인데, 즉 새로운 약물이 인지기능을 향상시키는가를 평가하는 것이다. 약물이 조현병의 치료에 '효과적'인가를 평가하는 한 방법이 약물이 조현병의 전형적인 양성증상과 음성증성의 완화만을 초래하는 것이 아니라 주의의 여과 혹은 작업기억과 같이 조현병에서 손상되어 있는 인지 기능의 향상도 초래하는가를 평가하는 것이다. 예를 들어 효과적인 약물은 역행적 도약안구 운동 과제와 작업기억 과제의 수행을 향상시켜야 하며 이에 따라 자극에 대한 P_{300} 진폭이 증가하고 P_{50}의 억제 효과를 정상화해야만 한다 (Braff & Light, 2004). 연구자들이 약물이 조현병 환자에서 관찰되는 결함을 완화시키는 데 효과적인가를 평가할 때 이러한 인지적 및 신경학적 지표를 양적으로 측정할 수 있다.

가능한 새로운 약물의 개발에 관한 좋은 예로 니코틴이 조현병의 인지적 증상들 중 일부에 긍정적인 효과를 낼 수 있다는 것이 관찰되었다. 만약 여러분이 흡연을 한다면 알겠지만 니코틴이 주의를 향상시키는 효과가 있다(물론 이 긍정적인 효과가 흡연의 부정적 효과를 능가하지 못하지만). 임상가들은 조현병 환자의 90% 이상이 니코틴의 주된 공급원인 흡연을 한다는 것을 관찰하였다. 이 관찰에 근거하여 임상가들은 조현병 환자들에서 니코틴 수용기가 비정상적으로 기능할 수 있다고 가정하였다(2장 참조). 그들은 흡연이 자가 복용(self-medicating)이라고 가정하였다. 추후 연구들은 알파-7 니코틴 수용기와 이 수용기의 유전자 변형이 해마 뉴런의 효과적인 억제 기능과 관련되어 있음을 발견하였다. 이 억제 기능의 손상이 이 절의 앞부분에서 살펴본 감각관문(P_{50})의 결함과 관련되어 있다. 흥미로운 점은 조현병 환자들에게 니코틴을 제공하였을 때 P_{50} 감각관문 결함이 감소되었는데, 이는 새로운 조현병 치료약의 개발이 가능하다는 것을 시사하며 이 약물은 현재 개발 중에 있다 (Martin, Kern, & Freedman, 2004).

인지 신경과학의 연구 결과는 조현병을 동물 모델을 통해 연구할 수 있다는 것도 시사한다(Carter, 2005; Carter & Barch, 2007). 새로운 약물 치료는 대개 사람에게 적용되기 전에 먼저 동물에게 적용된다. 조현병의 동물 모델이 가지는 한 명백한 문제점은 쥐가 어떤 환각 혹은 망상을 경험하는지를 알기가 어렵다는 것이다. 그러나 우리가 살펴본 인지 결함 중 몇 가지는 다른 종을 통해 실험할 수 있다. 이와 마찬가지로 조현병과 관련된 뇌 영역들, 예를 들어 전두 및 측두 영역들은 다른 종에도 존재한다(비록 인간과 항상 동일한 형태는 아니지만). 따라서 새로운 약물이 조현병 환자에게 효과적인가를 알기 위해 연구자들은 먼저 동물에게 이 약물을 적용하여 약물이 조현병 환자들에서 관찰되는 인지 체계와 신경계에 영향을 미치는가를 연구할 수 있다.

마지막으로 인지 신경과학의 연구 결과는 특정 뇌 영역을 목표로 하는 치료법을 제안할 수 있다. 조현병이 여러 특정 뇌 영역들(즉 전두와 측두엽)에 영향을 미치는 것으로 알려져 있기 때문에 이상적인 치료법은 이 영역들에 특히 영향을 미쳐야 한다. 현재 연구 중에 있는 한 가지 치료법이 TMS인데, 이는 제한된 뇌 영역에 자기적 자극을 가하는 방법이다(3장 참조). 전두영역에 적용된 초기 TMS 연구들은 TMS가 조현병 증상의 치료에 효과적인가에 관해 일관되지 않은 결과를 보고하였다(Mogg et al., 2007; Prikryl, Kasparek, Skotakova, Ustohal, Kucerova, & Ceskova, 2007; Stanford, Sharif, Corcoran, Urban, Malaspina, & Lisanby, 2008). 제한된 뇌 영역에 영향을 미치는 치료법이 조현병의 치료에 효과적인가를 알기 위해서는 더 많은 연구가 필요하다.

우울증

우울증은 가장 흔한 정신 질환 중 하나이다. 우울증은 주어진 1년 동안 성인 10명 중 1명 정도에서 발병하며 남성보다 여성에서 발병률이 대략 2배 정도로 더 높다(Kessler, Chiu, Demler, Merikangas, & Walters, 2005). 공중 건강에 관한 일부 연구들은 우울증 치료에 소요되는 치료비가 심장질환에 소요되는 치료비와 비슷하며 우울증이 자주 다른 건강 상태를 악화시킨다고 보고한다(Andrews & Titov, 2007; Moussavi, Chatterji, Verdes, Tandon, Patel, & Ustun, 2007). 개인이 경험하는 첫 번째 우울 삽화가 이별 혹은 실직 등과 같은 심각한 생활 스트레스와 관련되어 자주 일어나지만 잇따라 일어나는 우울 삽화는 생활 스트레스원과 분리되어 있는 것처럼 여겨지며(Hammen, 2005), 많은 경우 우울증이 만성 장애가 된다(Andrews, 2001). 이 절에서 우리는 우울증의 주요 특징과 인지 신경과학이 우울증의 이해에 어떤 공헌을 할 수 있는가를 살펴보기로 하자.

■ 증상과 특징

우울증 연구를 복잡하게 하는 한 이슈가 우울증에 상당히 다양한 증상, 하위 유형과 변형이 있다는 것이다. 일반적으로 우울증은 만성적인 슬픔, 무망감과 이전에 즐기던 활동에 대한 흥미 혹은 즐거움의 상실이 특징인 기분 장애이다. 또 다른 전형적인 증상으로는 식욕 감소 혹은 과도한 식욕, 불면증(잠들기 어렵거나 아침 일찍 잠에서 깸) 혹은 과다 수면(지나치게 많이 잠), 에너지 수준의 저하, 느린 사고와 행동, 낮은 자기존중감, 주의집중 및 의사결정의 어려움과 자살생각(*DSM-IV-TR*, 2000) 등이 포함된다. 이러한 증상들은 많은 기능 영역, 즉 정서, 동기, 인지와 신체의 항상 체계(homeostatic system)의 조율 등을 포함한다.

주요 우울장애가 이러한 특징들을 가지고 있지만 변형된 형태도 가능하다. 즉 최소한 2년 이상 지속되는 경미한 만성 우울 상태를 **기분저하증**(dysthymia)이라고 한다. 우울증은 계절의 영향을 받을 수 있는데, 즉 전형적으로 낮이 짧아지기 시작하는 가을 중간 무렵에 우울증상이 시작되고 낮이 길어지기 시작하는 봄에 증상이 완화한다. 우울증은 조증 기간 사이에 나타날 수도 있다. 조증 삽화 동안 개인은 다행감(euphoria), 에너지 충만감, 성행동과 쇼핑 등과 같은 쾌락 행동의 지나친 몰입, 안절부절 못함, 사고 비약과 과대한 자만감 등을 경험한다(*DSM-IV-TR*, 2000). 조증이 우울 삽화와 교대로 일어나든지 혹은 우울 삽화 없이 일어나든지 간에 조증이 있을 경우 **양극성 장애**(bipolar disorder)라고 불리는데 이를 이전에는 조울증(manic-depressive disorder)이라고 불렀다. 현 시점에서 이 모든 우울증 변형이 유사한 신경인지적 특성을 공유하는지 혹은 각 변형이 독특한 특성을 가지고 있는지는 확실하지 않다. 이 절에서는 심각한 부정적 기분, 즐거운 활동에 대한 흥미 감소, 무력감 및 무망감이 특징인 주요 우울장애에 주로 초점을 맞추겠다.

우울증 환자의 인지적 특성에 관해서는 잘 알려져 있으며 따라서 우울증 환자들에서 손상을 보이는 신경계를 추측할 만한 단서도 제공되고 있다. 우울증 환자들은 집행기능을 평가하는 과제에서 수행 저하를 보인다(Elliott, 1998; Levin, Heller, Mohanty, Herrington, & Miller, 2007). 또한 우울증 환자들은 실수를 잘 깨닫지 못하고 부정적 피드백에 대해서도 잘 반응하지 못하는데, 예를 들면 오류 후 더 저하된 수행을 보인다(Compton, Lin, Vargas, Carp, Fineman, & Quandt, 2008; Murphy, Michael, Robbins, & Sahakian, 2003; Steele, Kumar, & Ebmeier, 2007). 우울증은 기억과제의 수행 저하와도 관련되어 있으며 특히 적극적인 부호화 전략이 요구되는 경우 기억 결함이 두드러진다(Hertel, 2000; 적극적인 부호화에 관한 예로는 여러분이 파티에서 빨간색 재킷을 입고 있는 여성의 이름이 Mary라는 것을 의식적으로 기억해 내려고 노력하는 경우이다). 이에 덧붙여서 기억과 주의가 부정적 사건과 해석으로 편향되어 있다(Mineka, Rafaeli, & Yovel, 2003). 마지막으로 우울한 사람은 우반구에 의존하는 과제, 예를 들어 선 정위(line orientation)의 판단, 삼차원 구성 기술, 얼굴 인식, 공간연합 학습과 비우세 손으로 촉각 과제를 수행하는 것 등에서 저하된 수행을 보인다(Levin et al., 2007).

앞으로 살펴보겠지만 우울증은 다양한 인지 영역에 영향을 미치는데, 이는 다양한 뇌 영역들이 우울증에 관여한다는 것을 시사한다. 우울증의 영향을 받는 영역 중 가장 중요한 영역들이 변연계 구조들뿐만 아니라 전두엽과 측두엽이다. 다음 절에서 우울증에서 이 영역들이 어떤 역할을 하는가를 살펴보기로 하자.

■ 전두엽

전두엽의 많은 하위 영역들이 우울증에서 비정상적으로 기능하는 것으로 알려져 있는데, 이에는 대상피질의 슬하(subgenual) 영역(뇌량슬 혹은 뇌량의 전측 부위의 커브 아래에 있는 영역)처럼 정서 처리에 관여하는 영역들과 배외측 전전두피질 혹은 전대상피질의 배측 영역처럼 인지적 통제에 관여하는 영역들이 포함된다(개관은 Gotlib & Hamilton, 2008 참조).

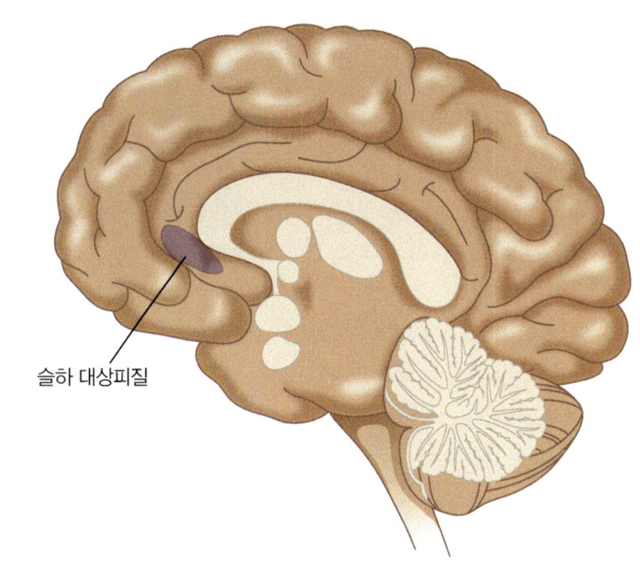

● **그림 14.9 우울증과 관련되는 전전두피질의 슬하 영역.** 우울하지 않은 사람에 비해 우울한 사람에서 이 영역의 활성화가 증가한다. 더욱이 항우울제 혹은 전기충격 치료 등과 같은 치료 개입이 효과적일 경우 이 영역의 활성화가 감소한다.

우울증과 관련되는 한 영역이 전대상피질의 슬하영역(BA 25)인데, 우울증 환자들에서 이 영역의 활성화가 증가한다(개관은 Ressler & Mayberg, 2007 참조). ● 그림 14.9에 이 영역이 제시되어 있는데, 이 영역은 우울증을 앓지 않는 사람들이 중립적인 기분을 느낄 때보다 우울한 기분을 느낄 때 활성화가 증가하고(Mayberg et al., 1999), 우울하지 않은 사람들보다 우울한 사람들에서 활성화가 증가한다(Kennedy et al., 2001). 주목할 점은 이 영역의 활성화가 서로 다른 우울 치료에 의해 조율된다는 것이다. 예를 들어 항우울제와 전기충격요법 후 슬하 영역의 활성화가 감소된다(Ressler & Mayberg, 2007). 그러나 대상피질의 슬하 영역이 어떻게 우울증에 영향을 미치는가에 관해서는 아직 정확하게 이해되지 못하고 있다. 이 영역은 정서에 관여하는 뇌 영역들과 매우 밀접하게 연결되어 있는데, 예를 들어 신체의 스트레스 반응을 통제하는 시상하부와 신체 상태를 표상하는 뇌섬엽과 연결되어 있다. 따라서 대상피질의 슬하 영역의 기능이 조절되지 못하는 것이 우울증에서 관찰되는 신체 증상 및 자율신경계 증상과 관련되어 있을 수 있다(Levin et al., 2007).

앞서 살펴본 우울증의 인지적 특성 중 일부는 전두엽의 집행통제 체계의 기능이 손상되어 있을 가능성을 시사한다. 예를 들어 우울한 사람들은 정신 세트를 전환하는 데 어려움을 가지고 있고 이로 인해 자주 비적응적 사고를 계속한다. 또한 우울증 환자들은 오류를 범하거나 부정적 피드백을 받은 후 이에 따라 자신들의 전략을 바꾸는 데에도 어려움을 가질 수 있다. 12장에서 살펴본 바와 같이 특히 배외측 전전두엽과 배측 전대상피질이 이러한 기능에 중요한 역할을 한다. 뇌영상 연구들이 우울한 사람들에서 이 영역들의 활성화가 감소되어 있음을 보고하는 것이 놀라운 일이 아니다(Davidson, Pizzagalli, Nitschke, & Putnam, 2002; Levin et al., 2007). 효과적인 항우울제 치료 후 배외측 전전두피질과 배측 대상피질의 활성화가 증가하거나 정상 수준이 된다(Kennedy et al., 2001).

한 최근 연구는 전두엽의 인지적 통제 체계의 손상이 어떻게 우울증 환자들의 수행을 저하시키는가를 보여준다. 이 연구에서 우울한 사람들과 우울하지 않은 사람들에게 스트룹 과제를 실시하였고 과제 수행 동안 그들의 EEG 활성화를 기록하였다(Holmes & Pizzagalli, 2008). 연구자들은 과제 수행 동안 일어나는 오류에 대한 뇌의 반응을 조사하였다. 12장에서 살펴본 바와 같이 전대상피질이 오류 탐지에 관여하고 또 배외측 전전두피질에 영향을 미쳐 이 영역으로 하여금 행동에 대한 하향적 통제를 집행하게 한다. 이 연구의 결과는 이러한 이론과 일치되었는데, 즉 우울하지 않은 사람들에서는 실수 후의 대상피질의 활성화와 추후의 배외측전전두피질의 활성화가 매우 높은 상관을 보였다. 우울한 사람들에서는 오류에 대한 대상피질의 반응은 관찰되었으나 이 반응이 배외측 전전두피질의 활성화와 상관을 보이지는 않았다. 다시 말하면 비록 오류를 탐지하는 기제는 유지되었으나 이 기제에 관여하는 영역과 행동의 적응적 변화에 관여하는 영역과의 연결이 손상되어 있음이 관찰되었다. 대상피질과 배외측 전전두피질 사이의 기능적 연결의 손상이 왜 우울한 사람들이 피드백을 처리할 수 있는 능력을 가지고 있음에도 불구하고 오류 혹은 부정적 피드백에 따라 행동을 적응적으로 변화시키지 못하는가를 설명하는 것으로 여겨진다.

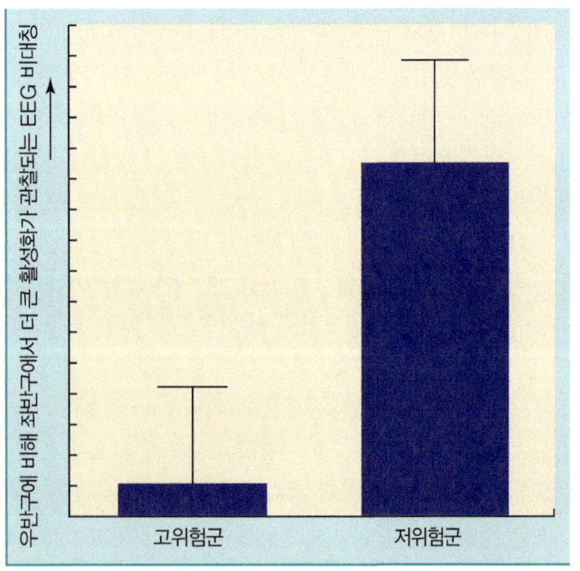

● **그림 14.10 우울증 고위험군과 통제군을 구별하는 좌우 EEG 비대칭 패턴.** 우울증에 관한 가족력에 근거하여 우울증 고위험군으로 선택된 연구참여자들은 우울증의 발병 위험이 적은 통제군에 비해 전두 영역에서 EEG 비대칭을 덜 보인다. 통제군에 포함되는 참여자들은 우반구보다 좌반구에서 더 큰 활성화를 보이는데 이는 접근에 관여하는 뇌 영역들의 활성화가 큰 것을 시사하며 이러한 좌우 EEG 비대칭이 우울증 고위험군에 포함되는 참여자들에서는 관찰되지 않는다. 출처: Tomarken, A. J., & Keener, A. (1998). Frontal brain asymmetry and depression: A self-regulatory perspective. Cognition & Emotion, 12, 387–420.

13장에서 간략하게 살펴본 바와 같이 우울증과 관련되는 전두엽 기능 중에 뇌 활성화의 대뇌반구 비대칭이 포함된다. EEG 기법을 사용하여 휴지 상태 동안의 활성화를 측정한 다수의 연구들은 우울증 환자들이 좌반구보다 우반구 전두엽에서 더 큰활성화를 보임을 관찰하였다(개관은 Davidson et al., 2002; Thibodeau, Jorgensen, & Kim, 2006). 더욱이 우울 삽화를 경험할 가능성이 높은 사람들, 즉 우울증에 관한 가족력을 가지는 청소년들(● 그림 14.10)(Tomarken, Dichter, Garber, & Simien, 2004), 모친이 우울증을 경험하는 유아들(Dawson et al., 2001; Diego, Field, Hernandez-Reif, Cullen, Schanberg, & Kuhn, 2004)과 관해기에 있는 우울증 환자들(Henriques & Davidson, 1990)에서 좌반구보다 우반구 전두엽의 활성화가 더 큰 것이 일관되게 관찰되고 있다. 이 결과는 EEG로 측정한 전두 영역의 비대칭적 활성화가 우울증에 대한 민감성을 반영하는 지표일 수 있다는 것을 시사한다.

13장에서 살펴본 바와 같이 좌반구 전두엽의 활성화가 접근 행동과 관련되어 있는 반면 우반구 전두엽의 활성화는 철회 행동과 관련되어 있다. 따라서 우울증 환자들에서 우반구 활성화가 불균형하게 더 큰 것은 이들이 즐거운 활동에 덜 관여할 것이라는 사실과 일치한다. 연구참여자들이 게임 과제에서 보상을 받는 것을 기대하는 동안 전두 영역에서 비대칭적인 EEG 활성화를 조사한 한 연구가 이 관련성을 명확하게 설명하고 있다(Shankman, Klein, Tenke, & Bruder, 2007). 접근-철회 모델과 일치하게 우울하지 않은 연구참여자들은 보상 유인가가 없는 조건에 비해 보상 조건에서 더 큰 좌반구 전두엽의 활성화를 보였다. 그러나 우울한 연구참여자들은 보상을 기대하는 동안 좌반구 전두엽의 활성화 증가를 보이지 않았는데 이는 접근 체계의 손상을 시사한다.

우반구 전두 영역의 증가된 활성화는 우울한 사람들이 지나치게 우울하고 부정적인 정보에 초점을 맞추는 경향과도 관련되어 있다. 예를 들어 슬픈 의미를 가지는 단어들이 제시되는 과제를 수행하는 동안 우반구 배외측 전전두피질의 활성화가 통제군에 비해 우울한 연구참여자들에서 더 증가하였다(Elliott, Rubinsztein, Sahakian, & Dolan, 2002). 또 다른 연구에서는 슬픈 이야기를 듣는 동안 우반구 전두 활성화의 정도가 우울하지 않은 사람보다 우울한 사람이 그 이야기를 기억하는 정도를 더 잘 예측할 수 있음이 관찰되었다(Nitschke, Heller, Etienne, & Miller, 2004). 따라서 전두엽 활성화의 비대칭이 우울증 환자들에서 관찰되는 슬픔에 대한 기억 편향과 명백하게 관련되어 있다.

현재로는 전두엽의 하위 영역들 중 어느 영역이 이러한 비대칭적 활성화가 일어나는 데 매우 중요한 역할을 하는가는 명확하지 않다. 3장에서 살펴본 바와 같이 EEG는 fMRI만큼 뇌 활성화 부위에 관한 정보를 제공하지 못한다. 놀랍게도 우울증과 관련된 비대칭이 EEG 연구에서만큼 fMRI 연구에서 일관되게 관찰되지 않는다(Grimm et al., 2008). EEG와 fMRI 연구 결과가 일치하지 못하는 것은 EEG와 fMRI 연구에서 사용되는 분석 기법이 서로 다르기 때문이다(Herrington et al., 2005). fMRI와 EEG 자료를 결합하는 데 새로운 분석 기법들이 적용되고 있으며 이러한 기법들이 어떤 전전두 영역들이 우울증에서 관찰되는 비대칭적 활성화와 관련되어 있는가를 더 잘 이해하게 할 것이다.

■ 후측 피질 영역

전두엽과 더불어 후측 피질 영역, 특히 우반구 후측 영역들이 우울증의 영향을 받는다(Levin et al., 2007). 이 장의 앞부분에서 이미 살펴본 바와 같이 우울증 환자들에서 관찰되는 인지 결함에는 공간 기능 과제의 수행 결함이 포함되는데 이는 우반구가 관여되어 있음을 시사한다. 이에 덧붙여서 우반구 후측 영역들의 활성화 감소가 우울증에서 관찰되는 기면성(lethargy)과 피로감과 관련되어 있는데, 이는 이 영역이 각성과 경계 수준의 유지에 중요한 역할을 하기 때문이다(Heller, Koven, & Miller, 2003).

우울증 환자들에서 우반구 후측 영역들의 활성화가 감소되어 있다는 사실이 여러 출처로부터 제공되고 있다. 행동 연구들은 통제군에 비해 우울한 사람들이 시각 과제의 수행 동안 좌측 지각 편향을 덜 보이는 경향이 있다고 보고하는데 이는 우반구 활성화의 감소를 시사한다(Keller et al., 2000). 나아가 EEG 연구들은 기저 휴지 상태(Bruder et al., 1997; Kentgen, Tenke, Pine, Fong, Klein, & Bruder, 2000)와 점의 위치 혹은 선의 정위를 판단하는 과제를 수행하는 동안(Henriques & Davidson, 1997; Rabe, Debener, Brocke, & Beauducel, 2005) 우반구 두정 영역의 활성화가 우울한 사람들에서 감소되어 있는 것을 보고하고 있다. 최근의 다세대 연구들은 부모와 조부모 중에 우울증을 경험한 가족력을 가진 우울증 고위험군에 속하는 사람들에서 우반구 두정 영역의 활성화가 감소되어 있음을 보고하였다(Bruder et al., 2005; Bruder, Tenke, Warner, & Weissman, 2007). 이 연구들의 결과는 이 영역의 낮은 활성화가 우울증 민감성을 예견하는 요인이라는 것을 시사한다. 마지막으로 사건관련전위를 사용한 연구들은 얼굴 자극에 대한 N_{170} 진폭이 통제군에 비해 우울증 환자들에서 감소되어 있는 것을 보고하였는데, 두 집단 사이의 N_{170} 차이가 특히 우반구 두정 영역에서 측정한 행복한 얼굴자극 반응에서 두드러졌다(Deldin, Keller, Gergen, & Miller, 2000). 행복한 얼굴에 대한 지각 혹은 기억의 변화는 우울증 환자들이 경험하는 대인관계 결함과 관련되어 있을 수 있다(Deveney & Deldin, 2004).

요약하면 우울증에서 관찰되는 우반구 후측 영역들의 활성화 감소가 각성과 주의에 영향을 미칠 뿐만 아니라 이 영역들에 의존하는 인지 기능을 손상시킨다. 우울증 치료에서 이러한 인지적 결과가 때로 고려되지 않지만 매우 중요하다. 예를 들어 지게차 운전을 하는 우울증 환자를 치료할 때 환자의 공간 능력이 손상되어 있는가를 확인하는 것이 그 환자에게 중요하다.

■ 피질하 영역

비록 우울증에 관한 많은 인지 신경과학 연구들이 전두 및 후측 피질 영역에 주로 초점을 맞추지만 다른 연구들은 피질하 영역들의 비정상적 기능을 연구하기도 한다. 특히 우울증 환자들에서 부정적 정보에 대한 반응으로 편도체의 활성화가 증가하는 반면 긍정적 정보에 대한 피질하 보상 경로들의 활성화가 감소하는 것이 관찰된다. 이에 덧붙여서 일부 연구들은 해마 체계의 활성화 변화를 보고하기도 한다. 이제 이러한 뇌 구조들 각각이 우울증과 어떻게 관련되어 있는가를 살펴보기로 하자.

앞서 살펴본 바와 같이 편도체는 부정적이거나 위협적인 정보의 처리와 정보의 정서적 중요성에 대한 학습에 관여한다. 따라서 세상을 보다 부정적인 시각으로 보는 경향이 있는 우울증 환자들에게 편도체가 영향을 미친다는 것이 놀랍지 않을 것이다. 편도체는 휴지 상태에서 조차 통제군에 비해 우울한 사람들에서 활성화가 증가한다(Davidson et al., 2002; Phillips, Drevets, Rauch, & Lane, 2003). 더욱이 편도체 활성화가 일단 일어나면 통제군에 비해 우울한 사람들에서 활성화 수준이 더 느리게 낮아진다. 예를 들어 부정적 의미를 가지는 단어의 제시 후 통제군에 비해 우울한 사람에서 편도체의 활성화가 더 오랫동안 지속되었다(Siegle, Steinhauer, Thase, Stenger, & Carter, 2002; Siegle, Thompson, Carter, Steinhauer, & Thase, 2007). 더욱이 부정적 정보를 기억 속으로 부호화하는 동안 우울한 사람들에서 편도체 활성화가 특히 증가되었는데 이는 우울증 환자들이 부정적인 기억을 더 오랫동안 지속하는 것을 설명할 수 있다(Hamilton & Gotlib, 2008). 이러한 결과는 우울한 사람들이 부정적 정보로부터 주의를 이탈하는 데 어려움을 갖고 이로 인해 부정적 기분 상태가 강화된다는 다른 연구 결과와 일치한다.

우울증이 생활 속에서 어떤 즐거움을 찾는 능력이 저하되는 것, 즉 **무쾌감증**(anhedonia)이 특징이기 때문에 우울한 사람들에서 측핵(nucleus accumbens)과 복측 선조체 등과 같은 피질하 보상 경로의 활성화가 감소되어 있을 것이라고 추측할 수 있다(Nestler & Carlezon, 2006). 기저핵과 같은 도파민 운동계도 우울한 사람들에서 관찰되는 느린 정신운동과 관련되어 있을 수 있다. 동물 모델이 이러한 영역들이 우울증과 관련되어 있다는 것을 지지한다. 예를 들어 무기력한 행동을 보이는 쥐에서 기저핵과 보상 경로에 포함되는 뇌 구조들의 신진대사가 감소되는 경향이 있다(Shumake & Gonzalez-Lima, 2003; Lavi-Avnon et al., 2008).

여러 연구들이 우울증으로 진단을 받은 사람들을 대상으로 이들의 보상 체계의 활성화를 조사하였다. 한 연구는 높은 수준의 무쾌감증을 경험하는 우울증 환자들이 행복한 표정을 짓는 얼굴을 보거나 긍정적 사건에 관한 기억을 하는 동안 복측 선조체의 활성화가 감소하는 것을 관찰하였다(Keedwell, Andrew, Williams, Brammer, & Phillips, 2005). 또한 우울한 사람들이 우울하지 않은 사람들에 비해 긍정적 의미를 가지는 단어에 반응하는 동안 복측 선조체의 활성화 감소를 보였으며 심한 감소를 보인 사람들은 일상생활 활동에 관한 관심과 즐거움을 덜 경험하였다(Epstein et al., 2006). 이와 유사한 결과가 우울증의 가족력을 가지는 우울증 위험군에 포함되는 아동과 청소년들에서도 관찰되었다(Monk et al., 2008; Forbes et al., 2006, 2009; Forbes, Shaw, & Dahl, 2007). 보상 경로가 뇌의 주된 동기 체계 중 하나이기 때문에 이 경로의 활성화 감소가 우울하거나 우울증의 위험을 가지는 사람들에서 관찰되는 무감각과 동기 부족과 관련되어 있을 수 있다.

우울증과 관련되는 변연계 영역이 해마이다. 이 뇌 구조가 우울증과 관련된다는 사실이 의외로 여겨질 수 있는데 왜냐하면 해마가 자주 기억과 관련되기 때문이다. 그러나 13장에서 살펴본 바와 같이 해마는 정서적 연합 학습에 관한 맥락을 제공하기 위해 편도체와 밀접하게 연결되어 있다(Phelps, 2004). 더욱이 우울증에서 스트레스 호르몬 수준이 상승되어 있고(Arborelius, Owens, Plotsky, & Nemeroff, 1999), 이 호르몬은 해마의 구조와 기능에 부정적 영향을 미치는 것으로 알려져 있다(McEwen, 2009). 실제로 뇌 구조에 관한 여러 연구들은 우울증 환자들에서 해마의 크기가 감소되어 있는 것을 보고하고 있다(Videbech & Ravnkilde, 2004). 해마가 성인에서의 신경생성, 즉 새로운 신경 세포의 생성이 일어나는 주요 영역이라는 것이 발견되면서 우울증에서의 해마 역할에 관한 관심이 증가하였다(Eriksson et al., 1998; Lledo, Alonso, & Grubb, 2006)(이 주제에 관해서는 15장에서 더 자세히 살펴볼 것이다). 일부 연구자들은 해마에서 새로운 세포가 생성되지 못하는 것이 우울증을 발병시키거나 우울증상이 지속되게 한다고 주장하지만(Duman, 2004; Jacobs, 2004), 이 가설은 아직 논란이 되고 있다(Kempermann & Kronenberg, 2003; Sapolsky, 2004).

■ 치료 개입

우울증 치료에는 전형적으로 인지적 혹은 생물학적 수준에 관한 개입이 포함되거나 두 수준의 개입 모두가 포함된다. 인지 치료는 우울증 환자들이 가지는 패배주의적이고 비관적인 사고 패턴을 확인하고 이러한 사고 패턴을 변화시키는 것에 초점을 둔다. 생물학적인 개입은 주로 약물 치료이다. 인지 치료와 항우울제 치료 모두 비교적 많은 우울증 환자들에게 효과적이다(Ebmeier, Donaghey, & Steele, 2006). 다음 절에서는 우울증 치료의 신경학적 기제에 관해 알려진 사실과 인지 신경과학적 연구 결과에 근거하여 개발되고 있는 새로운 치료법을 살펴보기로 하겠다.

전형적인 우울 치료가 어떻게 뇌에 영향을 미치는가

우울증은 주로 뇌의 모노아민 신경전달물질 체계에 영향을 미치는 약물로 치료한다(2장 참조). 전형적인 약물 치료에는 플록세틴(프로작)과 파로세틴(Paxil) 등과 같은 선택적 세로토닌 재흡수 억제제(serotonin selective reuptake inhibitors, SSRIs)가 사용되는데 이 약물들은 뇌 전체에 분포되어 있는 세로토닌계를 타깃으로 한다. 일부 다른 항우울제는 노르에피네프린과 도파민 체계와 같은 다른 모노아민 신경전달물질 체계에 영향을 미친다(Berman, Sporn, Charney, & Mathew, 2009; Dunlop, Garlow, & Nemeroff, 2009). 비록 이러한 약물들의 분자 수준에서의 작용, 즉 시냅스에서의 즉각적인 효과에 관해서는 잘 알려져 있지만 이 약물들이 어떻게 혹은 왜 우울증상을 완화시키는가는 아직 명확하게 이해되지 않고 않다. 한 가능성은 이 약물들이 장기적으로 수용기 민감성을 변화시킴으로써 신경전달물질의 정상적 균형을 회복시키는 것이다(Duman, 2009; Elhwuegi, 2004). 또 다른 가설은 이 약물들이 신경 생성 혹은 신경세포 성장을 자극함으로써 치료 효과를 내고 있다는 것이다(David et al., 2009; Santarelli et al., 2003). 그러나 이 모든 가설은 단지 약물 효과에 관한 일부분만을 설명하는데 왜냐하면 이 가설들이 생화학적 변화가 어떻게 우울증의 인지 및 정서적 증상들의 변화를 초래하는가를 설명하지 않기 때문이다.

뇌영상 연구들이 우울증의 생화학적 모델과 심리학적 모델 사이의 갭을 메울 수 있는데, 이는 뇌의 서로 다른 영역들이 어떤 심리적 기능에 관여하는가에 관해서는 적어도 어느 정도 이해되고 있기 때문이다. 따라서 약물 치료가 어떻게 뇌 영역의 활성화에 영향을 미치는가를 조사함을 통하여 이 약물들이 어떻게 정신 기능에 영향을 미치는가에 관한 일부 단서를 찾을 수 있다. 예를 들어 한 PET 연구는 항우울제인 파로세틴의 치료 효과와 배외측, 복측 및 배측 전대상 영역을 포함하는 여러 전두 영역의 활성화 증가가 서로 관련되어 있음을 관찰하였다(Kennedy et al., 2001; Anand et al., 2005). 이러한 결과는 우울증 환자들에서 전두엽이 매개하는 집행기능의 결함을 관찰한 다른 인지 및 신경영상 연구들의 결과와 일치한다. 또한 연구자들은 증상의 호전을 가져다 주는 인지 치료가 뇌 활성화 패턴의 변화와 동반된다는 것도 관찰하였다(개관은 Roffman, Marci, Glick, Dougherty, & Rauch, 2005). 예를 들어 한 PET 연구는 성공적인 인지행동 치료가 해마와 배측 대상피질의 활성화 증가, 그리고 내측 및 복측 전두 영역의 활성화 감소와 관련되어 있음을 관찰하였다(Goldapple et al., 2004). 따라서 약물 치료와 심리 치료 모두 부분적으로 증상 완화에 도움이 되는데, 이는 이 치료법들이 인지적 통제와 집행기능에 중요한 역할을 하는 뇌 영역들을 '활성화'시키기 때문이다.

다른 연구들은 약물 치료에 더 잘 반응하는 환자들을 선별하기 위해 뇌영상 기법을 사용하였다. 전형적으로 이 연구들은 환자들이 항우울제를 복용하기 전에 뇌 활성화를 측정하였고 몇 주 동안 약물을 복용한 후 어떤 환자들이 가장 호전되는가를 추적하였다. 이러한 연구 방안을 사용한 한 연구는 억제적 통제 과제를 수행하는 동안 뇌 활성화를 측정하였으며 하전전두, 대상피질과 피질하 변연 영역에서 더 큰 활성화를 보이는 우울증 환자들이 덜 활성화를 보이는 환자들에 비하여 10주에 걸친 항우울제 치료 후 증상이 더 호전되었음을 관찰하였다(Langenecker et al., 2007; Chen et al., 2007). 이와 유사한 방안을 사용한 다른 연구들은 약물을 복용하지 않는 상태에서 문측 대상피질의 활성화 증가가 증상의 완화를 예측할 수 있다는 것을 관찰하였다(Mayberg et al., 1999; Pizzagalli et al., 2001). 흥미로운 점은 인지 치료의 효과를 예측하는 뇌 활성화와 약물 치료의 효과를 예측하는 뇌 활성화 패턴이 서로 다르다는 것이다. 정서처리 과제의 수행 동안 관찰된 복측 대상피질의 낮은 활성화 수준과 편도체의 높은 활성화 수준이 인지 행동 치료에 대해 더 나은 반응을 예견한다(Siegle, Carter, & Thase, 2006). 결국에는 이러한 연구들로부터 제공된 정보가 각 환자의 뇌활성화 패턴에 근거하여 그 환자에게 가장 효과적인 치료를 선택하는 데 도움이 될 수 있다(Mayberg, 2003). 그러나 아직까지 이를 실현할 수 있을 만큼의 지식을 가지고 있지 않다.

약물 치료와 인지 치료가 효과적이라는 사실에도 불구하고 우울증 환자들의 50% 정도가 이 치료 후 눈에 띄는 증상 완화를 보이지 않는다(Berton & Nestler, 2006). 우울증의 유병률이 높은 점을 고려하면 전형적인 치료법에 반응하지 않는 환자들이 많다는 사실과 이 사람들이 높은 자살 위험을 가지고 있다는 사실은 새로운 치료법의 개발에 대한 큰 압박으로 작용한다. 다음 절에는 신경학적 수준의 개입을 시도하는 세 가지 실험적 치료법을 살펴보기로 하자. 여기에는 반복적 경두개 자기 자극법(repetitive transcranial magnetic stimulation, rTMS), 뇌심부 자극(deep brain stimulation)과 미주신경 자극이 포함된다. 이 절차들에 대한 설명이 ● 그림 14.11에 제시되어 있다.

반복적 경두개 자기 자극법

세 가지 실험적 치료법 가운데 **반복적 경두개 자기 자극법**이 가장 비침습적이고 가장 잘 연구되어 있다. 미국의 경우 rTMS가 우울증의 치료법으로 2008년 FDA 승인을 받았다. 이 치료법에는 두개골 바깥에 위치하는 생성지(generator)로부터 발생하는 자기 펄스를 반복적으로 뇌에 적용하는 것이 포함된다(그림 14.11A; TMS 기법에 관한 개관은 3장 참조). rTMS는 개념적으로는 전류를 사용하여 뇌를 자극하는 전기충격요법(electroconvulsive therapy, ECT)과 유사하다. 그러나 ECT와 달리 rTMS는 발작을 초래하지 않는다. 앞서 살펴본 바와 같이 우울증 환자들에서 좌반구 전전두피질의 활성화가 감소되어 있기 때문에 지금까지 보고된 대부분의 연구들은 rTMS를 이 영역을 자극하기 위해 사용하였다.

여러 연구들은 rTMS가 우울증 치료에 효과적이라고 보고하고 있다(Avery et al., 2006; Fitzgerald, Brown, Marston, Daskalakis, de Castella, & Kulkarni, 2003; Rumi et al., 2005). 예를 들어 한 연구의 경우(Avery et al., 2006), 약물 치료에 효과적인 반응을 보이지 않는 우울증 환자들을 무작위로 각각 rTMS 와 허위 치료가 주어지는 집단에 할당하였다. rTMS는 4주 동안 15회기가 주어졌는데, 각 회기마다 rTMS가 좌반구 배외측 전전두피질에 적용되었다. 허위 치료가 주어지는 집단에 속한 환자들에게도 rTMS 집단의 환자들이 받는 동일한 횟수의 회기 동안 좌반구 전두피질 위에 자기 코일이 제공되었으나 이 코일이 실제로 뇌를 자극하지 않았다. 15회기가 끝난 다음 연구자들은 rTMS로 치료를 받은 환자들 중 약 30%가 유의한 증상 완화(증상이 적어도 반으로 감소하였다)를 보인 반면 허위 치료를 받은 환자들 중 약 5% 정도만이 이러한 증상 완화를 보임을 관찰하였다. 다른 연구들은 rTMS와 항우울제가 같이 사용될 경우 항우울제의 효과가 증가한다고 제안하고 있다(Rumi et al., 2005).

비록 이러한 연구 결과가 매우 희망적이지만 모든 연구들이 rTMS가 우울증 치료에 효과적이라는 것을 관찰하지는 못하였다(Couturier, 2005; Ebmeier, Donaghey, & Steele, 2006). 서로 다른 연구들이 서로 다른 결과를 보이는 이유는 명확하지 않지만 연구들마다 서로 다른 방법을 사용하기 때문인 것으로 여겨진다. 즉 우울증 치료에 rTMS를 적용할 경우 일치되는 절차가 없다. 더욱이 서로 다른 연구들에서 rTMS 치료를 받은 환자군들이 우울 증상의 특성, 심각성 정도 혹은 다른

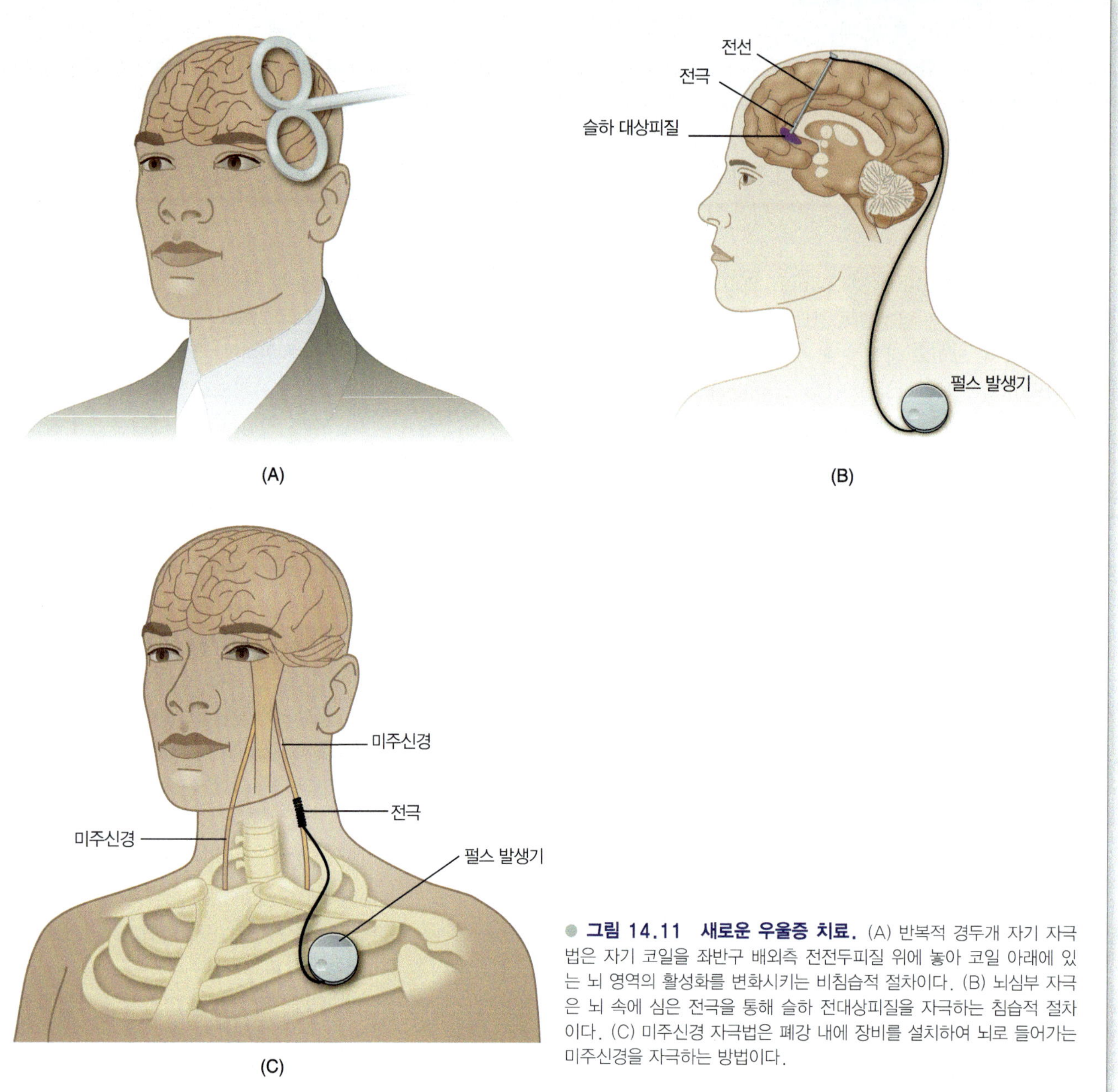

● **그림 14.11 새로운 우울증 치료.** (A) 반복적 경두개 자기 자극법은 자기 코일을 좌반구 배외측 전전두피질 위에 놓아 코일 아래에 있는 뇌 영역의 활성화를 변화시키는 비침습적 절차이다. (B) 뇌심부 자극은 뇌 속에 심은 전극을 통해 슬하 전대상피질을 자극하는 침습적 절차이다. (C) 미주신경 자극법은 폐강 내에 장비를 설치하여 뇌로 들어가는 미주신경을 자극하는 방법이다.

장애의 공병 유무에서 서로 다르다. 그럼에도 불구하고 모든 이중맹(실험자와 참여자 모두 rTMS 혹은 허위 처치를 받았는지 모르는 경우) 연구들의 결과를 통합하여 분석한 한 연구는 좌반구 배외측 전전두피질에 적용한 rTMS가 항우울제만큼 효과적이라는 것을 관찰하였다(Schutter, 2009).

그렇다면 TMS가 우울증 치료에 어떤 기제를 통하여 효과적인가? TMS는 적용된 부위 아래 뇌 조직의 활성화에 영향을 미치는 것으로 여겨지고 있는데, 이 영향이 그 영역의 처리 과정을 방해하거나 자극함을 통해 일어나는 것으로 이해되고 있다. 고주파 TMS는 뇌 활성화를 증가시키는 반면 저주파 TMS는 감소시키는 것으로 여겨진다(Speer et al., 2000). 따라서 우울증에서 우반구 전전두 영역에 비해 좌반구 전전두 영역의 활성화가 감소되어 있기 때문에 좌반구 전전두피질의 활성화를 증가시키거나 우반구 전전두피질의 활성화를 감소시키면 우울증상이 완화된다. 좌반구 전전두피질에 적용된 고주파 rTMS(대부분의 연구에서 사용되고 있는)는 배외측 전전두피질과 전대상피질의 활성화를 증가시키고(Kito, Fujita, & Koga, 2008), 미상핵의 신경전달물질 도파민의 분비를 증가시킨다(Strafekka, Paus, Barrett, & Dagher, 2001). 다른 연구들은 고주파수 대신 저주파수 rTMS를 우반구 전두피질에 적용하여 우반구 전전두 영역의 활성화를 감소시키고자 하는데, 이 방법도 우울증 치료에 효과적인 것으로 알려져 있다(Paus &

Barrett, 2004).

의사들이 치료 기제를 충분히 이해하지 못한 채 그 치료법을 사용하는 것이 놀라울 수 있지만 이러한 현상이 정신과학(혹은 의료계 전반에서)에서 자주 일어난다. 예를 들어 열이 있거나 통증이 있을 경우 아스피린을 복용할 수 있는데 아스피린이 어떻게 통증을 완화하는가에 관해서는 잘 알려져 있지 않다. 이와 마찬가지로 rTMS가 정신 기능에 영향을 미치는 기제도 충분히 이해되지 못하고 있다. 효과적인 치료법의 개발에 관한 압박과 더불어 뇌가 지나치게 복잡하기 때문에 치료 기제에 관해 완전히 이해하기 전에 치료법을 먼저 사용한다.

뇌심부 자극

심각한 우울증에 사용되는 실험적 치료법으로 rTMS보다 더 침습적인 것이 **뇌심부 자극**(deep brain stimulation, DBS)이다. 이 치료법에는 전극을 뇌 깊숙이 심는 것이 요구된다. 그 후 전류를 흘려 목표로 하는 뇌 영역의 활성화를 조율한다(그림 14.11B). DBS는 운동 장애인 파킨슨병 치료에 사용되어 왔다(Hardesty & Sackeim, 2007; 5장 참조). 우울증이 대상피질의 슬하 영역의 기능이상과 관련되어 있다는 연구 결과에 근거하여 이 영역에 대한 DBS가 우울증을 완화할 것이라는 가설이 제안되었다.

이 가설을 검증하고자 한 초기 연구는 치료에 대해 전혀 효과를 보이지 않는 6명의 우울증 환자를 대상으로 하였다(Mayberg et al., 2005). DBS 적용 후 이 환자들 중 4명이 증상의 호전을 보였다. 증상 호전과 더불어 대상피질의 슬하 영역의 활성화가 감소하였다. 비록 연구참여자의 수가 적었지만 이 연구는 우울증에서의 DBS 치료 효과에 관한 관심을 불러일으켰다. 추적 연구는 처음 연구에 참여한 환자보다 더 많은 20명의 환자(이전 연구에 참여한 6명의 환자를 포함하여)들을 대상으로 하였다(Lozano, Mayberg, Giacobbe, Hamani, Craddock, & Kennedy, 2008). DBS를 적용한지 대략 1년 후 50% 환자들이 치료 반응을 보였는데, 즉 우울증 증상들 중 50% 정도가 감소하였다.

뇌에 전극을 심는 것은 말할 필요도 없이 위험하다. 위험에는 수술 그 자체로 인한 합병증과 전류로 인한 발작의 가능성이 포함된다. 이러한 이유로 말미암아 DBS는 다른 치료법으로는 증상 완화를 보이지 않는 심각한 우울증 환자에게 제일 마지막으로 사용되는 치료법이다. 더욱이 DBS의 치료 효과에 관한 정보가 아직 기초적인 수준이다. 오늘날까지 보고된 어떤 연구도 통제군, 즉 환자들을 무작위로 위약 혹은 허위-조작 조건에 할당한 통제군을 포함하지 않고 있다. 치료법의 초기 검사에 이러한 통제군을 포함하지 않는 몇 가지 합당한 이유가 있는데, 즉 허위 수술을 실시하는 것이 윤리적으로 문제가 되기 때문이다. 그러나 DBS의 효과를 충분히 평가하기 위해서는 치료 집단을 통제 집단과 비교하는 것이 궁극적으로 필요하다. 추후 연구들에서 밝혀져야 할 또 다른 점은 효과가 특정 영역에만 국한되는가이다. 다시 말하면 대상피질의 슬하 영역 이외의 다른 뇌 영역을 자극해도 유사한 효과가 발생하는 정도를 밝히는 것이 필요하다(Malone et al., 2009; Schlaepfer et al., 2008).

미주신경 자극

DBS와 마찬가지로 **미주신경 자극**(vagus nerve stimulation, VNS)에는 신경계의 자극이 포함되지만 이 경우 자극을 받는 구조가 미주신경이다. 이 신경은 내부 기관, 즉 위, 장과 심장 등으로부터의 감각 정보를 뇌로 전달하고 운동 정보를 뇌로부터 이 기관들에 전한다. DBS가 파킨슨병의 치료에 사용되어 왔듯이 VNS는 뇌전증의 치료에 사용되어 왔다. VNS의 경우 자극 전극이 포함된 장비가 가슴 위부분, 쇄골 가까이에 이식되어 미주 신경이 뇌로 들어가기 전에 미주신경을 자극한다(그림 14.11C). 이 이식은 DBS보다 덜 침습적인데 이는 장비를 뇌 속으로 이식하지 않기 때문이다. 그러나 VNS도 DBS처럼 수술과 신체 내에 장비를 이식하는 것이 요구된다.

뇌전증의 치료에 VNS를 사용한 후 환자들의 기분이 좋아지는 것이 관찰되었다. 이 관찰에 근거하여 VNS가 우울증의 실험적 치료법이 되었다(개관은 Groves & Brown, 2005 참조). 초기 연구들은 VNS 치료를 받은 사람들에서 시간이 지남에 따라 우울 증상이 완화되는 것을 관찰하였다(Marangell et al., 2002; Rush et al., 2000). 그러나 이 연구들은 VNS 치료를 받은 사람과 치료를 받지 않거나 허위 치료를 받은 사람들을 직접적으로 비교하지 않았다. 최근 연구들은 우울증 치료에서의 VNS 효과에 관해 일치되지 않거나 모호한 결과를 보고하고 있다(George et al., 2005; Rush, Marangell et al., 2005; Rush, Sackeim et al., 2005).

어떻게 VNS가 우울증의 치료에 효과적인가? 현재로는 이에 관해 알려진 것이 거의 없다(Groves & Brown, 2005). 폐강(chest cavity)으로부터 나온 미주신경은 호속핵(nucleus of solitary tract)이라고 알려진 뇌간 구조에 도달한다. 호속핵은 뇌간에 있는 청반으로 축색을 보내는데, 청반은 뇌 전체로 노르아드레날린을 공급하는 주요 영역이다(그림 2.10 참조). 따라서 미주 신경의 자극은 각성과 관련되는 신경전달물질인 노르아드레날린의 활성화에 영향을 미친다(2장). 다시 말하면 VNS는 우울증의 전형적인 증상인 낮은 각성 상태를 개선하는 효과를 가진다. 이에 덧붙여서 호속핵은 변연계와 연결되어 있어 편도체에 직접 축색을 보내고 해마와는 간접적으로 연결되어 있다. 따라서 미주 신경의 자극이 우울증 환자들에서 기능이상을 보이는 이 영역들의 뇌 활성화를 변화시킬 수 있다.

rTMS와 DBS처럼 VNS의 작용 기제에 관한 이해가 거의 없는 실정이며, 이러한 이해 없이도 위험을 무릅쓰고 VNS를

IN FOCUS: 유전자가 불행감을 초래할 수 있는가?

오래 전부터 개인의 유전적 구성이 개인으로 하여금 우울, 비관, 혹은 걱정과 두려움을 경험하게 하는 것이 많은 연구자들의 관심을 끌어 왔다. 쌍생아 연구는 성격 특성과 정신병리를 포함하는 거의 모든 심리적 특성이 유전 영향을 받는다고 보고하고 있지만 쌍생아 연구들은 어떤 특정 유전자가 기분 장애에 중요한 역할을 하는가에 관한 정보는 거의 제공하지 못하고 있다. 최근 발달되기 시작한 분자유전학이 이러한 정보를 제공할 수 있게 되었다. 개인의 유전자형을 간단하게 측정할 수 있는데, 즉 면봉으로 뺨 안쪽의 세포를 모아 이 세포로부터 DNA를 추출한다. 이후 특정 유전자의 변이가 특정 심리 특성과 관련되어 있는가를 조사된다.

정서와 기분 장애와 관련하여 가장 많이 연구된 유전자 중 하나가 **세로토닌 수송기 유전자**이다. 이 유전자는 세로토닌 재흡수 단백질을 부호화하는데, 이 단백질은 세로토닌 신경전달물질을 시냅스에서 흡수하여 시냅스전 세포로 돌려보낸다(● 상자 그림 14.1). 세로토닌 체계가 우울증과 관련되어 있다는 것이 알려져 있기 때문에(대부분의 항우울제는 세로토닌 신경전달에 영향을 미치는 것으로 알려져 있다) 이 특정 유전인자의 개인차가 기분 장애와 관련되어 있을 것으로 추측된다. 두 가지 주된 유전자 변이가 있는데, 즉 긴 대립유전자(L)와 짧은 대립유전자(S)가 있다. 모든 사람이 자신의 부모로부터 각각 하나씩의 유전자 복제(대립유전자)를 물려받기 때문에 한 개인은 세 가지 가능한 유전자형, 즉 L/L, S/S/, S/L, 중 하나를 가진다. 이 유전자형들이 인간에서 매우 흔하다. 다시 말하면 이 유전자형 모두가 정상적인 변이들이다. 이 유전자 변이들이 심리적 특성, 인지 및 뇌 활성화와 놀랄 만큼 많은 방법으로 관련되어 있다(Canli & Lesch, 2007; Hariri & Holmes, 2006).

초기 연구들은 세로토닌 수송기 유전자의 개인차와 불안 및 기분에 관한 개인 보고 사이의 관련성을 연구하였는데, 연구 결과 하나 혹은 두 개의 S 대립유전자를 가지는 사람들이 신경증, 불안, 적대감, 우울, 걱정과 비관을 물어보는 자기보고식 지필 질문지에서 더 높은 점수를 받는 것이 관찰되었다(Greenberg et al., 2000; Lesch et al., 1996). 그러나 연구자들은 자기 보고 이외의 다른 방법을 사용하는 것에 관심을 가지게 되었다. 즉 이러한 유전자형이 정서 학습과 인지에 영향을 미치는가에 관심을 가지게 되었다. 추후 연구들은 적어도 하나의 S 대립유전자를 가지는 사람들이 고전적 조건화, 즉 원 혹은 삼각형과 같은 중립적 자극이 경미한 쇼크와 반복적으로 짝지어지는 조건에서 더 빨리 공포 반응을 학습하는 것을 관찰하였다(Garpenstrand, Annas, Ekblom, Oreland, & Fredrikson, 2001). 또한 이러한 유전자형을 가지는 사람들은 정서적 정보에 대한 주의에도 다른 패턴을 보인다. L/L 유전자형을 가지는 사람은 정서적으로 위협적인 단어에 주의를 주지 않는 반면 S/S 혹은 S/L 유전자형을 가지는 사람들은 이러한 단어에 주의를 주는 경향이 있다(Beevers, Gibb, McGeary, & Miller, 2007). 이러한 연구들은 유전자형이 자기보고의 성격 특성뿐만 아니라 정서 학습과 주의에 영향을 미친다는 것을 보

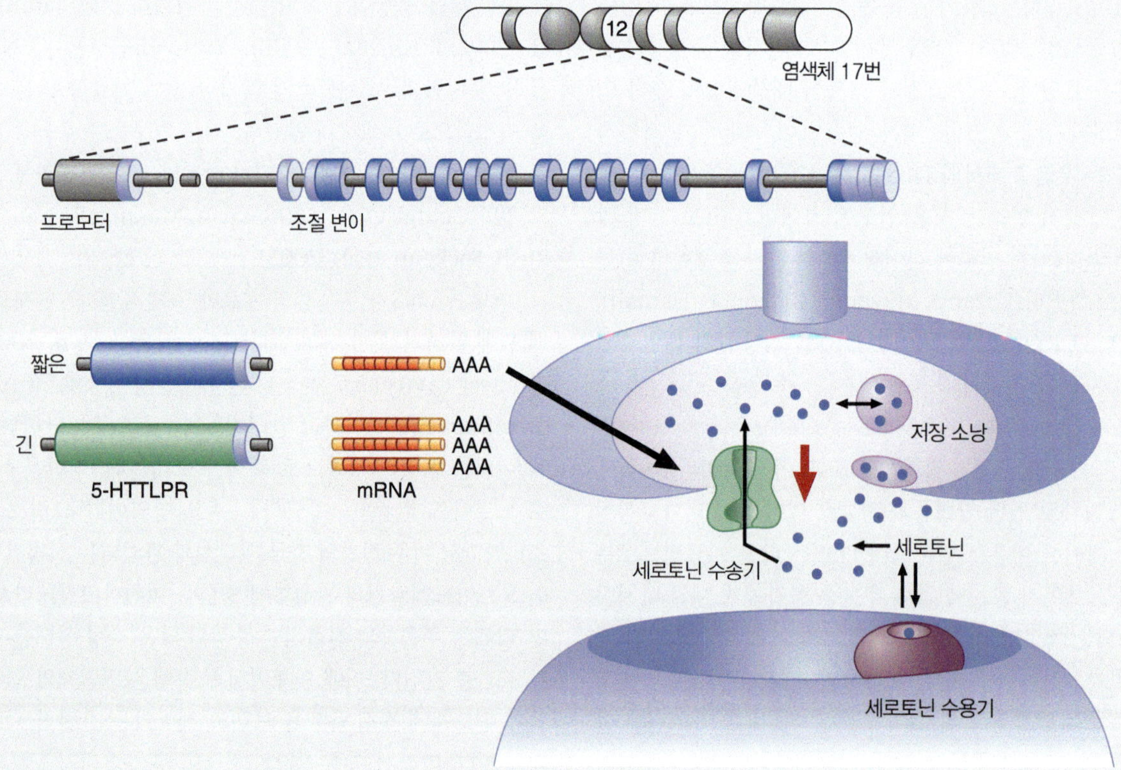

● **상자 그림 14.1 세로토닌 수송기 분자를 부호화하는 유전자의 개인차.** 이 유전자는 염색체 17번에 위치하고 유전자의 특정 하위 영역, 즉 프로모터 영역이 '짧거나' 혹은 '긴' 변형을 가지게 된다. 긴(L) 변형에 비해 짧은(S) 변형이 시냅스에 더 적은 세로토닌 수송기 분자를 초래하고, 공포와 불안을 증가하게 한다. 출처: Fig. 1 in Canli, T., & Lesch, K.P. (2007). Long story short: The serotonin transporter in emotion regulation and social cognition. NATURE NEUROSCIENCE, 10, 1103–1109.

여준다.

유전자형에 따라 뇌가 정보를 서로 다르게 처리하는 것인가? S 대립유전자를 가지는 사람들이 공포를 더 빨리 학습한다면 공포 학습에 관여하는 편도체의 활성화가 이들에서 더 증가할 것으로 예상할 수 있다. 실제 연구자들은 L/L 유전자형을 가지는 사람들에 비해 S 대립유전자(S/S 혹은 S/L 유전자형)를 가지는 사람들에서 공포 자극에 대한 편도체의 활성화가 더 증가하는 것이 관찰되었다(Hariri et al., 2002, Canli, Omura, Haas, Fallgatter, Constable, & Lesch, 2005; Heinz et al., 2007). 또 다른 연구는 S 대립유전자를 가지는 사람들에서 전두엽이 편도체를 덜 조절하는 것이 관찰되었다(Pezawas et al., 2005). 이 연구에서 L/L 유전자형을 가지는 사람들은 전대상피질의 활성화가 클수록 편도체의 활성화가 낮아지는 경향을 보였다. 반면 S 대립유전자를 가진 사람들에서는 이러한 관련성이 약하였는데 이는 S 대립유전자를 가진 사람들에서는 대상피질이 편도체에 대한 통제를 덜 한다는 것을 시사한다. 동시에 이와 관련되는 한 연구에서 S 대립유전자를 가지는 사람들에서 편도체와 복내측 전전두피질의 활성화 사이의 관련성이 증가하는 것이 관찰되었다(Heinz et al., 2005). 따라서 S 대립유전자를 가지는 사람의 경우 편도체의 활성화가 인지적 통제를 담당하는 전두피질 영역보다는 정서에 관여하는 복내측 전두피질에 의해 일어나는 것으로 여겨진다(● 상자 그림 14.2).

이러한 연구 결과를 고려하면 L/L 유전자형을 가지는 사람보다 S 대립유전자를 가지는 사람이 우울증 혹은 불안 장애를 가질 가능성이 더 높다(Hoefgen et al., 2005). 그러나 이러한 유전자형의 존재보다는 이러한 유전자형이 스트레스와 상호작용하는 것이 임상 증상을 더 잘 예견한다는 연구 결과가 있다. 즉 연구자들은 유전자형에 관한 정보를 모으는 동시에 지난 6년 동안 경험한 스트레스를 측정하였고 이를 통해 우울 증상을 예견하고자 하였다(Caspi et al., 2003). 그 결과 S/S 유전자형을 가지는 사람들 중 높은 수준의 스트레스를 경험한 사람들이 심각한 우울 증상을 보인 반면 낮은 수준의 스트레스를 경험한 사람들은 우울 증상을 보이지 않았다. 이 결과는 **유전자–환경 상호작용**을 보여주는 훌륭한 예이다. 유전적 요인과 환경적 요인 모두를 고려할 경우에만 특정 결과, 이 경우 우울증을 예견할 수 있다.

비록 앞서 언급한 연구 결과가 다른 연구들에 의해 재현되었지만(Kaufman et al., 2004; Taylor, Way, Welch, Hilmert, Lehman, & Eisenberger, 2006), 최근의 메타 분석 결과는 이 연구 결과를 재현하고자 하였던 모든 연구들의 결과가 신뢰로운가에 관한 의문을 제기하였다(Risch et al., 2009). 메타 분석은 비록 우울증이 생의 스트레스와 명백하게 관련되어 있지만 이러한 스트레스가 우울증의 발병에 미치는 영향을 예견하는데 있어서의 5HTT 유전자형의 역할이 연구들마다 다르다는 것을 발견하였다. 연구들마다 서로 다른 결과를 보인 이유는 연구들 마다 연구대상군, 스트레스 측정 방법 및 임상 지표가 서로 달랐기 때문인 것으로 여겨진다. 그럼에도 불구하고 추후 어떻게 생의 경험이 특정 유전 요인과 상호작용하여 정신건강을 예견할 수 있는가를 지속적으로 연구할 것이다.

따라서 "유전자가 불행감을 초래할 수 있는가?"에 관한 대답은 부분적으로 "그렇다"이다. L/L 유전자형을 가지는 사람에 비해 세로토닌 수송기 유전자의 S 대립유전자를 가지는 사람이 부정적 정서 정보에 더 많이 반응하고 심각한 생의 스트레스에 대한 반응으로 우울증을 가질 가능성이 더 높은 것으로 보인다. 그러나 신중하게 여길 몇 가지가 있다. 첫째, 많은 사람들이 S 대립유전자 복제를 가지고 있는데, 즉 전체 인구의 20% 정도가 S/S 유전자형을 가지고 약 50%가 S/L 유전자형을 가지고 있다. 명백한 점은 이 사람들 모두에서 우울증이 발병되지 않는다는 것이다! 따라서 단일 유전자가 스트레스에 대해 부정적으로 반응할 가능성에 관한 정보를 제공할 수 있지만 이 유전자만이 이러한 반응을 결정짓지 않는다. 다른 유전자와 생의 경험이 복잡한 방식으로 혹은 아직 알려져 있지 않은 방식으로 상호작용하여 생의 경험에 대한 개인의 반응에 영향을 미칠 수 있다.

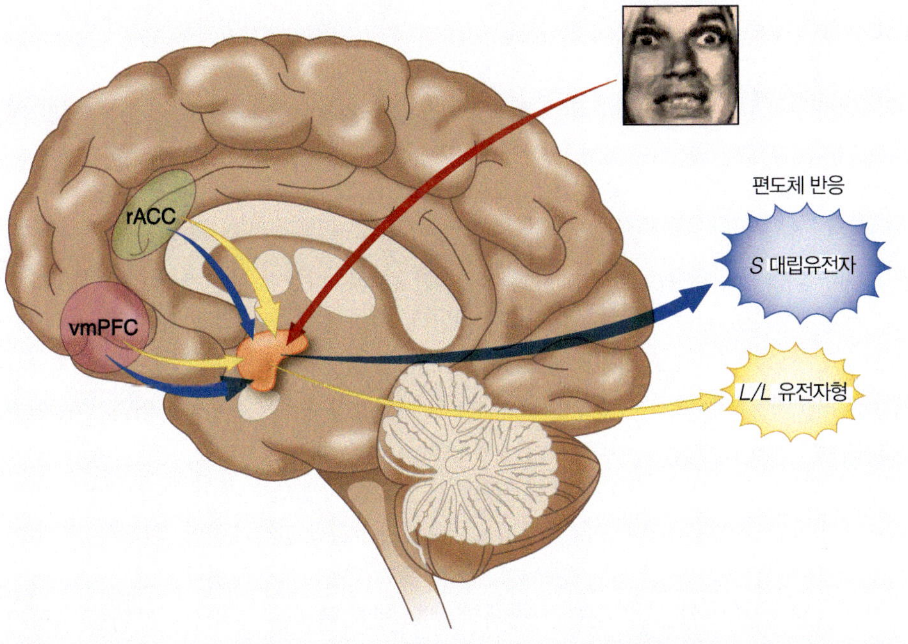

● **상자 그림 14.2 세로토닌 수송기 유전자형과 관련된 뇌 영역 간 연결의 차이.** L/L 유전자형을 가진 사람에 비해 S 대립유전자(S/S 혹은 S/L 유전자형)를 가진 사람에서 두려움의 표정을 짓는 얼굴에 대한 편도체의 반응이 더 강하다. 이러한 유전자형 차이에 관한 이유 중 하나가 L/L 유전자형은 편도체에 대한 문측 전대상피질(rACC)의 하향적 통제가 더 크기 때문일 것이다. S 대립유전자를 가지는 사람에 비해(파란색 화살표) L/L 유전자형을 가지는 사람에서(노란색 화살표) 편도체에 대한 rACC의 하향적 통제가 더 큰 것이 더 큰 화살표로 표시되어 있다. 이와 상반되게 S 대립유전자를 가지는 사람은 L/L 유전자형을 가지는 사람에 비해 편도체가 복내측 전전두피질(vmPFC)에 의해 더 활성화된다. 출처: Fig 1 in Hamann, S (2005). Nature Neuroscience, 8, 701–703.

사용해야 하는가에 관한 논란이 있다. 이러한 논란에도 불구하고 항우울제와 인지 치료가 효과적이지 않을 경우 이 실험적 기법들이 사용될 수 있는가가 활발하게 연구되고 있다. 궁극적으로 연구자들과 환자들은 우울증을 치료하지 않을 경우 심각한 장애와 자살의 위험이 초래되기 때문에 우울증을 치료하지 않을 경우 초래되는 위험과 실험적 기법들을 사용할 때 초래되는 위험을 서로 비교하여야만 한다.

불안장애

불안장애 역시 흔한 정신장애로서 전 인구의 약 20%가 주어진 12개월 동안 불안 장애를 경험한다(Kessler, Chiu et al., 2005). 우울증처럼 불안장애도 남성보다 여성에서 더 흔하게 발병한다. 더욱이 우울증과 불안장애가 자주 공병하는데 이는 동일한 개인이 우울증과 불안장애를 동시에 경험하는 경향이 있다는 것을 의미한다(Kessler, Chiu et al., 2005). 불안과 우울증의 공존이 두 장애가 공통된 원인을 가지고 있음을 시사한다. 동시에 공병으로 말미암아 두 장애에 관한 연구가 어려움을 겪을 수 있는데 이는 불안장애와 우울증 특유의 인지적 특성과 신경학적 특성을 분리하는 것이 어렵기 때문이다.

■ 증상과 특징

조현병과 우울증처럼 불안은 매우 이질적인 증후군이다. 불안이 서로 다른 많은 장애에서 관찰되지만 불안과 관련되어 있는 모든 임상 상태는 일상생활을 방해하는 신경과민과 두려움으로 가득 차있다. 이 모든 불안을 두 가지 방법으로 조직화할 수 있다. 첫째 서로 다른 진단 부류들과 이들의 전형적인 증상을 살펴보는 것이고 다른 방법은 많은 진단 부류들의 공통적인 특성, 예를 들어 근심과 공황 등을 살펴보는 것이다.

불안 장애의 주요 진단 부류에는 공포장애, 공황장애, 외상후 스트레스 장애, 일반화 불안장애와 강박 장애가 포함된다. 비록 모든 불안 장애에 공포와 불안 경험이 포함되지만 공포의 대상, 원인 및 표현 등에서 서로 다르다. **공포장애**(phobias)는 특정 대상 혹은 상황, 예를 들어 거미, 뱀, 높은 곳, 폐쇄 공간 혹은 사회적 상황 등에 공포를 경험하는 경우이다. 공포장애로 진단하기 위해서는 공포가 비합리적이고 정상적인 기능을 방해해야만 한다. 공포장애 환자들은 자신들이 두려워하는 대상을 만날 수 있는 상황을 장기간 회피하며 이러한 대상과 마주치면 공황 상태에 빠지게 된다. 이와 상반되게 반복적으로 공황발작, 즉 신체의 극심한 과도 각성, 현기증, 호흡곤란, 심박률의 증가와 통제상실감 등을 경험하면 **공황장애**(panic disorder)의 진단이 주어진다. 공황장애는 공공 장소에 있는 것과 같은 특정 상황에 관한 두려움과 관련될 수 있지만 공황장애의 진단에 이러한 두려움이 반드시 요구되지 않는다.

공포장애와 공황장애의 원인은 명확하지 않는 반면 **외상후 스트레스 장애**(posttraumatic stress disorder, PTSD)의 원인은 명확한데, 즉 전쟁, 강간, 고문, 자연재해 혹은 생명을 위협하는 다른 경험 등과 같이 매우 깊은 외상적 경험이 원인이다. PTSD 증상들에는 외상 상황에 대한 매우 생생하거나 침습적인 회상(예를 들어 악몽), 외상 경험과 관련된 상황의 회피, 만성적인 신체 각성의 상승, 생존에 대한 죄책감과 자살 생각 등이 포함된다.

일반화 불안장애(generalized anxiety disorder)는 만성적으로 불안을 경험하는 경우이다. 이 장애의 경우 불안이 특정 촉발 사건 혹은 대상과 관련되어 일어나지 않기 때문에 치료하기가 다른 불안 장애보다 더 어렵다. 마지막으로 **강박장애**(obsessive-compulsive disorder)는 해(harm)에 관한 강박적 사고와 반복적이고 강박적인 행동을 통하여 불안에 대처하는 것이 특징이다. 예를 들어 오염 두려움에 강박적인 사람은 자신의 손을 하루에 몇 백 번씩이나 씻는다(*DSM-IV-TR*, 2000).

앞으로 살펴보겠지만 불안과 관련된 다양한 임상적 문제가 존재하며 이들은 특징을 공유하기도 하지만 독특한 특징을 가지고 있기도 하다. 서로 다른 불안-관련 상태에서 관찰되는 일부 공통점을 강조하기 위해 학자들은 불안의 두 가지 주요 차원, 즉 불안 염려와 불안 각성을 제시하였다(Nitschke, Heller, & Miller, 2000). **불안 염려**(anxious apprehension)는 미래에 일어날 수 있는 불행한 일을 신경과민적으로 기대하는 것을 의미하는데, 불안 염려를 한 단어로 요약한 것이 '걱정(worry)'이다. 이와 상반되게 **불안 각성**(anxious arousal)은 '공황' 상태에서 경험하는 신체 및 인지적 과잉 각성 상태를 의미한다. 불안 각성은 심박률의 상승과 손바닥 땀 등과 같은 교감신경계의 활성화를 시사하는 신체 증상으로 특징된다.

불안 염려와 불안 각성은 다양한 불안 장애에서 서로 다르게 혼합되어 일어난다. 예를 들어 일반화 불안 장애에서는 염려가 지배적이다. 그러나 공황 발작 동안에는 불안 각성이 지배적이어서 공황장애 환자는 공황발작의 가능성을 염려한다. 이처럼 대중 연설에 관한 공포를 가지는 사람은 곧 다가올 수업 발표를 미리 염려하고 발표 당시 불안 각성(공황)을 경험할 수도 있다. 뒤에서 살펴보겠지만 불안 염려와 불안 각성에는 각각 서로 다른 뇌 영역들이 관여하는 것으로 보인다.

불안 장애의 주요 인지 특성은 세상에 존재하는 위협적인 정보에 대해 과장된 주의 편향을 보이는 것이다(Mineka, Rafaeli, & Yovel, 2003). 이 주의 편향을 다양한 인지 과제를 통해서 측정할 수 있다. 정서적 스트룹 과제에서 피검자는 단어가 인쇄된 잉크색을 반응해야 한다. 불안한 사람들은 '합계' 와 같은 비정서적 단어보다 '살해' 등과 같이 정서적으로 위협적인 단어의 잉크색을 반응할 때 반응 시간이 더 느린데, 이는 주의가 자동적으로 단어의 정서적 의미로 향한다는 것을 시사한다(● 그림 14.12A). 위협적인 정보에 대한 주의 편향이 있는가를 조사하는 데 사용되는 또 다른 과제가 **점 탐사과제**(dot probe task)이다. 이 과제에서 피검자는 스크린에 잠시 동안 제시되는 점에 반응하는 것만이 요구된다. 점이 제시되기 전 한 쌍의 단어가 제시되는데, 그 중 한 단어가 정서적으로 위협적인 의미를 가지고 있다. 연구자들은 점이 위협적인 단어와 동일한 위치 혹은 반대되는 위치에 제시되는가에 따라 점에 대한 반응 속도가 달라지는가를 비교하였다(● 그림 14.12B). 정서적 단어로 주의를 전환한 연구참여자들은 점이 단어와 동일한 위치에 제시될 때 점에 대해 더 빠르게 반응하였다. 이 과제들과 이와 유사한 다른 과제들에서 불안한 사람들이 정서적 정보, 특히 그 정보가 자신들이 불안해 하는 특정 대상과 관련되어 있을 경우[예를 들어 거미공포를 가지는 사람들에게 '웹(web, 거미집)'이라는 단어가 제시될 경우], 그 정보에 대해 증가된 주의 초점을 보였다.

■ 편도체와 해마

편도체가 불안장애에 관여한다는 것이 놀랍지 않을 것이다. 13장에서 살펴본 바와 같이 편도체는 학습된 공포의 습득에 중요하며 자극에 대한 투쟁 혹은 도주 반응을 야기한다. 이 구조는 특히 정서적으로 눈에 띄거나 위급한 자극에 주의를 주는 데에도 중요한데, 이 이유 때문에 편도체가 불안에서 위협-관련 주의편향에 중요한 역할을 한다.

많은 연구들에서 불안한 사람들이 자신들이 두려워하는 대상 혹은 상황에 당면할 때 편도체의 활성화가 증가하는 것이 관찰되었다. 예를 들어 사회 공포를 가지는 사람들이 통제군에 비해 얼굴을 볼 때(Birbaumer et al., 1998; Schneider et al., 1999) 혹은 대중 연설을 부탁받을 때(Tillfors et al., 2001) 편도체의 활성화가 증가한다. 항불안제나 인지 치료를 받은 사회공포장애 환자들에서 증상 완화와 더불어 대중 연설 과제의 수행 동안 편도체의 활성화가 감소하는 것이 관찰된다(Furmark et al., 2002). 다른 연구들도 전쟁과 관련하여 PTSD를 경험하는 환자들이 전쟁 장면을 보거나(Rauch et al., 1996; Shin et al., 1997) 전쟁과 관련되는 소리를 듣거나(Pissiota, Frans, Fernandez, von Knorring, Fischer, & Fredrikson, 2002) 혹은 두려운 표정을 짓고 있는 얼굴을 볼 때(개관은 Kent & Rauch, 2009 참조) 편도체의 활성화가 증가하는 것을 보고하였다. 모든 연구들이 불안장애 환자들이 공포스러운 자극에 당면할 때 편도체의 활성화가 증가하는 것을 보고하지 않는데, 이는 편도체의 활성화를 측정하는 데 적합하지 않은 영상 기법을 사용하는 등과 같은 방법론적 문제 때문이다.

연구들은 불안이 주의 초점 밖에 제시된 위협적 정보에 대한 편도체의 민감성에도 영향을 미친다고 보고하고 있다. 한 연구(Bishop, Duncan, & Lawrence, 2004)는 연구참여자들에게 한 쌍의 얼굴과 한 쌍의 집을 제시하였다(● 그림 14.13A). 한 조건에서 참여자들은 얼굴은 무시하고 집에 관한 결정을 내려야 하는 반면 다른 조건에서는 집을 무시하고 얼굴에 대한 결정을 내려야 하였다. 얼굴 표정이 때로는 두려움을 나타내고 때로는 중립적이었다. 자신의 불안 수준이 낮다고 보고한 참여자들의 경우 얼굴에 주의 초점을 맞추는 조건에서만 두려운 얼굴에 대한 편도체의 반응이 관찰되었다. 그러나 자신의 불안 수준

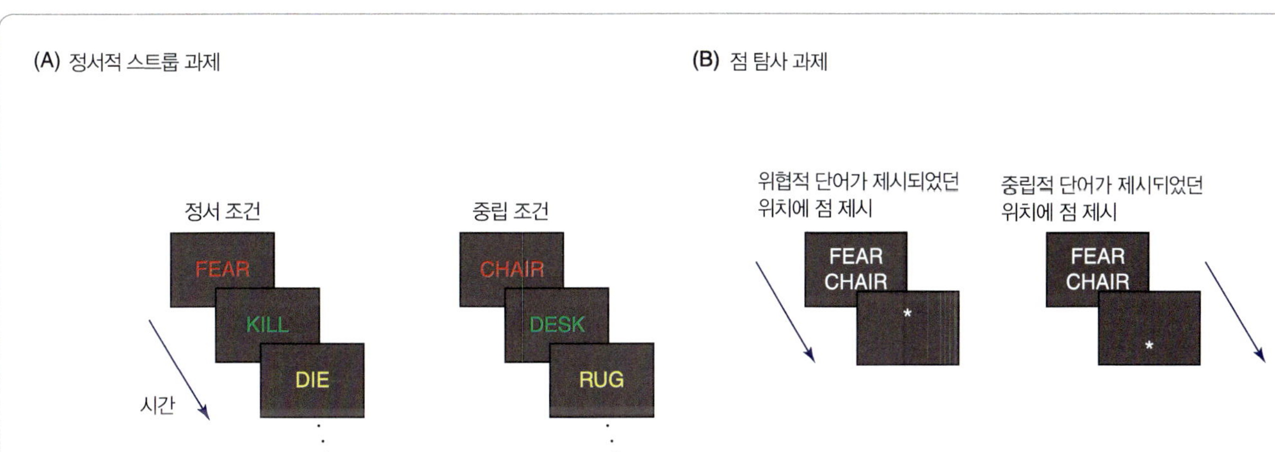

● **그림 14.12 불안장애에서 관찰되는 주의편향의 측정에 사용되는 인지 과제.** (A) 정서적 스트룹 과제: 개인은 단어 의미를 무시하고 잉크색에 반응해야 한다. 불안한 사람은 정서적으로 중립적인 단어(예, 의자)에 비해 위협적인 단어(예, 두려움)가 제시될 때 더 느리게 반응한다. (B) 점 탐사 과제: 개인은 스크린에 점이 제시되면 가능한 한 빨리 버튼을 눌러야 한다. 점이 제시되기 전에 두 단어가 먼저 제시되는데, 하나는 위협적인 의미를 가지는 단어이고 다른 하나는 중립적인 단어이다. 이 단어들은 과제와 관련이 없다. 그러나 불안한 사람들은 중립적인 단어가 제시되었던 위치에 점이 제시될 때보다 위협적인 단어가 제시되었던 위치에 점이 제시될 때 더 빨리 반응하는 경향이 있는데, 이는 주의가 위협적인 단어로 향하였다는 것을 시사한다.

이 높다고 보고한 참여자들에서는 얼굴에 주의 초점을 맞추지 않는 조건, 즉 얼굴을 무시하고 집에 주의를 주어 반응하는 조건에서도 편도체가 두려운 얼굴에 대해 반응을 보였다(● 그림 14.13B). 이 결과는 불안한 사람들이 위협적인 정보가 당장의 과제에 적합하지 않더라도 위협적인 정보를 우선적으로 처리하는 것을 반영한다(Bishop, Jenkins, & Lawrence, 2007).

편도체는 **소거**(extinction), 즉 학습된 두려움이 추후에 상실되는 과정에도 중요한 역할을 한다. 전형적으로 소거는 동물 모델을 통하여 연구되는데, 먼저 특정 자극과 혐오적 결과를 연합하여 동물을 훈련시킨 다음 그 자극을 혐오적 결과 없이 반복적으로 제시하며 동물이 그 자극을 '안전'하다고 학습하기 까지 얼마나 걸리는가를 측정한다. 동물에서의 소거 학습은 편도체 내의 NMDA 수용기 활성화에 달려 있다. 즉 이 수용기들이 봉쇄되면 소거가 일어나지 않는다(Davis, Myers, Ressler, & Rothbaum, 2005). 더욱이 편도체 내의 NMDA 수용기들을 자극하면 소거가 더 용이하게 일어난다(Ledgerwood, Richardson, & Cranney. 2003; Walker, Ressler, Lu, & Davis, 2002). 공포장애와 PTSD와 같은 불안장애의 치료에 소거 과정이 점진적으로 일어나게 하는 것과 안전한 세팅에서 환자가 두려워하는 상황이나 단서에 환자를 반복적으로 노출시키면 시간이 지남에 따라 두려움이 상실되거나 억제된다. 최근 연구들은 공포장애의 치료에 NMDA 효능제를 사용할 경우 이 소거 학습 과정이 빠르게 일어날 수 있다는 것을 관찰하였다 (Ressler et al., 2004).

비록 편도체가 불안장애에 중요한 역할을 하는 정서학습에 명백하게 관여하지만 해마 역시 불안장애, 특히 PTSD에 관여한다. 여러 연구들은 전쟁에 참여한 후 PTSD를 경험하는 환자들이 통제군에 비해 더 적은 부피의 해마를 가지고 있음을 보고하고 있다(메타 분석은 Karl, Schaefer, Malta, Dörfel, Rohleder, & Werner, 2006 참조). 해마는 기억 부호화와 응고에 중요한 역할을 하고(10장 참조), 플래시백 등과 같은 일부 PTSD 증상들은 기억 인출의 통제 결함과 관련되어 있다. 따라서 해마 기능의 결함이 PTSD 증상에 관련된다고 여길 수 있다. 즉각적으로 야기되는 한 문제가 외상 경험 전에 이미 적은 부피의 해마를 가지고 있는 사람이 낮은 대처 능력을 가지고 있고 이에 따라 PTSD를 경험할 가능성이 더 높은가 혹은 외상 그 자체가 해마에 영향을 미쳐 PTSD가 일어나게 하는가이다. 후자일 가능성이 더 높은데 왜냐하면 동물 연구들은 스트레스가 호르몬 수준에 미치는 영향을 통해 해마에 손상을 미칠 수 있다는 것을 관찰하기 때문이다(McEwen, 2009).

PTSD에서 관찰되는 해마 차이가 외상 경험 전 혹은 후에 나타나는가를 조사하기 위해 한 연구진이 일란성 쌍생아를 대상으로 연구하였다(Gilbertson et al., 2002). 연구에 참여한 사람들은 모두 일란성 쌍생아들이었는데 쌍생아 중 한 명은 전쟁에 참여한 경험이 있는 반면 다른 한 명은 전쟁에 참여한 경험이 없었다. 전쟁에 참여한 사람들 중 일부는 PTSD를 앓은

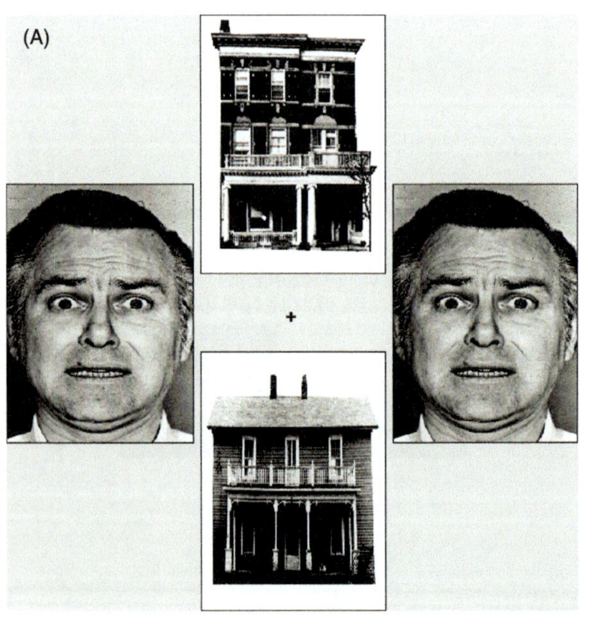

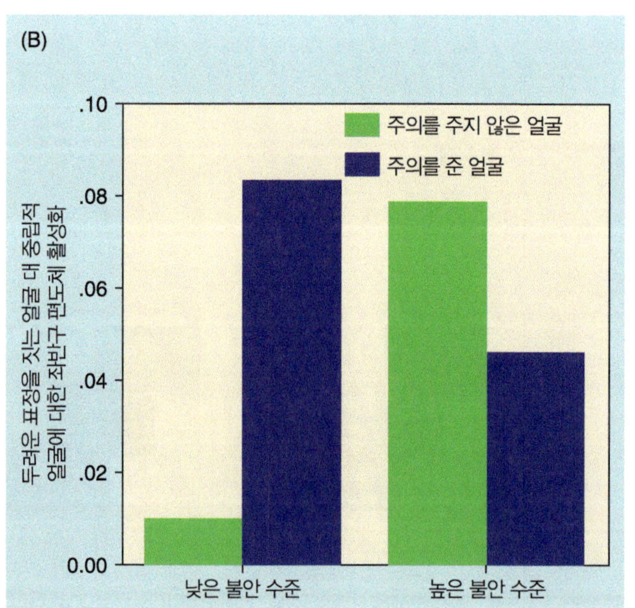

● **그림 14.13 주의를 주지 않은 위협적 자극에 대한 편도체 반응에 영향을 미치는 불안.** (A) 연구참여자에게 사람 얼굴과 집을 포함한 일련의 시각 자극을 제시한다. 참여자에게 일부 시행에는 얼굴 자극에 주의를 주는 한편, 일부 시행에는 집에 주의를 주도록 지시한다. (B) 불안 수준이 낮은 사람의 경우 얼굴에 주의를 주어야 하는 시행에서만 편도체가 중립적 얼굴에 비해 두려움의 표정을 가지는 얼굴에 대해 더 큰 활성화를 보였다. 불안 수준이 높은 사람의 경우 얼굴 자극을 무시하는 시행에서도 편도체가 두려운 표정을 짓는 얼굴 자극에 대해 활성화를 보였다. 출처: Fig 1 and 3b from Bishop et al. (2004). State anxiety modulation of the amygdala response to unattended threat-related stimuli. Journal of Neuroscience, 24, 10364–10368.

반면 일부는 앓지 않았다. 다른 연구들의 결과와 같이 전쟁을 경험한 PTSD 환자들이 PTSD를 앓지 않는 사람들에 비해 더 작은 해마를 가지고 있었다. 더 흥미로운 점은 전쟁을 경험한 PTSD 환자들의 쌍둥이 형제 전쟁을 경험하였지만 PTSD 앓지 않는 사람들의 쌍둥이 형제보다 더 작은 해마를 가지고 있음이 관찰되었다. 더욱이 쌍둥이 형제는 서로 유사한 크기의 해마를 가지고 있었다. 이 결과는 PTSD 환자들의 해마가 외상 경험의 결과로 작아진 것이 아니라 외상 경험 전에 이미 작았다는 것을 시사한다(Gurvits et al., 2006; Pitman et al., 2006). 이는 작은 해마가 일부 사람들에서 심한 외상의 당면 시 PTSD를 발병시키는 요인이라는 것을 시사한다.

■ 전두엽

13장에서 살펴본 바와 같이 정서적 경험을 조절하는 한 기제가 전두 영역이 정서에 관여하는 편도체 등과 같은 피질하 영역에 하향 통제를 하는 것이다. 따라서 두려움 반응이 잘 조절되지 않은 불안장애 환자들의 전두엽 기능, 특히 전두엽과 피질하 영역 사이의 상호작용에 관한 것이 연구되어 왔다. 다음에 살펴보겠지만 내측 및 배외측 전두 영역의 기능 모두 불안과 관련되어 있다.

앞 절에서 두려움 소거에서의 편도체 역할에 관해 살펴보았다. 그러나 편도체만이 이 과정에 관여하지 않으며 내측 전전두피질 영역들도 소거에 관여한다. 동물 연구들은 내측 전전두피질에 손상을 입을 경우, 소거, 특히 학습된 소거, 즉 단서가 이제 '안전한' 상황을 신호한다는 정보를 파지하는 능력의 장애가 초래된다(Milad, Rauch, Pitman, & Quirk, 2006; Sotres-Bayon, Bush, & LeDoux, 2004). ● 그림 14.14에 동물을 대상으로 한 소거 학습의 연구 결과가 설명되어 있다. 인간을 대상으로 한 영상 연구들은 개인이 소거 훈련 동안 학습한 정보를 파지할 경우 복내측 전전두피질의 활성화가 일어나는 것을 보고하고 있다(Phelps, Delgado, Nearing, & LeDoux, 2004). PTSD 등과 같은 불안장애를 가지는 환자들에서 관찰되는 복내측 전전두피질의 활성화 감소(Milad et al., 2006)가 이들로 하여금 두려운 상황이 실제로는 안전하다는 것을 학습하는 것을 방해한다.

전전두-편도체 상호작용도 불안장애의 특성인 위협-관련 주의 편향에 관여한다(Bishop, 2007). 한 연구에서 위협적인 혼란 정보가 제시될 때 불안한 사람들에서는 전두엽이 하향 통제를 하지 못하는 것을 관찰하였다(Bishop, Duncan, Brett, & Lawrence, 2004). 이 연구에서는 위협적인 혼란 자극이 더 자주 제시될수록 인지적 통제 체계의 한 부분으로 여겨지는 배외측 전두 영역의 활성화가 증가하였다. 그러나 높은 불안 수준을 보고한 사람들에서는 이 활성화가 감소되었다. 불안 수준이 높은 사람들은 문측 전대상피질의 활성화 감소도 보였다. 종합하면 이 결과는 불안한 사람들에서는 전두엽의 통제 체계가 정상적으로 기능하지 못함을 시사한다. 비록 치료적 효과는 불명확하지만 주의 초점을 통제하는 인지 훈련이 불안 치료에 사용될 가능성을 시사한다.

전대상피질은 여러 불안 장애에 관여하기도 한다. 앞서 살펴본 바와 같이 전대상피질의 일부 영역은 특히 갈등 탐지에 관여한다. 이 영역의 활성화가 다른 뇌 체계에 중요한 신호로 작용할 수 있는데, 즉 뇌가 주의를 줄 필요가 있는 위급한 상황을 신호할 수 있다. 따라서 일부 연구들이 불안한 사람들에서 전대상피질의 활성화가 증가하는 것을 관찰한 것이 놀랍지 않을 것이다. 예를 들어 강박장애 환자들과 걱정 수준이 지나치게 높은 사람들에서 오류 후의 대상피질 활성화를 나타내는 오류관련 부적전위의 진폭이 증가한다(Gehring, Himle, & Nisenson, 2000; Hajcak, McDonald, & Simons, 2003; Ruchsow, Grön, Reuter, Spitzer, Hermle, & Kiefer, 2005). 일부 신경영상 연구들도 정상인에 비해 불안장애를 가지는 사람들에서 안정 상태와 위협적 자극이 제시되는 상태 모두에서 대상피질의 활성화가 증가하는 것을 보고하였다(Kent & Rauch, 2009). 전대상피질의 과잉 활성화는 잠재적 위협에 계속 주의 초점을 맞추게 하는 경보체계의 과잉활동을 반영한다.

난치성 불안장애에 적용되는 치료법 중 가장 논란이 되는 것이 대상영역을 수술하는 것이다. **대상회파괴술**(cingulotomy)이라고 불리는 이 수술은 양반구 전대상피질에 의도적으로 병변을 만드는 것이다(대상회파괴술 절차에 관한 개관은 Mashour, Walker, & Martuza, 2005 참조). 물론 이 절차는

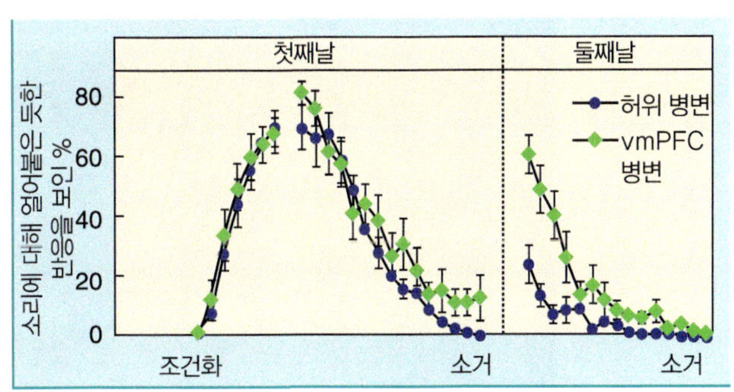

● **그림 14.14 내측 전전두엽 병변이 소거 학습에 미치는 효과.** 조건화 단계 동안 쥐는 소리와 전기 쇼크의 연합을 학습한다. 소리에 대해 얼어붙은 듯한 행동(y 축에 제시)의 빈도는 조건화 이전에 허위 병변(sham lesion)을 가지거나 내측 복내측 전전두피질(vmPFC)의 병변을 가진 쥐 모두에서 증가하였다. 소거 단계 동안 전기쇼크 없이 소리만이 제시된다. 쇼크가 제시되지 않는 시행 수가 증가할수록 소리에 대해 얼어붙은 듯한 행동 반응이 vmPFC 병변 동물보다 허위 병변을 가진 동물에서 약간 더 감소하였다. 그러나 vmPFC 병변을 가지는 쥐는 검사 첫째날에서 학습한 소거 학습을 다음 날까지 파지하지 못하고 소거를 재학습해야만 한다. 출처: Fig. 2 in Milad, M. R. et al. (2006). Fear extinction in rats: Implications for human brain imaging and anxiety disorders. Biological Psychology, 73, 61–71. Reprinted by permission of Elsevier.

많은 논란이 되는데, 왜냐하면 뇌 수술이 매우 침습적이고 수술로 인한 뇌 병변은 영구히 없어지지 않기 때문이다. 따라서 이 절차는 개인의 불안 정도가 너무 심각하여 일상생활의 기능이 불가능하고 다른 모든 치료가 효과적이지 않을 경우를 제외하고는 결코 사용되어서는 안 된다. 비록 일부 연구들이 대상회파괴술이 불안을 감소시킨다고 보고하고 있으나(Cohen, Paul, Zawacki, Moser, Sweet, & Wilkinson, 2001; Dougherty et al., 2002), 이러한 수술에 관한 연구에 이중맹의 위약통제가 포함되는 것은 거의 불가능하다. 대상회파괴술은 정신장애에 대한 인지 신경과학적 접근의 제한을 상기시킨다. 비록 현재의 신경영상법이 비정상적으로 기능하는 뇌 영역을 정확하게 알려주지만 이 영역에 대한 직접적인 개입이 항상 바람직하거나 용이한 치료 선택이 아니다.

대뇌반구 비대칭

불안의 주요 두 차원, 즉 불안 염려와 불안 각성의 구분이 대뇌반구 비대칭(hemispheric asymmetries)에 관한 연구에서 가장 잘 관찰된다(Heller, Koven, & Miller, 2003). 일반적으로 불안 염려는 좌반구 전두 영역의 활성화와 관련되어 있는 반면 불안 각성은 우반구 후측 영역의 활성화와 더 관련되어 있는 것으로 보고되고 있다.

불안 염려 혹은 걱정은 전형적으로 언어적 과정이다(따라서 동물 모델로 연구하기 어렵다!). 통제되지 않는 생각이 걱정하는 사람의 머리에 계속 남고 이러한 생각이 이미지보다 말로 표현될 가능성이 더 높다(Behar, Zuellig, & Borkovec, 2005). 따라서 언어를 생성하는 좌반구 전두 영역이 불안 염려에 관여하는 것이 당연하다고 여겨진다. 실제 여러 EEG 연구들은 걱정을 많이 하는 사람들에서 좌반구 전두 영역의 활성화가 우세한 것을 관찰하였다(Carter, Johnson, & Borkovec, 1986; Heller, Nitschke, Etienne, & Miller, 1997; Hofmann, Moscovitch, Litz, Kim, Davis, & Pizzagalli, 2005).

언뜻 보면 이 결과는 전두엽 비대칭에 관한 접근-철수 모델과 일치하지 않는 것으로 보인다(13장 참조). 좌반구 전두엽의 활성화가 긍정적이고 접근-관련 정서와 관련되어 있지 않는가? 걱정을 긍정적 혹은 보상-관련 경험으로 보기 어렵다. 최근 연구가 fMRI를 통하여 이 딜레마를 해결하는 것에 도움을 제공하였다(Engels et al., 2007). 이 연구에서 전두엽의 서로 다른 하위 영역들이 각각 긍정 정서와 걱정에 관여한다는 것이 관찰되었다. 특히 좌반구 하전두회의 브로카 영역이 걱정이 많은 사람들에서 더 많이 활성화되었는데 이는 걱정을 내적 언어로 보는 것과 일치한다. 동시에 다른 좌반구 배외측 전두 영역이 부정적 단어보다 긍정적 단어를 보았을 때 더 많이 활성화되었는데 이는 접근-철수 모델과 일치한다(● 그림 14.15A).

걱정이 좌반구 언어 체계와 관련되어 있는 반면 불안 각성은 우반구의 주의 경계와 자율적 반응을 통제하는 체계와 더 관련되어 있다(Heller, Koven, & Milner, 2003). 예를 들어 불안 각성을 초래하는 조건 동안 우반구 후측 영역의 EEG 활성화

(A)

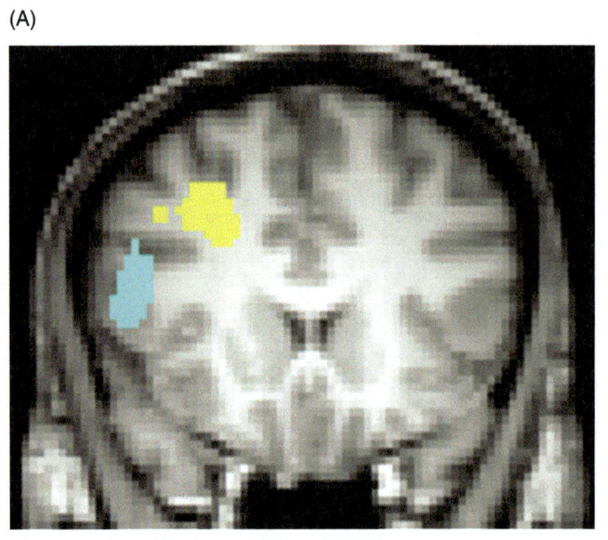

(B)

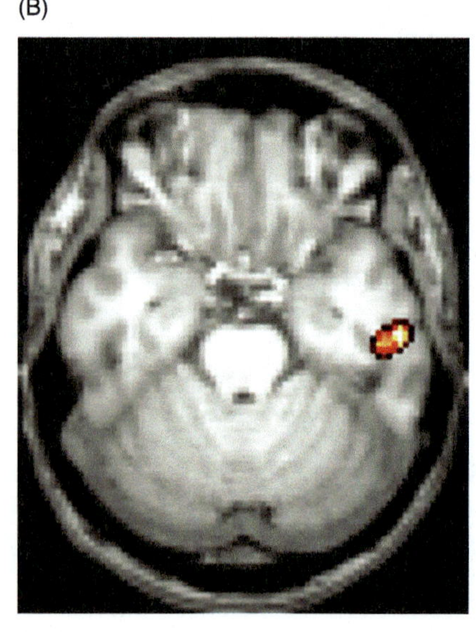

● **그림 14.15 불안 염려와 불안 각성에서의 개인차와 관련된 영역.** (A) 불안 염려 혹은 걱정 척도에서 높은 점수를 받은 사람들의 경우 부정적 단어에 대해서는 좌반구 하전두회(파란색) 영역이 더 활성화되는 반면 긍정적 단어에 대해서는 배외측 전전두피질(노란색)이 더 활성화되었다. (B) 불안 각성 혹은 공황 척도에서 높은 점수를 받은 사람들은 부정적 단어에 대한 반응으로 우반구 하측두회 영역이 특히 활성화되었다. 출처: From Fig 4 and 2 from Engels, AS et al. (2007). Specifi city of regional brain activity in anxiety types during emotion processing. Psychophysiology, 44, 352–363. By permission of John Wiley & Sons, Inc.

가 증가한다(Heller et al., 1997). 우반구 후측 영역의 증가된 EEG 활성화는 PTSD 환자들이 보이는 과잉 각성 증상들과도 관련되어 있다(Metzger et al., 2004). 한 fMRI 연구는 스트룹 과제의 부정적 정보의 처리 과정 동안 우반구 하측두회의 활성화 증가와 불안 각성이 서로 관련되어 있음을 보고하였다(● 그림 14.15B; Engels et al., 2007). 종합하면 이 결과는 불안 각성의 상승 혹은 공황발작의 경험이 우반구 후측 영역을 활성화하게 한다는 것을 시사한다.

살펴본 바와 같이 서로 다른 신경계가 서로 다른 불안장애에 관여하는 것으로 보이고 불안 염려는 좌반구 전두 영역의 활성화와 관련되며 불안 각성은 우반구 후측 영역의 활성화와 관련되어 있다. 불안장애의 새로운 치료법을 개발할 경우 개인의 불안 특성을 고려하는 것이 중요한데, 이는 공황발작과 걱정이 주요 특징인 불안 상태에는 각각 서로 다른 뇌회로들이 관여하기 때문이다.

■ 강박장애의 활성화 체계

지금까지 살펴본 뇌 영역들, 즉 편도체, 전전두피질과 좌, 우반구들은 하나 이상의 불안 장애(예를 들어 공포장애 혹은 외상후 스트레스 장애)에 관여한다. 다시 말하면 이러한 뇌 체계들이 한 불안장애에만 관여하는 것이 아니라 여러 불안장애에 관여한다. 그러나 강박장애(obsessive-compulsive disorder, OCD)에만 관여하는 뇌 체계가 있다. OCD와 다른 불안장애를 구분하는 주요 행동 특징이 환자가 행하는 강박적이고 의례적인 행동이다. 따라서 OCD에는 행동을 시작하고 억제하는 데 관여하는 회로가 손상되어 있는가에 관해 연구되어 왔다.

가장 관심을 끄는 뇌 영역이 행동의 시작과 중단을 통제하는 피질하 영역들이 서로 연결되어 있는 기저핵이다(5장 참조). 많은 연구들이 OCD를 경험하는 사람과 통제군 사이에 기저핵의 한 부분인 미상핵에서 구조적 차이가 있는 것을 발견하였다(● 그림 14.16)(Friedlander & Desrocher, 2006). 증상유발 연구, 즉 OCD를 경험하는 사람들에게 OCD 증상을 유발시키는 자극을 제시하는 연구들은 미상핵과 기저핵 영역들의 활성화가 증가하는 것을 관찰하였다(Chamberlain, Blackwell, Fineberg, Robbins, & Sahakian, 2005). 마지막으로 약물 혹은 심리치료이든지 간에 OCD의 효과적인 치료가 기저핵 내의 기능적 활성화를 감소시키는 것으로 보인다 (Nakatani et al., 2003; Saxena et al., 1999).

그러나 기저핵만이 OCD에 관여하는 것은 아니다. 즉 안와전두피질과 같은 다른 관련 영역들도 OCD에서 비정상적으로 기능하는 것으로 여겨진다. 예를 들어 OCD 환자들은 역전학습 과제에서 저하된 수행을 보이는데, 이 과제에서는 이전에 보상받지 않았던 자극에 반응하는 것이 요구된다. 이러한 과제의 수행은 안와전두 영역에 의존하는 것으로 여겨진다

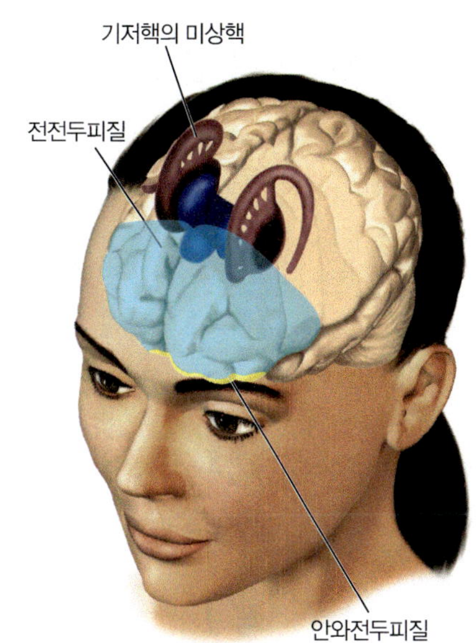

● **그림 14.16 강박장애에서 관찰되는 비정상적 기저핵.** 강박장애 환자들에서 미상핵의 구조적 이상이 관찰되고 기능영상 연구들에서는 강박관련 이미지에 대해 이 영역의 활성화가 증가되는 것이 관찰된다. 안와전두피질(노란색)의 결함도 강박장애 환자들에서 관찰된다. © 2010 Cengage Learning

(Chamberlain et al., 2005). 또한 OCD 환자들이 도박 과제(gambling task) 등과 같은 의사결정 과제에서도 저하된 수행을 보이는데, 이 과제의 수행도 안와전두 영역에 의존하는 것으로 알려져 있다(Cavedini, Gorini, & Bellodi, 2006). 따라서 OCD는 안와전두피질과 기저핵을 서로 연결하는 통제 회로의 손상과 관련되어 있다(Graybeil & Rauch, 2000).

안와전두-기저핵 회로의 손상이 어떻게 OCD에서 관찰되는 강박적 행동을 일으키는가? 13장에서 살펴본 바와 같이 안와전두피질은 자극과 행동의 보상적 가치를 표상하는 데 중요한 역할을 한다. 따라서 OCD에서 안와전두 영역의 손상은 한 쪽으로 치우친 행동과 보상 연합을 초래하는데, 즉 손을 씻는 행동이 불안 감소라는 보상과 매우 단단히 연합된다. 이 행동-보상 쌍이 강화를 받게 되면 극복하기 어려워진다. 강박 행동의 보상적 가치가 한 쪽으로 치우친 결과와 전두엽이 기저핵에 의해 생성되는 판에 박힌 행동을 억제하지 못한 결과로 말미암아 강박 행동이 반복적으로 일어나게 된다. OCD의 이러한 특징은 다음 절에서 살펴볼 중독의 일부 특징과 중복된다.

물질남용과 중독

조현병, 우울증과 불안장애와 더불어 물질남용도 가장 흔한 정신장애 중 하나이다. 주어진 12개월 내에 미국인의 약 4% 정도가 중독을 경험하고 일생 동안의 유병률이 약 15% 정도까지 증가하는 것으로 추정되고 있다(Kessler, Berglund et al., 2005; Kessler, Chiu et al., 2005). 물질남용과 중독은 여성보다 남성에서 더 흔하지만 최근 몇 년 동안 이 성차가 점차 줄어들고 있다(Kessler, Berglund et al., 2005). 물질남용이 사회경제적 변인들과도 관련되어 있는데, 즉 교육 수준이 낮을수록 물질남용의 가능성이 더 높다(Kessler, Berglund et al., 2005). 마지막으로 물질남용은 우울증과 PTSD 등과 같은 다른 심리적 문제와 동반되어 발생하기도 한다.

알코올, 담배 혹은 코카인과 헤로인 등과 같은 불법 약물의 '사용'과 '남용'을 명확하게 구분하는 것이 물론 어렵다. 매일 밤 저녁식사 때 와인 한 잔을 마시는 것이 알코올 남용은 아니지만 자신과 다른 사람의 안전을 위협할 정도로 과하게 마시는 경우 일반적으로 문제가 된다. **중독**이라는 용어는 개인이 약물을 복용하지 않을 경우 금단 증상을 경험하거나 다른 어느 것보다도 약물에 대한 요구가 우선일 경우에 사용된다. 그러나 정확하게 어떤 사람이 '중독'되었다고 정의하기 어려운 것이 중독에 관여하는 신경계를 연구하는 데에 제한점이 된다.

물질남용의 주요 특징은 매우 심각한 결과를 초래함에도 불구하고 개인이 약물추구 행동을 통제하지 못하는 것이다. 심각한 결과에는 직업 및 자존감의 상실, 대인관계의 상실, 재정적 손실과 구속이 포함된다. 그럼에도 불구하고 중독의 경우 이러한 상실을 피할 수 있는 행동을 통제하는 것이 어렵고 약물에 대한 갈망이 이러한 결과보다 더 우세하게 작용하다.

약물남용에 관여하는 두 가지 주요 뇌 체계가 도파민 보상 경로와 안와전두피질인데, 이 두 체계는 보상과 처벌의 상대적 가치를 표상하고, 이에 따라 행동을 통제하는 데 관여한다. 앞으로 남용되는 물질(예를 들어 알코올 혹은 코카인)에 상관없이 여러 연구 결과를 살펴볼 것인데, 이는 연구 결과가 특정 물질에만 국한되지 않고 여러 물질에 적용되기 때문이다.

보상 경로

남용되는 모든 약물은 직접적으로 혹은 간접적으로 보상 경로(reward pathways)를 활성화하는 것으로 여겨지는데, 보상 경로는 중뇌에서부터 기저전뇌에 있는 측핵에 이른다(13장 참조). 보상 경로의 활성화를 통해 약물은 강화 효과를 행하고 이로 인해 개인은 약물을 더 사용하게 된다. 특히 측핵이 이러한 효과를 가지는 것으로 보고되고 있다. 예를 들어 측핵의 병변 혹은 측핵에서의 도파민 작용을 봉쇄하면 동물들에서 약물의 보상효과가 없어지기 때문이다(개관은 Wise & Gardner, 2004 참조).

약물의존의 발달은 약물에 반응하는 보상 체계의 뉴런들이 장기적으로 변화하는 것과 관련된다. 이러한 변화가 '약물과 반대되는' 적응으로 여겨지는데, 이는 이 변화가 약물 그 자체의 효과와 반대되기 때문이다. 예를 들어 만성 약물사용자가 금단 상태에 있는 동안 중독 약물에 의해 자극되는 보상 경로의 활성화가 감소되기 때문이다(Wise & Gardner, 2004). 약물을 만성적으로 사용한 결과 일어나는 서로 다른 적응이 수용기 농도, 세포내 신호 경로 및 세포 형태의 변화 등과 같은 세포 및 분자 수준에서 연구되어 왔다(Nestler, 2009). 현재로는 약물 사용에 따라 일어나는 많은 세포 변화 중 어느 것이 행동 수준에서 관찰되는 중독에 가장 큰 영향을 미치는가가 확실하지 않다.

보상 혹은 강화를 제공하는 자극에 대한 측핵의 역할을 고려하면 개인이 자신이 사용하는 약물과 관련된 사진을 볼 경우 이 영역의 활성화가 증가할 것이라고 추측할 수 있는데, 이는 이러한 단서(사진)가 약물에 대한 강한 갈망을 일으키기 때문이다. 일부 연구 결과는 이러한 추측을 지지한다. 예를 들어 한 연구는 흡연가들이 흡연과 관련되지 않은 사진보다 흡연과 관련된 사진을 볼 때 측핵의 활성화가 증가하는 것을 관찰하였다(● 그림 14.17A)(David et al., 2005; McClernon, Hiott,

(A)

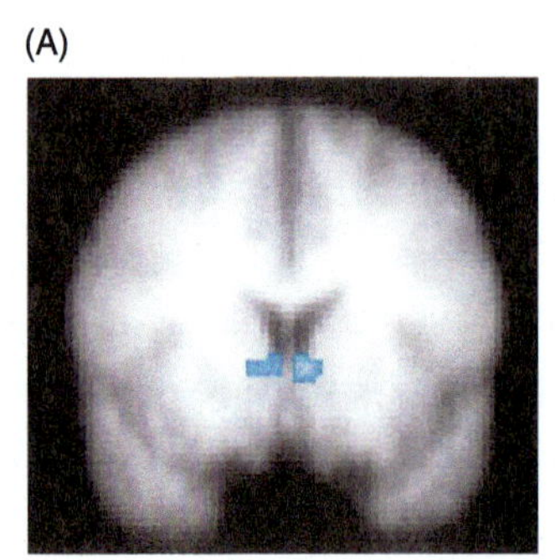

(B)

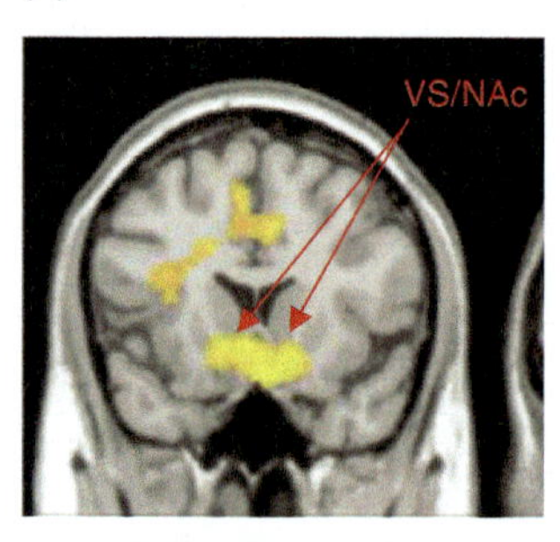

● **그림 14.17 중독환자들에서 관찰되는 측핵 활성화의 증가.** (A) 흡연자들이 흡연과 관련되지 않은 그림보다 흡연과 관련된 그림을 보는 동안 측핵의 활성화가 증가한다(이 그림은 횡단면이다). (B) 측핵은 심한 음주자가 술을 한 모금 마실 경우에도 활성화된다. 출처: From Fig 2 in David, SP et al. (2005). Ventral Striatum/Nucleus Accumbens Activation to Smoking-Related Pictorial Cues in Smokers and Nonsmokers: A Functional Magnetic Resonance Imaging Study. Biological Psychiatry, 58, 488–494. With permission from Elsevier. And Adapted by permission from Macmillan Publishers, LTD: Filbey, FM et al. (2008). Exposure to the Taste of Alcohol Elicits Activation of the Mesocorticolimbic Neurocircuitry, Neuropsychopharmacology, 33, 1391–1401.

Huettel, & Rose, 2005). 또 다른 연구는 폭음을 하는 사람들이 알코올을 한 모금 섭취할 때 이 영역이 활성화되는 것을 관찰하였다(Filbey et al., 2008; ● 그림 14.17B). 인간을 대상으로 한 또 다른 연구는 암페타민과 관련된 단서에 노출될 경우 측핵에서 도파민 분비가 증가하는 것을 보고하였는데, 도파민의 분비 수준은 '열린(open)' 도파민 수용기의 감소로 측정되었다(Boileau et al., 2007).

비록 보상 경로에 포함되는 영역들이 물질남용에 관여하는 것이 확실하지만 다수의 연구들이 만성 물질 사용자들을 대상으로 약물 단서에 대한 신경계 반응을 조사한 결과 이들에서 측핵의 활성화 차이를 발견하지 못하였다(Brody et al., 2002; Due, Huettel, Hall, & Rubin, 2002; Garavan et al., 2000; Wexler et al., 2001). 이러한 결과는 측핵이 중독에 관여하는 유일한 뇌 영역이 아니라는 것을 시사한다. 다음 절에서 물질남용에 관여하는 다른 뇌 영역, 즉 안와전두피질의 역할을 살펴보기로 하자.

안와전두피질

안와전두피질(orbitofrontal cortex, OFC)이 의사결정에 중요한 역할을 하는 것으로 알려져 있다. 즉 13장에서 살펴본 바와 같이 이 영역에 손상을 입으면 실생활에서 의사결정의 장애가 초래된다. 약물중독자들이 잘못된 선택을 하는 것으로 여겨지기 때문에 이들에서 OFC가 비정상적으로 기능할 것으로 추측할 수 있다(개관은 Dom, Sabbe, Hulstijn, & van den Brink, 2005; Schoenbaum, Roesch, & Stalnaker, 2006; Volkow & Fowler, 2000).

중독자들의 행동을 조사한 연구들은 이들이 의사 결정을 할 때 비용과 보상을 고려하지 않는다는 것을 보여준다. 예를 들어 모든 사람들이 미래에 있을 많은 보상보다 즉각적이지만 적은 보상을 더 선호하는 경향이 있지만 헤로인 중독자들은 통제군보다 장기적인 보상을 더 낮게 평가하는 경향이 있다(Kirby, Petry, & Bickel, 1999). 흥미로운 점은 병리적인 게임중독자들이 동일한 경향을 보인다는 것인데, 즉 이들에서 관찰되는 인지적 특징이 약물 중독자의 인지적 특징과 유사하다는 것이다(Petry, 2001). 또 다른 연구는 복측 전두 영역의 손상을 가지는 환자들처럼 일부 물질남용자들이 도박 과제의 수행 동안 위험을 선택을 할 경우 전기피부 반응의 상승을 보이지 않고 통제군보다 더 불리한 선택을 한다는 것을 보고하였다(● 그림 14.18)(Bechara & Damasio, 2002). 이러한 수행 저하는 과거에 경험한 손실 혹은 실수로부터 무엇인가를 학습하지 못하기 때문이다(Garavan & Stout, 2005).

신경영상 연구들의 결과도 중독자들에서 OFC 영역이 비정상적으로 기능하는 것을 시사한다. 뇌 구조에 관한 연구들은 만성 물질사용자들에서 OFC 영역의 회백질이 감소되어 있는 것을 보여주는데(Brody et al., 2004; Franklin et al., 2002), 이러한 현상이 과거에 약물을 남용하였지만 현재에는 약물을 사용하지 않는 사람들에서도 관찰된다(Tanabe et al., 2009). 이와 동시에 약물 혹은 약물과 관련되는 단서에 노출될 경우 약물사용자들에서 OFC 활성화가 증가하고, 이 활성화 증가가 약물 갈망의 정도와 정적 상관을 보인다(Brody et al., 2002; Dalgleish et al., 2001; London, Ernst, Grant, Bonson, & Weinstein, 2000). 약물 단서에 대한 OFC의 활성화 증가가 여전히 적극적으로 약물을 사용하는 사람들에서 가장 일관되게 관찰된다(Wilson, Sayette, & Fiez, 2004). 의사결정의 결함에 관한 연구 결과와 더불어 영상 연구들의 결과도 중독자들에서 OFC 기능이 손상되어 있는 것을 보여준다.

그러나 이러한 결과가 중독성이 있는 물질을 사용하는 것이 OFC 기능의 변화를 초래하는 것을 의미하는가 혹은 OFC 기능이상을 가지는 사람들이 쉽게 중독되는 것을 의미하는가? 중

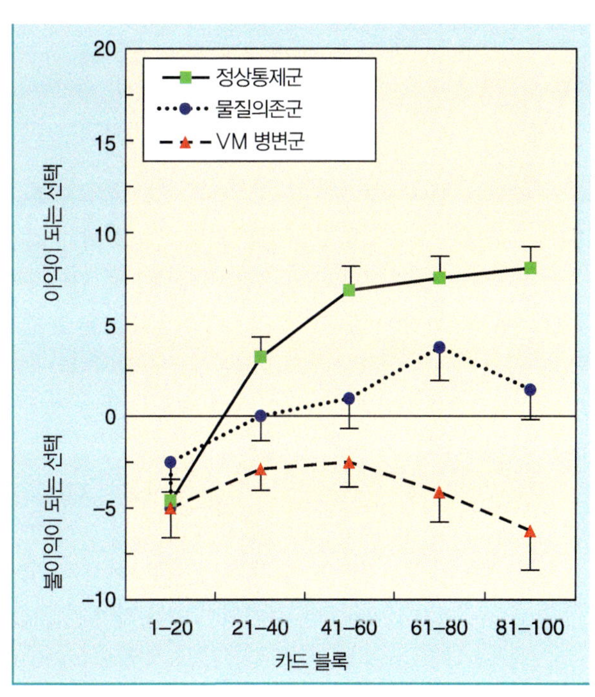

● **그림 14.18 물질남용자, 복내측 전두엽 손상 환자와 정상인의 도박 과제 수행.** 이 과제에서 연구참여자들은 4개의 카드묶음 중 어느 것이 가장 큰 이득이 되는가를 점차 학습해야 한다. 정상인들은 점차 이익이 되는 카드(더 많은 금전적 보상이 주어지는 카드)를 선택한다. 복내측 전전두피질의 병변(VM 병변)을 가진 사람들은 불이익을 주는 카드를 지속적으로 선택한다. 물질의존을 가지는 사람(SDI)들은 정상인보다는 낮은 수행을 보이지만 VM 병변을 가진 사람들보다는 나은 수행을 보인다. 출처: Fig. 1 in Bechara, A., & Damasio, H. (2002). Decision-making and addiction (Part 1): Impaired activation of somatic states in substance dependent individuals when pondering decisions with negative future consequences. Neuropsychologic, 40, 1675–1689. Reprinted by permission of Elsevier.

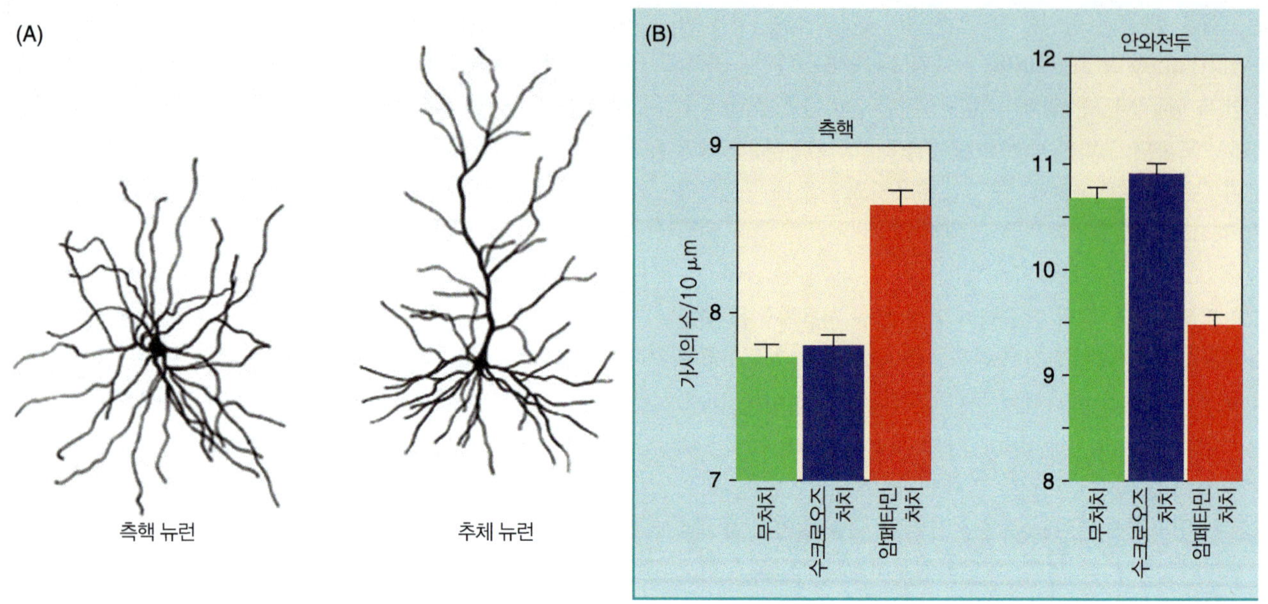

● **그림 14.19 암페타민에 대한 장기적 노출 후 초래되는 수상돌기 가시 농도의 변화.** (A) 측핵 뉴런들과 안와전두피질의 추체 뉴런의 수상돌기 가시의 양을 측정하였다. 14~20일 동안 암페타민의 처치를 받은 쥐(빨간색 막대로 표시)들은 수크로오즈를 처치받거나(파란색 막대) 아무런 처치를 받지 않은 쥐(초록색 막대)에 비해 측핵의 가시 농도가 증가하고 안와전두피질의 가시 농도가 감소하였다. 출처: Figs. 1, 3, and 4 from Crombag, H. S., et al. (2005). Opposite effects of amphetamine self-administration experience on dendritic spines in the medial and orbital prefrontal cortext, CEREBRAL CORTEX, 15, 341–348. Reprinted by permission of Oxford University Press.

독자의 뇌를 조사한 연구들은 주로 상관 연구들이다. 즉 무작위로 선택한 사람들에게 얼마 동안 중독 약물을 취하게 한 후 약물 사용이 그들의 뇌에 어떤 영향을 미치는가를 연구하지 않는다. 따라서 인간을 대상으로 한 연구만으로는 물질 사용과 OFC 기능 사이의 인과 관계를 명확하게 연구할 수 없다. 인간 이외의 동물들을 사용한 연구들이 이에 관해 더 많은 정보를 제공할 수 있다.

일부 연구들은 중독성 있는 약물의 사용이 OFC 기능을 변화시킬 수 있다는 것을 발견하였다. 예를 들어 만성적으로 암페타민을 공급받은 쥐에서 수상돌기 가시가 OFC에서 감소되어 있고 측핵에서는 증가되어 있는 것이 관찰되었다(● 그림 14.19)(Crombag, Gorny, Li, Kolb, & Robinson, 2005). 장기간 코카인을 공급받은 쥐들도 역전 학습 등과 같이 OFC 기능을 조사하는 행동 과제에서 수행 저하를 보인다(Schoenbaum, Saddoris, Ramus, Shaham, & Setlow, 2004). 악순환을 추측할 수 있는데, 즉 중독성 약물을 사용하는 것이 OFC의 기능을 저하시키고 OFC 기능의 저하가 행동의 결과를 고려하는 능력을 저하시키고 이에 따라 약물 사용을 지속할 것인가의 결정에 영향을 미친다.

다른 '악순환' 요인들도 약물 중독에서 벗어나는 것을 어렵게 한다. 일부 연구들은 중독의 경우 남용물질이 다른(비약물) 자극의 보상 가치를 낮춤으로써 뇌의 전두 및 변연 보상 체계를 '강탈(hijacks)'한다고 보고하고 있다. 한 연구에서 이 현상을 설명하는데(Garavan et al., 2000), 즉 코카인 중독자들과 비중독자들에게 사람들이 코카인을 피우는 장면, 성적인 것을 묘사하는 장면과 자연에 관한 장면을 보여주었다. 비중독자들은 성적인 것을 묘사하는 장면에서 가장 큰 전전두엽 및 변연계 활성화를 보였다. 그러나 코카인 중독자들에서는 사람들이 코카인을 피우는 장면에 대해 이 영역들이 활성화 증가를 보였는데, 이는 남용물질이 생물적 보상에 관여하는 영역들을 활성화한다는 것을 시사한다. 가장 두드러진 점은 코카인 중독자들에게는 이 뇌 영역들이 성적 묘사에 관한 장면보다 코카인 사용을 보여주는 장면에서 더 많이 반응하였다는 것이다. 이러한 뇌 회로의 강탈이 습관을 버리는 것을 어렵게 하는데 이는 다른 행동, 즉 남용물질 대신 보상을 제공할 수 있는 덜 파괴적인 행동의 보상 가치가 감소되기 때문이다.

■ 중독에 관여하는 다른 뇌 영역

비록 중독에 관한 대부분의 연구들이 보상 경로 혹은 안와전두피질에 초점을 맞추지만 다른 영역들도 중독에 관여한다. 예를 들어 약물 단서에 대한 중독자와 통제군의 반응을 비교한 신경영상 연구들은 비록 항상 일치되지는 않지만 집단 차이가 다양한 영역들, 즉 편도체, 뇌섬엽, 전대상피질과 배외측 전전두피질에서도 관찰되는 것을 보고하고 있다(개관은 Bechara, 2005; Kalivas & Volkow, 2005 참조).

이 영역들 중 뇌섬엽이 특히 관심을 받고 있다. 13장에서 살펴본 바와 같이 **뇌섬엽**(insula)은 전두엽과 측두엽 사이의 열(fissure) 안에 묻혀 있는 피질 영역이며 정서 경험을 일으키는 신체 상태를 부호화하는 기능을 가지고 있는 것으로 여겨지고 있다. 흥미롭게도 최근 연구는 뇌섬엽에 영향을 미치는 뇌손상을 입은 흡연가들이 담배 중독에서 벗어난다는 것을 보고하였다(Naqvi, Rudrauf, Damasio, & Bechara, 2007). 비록 어느 누구도 뇌섬엽의 제거를 중독 치료에 포함해야 한다고 주장하지 않지만 이러한 연구 결과는 뇌섬엽에 의해 부호화된 신체 단서가 중독의 유지에 중요한 역할을 할 가능성을 시사한다. 이 연구에 참여한 한 환자는 뇌손상 이후 자신의 '신체가 흡연하는 것을 잊어버렸다'고 보고하였다(Naqvi et al., 2007, p. 534). 중독이 신체 감각—입술 사이에 있는 담배 느낌 혹은 목구멍에서의 연기 감각—과 밀접하게 관련되어 있기 때문에 아마도 이러한 감각의 상실이 쉽게 금연으로 이끌었을 가능성이 있다.

결론과 제안

이 장에서 정신장애의 신경인지적 기제를 이해하기 위해 실시된 많은 연구들을 살펴보았다. 이 연구들은 정신장애를 앓는 사람들의 삶을 향상시키는 치료법을 개발하고자 하는 희망과 뇌 작용을 이해하고자 하는 희망으로 인하여 시도된다. 동시에 정신장애에 대해 우리가 가지고 있는 지식이 상당히 제한적이라는 것도 이 장을 통해 인식하게 되었을 것이다.

한 주요 제한점이 각 장애가 이질적인 증상으로 구성되어 있다는 것인데, 이로 말미암아 장애의 '진정한' 특성이 무엇인지를 연구하는 것이 어렵다. 서로 다른 장애의 공존 역시 각 장애가 가지는 독특한 특성이 무엇인지를 확인하는 것을 어렵게 한다. 예를 들어 PTSD를 경험하는 사람들에서 물질남용의 가능성이 더 크기 때문에 PTSD의 연구에 물질남용의 가능성도 고려해야 할 필요가 있다. 더욱이 특정 뇌 영역의 활성화 등과 같은 특정 신경 지표가 한 진단 부류(예를 들어 주요 우울 장애)와 관련되어 있는지 혹은 여러 진단 부류에서 공통적으로 관찰되는 특정 증상(예를 들어 무감각)과 관련되어 있는지가 불명확하다. 일부 연구들은 자기보고식 증상 평정에서 높은 점수를 보인 사람들을 연구대상으로 하였는데, 이들은 임상 장애의 진단 준거에 부합되지 않는다.

여러분은 동일한 뇌 영역들이 서로 다른 장애에 관여한다는 것도 인식하였을 것이다. 예를 들어 전전두피질, 편도체, 대상피질과 보상 체계는 이 장에서 다룬 장애들 중 하나 이상의 장애에 관여한다. 다시 말하면 비정상적인 기능을 보이는 뇌 영역과 정신 장애 사이에 일대일의 관계가 존재하지 않는다는 것이다. 궁극적으로 연구자들은 어떻게 특정 영역의 기능이상이 특정 장애를 초래하는가에 대해 더 많이 알고 싶어한다. 예를 들어 조현병과 우울증에서 전전두엽 기능이 손상되어 있다는 것뿐만 아니라 어떻게 정보가 이 뇌 영역 혹은 다른 영역들과의 상호작용에 의해 처리되어 어떤 경우에는 조현병이 또 다른 경우에는 우울증이 초래되는가도 알아야 할 필요가 있다. 문제들이 매우 복잡하지만 이 문제들을 해결하고자 하는 동기가 현재 매우 강하고 앞으로도 계속 강하게 유지될 것으로 여겨진다.

요약

조현병

- 조현병 증상들은 음성증상과 양성증상의 두 범주로 분류된다. 음성증상에는 정서둔마와 긴장증(catatonia)이 포함된다. 양성증상에는 망상, 환각과 와해된 사고가 포함된다.
- 조현병에서 작업기억, 계획과 눈 운동의 수의적 통제 등과 같은 전두엽 기능이 손상되어 있다. 흔한 신경영상 연구결과가 전두엽 활성화의 감소이다.
- 조현병에서 측두엽의 기능이상도 관찰되는데, 특히 청각 이해와 언어 지각에 관여하는 좌반구 측두 영역의 기능이상이 관찰된다.
- 뇌 영역들 사이의 협응적 활성화의 저하도 조현병의 와해된 사고와 환각의 발생에 공헌한다.

우울증

- 우울증은 즐거움을 느낄 수 있는 능력의 저하로 정의되고 증상에는 무기력감, 무망감, 수면 장애와 식욕 장애가 포함된다.
- 우울한 사람들은 전두엽 과제, 특히 노력의 할당 혹은 피드백으로부터의 학습이 요구되는 과제에서 수행 저하를 보인다. 배외측 전전두피질과 전대상피질 영역들이 비정상적으로 기능한다.
- 우반구 전두 영역에 비해 좌반구 전두 영역의 활성화 감소가 우울한 사람과 우울증 위험군에 포함되는 사람들에서 관찰된다.
- 우울증은 우반구 후측 영역의 활성화 감소와도 관련되는데 이 영역의 활성화 감소가 시공간 결함과 관련된다.
- 우울증에서 편도체, 보상 경로와 해마 등과 같은 변연계 구조들의 변화도 관찰된다.
- 논란이 되고 있는 우울증의 실험적 치료법에 rTMS, DBS와

VNS가 포함되는데, 이 치료법들은 약물 및 행동 치료 등과 같은 전형적인 우울증 치료가 효과적이지 않을 경우 시도되는 것으로 신경 수준의 개입이 포함된다.

불안장애

- 불안장애의 하위유형이 다양한데, 즉 공포장애, 공황장애, 외상 후 스트레스 장애, 강박장애와 일반 불안장애가 있다. 이 모든 하위 유형에는 정상수준을 벗어난 공포 반응이 포함된다.
- 편도체가 공포 학습과 소거에 주된 역할을 하는 것으로 알려져 있기 때문에 편도체가 불안장애에 관여한다는 사실이 놀랍지 않다. 불안장애는 전두엽이 편도체와 같은 피질하 구조들에 행하는 조절 기능이 저하된 것과도 관련된다. 이러한 조절 기능의 저하로 말미암아 학습된 공포를 소거하지 못하고 위협적인 단서에 대한 주의편향이 증가한다.
- 불안의 두 차원, 즉 불안 염려와 불안 각성이 각각 서로 다른 뇌 영역들과 관련되어 있다. 불안 염려 혹은 걱정은 좌반구 전두엽의 언어 영역과 인접한 영역의 활성화와 관련되어 있다. 불안 각성은 각성과 주의 경계에 관여하는 우반구 체계의 활성화 상승과 관련되어 있다.
- 기저핵 운동 구조, 특히 미상핵이 강박장애에서 관찰되는 강박적이고 의식주의적인 행동에 관여한다.
- 불안과 우울에서의 개인차는 세로토닌 신경전달에 영향을 미치는 세로토닌 수송기 유전인자의 변형과 관련되어 있다. 'S' 유전자 변형을 가지는 사람들이 'L' 유전자 변형을 가지는 사람들보다 부정적인 정보에 더 강하게 반응한다.

물질남용과 중독

- 물질남용의 주요 특징은 약물 사용의 결과가 매우 부정적임에도 불구하고 약물을 추구하는 행동을 중단하지 못하는 것이다.
- 비인간 동물을 대상으로 한 연구들은 중뇌에서 측핵에 이르는 보상 경로가 중독 약물의 보상 효과와 물질의 만성적 사용 후 초래되는 신경계의 적응에 중요한 역할을 한다고 보고한다.
- 안와전두피질의 기능 중 특히 긍정적인 결과와 부정적인 결과를 평가하는 능력이 물질남용자들에서 손상되어 있다는 연구 결과가 지속적으로 보고되고 있다. 뇌섬엽, 편도체와 대상피질 등과 같은 다른 영역들도 중독에 관여하지만 이 영역들의 중독에서의 독특한 역할은 아직 확실하지 않다.

핵심용어

감각관문(sensory gating)
강박장애(obsessive-compulsive disorder)
공포장애(phobias)
공황장애(panic disorder)
기능연결성(functional connectivity)
기분저하증(dysthymia)
뇌실 확장(ventricular enlargement)
뇌심부 자극(deep brain stimulation: DBS)
대상회파괴술(cingulotomy)
무쾌감증(anhedonia)
미주신경 자극(vagus nerve stimulation, VNS)
반복적 경두개 자기 자극법(repetitive transcranial magnetic stimulation, rTMS)
불안 염려(anxious apprehension)
불안 각성(anxious arousal)
소거(extinction)
세로토닌 수송기 유전자(serotonin transporter gene)
신경발달 가설(neurodevelopmental hypothesis)
양극성 장애(bipolar disorder)
양성증상(positive symptoms)
유전자-환경 상호작용(gene-environment interaction)
외상후 스트레스 장애(posttraumatic stress disorder, PTSD)
음성증상(negative symptoms)
일반화 불안장애(generalized anxiety disorder)
전두엽 기능저하(hypofrontality)
점 탐사과제(dot probe task)
정서 스트룹 과제(emotional Stroop task)

도서 참조 사이트: www.cengage.com/psychology/Banich
이 웹사이트는 학생들이나 강사들에게 강의용 퀴즈나 암기카드, 용어정리 같은 정보와 자료를 무료로 제공한다.

뇌의 발달과 가소성

Brain Development and Plasticity

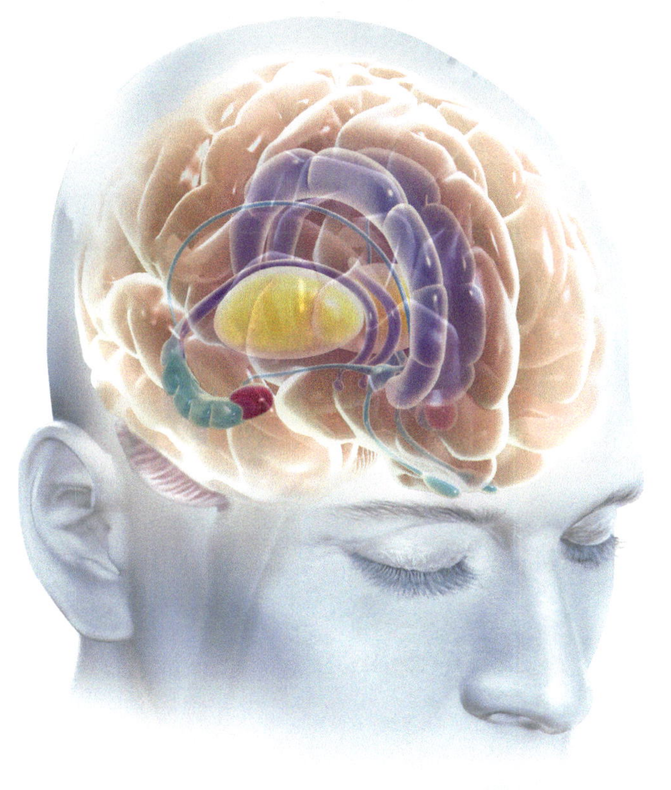

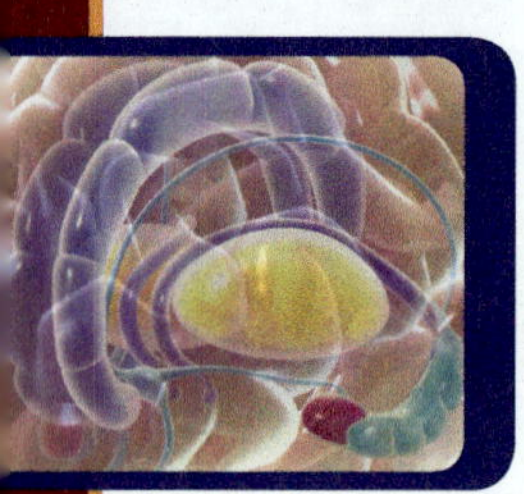

그를 알고 있는 모든 사람들에게 Dan은 비교적 똑똑하고 다정하며 협동적인 태도를 지닌 12살 아이로 보였다. 그러나 Dan은 학교공부를 매우 어려워했는데, 특히 철자와 읽기에서 많은 어려움을 겪었다. 이러한 문제는 최근에 시작된 새로운 문제가 아니었다. 많은 교정 훈련을 받았음에도 불구하고 이 문제는 항상 Dan을 괴롭혀 왔다. 학교 상담가가 신경심리학적 평가를 추천하였고, 부모는 Dan의 문제점들이 나아지기를 바라면서 기꺼이 동의하였다.

신경심리학적 검사에서 전반적인 뇌 손상은 발견되지 않았고 감각, 지각 및 운동 능력은 정상이었으며, 전반적인 지능 수준도 정상 범주였다. 더 자세히 분석해 보니, 시공간 능력이 매우 좋은 것으로 나타났다. 시공간 능력을 강조하는 아동용 웩슬러 지능검사, 4판(Wechsler Intelligence Scale for Children, Fourth Edition; WISC-IV)의 동작성 척도들의 점수는 평균 이상에 속하였고, 비언어적인 문제 해결능력을 평가하는 많은 검사들에서 좋은 수행을 보였다. 반면, WISC-IV의 언어성 척도들의 수행은 평균 이하였는데, Dan은 많은 언어 검사에서 단어의 음소적 구조를 파악하지 못하는 것으로 나타났다. Dan은 단어를 발음하기보다는 시각적 형태나 윤곽에 근거하여 추측하면서 읽었다. 예를 들어 *form*을 'farm'으로, *theory*를 'those'로, *grieve*를 'great'로, *tranquility*를 'train track'으로 읽었다. 청각적으로 제시된 단어의 철자를 말할 때에도 유사한 문제를 보였는데, *square*를 's-c-a-r'로, *cross*를 'c-o-r-s'로, *triangle*을 't-r-e-r-e'로 철자를 말하였다.

Dan의 문제는 오랫동안 지속된 것이었고 치료가 효과적이지 않았으므로, 신경심리학자는 Dan을 흔히 난독증(dyslexia)으로 알려진 특정 언어적 학습 장애(specific verbal learning disability)로 진단하였다. 신경심리학자는 읽기에 대한 치료적 개입방법으로서 현재 양호하게 유지되고 있는 Dan의 시공간적 능력을 이용하자고 제안하였다. 예를 들어 시각적 형태에 근거하여 단어를 구별하게 가르치고, 플래시카드를 사용하여 단어 형태를 훈련시켰다. 여기에는 점진적인 접근법이 사용되었다. 우선 간단한 단어들에 대한 지식을 학습한 뒤에 복잡한 내용의 읽기에 그 지식을 적용하게 하였다. 예를 들어 Dan은 '*fly*'를 인식하도록 배운 후에, 그것을 *나비*(butterfly)와 같은 다른 단어들을 읽는 데 도움이 되도록 하였다.

신경심리학자는 Dan의 부모에게 위와 같은 치료법을 사용하더라도 Dan이 유창하게 읽기는 여전히 어려울 것이고, 따라서 정규 학업 수행의 어떤 부분에서는 계속 어려움이 있을 수 있다고 설명하였다. 그러나 신경심리학자는 또한 그러한 어려움이 Dan의 미래의 직업적 성공을 방해하지는 않을 것이라고 강조하였다. 실제로 배우인 Tom Cruise, 화가인 Pablo Picasso, 휴렛팩커드의 공동창업자인 Willian Hewitt 등 많은 유명인사들이 난독증을 지니고 있는 것으로 알려져 있다. 신경심리학자는 Dan이 평균 이상의 능력을 지니고 있는 시공간능력을 이용하는 연구나 관심사를 추구하도록 부모가 격려할 것을 제안하였다.

위의 사례는 발달상에서 나타나는 신경심리학적 장애들이 인생의 후반부에서 관찰되는 장애들과 중요한 측면에서 다를 수 있음을 보여 준다. 성인들의 읽기장애는 좌반구 특정 영역의 손상과 종종 관련되지만(9장 참조), Dan의 사례에서는 국소적인 뇌 손상의 증거가 없었다. 실독증(alexia)이 있는 성인은 일단 읽기 능력을 획득한 뒤에 그 능력을 상실한 것이지만, Dan은 어느 정도 능숙하게 읽을 수 있는 능력을 획득한 적이 없다. 그러므로 인지적 결함은 성인기에 발생하였는지 발달 과정에서 발생하였는지에 따라서 서로 다른 원인과 서로 다른 신경 상관물을 가질 수 있다.

Dan의 사례와 발달장애를 지닌 아동들은 우리로 하여금 뇌가 역동적으로 변화한다는 사실을 실감하도록 만든다: 즉, 뇌는 **가소성**(plasticity)을 나타낸다. 아동의 뇌는 성인의 뇌와 같지 않지만 아동과 성인의 뇌는 모두 환경적 영향에 매우 예민하다. 이 장에서 우리는 어떻게 뇌가 발달하고 전 생애에 걸쳐서 가소성을 유지하는지 살펴볼 것이다. 우선, 아동기와 청소년기에 뇌에서 일어나는 발달적 변화의 주요 과정을 개관하고, 난독증 및 자폐증과 같은 발달장애를 인지 신경과학적 측면에서 살펴볼 것이다. 그러고 나서 성인의 뇌가 변화하는 경험에 어떻게 적응하는지 논의할 것이다. 마지막으로 뇌가 손상에 어떻게 반응하는지 살펴보고, 노화와 연합된 인지 과정과 신경 과정의 변화를 검토하면서 끝맺을 것이다.

뇌의 발달

이 부분에서는 태어나서 성인이 될 때까지의 뇌 발달에 관해서 알려진 사실들을 개관할 것이다. 영아의 뇌는 성인의 뇌와 정확하게 똑같아 보이지는 않는다! 아동이 자라서 성장함에 따라 뇌도 단순히 크기가 커진다고 생각할 수 있지만 실제 변화는 훨씬 더 복잡하다. 어떤 측면의 신경발달은 단순히 '성장(growth)' 또는 증식(proliferation)이라고 생각할 수 있지만 또 다른 측면은 신경세포들이 연결되고 조직화하는 더욱 복잡한 과정을 포함한다.

우리는 아동기의 뇌 발달을 살펴보는 것으로 시작해서 그 다음은 아동기에서 성인기로 넘어가는 전환기인 청소년기에 발생하는 변화에 초점을 맞출 것이다. 연구자들은 모든 발달 단계에서 뇌가 어떻게 변화하는지를 알고 싶어할 뿐만 아니라 뇌의 신체적(physical) 변화가 아동이나 청소년의 인지와 정서적 기술의 발달과 어떻게 관련이 있는지를 이해하고자 도전하고 있다.

■ 아동기의 뇌 변화

● 그림 15.1은 신경이 발달하는 동안에 언제 주요 변화들이 발생하는지 전체적으로 보여준다. 이 그림을 보면 다음과 같은 몇 가지 사실을 금세 알 수 있다. 첫째, 발달하는 동안 세포의 증식과 이동, 시냅스의 발달, 수초화 등 많은 과정이 일어난다. 둘째, 이런 과정들은 각각 자체의 시간적 경로(course)를 가진다. 즉, 어떤 과정은 주로 출생 전에만 발생하는 반면 다른 과정은 청소년기까지 계속 진행된다. 끝으로, 발달은 성장이 직선적으로 진행하는 것으로 단순하게 생각할 수 없다. 그림에서 볼 수 있듯이 시냅스 생성과정은 증가하였다가 감소하는 역-U자 함수를 보여주는데 이것은 초기에는 시냅스가 증가하고 증식되다가 뒤이어서 감소하거나 가지치기(pruning)를 하거나 조직화(sculpting)되는 것을 나타낸다.

뇌의 발달을 이해하기 위해서 처음부터 시작하면, 금방 수정된 난자가 특정한 종류의 조직(예, 근육, 골격, 심혈관, 신경)으로 분화하고 난 후인 태내 발달의 초기에는 척수와 뇌는 텅빈 관에 불과하다. 이 관이 형성되는 것을 **신경관형성**(neurulation)이라 부른다(● 그림 15.2). 시간이 지나면서 관이 접히고, 꼬이고, 구부러지고 팽창하여 태아의 뇌가 되고, 관 속의 공간은 뇌실계(ventricular system)가 된다.

임신 7주 무렵이면, 관의 안쪽 가까이에 있는 신경세포와 신경아교세포가 분할되고 증식된 후 바깥쪽으로 이동하기 시작한다. 새로운 신경세포의 생성, 또는 **뉴런발생**(neurogenesis)은 뇌실 바로 주변 영역에서 발생한다(● 그림 15.3). 이 과정에서 관은 초기 뉴런 정착자가 살아갈 항구와 같은 역할을 한다. 더 많은 뉴런이 생성됨에 따라서 뇌실 주변의 중심 영역이 자리를 잡게 되고, 새로운 뉴런들은 도시로 온 새로운 이민자들처럼 정착할 장소를 찾아서 더 멀리 이동해야만 한다. 뇌가 성장해 가면서 새로운 뉴런들은 뇌의 외곽으로 점점 더 멀리 이동한다. 아교세포(glial cell)는 신경세포들이 최종 종착지까지 이동할 수 있도록 '길'을 제공한다(● 그림 15.4)(Lemke, 2001). 따라서 6층으로 이루어진 피질은 안쪽에서부터 바깥쪽으로 형성된다. 첫 세포 세트는 피질의 가장 깊은 층(6층)으로 이동하고, 두 번째 세트가 다섯 번째 층이 되는 식으로 진행된다. 임신 6개월째까지는 대부분의 뉴런이 생성된다. 임신기간 동안 피질 발달이 지속되므로 이런 전형적인 발달 패턴이 붕괴될 위험이 매우 많이 있다. 이 장의 뒤에서 이런 발달이 붕괴되어 발생한, 난독증과 태아알코올증후군(fetal alcohol syndrome)에 대해서 살펴볼 것이다.

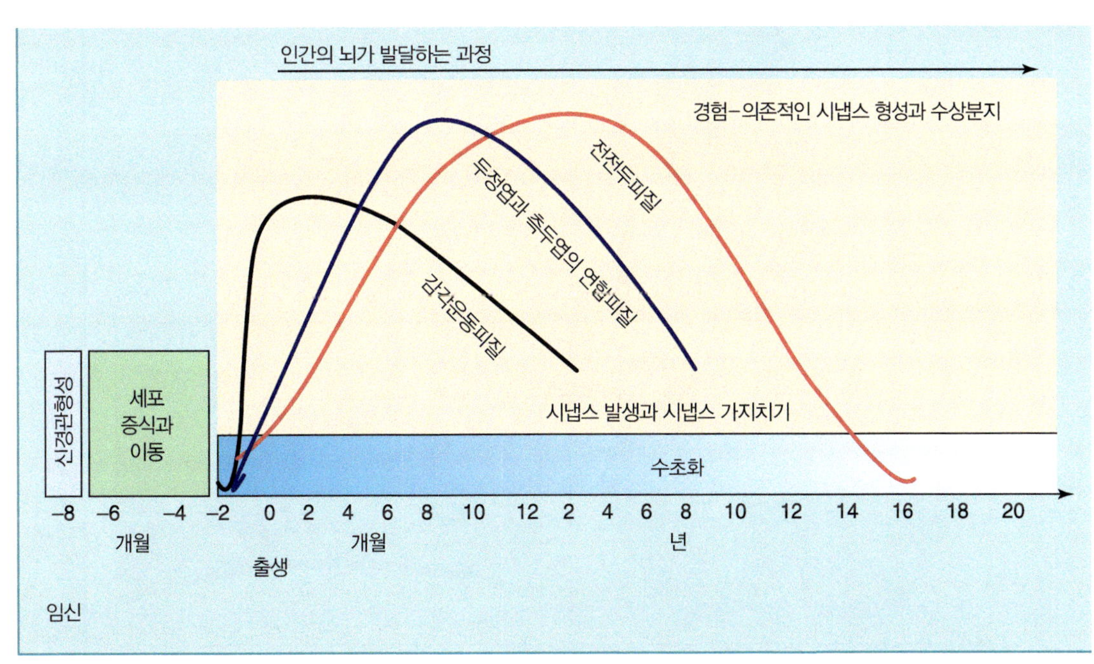

● **그림 15.1 인간의 뇌 발달의 시간적 개관.** 임신했을 때부터 시작해서 젊은 성인기까지 발생하는 뇌 발달의 서로 다른 과정들의 시간적 순서를 여기에 제시하였다. 출처: Fig. 1 from Casey, B. J. et al (2005). Imaging the developing brain: what have we learned about cognitive development? Trends in Cognitive Sciences, 9, 104–110. Reprinted by permission of Elsevier.

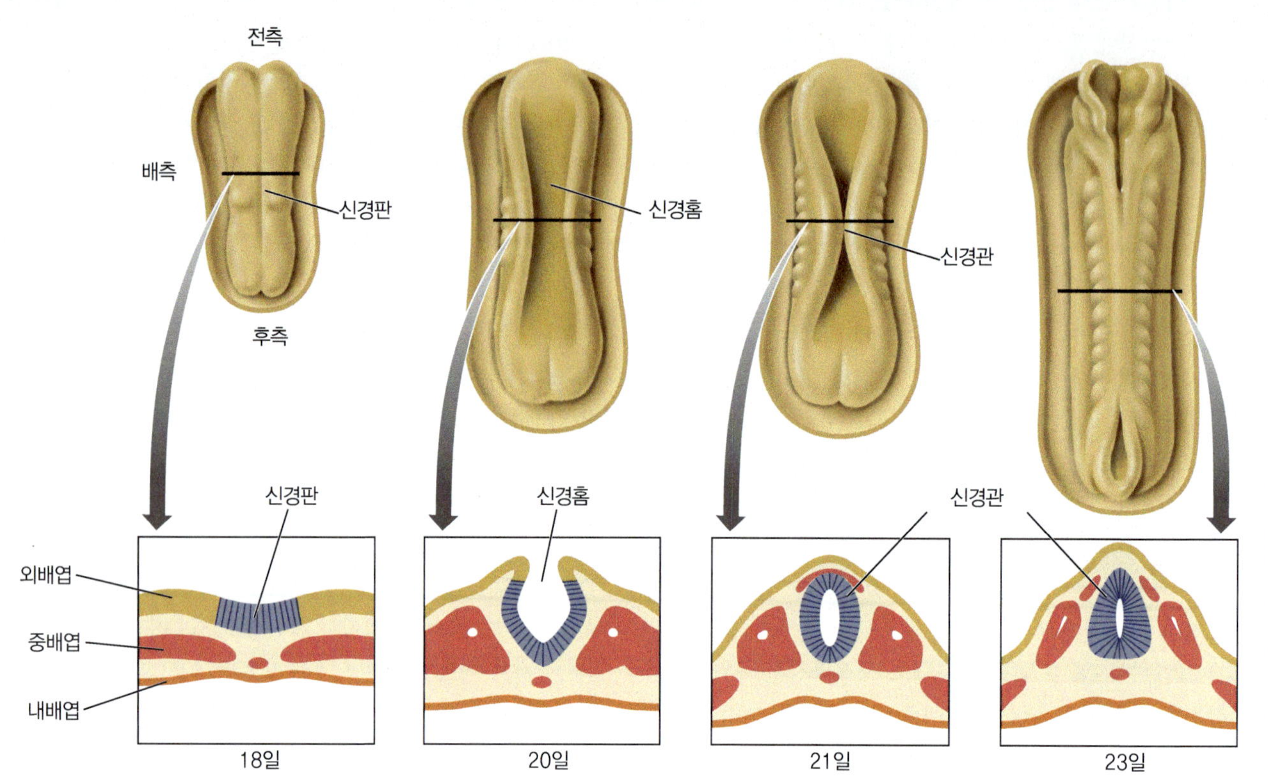

● **그림 15.2 신경관의 폐쇄.** 신경계는 태아 발달 초기에 형성된 신경관에서 시작된다. 외배엽이 접히면서, 신경판이 홈을 형성하고, 홈이 관을 형성하도록 닫힌다. 관은 나중에 뇌실과 척추관이 되고 주변 세포조직은 뇌와 척수가 된다. © 2010 Cengage Learning

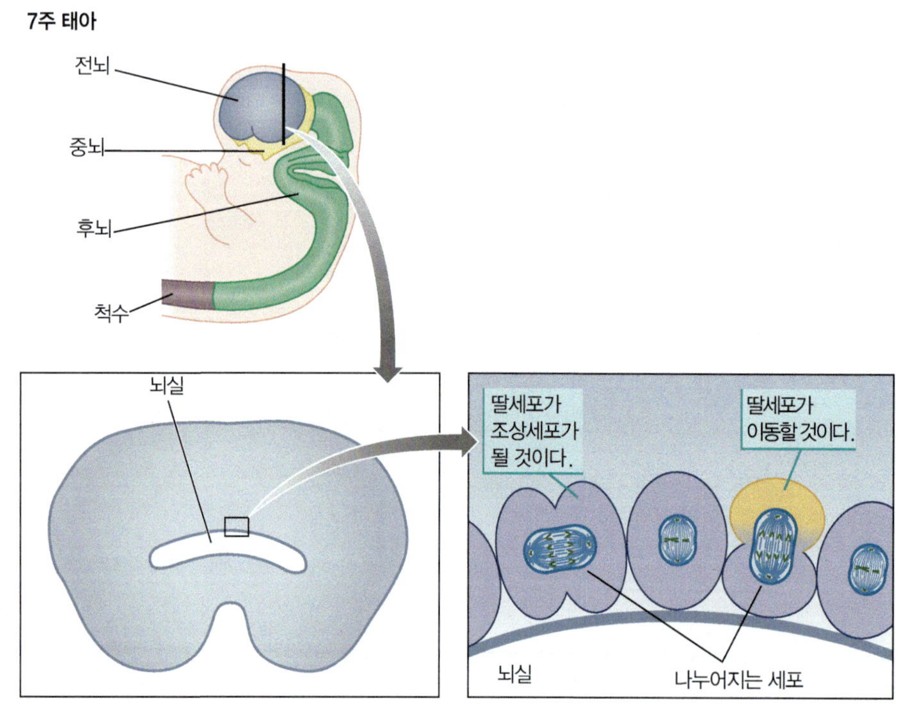

● **그림 15.3 뉴런발생(neurogenesis).** 태아기 발달 동안 새로운 신경세포가 뇌실 영역에서 새로 만들어진다. 뇌실에 줄지어 늘어서 있는 조상세포들은 분할되어 새로운 딸세포들을 생산한다. 딸세포들은 뇌실영역에 머물러서 새로운 조상세포로 작용하거나 또는 이 영역을 떠나 뇌의 다른 영역으로 이동할 수 있다. © 2010 Cengage Learning

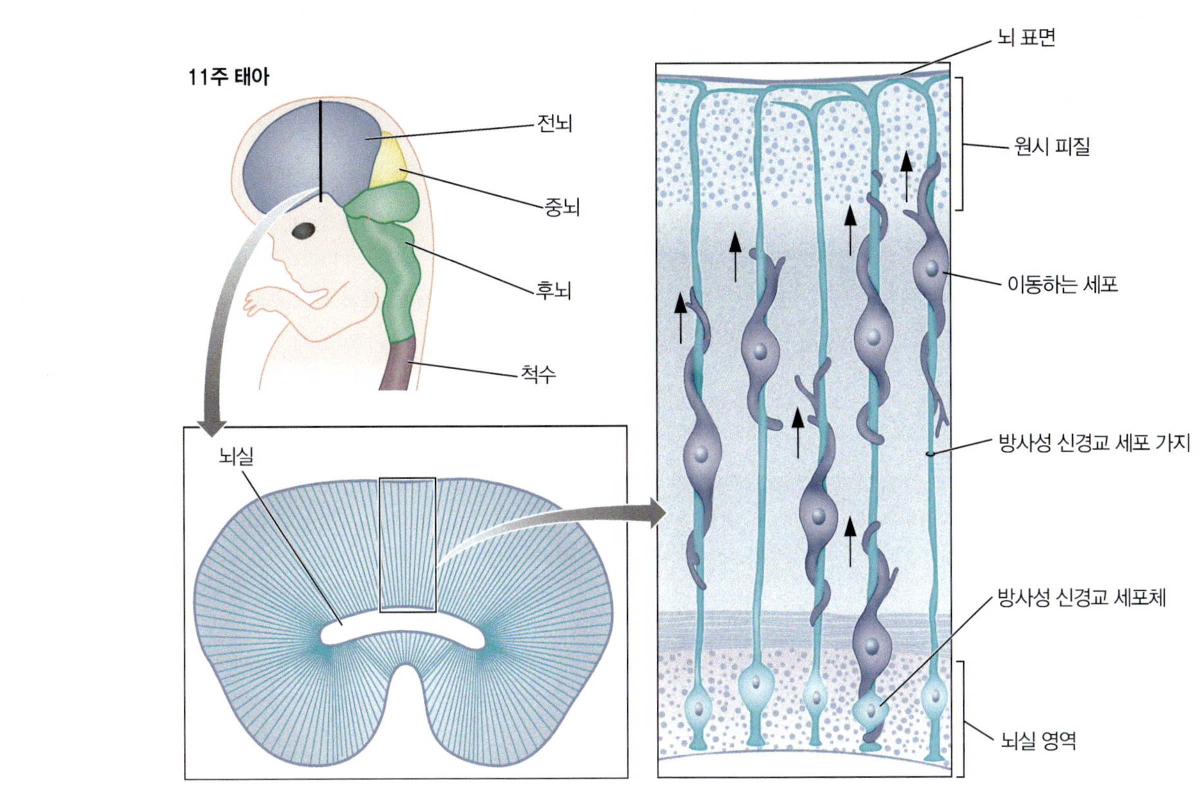

● **그림 15.4 신경세포의 이동.** 뇌실 영역을 떠나 이동한 세포들은 방사성 신경교(radial glia)를 따라서 움직이는데, 방사성 신경교는 세포가 이동할 수 있는 일종의 비계를 형성한다. © 2010 Cengage Learning

시냅스 형성과 가지치기

출생 후 가장 큰 변화 중 하나는 뉴런들 사이에 형성되는 연결(시냅스)의 수가 엄청나게 증가하는 것이다. 이 과정을 **시냅스 생성**(synaptogenesis)이라고 한다(Bourgeois, 2001). 이 과정은 매우 빠르게 일어나는데 태어난 후 첫 1년 동안 전체 시냅스의 수가 10배 이상으로 증가한다. ● 그림 15.5에서 보듯이 생애 초기에는 피질영역에 있는 수상돌기가 매우 증가해서 시냅스가 형성될 수 있는 더 넓은 표면 영역을 제공한다. 연구자들이 아직 밝히지 못한 한 가지 미스테리는 그렇게 많은 뉴런이 기능적인 회로를 형성하기 위해서 어떻게 딱 들어맞는 시냅스 연결을 만들 수 있는가이다. 카데린(cadherin) 분자가 중요한 역할을 하는데, 카데린은 축색이 특정 목표물과 시냅스를 형성하고, 그 목표물에 부착되어 있도록 하는 데 도움을 준다(Ranscht, 2000). 시냅스의 엄청난 증가와 그 뒤를 이은 시냅스의 제거는 발달 중인 뇌에서 가장 중요한 가소성 기제들 중 하나이다.

발달 시 뇌의 전 영역에서 같은 시기에 똑같이 시냅스가 생성되는 것은 아니며 위치에 따라서 차이가 있다(Huttenlocher, 2002; 그림 15.1). 시냅스 생성은 일차 감각영역과 운동영역에서 처음으로 가장 빨리 발생하고 그 다음으로 연합영역과 전전두피질에서 발생한다. 이것은 기능적인 관점에서 이해된다. 아기는 더 복잡한 능력을 발휘할 수 있기 전에 기본적인 감각과 운동기술을 습득할 필요가 있다.

시냅스 형성의 또 다른 중요한 특징은 이미 언급했던 역-U

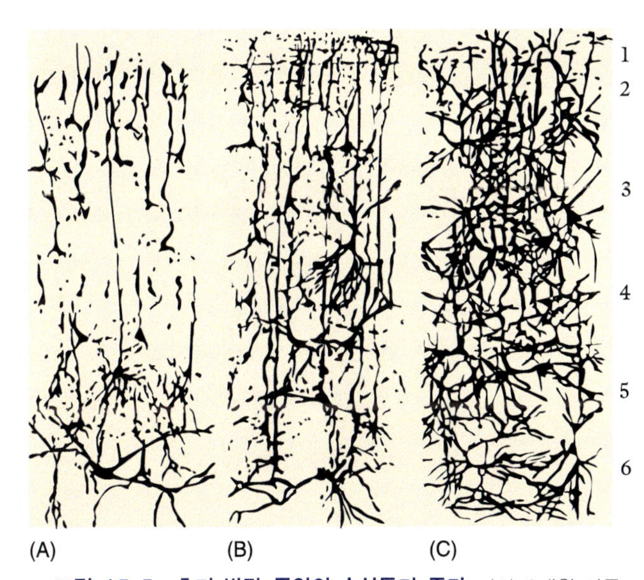

● **그림 15.5 초기 발달 동안의 수상돌기 증가.** (A) 3개월 아동, (B) 15개월 아동, 그리고 (3) 24개월 아동 뇌의 대표적인 부분을 보여준다. C의 오른쪽 숫자는 피질의 여섯 개 층을 의미한다. © 2011 Cengage Learning

자 함수이다(그림 15.1). 시냅스 증식(proliferation) 후 **시냅스를 제거**하는 가지치기(pruning)가 발생하여 뉴런들 간의 연결의 수가 감소한다. 뉴런들 간의 연결을 가지치기하는 속도는 경이적이다. 그 일례로, 원숭이는 생후 첫 2~3주일 동안 뇌량에서 초당 60개나 되는 축색을 상실하고(LaMantia & Rakic, 1990), 인간은 그보다 더 많은 1초당 200개나 되는 축색을 상실한다고(Rakic, 1991) 연구자들은 추산하고 있다. 그러한 가지치기는 부분적으로는 이웃한 세포들로부터 이른 바 '생존 요인' 신호를 받지 못한 세포들이 세포사멸(apoptosis), 또는 프로그램된 세포죽음을 겪게 되기 때문에 발생한다(Raff, 1998). 다른 경우에서는 세포들 자체가 죽지는 않지만 세포들 간의 시냅스가 와해되고 축색이 수축되거나 퇴행한다(Low & Cheng, 2006).

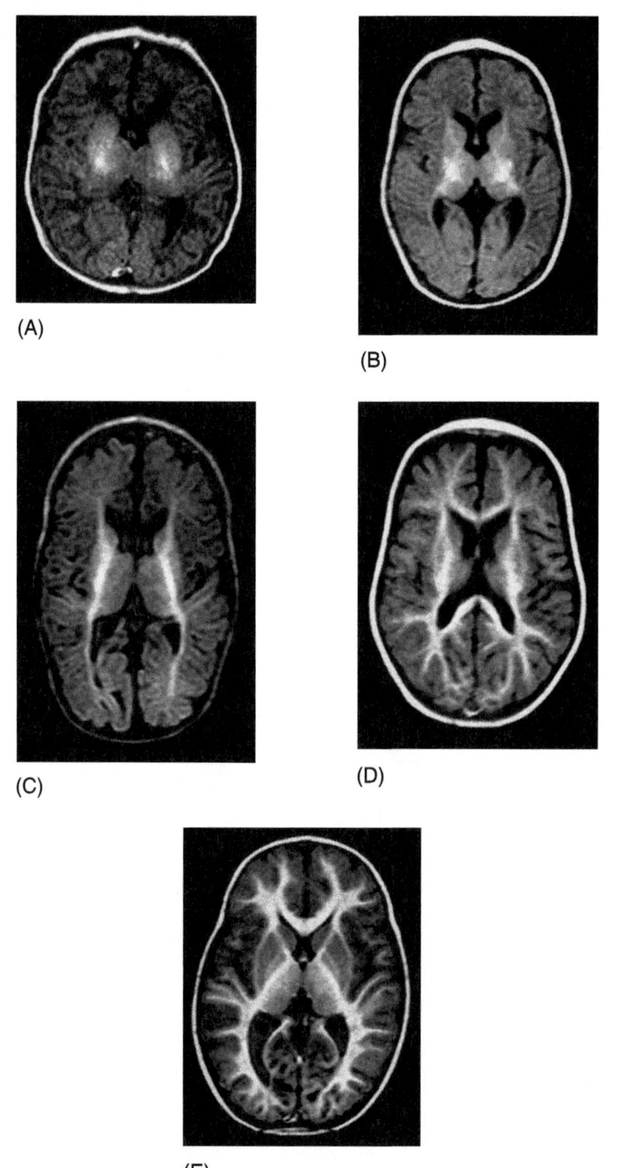

● **그림 15.6 유아기 동안 뇌의 수초화 증가.** 그림에서 수초는 하얗게 보임. (A) 1개월, (B) 2개월, (C) 3~6개월, (D) 7~9개월, (E) 9개월 이상의 유아. 출처: Van der knaap, M. S., & Valk, J. (1990), MR imaging of the various stages of normal myelination during the frist year of life. Neuroradiology, 31, 459-470

시냅스 생성처럼, 시냅스 제거가 발생하는 시기는 피질 영역에 따라서 다르다. 예를 들어 병리학적 연구 결과에 의하면, 인간의 시각피질에서는 가지치기가 10세에 완성되지만, 전두엽피질에서는 청소년기까지 지속된다(Huttenlocher, 1979). 더 최근의 구조적 MRI 연구들은 피질 두께의 변화가 뇌 영역에 따라서 서로 다른 시기에 발생한다는 사실을 확인하였다(Gogtay et al., 2004; Toga, Thompson, & Sowell, 2006). 그러나 뇌의 모든 영역에서 일관되게 성인의 시냅스 수는 아동기 동안 관찰된 최고 수치보다 약 40% 적다(Huttenlocher & de Courten, 1987).

시냅스의 과다생산은 뇌가 초기에 환경에 최대로 반응할 수 있는 능력을 갖게 하는 기제이다. 그 후 발달하는 동안에 많은 자극을 받지 못하는 뉴런이나 연결은 쇠퇴한다. 이런 과정은 뇌가 특정한 환경에 잘 들어맞고 전문화될 수 있도록 한다(Bourgeois, 2001; Huttenlocher, 2002). 흥미롭게도, 최근에 수행된 한 MRI 종단연구에서 표준 IQ검사 결과 높은 지능을 지닌 것으로 확인된 아동들이 발달 초기에는 두뇌피질의 두께가 더 두꺼웠으나 후기에는 더 얇은 것을 발견하였는데 특히 전두엽 영역에서 이런 경향이 두드러졌다(Shaw, Greenstein, et al., 2006). 피질의 두께가 부분적으로 시냅스의 수에 의해 결정된다는 점을 감안하면, 이런 결과는 우수한 지능은 시냅스 증식으로부터 가지치기 과정으로의 변화가 더 빨리 일어나는 것과 상관이 있을 수 있음을 시사한다.

시냅스의 확장과 가지치기의 중요성은 또한 그 과정에 문제가 있는 발달장애에 의해서 예시된다. 예를 들어 정신지체와 결합된 장애를 지닌 사람들의 뇌는 수상돌기 가지가 덜 복잡하거나 수상돌기의 길이가 짧거나, 또는 이 두 가지 특성을 모두 지닌다. 또한 수상돌기의 가시(spine)가 보통보다 길거나 얇은 비전형적인 형태를 보이는 경향이 있다(Kaufmann & Moser, 2000). '유약(fragile) X'(나중에 다시 논의할 것이다)와 같은 장애들은 수상돌기 가시(spines)가 정상 밀도 이상으로 많으며 이는 시냅스를 제거하는 데 실패하였음을 시사한다(Grossman, Aldridge, Weiler, & Greenough, 2006).

수초화

이미 알고 있듯이, 신경세포들이 뇌에 있는 유일한 세포는 아니다. 아교세포(glial cell)도 뇌의 구조와 기능에 중요한 역할을 한다. 이미 우리는 특정한 종류의 아교세포는 발달하는 동안 신경세포가 뇌 안에서 멀리 있는 종착지까지 가는 길을 발견하는데 도움을 주는 비계를 형성한다는 것을 배웠다. 아교세포의 또 다른 중요한 역할은 뇌에 있는 축색을 둘러싸는 말이집(myelin sheath)을 제공한다는 것이다. 아기의 뇌는 상대적으로 수초화되어 있지 않은데 이는 뉴런을 감싸고 절연시키는 역할을 하는 희소돌기교세포(oligodendrocytes)가 부족하다는 것을 의미한다. 그러므로 영아기에는 뇌 영역들이 빠르게 상호작용을 할 수 없다.

수초화(myelination)는 신경계 영역에 따라 매우 다양한 발달 경로를 통해서 긴 과정을 거쳐 이루어진다(Sampaio & Truwit, 2001). 수초화는 임신 4개월부터 생후 첫해 사이에 나타나기 시작한다(● 그림 15.6). 척수와 연수(medulla)처럼 생애 초기에 가장 수초화가 많이 되는 두뇌 영역이 기본적인 기능을 담당하는 영역이라는 것은 놀라운 사실이 아니다. 생후 첫해 동안에 기본적인 감각과 운동 체계가 수초화된다. 후기 아동기에는 피질과 피질하 영역을 연결하거나 다른 피질 영역들을 서로 연결하는 등 통합된 체계들 사이를 연결하기 위해서 수초화가 발생한다. 예를 들어 뇌량의 수초화는 10대를 거쳐서 20대 초기까지 계속된다(Giedd et al., 1996; Thompson, Giedd, Woods, MacDonald, Evans, & Toga, 2000). 이 모든 수초화의 결과로 아동기와 10대 동안 백질의 양이 상대적으로 증가하는 반면 회백질의 양은 감소한다(Giedd et al., 1999; Paus, 2005).

수초화의 기능적 결과는 두뇌 영역들 간의 의사소통이 증가하는 것이다. 아기의 뇌는 마을과 마을 사이가 오래된 시골길로 연결되어 있는 것과 같다. 이 체계로는 빠른 여행을 할 수 없다. 수초는 이러한 유아의 체계를 더욱 빠른 체계로 변형시킨다. 오래된 시골길들이 지방 고속도로가 되고, 더 많은 수초는 지방 고속도로를 많은 교통량이 신속하게 움직일 수 있는 전국 초고속도로로 변형시킨다. 예를 들어 대뇌반구들 간의 신경전도속도는 10대 후반에 약 5 ms로 성인 수준에 이르는데 이 속도는 4세 아동에게서 관찰된 것보다 4~5배 빠른 속도이다(Salamy, 1978). 신경신호가 더 빨리 전달되면 지각, 인지 및 행동을 더 빠르게 할 수 있게 된다.

전기적 변화와 생화학적 변화

전기적/생화학적 활동과 관련된 변화와 같은 기타 전반적인 발달적 변화들이 또한 발생한다. 전기생리적 활동과 관련해서는 두 가지 주요 경향이 나타난다: 주 주파수(dominant freguency)가 증가하고 전기적 활동 패턴이 더욱 주기적이 된다. 출생 후 첫 2년 동안, 전기생리적 활동은 저주파인 경향이 있다(델타 리듬, < 3.5 Hz). 이 저주파는 성인이 깨어있을 때에는 전형적으로 관찰되지 않는다. 1~5세 사이에서 우세한 주파수 대역(band)은 성인이 깨어 있는 상태에서 눈을 감고 긴장을 풀고 있을 때 관찰되는 세타파(theta; 4~7 Hz)이다. 다섯 살 이후에는 성인이 긴장을 풀고 있지만 각성 상태에 있을 때 나타나는 주파수 대역인 알파 리듬(8~13 Hz)이 뚜렷해진다. 10~13세가 되면 알파 리듬이 성인의 알파 리듬과 유사해지고 베타파의 활동(> 14 Hz)이 뚜렷해진다. 영아들은 뚜렷한 EEG 주기성(cyclicity) 패턴을 나타내지 않지만, 아동은 성장함에 따라서 분명한 수면-각성 주기가 발달한다(Harmony, 1988).

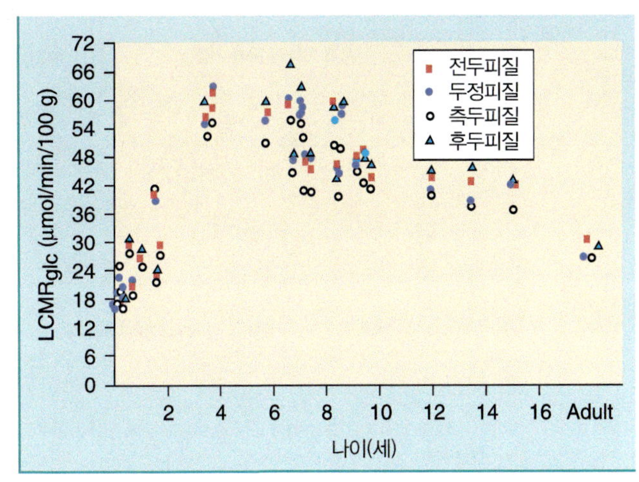

● **그림 15.7 발달하는 동안 뇌의 주요 네 개 엽에서의 대사율 변화.** 생애 첫 몇 년 동안, 대사율은 성인의 대사율보다 적다(그래프 왼쪽 끝에 위치함). 그러나 학령 전기에 뇌의 대사율이 가속화되기 시작하여 8세 무렵에 정점을 기록하고, 그 후로 10대에 서서히 감소하여 성인 수준에 이른다. $LCMR_{glc}$: 국소적 대뇌 포도당 대사율(local cerebral metabolic rate for glucose). © 2011 Cengage Learning

발달하는 동안 뇌에서는 생화학적 변화들도 또한 발생한다. 포도당 소비율과 같은 뇌의 대사 측면들이 아동기 동안에 변한다. ● 그림 15.7에서 볼 수 있듯이, PET(positron emission tomography)으로 측정한 결과에 따르면 생후 첫해 동안에는 전체 대뇌피질의 대사율이 성인보다 낮지만 그 이후로 대사율이 점진적으로 증가하여 3~8세 사이에 성인 수준의 두 배가 된다. 이 정점을 지난 후에는 다시 감소하기 시작하지만 10대 초반에는 성인수준보다 높은 수준을 유지한다. 뇌 대사의 변화는 뇌의 모든 영역에서 똑같이 발생하는 것이 아니라 수초화와 시냅스생성처럼 나이에 따라 여러 뇌 영역들에서 다르게 발생한다. 예를 들어 생애 첫 1년 동안에는 피질하 구조에서 가장 높은 대사율이 발생한다. 피질에서의 높은 대사율은 그 시기 이후부터만 관찰된다(Chugani, Phelps, & Mazziotta, 1987). 아동기의 포도당 소비 패턴은 뇌가 그 시기에 발생하는 구조적 변화를 지탱하기 위해서 연료를 필요로 한다는 것을 시사한다. 희소돌기아교세포는 수초를 생성할 에너지를 필요로 하고, 뉴런은 정교화와 가지치기(elaboration and pruning)를 할 에너지를 필요로 할 것이다.

표 15.1 초기 아동기 동안의 발달적 변화

나이	시각 기능과 운동 기능	사회적 기능과 지적 기능	평균 뇌 무게(g)
출생	빨기, 먹이 찾기, 삼키기, 모로반사를 보임; 영아기에 나타나는 손으로 꼭 잡기; 빛에 대하여 눈을 깜박거림	—	350
6주	엎드려서 목을 쭉 뻗거나 돌림; 엄마 얼굴을 주시함; 눈으로 물체를 따라감	놀이를 할 때 미소 지음	410
3개월	자신의 의지에 따라 손으로 잡기와 빨기를 나타냄; 장시간 동안 머리를 들어 올린 채로 유지함; 시야장에 제시되는 물체로 향함; 소리에 반응할 수도 있음	자신의 손을 봄	515
6개월	양손으로 물체를 잡음; 엎드려서 팔이나 손에 무게를 실음; 누워있다가 구르면서 엎드림; 잠시 동안 다리에 모든 무게를 실어서 지탱함; 잠시 앉음	큰 소리로 웃고 즐거움을 나타냄; 발음이 분명하지 않은 소리를 냄; 거울 속에 비친 자신을 보고 미소 지음	660
9개월	잘 앉고, 앉을 위치로 자신을 끌고 감; 엄지와 검지를 사용하여 잡음; 기어다님	바이바이 손을 흔듦; 각운 놀이를 함; "다다, 바바" 소리를 냄; 소리를 모방함	750
12개월	물건을 손에서 놓아 줄 수 있음; 한 손을 잡고 걸음; 발바닥 반사를 보임(아동의 50%)	의미 있는 2~4 단어를 말함; 여러 가지 적당한 명사를 이해함; 뽀뽀를 요구받을 때 할 수 있음	925
24개월	걸어서 계단을 오르내림(한 계단에 두 발을 모두 사용); 넘어지지 않고 허리를 구부려서 물체를 집음; 손잡이를 돌림; 일부 옷은 혼자 입음; 발바닥 반사를 보임(아동의 100%)	2~3 단어의 문장을 사용함; 1인칭과 2인칭을 옳게 사용함; 단순한 게임을 함; 4~5개 신체 부위를 가리킴; 간단한 명령을 따름	1,065
36개월	계단을 오름(한 계단에 한 발을 사용); 세발자전거를 탐; 신발끈, 벨트, 단추를 제외한 모든 것들을 입었다가 벗을 수 있음; 시력 20/20	많은 질문을 함; 동요를 앎; 원을 그림; 타인들과 놀이를 함	1,140

행동 변화

말할 필요도 없이 발달하는 동안 아동의 행동도 또한 변화한다. 즉, 대사율, 수초화 및 시냅스 밀도의 변화와 같은 뇌의 모든 생리적 변화들은 아동의 행동 목록 변화에 반영된다. 모든 문화권에서 아동들은 인지적 기술과 운동 기술을 순서대로 습득한다: 말하기에 앞서 옹알이를 하고, 기어가기를 하고 나서 걷는다. 더 나아가 특정한 능력들은 특정한 나이 범주에 습득된다. 이 변화들은 순서대로 특정한 나이에 발생하기 때문에, **발달 이정표**(developmental milestone)라고 불린다(Spreen et al., 1984). 발달하는 동안의 주요 행동적인 변화들이 표 15.1에 나열되어 있다. 표에는 뇌의 전반적 성장에 대해서 알 수 있도록 각 발달단계에서의 뇌의 평균 크기가 제시되어 있다. 물론 단순히 뇌의 크기가 커지는 것이 인지 능력의 차이를 만드는 것은 아니다. 그보다는 성숙(maturation)과 경험에 의해서 결정된 뇌 영역들 간의 복잡한 상호연결패턴이 행동발달과 인지발달을 이끈다.

의심할 여지 없이 발달은 뇌 기능의 변화뿐만 아니라 행동 변화를 일으키지만, 어떤 특정한 신경기능의 변화와 인지기능의 출현 간에 직접적인 인과적 연결을 발견하기는 매우 어렵다. 현재 우리가 특정한 인지과정의 발달을 예측하는 생물학적 지표(marker)로 알고 있는 것은 매우 적다. 더욱이 발견된 지표조차도 생리적 과정과 인지적 기능 간의 연결이 명확하지 않다.

이런 어려움을 보여 주는 예로서 Molfese와 그의 동료들에 의해서 수행된 몇 가지 연구들을 살펴보자(Molfese, Molfese, & Molfese, 2007). 그들은 녹음된 말소리에 대한 생후 1주일 된 영아의 전기적 반응[예, 청각적 유발 반응(auditory evoked response, AER)]이 그 아동의 3년 후 언어 능력을 예측할 수 있음을 발견하였다(Molfese & Molfese, 1994). 후속 연구들은 영아의 AER이 5세 때의 언어 능력까지도 예측할 수 있고(Molfese & Molfese, 1997), 8세 때의 언어와 읽기 능력도 예측할 수 있음을 발견하였다(Molfese & Molfese, & Espy, 1999). 영아기의 분명한 어떤 과정이 어떻게 나중의 인지능력을 예측할 수 있는지에 관해서 생각해 보는 것은 매우 흥미롭다.

AER이 미래의 언어 능력에 대한 생물학적인 지표로 작용할 수 있는 것처럼 보임에도 불구하고, 우리는 정확히 신경계 기능의 어떤 측면이 AER에 의해서 지표화되는지 알지 못한다. 더욱이 우리는 AER의 차이가 어떻게 언어 능력을 변화시키는지 알지 못한다. 한 가능성은 AER이 크면 서로 다른 말소리들을 변별하는 능력이 우수함을 나타내는 것일 수 있다는 것이다(Molfese et al., 2007). 따라서 더 일찍 세밀한 변별을 할 수 있는 아동들은 생애 초기에 단어 학습을 더 잘할 것이고, 그로 인해서 나중에 그 아동들의 언어 능력이 더욱 발달하게 될 것이다. 이런 설명은 논리적이지만 AER을 생성하는 과정의 인과적 역할을 직접적으로 검증하기는 어렵다. 우리는 영아기에 AER에 반영되는 기저 과정을 실험적으로 조작할 수 없고, 수년이 지난 후 아동기의 언어 발달에 어떤 변화가 생기는지 확인할 수 없다.

정신적 능력의 생물학적 지표와 발달적 변화 간에 더욱 특정적인 연관을 발견할 수 있을 때라도 생물학적 지표가 인지발달에 결정적인 신경과정을 나타내는 것인지, 또는 그 지표가 단순히 두뇌 성숙도의 일반적인 수준을 나타내고 그로부터 인지발달을 예측하는 것인지 결정하기가 어렵다. 예를 들어 연구자들은 8~18세의 작업기억능력이 좌/우반구의 전두엽 영역과 뇌량 전측의 수초화 수준에 의해서 예측될 수 있음을 발견하였다(Nagy, Westerberg, & Klingberg, 2004). 전두엽이 작업기억에 중요하다고 알려져 있으므로 전두엽 내부와 좌/우반구 전두엽 사이에 수초화가 더 많이 되어 있으면 발달하는 동안 더 좋은 작업기억 능력을 지니는 데 도움이 될 것이라는 것은 이해가 된다. 그러나 우리는 전두엽이 더 많이 수초화되는 것이 작업기억을 증진시키는 직접적인 원인이 되는지는 알지 못한다. 운동을 더 많이 하면 근육이 커지는 것처럼, 작업기억 능력이 우수하면 더 많이 수초화될 것이라고 생각하는 것도 가능하다. 또는 수초화가 증가되는 것과 우수한 작업기억 중 어느 하나가 다른 것의 원인이 되는 것이 아니라 두 가지 모두 단지 더 발달된 뇌의 특징일 수도 있다. 발달적 변화의 인과 기제를 더 깊게 이해하고 있지는 못하지만 연구자들은 일반적으로 특정한 운동, 인지 및 정서적 능력이 나타나기 전에 특정 신경생물학적 기질(基質, substrate)이 있어야 한다고 가정한다.

■ 청소년기의 뇌 변화

두뇌 발달에 대한 많은 연구들이 초기 아동기에 초점을 맞춰왔지만, 최근 연구들은 아동기에서 성인기로의 전환을 이해하는 것에도 또한 초점을 맞추고 있다. 이런 전환기는 **청소년기**로 알려진 시기이다. 앞 부분에서 이미 일부 두뇌 발달이 청소년기까지 계속된다는 것을 보았다. 예를 들어 수초화와 시냅스 가지치기의 변화는 10대에서도 발생한다(Paus, 2005).

청소년의 뇌에 대한 연구는 10대들의 주요 인지적, 정서적 특성과 연관되어 있을 수 있는 신경 변화에 초점을 맞추는 경향이 있어 왔다. 예를 들어 청소년들은 인지적으로는 발달했다 하더라도 성인들보다 더 위험한 선택을 하는 경향이 있다. 또한 청소년기에는 또래집단에서 잘 적응하는 것이 결정적으로 중요하므로 사회적 능력이 특히 중요하다. 마지막으로, 청소년기는 정서적 소용돌이의 시기이다. 따라서 복잡한 의사결정, 사회적 인지, 정서적 조절 등을 지배하는 뇌 영역의 성숙이 청소년의 마음 발달에 특별한 함의를 가진다.

10대들이 왜 운전 시 과속을 하고, 안전벨트를 착용하지 않고, 위험한 약물을 사용하는지 신경과학이 설명할 수 있을까? 한 가지 설명은 이렇게 위험을 감수하는 행동의 근원이 전전두엽이라는 것이다(Yurgelun-Todd, 2007). 이 견해에 따르면, 청소년들은 하위 두뇌 영역에 하향 통제(top-down control)를 행사하는 전전두피질이 아직도 발달하고 있는 중이기 때문에 위험을 감수해야 하는 행동에 몰두한다는 것이다. 그러나 다른 연구자들이 지적하였듯이(Casey, Getz, & Galvan, 2008), 전전두엽의 성숙만 가지고 모든 행동을 설명할 수는 없다. 전전두피질은 어린 아동보다는 청소년들의 경우 더 성숙하지만 전형적으로 더 위험한 행동을 하는 것은 아동이 아니라 청소년들이다. 이런 사실을 이해하기 위해서 우리는 전전두피질을 그것이 통제하는 하위영역과 연관지어 살펴보아야 한다(Casey et al., 2008; Steinberg, 2008). 예를 들어 청소년기에는 측좌핵(nucleus accumbens)과 같이 변연계에 있는 보상과 관련된 영역들의 활동이 증가한다. 청소년기에 변연계 구조물들이 성숙함에 따라서 그 구조물들은 흥분이 되는 보상을 얻기 위해서 더욱 강력한 유인물을 만들어 낸다. 그러나 같은 시기에 전전두피질은 충분히 성숙하지 않은 상태여서 성인들이 할 수 있는 만큼 변연계를 통제할 수 없다.

이런 모델과 일관되게 최근 한 기능영상연구에서 금전적인 보상을 받기를 기대하는 동안 측좌핵의 활동이 아동과 성인보다 청소년들에서 더 증가하였음이 발견되었다(Galavan et al., 2006). 이때 전전두피질의 안와영역(orbital region)의 활동은 성인보다 아동과 청소년들에서 더 낮게 나타났다. 이 결과들을 종합해보면, 청소년들은 어떤 보상 유인물에 대한 반응으로 아동이나 성인과는 다르게 변연계의 반응은 증가되고 전전두엽의 반응은 상대적으로 낮은 독특한 패턴을 나타낸다. 보상에 대한 변연계의 과장된 반응은 청소년들이 성인과 같은 수준의 논리적 추론 능력을 지니고 있음에도 불구하고 강한 정서적 유인물이 존재할 때는 일상생활에서 왜 위험한 선택을 하는지를 설명해 준다(Steinberg, 2005)

여러 가지 많은 심리적인 고통이 청소년기에 처음으로 나타나거나 악화되기 때문에 연구자들은 또한 청소년의 뇌에 특히 관심이 있다. 예를 들어 청소년기 동안, 우울증의 위험이 처음으로 성인수준으로 증가하고, 우울증에 있어서의 성차가 나타난다(Davey, Yücel, & Allen, 2008; Hyde, Mezulis, & Abraham, 2008). 물질남용(substance abuse)과 정신분열증(조현병)도 또한 청소년기에 처음 발병할 수 있다. 물론 청소년기에는 신체와 사회적 위치가 둘다 극적으로 변화하고 그에 대한 강한 정서적 반응을 일으킬 수 있으므로 왜 심리적 장애가 이 시기에 증가하는지에는 수많은 사회적, 생물학적 이유가 있다. 앞장에서 우리는 정서를 조절하는 데에는 변연계에 대한 전전두영역의 하향통제가 중요하다는 것을 알았다. 청소년기 동안에는 거대한 사회적-정서적 도전을 받지만 이 영역들 간의 연결은 아직 강하지 못하다. 그러므로 이 시기에 정서적 조절 곤란이 나타나더라도 놀라지 말아야 한다. 결국,

청소년 뇌의 독특한 특성을 이해하면 어떤 사회-정서적 문제들이 왜 이 기간에 나타나는지 설명하는 데 도움이 될 것이다.

정서적 충동을 통제하는 것이 청소년기에 생존하는 데 한 중요한 열쇠가 되지만 복잡한 사회적 세계를 이해하는 것도 또한 중요하다. 청소년들은 사회적 지위에 강박적으로 집착하고 사회집단에 소속되려고 한다. 이렇게 하려면 다른 사람이 생각하고 느끼는 것을 이해해야 하기 때문에 인지적으로 어느 정도 발달되어야 한다. 예를 들어 청소년들은 다른 사람의 관점에 대한 질문("소녀가 가장 친한 친구의 파티에 가도록 허락을 받지 못했습니다. 그 소녀는 기분이 어떨까요?")에 어린 아이들보다 빨리 대답한다(Choudhury, Blakemore, & Charman, 2006). 13장에서 논의된 바와 같이 내측 전전두엽, 측두엽과 두정엽이 만나는 영역, 상측두구(superior temporal sulcus) 등의 뇌 영역은 다른 사람들의 생각과 느낌을 이해하는 데 중요하다고 알려져 있다. 이 영역들은 청소년들과 성인들이 (물리적인 인과관계에 관한 추론을 하는 과제와는 달리) 다른 사람의 정신 상태에 관해서 추론을 하는 과제를 수행하는 동안 활성화된다. 그러나 활성화 패턴이 약간 다른데, 청소년들은 내측 전전두영역이 더 강하게 활성화되지만 성인들은 상측두구가 더 강하게 활성화된다(Blakemore, den Ouden, Choudhury, & Frith, 2007). 이런 발견은 성인과 청소년이 다른 사람의 정신 상태에 관해서 결론을 이끌어 내기 위해서 서로 다른 전략을 사용할 것이라는 점을 의미한다. 그러나 이런 다른 전략들이 발달하고 있는 뇌의 회로에 어떻게 자리잡고 있는지에 관해서는 아직 많이 밝혀져 있지 않다.

■ 두뇌 발달에 미치는 환경적 영향

아동의 뇌가 진공상태에서 발달하는 것은 아니다. 오히려 시각, 청각, 후각, 미각 및 촉각 감각으로 가득찬 역동적인 세계 속에서 발달한다. 아동은 성장함에 따라서 세상으로부터 감각적인 경험을 받아들이기만 하는 것이 아니라 능동적으로 세상를 탐색한다. 세상에서의 아동의 경험이 발달하는 뇌에 어떻게 영향을 미치는가? 정상적인 뇌 발달을 위해서는 어떤 종류의 경험이 필요한가? 그리고 어떤 경험이 두뇌 발달의 기본 패턴을 변화시킬 수 있는가? 특정 경험이 아동기에 언제 발생하는가가 중요한가?

연구자들은 발달 중인 신경계에 영향을 미칠 수 있는 두 가지 큰 경험 범주를 구분하였다(Bruer & Greenough, 2001; Greenough, Black, & Wallace, 1987). 첫째는 그 종의 거의 모든 구성원들에게 공통적인 종류의 경험이다. 모든 신생아들은 불빛, 사회적 상호작용 및 어떤 종류의 언어에 노출된다. 단지 극단적인 경우에만 이런 경험이 박탈된다. 그러므로 발달하는 동안 존재하는 이런 경험에 의존하여 진화하게 되며 이런 경험으로부터 온 정보는 정상발달에 본질적으로 필요하지만 유전될 필요는 없다. 대신, 신경계는 환경으로부터 이런 종류의 경험을 '기대하도록' 진화한다. 그런 경험에 반응하는 신경계를 **경험기대체계**(experience-expectant system)라 부른다. 이 체계는 기대한 입력을 받았을 때 정상적으로 발달하지만 기대한 경험을 하지 못하면 심각하게 영향을 받는다. 예를 들어 사람이 언어에 전혀 노출되지 못한 극단적으로 드문 사례들에서 보면 언어체계의 발달이 전반적으로 비정상이 된다(Curtiss, 1977). 이와 비슷하게, 완벽한 사회적 박탈은 비정상적인 사회적 행동을 낳는다(Harlow, Dodsworth, & Harlow, 1965). 시각체계에서 정상적인 양안 거리지각을 가지려면 발달하는 동안 양쪽 눈이 빛에 정상적으로 노출되어야 한다(Horton & hocking, 1997; Wuesel & Hubel, 1963).

또 다른 환경 경험 범주는 사람들에 따라 서로 매우 다른 경험이다. 예를 들어 어떤 아동은 어렸을 때 일찍 음악 훈련을 받고, 또 다른 아동은 어린이 하키클럽에 가입한다. 이 아동들은 다른 수준의 음악 기술과 운동 통제 기술을 발달시킬 것이다. 정상적으로 발달하기 위해서 신경계는 이런 특정한 경험을 필요로 하지는 않는다. 예를 들어 아동기 내내 언어적인 입력을 전혀 받지 못한 아동들과는 달리, 정식 음악 훈련을 받지 않은 사람도 정상적인 신경계를 지닌다. **경험의존체계**(experience-dependent system)는 경험기대체계(experience-expectant system)와는 반대로 사람에 따라서 서로 다르고, 자신들의 개인적이고 독특한 경험에 입각한 체계이다.

경험-의존 효과의 한 예는 풍요로운 환경이 뇌에 미치는 영향이다. 설치류를 대상으로 한 많은 연구들에서 풍요롭거나 자극적인 환경이 뉴런의 수상돌기를 더 많이 만들고, 뉴런당 시냅스의 수를 증가시키도록 뉴런 조직에 영향을 미칠 수 있는 것으로 밝혀졌다(Rosenzweig, Bennett, & Diamond, 1972; Turner & Greeough, 1985). 실험실 쥐에게 풍요로운 환경은 주로 공간적으로 복잡한 생활 영역과 사회적 자극으로 구성된다(● 그림 15.8A). 반면, 통제(가난한) 환경은 동물이 혼자 사는 작고 투명한 플라스틱 우리로 구성된다(● 그림 15.8B). 풍요로운 환경은 발달 초기뿐만 아니라 성인이 되어서까지도 시냅스 연결에 영향을 미치고, 그 변화는 동물이 나중에 풍요로운 환경에서 벗어났을 때에도 어느 정도 유지된다(Briones, Klintsova, & Greenough, 2004).

풍요로운 환경에 따른 신경 변화는 더 많고, 더 다양한 연결을 만들고, 그로 인해 뇌의 계산력이 증가해서 인지적으로 더 어렵고 복잡한 환경을 효과적으로 다룰 수 있게 된다. 복잡한 환경에서 성장한 동물은 지각적 민감성의 측면(Bourgeon, Xerri, & Coq, 2004)과 다양한 미로학습과제를 해결하는 데 있어(Leggio et al., 2005; Williams et al., 2001) 통제집단의 동물보다 더 우수하다. 흥미롭게도 풍요로운 환경에서 성장한 암컷 쥐는 우수한 미로 수행 능력을 새끼쥐에게 물려주는 경향이 있다(Friske & Gammie, 2005). 풍요로운 환경에서 자란 이득이 어미쥐에서 새끼쥐로 어떻게 전달되는지는 분명하지 않지만 한 가능성은 풍요로운 환경에서 성장한 어미쥐가 새끼쥐를 더 잘 돌보고 그것이 새끼들의 학습능력을 증진시켰거나 도움을 주었을 수 있다.

이런 연구들은 성장 환경을 실험적으로 조작할 수 있는 다른 종을 대상으로도 수행되었다. 인간의 경우, 분명히 과학자들은 아동이나 청소년들이 성장하는 전체 환경을 조작할 수 없다. 그러나 일부 연구들은 특정한 훈련 경험이 아동의 인지적 발달과 신경발달에 미치는 영향을 조사하였다. 한 연구(Rueda, Rothbart, McCandliss, Saccamanno, & Posner, 2005)에서 연구자들은 4세와 6세 아동들에게 주의력 훈련을 시켰다. 그 중 한 가지 훈련은 억제적 통제에 대한 것인데 아동은 가능한 한 빨리 모니터 화면에 보이는 양을 마우스로 클릭을 해서 화면 속의 농부가 양을 울타리 안으로 데려가는 것을 도와주어야 하는 과제이며 이때 양이 늑대로 바뀌면 반응을 하지 않아야 한다. 또 다른 훈련은 서로 갈등적인 정보들 간의 불일치를 해결하고 지각적 정보를 기억하는 기술을 발달시키는 것이다. 5일 동안 훈련을 받은 후 아동들은 (훈련받지 않은 아동들과 비교하여) 갈등해결과제를 하는 동안 성인의 결과와 비슷한 ERP 반응을 나타내었다. 또한 훈련받은 아동들은 갈등 해결을 평가하는 행동 측정치에 있어서도 증진을 보였다. 이런 결과들은 매우 특정한 학습 경험이 집행기능의 발달에 어떻게 영향을 미칠 수 있는지에 관한 단서를 제공한다(Diamond, barnett, Thomas, & Munro, 2005).

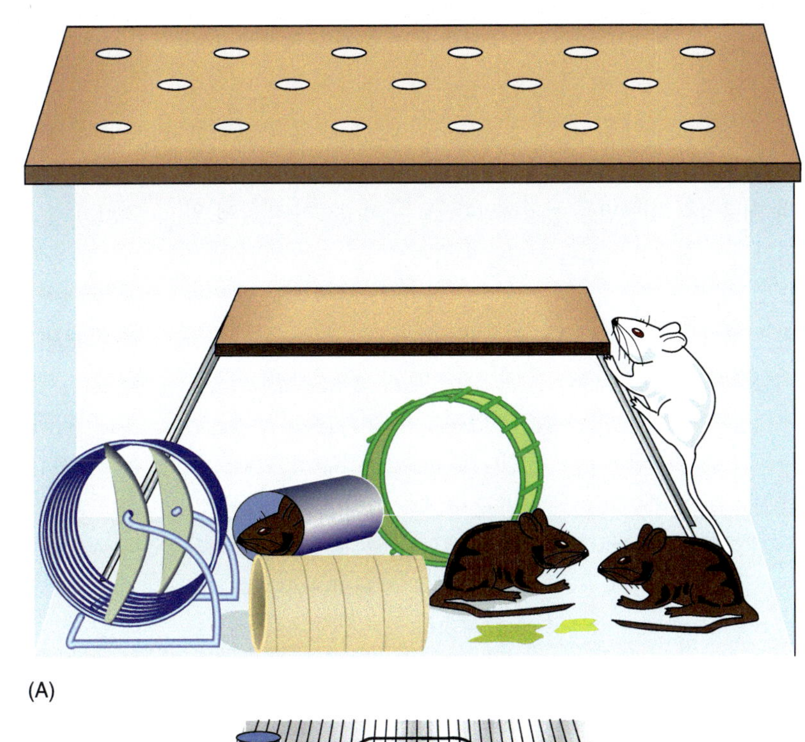

(A)

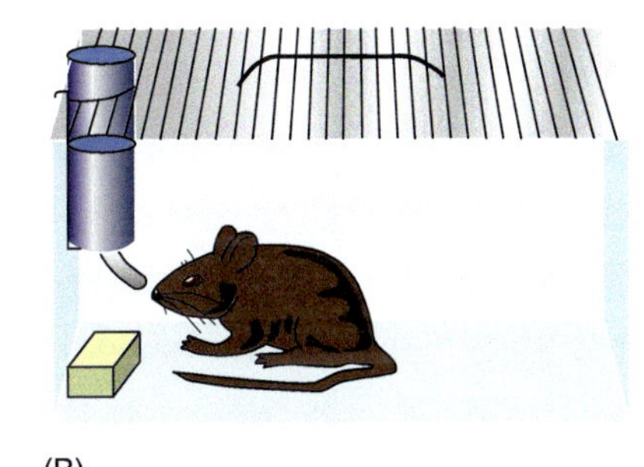

(B)

● **그림 15.8 쥐에게 풍요로운 환경과 가난한 환경.** (A) 복잡한 환경 조건에서, 물건과 장난감들의 공간적 배열이 다양하게 매일 바뀌고, 쥐들은 다른 쥐들과 상호작용할 기회가 있는 넓은 공간에서 매일 시간을 보내도록 허용된다. (B) 반면, 통제조건에서 쥐는 작은 플라스틱 우리에 하루 종일 혼자 있는다. © 2011 Cengage Learning

그러한 훈련 연구들은 아동 경험의 특정 측면에 대한 실험적 조작에 초점을 맞추지만 물론 이런 조작들은 실제 세상에서 서로 다른 아동들이 경험하는 매우 다양한 경험의 단지 아주 작은 부분을 표상하는 것에 불과하다. 뇌 발달에 영향을 미치는 환경적 요인의 역할을 이해하기 위해서 또 다른 접근을 취한 연구자들은 경제적으로 가난한 환경에서 자란 아동과 부유한 환경에서 자란 아동을 비교하였다. 이 연구들은 실제 생활에서 아동들의 경험 차이를 연구한다는 이점이 있지만 그런 경험들이 실험적으로 통제되거나 조작될 수 없다는 단점을 또한 지닌다. 일반적으로 이 연구들에서는 낮은 사회경제적 지위로 평가된 덜 이상적인 환경에서 성장한 아동들이 높은 사회경제적 지위를 지닌 가정에서 성장한 아동들보다 더 낮은 인지수행을 보였음을 발견하였다. 흥미롭게도 수행저하는 내측 측두엽영역에 의존하는 언어 및 기억 부호화와 연관된 과제들과 전두엽에 의존하는 작업기억 및 집행적 통제와 연관된 과제들에서 더욱 분명히 관찰되었다(Farah et al., 2006). 더욱이 이 두 집단은 음운적인(phonological) 과제를 수행하는 동안 좌반구의 언어관련영역을 사용하는 정도에 있어서도 차이가 있었다(Noble, Wolmetz, Ochs, Farah, & McCandliss, 2006). 어떤 특정한 인과적 요인들이 이런 신경적, 인지적 차이를 일으키는지를 결정하기 위해서는 앞으로 연구가 더 필요하다.

많은 연구들이 초기 아동 발달에 있어 환경의 역할에 초점을 맞추고 있으나 또 다른 연구들은 청소년기의 환경적 영향에 초점을 맞추어 왔다. 한 연구에서 연구자들은 대학 입학 첫해 가을학기와 그로부터 약 6개월 후, 두 시점에서 대학생들의 해부학적 뇌단면을 촬영하였다. 모든 학생들이 대학에 입학하면서 집에서 최소한 100마일 떨어진 곳으로 이사를 왔으므로, 대학 환경은 지리적, 사회적, 학문적으로 유의하게 변화된 환경이라 말할 수 있다. 연구자들은 6개월 후에 대상회, 기저신경절, 뇌섬(insular) 등 피질과 피질하 영역의 MR 신호가 뚜렷하게 증가하였음을 발견하였는데 이 변화는 그 영역들의 수초화 변화를 반영하는 것 같다(Bennett & Baird, 2006). 6개월 동안의 비슷한 변화는 평균 나이가 25세인 좀 더 나이가 든 대학원생들에게서는 발견되지 않았다. 이 연구에는 집에서 멀리 떨어진 대학으로 가지 않은 19세 통제집단이 포함되어 있지 않기 때문에 대학입학 후 첫해의 이런 변화들이 단순히 19세의 전형적인 발달적 궤적을 나타내는 것일 가능성을 배제할 수 없다. 그럼에도 불구하고 이런 결과는 10대 후반까지도 뇌 발달에 환경의 영향이 클 수 있다는 가능성을 시사한다.

경험-기대와 경험-의존 신경계 모두에 있어서 환경적 경험의 영향은 경험이 입력이 되는 시점에 달려 있다. 특정 환경의 효과가 일생에 걸쳐서 유기체에 영향을 미칠 수도 있지만, 또 다른 경우에 있어 유기체는 **민감기**(sensitive period)라고 알려진 특정한 발달 기간 동안에만 특정 외부 자극에 특별히 민감하다. 민감기 동안 뇌는 환경으로부터 정보를 통합하고 그 정보를 '고정하도록(lock in)' 허용한다.

발달에 있어서 민감기의 몇 가지 예를 시각 체계에서 볼 수 있다. 예를 들어 일부 아동들은 백내장을 가지고 태어나는데 백내장은 눈의 렌즈가 투명하지 않아서 눈으로 빛이 들어오지 못하게 막는다. 연구는 그런 백내장을 즉시 제거하는 것이 시각이 정상적으로 발달하는 데에 결정적이라는 것을 보여주었다. 백내장으로 인해서 초기 몇 개월 동안 시각적 박탈이 있으면 정상적인 얼굴지각 기술을 발달시키는 능력이 손상될 수 있다(Le Grand, Mondloch, Maurer, & Brent, 2001, 2004). 7~9세경 이후에 백내장이 발병하면 그 나이 전에 백내장을 앓는 것만큼 시력에 해롭지 않은데 이런 사실은 생후 첫 7년 동안의 정상적인 시각적 입력이 성인 수준의 시력을 발달시키는 데 중요하다는 것을 지적한다(Maurer & Lewis, 2001). 다른 종들을 대상으로 한 연구에서도 초기의 시각적 박탈이 시각 기능에 유의한 결과를 가져 온다는 일관된 결과가 발견되었다. 예를 들어 고양이나 원숭이를 발달 초기에 한쪽 눈을 뜨지 못하도록 봉합을 하면 일차시각피질에 있는 세포의 반응에 영향을 미친다(Horton & Hocking, 1997; Wiesel & Hubel, 1963). 동물 모델을 사용한 연구는 시각 발달의 민감기를 '열고 닫는데' 영향을 미치는 특정 분자 신호들을 발견하였는데, 그것은 발달 중인 시각피질의 가소성을 증진시키는 신경성장인자(neurotrophin)와 축색의 성장을 억제해서 성인의 시각피질의 가소성을 감소시키는 당단백질(glycoprotein)이다(Berardi, Pizzorusso, Ratto, & Maffei, 2003).

시각 기능의 발달뿐만 아니라 다른 인지와 정서적 기능의 발달에도 민감기가 있다. 예를 들어 어린 시절을 고아원에서 보낸 아동들이 같은 나이를 기관에서 보내지 않은 아동들에 비해서 얼굴에 대한 전형적인 N_{170} ERP 반응(7장 참조)이 약화된다(Parker & Nelson, 2005; Parker, Nelson, & Bucharest Early Intervention Project Core Group, 2007). 이 결과는 특정한 종류의 사회적인 입력이 생애 초기에 정상적인 얼굴지각 처리과정을 발달시키는 데 중요하다는 것을 시사한다. 그러나 후기의 비슷한 사회적 박탈이 같은 효과를 가져올지에 대해서는 아직 알려지지 않았다. 현재 연구자들은 고아원보다 가정 위탁 시설로 옮기는 것과 같은 개입이 이러한 인지적 결함을 얼마나 극복하게 할 수 있는지 연구하고 있다(Nelson, Zeanah, Fox, Marshall, Smyke, & Guthrie, 2007).

언어기능의 발달에도 또한 입력에 최대로 민감한 기간이 있는 것으로 보이며 이는 고등인지기능도 특정한 시기의 입력에 의존하다는 것을 보여준다. 예를 들어 제2외국어 습득에 관한 연구는 언어발달에 있어 민감한 시기가 있음을 지지한다. 5~7세 이전에 제2외국어를 습득한다면 그 사람의 능력은 그 언어가 모국어인 사람의 능력과 동등할 것이다(● 그림 15.9). 7살 이후로 그 언어에 노출되지 않고 1년씩 지날 때마다 그 언어의 문법적인 구성을 이해하는 능력이 점점 더 감소한다(Johnson & Newport, 1989; Gleitman & Newport, 2002; Newport, Bavelier, & Neville, 2001). 이런 결과는 높은 수준의 제2외국어 문법 능력을 획득하는 것은 생물학적인 요인에 의해서 제한된다는 것을 시사한다[대안적인 설명을 위해서는 Flege, Yeni-Komshian, & Liu (1999)와 MacDonald (2006)를 참고]. 그러나 현재까지는 어떤 특정한 생물학적 기제가 언어습득 민감기를 닫게 하는지 알려지지 않았다.

요약하면, 뇌와 행동의 발달은 20년 이상의 기간에 걸친 경이롭도록 복잡한 과정이다. 뇌의 발달 과정은 세포 증식과 이동, 시냅스 생성, 시냅스 가지치기 및 수초화를 포함하며 이 모든 것은 각각 서로 다른 시간표에 의해서, 여러 뇌 영역에서 다른 속도로 발생한다. 세포 이동과 같은 일부 과정들은 환경적 입력과는 비교적 독립적으로 진행되는 것으로 보이는 반면 시냅스 생성 및 시냅스 가지치기와 같은 다른 과정들은 아동이 접하는 특정한 환경에 매우 민감하게 보인다. 인지적으로 발달된 성인이 되기 위해서 성숙 과정은 보편적인 경험과 특정한 발달 시기의 고유한 경험, 두 가지와 함께 결합된다.

발달장애

정신지체, 난독증, 자폐증, 주의력 결핍장애 등은 전형적으로 아동기에 처음 발현되고 정상적인 발달경로에서 벗어나기 때문에 **발달장애**라 부른다. 이런 발달장애의 원인이 무엇이고, 발달 중 어떻게 나타나게 되는지에 대해서는 아직도 많은 것들이 알려져 있지 않다. 여기에서는 몇 가지 주요 발달장애가 현재 어떻게 이해되고 있는지 살펴보겠다.

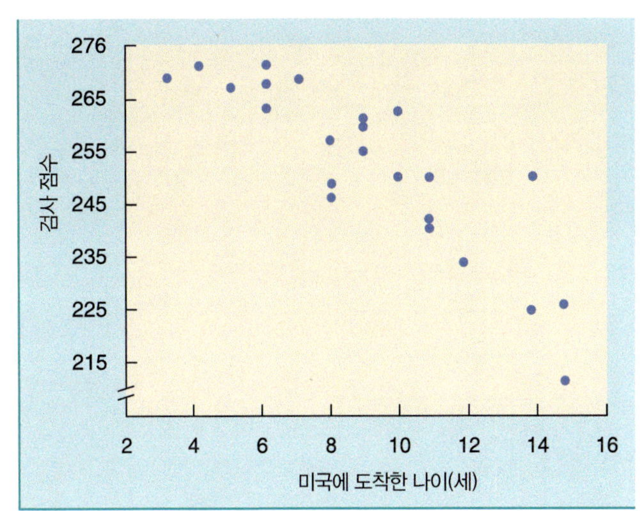

● **그림 15.9 제2외국어의 문법 습득 민감기(sensitive period).** 3~15세 사이에 미국에 도착한 사람들의 도착 나이와 문법 능력간의 관계. 5세 이후로는 매해 문법 습득 능력이 감소한다. © 2011 Cengage Learning

■ 정신지체

아동이 정상적인 속도와 방식으로 대부분의 인지 영역에서 지적인 능력을 습득하지 못하고 스스로를 관리하는 적응기능에 어려움이 있을 때 이 장애를 **정신지체**(mental retardation)라고 부른다. 정신지체는 특정한 국소적 손상 때문이 아니라 발달하는 두뇌 체계에 전반적인 영향을 미치는 요인들에 의해서 발생한다.

정신지체는 심각도에 따라서 보통 네 가지 범주로 나뉜다. 이 분류체계와 각 범주에 속하는 사람들의 특징이 표 15.2에 제시되어 있다. 유전장애, 감염, 독소, 산소결핍 등의 수많은 요인들이 정신지체의 원인이 된다. 이 장의 앞에서 배웠듯이 발달 중인 뇌는 가소성이 있고, 성인의 뇌보다 환경에 의해서 더 많이 영향을 받을 수 있다. 이 가소성 덕분에 뇌가 자신을 환경에 잘 맞도록 미세 조정을 할 수 있지만, 가소성 때문에 뇌는 또한 부정적인 영향에도 더 취약하다.

유전적 장애

많은 유전적 장애가 정신지체를 일으킬 수 있다(Voeller, 2006). 여기에서는 정신발달에 전반적인 영향을 미치는 두 가지 유전적 조건인 다운증후군과 유약 X 증후군을 살펴보겠다.

다운증후군(Down syndrome)은 전체 인구 중 하위 2%에 해당하는 심한 정신지체를 지닌다. 이 증후군은 1,000명당 1명 정도 발생하고, 21번째 염색체가 두 개의 염색체로 구성되지 않고 세 개의 염색체를 보유하는 21번 삼염색체성(*tri*somy 21)이 원인이다(● 그림 15.10). 다운증후군은 신체와 얼굴에 특징적인 형태를 나타내고(● 그림 15.11A) 그런 특징들은 초기 진단에 도움을 준다. 다운증후군 환자는 시공간적 과제와 사회적 과제에서는 기능을 잘 하지만 언어와

표 15.2 심각도에 따른 정신지체의 네 등급

지체의 정도	IQ 수준	백분율*	전형적인 특징
경도	50~55에서 70	85	취학 전에는 정상적으로 발달하지만, 6학년 이상의 학업 능력을 획득하지 못함 성인이 되면 보통은 자기 스스로 살아갈 수 있고, 지역사회와 사회적 지지가 있으면 독립적으로 살 수 있음
중등도	35~40에서 50~55	10	초기 아동기에 의사소통 기술을 획득할 수 있음 성인이 되면 (그룹홈과 같은) 생활과 직업에 대한 감독이 필요하지만 그런 환경에서는 스스로를 돌볼 수 있음
중도	20~25에서 35~40	3~4	기본적인 자기관리와 언어 기술을 배울 수 있음 성인이 되면, 생활과 직업에 대한 감독과 도움이 필요하지만 세밀하게 감독을 받으면서 단순한 과제를 수행할 수 있음
최중도	< 20~25	1~2	아동기에 감각운동기능의 장애를 지님. 보통은 지체를 설명하는 확인된 신경학적 장애를 지니고 있음 개인 간병인이 항상 감독하는 고도로 구조화된 환경을 필요로 함

*이 범주에 속한 모든 정신지체 아동의 백분율임

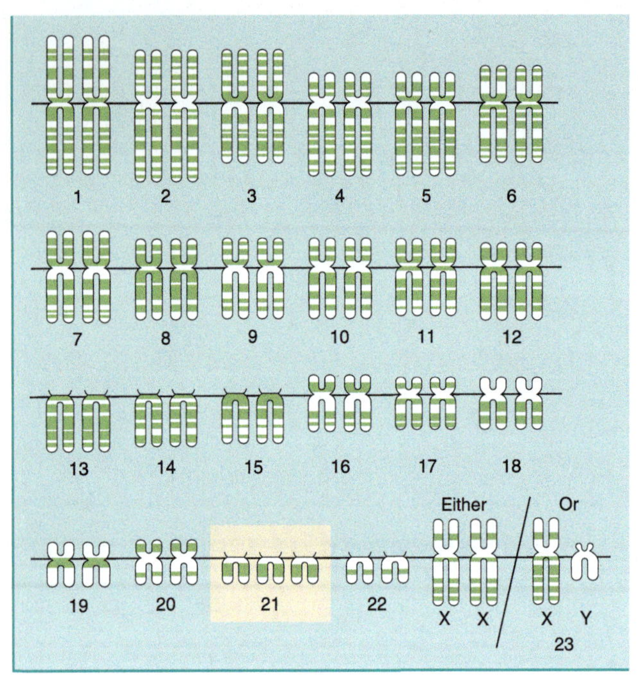

● 그림 15.10 **21번째 염색체의 삼염색체성의 유전은 다운증후군을 낳는다.** 다른 모든 염색체는 어머니에게서 온 1개의 염색체와 아버지에게서 온 1개의 염색체로 쌍을 이루어 유전됨을 주목하라. © 2010 Cengage Learning

언어적 기억에 결함을 나타낸다. 다운증후군은 출생 후 수상돌기의 발달이 비정상적인 것이 특징인데 다운증후군 성인 환자는 같은 나이의 정상 성인에 비해서 수상돌기 가지와 돌기의 밀도가 감소되어 있다(Benavides-Piccione et al., 2004). 많은 환자들이 30대나 40대가 되면 알츠하이머병과 유사한 증상들을 나타내는데(16장 참조) 사후에 뇌를 부검하면 알츠하이머병에 특징적인 매듭(tangle)과 판(plaque)이 관찰된다(Karlinsky, 1986; Oliver & Holland, 1986).

또 다른 유전되는 정신지체는 **유약 X 증후군**(fragile X syndrome)이다. 이 증후군은 남자 어린이 1,500명 중 한 명, 여자 어린이 2,500명 중 한 명꼴로 발생한다(Koukoui & Chaudhuri, 2007). 이 증후군은 '취약한' 부분이 있는 X 염색체가 유전된다. 염색체의 이 부분에서 유전적 물질의 정상적인 반복 배열이 마치 유전적인 말더듬이(genetic stutter)처럼 비정상적으로 많이 발생한다(Ross, McInnis, & Margolis, & Li, 1993). 그 결과 FMRP라 불리는 단백질이 정상 수준보다 적게 생산된다. 사후검시를 시행한 연구에 따르면 유약 X 증후군을 지닌 사람은 수상돌기의 가시(spine)가 지나치게 많고 미성숙한 모양인 것으로 나타났다. 따라서 현재 연구는 수상돌기의 발달에 있어 FMRP 단백질의 역할을 이해하는 데 초점을 맞추고 있다(Koukoui & Chaudhuri, 2007; Pfeiffer & Huber, 2009).

유약 X 증후군의 지체 수준은 남자 아동들에서는 심한 수

(A)

(B)

● 그림 15.11 **정신지체의 유전적 원인과 연합된 신체적 특징들.** (A) 다운증후군인 사람들은 유아기에 비교적 쉽게 탐지되는 이런 유형의 지체를 만드는 확실한 신체적 특징을 전형적으로 지닌다. 이들은 위 눈꺼풀(upper eyelid)이 눈의 한쪽 끝에서 아래 눈꺼풀(bottom eyelid)을 덮고, 얼굴이 비교적 납작하다. (B) 유약 X 증후군의 신체적 특징들은 훨씬 덜 분명하다. 여기 이 증후군을 지닌 청소년에서 보이듯이 긴 얼굴, 튀어나온 이마와 큰 귀가 특징이다. 그러나 이 특징들은 진단을 분명히 할 수 있을 정도로 정상 범주를 벗어나지는 않는다.

준에서 경계선 수준까지, 여자 아동들에서는 경한 수준에서 경계선 수준까지 다양하다(Warren & Nelson, 1994). 다운증후군과는 달리, 시공간적인 장애가 언어적 장애보다 다소 더 심하다. 흥미롭게도, 일부 증거들은 시각처리과정 내에서 대세포신경로(magnocellular pathway; 특히 거친 패턴과 움직임에 관여되는 경로)에 특히 문제가 있다는 것을 보여주었다(Koukoui & Chaudhuri, 2007). 다운증후군보다는 훨씬 덜 분명하지만, 유약 X 증후군을 지닌 사람들도 흔히 신체적으로 특징적인 외모를 지닌다. 유약 X 증후군은 길고 좁은 얼굴, 길고 튀어 나온 턱, 큰 귀 등의 특징을 보인다(● 그림 15.11B)(Cianchetti et al., 1991). 유약 X 증후군을 지닌 아동은 흔히 그들이 또래보다 발달이 뒤쳐지기 시작하는 후기 아동기가 되어서야 진단된다.

Copyright © David Young-Wolff/Photo Edit

● **그림 15.12 태아알코올증후군의 신체적 얼굴 특징.** 작은 눈, 짧고 위로 들린 코, 코와 윗입술 사이가 홈(인중)이 없이 매끈한 피부 등이다. © 2009 Cengage Learning

감염과 독소

혈액과 영양소가 어머니에게서 태아로 흘러가는 태반을 통해서 발달하는 태아는 많은 다른 물질에 노출된다. 태반을 통해서 전달되는 것들의 대부분은 발달하는 태아에게 도움이 되고 필수적인 물질이지만 일부 물질은 해가 될 수도 있다. 해가 되는 물질로는 어머니에 의해서 섭취된 독성물질뿐만 아니라 감염성 유기체 등이 있다.

태아에게 잠재적으로 해를 끼칠 수 있는 감염은 전체 신생아의 2%에서 발생하는데 톡소포자충증(toxoplasmosis), 풍진, 거대세포바이러스(cytomegalovirus) 및 단순포진 등이 있다. 이것들 중 가장 잘 알려진 것이 풍진(rubella 또는 German measles)이다. 임신 첫 달에 엄마가 풍진에 걸리면 영아가 정신지체가 될 확률은 50%이다(Brosco, Mattingly, & Sanders, 2006). 다행히도 세계적으로 아동들에게 풍진 예방주사프로그램을 실시하는 지역에서는 풍진으로 인한 정신지체가 크게 감소하였다.

어머니에 의해서 섭취된 일부 물질들은 발달 중인 태아에게 독이 되고 정신지체를 일으킬 수 있다. 예를 들어 임신 중 어머니가 장기간 알코올 남용을 하면 **태아알코올증후군**(fetal alcohol syndrome, FAS)이 생기는데 이는 완전하게 예방될 수 있음에도 불구하고 정신지체의 한 주요 원인이 되고 있으며 신생아 1,000명당 1명꼴로 발생한다. FAS는 과잉행동, 주의 폭(attention span) 저하, 사회적 · 정서적 곤란, 학습과 기억 곤란 및 집행기능의 장애를 일으킨다. 일반적으로 말해서, FAS 아동은 더욱 복잡하고 어려운 과제를 수행할 때 더 큰 인지장애를 보인다(Kodituwakku, 2007). FAS를 지닌 사람은 또한 ● 그림 15.12에서 볼 수 있듯이 신체적 성장이 느리고 얼굴과 두개(cranium)의 비정상을 나타낸다(Manning & Hoyme, 2007). 이 증후군은 기저신경절, 뇌량, 소뇌 및 해마 등 뇌조직의 변화와 연관된다. 가능성이 있는 산모에게 절주를 권고할 수 있도록 임신기간 동안 어느 정도의 알코올 섭취가 FAS 증상을 일으키게 되는지에 대해서는 아직 잘 알려져 있지 않다.

발달 중인 신경계에 미치는 알코올의 효과가 가장 광범위하게 연구되어 왔지만, 다른 물질들의 영향에 대해서도 연구가 수행되어 왔다. 예를 들어 태어나기 전에 코카인에 노출되면 발달하는 신경전달물질 체계가 영향을 받고 그 결과 주의력(attention)에 기여하는 두뇌 구조들에도 영향을 미치는 것으로 생각된다(Stanwood & Levitt, 2001). 약물 사용과 동시에 발생하는 다른 요인들(예, 부족한 영양과 잘못된 산전관리)도 정신지체에 영향을 미칠 수 있으므로 산모의 약물 사용이 발달하는 태아의 정신적 상태에 어떤 특정적인 효과를 미치는지를 확실히 밝히기 어려운 경우가 종종 있다.

무산소증

뇌는 모든 기관 중에서 신진대사적인 요구가 가장 많다. 포도당을 에너지로 전환하는 데 산소가 결정적으로 중요하기 때문에 3분 정도의 짧은 시간 동안만 산소가 결핍(무산소증)되어도 뇌사가 일어나기에 충분하다. 산소는 발달하고 있는 신경계에는 더욱 더 중요한데, 발달 중인 신경계의 신진대사 요구량은 성인의 신경계가 요구하는 양을 능가하기 때문이다. **무산소증**(anoxia)은 일정 기간 동안 산소가 완벽하게 박탈되는 것을 의미하고, **저산소증**(hypoxia)은 산소 가용성이 감소되었음을 뜻한다.

산소 박탈은 발달하는 동안에 다양한 방식으로 발생할 수 있다. 태반이 덜 발달하거나 손상되면 또는 산모가 적절한 수준의 산소를 얻지 못하면 아기는 출생 전에 산소 저하를 경험할 수 있다. 출산 시, 태반이 손상되거나 탯줄이 얽히면 영아에게 가는 산소 공급이 저하될 수 있다. 매우 일찍 조산으로 태어난 영아들은 폐가 혼자서 숨쉬기에 충분하도록 발달되지 않았기 때문에 출생 후 무산소증의 위험에 처한다. 아주 어릴 때 무산소증이 있었던 아동들은 나중에 정신지체와 뇌성마비(cerebral palsy)가 생길 위험이 증가한다(Lipper, Voorhies, Ross, Vannucci, & Auld, 1986). **뇌성마비**는 운동 통제에 중요한 신경조직이 비진행적으로 손상되어서 발생한 많은 운동장애들을 포괄하는 용어이다(Krigger, 2006; Reddihough & Collins, 2003).

그러나 생애 초기의 무산소증이 반드시 정신지체를 일으키는 것은 아니며 모든 뇌성마비 아동이 정신지체는 아니다. 선천성 심장질환을 지닌 아동들은 뇌로 가는 산소공급을 증가시키는 치료를 받으면 상당한 호전을 보일 수 있다(O'Dougherty, Wright, Loewenson, & Torres, 1985). 중등도의 무산소증 환자들은 기억력, 지각-운동 기술 및 전두엽기능 검사에서 결함을 보이는 반면, 단지 경한 수준의 무산소증 환자들은 그러한 장애를 나타내지 않는다(Maneru, Junque, Botet, Tallada, & Guardia, 2001).

■ 난독증

정신지체는 여러 영역에 걸쳐서 기능이 손상되지만 다른 발달장애들은 단지 한 특정 영역에서만 인지기술을 습득하는데 어려움이 있다. 단지 한 영역만 영향을 받을 때, 그런 조건을 **학습장애**(learning disability)라 부른다. **난독증**(dyslexia)은 때로는 **특정 읽기장애**(specific reading disability)라고 불리기도 하는데 적절한 기회, 훈련 및 지능 수준에도 불구하고, 나이 수준에 적절한 읽기를 학습하지 못하는 특정한 장애이다. 다른 특정 학습장애도 있는데 예를 들어 **비언어적 학습장애**(nonverbal learning disability)를 지닌 아동은 비언어적인 정보를 처리하는데 특정적인 장애를 지닌다. 이 장애에 관해서는 알려진 내용이 훨씬 적으므로 여기에서는 자세히 다루지 않겠다[개관을 위해서는 Forrest(2004) 참조].

읽기에 필요한 인지적 요구를 지탱할 만큼 지능수준이 적절하고, 나이와 학년에 적절한 인지기능을 수행할 수 있으며, 글자에 노출되었고, 읽기에 대한 교육을 받았음에도 불구하고 읽기장애를 지닌 아동들을 난독증이 있다고 한다. 예를 들어 특정 읽기장애가 있는 8세 아동은 읽지는 못하지만, 간단한 곱셈과 같은 그 나이에 적절한 산수 문제를 풀 수 있다. 그러나 지식은 흔히 글로 쓰여진 자료를 통해서 전달되므로 이 아동은 나이가 들면서 다른 과목에서도 지식 습득을 잘 할 수 없게 된다. 간단히 말해서, 전통적인 학교 교육에서 읽기는 다른 모든 영역의 지식 습득에 기초하는 본질적인 기술이다.

난독증은 매우 흔한 발달장애 중 하나로서 미국에서는 학령기 아동의 약 5~15% 정도가 이에 해당하고(Shaywitz & Shaywitz, 2003) 여아보다 남아에서 유병률이 더 높다(Rutter et al, 2004). 난독증을 지닌 사람의 수는 뇌성마비, 뇌전증 또는 심각한 정신지체인 사람들을 모두 합친 수보다도 많다.

난독증의 주요 징후가 글자를 거꾸로 쓰는 것이라고 많은 사람들이 잘못 생각하고 있으나, 난독증의 일반적인 특징은 음운적인 이해에 결함이 있는 것이다(Ramus, 2004). 음운처리(phonological process)는 특정한 글자와 특정한 소리를 연결하고, 단어를 그것을 구성하는 음소들로 나누는 **해독**(decoding) 과정을 포함한다. 예를 들어 'chart'라는 단어를 해독하기 위해서는 단어를 따로따로 떨어진 각각의 소리 단위(*ch, ar, t*)로 나눌 수 있고, 이 소리 단위들이 시각적으로 어떻게 표상되는지를 알 수 있어야 한다. 이와는 대조적으로 난독증을 지닌 사람들은 단어를 음소로 쪼개지 않고 전체-단어 경로(whole-word route)를 사용하여 읽기를 배운다(읽기의 다른 회로에 대한 논의는 9장 참조). 단어에서 소리를 구분해 내는 전략을 사용하지 않고 시각적 형태에 의존하므로 난독증을 지닌 사람들은 *house*를 'hose'로 잘못 읽는 등의 특이한 실수를 한다.

연구자들은 난독증 환자들의 **음운인식**(phonological awareness)이 파괴되었다는 점에는 대체로 동의하지만 정확히 왜 파괴되었는지에 대해서는 아직 연구 중이다. 결함이 음운인식 자체에 있을 수도 있으나 한 대안적인 가능성은 음운인식을 습득하는 데 필수불가결한 지각기제들에 결함이 있다는 것이다. 이런 생각에 따르면(Tallal at el., 1996) 난독증을 지닌 사람들은 청각 정보를 미세하게 시간적으로 분석하는데 결함이 있어서 음소들을 구별하는 것(9장 참조)과 같은 중요한 청각적 변수들을 처리하지 못할 것이라는 것이다. 실제로, 읽기장애를 지닌 사람들은 특히 연속해서 제시된 소리의 순서를 구분하는 것과 같은 청각적 처리의 특정 측면에 어려움을 가지고 있다는 것을 시사하는 증거가 있다(Wright, Bowen, & Zecker, 2000). 읽기는 소리와 시각적 상징을 연결하는 것을 요구하므로 아직 다른 연구자들은 시각적 처리가 읽기 문제에 어떤 역할을 하는가를 연구하고 있다(Sperling, Lu, Manis, & Seidenberg, 2005; Stein, Talcott, & Walsh, 2000). 읽기장애는 한 가지 이상의 원인을 가질 수 있으며 이는 난독증에 대한 이런 설명들이 상호 배타적이지 않다는 것

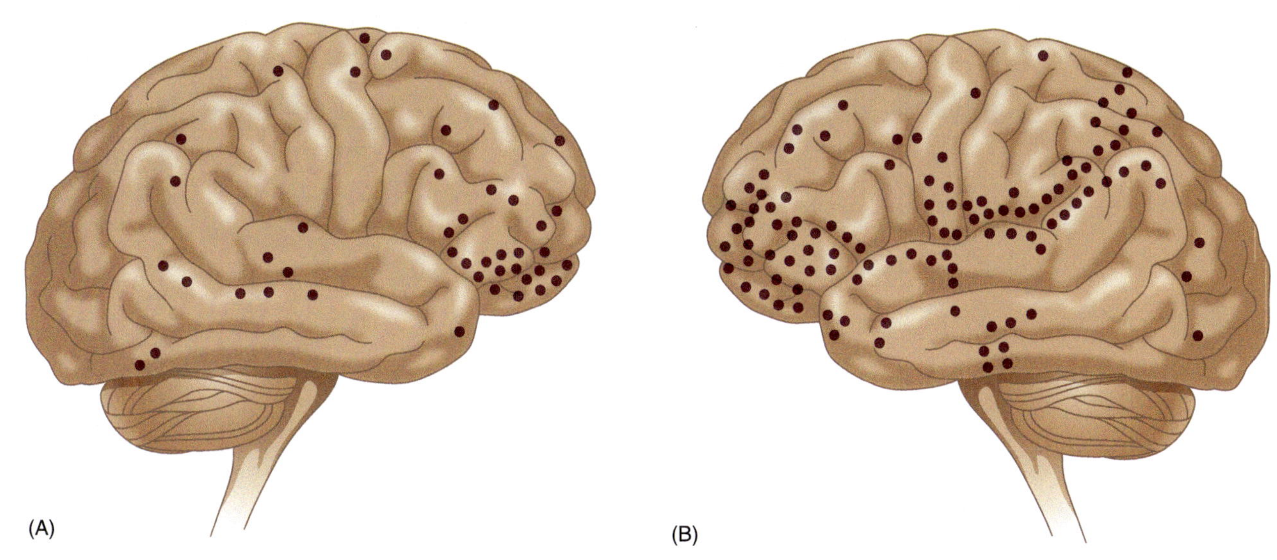

● **그림 15.13 난독증으로 진단받은 남성들의 뇌에서 발달적 이상이 발견된 위치.** 여기 보이는 보라색 동그라미들은 사후부검에서 우반구(A)와 좌반구(B)의 두뇌 구조이상이 발견된 위치를 나타낸다. 우반구보다는 좌반구에서 이상 부위가 더 많이 보인다. 이런 비정상성은 실비안열 주변 영역과 전두엽 영역에서 발생하는 경향이 있다. © 2011 Cengage Learning

을 의미한다.

1920년대 후반부터 연구자들은 난독증을 지닌 사람들에게서 관찰되는 읽기 문제가 잘못된 신경 배선(neural miswiring)에 의한 결과인지 연구하여 왔다(Orton, 1937). 난독증 환자의 뇌를 사후부검한 결과, 좌반구 실비안 열(Sylvian fissure) 주변의 언어관련영역뿐만 아니라 좌반구 전두엽의 다른 영역들에서도 해부학적 이상이 발견되었다(Galaburda, Sherman, Rosen, Aboitiz, & Geschwind, 1985; Humphreys, Kaufmann, & Galaburda, 1990)(● 그림 15.13). 이 영역들에서 연구자들은 세포들이 피질의 잘못된 층으로 이동한 것처럼 보이는 영역인 **전위**(ectopia)를 발견하였다. 전위의 예가 ● 그림 15.14에 예시되어 있다. 최근 연구에서 난독증과 연관된 유전자가 여러 개 발견되었는데 대부분의 경우 그 유전자들은 뉴런의 이동과 축색 성장에 영향을 미치는 것처럼 보인다(Galaburda, LoTurco, Ramus, Fitch, & Rosen, 2006). 그러므로 한 가능성은 유전적 요인들 때문에 대뇌피질의 특정 영역에서의 세포 이동이 교란되어 난독증이 일어난다는 것이다. 그러나 이러한 비정상적인 세포 이동이 왜 실비안열 주변 영역으로 제한되는지, 그리고 난독증의 핵심인 것처럼 보이는 인지기능인 음운 인식에 이러한 세포 이동이 어떤 기여를 하고 있는지에 관해서는 알려져 있지 않다. 기능적 영상연구들도 또한 좌반구 실비안열 주변 영역이 난독증과 연관이 있음을 보여주었다. ● 그림 15.15에 요약되어 있는 많은 연구들은 언어처리과제를 수행하는 동안 난독증을 지닌 사람들의 경우 좌반구 실비안 열 주변 영역들, 특히 두정엽, 측두엽 및 후두엽이 만나는 부분이 통제집단보다 덜 활성화를 되는 경향이 있음을 발견하였다(Temple, 2002).

이 연구들은 난독증과 관련하여 특정 뇌 영역들에 주목하였으나 다른 연구들은 영역 간의 연결을 관련시켰다. 이런 입장의 한 주장은 대뇌반구들 간의 역기능적인 상호작용이 난독

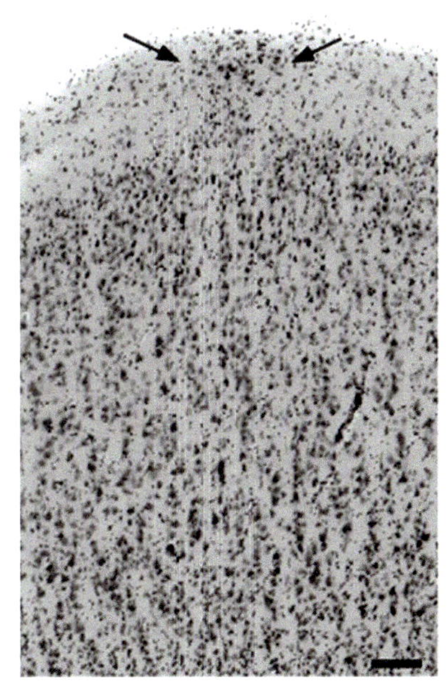

● **그림 15.14 난독증인 사람에서 발견된 피질 제1층의 변위(ectopia, 또는 비정상적인 세포 이동)** 비정상적인 세포 이동 지역이 두 화살표 사이에 보인다. 출처: Adapted by permission from Macmillan Publishers, Ltd. Fig. 2 from Galaburda, A. M., et al. (2006). From genes to behavior in developmental dyslexia. Nature Neuroscience, 9, 1213–1217. Adapted by permission from Macmillan Publishers, Ltd.

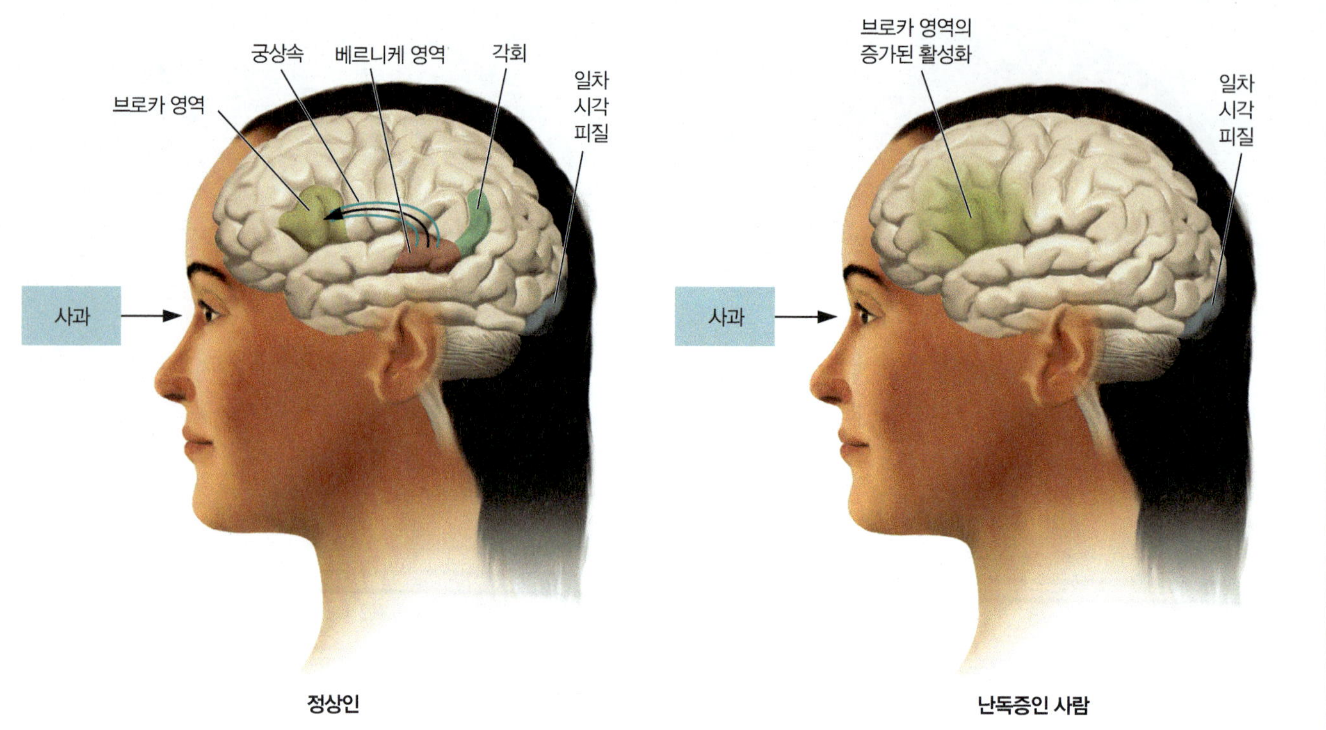

● **그림 15.15 난독증인 사람들이 정상인과 다른 뇌 활동을 보인 영역들.** 난독증인 사람들은 읽기과제를 수행하는 동안 정상인들에 비해서 베르니케 영역과 각회(angular gyrus)는 덜 활성화되고 브로카 영역은 더욱 활성화되는 경향이 있다. © 2010 Cengage Learning

증의 원인이라는 것이다. 읽기 학습은 글자의 시각적 형태에 대한 정보(우반구 기능)가 뇌량을 통해서 그 글자의 음성적 표상(좌반구 기능)과 연결이 되는 것이 필요하다. 실제로 몇몇 연구들에서 읽기 능력과 뇌량의 크기나 모양 간의 상관관계가 보고되었으나(Fine, Semrud-Clikeman, Keith, Stapleton, & Hynd, 2007; Hynd et al., 1995; Robichon & Habib, 1998; von Plessen et al., 2002) 다른 연구들은 난독증 환자가 반구 간 정보전달의 두 가지 측면, 즉 정보가 반구들 사이에서 얼마나 잘 전달되고(Gladstone, Best, & Davidson, 1989; Henderson, Barca, & Ellis, 2007) 정보가 얼마나 빨리 전달되는지(Markee, Brown, Moore, & Theberge, 1996)에 있어 모두 손상되었음을 보고하였다.

이런 입장의 또 다른 주장은 난독증은 좌우반구 간의 단절보다는 좌반구내의 영역들 간의 단절이 원인이라는 것이다. 이러한 견해와 일치하게도, 난독증 환자들은 운율과제(rhyming task)를 하는 동안 측두두정엽과 전두엽 영역이 함께 활성화되지 않으며, 그들은 신경학적으로 정상인 사람들보다 좌측 전두엽과 측두두정엽 사이를 연결하는 축색이 덜 수초화되어 있다(Klingberg et al., 2000; Banich & Scalf, 2003).

난독증에 대한 내용을 마치기 전에, 읽기장애는 뇌와 문화가 만나는 영역이라는 점을 지적하고 싶다. 음운인식에 어려움이 있는 아동은 글자와 소리 간에 분명한 1 대 1 대응이 되지 않는 영어와 같은 언어에 특히 문제를 느낀다(예를 들어 영어에서 'f'와 'ph'는 같은 소리로 발음한다). 이런 어려움은 소리와 상징(글자)이 규칙적이고 일관적으로 대응이 되는 이탈리아어 같은 언어에서는 약간 감소된다(Ziegler & Goswami, 2005). 흥미롭게도, 최근의 한 연구에서 각각 이탈리아어, 불어 또는 영어를 읽은 난독증 환자들이 언어에 관계없이 좌반구 후두측두영역의 활성화가 감소되는 비슷한 신경활성화 패턴을 나타냄을 발견했다(Paulesu et al., 2001). 이런 발견은 난독증을 지닌 사람들이 불어나 영어 같은 언어보다 이탈리아어 같은 언어에 대해서 읽기장애를 덜 나타낸다 하더라도 읽기를 지탱하는 신경 기질(substrate)은 비슷한 방식으로 변화된다는 것을 가리킨다.

■ 자폐증과 전반적 발달장애

(**자폐증**을 포함한) **전반적 발달장애**(pervasive developmental disorders)의 4가지 기본 특징은 다음과 같다: 사회적 상호작용의 질적인 손상, 언어뿐만 아니라 다른 측면의 의사소통에 있어서의 지연과 비정상성, 제한되고 반복적이고 정형화된(stereotyped) 행동과 관심 및 활동 패턴, 그리고 3세 이전에 위의 세 가지 중 하나 이상의 문제가 발생함[미국 정신과학회(American Psychiatric Association), 『*DSM-IV-TR*』, 2000]. 당신은 아마 자폐증이 증가하고 있고, 아동기에 실시

하는 백신접종이 이 장애를 일으킬 수도 있음을 시사하는 뉴스 보도를 통해서 자폐증에 대해 처음으로 들었을 것이다. 과학적인 증거는 이 장애에 대한 대중의 지식이 증가하고, 더욱 관대한(liberal) 진단 기준이 사용됨에 따라서 오늘날 이 장애를 지닌 사람들이 정확하게 탐지되는 비율이 증가하였음에도 불구하고 이 장애의 □병율이 일정하게 유지되고 있음을 시사한다(Gernsbacher, Dawson, & Goldsmith, 2005). 더욱이 백신은 이 병과는 무관하게 보인다(Hviid, Stellfeld, Wohlfahrt, & Melbye, 2003; Institute of Medicine, 2004; Madsen et al., 2003; Stehr-Green, Tull, Stellfeld, Mortenson, & Simpson, 2003). 오히려, 자폐증은 유전장애, 감염질환, 출생 시 손상, 대사질환, 두뇌 발달의 구조적 장애 등 많은 잠재적 원인을 지닌 이질적인 장애인 것으로 생각되고 있다(DiCicco-Bloom et al., 2006).

자폐증과 정신지체가 모두 평균보다 유의하게 저하된 IQ와 연관되지만, 자폐 아동들은 정신지체 아동들에게서는 관찰되지 않는 심각한 사회적 결함을 지닌다. 정신지체 아동들은 성인 및 타인들과 상호작용을 하려고 하며, 웃고, 다치면 다른 사람에게 안겨 있을 수 있다. 그러나 자폐 아동은 손을 파닥거리는 등 관례적이고 로봇 같은 행동을 하고, 다른 사람이 다가가면 너무 가까이 침입을 당한 것처럼 비명을 지르며, 흔이 다른 사람들의 눈 맞춤을 피한다. 그들은 타인의 존재에 무관심하게 보이고 다른 사람들이 마치 가구인 것처럼 행동하거나, 마치 사람이 없는 듯이 '투시하듯' 쳐다 본다. 더욱이 그들은 사람들과의 상호작용이 필요하지 않은 인지과제는 매우 잘 수행한다. 예를 들어 대상 재인 검사에서 인간과 관련된 어떤 것을 표상하는 대상(얼굴)보다 무생물(드라이버)을 더 쉽게 알아볼 수 있다. 야구 통계치에 강박적으로 집착하거나 전기 선풍기가 돌아가는 것과 같은 기계적인 움직임에 몰입하는 등 자폐증을 지닌 사람들의 인지적 관심은 좁고 비정서적이다(*DSM-IV-TR*, 2000).

Kanner가 1943년에 처음으로 '자폐증'을 기술한 이래로, 자폐증의 본질이 주로 인지적인 장애인지(Rutter, 1983) 또는 정서적인 장애인지(Fein, Pennington, Markowitz, Braverman, & Waterhouse, 1986)에 대한 논쟁이 계속되어 왔다. 현재는 자폐증에서 관찰되는 인지적 결함과 정서적 결함이 서로 얽혀 있어 보인다. 예를 들어 자폐증 환자는 그 개인과 타인 및 어떤 물건이나 사건들 사이에서 주의(attention)를 조절하는 **주의결합**(joint attention) 능력이 발달되어 있지 못하다(McArthur & Adamson, 1996). 당신이 멀리 떨어져 있는 어떤 물건을 가리킨다면 당신은 동료가 당신이 가리키는 방향을 쳐다볼 것이라고 기대한다. 그러나 자폐증을 지닌 사람들은 그렇게 하지 않는다. 이것은 주의의 문제라고 생각할 수도 있지만 주의를 결합하는 초점이 없어서 사회적이고 정서적인 상호작용을 파괴시킨 것일 수도 있다. 또한 자폐적인 사람들은 다른 사람들이 자신과 다른 마음 상태를 가질 수 있다는 것과 이런 마음 상태가 사회적 신호를 통해서 추론될 수 있다는 것을 이해하는 능력인 마음이론(theory of mind)이 부족해 보인다(Baron-Cohen, 1995). 예를 들어 어떤 사람의 놀라는 얼굴표정은 그 사람이 현재 작용하고 있는 특정한 정신적 모델에 대한 단서가 될 수 있다. 다시 말해서, 그러한 능력은 인지적 처리와 사회적-정서적 처리가 만나는 인터페이스를 포함한다.

자폐증은 사회적 결함이 특징이기 때문에 많은 연구자들은 사회적 인지에 참여하는 뇌 체계에 초점을 맞춰 왔다. 일부 연구자들은 거울 뉴런(mirror neuron) 체계(5장 참조)가 자폐증을 지닌 사람들의 정상적으로 작용하지 않을 것이라고 제안하였다(Iacoboni & Dapretto, 2006; Oberman & Ramachandran, 2007). 원숭이 뇌의 전운동영역(premotor area)에서 처음 확인된 거울 뉴런은 다른 사람이 목적지향적인 행동을 하는 것을 관찰할 때 활성화된다. 거울 뉴런은 여러 사람들이 행동을 공통적으로 이해하도록 하는 기초적인 기제를 제공한다(Gallese, Keysers, & Rizzolatti, 2004). 정서적인 얼굴 표정을 보고 그대로 따라하도록 하는 과제에서 자폐증을 지닌 사람들은 정상적인 참여자만큼 전운동영역이 광범위하게 활성화되지 않으며(● 그림 15.16) 이 결과는 자폐증을 지닌 사람들은 이 신경계에 결함이 있다는 생각을 지지한다(Dapretto et al., 2006). 그러나 자폐 아동들은 목적지향적인 손의 움직임을 따라서 흉내낼 수 있으므로(Hamilton, Brindley, & Frith, 2007), 어느 정도의 따라하기(mirroring) 장애가 자폐증에서 핵심 결함을 구성하고 있는지는 아직 명확하지 않다.

또 다른 가능성은 자폐증에서의 결함이 얼굴과 정서적 표현의 지각과 재인에 특정적이라는 것이다. 자폐증을 지닌 사람은 얼굴을 다르게 쳐다 본다(Klin, Jones, Schultz, Volkmar, & Cohen, 2002; Spezio, Adolphs, Hurley, & Piven, 2007). 그들은 신경학적으로 정상인 사람들보다 얼굴을 볼 때 눈을 덜 쳐다 보는데 이 결과는 자폐증을 지닌 사람들이 타인들과 눈 맞춤을 덜 하는 경향이 있다는 임상적 보고와도 일치하는 결과이다. 영상연구에서는 자폐증을 지닌 사람들에게 얼굴 사진을 보여주면 정상적으로 얼굴을 처리하는 신경적인 처리과정이 진행되지 않는 것을 발견하였다. 예를 들어 얼굴 영상을 보여주었을 때 자폐증을 지닌 사람들은 편도체(amygdala)와 방추상 얼굴영역(fusiform face area)에서 신경학적으로 정상인 사람들보다 낮은 활성화 수준을 나타내었다(Ashwin, Baron-Cohen, Wheelwright, O'Riordan, & Bullmore, 2007; Pierce, Müller, Ambrose, Allen, & Courchesne, 2001). 더욱이 그들은 사회적 상호작용에 특

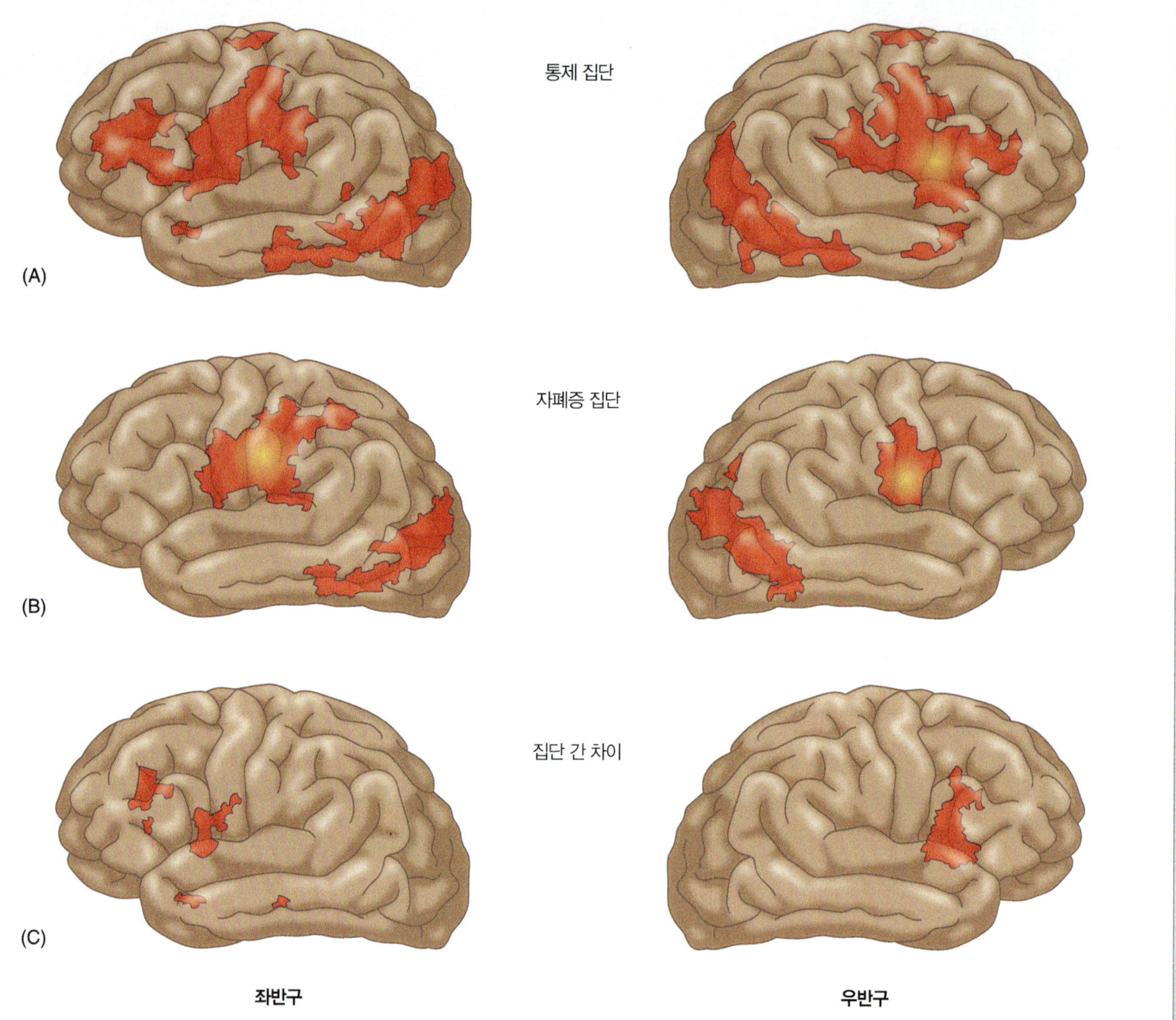

● **그림 15.16 모방과제를 수행하는 동안 통제집단 참여자(A)와 자폐증 참여자(B)들의 두뇌 활성화.** (C)는 두 집단 간에 유의한 차이를 보인 영역들을 보여준다. 과제는 참여자들에게 정서적인 얼굴 표정을 모방하도록 요구하였다. 출처: Fig 1a–c from Dapretto, M. et al. (2006). Understanding emotions in others: Mirror neuron dysfunction in children with autism spectrum disorders. Nature Neuroscience, 9, 28–30.

히 유용한 얼굴 정보를 무시하였다. 이런 가설을 연구한 한 연구에서, 참여자들은 응시 방향이 서로 다른 얼굴들을 보았다(Pelphrey, Morris, & McCarthy, 2005). 자폐적이지 않은 참여자들은 얼굴의 응시방향에 민감한 상측두구(superior temporal sulcus)에서 뇌활동 패턴을 보였으나 자폐적인 참여자들은 그런 패턴을 보이지 않았다(● 그림 15.17). 대부분의 이러한 연구들이 얼굴에 초점을 맞추고 있으나, 또 다른 연구들은 사회적 단서를 처리하는 신경계를 활성화시키는 데 있어서의 장애가 청각영역으로도 확장된다고 지적하였다. 예를 들어 자폐적인 사람들은 사람의 목소리를 들으면, 신경학적으로 정상인 사람들에 비해서 측두엽에서 더 낮은 반응을 나타낸다(Gervasi et al., 2004).

더욱 추상적인 수준에서 다른 사람들의 관점이나 동기를 이해하려고 할 때 자폐적인 사람은 신경학적으로 정상인 사람들에서 활성화되는 뇌 영역이 활성화되지 않는다(Zilbovicius, Meresse, Chabane, Brunelle, Samson, & Boddaert, 2006). 한 흥미 있는 연구에서 참여자들에게 움직이는 도형을 보여주었는데, 그 도형들은 무선적인 패턴으로 움직이거나 다른 도형들과의 의도적인 상호작용이 시사되는 패턴으로 움직였다(Castelli, Frith, Happé, & Frith, 2002). 대부분의 사람들은 후자의 경우에 그 도형들에 정신 상태와 의도를 귀인시켰고 이러한 '정신화(mentalizing)' 귀인은 내측 전전두피질과 상측두구에서의 활동 증가와 연관되었다. 그러나 자폐적인 참여자들은 통제집단과 비교하여 이 영역들에서 더 적은

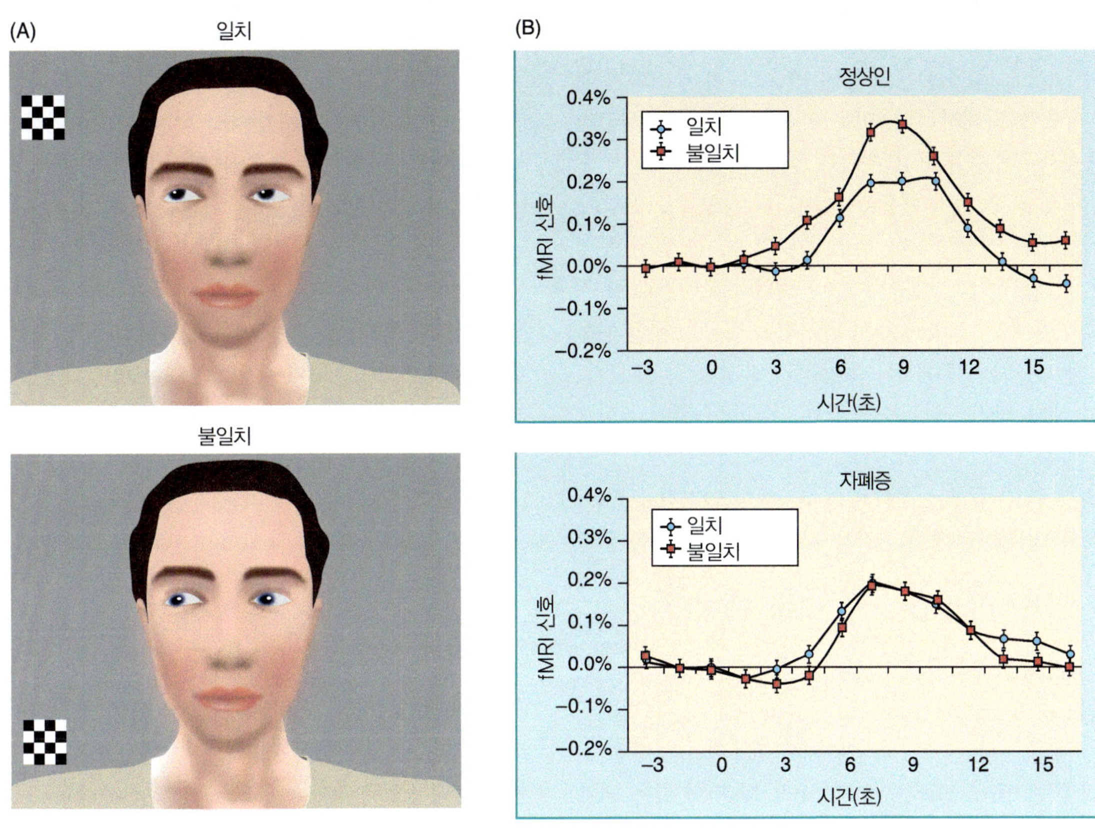

● **그림 15.17 응시방향에 민감한 과제는 통제집단 참여자의 상측두구를 활성화시키지만 자폐증 참여자의 상측두구는 활성화시키지 않는다.** (A) 참여자들은 눈이 목표자극을 향하고 있거나(일치 응시) 빈 공간을 향하고 있는(불일치 응시) 얼굴을 보았다. (B) 정상 통제 집단 참여자들의 경우에는 우반구 상측두구의 활동이 응시 방향에 민감했지만 자폐증이 있는 사람들의 경우에는 그렇지 않았다. 출처: Fig. 1 and Fig. 4a–b from Pelphrey et al. (2005). Neural basis of eye gaze processing deficits in autism. Brain: A Journal of Neurology, 128, 1038–1048.

활동을 보여주었다(Herrington et al., 2007). 이 결과들은 상측두구와 같이 사회적 인지에 관여되는 뇌 영역들이 자폐증을 지닌 사람들에서는 정상적으로 활성화되지 않는다는 생각을 지지한다.

이 이론들은 자폐증을 이해하기 위해서 몇 가지 가장 유명한 인지 신경과학적 접근을 취하고 있으나 다른 접근방법 또한 사용되고 있다. 예를 들어 일부 연구자들은 전두엽-변연계 연결을 연구하였고(Bachevalier & Loveland, 2006; Courchesne & Pierce, 2005), 다른 연구자들은 자폐증에서 정신적 타이밍이 파괴될 것이라는 가정하에 소뇌의 역할을 연구하여 왔다(Pierce & Courchesne, 2001). 또 다른 연구자들은 뇌의 전체 크기(Redcay & Courchesne, 2005), 시각 또는 청각처리(Behrmann, Thomas, & Humphreys, 2006; Siegal & Blades, 2003), 출생 전 발달에서 테스토스테론의 역할(Baron-Cohen, 2002; Baron-Cohen, Knickmeyer, & Belmonte, 2005), 또는 자폐증과 관련된 유전 배열(gene configuration; Persico & Bourgeron, 2006)에 주목해 왔다. 우리가 이 모든 다른 접근방법들로부터 이끌어낼 수 있는 일반적인 결론이 있다면 그것은 자폐증이 어떤 한 가지 단일화된 생물학적 요인으로 설명될 수 없다는 것이다.

■ 주의력결핍 및 과잉행동장애

주의력결핍 및 과잉행동 장애(attention-deficit hyperactivity disorder, ADHD)는 발달장애의 하나로서, 이 장애를 지닌 아동들은 같은 나이의 평균적인 아동들보다 주의력이 부족하거나, 과잉행동적/충동적이거나, 또는 두 가지 특징을 모두 지닌다(DSM-IV-TR, 2000). 이 아동들은 비디오 게임을 하면서 시간을 보낼 때는 주의를 기울이고 가만히 앉아 있을 수 있지만, 그들이 주의를 기울이는 전반적인 능력은 그 나이의 전형적인 아동들보다 훨씬 적고, 12장에서 논의된 것과 유사한 환경적 의존성(environmental dependency)에 따라서 행동한다. 특히 안절부절 못하고 충동을 통제하지 못하는 것과 같은 일부 ADHD 증상들은 흔한 아동기 행동처럼 보이기 때문에 많은 사람들이 ADHD의 잠재적 과잉진단에 관해서 걱정을 표해 왔다. 정상적인 행동을 장애행동으로 잘못 분류하는 것을 방지하기 위해서 *DSM-IV* 진단기준은 아동이 한 장소 이상

(예를 들어 학교와 가정)에서 적응적인 기능을 방해하는 임상적으로 의미 있는 손상을 나타낼 것을 요구한다.

놀랍지 않게도, ADHD는 아동의 학습, 특히 구조화된 환경에서의 학습을 저해하는데, 이는 아동이 충동성과 산만함 때문에 학습자료에 몰두하고 수업을 경청할 만큼 충분히 오랫동안 앉아 있을 수 없기 때문이다. 이러한 경향들로 인하여, ADHD 아동들은 선생님이나 부모에게 귀여움을 받지 못할 수도 있다. 만약 그들의 행동이 또래나 권위적 대상들과 잘 지낼 수 없게 만든다면, 그 아동들이 반사회적 행동을 행할 위험이 증가한다. 더욱이 ADHD가 독립적인 별개의 장애이기는 하지만, 이 장애는 보통 난독증과 같은 다른 학습장애와 함께 발생한다.

'주의력 결핍 장애'라는 이름은 연구자들이 인지적 곤란(주의력 곤란)에 대해서 분명한 생각을 지니고 있다는 것을 의미하지만 실제로 문헌상에서는 ADHD의 핵심 장애에 관해서 의견이 일치되고 있지 않다. 한 가지 생각은 ADHD를 지닌 사람은 각성기제가 붕괴되어 오랜 시간 동안 지속적으로 주의를 유지하는 것이 곤란해진다는 것이다(Sergeant, 2005). 지속적인 주의집중능력을 평가하기 위해서 연구자들은 흔히 연속 수행 과제(continuous performance task)와 같은 과제들을 사용한다. 이 과제에서 참여자들은 특정 자극이 나타날 때마다 그 자극에 반응을 해야 한다. 예를 들어 일련의 글자열이 계속 제시되는 동안 'X'가 나타날 때마다 반응키를 누르는 것이다. 전형적으로 이 과제는 오랜 시간 동안 지속되고 글자들 간의 지연시간이 길어질 수 있다. 따라서 빠르고 정확하게 반응하려면 지루해질 때에도 주의력과 각성을 유지하는 능력을 지녀야 한다. 다소 놀랍게도 그런 과제에 대한 ADHD 아동의 수행에 대한 연구 결과는 혼합되어 있다. 즉 어떤 연구들에서는 결함을 발견하였고 다른 연구들에서는 결함을 발견하지 못하였다(Karatekin, 2001). 흥미롭게도, 무관한 정보를 걸러 내야 하는 과제에 대해서는 ADHD를 지닌 참여자들이 통제조건에 있을 때보다 백색 잡음(white noise)이 있을 때 더 잘 수행하였다(Söderlund, Sikström, & Smart, 2007). 한 가능한 설명은 통제조건하에서 ADHD 참여자들은 매우 낮은 각성상태를 경험하지만, 백색 잡음 조건은 각성을 유지하기에 충분한 외적 자극을 제공하여 수행에 도움을 준다는 것이다(Sikström & Söderlund, 2007).

ADHD에서 가장 신뢰있게 관찰되는 결함은 부적절한 반응을 억제하는 능력이다(Barkley, 1997). ADHD 아동들은 흔히 충동적으로 행동하는 듯이 보이므로 행동 억제는 직관적으로 자연스럽게 ADHD와 연관되는 것처럼 보인다. 실험실에서 억제적 통제를 측정하기 위하여 연구자들은 흔히 정지-신호(stop-signal) 과제를 사용한다(Logan, Cowan, & Davis, 1984). 이 과제에서 참여자들은 특정한 자극에 특정한 반응을 하도록 훈련을 받는다. 예를 들어 원이 나타나면 오른쪽 키를 누르고, 네모가 나타나면 왼쪽 키를 누른다. 그러나 일부 시행에서 목표 자극이 나타난 직후에 부저소리('beep')를 들으면 그 시행에서는 반응을 하지 않아야 한다. 많은 연구들이 ADHD 아동들은 반응을 하지 않아야 하는 시행('stop' trial)에서 준비된 반응을 하지 않는 것에 특히 어려움을 지닌다는 것을 발견하였다(Karatekin, 2001). 반응을 다른 반응으로 바꾸거나 통제하는 것의 이 같은 곤란은 ADHD를 지닌 사람들에게서 관찰되는 더욱 전반적인 집행기능 손상의 일부이다(Willcutt, Doyle, Nigg, Faraone, & Pennington, 2005).

구조적 영상 연구들은 정상 참여자의 뇌와 비교하여 ADHD의 뇌에 관해서 몇 가지 결론들을 지지하고 있다(Krain & Castellanos, 2006; Seidman, Valera, & Makris, 2005; Valera, Faraone, Murray, & Seidman, 2007). 첫째, ADHD의 뇌 용적이 전반적으로 감소되어 있다는 증거가 있다. 둘째, 전두피질, 미상핵과 담창구와 같은 선조체 영역, 뇌량의 팽대(splenium), 소뇌 등의 특정 구조가 특히 관련되어 있다. 대부분의 연구들이 아동을 대상으로 수행되었으나, 성인 ADHD 환자를 대상으로 수행된 구조적 영상 연구에서도 일부 이 영역들, 특히 주의 통제와 관련된 영역의 뇌 용적이 감소되어 있음을 보여주었다(Makris et al., 2007). 더욱이 피질 용적이 ADHD의 행동적 결과와 연관되어 있었다. 예를 들어 약 6년 간격으로 두번에 걸쳐 ADHD 아동의 뇌 용적을 측정한 한 종단연구(Shaw, Lerch, et al., 2006)에서는 첫 번째와 두 번째 측정 모두에서 좌반구 내측 전전두피질이 얇은 아동이 두 번째 시기의 행동적 결과가 더 나쁜 것으로 나타났다. 그러나 좋은 행동 결과를 보인 ADHD 아동들은 두 번째 측정에서 우반구 두정엽 영역의 피질 두께에 있어 변화를 나타냈는데 이 영역의 두께는 정상 아동들과 매우 유사한 수준이었다.

기능적 영상연구들은 아동들이 주의력과 억제적 통제를 포함하는 과제를 수행하는 동안 이 영역들과 다른 영역들의 반응성을 조사하였다(Bush, Valera, & Seidman, 2005). 예를 들어 정지-신호 과제를 사용한 한 연구에서(Pliszka et al., 2006), 건강한 아동은 억제를 성공하였을 때보다 억제를 성공하지 못하였을 때(아동이 반응을 억제해야 하는 '정지' 시행에서 그렇게 하지 못하였을 때) 대상피질과 좌반구 복외측 전두피질의 더 큰 활성화를 나타냈다. 그러나 ADHD 아동들의 경우에는 반응 억제에 성공하였을 때나 실패하였을 때나 상관없이 이 영역들이 비슷한 활동 수준을 나타냈다(● 그림 15.18). 그럼에도 불구하고, 두 집단은 모두 '진행(go)' 시행보다는 '정지(stop)' 시행 시 우반구 배외측에서 더 큰 활동을 나타냈다. 그러므로 이 연구 결과에 따르면 ADHD 아동과 정상 아동은 모두 전두엽의 억제적 통제 시스템을 활성화하고 있지

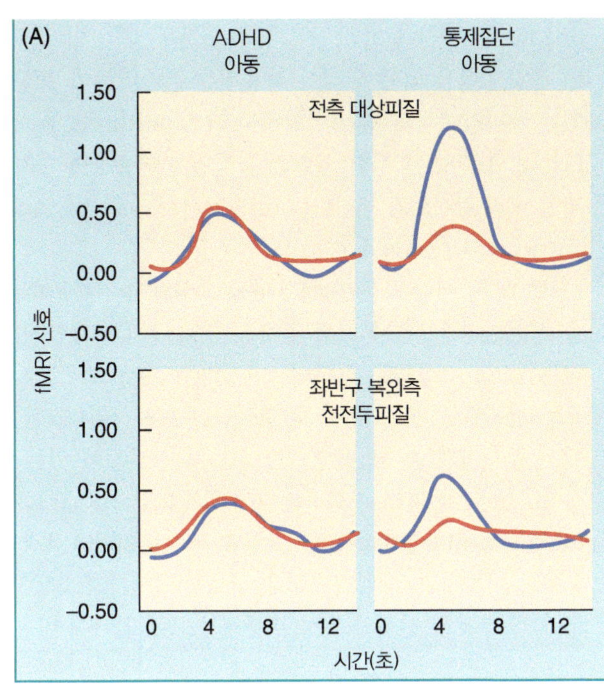

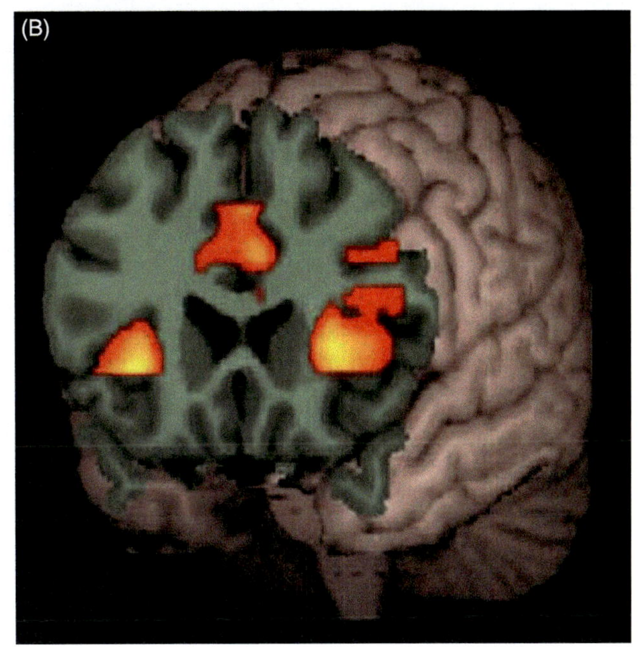

● **그림 15.18 ADHD 아동과 통제집단에 있어 반응억제 동안의 전두엽 활성화.** 통제집단의 아동은 억제 실패에 대한 반응으로 전측 대상피질과 좌반구 복외측 전전두영역의 활동이 증가되었음을 보여 주었으나 ADHD 아동은 그렇지 않았다. 빨간색 선은 성공적인 억제를 나타내고 파란색 선은 억제를 성공하지 못하였음을 나타낸다. 출처: Fig. 2 from Pliszka, S. R., et al. (2006). Neuroimaging of inhibitory control areas in children with attention deficit hyperactivity disorder who were treatment naïve or in long-term treatment. American Journal of Psychiatry, 163, 1052-1060.

만, ADHD 아동들의 경우는 이 체계가 행동에 통제를 행사하기 위해서 필요한 다른 영역들과 통합할 수 없는 것 같다[아동과 성인 ADHD의 다른 기능 영상 연구들을 참조하기 위해서는 Smith, Taylor, Brammer, Toone, & Rubia(2006)와 Tamm, Menon, & Reiss(2006) 참조].

뇌의 도파민 시스템은 ADHD와 강하게 연관되어 있다. ADHD 치료를 위해 사용되는 약들은 도파민 시스템에 영향을 미치는 것으로 알려져 있고, 이 약들은 ADHD 아동의 인지 수행에 유익한 영향을 준다(Pietrzak, Mollica, Maruff, & Snyder, 2006). ADHD를 치료하는 약들은 암페타민(상품명 Dexedrine, Adderall), 메틸페니데이트(상품명 Ritalin), 페모라인(상품명 Cylert) 등으로 만들어진다. 예를 들어 메틸페니데이트는 시냅스 후 영역에서 도파민의 재흡수율을 낮추는 방법으로 도파민 신경전달물질 시스템에 영향을 미친다. 또한, ADHD와의 관련성에 대해서 연구되고 있는 후보 유전자들은 도파민 수용체 유전자(dopamine receptor gene), 도파민 대사에 영향을 미치는 COMT 유전자, 도파민 합성에 결정적인 도파탈탄화제(dopadecarboxylase) 유전자 등 일반적으로 도파민성 신경전달물질에 영향을 미치는 유전자이다(Waldman & Gizer, 2006). 전두엽과 선조체 영역은 도파민 경로가 상당히 많이 분포되어 있는 영역이므로 ADHD의 도파민 기반 가설은 ADHD가 전두엽-선조체 영역에 해부학적이고 기능적인 차이가 있다는 발견들과 일치한다.

ADHD의 전형적인 치료 방법인 약물치료에 더하여 연구자들은 행동적 개입도 탐색하고 있다. 그런 프로그램은 아동의 행동을 더 잘 관리하기 위해서 전형적으로 부모 및 교사와의 작업을 포함한다. 행동치료로부터 일부 도움을 받을 수 있지만 약물치료와 행동치료를 직접적으로 비교한 연구들은 평균적으로는 약물치료가 더 효과적임을 발견하였다(MTA Cooperation Group, 1999).

발달장애 주제를 끝맺기 전에, 이 발달장애 아동들이 성인이 되었을 때 어떻게 될까를 고려하는 것은 중요하다. 앞에서 논의한 일부 장애들은 결과가 비교적 분명하다. 일례를 들면, 아동기에 정신지체나 전반적 발달장애를 보인 사람들은 성인이 되어서도 지적 장애를 나타낸다. 그러나 난독증과 같이 더 특정적인 일부 학습장애와 ADHD 경우는 어떠한가? 아동들은 성장하면서 이 장애에서 벗어나는가, 아니면 평생 장애를 지니고 사는가?

성숙지체가설(maturational lag hypothesis)은 특정 학습 장애가 있는 사람들은 또래보다 더 늦게 성숙하고, 시간이 지남에 따라서 아동들이 젖살이 빠지는 것과 같이 문제를 극복할 것이라고 가정한다. 이런 생각은 학습장애가 일부 아동들에서는 나이를 먹음에 따라서 덜 심해진다는 관찰에 의해서 부분적으로 지지되었다. 예를 들어 일부 ADHD 아동들은 주의집중능력이 전형적으로 증가하는 12세경이 되면 덜 충동적이 된다. 그러나 성숙함에 따라서 문제들이 다른 형태와 방식으로 나타나는 것 같다. 예를 들어 ADHD 아동이 7세였을 때에는 수업시간에 의자에 앉아 있을 수 없고, 12세에는 의자에 앉아있을 수는 있어도 앉아서 숙제 문제에 주의를 집중할 수가 없다. 더욱이 이런 장애들의 신경학적 기저에 관한 우리의 지식이 증가함에 따라서, 이런 학습장애가 성인이 되면 기적적으로 사라질 것이라는 생각은 불가능하게 보이게 되었다. 그러나 그와 동시에 난독증, ADHD, 기타 학습장애 등을 지닌 많은 사람들이 자신이 갖고 있는 다른 인지적 강점을 강조함으로써 성공적으로 개인적 삶과 직업적 삶을 살고 있다는 것을 기억하는 것이 중요하다.

다음으로는 뇌가 외상이나 박탈에 대한 반응으로서, 또는 특정한 경험이나 입력(input)의 결과로서 어느 정도나 변화하고 적응할 수 있는지를 살펴보겠다. 실제로 이런 적응력은 아동이 나이를 먹어감에 따라서 발생할 수 있는 학습장애의 호전과 증상 특성의 변화를 일부 설명할 수 있을 것이다.

뇌의 가소성

이 장의 앞에서 살펴보았듯이 인간의 뇌는 환경적인 입력에 대해서 민감하고 가소성이 있다. 이 말은 아동기뿐만 아니라 성인기에도 적용된다. 논리적으로, 이 말은 어느 정도는 진실이다. 뇌가 성인이 되어 완벽하게 성숙해서 고정된다면, 새로운 기술을 배울 수도 없고 당신의 사고 방식을 바꿀 수도 없을 것이다! 최소한, 성인도 학습할 수 있고 그들의 뇌가 환경적 입력에 반응할 수 있다는 것, 즉 그들의 뇌가 변화할 수 있다는 것을 우리는 알고 있다. 또한, 오랫동안 알려져 왔던 것과는 반대로, 뇌의 어디에서도 주산기(perinatal period)의 뉴런발생률만큼은 아니지만 성인기에도 새로운 뉴런이 생성된다는 것을 알고 있다. 이미 10장에서 학습과 기억의 근본 기제에 대해서 살펴보았으므로 여기에서는 성인기에도 지속되는 부분을 강조하면서 가소성과 관련된 부가적인 쟁점들에 주목할 것이다.

성인기의 증가된 경험이 뇌에 있는 정보의 표상을 변화시킬 수 있다는 것을 많은 연구들이 보여주었다. 예를 들어 선(line)의 방향을 구분하도록 원숭이를 훈련시키면 일차 시각피질에서 방향을 부호화하는 세포의 수용장이 미세한-조정(fine-tuning)이 가능하도록 변화한다(Schoups, Vogels, Qian, & Orban, 2001). 인간의 경우, 성인이 되어 저글링을 배우면 시각적 움직임을 부호화하는 데 참여하는 MT 시각 영역의 크기가 증가한다(Draganski, Gaser, Busch, Schuierer, Bogdahn, & May, 2004). 그러나 그 사람이 2~3개월 동안 저글링을 그만두면 증가된 MT 크기가 유지되지 않는데, 이는 '사용하면 유지되고, 사용하지 않으면 잃게 되는(use it or lose it)' 현상을 잘 보여준다. 비슷하게, 점자 읽기를 배우면 점자패턴을 읽기 위해서 사용되는 손가락들이 표상되어 있는 체감각피질의 영역이 확장되고(Hamilton & Pascual-Leone, 1998), 특정한 일련의 움직임을 연습하면 일차운동피질 내의 활성화가 변한다(Karni, Meyer, Jezzard, Adams, Turner, & Ungerleider, 1995).

이 모든 예들은 훈련하면 피질 표상들이 강화된다는 것을 시사한다. 그러나 그런 종류의 입력이 없어지면 어떻게 되는가? 그 표상들은 약화되는가? 다른 종(species)을 대상으로 한 연구들은 그렇게 될 것이라고 시사하였다. 한 연구에서 원숭이의 손가락을 절단하고 체감각피질에 있는 손가락 표상들이 어떻게 변화하는지를 관찰하였다(Kaas, 2000; Buonomano & Merzenich, 1998; Jones, 2000). 1장의 내용을 상기하자면, 체감각피질은 신체지도를 가지고 있고, 지도의 각 부분은 신체의 특정 부분에서 오는 감각에 반응하는 세포들로 구성되어 있다. 절단된 경우처럼 특정 신체 부위로부터 계속 감각이 입력되지 않으면 체감각피질의 지도는 재조직되어서 과거에는 상실된 부위에 해당했던 영역이 현재는 그 근처에 있는 신체부위(예, 옆의 손가락)에 반응하게 된다(● 그림 15.19). 이런 연구는 우리에게 감각 피질에 존재하는 '지도'가 돌처럼 고정된 것이 아니라 계속적인 감각 입력을 통해서만 유지된다는 것을 말해준다. 입력이 체계적으로 변화하면, 지도가 변한다. 이런 피질 지도와 뇌 영역 기능의 변화를 **재조직화**(reorganization)라고 부른다.

이런 연구결과들은 사지를 잃은 사람들의 환상 감각(phantom sensation)을 이해하기 위해서 적용되었다. 사람들은 자신의 사지가 없다는 것을 알고 있어도 잘린 사지에서 계속 감각을 지각한다. 이런 감각은 신경이 쓰이게 하며, 심지어는 고통스러울 수도 있다. 일부 연구자들은 환상지통(phantom limb sensation)이 절단된 사지를 부호화하기 위해서 사용되었던 세포가 현재 다른 신체부위에서 오는 새로운 입력에 의해서 자극을 받을 때 유발된다고 시사하였다(Ramachandran & Hirstein, 1998)(● 그림 15.20). 세포의 부호화에 있어 이런 전이(세포가 과거에는 어떤 신체부위를 부호화했으나 현재는 다른 신체부위를 부호화하는 것) 때문에 환상 감각이 발생하는 것 같다.

재조직화가 얼마나 극적일 수 있는가? 방금 기술한 예는 한 종류의 감각 피질 영역 지도에서 발생하는 비교적 작은 규모의 재조직화라고 할 수 있다. 만일 사람이 전체 감각 양상(modality)을 모두 잃는다면 어떻게 되는가? 어떤 사람이 맹인이 되거나 귀머거리가 되면, 정상적으로는 시각이나 소리에 반응하던 피질영역은 어떻게 될까? 연구들은 태어날 때부터 눈이 보이지 않으면 '시각'피질이 다른 기능들을 위해서 재

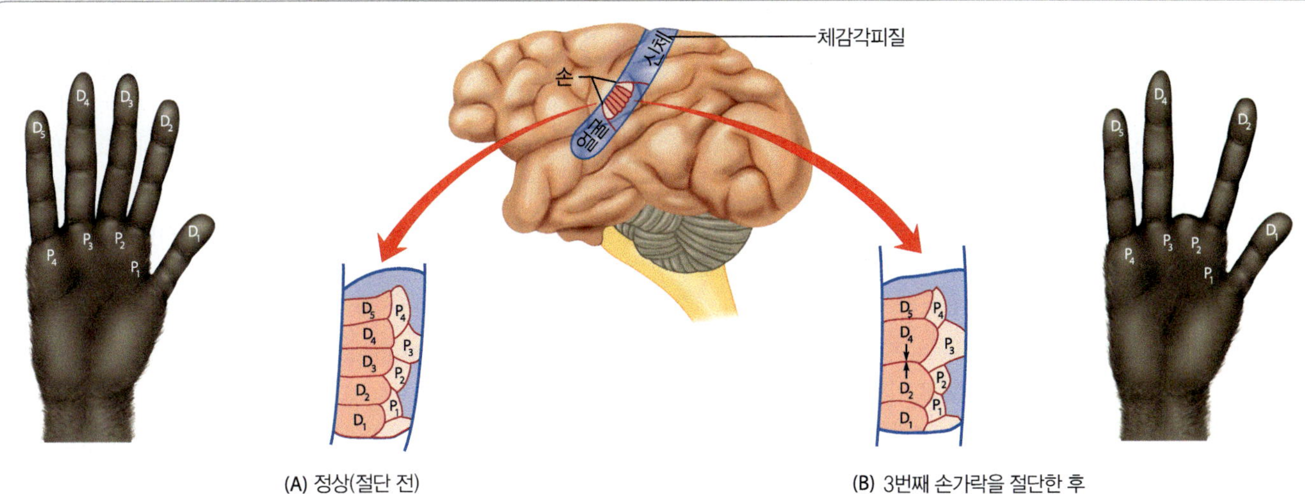

그림 15.19 체감각피질은 절단 후에 재조직화된다. 원숭이의 손가락이 절단된 후 손의 표면을 표상하는 체감각피질 영역은 변화한다. 절단된 손가락을 표상하던 영역이 인접한 손가락들과 손바닥 표면에서 오는 정보를 표상하기 시작한다. © 2009 Cengage Learning

조직화된다는 것을 발견하였다. 예를 들어 선천적으로 맹인인 경우, '시각' 피질은 점자 읽기와 기타 촉각적 자극뿐만 아니라(Burton, Sinclair, & McLaren, 2004; Sadato et al., 1996; Sadato, Pascual-Leone, Grafman, Deiber, Ibañez, & Hallett, 1998) 청각적이고 언어적인 과제들에 의해서도 활성화된다(Amedi, Raz, Pianka, Malach, & Zohary, 2003; Röder, Stock, Bien, Neville, & Rösler, 2002). 더 나아가 TMS로 '시각' 피질 기능에 일시적으로 장애를 일으키면 맹인들은 점자를 읽는 능력이 감소하지만 정상적인 시각을 지닌 사람들에서는 같은 결과가 나타나지 않는다(Cohen et al., 1997). 이 증거는 선천적으로 맹인인 사람에서는 '시각' 피질이 비시각적인 정보에 반응하도록 재조직화될 수 있음을 가리키며, 이런 현상을 **교차-양상 가소성**(cross-modal plasticity)이라고 한다. 일부 연구들은 극적이지는 않지만 비슷한 교차-양상 재조직화 효과를 인생의 후기에 맹인이 된 사람들에서 발견하였다. 이것은 시각피질의 재조직화가 단지 선천적인 시각 상실에 대한 반응이 아니라 성인기에도 발생할 수 있음을 의미한다(Burton, Snyder, Conturo, Akbudak, Ollinger, & Raichle, 2002; Burton, Snyder, Diamond, & Raichle, 2002). (한 가지 감각 양상을 상실한 사람들에서 증진된 능력에 대해서 논의한 "In Focus" 참조)

가소성에 관한 질문을 다시 묻는 또 다른 방법은 감각 양상이 회복되었을 때 피질이 재조직화되는지를 검사하는 것이다. 눈이나 귀의 결함으로 인해서 눈이 멀거나 귀가 안들리게 태어났으나 나중에 감각 입력이 회복되는 치료를 받은 사람을 상상해 보자. 예를 들어 백내장을 가지고 태어났으나 나중에 백내장을 제거한 사람이나 또는 내이에 문제가 있어서 심한 청각장애를 가지고 태어났으나 나중에 청신경을 자극하는 와우각 이식을 받은 사람이 그들이다.

그런 환자들의 정상 감각이 성인기에 회복될 수 있는 정도에 관해서는 현재 상당한 논쟁이 있다. 동물을 대상으로 한 실험연구들은 감각 입력이 회복되었을 때 감각 양상과 연관된 피질이 그런 입력에 반응한다는 것을 시사한다. 예를 들

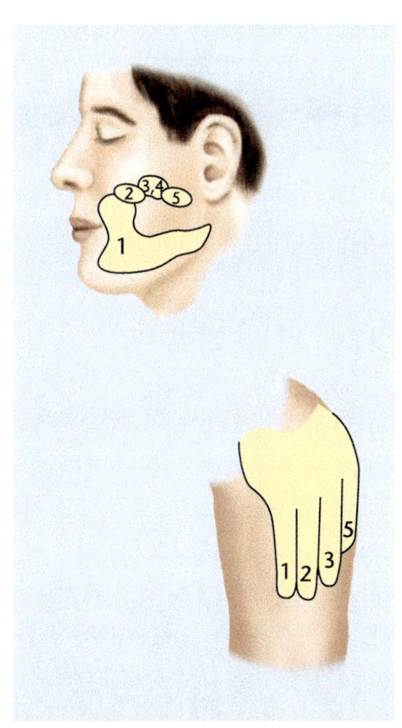

그림 15.20 절단된 사람의 환상 감각. 한쪽 팔의 아랫 부분을 잃은 사람의 경우 얼굴의 특정 영역을 자극하면 상실한 손가락들(1~5로 번호가 붙여진)에 대한 환상 감각이 일어난다. 어깨를 자극해도 손가락에 대한 환상 감각을 일으킬 수 있다. © 2009 Cengage Learning

어 선천적으로 귀가 멀게 태어난 고양이들에게 와우각을 이식하면 청각피질에서 청각 자극에 대한 반응을 일으킬 수 있다(Klinke, Kral, Heid, Tillien, & Hartmann, 1999; Moore & Shannon, 2009). 이와 비슷하게, 개의 경우에는 사람의 나이로 치면 15~40살에 해당하는 1~4살이 될 때까지 치료가 늦어져도 망막 결함을 유전자 치료로 치료하면 개의 시각피질은 시각적 정보에 반응한다(Aguirre et al., 2007). 이 연구들은 관련된 피질 영역이 회복된 감각 입력에 반응하는 능력을 일부 아직도 유지하고 있음을 의미한다. 그러나 이 체계들이 얼마나 잘 기능하는가? 실제 임상장면에서는 일반적으로 언어를 학습한 후 귀머거리가 된 성인들에게만 청력을 회복하기 위한 와우각 이식을 권한다. 어렸을 때부터 계속 귀머거리인 사람에게는 와우각 이식이 청력을 회복하는데 성공적이지 않다. 이는 아마도 이식을 통한 빈약한 입력으로 언어패턴에 대한 지식을 수립하기가 어렵기 때문일 것이다(Copeland & Pillsbury, 2004; Moore & Shannon, 2009). 시각 영역의 경우, 과거에는 눈이 보이지 않았으나 성인기에 시각 입력이 회복된 사람의 사례 연구들은 그들의 시지각이 비정상임을 보고하였다(Fine et al., 2003; Sacks, 1995).

그러므로 지각기능이 회복될 가능성은 '반이나 찬 유리컵' 또는 '반이나 빈 유리컵'으로 보일 수 있다. 성인의 뇌는 감각양상(modality)이 심하게 박탈당한 후에도 감각 입력에 반응하는 능력을 일부 보유하지만 그 가소성에는 한계가 있다. 피질의 조직화는 특정한 감각 양상이 없었던 과거 경험에 의해서 영향을 받기 때문에, 더 이상 그 감각으로 정보를 처리하도록 최적으로 조직화되지는 않는다. 이 예는 경험이 뇌 기능에 영향을 미칠 수 있도록 뇌의 생물학적 조직화와 어떻게 상호작용을 하는지를 보여준다.

뇌 손상 후 기능 회복

지금까지는 변화하는 감각 입력 및 경험에 대한 반응과 관련하여 가소성을 논의하였다. 또 다른 종류의 질문도 중요하다: 뇌는 손상에 어떻게 반응하는가? 총상이나 뇌졸중처럼 뇌에 특정한 손상이 있을 때(● 그림 15.21) 뇌의 재조직화와 회복 능력은 어떠한가? 이런 쟁점들은 뇌의 역동적 특성에 대한 기본적인 이해를 풍부하게 하기 위해서뿐만 아니라 뇌 손상으로 고통받는 많은 사람들에게 임상적으로 관련된 정보를 제공하기 위해서 중요하다. 따라서 우리는 우선 신경생리적 수준에서 손상에 대한 뇌의 반응을 기술할 것이다. 그러고 나서 가능한 회복 기제들을 논할 것이다. 끝으로, 기능 회복에 있어 성인과 아동의 차이를 비교할 것이다.

■ 상해에 대한 신경생리적 반응

두뇌 손상은 수많은 생리적 과정을 일으키는데, 일부는 손상 영역에서 직접적으로 발생하고 일부는 보다 먼 지점에서 발생한다. ● 그림 15.22는 이러한 생리적 과정들과 그런 과정들이 발생하는 시간에 대한 개관을 제공한다. 손상 영역에서는 세포가 사멸하기 시작하는데 이 과정을 **괴사**(necrosis)라고 부른다. 이 과정은 뉴런뿐만 아니라 뉴런을 둘러싸고 있는 아교세포에도 영향을 미친다. 어떤 경우에는 세포 상실이 실제 손상을 입은 영역에서 멀리 떨어진 뉴런들에까지 확장될 수 있는데, 이 과정을 **초신경원성 퇴행**(transneuronal degeneration)이라고 부른다. 이러한 퇴행이 발생하는 이유는 뉴런이 다른 신경세포들로부터 최적 수준의 자극뿐만 아니라 화학적 요인들도 요구하기 때문이다. 따라서 만일 어떤 뉴런으로 들어오는 입력의 일정 부분이 손실되면 그 세포는 죽게 될 것이다. 초신경원성 퇴행은 도미노 효과처럼 하나 이상의 시냅스에서 발생할 수 있다. 예를 들어 시신경이 절단되면 외측슬상체(lateral geniculate body)의 세포가 완전히 퇴화된다. 외측슬상체가 퇴행하기 시작하면 시각피질에 있는 세포들도 또한 퇴행할 것이다. 초신경원성 퇴행에는 종종 칼슘 축적이 수반되는데, 이 과정은 **석회화**(calcification)로 알려져 있으며 뇌영상기법에 의해서 쉽게 탐지될 수 있다.

성상세포와 미세아교세포(microglia)는 죽은 세포를 빨아들이고 해체시키는데, 이 과정을 **포식작용**(phagocytosis)이라고 부른다. 뉴런은 신체에 있는 다른 세포들에 비해서 재생성될 수 있는 능력이 훨씬 제한되어 있기 때문에, 세포가 존재했던 공간은 이제 체액(fluid)으로 채워지게 된다. 그 공간에는 또한 새로운 모세혈관이 형성될 수도 있다. 포식작용과 모세혈관이 형성되는 과정은 아교세포만이 남을 때까지 여러 달에 걸쳐 진행될 수 있는데, 이 과정을 **신경아교증**(gliosis)이라고 한다. 성상세포는 흉터를 만들어 이 영역을 표시한다.

손상을 받으면 뉴런 자체의 변화에 더해서 다른 과정들도 함께 나타난다. 그 중 하나가 **부종**(edema)인데 이는 외상 후에 조직이 부어오르는 것으로 신체의 다른 부분에서와 마찬가지로 뇌에서도 발생한다(그림 15.21A). 뇌가 부어오르면 특별한 위험이 생긴다. 신체의 다른 부분이 부어오르면, 그것은 옷 밑의 보다 많은 공간을 차지할 뿐이다. 그러나 뇌는 두개골 내에서 뇌척수액과 제한된 공간을 공유하고 있다. 뇌가 멍이 들면, 심하게 멍든 발가락을 신발 안으로 밀어 넣어야만 하는 것과 유사한 상황이 된다. 두뇌 외상으로 인해 부종이 생기면 같은 크기의 공간에 보다 많은 체액이 들어있어야 하므로 두개내 압력(intracranial pressure)이 증가된다. 이렇게 증가된 압력은 손상된 영역뿐 아니라 다른 영역의 신경기능도 방해할 수 있다. 생명기능을 통제하는 뇌간 영역이 부종으로 인해 압력을 받게 되면, 혼수 상태를 야기할 수 있고 심지어 사

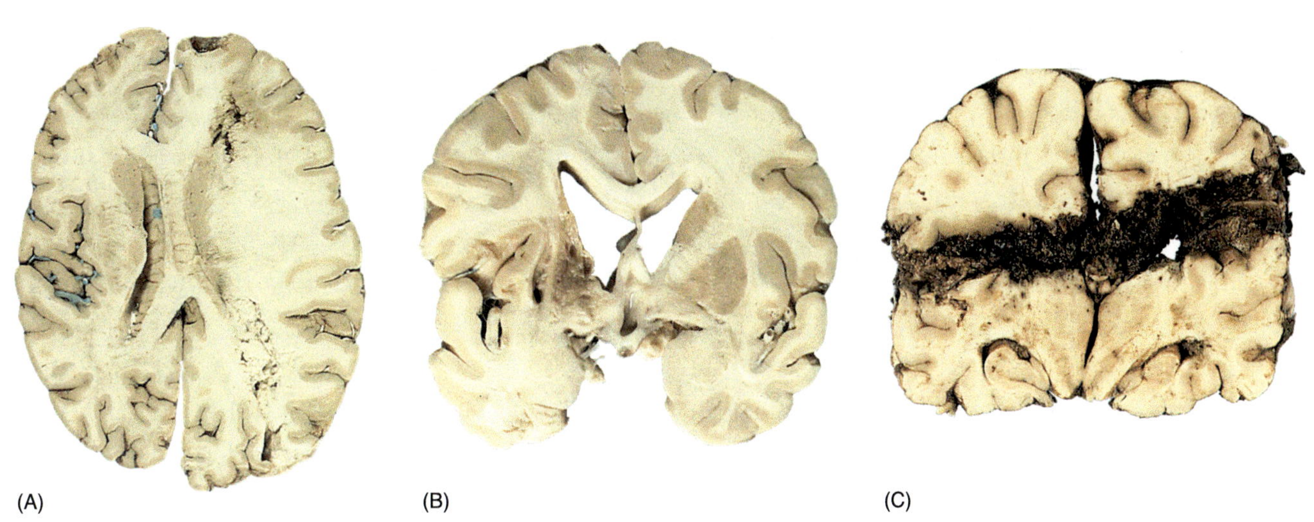

● **그림 15.21 인간의 뇌 손상 유형.** (A) 우반구의 심한 부종을 일으킨 뇌졸증 이후의 뇌. (B) 세포 상실로 좌반구에 공동(구멍)이 생긴 뇌졸중 이후의 뇌. (C) 총상을 입은 사람의 뇌. Courtesy of Dr. Dana Copeland.

망에 이르게 할 수도 있다. 따라서 부종을 감소시키기 위해서 대뇌 외상 후에는 약물치료와 기타 치료들이 실시된다. 부종은 일정 기간 지속되므로, 손상으로 인한 행동적 결과에 대해서는 부종이 가라앉을 때까지 분명히 알 수 없다. 이런 변화들에 더해서, 대사율, 신경전달물질 분비, 산소 소비 등의 기초적인 뇌 기능의 일부 측면들도 손상에 의해서 파괴될 수 있다(Verma, 2000). 뇌 손상 직후 처음에는 대사가 증가될 수 있지만, 그 후에는 대사가 감소된다(Bergsneider et al., 2001; Wieloch & Nikolich, 2006).

손상에 대한 반응으로 뇌 기능에 많은 변화가 생기고, 그

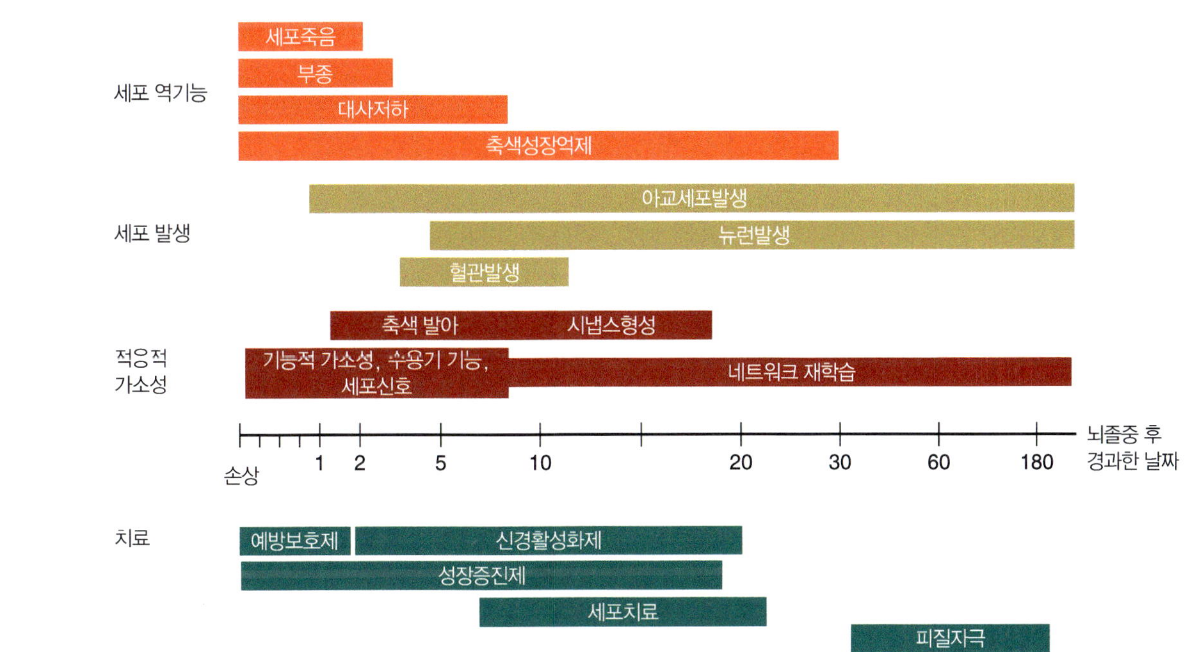

● **그림 15.22 뇌 손상에 대한 신경생리학적 반응의 개관.** 뇌졸중이 발병한 후 첫 며칠 동안 발생하는 세포수준에서의 역기능적 반응은 세포 죽음, 부종, 대사저하, 축색성장의 억제 등이다. 신경교세포와 신경세포의 생성을 포함하는 세포발생과 새로운 혈관을 발달시키는(혈관발생) 과정들이 수일 내에 시작한다. 장기적인 적응적 효과로는 축색의 발아, 새로운 시냅스 형성, 수용체 기능의 변화, 신경망들의 연결을 재설립하는 것 등이 있다. 손상에 대한 역기능적 세포 반응이 일어나지 않도록 보호하고 세포와 체계수준의 적응적인 반응이 증진되도록 여러 가지 치료들이 다양한 단계에서 실시된다. 출처: Figure 1 from Wieloch, T., & Nikolich, K. (2006). Mechanisms of neural plasticity following brain injury. Current Opinion in Neurobiology, 16, 258–264. Reprinted by permission of Elsevier.

런 변화들이 드러나는데 오랜 시간이 걸린다는 점을 감안한다면 여러분은 왜 임상가들이 상해로 인한 손상 정도를 즉각적으로 평가할 수 없는지 이해할 수 있을 것이다. 만약에 부어오른 부위가 광범위하다면, 처음에는 심각한 장애를 보이겠지만 부종이 감소됨에 따라 상당한 호전을 나타낼 것이다. 반면에 산소 결핍의 유해한 효과는 손상 후 시간이 지나면서 발생할 수 있으므로 산소 결핍 직후의 반응으로 예측한다면 이후의 기능 수준을 과대평가를 할 수 있다. 따라서 상해 직후의 행동은 1개월 또는 1년 후의 기능에 대한 예후를 정확하게 예측할 수 없다.

세포의 죽음과 기능장애의 급성기 후에 세포수준에서 일어나는 많은 변화들이 기능의 회복에 도움을 준다(Wieloch & Nikolich, 2006). 그림 15.22는 이런 일부 과정들의 일정표를 예시하고 있다. 새로운 의학적 치료가 회복을 증진시키기 위해서 그 기제를 자극할 수 있으므로 세포의 회복 기제를 이해하는 것이 중요하다.

한 가지 중요한 세포 과정은 새로운 세포들이 생성되는 것인데, 새로 생성되는 세포에는 뉴런과 아교세포가 모두 포함된다. 뉴런발생(neurogenesis)과 아교세포발생(gliogenesis)이 뇌 손상 이후 증가되는 것으로 알려져 있다. 새로운 혈관이 또한 성장하고[**혈관발생**(angiogenesis)이라 불리는 과정], 이 혈관들은 손상받은 영역에 혈액을 공급한다. 또한, 새로운 축색이 발아하여 과거에는 연결되지 않았던 지역과 연결하며 새로운 시냅스가 형성된다. **재생**(regeneration)과 발아(sprouting)가 발생할 수 있는 한 가지 가능한 방법은 아교세포에서 신경세포로 수송되는 신경성장요인(nerve growth factor, NGF)으로 알려진 물질을 통하는 것이다. NGF는 1940년대에 Rita Levi-Montalcini와 동료들이 발견하였고, 그녀는 이 발견으로 노벨상을 받았다(제2차 세계대전 동안 나치를 피해 숨어서 벽장속에서 수행된 그녀의 실험에 대한 흥미로운 내용은 『*In Praise of Imperfection*』이라는 제목의 Levi-Montalcini의 자서전을 참고하라. 이 책의 저술로 Levi-Montalcini는 100세에 최고령 노벨상 수상자가 되었다.) NGF는 특히 손상 후에 뉴런을 유지하는 데 중요한 물질이다. 최근의 연구들은 동물모델에서 그런 성장 요인을 증진시키는 치료가 뇌졸중 이후의 기능적 회복에 도움이 될 수 있음을 보여주었는데 이는 한 가지 가능한 임상적 개입 방법을 시사한다(Wieloch & Nikolich, 2006).

■ 기능 회복의 기제

뇌 조직의 어떤 부분이 손상(damage)되면 손상된 그 영역에 있는 세포들을 넘어서 더 많은 세포들이 영향을 받는다. 상해(insult)도 또한 뇌에서 주변 조직뿐만 아니라 더 멀리 떨어져 있는 조직에도 영향을 미칠 수 있다. 여러 가지 이유 때문에 우리가 손상과 기능 회복 패턴에 관해서 알고 있는 것의 많은 부분은 운동 체계를 연구한 결과이다. 운동피질의 배치(layout)는 잘 알려져 있고, 운동행동의 변화는 비교적 쉽게 관찰되고 측정되며, 운동피질의 손상과 회복은 같은 기본적인 운동체계조직 패턴을 지닌 동물 모델로 연구될 수 있다. 또한,

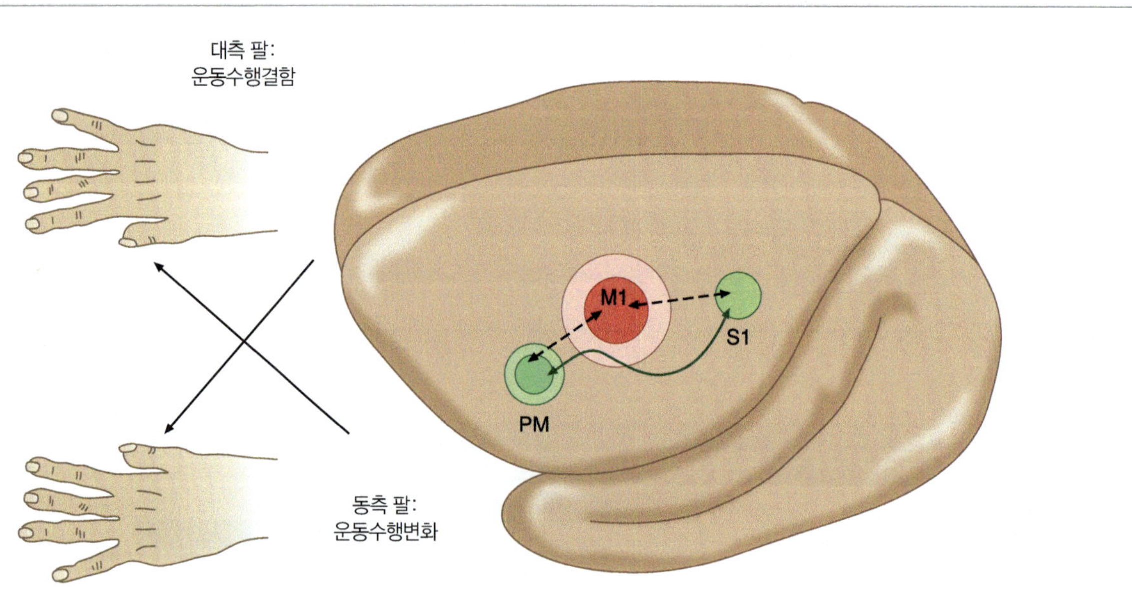

● **그림 15.23 일차운동영역(M1)의 일부가 손상되었을 때의 지역적 효과.** 손상된 영역은 빨간색, 그 영역을 둘러싼 조직은 분홍색으로 표시되어 있다. 손상 후 성장을 자극하고 억제하는 단백질의 변화가 주변 조직에서 발생한다. S1영역(일차체감각피질)과 PM(전운동피질)도 또한 그 병변에 의해서 영향을 받는다. 예를 들어 전운동피질영역은 연두색으로 표시된 영역으로 확장된다. 실선은 강화된 경로를 표시하고 점선은 상실된 경로를 표시한다. 출처: Figure 1 from Nudo, R. J. (2006). Mechanisms for recovery of motor function following cortical damage. Current Opinion in Neurobiology, 16, 638–644. Reprinted by permission of Elsevier.

움직임의 회복은 흔히 뇌졸중으로 고통받는 사람들에 있어 재활의 일차 목표이다.

● 그림 15.23은 운동 피질의 어떤 영역이 한쪽 뇌에서 손상되었을 때 발생하는 지역적인 변화를 도식적으로 보여주고 있다(Nudo, 2006). 일반적으로, 세 가지 서로 다른 관심 영역을 구분할 수 있다: 손상된 영역 바로 주변 영역; 체감각피질과 전운동영역처럼 운동통제와 관련이 있는 같은 반구에 있는 다른 영역; 손상되지 않은 반대편 반구(대측반구)의 유사영역들.

운동피질에 비교적 작은 병소가 있는 경우에는 손상된 조직에 인접한 지역이 기능 회복을 도와준다. 병소 주변을 둘러싼 반지모양의 이 영역에서 유전자 표현의 변화가 발생한다. 유전자 표현의 이런 변화는 성장을 촉진하는 단백질을 증가시키고, 성장을 억제하는 단백질을 감소시킨다(Nudo, 2006). 손상된 조직의 일부 기능을 떠 맡은 인접 영역의 능력은 앞에서 논의했던 바와 같이 입력이 변화하면 그에 대한 반응으로 체감각과 운동 지도를 재조직화하는 능력과 유사하다. 그러나 인간을 대상으로 수행된 최소한 한 fMRI 연구에서 손상 후 인접영역의 활동이 통제집단의 활동수준보다 낮음을 발견하였는데, 이런 결과는 인접영역의 활동이 회복에 얼마나 큰 역할을 하고 있는지에 관하여 의문을 제기한다(Cramer, Shah, Juranek, Crafton, & Le, 2006).

일차운동피질의 일부 영역이 손상되면 같은 반구에서 좀 더 멀리 떨어진 영역, 즉 체감각피질과 좀 더 고등수준의 운동영역들의 활동이 변화된다(Nudo, 2006). 예를 들어 전운동피질의 운동표상이 확장되고(Frost, Barbay, Friel, Plautz, & Nudo, 2003), 전운동피질과 체감각피질 각각은 손상된 일차운동피질과의 연결을 상실하지만 대신 전운동피질과 체감각피질 간의 연결경로가 강화된다(그림 15.23)(Dancause et al., 2005). 즉, 뇌는 체감각영역과 운동영역을 연결하는 허브(hub)가 손상되었더라도 이 두 영역이 계속 의사소통을 유지하도록 하기 위해서 '우회하여 작용하는(work-around)' 전략을 개발한다.

일차운동피질 내의 손상된 영역이 비교적 클 때에는 기능 회복을 지지하는 정상적인 조직이 그 반구에 충분하지 않을 수 있다. 그런 경우에는 반대 반구의 대칭이 되는 영역이 기능을 부분적으로 떠 맡을 것이다(Cramer & Crafton, 2006). 한쪽의 일차운동피질이 손상된 후 대측 반구에 변화가 있음을 많은 연구들이 보여 주었다. 예를 들어 편측 손상 후 약 2주가 지나서부터 반대쪽 반구에서 수상분지(dendritic arborization)가 뚜렷이 증가하였다(Jones & Schallert, 1994).

대측반구의 병소 부위에서 변화가 일어나는 이유는 두 가지이다. 첫째, 사람들이 뇌 손상에 의해서 영향받지 않은 팔다리에 더 의존하기 시작하는데, 손상되지 않은 팔다리는 대측반구의 운동 영역에 의해서 통제되기 때문이다. 예를 들어 좌반구 손상으로 인해서 오른쪽 팔의 움직임에 장애가 생긴 사람은 장애가 없는 왼팔을 더 많이 사용하기 시작할 것이고 그에 따라서 우반구에서의 신경변화를 자극하게 된다. 또 다른 이유는 병소의 대측 영역이 손상된 사지를 통제하기 시작한다는 것이다. 예를 들어 오른팔의 움직임에 장애를 가져오는 좌반구 손상 이후, 우반구가 오른팔을 통제하기 시작한다. 이런 생각을 지지하는 증거로, 환자들에게 손상된 손(예, 병소가 좌반구에 있으면 오른손)으로 손가락 두들기기(tapping)를 하게 하면 신경학적으로 정상인 사람들보다 손상되지 않은 반구의 피질이 더 크게 활성화되었다(Cramer et al., 1997). 그러므로 일부 기능 회복은 손상되지 않은 반구에서의 재조직화에 의해 지지되는 것 같다.

지금까지는 감각운동영역에서 발생하는 뇌 조직화의 변화에 주목하였다. 같은 원칙이 인지기능의 회복에도 적용되는가? 언어영역에 있어서는 실어증 환자의 언어 회복을 어떤 신경기제가 가장 잘 지지하는지에 대한 논쟁이 현재 진행되고 있다(Muñoz-Cespedes, Rios-Lago, Paul, & Mestu, 2005). 회복이 좌반구 내에서의 재조직화에 의존하는가, 아니면 우반구가 언어기능들을 떠 맡게 되는가? 증거는 양쪽 견해를 모두 지지하고 있으며(Crinion & Price, 2005; Fernandez et al., 2004; Warburton, Price, Swinburn, & Wise, 1999), 손상된 특정 부위, 손상된 정도, 언어의 어떤 측면에 장애가 생겼는지 등의 복합적인 요인들을 풀어서 기제를 밝히는 일이 쉽지 않다.

최근의 한 연구는 실어증의 회복에 관여하는 신경계가 손상 후 시간이 경과함에 따라 변화한다는 것을 발견하였다(Saur et al., 2006). 이 연구는 실어증환자 집단이 문장이해과제를 수행하는 동안 기능회복을 평가하고 뇌 활동을 측정한 종단연구이다. 뇌 손상이 발생한 후 약 2주가 지나서 측정하였을 때 환자들은 브로카 영역과 대칭이 되는 우반구영역에서 활동 증가를 보였고, 또한 이 영역의 활동이 더 증가된 환자들이 더 좋은 과제 수행 점수를 보였다. 그러나 손상 후 약 1년이 지나서 평가하였을 때에는 환자들은 우반구보다 좌반구의 손상되지 않은 영역에서 증가된 활동을 보였다. 이 발견은 손상 후 얼마 지나지 않아서 사용된 전략은 우반구를 사용하는 것이지만 장기적인 회복은 손상된 좌반구내에서의 재조직화에 달려 있음을 의미한다.

■ 기능 회복에 영향을 미치는 요인

이 연구들이 외상 후 가능한 뇌의 재조직화 증거를 제공하고 있으나, 외상적 병변 손상으로부터 회복이 가능한 정도에 관해서는 많은 질문들이 아직 대답되지 않고 있다. 여기에서는 성인과 아동 모두에게 적용되는 회복에 관한 몇가지 쟁점들을 논의하고, 다음에는 아동들의 회복에 더 특정적인 쟁점들을 더 자세히 살펴볼 것이다.

현재, 우리는 재조직화와 회복의 정도를 제한하는 모든 요인들을 알지 못하며, 그런 재조직화를 가능하게 만드는 조건들을 어떻게 조작할지에 관해서도 정확히 알지 못한다. 그러나 분명한 것은 회복에 영향을 미치는 많은 요인들이 있고, 전통적으로 생각되어 온 것보다 성인들이 더 많이 회복하는 것이 가능하다는 것이다. 회복에 영향을 미치는 많은 요인들이 표 15.3에 나열되어 있다.

흥미롭게도, 동물을 대상으로 한 연구는 주변 환경이 회복에 영향을 미친다는 것을 시사한다. 앞에서 풍요로운 환경이 발달하는 뇌의 시냅스 생성에 영향을 미칠 수 있다는 증거를 살펴보았다. 최근의 증거도 뇌 손상 후 풍요로운 환경에서 자란 동물은 빈약한 환경에서 자란 동물보다 생리적인 측정치와 행동적 측정치에서 더 좋은 결과를 보이는 경향이 있다는 것을 보여주었다(Dhanushkodi, Bindu, Raju, & Kutty, 2007; Gobbo & O'Mara, 2004; Will, Galani, Kelche, & Rosenzweig, 2004). 이 쟁점은 임상적으로 적용될 잠재력이 있고 잠재적으로 매우 중요하지만 인간에 대해서는 아직 충분히 연구되지 않았다.

또 다른 관련 요인은 그 사람의 병전 인지 상태이다. 높은 지능과 교육 수준을 지닌 사람은 더 잘 회복한다. 70년도 더 전에 한 유명한 과학자가 말했듯이 "두뇌 손상의 종류뿐만 아니라 두뇌의 종류도 중요하다"(Symonds, 1937). 그러나 회복이 더 잘 되는 이유는 명확하지 않다. 한편으로는 더 똑똑한 사람이 더 큰 능력 보유고를 지니고 있어서 뇌 손상을 당하면 덜 똑똑한 사람보다 전반적인 능력이 덜 감소될 수도 있고, 다른 한편으로는 더 똑똑한 사람이 장애를 극복하기 위해서 학습이나 책략을 고안하는 것을 더 잘하기 때문일 수도 있다.

뇌 손상을 입은 사람들에 대한 치료는 회복에 목표를 두는 치료와 보상에 목표를 두는 치료로 나뉜다. **회복재활**(restorative rehabilitation)의 목표는 반복적인 훈련에 의해서 기능을 증진시키는 것이다. 몇 번이고 반복하여 사용하면 정신 근육(mental muscle)을 재개발시킬 수 있을 것이라는 생각이다. 이런 치료는 예를 들어 뇌졸중 후에 팔의 편마비를 감소시키는 데 효과적인 것으로 밝혀졌다(Taub & Uswatte, 2000). 그러나 반복적인 훈련이 언어와 기억과 같은 인지기능에도 잘 작용될지는 불분명하다. 뇌 손상 후에 특정 주의력 기술을 훈련하면 효과가 있다는 증거가 있으나 비교적 소수의 연구들만이 반복적 훈련과 자발적 회복이나 다른 치료 방법들을 비교하기 위하여 통제된 실험 설계를 사용하였다(Park & Ingles, 2001). 회복재활과는 대조적으로 **보상재활**(compensatory rehabilitation)의 목표는 특정한 목적을 성취하기 위해서 대안적인 전략을 제공하는 것이다. 예를 들어 측두엽 손상으로 인해 기억상실증을 앓는 환자는 자신의 자동차 사진과 자신이 어디에 차를 주차하였는지를 메모한 노트나 개인용 디지털기기를 가지고 다닌다. 이런 전략은 신경학적으로 정상인 사람들은 보통 사용하지 않으나, 아직 손상되지 않은 기능들에 의존해서 특정 기술의 상실을 최소화하기 위해 사용된다.

■ 아동의 기능 회복

생애 초기에 뇌 손상을 입는 것과 후기에 뇌 손상을 입는 것 중에서 선택해야만 한다면 어느 쪽을 선택하겠는가? 당신이 고려하고 싶어하는 한 요인은 발달 중인 뇌의 가소성이 기능 회복을 도와주는 정도일 것이다. 아마도 뇌 손상 후에 나타나는 성인과 아동의 가장 극적인 차이는 아동들이 기적처럼 보이는 회복을 나타낸다는 것이다. 수십 년 동안 과학자들은 일찍 손상을 입을수록 회복이 더 잘된다고 생각해 왔다. 이것은 이 효과를 처음 제안한 사람의 이름을 따라 **케나드 원리**(Kennard principle)라고 알려졌다(Kennard, 1936, 1942). 여기서 배우겠지만, 케나드 원리는 일부 사례에는 맞지만 다른 사례에는 맞지 않다고 알려져 있다.

케나드 원리는 뇌 손상을 입은 아동과 성인들의 언어에 대한 연구에서 강하게 지지되었다. 성인들을 언어능력이 거의 없거나 전혀 없도록 만든 병변이 아동들에게는 그런 무서운 결과를 가져 오지 않는다. 예를 들어 좌반구가 손상된 아동들이 전형적으로 실어증을 나타내지는 않는다. 한 연구(Bates et al., 2001)에서 연구자들은 편측 두뇌 손상을 지닌 아동과 성인들의 많은 언어기능을 체계적으로 평가하였다. 연구에 참여한 아동들은 선천적으로 두뇌 손상을 지니고 태어난 아동들

표 15.3 회복에 영향을 줄 것 같은 요인들

손상의 심각도
손상 횟수
손상의 배치(간격)
손상을 입은 나이
병전 인지적 상태
한 기능이 다른 기능을 대신할 수 있는 정도
전체적인 두뇌 통합성
뇌 구조의 개인차
동기
정서적 요인들
재활의 범위와 질

이었으나 성인들은 성인기에 두뇌 손상을 입은 사람들이었다. 전반적인 결과는 다음과 같다. 뇌 손상 아동은 어느 반구가 손상되었는지에 관계없이 다양한 측정치들에 대해서 또래들과 같은 수준의 수행을 보였다. 반면 좌반구가 손상된 성인들은 같은 나이의 통제집단에 비해서 매우 손상된 수행을 보였다.

그러나 뇌 손상 아동의 결과가 완전히 장미빛은 아니다. 언어 영역으로부터의 증거는 케나드 원리를 지지하는 것으로 보이지만, 다른 영역들에 대한 연구는 가소성의 한계를 보여주었다. 예를 들어 뇌의 우반구가 손상된 아동들은 우반구가 손상된 성인들과 유사하게 공간적 인지장애를 나타내었다 (Stiles, Reilly, Paul, & Moses, 2005). ● 그림 15.24에 예시되어 있듯이 우반구 손상 아동들은 비슷한 영역에 두뇌 손상을 지닌 성인들처럼 그림에서 비조직화(disorganization) 패턴을 보여준다. 현재로서는 언어 영역으로부터의 증거가 공간 영역의 증거보다 케나드 원리를 왜 더 지지하는지는 분명하지 않다.

다른 증거는 아동기 두뇌 손상의 영향을 평가할 때 발달 과정 전체를 고려하는 것이 중요하다는 점을 지적한다. 즉, 연구자들은 아동에게 병변이 생긴 시기뿐만 아니라 아동이 평가를 받고 있을 때의 나이와 손상을 입은 후 얼마나 시간이 지났는지에 대해서도 고려해야 한다. 아동은 발달 초기에는 비교적 탄성이 있어 보이지만, 후기에 점점 더 복잡한 기술을 나타내도록 기대될 때 결함을 나타낸다. 예를 들어 최근 한 연구에서 선천적으로 두뇌 손상을 지니고 태어난 아동들이 인지 발달에 있어 또래들과 보조를 맞추지 못하여서 7세 이후에 IQ가 저하되는 것을 발견하였다(Levine, Kraus, Alexander, Suriyakham, & Huttenlocher, 2005; Banich, Levine, Kim, & Huttenlocher, 1990).

결함이 나중에 나타나는 현상은 **혼잡가설**(crowding hypothesis)로 설명될 수 있다(Teuber & Rudel, 1962). 이 가설에 따르면, 아동 뇌의 손상되지 않은 영역은 그 영역이 정상적으로 수행해야 하는 기능뿐만 아니라 손상된 영역이 원래 수행하였던 기능도 함께 수행하도록 기대된다. 따라서 손상되지 않은 뇌 조직이 너무 많은 기능으로 인해서 붐비게 된다. 우리가 최적으로 기능하기 위해서 뇌의 3/4만 필요로 한다면 아마도 진화에 의해서 우리는 현재 뇌의 크기의 3/4에 해당하는 크기의 뇌를 가지게 되었을 것이다! 그러므로 아동의 뇌가 발달하는 동안 주목할만한 가소성을 가지고 있다 하더라도 아동의 뇌 손상이 결함을 초래한다는 것은 놀랄 일이 아니다.

끝으로, '아동기'는 단순히 '성인기'에 비교되는 한 기간으로 생각할 수 없다. 아동기 중 어느 시점에서 뇌 손상을 입는가에 따라서 다른 결과가 초래된다. 예를 들어 쥐를 대상으로 한 연구에서 뉴런생성이 완성된 직후에 뇌 손상이 발생했을 때 기능에 가장 나쁜 결과를 초래하였고, 그보다 약간 늦게 시냅스 생성 기간에 뇌 손상이 발생했을 때는 그보다 더 좋은 결과를 나타냈다(Kolb & Gibb, 2001). 이런 증거는 발달 초기에는 뇌가 시점에 따라서 다른 상태에 있음을 상기시킨다. 그러나 우리는 또한 성인의 뇌도 나이에 따라서 다르다는 사실을 기억해야 한다. 이 사실은 '노화하는 뇌'의 주제로 우리를 인도한다.

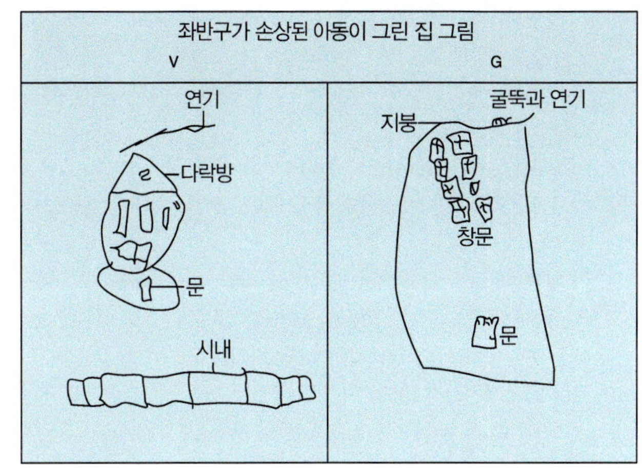

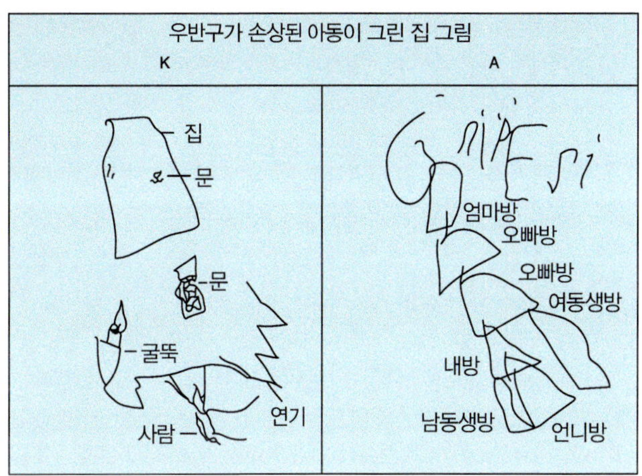

● **그림 15.24 생애 초기에 좌반구 또는 우반구가 손상된 아동이 그린 그림.** 우반구가 손상된 아동의 그림에서 관찰되는 결함은 우반구가 손상된 성인이 보이는 결함과 유사하다. 출처: Figure from Stiles-Davis, J. et al. (1988). Drawing ability in four young children with congenital unilateral brain lesions. Neuropsychologia, 26, 365. Reprinted by permission from Elsevier.

IN FOCUS: 한 가지 감각양상을 박탈하면 다른 감각양상의 특별한 능력이 증진되는가?

이 장에서 우리는 상해나 비전형적인 환경(예, 감각박탈)에 대한 반응으로 뇌의 가소성이 일부 사례에서 능력이 정상적인 수준으로 보완되거나 다시 획득되도록 뇌가 재조직화되는 것을 어떻게 허용하는지를 논의하였다. 그러나 재조직화가 실제적으로 정상 수준을 넘어서도록 뇌의 처리 능력을 증진시킬 수 있을까? 당신은 아마도 다른 보통 사람들과 비교하여 눈이 안 보이는 사람은 더 잘 들을 수 있고, 귀가 안 들리는 사람은 더 잘 볼 수 있다는 '평범한 지혜'에 관해 들은 적이 있을 것이다. 여기에서 우리는 이런 질문과 관련된 경험적 증거를 논의할 것이다.

우선, 나쁜 소식부터 말하자면 태어나면서부터 특정 감각의 입력이 박탈되어도 남아있는 감각 양상의 기본적인 민감성을 증진시키지 못한다고 꽤 오랫동안 알려져 왔다. 예를 들어 귀머거리로 청각 입력을 받지 못하는 것은 빛이 탐지될 수 있는 역치나 또는 다른 수준의 시각적 대비(contrast)나 움직임을 변별하는 능력을 변화시키지 않는다(Bavelier, Dye, & Hauser, 2006). 이 발견은 온전한 감각의 일차감각피질에서 재조직화가 거의 일어나지 않는다는 것을 의미한다. 그러나 지각과 인지가 더욱 미묘한 방식으로 증진될 가능성은 남아있다. 여기에서 우리는 귀가 안 들리는 사람을 연구한 예와 눈이 안 보이는 사람을 연구한 예를 살펴보겠다.

여러 증거들은 귀가 안 들리는 사람은 중심 시야와는 대조적으로 주변시야의 시각 정보에 차별적으로 반응한다는 것을 지적한다. 직관적으로 이런 사실은 이해가 된다. 정상적으로는 주변에 있는 청각적인 단서들이 우리가 주변시야에 제시된 자극을 응시하도록 시선을 돌리는 것을 도와준다. 예를 들어 우리가 왼쪽 어깨 가까이에서 어떤 소리를 들었다면 당신은 왼쪽으로 시선을 움직여서 그 물체를 중심시야에 가져올 것이다. 귀가 안 들리는 사람은 주변에서 아무런 청각적 단서를 받을 수 없기 때문에 시각 자체가 주변 공간에서 벌어지는 사건들에 더욱 민감해야만 한다.

귀가 안 들리는 사람이 주변 시야에 주의를 더욱 기울인다는 증거는 행동적 연구, ERP, 신경영상연구 등에서 찾을 수 있다. 한 행동 연구에서 참여자들은 방해자극이 자극배열의 중심부나 주변부에 나타나는 동안 목표자극에 반응하여야 했다(● 상자 그림 15.1). 귀가 안 들리는 사람들은 방해자극이 주변에 나타날 때 더 영향을 많이 받은 반면, 정상 청력을 지닌 사람들은 방해자극이 중심에 나타날 때 더 영향을 많이 받았다(Proksch & Bavelier, 2002).

다른 연구에서, Neville과 동료들은 선천적으로 귀가 안 들리고 미국 수화(American Sign Language, ASL)를 배운 사람들과 정상적인 청력을 지니고 있고 수화를 모르는 사람들, 그리고 정상 청력을 지녔지만 (보통 배우자나 형제가 귀가 들리지 않기 때문에) 수화를 아는 사람들, 이 세 집단이 각각 주변시야 정보를 처리하는 능력을 비교하였다. 마지막 집단은 특히 중요한 통제집단이다. ASL은 공간을 가로지르는 움직임을 포함하는 시각적 언어이므로 연구자들은 시각적 지각에 영향을 미치는 것이 귀가 안 들리는 것 자체인지 또는 ASL 경험인지 말할 수 있기를 원했다. 이 세 집단의 사람들은 행동적인 방법과 ERP로 검사를 받았다. 귀가 안 들리고 ASL을 사용하는 사람들이 다른 두 집단의 사람들보다 주변 시야의 시각적 자극에 100 ms 이상 빠르게 반응하였다. 더욱이 귀가 안 들리는 사람들은 정상청력을 지닌 다른 두 집단보다 후두 영역에서 주의관련 N_{150}을 훨씬 더 크게 나타냈다. 이 발견은 귀가 안 들리는 사람들의 경우 주변 영역에 대한 시공간적 주의가 증진됨을 시사한다(Neville, 1990; Neville & Lawson, 1987a~c).

fMRI를 사용한 연구들은 뇌의 어떤 부분들이 귀가 안 들리는 사람들의 이런 능력과 관련되는지에 관한 정보를 제공하는 데 도움을 주었다. 위의 연구에서 다른 두 집단에 비해서 주변 영역에 주의를 더 잘 기울이는 것으로 밝혀진 귀가 안 들리는 사람들은 MT/MST(운동 지각 영역)와 공간적 주의에 관여하는 후측 두정피질의 활동이 증가되었다(Bavelier, Brozinsky, Tomann, Mitchell, Neville, & Liu, 2001). 정상 청력을 지닌 사람은 주변보다 중심시야의 시각적 움직임에 주의를 기울일 때 MT/MST 영역이 더욱 반응하였는데, 귀가 안 들리는 사람은 이와는 반대 패턴을 보였다.

이런 연구들은 귀가 안 들리는 사람들의 시

노화에 따른 뇌의 변화

뇌 기능의 변화는 아동기 동안의 발달과 뇌 손상의 결과로서 뿐만 아니라, 노화 과정의 결과로도 발생한다. 이 변화들은 개인이 성인기 후기가 될수록 더욱 뚜렷해진다. 이 장의 이 마지막 부분에서 우리는 노화에 수반되는 인지와 신경의 변화들을 살펴보고자 한다. 이 장에서 우리는 정상 노화와 연관된 변화들에 초점을 맞출 것이다. 파킨슨병과 알츠하이머병에 수반되는 치매에 대해서는 16장에서 다룰 것이다.

■ 노화에 따른 인지적 변화

광범위하게 말하면, 노화에 따른 정신 기능의 변화를 바라보는 여러 가지 다른 방법이 있다. 우리는 쇠퇴가 전반적인지(즉, 모든 능력이 노화하면서 나빠지는 것), 어떤 능력에 특정적인지(즉, 어떤 기능이 다른 기능보다 더 빠른 속도로 나빠지는 것), 노화에 따른 쇠퇴의 특징에 초점을 맞출 수 있다. 또는 노화에 따른 정신적 쇠퇴에만 초점을 맞추지 않고, 우리는 노인들이 사용하는 인지적 책략이 젊은 성인들의 책략과 어떻게 다른지, 또는 노인들이 젊은이들보다 실제로 더 잘 하는 것이 있는지를 고려할 수도 있다.

대부분의 노화 연구들은 쇠퇴와 연관된 접근방법을 취해 왔다. 노화와 함께 모든 능력이 전반적으로 감소한다는 것을 주장하는 견해가 있다. 이런 쇠퇴로 정신 자원의 전반적인 감소나 처리속도의 전반적인 저하가 나타나는 것으로 믿어 왔다(Craik & Byrd, 1982; Salthouse, 1996). 이 이론의 증거는 다양한 과제에 대한 젊은 성인과 노인(보통 조기퇴직연령이나

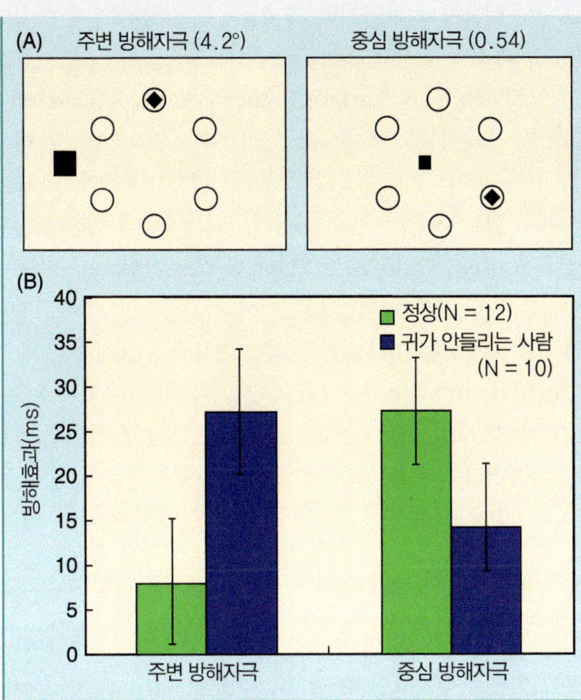

● **상자 그림 15.1 귀가 안 들리는 사람과 정상인에 있어 주변과 중심에 제시된 시각정보에 대한 주의.** 동그라미 안에 있는 기호에 관한 결정을 내릴 때, 귀가 안 들리는 사람은 주변에 있는 방해 도형에 의해서 더 영향을 받고, 정상인은 중심에 있는 방해도형에 의해서 더 영향을 받는다. 출처: Figure from Bavelier, D. et al. (2006). Do deaf individuals see better? Trends in Cognitive Sciences, 10, 512–518. Reprinted by permission of Elsevier.

각적 지각에 초점을 맞추었으나 다른 연구들은 눈이 안 보이는 사람들의 인지 능력에 주목하여 왔다. 일련의 흥미로운 연구들이 눈이 안 보이는 사람들의 언어적 기억력을 연구하였다. 많은 문화권에서 전통적으로 이야기체의 역사를 입을 통해 신뢰있게 전달하는 눈이 안 보이는 이야기꾼들을 소개하고 있다. 눈이 안 보이는 사람들은 글로 쓰여진 책을 다시 참조할 수 없으므로, 그들이 눈이 보이는 사람보다 언어적 기억에 더 의존할 필요가 있다는 것은 이해된다. 실제로, 여러 연구들은 눈이 안 보이는 사람들이 우수한 언어적 기억을 가지고 있음을 보고하였다(Röder, Rösler, & Neville, 2001).

다소 놀랍게도, 신경영상연구들은 태어나면서부터 눈이 보이지 않는 사람들의 경우에는 정상인들과는 달리 언어과제가 일차시각피질(V1영역)을 활성화시키는 것을 발견하였다(Amedi, Raz, Pianka, Malach, & Zohary, 2003; Röder, Stock, Bein, Neville, & Rösler, 2002). 더 나아가 TMS로 시각피질 활동에 장애를 일으키면 눈이 안 보이는 사람들은 언어 과제에서 의미 오류를 범하였으나 정상인에게서는 같은 결과가 관찰되지 않았다(Amedi, Floel, Knecht, Zohary, & Cohen, 2004). 이런 연구들은 '시각' 피질이 언어기능을 도와주기 위해서 재조직화된다는 것을 의미한다. 이런 발견들을 함께 결합한 한 연구에서, V1의 활동수준이 (정상인의 경우는 아니고) 눈이 안 보이는 사람들의 언어기억수행을 예측하였다(Amedi et al., 2003).

정상적으로는 시각적 특징을 표상하도록 분명히 정해져 있는 영역이 다른 종류의 정보를 표상하기 위해서 재조직화될 수 있다는 사실은 놀랍게 보인다. 시각피질이 점자 읽기(이에 관해서는 이 장의 앞에서 논의한 것을 참조하라)를 돕기 위해서 어떻게 재구조화되는지를 생각하는 것은 더 쉽다. 왜냐하면 점자 글씨들은 V1 영역에 각각의 위치가 정해지도록 공간적으로 조직화되어 있기 때문이다. 연구자들은 언어적 정보가 정상 뇌에서조차 어떻게 조직화되는지 잘 이해하고 있지 못하므로, 그런 정보가 눈이 보이지 않는 사람의 뇌의 V1에 어떻게 표상될 수 있는지에 관해서는 아직 분명하게 알지 못하고 있다. 그럼에도 불구하고, 현존하는 연구들은 언어기능을 제공하기 위해서 V1이 재조직화되는 것은 눈이 안 보이는 사람들의 언어기억 기술을 증진시키는 데 기여한다는 임시 증거들을 제공하고 있다.

그 이상의 나이)의 수행을 비교함으로써 얻어졌다. 일반적으로 노인들이 젊은 사람들보다 많은 과제에서 더 저하된 수행을 보였다(● 그림 15.25).

다른 쇠퇴-관련 견해는 노화와 함께 나타나는 결함이 전반적이지 않고, 오히려 더욱 특정적이라는 것이다. 이런 견해에 따르면 일부 처리과정은 노인들에서 손상되지만 다른 과정들은 그렇지 않다. 예를 들어 노화에 따른 인지적 쇠퇴는 명시적 기억 회상 과제들(예, 단어 목록을 기억하고 회상하는 것)과 집행기능 과제에서 가장 잘 드러난다. 이와는 대조적으로 자서전적 기억, 어휘 및 암묵기억 과정은 비교적 온전하게 보인다(Hedden & Gabrieli, 2004). 앞으로 살펴 볼 인지 신경과학 연구 결과는 특정한 뇌 영역들이 특히 노화에 의해서 영향을 많이 받고, 이 영역들과 연관된 기능들이 차별적으로 손상된다는 생각을 지지한다.

연구자들이 고려해야 하는 한 쟁점은 인지책략이 노화와 함께 변화하는가이다. 이 쟁점은 단순히 노인들의 수행 수준을 살펴보는 것만으로는 대답할 수 없다. 어떤 경우에는 노인들이 젊은이들만큼 수행을 잘 할 수 있지만, 그들은 그 과제를 완성하기 위해서 다른 책략을 사용하였을 수 있다. 예를 들어 노인들은 특정한 문제 해결 과제를 수행하기 위해서 처리속도보다는 저장된 지식(사는 동안 축적된 지혜)에 더 의존하는 것 같다. 그런 경우에 우리는 수행 측정치만으로는 노화와 관련된 처리 변화를 탐지할 수 없다. 또 다른 경우로는, 과제를 구조화하는 방식이 노화관련 효과가 보이는 정도에 영향을 미칠 수 있다. 예를 들어 기억 과제를 수행할 때 (참여자들이 원하는 책략을 무엇이든지 사용하게 하는 것보다) 의미에 주목하

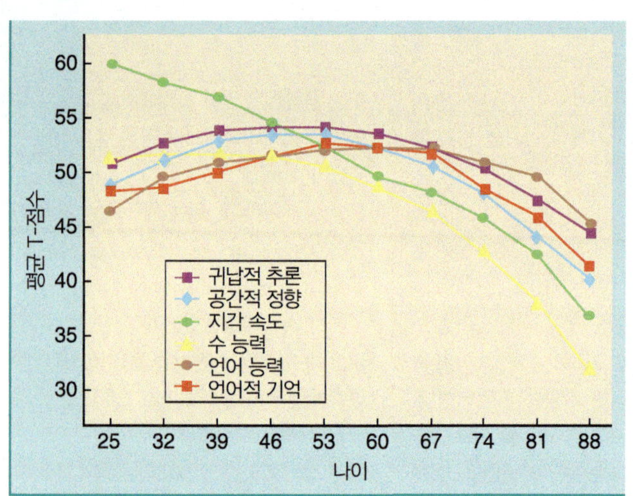

● **그림 15.25 다양한 인지과제들의 노화-관련 감퇴.** 이 결과는 인지수행을 많은 시점에서 반복적으로 측정한 한 종단연구의 결과이다. 출처: From Hedden, T., & Gabrieli, J. D. E. (2004). Insights into the ageing mind: A view from cognitive neuroscience. Nature Reviews Neuroscience, 5, 87–97.

라고 참여자에게 지시를 하면 수행 결과에 있어 나이 차이가 감소하고 나이가 다른 집단들이 서로 더 비슷한 뇌 활동패턴을 나타낸다(Logan, Sanders, Snyder, Morris, & Buckner, 2002). 그런 발견은 젊은 사람과 노인들은 때때로 같은 과제에 대해서 서로 다른 책략을 사용한다는 것을 지적한다.

끝으로, 노화가 일부 과제들에 대한 수행을 증진시킬 가능성을 고려할 필요가 있다. 많은 사람들이 노화는 오랫동안, 천천히, 퇴행하면서, 피할 수 없이 무덤으로 미끄러져 들어가는 것이라고 가정하고 있으므로 이것은 반직관적인 생각이다. 그러나 최근의 연구들에서 노인들이 젊은 사람들보다 최소한 한 영역에서는 수행이 뛰어나다고 제안되었다. 그 영역이 정서적 조절이다(Mather & Carstensen, 2005). 노인들은 일반적으로 젊은이들보다 작업기억 과제들에서 손상된 수행을 보이지만, 그 과제가 정서적 정보를 포함하고 있을 때는 손상을 보이지 않는다(Mikels, Larkin, Reuter-Lorenz, & Carstensen, 2005). 노인들은 정서적으로 괴로운 상황에 더 잘 대처할 수 있어 보인다. 부정적인 기분은 젊은 사람들만큼 오래 지속하지 않는 경향이 있고 긍정적인 기분은 더 오래 지속한다(Carstensen, Pasupathi, Mayr, & Nesselroade, 2000). 노인들은 또한 표준 실험실 과제들에서 긍정적인 정보로 향하고 부정적인 정보는 피하도록 주의를 이동하는 긍정적 주의 편향(positive attentional bias)을 보이는 경향이 있다(Mather & Carstensen, 2003; Mather et al., 2004). 장미빛 안경을 통해서 세상을 보는 것이 항상 좋을지에는 의문이 있지만, 이런 특징은 확실히 인생의 후반기를 더 즐겁게 만들 수 있다!

■ 노화에 따른 신경적 변화

최근 몇 년 동안 노화에 따른 뇌에서의 변화에 대한 연구가 폭발적으로 증가하였다(Grady, 2008; Minati, Grisoli, & Bruzzone, 2007). 뇌영상연구들은 뇌 구조와 활동에 있어서 나이와 관련된 일부 변화들은 영역-특정적이라고 지적하였다. 예를 들어 구조적 영상으로 측정된 뇌용적의 감소는 전두엽에서 더 뚜렷하였고 일차감각영역에서는 덜 나타났다(● 그림 15.26)(Raz, Torres, Spencer, Baertschie, Millman, & Sarpel, 1993; Raz et al., 2005). 또한 기억처리와 연관된 내측 측두영역과 다양한 과제 수행 시의 시각 영역 활동이 감소되었음이 관찰되었다(Grady, 2008).

뇌 기능에 있어 이러한 생리적 변화는 행동적 결과를 초

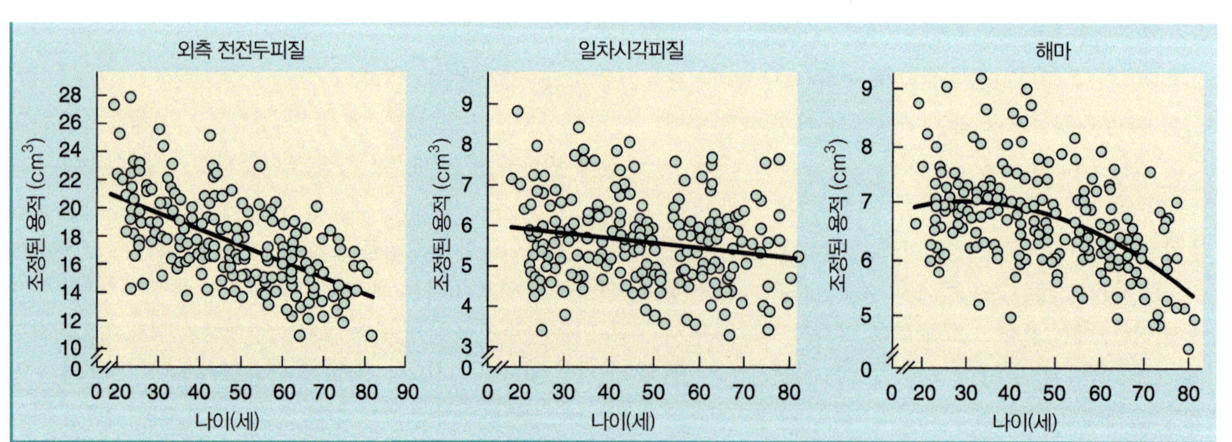

● **그림 15.26 각기 다른 뇌 영역들에 있어 나이에 따른 뇌 용적의 변화.** 나이에 따라서 뇌의 용적이 상실되는 정도가 영역에 따라 다르다는 사실을 주목하라. 일차시각영역은 뇌 용적 변화가 거의 없고, 외측 전전두피질은 나이가 증가함에 따라서 선형으로 점차 감소하며, 해마는 중년 이후에 뇌 용적이 가파르게 감소한다. 출처: From Hedden, T., & Gabrieli, J. D. E. (2004). Insights into the ageing mind: A view from cognitive neuroscience. Nature Reviews Neuroscience, 5, 87–97.

래한다. 여러 해 동안, 연구들은 전두엽과 측두엽에 의해 지지되는 인지기능들이 특히 노화에 의해서 손상된다는 것을 확인하였다(Hedden & Gabrieli, 2004). 예를 들어 노인들은 자기-순서 지적 과제(self-ordered pointing task), 위스콘신 카드분류검사, 언어 유창성과 도형 유창성, 스트룹 과제 등 전두엽 손상에 민감한 검사들에 대해 결함을 나타낸다(Daigneault, Braun, & Whitaker, 1992). 그들은 또한 전두엽에 의존하는 기억과제에서도 분명한 쇠퇴를 보인다. 이런 과제들에는 작업기억과제; 정보를 받은 시간적 순서를 아는 것과 같은 '메타기억(meta-memory)' 과제(Parkin, Walter, & Hunkin, 1995); 미래에 어떤 일을 해야 하는 것을 기억해야 하는 미래계획기억(prospective memory) 과제; 그리고 특정한 정보가 학습된 특정 상황이나 맥락을 기억하는 능력인 **출처기억**(source memory; 예, 지구가 태양 주위를 돈다는 사실을 3학년 때 Frost 선생님께 배웠다는 것을 아는 것) 등이 포함된다(McIntyre & Craik, 1987). 10장에서 배웠듯이 측두엽, 특히 해마는 정보를 융통성 있게, 다양한 맥락에서 사용할 수 있도록 허용하는 기억인 장기 서술기억을 새로 만드는데 결정적으로 중요하다. 건강한 50~60대는 젊은 사람들보다 서술기억 검사에서 더 저하된 수행을 보인다(Grady & Craik, 2000).

그러나 흥미롭게도 노인들이 젊은 성인들보다 증가된 뇌 활동을 보인 사례가 많이 있다. 이런 증가는 흔히 전전두피질과 같이 노화에 의해서 영향을 받는 바로 그 영역에서 뚜렷하다. 직관과는 반대되는 것처럼 보이는 이런 발견을 우리는 어떻게 이해할 수 있는가? 한 가지 가능성은 이 영역이 신경적으로 비효율적이라는 것이다. 즉, 잘 작용하지 않기 때문에 2배로 열심히 일해야 하고 그 결과 활성화가 증가된다는 것이다(Cabeza, Anderson, Mangels, Nyberg, & Houle, 2000). 그러나 흥미로운 대안적인 설명은 이 영역들이 다른 뇌 영역들의 기능 쇠퇴를 극복하기 위해서 보상적인 방식으로 더 활성화된다는 것이다(Park & Reuter-Lorenz, 2009). 작업기억과제를 더 잘 수행한 노인들이 전전두영역에서 가장 큰 활성화를 보인 결과(Rypma, Eldreth, & Rebbechi, 2007)는 이런 생각을 지지한다.

노화는 특정 뇌 영역들의 통합뿐만 아니라 뇌 전체의 전반적인 활성화 패턴에도 영향을 미친다. 유명한 한 가지 이론이 **탈분화**(dedifferentiation)이론이다. 이 이론은 노화에 따라 기능의 국재화가 덜 분명해진다고 제안한다(Li & Lindenberger, 1999). 예를 들어 전형적으로 특정 영역을 활성화시키는 자극들(얼굴, 집, 글자/단어)을 제시하였을 때, 노인들은 방추얼굴영역(fusiform face area), 해마주변 장소영역(parahippocampal place area) 및 외측 후두영역에서 특정적인 활성화를 덜 나타낸다(Park, Polk, Park, Minear, Savage, & Smith, 2004). 그러나 이런 발견들은 노인들의 뇌가 하나의 크고 분화되지 않은 덩어리가 된다는 것을 의미하는 것은 아니다. 사실, 일련의 훌륭한 연구들은 이처럼 더 확산된 활성화 패턴은 증가된 요구를 보상하기 위하여 증가된 활성화를 반영하는 것이라고 제안하였다. 언어적 작업기억 과제를 수행하는 동안에는 좌반구 전전두영역이 활성화되고 공간적인 작업기억 과제를 수행하는 동안에는 우반구의 전전두영역이 활성화되는 젊은 성인들과는 달리 노인들은 언어적 작업기억과제와 공간적 작업기억과제에서 모두 양반구의 활성화를 나타내는 경향이 있다(Reuter-Lorenz, Marshuetz, Jones, Smith, Hartley, & koeppe, 2001). 이런 양반구 활성화 패턴은 다양한 과제들에서 보여진다(Cabeza, 2002; Cabeza, Daselar, Dolcos, Prince, Budde, & Nyberg, 2004)(● 그림 15.27). 이러한 양반구 수행 패턴에 대한 가능한 설명은 노인들은 각 반구의 능력이 감소되어서 양쪽 반구가 모두 개입될 필요가 있다는 것을 가리킨다는 것이다. 4장에서 논의한 것처럼 요구가 많은 조건에서 반구들이 자원을 합치는 것은 도움이 된다(Banich, 2003). 실제로, 노인들의 뇌 반구들은 낮은 요구 수준의 과제에서도 두 반구를 함께 사용하였을 때 젊은 성인들의 경우보다 더 이득이 있음을 보여준다(Reuter-Lorenz, Stanczak, Miller, 1999). 또 다른 연구에서, 기억 부호화과제를 더 잘 수행한 노인들은 그 과제를 더 못한 노인들보다 더 많은 양측 전두엽의 활성화를 보였다(Rosen et al., 2002). 이 결과들은 노인들에서의 양반구 활성화 패턴은 수행을 지지하기 위해서 부가적인 뇌 영역을 모으는 **보상기제**(compensatory mechanism)를 반영한다는 것을 의미한다(Reuter-Lorenz, 2002).

노화하면서 연결망(network) 내에 있는 뇌 영역들의 상대적인 활성화 수준이 변한다. 예를 들어 단어가 쓰여진 잉크 색깔과 단어의 의미가 상충되는 상황에서 단어가 쓰여진 색깔을 말해야 하는 스트룹 과제 시, 젊은 사람들은 배외측 전전두영역이 많이 활성화되고 전측 대상피질은 덜 활성화된다. 배외측 전전두영역은 과제와 관련된 잉크 색깔에 주의를 기울이게 하고 과제와 무관한 단어에는 주의를 돌리게 하는 하향 주의 통제(top-down attentional control)와 관련된다. 반면, 전측대상회는 반응을 하기 전에 어떤 남아있는 갈등을 해소하는 데 관여한다(12장 참조). 젊은 성인들과 비교해서 노인들은 갈등이 되는 정보에 더 방해를 많이 받고 배외측 전전두영역에서 활성화를 덜 보이는데 이는 노인들이 단어를 무시하고 잉크 색깔에 주의를 기울이는 데 어려움이 있음을 시사한다. 그러나 노인들은 또한 대상피질에서 증가된 활성화를 보인다. 이는 아마도 이 영역이 배외측 전전두피질의 감소된 활동을 보상하려고 시도하면서 정확한 반응을 선정하기 위해서 2배나 열심히 일하고 있음을 시사한다(Milham et al., 2002).

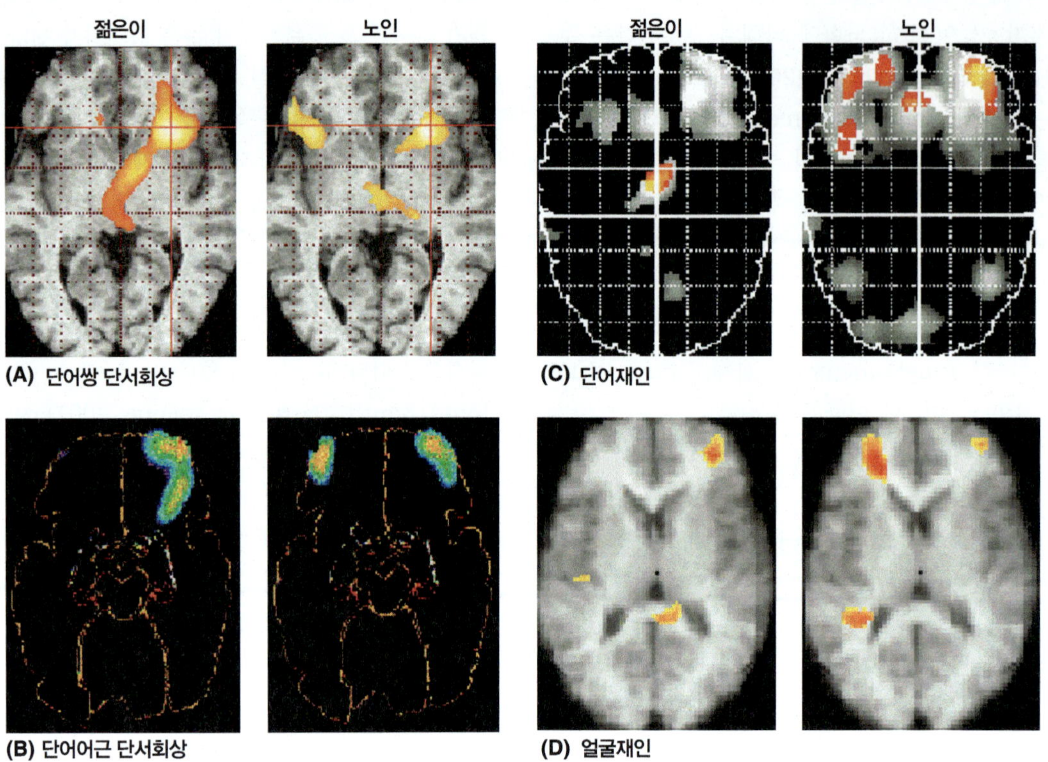

● **그림 15.27 노화와 연합된 뇌의 활성화 변화.** 다양한 과제들에서 노인들은 젊은이들보다 양반구가 모두 활성화되는 것을 주목하라. 출처: Copyright 2002 by the American Psychological Association. Reproduced by permission. Cabeza, R.(2002). Hemispheric asymmetry reduction in older adults: The HAROLD model. Psychology and Aging, 17(1), 87. The use of APA information does not imply endorsement by APA.

활성화 패턴이 노인들에게서 왜 변화하는지 또 다른 가능한 이유는 수초의 상실로 뇌 영역들 간의 연결이 더 많이 단절되었다는 것이다. 노화에 따른 백질 상실에 관한 연구는 전두엽과 뇌량 앞쪽에서 백질이 가장 눈에 띄게 전반적으로 쇠퇴한다는 사실을 보여준다(Head et al., 2004). 이런 많은 단절은 왜 전두영역에 의한 집행적 통제가 노화로 인해서 손상되는지를 부분적으로 설명할 수 있다. 노인들은 다른 뇌 영역들에 대하여 '하향식(top-down)'의 주의적 통제를 덜 행사할 수 있는 것 같다. 예를 들어 (스트룹 과제에서 잉크 색깔을 알아내는 것과 같은) 과제와 관련된 정보를 처리하는 뇌 영역의 활성화를 활발하게 할 수 없고, (스트룹 과제에서 단어 정보와 같은) 과제와 무관한 정보를 처리하는 뇌 영역의 활성화를 억제시킨다. 실제로, 노인들에서는 백질 통합의 측정치가 회백질을 상실한 정도보다 인지적 수행을 더 잘 예측한다는 것이 밝혀졌다. 특히, 한 연구에서 전두엽의 백질통합은 집행기능을 예측하는 반면 측두엽과 두정엽의 백질통합은 어떤 사건이나 일화를 기억하는 능력인 일화기억을 예측한다는 것이 밝혀졌다(Ziegler, Piguet, Salat, Prince, Connally, & Corkin, 2008).

■ 노화의 효과를 늦추기

Ponce de Leon이 젊음의 분수를 찾으러 간 것처럼, 과학자들은 무엇이 노인을 정신적으로 젊게 유지하도록 도울 수 있는지 결정하기 위한 여행을 떠났다. 노화의 효과를 늦추는 데 도움이 되는 두 가지 요인이 밝혀졌다: 유산소 운동(aerobic exercise)과 지적으로 활발한 상태를 유지하는 것. 이 요인들의 중요성에 대한 우리의 지식은 처음에는 동물 연구에서 얻어졌고, 그 다음으로는 인간에게도 이 두 요인이 똑같이 중요한 것으로 입증되었다. 각 요인은 서로 다른 기제에 의해서 뇌를 유지하도록 돕는다. 유산소 운동은 뇌로 향하는 혈관을 더 많이 증식시켜서 산소 공급을 증진시키는 반면 앞서 논의하였듯이 정신적으로 자극하는 환경은 수상돌기를 정교하게 하고, 더 많고 다양한 시냅스 연결을 가능하게 한다. 각각을 차례로 살펴보겠다.

노화하는 동안 유산소 운동이 인지과제에 유익한 효과를 가져온다는 결론을 지지하는 증거가 현재 많아지고 있다(Kramer & Erickson, 2007). 동물 연구는 운동을 하면 뇌로 가는 혈액 공급이 더 많아진다고 지적하였다(Black, Isaacs, Anderson, Alcantara, & Greenough, 1990). 폐질환, 흡연, 공기가 희박한 높은 산꼭대기에서 사는 것 등으로 인한 산소 부족은 신경심리학적 기능의 퇴화를 일으킬 수 있다(Hjalmarsen, Waterloo, Dahl, Rolf, & Viitanen, 1999; Kramer, Coyne, & Strayer, 1993). 따라서 유산소 운동을 하는 사람들이 운동을 하지 않은 또래보다 신경인지기능이 더 좋은 것은 놀랄 만한 일이 아니다(Clarkson-Smith & Hartley, 1989; van Boxtel, Paas, Houx, Adam, Teeken, & Jolles, 1997). 그러나 이런 결과들이 지닌 한 쟁점은 이 사람들이 아마도 특히 축복받은 신체를 지니고 있을 수 있다는 것이다. 그래서 그들은 정신적 능력들을 유지하고, 노년이 되어서까지도 운동을 지속할 수 있다는 것이다. 다시 말해서, 신체적 건강과 인지적 기능 간의 상관관계가 우리에게 정신적 기능에 대한 운동의 인과적 역할을 필연적으로 말해주는 것은 아니다.

운동이 평균적인 보통 사람들을 도울 수 있는지를 알아보기 위하여, (이 책의 첫 번째 저자를 포함한) 한 연구자 집단이 운동하지 않고 TV를 보거나 독서하기를 좋아하는 '카우치 포테이토(couch potato)'인 60~75세 노인들을 표집하고(Kramer et al., 1999), 그들에게 가벼운 유산소 운동(예, 주 3회 30분간 가볍게 걷기)이나 유산소 운동을 포함하지 않은 스트레칭 프로그램(주 3회 30분간 스트레칭 운동)에 6개월 동안 참여하도록 하였다. 6개월이 지났을 때, 유산소 운동 집단은 스트레칭 집단과 비교할 때, 전전두영역과 관련된 주의와 기억력에 있어 노화에 따른 결함을 거의 나타내지 않았다. 이 연구는 인지기능에 미치는 운동의 이로운 효과가 유산소 운동에서만 특정적으로 있었고, 비교적 낮은 수준의 유산소 운동에서조차도 유의미한 효과를 얻을 수 있음을 보여 주었다.

자극적인 환경이 노화의 부정적인 효과를 감소시킬 수 있다는 증거도 있다(Kramer, Bherer, Colcombe, Dong, & Greenough, 2004; Milgram, Siwak-Tapp, Araujo, & Head, 2006). 예를 들어 5,000명 이상의 성인을 대상으로 장기간 수행된 연구에서, 직장과 가정에서 지적으로 자극적이고 도전적인 활동을 하면 노년기의 인지적 저하 위험을 감소시킬 수 있음이 밝혀졌다. 이 활동들은 매우 복잡하면서 의례적인 일이 적은(low routine) 직업, 재교육에 참여하기, 다양한 주제의 책을 읽는 독서 습관, 사회집단에 활발하게 참여하기, 여행하기 등을 포함한다(Schaie, 1994). 이 효과는 생물학적 요인이 동일할 때에도 나타났다. 치매 여부가 일치하지 않는(한 명은 치매이고, 다른 한 명은 치매가 아님) 쌍둥이 연구는 쌍둥이 중 교육수준이 낮고 정신적으로 활동적이지 않은 사람이 더욱 알츠하이머병에 걸리기 쉽다는 것을 발견하였다(Gatz, Svedberg, Pedersen, Mortimer, Berg, & Johansson, 2001).

새로운 뉴런의 생성, 즉 뉴런발생(neurogenesis)은 노인에게서 전형적으로 관찰되는 인지저하의 효과를 감소시키는 데 도움을 주는 것 같다(Gould, Tanapat, Hastings, & Shors, 1999). 비교적 최근까지, 출생 시에 사람은 이미 가질 수 있는 모든 뉴런을 가지고 태어나고 그 이후로는 뉴런을 점점 잃어간다고 믿어 왔다. 과학자들은 3일마다 교체되는 피부와는 달리, 어떠한 뉴런도 출생 후에는 생성되지 않으며, 출생 시에 존재한 뉴런들이 일생 동안 유지되어야 한다고 가정하였다. 만약 있었던 뉴런들이 사라진다면, 생애 초기에 기억하고 학습한 것도 아마 사라질 것이다! 그러나 최근 연구는 동물(Kuhn, Dickinson-Anson, & Gage, 1996)과 인간(Eriksson et al., 1998)의 성인 뇌(adult brains)가 새로운 뉴런을 형성하는 제한된 능력을 지닌다고 제안하였다(Zhao, Deng, & Gage, 2008). 이 효과는 해마에서 가장 분명하게 증명되어 왔다. 이 새로운 세포는 처음에는 분화되지 않은 **줄기세포**(stem cells; 모든 조직이 생성되는 원시세포)로 나타난 후 뉴런으로 진화한다. 이 뉴런들은 전혀 기능적이 되지 못하는데, 이것은 아마도 그 뉴런들이 다른 뉴런과 적절한 연결(발달과정에서 가지치기와 유사한)을 형성하지 않기 때문일 것이다.

유산소 운동과 자극이 풍부한 환경은 각각 서로 다른 방식으로 뉴런발생에 영향을 미친다: 유산소 운동은 줄기세포의 생산에 영향을 미치는 반면, 자극이 풍부한 환경은 그 세포의 생존에 영향을 미친다. 유산소 운동을 한 쥐는 그렇지 않은 쥐보다 줄기세포를 더 많이 생산한다. 운동하는 쥐는 더 많은 줄기세포를 가지고 시작하므로, 궁극적으로 더 많은 새로운 뉴런들을 형성하게 된다(Van Praag, Kempermann, & Gage, 1999). 이와는 대조적으로, 자극이 풍부한 환경의 쥐는 덜 자극적인 환경에서 자란 쥐보다 새로운 줄기세포를 더 많이 만들지는 않지만, 자극적인 환경에서 자란 쥐의 뉴런들은 유용한 기능적 연결을 만들기 때문에 줄기세포가 기능적 뉴런으로 변화하는 동안 많은 줄기세포가 죽지 않고 살아 남는다(Kempermann, Kuhn, & Gage, 1997). 그 결과, 자극이 풍부한 환경에서 성장한 나이 많은 동물은 빈약한 환경에서 자란 동물에 비해서 거의 5배 많은 새로운 뉴런을 지니게 된다(Kempermann, Gast, & Gage, 2002). 나이 많은 동물들에서도 뉴런 생성이 일어난다는 것과 환경적 조작을 통해서 뉴런 생성을 증가시키는 것이 가능하다는 것은 과거에 생각되었던 것보다 효과적인 개입의 가능성이 더 크다는 사실을 지적한다.

요약

뇌의 발달

- 신경세포는 임신 기간 동안에 증식하는 반면, 아교세포는 출생 후에 증식한다.
- 아동기 동안의 생리적 변화들은 뇌 대사율의 증가, 전기적 활동의 일관성 증가, 과도한 시냅스 연결과 그 이후의 가지치기, 수초화의 증가 등이다.
- 뇌 조직과 기능의 발달적 변화들은 아동의 인지기술의 변화를 수반하며, 이러한 인지기술은 걷기 전에 기는 것과 같이 정해진 순서로 발생한다.
- 최근의 연구들은 청소년기도 또한 지속적인 뇌 발달(특히 전전두피질 및 그것과 변연계 영역의 연결)이 일어나는 시기임을 보여주었다.
- 환경으로부터의 정보는 특히 뇌의 조직화와 능력에 일생 동안 영향을 미치는 민감기 동안 발달하는 뇌에 중요한 영향을 미칠 수 있다.

발달장애

- 정신지체는 광범위한 인지기술에 걸쳐서 전반적인 지적 능력이 부족한 것이 특징이며 감염, 유전적 장애, 독소, 무산소증, 영양실조 등의 다양한 요인들에 의해서 유발된다.
- 난독증은 다른 인지 영역에 있어서는 적절한 지능을 지니고 있고 읽기 교육을 받았음에도 불구하고 읽지 못하는 것이다. 이는 좌반구 언어 영역의 비전형적인 해부적 구조와 기능 및 두뇌 영역들 간의 정보 통합 장애와 관련된다.
- 자폐증과 전반적 발달장애는 타인들과 정서적 또는 사회적으로 상호작용하려는 욕구가 심각하게 결여되어 있고 인지기능(특히, 의사소통 및 언어와 관련된)에 심각한 지체와 장애가 있는 것이 특징이다. 이 장애는 측두엽과 전두엽, 일부 변연계 및 소뇌를 포함한 많은 뇌 영역들과 관련이 있다고 생각되고 있다.
- 주의력결핍 및 과잉행동장애(ADHD) 아동들은 주의를 집중하는데 장애가 있고, 신체적으로는 안절부절하지 못하며, 한 과제에 주의를 집중하지 못하고, 충동적인 경향이 있다. 전전두엽, 기저신경절 및 전측 대상회뿐만 아니라 도파민 체계의 조절 이상이 이 장애와 관련되어 있다.
- 학습장애가 있는 아동들은 성인이 되어도 그 장애에서 거의 벗어나지 못한다. 그러나 성인기에는 그 장애가 다른 증상으로 나타난다. 예를 들어 과잉활동적인 아동이 교실에서 의자에 앉아 있기 어려웠다면, 과잉활동적인 성인은 의자에 앉아 있을 수는 있으나 앉아 있어도 문제에 집중하지를 못한다.

뇌의 가소성

- 재조직화 능력에 한계가 있기는 하지만 성인의 뇌는 감각 입력과 경험 변화에 대한 반응으로 재조직화할 수 있다.
- 뇌 손상의 결과로 신경세포의 퇴행과 사멸, 아교세포에 의한 죽은 세포의 청소, 부풀어 오름(부종), 그리고 결과적인 흉터의 형성 등 방대한 생리적 반응이 발생한다. 두뇌 손상은 대사율, 신경전달물질의 분비, 산소 소비 등 다른 측면의 뇌 기능을 혼란시킬 수 있다.
- 신경 손상에 대한 세포 수준에서의 보상적 기제로는 신경전달물질에 대해서 민감성이 증가하는 것과 노선변경(rerouting)과 발아(sprouting)에 의해서 새로운 연결을 형성하는 것이 있다.
- 뇌의 특정 영역에 손상을 가하면 주변 영역의 활동뿐만 아니라 대측 반구의 대칭되는 영역의 활동도 영향을 받는다. 이런 지역적인 활동 변화는 손상된 조직이 상실되는 것을 보상하는 데 도움이 될 것이다.
- 기능 회복에 영향을 미치는 요인들로는 개인의 병전 상태, 반복적 훈련, 보상적이거나 대안적인 전략을 사용하는 것 등이 있다.
- 케나드 원리는 아동들의 기능 회복이 성인들보다 우수하다고 가정하였으나, 최근 연구들은 손상 이후 경과된 시간과 그 기능을 검사하였을 때 아동이 어떤 발달단계에 있는가에 따라서 뇌 손상 후 아동에게서 관찰된 결함들이 계속 나타나거나 또는 사라질 것이라고 제안하였다.

노화에 따른 뇌의 변화

- 일부 이론들은 노화하면 전반적으로 느려지거나 전반적인 능력이 감소한다고 가정하지만, 인지 신경과학의 증거는 노화에 따른 변화가 더욱 특정적임을 시사한다.
- 노화에 가장 영향을 받는 뇌 영역들은 전두엽과 측두엽이다.
- 노화에 따라 뇌는 기능의 국재화를 덜 나타내게 되는데, 이는 노인들이 과제를 수행하는 데 도움이 되는 더 많은 뇌 영역들을 사용하려고 하기 때문이다.
- 유산소 운동을 하고 자극적인 환경에 있는 것이 노화의 효과를 피하게 하는 것 같다. 이는 두 가지 모두가 성인의 뇌에서 새로운 뉴런이 형성되는 것을 돕기 때문이다.

핵심용어

가소성(plasticity)

경험기대체계(experience-expectant system)

경험의존체계(experience-dependent system)

괴사(necrosis)

교차-양상 가소성(cross-modal plasticity)

난독증(dyslexia)

뇌성마비(cerebral palsy)

다운증후군(Down syndrome)

무산소증(anoxia)

민감기(sensitive period)

발달 이정표(developmental milestones)

보상기제(compensatory mechanism)

보상재활(compensatory rehabilitation)

부종(edema)

석회화(calcification)

성숙지체가설(maturational lag hypothesis)

시냅스 생성(synaptogenesis)

시냅스 제거(elimination of synapses)

뉴런발생(neurogenesis)

신경관형성(neurulation)

신경아교증(gliosis)

유약 X 증후군(fragile X syndrome)

음운인식(phonological awareness)

자폐증(autism)

재생(regeneration)

재조직화(reorganization)

저산소증(hypoxia)

정신지체(mental retardation)

주의력결핍 및 과잉행동장애(attention-deficit hyperactivity disorder, ADHD)

전반적 발달장애(pervasive developmental disorders)

초신경원성 퇴행(transneuronal degeneration)

출처기억(source memory)

케나드 원리(Kennard principle)

탈분화(dedifferentiation)

태아알코올증후군(fetal alcohol syndrome, FAS)

학습장애(learning disability)

혼잡가설(crowding hypothesis)

회복재활(restorative rehabilitation)

도서 참조 사이트: www.cengage.com/psychology/Banich

이 웹사이트는 학생들이나 강사들에게 강의용 퀴즈나 암기카드, 용어정리 같은 정보와 자료를 무료로 제공한다.

전반적 인지장애

Generalized Cognitive Disorders

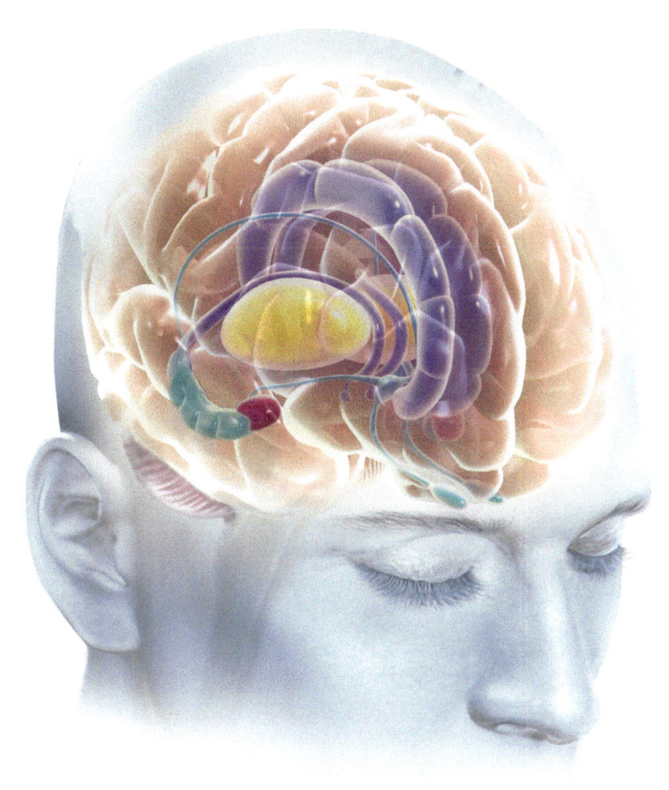

강하고 당찬 여성인 L.F.는 20대였던 1900년대 초반에 이탈리아에서 미국으로 이민을 왔다. 그녀는 가족이나 친구 없이 혼자 왔는데, 그때 당시 특히 그런 상황에서는 여성이 혼자서 여행하는 일이 매우 드물었다. 미국에 도착한 후 그녀는 이미 '노처녀'로 생각되는 나이였지만 그 당시의 전통과는 달리 결혼하지 않고 자신의 일을 시작하였다. 나중에 그녀는 자신의 취향에 맞는 같은 이탈리아 남자 이주자를 만나서 결혼하였다.

그들이 함께 하는 삶은 만족스러웠다. 그녀의 남편은 성공한 중소기업 사업가였고, 네 명의 자녀를 두었는데 밑의 두 자녀는 그녀가 40대일 때 출산하였다. 하지만 불황이 시작되어 금융시장이 붕괴되었을 때 그녀의 남편은 다세대 주택 건설로 빚을 지고 모든 것을 잃게 되었다. 그럼에도 불구하고 L.F.는 모든 자녀들의 대학 교육을 위해서 뉴욕에 있는 의류 가게에서 자수를 놓고 구슬장식을 하는 재봉사로 수년 동안 하루에 10~14시간씩 일하였다. 매우 가난한 생활이었지만 그녀는 자녀들에게 강한 직업윤리와 배움에 대한 열정, 그리고 긍지를 가르쳤다.

L.F.는 80대 초반에 남편과 함께 40년 동안 살았던 지역과 아파트 빌딩에서 쫓겨나게 되었다. 재산은 새로운 주인에게 팔려 은행에 차압되었다. 그들은 둘째 딸의 가족과 함께 생활하게 되었다. L.F.의 기억력은 이전부터 저하되어 있었고 새로운 집으로 이사하는 것은 그녀에게 대단히 어려운 일이었다. 이전에는 뉴욕 거리를 활보하였던 힘차고 기지가 넘치고 당당하던 그녀가 건망증과 지남력 상실로 인해 한 방에서 다른 방으로 움직이는 것조차 어려워하게 되었다. 그녀는 장소뿐만 아니라 시간에 대한 지남력 또한 상실해서 종종 밤인지 낮인지를 혼동하였다. L.F.는 어디에 두었는지 기억나지 않는 물건을 찾기 위해서 (특히) 밤 시간에 집 주변을 정처 없이 배회하였다. 매우 드물지만 이따금씩 일시적으로 편집증을 보이기도 하였다. 예를 들어 한 번은 그녀의 딸이 식료품 가게에 가기 위해 그녀를 자동차에 태우고 안전벨트를 채워 주었는데, 그녀는 은혜를 모르는 딸이 자신을 죽이려 한다고 이탈리아 말로 중얼거렸다.

딸의 가족은 매우 정신적 피로감을 느꼈다. 집은 작았고 특히 L.F.가 밤에 배회하는 것은 가족 모두를 혼란스럽게 하였다. L.F.는 배회하면서 집에 있는 여러 가지 물건들을 움직이고 선반을 여닫거나 불을 켰다 끄는 행동을 하였으며 때때로 자신의 틀니를 예상 못할 장소에 두었다. L.F.가 모든 것을 매우 혼동스러워하였기 때문에 가능한 한 모든 것이 제자리에 있도록 집을 유지하는 것이 중요하였다. 그러나 이렇게 하는 일은 손주들에게 어려운 일이었다. 초등학생과 중학생인 그들은 자신의 방을 깨끗하게 유지하는 것만도 큰일이었다! 또한 L.F.가 편집증이 있어서 손주의 친구들을 따라다니며 어떤 것을 훔치지 않는지를 감시하였기 때문에 친구들을 집으로 데려와서 노는 일도 쉽지 않았다.

9개월쯤 후에 L.F.와 그녀의 남편은 장녀와 그 가족들이 사는 두 세대용 연립주택으로 이사하였다. L.F. 부부에게는 이 새로운 생활배치가 훨씬 더 적합하였다. L.F.는 다른 사람을 방해하지 않고 돌아다닐 수 있었고 집은 그녀의 지적 퇴행수준에 맞추어 조직화되었다. 딸네 가족이 이웃에 있었기 때문에 역시 80대였던 그녀의 남편은 그녀를 다루기 힘들 때나 일상적인 잡일이 있을 때마다 많은 도움을 받을 수 있었다. 하지만 이러한 새로운 환경에서도 스스로를 돌보는 L.F.의 능력은 계속 저하되었다. 남편의 50년 이상 지속된 사랑과 인내 덕분에 공공시설에 수용되지는 않았지만 결국 그녀는 누군가가 그녀를 24시간 돌봐야 하는 상태로까지 악화되었다. 남편은 L.F.보다 오래 살았는데, L.F.와는 달리 90세에 사망하기 몇 주 전까지도 지적으로 민첩하고 신체적으로 활동적인 상태를 유지하였다.

앞에 기술한 사례는 이 책의 저자들 중 한 명(M. T. B.)의 외할머니 이야기이다. 공식적으로 진단을 받은 적은 없지만 할머니는 알츠하이머병 또는 그와 유사한 치매를 앓고 계셨던 것이 확실하다. 기억 상실, 공간적인 처리의 장애, 지남력 상실, 성격변화, 그 중에서도 특히 편집증을 지니는 등 많은 점에서 할머니의 사례는 매우 전형적인 치매 사례이다. 할머니는 완전히 몸져 누워서 대소변을 받아내야 하는 상태가 되기 전에 열사병으로 돌아가셨지만 병은 계속적인 쇠퇴를 보이며 진행되었다.

이 장에서는 이제까지 이 책의 다른 곳에서 살펴보았던 신경심리학적 증후군과는 다른 알츠하이머병과 같은 질환들을 살펴볼 것이다. 지금까지 우리는 시각적 재인과 같은 특정한 인지기능의 손상을 강조하고 그러한 결함의 정의적인 특성을 정확하게 기술하였다. 예를 들어 우리는 시각대상실인증(visual object agnosia)은 지각적인 곤란 때문에 시각적 형태가 의미와 연합되지 못하여 시각적으로 대상을 알아보는 능력이 없는 특정적인 장애임을 언급하였다. 그러나 알츠하이머병을 비롯한 많은 임상증후군들은 하나의 인지 영역의 기능만 붕괴되는 것이 아니라 다양한 인지능력들이 동시에 영향을 받는다. 이러한 증후군을 **전반적 (비특정적) 장애**[generalized (nonspecific) disorders]라고 한다.

전반적 장애의 원인은 앞 장들에서 논의했던 특정적 장애(specific disorder)의 원인들과는 매우 다르다. 특정적 장애는 일반적으로 총상이나 뇌졸중(stroke)과 같이 뇌의 국소적인 손상으로 인해 발생되는데, 그런 경우 손상은 총알이 지나간 궤적이나 산소가 결핍되었던 뇌 영역으로 제한된다. 이와는 대조적으로 전반적 장애의 원인으로는 낙상, 교통사고, 폭행, 스포츠 부상 등으로 인한 폐쇄성 두부 손상, 뇌의 병리적 변화로 인한 치매성 질환, 뉴런을 감싸고 있는 수초의 손상으로 인한 탈수초성 질환, 독성물질에 노출되는 것 등이 있는데, 이것들은 뇌 조직에 국소적이기보다는 훨씬 더 전반적인 영향을 미치게 된다.

이러한 뇌 손상의 원인들은 모두 한 가지 이상의 인지 체계에 동시에 영향을 미치지만, 그 각각의 효과들이 동일하지 않으므로 우리는 신경심리학적인 증상들에서 미묘하지만 중요한 차이를 관찰할 수 있다. 지금부터는 이러한 다양한 원인들과 그로 인한 전반적 인지적 장애들의 특성을 보다 자세하게 살펴보도록 하겠다.

폐쇄성 두부 손상

외부의 물체가 두개골 내부로 들어가는 일은 흔하지 않지만, 머리가 다른 물체(예, 자동차 유리, 지면, 야구방망이 같은 둔탁한 기구)와 강하게 부딪히면 뇌는 손상을 입는다. **폐쇄성 두부 손상**(closed head injury)이라고 불리는 이러한 손상은 **외상성 두뇌 손상**(traumatic brain injury)의 주요 원인이다. 외상성 두뇌 손상은 폐쇄성 두부 손상처럼 갑자기 격렬하게 머리를 어떤 물체에 부딪치거나 총알처럼 어떤 물체가 두개골을 통과하여 뇌로 들어 오는 등 뇌 손상을 초래하는 갑작스런 외상(trauma)을 일컫는 광범위한 의미를 지닌 용어이다. 외상성 두뇌 손상은 미국에서만도 1년에 약 150만 건의 새로운 사례가 보고되고 있는 신경심리학적 기능 장애의 주요 원인이다(Rutlang-Brown, Langlois, Thomas, & Xi, 2006). 잘 알려진 세 가지 신경심리학적 질환인 알츠하이머병, 다발성경화증 및 파킨슨병을 합친 비율보다 외상성 두뇌 손상의 발생률이 더 높다는 것은 매우 놀랄 만한 일이다.

폐쇄성 두부 손상은 15~24세 청소년과 젊은 성인들에게 가장 흔하고 주로 자동차 사고, 자전거 사고, 또는 차량-보행자 사고로 인해 발생한다. 그러나 65세 이상의 노인들에서는 주로 낙상으로 인해서 폐쇄성 두부 손상이 발생된다. 그 밖의 원인들로는 폭행 및 스포츠와 관련된 부상이 있다(In Focus 참조). 술을 마신 사람이 다른 사람에게 손상을 가하거나 스스로 손상을 입거나 또는 두 가지에 모두 관여되는 방식으로, 알코올은 폐쇄성 두부 손상 발생의 50% 이상에 관련된다(NIH Consensus Development Panel, 1999). 두뇌 손상은 자동차 사고 후 가장 흔히 관찰되듯이 확산적(diffuse)인 것이 보통이나, 낙상의 사례에서처럼 국소적인 경우도 있다(Alberico, Ward, Choi, Marmarou, Young, 1987). 지금부터는 폐쇄성 두부 손상에서 확산적이거나 국소적인 손상이 발생할 수 있는 기제를 간략하게 논의하고, 그 후에 이 같은 손상의 신경심리학적 결과를 논의하도록 하겠다.

■ 원인론

폐쇄성 두부 손상에서 손상의 주요 기제는 머리가 빠르게 가속된 후 뒤이어 감속되는 것이며, 이 때문에 때로는 **가속-감속 손상**(acceleration-deceleration injury)이라고도 불린다. 두뇌에 가해지는 힘은 두개골 내에서 뇌를 움직이게 한다. 이러한 움직임은 두개골의 단단한 내부 표면과 뇌가 충돌하게 하여 국소적인 손상을 일으킬 뿐만 아니라, 뉴런이 꼬이거나 절단되게 만들어서 확산적인 손상을 야기할 수 있다. 이때 가장 잘 꼬이는 뉴런은 긴 축색(axon)으로, 멀리 떨어진 뇌 영역들을 서로 연결하는 백질 신경로(white-matter tract)를 구성하는 뉴런들이다(Adams, Graham, Murray, & Scott, 1982)(● 그림 16.1).

사고가 일어났을 때, 이 같은 확산적인 손상은 국소적 병변이 없기 때문에 해부학적 뇌 영상 연구에서는 쉽게 드러나지 않는다. 대신, 사고 당시에 탐지될 수 있는 폐쇄성 두부 손상의 주요 징후는 부종(edema)이다. 시간이 흐르면서 신경

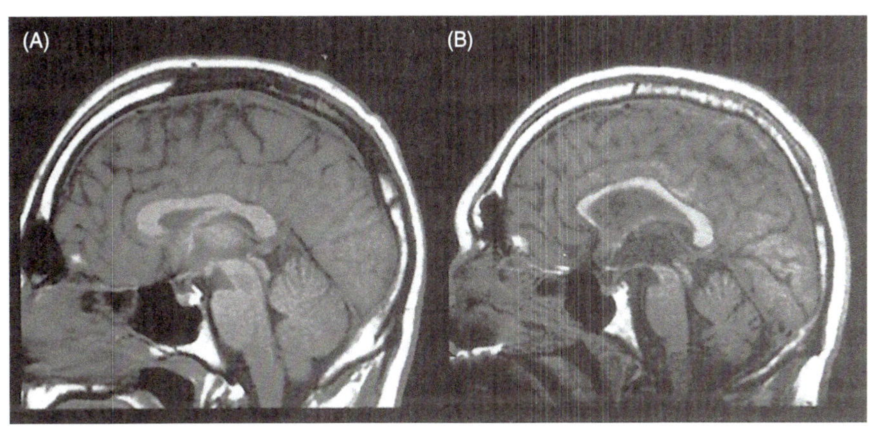

● **그림 16.1 뇌의 수초화된 긴 신경섬유에 대한 폐쇄성 두부 손상의 효과.** 연령과 성별을 서로 대응시킨 신경학적인 손상이 없는 정상인의 뇌(A)와 폐쇄성 두부손상을 입은 환자의 뇌(B)를 비교한 결과, 위의 MRI 정중시상면 영상에서 보이는 것처럼 특히 뇌량의 백질에서 현저한 뉴런의 감소가 나타났다. 출처: From "Nonspecific White Matter Degeneration Following Traumatic Brain Injury," by S. D. Gale, S. C. Johnson, E. D. Bigler, and D. D. Blatter, 1995, Journal of the International Neuropsychological Society, 1, p. 26. Copyright © 1995 Cambridge University Press, Reprinted with the permission of the Cambridge University Press.

조직이 확산적으로 상실되어 뇌실이 눈에 띄게 확장되고, 뇌량과 같은 수초화된 큰 신경 회로의 부피가 감소한다. 뇌실 확장(Levin, Meyers, Grossman, & Sarwar, 1981)과 같은 일부 해부학적인 변화와 특정 백질 신경로의 손상 정도(Gale, Johnson, Bigler, & Blatter, 1995)는 지적인 손상(intellectual impairment)의 정도와 상관이 있는 것으로 보고되어 왔다. 확산텐서영상(diffusion tensor image, 3장 참조)과 같은 더욱 최근의 신경영상기법들도 또한 폐쇄성 두부 손상 후의 백질 손상을 탐지하기 위해서 사용되며, 그 기법들은 손상으로 인한 기억과 학습문제도 예측한다(Salmond et al., 2006). 경한 외상성 두뇌 외상 후의 지속적인 인지결함과 상관이 있는 백질 비정상을 탐지하는 데에는 확산텐서영상이 전통적인 해부학적 영상보다 더 민감하다(Niogi et al., 2008).

손상에 가장 취약한 뇌 영역은 안와 전두엽(orbitofrontal)과 측두엽 영역인데 이는 두개골 내의 이 지점들에 있는 뼈들이 거칠고 튀어나와 있기 때문이다(Adams, Graham, Murray, & Scott, 1982). 충격을 받은 바로 그 지점의 국소적 손상을 **타격 손상**(coup injury), 충격을 받은 지점 반대쪽의 국소적 손상을 **반충 손상**(contrecoup injury)이라 부른다(● 그림 16.2). 예를 들어 머리를 자동차 앞유리에 부딪혔다면, 전두엽 영역에는 타격 손상이, 후두엽 영역에는 반충 손상이 발생할 것이다.

두부 손상을 입은 참전군인들이 미국으로 돌아오면서 폐쇄성 두부 손상의 기제와 그로 인한 인지적, 정서적 결함을 이해하려는 노력이 최근에 증가하였다. 이라크와 아프가니스탄에서의 무력충돌로 참전군인들의 10~20%가 외상성 두뇌 손상을 입은 것으로 추산되고 있다. 전쟁터가 아닌 장소에서는 자동차 충돌사고와 물건으로 상대방을 치거나 맞아서 생긴 외상(blunt trauma)이 가장 흔한 원인이지만, 전쟁터에서 전형적으로 손상을 일으키는 것은 폭발물이다(Galarneau, Woodruff, Dye, Mohrle, & Wade, 2008). 폭발로 인한 충격파로 뇌조직이 잘릴 뿐만 아니라 폭발로 인한 돌풍이 사람을 어떤 물체에 부딪치도록 날려보내거나 어떤 물체를 날려서 그 물체가 뇌를 파고들게 만들어 손상을 일으킬 수도 있다. 다른 종류의 두뇌 손상에서처럼, 이 경우에도 확산성 축색 손상이 흔하다(Elder & Cristian, 2009)

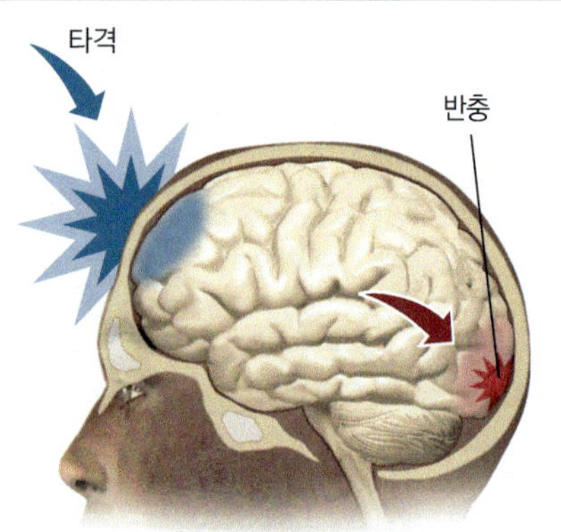

● **그림 16.2 타격(coup)과 반충(contrecoup).** 폐쇄성 두부 손상에서 뇌는 충격을 받은 지점(타격 지점)이 손상될 수도 있고 머리의 그 반대쪽 지점(반충 또는 반충 지점)이 손상될 수도 있다.
© 2010 Cengage Learning

■ 신경심리학적 결과

폐쇄성 두부 손상의 가장 현저한 임상적 징후 중 하나는 의식 변화이다. 1장에서 보았던 것처럼, 각성(wakefulness)과 의식(consciousness)의 근본적인 측면들은 뇌간(brainstem)에 의해 통제된다. 결과적으로 손상으로 인한 뇌간 기능의 장애 정도가 손상이 뇌에 미치는 전체적인 영향을 나타내는 척도가 될 수 있다. 이런 이유로, 의식 수준을 평가하는 **글래스고 혼수 척도**(Glasgow Coma Sclae, GCS; Teasdale & Jennett, 1974)와 같은 척도들이 방금 뇌 손상을 입은 사람의 손상 심각도를 분류하기 위한 대략적인 방법으로서 전 세계 응급실에서 널리 사용되고 있다. 표 16.1에 제시되어 있는 바와 같이 GCS는 시각적 반응과 운동 능력 및 언어적 반응의 세 가지 기능 영역을 평가한다.

의료인들은 GCS 점수가 생존율과 미래의 기능 수준에 대한 예후적 가치를 가지는 유용한 척도임을 발견하였다. 예를 들어 수천명의 환자들을 대상으로 한 연구에서 GCS 점수가 6보다 큰 환자들은 생존율이 거의 90%였으나 GCS 점수가 6보다 작은 환자들은 생존율이 약 60% 정도였음을 발견하였다[Udekwu, Kromhout-Schiro, Vaslef, Baker, & Oller, 2004; Davis et al. (2006) 참조]. 또한 같은 연구에서 환자가 식사하기나 걷기와 같은 활동을 얼마나 잘 수행할 수 있는지를 평가하는 척도인 기능적 독립성 척도(Functional Independence Measure)를 나중에 평가하였을 때 손상을 입을 당시의 GCS 점수가 그 점수를 잘 예측함을 발견하였다. 그러나 GCS 점수는 같았더라도 환경의 차이에 따라서 어떤 환자는 다른 환자보다 예후가 더 좋을 수 있으므로 GCS가 예후를 완벽하게 예측하지는 못한다.

손상의 특성이 환자마다 다르기 때문에 폐쇄성 두부 손상을 입은 후 관찰되는 신경심리학적 결함은 매우 다양할 수 있다(Thomas & Trexler, 1982). 그러나 몇몇 장애들이 공통적으로 관찰되는데, 그 중 가장 눈에 띄는 것은 기억력과 주의력의 장애이다. 폐쇄성 두부 손상을 입은 환자들은 외상후 기억상실증(posttraumatic amnesia, 손상 후 새로운 정보를 획득하지 못하는 장애; 10장 참조)을 앓는 경향이 있다(Ahmed, Bierley, Sheikh, & Date, 2000). 초기에 기억

표 16.1 뇌 외상의 심각도를 예측하기 위해서 사용되는 글래스고 혼수 척도*

반응	점수	각성지표
개인반응		
C: 부종으로 눈이 감긴 경우	4	자발적으로 눈을 뜬다.
	3	불러서 눈을 뜬다.
	2	통증 자극에 눈을 뜬다.
	1	전혀 눈을 뜨지 않는다.
언어반응		
E: 기관 내 삽관을 한 경우	5	지남력이 있다.
T: 기관절개관을 삽입한 경우	4	대화가 혼돈되어 있다.
	3	용어 사용이 잘못되어 있다.
	2	이해 불명의 말을 한다.
	1	전혀 반응이 없다.
운동반응		
상지의 최고반응을 기록한다.	6	지시에 따라 움직인다.
	5	통증 부위를 지적한다.
	4	통증 자극을 적극적으로 피하려는 반응을 한다.
	3	이상 굴곡 반응
	2	이상 신전 반응
	1	반응이 없다.

* 출처: 김금순 등(2004), 중환자간호(p. 214). 서울: 군자출판사.
개인의 의식 상테는 시각적 반응, 운동 능력, 언어 반응의 세 가지 영역으로 평가된다. 전체 점수는 각 영역별로 평가된 점수의 합이다.
점수가 8점 이하이면 심한 두뇌 손상, 9~12점은 중등도 두뇌 손상, 13점 이상이면 경미한 두뇌 손상을 의미한다.

문제가 어떻게 나타나는가가 손상의 심각도와 이후의 기능 수준을 예측하는 경향이 있다. 예를 들어 외상 후 기억상실이 3주 이상 지속되면 차후에 인지기능 수준이 낮은 경향이 있다. 일부 기억 문제들은 콜린계(cholinergic system, 2장 참조)의 손상으로 인해 발생될 수 있는데, 콜린계는 다른 신경전달물질 체계보다 폐쇄성 두부 손상에 의해서 쉽게 손상되는 경향이 있다(Schmidt & Grady, 1995). 기억에 있어서의 콜린계의 역할에 대해서는 이 장의 후반부에서 알츠하이머병에 대해서 논의할 때 다시 돌아올 것이다.

흔히 영향을 받는 또 다른 기능은 주의력이다. 폐쇄성 두부 손상을 입은 사람은 각성(vigilance)과 경계(alertness)는 유지하더라도, 선택주의(selective attention), 분리주의(divided attention), 반응억제(response inhibition)와 인지적 융통성에 특히 장애를 나타낸다(Zoccolotti et al., 2000). 그들은 자주 행동을 잘 통제하지 못하고 충동적이며, 참을성이 부족하고 산만하게 보일 수 있다. 또한 집행기능(executive function)의 결함이 관찰된다(van Donkelaar et al., 2005). 예를 들어 목표를 향해 계획을 세우는 능력이나 그렇게 하고자 하는 동기(motivation)가 손상되어 있다. 동기의 문제는 우울증과 같은 손상 후의 정서적 변화나 자신의 결함에 대한 이해의 부족과 연관되어 있다. 또한 타격 손상이나 반충 손상을 입은 뇌 영역에서 수행되는 인지기능들의 결함이 자주 관찰된다(Orsini, Van Gorp, & Boone, 1988).

두부 손상은 심각도가 다양하고, 손상의 심각도는 인지적 결함에 영향을 미친다. 뇌진탕(concussion)이라고도 알려져 있는 **경증 두부 손상**(mild head injury)은 2~30분 동안 의식의 변화가 있으나 그밖의 다른 심한 신경학적 손상의 징후가 없을 때를 말한다. 흔히 의식 상실을 뇌진탕의 주요 특징으로 간주하지만 뇌진탕으로 진단하기 위해서 의식상실이 반드시 있어야 하는 것은 아니다. 뇌진탕과 자주 연합되어 나타나는 행동들이 표 16.2에 제시되어 있다.

경한 손상이라 할지라도 정신 기능에 영향을 미칠 수 있다

표 16.2 경증 두부 손상과 연합되어 자주 관찰되는 행동

멍한 응시	어리둥절해하는 얼굴 표정
지연된 반응	질문에 대답하거나 지시를 따르는 데 느림
집중력 상실	쉽게 산만해짐, 정상적인 일상 활동을 순서대로 할 수 없음
지남력 상실	시간, 날짜, 장소를 알지 못함, 잘못된 방향으로 걸음
비전형적인 말	어눌한 말, 비일관적이고 연결되지 않고 이해할 수 없는 말
협응 운동 상실	비틀거림, 똑바르게 일직선으로 걷지 못함
과정서성	미친 듯한 행동, 이유없이 욺
기억력 결함	같은 질문을 반복함, 5분 전에 일어난 일을 기억하지 못함
의식 상실	자극에 반응 없음

IN FOCUS: 폐쇄성 두부 손상과 스포츠

2009년 9월, 미국 의회는 프로 미식축구선수들의 두뇌 손상을 쟁점으로 청문회를 열었다(Schwarz, 2009a). 그 청문회의 성과는 이 글을 쓰고 있는 지금도 완전하지 않지만, 청문회는 미식축구 선수들이 고통받고 있는 반복적인 두부외상의 장기적인 결과에 관하여 점차 커지고 있는 여론화된 염려를 강조하였다. 청문회는 전미 미식축구연합이 연구비를 지원한 연구로서 은퇴한 미식축구선수들이 일반인들보다 알츠하이머병과 같은 조발성 치매 발병률이 더 높다는 것을 발견한 한 연구에 의해서 촉발되었다(Schwarz, 2009b). 이 청문회는 특히 미국 미식축구에 초점을 맞추고 있으나 두뇌 손상에 관한 염려는 권투, 럭비, 라크로스, 하키, 축구(soccer) 등 신체 접촉이 있는 다른 스포츠와도 관련이 있다. 이런 측면에서, 우리는 스포츠 선수생활을 하는 동안 경험한 반복적인 뇌진탕이 인지기능에 어떻게 영향을 미칠 수 있는지에 관하여 알려진 사실들을 탐색하고자 한다.

아마도 스포츠와 관련한 가장 분명한 두뇌 외상의 사례는 권투에서 발생하며 이런 증후군은 *권투선수치매*(dementia pugilistica) 또는 *만성외상성 뇌병증*(chronic traumatic encephalopathy) (McCrory, Zazryn, & Cameron, 2007)이라고 불린다. 이 증후군은 1928년도에 이를 '펀치드렁크(punch-drunk)' 증후군이라고 부른 한 의사에 의해서 기술되었다(Martland, 1928). 이 증후군은 권투선수를 은퇴하기 직전이나 직후에 나타나기 시작하고, 진전(tremor), 발음이 불분명한 말(slurred speech), (소뇌와 다른 운동 영역의 손상으로 인한) 비정상적인 걸음걸이와 반사 등의 증상들이 처음부터 분명하게 나타나는 것이 특징이다. 점진적으로, 이런 증상들은 점차 악화되고, 사고와 정서의 장애가 나타나는데, 이는 뇌의 더 넓은 부위가 손상되었음을 나타낸다. 권투선수가 프로 선수이건 아마추어 선수이건, 또는 중량급이건 경량급이건 상관없이 이런 증상이 발생할 확률은 그 선수가 싸운 경기의 수와 상관이 있다(Mortimer & Pirozzolo, 1985). 실제로 링에서 입은 두뇌 외상과 그 후의 신경학적 결함과의 연합이 매우 분명하므로 미국신경과학회는 권투를 금지할 것을 주장하고 있다(Lundberg, 1983, 1984, 1986; Rowland, 2006).

다른 신체 접촉 스포츠에서 두뇌 손상은 선수들간의 충돌과 상관이 있으며, 이는 왜 미국의 미식축구가 보고된 부상의 반 이상을 차지하는지를 설명해준다(Powell & Barber-Foss, 1999)(● 글상자 그림 16.1). 두뇌외상의 빈도를 평가하기 위해서는 다음을 고려하라: 대학 미식축구 선수들에 대한 한 연구에서 연구자들은 시즌당 10명의 선수 중 1명이 두뇌 손상을 입었고, 선수들 중 40% 이상이 고등학교와 대학에서 선수 생활을 하는 동안 최소 1번은 두뇌 손상을 경험하였음을 발견하였다(Barth et al., 1989). 뇌진탕률은 청소년과 프로선수들의 경우 모두 아이스하키와 럭비선수들 중에서도 높았다[스포츠들간의 비교를 위해서는 Toth(2008) 참조]. 이런 부상은 머리보호장비(headgear)를 사용하여도 발생한다.

스포츠와 관련된 두뇌 손상의 결과에 대한 연구는 방법론적인 면에서 쉽지 않다. 분명히, 연구자들은 인지기능에 미치는 두뇌 손상의 효과를 관찰하기 위해서 뇌진탕이 발생할 수 있는 스포츠에 참여하도록 사람들을 무작위로 배정할 수는 없다. 대신 사람들은 스스로 그 스포츠에 참여하기를 선택하고, 연구자들은 스포츠 경기 동안 발생한 두뇌 손상 이외의 다른 요인들이 선수들과 일반인 간의 인지기능차이를 설명할 가능성을 배제하여야 한다. 그런 이유 때문에 좋은 연구는 가능한 한 체력 수준, 교육, 물질사용과 같은 생활양식요인 등 많은 관련변인들이 선수집단과 대응이 되는 통제집단을 조심스럽게 선정할 것을 요구한다. 또 다른 연구들은 사전/사후 설계를 사용한다. 즉 시즌이 시작되는 시기에 팀 구성원들의 인지기능을 검사하고 일부 선수들이 뇌진탕을 입은 후인 시즌이 끝날 때 다시 인지기능을 검사한다(Collins, et al., 1999; McCrea et al., 2003). 세 번째 접근은 과거에 보고된 머리부상의 횟수와 현재의 인지적 수행 간의 상관을 산출하는 것이다. 물론 그런 상관은 해석하기가 어려울 수 있다. 예를 들어 두뇌 손상이 주의력 부족이나 느린 반사행동으로 이끌기보다는 주의력 손상이나 느린 반사행동이 두뇌 손상으로 이끌 것이다. 이러한 연구설계 쟁점에 더하여, 기술 수준과 속도 및 경기의 충격이 표집에 따라 다르기 때문에 연구자들은 또한 표집이 아마추어 선수들로 구성되었는지 프로 선수들로 구성되었는지를 고려하여야 한다.

이러한 방법론적인 어려움에도 불구하고, 축적된 증거는 스포츠 경기 동안의 두뇌 손상이 정신적 기능에 피해를 줄 수 있음을 가리킨다. 스포츠 관련 뇌진탕이 부상을 입은 후 24시간 내에 인지기능에 미치는 급성기 효과는 기억, 주의력, 집행기능 등을 포함하는 광범위한 인지 영역에 걸쳐 잘 알려져 있다(Belanger & Vanderploeg, 2005). 그러나 장기적인 효과는 알려져 있기는 하나 덜 분명하다. 실제로 선수들이 증상이 사라졌다고 느낄 때에도 경한 두뇌 손상의 효과는 실험실에서 계속 탐지될 수 있다. 예를 들어 한 연구에서 경한 두뇌 손상을 입은 호주의 미식 축구선수를 검사하였다. 경한 두뇌 손상이란 신경학적 손상의 전반적인 징후

[이에 대한 개관을 위해서는 Frencham, Fox, & Maybery (2005) 참조]. 더욱 심각한 두뇌 손상의 경우들처럼 뇌진탕도 신경전달물질의 분비, 포도당 대사, 혈류 및 축색 구조와 기능에 있어서의 변화와 같은 뇌 내부의 많은 변화를 한꺼번에 일으킬 수 있다(Giza & Havoda, 2001). 다음의 세 가지 중요 영역들에 속하는 증상들이 발생한다. 첫째, 인지적인 곤란이 관찰되는데 특히 주의력, 집중능력(concentration) 및 기억과 관련된 문제들이 나타난다. 둘째, 어지럼증, 시야 흐림, 소음과 밝은 빛에 대한 민감성, 수면장애, 피로감, 두통, 머리가 몽롱함, 맛과 냄새의 변화 및 식욕 변화와 같은 신체적 증상을 경험한다. 셋째, 우울, 불안, 인내력 상실, 화를 잘 내는 등의 정서적인 변화를 경험한다(Riggio & Wong, 2009). 신경심리학적 검사 결과상으로는 분명히 회복되었음에도 불구하고 성마름(쉽게 화를 냄), 불안, 우울, 불면증 및 피로감과 같은 일부 증상들이 지속된다(Binder, 1986). 그럼에도 불구하고 인지적 회복의 예후는 심한 손상보다는 경증

MIKE RANSDELL/MCT/Landov

● **상자 그림 16.1 이 사진처럼 머리를 보호하는 헤드기어가 벗겨질 정도로 격렬하게 몸을 부딪치는 스포츠에서 선수들 간의 충돌은 스포츠 경기 동안 발생하는 많은 두부 손상을 설명한다.**

가 없이 2~20분간 의식의 변화가 있고 외상후 기억상실증이 24시간 이내로 지속되는 것으로 정의된다(Cremona-Meteyard & Geffen, 1994). 선수들은 손상 2주 후에 검사를 받았고, 1년 후에 다시 검사를 받았다. 손상 2주 후에 그들은 전반적인 반응시간이 느려졌고 단서가 주어진 위치에 주의를 가져가지 못했다. 1년 후 선수들은 뇌진탕의 모든 행동적 징후가 사라졌다고 주장하였는데 반응시간은 실제로 정상 수준으로 돌아왔지만 시각적 주의를 기울이는데 있어서의 결함은 남아있었다. 이런 발견들은 경한 두뇌 손상도 장기적인 결과를 지닌다는 것을 시사한다.

경한 두뇌 손상의 장기적인 효과는 시각적 주의의 정향(orienting)이나 지향(directing)에만 국한되지 않고 주의 과정의 좀 더 중심적인 측면에도 영향을 미칠 수 있다. 한 연구에서 럭비, 축구, 레슬링 등 신체를 접촉하는 스포츠의 결과로 경한 두뇌 손상을 입은 사람은 주의적 통제의 중심측면을 반영하는 P_{300} ERP 요소의 진폭이 감소한다는 것을 발견하였다. 그 감소의 양은 뇌진탕 후 증상을 나타내는 정도와 상관이 있었다(Dupuis, Johnston, & Lassonde, 2000). 다른 연구에서 네 명의 아마추어 축구 선수들(주당 평균 4시간씩 15년 이상 경기를 한) 중 한 명은 기억력 검사에서 중등도로 손상되었고 10명 중 4명은 위스콘신 카드분류검사로 측정된 집행기능의 손상을 나타냈다(Matser, Kessels, Lezak, & Jordan, 1999). 뇌진탕이 미식축구나 하키보다는 축구에서 덜 일어난다 하더라도, 축구는 공을 다루기 위해서 머리를 의도적으로 사용하는 '헤딩'을 포함한다. 헤딩으로 인한 반복적인 충격은 완전한 뇌진탕이라기 보다는 미묘하지만 신경심리검사에 의해서는 탐지되는 해로운 영향을 뇌에 미칠 것이다(Rutherford, Stephens, & Potter, 2003; Rutherford, Stephens, Potter, & Fernie, 2005).

인지 수행에 대한 두뇌 외상의 효과가 제시되어 왔지만 스포츠 관련 두뇌 손상이 알츠하이머병과 같은 심한 치매에 걸릴 확률을 더 크게 만드는지는 아직 논쟁 중이다. 스포츠가 아닌 이유로 인한 외상성 두뇌 손상은 치매 위험을 증가시키는 것으로 알려져 있다(Lye & Shores, 2000). 따라서 스포츠 관련 손상도 같은 효과를 가질 것이라고 추론하는 것은 이치에 맞다. 그러나 아직 동료들의 심사를 거쳐 과학적인 문헌에 출판되지는 않았지만 NFL이 연구비를 지원한 한 연구가 오늘날까지 권투선수가 아닌 프로 운동선수들에서의 치매 위험률 증가를 보고한 유일한 연구이다. 확실히, 뇌진탕을 여러 번 경험한 모든 운동선수들에서 치매가 발병되는 것은 아니며, 이런 사실은 왜 어떤 사람은 치매를 앓고 어떤 사람은 그렇지 않은지에 관해 의문을 제기한다. 흥미롭게도, 스포츠 관련 두뇌 외상 후 치매의 위험은 세포의 세포막 수선을 도와주는 단백질에 영향을 미치는 ApoE 유전자의 특정 변이를 지닌 사람들에서만 특정적으로 증가한다(Jordan, Relkin, Ravdin, Jacobs, Bennett, & Gandy, 1997; Kutner, Erlanger, Tsai, Jordan, & Relkin, 2000). (이 장의 후반 "알츠하이머병" 부분에서 이 유전자에 관해서 논의할 것이다.)

코치, 운동선수, 팬들에게 이런 발견의 의미는 무엇인가? 한 가지 분명하게 의미하는 바는 코치와 트레이너가 선수를 경기로 돌려보낼지를 결정할 때 그들이 두뇌 손상의 잠재적인 결과를 알고 있어야 한다는 것이다. 뇌진탕을 입은 선수는 또 다른 뇌진탕을 입을 위험이 더 크고, 또 다른 뇌진탕은 '2차 충격 증후군(second impact syndrome)' (Erlanger, Kutner, Barth, & Barnes, 1999)이라고 알려진 더욱 파괴적인 결과를 가져오게 된다. 이런 쟁점은 뇌가 아직도 발달하고 있는 어린 운동선수들에 있어 더욱 중요하다. 그러므로 손상을 입은 선수가 언제 경기로 돌아갈 준비가 되었는지를 코치와 트레이너가 결정하는 데 도움을 주기 위해서 가이드라인이 개발되었다(Guskiewicz et al., 2004). 더 넓게는, 프로팀은 선수들이 은퇴에 직면하는 장기적인 의료 쟁점을 인지하고 있어야 하고 관련된 의료비용을 지불하고 보상해주도록 준비하여야 한다. 선수들 자신은 과격한 프로 스포츠를 하는 스스로의 선택의 잠재적 결과를 충분히 잘 알고 있어야 한다. 끝으로, 팬들은 그들에게 즐거움인 것이 선수들에게는 명성과 영광의 날들을 떠난 후로도 오랫동안 신경학적 장애를 일으킬 수 있음을 진지하게 인식해야 한다.

두부 손상 후 더 좋다(Schretlen & Shapiro, 2003).

폐쇄성 두부 손상은 장기적인 신경학적 문제들에 대한 위험 요인이 된다. 첫째, 폐쇄성 두부 손상은 그 사람이 또 다른 두부 손상을 경험할 위험을 높이는데(Salcido & Costich, 1992), 손상을 경험한 사람은 손상을 전혀 경험하지 않은 사람보다 위험이 4~6배 증가된다(Zemper, 1994). 후속적인 두부 손상은 부분적으로는 이전에 손상을 경험한 사람이 사고를 당하기 쉬운 성격과 사회적 특성(예, 위험을 무릅쓰기, 알코올 남용)을 지니고 있기 때문에 발생한다(Tsuang, Boor, & Fleming, 1985). 하지만 앞서 경험한 뇌 손상으로 인해서 주의력이 저하되고 판단력이 부족해져서 그 사람이 또 다른 두부 손상을 경험하도록 만들 수도 있다(예, 신호등에 주의를 기울이지 못하여 또 다른 자동차 사고를 일으킬 수 있다). 두부 손상이 몇 달 혹은 몇 년의 간격을 두고 발생하였다고 해도 신경심리학적이고 신경생리학적인 효과는 누적되기 때문에 추가적인 두부 손상의 위험이 문제가 된다(Gronwall &

Wrightson, 1975; Jordan & Zimmerman, 1990).

폐쇄성 두부 손상은 또한 외상 후 뇌전증(posttraumatic epilepsy)과 관련되는데, 이 경우 뇌전증은 항상 두부 손상과 함께 즉각적으로 나타나는 것이 아니고 손상 후 1년 이상이 지난 다음에 시작될 수도 있다(이 장의 후반부에서 뇌전증에 대해 보다 자세히 논하도록 하겠다). 초기 성인기에 발생한 폐쇄성 두부 손상은 이후 전 생애에 걸쳐 우울증의 위험을 유의하게 증가시킨다(Holsinger et al., 2002). 더욱이, 심지어 경한 폐쇄성 두부 손상도 알츠하이머병과 같은 치매 질환에 걸릴 위험을 증가시킬 수 있다(Lye & Shores, 2000; Nemetz et al., 1999).

치매 질환

치매(dementia)는 직업이나 사회적 활동을 방해하는 인지기능의 상실을 가져오는 쇠퇴성 증후군으로서 때로는 성격 변화를 동반한다. 갑작스런 신경학적 사건(예, 매우 심한 두부 손상) 후에도 치매가 발생할 수 있지만, 치매는 일반적으로 경도(mild), 중등도(moderate), 심한(severe) 단계로 진전되며 종국에는 죽음에 이르게 된다. 경도 치매 단계에서는 직업과 사회적 활동이 유의하게 손상되지만, 판단력이 유지되고 혼자 생활할 수 있으며 적당한 위생상태를 유지할 수 있다. 치매가 중등도로 진전됨에 따라서, 독립적인 생활이 위험해지고(예, 가스불 끄는 것을 잊어버림) 어느 정도의 감독이 필요해진다. 심한 치매 단계에서는 지속적인 감독을 필요로 할 만큼 능력이 손상된다(예, 말을 하지 못하거나 최소한의 개인위생을 유지하지 못함).

사람들의 평균 수명이 연장되었고, 치매의 위험은 연령과 함께 증가하기 때문에 치매는 산업화된 사회에서 점점 더 큰 문제가 되고 있다. 현재 알츠하이머병의 발병률과 베이비붐 세대가 노화하면서 예상되는 노인인구의 증가를 감안할 때, 연구자들은 2050년이 되면 미국에서 해마다 거의 100만 명의 알츠하이머병 환자가 새로 진단될 것이라고 추산하고 있다(Alzheimer's Association, 2009). 가족에 미치는 정서적 영향과 장기적인 의학적 치료기간으로 인하여 건강관리체계와 경제에 미치는 재정적 영향 때문에 치매는 매우 부담이 된다.

모든 치매가 결국은 우울한 결과로 이끌지만, 영향을 받는 특정 인지기능들과 쇠퇴 과정은 치매에 따라 다르게 나타난다. 전형적으로 치매는 가장 영향을 받은 뇌의 영역에 따라서 세 가지 종류로 구분된다: (1) 피질(cortical) 치매; (2) 피질하(subcortical) 치매; 그리고 (3) 피질과 피질하 손상을 모두 포함하는 혼합(mixed-variaty) 치매.

피질 치매(알츠하이머병, 픽병, 크로이츠펠트-야콥병)는 실어증, 실행증, 실인증, 계산불능증, 공간기능장애 및 기억문제와 같이 우리에게 이미 친숙한 많은 장애들을 동시에 나타낸다. 피질 치매는 보통 잠행적으로 발병하는데, 첫 증상들로는 어떤 일이 있었는지를 기억하지 못하거나, 친숙한 환경에서 길을 잃거나, 말하고자 하는 정확한 단어를 찾지 못하거나 물건의 이름을 대지 못하고 성격과 기분의 변화를 나타낸다. 빠르게 진전되는 크로이츠펠트-야콥병을 제외하고는 발병한 후 인지적 쇠퇴가 지속적이고 느린 속도로 진행된다.

이와는 대조적으로, 헌팅톤병과 파킨슨병에서 발생하는 피질하 치매는 실어증이나 실행증 같은 특정적이고 뚜렷한 인지적 장애를 나타내지 않는다. 대신 성격 변화, 인지처리속도의 저하, 주의력의 문제, 목표 지향적이거나 전략이 필요한 과제를 수행하는 데 있어서의 어려움을 첫 증상으로 나타낸다(Bonelli & Cummings, 2008). 더욱이, 피질하 치매 환자들은 재인 기억 과제에서는 상대적으로 거의 어려움을 나타내지 않고 회상에만 주로 장애를 나타낸다. 표 16.3에 피질 치매와 피질하 치매를 구분하는 주요 특징들을 나열하였다.

혼합 치매는 과거에는 다발경색치매(multi-infarct dementia)로 불렸던 혈관치매(vascular dementia)와 AIDS로 인한 치매와 같이 피질과 피질하 영역이 동시에 관여되는 장애이다. 혼합 치매는 피질 치매와 피질하 치매의 중간쯤 되는 인지 수행 패턴을 나타낸다. 지금부터는 각 증후군을 보다 자세히 살펴보도록 하겠다.

■ 피질 치매

주요 피질 치매인 알츠하이머병, 픽병, 크로이츠펠트-야콥병 각각에 대해서 먼저 신경심리학적 측면을 논의한 후에 그것의 신경생리학적 기초와 추정되는 원인을 논의하도록 하겠다.

알츠하이머병

대부분의 사람들은 알츠하이머병을 기억력 상실과 연관시켜 생각한다. 실제로 경도 치매를 앓는 사람과 건강한 노인을 구분하거나, 현재는 똑같이 증상이 없지만 나중에 알츠하이머병이 발병된 사람과 그렇지 않은 사람을 구분할 수 있는 가장 좋은 측정치가 학습한 단어 목록을 일정한 시간이 흐른 후에 기억하는 능력이라는 점을 고려하면 두 가지를 연관지어 생각하는 것은 타당하다(Chen, Ratcliff, Belle, Caulaey, DeKosky, & Ganguli, 2000; Welsh, Butters, Hughes, Mohs, & Heyman, 1991). 그러나 이 병은 기억장애를 넘어서 더 많은 인지 영역에 영향을 미친다. **알츠하이머병**[또는 **알츠하이머형 치매**(dementia of the Alzheimer's type: DAT)로도 흔히 불린다]은 정의상으로는 기억력의 저하와 함께 언어, 시공간 기술, 추상적 사고, 운동 수행, 판단력 중 적어도 한 가지 이상의 인지기능의 저하가 있어야 한다. 또한 정서적 장애와 성격 변화도 전형적으로 관찰되는데 처음에는 경

표 16.3 피질 치매와 피질하 치매를 구분하는 주요 특징

특징	피질하 치매	피질 치매
정신 상태		
언어	실어증 없음	실어증 있음
기억	건망증(학습한 것을 인출하지 못함)	기억상실(새로운 것을 학습하지 못함)
인지	손상됨(느려짐과 건망증 및 전략과 계획의 손상으로 인해 문제해결능력이 저하됨) 처리 속도가 느림	심각한 장애가 있음(실인증, 실어증, 실산증, 기억상실증) 반응시간은 비교적 정상임
성격	무감동	무심함 혹은 행복감
기분	정서 장애가 흔함(우울증 또는 조증)	정상
운동 체계		
말	구음장애	정상*
자세	비정상	정상, 직립적*
걸음	비정상	정상*
운동 속도	느림	정상*
움직임 장애	흔함(무도병, 진전, 경직, 운동실조증)	없음
해부		
피질	대부분 보존	손상
기저신경절, 시상, 중뇌	손상	대부분 보존
물질대사		
선택적으로 관여되는 신경전달물질	헌팅톤병: 감마-아미노뷰티릭산 파킨슨병: 도파민	알츠하이머병: 아세틸콜린

*알츠하이머병과 픽병에서는 운동 체계의 문제가 후기에 발생한다.

미하게 나타나다가 나중에는 심각하게 나타난다. 나중에 다시 살펴보겠지만, 뇌 손상이 확산적(diffuse)으로 나타나는데 이 사실은 환자에게서 왜 전반적인 인지장애가 관찰되는지를 설명해 준다.

치매 노인들 중 반 이상이 알츠하이머병을 앓고 있는 것으로 추정되므로(Alzheimer's Association, 2009), 연구자들은 알츠하이머병의 신경심리학적인 결과와 병의 원인을 이해하기 위한 연구에 매진하고 있다. 일반적으로 알츠하이머병은 두 개의 하위 증후군으로 구분된다. 하나는 **조발성 알츠하이머병**(early onset Alzheimer's)인데 65세 이전에 질병이 발현되고 빠르게 진행하는 특징이 있다. 다른 하나는 **지연성 알츠하이머병**(late-onset Alzheimer's)으로 65세 이후에 발병하고 보통 천천히 진행한다(American Psychiatric Association, 2000). 이후에 논의하겠지만 서로 다른 유전적 요인들이 이 두 가지 증후군에 각각 연관되는 것으로 생각되고 있다.

현재까지는 살아 있는 사람이 알츠하이머병을 지니고 있는지의 여부를 결정적으로 밝혀 줄 수 있는 특정한 생리학적 검사가 없다. 알츠하이머병을 정의하는 특징인 뇌의 특정 신경해부적 변화(나중에 논의될 것이다)는 뇌 조직의 사후 부검으로만 확인될 수 있으므로, 의사진단(probable diagnosis)이 행동에 기초하여 내려진다. 치매의 다른 원인들(예, 약물남용으로 인한 치매)이 배제되고, 그 사람의 행동 패턴이 알츠하이머병의 특징과 일치한다면 알츠하이머병으로 진단이 내려진다. 이러한 행동적인 기준은 꽤 잘 맞아서 부검에 의한 진단과 최대로는 90%까지 일치하였다는 보고가 있다(Blacker, Albert, Bassett, Go, Harrell, & Folstein, 1994). 일부 연구들은 알츠하이머병의 부가적인 척도로서 생물표지자(biomarkers; 뇌척수액이나 혈장에 있는 물질)에 초점을 맞추어 왔다(Estrada & Soto, 2009; Minati, Edginton, Bruzzone, & Giaccone, 2009). 그러나 알츠하이머병에만 해당되는 생물표지자들을 발견하는 것은 어려운 일일 뿐만 아니라 인지증상이 있다고 이미 알고 있을 때 그런 생물표지자의 존재가 치료접근을 변화시킬 수 있을지는 불분명하다. 그러므로 대다수의 진단은 인지와 행동에 근거해서 내려진다.

점진적으로 발현된 후, 알츠하이머병의 경과는 점차적으로 악화된다. 병의 각 단계마다 나타나는 장애가 다르기 때문에, 알츠하이머병 환자들의 능력이 손상된 정도를 수량화하기 위해서 여러 척도들이 사용된다. 그런 척도 중 하나가 전반적 퇴행척도(Global Deterioration Scale; Reisberg, Ferris, deLeon, & Crook, 1988; Reisberg et al., 1989)인데 이 척도는 면접을 통해서 기억력, 지남력, 자기 돌봄 기술을 7단계로 평정한다[손상되지 않음(1점)~심하게 손상됨(7점)]. 각 단계의 특징들과 단계별 전형적인 지속기간에 대한 개관이 표 16.4에 제시되어 있다.

신경심리학적 특징 이미 언급한 바와 같이 기억 장애는 알츠하이머병의 가장 두드러진 특징 중 하나이다. 알츠하이머병에 걸린 사람들은 전반적이고 심한 순행성 기억상실증(anterograde amnesia)을 나타낸다[개관을 위해서는 Minati et al. (2009) 참조]. 따라서 다른 기억상실증 환자처럼 그들은 새로운 정보를 획득하지 못한다. 환자들은 (과거에 획득한 정보에 의존하는 경향이 있는) IQ 점수와 (새로운 기억을 습득하는 정도를 측정하는) 웩슬러 기억 검사와 같은 기억검사 점수들 간에 상당한 차이를 나타낸다(Weingartner, Kaye, Smallberg, Ebert, Gillin, & Sitaram, 1981). 환자는 친숙한 환경에서 살고 있고 늘 하는 일상적인 행동들을 하기 때문에 새로운 정보를 습득할 필요가 없으므로 가족들은 환자가 얼마나 문제가 있는지를 자주 인식하지 못한다. 장애가 얼마나 심각한가는 집을 떠나 휴가를 가거나 직장에서 새로운 일을 배워야 하는 경우와 같이 환자가 낯선 환경에 직면하게 될 때 드러난다.

알츠하이머병 환자들이 기억상실증을 나타내기는 하지만 알츠하이머병 환자들의 기억력 장애 패턴은 내측 측두엽 기억상실증 환자들과는 다르다(10장 참조). 첫 번째, 알츠하이머병 환자들은 전형적인 기억상실증 환자들과는 달리 절차적 지식이 손상되어 있다. 10장에서 논의했던 것처럼, 절차기억은 해마 체계와는 독립적이고 그 기술을 습득할 때 사용된 것과 동일한 피질 처리 장치의 활성화에 의존한다. 병으로 특정 피질 처리 장치가 영향을 받은 정도만큼 알츠하이머병 환자들의 절차지식이 손상된다. 예를 들어 기억상실증 환자들은 자신들이 최근에 읽은 단어 리스트에 있던 단어(예, motel)로 어간(예, mot__)을 완성시키는 전형적인 편향을 나타내지만, 알츠하이머병 환자들은 그런 식으로 암묵학습(implicit learning)의 증거를 보여주지 않는다(Shimamura, Salmon, Squire, & Butters, 1987). 그런 과제는 언어와 단어의미에 대한 지식을 필요로 하므로 아마도 알츠하이머병에 의해 자주 손상되는 전두엽과 측두두정영역에 의존하는 것 같다. 그러나 이와는 대조적으로 알츠하이머병 환자는 병이 진행되어도 비교적 영향을 받지 않는 후두엽 영역에 의존하는 과제인 시각적 형태에 대한 지각적 점화 과제에서는 손상을 보이지 않는다(Keane, Gabrieli, Fennema, Growdon, & Corkin, 1991). 알츠하이머병 환자들은 전형적인 기억상실증 환자들과는 달리 광범위한 역행성 기억상실증을 보인다(Beatty, Salmon, Butters, Heindel, & Granholm, 1988). 끝으로, 후기 단계의 알츠하이머병 환자들은 전형적인 기억상실증과는 달리 숫자폭 과제(digit-span task) 수행 시 관찰되는 것처럼 작업기억의 문제를 지닐 수 있다(Wilson, Bacon, Fox, & Kaszniak, 1983).

표 16.4 전형적인 알츠하이머 치매(Alzheimer's Dementia, AD) 평가 척도의 예

질병 단계	진단	특징	지속 기간*
1	정상 성인	손상이 없음	
2	정상 노인	단어 찾기와 기억의 주관적인 결함	
3	초기 AD	노력이 필요한 직업관련 과제에서 결함을 보이고 가족들에게 그 결함이 드러남	7년
4	경도 AD	복잡한 과제에 도움이 필요함(예, 재정관리, 저녁식사파티의 계획 세우기, 모르는 장소로의 여행) 현재와 최근 사건들에 대한 지식이 감소	2년
5	중등도 AD	많은 일상적인 과제에 도움이 필요함 날짜, 장소, 시간을 모름 가족들의 이름은 아직 기억함	18개월
6	중등도–심도 AD	a. 옷 입는 데 도움이 필요함 b. 깨끗이 목욕하는 데 도움이 필요함 c. 화장실 사용에 도움이 필요함(예, 물 내리기, 닦기) d. 소변을 참는 능력 상실 e. 대변을 참는 능력 상실	5개월 5개월 5개월 4개월 10개월
7	심도 AD	a. 알아들을 수 있는 단어가 6개 단어 정도로 언어능력이 제한됨 b. 알아들을 수 있는 어휘가 한 단어 정도로 제한됨 c. 보행 능력 상실 d. 똑바로 앉는 능력 상실 e. 웃는 능력 상실 f. 머리를 지탱하는 능력 상실	12개월 18개월 12개월 12개월 18개월 알려지지 않음

* 생존하여 다음 단계로 진행된 환자들을 대상으로 평가됨.

병의 후기 단계가 되면 문법이나 음운보다 언어의 의미적 측면이 영향을 받는 실어증과 같은 언어 문제들이 현저하게 나타난다. 이 시기에 환자는 말(speech)이 줄어들고 말에는 의미가 결여되어 있다. 예를 들어 오렌지 사진을 주고 이름을 물어보았더니 중등도의 치매 환자가 "Same thing, this is no, no, they may be this here and it didn't get here, but it got there, there, there"(Bayles, 1982, p. 276)이라고 대답하였다. 환자들은 내용은 없지만 언어의 문법적인 구조에는 문제가 없고(Hier, Hagenlocker, & Shindler, 1985) 음소적 장애나 발음상의 문제도 거의 나타내지 않는다(Appell, Kertesz, & Fisman, 1982). 그들은 또한 다른 인지기능들, 즉 시공간적 처리의 장애와 실행증 환자에서 흔히 관찰되는 운동 행동의 개념적 측면의 장애를 나타낸다. 특히 병의 초기단계에서는 사람마다 손상되는 기능들이 다르며 어떤 기능이 손상되는가는 두뇌의 대사작용(metabolism)이 감소되는 영역에 의해서 예측된다(Haxby et al., 1990). 예를 들어 우측 두정엽의 낮은 대사는 공간 기능의 장애와 연합되고, 좌측 두정엽의 낮은 대사는 실행증 및 언어 문제와 연합된다(Hart & Semple, 1990).

알츠하이머병은 또한 정서적인 기능과 성격의 변화를 일으킨다. 매우 심한 것은 아니지만 환자들은 병전 성격에 비해서 더욱 신경증적이고, 취약하고, 불안하고, 덜 외향적이고, 더욱 수동적이고, 유쾌함이 줄고, 새로운 생각을 덜 받아들이고, 더 우울한 것으로 보호자들에 의해서 평가되었다. 알츠하이머병 환자는 이상하거나 사회적으로 부적절한 행동을 나타내지는 않으며, 이러한 행동은 피질하 치매에서 더 흔히 나타난다. 대부분의 경우 성격 변화는 병의 지속기간과는 상관이 없으며 병의 초기에 나타나기 시작할 수도 있다. 일부 환자들은 정신과적 증상들을 나타내기도 한다. 예를 들어 병의 후기에는 박해 망상, 부정(infidelrty), 절도 망상이 발생하기도 한다. 하지만 이러한 망상은 정교화되지 않고 빨리 사라진다. 병전 성격이 특이할수록 우울증이나 편집 망상과 같은 정신과적 증상을 나타내는 경향이 더 많다(Chatterjee, Strauss, Smyth, & Whitehouse, 1992).

신경생리학적 기초 알츠하이머병 연구에 있어 주요 도전 중 하나는 뇌의 병리적 특질을 밝히고 그 특질들 중 어느 것이 이 병의 본질적인 원인을 반영하는 것인지를 결정하는 것이다. 병리를 기술하는 데 있어서는 많은 발전이 있었으나 이런 병리적 특질로 이끄는 인과적 사슬에 대해서는 잘 이해되고 있지 않다[알츠하이머병 병리의 모든 측면에 대한 개관을 위해서는 Duyckaerts, Delatour, & Potier (2009)와 Maccioni & Perry (2009) 참조].

알츠하이머병을 정의하는 특징(characteristic)은 "수많은 **신경섬유매듭**(neurofibrillary tangles)과 아밀로이드판(amyloid plaques)으로 밀집되어 있는 뇌"이다. 신경섬유매듭은 뉴런 안에서 발견되는 나선형으로 꼬인 미세섬유 쌍이다(● 그림 16.3). 그것들은 미세관(microtubule)과 유사하지만, 미세관은 신경전달물질과 세포체 내에서 만들어진 다른 단백질들이 세포의 다른 영역으로 수송되도록 하는 정상적인 세포 조직이라는 점에서 구분된다. 그 구조 때문에 신경섬유매듭은 뉴런의 구조적 행렬(matrix)을 붕괴시키는 것으로 생각된다. 신경섬유매듭은 평균적인 건강한 노인들의 뇌에서도 발견되지만 알츠하이머병 환자들의 뇌에서 훨씬 많은 양이 발견되며(Tomlinson, 1980, 1982), 그 수에 따라 치매의 심각도가 예측된다(Bierer et al., 1995; Nagy et al., 1995). 그러나 많은 수의 신경섬유매듭은 알츠하이머병에서만 나타나는 고유한 특성이 아니고, 다운증후군, 권투로 인한 치매, 뇌염으로 인한 파킨슨병 등 다른 신경학적 조건들에서도 관찰된다. 이 신경섬유매듭은 뇌의 모든 부분에 똑같이 분포되어 있지는 않다: 내측 측두엽, 하두정엽 및 전두엽 영역에 많이 분포하고, 일차운동영역과 감각 영역에는 적게 분포한다(Kemper, 1984).

아밀로이드판(amyloid plaques)은 알루미늄 규산염(silicate)과 아밀로이드 펩티드(peptide)로 구성된 침전물(deposit)로서 근본적으로 단백질의 혼합물 혹은 조립물(buildup)이다(그림 16.3). 아밀로이드판은 흔히 타우단백질(tau protein plaque)과 아포지방단백 E (apolipoprotein E, ApoE)를 포함하는데 이것들은 알츠하이머병의 유전적인 측면과 관련된다. 전형적으로 신경섬유매듭을 포함하고 있는 뉴런들로 둘러싸여 있으며 혈관을 손상시키고 뉴런의 세포 상실을 야기하는 것으로 알려져 있다. 타우단백질의 축적이 세포의 죽음에 특히 중요한 역할을 하는 것으로 보이므로 타우 축적의 분자기제를 이해하기 위한 연구가 중점적으로 실시되어 왔다(Spires-Jones, Stoothoff, de Calignon, Jones, & Hyman, 2009).

신경섬유매듭처럼 아밀로이드판도 치매가 없는 보통의 정상 노인들의 뇌에서도 관찰될 수 있다. 그러나 알츠하이머병 환자들이 신경학적으로 정상인 노인에 비해서 훨씬 많은 수의 아밀로이드판을 지니며 아밀로이드판은 대뇌피질과 해마에 밀집되는 경향이 있다. 아밀로이드판은 탈수초화 질환인 근위축성 축삭경화증(amyotrophic lateral sclerosis, ALS) 같은 다른 뇌 질환에서도 관찰된다. 보통 아밀로이드판 근처에 염증(Aisen & Davis, 1994)이 있고 신경성장인자(nerve growth factor)가 부족하다는(Tonnaer & Dekker, 1994) 증거가 있다. 이러한 발견의 중요성은 질병의 진행을 늦추는 치료적 개입과 연관지어 논의될 것이다.

이러한 섬유매듭과 아밀로이드 침전물은 시냅스와 세포의 상실을 낳는다(Arendt, 2009). 세포 상실은 해부학적 뇌영

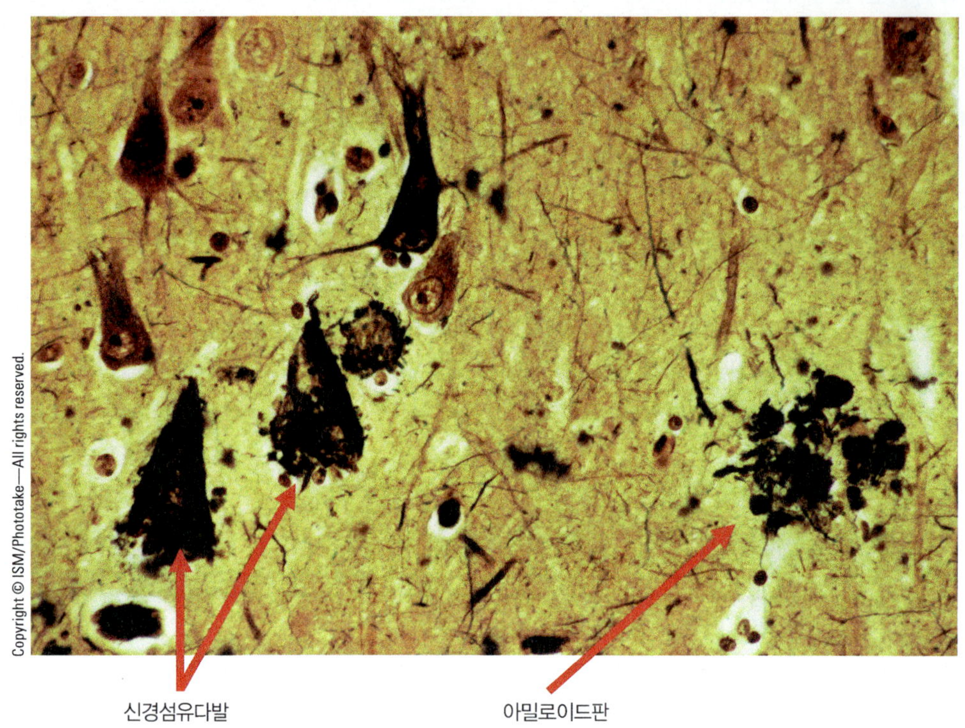

● **그림 16.3 알츠하이머병에서 전형적으로 관찰되는 신경섬유다발과 아밀로이드판.** 여기에서 보여지는 것은 알츠하이머병 환자의 피질의 한 부위이다. 신경섬유다발은 어두운 원뿔모양 물체이고 아밀로이드판은 갈색 덩어리이다.

상에서 병의 후기단계에 대뇌피질의 위축과 뇌실의 확장으로 눈에 보이게 나타난다(● 그림 16.4). 섬유매듭과 아밀로이드판이 분포한 위치에서 예상할 수 있듯이, 대뇌피질에서의 세포 상실은 전두엽, 전측 측두엽 및 두정엽 영역에서 가장 현저하다(Du et al., 2007; Lerch, Pruessner, Zijdenbos, Hampel, Teipel, & Evans, 2005). 가장 영향을 받는 피질하 구조와 중뇌구조는 해마, 편도체, 그리고 후각체계(olfactory system)이다.

당연히, 세포조직의 상실 정도는 행동 변화와 밀접하게 연관되어 있다. 예를 들어 구조적 MRI로 측정된 피질의 두께는 알츠하이머병 초기 단계에서조차도 증상의 심각도를 예언할 수 있다(Dickerson et al., 2009). 회백질의 상실 정도는 흔

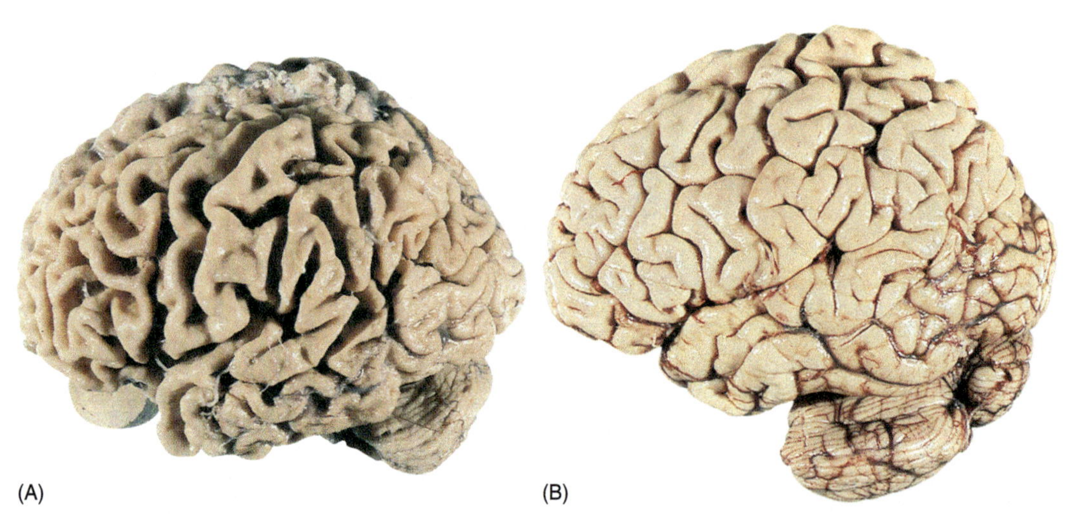

● **그림 16.4 알츠하이머병으로 인한 피질 상실.** 정상인(B)과 비교해서 알츠하이머병 환자(A)에서 피질의 회(gyri)가 뚜렷하게 오그라들었다.
출처: Dr. Robert D. Terry, Department of Neurosciences, School of Medicine, University of California at San Diego.

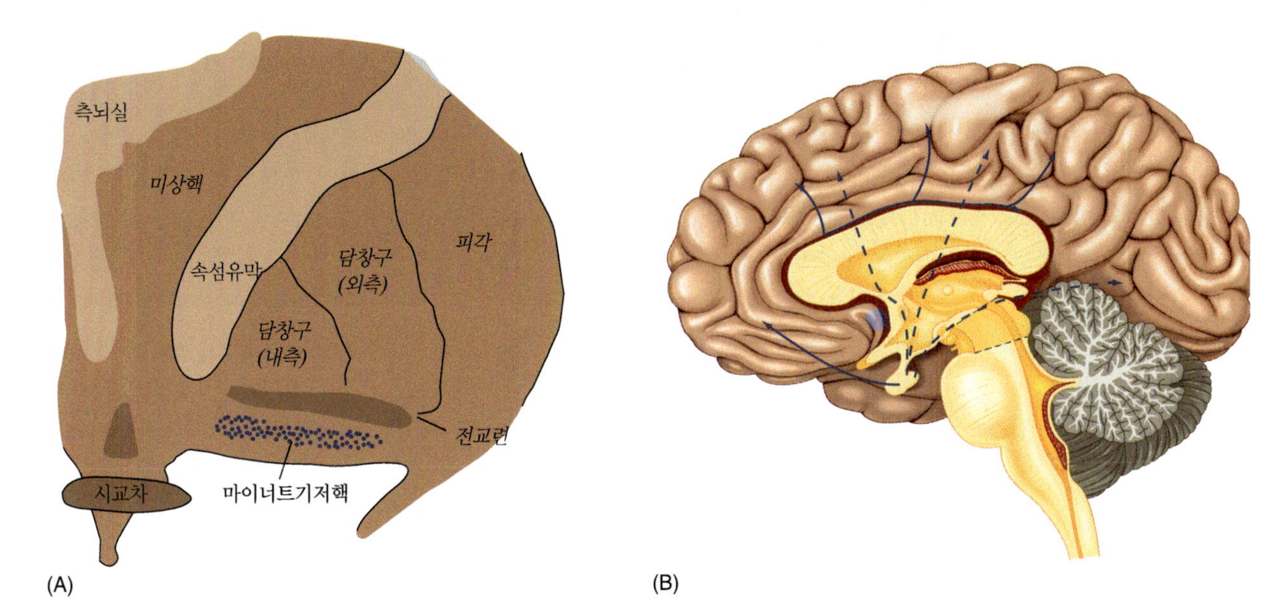

● **그림 16.5 알츠하이머병에 의해 영향을 받는 마이너트기저핵과 콜린성 투사.** (A) 선조체 및 전교련(anterior commissure)에 상대적인 마이너트기저핵의 위치를 보여주는 시교차(optic chiasm) 수준에서의 관상면. (B) 마이너트기저핵으로부터 피질까지의 콜린성 투사(파란색)를 보여주는 뇌의 정중시상면. © 2011 Cengage Learning

히 알츠하이머병의 전구단계로 간주되는 **경도인지장애**(mild cognitive impairment)를 지닌 사람들과 알츠하이머병 환자들을 구분할 수 있게 한다(Desikan et al., 2009). 경도인지장애는 자신의 나이에 비해서는 인지기능이 더 저하된 상태이나 그 정도가 치매로 진단될 만큼 충분히 심하지는 않은 상태이다(Nelson & O'Conner, 2008). 경도인지장애가 알츠하이머병으로 진단될 만큼 발전되는 동안 회백질은 증상이 진전됨에 따라서 점차 상실된다(Whitwell et al., 2007). 또한 뇌실이 확장된 정도는 조직-용적(tissue-volume)이 상실되었다는 지표인데 경도인지장애를 지닌 사람들 중에서 6개월 이내에 알츠하이머병으로 발전할 사람이 같은 기간 동안 인지기능이 안정적으로 유지되는 사람들에 비해서 뇌실이 더 크다고 한다(Nestor et al., 2008; Querbes et al., 2009). 그러므로 회백질 상실이 알츠하이머병의 근본 원인은 아니지만 알츠하이머병의 특징적인 인지적 저하와 밀접하게 연관되어 있다고 말할 수 있다. 실제로, 일부 연구에서는 아밀로이드판 침전물의 양보다 두뇌 용적의 상실 정도가 인지적 저하를 더 잘 예측한다고 밝혀졌다(Jack et al., 2009).

알츠하이머병과 관련해서는 뇌의 신경전달물질 체계 중에서 콜린계가 가장 많은 영향을 받으며, 이 체계의 붕괴가 치매 심각도와 관련된다(Wilcock, Esiri, Bowen, & Smith, 1982). 마이너트기저핵(nucleus basalis of Meynert) 세포의 90% 이상이 파괴되면 대뇌피질과 해마로 전달되는 콜린성 입력의 주요 경로가 상실된다(Whitehouse, Price, Clark, Coyle, & Delong, 1981; Whitehouse, Price, Stubble, Clark, Coyle, & DeLong, 1982). ● 그림 16.5A는 중뇌 구조물들과의 관계에서 마이너트기저핵의 위치를 나타내고, ● 그림 16.5B는 이 영역으로부터 피질 영역으로의 콜린성 투사를 나타낸다. 콜린성 전달이 가장 많이 영향을 받지만, 노르아드레닌계와 세로토닌계 또한 손상된다. 그 정도는 약하지만 글루타메이트와 도파민 수준의 감소도 또한 관찰될 수 있다(Parnetti, Senin, & Mecocci, 1997).

유전적 기초와 위험 요인 많은 연구들에서 알츠하이머병과 관련된 유전적 요인들이 검토되어 왔다(Bertram & Tanzi, 2008). 일련의 유전적 요인들은 알츠하이머병으로 이끄는 돌연변이(mutation)를 포함한다. 그것들은 조발성 알츠하이머병과 상관이 있고 아밀로이드 베타 단백질의 생산을 증가시킨다. 또 다른 유진인자들은 지연싱 일츠하이버병의 위험과 상관이 있고 질병의 발생 가능성을 증가시키거나 감소시킨다. 유전적 요인들이 알츠하이머병에 어떻게 기여하는가는 표 16.5에 대략적으로 기술되어 있다.

조발성 알츠하이머병의 다양성을 야기하는 많은 유전인자들이 발견되었다. 그 중 하나가 아밀로이드 전구 단백질(amyloid precursor protein)의 유전암호를 지정하는 21번 염색체 유전자의 돌연변이이다(Goate et al., 1991). 아밀로이드 전구 단백질의 비정상적인 이화작용(catabolism)은 아밀로이드 침전물의 형성과 연관되어 있다. 흥미롭게도 다운증후군(21번 염색체가 3개임) 환자는 30세가 되면 알츠하이머병 환자에게서 관찰되는 것과 유사한 뇌의 병리를 보이고, 나이가 증가함에 따라 치매를 나타내기 시작한다(Wisniewski, Wisniewski, & Wen, 1985). 프리시닐린(presinilin)의 유전암호를 지정하는 두 가지 유전자 또한 조발성 알츠하이머병과 연관되어 있다. 프리시닐린 2를 지정하는 1번 염색체의 유전자는 러시아의 볼가 지역으로 이주한 소규모의 독일계 가족들에서 발견되었고(Levy-Lahad et al., 1995), 프리시닐린 1을 지정하는 14번 염색체 유전자는 조발성 알츠하이머병의 대다수의 사례에서 그 관련성이 발견되었다(Sherrington et al., 1995). 이러한 조발성 알츠하이머병의 다양한 종류들은 전체 알츠하이머형 치매의 5% 이하만을 설명하므로 유전적 요인들이 전형적인 지연성 알츠하이머병에 어떻게 기여하는가를 이해하기 위해서는 부가적인 연구가 필요하다.

지연성 알츠하이머병에 걸릴 위험과 가장 밀접하게 연합되어 있는 유전자는 ApoE 유전자이다. ApoE 유전자는 아포지질단백질(apolipoprotein) E의 유전암호를 지정하고, 아밀로이드판을 제거하는 역할을 하는 것으로 생각되고 있는 단백질이다(Bu, 2009). 이 유전자는 흔히 e-2, e-3, e-4의 세 가지 대립유전자(allele)를 가진다. 그 중 ApoE-4 대립유전자는 알츠하이머병에 걸릴 위험의 증가와 관련된다. 예를 들어 일반 대중들 중에서는 약 15%가 이 대립유전자를 가지고 있지만 알츠하이머병 환자들 중에서는 약 40%가 이 대립유전자를 가지고 있고, 이 대립유전자를 한 개 가지고 있으면 ApoE-4 대립유전자를 한개도 가지고 있지 않은 사람보다 알츠하이머병에 걸릴 확률이 3~4배가 된다(Bu, 2009). 흥미롭게도, 비교적 드문 ApoE-2 대립유전자를 가진 사람은 알츠하이머병에 걸릴 위험이 감소한다.

고위험 ApoE-4 대립유전자의 존재는 병의 퇴행 과정에 영향을 미친다. 예를 들어 알츠하이머병 환자들 중에서 ApoE-4 대립유전자를 가지고 있는 사람들은 그렇지 않은 환자들에 비해서 해마가 더 빠른 속도로 위축된다(Schuff et al., 2009). 게다가 ApoE-4 대립유전자를 지닌 알츠하이머병 환자는 그렇지 않은 환자들보다 뇌에 아밀로이드판이 더 많이 축적된다(Drzezga et al., 2009). 일부 연구들은 ApoE 유전자형이 알츠하이머병에 걸리지 않은 노인들의 인지능력에도 영향을 미칠 수 있다고 시사하였다(Caselli, Dueck, Osborne, & Sabbagh, 2009; Luciano et al., 2009)

유전자 이외의 다른 요인들도 또한 알츠하이머병의 발병 위험과 연관된다. 발병 위험을 증가시키는 요인들로는 흡연(Merchant, Tang, Albert, Manly, Stern, & Mayeux, 1999), 심혈관 질환(Stewart, 1998), 당뇨병(Leibson et al., 1997), 그리고 두부 손상(Lye & Shores, 2000)이 포함된다. 그러나 이와는 반대로 알츠하이머병에 걸릴 위험을 감소시키는 요인들도 많이 있다. 그런 요인들로는 스테로이드가 포함되지 않은 항염증성 약물(non-steroidal anti-inflammatory drug) 복용(McGeer, Schulzer, & McGeer, 1996), 교육을 많이 받고 지적으로 도전이 되는 직업이나 활동에 종사하는 것(Stern, Gurland, Tatemichi, Tang, Wilder, & Mayeux, 1994), 에스트로겐 투약요법을 받는 것(Ohkura et al., 1994), 그리고 높은 수준의 신체적 활동을 하는 것(Scarmeas, Luchsinger et al., 2009) 등이 포함된다.

노년기 이전의 인지 능력도 치매의 위험을 예측하는 것 같다. 예를 들어 노인 수녀들을 대상으로 한 연구에서, 수녀가 50년 전에 처음 수녀원에 들어왔을 때 얼마나 복잡한 문장을 쓸 수 있었는가가 그 수녀가 노인이 되었을 때 알츠하이머병에 걸릴 확률을 예측하였다(Snowdon, Kemper, Mortimer, Greiner, Wekstein, & Markesbery, 1996). 이런 결과를 설명할 수 있는 한 가능성은 알츠하이머병을 일으키는 과정이 매우 어린 나이에 시작되고, 일생 동안 축적된다는 것이다. 또 다른 설명은 이 결과들이 **인지보유고**(cognitive reserve)에 대한 증거를 제공한다는 것인데 이는 더 큰 정신적 능력을 지닌 사람은 증상이 나타나기 전에 좀 더 손상에 잘 견딜 수 있다는 생각이다. 예를 들어 어떤 사람들은 수상돌기 분지(dendritic branching)와 시냅스 밀도가 평균보다 많을 수 있는데 그들의 뇌는 시냅스 연결이 손상되어 복잡한 인지적 사고를 다룰 수 없게 되기까지 퇴화(degradation)에 좀 더 견딜 수 있다.

최근의 연구는 또한 음식 요인들이 알츠하이머병의 위험

표 16.5 알츠하이머 치매(AD)의 유전적 연합

유전자	염색체	효과
AD를 야기하는 돌연변이		
프리시닐린 2	1	전형적으로 30~40세 사이에 발병하지만 더 광범위한 연령범위에서 발병할 수 있음
프리시닐린 1	14	50~65세 사이에 발병
21번 삼염색체성(다운증후군)	21	30~40세 사이에 발병
아밀로이드 전구 단백질	21	40~50세 사이에 발병
AD 조절 요인		
아포지방단백—ApoE-4 대립유전자	19	지연성 AD의 위험을 증가시킴
아포지방단백—ApoE-2 대립유전자	19	지연성 AD의 위험을 감소시킴

에 영향을 미칠 수 있다고 시사하였다. 특히 역학연구들은 지중해식 다이어트(과일과 채소, 생선과 올리브 기름을 많이 먹고 불포화지방을 적게 섭취함)를 고수하는 사람들은 치매에 걸릴 위험이 감소하고(Féart et al., 2009; Scarmeas, Stern, Mayeux, Manly, Schupf, & Luchsinger, 2009) 알츠하이머병으로 진단된다 하더라도 사망률이 낮다고 보고하였다(Scarmeas, Luchsinger, Mayeux, & Stern, 2007). 인과 기제는 아직 알려지지 않았지만 지중해식 다이어트에 포함된 높은 수준의 항산화물이 뇌세포들을 손상시키는 산화 스트레스의 작용을 중화시키는 것 같다(Praticó, 2008; Sultana, Perluigi, & Butterfield, 2009; Uttara, Singh, Zamboni, & Mahajan, 2009). 이런 흥미로운 상관연구들은 치료와 예방을 위해 가능한 길을 제안한다.

치료와 예방 현재, 어떤 방법도 알츠하이머병을 치료할 수는 없다. 기껏해야 일정 기간 동안 인지적 쇠퇴를 연기시킬 수 있을 뿐이다. 알츠하이머병 환자들의 많은 숫자와 그로 인한 많은 비용 때문에 더욱 효과적인 치료방법을 만들어낼 수 있는 새로운 접근방법을 발견하기 위하여 현재 많은 노력이 가해지고 있다. 연구들은 또한 예방을 위한 가능한 방법에도 초점을 맞추고 있다. 경도인지장애가 알츠하이머병의 전구증상으로 여겨지므로 경도인지장애도 많이 연구되고 있다. 경도인지장애를 더 잘 이해하면 알츠하이머병으로 이끄는 초기 병리에 대한 통찰을 얻게 되어 조기 개입으로 도움을 받을 수 있는 사람을 알아내는데 도움을 줄 수 있을 것으로 기대된다(Petersen & Negah, 2008).

아세틸콜린 수준이 기억 손상 및 치매 심각도와 관련되기 때문에 알츠하이머병에 대한 대부분의 치료적 개입은 콜린계에 영향을 미치려고 한다. 초기의 약물 연구는 레시틴(lecithin)과 콜린(choline)과 같은 아세틸콜린 전구물질을 투여하여 아세틸콜린 수준을 증가시키고자 하였다. 이러한 접근은 이런 전구물질에서 아세틸콜린을 생성하기 위해 필요한 효소인 콜린아세틸트랜스페라제 수준이 알츠하이머병에 걸리면 또한 감소되기 때문에 많은 성공을 거두지 못하였다. 보다 성공적인 것은 시냅스틈(synaptic cleft)에서 아세틸콜린을 분해하는 효소인 아세틸콜린에스트라제의 활동을 억제하는 약물이다. 알츠하이머병을 치료하기 위해서 가장 흔히 사용되어 온 약물들(타크린, 도네페질, 리바스티그민, 갈란타민)은 모두 아세틸콜린에스트라제 억제제이다(Fuentes, 2009). 이런 약들과 함께 알츠하이머병을 치료하기 위해 사용된 또 다른 약은 NMDA 수용체를 차단하는 약인 메만틴(memantine)이다. 이 약은 알츠하이머병에서 흥분성 아미노산의 수준이 과다하여 유발된 신경독성(neurotoxicity)을 감소시킨다.

이 약들은 알츠하이머병의 진행을 느리게 만들 수는 있으나 병의 진행을 중지시킬 수는 없다. 이 약들은 알츠하이머병의 핵심 병리인 아밀로이드판과 신경섬유매듭의 형성에 직접적으로 작용하지 않기 때문이다. 그러나 알츠하이머병의 진행을 늦추는 것은 실생활에 중요한 영향력을 가진다. 한 연구에서 타크린으로 장기간 치료하였더니 알츠하이머병 환자가 요양원에 들어가기까지의 시간을 늦출 수 있는 것으로 밝혀졌다(Knopman et al., 1996). 이런 이득은 언뜻 보기에는 사소하게 보일 수 있으나 요양원에 입원하는 시기를 늦춘다는 것은 매우 중요할 수 있다. 이것은 환자와 가족들이 환자의 기능저하를 준비할 수 있도록 재정적, 사회적, 정서적, 그리고 생활상의 조정을 할 시간을 제공한다. 사회적으로 볼 때에는, 요양원케어, 급성케어, 재가 돌봄과 같은 직접 비용과 가족과 친구들이 제공하는 무보수의 재가 돌봄 같은 간접비용을 포함하여 전체적으로 연간 약 10억 달러의 비용이 절감된다는 것을 의미한다(Brookmeyer, Gray, & Kawas, 1998).

연구자들은 알츠하이머병의 특징적인 퇴행을 더 늦추거나 심지어 중지시킬 희망으로 신약 연구를 계속하고 있다. 후보에 오른 일부 약들은 아밀로이드판 침전물과 타우 단백질 형성의 핵심병리에 영향을 미치려고 시도하고 있다(Brunden, Trojanowski, & Lee, 2009). 또 다른 약들은 많은 병리적 사건들 중에서 다른 단계들을 목표하고 있다. 예를 들어 아밀로이드판의 형성이 염증과정과 연관되어 있기 때문에 항염증성 약들이 연구되고 있다. 또한 항산화제는 세포가 산화 스트레스에 손상을 입지 않도록 보호하기 때문에 연구되고 있다. 신경영양제(neurotrophic drugs)는 새로운 뉴런의 성장을 자극하고 세포 상실을 막으므로 신경성장요인(nerve growth factor)과 같은 신경영양제들도 유용할 수 있을 것이다.

생활양식(lifestyle) 요인들도 발병할 확률과 상관이 있으므로 비약물적인 예방법 또한 정당화될 수 있다. 앞에서 논의한 바와 같이 다이어트, 운동, 흡연, 정신적인 활동 정도 등은 모두 알츠하이머 발병 위험의 예측인자이다. 이들 각각이 발병에 어느 정도 기여하고 있다면, 아마도 이에 대한 개입은 병의 유병률을 감소시킬 수 있을 것이다. 당신은 80대에 알츠하이머병에 걸릴 확률을 감소시키는 선택을 20대부터 하기 시작할 수 있다.

전두측두엽치매

다른 종류의 피질 치매로는 **전두측두엽치매**(frontotemporal dementia)가 있는데 전체 치매의 약 15~20% (Jackson & Lowe, 1996)에 해당한다. 전두측두엽치매는 알츠하이머병과 같은 피질 치매이지만 행동, 인지 및 신경병리적인 많은 주요 특징들이 알츠하이머병과는 다르다. 더욱이 평균 발병연령이 전형적인 알츠하이머병보다는 훨씬 젊은 약 56~58세이다(Mendez, 2006).

주로 기억력 장애가 초기 증상으로 나타나는 알츠하이머

병과는 달리, 전두측두엽치매의 첫 번째 증상은 보통 사회적-정서적인 기능 영역에서 발생한다(Mendez, 2006). 이 환자들은 보통 자신의 행동을 사회적으로 적절한 방식으로 조절하는 데 어려움이 있다. 그들은 억제력이 부족하고 충동적이어서 부적절하게 욕을 하고, 좌절하면 분노를 폭발시키며, 다른 사람의 접시에 있는 음식을 먹거나 상점에서 물건을 훔치는 등 자신이 원하는 것을 충동적으로 가지려고 한다. 사회적 규범에 대해서 관심이 없을 뿐만 아니라 보통 자신의 외모에 대한 관심도 없어서 종종 흐트러진 모습을 나타낸다. 일부 환자들은 부적절한 성적 행동을 나타내기도 한다. 더구나 그들은 자기 행동의 부적절함을 의식하지 못하며 통찰력이 없다.

때때로 관찰되는 또 다른 특징은 반복적이거나 일상화된 행동에 집착하는 것이다. 그들은 같은 책을 계속 반복해서 읽거나 항상 같은 장소로 산책을 간다. 또한 지나치게 먹거나 음식에 강박적으로 집착한다. 기분 변화 또한 일어날 수 있는데 우울하고 불안해지는 경향이 있다. 이러한 행동적인 변화와 함께, 주로 언어 영역에서 인지적인 변화가 나타난다. 전두측두엽치매 환자는 언어적인 표현과 사람과 사물의 이름대기에 어려움을 보이는 경향이 있다. 시간이 지나면서 말의 내용이 점점 없어지고 종국에는 사실상 말을 못하게 될 수도 있다. 읽기와 쓰기의 장애도 나타난다. 병의 후기에는 진전(tremor)과 경직을 나타내며 파킨슨병과 유사한 운동장애를 보일 수 있다.

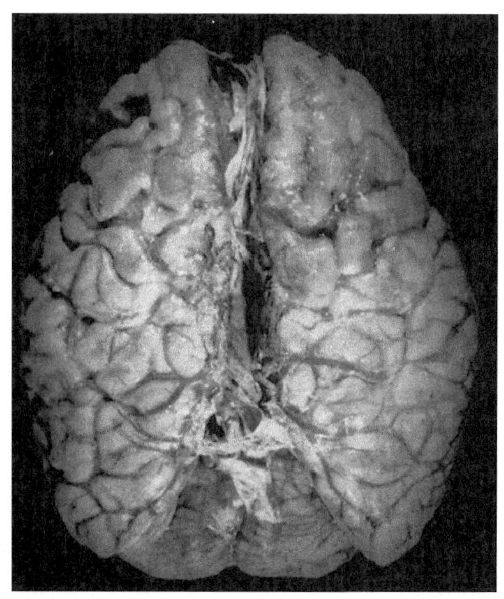

● **그림 16.6 픽병에서의 뇌 위축.** 위에 보이는 것은 픽병 환자의 뇌이다. 다른 피질 영역과 비교해서 상대적인 전두엽 영역의 퇴행 양에 주목하라. 출처: From "Case Records of the Massachusetts General Hospital: Case 16-1986," by R. E. Scally, 1986, New England Journal of Medicine, 314, p. 1108. Copyright © 1986, Massachusetts Medical Society. Reprinted by permission of The New England Journal of Medicine.

그러나 다른 측면의 정신적인 기능은 놀랍도록 잘 유지된다. 예를 들어 공간적 인지와 고차적인 운동 프로그래밍 능력은 비교적 보존된다. 한 사례 보고에 의하면, 이전에 컴퓨터 기술자였던 환자는 빈 깡통을 수집하기 위해서 집으로부터 멀리 떨어진 곳까지 돌아다녔지만 집으로 다시 돌아오는 데는 전혀 문제가 없었다. 하지만 그가 깡통을 찾기 위해서 모르는 사람 집의 창문을 들여다보는 행동을 보였으므로 부인이 그의 행동을 관리해야만 했다. 이 환자들은 최소한 병의 초기 단계에서는 시간과 장소에 대한 지남력이 유지되고 최근 사건들을 기억할 수 있으므로 처음에는 기억력 문제가 덜 두드러진다(Kaye, 1998; Mckhann, Albert, Grossman, Miller, Dickson, & Trojanowski, 2001).

전두측두엽치매의 신경학적 특성 또한 알츠하이머병과 다르다. 예를 들어 세포가 상실되는 패턴이 알츠하이머병과는 다르게 나타난다. 알츠하이머병 환자들은 모든 주요 피질 영역(전두엽, 측두엽, 두정엽 및 후두엽)의 대뇌피질 두께가 얇아지지만, 전두측두엽치매 환자들은 주로 전두엽과 측두엽의 피질 두께만 얇아지고 두정엽은 알츠하이머병 환자들보다 덜 얇아진다(Du et al., 2007). 두정엽의 피질이 이처럼 비교적 잘 보존되기 때문에 공간적 인지가 비교적 잘 유지되고 있는 것 같다. 또한 전두측두엽치매 환자들은 알츠하이머병 환자들보다 전두엽의 백질을 더 많이 상실한다(Zhang et al., 2009). 전두엽 영역이 심하게 위축된 전두측두엽치매 환자의 예가 ● 그림 16.6에 제시되어 있다.

세포의 특성 또한 전두측두엽치매와 알츠하이머병을 구별해 준다. 예를 들어 전두측두엽치매의 한 아형인 픽병은 다음과 같은 두 가지 주된 특질을 지닌다: '풍선이 부풀어 오른 듯이' 부풀어 오른 옅은 색의 뉴런들과 픽체(Pick's bodies)라 불리는 은으로 염색되는 세포질 내의 섬유질 덩어리. 이러한 섬유질들은 쌍을 이루거나 나선형이 아니라 곧은 모양이기 때문에 알츠하이머병에서 관찰되는 신경섬유매듭과는 구별된다(Scully, 1986).

전두측두엽치매의 가장 큰 위험 요인은 가족력 즉, 가까운 친인척 가운데 같은 치매가 있는지의 여부이다. 연구자들이 이 병을 일으키는 정확한 유전적 기제를 밝히기 위하여 아직 연구 중이나 이 사실은 강한 유전적 요소를 시사한다. 전두측두엽치매와 연관되어 있는 유전자는 타우 단백질의 유전 암호를 지정하는 유전자를 포함하고 있는 17번 염색체이다(Mendez, 2006; Spillantini, Bird, & Ghetti, 1998). 흥미롭게도 ApoE 유전자형이 전두측두엽치매의 위험과도 연관되어 있으나 그 관련성은 알츠하이머병과의 관련성만큼 강한 것 같지는 않다. 게다가 고위험 ApoE-4 대립유전자가 두뇌에 미치는 영향은 전두측두엽치매와 알츠하이머병에 있어 서로 다른 것 같다. 예를 들어 한 연구에 의하면 ApoE-4를 지닌 알츠하이머

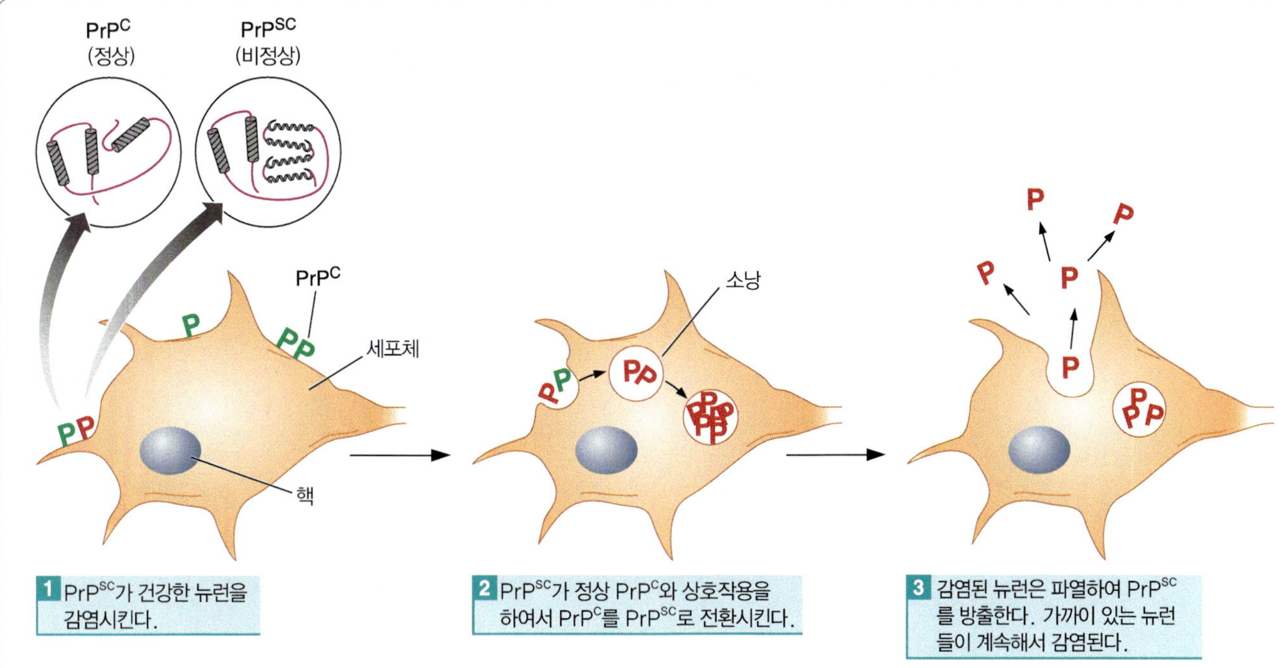

● **그림 16.7 비정상적인 프리온 단백질이 세포를 어떻게 감염시키는가.** 정상 프리온 단백질(PrP^{C}, 초록색)은 비정상적인 형태(PrP^{SC}, 빨간색)로 변화될 수 있고, 그것은 다시 다른 정상 프리온들을 비정상적인 형태로 변화시킴으로써 세포를 감염시킨다. © 2010 Cengage Learning

병 환자들은 ApoE-4가 없는 알츠하이머병 환자들보다 두정엽과 해마 영역이 더 많이 위축되어 있는 반면에, ApoE-4를 지닌 전두측두엽치매환자들은 ApoE-4가 없는 전두측두엽치매 환자들보다 전두엽이 더 많이 위축되어 있었다(Agosta et al., 2009). 이런 발견은 ApoE-4 유전자형이 이 두 치매의 진행 과정을 다르게 조절한다는 것을 의미한다.

크로이츠펠트-야콥병

또 다른 피질치매인 **크로이츠펠트-야콥병**(Creutzfeldt-Jakob disease, CJD)은 알츠하이머병이나 전두측두엽치매와는 몇 가지 중요한 측면에 있어서 뚜렷하게 다르다. 첫째, CJD는 매우 드물다(100만 명 중 한 명). 둘째, 다른 퇴행성 질환은 서서히 진행되는 데 반해 CJD에서 정신적 퇴행은 매우 빨리 진행된다. 셋째 그리고 아마도 가장 중요한 특징은 CJD는 원인이 알려져 있다는 점이다: 이 병은 프리온(단백질성 감염 입자)으로 알려진 감염성 단백질이 원인으로 알려져 있다(Gibbs et al., 1968).

정상적인 뇌 단백질인 프리온 단백질의 모양이 변화되어 불용성(insoluble)이 될 때 이 병이 발병한다(● 그림 16.7)(Aguzzi & HeiKenwalder, 2006; Johnson, 2005). 한 번 불용성이 되면 더 이상 분해될 수 없기 때문에 축적되고 세포를 죽게 한다. 이 병의 원인이 되는 프리온은 감염성이 높으므로 각막이식, 인간성장요인(human growth factor) 주사, 두개골 내 뇌파검사 시 전극삽입 등과 같은 의료 절차 도중에 한 사람에서 다른 사람으로 감염될 수 있다. 심지어 장갑을 끼지 않으면 해부하는 도중에 뇌 조직과 접촉하여 감염될 수도 있다. 병을 일으키는 프리온은 (HIV 바이러스와는 달리) 내구력이 있어서 가열, 포르말린, 알코올 및 자외선 조사에 내성을 보인다. 그러나 다행히 프리온은 고압력(autoclaving)이나 표백(bleach)에 의해서는 비활동적이 될 수 있다. 대부분의 경우, 의사들은 특정 환자가 이 병을 일으키는 프리온을 어떻게 갖게 되었는지 알 수 없다. 어떤 가족이나 지역이나 직업에서 군집적으로 발생하는 것이 아니라 산발적으로 발생하므로 전형적인 형태의 CJD를 흔히 '산발성 CJD'라고 부른다.

산발성 CJD는 알츠하이머병이나 전두측두엽치매와 쉽게 구별되는 특징들을 가지고 있다. CJD 치매는 불수의적인 움직임과 함께 0.5~2 Hz마다 주기적으로 날카롭고 동시적인 극파(spikes)가 나타나는 특징적인 EEG 패턴을 보인다(Wieser, Schindler, & Zumsteg, 2006). 초기에 호소하는 증상은 피로, 불안, 주의집중의 문제, 식욕이나 수면 장애이고, 경우에 따라서는 기분이 고양될 수도 있다. 이러한 증상들 때문에 환자들은 때때로 정신과적인 병으로 진단받기도 한다. 몇 주가 지나고 나면 근육 수축과 같은 운동 증상이 전형적으로 나타나고 그 다음으로 협응의 결함, 불수의적 움직임, 보행 장애 및 시력 변화가 수반된다. 그 뒤로 치매를 포함한 신경학적 붕괴가 빠르게 진행된다(Brown, Cathala, Sadowski,& Gajdusek, 1979; Will & Matthews, 1984). CJD는 감

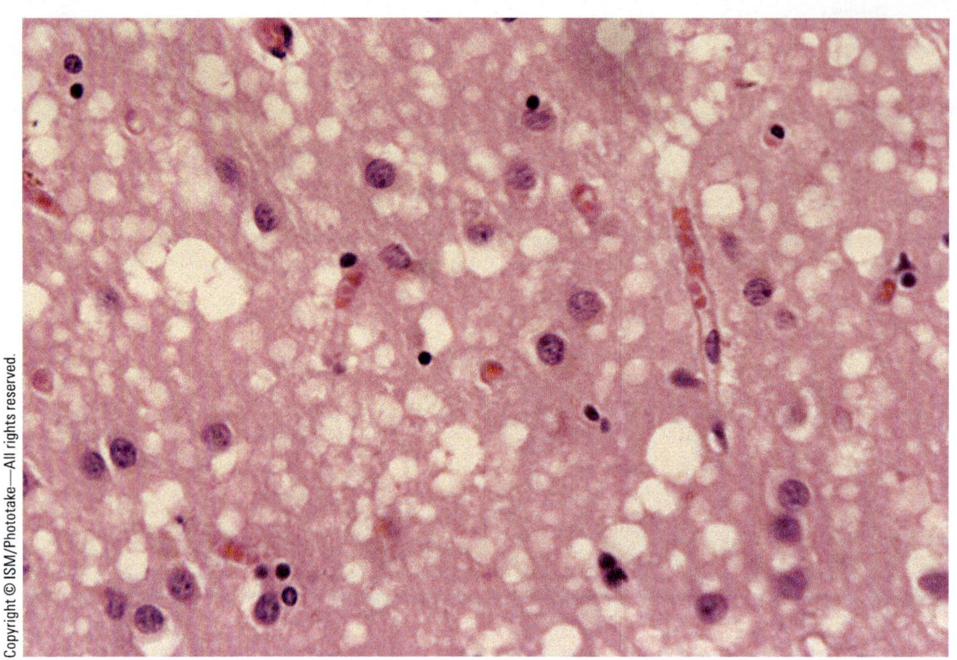

● **그림 16.8 해면뇌병증(spongiform encephalopathy)을 보여주는 뇌조직.** 이 사진은 '소의 해면뇌병증'을 앓고 있는 소에서 찍은 것이다. 크로이츠펠트-야콥병을 앓고 있는 인간의 병리와 유사하다.

염되고 수 년 혹은 몇십 년 후에 증상이 나타날 정도로 잠복기가 매우 길 수 있다(Fleminger & Curtis, 1997). 그러나 일단 증상이 발현되면 병의 전 과정이 매우 빠르게 진행되어서 환자는 보통 1년 이내에 사망한다. 쇠퇴가 매우 빠르게 진행되어 주 단위로 그 차이가 느껴지며 일부 경우에는 나날이 다르게 느껴질 수도 있다.

신경병리학적 변화로는 대뇌피질의 넓은 영역에서 뉴런이 상실되고 신경교세포(glial cell)의 증식(proliferation)이 관찰된다. 또한 뇌가 '스펀지'처럼 보이는데, 이 때문에 이 병은 때때로 **해면뇌병증**(spongiform encephalopathy)으로 불린다(● 그림 16.8). CJD의 뇌가 스펀지화된 것은 사후 부검에서 분명히 드러나지만 환자가 살아 있는 동안에는 MRI 결과가 이 병의 여부를 확인하는 데 도움을 줄 수 있다(Lodi et al., 2009; Zerr et al., 2009).

이 병의 새로운 변종(변종 CJD라 불림)이 영국과 프랑스에서 1990년대에 확인되었다. 이 변종은 일부 청소년을 포함한 40세 이전의 젊은 사람들에서 발생하였다(● 그림 16.9). 이 사례들에서는 초기 증상으로 행동 변화를 나타내는 경향이 있었고 나중 단계에서만 치매가 발생하면서 쇠퇴 과정이 보다 오랫동안(22개월까지) 진행되었다. 산발성 CJD에서 관찰되는 특징적인 EEG 이상이 변종 CJD에서는 관찰되지 않았다. 주로 기저신경절과 시상의 손상과 함께 산발성 CJD와 변종 CJD에서 모두 퍼져있는 스펀지 세포가 관찰되었지만, 산발성 CJD에서는 전형적으로 나타나지 않는 아밀로이드판이 변종 CJD에서는 관찰되었다(Johnson, 2005).

사람은 광우병(mad cow disease)으로도 알려진 프리온 질환인 '소의 해면뇌병증'에 감염된 소를 먹어서 변종 CJD가 발병하는 것으로 생각되고 있다. 1986년에 영국 소에서 처음으로 관찰되기 시작한 이 병은 도살과정에서 소의 뇌와 척수 조직이 쇠고기를 오염시켜서 소에서부터 사람에게로 종(species)을 넘어 감염된 것으로 보인다. 이에 대한 염려로 다른 유럽 국가들은 1996년 봄 동안 영국 쇠고기의 수입을 금지하였다(Epstein & Brown, 1997). 이러한 소의 질병은 현재 일본을 포함한 유럽 외의 국가에서도 발견되었다. 변종 CJD의 발병률이 1990년대 이후로는 감소하고 있는 것으로 보이지만 이 병의 오랜 잠복기를 고려할 때 변종 CJD의 위험이 사라졌다고 확신하기는 어렵다.

■ 피질하 치매

피질하 치매 환자들은 피질 치매 환자와는 다른 인지 장애 패턴을 나타낸다. 사고가 느려지는 경향이 있고, 전두엽 기능장애와 관련된 증상들이 현저하다. 후자의 문제는 피질하 치매에서 손상되는 주요한 피질하 영역들이 전두엽과 긴밀히 연결되어 있기 때문인 것으로 생각된다. 지금부터는 피질하성 질환인 파킨슨병과 헌팅톤병에 대해서 살펴보도록 하겠다.

파킨슨병

5장에서 살펴보았듯이, 파킨슨병 환자는 뇌의 도파민성 뉴런

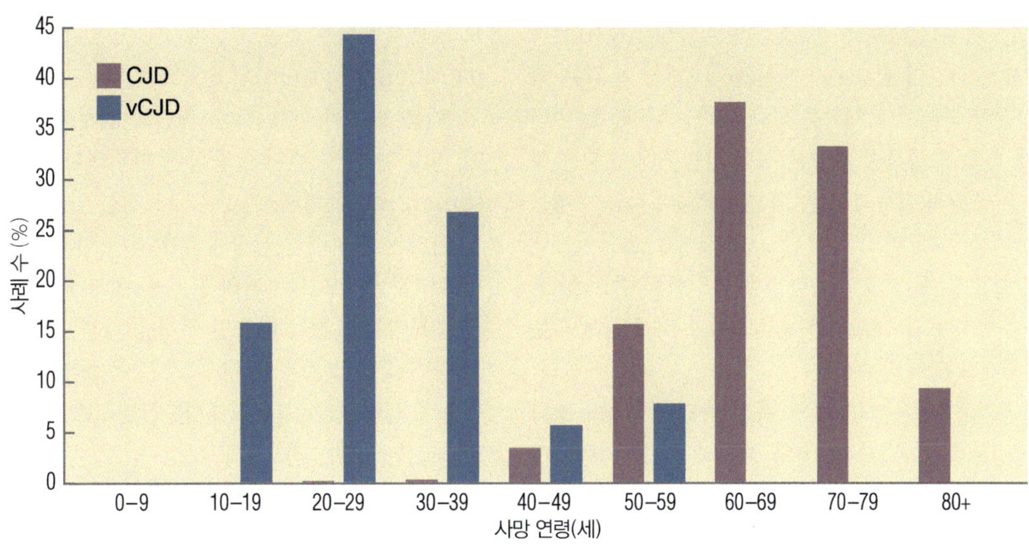

● **그림 16.9 산발성과 변종 크로이츠펠트-야콥병의 나이 분포.** 감염된 고기를 먹어서 걸린다고 생각되고 있는 변종 크로이츠펠트-야콥병(vCJD)은 산발성 CJD보다 훨씬 더 젊은 사람들이 걸린다. © 2010 Cengage Learning

의 주요 근원인 흑질과 그 보다 적은 수준이지만 청반(locus ceruleus)에서 특정 세포가 손실된다. 이 병에 수반되는 운동증상들과 함께 치매는 환자들의 약 30%에서 발현된다(Tison, Dartigues, Auriacombe, Letenneur, Boller, & Alperovitch, 1995). 파킨슨병의 주된 신경심리학적 증상은 집행적 처리의 장애, 운동과정과 사고과정의 속도 저하, 기억 인출의 장애(파지의 장애는 아님)이다(Jacobs, Levy, & Marder, 2006).

파킨슨병 환자들은 집행기능 영역에서 인지장애를 나타낸다(Dalrymple, Kalders, Jones, & Watson, 1994). 예를 들어 이 환자들은 보속적인 방식으로 행동하기 때문이라기보다는 추상적인 사고를 할 수 없어서 카드가 분류되어야 하는 범주를 알아내지 못하여 위스콘신 카드분류검사(Wisconsin Card Sorting Task, WCST)에서 어려움을 보인다. 그들은 범주들 간에 전환(switching)을 하고, 정형화된 반응을 무시하고 새로운 상황에 반응하며 행동에 대한 계획을 세우는 것에 장애를 나타낸다(Henik, Singh, Beckley, & Rafal, 1993)(● 그림 16.10).

파킨슨병 환자가 인지적 손상을 보이는 두 번째 영역은 운동과 사고를 처리하는 속도의 저하, 즉 **정신완서**(bradyphrenia)이다

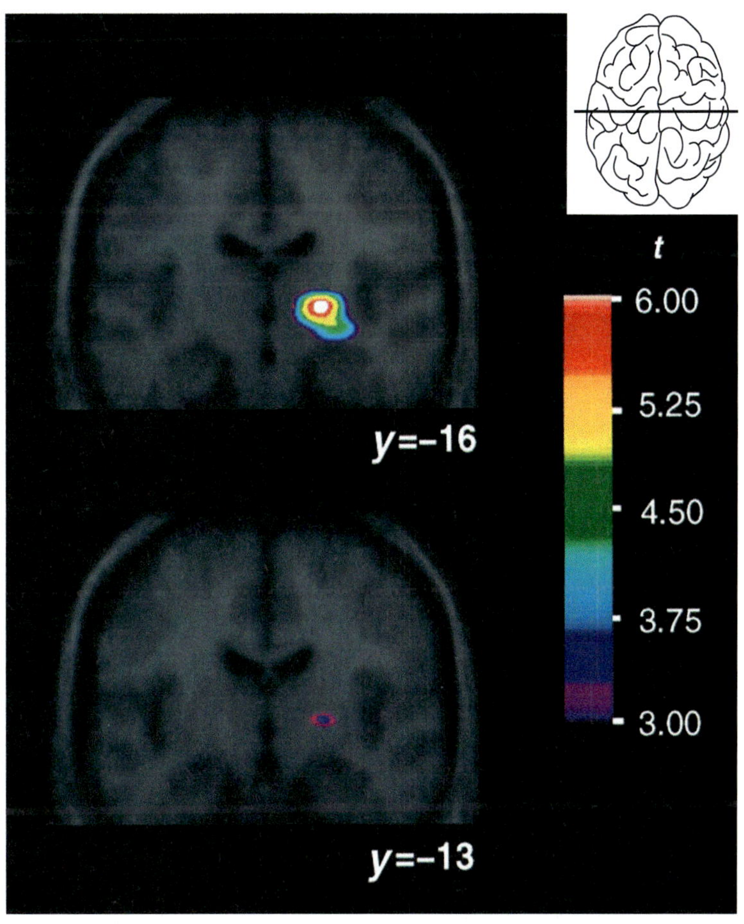

● **그림 16.10 파킨슨병에서 기저신경절의 기능장애.** 여기에 보이는 영역은 복잡한 계획 과제를 수행할 때 파킨슨병 환자보다 신경학적으로 정상인 사람에게서 유의하게 더 활성화되는 영역이다. 빨간색이 가장 높은 수준의 활성화를 나타낸다. 출처: Adapted from Owen et al, 1998. Abnormal basal ganglia outflow in Parkinson's disease identified with PET: Implications for higher cortical functions, Brain, 121, p. 955. By permission of Oxford University Press.

(Mahurin, 2008). 파킨슨병 환자는 정답에 도달할 수는 있지만 매우 느리게 수행하며 이는 정신적 불활성(inertia)을 극복하기 위해서 시간이 필요하기 때문인 것 같다. 이 같은 속도 저하는 단순한 과제보다 계획을 필요로 하는 과제(예, 런던 탑 쌓기)에서 더욱 발생하며 다양한 정신 기능들에 영향을 미쳐서 언어나 시공간적 기능과 같은 다른 영역들에서의 수행을 저하시킨다. 예를 들어 이러한 정신 속도 저하는 물건이름대기 능력을 감소시킬 수 있고 조음능력을 붕괴시킬 수도 있다. 정신기능과 운동기능의 속도 저하는 이 병과 자주 동반되는 우울증에 의해서도 악화될 수 있다.

세 번째 문제 영역은 기억력의 특정 측면, 즉 비구조화된 상황에서 정보를 인출하는 능력과 공간적 작업기억력이다(Postle, Jonides, Smith, Corkin, & Growdon, 1997). 회상(recall)을 하기 위해서 기억 속을 전략적으로 탐색하기 위한 계획을 세우는 능력이 손상되어 있다. 하지만 재인절차(예, "예전에 이 문항을 보았습니까?")를 사용하였을 때는 언어적, 시공간적 장기기억이 모두 손상되지 않은 것으로 나타난다. 파킨슨병 환자에서 관찰되는 기억력 패턴은 측두엽에 의존하는 기억 기능은 보존되지만 전두엽의 통합에 의존하는 기억 기능(예, 사건의 순서에 대한 기억)은 보다 심각하게 손상되어 있음을 시사한다. 마지막으로, 파킨슨병 환자의 작업기억은 일반적으로 보존된다. 방해 자극이 개입되었을 때 수행이 저하되는 것은 아마도 작업기억의 문제라기보다는 주의(attention) 과정의 문제 때문인 것으로 사료된다(Pillon, Deweer, Agid, & Dubois, 1993).

요약하면, 파킨슨병 환자들은 집행기능, 처리 속도(단어이름대기, 단어유창성 및 일부 시공간적 과제에 영향을 미침), 전두엽의 활동이 필요한 기억 과제(시간적 순서의 평가)에 있어 인지적 장애를 보인다. 이런 특징은 전두엽 기능이 선택적으로 손상되었을 때의 특징과 일치하지만, 파킨슨병 환자에서 관찰되는 패턴은 전두엽 손상 환자와는 미묘하게 다르다. 예를 들어 파킨슨병 환자들은 전두엽 손상 환자들보다 보속증을 덜 나타내고(Owen, Roberts, Hodges, Summers, Polkey, & Robbins, 1993), 자신의 행동에 대해서 병식을 더 가지며, 억제를 더 할 수 있다(Dubois, Boller, Pillon, & Agid, 1991).

파킨슨병 환자들은 또한 정서적 기능의 변화를 보인다(Borek, Amick, & Friedman, 2006). 파킨슨병 환자들의 약 40~50%가 우울증을 나타낸다. 이 우울증은 이 병으로 인한 장애때문이라기보다는 이 병의 신경생물학적 기저(substrate)와 더욱 연관되는 것 같다. 파킨슨병 환자의 우울증 수준은 하반신 마비나 편마비 같은 다른 운동 장애를 가진 환자들의 우울증 수준보다 높다. 또한 우울증이 운동 증상보다 먼저 나타날 수 있고, 운동 증상의 심각도와 관련이 없을 수도 있다. 파킨슨병 환자가 우울함과 더불어 무감동하고 즐거움을 별로 느끼지 못하는 것은 보상과 연관이 있는 도파민 시스템(dopaminergic system)의 손상으로 일부 설명할 수 있다.

기분 변화와 함께 다른 측면의 정서적 기능도 손상된다. 이 병의 한 가지 현저한 증상은 **파킨스니안 마스크**(Parkinsonian mask)인데, 이것은 무표정한 얼굴을 뜻한다. 파킨슨병 환자는 정서적인 상황에 부합되는 얼굴 표정을 구별할 수 있고, (자발적으로는 거의 표정을 짓지 않지만) 특정 표정을 지어 보라는 요청을 받으면 표정을 지을 수 있기 때문에 이러한 가면 같은 얼굴은 부분적으로는 움직임의 감소를 반영하는 것으로 생각된다. 그러나 다른 한편으로는 정서적 반응성의 감소를 반영하는 것으로도 보인다. 강한 정서가를 지닌 그림에 대해 반응을 할 때조차도 파킨슨병 환자의 얼굴 표정과 목소리 음조는 정서적 강도가 부족하다.

파킨슨병은 유전적 요인과 환경적 요인의 결합에 의해서 발병하는 것 같다. 파킨슨병 환자의 직계 가족은 파킨슨병 환자가 없는 가계의 사람들보다 이 병에 걸릴 확률이 2~10배 높으며 환자의 형제, 자매들은 서로 비슷한 나이에 발병하는 경향이 있다. 환경적인 측면에서는 시골이나 농업 환경에서 살고, 우물물을 마시고, 농약이나 제초제에 노출되고, 두부 외상을 당하거나 산업 오염물질에 노출이 되면 발병 위험이 증가된다(Maher et al., 2002). 예를 들어 파이프 정비공, 전기기사, 기술자, 화학자, 기계 수리공, 소방관, 스팀 정비공, 공구 제작자와 같은 직업을 가진 사람들은 망간, 구리, 철, 납과 같은 금속에 장기간 노출될 직업적 위험을 갖게 되고 그것은 파킨슨병과 같은 신경심리학적 장애와 연관된다. 이러한 금속들은 신경독성 물질(neurotoxic)인 자유기(free radicals)를 생성할 수 있다(Gorell et al., 1997).

파킨슨병의 표준적인 치료는 혈뇌장벽(blood-brain barrier)을 통과할 수 있는 도파민의 전구체인 L-dopa를 환자에게 투여하여 도파민 결핍을 벌충하는 것이었다. L-dopa는 전전두피질의 도파민 수준에 영향을 미쳐서 파킨슨병과 연관된 인지장애를 최소한 일부라도 개선시킬 수 있다(Cools, Stefanova, Barker, Robbins, & Owen, 2002). 하지만 불행히도 이 약물은 약 35%의 환자에게서 운동이상증(dyskinesia)을 일으키고, 또 다른 환자들에게서는 환각을 일으키며 시간이 지남에 따라 약효가 상실된다. 결과적으로, 현재는 다른 도파민 효능제(agonists)가 효력이 있을 때에는 질병의 초기 단계에서 그 약이 선호되고, 다른 도파민 효능제가 효과가 없을 때 병의 후기 단계에서 L-dopa가 사용되고 있다(Jenner, 2002).

환자가 L-dopa에 내성이 생기고 증상이 극도로 문제가 되는 경우에는, 시상이나 담창구의 내측 부분을 절제하는 방법과 전극을 삽입하여 두뇌 깊숙이 있는 이 구조들을 자극하는 더욱

침습적인 치료방법들이 고려된다(Deuschl et al., 2006). 이러한 절차들이 운동 기능을 향상시키는 것으로 생각되지만, 인지적인 기능에도 긍정적인 결과를 가져오는지에 관해서는 현재 논란이 되고 있다(Fields & Troster, 2000; Hugdahl & Wester, 2000). 더욱이, 일부 사례에서는 정신 과정에 부정적 효과를 미쳤다고 보고되었다(Scott et al., 2002).

최종적인 치료 방법은 흑질(substantia nigra)에서 상실된 뉴런을 대체하기 위해서 태아의 줄기세포를 사용하는 것이다. 그런 치료적 개입은 아직 실험단계에 있다. 일부 연구자들은 흑질이나 선조체(striatum)에 이식된 줄기세포가 설치류와 비인간 영장류 파킨슨병 모델의 운동기능을 증진시킬 수 있음을 발견하였다(Qing feng, Ji, Ling li, & Chong gang, 2009; Redmond et al., 2007). 인간을 대상으로 줄기세포치료의 효과를 검증하는 임상 시험은 아직 시행되지 않았다. 그러나 태아의 중뇌(midbrain)에서 파킨슨병 환자의 중뇌로 신경조직을 이식한 몇 가지 연구들은 뒤섞인 결과를 보고하였다(Lindvall & Kokaia, 2009). 이 연구들은 이식의 긍정적인 효과를 측정하기 위해서 주로 운동 증상에 주목하였으므로 그런 치료가 파킨슨병의 인지적 퇴행에 어떤 영향을 미치는지에 관해서는 알려지지 않았다.

헌팅톤병

5장에서 살펴보았듯이 헌팅톤병은 유전되는 진행성 신경질환으로, 보통 35~42세경에 발병하고 그로부터 14~17년 후에 사망한다. 발병률은 10만 명당 다섯 명 정도이다. 선조체(미상핵과 피각)와 일부 담창구에서 GABA성(그리고 콜린성) 뉴런이 파괴되어 경련을 일으키면서 빠르고 통제할 수 없는 움직임(무도형 움직임, *choreiform* movement)이 특징인 운동 장애를 나타낸다. ● 그림 16.11은 헌팅톤병에서 기저신경절의 세포조직이 상실됨을 보여 주고 있다.

헌팅톤병 환자의 인지기능 쇠퇴는 운동기능의 쇠퇴와 거의 병행되는데 종국에는 사실상 모든 환자들이 치매에 걸린다(Jacobs et al., 2006; Lieberman et al., 1979). 환자들은 주의(attention)의 집행적 측면(Josiassen, Curry, & Mancall, 1982), 공간 정보의 처리(Brouwers, Cox, Martin, Chase, & Fedio, 1984) 및 기억으로부터의 정보 인출(Butters, Wolfe, Martone, Granholm, & Cermak, 1985)에 있어 장애를 보인다. 이 증상들과 함께 말이 와해되고 성격과 정서적 기능의 변화가 종종 수반된다. 다른 피질하 치매와 마찬가지로 심한 실어증이나 실행증을 나타내는 경우는 드문데, 이는 임상가들이 알츠하이머병(혹은 기타 피질 치매)과 헌팅톤병(혹은 기타 피질하 치매)을 쉽게 감별하게 하는 한 요소이다. 지금부터는 헌팅톤병의 인지적, 정서적 손상 양상을 보다 상세하게 검토하도록 하겠다(Brandt, 1991)

헌팅톤병에서 관찰되는 인지기능 장애 영역은 전두엽이 중재하는 집행적 통제와 기타 능력들이다. 이 환자들은 행동의 시작, 반응 선정, 특정 속성에 기초한 자극 선택 및 정신세트의 전환에서 특정적인 장애를 나타낸다. 언어적 유창성의 감소, 보속 경향, 인지적 융통성의 상실도 보인다. 이 같은 장애들은 위스콘신 카드분류검사(WCST)와 스트룹 과제에서 나타난다. 헌팅톤병에서 손상되는 미상핵의 앞부분이 배외측 전두피질과 안와전두피질로부터 입력을 많이 받는다는 것을 고려해 볼 때 이러한 장애들이 나타나는 것은 놀라운 일이 아니다. 전두엽과 기저핵 간의 연결은 질병의 초기 단계에서 붕괴된다. 헌팅톤병 환자가 초기에 가장 흔히 호소하는 증상 중

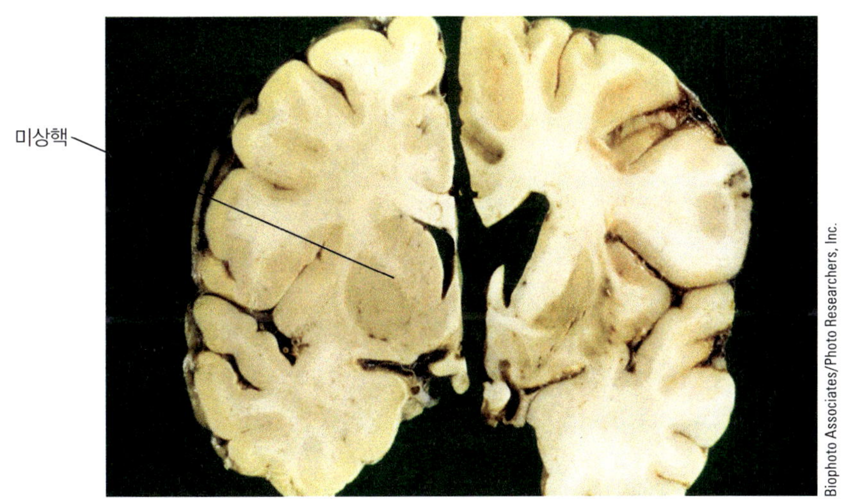

● **그림 16.11 헌팅톤병의 신경학적 퇴행.** 미상핵이 신경학적으로 정상인 사람(왼쪽)보다 헌팅톤병 환자(오른쪽)가 훨씬 더 작다. 이 영역의 세포조직이 상실됨에 따라서 헌팅톤병 환자의 뇌실이 커졌음을 주목하라.

하나는 자신의 활동을 계획하고 생활 스케줄을 짜기가 힘들다는 것이다.

헌팅톤병에서 손상되는 두 번째 인지영역은 공간적 처리이다. 공간기능 검사들은 종종 운동 속도를 강조하기 때문에 이런 검사들에서 낮은 수행을 보이는 것이 공간적 처리에 특정한 결함이 있어서가 아니라 헌팅톤병으로 인한 운동장애의 결과라고 생각할 수 있다. 하지만 공간 학습 과제와 같이 운동 요소가 현저하게 개입되지 않은 과제에서도 공간적 처리의 손상이 관찰된다는 사실은 이러한 결론을 반박한다. 이 결과는 원숭이의 미상핵을 손상시켰을 때 공간 교대(spatial alternation)(예, 1시행에서는 오른쪽 자극에 반응하고, 2시행에서는 왼쪽 자극에 반응하고, 3시행에서는 다시 오른쪽 자극에 반응하는 것)와 같은 공간 학습 과제를 수행하지 못한다는 것을 발견한 연구 결과와도 일치한다.

헌팅톤병 환자가 또한 종종 문제를 나타내는 세 번째 영역은 기억의 특정 측면이다. 사실 기억 문제는 흔히 가장 최초로 나타나는 인지적 손상 징후 중 하나이다. 헌팅톤병 환자의 기억 장애는 알츠하이머병 환자에게서 관찰되는 기억 문제와는 다른 두 가지 중요한 특징이 있다. 첫 번째 중요한 특징은 회상보다 재인 수행이 더 우수하다는 것이다. 알츠하이머병 환자는 이와 대조적으로 회상과 재인 모두에서 저하된 수행을 보인다. 이러한 결과는 헌팅톤병 환자가 새로운 정보를 저장할 수는 있지만 정보를 회상하기 위해 필요한 자기 지시적(self-guided) 탐색을 하는 것에 문제가 있다는 것을 시사한다. 그러나 헌팅톤병 환자들은 사지선다 형식의 재인기억과제처럼 단서가 주어지면 정보를 인출할 수 있는데 이 사실은 정보가 실제로는 기억에 성공적으로 저장되어 있음을 가리킨다.

헌팅톤병 환자가 보이는 기억장애의 두 번째 주요 특징은 기억 손상에 있어 시간적 구배(temporal gradient)를 나타내지 않는다는 것이다. 초기 알츠하이머병 환자가 최근(예, 40, 50, 60대)에 발생한 사건보다 인생에서 더 일찍(예, 20대나 30대) 발생한 역사적인 사건들을 더 잘 기억하는 것과는 달리, 헌팅톤병 환자들은 모든 시기에 대한 기억이 똑같이 손상된다(Beatty et al., 1998).

인지적인 문제 외에도, 헌팅톤병 환자의 80% 이상이 정서적 기능의 변화를 나타낸다(Lieberman et al., 1979). 헌팅톤병 환자의 약 반 정도가 주요 우울증 삽화를 경험하거나 우울한 기분을 나타낸다. 우울증은 종종 운동 증상들보다 선행되고, 파킨슨병 환자에게서 관찰되는 것과 유사하다. 헌팅톤병 환자들은 또한 쉽게 화를 내고 무감동하며 충동적이고 공격적이며 정서적으로 불안정하다. 때때로 망상(예, FBI가 자신을 괴롭힌다고 생각하거나 자신을 나폴레옹이 환생한 것으로 생각하는 것)과 같은 정신병적 증상을 나타내기도 한다. 환각(예, 목소리가 들림)은 드물다. 환자들은 종종 사회적으로 부적절한 방식으로 행동하는데 이들의 이런 행동은 전두엽이 손상된 사람들에게서 관찰되는 행동을 연상시킨다(Cummings & Benson, 1988). 마지막으로, 그들은 종종 인지적이고 정서적인 영역에서의 자신들의 결함을 의식하지 못한다(Hoth, Paulsen, Moser, Tranel, Clark, & Bechara, 2007).

헌팅톤병은 5장에서 논의된 바와 같이 선조체의 변화로 인해 발생되는 것이므로 피질하 치매로 분류된다. 연구자들은 이 환자들의 행동적 결함과 기저핵의 해부학적이고 기능적인 변화 간의 관계를 조사하였다. 미상핵이 위축되거나 대사기능이 감소하면 특히 정신운동 과제나 집행적 주의 과제에서 수행수준이 저하되었다(Bamford, Caine, Kido, Cox, & Shoulson, 1995). 그러나 헌팅톤병은 피질이 얇아지는 것과 같은 대뇌피질 자체의 변화와도 상관이 있으며 그러한 피질의 변화로도 증상 심각도를 예측할 수 있다(Montoya, Price, Menear, & Lepaga, 2006; Rosas et al., 2008). 이런 사실은 앞서 논의한 국소 병변과는 달리 퇴행성 질환은 뇌의 넓은 부위에 영향을 미치고 견고한 구조-기능(structure-function) 연합을 형성하는 데 도전을 한다는 사실을 우리에게 상기시킨다.

헌팅톤병의 유전자는 알려졌기 때문에 아직은 발병하지 않았지만 미래에 발병할 사람들을 알 수 있다. 헌팅톤병 유전자를 지니고 있지만 운동증상을 아직 나타내지 않은 사람들은 기억과 집행기능 과제에서 헌팅톤병 유전자를 지니지 않은 사람들보다 저하된 수행을 보였다(Lawrence, Hodges, et al., 1998; Wahlin, Lindin, & Dear, 2007). 더욱이 이러한 인지적 결함은 선조체에서의 도파민 결합 감소와 상관이 있었다(Lawrence, Weeks, et al., 1998). 기능영상연구들은 헌팅톤병 유전자를 지니고 있는 사람들이 그렇지 않은 사람들보다 작업기억 과제를 수행할 때 좌반구 배외측 전전두피질이 덜 활성화된다는 것을 보여주었다(Wolf, Vasic, Schönfeldt-Lecuona, Landwehrmeyer, & Ecker, 2007). 따라서 헌팅톤병은 운동 증상이 발현되기 전부터 뇌에 점진적인 퇴행효과를 지니는 것으로 보인다.

헌팅톤병은 치료법이 없기 때문에, 치료의 목적은 일반적으로 운동 증상과 정신과적 증상을 치료하는 것이다. 연구자들은 파킨슨병처럼 신경조직이나 줄기세포를 이식하면 병의 진행을 늦추거나 역전시킬 수 있을지에 대해서 관심을 가지고 있다. 한 연구에서 연구자들은 태아의 조직을 5명의 헌팅톤병 환자의 선조체에 이식하였다. 그 결과 그 중 3명이 이식 후 처음 2년 동안 인지기능이 증진되었고, 이 환자들은 수술 후 4~6년이 될 때까지 시간을 재는 과제에서는 수행이 감소되었으나 시간을 재지 않는 인지과제에서는 수행이 저하되지 않고 유지되었다(Bachoud-Lévi et al., 2006). 이런 치료들이 궁극적으로 헌팅톤병을 치료하는 데 유익할지는 연구가 더 필요하다.

■ 혼합 치매

혼합 치매는 피질 영역과 피질하 영역의 일정 부분이 모두 손상된 것이 특징이며, 피질 치매와 피질하 치매의 임상 양상을 함께 나타낸다. 현재 우리는 혼합 치매의 두 가지 주요 유형인 혈관치매와 AIDS 치매의 특징들에 대해서 앞서 논의하였던 다른 치매 유형들만큼 명확히 알지 못하고 있다. 그 한 가지 이유는 혼합 치매들이 서로 다른 방식으로 신경계에 영향을 미치기 때문이다. 혈관 치매의 경우에는 사람에 따라서 손상된 순환계(circulatory system) 영역이 매우 다르다. AIDS 치매의 경우에도 신경심리학적 기능들이 환자 집단의 종류(예, 동성애 또는 양성애자인 남자 AIDS 환자와 약물을 정맥에 주입한 AIDS 환자)에 따라서 다르다(Martin, Pitrak, Pursell, Mullane, & Novak, 1995).

혈관(다발경색)치매

과거에는 다발경색치매(multi-infarct dementia)라 불린 **혈관치매**(vascular dementia)는 전체 치매 유형 중 두 번째로 흔한 유형이다. 이 치매는 한 가지 특정 정신 능력(예, 말하기)을 손상시키는 한 차례의 뇌졸중으로 인해서 발생되는 것이 아니라 피질과 피질하 병변을 모두 발생시키는 경미한 뇌졸중이 많이 발생한 누적 효과로 인해 발생된다. 어떤 사례들에서는 혈관성 손상이 주로 대뇌피질에 있고, 그런 경우에는 피질의 다른 영역보다도 전두엽에 병변이 있는 경우가 많다(Erkinjuntti, Haltia, Palo, & Paetau, 1988). 또 다른 사례들 특히 환자가 고혈압인 경우에는, 기저신경절, 속섬유막(internal capsule), 시상, 뇌교 등의 피질하 영역에 혈액을 공급하는 미세혈관(small blood vessels)에 병변이 있다. 피질하 백질에만 손상이 제한되어 있을 때 그 치매는 때때로 빈스뱅거병(Binswanger's disease)이라 불린다(Libon, Scanlon, Swenson, & Coslet, 1990).

혈관치매 환자는 종종 알츠하이머병 환자와 유사하게 보인다(Mathias & Burke, 2009). 두 질환을 구분하는 방법에는 환자의 병력, 두뇌 영상, 신경심리학적 검사 등이 포함된다. 장기적으로 지속된 고혈압 병력, 뇌졸중을 시사하는 국소적인 신경학적 징후(예를 들어 팔과 다리에 힘이 없는 증상), 대뇌 백질이나 회백질의 단일 또는 다중 경색을 보여주는 MRI 영상 등은 치매가 발병하는 데 혈관적인 문제가 기여했음을 나타내는 증거가 된다. 혈관치매는 전형적으로는 뇌졸중으로 인해 갑작스럽게 발병하고, 점진적이라기보다 단계적인 경과(추가적인 뇌졸중에 의해서 그 효과가 더해지기 때문에)를 보이며, 높은 연령에만 국한되어 발병하지 않는다. 이러한 패턴은 잠행적으로 발병하고 느리게 진행되며 지속적인 쇠퇴 경로를 보이고 높은 연령에서 발병하는 알츠하이머병과는 대조적이다. 마지막으로, 혈관치매는 뇌졸중과 연관되기 때문에 초기에는 장애가 악화되다가 그 후에는 호전되는 식으로 장애 패턴이 변동할 수 있다. 또한 알츠하이머병과는 달리 고혈압을 치료하면 병의 진행을 예방하는 데 도움이 될 수도 있다(*DSM-IV-TR*, 2000).

혈관치매 환자는 보통 알츠하이머병 환자들에게서 관찰되는 것과 같은 패턴의 신경심리학적 특징을 나타낸다. 그 때문에 인지적 기능만으로 이 두 장애를 확실히 구분하기는 어렵다(Mathias & burke, 2009). 혈관치매 환자들은 전두엽 기능에 의존하는 과제에서 손상을 다소 더 나타내기 쉽고 피질하 영역이 문제가 있음을 시사하는 패턴을 보인다(Kertesz & Clydesdale, 1994). 예를 들어 혈관치매 환자는 보통 시공간적 능력, 언어능력 및 기억력을 평가하는 검사들에서는 알츠하이머병 환자와 유사한 수행을 보이지만, 전두엽에 의존한다고 알려진 집행기능, 언어적 유창성 및 주의력을 측정하는 검사들에서는 알츠하이머병 환자보다 더욱 저하된 수행을 보인다. 피질하 영역이 알츠하이머병보다 혈관치매에서 더 많이 손상된다는 생각과 일치하게, 혈관치매 환자들은 운동 과제에서 수행 속도의 저하를 나타내고 그보다는 정도가 덜하지만 일반적인 인지 과제들에서도 속도 저하를 나타내는 경향이 있다(Almkvist, Backman, Basun, & Wahlund, 1993).

후천성 면역 결핍증(AIDS) 치매

AIDS는 (주로 남자-여자, 남자-남자, 여자-여자 파트너 간의 성관계 동안의) 혈액이나 체액의 교환을 통해 전달되는 바이러스성 질환으로 면역체계를 붕괴시켜서 종국에는 사망하게 한다. 이 병은 치료법이 없기 때문에 예방이 중요한데, 피하 주사의 바늘을 일회용으로 사용하거나 표백살균하여 쓰기, 감염된 혈액에 의해 전염되는 것을 막기 위해서 라텍스장갑 착용하기, 체액의 교환을 막는 피임도구를 사용하여 '안전한 성관계'를 하기, 감염되지 않은 파트너와의 일부일처제 고수, 또는 체액이 교환되는 성적 행동을 하지 않기 등이 그것이다.

AIDS는 신체 체계를 파괴하듯이 뇌에도 영향을 미친다. 연구들은 AIDS로 사망한 전체 사람들의 75~90%에서 두뇌 병리가 존재한다고 보고하였다. 일부 효과는 직접적이다. 감염되고 몇 주가 지나면 곧 AIDS를 유발하는 인간면역결핍 바이러스(HIV)가 뇌척수액에서 발견될 수 있다. 따라서 어떻게 그렇게 되는지에 대한 정확한 기제는 명확하지 않지만, 우리는 HIV가 혈뇌장벽을 통과한다는 것을 알게 되었다. 일단 뇌에 들어가면, 바이러스는 뉴런과 핍돌기교세포(oligodendrocyte)를 파괴하여 결국 뇌의 회백질과 백질이 모두 상실되게 한다. 바이러스가 뉴런에 직접 침입하지 않는다 하더라도, 뇌에 있는 비뉴런세포(예, 교세포, 면역세포, 혈관을 이루고 있는 세포)를 감염시키고 그 세포들은 시냅스를 손상시킬 수 있는 물질을 방출하여 결국은 뉴런을 죽게 만든다(Ellis, Calero, & Stockin, 2009)(● 그림 16.12). 뇌 영상 연구들은 AIDS가 피질과 피질하 영역 모두, 특히 선조체, 시상 그리고 전두엽 피질의 손상과 연합된다고 시사하였다(Navia, Cho, Petito, & Price, 1986; Woods, Moore, Weber, & Grant, 2009). 이러한 국소적인 두뇌 위축 패턴은 AIDS에 동반되는 신경심리학적 장애의 특성에 중요하게 영향을 미친다.

AIDS 치매는 전체 성인 AIDS 환자의 6~30%에서 발생하는데, 면역이 억제되고 AIDS로 인한 다른 질환(예, 카포시 육종)들이 나타나는 시기인 질병의 후기 단계에서 거의 항상 발생한다(Day et al., 1992). AIDS 치매는 다른 치매들처럼 인지기능의 심각한 쇠퇴를 일으킨다(Woods et al., 2009). 가장 현저하게 나타나는 결과는 정신기능과 운동기능의 속도 저하, 주의집중능력의 붕괴 및 기억 장애이다. 이와 대조적으로 이름대기와 어휘력은 유지되는 편이다. 또한 AIDS 치매는 자주 정서 변화를 수반한다. 환자들은 점차 정서가 둔마되는 경향을 보이는데 무감동, 자발성 감소, 사회적 철회, 화를 잘 내고, 정서적 불안정성을 나타낸다. 우울증 또한 종종 관찰된다. 파킨슨병이나 헌팅톤병 환자들처럼 AIDS 치매 환자들의 기분 변화(특히 무감동하고 사소한 일에도 쉽게 화를 내는 것)는 시한부 질병을 가지게 된 것에 대한 반응이라기보다 전두-피질하 기능장애와 연관되어 있어 보인다. 이러한 기분 변화는 이중과제(dual-task)를 수행할 때와 뚜렷한 간섭 정보하에서 주의를 통제할 때의 결함과 관련이 있다(Castellon, Hinkin, & Myers, 2000). 또한 병이 진행함에 따라서 위스콘신 카드분류검사에서의 낮은 수행과 같은 집행기능의 곤란이 더욱 분명하게 나타난다(Bornstein, Nasrallah, Para, Whitacre, Rosenberger, & Fass, 1993; Heaton et al., 1995; Woods et al., 2009). AIDS 치매의 진행은 가변적이며, 경과를 예측할 수 있는 좋은 예측요인은 현재까지 알려져 있지 않다(Maj, 1990; Navia, Jordan, & Price, 1986).

AIDS가 신경심리학적 기능에 미치는 효과는 치매가 발병한 경우로만 제한되는 것은 아니다. 미묘한 형태의 인지기능장애가 HIV 감염의 초기 단계에서도 분명하게 나타날 수 있다(Ellis et al., 2009). 약물치료가 병의 진행을 늦추어서 환자들이 병의 초기단계에 더 머무르게 되므로 이러한 경한 인지기능장애를 이해하는 것이 중요하다. 양성혈청반응을 보이지만(바이러스검사에서 양성으로 나왔지만) 증상이 발현되지 않은 환자들 중에서 신경심리학적 손상을 나타내는 사람들

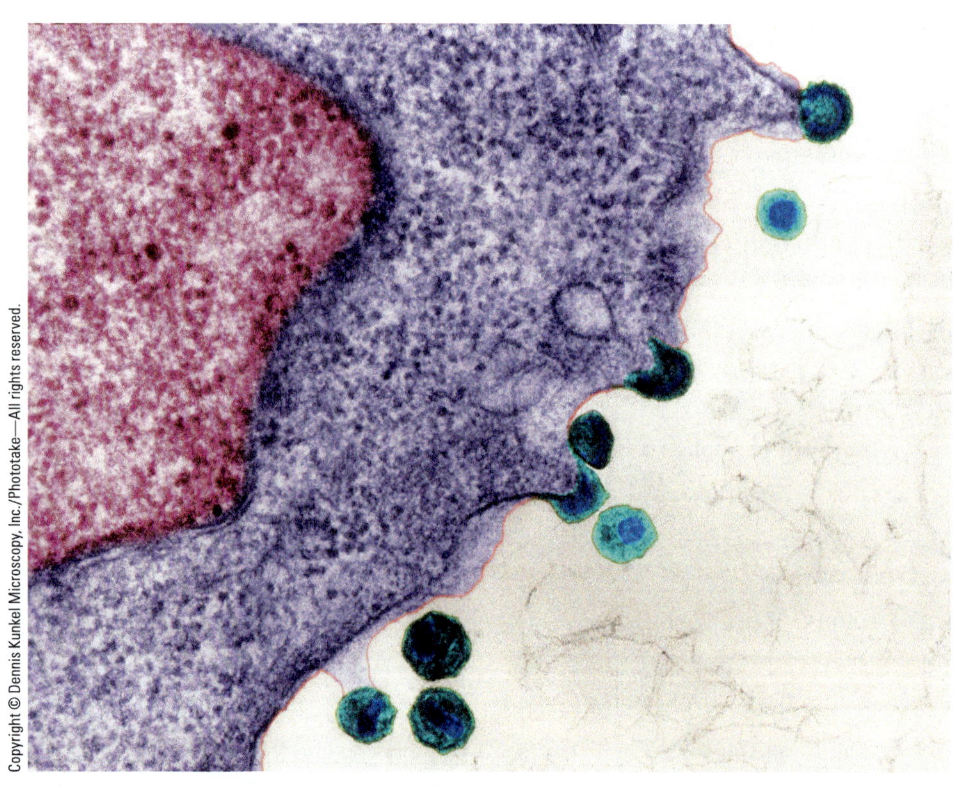

● 그림 16.12 HIV를 포함하고 있는 다발들이 감염된 세포로부터 방출된다.

이 바이러스 검사에서 음성인 사람들보다 약 3배 더 많았다(35% vs. 12%)(White, Heaton, Monsch, & the HNRC Group, 1995). 양성혈청반응을 보이지만 증상이 없는 사람들은 빠른 정신운동이나 정신기능을 요구하는 검사와 새로운 정보를 학습하는 검사에서 낮은 수행을 보였다(Bornstein et al., 1993; Heaton et al., 1995). 이러한 자료는 일상생활 기능에 대한 함의를 지니는데, 부분적인 신경심리학적 손상을 지닌 사람은 직업을 수행하는 데 더 어려움을 지니고(Heaton et al., 1996) 운전-자극 과제 결과에서 지적되었듯이 자동차 사고에 연류될 가능성이 더 높다(Marcotte et al., 1997). 신경심리학적 손상의 비율은 아동들에서 더욱 높게 나타나 75~90%가 신경심리학적 결함을 나타내었다(Levenson & Mellins, 1992).

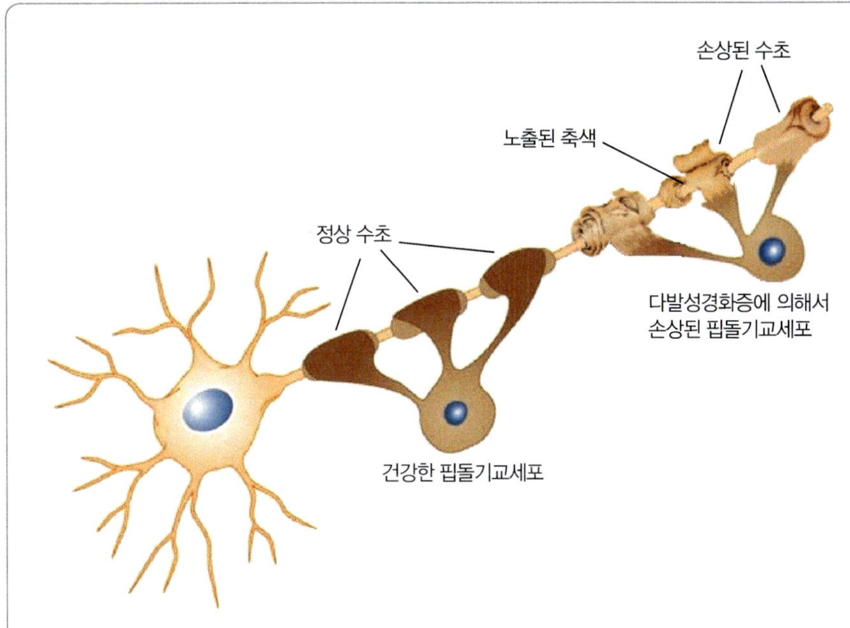

● **그림 16.13 다발성경화증에서의 수초 손상.** 수초가 손상이 되면, 축색을 따라서 활동 전위가 전달되는 것도 손상된다. © 2010 Cengage Learning

한동안은 AIDS로 진단된 사람들을 위해서 할 수 있는 일이 거의 없었지만 현재는 AIDS를 치료하는 다양한 약물이 있다. 가장 잘 알려진 항리트로바이러스치료(antiretroviral treatment, ART)는 HIV에 감염된 사람들을 치료하기 위해서 선진국에서 전형적으로 사용되고 있다. 이에 따라서 ART가 HIV 감염의 다른 측면들뿐만 아니라 인지적 쇠퇴도 지연시킬 수 있는지 의문을 갖게 되었고 실제로 최근 자료는 경한 인지 결함은 계속 남아 있지만 ART가 AIDS 치매의 발병율을 극적으로 감소시켰다는 것을 시사하였다(Cysique & Brew, 2009). 그러나 불행히도 개발도상국의 많은 AIDS 환자들은 ART 치료를 받지 못하고 있다. 대부분의 AIDS 사례가 개발도상국에서 발생하고 있다는 사실을 인지하고 연구자들은 환경적, 문화적, 경제적 그리고 유전적 요인들이 서로 매우 다름에도 불구하고 AIDS 치매가 전 세계에서 어떻게 나타나게 되는지 연구하기 시작했다(Robertson, Liner, & Heaton, 2009).

탈수초성 질환

젊은이들과 중년기 성인의 인지기능에 영향을 미치는 비외상성 원인(nontraumatic origin) 중에서 가장 흔한 신경질환 중 하나가 **다발성경화증**(multiple sclerosis, MS)이다. 이 병의 특징이 여러 영역에 있는 1 mm에서 수 센티미터까지 다양한 크기의 뉴런이 수초가 없거나 손상되어서 상처(경화)가 있으므로 붙여진 이름이다(● 그림 16.13). MS에서 수초가 파괴되는 것은 신체가 자신의 일부를 외부 병원체 혹은 침입물로 잘못 인식하고 그것을 공격하는 면역체계의 혼란(즉, 자가면역장애) 때문이라고 전통적으로 생각되어 왔다. 그러나 다른 연구자들은 수초를 형성하는 희소돌기아교세포(oligodendrocyte)의 사멸이 자가면역반응의 결과가 아니라 그에 선행한다고 주장한다(Matute & Pérez-Cerdá, 2005; Trapp & Nave, 2008). 어느 쪽이건 탈수초화(demyelination)는 축색의 퇴행을 초래하고 신경 전달을 방해한다. 영향을 받는 부위가 확산적이고 다초점적인 경향이 있으며 중추신경계와 말초신경계 모두에서 발생한다. 그러나 뇌실 주변(periventricular; peri는 '가까운'; ventricular는 '뇌실과 관련된') 영역은 MS에서 더욱 흔히 영향을 받는 부위이다. MS는 일반적으로 뇌의 백질 다발(white-matter tract)의 병으로 간주되지만 회백질 또한 이 병으로 상실될 수 있다(Inglese, Ge, Filippi, Falini, Grossman, & Gonen, 2004; Rovaris et al., 2006).

MS는 대략 10만 명당 85명의 빈도로 발생되며 남성보다 여성이 두 배 정도 많이 발병한다(Alonso & Hernán, 2008; Noonan, Kathman, & White, 2002). 환경적 요인과 유전적 요인이 영향을 미칠 것이라는 증거가 있으나 병의 원인은 명확하게 알려지지 않았다. 일반적으로 MS는 지리학적 위치와 관련되는데, 적도 근처에서는 유병률이 낮고 극지방으로 갈수록 유병률이 높아진다. 15세 이후에 사는 지역을 옮긴 사람들은 자신이 태어난 곳의 위험률을 그대로 지니는데 이러한 사실 때문에 연구자들은 원인 물질이 온대지방과 추운 지역에 더 흔하고 천천히 영향을 발휘하는 바이러스일 것이라고 제안하였다(Kurtzke, 1980).

MS 환자 다섯 명 중 한 명은 이 병을 앓는 가족이 있다는 사실이 밝혀짐에 따라서 MS의 유전적 위험성이 제안되었다. 또한, 일란성 쌍생아(20~30%)가 이란성 쌍생아(2~5%)보다 둘이 함께 발병할 확률이 더 높았다. MS는 신체의 면역반응에 영향을 미치는 유전자, 가장 뚜렷하게는 6번 염색체의 짧은 팔에 있는 인간 림프구 항원(human lymphocyte antigen, HLA) 유전자와 연관되어 있다(Oksenberg, Baranzini, Sawcer, & Hauser, 2008). 유전적 위험 요인은 환경적 요인과 독립적으로 나타난다. 예를 들어 일본인들의 발병률은 그들이 일본, 하와이, 혹은 미국의 태평양 해안 어디에 살고 있는지에 관계없이 낮다(Martin & McFarland, 1993).

MS의 병변은 확산되어 있고 위치도 다양하기 때문에 다양한 증상이 나타난다. 정확한 증상은 신경계에서 어느 위치에 있는 수초가 손상되었는가에 달려 있다. 초기에는 사지의 약화나 일부 감각 처리의 장애를 흔히 보인다. 감각과 운동 경로는 말초 수용기로부터 뇌까지, 또는 뇌에서 근육까지의 긴 거리를 정보를 빨리 전달해야 하기 때문에 수초화되어 있으므로 MS에 특히 취약하다. 따라서 병의 첫 번째 증상들은 환자를 놀라게 하고 겁먹게 할 수 있다. 흔한 초기 증상들은 시력의 저하 또는 상실, 신체의 일부가 계속 얼얼하거나 감각이 무디어지는 것, 신체 일부분의 약화, 또는 협응의 장애이다. 이 장에서 논의한 다른 많은 증후군들과는 달리 MS의 경과는 아주 다양하다. 어떤 환자는 반맹증(hemianopsia)에 이르게 된 급성 에피소드를 겪은 후 반맹증이 점점 사라지거나 자연적으로 치유되기도 하지만, 그 이후에 또 그런 증상이 생기면 영구적으로 시력을 상실할 수도 있다. MS는 보통 인생의 절정기에 발병하고 경과를 전혀 예측할 수 없기 때문에 이 병은 가족들뿐만 아니라 환자 본인에게도 극도의 스트레스가 된다. 앞으로 20년 후에 또 다시 증상이 나타날지, 가까운 미래에 악화되어 영구적으로 시력을 잃게 되거나 마비가 될지 MS 환자는 결코 알 수 없다.

일부 MS 환자들은 인지기능 장애를 거의 보이지 않지만 다른 환자들은 분명한 인지기능 장애를 보인다. 연구자들은 전체 MS 환자의 40~60%에서 인지기능의 장애가 발생된다고 추산하였다(Rao, Leo, Bernardin, & Unverzagt, 1991). 인지기능 장애의 정도는 환자들이 얼마나 효과적으로 일상생활 과제들을 잘 수행할 수 있을지를 예측한다(Kalmar, Gaudino, Moore, Halper, & DeLuca, 2008). 인지기능 장애가 발생할 때, 환자들에 따라서 차이가 있지만 장애의 범위가 치매 환자들이 보이는 것처럼 광범위하지는 않다. MS에서 관찰되는 전형적인 인지기능 장애의 패턴이 있다면, 그것은 지식 체계는 유지되면서 기억과 개념적 추론의 장애를 보이는 것이다(Chiaravalloti & DeLuca, 2008). MS 환자는 기억 과제에서 정보를 회상하는 것에는 어려움을 보이지만 재인기억은 좋은 수준을 보이는데, 이러한 결과는 기억 탐색 패턴에 장애가 있음을 시사한다. 이 같은 해석과 일치하게, 환자들은 기억 내에서 비전형적인 탐색을 해야 하는 언어 유창성 과제에서도 장애를 나타낸다. MS 환자는 또한 개념적 추상화를 필요로 하는 과제에서도 장애를 보이고 시공간과제에서도 결함을 보일 수 있다. 하지만 이러한 과제들 중 다수가 빠른 수행이나 손의 능숙함(manual dexterity)을 필요로 하므로 그런 장애들이 MS의 말초적인 감각이나 운동 문제에서 비롯된 것인지 중추적인 인지적 문제를 반영하는 것인지를 결정하기는 어렵다. 이러한 신경심리학적 장애 패턴은 시상과 기저핵 같은 피질하 구조들과 피질(주로 전두엽)(Rao, 1986)뿐만 아니라 이 영역들 간의 연결을 포함한 처리과정이 붕괴되었음을 시사한다.

MS에서의 인지적인 변화는 보통 기분과 성격 변화를 수반한다. MS에서 가장 흔한 장애는 우울증이고, 전체 MS 환자의 30~60%에서 발생한다(Aikens, Fischer, Namey, & Rudick, 1997; Siegert & Abernethy, 2005). 이러한 기분 변화는 기능이 쇠퇴하는 만성질환을 지니고 살아가는 것에 대한 정상적인 반응이거나 또는 이 병과 흔히 연합되어 나타나는 피로감을 반영하는 것일 수 있기 때문에 해석하기가 어렵다. 기분변화는 또한 부분적으로는 병에 수반하는 일부 기질적 변화를 반영하는 것일 수도 있다.

MS 환자들의 인지 기술은 시간이 지나면서 계속 퇴행하거나 유지된다. 다시 한번 우리는 병의 경과가 사람에 따라서 매우 다르다는 것을 알 수 있다. 약 100명의 진행성 MS 환자들을 대상으로 한 종단연구에서 환자들의 약 1/3은 인지기능이 2년의 연구기간 동안 쇠퇴하였으나 나머지 2/3는 유지되거나 심지어 증진되었다(Camp et al., 2005). 흥미롭게도 MRI 측정치에서의 변화는 인지기능의 변화를 예측하지 못하였고, 연구를 시작할 때 더 좋은 인지적 수행을 보인 사람들이 2년 후까지도 인지기능을 유지할 확률이 더 높았다. 따라서 초기 인지 수행이 MRI 변인들(뇌의 용적과 백질 병변의 양)보다 병의 경과를 더 잘 예측하였다.

아직까지 MS를 치료하는 방법은 없다. 현재는 인터페론 베타-1b(interferon beta-1b)라고 알려진 약이 표준 치료제이다. **인터페론**은 신체에서 생산되는 단백질로서 항바이러스성 특성을 지니고 있고 면역반응을 조절한다. 병의 경과를 단지 멈추게 하는 다른 치료와는 달리, 인터페론은 질병의 악화를 실제로 감소시키는 것 같다(Jacobs, Munschauer, & Pullicino, 1993). 1년 이상의 기간 동안 인터페론 베타-1b는 계속 진행하는 유형의 MS 환자보다는 재발되었다가 완화되는 경과를 밟는 MS 환자들의 인지적 수행에 유익한 효과를 지닌 것으로 밝혀졌다. 특히 시각적 기억, 학습, 문제 해결 및 복잡한 주의 통제에 도움이 되는 것으로 밝혀졌는데, 이런 능력들은 그 약을 복용하지 않은 환자들에서는 같은 기간 동안에 저하되는 경향이 있었다(Barak & Achiron, 2000; Fischer et al., 2000). 일부 연구자들은 인터페론이 MS가 완전히 발병하는 것을 예방할 수 있을 것이므로 MS를 시사하는 증상은 있으나 확증할 수 없는 환자들에게 인터페론을 투여할 것을 제안하였다(Comi, 2009).

궁극적으로, 연구자들은 미래의 수초 상실을 억제하는 것 이상의 것을 하는 치료에 목표를 두고 있다. 즉, 환자들이 잃어버린 기능을 회복하는 데 도움을 줄 수 있도록 세포 손상을 복구할 수 있기를 원한다. 가능성이 있는 전략으로는 축색의 재생(regeneration)과 수초의 복구를 증진시키는 것이 있다(Coleman, Lubetzki, & Reingold, 2003). 줄기세포가 수초를 복구하는 데 특히 도움이 된다는 것이 입증되었다(Keirstead, 2005). 그러나 대부분의 이런 연구 방향들은 아직 탐색 단계에 있고, 그런 치료들이 MS의 감각, 운동, 또는 인지 증상에 어떻게 영향을 미치는지에 대해서는 알려지지 않았다.

뇌전증(간질)

대부분의 역사를 통해서, 뇌전증은 부정적인 의미를 내포하고 있었다. 뇌전증 발작(epileptic seizure)은 발작(fits)이라고 불렸고 뇌전증 환자는 낙인이 찍혔다. 현재, 우리는 뇌전증을 이처럼 특징짓는 것이 공정하지 못하고, 뇌전증은 개인의 성격과 관련된 것이 아니라 또 하나의 신경학적인 문제라는 것을 알고 있다. 뇌전증은 발작 활동이 간헐적으로 반복되는 질환이다. **뇌전증 발작**은 신경세포들의 활동이 동시에 증가하여 뉴런의 커다란 과분극화(hyperpolarization)가 비전형적이고 비정상적인 방식으로 넓은 영역에 확산되어 나타나는 것이다.

발작의 종류는 다양하지만, 크게 두 가지로 분류된다. 한 종류는 몸 전체가 포함되는 **전신발작**(generalized seizure)이다. 두 번째 종류는 **부분**(또는 **국소**) **발작**인데 이것은 뇌의 특정 영역에서 활동이 시작된 후 확산된다. 두 경우 모두 비정상적인 전기적 활동이 뇌 전체로 퍼진다(● 그림 16.14). 발작의 주요 유형들과 그 각각의 운동(motoric) 효과 및 의식의 변화에 대해서는 표 16.6에 제시되어 있다. 전신발작은 의식이 상실된 후 신체의 격렬한 움직임을 수반하는 **대발작**(grand mal seizure)과 움직임이 더 작고 전신으로 덜 퍼지는 **소발작**(petit mal seizure)으로 다시 나뉠 수 있다. 이런 발작들은 비정상적인 전기적 활동을 일으키므로 EEG상에서 나타나는 특징적인 이상을 통해 확인된다(● 그림 16.15).

가끔은 발작의 원인을 알 수 있는데 이런 경우를 **증후성**(symptomatic) 발작 장애라고 부른다. 전형적인 원인으로는 두부 외상, 신진 대사 장애, 감염, 독소, 종양 등이 있다. 예를 들어 뇌를 뚫고 들어가는 손상을 입은 사람들의 약 20%에서 뇌전증이 발생한다. 알려진 원인이 없는 발작을 **특발성**(idiopathic) 발작이라고 부른다. 발작은 다양한 자극에 의해서 유발될 수 있는데 사람마다 발작을 일으키기 쉬운 자극이 다르다. 환자가 자신의 발작을 악화시키는 자극이 무엇인지 정확히 알게 되기까지는 어느 정도 시간이 걸린다. 일단 발작을 일으키는 자극이 무엇인지 밝혀지면, 환자는 발작을 일으키는 상황이나 자극을 피하려고 할 것이다. 스트레스 상황들, 특히 그 중에서도 수면 박탈에 의한 스트레스 상황은 발작을 일으킬 수 있다. 실제로 수면 박탈은 발작을 일으키는 데 매우 강력한 효과를 가지므로 신경과 의사들은 환자를 밤에 잠을 못 자게 한 후에 EEG 검사를 실시하여 뇌전증 여부를 평가한다. 발작은 또한 번쩍이는 불빛, 특정한 소리, 읽기나 웃음, 술을 포함한 특정한 종류의 약물, 특정 음식, 호르몬의 변화 등과 같은 감각 자극들에 의해 촉발될 수 있다. 예를 들어 사춘기의 호르몬 변화가 흔히 뇌전증을 일으킨다(Kolb & Whishaw, 1990; Spreen, Tupper, Risser, Tuokko, & Edgell, 1984).

뇌전증은 전체 사례 중 약 50% 정도에서 인지적 기능과 심리사회적 기능을 손상시킨다(Binnie, 1994). 발작하는 동안에 분명히 의식의 장애가 생기고 이로 인해 인지기능이 손상되지만 발작을 하지 않고 있는 **발작 사이**(interictal) 기간 동안에도 기능 손상이 나타난다. 일부 신경심리학적 결함은 발작이 시작되는 영역의 기능 장애를 반영하는데, 예를 들어 기억력 문제와 단어 찾기 장애는 측두엽 뇌전증과 연관된다. 그 밖의 장애들은 발작이 시작되는 위치에 관계없이 전반적으로 나타나는데 지속적인 주의집중력의 저하, 집행기능 손상, 반응 시간의 증가가 이에 포함된다(Dodrill, 1992; Thompson & Trimble, 1996).

뇌전증은 때때로 정신과적 장애와 연합되는데 이 장애들은 발작 직후에 발생하거나 또는 만성적으로 발생한다(Perrine & Kiobasa, 1999). 환자들은 대인관계 기술과 적절한 감정적 정서가 보존된다는 것을 제외하고는 정신분열병(조현병) 환자에게서 관찰되는 것과 유사한 정신병적 특징들을 나타낸다. 흔히 관찰되는 또 다른 정신과적 증상은 불안과 우울이다. 측두엽 뇌전증 환자는 발작을 하지 않는 발작사이기간 동안에도 이상한 성격 특질을 나타낼 수 있다. 이런 증후군의 특징은 타인들과의 상호작용을 언제 중지해야 할지를 모르는 대인관계의 '점착성(stickiness)', 내용이 없으나 장황하고 현학적인 말, 통상적으로 잘 조직화되어 있지 않지만 종교적인

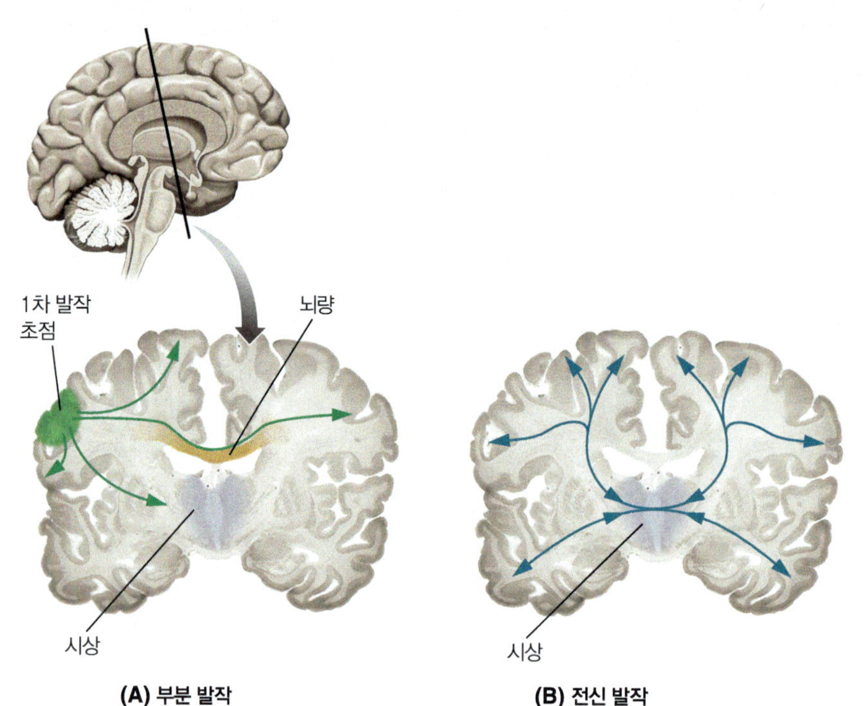

● **그림 16.14 발작이 뇌 전체로 퍼짐.** 부분(국소) 발작(A)이나 전신 발작(B)으로부터 생성된 비정상적인 전기적 활동은 신경섬유경로를 통해서 뇌 전체로 빨리 퍼질 수 있다. © 2010 Cengage Learning

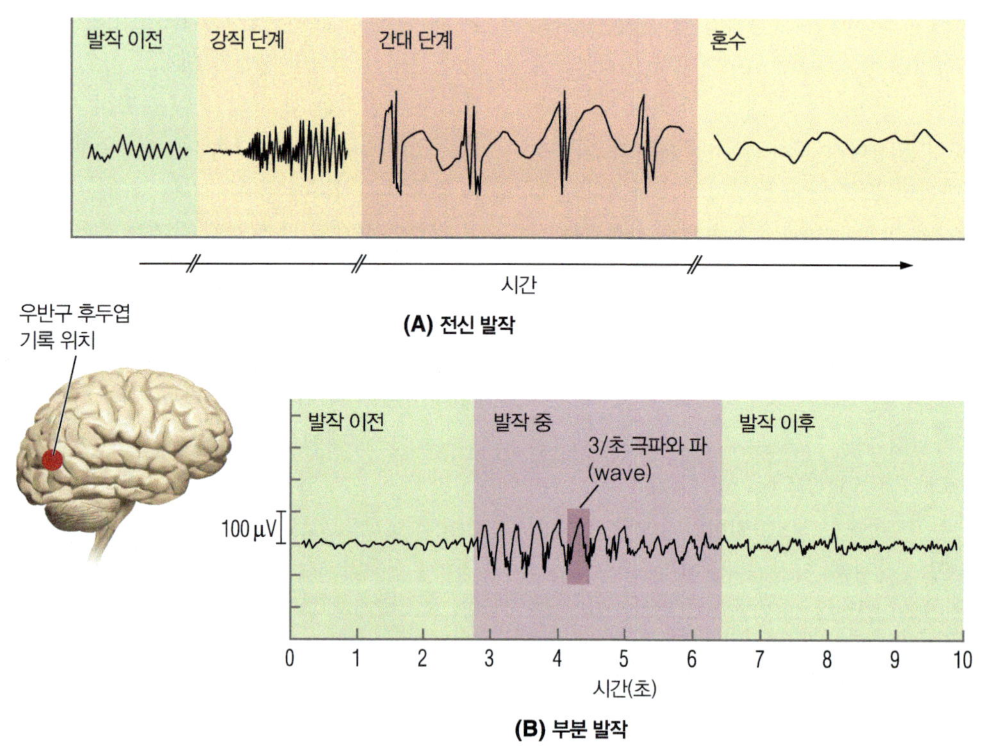

● **그림 16.15 발작장애는 특징적인 EEG 패턴에 의해서 탐지될 수 있다.** (A) 대발작(grand mal seizure)은 의식상실을 수반하는 강직 단계와 경련성(jerky) 움직임을 수반하는 간대 단계 모두에서 독특한 패턴의 극파를 특징적으로 나타낸다. (B) 더 작은 움직임을 포함하는 소발작(petit mal seizure)도 독특한 EEG 패턴을 특징적으로 보인다. © 2010 Cengage Learning

표 16.6 뇌전증 발작 분류와 증상

발작 유형	운동 증상	의식의 변화
전신 발작		
대발작(강직–간대)	1. *강직 단계*: 소리를 지르거나 큰 소음을 내며 쓰러진 후에, 눈이 위나 옆으로 돌아가고 전신이 뻣뻣해지고 숨 쉬는 것을 멈추는 근육의 강직성 긴장을 보인다. 2. *간대 단계*: 신체 일부분의 리드미컬한 경련이 수 분 동안 지속된다.	1. *강직단계*: 움직임을 의식적으로 조절하지 못하며 의식을 잃는다. 2. *간대 단계*: 간대성 움직임 후에 지남력 상실과 혼수상태가 나타난다.
간대 발작	대발작의 간대 단계와 같다.	대발작의 간대 단계와 같다.
강직 발작	대발작의 강직 단계와 같다.	대발작의 강직 단계와 같다.
소발작	경미한 눈의 움직임이나 머리를 돌리는 행동이 관찰될 수 있다.	일반인들은 알아채기 어려운 의식의 일시적인 변화가 일어난다. 환자는 잠시 동안 '멍하게' 보인다(즉, 약 10초 동안 무반응).
부분 발작		
잭슨(Jackson)발작(운동 영역의 특정 부위에서 시작하지만 때때로 체감각영역 같은 다른 영역에서 시작하기도 함)	발작은 몸의 특정 부분의 간대성 움직임으로 시작된다. 경련은 운동 영역에서 인접 영역으로 순서대로 퍼져나가며 점점 더 많은 신체부위를 포함한다. 이런 진행을 잭슨 행진(Jacksonian march)이라고 부른다.	의식장애는 거의 일어나지 않는다.
복합 부분 발작(측두엽이나 전두엽에서 시작)	*발작 중*: 환자는 자동증을 보인다—같은 단추를 잠그고 다시 푸는 행동을 반복하거나 입맛을 다시고, 삼키고, 씹는 행동을 반복한다. 이 단계 후에는 긴장하거나(catatonic) 얼어 붙은 것처럼 보이는 단계가 뒤따른다.	*발작 전*: 발작이 시작되는 신호가 되는 느낌, 감각, 냄새, 맛과 같은 전조증상(aura)을 경험한다. 일부 환자들에서 이러한 전조 증상은 정교해질 수 있으며 기분변화, 기시감, 환각, 반복적 사고, 시간과 공간감각의 왜곡이 나타날 수 있다. *발작 중*: 의식이 제한적으로 흐려진다.

개념에 집착하는 것, 지나치게 메모를 많이 하거나 일기를 쓰는 등의 과도한 글쓰기 등이다. 하지만 이 증후군의 존재 여부는 아직 논쟁거리다[다른 관점을 보려면 Blumer(1999), Devinsky & Najjar(1999) 참조].

중요한 두 가지 뇌전증 치료 방법은 약물치료와 수술이다. 어떤 치료에서든 첫 단계는 뇌전증성 방전(discharge)의 가능성을 감소시키는 항경련제를 사용하는 것이다. 세 가지 종류의 약물이 사용되는데, 한 종류는 페노바비탈(phenobarbital)과 같은 바르비투레이트를 포함하는 약인데, 이 약은 GABA와 같은 신경전달물질과 비슷한 작용을 하거나 그 전달을 강화한다. GABA는 2장에서 배웠듯이 뇌에 있는 중요한 억제성 신경전달물질이다. 다른 종류의 항경련성 약물은 히단토인(hydantoin)인데 페니토인(딜란닌)과 카바마제핀(데그레톨)이 그에 포함되며 나트륨이 뉴런으로 유입되는 것을 막아서 뉴런이 높은 비율로 발화되는 능력을 감소시키는 작용을 한다. 보다 최근에 사용되고 있는 라모트리진(lamotrigine)과 같은 항경련성 약물은 뇌에 있는 주요 흥분성 신경전달물질인 글루타메이트(glutamate)의 분비를 감소시키는 작용을 한다(Julien, 2005; Ketter, Post, & Theodore, 1999). 모든 다른 약물들처럼 이 약들도 과도한 진정작용(sedation)과 같은 부작용을 가져올 수 있고 너무 많이 복용하면 인지기능을 손상시킬 수 있다(Nichols, Meador, & Loring, 1993). 그러므로 약물치료는 인지기능에 미치는 부작용은 최소화하면서 발작을 막는 데는 최대로 효과적인 용량을 의사가 발견할 수 있도록 아주 소량씩 조절하면서 적정화되어야 한다(Bannister, 1992).

발작이 시작되는 국소적인 위치가 분명하고, 특히 발작 활동이 이전에는 건강했던 영역들을 점점 더 포함시키는 것처럼 보이는 경우에는 의사와 환자가 발작 활동의 근원이 되는 부위를 제거하는 수술을 선택할 수 있다. 앞서 논의했듯이 국소발작은 대부분 측두엽과 전두엽 영역에 위치한다. 특히 그 부위가 측두엽에 위치할 때는 뇌전증 조직을 제거하면 기억력이 상실될 수도 있다.

약물이 모든 환자에게 효과가 있지는 않으며, 수술은 매우 침습적이고(invasive) 국소 발작을 하는 환자들에게만 적절하기 때문에 연구자들은 새로운 치료방법을 계속 찾고 있다. 현재는 세포 치료나 유전자 치료가 효과적인지를 탐색하는 연구들이 수행되고 있다(Löscher, Gernert, & Heinemann, 2008). 예를 들어 해마에 태아 조직이나 유전자 변형 세포를 이식하는 것이 측두엽 뇌전증을 줄이는 데 효과가 있을 수 있다. 그러나 이런 연구는 아직 동물모델의 연구로 제한되어 있고 연구결과도 일관적이지 않다.

식물인간상태에서의 뇌와 인지기능

환자가 매우 심한 두뇌 손상을 입고 의식상실상태가 지속될 때 가족들은 공포와 불안에 사로잡혀 다음과 같은 의문들을 갖게 된다: 환자가 무엇을 생각하고 무엇을 느끼는지 우리는 어떻게 말할 수 있는가? 환자는 전혀 생각하거나 느낄 수 없는가? 지금부터 우리는 심한 두뇌 손상으로 환자가 지속적인 식물인간상태에 놓였을 때 가능한 정신기능의 수준에 대해서 생각해보고자 한다. 이 주제는 의식적 자각을 정의하고 측정하는 과학적이고 철학적인 도전이라는 것뿐만 아니라 인생의 마지막을 배려하는 치료에 대한 윤리적 함의 때문에 상당히 논쟁이 되고 있다(Jennett, 2005; Laureys, 2005; Owen & Coleman, 2008; Zeman, 1997).

의사들은 심한 두뇌 손상 후 뒤따르는 의식의 여러 장애들을 구분할 수 있어야 한다(Laureys, Owen, & Schiff, 2004). 일반적으로 혼수상태(coma)는 환자가 자각(awareness)이나 의사소통의 어떤 증거도 보여주지 않고 눈을 뜨지 않은 상태이며 어떤 종류의 수면-각성 주기도 나타내지 않는 조건을 말한다. 혼수상태는 전형적으로 제한된 기간(며칠부터 몇 개월까지) 동안 지속된 후 환자가 사망하거나 또는 깨어나서 어느 정도의 기능을 회복하는 두 가지 결과 중 하나로 귀결된다. 예를 들어 어떤 환자는 혼수상태에서 식물인간상태로 변할 수 있다. 혼수상태와는 대조적으로 **식물인간상태**(vegetative state)는 환자가 자각이나 의사소통의 증거를 보여주지는 않지만 수면-각성 주기를 나타내고 각성기간 동안에는 눈을 뜬다. 미소짓는 것과 같은 단순한 행동을 나타낼 수도 있으나 이런 행동들은 외부 자극에 대한 반응이 아니라 무작위적인 행동으로 보인다. 또한 가장 근본적인 형태의 의사소통도 존재하지 않는 것이 특징이다. 예를 들어 질문에 "그렇다"고 대답하려면 눈을 두번 깜빡이라고 요청을 하면 환자는 눈을 뜨고 멍하니 계속 응시한다. 일반적으로 말해서 식물인간상태는 깨어있으나 자각하지 못하는 환자를 말한다. 이런 상태가 1개월 이상 지속하면, 지속적인 식물인간상태(persistent vegetative state, PVS)라 부른다. PVS에서 깨어나 어느 정도의 의식적 자각을 회복할 확률은 매우 낮지만 회복된 매우 드문 사례들이 보고되어 왔다(Kotchoubey, 2009; Zeman, 1997). 식물인간상태는 자각과 목적이 있는 행동 징후를 간헐적으로 보이는 **최소의식상태**(minimally conscious state)나 피질기능과 자각은 정상이지만 뇌간이 손상되어 운동반응을 거의 하지 못하는 **감금증후군**(locked-in syndrome)과는 구분되어야만 한다. 감금증후군 환자들은 간단한 눈의 움직임으로 의사소통을 할 수 있다.

임상가가 행동에만 기초하여 환자의 자각 수준을 평가하기는 매우 어려울 수 있다. 식물인간상태와 최소의식상태를 구분하기가 특히 어려운데 이는 환자가 나타낸 어떤 행동이 자발적인 단순 반사인지 환자가 의식적으로 알고서 의도적으로 행한 행동인지를 임상가가 판단해야 하기 때문이다. PVS의 진단은 자각의 증거가 없음에 기초한다. 그러나 어떤 증거가 없다는 것에 기초하여 결정을 내리는 것은 임상가가 관찰하는 동안 그 증거가 발생한 것을 놓치지 않았다는 사실을 가정하기 때문에 논리적인 입장에서는 문제가 있다. 더욱이, PVS는 최소의식상태와 미묘한 차이가 있어서 잘못 진단되기 쉬우므로 이 두 상태를 구분하는 것은 심각한 윤리적이고 법적인 함의를 지닐 수 있다.

최근 몇해 동안 연구자들은 기능적 두뇌 영상의 증거가 의사와 가족들이 환자의 정신 기능 수준을 더 잘 이해하도록 도와 줄 수 있다고 주장해왔다(Owen & Coleman, 2008). 구조적 영상도 약간의 단서를 제공하기 위해서 오랫동안 사용되어 왔다. 예를 들어 어떤 환자의 대뇌 피질이 전체적으로 파괴되었다면 고등인지는 거의 불가능하다고 가정하는 것이 안전하다. EEG로도 전반적인 의식상태를 구분할 수 있다(예, 혼수상태 대 각성상태, 수면-각성 주기의 증거). 그러나 기능적 두뇌 영상은 자각에 장애가 있는 환자들의 특정 고등인지 기능을 탐지하는 독특한 능력을 지니고 있다.

가장 극적인 fMRI 연구 중 하나는 행동에만 근거해서 추론했을 때보다 식물인간상태의 환자가 훨씬 더 높은 수준의 인지를 보유하고 있다는 것을 제안하였다(Owen, Coleman, Boly, Davis, Laureys, & Pickard, 2006). 식물인간상태인 것으로 진단되었던 그 환자는 전형적으로 특정 두뇌 영역을 활성화시키는 정신적 심상과제를 수행하라는 지시를 받았다. 예를 들어 테니스를 치는 것과 같은 특정한 일련의 움직임을 상상하는 것은 보조운동영역을 활성화시키고, 집 주변을 걸어다니는 것을 상상하면 공간을 네비게이션하는 데 중요한 해마방회(parahippocampal gyrus)와 두정엽이 활성화된다. 놀랍게도 그런 정신적 심상과제를 수행하라는 지시를 받았을 때 식물인간상태의 환자는 정상인들과 같은 두뇌 활동 패턴을 보여주었다(● 그림 16.16). 이 발견은 환자가 지시를 이해하고 테니스를 치거나 집 주변을 걸어다니는 것과 같은 복잡한 활동을 상상할 수 있다는 것을 의미한다. 다른 연구들은 식물인간상태로 분류된 환자들 중 모두는 아니지만 일부 환자들이 언어적 자극에 대한 반응으로 언어영역이 활성화되었고(Coleman et al., 2007; Di et al., 2007; Schiff et al., 2005), 친숙한 얼굴에 대한 반응으로 우반구의 방추형회(fusiform gyrus)가 활성화되었음을 보여주었다(Menon et al., 1998).

이런 발견들은 행동적 관찰에 근거하여 환자들을 자각이 없다고(unaware) 분류하는 현 체계에 도전하며 여러 가지 부가적인 문제들을 제기한다. 첫째로, 한 과제에 대한 반응으로 fMRI에서 활성화가 관찰되었다는 것이 필연적으로 '자각'을 반영하는가? 둘째, 연구된 소수의 환자들이 어떻게 전체를 대표할 수 있는가? 대부분의 식물인간상태의 환자들이 고등수준의 인지를 지녔다는 증거를 보여주었는가, 아니면 연구된 환자들이 어떤 면에서 볼 때 특별한 것은 아닌가? 어떤 환자들이 식물인간상태에서 깨어날 확률이 더 높다고 예측하는 데 fMRI 증거를 사용할 수 있는가(Di et al., 2007)?

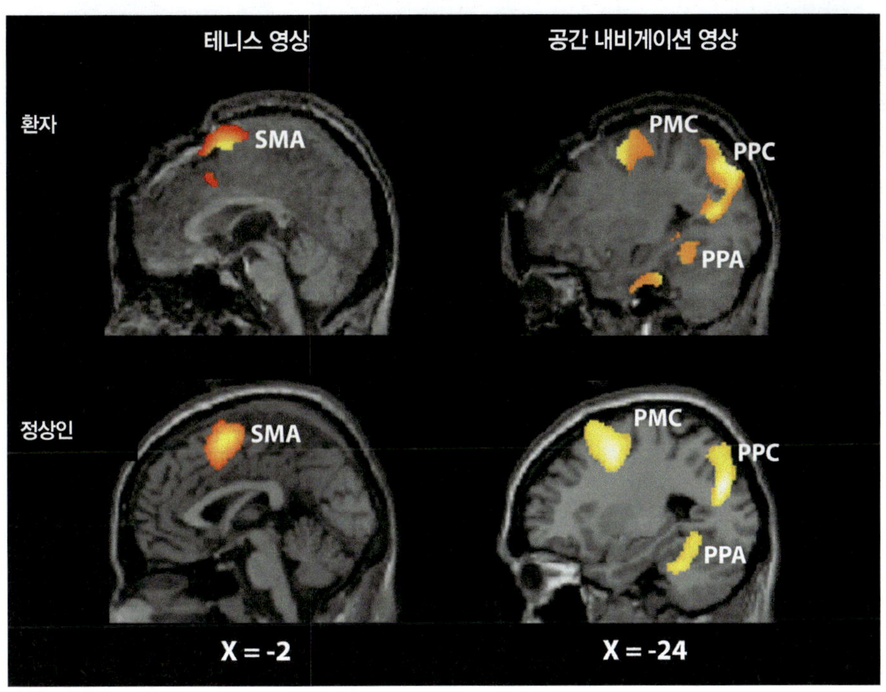

● **그림 16.16 뇌 활동은 식물인간상태에서도 높은 수준의 인지를 지니고 있을 가능성을 지적한다.** 참여자들은 테니스를 치거나 자신의 집에서 이 방 저 방 다니는 상상을 하도록 요청받았다. 식물인간상태의 환자에 의해서 생성된 뇌 활동(윗줄)은 신경학적으로 정상인 사람들의 뇌활동 패턴(아랫줄)과 매우 유사하였다. 식물인간상태의 환자는 외현적인 자각 징후나 의도적인 행위를 보여줄 수 없다 하더라도, 명령에 의해서 어떤 종류의 정신적 영상을 생성할 수 있다. SMA=보조운동영역; PMC=전운동피질; PPC=후측두정피질; PPA= 해마주변 장소영역. 출처: Owen, A. M., Coleman, M. R., Boly, M., Davis, M. H., Laureys, S., & Pickard, J. D. (2006). Detecting awareness in the vegetative state. Science, 313, 1402. Reprinted with permission from AAAS.

아마도 가장 어려운 문제는 윤리적인 쟁점이다. 자극에 대해서 행동적으로 아무 반응이 없고, 여러 달 동안 멍하니 응시하는 것처럼 보였고, 다른 사람들에게 전혀 반응을 하지 않았지만 그 환자의 뇌가 테니스를 치는 것과 같은 일상 활동을 상상할 수 있다는 증거를 보여주고 있다면 그녀의 생명을 유지시키기 위해서 어떤 노력을 해야만 하는가? 식물인간상태의 환자들은 그들 스스로 숨을 쉴 수 있어서 인공호흡기를 사용할 필요가 없지만 살기 위해서는 음식과 물을 공급받아야 한다. 그러므로 가족들은 환자의 정신상태에 대해서 충분히 알 수 없는 상황에서 임종 치료(end-of-life care)에 관한 고통스러운 결정에 직면한다. 정말로 이런 복잡한 쟁점은 뇌의 활동과 정신기능 간의 관계라는 도전적인 임상적 쟁점을 연구하는 인지 신경과학 방법들의 전망과 제한을 동시에 보여준다.

요약

폐쇄성 두부 손상

- 폐쇄성 두부 손상은 교통사고, 추락, 또는 스포츠와 관련된 손상에서 발생하듯이 둔탁한 물체에 머리를 부딪혔을 때 발생하며 보통 의식의 변화를 일으킨다.
- 두부 손상의 급성 효과로는 주의집중력의 장애, 주의 문제, 외상후 기억상실 등이 있고, 보다 장기적인 효과로는 추상적 사고의 장애, 불안, 우울, 분노 등이 있다.

치매 질환

- 피질 치매에서는 기억, 언어, 공간능력 및 대상재인을 포함하는 광범위한 정신기능이 손상된다.
- 알츠하이머병의 주요 특징은 현저한 기억장애이며 다른 인지기능들의 손상도 함께 나타난다.
- 알츠하이머병은 특정한 신경해부학적 변화와 연합된다; 뇌 조직에 신경섬유매듭과 아밀로이드판이 나타난다.
- 알츠하이머병에는 유전적 요인과 환경적 요인이 모두 영향을 미친다는 증거가 있다.

- 알츠하이머병의 효과를 지연시키기 위한 약물치료는 신경계 내에서 아세틸콜린의 양을 증가시키는 데 집중한다.
- 전두측두엽치매는 언어 장애와 성격 변화가 특징적이다.
- 인지기능이 빠르게 쇠퇴하는 크로이츠펠트-야콥병은 쉽게 전염되는 프리온에 의해 발병하지만, 전형적으로 증상은 프리온에 노출된 후 수십년이 지난 후에야 나타난다.
- 피질하 치매는 운동기능, 주의력, 집행적 통제와 관련된 과제들에서 장애를 보이고, 재인은 보존되지만 기억 회상력이 저하되며 우울증의 증상이 나타나는 것이 특징이다.
- 파킨슨병에서는 운동기능과 사고가 전반적으로 느려지고 집행적 처리의 장애, 기억인출의 장애, 무감동 및 우울증이 나타난다.
- 파킨슨병에 대한 치료는 도파민의 상실을 개선시키는 것을 목적으로 한다.
- 헌팅톤병은 집행기능, 공간적 처리, 기억으로부터의 정보인출 등 다양한 인지기능의 장애와 우울증, 화를 잘 냄, 충동성, 공격성 등의 정서적 증상이 특징이다.
- 혼합 치매는 피질 치매와 피질하 치매에서 관찰된 증상들이 함께 섞여 나타난다.
- 혈관치매는 경미한 뇌졸중이 많이 누적된 효과로 인해서 발생되며 손상된 뇌 영역에 따라 다양한 신경심리학적 기능장애 양상을 나타낸다.
- AIDS 치매 환자들은 주의력, 문제 해결 및 기억력 장애를 보이고 정신과적 증상을 나타낼 수도 있다. HIV에 감염되었지만 증상이 발현되지 않은 사람에게서도 경미한 신경심리학적 기능장애가 발생될 수 있다.

탈수초성 질환

- 가장 흔한 탈수초성 질환은 다발성경화증(MS)인데, 이것은 아직 알려지지 않은 환경적인 병원균에 노출되는 것과 유전적인 취약성이 결합되어 발병하는 것 같다.
- 기억, 개념적 추론 및 주의력의 장애와 함께 감각과 운동장애가 공통적으로 관찰되지만 손상되는 뇌 조직 영역이 개인에 따라 다르기 때문에, 인지기능 장애에 있어 일부 다양성도 관찰된다.

뇌전증(간질)

- 뇌전증은 신경 세포의 동시적이고 비전형적인 발화로 인해서 야기되며, 일반적으로 독소에 노출되거나 두부 손상이나 대사 장애로 인해 발생된다.
- 인지적 장애는 보통 발작이 시작하는 영역에 의존하는 과제들에서 관찰된다. 때때로 성격 변화도 발생한다.
- 일반적으로 뇌전증은 신경계의 활동을 저하시키는 약으로 치료된다. 보다 심한 경우, 발작의 초점부위가 명확히 정의될 수 있을 때 수술이 시행된다.

식물인간상태

- 심각한 두뇌 손상은 깨어있지만 자각이 없어 보이는 지속적인 식물인간상태를 초래한다. 그런 조건은 의사와 가족들에게 어려운 도전을 제시한다.
- 뇌영상은 식물인간상태에 있는 사람들의 가능한 인지처리 수준에 대해서 중요한 단서를 제공할 수 있다.

핵심용어

가속-감속 손상(acceleration-deceleration injury)
뇌전증 발작(epileptic seizures)
감금증후군(locked-in syndrome)
경도인지장애(mild cognitive impairment)
경증 두부 손상(mild head injury)
글래스고 혼수 척도(Glasgow Coma Scale, GCS)
다발성경화증(multiple sclerosis, MS)
반충 손상(contrecoup injury)
식물인간상태(vegetative state)
신경섬유매듭(neurofibrillary tangles)
아밀로이드판(amyloid plaques)
알츠하이머병(Alzheimer's disease)
알츠하이머형 치매(dementia of the Alzheime's type, DAT)
전두측두엽치매(frontotemporal dementia)
전반적 (비특정적) 장애[generalized (nonspecific) disorders]
정신완서(bradyphrenia)
최소의식상태(minimally conscious state)
치매(dementia)
크로이츠펠트-야콥병(Creutzfeldt-Jakob disease)
타격 손상(coup injury)
파킨스니안 마스크(Parkinsonian mask)
폐쇄성 두부 손상(closed head injury)
혈관치매(vascular dementia)

도서 참조 사이트: www.cengage.com/psychology/Banich
이 웹사이트는 학생들이나 강사들에게 강의용 퀴즈나 암기카드, 용어정리 같은 정보와 자료를 무료로 제공한다.

찾아보기

Index

국문 찾아보기

ㄱ

ㅇ

ㅌ

ㅍ

ㅎ

기타

영문 찾아보기

A

B

C

D

E

F

G

H

I

Q

R

S

T

U~V

W

역자 소개

■ 김명선

이화여자대학교 교육심리학과 졸업(학사)

고려대학교 대학원 임상심리학 전공(석사)

University of Georgia 대학원 신경심리학 전공(박사)

임상심리전문가 및 정신보건임상심리사(1급) 자격 취득

현재 성신여자대학교 사회과학대학 심리학과 교수

저서 및 역서: 『마음을 움직이는 뇌, 뇌를 움직이는 마음』, 『신경심리의 원리와 평가』, 『임상 및 실험신경심리학』 외

전자우편: kimms@sungshin.ac.kr

■ 강은주

고려대학교 심리학과 졸업(학사)

고려대학교 대학원 실험심리 전공(석사)

University of Illinois at Urbana-Champaign 대학원 생리심리학 전공(박사)

University of Illinois at Urbana-Champaign, Post doc.

Stanford University, Post doc.

서울대학교병원 의과대학 신경과 선임연구원, 서울대학교 방사선의학연구소 책임연구원, 서울대학교 핵의학과 BK 연구 조교수 역임

저서: 『마음을 움직이는 뇌』 뇌를 움직이는 마음', 『인지심리학』

현재 강원대학교 사회과학대학 심리학과 교수

전자우편: ekang@kangwon.ac.kr

■ 강연욱

이화여자대학교 사회학과 졸업(학사)
서울대학교 대학원 임상심리학 전공(석사)
Michigan State University 대학원 신경심리학 전공(박사)
서울대학교병원 신경정신과 임상심리레지던트과정 수료
충북대학교 심리학과 조교수 및 삼성서울병원 신경과 책임연구원 역임
임상심리전문가 및 정신보건임상심리사(1급) 자격 취득
현재 한림대학교 사회과학대학 심리학과 교수, 한림대학교 성심병원 신경과 겸직교수
저서: 『기억』, 『치매』, 『임상심리학』, 『서울신경심리검사, 2판(SNSB-II)』, 『Korean-California Verbal Learning Test(K-CVLT)』 외
전자우편: ykang@hallym.ac.kr

■ 김현택

고려대학교 심리학과 졸업(학사)
고려대학교 대학원 생리심리학 전공(석사)
고려대학교 대학원 생리심리학 전공(박사)
University of Texas 방문교수, 한국 심리학회 총무이사 역임
현재 고려대학교 문과대학 심리학과 정교수, 고려대학교부설 행동과학연구소 상임연구위원, 한국 생물생리심리학회 편집위원
저서 및 역서: 『생리심리학의 기초』, 『인간의 마음과 행동』, 『건강심리학』, 『현대심리학의 이해』, 『뇌와 행동의 기초』 외
전자우편: neurolab@korea.ac.kr

인지 신경과학, 제3판
Cognitive Neuroscience

발 행 일 | 2017년 3월 2일 초판 2쇄 발행
저 자 | Marie T. Banich · Rebecca J. Compton
역 자 | 김명선 · 강은주 · 강연욱 · 김현택
발 행 인 | 구본하
발 행 처 | 도서출판 **박학사**
주 소 | 서울시 마포구 월드컵북로5길 33 동아빌딩 2층
전 화 | (02)3142-3764~5
팩 스 | (02)3142-3766
웹사이트 | www.pakhaksa.co.kr
등록번호 | 제10-2230호

정가 35,000원 ISBN 978-89-98521-12-7

인지 신경과학과 신경심리학에서 사용되는 연구 기법

뇌구조의 측정기법

	제공되는 정보	공간해상도	시간해상도
CAT(컴퓨터 단층촬영)	뇌의 농도에 관한 해부학 영상	0.5~1.0cm	없음
MRI(자기공명영상)	수분 혹은 지방 등과 같은 특정 물질의 분포에 관한 영상	1mm	없음

뇌생리의 측정기법

기능 뇌영상

	제공되는 정보	공간해상도	시간해상도
PET(양전자방출단층촬영)	포도당, 산소, 신경전달물질 등과 같은 다양한 물질의 생리적 활동에 관한 영상	5~10mm	40초~1시간
fMRI(기능자기공명영상)	혈액 중 상대적 산소농도나 혈류에 대한 기능영상	3~7mm	2초

전자기 활동의 측정 기법

	제공되는 정보	공간해상도	시간해상도
단일세포 기록법	세포의 발화율에 관한 정보를 제공하는 전기신호	1/100m	1~2ms (1초의 1/1000)
EEG(뇌파)	시냅스후 수상돌기 활동 총화에 관한 정보를 제공하는 전기신호	낮음	1~2ms
ERP(사건관련전위)	사건과 관련되어 있는 평균 전기활동에 관한 정보를 제공하는 전기신호	낮음	1~2ms
MEG(뇌자도)	신경원의 전기활동에 관한 정보를 제공하는 자기 전위	5mm	1~2ms

광 영상법

	제공되는 정보	공간해상도	시간해상도
느린 신호(신진대사)	레이저 광선이 산화혈류와 탈산화혈류의 농도에 관한 정보를 제공	1~5mm	1~2초
빠른 신호-EROS (사건관련 광 신호)	레이저 광선이 신경발화와 동반되어 나타나는 신경원의 기형에 관한 정보를 제공	1~5mm	1~2ms

뇌활동 조율 기법

	제공되는 정보	공간해상도	시간해상도
TMS(경두개자기자극)	신경원을 무작위 형태로 발화하게 하는 전기장을 유도하는 자기장 펄스	확실하지 않지만 대략 10~15mm	확실하지 않지만 대략 20~50ms

브로드만 영역

외측면

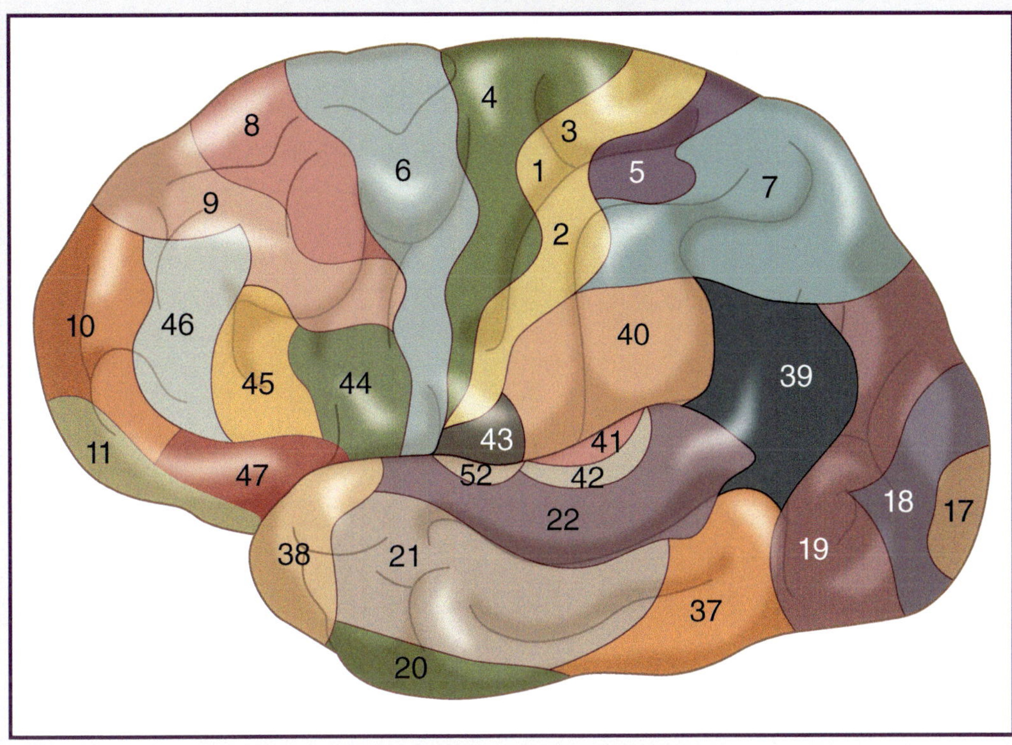

내측면

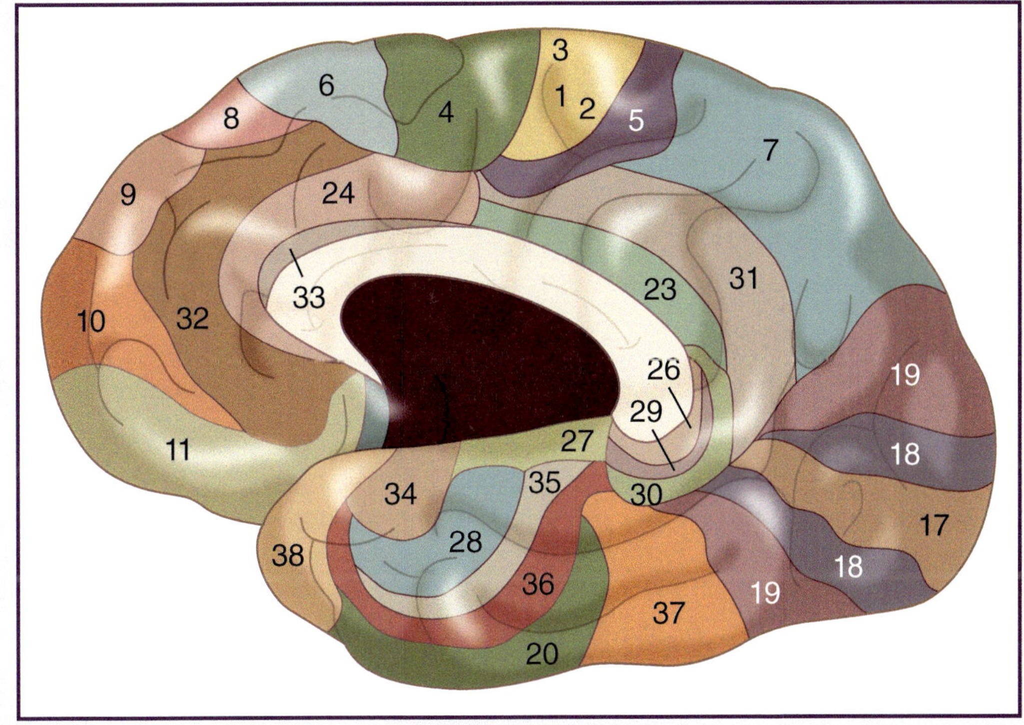